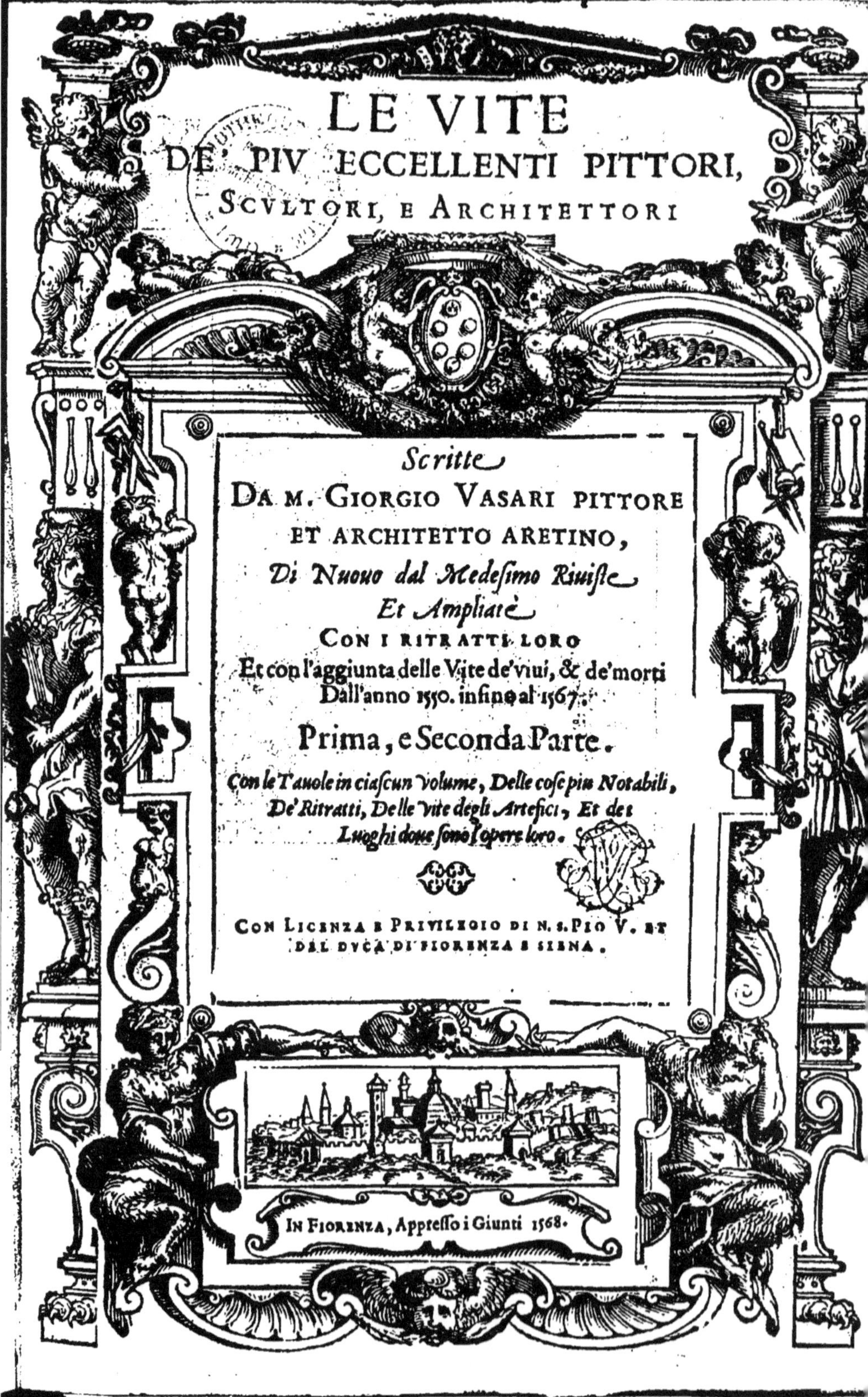

LE VITE
DE' PIV ECCELLENTI PITTORI,
SCVLTORI, E ARCHITETTORI

Scritte
DA M. GIORGIO VASARI PITTORE
ET ARCHITETTO ARETINO,
Di Nuouo dal Medesimo Riuiste
Et Ampliate
CON I RITRATTI LORO
Et con l'aggiunta delle Vite de' viui, & de' morti
Dall'anno 1550. insino al 1567.

Prima, e Seconda Parte.

Con le Tauole in ciascun volume, Delle cose piu Notabili,
De' Ritratti, Delle vite degli Artefici, Et dei
Luoghi doue sono l'opere loro.

CON LICENZA E PRIVILEGIO DI N. S. PIO V. ET
DEL DVCA DI FIORENZA E SIENA.

IN FIORENZA, Appresso i Giunti 1568.

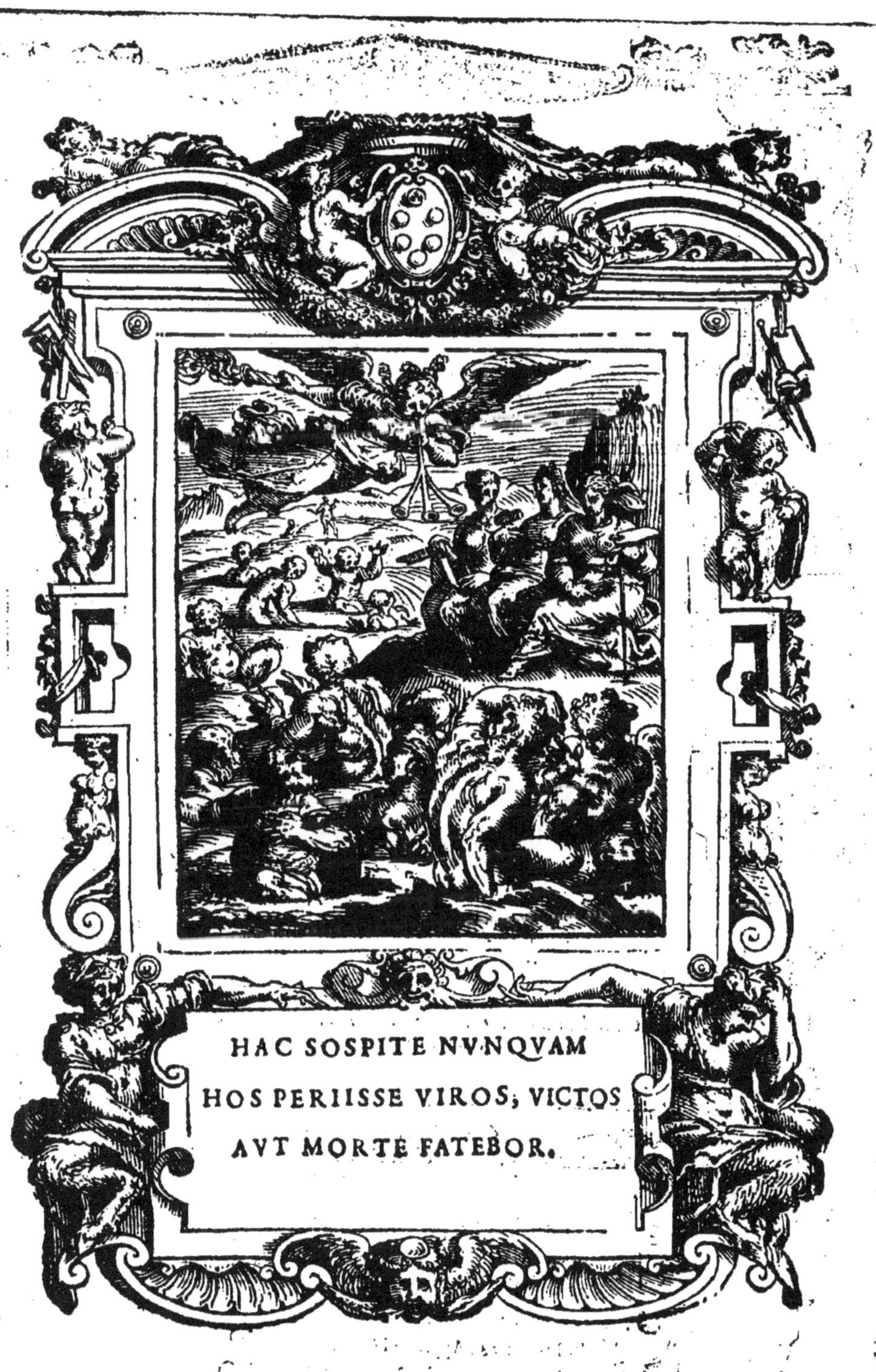
HAC SOSPITE NVNQVAM
HOS PERIISSE VIROS, VICTOS
AVT MORTE FATEBOR.

ALLO ILLVSTRISS. ET ECC. SIGNOR COSIMO MEDICI DVCA DI FIORENZA E SIENA

Signor suo Osseruandiss.

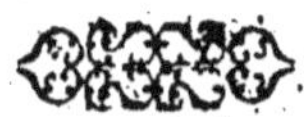

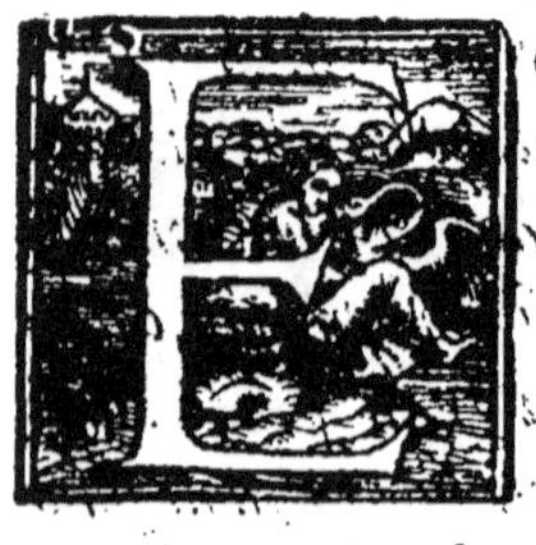

ECCO doppo diciassette anni, ch'io presentai quasi abbozate a Vostra Eccellentia Illustrissima, le vite de piu celebri Pittori, Scultori, et Architetti, che elle vi tornano innanzi, non pure del tutto finite, ma tanto daquello che ell'erano immutate, & in guisa piu adorne, e ricche d'infinite opere, delle quali insino allora io non haueua potuto hauere altra cognizione, che per mio aiuto nõ si puo in loro, quanto a me, alcuna cosa desiderare. Ecco dico che di nuouo vi si presentano Illustrissimo, e veramente Eccellentissimo Signor Duca, con l'aggiunta d'altri nobili, e molti famosi artefici, che da quel tempo insino a hoggi sono dalle miserie di questa passati a miglior vita: e d'altri, che anchor che fra noi viuano, hanno in queste professioni si fattamente operato che degnissimi sono d'eterna memoria. E di vero è a molti stato di non picchola ventura, che io sia per la

benignità di colui, a cui viuono tutte le cose, tanto viuuto, che io abbia questo libro quasi tutto fatto di nuouo: percioche come ne ho molte cose leuate, che senza mia saputa, & in mia assenza vi erano, non so come, state poste, & altre rimutate, così ve ne ho molte utili, e necessarie, che mancauono, aggiunte. E se le effigie, e ritratti, che ho posti di tanti valenti huomini in questa opera, de i quali una gran parte si sono auuti con l'aiuto, e per mezzo di Vostra Eccellentia: non sono alcuna volta ben simili al vero, e non tutti hanno quella proprietà, e simiglianza, che suol dare loro la viuezza de colori, non è però che il disegno, & i lineamenti non sieno stati tolti dal vero, e non sieno e propij, e naturali: senza che essendomene una gran parte stati mandati dagli amici, che ho in diuersi luoghi, non sono tutti stati disegnati da buona mano. Non mi è anco stato in cio di piccolo incommodo la lontananza di chi ha queste teste intagliate, però che se fussino stati gli intagliatori appresso di me, si sarebbe per auentura intorno a cio potuto molto piu diligenza, che non si è fatto, usare. Ma comunche sia, abbiano i virtuosi, e gli artefici nostri, a comodo, e benefizio de quali mi sono messo a tanta fatica, di quanto ci aueranno di buono, d'utile, e di gioueuole, obligo in tutto a Vostra Eccellenza Illustrissima, poi che in stando io al seruigio di lei, ho auuto con lo ozio, che le è piaciuto di darmi, & col maneggio di molte anzi infinite sue cose, comodità di met-

tere

tere insieme, e dare al mondo tutto quello, che al perfetto compimento di questa opera parea si richiedesse, e non sarebbe quasi impietà, non che ingratitudine, ch'io ad altri dedicassi queste vite, o che gl'artefici da altri che da voi, riconoscessino qualunque cosa in esse haueranno di giouamento, o piacere! Quando non pure col vostro aiuto, e fauore uscirono da prima, & hora di nuouo in luce, ma siete voi ad immitazione degli Auoli vostri solo padre, signore, & unico protetore di esse nostre arti. Onde è bene degna, e ragioneuole cosa che da quelle sieno fatte in vostro seruigio, & a vostra eterna, e perpetua memoria tante pitture, e statue nobiliss. e tanti marauigliosi edifizij di tutte le maniere. Ma se tutti vi siamo, che siamo infinitamente per queste, e altri cagioni obbligatissimi, quanto piu vi debbo io, che ho da voi sempre auuto (così al desio, e buon volere hauesse risposto l'ingegno, e la mano) tante honorate occasioni di mostrare il mio poco sapere, che qualunque egli sia, a grandissimo pezzo non agguaglia nel suo grado la grandezza dell'animo vostro, e la veramente reale magnificenza. Ma che fo io! è pur meglio che così me ne stia, che ch'io mi metta a tentare quello, che a qualunche è piu alto, e nobile ingegno, non che al mio piccolissimo sarebbe del tutto impossibile. Accetti dunque Vostra Eccellenza Illustrissima questo mio anzi pur suo libro delle vite degli artefici del disegno, & a somiglianza del grande Iddio,

piu

piu all'animo mio, & alle buoni intenzioni, che all'opera riguardando, da me prenda ben volentieri, non quello che io vorrei, e douerrei, ma quello che io posso. Di Jiorenza alli 9. di Gennaio 1568.

Di Vostra Eccell. Illust.

Obligatiss. seruitore

Giorgio Vasarri.

ALLO ILLVSTRISS. ET ECCELL.
S. IL. S. COSIMO DE MEDICI
DVCA DI FIORENZA

Signore mio Osseruandissimo.

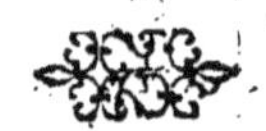

POI che la Eccellentia vostra seguendo in cio l'orme de gli Illustrissimi suoi progenitori: & da la naturale magnanimità sua incitata, & spinta non cessa di fauorire, & d'esaltare ogni sorte di virtù, douunque ella si truoui: & ha speziahmente protezzione dell'arti del disegno, inclinazione a gli artefici d'esse: cognizione, & diletto delle belle, & rare opere loro, penso che non le sara se non grata questa fatica presa da me di scriuer le uite, i lauori, le maniere, & le condizioni di tutti quelli, che essendo gia spente, l'hanno primeramente risuscitate, di poi di tempo in tempo accresciute, ornate, & condotte finalmente a quel grado di bellezza, & di maestà doue ella si truouano a' giorni d'hoggi. Et percioche questi tali sono stati quasi tutti Toscani & la piu parte suoi Fiorentini, e molti d'essi da gli Illust. antichi suoi con ogni sorte di premij, & di honori incitati, & aiutati a mettere in opera: si puo dire che nel suo stato anzi nella sua felicissima casa siano rinate: & per benefizio de' suoi medesimi abbia il mondo queste bellissime arti ricuperate, & che per esse nobilitato, e rimbellito si sia. Onde per l'obligo che questo secolo, queste arti, & questa sorte d'artefici, debbono comunemente a gli suoi, & a lei come erede della virtù loro, & del loro patrocinio uerso queste professioni

& per quello che le debbo io particularmente per auere imparato da loro, per esserle suddito, per esserle deuoto, perche mi sono alleuato sotto Ippolito Cardinale de' Medici, & sotto Alessandro suo antecessore, & perche sono infinitamente tenuto alle felici ossa del Mag. Ottauiano de' Medici, dal quale io fui sostentato amato, & difeso mentre che e' uisse, per tutte queste cose dico: & perche da la grandezza del ualore, & della fortuna sua uerra' molto di fauore a quest'opera, & dal l'intelligenza ch'ella tiene del suo soggetto meglio che da nessuno altro sara' considerata l'utilita' di essa, & la fatica, & la diligenza fatta da me per condurla, mi e' parso che a l'Eccellenza V. solamente si conuenga di dedicarla: & sotto l'onoratissimo nome suo ho uoluto che ella peruenga a le mani degli huomini. Degnisi adunque l'Eccellenza V. d'accettarla, di fauorirla, & se da l'altezza de' suoi pensieri le sara concesso, taluolta di leggerla, riguardando alla qualita delle cose che vi si trattano, & alla pura mia intenzione: laquale e' stata non di procacciarmi lode come scrittore, ma come artefice di lodar l'industria, e auuiuar la memoria di quegli, che auendo dato uita, & ornamento a queste professioni, non meritano che i nomi, & l'opere loro siano in tutto, cosi come erano, in preda della morte, & della obliuione. Oltra che in un tempo medesimo, con l'esẽpio di tanti valenti huomini, & con tante notitie di tãte cose che da me sono state raccolte in questo libro, ho pensato di giouar non poco a' professori di questi esercizij, & di dilettare tutti gli altri che ne hanno gusto, & uaghezza. Ilche mi sono ingegnato di fare con q̃lla accuratezza, & con quella fede, che si ricerca alla verita' della storia, & delle cose che si scriuono. Ma se la scrittura per essere incolta, & cosi naturale com' io fauello

uello, non e' degna de lo orecchio di V. Eccellenzia, ne de' meriti di tanti chiarissimi ingegni: scusimi quanto a loro, che la penna d'un disegnatore, come furono essi ancora, non ha piu forza di linearli, & d'ombreggiarli. Et quanto a lei mi basti che ella si degni di gradire la mia semplice fatica, considerando che la necessità di procacciarmi i bisogni della uita, non mi ha concesso che io mi eserciti con altro mai che co'l pennello. Ne anche con questo son giunto a quel termine, al quale io mi imagino di potere aggiugnere ora che la fortuna mi promette pur tanto di fauore, che con piu cõmodità, & con piu lode mia, & piu satisfazione altrui potro' forse cosi col pennello, come anco con la pẽna, spiegare al mondo i concetti miei qualunque si siano. Percioche oltra lo aiuto, & la protezzione che io debbo sperar da l'Eccellenza V. come da mio Signore, & come da fautore de' poueri virtuosi: é piaciuto alla diuina bontà d'eleggere per suo vicario in terra il santissimo, & beatissimo Iulio terzo Pontefice Massimo, amatore, & riconoscitore d'ogni sorte uirtu, & di queste Eccellentissime, & difficilissime arti spetialmente. Da la cui somma liberalità attendo ristoro di molti anni consumati, & di molte fatiche sparte fino a ora senza alcun frutto. Et non pur io, che mi son dedicato per seruo perpetuo a la Santità S. ma tutti gl'ingegnosi artefici di questa età, ne debbono aspettare onore, e premio tale, & occasione d'esercitarsi talmente, che io gia mi rallegro di vedere queste arti, arriuate nel suo tempo al supremo grado della lor perfezzione; & Roma ornata di tanti, & si nobili artefici, che annouerandoli con quelli di Fiorenza che tutto giorno fa mettere in opera l'Eccellenza V. spero che chi uerrà dopo noi harà da scriuere la quarta età del mio volume, dotato d'altri maestri, d'altri magisterij che non sono, i descritti da me; nella compagnia de' quali io mi uo preparando con ogni studio, di non esser degli ultimi. In tanto mi contento che ella abbia buona speranza di me, & migliore opinione di quella che senza alcuna mia colpa n'ha forse conceputa. Desiderando che ella non mi lasci opprimere nel suo concetto dell'altrui maligne relazioni, fino a tanto che la uita, & l'opere mie, mostrerranno il contrario di quello che e' dicono. Ora con quello animo che io tengo d'onorarla, & di seruirla sempre, dedicandole questa mia roza fatica, come ogni altra mia cosa, & me medesimo l'ho dedicato, la supplico che nõ si sdegni di auerne la protezzione, o di mirar almeno a la deuotione di chi gliela porge: & alla sua buona grazia raccomandandomi, vmilissimamente le bacio le mani.

Di V. Eccellenza umiliss. seruitore

Giorgio Vasari pittore Aretino.

Pius Papa Quintus.

MOTV proprio &c. Cum, sicut accepimus, Dilectus filius Philippus Iunta typographus Florentin. ad communem studiosorum vtilitatem, sua impensa, Vitas illustrium Pictorũ, & Sculptorum Georgij Vasarij, denuo auctas, et suis imaginibus exornatas, Statuta equitum Melitensium in Italicam linguam translata: Receptariumque nouum pro Aromatarijs: Aliaque opera tum Latina, tum Italica, sanèq; utilia, & necessaria, imprimi facere intendat, Dubitetque ne huiusmodi opera, postmodum ab alijs sine eius licentia, & in eius graue præiudicium imprimantur. Nos propterea illius indemnitati consulere volentes, Motu simili, & ex certa scientia, eidem Philippo concedimus, & indulgemus, ne prædicta opera, dummodo prius ab Inquisitore visa, & approbata fuerint, per ipsum imprimenda, infra decennium à quoquã sine ipsius licentia imprimi, aut vendi, vel in apothecis teneri possint. Inhibentes omnibus, & singulis Christi fidelibus, tam in Italia, quam extra Italiam existẽtib. sub excommunicationis latæ sententiæ; In terris verò S.R.E. mediatè, uel immediatè subiectis, etiã ducẽtorũ ducatorũ auri, Cameræ Apostolicæ applican. et amissionis librorum pœnis, totiens ipso facto, & absque alia declaratione incurrendis, quotiens contrauẽtũ fuerit, ne intra decennium prefatum dicta opera sine eiusdem Philippi expressa licentia imprimere, seu ab ipsis, aut alijs impressa uendere, uel venalia habere. Mandantes vniuersis Venerabilibus fratribus nostris Archiepiscopis, Episcopis, eorumque Vicarijs in spiritualibus generalibus: & in statu S.R.E. etiam Legatis, Vicelegatis, Præsidibus, & Gubernatoribus, vt quoties pro ipsius Philippi parte fuerint requisiti, vel eorum aliquis fuerit requisitus, eidem efficacis defensionis præsidio assistentes, præmissa contra inobedientes, & rebelles per censuras ecclesiasticas, etiam sæpius aggrauando, & per alia iuris remedia, auctoritate Apostolica exequantur. Inuocato etiam ad hoc, si opus fuerit, auxilio brachij sæcularis. Volumus autem, quod præsentis Motus proprij nostri sola signatura sufficiat, & vbique fidem faciat in iudicio, & extra. Regula contraria non obstante. & officij sacratissimæ Inquisitionis Florentin.

Placet Moto proprio. M.

Datum Romæ apud Sanctum Petrum, quintodecimo Cal. Maij Anno secundo.

A LETTORI.

ERCHE sempre mai interuiene, per diligentissimo che l'huomo sia, in facendo qualche cosa commettere delli errori: a noi ancora non è venuto fatto meglio che alli altri. Perciò del comune errore non douerremo anco essere piu delli altri incolpati: ma piu tosto meriteremo che con la piaceuolezza, e varietà di tale historia si compensassi ogni riprensione di errore in che fussimo incorsi. alli quali non habbiamo però chiusi li occhi del tutto, ne mancato con quella diligenza, che a noi per la scarsità del tempo era possibile, notarne alcuni piu importanti, lasciati al giuditio de prudenti lettori gli altri che facili fussino a conoscerli, e che non impedissino di molto la cognitione della storia. e quelli sono gli infrascritti con le corretioni loro a rincontro come vedete.

Errori seguiti nello stampare
PRIMA PARTE.

Carte 81	doue dice fortezze leggi	fattezze
86	sic tenuit nue	sic tenuit uiuens nuno
90	perfici	perfeci
99	Alucinborgo	Andeborgo
101	Anno milleno centum	milleno bis centum
104	Omnia uiua	Omnia uisa
112	fra Francesco da turrita	fra Iacopo da turrita
128	infiatamente	infinitamente
128	Arciuescouo	Vescouo
130	ossatura di marmo	ossatura di morto
145	di Zaccaria	di Giouachino
157	Giochi & bastarni	Giochi & Bastari
199	eraclito	eraclio
232	Taddeo di Bartolo fiorentino	sanese
134	Aluana di Piero	Aluaro di Piero

SECONDA PARTE.

149	panno lino	panno lano
293	rossori	rosoni
327	1303	1403
421	hebbe arme	hebbe nome
432	secatori a basso	senatori a basso
432	uno anmero	uno numero
454	masaico	musaico
485	1388	1488
498	nel prima	nel primo

Auertimento a i lettori nella vita di Arnolfo a carte 91.

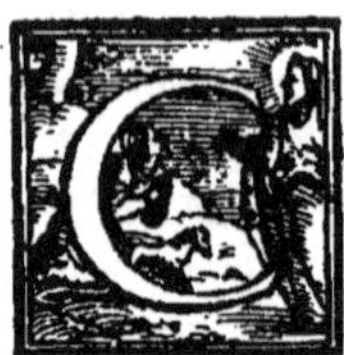

Ominciò il detto Arnolfo in santa Maria Maggiore di Roma la sepoltura di Papa Honorio terzo di casa Sauella, la quale lasciò imperfetta con il ritratto del detto Papa; ilquale con il suo disegno fu posto poi nella cappella maggiore di musaico in san Paolo di Roma con il ritratto di Giouanni Gaetano Abate di quel monasterio.

Et la cappella di marmo doue è il Presepio di Iesu Christo fu delle vltime sculture di marmo che facesse mai Arnolfo. Che la fece ad istantia di Pandolfo Hipotecorno l'anno dodici, come ne fa fede vno epitaffio che è nella facciata allato detta cappella.

Et parimente la cappella, & sepolcro di Papa Bonifatio ottauo in san Piero di Roma, doue è scolpito il medesimo nome di Arnolfo che la lauorò.

Registro di questa prima, & seconda parte.

A B

† †† ††† †††† †††††

A B C D E F &c. fino al fine.

AA BB &c. fino al fine.

AAA BBB CCC DDD EEE FFF GGG HHH III KKK LLL MMM NNN OOO PPP QQQ RRR SSS TTT VVV.

Tutti son quaderni eccetto VVV. che è duerno.

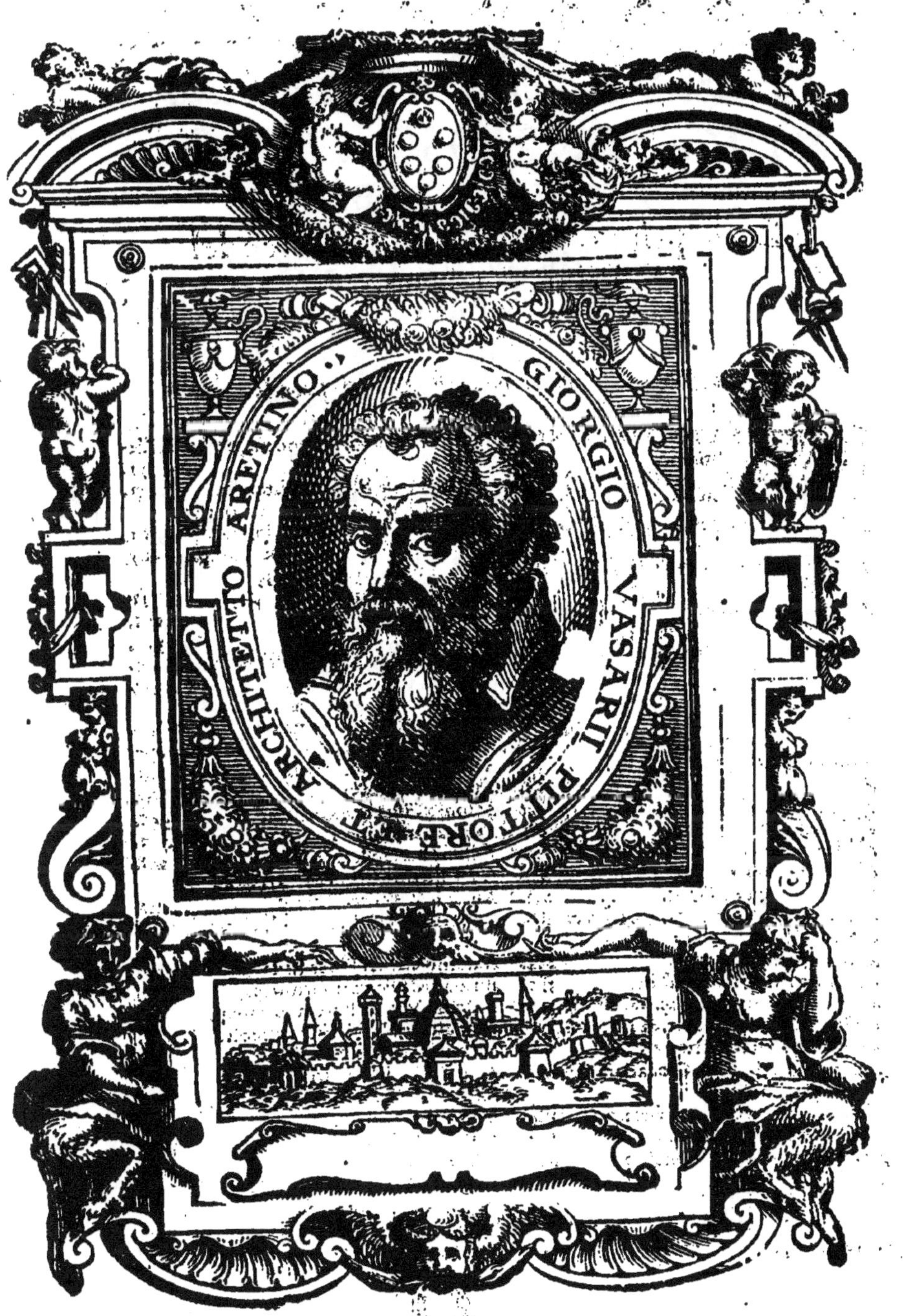
GIORGIO VASARI PITTORE ET ARCHITETTO ARETINO.

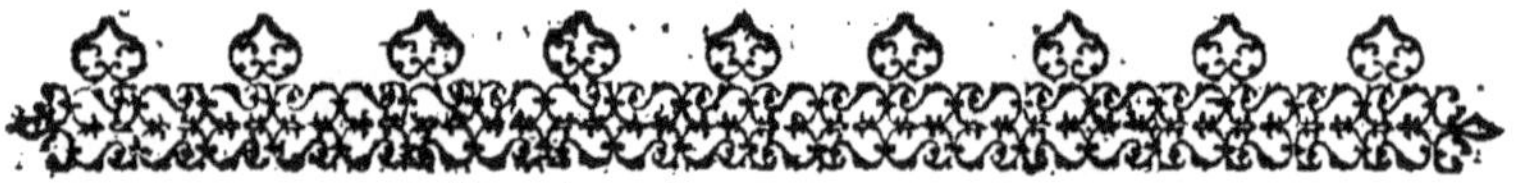

INDICE COPIOSO DELLE COSE PIV NOTABILI

Della prima, & ſeconda parte, cioè del Primo Volume.

La lettera .P. ſignifica prima parte, & .S. la ſeconda.

ABATE GRATIANI dal Borgo.s. 512.
Adriano iiij Papa.p. 82.
Aeſte ſuoi ſignori.p. 125.
Agnolo Saneſe.p.134. 103.s. 243.
Agnolo Gaddi.p.195. teſtò alli heredi ducati 50000.p. 192.
Agnolo Politiano.p. 139.
Agnolo di Donnino pittore.s. 439.
Agnolo di Polo ſcultore.s. 485.
Agnolo Acciaiuoli.p. 190.
Angioli Monaſterio in Fiorẽza.p. 186. ſuo principio.p.230.s.272.280.361.
Agnolo di Lorentino pittore.s. 452.
Agoſtino Saneſe p.134.103.s.243.
Agoſtino della Robbia.s. 264.
Agoſtino Buſto ſcultore.s. 523
Aleſſandro Papa ii.p. 79.
Aleſſandro Papa iiij.p. 160.168.
Aleſſandro Papa v.s. 258.
Alberti famiglia antica.s. 293.
Aleſſo Baldouinetti pittore.s.375. vita.380.
Alfonſo Re di Napoli.s.352.366.476.
Aluaro Portogheſe.p. 234.
Aleſſandro degli Aleſſandri.s. 390.
Aldighieri Zouio pittore.s.518. ſue ope.520.
Aleſſandro Tartaglia dott. da Imola.s.485.
Aleſſandro Moretto pittore.s. 523
Altare d'argento di ſan Giouanni di Fiorenza.s.466.p.138.
Aldobrandino Caualcanti frate.p. 114.
Altare di s. Iacopo di Piſtoia.p. 139.
Ambrogio Lorenzetti Saneſe.p. 164.
Annibale Cartagineſe.p. 7.
Antonio del Pollaiuolo.p. 8.
Antonio da s. Gallo.p. 18.99.
Antoniana.p. 29.
Antichi ſuperati da moderni ne baſſi rilieui.p. 37.
Antonello da Meſſina pittore.p. 51.
Andra del Caſtagno pittore.p.52.s.395.
Antico, & uecchio come s'intende.p. 80.
Andrea Taffi pittore Fiorentino.p. 107.
Andrea Piſano.p.147.s.243.
Andrea Orgagna.p. 181
Andrea della Robbia.s. 266.
Andrea Riccio ſcultore.s. 390.
Andrea del Caſtagn: occiſe per inuidia Domenico Veneziano.s. 397
Andrea del Verrochio.s.384.509.
Andrea delle Grottesche.s. 432
Andrea Mantegna.s. 487.
Andrea da Scelo pittore.s. 516.
Antonio Veneziano.p. 205.
Antonio Filarete Fiorentino.s. 346.
Andrea Sanſouino.s. 469.
Anticaglie condotte in Piſa.p. 148.
Ancona città.p.173.205.s.354.356.
Antonio d'Andrea Taffi.p. 110
Antonio da Piſa Monaco di Camaldoli.p. 128.
Antonio Carota Fiorentino.p. 149.
Antonio da Ferrara pittore.p. 198.
Antonio Vite da Piſtoia pittore.p. 221
Antonio de Nobili Fiorentino.s. 334.
Antonello da Meſſina pittore.s. 375
Antonio Roſſellino ſcultore.s. 412.
Antonio di Piero del Pollaiuolo.s. 461.
Antonio di Puccio Fiorentino.s. 467.
Antonio di Giorgio architettore.s. 509.
Anaſtaſio iiij Papa.p. 89.
Apelle remunerato dal grande Aleſſandro.p.4.s.243.
Appollonio Greco.p. 108.
Appio cieco ſua teſta di marmo.p. 194

Acque che petrificano p. 28
Acqua condotta in Arezo p. 210
Annalena Monast. in fiorenza s. 259.387
Anni 40 durò l'opera della porta di mezzo di san Gio. di fiorenza s. 184
Anticaglie lasciate da Lorenzo Giberti s. 285
Arco di Constantino p. 72
Arnolfo Architettore p. 88.93.95.s.341
Arche leuate d'intorno a s. Gio. p. 93
Arimino città p. 100.s. 349.368
Arrigo Imperadore p. 105
Araceli di Roma p. 142.167.s. 407.506
Arsenale di Venetia p. 150
Archa di s. Domenico in Bologna s. 256
Arte Magistrati di fiorenza p. 177
Architettori per uoltare la cupola in fiorenza s. 306.308
Arme, & insegna di Filippo di Serbrunelleschi s. 325
Arme, & insegna di Pp. Nic. v. s. 415
Argenterie della Nonziata disfatte per la guerra di fiorenza s. 456
Armari della sac. di s. Maria del fiore s. 476
Archa del santo di Padoua s. 491
Arme, & insegna de Pisani p. 217
Arezzo p. 19.103.158.194.210.201.217.s. 254 355.356.497
Architettura con modo sicuro sopra le colone p. 22
Archi a pola, & in Ancona p. 24
Archo di Tito p. 25
Arte immita la natura quãto può s. 420
Ascanio Colonna p. 12
Ascesi p. 158.190.s. 501.p. 9.142.s. 516
Astutia d'Alesso Baldouinetti s 381
Astutia di Cosimo Rosselli s. 458
Astutia di M. Gio. Tornab. contro la casa de Ricci s. 459
Attauante detto vante Miniatore s. 455
Ausse pittore s. 376.p. 51
Auertimenti di scultori, & pittori s. 263
Auertimenti a chi lauora il porfido p. 12.
Aureo vello p. 54

B

Baccio Cellini s. 479.393
Baccio da Monte lupo scultore. 417
Baccio Pintelli s. 393
Baccio Baldini fisico s. 496
Baccio Bandinelli s. 466
Bachiaca pittore s. 515
Badia di Fiesole s. 489.318
Badia di Fio. p. 93.99.120.157.s. 297.421.467
Badia di s. Fiore d'Arezzo p. 125.s. 449
Badia di Settimo p. 157.77.s. 462.
Badia di s. Giusto a Volterra s. 463
Badia di Passignano s. 463
Ballatoio della cupola s. 312
Baldacchino p la fraternità d'Arezzo s. 452
Baldacchino d'Orsamichele s. 474
Bãda della croce di s. M. Nouel. s. 474.s. 479.
Bartholomeo Gondi p. 128.s. 334.360.509
Bartolomeo bolognini pit. Sanese. p. 146
Bartholomeo Ammannati scul. s. 321
Bartolomeo Corbinelli s. 324
Bartholomeo Gatta Abate miniatore, & pittore s. 448.490
Bartholomeo da Bergamo sua statua s. 484.
Bartolomeo Montagnana pittore s. 523
Barco a Grauina a p. 98
Barone Cappelli p. 213
Bartholomeo barbadori s. 311
Bartoluccio Giberti s. 286
Barbadori loro casa s. 323
Barde dipinte in che tẽpo si usauono s. 371
Bassi rilieui p. 35
Bastiano Mainardi da Sangimig. s. 464
Batista del Ceruelliere Pisano s. 351
Battesimo in Siena s. 411
Belo figl. di Nino p. 67
Bellini pittori in Venetia s. 429
Beluedere di Roma s. 489
Benedetto da Maiano p. 60.133.s. 352. vita. s. 476.508
Benedetto Papa xi. p. 104.121.125.
Benedetto Coda, & Bartholomeo suo figl. pittori d'Arimini s. 436
Benedetto Buglioni scultore di terra vetriata s. 486
Benedetto Diana pittore s. 518.523
Beato Masuolo d'Arezzo p. 210.s. 250
Benozo Federighi Vescouo s. 165
Benignità di Filippo di Serbrunesch di Donatello in uerso di Lorẽzo Giberti s. 305
Benozo pittore, e sue opere s. 405
Beata villana sua sepoltura s. 417
Beffa fatta da Piero Perug. a uno priore de Giesuati s. 512
Berna Sanese p. 200
Bernardo Orgagna p. 184
Bernardo Nello Pisano p. 187
Bernardo Vechietti fioren. s. 377.389
Bernardetto de Medici s. 395
Bertoldo scultore s. 333
Bernardo Giugni Caualiere s. 428
Bergomo sua chiesa principale s. 348
Berto lanaiuolo s. 393
Bettino de bardi p. 190
Bettiuogli loro palazo s. 224. cappella 425
Bertoldo da bruggia p. 233
Biondo da Forli s. 367.401
Biasimo di Pietro Perug. e sua defessione s. 514
Bitti del caporale pittore s. 516

Bonifazio papa viii.p. 103.149
Bonifazio viiij.s.255.cõfirmò e giesuati s.511
Boccaccio p. 120.131
Bologna p.137.223.s.424
Bolognini famiglia p. 158
Bonaccorso giberti s. 285
Bõtà grande di fra Gio.Angelico s. 362
Boccardino miniatore s. 455
Borgo allegri in fioren. pche cosi detto p.85.
Botteghe 44.sul põte vecchio di fior. p. 178
Borso Duca di Mod.Marchese di Ferrara s.353
Bosco a frati cõuento in Mugello s. 343
Borgo a san Sepolcro s.355.254.450
Boti del Mag.Lorenzo vecchio s. 486
Bramantino,& sue opere s. 354
Bronzo in che modo si colorisca p. 40
Bruno pittore p. 160.161
Buonamico,& buffalmacco p. 153.102
Buono architettore p. 89
Buonanno scultore p. 89
Bugiardino pittore s. 273
Buggiano scultore s. 325
Burle di buffalmacco p. 163
Burle di Sandro botticello s. 473.474.
Buschetto architettore p. 78
Busini loro palazo s. 318

C

Cafaggiuolo villa de Medici s. 343
Cagione quale ha mosso l'Autore a scriuere la presente opera p. 1.
Ca grande di Venetia conuento s. 434
Gamaldoli donde è detto s. 449
Camaldoli di fiorenza p.230.237.s.509
Campo santo di Pisa p.17.102,121.140,145. 160.172.182.207.217.233.s.407.
Campiglia p. 27
Camei p, 41
Campanile di Pisa pende p.90.128.89
Campaldino rotta p. 117
Campanile di san Marco p. 89
Campanile di s.Maria del Fiore p.129.150. 181.s.254.262.330.
Campana grande di Fioren.p. 173
Cãpora Monast.presso a Fior.p. 190.s.493
Canaco,& calamide scul.antichi s. 246
Capella della incoronata in Pisa p. 112
Capella in piazza di Siena p. 204
Capel.di s.Nic.alla sala del Pp.in Fior. p.213
Capella del crocifisso in s.Miniato s. 265
Capel.del card.di Portogallo in s. Min.s.265
Capel.di Sisto s,393.438.449.458.472.528.
Capella de pittori in Siena s. 411
Capel del Sacramẽto in s,Lor.di Fior.s. 417.
Capella della B.Fine.in s.Gimig. 464
Capel.mag di s.Maria Nouella s. 458
Capella sul fiume di Terzolla s. 462
Capelletta presso a Prato s. 479
Capella in palazzo del Papa s. 490
Capel.delli Strozi in s.Maria Nouella s. 495
Capella nel palazzo di Perugia s. 513
Capel.mag.nella pieue di Prato s. 388
Capella della Nunziata di Fior.s. 344
Capelle di varii, & diuersi secondo l'ordine dell'alfabeto.
Alberti p. 196
Alessandri s. 405
Bardi in santa Croce p. 120.143
Bardi di santo Spirito s. 488
Baroncelli p. 120.116
Buontempi p. 162
bandini p. 176
bellacci p. 176
bartholini p. 130
brancacci s.295.298.403
bentiuogli s. 425
Caualcanti s. 328
Couoni p. 130
Capponi p. 201
Castellani p. 120
Castelli di bologna s. 420
Fiorauanti p. 130
Gondi p. 83
Grifoni s. 424
Garganelli s. 425
Gozzari s. 449
Iacopo chedini s. 405
Landi s. 136
Lenzi s. 138
Machiauelli p. 218
Martini p. 136
Mariscotti s. 424
Orlandini s. 405
Portinari p. 51
Peruzzi p. 120
Paganelli p. 101
Pugliese p,221.s.269.493
Puccio di Maggio s. 266
Pino buonaccorsi s. 342
Pellegrini di Verona s. 401
Ricci p. 182.s.458
Rucellai s. 368
Rossi di bologna s. 424
Spinelli p. 110
Strozzi p. 182.185
Soderini p. 196
Tosinghi p. 110
Calimara Arte,& Magistrato di fioren. p.138
Cane della scala p. 125
Capitolo di s.croce di fiorenza s. 318
capanna pittore s. 452
capitolo di s.Maria Nouella p. 178
carcere Tulliano p. 24

Cardinale delli Acciaiuoli.p. 187.
Cardinale di Portogallo sua cappella in san Miniato.s. 467.
Cardinale Caraffa sua cappella nella Minerua.s. 494.
Cardinal s.iiii.de Pucci.s. 506.
Careggi villa de'Medici.p.51.s.343.
Carisenda torre storta in Bologna.p. 90.
Carlo Duca di Calabria.p. 135.
Carlo d'Angiò Re di Napoli.p 85.101.
Carlo Magno.p. 77.
Carlo Marsuppini.p.120.238.
Carlo Malatesti.s. 463
Carlo viij. Re di Francia.s. 462.
Carmine di Fiorenza.p.120.213.220.237.s. 287.297.298.386.
Carmine di Pisa.s. 297.
Carpi suoi Signori.s. 463
Castello Altafronte.p. 117.
Castello Sant'Agnolo.p.50.s.500.
Castello capuano.p. 89.
Castel Franco.p. 93.
Castel san Giouanni di Valdarno.p. 93.
Castel di Milano.s. 246.
Castello di Mantoua.s. 489.
Castello di Napoli.s. 446.
Castel Nuouo di Napoli.p. 102.
Castello Olmo à castello Giardino del Duca Cosimo.s. 471.
Castello della Pieue.s. 515.
Castello dell'vuouo.p. 89.126.
Castiglione Aretino.s. 450.527.
Cartoni in che modo si fanno.p. 46
Casa del Mantegna in Mantoua.s. 491.
Casa di Gio. Vespucci, & de Pucci.s. 271.
Caualieri di santo Stefano.p. 99.
Caua del Poluaccio.p.16.Serauezza, & Pietra santa 16.
Caual di bronzo a s.Gio.Laterano.s. 481.
Cecca architet.s.381.441.sua morte .s. 447
Celestino iiij.Papa.p. 110.
Cennino da colle.p,176.198.
Cenacolo nel refettorio d'Ognisanti.s. 456.
Cestello Monast.di Fiorenza.s. 438.471.513.
Cera per scultura come si prepari.p. 34.
Cerchio vltimo delle mure di Fioren.p. 93.
Ceri antichi, & moderni per la festa di san Giouanni.s. 444
Cesello chi prima ne lauorasse.p. 138.
certosa di Fiorenza.p.157.230.187.206.s.359
Certosa di Pauia.p. 89.s.512
certosa di venetia.s. 522.
ciai famiglia di Fiorenza.s. 319.
cimabue pittore.p.81.vita.83.109.119.s. 375.
cimitero di santa Maria nuoua di Fior.s.397
cintola da Prato.p. 106.
cione maestro di cesello.p. 138
cipolaccio pietra.p. 13.
cittadella di Fiorenza fatta dal Duca Alessandro.p. 21.
cittadella uecchia d'Arezo.p. 210.
cittadella nuoua di Pisa.s. 319.
città di castello.p.158.piu opere di pit.s.527
città ritratte in Beluedere di Roma.s. 499.
chiaro,& scuro come si dipinga.p. 54.
chimera statua di bronzo trouata in Arezzo.p. 70.
chimenti camicia architettore.s.392.393.
clemente iiij.Papa.p. 101.121.
clemente v.Papa.p. 112.125.
clemente vij Papa.p.13.19.28.99.s.392.454.
colonne di porfido donate da Pisani a Fiorentini.p. 13.
colonne del portico della Ritonda.p. 14
Colonna dorica p. 23.
colonna di Mercato uecchio in Fior.s. 329.
colonna ionica p. 24.
colorire a tempera p. 51.
colosseo di Roma p. 23.
colossi di terra cotta di mano di Donatello s. 335.
compagnia della Trinità in Arezzo s. 266. 451.
compagnia della Madonna in Arezzo s.451.
compagnia della Nuntiata in Arezzo s.525.
compagnia di santa caterina in Arezzo s.527.
compagnia di san Hieronimo, & di san Francesco in Bologna s. 505.
compagnia,& chiesa di san Giorgio in Fiorenza.s. 405.
composito ordine p. 25.
con che cosa si disegni p. 46.
confraternita di san Hieronimo in Venetia s. 434.
conij di medaglie di varij personaggi s.503.
conte Vgo di Madeborgo p. 77.s.421
conte di Poppi p. 92
conte di capo di lista s. 332.
conte di Matalone s. 332.
contessa di san Fiore.p. 192.
conuento de Zocholi detto il Bosco a frati s. 343.
conuento d'Ascesi riparato s. 393.
conuertite Monast.in Fiorenza s. 211
corintho ordine p.24. & suo capitello 24.
cortona p.19.101.162.165.201.s.361.
cristofano Landino p. 209.
crocifisso che parlò a santa Brigida p. 168.
crocifisso di santa Maria del Fiore p. 478
crocifisso di Filippo di Ser brunel. a concorrenza di Donato s.304.328.

Cosimo de Medici uecchio p.176.s.280. sua pietà s.312.rifece san Lorenzo di Fiorenza.319 in esilio s.339.riuocato s.340.
cosimo Duca.uedi Duca Cosimo.
cosmè da Ferrara pittore s. 255.
cosimo Bartoli preposto di san Giouanni s. 364.367.
cosimo Rucellai suo palazzo s. 368
cosimo Rosselli pittore s. 437.
costume de Fiorentini s. 309.
cupola del duomo di Fiorenza s. 246.

D

Dante poëta p. 86.
Dardano Acciaiuoli p. 112.
Dauit di marmo colosso di Michelag.p. 16.
Dauit di bronzo di Donatello s. 330.481.
Dauit di marmo di Donatello s. 330
Dauitte da Pistoia s. 456.
Datio,& Gabella in Arezzo p. 117.
Decreto in Fiorenza p. 93
Dello pittore Fiorentino s. 256
Denari spesi contro la uoglia del testatore s. 237.
Denari spesi nella guerra di Lucca s. 320
Desiderio da Settignano scultore s. 417
Detto di Domenico Grillandaio s. 463
Detto del Pintoricchio s. 500
Diamante frate,& pittore s. 390
Difficultà della pittura p. 3.
Difficultà del dipignere in fresco p. 6
Difficile è accomodare le scale in una fabbrica p. 31
Disegno,& sua diffinitione p.42.46.
Disegno,& sua arte,al tempo dell'Autore, e di tanta eccellenza.che comincia a declinare s. 243
Diluij in Fiorenza l'anno 1333.p. 117. l'anno 1557.p.178.s.324.
Discepoli di Giottino p. 190.
Discepoli di Filippo di Serbrunell.s. 326
Discepoli di Donato s. 336.
Discepoli di fra Filippo s. 390
Discepoli d'Andrea del Castagno s. 399
Discepoli di Domenico Grillandaio s. 464
Discepoli del Verrocchio s. 485
Discepoli di Squarcione pittore s. 488
Discrezione finta in pittura dal Mantegna s 490
Discorso dell'Autore sopra l'arte del disegno s. 242
Discorso di Filippo di Serbrunellesco in voltare la cupola s. 307.
Disputa qual sia piu nobile la scultura ò la pittura p. 1.
Disputa dell'huouo s. 310
Discepoli di donatello s. 336.
Discordie ciuili in Fiorenza s. 275
Diotisalui Neroni s. 421
Domenico Bartoli pittore p. 234
Domenico da Venetia s.355.397
Domenico Beccafumi pittore p. 59.
Domenico della Rouere card.s. 393
Domenico Garganelli s. 425.426
Domenico Pecori pittore sue ope s. 451
Domenico Grillandaio grande disegnatore s.463.p.58.182.s.381.456.
Domenico di Paris pittore Perugino s. 516
Donatello scultore p.33.37.s.257.260.263 269.304.
Donatello si fugge da Padoua per troppi honori s. 332.
Donatello liberale.sue laudi, prouisione, & testamento s. 335
Donatello operò piu che altro scul.s. 336
Donato Marinelli s. 452
Dosso pittore Ferrarese s. 425
Dorare a mordente p: 57
Dorico ordine dedicato alli Dei p. 22
Duca cosimo p.12.13.14.15.16.17.19.22.53.60. 70.99.116.194.211.s.257.389.410
Duca d'Athene p.151.168.185.190
Duca Borso sua statua s. 326
Duca cosimo habita il palazzo della Signoria s. 341
Duca d'Amalfi s. 413
Duca d'Vrbino s. 505
Duca Taglia pietra scultore s. 428
Ducci pittore Sanese p. 203. diuenne medico p.208
Duomo di Milano p.89.s.243.
Duomo di Fiorenza p.93.94.104. 149. 172. 238.s 243.251.254.261.285.351
Duomo di Siena p.59.100.103.135. 137. 252.s. 333.410
Duomo di Pisa p.78.79.80.233.s.351.464. 461.474.
Duomo di perugia s. 515
Duomo di Ferrara s. 505
Duomo di Lucca s. 449
Duomo d'Arezo nuouo,& vecchio p.112.213. s.243.290
Duomo di Volterra p.100,s:422

E

Edifitio ingegnoso per restaurare il mosaico di san Giouanni s: 447
Egittij p:14,36,67
Elia compagno di san Francesco p: 51
Empoli p: 154

Epitaffio di Filippo di Serbrunel.s- 325
Epitaffio di fra Filippo fatto dal Politiano 391
Epigramma in campo santo di Pisa per benozo s. 407
Epigrãma del Politiano sopra Giotto p. 133
Ermafrodito statua in parione di Roma p.15.
Ercole colosso di marmo del bandinello p. 16
Ercole pittore Ferrarese s. 425.426
Errore di Paolo Vccello nella prospettiua s. 271.cauallo.272
Errore corretto con facilità da Donatello s. 260
Errore d'alcuni pittori p. 172
Eremo di camaldoli p.214.s.387.449
Escusatione dello autore p. 9.
Esarchato di Rauenna p. 75
Essercito de Sanesi cõtro a Fiorentini s. 249
Eternità del Musaico s. 453
Eugenio iiij.Papa p.438.s.345.387
Eusebio Sangiorgio pittore s. 516

F

Fabio segni s. 475
Fabbiano Sassoli maestro di vetriate s. 372
Fabri. mirabili delli antichi di triuer.p. 16
Fabrica nuoua di Magistrati in fior.p. 20
Fabriche di pietra forte in fioren.p. 20
Facciata di s.Lorenzo di fioren.p. 16
Facciata di s.Croce di fioren.p. 236
Facciata di s.Maria Nouella s. 368
Facciata di s.M.Nuoua.spedale s. 380-454
Facciata del duomo di Siena s. 463
Facetia di Paolo Vccello s. 270
Faenza città p. 100
Farinata Vberti p. 116
Federigo Imperado.p. 90.93.98
Federigo barbarossa p. 103
Federigo di bauiera p. 125
Festa fatta,& allegreza per una pittura di Cimabue p. 85
Ferrara città p. 100.s.354
Feste che s'usauono in fiorenza per san Giouanni s. 441
Feste,& rappresentationi nelle processioni in fiorenza s. 442
Ficherolo castello in ferrarese p. 94
Fiesole città p.19.s 243.420
Filippo di Serbrunellesco architet.p.18.60. s.301.p.94.s.246.325
Filippo di fra filippo pittore s. 390
Finestre di marmo trasparenti in san Miniato a monte p. 15
Finestre di vetro in san Piero di Roma fatta dal M Cosimo de Medici s. 344
Fiorenza p. 112
Fior. si mangia i figl.si come fa il tẽpo s. 508
Foiano terra s. 528
Folco Portinari fõdò lo sped.di s.M.N.p. 138
Fõtane alla saluatica,come si faccino p. 28
Fontane & loro ornamenti p. 8
Fontana di Perugia p. 102
Fontana in piaza di Siena p.138.s.251
Fontana nel palazo del duca di fioren.s. 358
Fontana di s.M.degli Angeli da Scesi s. 344
Fontana di marmo in casa Medici s. 413
Fõdamenta del duomo di fioren.p. 94
Forzore di Spinello orefice p.138.218 .s. 294
Forabo schi famiglia p. 95
Forteza della Giusta in Lucca p. 125
Forteza di vicopisano s. 318
Francesco del Tadda intaglia il porfido p.11
Francesco del Maestro giotto p. 131
Frãc.di Giorgio scul.p.204.s.246.410.
Francesco pittore fiorentino p. 238
Frãcesco di Marco pratese p. 231
Francesco bacci Aretino p. 238
Francesco Zoppo predicatore s. 324
Francesco Sforza donò a Cosimo de Medici uno palazo s. 345
Francesco Peselli pittore s. 404
Frãc.Gonzaga Marchese di Mantoua s. 424
Francesco brini pittore fiorentino s. 454
Francesco Tornabuoni s. 458
Francesco Saluiati pittore s. 477
Francesco Piccol'huomini Card.s. 498
Francesco francia pittore bolognese s. 502
Francesco bonsignori pittore s. 523
Francesco Caroto pittore s. 523
Francesco Torbido s. 423
Francesco dell'Indaco pittore s. 525
Franco bolognese miniatore p. 124
Franco Sacchetti p.131.154.158
Fraternità d'Arezo p.114.s.254.293.449.452.
Fra Filippo pittore fiorentino s.385.493
Fra Filippo imparò da l'ope di Masaccio s.385
Fra Filippo fatto schiauo da corsali,& libero per la sua uertu s. 385
Fra Filippo rapi la figl.di frãc.buti s. 388
Fra Filippo mori a Spoleto di veleno s. 39
Fuoco a caso in una rappresentatione in Arezo doue perirono ottanta persone.

G

Gabella posta in fiorenza,per la fabbrica del duomo p. 94
Gabriello Maria Visconti p. 121

Gaddo gaddi pittore p.111.109.113.176.
Gaddi famiglia fiorentina sua origine p.179 195.198
Galante da bologna pittore p. 224
Galasso,& altri pittori del suo tẽpo s. 255
Gattamelata sua statua in Pad. opera di Donat.s. 332
Gentile da fabriano pittore sue opere s.401 363
Gentile bellini pit. Venetiano s. 434
Gentile da Vrbino Vescouo d'Arezo s.373 450
Generale di camaldoli s. 449
Geri d'Arezo s. 480
Gerino da Pistoia pittore s. 515
Gesso da formare che fa presa s. 481
Gherardo starnini pittore p. 208
Gherardo miniatore s. 453
Giesuati conuento bellissimo rouinato per la guerra di fioren.s. 509
Giesuati conuento di Pisa s.462.457
Giardino del Duca cosimo p. 28
Giardino de Pazzi famiglia p. 332
Giannozo Manetti s. 413
Gianniccola pittore s. 516
Giorgione da Castel Franco p.6.s.436
Giorgio Vasari Aretino, autore della presente opera.p.20.95.193.146.192.214.s.328.373.452
Giganti di Monte cauallo p. 35
Giganti grandi di marmo p. 16
Ginori famiglia s. 318
Giganti contrafatti s. 444
Giorgio Cornaro s. 434
Giotto pittore p.51.58.vita.119.p.87.109.125.126.127.129.130.131.s.341
Giouanni da Bruggia primo che dipinse a olio p. 51.s.375
Gio.Monaco di Mõtoliueto Veronese p.60
Gio.cimabue pittore p. 82
Gio.Pisano p. 95
Gio.dal Ponte Fiorentino p. 193
Gio.Angelico frate di s. Domenico pittore s.358.p.168
Gio.Orsini cardinale p. 93
Gio.Villani storico p.93.95.108
Gio.da Pistoia p. 148
gio.da Milano pittore p. 180
gio.Tosicani p. 192
gio.d'Asciano pittore p. 101
Gio.di Bicci de Medici p.236.s.319
gio.d'Azzo Vbaldini s. 649
gio.Bentiuogli s.250.504
gio.de medici s. 257
gio.Acuto capitano de Fior.s. 272
gio.batista Doni s. 334
gio.Tornabuoni sua casa s.343.458
gio.Rucellai s. 368
gio.Bellini pittore Venetiano s. 430
gio.della casa s. 436
gio.batista del baua Abate Volter.s. 463
gio.buonconsiglio s. 518.523
gio.batista da conigliano sue opere s. 522
gio.mansueti sue opere s. 523
gio.Paolo baglioni s. 528
gio.Rosti Fiamingo s 516
Giouanetto cordelagi s. 518
gio. Franzese scultore p. 18
giottino p. 142.189
giotto mutò la pittura dalla greca alla Latina p.199.s.243
girolamo campagnola s.273.516.488
girolamo Padouano detto vante miniatore s.452
girolamo della cecca s. 479
girolamo Romanino s. 523
giuditio dello Autore sopra la disputa tra la scultura,& pittura p. 7
giuliano da maiano s.350.383.
giulio ii.Papa p.99.s.354.503.
giuliano da Siena Orefice p. 198
giuramento di Donatello s. 330
giusto,& minore maestri di legname s. 352
giusto pittore Padouano sue opere s. 523
gismondo Imperadore coronato da Eugenio iiii. s. 334
goro di Stagio Dati s. 324
gõfalone da portare a processione s. 372
gostante Imperadore greco spogliò Roma p. 75
granito pietra p. 14
graticola per ringrãdire il disegno p. 47
grottesche p. 56.75
graueza posta in fiorenza per Orsamichele p.177
gregorio nono Papa p. 116
grasso legnaiuolo s. 327
grassione pittore s. 381
grande animo,& intelletto di Papa Nic. v.s. 414
grillandai pittori d'onde sono detti s. 456
guglielmo Marzalla Franzese pittore,& vetraio.p. 61.89
guglielmo da Furli p. 131
guido da Conio p. 108
guido Pietramala Vesc.p.116.127.136.159.
guccio di vanni Tarlati p. 101
guittone d'Arezo p. 230
guerra inimica dell'Arti.s. 254
guardaroba del Duca d'vrbino s. 334
guidobaldo pri.Duca d'vrbino s. 353

Guerrino Veronese s. 403
Guardaroba del Duca cosimo. s. 417.474
Guido Bolognese pittore s. 428
Guarriero da Padoua pittore p. 518. sue opere 521
Guasparo, & Girolamo Misceroni s. 523

I

Iacopo Sansouino architettore, sue opere p. 18.265
Iacopo di casentino p. 209.215
Iacopo della quercia poi detto della fonte s. 248.251
Iacopo detto Lapo Tedesco p: 91
Iacopo frate da Turrita p: 109
Iacopo Lanfrani da Venetia p:. 139
Iacopo Passauanti frate p: 114
Iacopo corbini Pisano p: 152
Iacopo d'Arezo monaco di Montoliueto 215.216
Iacopo capponi s- 334
Iacopo del sellaio pittore, sue opere s. 390
Iacopo cozerello scultore s. 410
Iacopo Mezzone pittore s. 436
Iacopo da Montagna pittore s. 436
Iacopo Squarcione pittore Padouano s. 487
Iacopo d'Auanzo Veronese pittore sue opere 518.520.523.
Iacopo Vannucci Vescouo di cortona s. 527
Iacomello venetiano p. 139
Iacobello da Fiore pittore sue opere s. 518 520.523
Ianchristoforo Romano scultore s. 392
Instrumēti necessari a scultori, & pittori p. 5
Intentione dell'Autore p. 8, s: 141
Intagliare a ruota p. 40
Innocentio iii. Papa p. 90
Inscritione latina nel Duomo di Pisa p. 98
Inscritione volgare in Pisa p. 506
Incendio in Roma p. 112
Innocentio iiij. Papa p. 214
Inuenzione di Leonbatista Alberti s. 368
Inuidia è tra gli artefici s. 428
Ingegni si usauono per la festa della Nuntia ta in Fiorenza s: 442
Imagini per boti, & deuotioni s: 485
Innocentio viij. Papa s: 490
Innocentio cibo cardinale s: 500
Inferno di Dāte misurato dal Raggio s: 495
in qual parte del mondo li huomini si fanno eccellenti s: 508
indaco pittore fiorentino s: 524
in ogni stato l'huomo con la Dio gratia si puo saluare s: 359
istoria come vuole essere dipinta p: 45
ispiritelli come erano fatti s: 442
isidoro Montaguti Monaco negro s: 454
italico ordine d'architettura p: 25
iuditte statua di bronzo di Donato s. 330

L

Lampade d'argento alla Nunziata fatte, disfatte, & rifatte s. 345
Lanfranchi occisono Messer Piero Gambacorti p. 218
Lanterna della cupola di fiorenza s. 246
Lanzilago Padouano pittore s. 495
Lapi famiglia in fiorenza p. 94. s. 317
L'arte delle statue inuetriate mancata s. 269
Lazzaro Vasari pittore Aretino s. 371
Lazzaro Scarpaccia s. 518
Lauagna, & sue lastre p. 18.54
Lauoro di quadro che cosa sia p. 20.21
Lauoro Todesco p. 21
Lauorare in fresco p. 47
Lauorare tauole, & tele p. 47
Laurentino Aretino Monaco di Monte vliueto p. 238
Laude della pittura s. 386
Lauori di niello s. 503
Laude d'un buono religioso p. 229
Le cose quanto piu s'accostano al uero tanto sono piu perfette p. 2
Leggie in fiorenza sopra la pietra del fossato p. 19
Leonbatista Alberti p. 117
Leone X. Papa p. 231. s. 367
Lelio Torelli Dottore s. 334
Legname ne lauori, fa vergogna al maestro s. 476
Leonico Timeo s. 488
Libreria di san Lorenzo di fiorenza p; 60
Libreria di san Giorgio maggiore s: 340
Libreria di san Marco di fiorenza s: 343
Libreria maggiore in Roma s: 393
Libreria de Medici s: 454
Libreria di Papa Pio ij, in Siena s: 498
Libro di Lorenzo Ghiberti s: 275.285
Libro del Filarete da edifitij s: 349
Libri miniati in san Domenico di Fiesole s: 359
Libri da coro miniati nel Duomo di fiorenza s: 364
Lippo fiorentino p; 222.108
Lippo Memmi pittore Sanese p: 173
Lionardo da vinci p: 52. s: 488
Lino Sanese p: 106
Lionardo di ser Giouanni Orefice p: 109
Lionardo maestro di cesello fiorentino p: 159

Lioni di pietra a canti del palazzo de Signori opera male intesa p. 187
Lionardo Aretino s. 255.290
Lionardo Dati Generale di san Domenico s. 280
Lionardo Salutati Vesc.s. 422
Lite trà Domenichini, & Siluestrini per il conuento di s. Marco s. 342
Lodouico Marchese di Mantoua p. 177.321 368
Lodouico degli Albizi s. 280
Lodouico Capponi s. 389
Lodouico Malino pittore Ferrarese s. 425
Loggia di piaza di fiorenza p. 93.185
Loggia dello spedale delli Innocenti s. 318
Loggia in banchi di Siena s. 411
Loggia ne fra minori in Padoua s. 491
Longobardi p. 75
Lorenzo Monaco di Camaldoli p. 219
Lorenzo di Bicci pittore p.235.s.355.390
Lorenzo Giberti Fiorentino s.274 .p. 201. s.247.275.312.313.466.
Lorenzo de Medici il vecchio p.133.141.231 s.257.280.344.373.454.463.468.528
Lorenzo Acciaiuoli p. 187
Lorenz'antonio vite da pistoia Monaco p. 231
Lorenzo da Monte Pulciano pit.p. 238
Lorenzo Ridolfi Dottore s. 324
Lorenzino pittore Aretino s. 356
Lorenzo Vecchietti pittore s. 411
Lorenzo Costa Ferrarese pit. s. 424
Lorenzo di Credi s. 485
Lorenzo da lendinara pittore s. 491
Luca della Robbia scul. s.261. suoi descendenti s.265.266
Lucca città s 250.505
Luca Fancelli architettore s. 321
Luca dal borgo Framinore tassato s.354 356
Luca da Cortona s.355.449.372
Luca Fiorentino capo de zuchi famiglia in Mantoua s. 369
Luca da Cortona laudato da Michelagnolo Buonarruoti s. 528
Luca da Cortona parente dell'Autore s.529
Lucignano di Valdichiana s. 527
Lutio Papa iii.p. 90

M

Macigno pietra p. 19
Machine da guerra s. 410
Madonna delle gratie in Arezo s. 479
Madonna del latte a s.Giouanni di Valdarno s. 515
Madonna d'Oruieto s. 518
Maglione architettore p. 109
Malatesti d'Arimino p. 128
Mal giuditio di chi in se non ha religione s. 362
Marmo rosso, & nero p. 15
Marmo come si lauori p. 16
Marmo greco, & modo di lauorarlo p. 15
Marmi cipolloni, saligni, campani p. 16 17.
Marcello a Siracusa p. 69
Margaritone d'Arezo p.115.103.116
Marchionne aretino p. 90
Manfredi Re p. 101
Martino v.Papa p.114.238.s.281.348
Mariotto pit. Fiorentino p. 187
Marino Barattiere p. 201
Martiri dipinti nel Carmine p. 237
Marignolli famiglia di Fior s. 319
Martelli famiglia di Fior. s. 319
Marsia statua di marmo s. 483
Mariotto Banchi s. 342
Marco Veronese frate di san Domenico s.401
Marco zoppo pit.s. 498
Marco Ballarini, & Marco Bussiti pittori s.522
Mantegna pittore s. 480.489
Marchese di mantoua s. 489
Martirii contrafatti alle processioni s. 443
Masaccio pittore s. 295.247
Masaccio cō le sue opere, e stato il maestro di coloro che sono stati dopo lui buoni maestri s. 299
Maso Finiguerra orefice s.466.p.64
Maso Pappacello da Cortona s. 529
Masolino da Panicale di Valdelsa pittore s. 287.221
Matilda contessa p. 98
Matteo Visconti p. 141
Matteo da Lucca scul. s. 252
Mattia Re d'Vngheria s. 478
Medaglie del Pollaiuolo s. 469
Medaglie in che modo si faccino p. 40
Medaglioni varii del Pisano pittore s.402. 403
Mercato nuouo di Fior. p. 19
Mercatantia magistrato in Fiorenza s.469 471
Metalli per le statue come si alleghino p. 39
Mezi rilieui, & loro inuentioni p. 36

Michelagnolo Buonarruoti p. 12.13.18.19.25.48.128.382.402.413.412.514
Michelozo Fiorentino s. 338
Michele da milano pittore p. 158
Michele di Lando p. 216
Michele Sanmichele Veronese architettore s. 402
Milano p. 100.s.355
Minerua conuento in Roma p. 124.s.361.481
Mino scultore, & sue opere s. 392.420
Mino del Reame s. 422
Miniature in badia d'Arezo s. 449
Miniature per il Re matthia, & per il duomo di Fiorenza, & per san Gilio s. 454
Mirabile trouato pennetti sottilissimi p. 40
Misericordia chiesetta in Fiorenza p. 100.149
Misura dell'alteza della cupola con tutte le sue parti s. 318
Misericordia conuento di Bologna s. 505
Miracolo del legno della Croce s. 430
Mitria per il Papa di grandissimo valore s. 281
Moccio scul. Sanese p. 201.204.s.258
Modanino scultore s. 352
Modello della cupola s. 312
Modello della lanterna s. 317
Modello d'uno palazo s. 320
Modello del tempio delle lachrime d'Arezo s. 452
Modelli come si ingrandischino p. 35
Modelli per le statue con qual ordine si fanno p. 37.47
Modello d'un monasterio s. 291
Modello della Chiesa di s. Spirito di Fior. di Filippo di Ser brunell.
Modello del palazo de Medici, & suoi appartamenti s. 339
Modello della restauratione del palazo de Sig. da l'autore s. 342.341
Modello della Chiesa di san Francesco d'Arimino s. 368
Modello del palazo delli Strozi s. 478
Modelli delle sculture s. 249
Modo usato dalli antichi sopra le colonne s. 368
Modo nuouo da formare d'inuentione del Varracchio s. 485
Monti dell'Amprunera, di Carrara, di Verona, di Prato producono pietre mistie di più sorte p. 15
Monte morello p. 28
Mola d'Adriano p. 74
Monete, & loro impronte p. 40
Monreale in Sicilia p. 189
Monastero detto di Faenza rouinato per la guerra p. 190
Montoliueto di Chiusure p. 145.166.246.s.217.528
Montoliueto di Napoli s. 352.500
Montoliueto di San Gimignano s. 408
Monteuarchi s. 474
Monteuarchi pittore s. 515
Monte pulciano s. 328
Monaci rinchiusi delli Angioli di Fiorenza p. 135
Monaci Siluestrini s. 348
Monte del Comune di Fioren. mutato luogo s. 324
Monte san sauino s. 450
Morte di Pietro Perugino s. 515
Morto di Donatello s. 333
Mulina in Fioren. p. 103
Muro, come si dipinge a olio p. 52
Mura di Fioren. p. 150
Murate monasterio di Fiorenza s. 387.421
Murate monasterio d'Arezo s. 459
Musaico di più sorte p. 28.29.30
Musaico in Duomo di Fioren. & in san Piero di Roma p. 112
Musaico sopra la porta di san Giouanni di Fioren. s. 188
Musaico del Grillandaio al Duomo di Fioren. s. 465

N

Nanni d'Antonio di Banco s. 259
Nanni Grosso, & suoi costumi s. 484
Napoli città Reale s. 358
Napoleone Orsino Cardinale p. 138
Naue di musaico opera di Giotto p. 124
Neri di Gino Capponi s. 324
Neroccio Architettore Sanese p. 173
Neroni famiglia di Fioren. s. 318
Nettunno colosso di marmo dall'Ammanato p. 16
Nicola Pisano scultore p. 79.97
Niccolo Aretino s. 259
Niccola v. Papa p. 90.s.354
Niccolaio Cardinale pratese p. 104
Niccolo Guidalotti perugino p. 105
Niccolo Acciaiuoli fioren. p. 124
Niccolo da Vzano fiorentino p. 237.s.343.
Niccolo scultore s. 253
Niccolo Aretino s. 253

Niccolo valori s. 280
Niccolo della Guardia s. 392
Niccolo da Tolentino capitano s. 397
Niccolo Cartoni detto Zoccolo s. 497
Niccolo Alunno pit. s. 501
Nicomaco scul. s. 243
Niello in che modo si lauori p. 64
Nilo statua in Beluedere p. 15
Nino scultore p. 150.152
Nimicitia tra Pietro Perugino, & michelagnolo Buonarruoti s. 514
Nobilta della scultura, & difficulta in quella p. 2.
Nuntiata di Fior. p. 176. s. 256. 349. 360. 381. 496
Non si fidi de posteri chi vuole lassare memoria di se s. 326
Nouella di Giotto p. 132
Nouitiato di santa Croce di Fior. p. 176. s. 343
Nuoua inuentione di scultura per Luca della robbia s. 264
Nunziata fuori di Bologna s. 505
Nuuole nelle rappresentationi come si faceuano s. 441.443.

O

O. di Giotto perche si dice tu se piu tondo & c. p. 123
Ochio della cupola s. 329
Oderigi da Gobbio miniatore p. 224
Olio come si dipinge con ello p. 52.53
Ognisanti di Fior. p. 128. 157. 168. 190. s. 458. 471
Onorio Papa p. 177
Onori, & doni al Bellino dal gran Turco s. 436
Opere di Donatello s. 333
Opere disegnate da Papa Nicola v. s. 413. 414
Opere d'Orefici presto sono guaste s. 466
Opere del verrocchio s. 481
Ordine di san Francesco confermato p. 91.
Ordine di valembrosa p. 108
Orgagna pittore p. 182.185
Organo del Duomo di Fior. sopra la sagrestia s. 262
Organo con canne di legno s. 480
Origine de ser brunelleschi s. 302
Oriuuoli fatti da filippo di ser brunellesco s. 303
Oriuolo del Duomo di Fiorenza s. 329.
Oriuolo di mercato nuouo in Fiorenza s. 486
Ordini d'architettura, rustico, dorico, ionico, corintho, & composito p. 23
Oro battuto sottilis. per la pittura p. 56
Orlando Malauolti s. 249
Ornamenti per camere s. 257
Oro, & azzurri in pittura non conuengono s. 500
Orsino Ceraiuolo maestro di immagini s. 485
Orto della Badia di santa Fiore s. 452
Oruieto la facciata del Duomo p. 108. s. 361
Orto de Rucellai s. 368
Orlando de Medici s. 349
Or san Michele di Fiorenza p. 20. 93. 143. 176. 177. 197. 210. s. 255. 279, 280. 304. 319. 467.
Osterie, & cucine nella cupola quando la si fabricaua s. 316
Ottauiano da Faenza p. 131
Ottauiano della Robbia s. 268
Ottangolo d'Auorio, & d'Ebano in casa Medici s. 472

P

Pace da Faenza s. 131
Pagno portigiani scul. s. 342
Palazi in Fior. fatti a bozze p. 22
Palazo bene proportionato, & sue membra p. 3.
Palazi in piu luoghi di maniera barbara p. 76.
Palazo in Arezo p. 85
Palazo del potestà in Fiorenza p. 93. 197
Palazo della Signoria hora del Duca di Fior. p. 95. 151. s. 258. 440. 468
Palazo de Caualieri in pisa p. 99
Palazo in Ancona p. 117
Palazo della parte Guelfa in Fiorenza p. 121. 221. s. 324. 372.
Palazo de noue in Siena p. 135. 165. 233
Palazo in Prato p. 138
Palazo de Medici p. 236. s. 351.
Palazo de Pitti s. 247. 320. 321
Palazo delli Strozzi
Palazo di Ruciano de pitti s. 320
Palazo del Duca di Fiorenza, quasi tutto rimutato s. 348
Palazo a Fiesole de Medici s. 348
Palazo di Borgo vecchio s. 393. 499
Palazo in Vrbino del Duca s. 410

Palazo di san Sebastian in mantoua s. 489
Palazo di m. Gio. Bentiuogli s. 304
Palazo di Sciarra Colõna s. 513
Pandolfo malatesti p. 174
Panteon in Roma p. 24.25
Paolo Papa iii. p. 60.91.s.344.512
Paolo Vccello Fiorentino pit. s. 268.269
Paolo Astrologo p. 394.s.364
Paolo Orlandini monaco p. 231
Paolo schiauo pittore s. 288
Paolo ii. papa s. 252.383.384.392
Paolo Romano scult. 392
Palco della sala de dugento in Fior. s. 478
Palagio del papa p. 89
Palla grande sopra la cupola s. 483
Paragone pietra negra p. 15
Pauimenti di terra inuetriata, & di mistu-
rico p. 129
Pauimẽti di mattoni coloriti senza uetria
tura p. 60
Pauimento del duomo di Siena p. 204
Pauimento della loggia del papa s. 268
Paradiso di san Felice in piaza di Fioren
za s. 321
Paramenti ricchiss. di s. Gio. di Fior. s. 469
Parri Spinelli pit. Aretino s. 289.290.p.118.
Parri Spinelli pit. passa grandiss. s. 294.
Pasquale papa ii. consacrò la chiesa di santa
maria maggiore di Fiorenza p. 253
Paolo da Verona ricamatore s. 469
Pergami di bronzo in s. Lorenzo di Do
natello p. 56.s.333
Pelagio papa p. 89
Pergami in pisa, & in Siena p. 101. in pistoia
p. 104
Pergamo del duomo di pisa p. 105
Peruzzi famiglia s. 273
Pergamo in prato opera di Donatello s. 332
422
Perugia città s. 358.422
Pergamo in s. Croce di Fiorẽz. s. 477
Petrarca p. 129
Peste grandissima in Fior. p. 208
Petraia palazo s. 303
Pesaro città s. 354
Pietro Soderini sua sepoltura p. 15
Pietro di Toledo p. 16
Pietra forte p. 19 pietra del fossato p. 19
Pietro perugino pit. s. 498. vita 507
Pietra Istriana p. 18 pietra Serena p. 20
Pietro laurati Sanese p. 144
Pietro cauallini Romano p. 166.168
Piero della Frãcesca dal Borgo s. 353
Pietro, & paolo orefici Aretini p. 138
Pietro paolo Venetiano p. 139
Piero Saccone p. 125.127.136
Pietro Bembo s. 285.384.436
Piero di cosimo de medici s. 264
Piero del Donzello, & polito pit. s. 351
Piero da castel della pieue s. 357
Piero Bolognese s. 357
Pietro paolo da Todi scul. s. 392
Piero di cosimo pittore s. 439
Piero pollaiuolo d'orefice pit. s. 467
Pitti giardino p. 13.14
Pisa restaurata dal Duca cosimo p. 17
Piperno pietra p. 18
Pisani p. 78.s.474
Piscopio di Napoli p. 89.s.512
Pieue d'Arezo p. 90.121.145.225.s.285.293
449 451
Piaza di s. Gio. di Fior. alzata p. 92
Pilo belliss. in pisa p. 98
Pieue di prato p. 106.388
Pittura, & sua nobiltà p. 3.44
Pittura ha più mẽbra che la scul. p. 3.
Pit. & scul. sẽpre fioriron insieme p. 148
Pitture in Fiorenza in infamia d'alcuni
ribelli p. 160
Pittura a fresco non uogliono essere ri-
tocche p. 208
Pippo Spano s. 258
Pittura è una tacita poesia s. 263
Pitture di santi vorrieno essere fatte da per
sone sante s. 362
Pio ii. papa s. 392.410
Pisano pittore Veronese s. 403
Pienza fatta città, prima detta corsigna
no s. 410
Piancaldoli castello preso per uia di
mine s. 447
Pieue d'Empoli s. 474
Pittura del mantegna presso al principe di
Fior. s. 492
Pittura che ingannò un pit. s. 495
Pintoricchio pittore perugino s. 518
Porfido, & sua diffinitione p. 10.11.12.13
Porsena Re di Toscana p. 69.s.373
Portico di s. piero di Roma p. 75
Ponte alla carraia detto ponte nuouo p. 92
114.159
Ponte a Rubaconte p. 92
Ponte a s. Trinita p. 114.178.194
Ponte vecchio p. 178
Porta Romana, & porta Tufi di Siena p. 135
Po fiume p. 137
Poggio a caiano palazo de medici p. 541.s.
498
Porta a san Friano p. 152
Portone di camollia p. 173

porta di bronzo della sagrestia di santa maria del Fiore s. 263
porta di brōzo di s.piero di Roma s. 345
porto di pesaro s. 319
ponte Sisto s. 392
portico di s.piero di Bologna s. 428
pollaiuoli pittori sepolti in s.piero in Vincoli di Roma s. 468
polo Zambeccari s. 505
prospettiue p. 47
pozzo in Oruieto.p. 99
prato terra di Toscana p.197.s.349.388
premio al Giberti per l'opera della porta di bronzo di s.Gio.s. 284
prospettiua di Filippo di Ser brunel.s. 303
professione de Fiorentini s. 309
pruoua fatta dal Brunellesco a uoltare senza armadura s. 311
prouesione a Gentile Bellini da san Marco s.436
presentino Bisdomini s. 451
porte di s.Gio. di Fior.p.36.150.s.250.276.277.279.281.282.304
puccio Capanna p.128.127.130
pucci loro capella s. 467
purita di fra Gio.Angelico s. 362
putto di bronzo nel cortile del Duca Cosimo s. 483

Q

Quartieri di Fiorenza faceuono uarie rappresentationi s. 441
Quando, & in che tempo l'Autore scrisse quest'opera s. 471

R

Raffaello d'Vrbino pittore p. 50
Rauenna p. 75
Raffaellino del Garbo pit.s. 497
Religione christiana guasto le cose de gentili p. 74
Reprensioni contro al Mantegna s. 488
Regno di Napoli simile all'Asino p. 126
Ribelli di Fior.dipinti d'Andrea del Castagno s. 399
Ritratti per ordine dell'alfabeto posti a una tauola separata.
Rodi isola hebbe gia piu di trentamila statue p. 69
Rossellino scultore s. 367
Roma, & romani inbastardirno in bizāzio
Rondinello da rauenna sue pitture s. 436
Ruggieri da Bruggia p. 51.60
Ruberto martelli s. 328
Ruuidino gioculatore s. 444

CHIESE

Santo Agnolo compagnia in Arezo s. 468
s.Agostino in Roma s. 525
s.Agostino d'Arezo p.201.233.s.449. 527
s.Agostino di siena s. 527
s.Agostino di Padoua s. 488
s.Agostino di Perugia s. 513
s.Ambrogio di Fiorenza s.297.386.421.437.438
s.Andrea di Pistoia p. 89
s.Antonio di Venetia p. 139.s.521
s.Antonio fuor di Fior.p. 204
s. Antonio al ponte alla carraia p. 206
s.Antonio d'Arezo p. 223
s.Antonio da Padoua s. 332.383
s.Antonino fatto Arciuescouo, & canonizato s. 362
s.Andrea di mantoua s. 369
s.Anastasia in Verona s. 408
s.Apostolo in Fior.p.77.78.108
s.Apostolo in Roma s.393.408
s.Bartolomeo di pistoja p. 108
s.Basilio al canto alla macine p. 167
s.Bastiano pittura di pietro perugino venduto al Re di Francia ducati 400.s. 512
s.Barnaba in Fior.s. 478
s.Benedetto monaco fuori di Fiorenza s.223.230.366
s.Benedetto a ripa d'arno in pisa s. 408
s.Bernardo d'Arezo monasterio p.215.s.280.356.387
s.Bernardino da siena s. 292.508
s.Cathaldo in Arimino p. 130
s.Catherina in Pisa s. 408
s.Cecilia di Roma p. 167
s.Cecilia capella in s.Gio.in monte in Bologna s. 504
s.Chiara monasterio in Fior.s. 509
s.Croce in Hierusalem p. 72
s.Criaco in Ancona p. 117.s.356
s.Clemente in Arezo p. 116
s.Cristofano di Buffalmaco p. 161
s.Croce di Fior.p.120.141.143.146.174.176.184.190.196.213.238.s.280.285.396.405.464.456.511.481.
s.Croce di Lucca, & suo Tempietto s. 252
s.Clemente in Roma s. 298
s.Croce fuora di pisa s. 408
s.Domenico fondatore dell'ordine p. 98
s.Domenico in perugia p.105.233.s.390.401.501
s. Domenico in Bologna p. 104.s.454.494
s.Domenico da Fiesole s. 360.524
s.Domenico in prato s. 388.p.194

s.Domenico in Ferrara s. 424
s.Domenico in Rauenna s. 424
s.Domenico in pesaro s. 434
s.Domenico in Rimini s. 463
s.Domenico monasterio in Fiorenza s. 438.
s.Domenico d'Arezo p.101.202.216.s.293.294.371
s.Donato sua testa p. 146
s.Donato scopeto s. 495
s.Donato,& Hilariano p. 73.
s.Erculano p. 163
s.Felice in piaza in Fior.p. 239
s.Francesco d'Ascesi p. 121
s.Francesco d'Arezo p.116.s.293.451.527
s.Francesco della vigna in Venetia s.434.522
s.Francesco di pisa p. 121.233
s.Francesco di siena p.135.165.s.512
s.Francesco delle scarpe in perugia p. 233
s.Francesco di Bologna p.137.s.425.500
s.Francesco di volterra s. 527
s.Francesco di pistoia p. 145.173
s.Francesco sopra Fiorenza s. 473
s.Francesco del monte a perugia s. 513
s.Fermo in verona s. 402
s.Francesco di prato s. 388
s.Fridiano in Lucca s. 250.505
s.Gio.Laterano p.72.190.s.440
s.Gio.& paolo p. 73
s.Gio.di pisa p. 89
s.Gio.Euangelista di Pistoia p. 104
s.Gallo di Fiorenza p.190.s.512
s.Gio.di Fiorenza p.197.223.243
s.Gio.di siena s. 279
s.Gio.Batista di brōzo di Donato s. 333
s.Giorgio di Fiorenza s. 342
s.Giouanni in monte di Bologna s. 425.428.512
s.Giouãnino cõuento de Giesuati s.457.511
s.Gio.in Parma s. 504
s.Gregorio primo Papa p. 75
s.Grisogono in Roma p. 167.
s.Gimignano terra di Valdelsa p. 202.232.233
s.Giustino d'Arezo p.215.s.293.451
s.Giorgio di Ferrara p. 131
s.Gherardo da villa magna p. 177
s.Iacopo in Pistoia p.99.104.142.s.389.405.303
s.Iacopo soprarno s. 311
s.Ieronimo da Fiesole conuento s. 344
s.Iacopo delli spagnuoli di Roma s. 401
s.Iobbe di Venetia s.431.521.522
s.Iustina di Padoua s. 489
s.Lodouico vescouo statua di bronzo di Donatello s. 338
s.Lorenzo di Fiorenza p.89.320
s.Lorenzo extramuros p. 72
s.Lorenzo di Napoli p. 100
s.Lucia nella uia de Bardi p.213.s.363
s.Lorenzo monast.in Bologna s. 505
s.Lorenzo nel Borgo a San sepolchro s. 501
s.Lorenzo in Arezo s. 526
s.Luigi de Franzesi in Roma p. 18
S.Maria del Fiore s. 351.396
S.Maria in grado d'Arezo p. 73
S.maria ritonda di Rauenna p. 76
s.maria mag. di Fiore. p. 89.213.223.s.269.297.405.471
s.maria della spina in Pisa p. 102
S.Maria soprarno p. 98
S.Maria della nuoua di Napoli p. 102
S.Maria Nouella p.113.141.143.171.190.238.s.280.285.359.361.365.396.405.456.464.512.
S.Maria Trasteuere p.167.s.392
S.Maria nuoua spedale p.221.s.256.361.380.397.463
S.Maria nuoua monasterio in Roma s. 401
S.Maria delle gratie in Arezo s. 292
S.Maria dell'Oreto s.352.355.397.476
S.Maria Primerana da Fiesole s. 387
S.maria del Popolo in Roma s.393.499
S.maria d'Artone in Padoua s. 502
S.maria in Organo di Verona s. 486
S.maria delli Angeli d'Ascesi s. 501
S. maria maggiore in Roma p.73.91.112.s.243.298.407
s.marco di venetia p. 53.80
s.marco di Fioren. p.177.168.s.154.468.34 359.471.343.438
s.matthia di murano p. 830
s.marino di Rimini s. 528
s.margherita d'Arezo s. 528
s.marco di Roma s. 352.513
s.martino monast.di Fioren.s. 509
s.martino di Lucca p.79.99.s.438
s.miniato a monte p.77.80.108.215.s.243.270.344.365.
s.miniato fra le torri s. 468
s.michele in borgo in Pisa p. 99
s.michele Berteldi p. 92
s.michele visdomini p. 187
s.michele di murano p. 830.s.434
s.michele d'Arezo p. 239
s.michele di Lucca s. 252

S.Niccola di pisa p. 99.221
S.Niccolo monast. in prato p. 104
S.Niccolo oltrarno in Fior.s. 497
S.Paolo di Roma p. 167
S.Paolo di pistoia p. 178
S.Paolo a ripa d'Arno p. 184
S.Pancratio di Fioren.p.190.197.s.494
S.Petronio di Bologna.p.89.224.s.250.426.
s.Piero di Roma p.123.141.146.167
s.Piero maggiore di Fioren.p 182.s.405.
471.265.512
s.Piero Buon configlio in Fior.s. 265
s.Piero scheraggio in Fior.p. 230
s.Piero,& san Paolo statue alle scale di
Roma s. 392
s.Piero in Vincoli in Roma s. 393
s.Piero in Montorio fatto dal Re di portogallo s. 393
s.Piero Badia in perugia s. 422.514
s.Piero in Bologna s. 425
s.Piero d'Arezo s. 449
s.Pontiano in Lucca s. 494
s.Protho,& Iacintho s. 280
s.Procolo di Fioren.p. 165
s.Regolo in Lucca s. 252
s.Rocco statua bellis.di legno p. 42
s.Romeo di Fioren.p.182.190.s.363
s.Romolo di Fioren.p. 197.239
s.Spirito di Fior.p.140.171.198.201.206.
arse.s.303.324.337.471
s.Stefano in Fior.p.176.189.194.206.
s.Sepolcro in Milano s. 355
s.Sofia in Padoua s. 488
santo di Padoua p. 125
s.Saluadore Zoccholi sopra Fior.s. 494
s.Seuero in Perugia s. 514
s.Spirito in Sassia spedale p. 91.s.393
s.Saluadore in Fioren.p. 92
s.Sebastiano in Mantoua s. 422
s.Saluestro in Mantoua s. 425
s.Sauino in Faenza,& suo sepolchro s. 477
s.Salui Badia hora monasterio di suore
s.483
s.Trinita in Fior.p.100.204.213.230.s.262.
380.456
s.Stefano fuori d'Arezo p. 235
s.Tomaso in Fior.s. 273
s.Vitale in Bologna s. 505
s.Vitale in Rauenna s. 243
s.Vito in Pisa s. 405
s.Zanobi p. 138.s.280
s.Zaccheria in Venetia s. 434
s.Zeno di Verona s. 489
Salamandra impresa del Re Francesco di
Francia p. 38
Sapientia nuoua in Perugia p. 105
sala di siena p. 138
sala del cõsiglio di venetia p.106.s.431.434
sala di casa Orsina s. 288
sagrestia di san Lorenzo s. 333.319
sagrestia nuoua del Duomo di Fior.s. 329
saluestro sancelli s. 369
sandro Botticello pit.s.390.470.472
sala dell'oriuolo di palazo del Duca s. 452.
santi Buglioni scultore s. 486
saracini ruborono nella Sicilia p. 75
sargiano conuento de zoccholi p.116.s.292
356
sasso conuento in Casentino p. 179
saluestro miniatore monaco p. 131
scritta di Filippo di Ser brunellesco per
la cupola s. 310
scultura,& sua difficile arte p. 2.44
scultura molto peggiorata al tempo di
Constantino p. 72
sculture goffe in alcuni luoghi p. 148
scultura ha diuerse maniere p. 148
scorci ò scorti di sotto in su s. 492
scarperia terra di mugello p. 149
sebeto Venetiano pittore s. 518
sebastiano scarpaccia pittore s. 518
sepolture di due papi in perugia p. 101
sepoltura del Cardinale di Portogallo
in san miniato s. 413
sepoltura del Duca d'Amelfi s. 413
sepoltura di Lionardo Aretino s. 413
sepoltura di Carlo Marsuppini s. 417
sepoltura di sisto papa iiii.s. 468
sepoltura delli strozzi s. 437
sepolt.di piero di Cosimo de medici.s.482
sepolt.del Cardinale Forteguerri s. 484
sepolt.di papa Innocentio viii.s. 468
sepolture di varie persone.
Aliotti p. 157
Andrea del Verrocchio s. 485
Conte Vgo in Badia s. 421
Duca di Calabria s. 265
Giorgio Vasari Aretino s. 373
Donatello in monte pulciano s. 333
Martino papa v.s. 348
Orlando de Medici s. 349
Andrea Calduino p. 139
Fra Filippo pittore s. 494
Giouanni da Lignano p. 139
Giouanni xxiii.papa s. 329.339
Giouanni Angelico s. 363
Donatello in Napoli s. 332
Martelli s. 334
Paolo Guinigi s. 249
Taddeo Popoli p. 139

Strozi s. 476
Seconda età della pittura p. 247
Sepolchro di Christo s. 343
Serpentino,& sua esaminatione p. 13
Serauezza Castello p. 17
Serui per decreto era proibito lauorare di pittura p. 69
Semiramis Regina p. 67
Serui contiento in Perugia s. 372
Serui conuento in Fiorenza s. 437
Sgraffiato in che modo si dipinge p. 55
Simone Memmi Sanese p. 161.170
Sillto libro miniato d'Attauante s. 364
Siluio Cardi di Cortona s. 528
Simone di Donato scul. s. 345
Sigismondo Malatesti s. 262
simone Bianco scul. s. 522
siluano Razzi monaco p. 128
sigillo di Nerone s. 281
simandio Re p. 68
smalto in che maniera si lauora p. 67
sollazzino pittore p. 187
spagna pittore s. 516
spannocchi loro palazo in siena p. 233
spinello Aretino p. 212
spedale di Bonifatio p. 198.s.439
spedale grande in Milano s.345.348
spedale di siena p.144.165.234
spedale di s.Maria nuoua p.211.s.256.367 380.397.463
spedale delli Innocenti di Fiorenza s. 266
spedale di Lelmo in Fiorenza s. 269
spedaletto uilla nel Volterrano s. 473
squola di s.Orsola in Venetia s. 521
squola della Croce in Venetia s. 430
squola di s. Marco s. 522
statua d'oro della scultura,& d'argento della pittura p. 2.
statua di douitià opera di Donatello p. 20
statue in che modo si pulischino p. 35
stazzema monte che produce uarii marmi p. 60
statue nella facciata di s. Maria del Fiore p. 149
starnina p. 220
stampare libri chi ne fu inuentore,& in che tempo s. 368
stampe di rame s.64.s.492
stampe intagliate in rame s. 454
statue diuerse. s.Filippo di bronzo 260 quattro santi di marmo s.260.san Lo s. 261.Paolo ii.Papa s.384. Bartholomeo da Bergamo s.384.s.Bastiano in Empoli s.413.santa Maria Madalena s.418 s.Piero di Roma d'argento s. 481.s. Tomaso di bronzo s.482.Daniello profeta s.329. statua di s.Giouanni Batista di Donatello s. 336
stucchi come si fanno in che modo si fanno p.27.come si lauori p. 48
stiacciati rilieui nella scultura p. 37
strumenti per le statue di bronzo p. 39
statue trouate a Viterbo p. 70
stefano Fiorentino p. 140
stefano da Verona pittore p.198.sue opere s. 518
starnina p. 220
stipendio ordinato a Filippo di ser bru nellesco s. 333
storie della vita di Papa sisto s. 393
storie nella sala del consiglio di Venetia s. 431
stefano miniatore s. 455
strada ammattonata,& fonte restaurate ad Ascesi s. 486.344
stupore del Francia Bolognese s. 506
studiolo del Duca Cosimo s. 516

T

Tabernacoli. Gianfigliazi p.142.a santo spirito di Fiorenza p.145.sul canto della piaza di santo spirito p. 189 a Nuouoli p.208.Mercato uecchio p.210.a sãto Nofri p.210.a san Nicolo p.210.a Pozzolatico p.207.piazza di santa Maria Nouella p.211.al ponte a scandicci p. 216. monache di Fuligno p.237.via de martelli p. 237.Ponte a rubaconte p. 237. canto de Gori s.288.canto de Carnesecchi s.397. fuora della porta alla Croce s.454. in capo alla uia larga s.454.
Tabernacolo di bronzo in san Giouanni di Fior.p. 150
Tabernacolo d'Orsanmichele p. 185. 186
Tabernacolo del sagramento in san Piero di Roma s. 338
Tabernacolo di bronzo nel Duomo di siena s. 411
Tabernacolo di marmo nelle murate s. 421
Tauola di pietra granita per il giardino de Pitti di braccia 12.p. 15
Tazza di granito di braccia 12.di Diametro p. 15
Tartari per fontane p. 28
Tausia,& suo lauoro p. 65

Tarsie di legname p. 60
Taddeo Gaddi Fiorentino p. 165. 149. 152
Tagliacozzo p. 101
Taddeo Sanese pittore p. 232
Tanai de Nerli p. 494
Tauola in Palazzo della Signoria di Fiorenza s. 405.496
Tauole due del Francia nella Misericordia di Bologna s. 503
Tauole tre del Francia in Modana s. 504
Tauola in san Giouanni in Monte di Bologna di Raffaello d'Vrbino s. 506
Tauola nella Nuntiata di Fiorenza s. 514
Teatro di Marcello in Roma p. 24
Tende sopra la piazza di san Giouanni s. 442
Tempio di Bacco fuor di Roma p. 10.30
Tempio a Tiboli p. 24
Tempio nel Vaticano in Roma p. 72
Tempio di san Giouanni Battista in Fiorenza p. 78.108
Tempio di san Giouanni in Pistoia p. 151
Tempio a otto faccie a gli Angeli in Fiorenza s. 246.320
Termini p. 26
Terremoto al Borgo a san Sepolchro s. 254
Testamento del Petrarca p. 129
Testa d'un Cauallo, opera di Donato in Napoli s. 332
Testa di san Zanobi 454
Teuerone fiume sua natura p. 17
Tiboli città p. 21
Tiglio legname, atto per le statue p. 42. s. 249.303
Titiano pittore s. 433. 436
Tito Strozzi poeta s. 403
Tomaso detto Giottino p. 188
Tomaso Pisano Architettore p. 152
Tomaso di Marco pittore Fiorentino p. 187
Tornaquinci famiglia antica di Fiorenza p. 114. s. 459
Torre de Conti in Roma p. 90. s. 407
Torre rouinate in Fiorenza p. 100
Torre Borgia in Roma s. 500.512
Torre di Siena p. 138
Torrione della porta san Piero Gattolini p. 187
Totila rouinò Roma p. 75
Trebbio villa de Medici s. 543
Treuertino pietra p. 17
Tribolo scultore Fiorentino p. 28
Tribunale della mercatantia Magistrato p. 178
Tribuna della Nonziata s. 321.326.368
Trinità Chiesa in Roma s. 524
Trionfo della Fede in stampa di Rame s. 475

V

Varij inuentori della pittura p. 68
Vante Miniatore s. 452
Vasi in Roma grandissimi per bagni p. 14
Vasi Aretini p. 37.70
Vasi antichi trouati in Arezzo s. 373
Vdienza nell'Arte del Cambio Magistrato s. 513
Vdienza nel Magistrato della parte Guelfa s. 528
Vellano da Padoua scultore s. 383
Velocità di Lorenzo di Bicci nella pittura p. 237
VENETIA p. 100. s. 333
Vernice da pitture s. 376
Vernia di san Francesco in Casentino p. 139. 169
Verona Città s. 401.402.489.523
Verrocchio pittore s. 481
Vescouo di Ricasoli p. 206. s. 293
Vescouado d'Arezzo s. 254.356.451.452
Vescouado di Fiesole s. 412
Versi esametri, & pentametri uolgari di Battista Alberti s. 367
Vetri per il musaico, come si preparino p. 58
Vetriate, come si lauorano p. 62
Vetriate di Lorenzo Giberti s. 285
Vettorio Giberti scultore s. 285
Vgolino Sanese pittore p. 143
Vgo da Carpi nuouo inuentore di stampe in legno p. 65
Vieri de Medici s. 262
Vigne sopra le anticaglie di Roma p. 75
Vicino pittore p. 109.113
Vincẽzo Borghini p. 85. s. 336.337.360.422. 483
Vincenzo Danti Perugino scultore p. 102
Vincenzo Verchio Bresciano s. 523
Vincenzo Catena pittore sue opere s. 518
Vincenzo di Zoppa pittore s. 345
Vitruuio Architettore p. 23.24

Virtù di f. Gio. Angelico pittore s. 363
Vittore Scarpaccia s. 521
Viuarino pittore s. 433
Volte di Getto p. 27
Volterra Città p. 19.233.s.408
Vrbano III. Papa p. 90
Vrbano IIII. Papa p. 116
vrbino Città p. 198
vso de' Fiorentini ne' nomi proprij p. 9

Z

Zanobi Machiauelli s. 402
Zeno da verona s. 525

IL FINE.

TAVOLA DE RITRATTI
CHE SONO NOMINATI
In questa Prima, & Seconda parte,

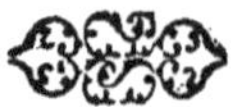

A

AGNOLO gaddi p. 199
Agnolo Acciaiuoli s. 456
Agnolo Politiano s. 461
Alesso Baldouinetti s. 460
Alessandro papa VI. s. 500
Alberto magno s. 359
Alfonso Re di Napoli s. 352
Amerigo vespucci s. 456
Antonino Arciuescouo, & santo s. 361.356
Antonio Brancacci s. 299
Antonio Colonna s. 335.407
Antonio Rossellino scultore s. 413
Antonio pollaiuoli s. 493
Argiropilo s. 408
Andrea del Castagno s. 398
Arnolfo architettore p. 96.174
Arrigo VII. Re d'Inghilterra s. 477

B

Baldassare da Leccio s. 489
Bartholomeo valori s. 363.299
Bartholomeo d'Aluiano s. 436
Bartholomeo Filisini s 503
Bartholomeo miniatore s. 450
Battista da Canneto s. 335
Bastiano mainardi s. 460
Benedetto XI. papa p. 174.8.359
Bernardino santo da Siena s. 292
Bernardetto de medici s. 398
Bernardo guadagni s. 398
Bernardo Fiorentino beato s. 359
Benozzo pittore s. 408.430
Bessarione Cardinale s. 335
Bongianni gianfil. s. 380
Boccaccio s. 399
Bonifazio Furimeliga s. 489
Bonramino Caualiere s. 489
Brunetto Latini p. 120
Buoninsegna Fiorentino s. 359

C

Carlo VII. Re di Francia s. 335
Carlo VIII. Re di Francia s. 462
Carlo d'Angiò s. 340
Carlo malatesti 273
Carmignuola s. 355
Castruccio p. 183
Caterina Regina s. 439
cecco d'Ascoli p. 184
chiaro beato s. 359
cimabue p. 174.87
cino da Pistoia p. 157
cosimo vecchio de medici s. 345.472
cosimo Rosseli s. 439
corso Donati p. 120
costa pittore s. 425
christofano Landino s. 461

D

Dante p. 119.8.230.399
Dauitte grillandaio s. 460
Demetrio Greco s. 451
Dello pittore s. 258.271
Diotisalui Neroni. s. 380
Dino del garbo p. 184
Domenico grillandaio s. 460
Domenico garganelli s. 426
Donato scultore s. 273.337
Domenico santo s. 359.
Donato Acciaiuoli s. 405
Donato Rosseli s. 357
Duchessa Bianca s. 345

E

Ercole pittore s. 426

F

Farinata vberti p. 123
Farganaccio s. 398
Federigo Imperadore s. 361
Ferrante Re di Napoli s. 361
Filippo di Sebrunell. s. 273
Filippo Strozzi, il vecchio s. 380.477
f. Filippo pittore s. 289
Filippo Lippi s. 493
Filarete s. 349
Folco portinari s. 398
Francesco Sforza s. 345
Francesco Spinola s. 335
Francesco Tornabene s. 421
Francesco gonzaga s. 424
Francesco granacci s. 493

G

Gaddo Gaddi p. 13
Galeotto Malatesti s. 477
Gentile da Fabriano s. 401
Gentile Bellini s. 434
Gentile da Vrbino s. 450
Gianozzo Manetti s. 467.273
Gineura de Benci s. 461
Giotto p. 273.s.477
Gio. Vitelleschi s. 335
Gio. Dominico Card. s. 359
Gio. Tornabuoni s. 459
Gio. di Cosi. de Medici s. 472
Gio. Paolo Baglioni s. 528
Gio. Agnolo del Duca Cosimo s. 496
Gio. di Bicci s. 363
Giordano Beato s. 359
Giorgio Cornaro s. 430
Girolamo Riario s. 515
Girolamo della Valle s. 489
Giuliano de Medici s. 380.472
Giuliano Nardi Aretino s. 357
Giuliano Bacci s. 451
Guidobaldo Duca d'Vrbino s. 491
Gherardo Gianfigliazi s. 380
Gregorio nono Papa p. 216.238
Gran Turco s. 434
Guccio di Gino p. 238
Guardi p. 184

I

Innocenzio IIII. Papa p. 184
Innocenzio VI. Papa p. 210
Innocenzio V. Papa s. 359
Iacopo Gianfigliazzi s. 380
Iacopo pittore p. 211
Iacopofilippo da Piacenza s. 447
Isabella Gonzaga s. 424
Iulia Farnese s. 500

L

Lapo p. 174
Laura del Petrarcha p. 170.174
Leon Battista Albertis. 370
Lionardo Aretino s. 467
Lorenzo de Medici s. 344
Lorenzo Giberti s. 286
Lodouico Capponi s. 467
Luca Pitti s. 380
Luca da Canale s. 273
Luigi Marsilij p. 238
Luigi Pulci s. 493
Luigi Guicciardini s. 380.258

M

Marsilio Ficino s. 461.408
Margaritone p. 117
Martino V. Papa p. 238.s.298
Marsilio Pazzo s. 489
Masolino da Panicale s. 299
Maso delli Albizi s. 456
Marchese di Mantoua s. 491
Mantegna s. 489
Mattheo Palmieri s. 472
Michelozzo s. 346
Mino da Fiesole s. 422

N

Nanni di Banco s. 359
Nicola da Prato Card. p. 174
Nicola V. Papa s. 361
Nicolo Fortebraccio s. 395
Nicolo da Vzano p. 237
Nicolo Orefice s. 489

O

Oratio Baglioni s. 528
Ottobono da Parma s. 273

P

Paolo Geometra s. 380
Paolo Fiorentino Beato s. 359
Paolo Guinigi s. 438
Palla Strozzi s. 456
Petrarcha s. 399.171.174.230
Piero Traditi s. 357
Piero Gambacorti p. 105
Piero de Medici s. 422
Pietro Bembo s. 426
Pietro de Palude s. 359
Piero Guicciardini s. 493
Piero del Pugliese s. 493
Pico Mirandola s. 438
Pippo Spano s. 399
Poggio Fiorentino s. 467

R

Raggio Sensale s. 493
Raymondo s. 359
Remigio Beato 359
Rinaldo delli Albizi s. 398

Sandro

RITRATTI.

S

Sandro Botticelli s. 423
Simone Memmi p. 174
Sisto papa IIII. s. 398
Spinello Aretino p. 219
Spedalingo s. 398
Starnina p. 221

T

Tomaso d'Aquino santo p. 187
Tomaso Marzi s. 357
Tomaso Soderini s. 495

V

Vescouo Vnghero s. 489
Vincenzio Confess. s. 558
Vguccione della Faggiuola p. 183
Vgo Cardinale s. 359
Vrbano v. papa p. 168
Vrbano vi. p. 188

Z

Zanobi Stradi s 467

IL FINE.

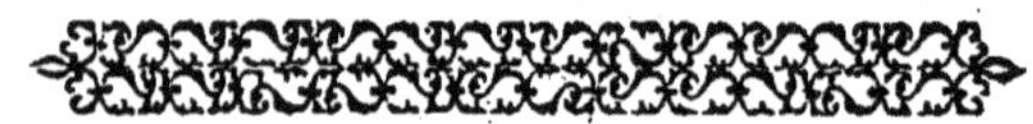

TAVOLA DELLE VITE DE GLI ARTEFICI,

Descritte nella Prima, & Seconda parte.

A

ANDREA Tafi pittore p. 107
Andrea Pisano scultore, & architettore p. 148
Andrea Orgagna pittore, scultore, & architettore p. 181
Arnolfo Lapi, architettore p. 88
Agostino Sanese architettore, & scultore p. 134
Agnol Sanese scultore, & architettore p. 134
Ambrogio Lorenzetti pittore p. 164
Agnol Gaddi pittore p. 195
Antonio Venez. pittore p. 205
Antonio Filarete scultore s. 345
Antonello da Messina pittore s. 375
Alesso Baldouinetti pittore s. 379
Andrea del Castagno pittore s. 394
Antonio Rossellino scultore s. 412
Antonio Pollaiuolo pittore, & scultore s. 465
Andrea Verocchio pittore, scultore, & architettore s. 481
Andrea Mantegna pittore s. 487

B

don Bartholomeo pittore s. 448
Bernardino Pinturicchio pittore s. 498
Buon'amico Buffalmaco pittore p. 154
Benozzo Fiorentino pittore s. 406
Bernardo Rossellino scultore s. 412
Berna Sanese pittore p. 200
Benedetto da Maiano scultore, & architettore 476

C

Cimabue pittore 83
Chimenti Camicia scultore s. 392
Cecca ingegniere s. 440
Cosimo Rossellino pittore s. 437

D

Duccio San. pittore p. 201
Domenico del Grillandaio pittore s. 456
Dello Fiorentino pittore s. 256
Desiderio da Settignano scultore s. 416
Donato Fiorentino scultore s. 327

F

F. Philippo pittore s. 385
Fran. Fran. pittore, & scultore s. 502
Filippo Brun. scultore, & architettore s. 301
Francesco Rosell. pittore s. 404
Francesco Sanese scultore, & architettore s. 410
Filippino pittore s. 498

G

Gherardo miniatore s. 453
Gentile da Fabriano pittore s. 480
Gentile Bellino pittore s. 429
Giouan Bellino pittore s. 429
f. Giouanni pittore s. 358
Giulian' da Maiano scultore, & architettore s. 350
Giotto pittore p. 119
Giouanni dal Ponte pittore s. 193
Giouanni Pisano architettore p. 97
Gaddo Gaddi pittore p. 111
Gherardo Starnina pittore p. 220

H

Hercole da Ferrara pittore s. 426

I

Iacopo di Casentino pittore p. 119
Iacopo della Quercia scultore s. 449

Iaco-

Iacopo Indaco pittore s. 524
Iacopo Bellino pittore s. 429

L

Luca Signorelli pittore s. 526
Luca della Robbia scultore s. 262
Lippo Fiorentino pittore p. 222
Lorenzo Ghiberti pittore s. 275
Leon'Battista Alberti architettore s. 366
Lazzaro Vasari pittore s. 371
Lorenzo Vecchietti scultore, & architettore s. 410
Lorenzo Costa pittore s. 423
Lorenzo di Bicci pittore s. 235
don Lorenzo pittore p. 225

M

Margaritone Aretino pittore, scultore, & architettore p. 115
Masolino pittore s. 287
Michelozzo Michelozzi architettore,& scultore s. 336
Masaccio pittore s. 295
Mino da Fiesole scultore s. 439

N

Niccola Pisano scultore, & architettore p. 97
Niccolo Aretino scultore s. 253
Nanni d'Antonio scultore s. 259

P

Pier' Laurati Sanese pittore p. 144
Pier' Caualli pittore p. 167
Paolo Vccello pittore s. 268
Pier' Perugino pittore s. 507
Parri Spinelli pittore s. 290
Pier' della Francesca pittore s. 353
Paolo Romano scultore s. 392
Pier' Pollaiuolo pittore,& scultore s. 465
Pesello Peselli pittore s. 404

S

Stephano Fiorentino pittore p. 140
Simon'Memmi pittore p. 170
Spinello Aretino pittore p. 112
Simone scultore s. 345
Sandro Botticelli pittore s. 470

T

Taddeo Gaddi pittore p. 175
Thomaso detto Giottino pittore p. 189
Taddeo Bartholi pittore p. 232

V

Vgolino Sanese pittore p. 140
Villan' da Padoua architettore, & scultore s. 383
Vittore Pisanello Veronese pittore s. 400
Vittore Scarpaccia pittore s. 517

IL FINE.

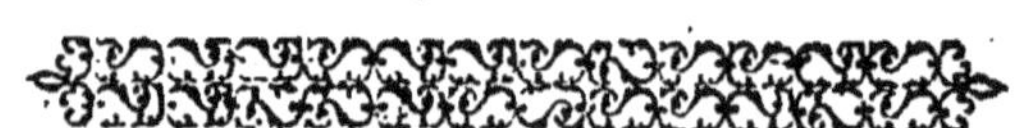

TAVOLA DE LVOGHI, DOVE SONO L'OPERE DESCRITTE Nella prima, & seconda parte.

ANCONA.

L modello del palazzo del Gouernatore. Margaritone Aretino p. 116
s. Chiriaco, il modello, il med.
La Cappella di s. Gioseppo pier' della Francesca s. 356
s. Niccola, figure sopra l'altar maggiore. Simone, & Lippo Memmi p. 173
s. Agustino, sepoltura di s. Zenone. Moccio Sanese p. 105

AREZZO.

DVOMO.

Il modello. Iacopo Tedesco p. 92
Tauola dell'altar maggiore. Giouanni Pisano p. 146
La Cappella de Gozzari. l'Abbate s. 449
La Cappella principale. Iacopo di Casent. p. 210
Figure sopra la porta, Nicc. d'Arezzo p. 254
Cappella de gli Vbertini. Giouanni Pis. p. 102
La sepoltura del Vescouo Guido. Agostin. & Agnol Sanesi p. 136
Vn Crocifisso grande. Berna Sanese p. 201
Vna s. Maria Maddalena allato alla sagrestia. Pier della Francesca s. 356
Vn s. Martino in vn pilastro della Capp. maggiore. Giotto p. 125
Cappella del Battesimo. Buon'amico p. 159
Vna tauola nella Cappella di s. Gregorio. Lippo Memmi p. 173

PIEVE.

Il modello. Marchione Aretino p. 90
La tauola dell'altar grande. Giorgio Vasari p. 149
Pitture della Tribuna grande Pier' Laurati p. 146
Cappella di s. Maria Maddalena. Giouanni Tosicani p. 192
Storia di s. Matteo sotto l'organo. Iacopo di Casentino p. 211
Vn s. Biagio di terra, nella Cap. di s. Biagio. Niccolo d'Arezzo s. 254
Vna tauola grande d'vna N. Donna. Domenico Pecori s. 451
s. Domenico, & s. Francesco di naturale a vna colonna. Giotto p. 121
Cappella di s. Francesco, il medesimo
Cappella de paganelli. Berna Sanese p. 201
Tauola dell'altare di s. Christoph. Pier' Laurati p. 142
La Cappella di s. Bartholomeo. Spinello p. 215
Vn s. Rocco alla Cap. de Lippi. l'Abbate s. 449

s. DOMENICO.

Il suo modello. Nicola Pis. p. 101
Facciata destra dell'altare maggiore. Parri s. 293
Vna Cappella all'entrar della Chiesa. Parri s. 294

s. FRANCESCO.

La Cappella dell'altar maggiore. Pier' della Francesca s. 355
Vna N. Donna nella Cappella della Concettione. Margaritone Aretino p. 116
Vna Assunta di N. Donna in una Capp. Giouanni dal Ponte p. 194
Cappella de Viuiani. Parri s. 293
La volta della Cappella grande. Lorenzo Bicci p. 238

Cappella

Cappella de quattro Coronati. Parri s. 283
Tauola della cappella degli Accolti. Signorello s. 527
La tauola della cappella di Puccio Magio. And. della Robb. s. 266
s. Margherita. Vna tauola di N. Donna Margheritone p. 116
s. Gimignano. Vna cappella. Lazzaro Vasari s. 372

s. Lorenzo.

Alcune storie di nostra Donna. Spinello p. 216
La cappella di santo Andrea. Signorello s. 526
Spedaletto. il portico, Spinello p. 216
Spedale dello spirito santo. piu pitture nella facciata. Spinello p. 215

s. Ivstino.

Nicchia della cappella maggiore. Buonamico p. 159
Cappella di s. Antonio Spinello p. 216
Vn s. Martino. Parri s. 293
Cappella de Magi. Domenico Pecori Aretino s. 451

Compagnia dello spirito santo.

Facciata dell'altar maggiore. Taddeo Gadd. p. 178
Storia di s. Giouanni Euangelista. Il medesimo.

Compagnia de Paracchivoli.

La cappella della Nunziata. Spinello p. 216
Vna santa Catherina martire. Parri s. 294

s. Agostino.

Cappella di san Bastiano. Lappoli Aretino s. 450
Cappella di s. Iacopo. Berna Sanese p. 201
Cappella de Nardi. Iacopo di Casentino p. 210
Dietro al Choro molte figure. Parri s. 293
La cappella del terzo ordine. L'Abbate s. 449
Vn'altra cappella. il med.
La tauola di s. Nic. da Tolentino. Signorello s. 527
Vn tabernacolo fuor della compagnia della Trinità. Spinello p. 116

s. Domenico.

Il modello della chiesa. Niccola Pisano p. 101
Facciata destra dell'altar maggiore. Parri s. 293
Cappella di s. Niccolo. il med.
Cappella, & tauola de Bragomanni. Luca sanese p. 102
Cappella di s. Christoph. Iacopo di Casentino p. 210
Cappella di s. Philippo, & Iacopo. Spinello. 216

s. Bernardo.

La cappella grande Lorenzo Bicci p. 238
Le due cappelle allato alla grande. spinello p. 215
Le due cappelle allato della porta del tramezzo. il med.
s. Vincenzio in una nicchia. Pier della Francesca s. 356
Le due cappelle allato alla porta principale. Parri s. 291
Tauola de Marzupini F. Philippo s. 387

s. Antonio.

La cappella de Maggi. Lippo p. 223
Vn s. Antonio. Nicc. d'Arezzo s. 254
Tauola dell'altar maggiore. Domenico Pecori s. 451

s. Maria delle Grazie.

La Vergine delle Gratie. Parri s. 292
La cappella di marmo. Andrea della Robb. s. 266

s.Donato nel chiostro. Pier della Francesca s. 356

DVOMO VECCHIO.

tre N.Donne.Parri s. 290
storia del B.Thomasuolo.il med.s. 290
capp.di s.Bernardo.il med.s. 292

LA FRATERNITA.

L'Audienzia.Parri s. 291
s.Roccho nell'Audienza.l'Abbate s. 448

s. PIERO.

Vna tauola.l'Abbate s. 449
vn'Angelo Raffaello.il medesimo
il ritratto del B.Iacopo filippo da Piacenza.il medesimo
s.Orsina.vna capp.l'Abbate s. 450
le Murate.cap.dell'altar maggiore. il med.

BADIA.

La capp.di s.Benedetto.l'Abbate s. 449
vn Crocifisso grande nel mezzo della chiesa.Giotto p. 125
compagnia di s.Angelo,vn Crocifisso,& vn s.Michele.Antonio Poll.s. 468
s.Christoph.vna capp. Parri s. 291
il segno della compagnia di s.Catherina.Signorello s. 527

SARGIANO.

Vna tauola di s.Francesco di naturale. Margaritone p. 116
vna capp.Pier della Francesca s. 356

ASCESI.

DVOMO.

La tauola dell'altar maggiore.Nicco. Alunno s. 501

s. FRANCESCO.

Pitture diuerse,Cimabue p. 84
Giotto p. 121
il modello di s.Francesco. Iacopo Tedesco p. 81
sepoltura della Regina di Cipri. Fuccio Fiorentino p. 98
cappella di santa Catherina. Buon'amico p. 138
capp. del cardinale Egidio spagnuolo. il medesimo p. 162
altare di s.Elisabetta.Simon,& Lippo. Memmi p. 173

s. CHIARA.

Storia di s.Chiara nel mezzo della chiesa.Giottino p. 191
s.Maria degli Angeli.la facciata.Nicc. Alunno s. 501

BOLOGNA.

s. PETRONIO.

Porta principale.Iacopo della Quer.p. 250
vna N.Donna.Lippo Bolog. 224
tauola della capp.de Mariscotti.Lorenzo Costa s. 424
tauola nella capp.di s.Girol.il medesimo
tauola di s.Vincenzio nella capp.de Griffoni.il medesimo
tauola nella capp. del Rossi.il medesimo

s. DOMENICO.

Modello del Conuento,& chiesa.Nicc. Pisano p. 98
l'arca di s.Domenico. il medesimo
capp.maggiore,altare,& tauola.Gio. Pisano p. 104
vna tauola d'un s. Bastiano Philippino s. 194
sepoltura di Gio.Andrea.Caluino.Iacopo Lanfrani p. 139
sepoltura di Taddeo Peppoli.il medesimo
sepoltura di M.Gio.di Lagnano Iacobet.& Pietropaolo Venez.p. 139
sepoltura di M. Alessando Tartaglia. Francesco di Simone s. 485
s.Gio.decollato.facciata di fuori. Pace da Faenza p. 131

s. FRANCESCO.

Vna tauo.di marmo.Agostino,& Agn.

Sanesi p. 137
vn Christo grande nella tribuna grandè. Lippo Bolog. 224
sepoltura di Papa Alessandro v. Nicc. d'Arezzo p. 255
s. Procolo. Arco sopra la porta. Lippo Bolog. p. 224
s. Iob. vna tauola. Francesco Bolog. s. 505
s. Lorenzo. vna tauola. il medesimo s. 505
Nunziata. due tauole. il medesimo
s. Mammolo. pitture diuerse. Christoph. Simone, Iacopo, & Galasso Ferrar. s. 255
s. Iacopo. cap. de Bentiuogli. Lorenzo Costa s. 425
la tauola di detta cap. Fran. Bolog. s. 503
cap. di s. Cecilia. il med. s. 504
s. Gio. in monte. vna tauo. Pier Perug. s. 512
vna tauola. Lorenzo Costa s. 425
la tauo. di s. Cecilia. Raffael da Vrb. s. 506
s. Francesco. vna tauo. Lorenzo Cost. s. 425
vna tauola. Lodouico Malino s. 425
s. Piero. capp. de Garganelli. Hercole Ferra. s. 427
pitture sotto il portico. Guido Bolog. s. 428
s. Vitale, & Agric. vna tau. Fran. Bolo. s. 505
Fuor di Bologna.
La Misericordia. vna tauo. Fran. Bolo. s. 503
la tauola dell'altar maggiore. il med.
vn'altra tauola. il medesimo

Borgo Sansepolcro.

Pieve.

Due santi dentro alla porta del mezzo. Pier della Francesca s. 355
vna capp. l'Abbate s. 450
s. Agostino. tauo. dell'altar maggiore. l'Abbate s. 450
s. Gilio. vna tauola. Pier Perug. s. 512

Castiglione Aretino.

Pieve.

La capp. del Sagramento. Signorello s. 527
Pieue di s. Giuliano. vna tauo. della cap. maggiore. l'Abbate s. 450

Cesena.

La tauola di Ognisanti. Fran. Bolog. s. 504

Cortona.

Vescovado.

La tauola dell'altar maggiore. Sigor. s. 527
figure della capp. del Sagram. il med.
s. Margherita. vn Christo morto. il med.
compagnia del Giesu. tre tauo. il med.
s. Domenico. tau. dell'altar mag. f. gio. s. 361

Empoli.

Pieve.

La capp. di s. Lorenzo, Gio. dal Ponte p. 194
s. Bastiano di marmo. Ant. Rossel. s. 413

Faenza.

Sepoltura di san Sauino. Benedetto da Maia. s. 477
s. Francesco. la N. Donna sopra l'arco della porta. Otta. p. 131

Ferrara.

s. Domenico. vna capp. Cosmè p. 255
pitture del choro. Lorenzo Costa s. 404
s. Agostino. vna capp. Pier della Fran. s. 354
cauallo del Duca Borso. Ant. & Nicc. s. 326

Fiesole.

Duomo.

La sepoltura del Vescouo Lionardo Salutati. Mino da Fiesole s. 422

s. Domenico.

La tauola dell'altar maggiore. f. Gio. s. 360
la tauola della Nunziata. il med.
pitture sopra l'ara della chiesa. il med.
vna tauola Pier Perugino s. 514
il modello della Badia. Filippo Bru. s. 318
il modello di s. Girolamo. Michelozzo s. 344
il modello del palazzo de' Medici. il medesimo s. 343
s. Maria Primerana. la tauola della Nunziata. f. Filippo s. 387

FIRENZE.

DVOMO.

Il modello di santa Maria del Fiore. Arnolfo p. 94
La Cupola. Philippo Bru. s. 313
La palla della Cupola. And. Verroch. s. 483
Il Crocifisso sopra l'altar grande. Benedetto da Maiano s. 478
Occhi di vetro intorno alla Cupola, & altre finestre. Lorenzo Ghiberti s. 285
La cassa, & sepoltura di s. Zanobi. il med.
Ornamento di marmo dell'organo sopra la sagrestia nuoua. Luca della Robbia s. 262
Ornamento dell'altro Organo della sagrestia vecchia. Donatello s. 329
Porta di bronzo della sagrestia nuoua. Luca della Robb. s. 263
La N. Donna sopra la porta del fianco uerso la Canonica. Gio. Pisa. p. 104
La Nunziata di musaico sopra la porta dell'altro fianco. Domenico Grill. s. 463
I duo Colossi in su canti uerso la Nunziata, Donat. s. 333
La N. Donna di musaico sopra la porta principale dentro. Gaddo p. 112
Cauallo sopra la porta uerso la Canonica. Iacopo Org. p. 187
Gio. Acuto a cauallo. Pau. Vcello s. 272
La sphera sopra la porta principale. il med.
Il ritratto di Giotto. Benedetto da Maiano s. 477
Niccolo da Tolentino a cauallo. And. dal Castagno s. 397
La N. Donna di marmo sopra la porta uerso la Nunziata, Iacopo della Quercia s. 251
Gli Apostoli dipinti ne' pilastri, & altre figure. Lorenzo Bicci p. 238
I quattro dottori di marmo, nella facciata, Andrea Pisano p. 149
s. Stephano, & s. Lorenzo. il med.
s. Piero, & s. Paolo con un papa in mezo. il med.
Vn'Euangelista, che siede. Nicc. d'Arezzo s. 254
Daniel propheta, & s. Gio. Euangelista. Donat. 329
La testa d'argento di san Zanobi. Cione p. 138

CAMPANILE DEL DVOMO.

Il modello. Giotto p. 128
Due statue uerso la Canonica. Nicc. d'Arezzo s. 254
Quattro figure grande nella facciata dinanzi. Donat. s. 330
Vn'Abraam sopra la porta del campanile. il med.
Vn propheta. il med.
Cinque storiette uerso il duomo. Luca della Robb. s. 262

S. MARIA NOVELLA.

Il modello della Chiesa. f. gio. & f. Ristoro da Campi. conuersi p. 114
La cappella grande. Domenico del Grillandaio s. 459
La cappella di Filippo strozzi. Filippino s. 495
La cappella di s. Tomaso d'Aquino, & la tauola. Orgagna p. 182
L'altare della Trinità. Masaccio s. 297
La sepoltura di Filippo strozzi. Benedetto da maia. s. 477
La tauola dell'altar de Magi. sandro Botti. s. 474
La sepoltura della B. Villana. Desiderio s. 417
Tauola di s. Piermartire. Gio. s. 361
La sepoltura di bronzo, inanzi all'altar grande. Lorenzo ghiberti s. 280
Porta, & facciata principale. Leonbattista Alberti s. 368
Vn Crocifisso in legno. Giotto p. 127
Il Crocifisso di legno allato alla cappella delli strozzi. Philippo Bru. s. 304
Pitture del cero pasquale. f. gio. s. 361
La tauola della cappella delli spagnuoli nel chiostro. vgolino sanese p. 143
Storia di s. Mauritio dirimpetto al pergamo in chiesa. Bruno p. 162
Vna N. Donna di marmo. Nino Pis. p. 152
La tauola de minerbetti. Gaddo p. 113
Il s. Lodouico. Giotto p. 127
Vna tauola grande tra la cappella de Bardi, & Rucell. Cimab. p. 88
La tauola della cappella de gondi. Simõ Memmi p. 171
Il capitolo nel chiostro. Tadd. Gad. & Simon Memmi p. 171

La creatione de gli animali, & la storia del diluuio nel chiostro. Paolo uccello s. 271
Il Crocifisso, & il s. Tomaso d'Aquino sopra la porta del chiostro, che ua in cõuento. Stephano p. 141

SANTA CROCE.

Il modello della chiesa. Arnolfo
La cappella grande. Agnol'Gaddi p. 195
La tauola dell'altar grande. Vgolin'sanese p. 143
Vn Crocifisso grande in legno. Cimabue p. 84
Vn s. Francesco con l'istoria della sua uita. il med. p. 85
Due tauole. Lippo Memmi p. 174
Tauola della cappella di s. Siluestr. Bartholomeo Bolog. p. 146
Il ritratto d'Arnolfo allato alla cappella grande. Giotto p. 96
Tauola della capp. de Bardi. Vgo. san. p. 143
Vn Crocifisso di legno tra la capp. de Peruzzi, & di Giugni. Margar. Are. p. 116
La capp. de Peruzzi. Bardi, Giugni, Tosinghi, & Spinelli, Giotto p. 110
La tauo. nella cap. de Baroncelli. Giot. p. 110
Vna tau. d'una N. Donna appoggiata in un pilastro. Cimabue p. 85
Il cenacolo del refettorio. Giotto p. 120
La capp. della sagrest. Taddeo Gad. p. 176
La capp. de Baroncelli. il med.
La capp. de Bellacci, & di s. And. il med.
Vn christo morto sopra la porta del fianco. il med.
Tau. dell'altar di s. Gherardo. Gio. da milla p. 180
Il giudizio uniuersale a man destra della chiesa. Orcagn. p. 184
La capp. di s. Siluestro. Giottino p. 190
La capp. di s. Lorenzo, & di s. Stephano. Bernardo Daddi p. 211
Cap. & tau. de Machiauelli. Spinello p. 218
La cap de Castellani. Gherardo Star. p. 220
La facciata allato alla chiesa. Lorenzo Bicci p. 238
Sepoltura di M. Lionardo Aretino. Bernardo Ross. s. 396
Sepoltura di M. Carlo Marzupini. Desiderio s. 417
Vn Crocifisso di legno. Donat. s. 304
S. Francesco quando resuscita un fanciullo. Taddeo Gadd. p. 176
Vna Nunziata nella capp. de Caualcanti. Donat. s. 318
Il mod. del capitolo. Filippo Bru. s. 318
La tauo. del capitolo. f. Filippo s. 386
Le figure di terra inuetriata. Luca della Robbia s. 265
Il s. Lodouico Vescouo di bronzo sopra la porta principale. Donat. s. 333
Vn s. Gio. Bat. & un s. Frãcesco nella cap. de Caual. And. del Cast. s. 396
Il pergamo. Benedetto da Maia. s. 477
Vna Pietà. Pier' Perugino s. 512

S. GIOVANNI.

Il battesimo piccolo. Gio. Pisa. p. 104
Sepoltura di Papa Gio. Coscia. Donat. s. 329
Musaico della uolta. Apol. & And. p. 108
Musaico dietro all'altare. Iacopo da Turrita p. 109
Vna s. Maria Madd. di legno. Donat. s. 329
Altare d'argento. Cione Orefice p. 138
Porta di bronzo uerso la Misericordia. Andr. Pisano p. 150
Porta uerso il duomo. Lorẽzo Ghib. s. 281
Porta uerso l'opera. il medesimo s. 279
Tabernacolo di bronzo dell'altar grande. And. Pis. p. 150

S. SPIRITO.

Il mod. della Chiesa. Filippo Bru. s. 324
la tauo. della sagrest. f. Filippo s. 387
la tauo. della cap. de Bardi. san. Botti. s. 472
Vna tauo. Filippino s. 494
Nel chiostro pitture diuerse. Gio. Gaddi. p. 1?8
Cimabue p. 85
Stephano p. 140
Taddeo Gaddi p. 176
Antonio Veneziano p. 206
Giottino p. 189

S. TRINITA.

Il mod. della chiesa. Niccolò Pisa. p. 100
la capp. & tauo. dell'altar' grande. Alesso Bald. s. 380
la capp. de gli Strozzi. Puccio Campa. p. 130
cap. de gli Ardinghelli. Don Lorẽzo p. 230
la cap. de Bartolini. il med.
cap. di Neri Compagni. Lorenzo Bic. p. 237

Vn s. Andrea nella cap. di M. Luca. Andr. dal Castagno s. 396
la tauo. della capp. della Nunziata. Cimabue p. 84
Cap. de gli Scali. Gio. dal Ponte p. 194
storia di s. Francesco a man' manca. Paolo vccello s. 269
la cap. de sassetti. Domenico del Gril. s. 456
la tauo. della sagrestia. f. gio. s. 364
vna capp. giouanni dal Ponte p. 194
s. Maria Madda. in penitenza. Desiderio, & Benedetto da Maia. s. 418
vna tauo. de Magi in sagre. gentile da Fabria. s. 401

OR S. MICHELE.

La loggia d'or s. Michele. Arnolfo p. 93
La N. Donna. vgolin sanese p. 143
Il tabernacolo. Organga p. 186
Pitture delle volte de pilastri, & altre. Iacopo di casentino p. 210
la disputa di Christo co' dottori. Agnol' Gaddi p. 197
due figure di marmo nella facciata verso l'arte della lana. Niccolo d'Arez. s. 255
il s. Philippo di marmo. Nanni d'Antonio s. 260
le statue di quattro santi sotto questa. il medesimo
il s. Lò. il med.
due figure di marmo. Philippo Bru. s. 304
le figure di terra inuetriata. Luca della Robbia s. 265
vn s. gio. Bat. di bronzo. Lorenzo ghi. s. 279
vn s. Matteo euang. il med. s. 280
vn s. Thommaso apost. Andr. verroc. s. 482
vn s. Stephano. Lorenzo Ghiberti s. 280
vna N. Donna. Simone s. 326
la statua di s. Piero. Donat. s. 329
s. Marco euang. il med. s.
s. Giorgio il med. s. 330

IL CARMINE.

La cap. maggiore. Agnol' Gaddi p. 196
cap. di s. gio. bat. giotto p. 121
s. Martiale in un pilastro in chiesa. f. Filippo s. 386
la storia di s. gio. bat. in chiesa. f. Filip. s. 386
la cap. di s. Iac. & s. gio. spinello p. 213
la cap. di s. girol. mo. gherardo starn. p. 220
due cap. nel tramezzo. Lorenzo Bicci p. 237
la storia de marti nella facc. destra. il med.
il dossale di s. Cosimo, & Damiano, nella cap. de Pugliesi. Paolo vcc. s. 270
la cap. de Brancacci. Masolino, & s. 288
Masaccio, & s. 298
Filippino s. 493
vn s. Piero allato alla capp. del Crocifisso. Masolino s. 288
vn s. Paolo dalle fune delle campane. Masaccio s. 298
nel chiostro, l'istoria della sagra. il med.
vn Papa, che conferma la regola nel chiostro. f. Filippo s. 386

BADIA DI FIRENZE.

Il mod. della chiesa, & campanile. Arnolfo p. 93
la tauo. & la cap. maggiore. Giotto p. 120
la cap. de Couoni. Puccio Campana p. 130
la cap. de Giochi. Buon'amico p. 157
vna tauo. d'un s. Bernardo. Filippino s. 498
vn s. Iuo in un pilastro. Masaccio s. 297
s. Benedetto sopra la porta del chiostro. f. gio. s. 361
vn quadro di basso rilieuo in sagr. Mino da Fiesole s. 421
la sepoltura di M. Bernardo giugni. il med.
la sepoltura del conte vgo. il med.
la N. Donna sopra la porta della chiesa. il med.

S. MARIA MAGGIORE.

Il mod. di s. Maria maggiore. Buono p. 89
la tauo. dell'altar maggio. Agn. Gad. p. 197
la cappella maggiore. spinello p. 213
cap. de Beccuti, con altre pitture. Lippo Fiorentino p. 223
vna Nunziata. Paolo vccello s. 269
la cappella de gli Orlandini. Pesello s. 405
vna Pietà dalla capp. de Panciat. Sand. Bott. s. 475

S. LORENZO.

Il mod. di s. Lorenzo. Philip. Brun. s. 319
la tauo. della capp. de gl'operai. f. Filippo s. 387
la tauo. della capp. della stufa. il med.
la cap. del sacramento. Desiderio s. 415
sepoltura di Gio. & Pier di Medici. And. Verroc.

Verroch.s. 481
pergami di bronzo. Donat.s. 333
i quattro santi di rilieuo nella crociera. il medesimo
lauamani di marmo della sagrest. il med.
i quattro tondi della sagrest. il med.
le due porticelle di bronzo, il med.

ANGELI.

La tauola dell'altar maggiore. don Lorenzo p. 230
tauola della cap. de gli Alberti. il med.
vna tauola. Zanobi strozzi s. 363
il crocifisso, nel primo chiostro, la N. Dòna, s. Benedetto, & s. Romualdo. And. dal Cast.s. 396
pitture della loggia sopra l'orto. Paolo vccello s. 272
cassa, & sepoltura di s. protho, & Iacin. Lorenzo ghiberti s. 280
paradiso, & inferno f. gio.s. 361

s. MARIA NVOVA.

La capp. maggiore. Andrea dal Castagn. & Domenico Venetiano s. 398
la cap. di s. gilio. Alesso Baldo. s. 360
la facciata della chiesa. Lorenzo Bicci p. 238
l'incoronatione sopra la porta. Dello s. 256
i dodici apostoli in chiesa, il med.
vna tauola nel tramezzo. f. gio. s. 361
vn s. And. nel cimiterio, & in refettorio la cena. Andrea dal Castagno s. 397

LA NVNZIATA DE SERVI.

La capp. & tribuna grande. Leonbattista Alberti s. 369
la capp. di s. Niccolo. Taddeo Gadd. p. 176
le nicchie di tre cap. s. Giuliano, s. Girolamo, & un'altra. And. dal Cast. s. 396
vn Christo morto in grembo alla vergine. Dello. s. 256
mod. della capp. della Nunziata. Micheloz. s. 344
luminario di bronzo, dirimpetto alla capp. Pagno. s. 345
la tauo. della capp. de Pucci. Antonio pollaiuo. s. 467
la natiuità di Christo nel cortile. Alesso Baldo. s. 381

s. PANCRAZIO.

La tauo. dell'altar maggiore. Agnol Gaddi p. 197
vn Christo, che porta la croce, & altri santi a man destra. Giottino p. 190
sepoltura del vescouo de Federighi. Luca della Robb. s. 265
la capp. doue è il sepolcro di Christo, Leonbattista Alberti s. 369
vna tauola alla capp. de Rucellai. Filippino s. 494

OGNISANTI.

La capp. & tauo. de Lenzi. Neri Bicci p. 238
la capp. de vespucci. Domenico del Grillan. s. 459
figure sopra la porta della sag. Giotti. p. 196
vn crocifisso grande in legno. Giotto p. 126
il cenacolo del refettorio. Domenico del Grillan. s. 456

s. MARCO.

Il modello, & disegno del Conuento. Michelozzo s. 343
vn Crocifisso in legno. Giotto p. 127
il Crocifisso con s. Antonio alla sua cap. Ant. Poll. s. 468
la tauola dell'altar maggiore. f. gio. s. 360
la capp. de Martini. Lorenzo Bicci p. 236
la Nunziata allato alla porta principale. Pier Cauallì p. 187
tauola alla cap. de tessitori. Cosimo Rossel. s. 458
tauo. d'una incoronatione di N. Donna. sandro Botti s. 471
vna tauo. nel mezzo della chiesa. Domenico del Gril. s. 458
cenacolo della foresteria, il med.
La compagnia di s. Marco. tauo. dell'altar maggiore. Benozzo s. 407

s. PIERMAGGIORE.

Vna tauola d'una incoronatione di N. Donna. Orgagna p. 182
la capp. de gli Alessandri. Pesello s. 405
tauo. alla porta del fianco. sand. Bott. s. 471

Tabernacolo

Tabernacolo di marmo del sagramento.Desiderio s. 417
vn Christo morto sopra le scale della porta del fianco.Pier'Perugino s. 512

s. AMBROGIO.

La tauola dell'altar grande.f.Filippo s. 386
vna tauola Masaccio s. 297
Tabernacolo della cap.del mirac. del sacramento Mino da Fiesole s. 421
capp. del mirac. del sacramen. Cosimo Rossel.s. 438
s.Niccolò di là d'Arno. vna tauola. Masaccio s. 297
Compagnia di s.Giorgio.vn Crocifisso. Pesello s. 405
Monasterio di s. Giorgio . vna tauola. Giotto p. 129
vna tauola d'una Nunziata. Pesello s. 405
Murate.tauola dell'altar maggiore f.Filippo s. 387
vn'altra tauola.il med.
Il tabernacolo del sacramento.Mino da Fiesole s. 421
s.Michel Bisdomini. Il paradiso, & una tauola.Mariotto Orgagna p. 187
vn'altra tauola con altre figure.il med.
Bonifacio spedale. vna N. donna nella loggia.Cennino p. 198
la Compagnia del Tempio. vna tauola. f.Gio.s. 361
s.Romeo. l'arco sopra la porta. Agno. Gadd.p. 197
vna tauo.presso alla porta del fianco.Orgagna p. 182
vna tauo.nel tramezzo.Giottino p. 191
vna tauola.Zanobi strozzi s. 363
s.Procolo.vna tauo.& vna capp. Ambr. sanese p. 165
s.Giuliano.le figure sopra la porta.And. dal Castagno s. 396
Annalena.vna tauo. d'un presepio.f. Filippo s. 387
s.Nicolò.tauo.dell'altar grande.Gentile da Fabriano s. 401
s.Stephano al ponte vecchio.la capp. al lato alla porta del fianco.Giottino p.189
vna tauola.Gio. dal Ponte p. 194
s. Domenico. vna tauo.Andrea Verrocch.s. 483
Il segno della compagnia del Bernardino.Cosimo Ross.s. 438
s.Iacopo sopra Arno.vna tauo. Don Lorenzo p. 230
Conuertite.vna tauo.sand.Botti.s. 471
s.Barbara.vna tauo.il medesimo
s.Felice in piazza.tauo.delle monache. f.Gio.s. 361
s.Pier'Boncōsiglio. Arco sopra la porta. Luca della Robb.s. 265
Spedale di s. Pao. le figure della loggia di terra inuetriata.Andrea della Robbia s. 266
Innocenti. la loggia. Filippo Bru.s. 318
Lo Diopadre sopra la porta.Graffi.s. 381
le figure della loggia di terra inuetriata. Andrea della Robbia s. 266
Spedale di l'Elmo.vn s.Antonio Paolo Vecello s. 269
s.Chiara.vna tauola.Pier'Perugi.s. 509
s.Thomaso in mercato vecchio. Figure sopra la porta.Paolo vecello s. 273
Annalena. due figure.Paolo Vec.s. 269
Vna tauola d'un presepio. f.Filippo s. 387
s.Iacopo tra fossi.la resuscitatione di Lazaro.Agno.Gadd.p. 196
s.Apostolo.tauola dell'altar maggiore. spinello p. 213
s.Lucia de Bardi.vna tauola.spinello p.213
capp. maggiore.Lorenzo Bicci p.237
vna tauola nella capp.de Nasi.Zanobbi strozzi s. 363
la tauo.dell'altar grande. Andrea dal Castagno s. 397
la Misericordia su la piazza di s. Giouāni.Niccolò Pisano p. 100
vna N.Donna,un s.Domenico, & un'altro santo. il medesimo
vna N.Donna su l'altare. Andrea Pisano p. 149
s.Miniato al monte.capp.di marmo del crocifisso.Michelozzo s. 344
la volta della capp.del crocifisso. Luca della Robbia s. 265
volta della cap.di s Iacopo.il med.
la sepoltura del cardina.di l'ortog. Antonio Ross.s. 413
la tauo.di questa medesima capp.Ant.& Pier'Polla.s. 467
Storia di s.Miniato,& s. cresci nel chiostro.Andrea del castagno s. 365
Badia di settimo.la capp.maggiore. Domenico del Grillan.s. 462
la capp.di s.Iacopo Buffalmacco p. 157
Il segno della compagnia della Vang. Andrea dal castagno s. 396
s.cecilia. il dossale dell'altar di s.ceci. cimabue p. 83

Speda

Spedale della porcellana.le figure della facciata.Cimabue p. 84
il modello del palazzo del signor Duca, Arnolfo p. 95
loggia grande della piazza del Duca,Orgagna p. 185
modello del palazzo de' Medici.Micheloz.s. 339
palagio de gli Strozzi,Benedetto da Maia.s, 478
palagio del podestà,Iacopo Tedesco p. 93
la chiesa di san Saluadore del vesco.il med.
la chiesa di san Michele a piazza padella,il medesimo
vltimo cerchio delle mura, Arnolfo p. 93
il ponte Rubaconte,Iacopo Tedesco p.93
le pile del ponte alla Carraia, il medesimo
il ponte alla Carraia rifatto per f.Gio. & f.Ristoro da Campi conuerso dell'ordine di san Domenico p. 114
il ponte a s. Trinita rifatto per i medesimi
torre, & porta a san Piergattolini, Iacopo.Orgagna p. 187
la porta a san Friano,Andrea Pisano p. 151
il ponte vecchio,Taddeo Gaddi p. 178
modello del palagio di Careggi, & Casagiuolo, Michelozzo s. 343
il palagio de Pitti,Filippo Bru.s. 320
Giuditte su la piazza del signor Duca, Donat.s. 330
loggia de Bartholini in Gualfonda, Paolo Vccello s. 272
pitture della volta de peruzzi,il med.s. 273
douitia sopra la colonna di mercatouecchio,Donat.s. 329
il tabernacolo sul canto a Carnesecchi, Domenico Venetiano s. 397
tabernacolo sul canto di mercato vecchio,Iacopo di Casentino p. 210
tabernacolo sul canto della via del cocomero, il medesimo
tabernacolo dirimpetto a san Gioseppo,il medesimo
tabernacolo sul canto della piazza nuoua di santa Maria Nouella, Francesco Fiorentino p. 231
tabernacolo sul canto alla Cuculia, Lorenzo Bicci p. 237
tabernacolo sul canto delle monache di Fuligno, il medesimo
la N.Donna,& i santi,che sono sopra la porta di Fuligno, il medesimo
tabernacolo sul canto de Geri, Paolo Schiauò s. 288
tabernacolo di marmo dirimpetto a or san Michele,Donatello s. 330
tabernacolo sul canto della piazza di santo Spirito, Giottino p. 189
tabernacolo sul canto della uia del Crocifisso,Taddeo Gaddi p. 176
tabernacolo sul canto di santo Spirito, doue è un beccaio,Pier Laurati p. 147
tabernacolo a sommo della uia larga, Cherardo s. 454

s. Francesco al monte.

Vna Nunziata f.Gio,s. 351
vna tauola di san Saluadore, Filippino s. 494

La Certosa.

La tauola della cappella maggiore, fra Gio.s. 359
due altre tauole nella Crociera,il med.
Valembrosa,tauola dell'altar maggiore,Pier Perugino s. 512

Cestello di Firenze.

La tauola dell'altar maggiore.Cosimo Ross.s. 438
vn'altra tauola,il medesimo
vna tauola d'vna Nunziata.Sand.Botti s. 471
il capitolo,Pier Perugino s. 513

Camaldoli.

La tauola dell'altar maggiore.Giorgio Vasari p. 214
figure della cappella maggiore,il med.
figure del tramezzo, il medesimo
due tauole, il medesimo

FVLIGNO.

Dvomo.

La tauola dell'altar grande. Niccolò Alunno s, 501

FVRLI.

La cap.maggiore.Guglielmo da Furli p.131

LVCCA.

DVOMO.

Vna tauola con un Crucifisso,& altre figure. Giotto p. 125
tauola di s.Piero,& s.Paolo. Domenico del Grillandaio s. 462
tempietto di s.Croce. Matteo Lucc.s. 252
la storia della Croce della facciata a mã ritta. Cosimo Ros.s. 438
vn Christo deposto di croce sopra la porta a man manca. Nicc.Pisano p. 99
sepoltura di marmo dirimpetto al sagramento. Pagno Partig.s. 345
s.Fridiano. vna tauola di marmo. Iacopo della Quercia p. 250
vna tauola. Francesco Bolog. 505
s.Regolo. vna tauola. Matteo Lucc.s. 252
s.Michele. vna tauola. il medesimo
vna N.Donna di marmo, il medesimo
s.Ponziano. vna tauola. Filippino s. 494

MANTOVA.

San Siluestro, vna tauola. Lorenzo Costa s. 425

MODANA.

L'Osseruanza, tre tauole. Francesco Bolog.s. 504

MONTEPVLCIANO.

Pieue. vna sepoltura di marmo. Donat.s. 333

MONTEVARCHI.

san Francesco, la tauola dell'altar maggiore. Sand.Bott.s. 474

MONREALE IN SICILIA.

sepoltura di Federigo Imperatore. Iacopo Tedesco p. 93

NAPOLI.

Modello di Castel nuouo. Gio.Pisano p. 102
modello di s.Maria della Nuoua. il med.
palazzo di Poggio reale. Giulian da Maiano s. 351
monte Oliueto. vna Pietà di terra. Modanino s. 352
vna tauola d'una Assunta. Pinturicchio s. 500
Piscopio, tauola dell'altar maggiore. Pier Perugino s. 532

ORVIETO.

Cappella grande del Duomo. Ambr. San.p. 165
nella facciata di fuora, le storie del giudicio, del paradiso, & dell'inferno. Niccola Pisano p. 101
pitture della capp. del corporale. Pietro Cauallo p. 168
il pozzo d'Oruieto. Anton. da s.Gallo p. 96

PADOVA.

Modello della chiesa del santo. Nicc. Pisano p. 100
predella, & il dossale dell'altar maggiore. Donat.s. 332
vna capp. dipinta. Giotto p. 125
alcune storie di bronzo. Vellano da Padoua s. 385
s.Gio. una capp. dipinta. Giotto p. 127
s.Iustina, la tauola della capp. di s.Lucia. Andrea Manteg.s. 488
s.Sofia, tauo. dell'altar mag. And.Mãt.s. 488
s.Agostino, capp. di s.Christoph. il medesimo
la capp. maggiore. Guariero Pado.s. 523
Il Vescouado, la capp. di s.Gio.Bat. Giusto Pado.s. 523
il cauallo di bronzo di Gattamelata. Donat.s. 332

PARMA.

San Giouanni, la tauola di un Christo Francesco Bolog.s. 504

Peru

PERVGIA.

DVOMO.

La capp del Crocifisso.Pier'Perugino s. 513
vna tauola di marmo nella capp. del Sagramento.Mino da Fiesole s. 422
vna tauola d'vna N.Donna, & altre figure. Signorello s. 527
la statua di Papa Paolo II. fuora del Duomo. Villano da Padoua s. 384
s.Domenico,la tauola dell'altar grande di s.Domenico vecchio.f.Filippo s. 390
istoria di santa Catherina nella chiesa vecchia.Buon'amico p. 162
sepoltura di Papa Benedetto XI. Gio. Pisano p. 104
Nauata del mezzo della chiesa nuoua. il medesimo p. 105
capp,de Buontempi.Buon'amico p. 162
la cap.di s.Catherina, Taddeo Sanese p. 233
vna tauola,Gentile da Fabriano s. 401
vna tauo.de Magi.Benedetto Buonfiglio
vn'altra, il medesimo
tauola della capp. de Baglioni. Giannicola s. 516
la capp.del Cambio, il medesimo
s.Francesco del monte.due cap. Pier' Perugino s. 513
vna tauola.Giannicola s. 516
San Francesco del Conuento. due tauole. Pier'Perugino s. 513
s.Bernardo.la facciata.Agostino della Robbia s. 266
s.Agostino,tauola dell'altar maggiore.Pier'Perugino s. 513
tauola della cappella di s. Niccolo. il medesimo
vn tauo.de Magi.Eusebio s. 615
il Crocifisso sopra la porta del choro. Gentile s. 401
s.Antonio da Padoua.vna tauola.Pier' della Francesca s. 356
s.Pietro.la tauola dell'altar maggiore. Pier'perugino s. 514
Fontana di Perugia. Giouanni pisano p. 102
restauratione di detta fontana. Vincenzio Danti p. 102
s.Herculano in piazza. Buon'amico p. 163

PESARO.

s.Domenico, la tauola dell'altar grande.Gio.Bell.s. 434
il porto di Pesaro. Filippo Brunell.s. 319

PISA.

DVOMO.

La porta reale di bronzo.Bonanno p. 90
campanile,Guglielmo Tedesco,& Bonanno p. 89
Vaso del battesimo. Lino Sanese p. 105
pergamo grande a man ritta appiccato al choro,uerso l'altar maggiore. Gio.pisano p. 105
vn santo sopra la porta principale. il medesimo
vna N.Donna sopra la porta del fianco,uerso il campanile, il medesimo
modello della cappella di s. Rinieri. Lino sanese p. 105
Vn Christo, & una Nostra Donna nella capp.dell'Incoronata. Gaddo p. 112
vna N.Donna nella tribuna. Vicino pisano p. 113
vn s.Thomaso d'Aquino dietro alla sedia dell'Arciuescouo. Benozzo s. 408
nicchia dell'altar maggiore. Domenico del Grillandaio s. 462
s.Giouanni.il pergamo. Niccola pisano p. 101
vna N.Donna nel mezzo della chiesa. Gio.pisano p. 105
Campo santo.il modello. Giouanni pisano p. 102
sei storie di Iob.Giotto p. 122
pitture della uita de santi padri, a canto alla porta principale.Pier'Lau. p. 145
vna N.Donna in fresco.Stephano p. 140
pitture del principio del mondo insino a Noe.Buon'amico p. 160
la passione,resurrettione,&apparitione di Christo alli Apostoli.il medesimo
vna N.Donna sopra la porta prin. & la vita di s.Rinieri pisa.simon Mem.p. 172
il giudizio vniuersale.Orgagna p. 163
alcune sto.del B.Rinieri.Anto.Ven.p. 207
le sto.di s.Petito,& s.Epiro.spinello p. 217
la N.Donna sopra la cap.Tad.san.p. 233

istorie di tutta una facciata dalla creation del mondo insino a Dauid, & Salombne. Benozzo s. 407
s. Catherina, la tauola dell'altar maggiore. Simon, & Lippo Memmi Sanesi p. 173
la tauola di s. Domenico, nella sua cap. Francesco Traini p. 187
la tauola di s. Thomaso d'Aquino al naturale nella sua cap. il medesimo
due tauole a tempera. Brunozzo s. 408
una tauola con un san Francesco. Margaritone p. 116
una tauola di santa Catherina, il medesimo
s. Paolo a Ripa d'Arno. vna s. Agnesa, con figure piccole intorno. Cimabue p. 84
la tauola dell'altar maggiore, & molte altre storie, Lippo Memmi p. 173
san Francesco la cappella maggiore. Taddeo Gaddi p. 178
vna tauola d'un san Francesco. Cimabue p. 84
vna N. Donna col figlio in collo, & molti angeli. Cimabue p. 84
vna tauola con un Christo in croce, il medesimo p. 86
vna tauola d'un san Francesco in un pilastro. Giotto p. 121
vn san Lodouico vescouo nel mezzo della chiesa, con san Gherardo. Taddeo Gaddi p. 178
vna cappella. Spinello p. 218
s. Niccola, il campanile. Niccola Pisano p. 99
vna tauola, Benozzo s. 408
pitture del capitolo. Antonio vite p. 221
san Michele in Borgo. Niccola Pisano p. 99
pallazzo uecchio de gli Anziani, il medesimo
restauratione del medesimo palazzo. Giorgio Vasari p. 99
nella spina. vna N. Donna di marmo. Nino Pisano p. 152
vn'altra N. Donna di marmo. il medesimo
s. Antonio, vna tauola appoggiata al tramezzo, Thomaso di Marco p. 187
il carmine, vna tauola d'una N. Donna. Masaccio s. 297
s. Girolamo, la tauola dell'altar maggiore. Domenico del Grill. s. 462
vn'altra tauola, il medesimo
la Cittadella vecchia, & nuoua. Filippo Bru. s. 319
la fortezza di Vico Pisano, il medesimo s. 318
s. Benedetto a ripa d'Arno. l'istoria di san Benedetto. Benozzo s. 408
s. Croce fuor di Pisa. Due tauole. Benozzo s. 408

PISTOIA.

DVOMO.

Il modello. Niccola Pisano p. 99
vna tauola di vna Nunziata. f. Filippo s. 389
modello del campanile di s. Iacomo. Gio. Pisano p. 104
altare, & tauola di argento Lionardo di ser Giouanni p. 142
pitture della cappella di s. Iacopo. Stephano p. 142
sepoltura di M. Cino d'Angibolgi. Andrea Pisano p. 151
vna Trinità, san Zeno, san Iacopo. Pesello s. 151
s. Andrea, il Pergamo. Giouanni Pisano p. 104
s. Gio. Euangelista, la pila dell'acqua benedetta nel mezzo. Giouanni Pisano p. 104
s. Domenico. Giouanni Pisano p. 104
vn Crocifisso, una Madonna, un san Giouanni. Puccio Campanaio p. 130
s. Francesco, tauola della cappella maggiore, Lippo Memmi p. 173
cappella maggiore. Puccio Campanaio s. 130
cappella di san Lodouico, il medesimo
tauola di una N. Donna, & Angeli. Pier Laurati p. 145
san Giouanni. Andrea Pisano s. 151

POPPI.

Il palazzo di Poppi, Iacopo Tedesco p. 92

PRATO.

La Pieue. Giouanni Pisano p. 106
la cappella maggiore f. Filippo s. 388
il modello della cappella della Cintola.

tola.Gio.Pisano p. 106
il pergamo doue si mostra la Cintola.Donat.s. 332
lo storia di s.Bernardo sopra la porta del fianco.f.Filippo s. 388
il pergamo sul canto del choro. Mino da Fiesole s. 422
s.Domenico.Giouanni Pisano p. 104
due tauole.f.Filippo s. 388
s.Niccolaio.Giouanni Pisano p. 104
s.Margherita.la tauola dell'altar maggiore.f.Filippo s. 388
dirimpetto a santa Margherita sul canto.Vn tabernacolo.Filippino s. 494
san Francesco. vna nostra donna.f.Filippo s. 388
il Ceppo.vna tauola.f.Filippo s. 388
al palco.vna tauola.Filippino s. 494

RAVENNA.

DVOMO.

vna tauola.Rondinello s. 436
san Domenico,Cappella, & tauola di san Bastiano;Lorenzo Costa s. 424
vna tauola. Rondinello da Rauenna s. 436
san Giouan Battista. Rondin. vna tauola s. 436

RIMINI.

San Cataldo. Nella facciata. vn san Thomaso d'Aquino.Giotto p. 126
san Domenico. vna tauola nella cappella de Malatesti. Domenico del Grillandaio s. 463
s.Francesco, istoria della beata Michelina nel chiostro.Giotto p. 126

ROMA.

s.PIERO.

Tabernacolo del Sagramento. Donat.s. 333
nella facciata vn Diopadre di Musaico.Gaddo p. 114
cinque storie della vita di Christo nella tribu.Giotto p. 123
tauola della sagrestia. il medesimo
Naue di Musaico sopra le tre porte del cortile, il medesimo p. 124
alcune storie di Christo nella cappella grande di san Piero. Stephano p. 141
facciata di dentro fra le finestre. Pietro Romano p. 167
il san Piero,& san Paolo a pie delle scale.Mino s. 392
modello della libreria.Baccio Pintelli s. 393
modello della cappella di Sisto,il medesimo
modello del ponte Sisto. il medesimo
tauola della capp.della lancia. Pinturicchio s. 498
sepoltura di papa Sisto quarto.Antonio Pollaiuolo s. 468
sepoltura di papa Paolo II. Mino da Fiesole s. 420
sepoltura di papa Innocentio. Antonio Pollaiuolo s. 468
s. Maria Maggiore, cappella di marmo del presepio. Marchione Areno p. 98
ritratto di papa Honorio terzo,il medesimo
la sepoltura di papa Honorio terzo.
la tauola allato alla sagrestia. Masaccio s. 298
vna cap.dalla porta principale, a man ritta.Benozzo s. 407
l'altare di s.Girolamo. Mino da Fiesole s. 420
La Minerua. Vn Crocifisso in legno grande.Giotto p. 124
vna tauo.f.Giouanni s. 362
cassa,& statua di Francesco Tornabuoni.Mino da Fieso.s. 421
le pitture intorno. Domenico del Grillandaio s. 458
sepoltura della moglie di detto Francesco.Andrea Verrocch.s. 481
la capp.di san Thomaso d'Aquino.Filippino s. 494
Ara cœli. figure della tribuna maggiore.Pietro Caul.p. 157
sopra la porta della sagrestia,il medesimo
la capp.de Cesarini.Benozzo s. 407
capp. di san Bernardino. Pinturicchio.s. 500
il san Lodouico nel pilastro a man destra della cappella maggiore.Giottino

tino p. 191
il san Lodouico a man sinistra Stephano p. 142
Santa Maria in Trasteuere. Musaico della cappella maggiore. Pietro Cauallo p. 167
Figure in fresco per tutta la Chiesa. il medesimo.
Santa Maria del Popolo. due Cap. Pinturicchio s. 580
i quattro Euangelisti della capp. maggiore, il medesimo
modello di s. Maria del Popolo. Baccio Pintelli s. 393
s. Apostolo. tribuna dell'altar maggiore. Melozzo s. 468
modello della Chiesa di s. Apostolo. Baccio Pintelli s. 393
san Pier in Vincula, modello, il medesimo
san Sisto, il modello, il medesimo
la torre de Conti. Marchione Aretino p. 90
la N. Donna sopra la porta di questa torre. Benozzo s. 407
l'ospedale di san Spirito in Sassia, & suo modello. Marchione Aretino p. 91
modello, & disegno del palazzo di san Marco. Giuliano da Maiano s. 352
san Clemente. vna cappella. Masaccio s. 298
san Paolo. il Crocifisso di santa Brigida. Pier Caual. p. 168
san Marco, Storia di due martiri allato al sagramento. Pier Perugino s. 513
s. Agostino. vna cappella. Iacopo Indaco s. 524

SAN GIMIGNANO.

PIEVE.

Istorie del testamento nuouo. Berna Sanese p. 202
vna tauola dietro all'altar grande. Taddeo Bartholi p. 233
capp. di s. Fina. Domenico del Grill. & Bastiano s. 464
Istorie del testamento uecchio a man sinistra. Taddeo Bartholi p. 233
s. Agostino vna tauola. Lippo Memmi p. 175
vn'altra tauola. Taddeo Bartoli p. 233
la cappella maggiore. Benozzo. 408

SIENA.

DVOMO.

Il modello della facciata. Giouanni Pisano p. 103
il pergamo. Niccola Pisano p. 101
i duoi Angeli di bronzo su l'altar grande. Francesco di Giorgio s. 410
vn s. Giouan. Battista di bronzo. Donat. s. 333
vna nostra Donna sopra la porta dell'opera del Domo. Simon Memmi p. 171
le storie di bronzo intorno al battesimo di san Giouanni. Iacopo della Quercia s. 252
tabernacolo di bronzo su l'altar maggiore. Lorenzo Vecchietti s. 411
le storie della libreria del Domo. Pinturicchio s. 598
prima fondatione del domo, Niccola Pisano p. 108
san Giouanni, & suo disegno, il medesimo
s. Maria, & suo disegno. Agostino, & Agnol Sanese p. 137
san Francesco, vna tauola. Pier Perugino s. 112
il modello della Chiesa, & Conuento. Agostino, & Agnolo Sanesi p. 135
s. Agostino. pitture del capitolo. Ambro. San. p. 165
pitture della facciata, il medesimo
vna tauola d'un Crocifisso. Pier Perugino s. 512
vna tauola della cappella di san Christoph. Signorello s. 548
s. Giouanni. due storie di bronzo di s. Giouanni. Lorenzo Ghiberti s. 279
spedale della scala. Vn Christo nudo, di getto con la croce, nella cappella de pittori. Lorenzo Vecchietti Sanese s. 411
Monte Vliueto di Chiusuri. vna tauola. Ambro. San. p. 166
la tauola dell'altar maggiore. Spinello p. 217
nella loggia in banchi. Vn s. Piero, & vn s. Paolo. Lorenzo Vecchietti Sanese s. 411
la fonte della piazza. Agostino, & Agno

lo Sanesi p. 137
ornamento della fonte. Iacopo della Quercia s. 251
pitture dello spedale della scala. Pier' Laurati p. 144
il palazzo de Noue. Agostino, & Agnolo Sanesi p. 135
il modello della porta Tasi. i medesimi.
la Torre del palazzo del publico. i medesimi p. 138
la porta Romana. i medesimi p. 135
modello della cappella della piazza del palazzo principale. Duccio p. 204

TAGLIACOZZO.

Chiesa, & Badia di Tagliacozzo. Niccola pisano p. 101

VENETIA.

San Giorgio. la Libreria. Michelozzo s. 340
s. Cassano. vna tauola. Antonello s. 377
s. Zaccheria. tauola nella capp. di s. Girolamo. Giouanni Bellino s. 431
san Iob, la tauola di san Iob. il medesimo
s. Giouanni, la tauola all'altar di santa Catherina da Siena. il medesimo
Chiesa de frati Minori. Niccola pisano p. 100
s. Antonio. Iacopo Lanfrani p. 139
La sala del Consiglio, pitture diuerse, Gentile, & Giouan Bellino s. 432
due statue d'Adamo, & Eua. Andrea Riccio s. 378
Nella Cà grande, una tauo. Gio. Belli. s. 431
La statua, & caual di Bartholomeo da Bergamo. Andrea Verrochio s. 484

VERONA.

s. Zeno, la tauola dell'altar maggiore. Andrea Mantegna s. 489
s. Fermo. la capp. de Brenzoni. pisanello s. 402
vna tauola. Giotto p. 125
s. Antonio. vna nostra Donna col figliuolo in braccio. stephano Verrochio s. 528
s. Niccolò. vn san Niccolò, il medesimo
santa Maria in Organo. tauola dell'altar maggiore. Andrea Mantegna s. 489
santa Anastasia. la capp. de pellegrini. pisanello s. 402

VITERBO.

santa Maria in Gradi. Nicco. pisano p. 102

VOLTERRA.

DVOMO.

Il modello. Nicco. pisa. p. 100
il tabernacolo del sagramento, con li duoi Angeli. Mino da Fiesole s. 422
s. Agostino. vna tauola della passion di Christo. signorello s. 527
Badia di san Giusto. Due tauole. Domenico del Grillandaio s. 463

IL FINE.

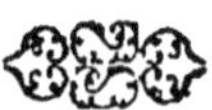

PROEMIO DI TVTTA L'OPERA.

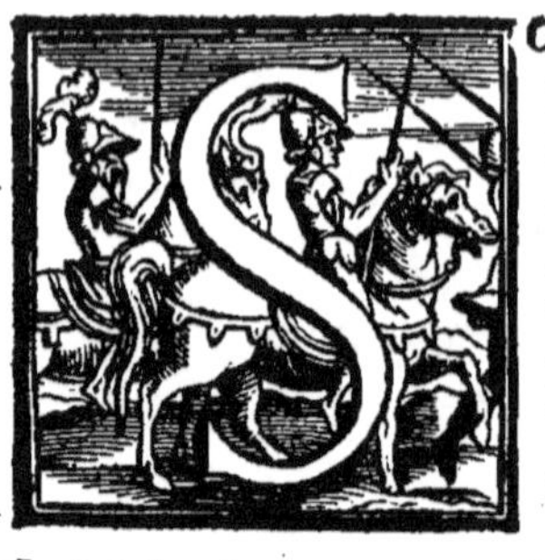

OLEANO gli spiriti egregij in tutte le azzioni loro, per uno acceso desiderio di Gloria, non perdonare ad alcuna fatica, quantunche grauissima, per condurre le opere loro a quella perfezzione, che le rendesse stupende, & marauigliose a tutto il mõdo: Nè la bassa Fortuna di molti poteua ritardare i loro sforzi, dal peruenire a sommi gradi, si per viuere honorati, & si per lasciare ne tempi auenire eterna Fama d'ogni rara loro eccellenza. Et ancora che di cosi laudabile studio & desiderio fussero in vita altamente premiati dalla liberalità de Principi, & dalla virtuosa ambizione delle Republiche, & dopo morte ancora perpetuati nel cospetto del mondo con le testimonanze delle statue, delle sepulture, delle medaglie, & altre memorie simili; La voracità del tempo nondimeno si vede manifestamente che non solo ha scemate le opere proprie, et le altrui honorate testimonanze di vna gran parte, ma cancellato & spento i Nomi di tutti quelli, che ci sono stati serbati da qualunque altra cosa, che dalle sole viuacissime & pietosissime penne delli scrittori. La qual cosa piu volte meco stesso considerando, & conoscendo non solo con l'esempio degli antichi, ma de moderni ancora, che i nomi di moltissimi Vecchi, & Moderni Architetti, Scultori, & Pittori insieme con infinite bellissime opere loro, in diuerse parti d'Italia si vanno dimenticando & consumando a poco a poco, & di una maniera per il vero, che ei non sene puo giudicare altro, che vna certa morte molto vicina; Per difenderli il piu che io posso da questa seconda morte, & mãtenergli piu lungamente che sia possibile nelle memorie de viui, hauendo speso moltissimo tempo in cercar quelle, vsato diligenzia grandissima in ritrouare la Patria, l'origine, & le azzioni degli Artefici, & con fatica grande ritrattole dalle relazioni di molti huomini vecchi, & da diuersi ricordi & scritti, lasciati dagli heredi di quelli in preda della poluere, & cibo de tarli. Et riceuutone finalmente & vtile & piacere ho giudicato conueniente, anzi debito mio farne quella memoria, che il mio debole ingegno, & il poco giudizio potrà fare. A honore dunque di coloro che gia sono morti, & benefizio di tutti gli studiosi principalmente di queste tre Arti eccellentissime ARCHITETTVRA, SCVLTVRA, & PITTVRA, scriuerrò le Vite delli Artefici di ciascuna, secondo i tempi, che ei sono stati di mano in mano da CIMABVE insino a hoggi, Non toccando altro degli antichi se non quanto facesse al proposito nostro, per non sene poter dire piu che sene habbino detto quei tanti Scrittori che sono peruenuti alla età nostra. Tratterò bene di molte cose, che si appartengono al Magistero di qual si è l'una delle Arti dette; ma prima che io venga a segreti di quelle, o alla Historia delli Artefici, mi par giusto toccare in parte vna disputa, nata & nutrita tra molti senza proposito, del principato, & nobiltà, nõ dell'architettura, che questa hãno lasciata da parte, ma della Scultura, e della Pittura, essendo per l'una, e l'altra parte addotte, senõ tutte, almeno molte ragioni degne di esser udite, e per gl'artefici loro cõsiderate. Dico dũque che gli Scultori, come dotati forse dalla natura, e dall'esercizio dell'arte di miglior cõplessione di piu sãgue, e di piu forze, e per q̃sto piu arditi, e animosi de' Pittori, cercãdo d'attribuir il piu honorato grado all'arte loro, arguiscono, e prouano la nobiltà della Scultura primieramẽte dall'antichità sua, per hauer il grãde Iddio fatto lhuomo, che fu la prima scultura dicono, che la Scultura abbraccia molte piu arti come cõgeneri, e ne ha molte piu sottoposte, che la Pittura, come il basso riliuieuo, il far di terra, di cera, o di stucco, di legno, d'auorio, il gettare de' metalli, ogni ceselamento, il lauorare d'incauo, o di rilieuo, nelle pietre fini, e negl'acciai, et altre molte, lequali e di numero, e di maestria auanzano quelle della pittura: et allegãdo ancora che quelle cose, che si difendono piu e meglio dal tẽpo, e piu si conseruano all'uso degl'huomini, a benefizio, e seruizio de' quali elle son fatte, sono senza dubbio piu vtili, e piu degne d'esser tenute care, et honorate, che non sono l'altre: Affermano la Scultura esser tanto piu nobile della Pittura quãto ella è piu atta a cõseruare, e se, et il nome di chi è celebrato da lei, ne' marmi, e ne' bronzi contro a tutte l'ingiurie del tẽpo, e dell'aria; che non è essa Pittura, la quale di sua natura pure, non che per gl'accidenti di fuora, perisce nelle piu riposte, e piu sicure stanze, c'habbino saputo dar loro gl'architettori. Vogliano eziandio, che il minor numero loro, non solo de gl'Artefici eccellenti, ma degl'ordinari, rispetto all'infinito numero de' Pittori arguisca la loro maggiore nobiltà, dicendo, che la Scultura vuole vna certa migliore disposizione, e d'animo, e di corpo, che rado si truoua congiunto insieme; doue la Pittura si contenta d'ogni debole cõplessione pur ch'habbia la man sicura se non gagliarda. Et che questo intendimento loro si pruoua similmente da' maggior pregi citati particolarmẽte da Plinio, da gl'amori causati dalla marauigliosa bellezza di alcune statue, e dal giudizio di colui, che fece la statua della Scultura d'oro, e quella della Pittura d'argento, e pose quella alla destra, et quella alla sinistra. Ne lasciano ancora d'allegare le difficultà prima dell'hauer la materia subietta come i Marmi, e i Metalli, e la valuta loro rispetto alla facilità dell'hauere le tauole, le tele, et i colori, a piccolissi. pregi, et in ogni luogo. Di poi l'estreme, et graui fatiche del maneggiar i Marmi, et i Brõzi per la grauezza loro, et del lauorargli per quella degl'strumenti; rispetto alla leggerezza de' Pennegli, degli stili, & delle Penne, disegnatoi, e carboni, oltra che di loro si affatica l'animo con tutte le parti del corpo. Et è, cosa grauiss. rispetto alla quieta, e leggiere opera dell'animo, e della mano sola del Dipintore. Fanno appresso grandiss. fondamento sopra l'essere le cose tanto piu nobili, & piu perfette, quanto elle si accostano piu al vero, & dicono, che la Scultura imita la forma vera, & mostra le sue cose girandole intorno a tutte le vedute, Doue la Pittura per essere spianata con semplicissimi lineamenti di pennello. et non hauere, che vn lume solo, non mostra che vna apparenza sola. Ne hanno rispetto a dire molti di loro, che la Scultura è tanto superiore alla Pittura, quanto il vero alla bugia. Ma per la vltima, e piu forte ragione adducono, che allo Scultore è ne-

cessario

cessario nõ solamente la perfezione del giudizio ordinaria, come al Pittore, ma asso luta, e subita, di maniera, che ella conosca sin dentro a' marmi l'intero apunto di quel la figura, ch'essi intendono di cauarne: Et possa senza altro modello, prima far mol te parti perfette, che e' le accompagni, et unisca insieme; come ha fatto diuinamente Michelagnolo. Auuēga che mancando di questa felicità di Giudizio, fanno ageuol mente, e spesso, di quelli inconuenienti, che non hanno rimedio; et che fatti son sempre testimonij degl'errori dello scarpello, o del poco giudizio dello Scultore. Laqual cosa nõ auuiene a' Pittori: percioche ad ogni errore di pennello, o mancamento di giudizio, che venisse lor fatto, hanno tempo, conoscendogli da per loro, o auuertiti da altri, a ricoprirli, e medicarli con il medesimo pennello, che l'haueua fatto, ilquale nelle man loro ha questo uantaggio da gli scarpelli dello scultore, ch'egli non solo sana come faceua il ferro della lancia d'Achille, ma lascia senza margine le sue ferite. Allequali cose rispõdendo i Pittori nõ senza sdegno, dicono primieramente, che uolēdo gli Scultori cõsiderare la cosa in sagrestia, la prima nobiltà è la loro: e che gli Scultori s'ingannano di gran lunga a chiamare opera loro la Statua del primo padre, essendo stata fatta di terra, l'arte dellaqual operazione mediãte il suo leuare, e porre, nõ è manco de' Pittori, che d'altri: et fu chiamata Plastice da' Greci, e Fictoria da' Latini; et da Prassitele fu giudicata madre della Scultura, del Getto, e del Cesello; cosa, che fa la scultura ueramēte nipote alla Pittura; cõciosia che la Plastice, e la Pittura naschino insieme, e subito dal disegno. Et esaminata fuori di sagrestia dicono, che tã te sono, et si uarie l'opinioni de' tẽpi, che male si può credere piu a l'una, che all'altra: e che considerato finalmente questa nobiltà doue e' uogliono, nell'uno de luoghi perdono, e nell'altro nõ uincono, si come nel Proemio delle vite piu chiaramente potrà vedersi. Appresso per riscõtro dell'arti congeneri, e sottoposte alla scultura dicono, hauerne molte piu di loro, perche la pittura abbraccia l'inuenzione dell'Istoria, la difficiliss. arte degli scorti, tutti i corpi dell'Architettura, per poter far'i casamenti, et la prospettiua, il colorire a tẽpera, l'arte del lauorare in fresco, differente, e uario da tutti gl'altri, similmente il lauorar' a olio, in legno, in pietra, in tele, et il Miniare arte differente da tutte, le finestre di vetro, il Musaico de' uetri, il cõmetter le tarsie di colori facẽdone istorie con i legni tinti, ch'è Pittura, lo sgraffire le case con il ferro, il niello, e le stãpe di rame, mẽbri della pittura, gli smalti de gl'orefici, il cõmetter l'oro alla damaschina, il dipigner le figure inuetriate, e fare ne uasi di terra istorie, et altre figure, che tẽgono all'acqua, il tesser'i broccati cõ le figure, e fiori, e la belliss. inuẽzione degl'Arazzi tessuti, che fa cõmodità, e grandezza, potẽdo portar la pittura in ogni luogo, e saluatico, e domestico: senza che in ogni genere, che bisogna esercitarsi, il Disegno, ch'è disegno nostro l'adopra ognuno. Si che molti piu mẽbri ha la pittura, et piu utili, che non ha la scultura. Non niegano l'eternità poi che cosi la chiamano, delle sculture. Ma dicono questo nõ esser priuilegio che faccia l'arte piu nobile, ch'ella si sia di sua natura, per esser semplicemente della materia. Et che se la lunghezza della uita desse all'anime nobiltà; il Pino tra le piante, et il Ceruio tra gl'animali, harebbon l'anima oltramodo piu nobile, che non ha l'huomo. Non ostante che ei potessino addurre vna simile eternità & nobiltà di materia ne Musaici loro, per vedersene delli antichissimi quanto le piu antiche sculture che siano in Roma, & essendosi vsato di farli di gioie, & pietre fini. Et quanto al piccolo, ò minor numero loro, affermano che cio non è per che l'arte ricerchi miglior disposizione di corpo; & il giudizio maggiore: ma che ei dipende in tutto da la pouertà delle sustanze loro, & dal poco fauore, o auaritia, che vogliamo chiamarlo, degli huomini ricchi, i quali nõ fanno loro commodità de' marmi, ne danno occasione di lauorare, come si puo credere, & vedesi che si fece ne' tempi antichi, quando la scultura venne al sommo grado. Et è manifesto, che chi non può consumare, o gittar via una piccola quãtità di marmi, & pietre forti, le quali costano pur' assai: non può fare quella pratica nell'arte, che si conuiene; chi non vi fa la pratica, non l'impara; & chi non l'impara, non può far bene. Per laqual cosa douerrebbono escusare piu tosto con queste cagioni la imperfezzione, e il poco numero degli eccellenti; che cercare di trarre da esse sotto vn'altro colore la nobiltà. Quanto a' maggior pregi delle sculture, rispondono che quando i loro fussino bene minori, non hanno a compartirli, cõtentandosi di vn putto, che macini loro i colori, & porga i pennelli, o le predelle di poca spesa, doue gli Scultori oltre alla valuta grande della materia, vogliono di molti aiuti, et mettono piu tempo in vna sola figura, che non fanno essi in molte, & molte; per il che apparischano i pregi loro essere piu della qualità, & durazione di essa materia, degl'aiuti, che ella vuole a condursi, & del tempo che vi si mette a lauorarla; che dell'eccellenza dell'arte stessa. & quando questa non serua, ne si truoui prezzo maggiore, come sarebbe facil cosa, a chi volesse diligentemente considerarla; Truouino vn prezzo maggiore del marauiglioso, bello, & viuo dono, che alla virtuosissima, & eccellentissima opera d'Apelle, fece Alessandro il MAGNO; donandogli non tesori grandissimi, o stato, ma la sua amata, & bellissima Campsaspe. & auuertischino di piu, che Alessandro era giouane, innamorato di lei, & naturalmente agli affetti di Venere sottoposto, & Re insieme & Greco, & poi ne faccino quel giudizio, che piace loro. Agli amori di Pigmalione, & di quelli altri scelerati nõ degni piu d'essere huomini, citati per pruoua della nobiltà dell'arte, non sanno, che si rispondere; se da vna grandissima cecità di mente, et da vna sopra ogni natural modo sfrenata libidine, si può fare argumento di nobiltà. & di quel non so chi allegato dagli Scultori d'hauer fatto la scultura d'oro, & la pittura d'argento come di sopra, consentono che se egli hauesse dato tanto segno di giudizioso, quanto di ricco, non sarebbe da disputarla. & concludono finalmente, che l'antico vello dell'oro per celebrato che e' sia, non vestì però altro, che vn Montone senza intelletto; per il che nè il testimonio delle ricchezze, nè quello delle uoglie disoneste; ma delle lettere, dell'esercizio, della bontà, & del giudizio son quelli a chi si debbe attendere. Nè rispondono altro alla dificultà dell'hauere i Marmi, & i Metalli, se non, che questo nasce da la pouertà propria, & dal poco fauore de' potenti, come si è detto, & non da grado di maggiore nobiltà. All'estreme fatiche del corpo, & a pericoli proprij, & dell'opere loro, ridendo, & senza alcun disagio rispondono, che se le fatiche

&

& i pericoli maggiori arguiscono maggiore nobiltà, l'arte del cauare i marmi delle viscere de monti, per adoperare i conij, i pali, & le mazze sarà piu nobile della Scultura; quella del Fabbro auanzerà l'Orefice; et quella del murare, l'Architettura. & dicono appresso, che le vere difficultà stanno piu nell'animo, che nel corpo, onde quelle cose, che di lor natura hanno bisogno di studio, & di sapere maggiore, son piu nobili, & eccellenti di quelle, che piu si seruono della forza del corpo: & che valendosi i Pittori della virtu dell'animo piu di loro, questo primo honore si appartiene alla Pittura. Agli Scultori bastano le Seste, o le Squadre a ritrouare, & riportare tutte le proporzioni, & misure, che egli hanno di bisogno: a' Pittori è necessario oltre al sapere ben'adoperare i sopradetti strumenti, vna accurata cognizione di prospettiua, per hauere a porre mille altre cose, che paesi, o casamenti; oltra che bisogna hauer maggior giudicio per la quantità delle figure in vna storia doue può nascer piu errori, che in vna sola statua. allo Scultore basta hauer notizia delle vere forme, & fattezze de' corpi solidi, & palpabili, & sottoposti in tutto al tatto & di quei soli ancora che hanno chi gli regge. Al Pittore è necessario non solo conoscere le forme di tutti i corpi retti, & non retti; ma di tutti i trasparenti, & impalpabili: & oltra questo bisogna che' sappino i colori, che si cõuengono a' detti corpi, la multitudine, & la varietà de quali quanto ella sia vniuersalmente, & proceda quasi in infinito, lo dimostrano meglio, che altro i fiori, & i frutti, oltre a minerali; cognizione sommamente difficile ad acquistarsi, & a mantenersi per la infinita varietà loro. Dicono ancora, che doue la scultura per l'inobbedienza, & imperfezzione della materia non rappresenta gli affetti dell'animo se non con il moto, ilquale non si stende però molto in lei, & con la fazione stessa de membri, ne anche tutti; i Pittori gli dimostrano con tutti i moti, che sono infiniti, con la fazione di tutte le membra per sottilissime che elle siano: ma che piu? con il fiato stesso, e con gli spiriti della vista. & che a maggiore perfezzione del dimostrare non solamente le passioni, & gl'effetti dell'animo, ma ancora gl'accidenti a venire, come fanno i naturali, oltre alla lunga pratica dell'arte bisogna loro hauer vna intera cognizione d'essa Fisionomia, della quale basta solo allo Scultore la parte che considera la quantità, & forma de' membri, senza curarsi della qualità de' colori, la cognizione de quali, chi giudica dagli occhi, conosce quanto ella sia vtile, & necessaria alla vera imitazione della natura, alla quale chi piu si accosta, è piu perfetto. Appresso soggiungono che doue la scultura leuando a poco a poco in vn medesimo tempo dà fondo, & acquista rilieuo a quelle cose, che hanno corpo di lor natura; & seruesi del tatto, & del vedere: i Pittori in due tempi danno rilieuo, et fondo al Piano, con l'aiuto di vn senso solo, la qual cosa quando ella è stata fatta da persona intelligente dell'arte, con piaceuolissimo inganno ha fatto rimanere molti grandi huomini, per non dire degli animali; il che non si è mai veduto della scultura per non imitare la natura in quella maniera, che si possa dire tanto perfetta quãto è la loro. Et finalmente per rispondere a quella intera, & assoluta perfezzione di giudizio, che si richiede alla scultura, per non hauer modo di aggiugnere do ue ella leua, affermando prima che tali errori sono come ei dicano incorregibili, ne si puo rimediare loro senza le toppe, le quali cosi come ne panni sono cose da poueri di roba; nelle Sculture, & nelle Pitture similmente son cose da poueri di ingegno & di giudizio. Di poi che la Pazienza con vn tempo conueniente mediante i modelli, le centine, le squadre, le seste, & altri mille ingegni & strumenti da riportare non solamente gli difendano dagli errori: ma fanno condur loro il tutto alla sua perfezzione, concludono che questa difficultà che ei mettano per la maggiore è nulla, o poco: rispetto a quelle che hanno i pittori nel lauorare in fresco. & che la detta perfezzione di giudizio non è punto piu necessaria alli scultori, che a' pittori, bastando a quelli condurre i modelli buoni di cera, di terra o d'altro, come a questi i loro disegni in simili materie pure, o ne cartoni; &, che finalmente quella parte, che riduce a poco a poco loro i modelli ne marmi è piu tosto pazienza, che altro. Ma chiamisi giudizio come vogliono gli scultori se egli è piu necessario a chi lauora in fresco, che a chi scarpella ne' marmi. Percioche in quello non solamente non ha luogo ne la pacienza ne il tempo per essere capitalissimi inimici, della vnione della calcina & de colori: ma per che l'occhio non vede i colori veri: insino a che la calcina non è ben secca, ne la mano vi puo hauer giudizio d'altro che del molle ò secco; di maniera, che chi lo dicesse lauorare al buio ò con occhiali di colori diuersi dal vero non credo che errasse di molto. Anzi non dubito punto, che tal nome, non se li conuenga, piu, che al lauoro d'incauo; alquale per occhiali, ma giusti & buoni, serue la cera. Et dicono, che a questo lauoro è necessario hauere vn giudizio risoluto, che antiveggа la fine nel molle, & quale egli habbia a tornar poi secco. Oltra, che non si può abbandonare il lauoro, mentre, che la calcina tiene de'l fresco; & bisogna risolutamente fare in vn giorno, quello, che fa la scultura in vn mese. Et, chi non hà questo giudizio & questa eccellenzia, si vede nella fine del lauoro suo ò col tempo, le toppe, le macchie, i rimessi, & i colori soprapposti, o ritocchi a secco: che è cosa uilissima; Perche vi si scuoprono poi le muffe; & fanno conoscere la insufficienza, & il poco sapere dello artefice suo; si come fanno bruttezza, i pezzi rimessi nella scultura, senza che quando accade lauare le figure a fresco, come spesso dopo qualche tempo auuiene per rinouarle, quello, che è lauorato a fresco rimane, & quello, che a secco è stato ritocco, è dalla spugna bagnata portato uia. Soggiungono ancora che doue gli Scultori fanno insieme due, o tre figure al piu d'un Marmo solo; essi ne fanno molte in vna tauola sola, con quelle tante, & si varie vedute, che coloro dicono, che ha vna statua sola: ricompensando con la varietà delle positure, scorci, et attitudini loro, il potersi vedere intorno intorno quelle degli Scultori, come gia fece Giorgione da Castel Franco in vna sua pittura, laquale voltando le spalle, & hauendo due specchi, vno da ciascun lato, & vna fonte d'acqua a piedi, mostra nel dipinto il dietro, nella fonte il dinanzi, & nelli specchi gli lati: cosa che non ha mai potuto far la Scultura. Affermano oltra di ciò, che la Pittura non lascia elemento alcuno, che non sia ornato, & ripieno di tutte le eccellenzie, che la Natura ha dato loro: dando la sua luce, o le sue tenebre alla Aria, con tutte le sue varietà,

&

& impreßioni; & empiendola insieme di tutte le sorti degli vccegli: Alle acque, la trasparenza, i pesci, i Muschi, le schiume, il variare delle onde, le naui, & l'altre sue paßioni: Alla terra, i monti, i piani, le piante, i frutti, i fiori, gli animali, gli edifizij, con tanta moltitudine di cose, & varietà delle forme loro, & de' veri colori, che la natura stessa, molte volte n'ha marauiglia. Et dando finalmente al fuoco, tanto di caldo, & di luce, che e' si vede manifestamente ardere le cose; & quasi tremolando nelle sue fiamme, rendere in parte luminose le piu oscure tenebre della notte. Per le quali cose par loro, potere giustamente conchiudere, & dire; che contraposte le difficultà degli Scultori, alle loro; le fatiche del corpo; alle fatiche dell'animo; la imitazione circa la forma sola, alla imitazione della apparenzia circa la quantità, & la qualità, che viene a lo occhio; Il poco numero delle cose doue la Scultura può dimostrare, & dimostra la virtu sua, allo infinito di quelle, che la Pittura ci rappresenta; oltra il conseruarle perfettamente allo intelletto, & farne parte in que' luoghi, che la Natura non ha fatto ella: Et contrapesato finalmente le cose dell'una; alle cose dell'altra; la nobiltà della Scultura, quanto all'ingegno, alla inuenzione, & al giudizio degli Artefici suoi; non corrisponde a gran pezzo, a quella, che ha, & merita la Pittura. Et questo è quello, che per l'una, & per l'altra parte, mi è venuto a gli orecchi degno di considerazione. Ma perche a me pare, che gli Scultori habbino parlato con troppo ardire; & i Pittori con troppo sdegno; Per hauere io assai tempo considerato le cose della Scultura, & essermi esercitato sempre nella pittura; quantunque piccolo sia forse il frutto, che se ne vede; nondimeno, & per quel tanto, che egli è, & per la impresa di questi scritti, giudicando mio debito dimostrare il giudizio, che nello animo mio ne ho fatto sempre; & vaglia la autorità mia quanto ella può; dirò sopra tal disputa sicuramente, & breuemente il parer mio: persuadendomi di non sottentrare a carico alcuno di prosunzione, o d'ignoranza; non trattando io de l'arti altrui, come hanno gia fatto molti, per apparire nel vulgo intelligenti di tutte le cose; mediante le lettere; Et come tra gli altri auuenne a Formione peripatetico in Efeso, che ad ostentazione della eloquenza sua, predicando, & disputando de le virtu, & parti dello eccellente Capitano; non meno de la prosunzione, che della ignoranza sua, fece ridere Annibale. Dico adunque, che la Scultura, & la Pittura per il vero sono sorelle; nate di vn Padre, che è il Disegno, in vno sol parto, & ad vn tempo: & non precedono l'una alla altra, se non quanto la virtu, & la forza di coloro, che le portano addosso, fa passare l'vno Artefice innanzi a l'altro; & non per differenzia, o grado di nobiltà, che veramente si troui infra di loro. Et se bene per la diuersità della essenzia loro, hanno molte ageuolezze: non sono elleno però nè tante, nè di maniera, che elle non venghino giustamente contrapesate insieme: & non si conosca la paßione, o la caparbietà, più tosto che il giudizio, di chi vuole che l'una auanzi l'altra. La onde a ragione si può dire, che vn anima medesima regga due corpi: & io per questo conchiudo, che male fanno coloro, che s'ingegnano di disunirle, & di separarle l'una da l'altra.

Della-

De la qual cosa volendoci forse sgannare il cielo, & mostrarci la fratellanza, & la vnione di queste due nobilissime arti, ha in diuersi tempi fattoci nascere molti scultori, che hanno dipinto; & molti pittori, che hanno fatto delle sculture; come si vedrà nella vita d'Antonio del Pollaiuolo; di Lionardo da Vinci, & di molti altri di già passati. Ma nella nostra età, ci ha prodotto la bontà Diuina Michealagnolo Buonarroti, nel quale amendue queste arti si perfette rilucono, & si simili, & vnite insieme apparisscono; che i Pittori delle sue pitture stupiscono; & gli Scultori, le sculture fatte da lui ammirano, & reueriscono sommamente. A costui, perche egli non hauesse forse a cercare da altro maestro, doue agiatamente collocare le figure fatte da lui; ha la natura donato si fattamente la scienza dell'Architettura; che senza hauere bisogno d'altrui, può & vale da se solo, & a queste, & quel le imagini da lui formate, dare honorato luogo; & ad esse conueniente. Di maniera, che egli meritamente debbe esser detto, Scultore vnico; Pittore sommo; & eccellentissimo Architettore; anzi, della Architettura vero Maestro. Et ben' possiamo certo affermare, che e' non errano punto coloro, che lo chiamano diuino; poi che diuinamente ha egli in se solo raccolte, le tre piu lodeuoli arti, & le piu ingegnose, che si truouino tra' mortali; & con esse ad essempio d'uno Iddio, infinitamente ci può giouare. Et tanto basti per la disputa fatta dalle parti, & per la nostra opinione. Et tornando horamai al primo proposito; dico che volendo per quanto si estendono le forze mie, trarre dalla voracissima bocca del tempo, i nomi degli Scultori, Pittori, & Architetti, che da Cimabue in quà sono stati in Italia di qualche eccellenza notabile: & desiderando che questa mia fatica sia non meno vtile, che io me la sia proposta piaceuole; Mi pare necessario, auanti che e' si venga all'Istoria, fare sotto breuità, vna introduzzione a quelle tre Arti; nelle quali valsero coloro, di chi io debbo scriuere le vite: a cagione, che ogni gentile spirito, intenda primieramente le cose più notabili, delle loro professioni; & appresso con piacere & vtile maggiore, possa conoscere apertamente, in che e' fussero tra se differenti; & di quanto ornamento, & comodità alle patrie loro, & a chiunque volle valersi della industria, & sapere di quelli.

Cominceromi dunque dall'Architettura, come da la piu vniuersale, & piu necessaria & vtile agli huomini, & al seruizio & ornamento della quale sono l'altre due: & breuemente dimostrerrò, la diuersità delle Pietre; le maniere, o modi dell' edificare, con le loro proporzioni; & a che si conoschino le buone fabbriche, & bene intese. Appresso ragionando della Scultura, dirò come le statue si lauorino; la forma & la proporzione che si aspetta loro; & quali siano le buone sculture, con tutti gli ammaestramenti più segreti, & più necessarij. Vltimamente discorrendo della pittura, dirò del Disegno; de' modi del colorire; del perfettamente condurre le cose; della qualità di esse Pitture; & di qualunche cosa che da questa dependa: De' Musaici d'ogni sorte; del Niello; degli Smalti; de' lauori alla Damaschina; et finalmente poi delle stampe delle pitture. Et cosi mi persuado, che queste fatiche mie, diletteranno coloro che non sono di questi esercizij. Et diletteranno, & gioueranno

ranno a chi ne ha fatto professione. Perche oltra che nella introduzzione riuedranno i modi dello operare; & nelle vite di essi artefici impareranno doue siano l'opere loro; & a conoscere ageuolmente la perfezzione, o imperfezzione di quelle; & discernere tra maniera & maniera: E potranno accorgersi ancora, quanto meriti lode & honore, chi con le virtù di si nobili arti, accompagna honesti costumi, & bontà di vita. Et accesi di quelle laudi, che hanno conseguite i si fatti; si alzeranno essi ancora a la vera gloria. Ne si cauerà poco frutto de la storia, vera guida & maestra delle nostre azzioni, leggendo la uaria deuersità di infiniti casi occorsi a gli Artefici; qualche volta per colpa loro, & molte altre della fortuna. Restarebbemi a fare scusa, de lo hauere alle volte vsato qualche voce non ben toscana, de la qual cosa non vo' parlare; hauendo hauuto sempre piu cura, di vsare le voci & i vocaboli particulari & proprij delle nostre arti; che i leggiadri, o scelti della delicatezza degli scrittori. Siami lecito adunque vsare nella propria lingua, le proprie voci de' nostri artefici: & contentisi ogn'uno de la buona volontà mia, laquale si è mossa a fare questo effetto, non per insegnare ad altri, che non so per me; Ma per desiderio di conseruare almanco questa memoria degli artefici piu celebrati; poi che in tante decine di anni, non ho saputo vedere ancora, chi n'habbia fatto molto ricordo. Con ciò sia che io ho piu tosto voluto con queste roze fatiche mie, ombreggiãdo gli egregij fatti loro, render loro in qualche parte l'obligo che io tẽgo alle opere loro, che mi sono state maestre, ad imparare quel tanto che io so: Che malignamente viuendo in ozio, esser censore delle opere altrui, accusandole & riprendendole come alcuni spesso costumano. Ma egli è hoggimai Tempo di venire a lo effetto.

Il Fine del Proemio.

INTRODVZZIONE DI M. GIORGIO VASARI PITTORE ARETINO,

Alle tre Arti del Disegno, cioè Architettura, Pittura, & Scoltura, & prima dell'Architettura,

Delle diuerse Pietre, che seruono a gl'Architetti per gl'ornamenti, & per le statue alla Scoltura. Cap. I.

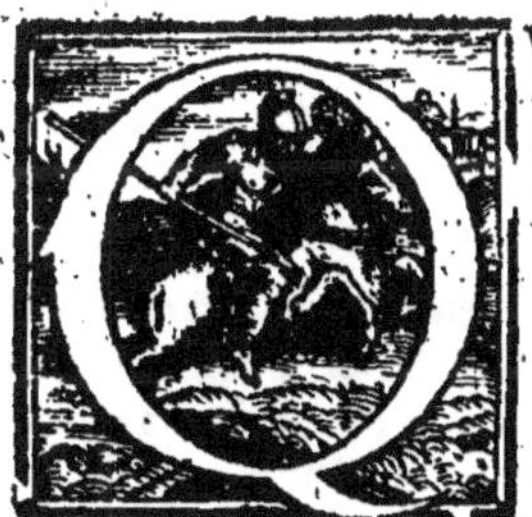

VANTO sia grande l'utile, che ne apporta l'Architettura, non accade a me raccontarlo; per trouarsi molti scrittori, i quali diligentissimamẽte, & a lungo n'hanno trattato. Et per questo lasciando da vna parte le calcine, le arene, i legnami, i ferramenti, e'l modo del fondare, & tutto quello, che si adopera alla fabrica; & l'acque, le regioni, e i siti largamente gia descritti da Vitruuio, & dal nostro Leõ Batista Alberti; ragionerò solamente per seruizio de'nostri artefici, & di qualunque ama di saper, e come debbano essere vniuersalmente le fabriche. Et quanto di proporzione vnite, & di corpi, per conseguire quella graziata bellezza, che si desidera, breuemente raccorrò insieme, tutto quello, che mi parrà necessario a questo proposito. Et accioche piu manifestamente apparisca la grandissima difficultà del lauorar delle pietre, che son durissime & forti, ragioneremo distintamente, ma con breuità, di ciascuna sorte di quelle, che maneggiano i nostri artefici. Et primieramente del Porfido. Questo è vna pietra rossa con minutissimi schizzi bianchi, condotta nella Italia gia dell'Egitto; doue comunemente si crede, che nel cauarla ella sia piu tenera, che quãdo ella è stata fuori della caua, alla pioggia, al ghiaccio, e al Sole: perche tutte queste cose la fanno piu dura, & piu difficile a lauorarla. Di questa se ne veggono infinite opere lauorate, parte con gli scarpelli, parte segate, & parte con ruote, & con smerigli consumate a poco a poco: come se ne vede in diuersi luoghi diuersamente piu cose; cio è, quadri, tondi, & altri pezzi spianati, per far pauimenti: & cosi statue per gli edifici; & ancora grandissimo numero di colonne & picciole, & grandi, & fontane con teste di varie maschere, intagliate con grandissima diligenza. Veggonsi anchora hoggi sepolture con figure di basso & mezzo rilieuo, condotte con gran fatica; come al tempio di Baccho fuor di Roma, a santa Agnesa, la sepoltura che e dicono di Santa Gostanza figliuola di Gostantino Imperadore; doue son dentro molti fanciulli con pampani & vue, che fanno fede della difficultà, c'hebbe chi la lauorò nella durezza di quella pietra. Il medesimo si vede in vn pilo a Santo Iãni Laterano, vicino alla porta santa, ch'è storiato; et euui

dentro

dentro gran numero di figure. Vedesi ancora sulla piazza della Ritonda vna bellissima cassa fatta per sepoltura, laquale è lauorata con grande industria et fatica; & è per la sua forma, di grandissima grazia; & di somma bellezza, & molto varia dal l'altre. Et in casa di Egidio, & di Fabio Sasso ne soleua essere vna figura a sedere di braccia tre, & mezo condotta à di nostri con il resto del altre statue in casa Farnese. Nel cortile ancora di casa la Valle sopra vna finestra vna lupa molto eccellente, & nel lor giardino i due prigioni legati del medesimo porfido; i quali son quattro braccia d'altezza l'uno, lauorati da gli antichi con grandissimo giudicio; i quali sono hoggi lodati straordinariamente da tutte le persone eccellenti, conoscendosi la difficultà, che hanno hauuto a cōdurli per la durezza della pietra. A di nostri non s'è mai condotto pietre di questa sorte a perfezzione alcuna, per hauere gli artefici nostri perduto il modo del temperare i ferri, & cosi gli altri stormenti da condurle. Vero è, che se ne va segando con lo smeriglio rocchi di colonne, & molti pezzi, per accomodarli in ispartimenti per piani, & cosi in altri varij ornamenti per fabriche; andandolo consumando a poco a poco con vna sega di rame senza denti tirata dalle braccia di due huomini: laquale con lo smeriglio ridotto in poluere, & con l'acqua, che continuamente la tenga molle, finalmente pur lo ricide. Et se bene si sono in diuersi tempi prouati molti begli ingegni, per trouare il modo di lauorarlo, che vsarono gli antichi, tutto è stato in vano. E Leō Battista Alberti, il quale fu il primo, che cominciasse a far pruoua di lauorarlo, non però in cose di molto momento, non truouò, fra molti, che ne mise in pruoua, alcuna tempera, che facesse meglio, che il sangue di becco, perche sè bene leuaua poco di quella pietra durissima nel lauorarla, e sfauillaua sempre fuoco, gli serui nondimeno di maniera, che fece fare nella soglia della porta principale di santa Maria Nouella di Fiorenza, le diciotto lettere antiche, che assai grandi, & ben misurate si veggono dalla parte dināzi in vn pezzo di porfido; lequali lettere dicono BERNARDO ORICELLARIO. E perche il taglio dello scarpello non gli faceua gli spigoli, nè daua all'opera quel pulimento, e quel fine che le era necessario, fece fare vn mulinello a braccia cō vn manico a guisa di stidione, che ageuolmente si maneggiaua apontandosi vno il detto manico al petto, e nella inginocchiatura mettendo le mani per girarlo. E nella punta, doue era o scarpello, o trapano, hauendo messo alcune rotelline di rame, maggiori, & minori, secondo il bisogno, quelle imbrattate di smeriglio, con leuare a poco a poco, e spianare faceuano la pelle, & gli spigoli, mentre con la mano si giraua destramente il detto mulinello. Ma con tutte queste diligenze, non fece però Leon Batista altri lauori: perche era tanto il tempo, che si perdeua, che mancando loro l'animo, non si mise altramēte mano a statue, vasi, o altre cose sottili. Altri poi, che si sono messi a spianare pietre, & rapezzar colonne, col medesimo segreto hanno fatto in questo modo. Fannosi per questo effetto alcune martella graui, & grosse con le punte d'acciaio temperato fortissimamente col sangue di becco, & lauorato a guisa di punte di diamanti, con lequali picchiando minutamente in sul porfido, & scantonandolo a poco a poco il meglio, che si puo, si riduce pur finalmente o a tōdo, o a piano, come piu aggrada all'artefice con fatica, & tempo non picciolo: ma nō gia a forma di statue; che di questo non habbiamo la maniera, & si gli da il pulimento cõ lo smeriglio,e col cuoio strofinandolo,che viene di lustro molto pulitamente lauorato,e finito. Et ancorche ogni giorno si vadino piu assottigliãdo gl'ingegni humani,e nuoue cose inuestigando, nondimeno anco i moderni che in diuersi tempi hanno,per intagliar'il porfido prouato nuoui modi,diuerse tempre, & acciai molto ben purgati, hanno come si disse disopra, insino a pochi anni sono faticato in vano. E pur l'anno 1553. hauendo il signor' Ascanio Colõna donato a Papa Giulio III. vna tazza antica di porfido bellissima larga sette braccia: il Pontefice, per ornarne la sua vigna, ordinò, mancandole alcuni pezzi, che la fusse restaurata: perche mettendosi mano all'opera,& prouandosi molte cose, per consiglio di Michelagnolo Buonarroti,e d'altri eccellentissimi Maestri, dopo molta lunghezza di tempo, fu disperata l'impresa, massimamente non si potendo in modo nessuno saluare alcuni canti viui,come il bisogno richiedeua. E Michelagnolo, pur auezzo alla durezza de'sassi,insieme con gl'altri se ne tolse giu,ne si fece altro. Finalmente, poiche niuna altra cosa in questi nostri tempi mancaua alla perfezzione delle nostr' Arti,che il modo di lauorare perfettamente il porfido, accioche ne anco questo si habbia a disiderare, si è in questo modo ritrouato. Hauendo l'anno 1555 il signor Duca Cosimo cõdotto dal suo palazzo,e giardino de'Pitti, vna bellissima acqua nel cortile del suo principale palazzo di Firenze,per farui vna fonte di straordinaria bellezza,trouati fra i suoi rottami alcuni pezzi di Porfido assai grandi,ordinò,che di quelli si facesse vna tazza col suo piede per la detta fonte; & per ageuolar' al maestro il modo di lauorar'il porfido,fece di non so che herbe stillar'vn'acqua di tanta virtu,che spegnendoui dentro i ferri bollẽti fa loro vna tempera durissima. Con questo segreto adunque, secondo'l disegno fatto da me,condusse Francesco del TADDA intagliator da Fiesole la tazza della detta fonte,che è larga due braccia,e mezzo di diametro,& insieme il suo piede,in quel modo,che hoggi ella si vede nel detto palazzo. Il Tadda,parendogli,che il segreto dategli dal Duca fusse rarissimo, si mise a far proua d'intagliar'alcuna cosa,egli riusci cosi bene,che in poco tempo ha fatto in tre ouati di mezzo rilieuo grandi quanto il naturale il ritratto d'esso S. Duca COSIMO, quello della Duchessa Leonora,& vna testa di Giesu Christo con tanta perfezzione,che i capegli,e le barbe,che sono dificilissimi nell'intaglio, sono condotti di maniera,che gl'antichi non stanno punto meglio. Di queste opere ragionando il S. Duca con Michelagnolo,quãdo S. Ecc. fu in Roma,nõ voleua creder'il Buonarroto,che cosi fusse: perche hauendo io d'ordine del Duca mandata la testa del Cristo a Roma,fu veduta con molta marauiglia da Michelagnolo,il quale la lodò assai, & si rallegrò molto di veder ne'tẽpi nostri la Scultura arrichita di questo rarissimo dono, cotanto in vano insino a hoggi disiderato. Ha finito vltimamente il Tadda la testa di Cosimo vecchio de'Medici in vno ouato,come i detti disopra,& ha fatto,& fa continuamente molte altre somiglianti opere. Restami a dire del porfido,che p essersi hoggi smarrite le caue di quello,è per cio necessario seruirsi di spoglie, & di frammenti antichi,e di rocchi di colonne,& altri pezzi: Et che però bisogna a chi lo lauora auuertire se ha hauuto il fuoco: percioche quando l'ha hauuto, se bene non perde in tutto il color',ne si disfa,manca non dimeno pure assai di quella viuezza,che è sua propria,& non piglia mai cosi bene il pulimento,co-

me

me quando non l'ha hauuto, & che è peggio, quello che ha hauuto il fuoco si schianta facilmente quando si lauora. E da sapere ancora, quanto alla natura del porfido, che messo nella fornace, non si cuoce, e non lascia interamente cuocer le pietre, che gli sono intorno, anzi quanto a se incrudelisce, come ne dimostrano le due colonne, che i Pisani l'anno 1117. donarono a' Fiorentini, dopo l'acquisto di Maiolica, le quali sono hoggi alla porta principale del tẽpio di san Giouanni, non molto bene pulite, e senza colore per hauere hauuto il fuoco, come nelle sue storie racconta Giouan Villani. Succede al Porfido il Serpentino, il quale è pietra di color verde scuretta alquanto, con alcune crocette dentro giallette & lunghe per tutta la pietra; dellaquale nel medesimo modo si vagliano gli artefici, per far colonne & piani per pauimenti per le fabriche, ma di questa sorte non s'è mai veduto figure lauorate, ma si bene infinito numero di base per le colonne, & piedi di tauole, & altri lauori piu materiali. Perche questa sorte di pietra si schianta anchor che sia dura piu che'l porfido; & riesce a lauorarla piu dolce, & men faticosa che'l porfido; & cauasi in Egitto, & nella Grecia, e la sua saldezza ne'pezzi non è molto grande. Conciosia, che di Serpentino nõ si è mai veduto opera alcuna in maggior pezzo di braccia tre per ogni verso, e sono state tauole, e pezzi di pauimenti. si è trouato ancora qualche colonna, ma non molto grossa, ne larga. E similmente alcune maschere, e mensole lauorate, ma figure non mai. questa pietra si lauora nel medesimo modo, che si lauora il porfido.

Piu tenera poi di questa è il Cipollaccio, Pietra che si caua in diuersi luoghi; il quale è di color verde acerbo, & gialletto, & ha dentro alcune macchie nere quadre, picciole & grandi, & cosi bianche alquanto grossette, & si veggono di questa sorte in piu luoghi colonne grosse, & sottili, & porte, & altri ornamenti; ma non figure. Di questa pietra è vna fonte in Roma in Beluedere cioè vna nicchia in vn canto del giardino doue sono le statue del Nilo, e del Teuere, la quale nicchia fece far papa Clemente settimo col disegno di Michelagnolo, per ornamento d'un fiume antico, accio in questo campo fatto a guisa di scogli, apparisce, come veramente fa, molto bello. Di questa pietra si fanno ancora, segandola, tauole, tondi, ouati, & altre cose simili, che in pauimenti, e altre forme piane, fanno con l'altre pietre bellissima accompagnatura, e molto vago componimento. Questa piglia il pulimento come il porfido, & il serpentino; & ancora si sega come l'altre sorti di pietra dette di sopra, e se ne trouano in Roma infiniti pezzi sotterrati nelle ruine, che giornalmente vengono a luce, & delle cose antiche se ne sono fatte opere moderne, porte, & altre sorti d'ornamenti; che fanno doue elle si mettono ornamento, & grandissima bellezza. Ecci vn'altra pietra chiamata Mischio dalla mescolanza di diuerse pietre congelate insieme, & fatto tutt'vna dal tempo, & dalla crudezza dell'acque. Et di questa sorte se ne troua copiosamente in diuersi luoghi, come ne'monti di Verona, in quelli di Carrara, & in quei di Prato in Thoscana, & ne'monti dell'Imprunetta nel contado di Firenze. Ma i piu begli, & migliori si sono trouati, non ha molto, a san Giusto a Monterantoli, lontano da Fiorenza cinque miglia. Et di questi me n'ha fatto il S. Duca Cosimo ornare tutte le stanze nuoue del palazzo in porte, e camini, che sono riusciti molto belli; E p lo giardino de'Pitti se ne sono del medesimo luogo cauate colonne di braccia

sette

ſette belliſsime. Et io reſto marauigliato, che in queſta pietra ſi ſia trouata tanta ſaldezza. Queſta Pietra, perche tiene d'albereſe piglia belliſsimo pulimento, e trae in colore di paonazzo roſsigno, macchiato di uene bianche, & giallicce. Ma le piu fini ſono nella Grecia, & nell'Egitto, doue ſon molto piu duri, che i noſtri Italiani, Et di queſta ragion pietra ſe ne troua di tanti colori, quanto la natura lor madre s'è di continuo dilettata & diletta di condurre a perfetione. Di queſti ſi fatti miſchi ſe ne veggono in Roma ne'tempi noſtri opere antiche, & moderne, come colonne, vaſi, fontane, ornamenti di porte, & diuerſe incroſtature per gli edifici, & molti pezzi ne' pauimenti. Se ne vede diuerſe ſorti di piu colori, chi tira al giallo, & al roſſo, alcuni al bianco & al nero, altri al bigio & al bianco pezzato di roſſo, & venato di piu colori: coſi certi roſſi verdi neri, & bianchi, che ſono oriētali. e di queſta ſorte pietra n'ha vn pilo antichiſſimo largo braccia quattro e mezzo il Signor Duca al ſuo Giardino de' Pitti, che è coſa rariſſima, per eſſer come s'è detto oriētale di miſchio belliſſimo, e molto duro a lauorarſi. E cotali pietre ſono tutte di ſpecie piu dura, & piu bella di colore, & piu fine, come ne fanno fede hoggi due colonne di braccia dodici di altezza nella entrata di San Pietro di Roma, lequali reggono le prime nauate, & vna n'è da vna banda. l'altra dall'altra. Di queſta ſorte quella ch'è ne' monti di Verona, è molto piu tenera che l'orientale infinitamente, & ne cauano in queſto luogo d'una ſorte, ch'è roſſiccia, & tira in color ceciato, & queſte ſorti ſi lauorano tutte bene a' giorni noſtri con le tempere & co' ferri, ſi come le pietre noſtrali, & ſe ne fa & fineſtre, & colonne, & fontane, & pauimenti, & ſtipidi per le porte, & cornici, come ne rende teſtimonanza la Lombardia, anzi tutta la Italia.

Trouaſi vn'altra ſorte di pietra duriſſima molto piu ruuida, & picchiata di neri & bianchi, & tal volta di roſſi, dal tiglio, & dalla grana di quella, comunemente detta Granito. Della quale ſi truoua nello Egitto ſaldezze grandiſſime, & da cauarne altezze incredibili, come hoggi ſi veggono in Roma negli Obeliſchi, Aguglie, Piramidi, colonne, & in que' grandiſſimi vaſi de' bagni, che habbiamo a San Piero in vincola, & a San Saluatore del Lauro, & a San Marco, & in colonne quaſi infinite, che per la durezza, & ſaldezza loro non hanno temuto fuoco, ne ferro. Et il tempo iſteſſo, che tutte le coſe caccia a terra, non ſolamente non le ha diſtrutte, ma ne pur cangiato loro il colore. Et per queſta cagione gli Egittij ſe ne ſeruiuano per i loro morti, ſcriuendo in queſte Aguglie, co i caratteri loro ſtrani la vita de grandi, per mantener la memoria della nobiltà & virtù di quegli. Veniuane d'Egitto medeſimamente d'una altra ragione bigio, il quale trae piu in verdiccio, i neri & i picchiati biāchi, molto duro certamente, ma non ſi, che i noſtri ſcarpellini per la fabricha di San Pietro non habbiano delle ſpoglie, che hanno trouato, meſſe in opera, fatto ſi, che con le tempere de' ferri, che ci ſono al preſente, hanno ridotto le colonne, & l'altre coſe a quella ſottigliezza ch'hanno voluto, & datoli belliſſimo pulimento come al porfido. Di queſto granito bigio è dotata la Italia in molte parti, ma le maggiori ſaldezze, che ſi trouino, ſono nell'iſola dell'Elba, doue i Romani tennero di continuo huomini a cauare infinito numero di queſta pietra. Et di queſta ſorte ne ſono parte le colonne del portico della Rītoda, lequali ſon molto belle, & di grandezza ſtraordinaria, & vedeſi, che nel la caua, quando si taglia è piu tenero assai, che quando è stato cauato, & che vi si lauora con piu facilità. Vero è che bisogna per la maggior parte lauorarlo con martelline, che habbiano la punta, come quelle del Porfido, & nelle gradine vna dentatura tagliente dall'altro lato. D'un pezzo della qual sorte pietra che era staccato dal masso, n'ha cauato il Duca Cosimo vna Tazza tonda di larghezza di braccia dodici, per ogni verso, Et vna Tauola della medesima lungezza, per lo palazzo, e giardino de' Pitti. Cauasi del medesimo Egitto, & di alcuni luoghi di Grecia anchora certa sorte di pietra nera detta Paragone, laquale ha questo nome, perche volendo saggiar l'oro s'arruota su quella pietra, & si conosce il colore, & per questo paragonandoui su vien detto Paragone. Di questa è vn altra specie di grana, & di vn altro colore pche nõ ha il nero morato affatto, & non è gentile: che ñe fecero gli antichi alcune di quelle sphingi, & altri animali, come in Roma in diuersi luoghi si uede, & di maggior saldezza vna figura in Parione d'uno Hermaphrodito accompagnata da vn'altra statua di Porfido bellissima. Laqual pietra è dura a intagliarsi, ma è bella straordinariamente, & piglia vn lustro mirabile. Di questa medesima sorte se ne troua anchora in Thoscana ne' monti di Prato, vicino a Fiorenza a x. miglia, & cosi ne' monti di Carrara, dellaquale alle sepolture moderne se ne veggono molte casse, & diposita per i morti, come nel Carmine di Fiorenza alla capella maggiore, doue è la sepoltura di Piero Soderini (se bene non vi è dentro) di questa pietra: & vn padiglione similmente di paragon di Prato tanto ben lauorato, et cosi lustrãte, che pare vn Raso di seta, et nou vn sasso intagliato, e lauorato. Cosi ancora nella incrostatura di fuori del tempio di Santa Maria del Fiore di Fiorenza, per tutto lo edificio è vna altra sorte di marmo nero, & marmo rosso, che tutto si lauora in vn medesimo modo. Cauasi alcuna sorte di marmi in Grecia, e in tutte le parti d'Oriente, che son bianchi, & gialleggiano, & traspaiono molto, iquali erano adoperati da gli antichi per bagni, & per stuffe, & per tutti que' luoghi, doue il vento potesse offendere gli habitatori. E hoggi se ne veggono ancora alcune finestre nella tribuna di San Miniato a monte, luogo de' monaci di Monte Oliueto in su le porte di Firenza, che rendono chiarezza, & nõ vento. Et con questa inuentione riparauano al freddo, & faceuano lume alle habitationi loro. In queste caue medesime cauauano altri marmi senza vene, ma del medesimo colore, del quale eglino faceuano le piu nobili statue. Questi marmi di tiglio & di grana erano finissimi, & se ne seruiuano anchora tutti quegli, che intagliauano capitegli, ornamenti, & altre cose di marmo per l'architettura: Et vi erã saldezze grandissime di pezzi, come appare ne' giganti di monte Cauallo di Roma, & nel Nilo di Beluedere, e in tutte le piu degne, e celebrate statue. Et si conoscono esser Greche, oltra il marmo, alla maniera delle teste, & alla acconciatura del capo, & a i nasi delle figure, iquali sono dall' appiccatura delle ciglia alquanto quadri fino alle nare del naso. Et questo si lauora coi ferri ordinarij, & co i trapani, & si gli dà il lustro con la pomice & col gesso di Tripoli col cuoio, & struffoli di paglia.

Sono nelle montagne di Carrara, nella Carfagniana vicino a i monti di Luni, molte sorti di marmi, come marmi neri, & alcuni che traggono in bigio, & altri che sono mischiati di rosso, & alcuni altri, che son con vene bigie, che

che sono crosta sopra a marmi bianchi; perche non son purgati, anzi offesi dal tempo, dall'acqua, & dalla terra piglian quel colore. Cauansi anchora altre specie di marmi, che son chiamati Cipollini, & Saligni, & Campanini, & mischiati, & per lo piu vna sorte di marmi bianchissimi, & lattati, che sono gentili, e in tutta perfezzione per far le figure. Et vi s'è trouato da cauare saldezze grandissime, & se n'è cauato anchora a giorni nostri pezzi di noue braccia per far giganti; & d'un medesimo sasso, ancora sene sono cauati a' tempi nostri due, l'uno fu il Dauitte, che fece Michelagnolo Buonarroto, il quale è alla porta del palazzo del Duca di Fiorenza, e l'altro l'Ercole, e Cacco, che di mano del Baudinello sono all'altro lato della medesima porta. Vn'altro pezzo ne fu cauato pochi anni sono di braccia noue, perche il detto Baccio Bandinello ne facesse vn Nettuno, per la fonte che il Duca fa fare in piazza: Ma essendo morto il Bãdinello è stato dato poi all'Ammãnato scultore Ecc. perche ne faccia similmente vn Nettuno. Ma di tutti questi marmi quelli della caua detta del Poluaccio, ch'è nel medesimo luogo, sono cõ mãco macchie, e smerigli, e senza que'nodi, e noccioli, che il piu delle volte sogliono esser nella grandezza de' marmi, e recar nõ piccola difficultà a chi gli lauora, e bruttezza nell'opere, finiti che sono le statue. Si sono ancora dalle caue di serrauezza in quel di Pietrasanta hauute colonne della medesima altezza, come si puo vedere vna di molte, che haueuano a essere nella facciata di San Lorenzo di Firenze, quale è hoggi abbozzata fuor della porta di detta Chiesa; doue l'altre sono parte alla caua rimase, & parte alla marina. Ma tornando alle caue di Pietra Santa dico che in quelle s'essercitarono tutti gli antichi: & altri marmi, che questi non adoperarono per fare que'maestri, che furon si eccellenti, le loro statue; essercitandosi di cõtinuo, mẽtre si cauauono le lor pietre p far le loro statue, in fare ne'sassi medesimi delle caue bozze di figure: come anchora hoggi se ne veggono le vestigia di molte in quel luogo. Di questa sorte adunque cauano hoggi i moderni le loro statue, & non solo per il seruitio della Italia; ma se ne manda in Francia, in Inghilterra, in Hispagna, e in Portogallo; come appare hoggi per la sepoltura fatta in Napoli da Giouan da Nola scultore eccelente a Don Pietro di Toledo Vicerè di quel regno; che tutti i marmi gli furon donati & condotti in Napoli dal Signor Duca COSIMO de Medici. Questa sorte di marmi ha in se saldezze maggiori, & piu pastosi & morbide a lauorarla, & se le da bellissimo pulimento, piu ch'ad altra sorte di marmo. Vero è, che si viene tal volta a scontrarsi in alcune vene domandate da gli scultori smerigli, i quali sogliono rompere i ferri. Questi marmi si abbozzano con vna sorte di ferri chiamati subbie, che hanno la punta a guisa di pali a facce & piu grossi & sottili; & di poi seguitano con scarpelli detti calcagniuoli; i quali nel mezzo del taglio hanno vna tacca, & cosi con piu sottili di mano in mano, che habbiano piu tacche, & gli intaccano quando sono arruotati con vno altro scarpello. Et questa sorte di ferri chiamano gradine, perche con esse vanno gradinando & riducendo a fine le lor figure; doue poi con lime di ferro diritte & torte vanno leuando le gradine, che son restate nel marmo: & cosi poi con la pomice arrotando a poco a poco gli fanno la pelle che vogliono & tutti gli strafori che fanno, per non intronare il marmo gli fanno con trapani di minore & maggior grandezza, & di peso di dodici

libre

libre l'uno, & qualche volta venti; che di questi ne hanno di piu sorte, per far maggiori & minori buche, & gli seruon questi per finire ogni sorte di lauoro, & condurlo a perfettione. De'marmi bianchi venati di bigio gli scultori & gli architetti ne fanno ornamenti per porte, & colonne per diuerse case: seruonsene per pauimenti, & per incrostatura nelle lor fabriche; & gli adoperano a diuerse sorti di cose: similmente fanno di tutti i marmi mischiati. I marmi Cipollini sono vn'altra specie di grana, & colore differente, & di questa sorte n'è anchora altroue che a Carrara; & questi il piu pendono in verdiccio: & son pieni di vene, che seruono per diuerse cose, & non per figure. Quegli che gli scultori chiamano Saligni, che tengono di congelatione di pietra, per esserui que'lustri ch'appariscono nel sale, & traspaiono alquãto; è fatica assai a farne le figure: perche hanno la grana della pietra ruuida & grossa: & perche ne'tempi humidi gocciano acqua di continuo, o vero sudano. Quegli, che si dimandano Campanini, son quella sorte di marmi, che suonano quando si lauorano; & hanno vn certo suono piu acuto degli altri; questi son duri, & si schiantano piu facilmente, che l'altre sorti sudette; & si cauano a Pietrasanta. A Serauezza ancora in piu luoghi, & a Campiglia si cauano alcuni marmi, che sono per la maggior parte bonissimi per lauoro di quadro, e ragioneuoli ancora alcuna volta per statue, & in quel di Pisa, al mõte a s. Giuliano, si caua similmẽte vna sorte di marmo bianco, che tiene d'alberese, e di questi è incrostato di fuori il Duomo, & il camposanto di Pisa, oltre a molti altri ornamenti, che si veggono in quella città fatti del medesimo. Et p che gia si conduceuano i detti marmi del monte a S. Giuliano in Pisa cõ qualche incommodo, & spesa: Hoggi hauendo il Duca Cosimo, cosi per sanare il paese, come per ageuolare il condurre i detti marmi, & altre pietre, che si cauano di que'monti, messo in canale diritto il fiume d'Osoli, & altre molte acque, che sorgeano in que'piani con danno del paese, si potranno ageuolmente per lo detto canale condurre i marmi, o lauorati, o in altro modo con picciolissima spesa, & con grandissimo vtile di quella città, che è poco meno, che tornata nella pristina grandezza, mercè del detto S. Duca Cosimo, che non ha cura, che maggiormente lo prema, che d'aggrandire, & rifar quella Città, che era assai mal condotta innanzi, che ne fusse sua Eccel. Signore.

Cauasi vn altra sorte di pietra chiamata Treuertino, il quale serue molto per edificare, & fare anchora intagli di diuerse ragioni; che per Italia in molti luoghi se ne va cauando, come in quel di Lucca, & a Pisa, & in quel di Siena da diuerse bande, ma le maggiori saldezze, & le migliori pietre, cio è quelle che son piu gentili, si cauano in sul fiume del Teuerone a Tigoli, ch'è tutta specie di congelatione d'acque, & di terra, che per la crudezza, & freddezza sua non solo congela, & petrifica la terra, ma i ceppi, i rami, & le fronde de gli alberi. Et per l'acqua, che riman dentro, non si potendo finire di asciugare, quando elle son sotto l'acqua, vi rimangono i pori della pietra cauati, che pare spugnosa, & buccheraticcia egualmente di dentro, & di fuori. Gli antichi di questa sorte pietra fecero le piu mirabili fabriche, & edifici che facessero; come sono i Colisei, & l'Erario da San Cosmo & Damiano, & molti altri edifici, & ne metteuano ne'fondamenti delle lor fabriche infinito numero; & lauorandoli non furon molto curiosi di farli finire, ma se ne seruiuano rusti camente. Et questo forse faceuano perche hanno in se vna certa grandezza, & superbia. Ma ne'giorni nostri s'è trouato chi gli ha lauorati sottilissimamente, come si vide gia in quel tempio tondo, che cominciarono, & non finirono saluo che tutto il basamento, in sulla piazza di San Luigi i Francesi in Roma, il quale fu condotto da vn Francese chiamato Maestro Gian; che studiò l'arte dello intaglio in Roma, & diuenne tanto raro, che fece il principio di questa opera; laquale poteua stare al paragone di quante cose eccellenti antiche, & moderne, che si sian viste d'intaglio di tal pietra, per hauer straforato sfere di astrologi, & alcune Salamandre nel fuoco imprese reali, & in altre, libri aperti con le carte lauorati con diligenza, trofei, & maschere, lequali rendono doue sono testimonio della eccellenza, & bontà da poter lauorarsi quella pietra simile al marmo, anchor che sia rustica. Et recasi in se vna gratia per tutto, vedendo quella spugnosità de'buchi vnitamente, che fa bel vedere. ilqual principio di tempio, essendo imperfetto fu leuato dalla Nazione frãzese, e le dette pietre & altri lauori di quello, posti nella faciata della Chiesa di san Luigi, & parte in alcune capelle, doue stanno molto bene accomodate, e riescono bellissimi. Questa sorte di pietra è bonissima per le muraglie hauendo sotto squadratola o scorniciata; perche si puo incrostarla di stucco, con coprirla con esso, & intagliarui cio ch'altri vuole: come fecero gli antichi nelle entrate publiche del Culiseo, & in molti altri luoghi: & come ha fatto a'giorni nostri Antonio da San Gallo nella sala del palazzo del papa dinanzi alla capella, doue ha incrostato di treuertini con stucco, con vari intagli eccellentissimamente. Ma piu d'ogni altro Maestro ha nobilitata questa pietra Michelangelo Buonaroti nell'ornamento del cortile di casa Farnese, hauendoui con marauiglioso giudizio fatto d'essa pietra far finestre, Maschere, Mẽsole, e tante altre simili bizzarie, lauorate tutte come si fa il Marmo, che non si puo veder alcuno altro simile ornamento piu bello: E se queste cose son rare; è stupendissimo il cornicione maggiore del medesimo palazzo nella faciata dinanzi, non si potendo alcuna cosa ne piu bella, ne piu Magnifica disiderare. Della medesima pietra ha fatto similmente Michilagnolo nel di fuori della fabrica di san Piero, certi tabernacoli grandi. e dentro la cornici che gira intorno alla tribuna, con tanta pulitezza, che non si scorgendo in alcun luogo le commettiture puo conoscer ognuno ageuolmente quanto possiamo seruirci di questa sorte pietra. Ma quello, che trapassa ogni marauiglia, è che hauendo fatto di questa pietra la volta d'una delle tre tribune del medesimo S. Pieiro sono commessi i pezzi di maniera, che non solo viene collegata benissimo la fabrica, con vari sorti di commettiture, Ma pare a vederla da terra tutta lauorata d'un pezzo. Ecci vn'altra sorte di Pietre che tendono al nero; & non seruono agli Architettori senõ a lastricare tetti. Queste sono lastre sottili, ꝓdotte a suolo a suolo dal tempo & dalla natura, per seruizio degli huomini, che ne fanno anchora pile, murandole talmente insieme che elle commettino l'una nel altra, & le empiono d'olio secondo la capacità de'corpi di quelle, & sicurissimamente ve lo conseruano. Nascono queste nella riuiera di Genoua, in vn luogo detto Lauagna. e se ne cauano pezzi lunghi x. braccia, e i Pittori se ne seruono, a lauorarui su le pitture a olio; perche elle vi si conseruano su molto piu lungamente, che nelle altre cose; come al suo luogo si ragionerà

ne'

ne' capitoli della pittura. Auiene questo medesimo de la Pietra detta Piperno, da molti detta preperigno pietra nericcia & spugnosa come il treuertino, la quale si caua per la campagna di Roma; & se ne fanno stipiti di finestre, & Porte in diuersi luoghi; come a Napoli & in Roma: & serue ella anchora a' Pittori a lauorarui su a olio, come al suo luogo racconteremo. è questa pietra alidissima, & ha anzi dell' arsiccio che no. Cauasi anchora in Istria vna pietra biancha liuida, laquale molto ageuolmente si schianta; & di questa sopra di ogni altra si serue non solamente la Città di Vinegia, ma tutta la Romagna anchora, facendone tutti i loro lauori, & di quadro & d'intaglio. Et con sorte di stromenti & ferri, piu lunghi che gli altri, la vanno lauorando; massimamente con certe martelline, andando secondo la falda della pietra, per essere ella molto frangibile. Et di questa sorte pietra ne ha messo in opera vna gran copia M. Iacopo Sansouino, ilquale ha fatto in Vinegia lo edificio Dorico della Panatteria, & il Thoscano alla Zecca in sulla piazza di San' Marco. Et cosi tutti i lor lauori vanno facendo per quella città, & porte, finestre, cappelle, & altri ornamenti, che lor vien comodo di fare; non ostante, che da Verona per il fiume dello Adige habbiano comodità di condurui i Mischi, & altra sorte di pietre; delle quali poche cose si veggono, per hauer piu in vso questa. Nellaquale spesso vi commettono dentro Porfidi, Serpentini, & altre sorti di pietre mischie, che fanno, accompagnate con esse, bellissimo ornamento. questa pietra tiene d'alberese, come la pietra da calcina di nostri paesi, e come si è detto ageuolmente si schianta. Restaci la pietra Serena, & la bigia detta Macigno, & la pietra forte, che molto s'usa per Italia; doue son monti, & massimamente in Thoscana; per lo piu in Fiorenza, & nel suo dominio. Quella ch'eglino chiamano pietra Serena, è quella sorte che trahe in azurrigno, o vero tinta di bigio; della quale n'è ad Arezzo caue in piu luoghi, a Cortona, a Volterra, & per tutti gli Appennini; & ne' monti di Fiesole è bellissima, per esseruisi cauato saldezze grandissime di pietre, come veggiamo in tutti gli edifici, che sono in Firenze fatti da Filippo di Ser Brunellesco, il quale fece cauare tutte le pietre di San Lorenzo, & di Santo Spirito, & altre infinite, che sono in ogni edificio per quella città. Questa sorte di pietra è bellissima a vedere, ma doue sia humidità, & vi pioua su, o habbia ghiacciati adosso, si logora, & si sfalda; ma al coperto ella dura in infinito. Ma molto piu durabile di questa, & di piu bel colore, è vna sorte di pietra azurrigna; che si dimanda hoggi la pietra del Fossato: laquale quando si caua il primo filare, è ghiaioso & grosso; il secondo mena nodi, & fessure, il terzo è mirabile, perche è piu fine. Dellaqual pietra Micheleagnolo s'è seruito nella libreria, & Sagrestia di San Lorenzo, per papa Clemente, per esser gentile di grana, & ha fatto condurre le cornici, le colonne, & ogni lauoro, con tanta diligenza; che d'argento non resterebbe si bella. Et questa piglia vn pulimento bellissimo; & non si può desiderare in questo genere cosa migliore. E percio fu gia in Fiorenza ordinato per legge, che di questa pietra non si potesse adoperare se non in fare edifizi publici, ò con licenza di chi gouernasse. Della medesima n'ha fatto assai mettere in opera il Duca Cosimo, cosi nelle colonne, & ornamenti della loggia di mercato nuouo, come nell'opera dell'udienza, cominciata nella sala grande del palazzo dal Bandinello, e nell'altra, che è a quella dirimpetto,

Ma gran quantità piu che in alcuno altro luogo sia stato fatto giamai, n'ha fatto mettere S.Ecc. nella strada de'Magistrati, che fa condurre col disegno, & ordine di Giorgio Vasari Aretino. Vuole questa sorte di pietra il medesimo tempo a esser lauorata, che il marmo, & è tanto dura che ella regge all'acqua, e si difende assai dall'altri ingiurie del tempo. Fuor di questa n'è vn' altra specie, ch'è detta pietra Serena per tutto il monte; ch'è piu ruuida & piu dura, & non è tanto colorita: che tiene di specie di nodi della pietra; laquale regge all'acqua, al ghiaccio; & se ne fa figure, & altri ornamenti intagliati. Et di questa n'è la Douitia figura di mā di Donatello in su la colonna di Mercato vecchio in Fiorenza, cosi molte altre statue fatte da persone eccellēti nō solo in quella città, ma per il dominio. Cauasi per diuersi luoghi la pietra Forte, laqual regge all'acqua, al Sole, al ghiaccio, & a ogni tormento; & vuol tempo a lauorarla, ma si conduce molto bene; & non v'è molte gran saldezze. Della qual se n'è fatto, e per i Gotthi, & per i moderni i piu belli edifici, che siano p la Toscana, come si puo vedere in Fiorenza nel ripieno de'due archi, che fanno le porte principali dell'oratorio d'Orsanmichele, iquali sono veramente cose mirabili, e con molta diligenza lauorate. Di questa medesima pietra sono similmente per la Città, come s'è detto, molte statue, & arme, come intorno alla fortezza, & in altri luoghi si puo vedere. Questa ha il colore alquanto gialliccio, con alcune vene di bianco sottilissime, che le dāno grandissima gratia: & cosi se n'è vsato fare qualche statua ancora, doue habbiano a essere fontane, perche reggano all'acqua. Et di questa sorte pietra è murato il palagio de'Signori, la loggia, Orsan Michele, e il di dentro di tutto il corpo di S. Maria del Fiore, & cosi tutti i ponti di quella città, il palazzo de'Pitti, & quello degli Strozzi. Questa vuole esser lauorata con le martelline, perch'è piu soda; & cosi l'altre pietre sudette vogliono esser lauorate nel medesimo modo, che s'è detto del marmo, & dell'altre sorti di pietre. Imperò non ostante le buone pietre, & le tempere de'ferri, è di necessità l'arte, intelligenza, e giudicio di coloro, che le lauorano; perch'è grandissima diferenza ne gli artefici, tenendo vna misura medesima da mano a mano, in dar gratia, & bellezza all'opere, che si lauorano. Et questo fa discernere, & conoscere la perfettione del fare da q̄gli che sanno, a quei che manco sanno. Per consistere adunque tutto il buono & la bellezza delle cose estremamente lodate ne gli estremi della perfettione, che si dà alle cose; che tali son tenute da coloro, che intendono: bisogna con ogni industria ingegnarsi sempre di farle perfette, & belle; anzi bellissime, e perfettissime.

Che cosa sia il lauoro di quadro semplice, & il lauoro di quadro intagliato. Cap. II.

HAuendo noi ragionato cosi in genere di tutta le pietre, che o per ornamēti, o per iscolture, seruono a gli artefici nostri ne loro bisogni: diciamo hora; che quando elle si lauorano per la fabrica; tutto quello doue si adopera la squadra, & le seste, & che ha cantoni, si chiama lauoro di quadro. Et questo cognome deriua dalle faccie, & da gli spigoli, che son quadri, perche ogni ordine di cornici, o cosa, che sia diritta, o vero risaltata, & habbia cantonate è opera, che ha il nome di quadro, & però volgarmēte si dice fra gli artefici lauo to di quadro. Ma s'ella non resta cosi pulita, ma si intagli in tai cornici fregi, fogliami, huouoli, fusaruoli, dentelli, guscie, & altre sorti d'intagli, in que' mẽbri, che sono eletti a intagliarsi da chi le fa, ella si chiama opra di quadro intagliata, o vero lauoro d'intaglio. Di questa sorte opra di quadro, & d'intaglio si fanno tutte le sorti ordini Rustico, Dorico, Ionico, Corinto, & Composto, & cosi se ne fece al tempo de Gothi il lauoro Tedesco, & non si può lauorare nessuna sorte d'ornamenti, che prima non si lauori di quadro, & poi d'intaglio, cosi pietre mischie, & marmi, & d'ogni sorte pietra, cosi come anchora di mattoni, per hauerui a incrostar su opra di stucco intagliata. similmente di legno di noce, & d'albero, & d'ogni sorte legno. Ma perche molti non sanno conoscere le differenze, che sono da ordine a ordine; ragioneremo distintamente nel capitolo che segue, di ciascuna maniera, o modo piu breuemente, che noi potremo.

De' cinque ordini d'architettura Rustico, Dorico, Ionico, Corinto, composto, & del lauoro Tedesco. Cap III.

IL lauoro chiamato Rustico è piu nano, & di piu grossezza, che tutti gl'altri ordini, per essere il principio, & fondamento di tutti; & si fa nelle modanature delle cornici piu semplici, e per conseguenza piu bello, cosi ne' capitelli, e base, come in ogni suo membro. I suoi zoccoli, o piedistalli, che gli vogliam chiamare, doue posano le colonne, sono quadri di proporzione, con l'hauere da pie la sua fascia soda, e cosi vn'altra di sopra, che lo ricinga in cambio di cornice. L'altezza della sua colonna si fa di sei teste, a imitatione di persone nane, & atte a regger peso; & di questa sorte se ne vede in Toscana molte loggie pulite, & alla rustica con bozze, & nicchie fra le colonne, & senza, & cosi molti portichi, che gli costumarono gli antichi nelle lor ville; & in Campagna se ne vede anchora molte sepolture, come a Tigoli, & a Pozzuolo. Seruironsi di questo ordine gli antichi per porte, finestre, ponti, acquidotti, Erarij, castelli, torri, & rocche da conseruar munitione, & artiglieria, & porti di mare, prigioni, & fortezze, doue si fa cantonate a punte di diamanti, e a piu facce bellissime. E queste si fanno spartite in vari modi, cioè o bozze piane, per non fare con esse scala alle muraglie; perche ageuolmente si salirebbe, quando le bozze hauessono, come diciamo noi troppo agetto; o in altre maniere, come si vede in molti luoghi, e massimamente in Fiorenza nella facciata dinanzi, e principale della cittadella maggiore, che Alessandro primo Duca di Fiorenza fece fare: laquale per rispetto dell'impresa de' Medici, è fatta a punte di diamante, & di palle schiacciate, e l'una, e l'altra di poco rilieuo. Il qual composto tutto di palle, e di diamanti vno allato all'altro, è molto ricco, e vario, e fa bellissimo vedere. Et di questa opera n'è molto per le ville de' Fiorentini, portoni, entrate, & case, & palazzi, doue e' villeggiono; che non solo recano bellezza, & ornamento infinito a quel contado, ma vtilità, & commodo grandissimo a i cittadini. Ma molto piu è dotata la città di fabriche stupendissime fatte di bozze, come quella di casa Medici, la facciata del palazo de' Pitti, q̃llo degli Strozzi, & altri infiniti. Questa sorte di edificij tanto quanto piu sodi, & semplici si fanno, & con buon disegno, tanto piu maestria, e bellezza vi si conosce dẽtro;

et

et è necessario, che questa sorte di fabrica sia piu eterna, e durabile di tutte l'altre, auuenga che sono i pezzi delle pietre maggiori, et molto migliori le commettiture, doue si và collegando tutta la fabrica con vna pietra, che lega l'altra pietra. Et perche elle son pulite, e sode di membri, non hanno possanza i casi di fortuna, o del tempo, nuocergli tanto rigidamente, quanto fanno alle altre pietre intagliate, e traforate, o come dicono i nostri, campate in aria dalla diligenza degli intagliatori.

L'ordine Dorico fu il piu massiccio, c'hauesser'i Greci, e piu robusto di fortezza, e di corpo, e molto piu degl'altri loro ordini collegato insieme, e non solo i Greci, ma i Romani ancora dedicarono questa sorte di edificij a quelle psone, che erano armigeri; come Imperatori d'eserciti, consoli, e pretori; ma agli Dei loro molto maggiormente; come a Gioue, Marte, Hercole, & altri, hauendo sempre auuertenza di distinguere, secondo il lor genere, la differenza della fabrica, o pulita, o intagliata, o piu semplice, o piu ricca; accioche si potesse conoscere da gli altri il grado, e la differenza fra gl'Imperatori, o di chi faceua fabricare. E per ciò si vede all'opere, che feciono gl'antichi essere stata vsata molta arte, ne' componimenti delle loro fabriche, e che le modanature delle cornici doriche hanno molta gratia, e ne' membri vnione, è bellezza grandiss. Et vedesi ancora, che la proporzione ne' fusi delle colõne di q̃sta ragione, è molto ben intesa, come quelle, che non essendo ne grosse grosse, ne sottili sottili, hãno forma somigliante, come si dice alla psona d'Hercole, mostrando vna certa sodezza molto atta a regger'il peso degli architraui, fregi, cornici, e il rimanente di tutto l'edificio, che va sopra. E perche questo ordine, come piu sicuro, e piu fermo degl'altri e sempre piacciuto molto al S. Duca Cosimo, e gli ha voluto, che la fabrica, che mi fa far con grandissimo ornamento di pietra per tredici Magistrati ciuili della sua città, e dominio a'canto al suo palazzo insino al fiume d'Arno, sia di forma Dorica. onde per ritornare in vso il vero modo di fabricare, ilquale vuole, che gl'architraui spianino sopra le colonne, leuãdo via la falsità de girare gl'archi delle logge sopra i capitelli, nella facciata dinãzi, ho seguitato il vero modo, che vsarono gl'antichi, come in questa fabrica si vede. Et perche questo modo di fare è stato da gl'architetti passati fuggito, perciocche gl'architraui di pietra, che d'ogni sorte si trouano ãtichi, e moderni si veggono tutti, o la maggior parte, essere rotti nel mezzo, non ostante, che sopra il sodo delle colonne, dell'architraue, fregio, et cornice siano archi di mattoni piani, che non toccano, e non aggrauano: o dopo molto hauere considerato il tutto, ho finalmente trouato vn modo bonissimo di mettere in vso il vero modo di far con sicurezza degl'Architraui detti, che non patiscono in alcuna parte, e rimane il tutto saldo, e sicuro quanto piu non si puo desiderare, si come la sperienza ne dimostra. Il modo dunque è questo, che quì di sotto si dirà a beneficio del mondo, e degl'artefici. Messe su le colonne, et sopra i capitelli gl'Architraui, che si stringono nel mezzo del diritto della colonna l'un l'altro si fa vn Dado quadro, essempigratia, se la colõna é vn braccio grossa, e l'architraue similmente largo, et alto, facciasi simile il Dado del fregio, ma dinanzi gli resti nella faccia vn'ottauo per la commettitura del piombo, e vn'altro ottauo, o piu sia intaccato di dentro il dado a quartabuono da ogni banda. partito poi nell'intercolonnio il fregio in tre parti, le due dalle bande si augnino a quartabuono in contrario, che ricresca di dentro, accio si stringa nel Dado, e serri a guisa d'arco. E dinanzi la grossezza dell'ottauo, vada a piombo, & il simile faccia l'altra parte di là, all'altro dado. E cosi si faccia sopra la colõna, che il pezzo del mezzo di detto fregio stringa di dentro, e sia intaccato a quartabuona insino a mezo. L'altra meza sia squadrata, e diritta, e messa a cassetta, p che stringa a vso d'arco, mostrando di fuori essere murata diritta. facciasi poi, che le pietre di detto fregio non posino sopra l'architraue, e non s'accostino vn dito: percioche facendo arco viene a reggersi da se, e non caricar l'architraue. facciasi poi dalla parte di dentro, per ripieno di detto fregio vn'arco piano di Mattoni alto quanto il fregio, che stringa fra dado, e dado sopra le colõne. facciasi dipoi vn pezzo di cornicione largo quanto il dado sopra le colonne, ilquale habbia le commettiture dinanzi, come il fregio, e di dentro sia detta cornice, come il dado a quartabuono, vsando diligenza, che si faccia, come il fregio, la cornice di tre pezzi, de'quali, due dalle bande stringhino di dentro a cassetta il pezzo di mezzo della cornice sopra il dado del fregio. E auertasi, che il pezzo di mezzo della cornice vada per canale a cassetta in modo, che stringa in due pezzi dalle bande, e serri a guisa d'arco. Et ĩ questo modo di far puo veder ciascuno, che il fregio si regge da se, & cosi la cornice, laquale posa quasi tutta in sull'arco di Mattoni. E cosi aiutandosi ogni cosa da per se, non viene a regger l'architraue altro, che il peso di se stesso senza pericolo di rompersi giamai per troppo peso. E perche la sperienza ne dimostra questo modo esser sicurissimo, ho voluto farne particulare mentione a commodo, et beneficio vniuersale, E massimamente conoscendosi, che il mettere, come gl'antichi fecero, il fregio, et la cornice sopra l'Architraue, che egli si rompe in spatio di tempo, et forse per accidente di terremuoto, ò d'altro, non lo defendendo a bastanza l'arco, che si fa sopra il detto cornicione. Ma girando Archi sopra le cornici fatte in questa forma, incantenandolo al solito di ferri, assicura il tutto da ogni pericolo, e fa eternamente durar l'edificio.

Diciamo adunque per tornar a proposito, che questa sorte di lauoro si può vsare solo da se, & anchora metterlo nel secondo ordine da basso sopra il Rustico; & alzando metterui sopra vn'altro ordine variato, come Ionico, o Corinto, o composto; nella maniera che mostrarono gli antichi nel Culiseo di Roma, nelquale ordinatamente vsarono arte, & giudicio. Perche hauendo i Romani trionfato non solo de'Greci, ma di tutto il mondo; misero l'opera composta in cima, per hauerla i Thoscani composta di piu maniere. & la misero sopra tutte, come superiore di forza, gratia, e bellezza, & come piu apparente dell'altre, hauendo a far corona all'edificio, che per esser ornata di be membri, fa nell'opra vn finimento honoratissimo, & da non desiderarlo altrimenti. Et per tornare al lauoro Dorico, dico, che la colonna si fa di sette teste d'altezza; & il suo zoccolo ha da essere poco manco d'un quadro, & mezo di altezza, & larghezza vn quadro, facendoli poi sopra le sue cornici, & di sotto la sua fascia col bastone, & due piani, secondo che tratta Vitruuio: & la sua base, & capitello tanto d'altezza vna, quanto l'altra, cõputando del capitello dal collarino in su, la cornice sua col fregio, & architraue appiccata, risaltando a ogni dirittura di colonna con que'canali, che gli chiamano Tigrisi ordinariamente, che vengono partiti fra vn risalto, & l'altro vn quadro, dentroui o teste di di buoi secche, o trofei, o maschere, o targhe, o altre fantasie. Serra l'architraue risaltando con vna lista i risalti, & da pie fa vn pianetto sottile, tanto quanto tiene il risalto; a pie del quale fanno sei campanelle per ciascuno, chiamate Goccie da gli antichi. Et se si ha da vedere la colonna accanalata nel Dorico, vogliono essere venti facce in cambio de canali: & non rimanere fra canale, e canale altro, che il canto viuo. Di questa ragione opera n'è in Roma al foro Boario, ch'è ricchissima, & d'un'altra sorte le cornici, & gli altri mẽbri al Teatro di Marcello, doue hoggi è la piazza Montanara, nellaquale opera non si vede base, & quelle che si veggono son Corinte. Et è openione, che gli antichi non le facessero, & in quello scābio vi mettessero vn dado tanto grande, quāto teneua la base. Et di questo n'è il riscontro a Roma al carcere Tulliano, doue son capitelli ricchi di membri piu che gli altri, che si sian visti nel Dorico. Di questo ordine medesimo n'ha fatto Antonio da San Gallo il cortile di casa Farnese in cāpo di Fiore a Roma, il quale è molto ornato, e bello; benche continuamente si veda di questa maniera tempij antichi, & moderni, e cosi palazzi; iquali per la sodezza, & collegatione delle pietre son durati, & mantenuti piu, che non hanno fatti tutti gli altri edificij. L'ordine Ionico per esser piu suelto del Dorico fu fatto da gli antichi a imitatione delle persone, che sono fra il tenero, e il robusto: & di questo rende testimonio l'hauerlo essi adoperato & messo in opa ad Apolline, a Diana, e a Bacco, & qualche volta a Venere. Il zoccolo, che regge la sua colōna lo fanno alto vn quadro, e mezo e largo vn quadro; & le cornici sue di sopra, & di sotto secondo questo ordine. La sua colonna è alta otto teste, & la sua base è doppia con due bastoni; come la descriue Vitruuio al terzo libro al terzo capo, & il suo capitello sia ben girato con le sue volute, o cartocci, o viticci, che ogniun se gli chiami; come si vede al Theatro di Marcello in Roma sopra l'ordine Dorico: cosi la sua cornice adorna di mensole, & di dentelli, & il suo fregio con vn poco di corpo tondo. Et volẽdo accanalare le colonne, vogliono essere il numero de canali ventiquatro, ma spartiti talmente, che ci resti fra l'un canale, e l'altro la quarta parte del canale, che serua per piano. Questo ordine ha in se bellissima gratia, & leggiadria, & se ne costuma molto fra gli architetti moderni. Il lauoro Corinto piacque vniuersalmente molto a' Romani, & se ne dilettarono tanto, ch'e fecero di questo ordine le piu ornate, & honorate fabriche, per lasciar memoria di loro; cōme appare nel tempio di Tigoli in sul Teuerone, & le spoglie del tempio della pace, & l'arco di Pola, & quel del porto d'Ancona. Ma molto piu è bello il Pātheon, cioè la Ritonda di Roma; il quale è il piu ricco, e'l piu ornato di tutti gli ordini detti di sopra. Fassi il zoccolo, che regge la colonna, di questa maniera, largo vn quadro, & due terzi, & la cornice di sopra, & di sotto a proporzione, secondo Vitruuio fassi l'altezza della colonna noue teste, con la sua basa, & capitello; il quale sarà d'altezza tutta la grossezza della colonna da pie: & la sua basa sarà la metà di detta grossezza, la quale vsarono gli antichi intagliare in diuersi modi. Et l'ornamento del capitello sia fatto co' suoi vilucchi, & le sue foglie, secondo che scriue Vitruuio nel quarto libro; doue egli fa ricordo essere stato tolto questo capitello dalla sepoltura d'una fanciulla Corinta. Seguitisi il suo architraue, fregio, & cornice con le misure descritte da lui tutte intagliate con le mensole, & vuoli, & altre sorti d'intagli sotto il gocciolatoio,

latoio. E i fregi di quest'opera si possono fare intagliati tutti con fogliami, & ancora farne de puliti, o vero con lettere dentro; come erano quelle al portico della Ritonda di bronzo commesso nel marmo. Sono i canali nelle colonne di questa sorte a numero ventisei, bĕche n'è di manco ancora; & è la quarta parte del canale fra l'uno, & l'altro, che resta piano: come benisſimo appare in molte opere antiche, & moderne misurate da quelle.

L'ordine composto, se ben Vitruuio non ne ha fatto menzione; non facendo egli conto d'altro, che dell'opa Dorica, Ionica, Corinthia, & Toscana: tenendo troppo licentiosi coloro, che pigliãdo di tuttequattro q̃gli ordini ne facessero corpi, che gli rappresentassero piu tosto mostri, che huomini; per hauerlo costumato molto i Romani, & a loro imitazione i moderni, non mancherò di questo ancora, accio se n'habbia notizia dichiarare, e formare il corpo di questa proportione di fabrica. Credendo questo, che se i Greci, e i Romani formarono que' primi quattro ordini, & gli ridussero a misura, & regola generale; che ci posſino essere stati di quegli, che habbino fin qui fatto nell'ordine Composto, & componendo da se delle cose, che apportino molto piu grazia, che non fanno le antiche. E che questo sia vero ne fanno fede l'opere che Michelangnolo Buonarroti ha fatto nella sagrestia, e libreria di S. Lorenzo di Firenze, doue le porte, i Tabernacoli, le base, le colonne, i capitelli, le cornici le mẽsole, & in somma ogni altra cosa hanno del nuouo, e del composto da lui, e nondimeno sono marauigliose non che belle. Il medesimo, e maggiormente dimostrò lo stesso Michelagnolo nel secondo ordine del cortile di casa Farnese, e nella cornice ancora, che regge di fuori il tetto di quel palazzo. E chi vuol veder quanto in questo modo di fare habbia mostrato la virtu di questo huomo, veramente venuta dal cielo, Arte, disegno, e varia maniera, consideri quello, che ha fatto nella fabbrica di S. Piero, nel riunire insieme il corpo di quella machina, e nel far tante sorti di vari, & strauaganti ornamenti, tante belle modanature di cornici, tanti diuerse tabernacoli, & altre molte cose tutte trouate da lui, e fatto variatamente dall'uso degl'antichi. perche niuno puo negare, che questo nuouo ordine composto, hauendo da Michelagnolo tanta perfettione riceuuto, non possa andar al paragone degli altri. E di vero la bonta, e virtu di questo veramente Ecc. Scultore Pittore, & Architetto ha fatto miracoli douunque egli ha posto mano, oltre all'altre cose, che sono manifeste, e chiare come la luce del Sole, hauendo siti storti dirizzati facilmente, e ridotti a perfezione molti edifici, & altre cose di cattiuisſima forma, ricoprendo con vaghi, e capricciosi ornamenti i difetti dell'arte, e della Natura. Lequali cose non considerando con buon giudicio, e non le immitando, hanno a' tempi nostri certi Architetti plebei prosõtuosi, & senza disegno fatto quasi a caso, sẽza seruar decoro, Arte, ò ordine nessuno, tutte le cose loro mostruose, e peggio, che le Tedesche. Ma tornando a proposito, di questo modo di lauorare è scorso l'uso, che gia è nominato questo ordine da alcuni composto, da altri Latino, & per alcuni altri Italico. La misura dell'altezza di questa colõna vuole essere dieci teste: la base sia per la metà della grossezza della colonna, & misurata simile alla Corinta; come ne appare in Roma all'arco di Tito Vespasiano. Et chi uorrà far canali in questa colonna, puo fargli simili alla Ionica, o come la Corinta; o come sarà l'animo di chi sarà l'architettura di questo corpo, ch'è misto con tutti gli ordini. I capittelli si posson fare simili a i Corinthi, saluo, che vuole essere piu la cimasa del capitello; & le volute, o viticci alquanto piu grandi: come si vede all'arco suddetto. L'architraue sia tre quarti della grossezza della colonna, & il fregio habbia il resto pien di mẽ sole: & la cornice, quanto l'architraue, che l'agetto la fa diuentar maggiore: come si vede nell'ordine vltimo del Culiseo di Roma: & in dette mensole si posson far canali a vso di tigrifi, e altri intagli secondo il parere dell'architetto: & il zoccolo, doue posa su la colõna, ha da essere alto due quadri, & cosi le sue cornici a sua fantasia, o come gli verrà in animo di farle. Vsauano gli antichi o per porte, o sepolture, o altre specie d'ornamenti, in cambio di colonne, termini di varie sorti; chi vna figura c'habbia vna cesta in capo per capitello: altri vna figura fino a mezo, & il resto verso la base piramide, o vero bronconi d'alberi; & di questa sorte faceuano virgini, satiri, putti, & altre sorti di mostri, o bizarie che veniua lor comodo, e secondo, che nasceua loro nella fantasia le metteueno in opera. Ecci vn'altra specie di lauori, che si chiamano Tedeschi, iquali sono di ornamenti, & di proporzione molto differenti da gli antichi, & da'moderni. ne hoggi s'usano per gli eccellenti, ma son fuggiti da loro come mostruosi, e barbari: Dimẽticando ogni lor cosa di ordine, che piu tosto confusione, o disordine si puo chiamare; auendo fatto nelle lor fabriche, che son tante, c'hanno ammorbato il mondo, le porte ornate di colonne sottili & attorte a vso di vite, le quali non possono auer forza a reggere il peso, di che leggerezza si sia; & cosi per tutte le facce, & altri loro ornamenti faceuano vna maledizione di tabernacolini l'un sopra l'altro, con tante piramidi, & pũte, & foglie, che non ch'elle possano stare, pare impossibile ch'elle si possino reggere. Et hanno piu il modo da parer fatte di carta, che di pietre, o di marmi. Et in queste opere faceuano tanti risalti, rotture, mensoline, & viticci, che sproporzionauano quelle opere, che faceuano; & spesso con mettere cosa sopra cosa, andauano in tanta altezza, che la fine d'una porta toccaua loro il tetto. Questa maniera fu trouata da i Gotthi, che per hauer ruinate le fabriche antiche, & morti gli architetti per le guerre, fecero dopo coloro che rimasero le fabriche di questa maniera; le quali girarono le volte con quarti acuti, & riempierono tutta Italia di questa maledizione di fabriche; che per nõ hauerne a far piu, s'é dismesso ogni modo loro. Iddio scampi ogni paese da venir tal pensiero, & ordine di lauori, che per essere eglino talmente difformi alla bellezza delle fabriche nostre, meritano che non se ne fauelli piu, che questo. Et però passiamo a dire delle volte.

Del fare le uolte di getto, che uengano intagliate quando si disarmino; & d'impastar lo stucco. Cap. IIII.

QVãdo le mura son'arriuate al termine, che le volte s'habbino a voltare, o di mattoni, o di tufi, o di spugna, bisogna sopra l'armadura de'corrẽti, o piane voltare di tauole in cerchio serrato, che commettino secondo la forma della volta, o a schifo: e l'armadura della volta in quel modo, che si vuole con bonissimi puntelli fermare; che la materia di sopra del peso non la sforzi; & dapoi saldissimamente turare ogni pertugio nel mezzo, ne' can cantoni,& per tutto con terra,accioche la mistura non coli sotto, quando si getta. Et cosi armata sopra quel piano di tauole, si fanno casse di legno, che in contrario siano lauorate,doue vn cauo rilieuo,& cosi le cornici, e i membri, che far ci vogliamo,siano in contrario; accio quando la materia si getta,venga dou'è cauo di rilieuo,& doue è rilieuo, cauo, & cosi similmente vogliono essere tutti i membri delle cornici al contrario scorniciati.Se si vuol fare pulita,o intagliata medesimamente è necessario hauer forme di legno, che formino di terra le cose intagliate in cauo; & si faccin d'essa terra le piastre quadre di tali intagli,& quelle si commettino l'uno all'altra su piani, o gola, o fregi, che far si vogliono diritto per quella armadura. Et finita di coprir tutta de gli intagli di terra formati in cauo,& commessi gia di sopra detti,si debbe poi pigliare la calce,con pozzolana,o rena vagliata sottile stemperata liquida,& alquanto grassa; & di quella fare egualmente vna incrostatura p tutte, fin che tutte le forme sian piene.Et appresso sopra co i mattoni far la volta alzando q̄gli,& abbassando,secondo che la volta gira,& di continuo si conduca con essi crescendo,fino ch'ella sia serrata. Et finita tal cosa si debbe poi lasciare fare presa,& assodare, fin che tale opra sia ferma,& secca. Et da poi quando i puntelli si leuano,& la volta si disarma,facilmente la terra si leua; & tutta l'opera resta intagliata,& lauorata,come se di stucco fosse condotta; & quelle parti, che non son venute,si vanno con lo stucco ristaurando,tanto,che si riducano a fine. Et cosi si sono condotte ne gli edifici antichi tutte l'opre, lequali hanno poi di stucco lauorate sopra a quelle. Cosi hanno ancora hoggi fatto i moderni nelle volte di S. Pietro: & molti altri maestri per tutta Italia.

Hora volendo mostrare, come lo stucco s'impasti, si fa con vn'edificio in vno mortaio di pietra pestare la scaglia di marmo: ne si toglie per quell'altro, che la calce,che sia bianca,fatta o di scaglia di marmo,o di treuertino; & in cābio di rena si piglia il marmo pesto,& si staccia sottilmente,& impastasi cō la calce,mettendo due terzi calce,& vn terzo marmo pesto,& se ne fa del piu grosso,& sottile,secondo che si vuol lauorare grossamente,o sottilmente. Et degli stucchi ci basti hor questo; perche il restante si dirà poi, doue si tratterà del mettergli in opra tra le cose della scultura. Allaquale prima,che noi passiamo diremo breuemente delle fontane,che si fanno per la mura, & degli ornamēti varij di quelle.

Come di Tartari, & di colature d'acque si conducono le Fontane Rustiche, & come nello stucco si murano le Telline, & le colature delle pietre cotte. Cap. V.

SI come le Fontane,che ne i loro palazzi, giardini, & altri luoghi fecero gl'antichi furono di diuerse maniere,cioè alcune isolate con tazze,& vasi d'altre sorti; altre allato alle mura,con nicchie,maschere,o figure, & ornamenti di cose maritime: Altre poi,per vso delle stufe piu simplici,& pulite; & altre finalmente simili alle saluatiche fonti,che naturalmente surgono ne i boschi; Cosi parimente sono di diuerse sorti quelle, che hanno fatto, el fanno tutta via i moderni,i quali variandole sempre hanno alle inuenzioni degli antichi aggiunto componimenti di opera Thoscana coperte di colature d'acque petrificate, che pẽdono a guisa di radicioni fatti col tẽpo d'alcune cõgelazioni d'esse acq, ne' luoghi doue elle son crude, e grosse; come nõ solo a Tigoli doue il fiume Teuerone petrifica i rami degl'alberi, e ogn'altra cosa, che se gli pone inãzi, facendone di queste gomme, e tartari; ma ancora al lago di pie di Lupo, che le fa grandissime, & in Toscana al fiume d'Elsa, l'acque del quale le fa in modo chiare, che paiono di marmi, di vitriuoli, e d'allumi. Ma bellissime e bizarre sopra tutte l'altre si sono trouate dietro monte Morelle, pure in Thoscana; vicino otto miglia a Fiorenza. Et di questa sorte ha fatte fare il Duca Cosimo, nel suo giardino dell'olmo a Castello, gli ornamenti rustici delle fontane fatte dal Tribolo scultore. Queste leuate donde la natura l'ha prodotte si vanno accommodando nell'opera, che altri vuol fare, con sprãghe di ferro, con rami impiombati, o in altra maniera. E s'innestano nelle pietre in modo, che sospesi pendino. E murando quelli addosso all'opera Thoscana, si fa, che essa in qualche parte si veggia. Accommodando poi fra essi caue di piombo ascose, e spartiti per quelle i buchi, versano zampilli d'acque, quando si volta vna chiaue, ch'è nel principio di detta cannella, & così si fanno condotti d'acque, & diuersi Zampilli: doue poi l'acqua pioue per le colature di questi tartari; & colando fa dolcezza nell'udire, e bellezza nel vedere. Se ne fa anchora di vn'altra specie di grotte piu rusticamente composte contrafacendo le fonti alla saluatica in questa maniera.

Piglinsi sassi spugnosi, & commessi, che sono insieme si fa nascerui herbe sopra; lequali con ordine, che paia disordine, & saluatico, si rendõ molto naturali, & piu vere. Altri ne fanno di stucco piu pulite, & lisce, nelle quali mescolano l'uno, & l'altro. Et mentre quello è fresco, mettono fra esso per fregi, & spartimenti, gongole, telline, chiocciole maritime, tartarughe, e nicchi grãdi, & piccoli, chi a ritto, & chi a rouescio. Et di questi fanno vasi, & festoni, in che cotali telline figurano le foglie; & altre chiocciole, e i nicchi fanno le frutte; & scorze di testuggine d'acqua vi si pone. Come si vede alla vigna, che fece fare Papa Clemente settimo, quando era Cardinale, a pie di Monte Mario, per consiglio di Giouanni da Vdine.

Così si fa anchora in diuersi colori vn musaico rustico, & molto bello, pigliando piccoli pezzi di colature di mattoni disfatti, e troppo cotti nella fornace, & altri pezzi di colature di vetri, che vengono fatte, quãdo pel troppo fuoco scoppiano le padelle de' vetri nella fornace, si fa dico murando i detti pezzi fermandogli nello stucco, come s'è detto disopra. & facendo nascere tra essi coralli, & altri ceppi maritimi; iquali recano in se gratia, & bellezza grandissima.

Così si fanno animali, & figure, che si cuoprono di smalti in varij pezzi posti alla grossa, & con le nicchie sudette; le quali sono bizarra cosa a vederle. Et di questa specie n'è a Roma fatte moderne di molte fontane, lequali hãno desto l'animo d'infiniti a essere per tal diletto vaghi di si fatto lauoro. E hoggi similmente in vso vn'altra sorte d'ornamento per le fontane, rustico affatto; il quale si fa in questo modo. fatta disotto l'ossature delle figure, o d'altro, che si voglia fare, & coperte di calcina, o di stucco, si ricuopre il di fuori, a guisa di musaico di pietre di marmo bianco, o d'altro colore, secondo quello, che si ha da fare; o vero di certe piccole pietre di ghiaia, di diuersi colori, e queste quando sono con diligenza lauorate hãno lunga vita. E lo stucco, con che si murano, e

lauo-

lauorano q̃ste cose, è il medesimo, che inanzi habbiamo ragionato, e per la presa fatta con essa rimangono murate. a queste tali fontane di frombole, cioè sassi di fiumi tondi, & stiacciati si fanno pauimenti murando quelli per coltello, e a onde a vso d'acque, che fanno benisisimo. Altri fanno alle piu gentili pauimẽti di terra cotta a mattoncini con varij spartimenti, & inuetriati a fuoco, come in vasi di terra dipinti di varij colori, & con fregi, & fogliami dipinti; ma questa sorte di pauimenti piu conuiene alle stufe, & a'bagni, che alle fonti.

Del modo di fare i Pauimenti di commesso. Cap. VI.

TVtte le cose, che truouar si poterono, gli antichi ancora che con difficultà in ogni genere, o le ritrouarono, o di ritrouarle cercarono, quelle dico, ch'alla vista degli huomini vaghezza, & varietà indurre potessero; Trouarono dunque fra l'altre cose belle, i pauimenti di pietre ispartiti con varij misti di porfidi, serpentini, & graniti, con tondi, & quadri, & altri spartimenti, onde s'imaginarono, che fare si potessero fregi, fogliami, & altri andari di disegni & figure. Onde per poter meglio riceuere l'opera tal lauoro, triтauano i marmi; accioche essendo quegli minori potessero, per lo campo, & piano con essi rigirare in tondo, & diritto, & a torto, secondo che veniua lor meglio: & dal commettere insieme questi pezzi lo dimandarono Musaico. Et ne i pauimenti di molte loro fabriche se ne seruirono: come ancora veggiamo all'Antoniano di Roma, & in altri luoghi, doue si vede il musaico lauorato con quadretti di marmo piccioli; conducendo fogliami, maschere, & altre bizzarrie, & con quadri di marmo bianchi, & altri quadretti di marmo nero fecero il campo di quegli. Questi dunque si lauorauano in tal modo. Faceuasi sotto vn piano di stucco fresco di calce, & di marmo, tanto grosso, che bastasse per tenere in se i pezzi commessi fermamente, sin che fatto presa si potessero spianar disopra; perche faceuano nel seccarsi vna presa mirabile, & vno smalto marauiglioso, che ne l'uso del caminare, ne l'acqua non gl'offendeua. Onde essendo questa opera in grandisisima consideratione venuta, gli ingegni loro si misero a speculare piu alto; essendo facile a vna inuẽzione trouata aggiugner sempre qual cosa di bontà. Perche fecero poi i musaici di marmi piu fini; & per bagni, & per stufe i pauimenti di quelli, & con piu sottile magistero, & diligenza quei lauorauano sottilisimamente; facẽdosi pesci variati, & imitando la pittura con varie sorti di colori atti a cio con piu specie di marmi; mescolando anco fra quegli alcuni pezzi triti di quadretti di musaico di ossa di pesce, c'hanno la pelle lustra. E cosi viuamente gli faceuano, che l'acqua postaui di sopra, velandogli, pur che chiara fosse, gli faceua parere viuissimi ne i pauimenti, come se ne vede in Parione in Roma in casa di M. Egidio, & Fabio Sasso. Perche parendo loro questa vna pittura da poter reggere all'acque, & a i venti, & al sole per l'eternità sua; Et pensando, che tale opra molto meglio di lontano, che dappresso ritornerebbe; perche cosi non si scorgerebbono i pezzi, che'l musaico dappresso fa vedere, ordinarono per ornar le volte & le pareti de i muri, doue tai cose si haueuano a veder di lontano. E perche lustrassero, & da gli humidi, & acque si difendessero, pẽsarono tal cosa douer si fare di vetri; & cosi gli misero in opra: & faccendo cio bellisimo vedere, ne ornaro-

ornarono i tempij loro, & altri luoghi; come veggiamo hoggi ancora a Roma il tempio di Bacco, & altri. Talche da quegli di marmo deriuano questi, che si chiamano hoggi musaico di vetri. Et da quel di vetri s'è passato al musaico di gusci d'huouo; & da questi al musaico del far le figure, e le storie di chiaro scuro pur di commessi, che paiono dipinte; come tratteremo al suo luogo nella pittura.

Come si ha a conoscere uno edificio proporzionato bene, & che parti generalmente se li conuengono. Cap. VII.

MA perche il ragionare delle cose particulari, mi farebbe deuiar troppo dal mio proposito; lasciata questa minuta considerazione a gli scrittori della Architettura. dirò solamente in vniuersale come si conoscano le buone fabriche; & quello che si conuenga alla forma loro; per essere insieme, & utili & belle. Quando s'arriua dunque, a vno edificio, chi volesse vedere s'egli è stato ordinato da vno architettore eccellente; & quãta maestria egli ha hauuto, & sapere, s'egli ha saputo accomodarsi al sito, e alla volõtà di chi l'ha fatto fabricare: egli ha a considerare tutte queste parti. In prima, se chi lo ha leuato dal fondamento ha pensato se quel luogo era disposto, & capace a riceuere quella qualità, & quantità di ordinazione, cosi nello spartimẽto delle stanze, come ne gli ornamenti, che per le mura comporta quel sito, o stretto, o largo, o alto, o basso; E se è stato spartito con grazia, & conueniente misura: dispensando, & dando la qualità, e quantità di colonne, finestre, porte, & riscontri delle facce fuori, e dẽtro nelle altezze, o grossezze de muri; e in tutto quello, che c'interuenga a luogo per luogo. E di necessità che si distribuischino per lo edificio le stanze c'habbino le lor corrispondenze di porte, finestre, camini, scale segrete, anticamere, destri, scrittoi, senza che vi si vegga errori; come saria vna sala grande, vn portico picciolo, & le stanze minori: lequali per esser membra dell'edificio, è di necessità ch'elle siano, come i corpi humani egualmente ordinate, & distribuite, secondo le qualità, & varietà delle fabriche, come tempij tondi, otto faccie, in sei facce, in croce, & quadri; & gli ordini varij secondo chi, & i gradi in che si troua chi le fa fabricare. Percioche quando son disegnati da mano, che habbia giudicio con bella maniera, mostrano l'eccellenza dell'artefice, & l'animo dell'autor della fabrica. Percio figureremo per meglio esser'intesi vn palazzo quì di sotto; & questo ne darà lume agli altri edifici, per modo di poter conoscere, quando si vede, se è ben formato, o no. In prima chi considererà la facciata dinanzi lo vedrà leuato da terra, o in su ordine di scalee, o di muricciuoli, tanto che quello sfogo lo faccia vscir di terra con grandezza; & serua che le cucine, o cantine sotto terra siano piu viue di lumi, & piu alte di sfogo, il che anco molto difende l'edificio da'terremuoti, e altri casi di fortuna. Bisogna poi che rappresenti il corpo dell'huomo nel tutto, & nelle parti similmente, e che per hauere egli a temere i venti, l'acque, & l'altre cose della natura; egli sia fognato con ismaltitoi che tutti rispondino a vn centro, che porti via tutte insieme le bruttezze, & i puzzi, che gli possano generare infermità. Per l'aspetto suo primo, la facciata vuole hauere decoro, & maestà, & essere compartita come la faccia dell'huo-

mo,

mo, la porta da basso, & in mezo, cosi come nella testa ha l'huomo la bocca, dõde nel corpo passa ogni sorte di alimento, le finestre per gli occhi, vna di quà, & l'altra di là, seruando sempre parità, che non si faccia, se non tanto di quà, quanto di là negl'ornamenti, o d'archi, o colonne, o pilastri, o nicchie, o finestre inginocchiate, o vero altra sorte d'ornamento, con le misure, & ordini, che gia s'è ragionato, o Dorici, o Ionici, o Corinthi, o Thoscani. Sia il suo cornicione, che regge il tetto fatto con proporzione della facciata, secondo ch'egli è grande; & che l'acqua non bagni la facciata, & chi stà nella strada a sedere. Sia di sporto secondo la proporzione dell'altezza, & della larghezza di q̃lla facciata. Entrando dentro nel primo ricetto sia magnifico, & vnitamẽte corrisponda all'appiccatura della gola, oue si passa; & sia suelto, & largo, accioche le strette, o de'caualli, o d'altre calche, che spesso v'interuengono; non facino danno a lor medesimi nell'entrata, o di feste, o d'altre allegrezze. Il cortile figurato per il corpo sia quadro, & vguale, o vero vn quadro, & mezo, come tutte le parti del corpo: & sia ordinato di porte, & di parità di stanze dentro con belli ornamenti. Vogliono le scale publiche esser commode, & dolci al salire, di larghezza spaziose, & d'altezza sfogate, quanto però comporta la proporzione de'luoghi. Vogliono oltre a ciò, essere ornate, & copiose di lumi. E almeno sopra ogni pianerottolo doue si volta hauere finestre, o altri lumi. & in somma vogliono le scale in ogni sua parte hauere del magnifico, atteso, che molti veggiono le scale, & non il rimanente della casa. Et si può dire, che elle siano le braccia, & le gambe di questo corpo, onde si come le braccie stanno da gli lati dell'huomo, cosi deono queste star dalle bande dell'edificio. Ne lascierò di dire, che l'altezza degli scaglioni vuole essere vn quinto almeno, & ciascuno scaglione largo due terzi, cioè come si è detto, nelle scale degli edifici publici, & ne gli altri a proporzione: perche quando sono ripide non si possono salire, ne da' putti, ne da' vecchi, & rompono le gambe. Et questo mẽbro è piu difficile a porsi nelle fabriche, & per esser'il piu frequentato che sia, & piu commune, auuiene spesso, che per saluar le stanze le guastiamo. Et bisogna, che le sale con le stanze di sotto faccino vn'appartamento commune per la state, & diuersamente le camere per piu persone; & sopra siano salotti, sale, & diuersi appartamenti di stanze, che rispondino sempre nella maggiore: & cosi faccino le cucine, & l'altre stanze, che quando non ci fosse quest'ordine & hauesse il componimento spezzato, & vna cosa alta, & l'altra bassa, e chi grãde, & chi picciola, rappresenterebbe huomini zoppi, trauolti, biechi, & storpiati; lequali opre fanno, che si riceue biasimo; & non lode alcuna. Debbono i componimenti, doue s'ornano le facce, o fuori, o dentro, hauer corrispõdenza nel seguitar gli ordini loro nelle colonne, & che i fusi di quelle non siano lũghi, o sottili, o grosi, o corti, seruando sempre il decoro degli ordini suoi; ne si debbe a vna colonna sottile metter capitel grosso, ne base simili, ma secõdo il corpo le membra, lequali habbino leggiadra, & bella maniera, & disegno. Et queste cose son piu conosciute da vn'occhio buono; ilquale se ha giudicio; si può tenere il vero compasso, & l'istessa misura, perche da quello saranno lodate le cose, & biasimate. Et tanto basti hauer detto generalmente dell'Architettura, perche il parlarne in altra maniera, non è cosa da questo luogo.

DELLA SCVLTVRA

Che cosa sia la Scultura, & come stano fatte le sculture buone; & che parti elle debbino hauere, per essere tenute perfette. Cap. VIII.

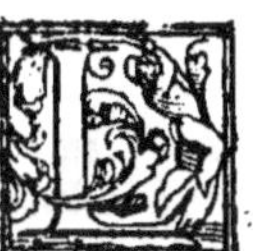

A Scultura è vna Arte, che leuando il superfluo dalla materia suggetta, la riduce a quella forma di corpo, che nella idea dello Artefice è disegnata. Et è da considerare, che tutte le figure di qualũque sorte si siano ò intagliate ne' Marmi, o gittate di brõzi, o fatte di stucco, o di legno, hauendo ad essere di tondo rilieuo, & che girando intorno si habbino a vedere per ogni verso; è di necessità, che a volerle chiamar pfette, ell'habbino di molte parti. La prima è, che quãdo vna simil figura ci si psenta nel primo aspetto alla vista, ella rappresenti, e rẽda somiglianza a quella cosa, per la quale ella è fatta, ò fiera, o humile, ò bizarra, ò allegra, ò malenconica, secondo chi si figura. Et che ella habbia corrispondẽza di parità di membra, cioè, non habbia le gambe lõghe, il capo grosso, le braccia corte, & disformi. Ma sia ben misurata, & vgualmente aparte aparte concordata, dal Capo a' piedi. Et similmente se ha la faccia di vecchio, habbia le braccia, il corpo, le gambe, le mani, & i piedi di vecchio, vnitamente ossuta per tutto, musculosa, neruuta, & le vene poste a' luoghi loro. Et se harà la faccia di giouane, debbe parimente esser ritonda, morbida, & dolce nella aria, & per tutto vnitamente concordata. Se ella non harà ad essere ignuda, facciasi, che i panni ch'ella hara ad hauer addosso non siano tanto triti, c'habbino del secco, ne tanto grossi, che paino sassi. Ma siano con il loro andar di pieghe girati talmente, che scuoprino lo ignudo di sotto, & cõ arte, & grazia talora lo mostrino, & talora lo ascondino, senza alcuna crudezza che offenda la figura. Siano i suoi capegli, & la barba lauorati con vna certa morbidezza, suellati, & ricciuti, che mostrino di essere sfilati, hauendoli data quella maggior piumosità, & grazia, che può lo scarpello. Ancora, che gli scultori in questa parte non possino cosi bene contraffare la Natura, facendo essi le ciocche de' capegli sode, & ricciute, piu di maniera, che di immitazione naturale.

Et ancora, che le figure siano vestite, è necessario di fare i piedi, & le mani, che siano cõdotte di bellezza, & di bontà come l'altre parti. Et per essere tutta la figura tonda è forza, che in faccia, in profilo, & di dietro, ella sia di proporzione uguale, hauendo ella, a ogni girata, & veduta, a rappresentarsi ben disposta per tutto. E necessario adunque, che ella habbia corrispõdẽza, & che vgualmente ci sia per tutto attitudine, disegno, vnione, grazia, & diligenza, le quali cose tutte insieme dimostrino l'ingegno, & il valore dell'artefice. Debbono le figure cosi di rilieuo, come dipinte, esser condotte piu cõ il giudicio, che con la mano, hauendo a stare in altezza doue sia vna gran distanza; pche la diligenza dell'ultimo finimento non si vede da lontano; Ma si conosce bene la bella forma delle braccia, & delle gambe; & il buon giudicio nelle falde de' panni con poche pieghe; perche nella simplicità del poco, si mostra l'acutezza dell'ingegno. Et per questo le figure di marmo, o di bronzo, che vanno vn poco alte, uogliono essere traforate gagliarde, accioche il marmo, che è bianco, & il bronzo, che ha del nero, piglino all'aria della oscurità; & p quel

la

la apparisca da lontano il lauoro esser finito, & dappresso si vegga lasciato in bozze. La quale auuertenza hebbero grandamente gli Antichi, come nelle lor figure tonde, & di mezo rilieuo che negli archi, & nelle colonne veggiamo di Roma, lequali mostrano ancora quel gran giudicio che egli hebbero. Et infra i Moderni si vede essere stato osseruato il medesimo grãdemente nelle sue opere da Donatello. Debbesi oltra di questo considerare, che quando le statue vanno in vn luogo alto, e che a basso non sia molta distanza da potersi discostare a giudicarle da lõtano, ma che s'habbia quasi a star loro sotto, che cosi fatte figure si debbon fare di vna testa, o due piu di altezza. Et questo si fa perche quelle figure, che son poste in alto, si perdono nello scorto della veduta, stando di sotto, & guardando allo in su. Onde cioche si dà di accrescimento, viene a consumarsi nella grossezza dello scorto, & tornano poi di proportione nel guardarle, giuste, & non nane; ma con bonissima gratia. Et quãdo non piacesse far questo, si potrà mantenere le membra della figura, sottilette, & gentili, che questo ancora torna quasi il medesimo. Costumasi per molti artefici, fare la figura di nuoue teste; la quale vien partita in otto teste tutta, eccetto la gola, il collo, & l'altezza del piede; che con queste torna noue. Perche due sono gli stinchi, due dalle ginocchia a'membri genitali, & tre il torso fino alla fontanella della gola, & vn'altra dal mento all'ultimo della fronte, & vna ne fanno la gola, & quella parte, ch'è dal dosso del piede, alla pianta, che sono noue. Le braccia vengono appiccate alle spalle, & dalla fontanella all'appicchatura da ogni banda è vna testa; & esse braccia fino a la appiccatura delle mani sono tre teste, & allargandosi l'huomo con le braccia apre apunto tanto quanto egli è alto. Ma non si debbe vsare altra miglior Misura, che il Giudicio dello occhio; il quale se bene vna cosa sarà benissimo misurata, & egli ne rimanghi offeso, non resterà per questo di biasimarla. Però diciamo, che se bene la Misura è vna retta moderatione da ringrandire le figure talmẽte, che le altezze, & le larghezze, seruato l'ordine, faccino l'opera proportionata, & gratiosa; l'occhio nondimeno ha poi con il giudicio a leuare, & ad aggiugnere, secondo, che vedrà la disgratia dell'opera, talmente, che e'le dia giustamente proportione, gratia, disegno, & perfettione; acciò, che ella sia in se tutta lodata da ogni ottimo giudicio. Et quella statua, o figura, che hauerà q̃ste parti, sarà perfetta di bontà, di bellezza, di disegno, & di gratia. Et tali figure chiameremo tonde, pur che si posino vedere tutte le parti finite, come si vede nel huomo girandolo a torno; & similmente poi l'altre, che da queste dependono. Ma e'mi pare horamai tempo da venire a le cose più particulari.

Del fare i modelli di cera, & di terra, & come si uestino; & come à proporzione si ringrandischino poi nel marmo; come si subbino, & si gradinino, & pulischino, & impomicino; & si lustrino, & si rendino finiti. Cap. IX.

SOgliono gli scultori, quando vogliono lauorare vna figura di marmo, fare per quella vn modello, che cosi si chiama, cioè vno esemplo, che è vna figura di grandezza di mezo braccio ò meno, ò piu secondo, che gli torna comodo, ò di terra, ò di cera, o di stucco; pur che e'posin mostrar in q̃lla l'attitu

dine, & la proportione, che ha da essere nella figura, che e voglion fare; cercando accomodarsi alla larghezza, & alla altezza del sasso, che hanno fatto cauare, per faruela dentro. Ma, per mostrarui come la cera si lauora, direмo del lauorare la cera, & non la terra. Questa per renderla piu morbida, vi si mette dentro vn poco seuo, & di trementina, & di pece nera, delle quali cose il seuo la fa più arrendeuole; e la trementina tegniente in se; & la pece le dà il colore nero, & le fa vna certa sodezza dapoi, ch'è lauorata, nello stare fatta, che ella diuēta dura. Et chi volesse anco farla d'altro colore, puo ageuolmente; perche mettendoui dentro terra rossa, ò vero cinabrio, ò minio, la farà giuggiolina, ò di somigliante colore. Se verderame, verde; & il simile si dice degli altri colori. Ma è bene da auuertire, che i detti colori vogliono esser fatti in poluere, e stiacciati, e cosi fatti essere poi mescolati con la cera liquefatta, che sia. Fassene ancora per le cose piccole, & per fare medaglie, ritratti, e storiette, & altre cose di basso rilieuo, della bianca. E questa si fa, mescolando con la cera bianca, biacca in poluere, come si é detto disopra. Non tacerò ancora, che i moderni Artefici hanno trouato il modo di fare nella cera le mestiche di tutte le sorti colori; onde nel fare ritratti di naturale di mezzo rilieuo fanno le carnagioni, i capegli, i panni, & tutte l'altre cose in modo simili al uero, che a cotali figure non manca, in vn certo modo, se non lo spirito, & le parole. Ma per tornare al modo di fare la cera. Acconcia questa mistura, e insieme fondura, fredda ch'ella è; se ne fa i pastelli, iquali nel maneggiarli dalla caldezza delle mani si fanno come pasta, & con essa si crea vna figura a sedere, ritta, o come si vuole, laquale habbia sotto vn'armadura, per reggerla in se stessa, o di legni, o di fili di ferro, secondo la volontà dell'artefice, & ancor si può fare con essa, & senza, come gli torna bene. Et a poco a poco col giudicio, & le mani lauorando, crescendo la materia, con i stecchi d'osso, di ferro, o di legno, si spinge in dentro la cera, & con mettere dell'altra sopra si aggiugne, & raffina, fin che con le dita si dà a questo modello l'ultimo pulimento. Et finito cio, volendo fare di quegli, che siano di terra, si lauora a similitudine della cera, ma senza armadura di sotto, o di legno, o di ferro, perche li farebbe fendere, & crepare. Et mentre, che quella si lauora, perche non fenda, con vn pāno bagnato si tien coperta, fino che resta fatta. Finiti questi piccioli modelli, o figure di cera, o di terra si ordina di fare vn'altro modello, che habbia ad essere grande, quanto quella stessa figura, che si cerca di fare di marmo; nelche fare perche la terra, che si lauora humida nel seccarsi rientra; bisogna mentre, che ella si lauora, fare a bell'agio, & rimetterne su di mano in mano; & nell' ultima fine mescolare con la terra farina cotta, che la mantiene morbida, et lieua quella secchezza. & questa diligenza fa, che il modello non rientrando rimane giusto, & simile alla figura, che s'ha da lauorare di marmo. Et perche il modello di terra grande si habbia a reggere in se, & la terra non habbia a fendersi, bisogna pigliare della cimatura, o borra, che si chiami, o pelo. Et nella terra mescolare quella, la quale la rende in se tegnente; & non la lascia fendere.
Armasi di legni sotto, & di stoppa stretta, o fieno, con lo spago, & si fa l'ossa della figura, & se le fa fare quella attitudine, che bisogna; secondo il modello picciolo diritto, o a sedere, che sia, & cominciando a coprirla di terra, si conduce ignuda, lauorandola insino al fine, La qual condotta, se se le vuol poi fare pan

ni

ni addoſſo, che ſiano ſottili, ſi piglia pãnolino, che ſia ſottile; & ſe groſſo, groſſo; & ſi bagna; & bagnato, con la terra, s'interra non liquidamente, ma di vn loto, che ſia alquanto ſodetto; & attorno alla figura ſi và acconciandolo, che faccia quelle pieghe, & amaccature, che l'animo gli porge; di che ſecco verrà a indurarſi, & manterrà di continuo le pieghe. In queſto modo ſi conducono a fine i modelli, & di cera, & di terra. Volendo ringrandirlo, a proporzione nel marmo; biſogna, che nella ſteſſa pietra, onde s'ha da cauare la figura, ſia fatta fare vna ſquadra, che vn dritto vada in piano a' pie della figura, & l'altro; vada in alto, & tenga ſempre il fermo del piano; & coſi il dritto di ſopra: & ſimilmente vn'altra ſquadra, o di legno, o d'altra coſa ſia al modello, per via della quale ſi piglino le miſure da quella del modello quanto ſportano le gãbe fora, & coſi le braccia; & ſi và ſpignendo la figura in dentro con queſte miſure riportandole ſul marmo dal modello, di maniera, che miſurando il marmo, & il modello a proporzione viene a leuare della pietra con li ſcarpelli; & la figura a poco a poco miſurata viene a vſcire di quel ſaſſo nella maniera, che ſi cauerebbe d'una pila d'acqua pari, e diritta vna figura di cera, che prima verrebbe il corpo, & la teſta, & ginocchia, & apoco apoco ſcoprendoſi, & in ſu tirandola, ſi vedrebbe poi la ritondità di quella fin paſſato il mezo; e in vltimo la ritondità dell'altra parte. Perche quelli, che hanno fretta a lauorare, & che bucano il ſaſſo da principio, & leuano la pietra dinanzi, & di dietro, riſolutamente, non hanno poi luogo doue ritirarſi, biſognandoli; & di quì naſcono molti errori, che ſono nelle ſtatue, che per la voglia, c'ha l'artefice del vedere le figure tonde fuor del ſaſſo a vn tratto, ſpeſſo ſi gli ſcuopre vn' errore, che non può rimediarui, ſe non vi ſi mettono pezzi commeſſi, come habbiamo viſto coſtumare a molti artefici moderni. Il quale rattoppamento è da ciabattini, & non da huomini eccellenti, o maeſtri rari; & è coſa viliſſima, & brutta, & di grandiſſimo biaſimo. Sogliono gli ſcultori nel fare le ſtatue di marmo nel principio loro abozzare le figure con le ſubbie, che ſono vna ſpecie di ferri da loro coſi nominati; i quali ſono apuntati, & groſſi; & andare leuando, & ſubbiando groſſamente il loro ſaſſo, & poi con altri ferri detti calcagnuoli, c'hanno vna tacca in mezo, & ſono corti, andare quella ritondando, per fino ch'eglino venghino a vn ferro piano piu ſottile del calcagnuolo, che ha due tacche, & è chiamato gradina. Col quale vanno per tutto con gentilezza gradinando la figura, con la proporzione de Muſcoli, & delle pieghe; & la tratteggiano di maniera per la virtu delle tacche, o denti predetti, che la pietra moſtra gratia mirabile. Queſto fatto ſi và leuando le gradinature cõ vn ferro pulito. Et per dare perfezione alla figura, volendole aggiugnere dolcezza, morbidezza, & fine, ſi và con lime torte leuando le gradine; il ſimile ſi fa cõ altre lime ſottili, & ſcuffine diritte, limando, che reſti piano; & da poi con punte di pomice ſi và impomiciando tutta la figura, dandole quella carnoſità, che ſi vede nell'opere marauiglioſe della ſcultura. Adoperaſi ancora il geſſo di tripoli, accio che l'habbia luſtro, & pulimento; ſimilmente con paglia di grano, facendo ſtruffoli ſi ſtroppiccia, talche finite, & luſtrate ſi rendono a gl'occhi noſtri belliſſime.

De' bassi, & de' mezzi Rilieui; la difficultà del fargli; & in che consista il condurgli a perfezzione. Cap. X.

QVelle figure, che gli scultori chiamano mezi rilieui, furono trouate già da gli antichi, per fare istorie da adornare le mura piane: & se ne serui rono ne' teatri, & negli'archi per le vittorie; perche volendole fare tutte tonde, non le poteuano situare se non faceuano prima vna stanza, ò vero vna piazza, che fusse piana. Ilche volendo sfuggire trouarono vna specie, che mezo rilieuo nominarono, & è da noi cosi chiamato ancora: ilquale à similitudine d'una pittura, dimostra prima l'intero delle figure principali, ò meze tonde, ò piu come sono; & le seconde occupate dalle prime, & le terze dalle seconde; in quella stessa maniera, che appariscono le persone viue, quando elle sono ragunate, & ristrette insieme. In questa specie di mezo rilieuo, per la diminuzione dell'occhio, si fanno l'ultime figure di quello, basse come alcune teste bassissime, & cosi i casamenti, & i paesi, che sono l'ultima cosa. Questa specie di mezi rilieui da nessuno è mai stata meglio, ne con piu osseruanza fatta, ne piu proporzionamente diminuita, ò allontanata le sue figure l'una da l'altra; che da gli antichi. Come quelli che imitatori del vero, & ingegnosi, non hanno mai fatto le figure in tali storie, che habbino piano, che scorti, ò fugga; Ma l'hanno fatte co' proprij piedi, che posino su la cornice di sotto; Doue alcuni de' nostri moderni animosi più del douere, hanno fatto nelle storie loro di mezo rilieuo, posare le prime figure nel piano, che è di basso rilieuo, & sfugge; & le figure di mezo sul medesimo in modo che stando cosi non posano i piedi con quella sodezza, che naturalmente douerebbono; la onde spesse volte si vede le punte de piè di quelle figure che voltano il di dietro, toccar si gli stinchi delle gambe, per lo scorto che è violento. Et di tali cose se ne vede in molte opere moderne, & anchora nelle porte di san Giouanni, & in più luoghi di quella età. Et per questo i mezi rilieui, che hãno questa proprietà, sono falsi; perche se la metà della figura si caua fuor del sasso, hauendon'a fare altre dopo quelle prime, vogliono hauere regola dello sfuggire, e diminuire, & co' piedi in piano, che sia piu inanzi il piano, che i piedi, come fa l'occhio e la regola nelle cose dipinte; & conuiene che elle si abbassino di mano in mano a proporzione, tanto che venghino a rilieuo stiacciato, & basso: & per questa vnione, che in cio bisogna; è difficile dar loro perfezzione, & condurgli: atteso che nel rilieuo ci vanno scorti di piedi, & di teste; ch'è necessario hauere grandissimo disegno, a volere in cio mostrare il valore dello artefice. Et tanta perfezzione si recano in questo grado le cose lauorate di terra, & di cera, quanto quelle di bronzo, & di marmo. Perche in tutte l'opere che harãno le parti, ch'io dico, saranno i mezi rilieui tenuti bellissimi, & dagli artefici intendenti sommamente lodati. La seconda specie, che bassi rilieui si chiamano, sono di manco rilieuo assai, ch'il mezo, & si dimostrano almeno p la metà di quegli, che noi chiamiamo mezo rilieuo, e in questi si puo con ragione, fare il piano, i casamenti, le prospettiue, le scale, & i paesi, come veggiamo ne' pergami di bronzo in san Lorenzo di Firenze, & in tutti i bassi rilieui di Donato; il quale in questa professione lauorò veramente cose diuine con grandissima osseruazione. Et questi si rendono a l'ochio facili, & senza errori, ò barbarismi barissimi; perche non sportano tanto in fuori, che possino dare causa di errori, ò di biasimo. La terza spezie si chiamano bassi, & stiacciati rilieui, i quali non hãno altro in se, che'l disegno della figura; con amaccato, & stiacciato rilieuo. Sono difficili assai, atteso, che e' ci bisogna disegno grãde, e inuẽzione. Auuenga, che questi sono faticosi a dargli grazia, per amor de' contorni. Et in questo genere ancora Donato lauorò meglio d'ogni artefice con arte, disegno, & inuenzione. Di questa sorte se n'è visto ne vasi antichi Aretini assai figure, masschere, & altre storie antiche, & similmente, ne' Cammei antichi, & ne' conij da stampare le cose di bronzo per le medaglie; & similmente nelle monete. Et questo fecero perche se fossero state troppe di rilieuo, non harebbono potuto coniarle, ch'al colpo del martello non sarebbono venute l'impronte, douendosi imprimere i Conij nella materia gittata, la quale quando è bassa, dura poca fatica a riempire i caui del conio. Di questa arte vediamo hoggi molti artefici moderni che l'hãno fatta diuinissimamente; & piu che essi antichi come si dirà nelle vite loro pienamente. Impero chi conoscerà ne' mezi rilieui la perfettione delle figure, fatte diminuire con osseruatione; & ne' bassi la bontà del disegno, per le prospettiue, & altre inuenzioni; & nelli stiacciati, la nettezza, la pulitezza, & la bella forma delle figure, che vi si fanno; gli farà eccellentemente, per queste parti, tenere, ò lodeuoli, ò biasimeuoli; & insegnerà conoscerli altrui.

Come si fanno i modelli per fare di bronzo le figure grandi & picciole; & come le forme, per buttarle; come si armino di ferri, & come si gettino di metallo; & di tre sorti bronzo; & come gittate si ceselino, & si rinettino; & come mancando pezzi, che non fussero uenuti, s'immestino, & commettino nel medesimo bronzo.

Cap. XI.

VSANO gl'artefici eccellenti, quando vogliono gittare, o metallo, o brõzo figure grandi, fare nel principio vna statua di terra, tanto grãde, quãto quella, che e' vogliono buttare di metallo, & la conducono di terra a quella perfezione, ch'è concessa dall'arte, & dallo studio loro. Fatto questo, che si chiama da loro modello, & condotto a tutta la perfezione dell'arte, & del saper loro, cominciano poi con gesso da fare presa a formare sopra questo modello parte per parte, facendo addosso a quel modello i caui di pezzi, & sopra ogni pezzo si fanno riscontri, che vn pezzo con l'altro si commettano, segnandoli, o con numeri, o con alfabeti, o altri contrasegni; & che si possino cauare, & reggere insieme. Cosi a parte per parte, lo vãno formando; & vngẽdo con olio fra gesso, & gesso, doue le commettiture s'hanno a congiugnere, & cosi di pezzo in pezzo la figura si forma; & la testa, le braccia, il torso, & le gambe, per fin'all'ultima cosa: di maniera, che il cauo di quella statua, cioè la forma incauata, viene improntata nel cauo con tutte le parti, & ogni minima cosa, che è nel modello. Fatto cio, quelle forme di gesso si lasciono assodare, & riposare; poi pigliano vn palo di ferro, che sia piu lũgo di tutta la figura, che vogliono fare, & che si ha a gettare; & sopra quello fanno vn'anima di terra, laquale morbidamente impastando, vi mescolano sterco di cauallo, & cima-

tura,

tura,laquale anima ha la medesima forma,che la figura del modello;& a suolo a suolo,si cuoce per cauare la humidità della terra,& questa serue poi alla figura; perche gittando la statua,tutta questa anima,ch'è soda,vienuacua,ne si riempie di bronzo; che non si potrebbe mouere, per lo peso; cosi ingrossano tanto,& con pari misure questa anima,che scaldando, & cocendo i suoli, come è detto,quella terra vien cotta bene,& cosi priua in tutto dell' humido, che gittandoui poi sopra il brózo, nó puo schizzare, o fare nocumento; come si è visto gia molte volte có la morte de'maestri, e con la rouina di tutta l'opa. Cosi vanno bilicando questa anima, & assettando, & contrapesando i pezzi fin,che la riscontrino,& riprouino,tanto ch'eglino vengono a'fare,che si lasci appunto la grossezza del metallo,o la sottilità di che vuoi, che la statua sia. Armano spesso questa anima per trauerso con perni di rame,& con ferri,che si posino cauare,& mettere; per tenerla con sicurtà,& forza maggiore. Questa anima quando è finita,nuouamente ancora si ricuoce con fuoco dolce; & cauatane interamente l'humidità,se pur ve ne fusse restata punto,si lascia poi riposare,& ritornando a'caui del gesso; si formano quelli pezzo per pezzo có cera gialla,che sia stata in molle; & sia incorporata con vn poco di Trementina,& di seuo. Fondutala dunque al fuoco,la gettano a metà per metà ne' pezzi di cauo; di maniera,che l'artefice fa venire la cera sottile,secondo la volontà sua per il getto. Et tagliati i pezzi, secondo,che sono i caui addosso a l'anima che gia di terra s'è fatta,gli commettono,& insieme gli riscontrano, & innestano; & con alcuni brocchi di rame sottili fermano,sopra l'anima cotta,i pezzi della cera,confitti da detti brocchi,& cosi a pezzo,a pezzo,la figura innestano. & riscontrono,& la rendono del tutto finita. Fatto cio vãno leuando tutta la cera,dalle baue delle superfluità de'caui,conducendola il piu, che si può a quella finita bontà,& perfezione,che si desidera che habbia il Getto. Et auãti,che e'proceda piu innanzi,rizza la figura,& considera diligentemente,se la cera ha mancamento alcuno,& la va racconciando,& riempiendo, o rinalzãdo,o abbassando,doue mancasse. Appresso finita la cera, & ferma la figura; mette l'Artefice su due alari,o di legno,o di pietra,o di ferro,come vn'arosto, al fuoco la sua figura con commodità,che ella si possa alzare, & abbassare, & con cenere bagnata,appropriata a quell'vso,có vn pennello tutta la figura va ricoprendo,che la cera non si vegga,& per ogni cauo, & pertugio la veste bene di questa materia. Dato la cenere,rimette i perni a trauerso, che passano la cera,& l'anima,secondo,che gl'ha lasciati nella figura; percioche questi hãno a reggere l'anima di dentro,& la cappa di fuori,che è la incrostatura del cauo fra l'anima,& la cappa,doue il brózo si getta. Armato cio, l'artefice comincia a torre della terra sottile có cimatura,& sterco di cauallo,come dissi battuta insieme; & con diligenza fa vna incrostatura per tutto sottilissima,& quella lascia seccare,& cosi volta per volta si fa l'altra incrostatura, con lasciare seccare di continuo fin,che viene interrando, & alzando alla grossezza di mezo palmo il piu. Fatto cio, que' ferri, che tengono l'anima di dentro, si cingono con altri ferri,che tengono di fuori la cappa; & a quelli si fermano,& l'un,& l'altro incatenati, & serrati fanno reggimento l'uno a l'altro. L'anima di dentro regge la cappa di fuori, & la cappa di fuori, regge l' anima di dentro. Vsasi fare certe cannelle fra l'anima, & la cappa, le quali si dimandano

no

no venti, che sfiatano all'insu, & si mettono verbigratia, da vn ginocchio, a vn braccio, che alzi; perche questi danno la via al metallo di soccorrore quello, che per qualche impedimento non venisse, & se ne fanno pochi, & assai secondo, che è difficile il getto. Cio fatto si va dando il fuoco a tale cappa vgualmente per tutto, tal che ella venga vnita, & a poco a poco a riscaldarsi; rinforzando il fuoco sino a tanto, che la forma si infuochi tutta di maniera, che la cera che è nel cauo di dentro, venga a struggersi, tale che ella esca tutta p quella banda, per laquale si debbe gittare il metallo; senza che ve ne rimanga dentro niente. Et a conoscere ciò, bisogna quando i pezzi s'innestano su la figura pesarli pezzo per pezzo; cosi poi nel cauare la cera ripesarla; & facendo il calo di quella, vede l'artefice se n'è rimasta fra l'anima, & la cappa, & quanta n'è vscita. Et sappi, che quì consiste la maestria, & la diligenza dell' artefice a cauare tal cera; doue si mostra la difficultà di fare i getti, che venghino begli, e netti. Atteso, che rimanendoci pũto di cera, ruinarebbe tutto il getto, massimamente in quelle parti doue essa rimane. Finito questo, l'artefice sotterra questa forma vicino alla fucina, doue il bronzo si fonde, & puntella si, che il bronzo non la sforzi, & li fa le vie, che possa buttarsi; & al sommo lascia vna quantità di grossezza, che si possa poi segare il bronzo, che auanza di questa materia; & questo si fa, perche venga piu netta. Ordina il metallo, che vuole; & p ogni libra di cera ne mette dieci di metallo. Fassi la lega del metallo statuario di due terzi rame, & vn terzo ottone; secondo l'ordine Italiano. Gl'Egizij, da' quali questa Arte hebbe origine, metteuano nel bronzo i due terzi ottone, & vn terzo rame. Del metallo elletro, che è degl'altri piu fine, si mette due parti rame, & la terza argento. Nelle campane per ogni cento di rame xx. di stagno: & a l'artiglierie per ogni cento di rame, dieci di stagno, accioche il suono di ql le sia piu squillante, & vnito. Restaci hora ad insegnare, che venendo la figura con mancamento; perche fosse il bronzo cotto, o sottile; o mancasse in qualche parte, il modo dell'innestarui vn pezzo. Et in questo caso lieui l'artefice tutto quanto il tristo, che è in quel getto, & facciaui vna buca quadra cauãdo la sotto squadra; dipoi le aggiusti vn pezzo di metallo attuato a ql pezzo, che venga in fuora quanto gli piace. Et commesso appunto in quella buca quadra col martello tanto lo percuota, che lo saldi, & con lime, & ferri faccia si, che lo pareggi, & finisca in tutto. Ora volendo l'artefice gettare di metallo le figure picciole, quelle si fanno di cera, o hauẽdone di terra, o d'altra materia, vi fa sopra il cauo di gesso, come alle grandi, & tutto il cauo si empie di cera. Ma bisogna, che il cauo sia bagnato; perche buttandoui detta cera, ella si rappiglia per la freddezza dell'acqua, & del cauo. Dipoi, sventolando, & diguazzando il cauo, si vota la cera, che è in mezo del cauo: di maniera, che il getto resta voto nel mezo: ilqual voto, o vano riempie l'artefice poi di terra, & vi mette perni di ferro. Questa terra serue poi per anima; ma bisogna lasciarla seccar bene. Dapoi fa la cappa, come all'altre figure grandi, armandola, & mettendoui le cannelle per i venti, la cuoce di poi, & ne caua la cera; e cosi il cauo si resta netto, si che ageuolmente si possono gittare. Il simile si fa de' basi, & de' mezi rilieui, & d'ogni altra cosa di metallo. Finiti questi getti, l'artefice dipoi, con ferri appropriati, cioè Bulini, Ciappole, Strozzi, Cesèlli, Puntelli, Scarpelli, e Lime, lieua doue bisogna; e doue bisogna spigne all'indentro, e rinetta le baue. e con altri ferri,che radono,raschia,e pulisce il tutto con diligenza, & vltimamente con la pomice gli da il pulimento. Questo bronzo piglia col tempo per se medesimo vn colore,che trahe in nero,& non in rosso,come quando si lauora. Alcuni cō olio lo fanno venire nero; altri con l'aceto lo fanno verde; & altri con la vernice li danno il colore di nero; tale che ogn'uno lo conduce,come piu gli piace.Ma quello, che veramente è cosa marauigliosa,è venuto a tempi nostri questo modo di gettar le figure,cosi grandi,come piccole, in tanta eccellenza,che molti maestri le fanno venire nel getto in modo pulite, che non si hanno a rinettare con ferri,e tanto sottili quanto è vna costola di coltello. Et quello,che è piu alcune terre,& ceneri,che a cio s'adoperano, sono venute in tanta finezza,che si gettano d'argēto,e d'oro le ciocche della ruta,e ogni altra sottile herba,o fiore ageuolmente,& tanto bene, che cosi belli riescono come il naturale. Nel che si vede questa arte essere in maggior eccellenza,che non era al tempo degli antichi.

De' conij d'acciaio per fare le medaglie di bronzo,o d'altri metalli,& come elle si fanno di essi metalli;di pietre orientali,& di Cammei. Cap. XII.

VOlendo fare le medaglie di bronzo,d'argento,o d'oro, come gia le fecero gl'antichi,debbe l'artefice primieramente,con Punzoni di ferro,intagliare di rilieuo i punzoni nell'acciaio indolcito a fuoco,a pezzo per pezzo; Come per esemplo la testa sola,di rilieuo ammaccato in vn punzone solo d'acciaio;& cosi l'altre parti,che si commettono a quella. Fabbricati cosi d'acciaio tutti i punzoni,che bisognano per la medaglia,si temprano col fuoco;& in sul Conio dell'acciaio stemperato,che debbe seruire per cauo, & per madre della medaglia,si và improntando a colpi di martello, & la testa,& l'altre parti a'luoghi loro.Et doppo l'hauere improntato il tutto,si và diligentemente rinettando,& ripulendo,& dando fine,e perfettione al predetto cauo,che ha poi a seruire per Madre.Hanno tutta volta vsato molti artefici, d'incauare con le ruote le dette Madri,in quel modo,che si lauorano d'incauo i Cristalli, i Diaspri,i Calcidonij,le Agate,gli Ametisti,i Sardonij,i lapis lazuli,i Crisoliti,le Corniuole,i Cāmei,& l'altre pietre orientali;& il cosi fatto lauoro, fa le madri piu pulite,come ancora le pietre predette. Nel medesimo modo si fa il rouescio della medaglia;& con la madre della testa,& cō quella del rouescio, si stampano medaglie di cera,o di piombo,lequali si formano di poi con sottilissima poluere di terra atta a ciò,nelle quali forme,cauatane prima la cera,o il piombo predetto,serrate dentro ale staffe,si getta quello stesso metallo,che ti aggrada per la medaglia.Questi getti si rimettono nelle loro madri d'acciaio: & per forza di viti,o di lieue,& a colpi di martello si stringono talmente, che elle pigliano quella pelle dalla stampa,che elle non hanno presa dal Getto. Ma le Monete,& l'altre medaglie piu basse, si improntano senza viti, a colpi di martello con mano;& quelle pietre orientali,che noi dicemmo di sopra, si intagliano di cauo con le ruote per forza di smeriglio,che con la ruota consuma ogni sorte di durezza di qualunque pietra si sia. Et l'artefice và spesso improntando con cera quel cauo,che e'lauora,&in questo modo,và leuando doue piu giudica di bisogno,& dando fine alla opera. Ma i Cammei si lauorano di rilieuo;perche essendo questa pietra faldata,cioè bianca sopra,& sotto nera si va leuando del biãco tãto,che o testa,o figura resti di basso rilieuo bianca nel campo nero. Et alcuna volta per accomodarsi,che tutta la testa, o figura venga bianca in sul campo nero,si vsa di tignere il campo, quando e' non è tanto scuro,quanto bisogna. Et di questa professione habbiamo viste opere mirabili & diuissime antiche,& moderne.

Come di stucco si conducono i lauori bianchi, & del modo del fare la forma di sotto murata, & come si lauorano. Cap. XIII.

Soleuano gl'antichi,nel volere fare volte,o scrostature,o porte,o finestre, o altri ornamenti di stucchi bianchi;fare l'ossa di sotto di muraglia,che sia o di mattoni cotti,o vero di tufi,cioè sassi,che siano dolci, & si possino tagliare con facilità,& di questi murando faceuano l'ossa di sotto; dandoli o forma di cornice,o di figure,o di quello,che fare voleuano, tagliando de' mattoni,o delle pietre,lequali hanno a essere murate con la calce. Poi cõ lo stucco,che nel capitolo IIII. dicemmo,impastato di marmo pesto, & di calce di Treuertino,debbano fare sopra l'ossa predette, la prima bozza di stucco ruuido,cioè grosso,& granelloso,accio vi si possi mettere sopra il piu sottile,quando quel di sotto ha fatto la presa; & che sia fermo,ma nõ secco afatto. Perche lauorando la massa della materia in su quel che è humido; fa maggior presa, bagnando di continuo doue lo stucco si mette; accio si renda piu facile a lauorarlo. Et volendo fare cornici,o fogliami intagliati, bisogna hauere forme di legno,intagliate nel cauo,di quegli stessi intagli,che tu vuoi fare. Et si piglia lo stucco,che sia non sodo sodo,ne tenero tenero, ma di vna maniera tegniente, & si mette su l'opra alla quantità della cosa, che si vuol formare, & vi si mette sopra la predetta forma intagliata,impoluerata di poluere di marmo,& picchiandoui su con vn martello,che il colpo sia vguale, resta lo stucco improntato;ilquale si va rinettando,& pulendo poi accio venga il lauoro diritto,& vguale. Ma volendo,che l'opera habbia maggior rilieuo allo in fuori si conficcano,doue ell'ha da essere ferramenti,o chiodi,o altre armadure simili,che tenhgino sospeso in aria lo stucco, che fa con esse presa grandissima, come negli edificij antichi si vede,ne' quali si truouano ancora gli stucchi,& i ferri conseruati fino al di d'hoggi. Quando vuole adunque l'artefice, condurre in muro piano vn'istoria di basso rilieuo cõficca prima in quel muro i chiodi spessi,doue meno,& doue piu in fuori,secondo che hanno a stare le figure, & tra quegli serra pezami piccoli di mattoni,o di tufi;a cagione che le punte, o capi di quegli,tenghino il primo stucco grosso,& bozzato,& appresso lo va finendo con pulitezza;& con pacienza,che e' si rassodi. Et mentre che egli indurisce,l'artefice lo va diligentemente lauorando,& ripulendolo di continuo co' pennelli bagnati;di maniera,che e' lo conduce a perfettione,come se e' fusse di cera,o di terra. Con questa maniera medesima di chioui,& di ferramẽti fatti a posta,& maggiori,& minori secondo il bisogno, si adornano di stucchi,le volte,gli spartimenti,& le fabbriche vecchie, come si vede costumarsi hoggi per tutta Italia,da molti maestri,che si son dati a questo esercizio. Ne si debbe dubitare di lauoro cosi fatto,come di cosa poco durabile. Perche e' si cõ serua infinitamente,& indurisce tanto nello star fatto,che e'diuenta col tempo come marmo.

Come si conducono le figure di legno, & che legno sia buono a farle. *Cap.* XIIII.

CHI vuole che le figure del legno si posino condurre a perfettione, bisogna, che e' ne faccia prima il modello di cera, o di terra, come dicemmo. Questa sorte di figure si è vsata molto nella christiana religione atteso, che infiniti maestri hanno fatto molti crocifissi,& diuerse altre cose. Ma in vero,non si da mai al legno quella carnosità,o morbidezza,che al metallo, & al marmo,& all'altre sculture,che noi veggiamo,o di stuchi,o di cera,o di terra. Il migliore nientedimanco tra tutti i legni, che si adoperano alla scultura, è il tiglio;Perche egli ha i pori vguali per ogni lato, & vbbidisce piu ageuolmente alla lima,& allo scarpello. Ma perche l'artefice,essendo grande la figura, che e'vuole,non puo fare il tutto d un pezzo solo,bisogna ch'egli lo cõmetta di pezi,& l'alzi,& ingrossi secondo la forma che e lo vuol fare. Et per appiccarlo insieme in modo,che e tenga,non tolga Mastrice di cacio,perche nõ terrebbe,ma colla di spicchi,con la quale strutta,scaldati i predetti pezi al fuoco,gli commetta,& gli serri insieme,non con chioui di ferro,ma del medesimo legno. Ilche fatto,lo lauori,& intagli secondo la forma del suo modello. Et degli artefici di cosi fatto mestiero si sono vedute ancora opere di bossolo, lodatissime; & ornamenti di noce bellissimi,i quali quando sono di bel noce che sia nero,appariscono quasi di bronzo. Et ancora habbiamo veduti intagli in noccioli di frutte come di Ciregie,& meliache di mano di Tedeschi, molto eccellenti;lauorati con vna pacienza,& sottigliezza grandissima. Et se bene e'non hanno gli stranieri quel perfetto disegno,che nelle cose loro dimostrano gl'Italiani,hanno niente di meno operato, & operano continouamente in guisa,che riducono le cose a tanta sottigliezza,che elle fanno stupire il mõdo. Come si può veder'in vn'opera,o per meglio dire in vn miracolo di legno di mano di maestro Ianni Franzese,ilqualè habitando nella città di Firenze, laquale egli si haueua eletta per patria,prese in modo nelle cose del disegno, del quale gli dilettò sempre la maniera Italiana,che con la pratica, che haueua nel lauorar il legno,fece di tiglio vna figura d'un san Rocco grande,quanto il naturale. E condusse con sottilissimo intaglio tanto morbidi, e traforati i panni,che la vestono,& in modo cartosi,& con bello andar l'ordine delle pieghe,che non si puo veder cosa piu marauigliosa. Similmente cõdusse la testa, la barba,le mani,& le gambe di quel santo con tanta perfettione, che ella ha meritato,& meriterà sempre lode infinita da tutti gl'huominj,& che è piu,accio si veggia in tutte le sue parti l'eccellenza dell'artefice, è stata conseruata insino a hoggi questa figura nella Nunziata di Firenze, sotto il pergamo, senza alcuna coperta di colori,o di pitture,nello stesso color del legname,e con la sola pulitezza, & perfettione,che maestro Ianni le diede bellissima sopra tutte l'altre,che si veggia intagliata in legno. Et questo basti breuemente hauer detto delle cose della Scultura, Passiamo hora alla Pittura.

DELLA PITTVRA

Che cosa sia disegno, & come si fanno, & si conoscono le buone Pitture, & a che; & dell'inuenzione delle storie. Cap. XV.

PERCHE il Disegno, padre delle tre Arti nostre, Architettura, Scultura, & Pittura, procedendo dall'Intelletto, caua di molte cose vn giudizio vniuersale, simile a vna forma, o vero Idea di tutte le cose della natura, laquale è singolarissima nelle sue misure; di quì è, che non solo nei corpi humani, & degl'animali; ma nelle piante ancora, & nelle fabriche, & sculture, & pitture cognosce la proporzione, che ha il tutto con le parti, & che hanno le parti fra loro, & col tutto insieme. E perche da questa cognitione nasce vn certo concetto, & giudizio, che si forma nella mente quella tal cosa, che poi espressa con le mani si chiama Disegno; si puo conchiudere, che esso disegno altro non sia, che vna apparente espressione, & dichiarazione del concetto, che si ha nell'animo, & di quello, che altri si è nella mente imaginato, e fabricato nell'Idea. E da questo per auuentura nacque il prouerbio de'Greci; dell'ugna vn Leone, quando quel valente huomo, vedendo sculpita in vn masso l'vgna sola d'un Leone, cōprese con l'intelletto da quella misura, e forma le parti di tutto l'Aīale, e dopo il tutto insieme, come se l'hauesse hauuto ꝑsente, e dinãzi agl'occhi. Credono alcuni, che il padre del Disegno, & dell'Arti fusse il caso, e che l'uso, & la sperienza, come balia, & pedagogo lo nutrissero cō l'aiuto della cognitione, e del discorso; ma io credo, che cō piu verità si possa dire il caso, hauer piu tosto dato occasione, che potersi chiamar padre del disegno. Ma sia come si voglia, questo disegno ha bisogno, quando caua l'inuēzione d'una qualche cosa dal giudizio, che la mano sia, mediante lo studio, & essercizio di molti anni, spedita, & atta a disegnare, & esprimere bene qualunche cosa ha la natura creato con penna, con stile, con carbone, con matita, o con altra cosa; perche quando l'intelletto manda fuori i concetti purgati, & con giudizio; fanno quelle mani, che hanno molti anni essercitato il disegno conoscere la perfezzione, e eccellenza dell'arti, & il sapere dell'Artefice insieme. E perche alcuni scultori tal volta non hanno molta pratica nelle linee, e ne dintorni, onde non possono disegnare in carta; eglino in quel cambio con bella proporzione, & misura, facendo con terra, o cera huomini, animali, & altre cose di rilieuo, fanno il medesimo, che fa colui, ilquale perfettamente disegna in carta, o in su altri piani. Hanno gli huomini di queste arti, chiamato, o vero distinto il disegno in varij modi, & secondo le qualità de'disegni, che si fanno. Quelli, che sono tocchi leggiermente, & a pena accennati con la penna, o altro si chiamano schizzi, come si dirà in altro luogo. Quegli poi, che hanno le prime linee intorno intorno sono chiamati profili, dintorni, o lineamenti. E tutti questi, o profili, o altrimenti, che vogliam chiamarli, seruono cosi all'Architettura, & Scultura, come alla pittura; ma all'Architettura massimamente; percioche i disegni di quella non sono composti, se non di linee, il che non è altro, quanto al Architettore, ch il principio, e la fine di quell'arte, perche il restante, mediãte i modelli di legname, tratti dalle dette linee, non è altro, che opera di scarpellini, e pellini,& muratori. Ma nella scultura serue il disegno di tutti i contorni, per che a veduta, per veduta se ne serue lo scultore, quando vuol disegnare quella parte, che gli torna meglio, o che egli intende di fare; per ogni verso, o nella cera, o nella terra, o nel marmo, o nel legno, o altra materia.

Nella pittura seruono i lineamenti in piu modi, ma particolarmente a dintornare ogni figura; perche quando eglino sono ben disegnati, & fatti giusti, & a proporzione; l'ombre, che poi vi si aggiũgono, & i lumi sono cagione, che i lineamenti della figura, che si fa ha grandissimo rilieuo, e riesce di tutta bontà, e perfezzione E di quì nasce, che chiunque intende, e maneggia bene queste linee, sarà in ciascuna di queste arti mediante la pratica; & il giudizio eccellentissimo chi dunque vuole bene imparare a esprimere, disegnando i cõcetti dell'animo, è qual si voglia cosa, fa di bisogno, poi che hauerà alquanto asuefatta la mano, che per diuenir piu intelligente nell'arti si eserciti in ritrarre figure di rilieuo, o di marmo di sasso, o di gesso, o vero di quelle di gesso formate sul viuo, o vero sopra qualche bella statua antica, o si veramente rilieui di modelli fatti di terra, o nudi, o con cenci interrati addosso, che seruono per pãni, & vestimenti. Percioche tutte queste cose, essendo immobili, & senza sentimento fanno grande ageuolezza, stando ferme a colui, che disegna, ilche nõ auuiene nelle cose viue, che si muouono. Quando poi hauerà in disegnando simili cose fatto buona pratica, & assicurata la mano, cominci a ritrarre cose naturali; & in esse faccia con ogni possibile opera, e diligenza vna buona, e sicura pratica; percioche le cose, che vengono dal naturale sono veramente ql le, che fanno honore a chi si è in quelle affaticato, hauendo in se, oltre a vna certa grazia, & viuezza, di quel semplice, facile, e dolce, che è proprio della natura, & che dalle cose sue s'impara perfettamente, & non dalle cose dell'arte a bastanza giamai. E tengasi per fermo, che la pratica, che si fa con lo studio di molti anni in disegnãdo, come si è detto disopra, è il vero lume del disegno, & quello, che fa gli huomini eccellentissimi. Hora hauendo di ciò ragionato a bastanza, seguita, che noi veggiamo, che cosa sia la Pittura.

Ell'è dunque vn piano coperto di campi di colori, in superficie, o di tauola, o di muro, o di tela, intorno a lineamenti detti disopra, i quali per virtu di vn buon disegno di linee girate, circondano la figura. Questo si fatto piano, dal pittore con retto giudizio mantenuto nel mezo, chiaro, & negli estremi, & ne' fondi scuro, & accompagnato tra questi, & quello da colore mezano tra il chiaro, & lo scuro; fa che vnendosi insieme questi tre campi, tutto quello, che è tra l'uno lineamẽto, & l'altro si rilieua, & apparisce tondo, e spiccato, come s'è detto. Bene è vero, che questi tre campi non possono bastare ad ogni cosa minutamente, atteso, che egli è necessario diuidere qualunche di loro almeno in due spezie; faccendo di quel chiaro due mezi, & di quell'oscuro, due piu chiari, & di quel mezo due altri mezi, che pendino, l'uno nel piu chiaro; & l'altro nel piu scuro. Quando queste tinte d'un color solo, qualun che egli si sia saranno stemperate, si vedrà a poco a poco cominciare il chiaro, & poi meno chiaro, & poi vn poco piu scuro, di maniera ch'a poco a poco trouerremo il nero schietto. Fatte dunque le mestiche, cioè mescolati insieme questi colori, volendo lauorare, o a olio, o a tempera, o in fresco; si va coprendo il lineamento, & mettendo a' suoi luoghi i chiari, & gli scuri, & i mezi, &

gli

gli abbagliati de'mezi,& de'lumi; che sono quelle tinte mescolate de' tre primi,chiaro,mezano,& scuro; iquali chiari,& mezani,& scuri,& abbagliati si cauano dal cartone,o vero altro disegno,che per tal cosa è fatto, per porlo in opra; il qual'è necessario,che sia condotto con buona collocazione,e disegno fondato; & con giudizio,& inuentione,atteso, che la collocazione non è altro nella pittura,che hauere spartito in quel loco,doue si fa vna figura,che gli spazij siano concordi al giudizio dell'occhio,& non siano disformi,che il campo sia in vn luogo pieno,& nell'altro voto,la qual cosa nasca dal disegno,e da l'hauere ritratto,o figure di naturale viue,o da modelli di figure fatte per qllo,che si voglia fare. Il qual disegno non puo hauere buon'origine, se nõ s'ha dato continuamẽte opera a ritrarre cose naturali; & studiato pitture d'eccellenti maestri,& di statue antiche di rilieuo,com'e s'è tante volte detto. Ma sopra tutto il meglio è gl'ignudi degli huomini viui,& femine,& da quelli hauere preso in memoria,per lo continouo vso i muscoli del torso, delle schiene, delle gambe,delle braccia,delle ginocchia, & l'ossa di sotto, & poi hauere sicurtà,per lo molto studio,che senza hauere i naturali inanzi, si possa formare di fantasia da se attitudini, per ogni verso; cosi hauer veduto degli huomini scorticati,per sapere come stanno l'ossa sotto, & i muscoli,& i nerui,con tutti gli ordini,& termini della Notomia; per potere con maggior sicurtà,e piu rettamente situare le membra nell'huomo, & porre i muscoli nelle figure. Et coloro,che ciò sanno,forza è,che faccino perfettamente i contorni delle figure; le quali dintornate come elle debbono,mostrano buona grazia,& bella maniera. Perche chi studia le pitture,& sculture buone, fatte con simil modo,vedendo,& intendendo il viuo,è necessario che habbi fatto buona maniera nell'arte. Et da cio nasce l'inuenzione,laquale fa mettere insieme in historia le figure a quattro,a sei,a dieci,a venti,talmente, che si viene a formare le battaglie,& l'altre cose grandi dell'arte. Questa inuenzione vuol'in se vna cõueneuolezza formata di concordanza,e d'obedienza; che s'una figura si muoue per salutare vn'altra; non si faccia la salutata voltarsi indietro, hauendo a rispondere; & con questa similitudine tutto il resto.

La istoria sia piena di cose uariate,& differenti l'una da l'altra; ma a proposito sempre di quello, che si fa, & che di mano in mano figura lo Artefice, Ilquale debbe distinguere i gesti,& l'attitudini facendo le femmine con aria dolce, & bella, & similmente i giouani; Ma i uecchi, graui sempre di aspetto, & i sacerdoti massimamente, & le persone di autorità. Auuertendo però sempremai, che ogni cosa corrisponda ad un tutto della opera,di maniera, che quando la pittura si guarda, ui si conosca una concordanza unita, che dia terrore nelle furie,& dolcezza negli effetti piaceuoli; Et rappresenti in un tratto la intenzione del Pittore; & non le cose, che e'non pensaua. Conuiene adunque per questo,che e'formi le figure,che hanno ad esser fiere,con mouenzia,& con gagliardia; Et sfugga quelle,che sono lontane da le prime,con l'ombre,& con i colori appoco appoco dolcemente oscuri; Di maniera che l'arte sia accompagnata sempre con vna grazia di facilità, & di pulita leggiadria di colori; Et cõdotta l'opera a perfezzione, non con vno stẽto di passione crudele, che gl'huomini, che cio guardano habbino a patire pena della passione, che in tal'opera ueggono sopportata dallo Artefice; Ma da ralegrarsi della felicità, che la sua

mano

mano habbia hauuto dal Cielo quella agilita, che renda le cose finite con istu-dio, & fatica si, ma non con istento; tanto, che doue elle sono poste, non siano morte, ma si appresentino viue, & vere a chi le considera. Guardinsi dale crudezze. Et cerchino, che le cose, che di continuo fanno, non paino dipinte; ma si dimostrino viue, & di rilieuo fuor della opera loro; Et questo è il vero disegno fondato, & la vera inuenzione, che si conosce esser data da chi le ha fatte, alle pitture che si conoscono, e giudicano come buone.

Degli schizzi disegni, cartoni, & ordine di prospettiue; & per quel, che si fanno, & a quello che i Pittori se ne seruono. *Cap.* XVI.

GLi schizzi de quali si è fauellato di sopra chiamiamo noi vna prima sorte di disegni, che si fanno per trouare il modo delle attitudini, & il primo componimento dell'opra. Et sono fatti in forma di vna machia, e accennati solamente da noi in vna sola bozza del tutto. Et perche dal furor dello artefice sono in poco tempo con penna, ò cõ altro disegnatoio, ò carbone espressi solo per tentare l'animo di quel che gli souuiene percio si chiamano schizzi. Da questi dunque vengono poi rileuati in buona forma i disegni, nel far de quali con tutta quella diligenza, che si può si cerca vedere dal viuo, se gia l'artefice non si sentisse gagliardo in modo, che da se li potesse condurre. Appresso misuratili con le seste, ò a ochio, si ringrandiscono da le misure piccole nelle maggiori, secondo l'opera che si ha da fare. Questi si fanno, con varie cose, cio è, o con lapis rosso, che è vna pietra, la qual viene da monti di Alamagna, che per esser tenera, ageuolmente si sega & riduce in punte sottili da segnare con esse in su i fogli, come tu vuoi: ò con la Pietra nera che uiene de' monti di Francia, laqual'è similmente come la rossa, Altri di chiaro & scuro, si conducono su fogli tinti, che fanno vn mezo, & la penna fa il lineamẽto, cio è il d'intorno ò profilo, & l'inchiostro poi con vn poco d'acqua, fa vna tĩta dolce, che lo vela, & ombra di poi con vn pennello sottile in tinto nella biacca stemperata con la gomma si lumeggia il disegno, & questo modo è molto alla pittoresca & mostra piu l'ordine del colorito: Molti altri fanno con la penna sola, lasciando i lumi della carta, che è difficile, ma molto maestreuole; & infiniti altri modi anchora si costumano nel disegnare de' quali non accade fare menzione, perche tutti rappresentano vna cosa medesima, cioè il disegnare. Fatti cosi i dissegni, chi vuole lauorar in fresco, cioè in muro, è necessario che faccia i cartoni, ancora ch'e si costumi per molti di fargli per lauorar anco in tauola. Questi cartoni si fanno cosi. Impastansi fogli cõ colla di farina, e aqua cotta al fuoco, fogli dico, che siano squadrati, e si tirano al muro cõ l'incollarli a torno duo dita verso il muro cõ la medesima pasta. E si bagnano spruzzandoui dẽtro ꝑ tutto acqua fresca, & cosi molli si tirano, accio nel seccarsi, vengano a distẽdere il molle delle grinze. Da poi quando sono secchi si vãno con vna canna lunga, che habbia in cima vn carbone, riportando sul cartone ꝑ giudicar da discosto tutto quello, che nel disegno piccolo è disegnato, con pari grandezza, e cosi a poco a poco quando a vna figura, e quando a l'altra danno fine. Qui fanno i pittori tutte le fatiche dell'arte del ritrarre dal viuo ignudi, & panni di naturale, & tirano le prospettiue con tutti q̃lli ordini, che piccoli si sono fatti in su

fogli,

fogli, ringrandendoli a proporzione. Et se in quegli fussero prospettiue, o casamenti, si ringrandiscono con la Rete; La qual'è vna Graticola di quadri piccoli ringrandita nel cartone; che riporta giustamente ogni cosa. Perche chi ha tirate le prospettiue ne'disegni piccoli, cauate di su la pianta, alzate col profilo, & con la intersecazione, & col punto fatte diminuire, e sfuggire; Bisogna che le riporti proporzionate in sul Cartone. Ma del modo del tirarle, perche ella è cosa fastidiosa, & difficile a darsi ad intendere; non voglio io parlare altrimenti. Basta, che le prospettiue son belle tanto, quanto elle si mostrano giuste alla loro veduta, & sfuggendo si allontanano dall'occhio. Et quando elle sono composte con variato, & bello ordine di casamenti. Bisogna poi, che'l pittore habbia risguardo a farle con proporzione sminuire cō la dolcezza de' colori, laqual è nell'artefice vna retta discrezione, & vn giudicio buono, la causa del quale si mostra nella difficultà delle tante linee confuse colte dalla pianta, dal profilo, & intersecazione, che ricoperte dal colore restano vna facillissima cosa, laqual fa tenere l'artefice dotto, intendente, & ingegnoso nell'arte. Vsono ancora molti maestri innanzi, che faccino la storia nel cartone; fare vn modello di terra in su vn piano, con situar tonde tutte le figure, per vedere gli sbattimenti, cioè l'ombre, che da vn lume si causano adosso alle figure, che sono quell'ombra tolta dal sole, ilquale piu crudamente, che il lume le fa in terra nel piano per l'ombra della figura. Et di quì ritraendo il tutto della opra hāno fatto l'ombre, che percuotono adosso a l'una, & l'altra figura, onde ne vengono i cartoni, & l'opera, per queste fatiche, di perfezzione, & di forza piu finiti, & da la carta si spiccano per il rilieuo. Il che dimostra il tutto piu bello, & maggiormente finito. Et quando questi cartoni al fresco, o al muro s'adoprano, ogni giorno nella commettitura se ne taglia vn pezzo, & si calca sul muro che sia incalcinato di fresco, & pulito eccellentemente. Questo pezzo del cartone si mette in quel luogo, doue s'ha a fare la figura, & si contrassegna; pche l'altro dì, che si voglia rimettere vn'altro pezzo, si riconosca il suo luogo apunto; & non possa nascere errore. Appresso, per i dintorni del pezzo detto, con vn ferro si va calcando in su l'intonaco della calcina, la quale per essere fresca, acconsente alla carta: & così ne rimane segnata. Per il che si lieua via il cartone, & per que'segni, che nel muro sono calcati, si va con i colori lauorando; & così si conduce il lauoro in fresco, o in muro. Alle tauole, & alle tele si fa il medesimo calcato; ma il cartone tutto d'un pezzo, saluo, che bisogna tingere di dietro il cartone, con carboni, o poluere nera, accioche segnando poi col ferro, egli venga profilato, & disegnato nella tela, o tauola. Et per questa cagione i cartoni si fanno per compartire, che l'opra venga giusta, e misurata. Assai pittori sono, che per l'opre a olio sfuggono cio, ma per il lauoro in fresco non si può sfuggire, che non si faccia. Ma certo chi trouò tal inuenzione, hebbe buona fantasia, atteso, che ne'cartoni si vede il giudizio di tutta l'opra insieme, & si acconcia, & guasta, finche stiano bene. Il che nell'opra poi non puo farsi.

De li scorti delle figure al disotto, in su, & di quelli in piano. Cap. XVII.

HAnno hauuto gli artefici nostri vna grandissima auuertenza nel fare scortare le figure, cioè nel farle apparire di piu quantità, che elle non so

no

no veramẽte, essendo lo scorto a noi vna cosa disegnata in faccia corta, che all'occhio, venendo innanzi non ha la lũghezza, ò la'ltezza, che ella dimostra; Tuttauia, la grossezza, i dintorni, l'ombre & i lumi fanno parere, che ella vega innanzi, & per questo si chiama scorto. Di questa specie non fu mai pittore ò disegnatore, che facesse meglio, che s'habbia fatto il nostro Michelangelo Buonarroti: & ancora nessuno meglio gli poteua fare, hauendo egli diuinamente fatto le figure di rilieuo. Egli prima di terra, ò di cera ha per questo vso fatti i modelli: & da quegli, che piu del viuo restano fermi, ha cauato i contorni, i lumi, & l'ombre. Questi danno a chi non intende grandissimo fastidio; perche non arriuano con l'intelletto ala profondità di tale difficulta, la qual'è la piu forte a farla bene, che nessuna, che sia nella pittura. Et certo i nostri vecchi, come amoreuoli dell'arte, trouarono il tirarli per via di linee in prospettiua, ilche non si poteua fare prima, e li ridussero tanto inanzi, che hoggi s'ha la vera maestria di farli. Et quegli, che li biasimano (dico dell'artefici nostri) sono quelli, che non li sanno fare, &, che, per alzare se stessi, vanno abassando altrui. Et habbiamo assai maestri pittori, iquali, ancora che valenti, non si dilettano di fare scorti: Et nientedimeno quando gli veggono belli & difficili, non solo non gli biasimano, ma gli lodano sommamente. Di questa specie ne hanno fatto i moderni alcuni, che sono a proposito, & difficili; come sarebbe a dir in vna volta le figure, che guardando in su scortano, & sfuggono, & questi chiamiamo al disotto in su, c'hanno tanta forza, ch'eglino bucano le volte. Et questi non si possono fare, se non si rittraggono dal uiuo, ò con modelli in altezze conuenienti non si fanno fare loro le attitudini, & le mouenzie di tali cose. E certo in questo genere, si recano in quella difficulta vna somma grazia, & molta belezza, & mostrasi vna terribilissima arte. Di questa specie trouerrete, che gli artefici nostri nelle vite loro hanno dato grandissimo rilieuo a tali opere, & condottele a vna perfetta fine, onde hanno conseguito lode grandissima. Chiamansi scorti di sotto in su, perche il figurato è alto, e guardato dall'ochio per veduta in su, & non per la linea piana dell'orizonte, la onde alzandosi la testa a volere vederlo, & scorgendosi prima le piãte de piedi, & l'altre parti di sotto, giustamente si chiama co'l detto nome.

Come si debbino unire i colori a olio, a fresco, ò a tempera; & come le carni, i panni, & tutto quello che si dipigne, uenga nell'opera aunire in modo che le figure non uenghino diuise; & habbino rilieuo, & forza, e mostrino l'opera chiara, & aperta. Cap. XVIII.

L'Vnione nella Pittura è vna discordanza di colori diuersi accordati insieme; i quali nella diuersità di piu diuise, mostrano differentemente distinte l'una da l'altra, le parti delle figure, come le carni da i capelli; & vn panno diuerso di colore, da l'altro. Quando questi colori son messi in opera accesamente, & viui, con vna discordanza spiaceuole, tal che siano tinti, & carichi di corpo, si come vsauano di fare gia alcuni pittori: il disegno ne viene ad essere offeso di maniera, che le figure restano piu presto dipĩti dal colore; che dal pennello, che le lumeggia, & adombra, fatte apparire di rilieuo, & naturali. Tutte le Pitture adunque ò a olio, ò a fresco, ò a tempera, si debbon fare talmente

mente vnite ne' loro colori; che quelle figure, che nelle storie sono le principali, venghino condotte chiare chiare; mettendo i panni di colore non tanto scuro a dosso a quelle dinanzi, che quelle, che vãno dopo gli habbino piu chiari che le prime; anzi a poco a poco, tanto quanto elle vanno diminuendo a lo indentro; diuenghino anco parimente di mano in mano, & nel colore delle carnagioni, & nelle vestimanta, piu scure. Et principalmente si habbia grandissima auuertẽza di mettere sempre i colori piu vaghi, piu diletteuoli, & piu belli, nelle figure principali, & in quelle massimamente, che nella istoria vengono intere, & non meze, perche queste sono sempre le più considerate; & quelle che son piu vedute, che l'altre; lequali seruono quasi per campo nel colorito di queste; & vn colore più smorto, fa parere più viuo l'altro che gli è posto accanto. Et i colori maninconici, & Pallidi fanno parere piu allegri quelli che li sono accanto, & quasi d'una certa bellezza fiameggianti. Ne si debbono vestire gli ignudi di colori tanto carichi di corpo, che diuidino le carni da' panni, quando detti panni atrauersassino detti ignudi, ma i colori de' lumi di detti panni siano chiari simili alle carni, ò gialletti, ò rossigni, ò violati, ò pagonazzi, con cangiare i fondi scuretti, ò verdi, ò azzuri, ò pagonazzi, ò gialli; purche traghino a lo oscuro; & che vnitamente si accompagnino nel girare delle figure, con le lor ombre, in quel medesimo modo, che noi veggiamo nel viuo, che quelle parti, che ci si apresentano piu vicine all' occhio, piu hanno di lume; et l'altre perdendo di vista, perdono ancora del lume, & del colore. Cosi nella pittura si debbono adoperare i colori con tanta vnione, che e' non si lasci vno scuro, & vn chiaro si spiaceuolmente ombrato, & lummeggiato, che e si faccia vna discordanza, & vna disunione spiaceuole, saluo, che negli sbattimenti; che sono quell'ōbre, che fanno le figure adosso l'una all'altra; quando vn lume solo percuote adosso a vna prima figura, che viene adombrare col suo sbattimento la seconda. Et questi ancora, quando accaggiono, voglion esser dipinti con dolcezza, & vnitamente. perche chi gli disordina, viene a fare, che quella Pittura par piu presto vn tappeto colorito, ò vn parò di carte da giucare, che carne vnita, ò panni morbidi, ò altre cose piumose, delicate & dolci. Che si come gli orecchi restano offesi da vna musica, che fa strepito, ò dissonanza, ò durezze; saluo però in certi luoghi, & a' tempi; si come io' dissi degli sbattimenti; cosi restano offesi gli occhi da' colori troppo carichi, ò troppo crudi. Conciosia, che il troppo acceso, offende il disegno, Et lo abbacinato, smorto abbagliato, & troppo dolce, pare vna cosa spenta, vecchia & affumicata: Ma lo vnito, che tenga in fra lo acceso, & lo abbagliato, è perfettissimo; & diletta l'occhio come vna musica vnita, & arguta diletta lo orecchio. Debbonsi perdere negli scuri certe parti delle figure: & nella lontananza della Istoria; perche oltra, che se elle fussono nello apparire troppo viue, & accese, confonderebbono le figure, elle danno ancora, restando scure, & abbagliate, quasi come campo, maggior forza alle altre, che vi sono inanzi. Nè si può credere, quanto nel variare le carni con i colori faccendole a' giouani piu fresche, che a vecchi; & a' mezani, tra il cotto, & il verdiccio, & gialliccio, si dia grazia, & bellezza alla opera. Et quasi in quello stesso modo, che si faccia nel disegno l'aria delle vecchie accanto alle giouani, & alle fanciulle, & a' putti: doue veggendosene vna tenera, & carnosa; l'altra pulita, e fresca; fa nel dipinto vna discordanza ac cordatissima. Et in questo modo si debbe nel lauorare metter gli scuri doue meno offendino, & faccino diuisione; per cauare fuori le figure; come si vede nelle pitture di Rafaello da Vrbino, & di altri pittori eccellenti, che hanno tenuto questa maniera. Ma non si debbe tenere questo ordine nelle Istorie, doue si contrafacessino lumi di sole, & di luna, ò uero fuochi, ò cose notturne; perche queste si fanno con gli sbattimenti crudi, & taglienti come fa il viuo. Et nella sommità doue si fatto lume percuote, sempre vi sarà dolceza & vnione. Et in quelle pitture, che haranno questi parti si conoscerà, che la intelligenza del Pittore harà con la vnione del colorito, campata la bontà del disegno, dato vaghezza alla Pittura, & rilieuo, & forza terribile alle figure.

Del dipingere in muro, come si fa; & perche si chiama lauorare in fresco. Cap. XIX.

DI tutti gl'altri modi, che i pittori faccino, il dipignere in muro è piu maestreuole, & bello; perche consiste nel fare in vn giorno solo quello, che nelli altri modi si puo in molti ritoccare sopra il lauorato. Era da gli antichi molto vsato il fresco, & i vechi moderni ancora l'hanno poi seguitato. Questo si lauora su la calce, che sia fresca, ne si lascia mai sino a, che sia finito quanto per quel giorno si vuole lauorare. Perche allungando punto il dipingerla, fa la calce vna certa crosterella, pe'l caldo, pe'l freddo, pe'l vento, & pe' ghiacci, che muffa, & macchia tutto il lauoro. Et per questo vuole esser continouamente bagnato il muro, che si dipigne, & i colori; che vi si adoperano, tutti di terre, & non di miniere; & il bianco di treuertino cotto. Vuole ancora vna mano destra resoluta; & veloce, ma sopra tutto vn giudizio saldo, & intero, perche i colori, mētre, che il muro è molle, mostrano vna cosa in vn modo, che poi secco non è piu quella. Et però bisogna, che in questi lauori a fresco, giuochi molto più nel Pittore il giudizio, che il disegno: & che egli habbia per guida sua vna pratica più che grandissima, essendo sommamente difficile il condurlo a perfezione. Molti de' nostri artefici vagliono assai negl'altri lauori, cioè a olio, ò a tēpera, & in questo poi non riescono, p essere egli veramente il piu virile, piu sicuro, piu resoluto, & durabile di tutti gl'altri modi, & quello, che nello stare fatto di continuo aquista di bellezza, & di vnione piu degl'altri infinitamente. Questo all'aria si purga, & dall'acqua si difende, & regge di continuo a ogni percossa. Ma bisogna guardarsi di non hauere a rittocarlo co' colori che habbino colla di Carnicci, ò rosso d'uouo, ò gomma, o Draganti, come fanno molti pittori, Perche oltra, che il muro non fa il suo corso di mostrare la chiarezza, vengono i colori apannati da quello ritoccar di sopra, & con poco spazio di tempo diuentano neri. Però quegli che cercano lauorar in muro, lauorino virilmente a fresco, & non ritochino a secco, perche oltra l'esser cosa uilissima, rende piu corta vita alle pitture, come in altro luogo s'è detto.

Del dipignere a tempera ò uero a uouo su le tauole; ò tele, & come si puo usare sul muro che sia secco. Cap. XX.

Da

DA Cimabue in dietro,& da lui in qua s'è, sempre veduto opre lauorate da'Greci a tempera in tauola, & in qualche muro. Et vsauano nello ingessare, delle tauole questi maestri vecchi dubitando, che quelle non si aprissero in su le commettiture, mettere per tutto con la colla di carnicci, tela lina, & poi sopra quella ingessauano, per lauorarui sopra, & temperauano i colori da condurle col rosso dello vouo, ò tempera. laqual'è questa. Toglieuano vno vouo, & quello dibatteuano, & dentro vi tritauano vn ramo tenero di fico, accio che quel latte con quel vouo, facesse la tempera de' colori; i quali, con essa temperando, lauorauono l'opere loro. Et toglieuano, per quelle tauole i colori ch'erano di miniere, i quali son fatti parte da gli alchimisti, & parte trouati nelle caue. Et a questa specie di lauoro ogni colore è buono, saluo ch'il bianco; che si lauora in muro fatto di calcina, pch'è troppo forte. Cosi veniuano loro condotte con questa maniera le opere, & le pitture loro. Et questo chiamauono colorire a tempera. Solo gli azzuri temperauono con colla di carnicci; perche la giallezza dell'uouo gli faceua diuentar verdi, oue, la colla gli mantiene nell'essere loro, el simile fa la gomma. Tiensi la medesima maniera su le tauole, o ingessate, ò senza, & cosi su muri, che siano sechi, si da vna, ò due mani di colla calda, & di poi con colori temperati con quella, si conduce tutta l'opera, & chi volesse temperare ancora i colori a colla, ageuolmente gli verra fatto, osseruãdo il medesimo, che nella Tempera si è raccontato. Ne saranno peggiori per questo. Poi che anco de'vecchi Maestri nostri, si sono vedute le cose a tempera, conseruate centinaia d'anni, con bellezza, & freschezza grande. Et certamente e si vede ancora delle cose di Giotto, che ce n'è pure alcuna in tauola, durata gia dugento anni, & mãtenutasi molto bene. E'poi venuto il lauorar'a olio, che ha fatto per molti mettere in bando il modo della tempera, si come hoggi veggiamo, che nelle tauole, & nelle altre cose d'importanza si è lauorato; & si lauora ancora del continouo.

Del dipingere a olio, in tauola, & su le tele. Cap. XXI.

FV vna bellissima inuenzione, & vna gran commodità all'arte della pittura, il trouare il colorito a olio; Di che fu primo inuentore, in Fiandra Giouanni da Bruggia: il quale mandò la tauola a Napoli al Re Alfonso, & al Duca d'Vrbino Federigo II. la stufa sua; & fece vn san Gironimo, che Lorenzo de'Medici haueua, & molte altre cose lodate. Lo seguitò poi Rugieri da Bruggia suo discipolo, & Ausse creato di Rugieri, che fece a Portinari in S. Maria Nuoua di Firenza vn quadro picciolo, il qual'è hoggi appresso al Duca COSIMO, & è di sua mano la tauola di Careggi villa fuora di Firenze della Illustriss. casa de Medici furono similmente de primi Lodouico da Luano, & Pietro Christa, & maestro Martino, & Giusto da Guanto, che fece la tauola della comunione del Duca d' Vrbino, & altre pitture, & Vgo d'Anuersa, che fe la tauola di S. Maria Nuoua di Fiorenza. Questa arte condusse poi in Italia Antonello da Messina, che molti anni consumò in Fiandra, & nel tornarsi di quà da Monti fermatosi ad habitare in Venezia, la insegnò ad alcuni amici, Vno de'quali fu Domenico Veniziano, che la condusse poi in Firenze, quando dipinse a olio la capella de'Portinari in S. Maria Nuoua, doue la imparò Andrea dal Castagno, che la insegnò agli altri maestri, con i quali si andò ampliando l'arte, & acquistando, fino a Pietro Perugino, a Lionardo da Vinci, & a Rafaello da Vrbino: talmente, che ella s'è ridotta a quella bellezza, che gli artefici nostri, mercè loro, l'hãno acquistata. Questa maniera di colorire accende piu i colori; ne altro bisogna, che diligenza, & amore, perche l'olio in se si reca il colorito piu morbido, piu dolce, & dilicato, & di vnione, & sfumata maniera piu facile, che li altri, & mentre, che frescho si lauora, i colori si mescolano, & si vniscono l'uno con l'altro piu facilmente. Et in somma li artefici danno in questo modo bellissima grazia, & viuacità, & gagliardezza alle figure loro, tal mente, che spesso ci fanno parere di rilieuo le loro figure; & che ell'eschino della tauola. Et massimamente quando elle sono continouati di buono disegno, con inuenzione, & bella maniera: Ma per mettere in opera questo lauoro si fa così. Quando uogliono cominciare cioè ingessato, che hanno le tauole, ò quadri gli radono, & datoui di dolcissima colla quattro, ò cinque mani, con vna spugna; vanno poi macinando i colori con olio di noce, o di seme di lino (benche il noce è meglio perche ingialla meno) & così macinati con questi olij, che è la tempera loro, non bisogna altro quanto a essi, che distenderli col pennello. Ma conuiene far prima vna mestica di colori seccatiui, come biacca, Giallolino, Terre da campane mescolati tutti in vn corpo, & d'un color solo, & quando la colla è secca impiastrarla su per la tauola. E poi batterla con la palma della mano tanto ch'ella venga egualmente vnita, e distesa per tutto, il che molti chiamano l'imprimatura. Dopo, distesa detta mestica ò colore per tutta la tauola, si metta sopra essa il cartone, che hauerai fatto con le figure, e inuenzioni a tuo modo. E sotto questo cartone se ne metta vn altro tinto da un lato di nero, cioè da quella parte, che va sopra la mestica. A puntati poi con chiodi piccoli l'uno, e l'altro, piglia vna punta di ferro, ò vero d'auorio, ò legno duro, & va sopra i proffili del cartone segnando sicuramente, perche così facendo non si guasta il cartone, E nella tauola, ò quadro vengono benissimo proffilate tutte le figure, et quello, che è nel cartone sopra la tauola. E chi non volesse far cartone, disegni con gesso dà sarti bianco, sopra la mestica, ò vero con carbone di salcio: perche l'uno, e l'altro facilmente si cancella. E così si vede, che Seccata questa mestica lo artefice, ò calcando il cartone, ò con gesso bianco da sarti disegnando l'abozza, il che alcuni chiamano imporre. Et finita di coprire tutta ritorna cõ somma politezza lo artefice da capo a finirla, & qui vsa l'arte, & la diligenza, per condurla a perfezione, & così fanno i Maestri in Tauola a olio le loro Pitture.

Del pingere a olio nel muro, che sta secco. Cap. XXII.

QVando gl'artefici vogliono lauorare a olio in sul muro secco, due maniere possono tenere. vna con fare, che il muro, se vi è dato su il bianco ò a fresco, ò in altro modo, si raschi; ò se egli è restato liscio senza bianco, ma intonacato, vi si dia su due, ò tre mane di olio bollito, & cotto: cõtinoando di ridaruelo su, fino a tanto, che non voglia piu bere; & poi secco si gli da di mestica, o imprimatura come si disse nel capitolo auãti a questo. Cio fatto, & secco, possono gli artefici calcare, ò disegnare, & tale opera come la tauola, condurre al fine, tenendo mescolato continuo ne i colori vn poco di vernice: Perche facendo questo, non accade poi vernicarla. L'altro modo è, che l'artefice, o di stucco di marmo, & di matton pesto finissimo fa vn'arricciato; che sia pulito; & lo rade col taglio della cazzuola, perche il muro ne resti ruuido. Appresso gli da vna man d'olio di seme di lino, & poi fa in vna pignata vna mistura di pece greca, & mastico, & vernice grossa; & quella bollita, con vn pennel grosso si da nel muro; poi si distende per quello con vna cazzuola da murare, che sia di fuoco. Questa intasa i buchi dell'aricciato; & fa vna pelle piu vnita per il muro. Et poi ch'è secca, si va dandole d'imprimatura, o di mestica; & si lauora nel modo ordinario dell'olio, come habbiamo ragionato. E perche la sperienza di molti anni mi ha insegnato come si possa lauorar'a olio in sul muro, vltimamente ho seguitato, nel dipigner le sale, camere, & altre stanze del palazzo del Duca Cosimo, il modo, che in questo ho per l'adietro molte volte tenuto. Il qual modo breuemente è questo. facciasi l'arricciato, sopra ilquale si ha da far l'intonaco di calce, di matton pesto, & di rena, & si lasci seccar bene affatto cio fatto, la matteria del secondo intonaco sia calce, matton pesto, stiacciato bene, e schiuma di ferro, perche tutte e tre queste cose, cioè di ciascuna il terzo, in corporate con chiara d'uoua, battute quāto fa bisogno, & olio di seme di lino, fanno vno stucco tanto serrato, che non si puo disiderar in alcun modo migliore. Ma bisogna bene auuertire di nō abbandonare l'intonaco, mentre la materia è fresca, perche fenderebbe in molti luoghi; anzi è necessario a voler che si conserui buono, non se gli leuar mai d'intorno con la cazzuola, ouero mestola, o chuchiara, che vogliam dire, insino a che non sia del tutto pulitamente disteso, come ha da stare. Secco poi che sia questo intonaco, e datoui sopra d'imprimatura, o mestica, si condurranno le figure, & le storie perfettamente, come l'opere del detto palazzo, & molte altre possono chiaramente dimostrar'a ciascuno.

Del dipignere a olio su le tele. *Cap.* XXIII.

GLI huomini per potere portare le pitture di paese in paese, hanno trouato la comodità delle tele dipinte, come quelle, che pesano poco, & auolte, sono ageuoli a traportarsi. Queste a olio, perch'elle siano arrendeuoli, se non hanno a stare ferme non s'ingessano; atteso, che il gesso vi crepa su arrotolandole, però si fa vna pasta di farina con olio di noce, & in quello si metteno due, o tre macinate di biacca; & quando le tele hanno hauuto tre, o quattro mani di colla, che sia dolce, c'habbia passato da vna banda a l'altra, cō vn coltello si da questa pasta, & tutti i buchi vengono con la mano dell'artefice a turarsi. Fatto cio se li da vna, o due mani di colla dolce, & da poi la mestica, o imprimatura, & a dipingerui sopra si tiene il medesimo modo, che a gl'altri di sopra racconti. E perche questo modo è paruto ageuole, & commodo si sono fatti non solamente quadri piccoli per portare attorno, ma anchora tauole da altari, & altre opere di storie grandissime, come si vede nelle sale del palazzo di S. Marco di Vinezia, & altroue, auenga che doue non arriua la grādezza delle tauole, serue la grandezza, e'l commodo delle tele.

Del

Del dipingere in pietra a olio, & che pietre siano buone. Cap. XXIIII.

E Cresciuto sempre lo animo a' nostri artefici pittori, faccendo, che il colorito a olio, oltra l'hauerlo lauorato in muro, si possa volendo lauorare ancora su le pietre. Delle quali hanno trouato nella riuiera di Genoua quella spezie di lastre, che noi dicemmo nella architettura, che sono attissime a questo bisogno. Perche, per esser serrate in se, e per hauere la grana gentile, pigliano il pulimento piano. In su queste hanno dipinto modernamente quasi infiniti, & trouato il modo vero da potere lauorarui sopra. Hanno prouato poi le pietre piu fine, come mischi di marmo, serpentini, & porfidi, & altre simili, che sendo liscie, & brunite vi si attacca sopra il colore. Ma nel vero quando la pietra sia ruuida, & arida, molto meglio inzuppa, e piglia l'olio bollito, & il colore dentro, come alcuni pipernij, o vero piperigni gentili, i quali quando siano battuti col ferro, & non arrenati con rena, o sasso di Tufi, si possono spianare con la medesima mistura, che dissi nell'arricciato cō quella cazzuola di ferro infocata. Percioche a tutte queste pietre non accade dar colla in principio; ma solo vna mano d'imprimatura di colore a olio, cioè mestica; & secca, che ella sia si puo cominciare il lauoro a suo piacimento. Et chi volesse fare vna storia a olio su la pietra, puo torre di quelle lastre Genouesi, & farle fare quadre, & fermarle nel muro cō perni sopra vna incrostatura di stucco, distendendo bene la mestica in su le commettiture. Di maniera che e' venga a farsi per tutto vn piano di che grandezza l'artefice ha bisogno. Et questo, è il vero modo di condurre tali opre a fine, & finite si puo a quelle fare ornamenti di pietre fini, di misti, & d'altri marmi, le quali si rendono durabili in infinito, pur che con diligenza siano lauorate, & possonsi, & non si possono vernicare, come altrui piace, perche la pietra non prosciuga, cioè non sorbisce quanto fa la tauola, & la tela, & si difende da' tarli, il che non fa il legname.

Del dipignere nelle mura di chiaro, & scuro di uarie terrette, & come si contrafanno le cose di Bronzo, & delle storie di terretta per archi, o per feste, a colla, che è chiamato a guazzo, & a tempera. Cap. XXV.

V Ogliono i pittori, che il chiaro scuro sia vna forma di pittura, che tragga piu al disegno, che al colorito, perche cio é stato cauato da le statue di marmo, contrafacendole, & da le figure di bronzo, & altre varie pietre. Et questo hanno vsato di fare nelle faciate de' palazzi, & case, in istorie, mostrando, che quelle siano contrafatte, & paino di marmo, o di pietra con quelle storie intagliate, o veramente contrafacendo quelle sorti di spezie di marmo, & porfido, & di pietra verde, & granito rosso, & bigio, o bronzo, o altre pietre, come per loro meglio, si sono accommodati in piu spartimenti di questa maniera, laqual è hoggi molto in vso per fare le facce delle case, & de palazzi, così in Roma, come per tutta Italia. Queste pitture si laurano in due modi prima in fresco, che è la vera; ò in tele p archi, che si fanno nell' entrate de' principi nelle città, e ne' trionfi, o negli apparati delle feste, e delle Comedie; perche in simili cose fanno bellissimo vedere. Trattaremo prima della spezie, & sorte del fare in fresco; poi diremo de l'altra. Di questa sorte di terretta si fanno

fanno i campi con la terra da fare i vasi, mescolando quella con carbone macinato, o altro nero per far l'ombre piu scure; & bianco di treuertino cō piu scuri, & piu chiari, & si lumeggiano col bianco schietto, & con vltimo nero a vltimi scuri finite; vogliono hauere tali specie fierezza, disegno, forza, viuacità, & bella maniera, & essere espresse con vna gagliardezza, che mostri arte, & non stento, perche si hanno a vedere, & a conoscere di lontano. Et con queste ancora s'imitino le figure di bronzo, le quali col campo di terra gialla, & rosso, s'abbozzano, & con piu scuri di quello nero, & rosso, & giallo si sfondano, & con giallo schietto si fanno i mezi, & con giallo, & bianco si lumeggiano. Et di queste hanno i Pittori le facciate, & le storie di quelle con alcune statue tramezate, che in questo genere hanno grandissima grazia. Quelle poi che si fanno per archi, comedie, o feste, si lauorano poi che la tela sia data di terretta, cioè di quella prima terra schietta da far vasi, temperata con colla, & bisogna che essa tela sia bagnata di dietro, mentre l'artefice la dipigne, a ciò che cō quel campo di terretta, vnisca meglio li scuri, & i chiari della opera sua. Et si costuma temperare i neri di quelle, con vn poco di tempera. Et si adoperano biacche per bianco, & minio per dar rilieuo alle cose, che paiono di bronzo; & giallolino per lumeggiare sopra detto minio. Et per i campi, & per gli scuri, le medesime terre gialle, & rosse, & i medesimi neri, che io dissi nel lauorare a fresco, i quali fanno mezi, & ombre. Ombrasi ancora con altri diuersi colori, altre sorti di chiari, & scuri; come con terra d'ombra, alla quale si fa la terretta di verde terra; & gialla, & bianco; similmente con terra nera, che è vn'altra sorte di verde terra, & nera, che la chiamono verdaccio.

Degli sgraffiti delle case, che reggono a l'acqua; Quello che si adoperi a fargli; & come si lauorino le Grottesche nelle mura. Cap. XXVI.

HAnno i Pittori vn'altra sorte di pittura, che è Disegno, & pittura insieme; & questo si domanda Sgraffito, & non serue ad altro, che per ornamenti di facciate di case, & palazzi, che piu breuemente si conducono con questa spezie, & reggono all'acque sicuramente. Perche tutti i lineamēti, in vece di essere disegnati con carbone, o con altra materia simile, sono tratteggiati con vn ferro dalla mano del Pittore. Il che si fa in questa maniera. Pigliano la calcina mescolata con la rena ordinariamente; & cō paglia abbruciata la tingono d'uno scuro, che venga in vn mezo colore, che trae in argentino; & verso lo scuro vn poco piu, che tinta di mezo, & con questa intonacano la facciata. Et fatto cio, & pulita col bianco della calce di treuertino, l'imbiancano tutta, & imbiancata ci spoluerono su i cartoni: o vero disegnano quel che ci vogliono fare. Et dipoi agrauando col ferro, vanno dintornando, & tratteggiando la calce; la quale essendo sotto di corpo nero, mostra tutti i graffi del ferro, come segni di disegno. Et si suole ne' campi di quegli radere il bianco; & poi hauere vna tinta d'acquerello scurretto molto acquidoso; & di quello dare per gli scuri, come si desse a vna carta; il che di lontano fa vn bellissimo vedere: ma il campo, se ci è grottesche, o fogliami, si sbattimēta, cio è ombreggia con quello acquarello. Et questo è il lauoro, che per esser dal ferro graffiato, hanno chiamato i pittori sgraffito. Restaci hora ragionare de le grot-

grottesche, che si fanno sul muro, dunque quelle, che vanno in campo biãco, non ci essendo il campo di stucco, per non essere bianca la calce; si dà per tutto sottilmente il campo di bianco: & fatto cio si spoluerano, & si lauorano in fresco di colori sodi; perche non harebbono mai la grazia, c'hanno quelle, che si lauorano su lo stucco. Di questa spezie possono essere grottesche grosse, e sottili, le quali vengono fatte nel medesimo modo, che si lauorano le figure a fresco, o in muro.

Come si lauorino le grottesche su lo stucco. Cap. XXVII.

LE grottesche sono vna spezie di pittura licenziose, & ridicolo molto, fatte da gl'antichi, per ornamenti di vani, doue in alcuni luoghi non staua bene altro, che cose in aria: per ilche faceuano in quelle tutte sconciature di monstri, per strattezza della natura; & per gricciolo, & ghiribizzo degli artefici; i quali fanno in quelle, cose senza alcuna regola, apiccando a vn sottilissimo filo vn peso, che non si puo reggere, à vn cauallo le gambe di foglie, a vn'huomo le gambe di gru; & infiniti sciarpelloni, & passerotti. Et chi piu stranamente segli immaginaua, quello era tenuto piu valente. furono poi regolate, & per fregi, & spartimenti fatto bellissimi andari; cosi di stucchi mescolarono quelle con la pittura. Et si innanzi andò questa pratica, che in Roma, & in ogni luogo, doue i Romani risedeuano, ve n'è ancora cõseruato qualche vestigio. Et nel vero tocche d'oro, & intagliate di stucchi, elle sono opera allegra, & dilettevole a vedere. Queste si lauorano di quattro maniere, l'una lauora lo stucco schietto; l'altra fa gli ornamenti soli di stucco, & dipigne le storie ne' vani, & le grottesche ne' fregi; La terza fa le figure parte lauorate di stucco, & parte dipinte di bianco, & nero, contrafacendo Cammei, e altre pietre. Et di questa spezie Grottesche, & stucchi, se n'è visto; & vede tante opere lauorate da' moderni, i quali con somma grazia, e bellezza hanno adornato le fabbriche piu notabili di tutta l'Italia; che gli antichi rimangono vinti, di gran despacio. L'ultima finalmente lauora d'acquerello in su lo stucco, campando il lume con esso; & ombrandolo con diuersi colori. Di tutte queste sorti, che si difendono assai dal tempo, se ne veggono delle antiche in infiniti luoghi a Roma, & a Pozzuolo vicino a Napoli. Et questa vltima sorte si puo anco benissimo lauorare con colori sodi a fresco, lasciando lo stucco bianco, per campo a tutte queste, che nel vero hanno in se bella grazia; & fra esse si mescolano paesi, che molto danno loro del'allegro. E cosi ancora storiette di figure piccoli colorite. Et di questa sorte hoggi in Italia ne sono molti maestri, che ne fanno professione, & in esse sono eccellenti.

Del modo del mettere d'oro a bolo, & a mordente, & altri modi. Cap. XXVIII.

FV veramente bellissimo segreto, & inuestigatione sofistica il trouar modo, che l'oro si battesse in fogli si sottilmente, che per ogni migliaio di pezzi battuti, grandi vn'ottauo di braccio per ogni verso, bastasse fra l'artificio, & l'oro, il valore solo di sei scudi. Ma non fu punto meno ingegnosa cosa, il trouar modo, a poterlo talmente distendere sopra il Gesso; che il legno, od altro ascostoui sotto, paresse tutto vna massa d'oro. Ilche si fa in questa manie-

ra.

ra. Ingessasi il legno con gesso sottilissimo, impastato cõ la colla piu tosto dolce che cruda: Et vi si da sopra grosso piu mani, secondo che il legno è lauorato bene, o male. In oltre raso il gesso, e pulito, con la chiara dell'uouo schietta, sbattuta sottilmente con l'acqua dentroui, si tempera il bolo armeno, macinato ad acqua sottilissimamente. Et si fa il primo acquidoso, o vogliamo dirlo liquido, & chiaro; & l'altro appresso piu corpulento. Poi si da con esso al manco tre volte sopra il lauoro, sino, che e'lo pigli per tutto bene. Et bagnando di mano in mano con vn pennello con acqua pura doue è dato il bolo, vi si mette su l'oro in foglia, il quale subito si appicca a quel molle. Et quando egli è soppasso, non secco, si brunisce con vna zanna di cane, o di lupo, finche e'diuẽti lustrante, & bello. Dorasi ancora in vn'altra maniera, che si chiama a mordente, ilche si adopera ad ogni sorte di cose, pietre, legni, tele, metalli d'ogni spezie, Drappi, & Corami; Et non si brunisce come quel primo. Questo Mordente, che è la maestra, che lo tiene, si fa di colori seccaticci a olio di varie sorti, & di olio cotto con la vernice dentroui; Et dassi in sul legno, che ha hauuto prima due mani di colla. Et poi che il mordente è dato cosi, non mentre, che egli è fresco, ma mezo secco, vi si mette su l'oro ĩ foglie. Il medesimo si puo fare ancora con l'orminiaco, quando s'ha fretta; atteso che mentre si da è buono. Et questo serue piu a fare selle arabeschi, & altri ornamenti, che ad altro. Si macina ancora di questi fogli in vna tazza di vetro con vn poco di mele, & di gomma, che serue a i miniatori, & a infiniti, che col pennello si dilettano fare proffili, & sottilissimi lumi nelle pitture. Et tutti questi sono bellissimi segreti, ma per la copia di essi, non se ne tiene molto conto.

Del Musaico de' uetri, & a quello, che si conosce il buono, & lodato. Cap. XXIX.

ESsendosi assai largamente detto di sopra nel VI. Cap. che cosa sia il Musaico, & come e'si faccia; continuandone qui, quel tanto che è propio della Pittura diciamo, che egli è maestria veramente grandissima, condurre i suoi pezzi cotanto vniti, che egli apparisca di lontano, per honorata pittura, & bella. Atteso, che in questa spezie di lauoro bisogna, & pratica, & giudizio grande, con vna profondissima intelligenza nell'arte del disegno. perche chi offusca ne'disegni il musaico, con la copia, & abbondanza delle troppe figure nelle istorie, e con le molte minuterie de'pezzi, le confonde. Et però bisogna, che il disegno de'cartoni, che per esso si fanno; sia aperto, largo, facile, chiaro, & di bontà, & bella maniera continuato. Et chi intende nel disegno la forza degli sbattimenti, & del dare pochi lumi, & assai scuri; con fare in quegli certe piazze, o campi, Costui sopra d'ogni altro, la farà bello, & bene ordinato. Vuole hauere il musaico lodato, chiarezza in se: con certa vnita scurità verso l'ombre, & vuole essere fatto con grandissima discrezione, lontano dall'occhio, acio che lo stimi pittura, & non tarsia commessa. La onde i musaici, che haranno queste parti, saranno buoni, & lodati da ciascheduno; & certo è che il musaico è la piu durabile pittura che sia. Imperò che l'altra col tempo si spegne; & questa nello stare fatta di cõtinuo s'accende. Et in oltre la Pittura mãca, & si consuma per se medesima; Oue il Musaico, per la sua lunghissima vita, si puo quasi chiamare eterno. Perloche scorgiamo noi in esso, non solo la perfezione de'Maestri vecchi; ma quella ancora degli antichi, mediante quelle opere, che hoggi si riconoscono dell'età loro. Come nel tempio di Bacco a S. Agnesa fuor di Roma, doue è benissimo condotto tutto quello, che vi è lauorato. Similmente a Rauenna n'è del vecchio bellissimo in piu luoghi. Et a Vinezia in san Marco. A Pisa nel Duomo, & a Fiorenza in san Giouanni la tribuna. Ma il piu bello di tutti è quello di Giotto nella naue del portico di S. Piero di Roma; perche veramente in quel genere è cosa miracolosa. & ne'moderni quello di Domenico del Ghirlãdaio sopra la porta di fuori di santa Maria del Fiore, che va alla Nuntiata. Preparansi adunque i pezzi da farlo; in questa maniera. Quando le fornaci de'vetri sono disposte, & le padelle piene di vetro, se li vanno dando i colori a ciascuna padella il suo; Auuertendo sempre, che da vn chiaro bianco, che ha corpo, & non è trasparente, si conduchino i piu scuri di mano in mano, in quella stessa guisa, che si fanno le mestiche de'colori, p dipignere ordinariamente. Appresso, quando il vetro è cotto, & bene stagionato, & le mestiche sono condotte, & chiare, & scure, & d'ogni ragione, con certe cucchiaie lunghe di ferro si caua il vetro caldo. Et si mette in su vno marmo piano, & sopra con vn'altro pezzo di marmo si schiaccia pari. & se ne fanno rotelle, che venghino vgualmente piane; e restino di grossezza la terza parte dell'altezza d'vn dito. Se ne fa poi con vna bocca di cane di ferro pezzetti quadri tagliati; & altri col ferro caldo lo spezzano inclinãdolo a loro modo. I medesimi pezzi diuentano lunghi, & con vno smeriglio si tagliano; il simile si fa di tutti i vetri, che hanno dibisogno. Et se n'empiono le scatole, & si tẽgono ordinati, come si fa i colori quando si vuole lauorare a fresco, che in varij scodellini si tiene separatamente la mestica delle tinte piu chiare, & piu scure per lauorare. Ecci vn'altra spezie di vetro, che si adopra per lo campo, & per i lumi de'panni, che si mette d'oro; questo quando lo vogliano dorare, pigliano quelle piastre di vetro, che hanno fatto; & con acqua di gomma bagnano tutta la piastra del vetro, & poi vi mettono sopra i pezzi d'oro. Fatto cio mettono la piastra su vna pala di ferro, & quella nella bocca della fornace, coperta prima con vn vetro sottile tutta la piastra di vetro, che hanno messa d'oro, e fanno questi coperchi, o di bocce, o a modo di fiaschi spezzati, di maniera, che vn pezo cuopra tutta la piastra; Et lo tengono tanto nel fuoco, che vien quasi rosso, & in vn tratto cauandole, l'oro viene cõ vna presa mirabile a imprimersi nel vetro, & fermarsi; e regge all'acqua, & a ogni tempesta; Poi questo si taglia, & ordina come l'altro di sopra. Et per fermarlo nel muro vsano di fare il cartone colorito, & alcuni altri senza colore; il quale cartone calcano, o segnano a pezzo a pezzo in su lo stucco; & di poi vanno commettẽdo appoco appoco quanto vogliono fare nel musaico. Questo stucco per esser posto grosso in su l'opera gli aspetta duoi di, & quattro secondo la qualità del tempo: E fassi di treuertino, di calce, mattone pesto, Draganti, & chiara d'uouo, e fattolo, tengono molle con pezze bagnate, cosi dunque pezo, per pezo tagliano i cartoni nel muro, & lo disegnano su lo stucco calcando fin, che poi cõ certe mollette si pigliano i pezzetti degli smalti; & si commettono nello stucco, et si lumeggiano i lumi, et dasi mezi a mezi, et scuri agli scuri; contrafacendo l'ombre, i lumi, et i mezi minutamente, come nel cartone; et cosi lauorando con diligenza si conduce appoco appoco a perfezione. Et chi piu lo conduce vnito, si to, ſi che e'torni pulito, et piano; colui è piu degno di loda, & tenuto da piu de gli altri. Impero ſono alcuni tanto diligenti al muſaico, che lo conducono di maniera, che egli appariſce pittura a freſco. Queſto, fatta la preſa, indura talmente il vetro nello ſtucco; che dura in infinito; come ne fanno fede i muſaici antichi, che ſono in Roma, & quelli che ſono vecchi; & anco nell'una, & nell'altra parte i moderni a i di noſtri n'hanno fatto del marauiglioſo.

Dell'iſtorie, & delle figure, che ſi fanno di commeſſo ne' Pauimenti, ad imitazione delle coſe di chiaro, & ſcuro. Cap. XXX.

HAnno aggiunto i noſtri moderni maeſtri al muſaico di pezzi piccoli, vn altra ſpecie di muſaici di marmi commeſſi, che contrafanno le ſtorie dipinte di chiaro ſcuro. Et queſto ha cauſato il deſiderio ardentiſſimo di volere, che e'reſti nel mondo a chi verrà dopo, ſe pure ſi ſpegneſſero l'altre ſpezie della pittura, vn lume, che tenga acceſa la memoria de' pittori moderni; & coſi hanno contrafatto con mirabile magiſterio ſtorie grandiſsime, che non ſolo ſi potrebbono mettere ne pauimenti, doue ſi camina; Ma incroſtarne ancora le facce delle muraglie, & di palazzi, con arte tanto bella, & merauiglioſá, che pericolo non ſarebbe ch'el tempo conſumaſſe il diſegno di coloro, che ſono rari in queſta profeſsione. Come ſi puo vedere nel Duomo di Siena, cominciato prima da Duccio Saneſe, & poi da Domenico Beccafumi a di noſtri ſeguitato, & augumẽtato. Queſta arte ha tanto del buono, del nuouo, & del durabile, che per pittura commeſſa di bianco, & nero poco più ſi puote deſiderare di bontà, & di belezza. Il componimento ſuo ſi fa di tre ſorte marmi, che vengono de'monti di Carrara; L'uno de'quali è bianco finiſſimo, & candido; l'altro non è bianco, ma pende in liuido, che fa mezzo a quel bianco, & il terzo è vn marmo bigio di tinta, che trahe in argentino, che ſerue per iſcuro. Di queſti volendo fare vna figura, ſe ne fa vn cartone di chiaro, e ſcuro, cõ le medeſime tinte; & cio fatta, per i dintorni di que'mezi, & ſcuri, & chiari a luoghi loro, ſi commette nel mezo con diligenza il lume di quel marmo candido; & coſi i mezi, & gli ſcuri allato a que'mezi, ſecondo i dintorni ſteſsi, che nel cartone ha fatto l'artefice Et quando cio hanno commeſſo inſieme, & ſpianato diſopra tutti i pezzi de'marmi, coſi chiari come ſcuri, & come mezi; piglia l'artefice, che ha fatto il cartone vn pennello di nero temperato, quando tutta l'opra è inſieme commeſſa in terra; & tutta ſul marmo la tratteggia, & proffilà, doue ſono gli ſcuri, a guiſa, che ſi contorna, tratteggia, & proffila con la penna vna carta, che haueſſe diſegnata di chiaro ſcuro. Fatto cio lo ſcultore viene incauando co i ferri, tutti quei tratti, & proffili, che il pittore ha fatti, & tutta l'opra incaua, doue ha diſegnato di nero il pennello. Finito queſto ſi murano ne'piani a pezi, a pezi, & finito con vna miſtura di pegola nera bollito, o asfalto, & nero di terra, ſi riempiono tutti gli incaui, che ha fatti lo ſcarpello; Et poi che la materia è fredda, & ha fatto preſa, con pezzi di Tufo, vanno leuando, & conſumando cio, che ſopraauanza; & con rena mattoni, e acqua ſi va arrotando, & ſpianando tanto, che il tutto reſti ad vn piano, cioè il marmo ſteſſo, & il ripieno. Il che fatto, reſta l'opera in vna maniera, che ella pare veramente pittura in piano, Et ha in ſe grandiſſima forza con arte, & con mae ſtria. Laonde è ella molto venuta in vſo per la ſua bellezza; Et ha cauſato ancora, che molti pauimenti di ſtanze hoggi ſi fanno di mattoni, che ſiano vna parte di terra bianca, cioè di quella, che trae in azurrino, quãdo ella è freſca, e cotta diuenta bianca; & l'altra della ordinaria da fare mattoni, che viene roſſa quando ella è cotta. Di queſte due ſorti ſi ſono fatti pauimenti commeſſi di varie maniere a ſpartimenti, come ne fanno fede le ſale papali a Roma al tempo di Raffaello da Vrbino; & hora vltimamente molte ſtãze in caſtello S. Agnolo, doue ſi ſono con i medeſimi mattoni fatte impreſe di gigli, commeſſi di pezi, che dimoſtrano l'arme di Papa Paulo; & molte altre impreſe. Et in Firenze il pauimento della libraria di S. Lorenzo, fatta fare dal Duca Coſimo; & tutte ſono ſtate condotte con tanta diligenza, che piu di bello non ſi puo deſiderare in tale magiſterio. Et di tutte queſte coſe cõmeſſe fu cagione il primo muſaico. Et perche, doue ſi è ragionato delle pietre, et marmi di tutte le ſorti, non ſi è fatto mentione d'alcuni miſti nuouamente trouati dal S. Duca Coſimo, dico che l'anno 1563 ſua Ecc. ha trouato ne' mõti di Pietraſanta preſſo alla villa di Stazzema vn monte, che gira 2. miglia. & altiſſimo; la cui prima ſcorza è di marmi bianchi ottimi p fare ſtatue. Il di ſotto è vn miſchio roſſo, e giallicicioſe qllo che è piu adentro, è verdiccio, nero, roſſo, e giallo, cõ altre varie meſcolanze di colori, e tutti ſono in modo duri, che quãto piu ſi va à dẽtro, ſi trouano maggior ſaldezze, & inſino a hora vi ſi vede da cauar colonne di quindici, in venti braccia. Non ſe n'é ancor meſſo in vſo; perche ſi va tuttauia facendo d'ordine di S. Ecc. vna ſtrada di tre miglia, per potere condurre queſti marmi dalle dette caue alla marina. i quali miſchi ſaranno, per quello, che ſi vede molto a propoſito per pauimenti.

Del muſaico di legname, cioè delle Tarſie: & dell'iſtorie, che ſi fanno di legni tinti, & commeßi a guiſa di Pitture. Cap. XXXI.

QVanto ſia facil coſa l'aggiugnere all'inuenzioni de' paſſati qualche nuouo trouato ſempre; aſſai chiaro ce lo dimoſtra non ſolo il predetto cõmeſſo de pauimenti, che ſenza dubbio vien dal muſaico; ma le ſteſſe Tarſie ancora, & le figure di tante varie coſe, che a ſimilitudine pur del muſaico, & della pittura, ſono ſtate fatte da' noſtri vecchi di piccoli pezzetti di legno commeſſi, & vniti inſieme nelle tauole del noce, & colorati diuerſamente; Il che i moderni chiamano lauoro di commeſſo, benche a' vecchi foſſe Tarſia. Le miglior coſe, che in qſta ſpezie gia ſi faceſſero, furono in Firenze nei tẽpi di Filippo di ſer Brunelleſco: & poi di Benedetto da Maiano. Il quale nientedimanco giudicandole coſa diſutile, ſi leuò in tutto da quelle, come nella vita ſua ſi dirà. Coſtui, come gli altri paſſati le lauorò ſolamente di nero, & di bianco. Ma fra Giouanni Veroneſe, che in eſſe fece gran frutto, largamente le migliorò; dando varij colori a' legni, con acque, & tinte bollite, & con olij penetratiui; per hauere di legname i chiari, e gli ſcuri, variati diuerſamente, come nella arte della Pittura. Et lumeggiando con bianchiſſimo legno di Silio ſottilmente le coſe ſue. Queſto lauoro hebbe origine primieramente nelle proſpettiue. Perche quelle haueuano termine di canti viui, che commettendo inſieme i pezi faceuano il profilo; & pareua tutto d'un pezzo il piano dell' opera loro

loro,se bene e' fosse stato di piu di mille. Lauorarono però di questo gli antichi ancora nelle incrostature delle pietre fini, come apertamente si vede nel portico di san Pietro,doue è vna gabbia con vn'uccello in vn campo di porfido,& d'altre pietre diuerse,commesse in quello con tutto il resto degli staggi & delle altre cose. Ma per essere il legno piu facile, & molto piu dolce a questo lauoro; hanno potuto i Maestri nostri lauorarne piu abbondantemente, & in quel modo,che hanno voluto. Vsarono gia per far l'ombre,abbronzarle col fuoco da vna banda: il che bene imitaua l'ombra; ma gli altri hanno vsato di poi olio di zolfo,& acque di solimati, & di arsenichi, con le quali cose hanno dato quelle tinture,che eglino stessi hanno voluto; Come si vede nell'opre di fra Damiano in san Domenico di Bologna. Et perche tale professione consiste solo ne'disegni,che siano atti a tale esercizio,pieni di casamenti,& di cose che habbino i lineamenti quadrati; & si possa per via di chiari, & di scuri dare loro forza,& rilieuo; hannolo fatto sempre persone,che hanno hauuto piu pacienza,che disegno. Et cosi s'è causato,che molte opere vi si sono fatte.Et si sono in questa professione lauorate storie di figure,frutti, & animali,che in vero alcune cose sono viuissime; ma per essere cosa,che tosto diuenta nera,& non contrafa se non la pittura,essendo da meno di quella, & poco durabile per i tarli,& per il fuoco,è tenuto tempo buttato in vano, anchora, che e'sia pure,& lodeuole,& maestreuole.

Del dipignere le finestre di uetro;& come elle si conduchino co'piombi,e co'ferri da sostenerle senza impedimento delle figure. *Cap.* XXXII.

COstumarono gia gl'antichi,ma per gl'huomini grādi, o almeno di qualche importanza;di serrare le finestre in modo, che senza impedire il lume; non vi entrassero i venti,o il freddo; & questo solamente ne'bagni loro,ne'sudatoi,nelle stufe,& negli altri luoghi riposti,chiudendo le aperture,o vani di quelle con alcune pietre trasparenti,come sono le Agate,gli Alabastri,& alcuni marmi teneri,che sono mischi,o che traggono al gialliccio. Ma i moderni,che in molto maggior copia hanno hauuto le fornaci de'vetri, hanno fatto le finestre di vetro,di occhi,& di piastre, a similitudine, od imitazione di quelle,chè gli antichi fecero di pietra.Et con i piombi accanalati da ogni banda,le hanno insieme serrate, & ferme; & ad alcuni ferri messi nelle muraglie a questo proposito,o veramente ne'telai di legno,le hanno armate, & ferrate come diremo.Et doue elle si faceuano nel principio semplicemente d'occhi bianchi,& con angoli bianchi, o pur colorati; hanno poi imaginato gli artefici,fare vn musaico de le figure di questi vetri,diuersamente colorati, & commessi ad vso di pittura. Et talmente si è assottigliato l'ingegno in ciò, che e'si vede hoggi condotta questa arte delle finestre di vetro a quella perfezione,che nelle tauole si conducono le belle pitture,vnite di colori, & pulitamente dipinte; si come nella vita di Guglielmo da Marzille Franzese, largamente dimostrerremmo. Di questa arte hanno lauorato meglio i Fiaminghi, & i Franzesi,che l'altre nazioni. Atteso,che eglino come inuestigatori delle cose del fuoco,& de colori hanno ridotto a cuocere a fuoco i colori, che si pōgono in sul vetro,A cagione che il vento,l'aria,& la pioggia,non le offenda in manie maniera alcuna. Doue gia costumauano dipigner qlle di colori velati cō gōme & altre tempere, che col tempo si consumauano. Et i venti, le nebbie, & l'acque se le portauano di maniera, che altro non vi restaua, che il semplice colore del vetro. Ma nella età presente veggiamo noi condotta questa arte a quel sommo grado, oltra il quale non si può appena desiderare perfezione alcuna, di finezza, di bellezza, & di ogni particularità, che a questo possa seruire; con vna delicata & somma vaghezza, non meno salutifera, per assicurare le stanze da' venti, & dall' arie cattiue; che vtile & comoda per la luce chiara, & spedita che per quella ci si appresenta. Vero è che per condurle, che elle siano tali, bisognano primieramente tre cose, cioè vna luminosa trasparenza ne' vetri scelti; vn bellissimo componimento di cio che vi si lauora; & vn colorito aperto senza alcuna confusione. La trasparenza consiste nel saper fare elezione di vetri, che siano lucidi per se stessi. Et in cio, meglio sono i Franzesi, Fiaminghi, & Inghilesi, che i Veniziani; perche i Fiaminghi sono molto chiari, & i Veniziani molto carichi di colore. Et quegli, che son chiari, adombrandoli di scuro, non perdono il lume del tutto, tale, che e' non traspaino nell' ombre loro. Ma i Veniziani, essendo di loro natura scuri, & oscurandoli di piu con l'ombre, perdono in tutto la trasparenza. Et ancora, che molti si dilettino d'hauergli carichi di colori, artifitiatamente soprapostiui, che sbattuti dall'aria, & dal sole mostrano non sò che di bello piu, che nō fanno i colori naturali. Meglio è nondimeno hauer i vetri di loro natura chiari, che scuri; a cio che da la grossezza del colore non rimanghino offuscati. A cōdurre questa opera, bisogna hauere vn cartone disegnato con profili, doue siano i cōtorni delle pieghe de' panni, & delle figure, iquali dimostrino doue si hanno a commettere i vetri; Di poi si pigliano i pezi de' vetri, rossi, gialli, azurri, & bianchi; & si scompartiscono secondo il disegno, per pāni, o per carnagioni, come ricerca il bisogno. Et ꝑ ridurre ciascuna piastra di essi vetri a le misure disegnate sopra il cartone si segnano detti pezzi in dette piastre, posate sopra il detto cartone, cō vn pennello di biacca; Et a ciascuno pezo s'assegna il suo numero, per ritrouargli piu facilmente nel commettergli, iquali numeri finita l'opera, si scancellano. Fatto questo, per tagliargli a misura, si piglia vn ferro appuntato affocato, con la punta del quale hauendo prima con vna punta di smeriglio intaccata alquanto la prima superficie doue si vuole cominciare, e con vn poco di sputo bagnatoui, si và con esso ferro lungo que' dintorni, ma alquanto discosto. Et a poco, a poco mouendo il predetto ferro il vetro si inclina, & si spicca dalla piastra. Dipoi, con una punta di smeriglio si va rinettando detti pezzi, & leuaudone il superfluo; Et con un ferro, che e' chiamano Grisatoio, o uero Topo, si uanno rodendo i dintorni disegnati, tale che' uenghino giusti da potergli commettere per tutto. Cosi dunque cōmessi i pezzi di uetro, in su una tauola piana si distendono sopra il cartone, & si comincia a dipignere per i pāni l'ombra di quegli, laquale uuol essere di scaglia di ferro macinata, & d'un'altra ruggine, che alle caue del ferro si troua, la quale è rossa, o uero matita rossa, e dura macinata, & con queste si ombrano le carni, cangiando quelle col nero, & rosso, secōdo che fa bisogno. Ma prima è necessario alle carni uelare con quel rosso tutti i uetri, & con quel nero fare il medesimo a panni, con temperargli con la gōma, apoco apoco dipignendoli, & ombrandoli come sta il cartone. Et appresso, so, dipinti, che e' sono, volendoli dare lumi fieri si ha vn pennello di setole corto, & sottile, & con quello si graffiano i vetri in su il lume, & leuasi di quel pãno, che haueua dato per tutto il primo colore; Et con l'asticiuola del pẽnello si và lumeggiando i capegli, le barbe, i panni, i casamẽti, e paesi come tu vuoi. Sono però in questa opera molte difficultà, & chi se ne diletta puo mettere varij colori sul vetro, perche segnando su vn colore rosso, vn fogliame, o cosa minuta, volendo, che a fuoco vẽga colorito d'altro colore si puo squamare quel vetro quanto tiene il fogliame, con la punta d'un ferro, che leui la prima scaglia del vetro cioè, il primo suolo, & non la passi, perche faccendo cosi, rimane il vetro di color bianco, & se egli dà poi quel rosso fatto di piu misture, che nel cuocere mediante lo scorrere, diuenta giallo. Et questo si puo fare su tutti i colori, ma il giallo meglio riesce sul bianco, che in altri colori, l'azurro a campirlo, diuien verde nel cuocerlo, perche il giallo, & l'azurro mescolati, fanno color verde. Questo giallo non si dà mai se non di ..tro, doue non è dipinto, perche mescolandosi, e scorrendo guasterebbe, & si mescolarebbe, con quello il quale cotto rimane sopra grosso il rosso, che raschiato via con vn ferro, vi lascia giallo. Dipinti, che sono i vetri, vogliono esser messi in vna teghia di ferro con vn suolo di cenere stacciata, & calcina cotta mescolata: & a suolo, a suolo i vetri parimente distesi, & ricoperti dalla cenere istessa; poi posti nel fornello, il quale a fuoco lento a poco a poco riscaldati, venga a infocarsi la cenere, ei vetri, perche i colori, che vi sono su infocati, in rugginiscono, & scorrono, & fanno la presa sul vetro. Et a questo cuocere bisogna vsare grandissima diligẽza, perche il troppo fuoco violento, li farebbe crepare; & il poco non li cocerebbe. Ne si debbono cauare finche la padella, o teghia doue e' sono non si vede tutta di fuoco, & la cenere con alcuni saggi sopra, che si vegga quando il colore è scorso. fatto ciò si buttano i piombi in certe forme di pietra, o di ferro, i quali hanno due canali, cioè da ogni lato vno, dentro al quale si commette, e serra il vetro. Et si piallano, & dirizano, & poi su vna tauola si conficcano, & a pezzo per pezzo s'impiomba tutta l'opera in piu quadri; & si saldano tutte le commettiture de' piombi con saldatoi di stagno; & in alcune trauerse, doue vanno i ferri, si mette fili di rame impiombati, acciòche possino reggere, & legare l'opra: la quale s'arma di ferri, che non siano al dritto delle figure, ma torti secondo le commettiture di quelle, a cagione, che e' non impedischino il vederle. Questi si mettono con inchiouature ne' ferri, che reggono il tutto. Et non si fanno quadri, ma tondi accio impedischino manco la vista Et da la bãda di fuori si mettono alle finestre, & ne' buchi delle pietre s'impiombano, & con fili di rame, che ne' piombi delle finestre saldati siano a fuoco, si legano fortemente. Et perche i fanciulli, o altri impedimenti non le guastino, vi si mette dietro vna rete di filo di rame sottile. Le quali opre, se non fossero in materia troppo frangibile durerebbono al mondo infinito tempo. Ma per questo non resta, che l'arte non sia difficile, artificiosa, & bellissima.

Del Niello, e come per quello habbiamo le stampe di rame; & come s'intaglino gl'argẽti, per fare gli smalti di basso rilieuo, & similmente si ceselino le grosserie. Cap. XXXIII.

IL Niello, il quale non è altro, che vn disegno tratteggiato, & dipinto su lo argento, come si dipigne, & tratteggia sottilmente con la penna; fu trouato da gli Orefici fino al tempo degli antichi; essendosi veduti caui co' ferri, ripieni di mistura negli ori, & argenti loro. Questo si disegna cō lo stile su lo argento, che sia piano, & s'intaglia col bulino, che è vn ferro quadro tagliato a vnghia, da l'uno degli angoli a l'altro per isbieco, che cosi calando verso vno de' canti, lo fa piu acuto, & tagliente da due lati, & la punta di esso scorre, e sottilissimamente intaglia. Con questo si fanno tutte le cose, che sono intagliate ne' metalli, per riempierle, o per lasciarle vote, secondo la volontà dell'artefice. Quando hanno dunque intagliato, & finito col bulino; pigliano argento, & piombo, & fanno di esso al fuoco vna cosa, che incorporata insieme è nera di colore, & frangibile molto, & sottilissima a scorrere. Questa si pesta, & si pone sopra la piastra dell'argento dou'è l'intaglio, il qual'è necessario, che sia bene pulito; & accostatolo a fuoco di legne verdi, soffiando co' mantici, si fa, che i raggi di quello, percuotino doue è il Niello. Il quale per la virtù del calore fondendosi, & scorrendo, riempie tutti gli intagli, che haueua fatti il bulino. Appresso, quando l'argento è raffreddo; si và diligentemente co' raschiatoi leuādo il superfluo; & con la pomice appoco appoco si consuma, fregandolo, e cō le mani, & con vn quoio tanto, che e si truoui il vero piano; & che il tutto resti pulito. Di questo lauorò mirabilissimamente Maso Finiguerra Fiorētino, il quale fu raro in questa professione, come ne fanno fede alcune paci di niello in san Giouanni di Fiorenza, che sono tenute mirabili. Da questo intaglio di bulino son deriuate le stampe di rame; onde tante carte, e Italiane, e Tedesche veggiamo hoggi per tutta Italia, che si come negli argenti s'improntaua, anzi che fussero ripieni di niello, di terra, & si buttaua di zolfo, cosi gli Stampatori trouarono il modo del fare le carte su le Stampe di rame col torculo, come hoggi habbiam veduto da essi imprimersi. Ecci vn'altra sorte di lauori in argento, o in oro, comunemente chiamata Smalto, che è spezie di pittura mescolata con la scultura. Et serue doue si mettono l'acque, si che gli smalti restino in fondo. Questa douendosi lauorare in su l'oro, ha bisogno d'oro finissimo. Et in su l'argento, argento almeno a lega di Giulij. Et è necessario questo modo, perche lo smalto ci possa restare, & non iscorrere altroue, che nel suo luogo; bisogna lasciarli i profili d'argento, che disopra sian sottili e non si veghino. Cosi si fa vn rilieuo piatto, & in contrario a l'altro; accioche, mettēdo ui gli smalti, pigli gli scuri, & chiari di quello dall'altezza, & dalla bassezza del intaglio. Pigliasi poi smalti di vetri di varij colori, che diligentemente si fermino col martello. Et si tengono negli scodellini con acqua chiarissima, separati, & distinti l'uno da l'altro. Et quegli che si adoperano a l'oro, sono differenti da quegli che seruono per l'argento. Et si conducono in questa maniera. Con vna sottilissima Palettina d'argento si pigliano separatamente gli smalti; & con pulita pulitezza si distendono a' luoghi loro; & vi se ne mette, & rimette sopra secondo, che ragnano, tutta quella quantità, che fa di mestiero. Fatto questo si prepara vna pignatta di terra, fatta a posta, che per tutto sia piena di buchi, & habbia vna bocca dinanzi; Et vi si mette dentro la Musola, cioè vn coperchietto di Terra bucato, che non lasci cadere i carboni a basso; & dalla Musola in su si empie di carboni di cerro, & si accende ordinariamente. Nel

voto,

che è restato sotto il predetto coperchio, in su vna sottilissima piastra di ferro, si mette la cosa smaltata, a sentire il caldo a poco a poco, et vi si tiene tanto, che fondendosi gli smalti, scorrino per tutto quasi come acqua. Ilche fatto si lascia rafreddare; & poi con vna frassinella ch'è vna pietra da dare filo a i ferri, e con rena da bicchieri si strega, & con acqua chiara, finche si truoui il suo piano. Et quando è finito di leuare il tutto si rimette nel fuoco medesimo, acciò il lustro nello scorrere l'altra volta vada per tutto. Fassene d'un'altra sorte a mano, che si pulisce con gesso di Tripoli, & con vn pezzo di cuoio; del quale non accade fare menzione; ma di questo, l'ho fatto, perche, essendo opra di pittura, come le altre, m'è paruto a proposito.

Della Tausia, cioè Lauoro a la Damaschina. Capitolo. XXXIIII.

HAnno ancora i moderni ad imitazione degli antichi rinuenuto vna spezie di cōmettere ne metalli intagliati d'argento, o d'oro, faccendo in essi lauori piani, o di mezo, o di basso rilieuo; Et in cio grandemente gli hanno auanzati. Et cosi habbiamo veduto nello acciaio l opere intagliate a la Tausia altrimenti detta a la Damaschina, per lauorarsi di cio in Damasco, & per tutto il Leuante eccellentemente. La onde veggiamo hoggi di molti bronzi, & ottoni, & rami commessi di argento, & oro, con arabeschi, venuti di que paesi: Et negli antichi habbiamo veduto anelli d'acciaio con meze figure, & fogliami molto belli. Et di questa spezie di lauoro sene son fatte a di nostri armadure da combattere lauorate tutte d'arabeschi d'oro commessi, & similmente staffe, arcioni di selle, & mazze ferrate, Et hora molto si costumano i fornimenti delle spade, de pugnali, de'coltelli, & d'ogni ferro che si voglia riccamente ornare, & guernire; & si fa cosi. Cauasi il ferro in sotto squadra, & per forza di martello si commette l'oro in quello, fattoui prima sotto vna tagliatura a guisa di lima sottile, si, che l'oro viene a entrare ne' caui di quella, & a fermaruesi. Poi con ferri si dintorna, o con garbi di foglie, o con girare di quel che si vuole; & tutte le cose co'fili d'oro passati per filiera si girano per il ferro, & col martello s'amaccano; & fermano nel modo di sopra. Auuertiscasi nientedimeno, che i fili siano piu grossi; & i proffili piu sottili, a ciò si fermino meglio in quegli. In questa professione infiniti ingegni hanno fatto cose lodeuoli, & tenute marauigliose: & però non ho voluto mancare di farne ricordo, dependendo dal commettersi, & essendo scultura, & pittura, cio è cosa che deriua dal disegno.

De le Stampe di legno; & del modo di farle, & del primo Inuentor loro; & come con tre stampe si fanno le carte, che paiono disegnate; & mostrano il lume, il mezzo, e l'ombre. Cap. XXXV.

IL primo inuentore delle stampe di legno di tre pezzi, per mostrare oltra il disegno, l'ombre, i mezi, & i lumi ancora, fu Vgo da Carpi, il quale a imitazione delle stampe di Rame, ritrouò il modo di queste, Intagliandole in legname di pero, o di bossolo, che in questo sono eccellenti sopra tutti gli altri legnami. Fecele dunque di tre pezzi, ponendo nella prima tutte le coseprofilate, & tratteggiate: Nella seconda, tutto quello, che è tinto a canto al proffilo con lo acquerello per ombra, Et nella terza i lumi, & il campo, lasciando il bianco della carta in vece di lume, & tingendo il resto per campo. Questa, doue è il lume, & il campo si fa in questo modo. Pigliasi vna carta stampata, con la prima, doue sono tutte le proffilature, & i tratti, & cosi fresca fresca si pone in su l'asse del pero, & agrauandola sopra con altri fogli, che nõ siano umidi, si strofina, in maniera, che quella che è fresca lascia su l'asse la tinta di tutti proffili delle figure. E allora il pittore piglia la biacca a gomma, & dà in su'l pero i lumi; I quali dati, lo intagliatore gli incaua tutti co' ferri secondo, che sono segnati. Et questa è la stampa, che primieramente si adopera; perche ella fà i lumi, & il campo, quando ella è imbratata di colore ad olio: & per mezo della tinta, lascia per tutto il colore, saluo, che doue ella è incauata, che iui resta la carta bianca. La seconda poi è quella delle ombre, che è tutta piana, & tutta tinta di acquerello, eccetto che doue le ombre non hanno ad essere, che quiui è incauato il legno. & la Terza, che è la prima a formarsi, è quella, doue il proffilato del tutto è incauato per tutto, saluo, che doue e'non ha i proffili tocchi dal nero della penna. Queste si stampano al torculo, & vi si rimettono sotto tre volte, cio è vna volta per ciascuna stampa si che elle habbino il medesimo riscontro. Et certamente, che cio fu belissima inuenzione. Tutte queste professioni, & arti ingegnose si vede che deriuano dal'disegno: il quale è capo necessario di tutte: & non l'hauendo non si ha nulla. Perche se bene tutti i segreti, & i modi sono buoni; quello è ottimo, per lo quale ogni cosa perduta si ritroua, & ogni difficil cosa, per esso diuenta facile, come si potrà vedere nel leggere le vite degl'artefici; i quali dalla natura, & dallo studio aiutati, hanno fatto cose sopra humane per il mezo solo del disegno. Et cosi faccendo qui fine alla introduzzione delle tre Arti, troppo piu lungamente forse trattate, che nel principio non mi pensai; Me ne passo a scriuere le Vite.

PROEMIO DELLE VITE.

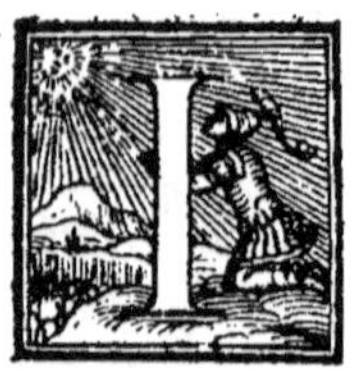

Ò non dubito punto, che non sia quasi di tutti gli scrittori commune, & certissima opinione, che la scultura insieme con la pittura fussero naturalmente da i popoli dello Egitto primieramente trouate; E che alcun'altri non siano, che attribuischino a' Caldei le prime bozze de marmi; & i primi rilieui delle statue; come danno anco a' Greci la inuenzione del pennello, & del colorire. Ma io dirò bene, che dell'una, & dell'altra Arte il disegno, che è il fondamento di quelle, anzi l'istessa anima, che concepe, & nutrisce in se medesima tutti i parti degli intelletti, fusse perfettissimo in sul origine di tutte l'altre cose, Quando l'altissimo Dio fatto il gran corpo del mondo, & ornato il cielo de suoi chiarissimi lumi, discese con l'intelletto piu giu nella limpidezza dell'aere, & nella solidità della terra; & formando l'huomo, scoperse con la uaga inuenzione delle cose, la prima forma della scoltura, & della pittura, dal quale huomo a mano a mano poi (che non si de dire il contrario) come da uero esemplare fur cauate le statue, & le sculture, & la difficulta dell'attitudini, e de i contorni; & per le prime pitture (qual che elle si fussero) la morbidezza, l'unione, & la discordante concordia, che fanno i lumi con l'ombre. Cosi dunque il primo modello, ondè usci la prima imagine dell'huomo fu una massa di terra; & non senza cagione: perciochè il diuino Architetto del tempo, & della natura, come perfetissimo uolle mostrare nella imperfezzione della materia, la uia, del leuare, & del l'aggiugnere; nel medesimo modo, che sogliono fare i buoni scultori; & pittori, i quali ne'lor modelli, aggiungendo, & leuando, riducono le imperfette bozze a quel fine, & perfezzione che uogliono. Diedegli colore uiuacissimo di carne, doue s'è tratto nelle pitture poi da le Miniere della terra gli istessi colori, per contraffare tutte le cose, che accaggiono nelle Pitture. Bene è uero, che e'non si può affermare per certo, quello, che ad imitazione di cosi bella opera si facessino gli huomini auanti al Diluuio in queste arti; auuegna, che uerisimilmente paia da credere, che essi ancora, & scolpissero, & dipignissero d'ogni maniera; Poi che Belo figliuolo del Superbo Nebrot circa .cc. anni dopo il Diluuio fece fare la statua, donde nacque poi la Idolatria; & la famosissima nuora sua Semiramis Regina di Babilonia, nella edificazione di quella città pose tra gli ornamenti di quella, non solamente uariate, & diuerse spezie di animali ritratti, & coloriti di naturale, Ma la imagine di se stessa, & di Nino suo marito; & le statue anchora di bronzo del suocero, & della suocera, & della autisuocera sua, come racconta Diodoro, chiamandole co'nomi de' Greci, che ancora non erano, Gioue, Giunone, & Ope. Da le quali statue appresero per auuentura i Caldei, a fare le imagini de' loro Dii; poi che 150 anni dopo Rachel nel fuggire di Mesopotamia insieme con Iacob suo marito; furò gli Idoli di Laban suo padre, come apertamente racconta il Genesi. Ne forono però soli i Caldei a fare sculture, & pitture, ma le fecero ancora gli Egizzij esercitandosi in queste arti con tanto studio, quanto mostra il Sepolcro marauiglioso dello Antichissimo Re Simandio; largamente descritto da Diodoro; & quanto arguisce il seuero comandamento fatto da Mose nello uscire del Egitto; cioè che sotto pena della morte, non si facessero a Dio imagini alcune. Costui nello scendere di sul mōte, hauendo trouato fabricato il uitello del l'oro, & adorato solēnemēte dalle sue genti; Turbatosi grauemente di uedere concessi i diuini honori all'imagine d'una Bestia; non solamente lo ruppe, e ridusse in poluere; Ma per punizione di cotanto errore, fece vccidere da Leuiti molte migliaia degli scelerati figliuoli d'Israel, che haueuano cōmessa quella Idolatria. Ma perche, non il lauorare le statue, ma l'adorarle era peccato sceleratissimo; si legge nell' Esodo, che l'arte del disegno, & delle statue, non solamente di marmo, ma di tutte le sorte di metallo, fu donata per bocca di Dio a Beseleel della tribu di Iuda, & ad Oliab della tribu di Dan, che furono que' che fecero i due cherubini d'oro, & candellieri e'l uelo, & le fimbrie delle veste sacerdotali; & tante altre bellissime cose di getto nel Tabernacolo; non per altro, che per indurui le genti a contemplarle, & adorarle. Da le cose dunque vedute innanzi al Diluuio, la superbia degli huomini trouò il modo di fare le statue di coloro, che al mondo volsero, che restassero per fama immortali; Et i Greci, che diuersamente ragionano di questa origine, dicono, che gli Etiopi trouarono le prime statue secondo Diodoro, & gli Egizzij le presono da loro, & da questi i Greci, poi che in sino a tempi d'HOMERO si vede essere stato perfetta la scultura, & la pittura, come fa fede nel ragionar dello scudo d'Achille quel Diuino Poeta, che con tutta l'arte piu tosto sculpito, & dipinto, che scritto ce lo dimostra. Lattanzio Firmiano, fauoleggiando le concede à Prometeo, il quale a similitudine del grande Dio formò l'immagine humana di loto; & da lui l'arte delle statue afferma essere venuta. Ma secondo che scriue Plinio, questa arte venne in Egitto da Gige Lidio; Il quale essendo al fuoco, & l'ombra di se medesimo riguardando, subito con vn carbone in mano, contornò se stesso nel muro. & da quella età per vn tempo le sole Linee si costumò mettere in opera senza corpi di colore, si come afferma il medesimo Plinio, laqual cosa da Filocle Egizzio con piu fatica, & similmente da Cleante, & Ardice Corinthio, & da Telephane Sicionio fu ritrouata. Cleophante Corinthio fu il primo appresso de' Greci, che colori. Et Apolodoro il primo, che ritrouasse il pennello. Segui Polignoto, Tasio, Zeusi, & Timagora Calcidese, Pithio, & Alaupho tutti celebratissimi, & dopo questi il famosissimo Apelle da Alessandro Magno tanto per quella virtu stimato, & honorato, ingegnosissimo inuestigatore della Calumnia, & del Fauore, come ci dimostra Luciano; & come sempre fur quasi tutti i pittori, & gli scultori eccellenti dotati dal cielo il piu delle volte, non solo dell'ornamento della Poesia, come si legge di Pacuuio; ma della Filosofia anchora, come si vide in Metrodoro perito tanto in Filosofia, quanto

in

in pittura, mandato da gli Ateniesi a Paulo Emilio per ornar' il trionfo, che ne rimase a leggere filosofia a suoi figliuoli. Furono adunque grandemente in Grecia esercitate le sculture nelle quali si trouarono molti artefici eccellenti, e tra gl'altri Fidia Ateniese, Prasitele, & Policleto grandissimi maestri; cosi Lisippo, & Pirgotele in intaglio di cauo valsero assai; & Pigmaleone in Auorio di rilieuo; di cui si fauoleggia, che co' preghi suoi impetrò fiato, & spirito alla figura della vergine, ch'ei fece. La pittura similmente honorarono, & con premij gli antichi Greci, & Romani, poiche a coloro, che la fecero marauigliosa apparire, lo dimostrarono col donare loro Città, & dignità grandissime. Fiori talmente quest'arte in Roma, che Fabio diede nome al suo casato sottoscriuendosi nelle cose da lui si vagamente dipinte nel tempio della Salute, & chiamandosi Fabio Pittore. Fu proibito per decreto publico che le persone serue tal arte non facessero per le città, & tanto honore fecero le gente del continuo all'arte, & agli artefici, che l'opere rare nelle spoglie de' trionfi, come cose miracolose, a Roma si mandauono: & gli Artefici egregi erono fatti di serui liberi, & riconosciuti con honorati premij dalle Republiche. Gli stessi Romani tanta reuerenza a tale arti portarono, che oltre il rispetto, che nel guastare la città di Siragusa volle Marcello, che s'hauesse a vno artefice famoso di queste, nel volere pigliare la città predetta hebbero riguardo di non mettere il fuoco a quella parte, doue era vna bellissima tauola dipinta, la quale fu di poi portata a Roma nel trionfo cõ molta pompa. Doue in spatio di tempo, hauendo quasi spogliato il mondo, ridussero gli artefici stessi, & le egregie opere loro. delle quali Roma poi si fece si bella, perche le diedero grande ornamento le statue pellegrine, e piu che le domestiche, & particolari, sapendosi, che in Rhodi città d'Isola, non molto grãde, furono piu di trenta mila statue annouerate fra di bronzo, & di marmo. ne manco ne hebbero gli Ateniesi, ma molto piu que' d'Olimpia, & di Delfo, & senza alcun numero que' di Corinto, & furono tutte bellissime, & di grandissimo prezzo. Non si sa egli, che Nicomede Re di Licia, per l'ingordigia di vna Venere, che era di mano di Prasitele, vi consumò quasi tutte le ricchezze de' popoli? non fece il medesimo Attalo? che per hauere la tauola di Bacco dipinta da Aristide, non si curò di spenderui dentro piu di sei mila sestertij. La qual tauola da Lucio Mummio fu posta, per ornarne pur Roma, nel tempio di Cerere con grandissima pompa. Ma con tutto, che la nobiltà di quest'Arte fusse cosi in pregio; e non si sa però ancora per certo, chi le desse il primo principio. Perche come gia si è di sopra ragionato: ella si vede antichissima ne' Caldei; certi la danno all'Etiopi; & i Greci à se medesimi l'attribuiscono; e puossi non senza ragione pensar, ch'ella sia forse piu antica appresso à Toscani: Come testifica il nostro Lion Batista Alberti; e ne rende assai buona chiareza la marauigliosa sepoltura di Porsena à Chiusi, doue non è molto tempo, che si è trouato sotto terra fra le mura del Laberinto alcune tegole di terra cotta dentroui figure di mezzo rilieuo, tanto eccellenti, & di si bella maniera; che facilmente si puo conoscere, l'Arte non esser cominciata à punto in quel tempo; anzi per la perfezzione di que' lauori, esser molto piu vicina al colmo, che al principio. Come ancora ne puo far mede simamente sede, il veder tutto il giorno molti pezzi di que' vasi rossi, & neri Aretini fatti come si giudica per la maniera, intorno a que tempi, con leggiadrissimi intagli & figurine, & istorie di Basso rilieuo; & molte mascherine tonde sottilmẽte lauorate da Maestri di quella età, come per l'effetto si mostra, pratichissimi, e ualentissimi in tale arte. Vedesi anchora per le statue trouate a Viterbo, nel principio del pontificato d'Alessandro. VI. la scultura essere stata in pregio, & non picciola perfezzione in Toscana; Et come che e non si sappia apunto il tempo, che elle furon fatte, pure, & dalla maniera delle figure, & dal modo delle sepulture, & delle fabriche, non meno che dalle inscrizzioni di quelle lettere Toscane, si puo uerisimilmente conietturare, che le sono antichissime, Et fatte ne tẽpi, che le cose di qua erano in buono, & grande stato. Ma che maggior chiarezza si puo di cio hauere? essendosi a tempi nostri, cio è l'anno 1554. trouata vna figura di bronzo fatta per la chimera di bellero fonte, nel far fossi fortificazione, & muraglia d'Arezzo? Nel laquale figura si conosce la perfezzione di quell'arte essere stata anticamente appresso i Toscani, come si vede alla maniera Etrusca, ma molto piu nelle lettere intagliate in vna zampa, che per essere poche si coniettura, non si intendendo hoggi da nessuno la lingua etrusca, che le possino cosi significare il nome del maestro, come d'essa figura, & forse ancora gl'anni secondo l'uso di que tempi. La quale figura è hoggi, per la sua bellezza, & antichità stata posta dal signor Duca Cosimo nella sala delle stanze nuoue del suo palazzo, Doue sono stati da me dipinti i fatti di Papa Leone x. Et oltre a questa nel medesimo luogo furono ritrouate molte figurine di bronzo della medesima maniera, lequali sono appresso il detto signor Duca. Ma perche le antichità, delle cose de' Greci, & dell'Etiopi, & de' Caldei, sono parimente dubbie come le nostre, & forse piu, & per il piu bisogna fondare il giudizio di tali cose in su le conietture; che ancor non sieno talmente deboli, che in tutto si scostino dal segno; io credo non mi esser punto partito dal vero, & penso che, ogniuno che questa parte vorrà discretamente considerare; giudicherà, come io, quando disopra io dissi, Il principio di queste arti essere stata l'istessa natura; & l'innanzi, o modello, la bellissima fabrica del mondo; & il maestro, quel diuino lume, infuso per grazia singulare in noi, il quale non solo ci ha fatti superiori alli altri aaimali; ma simili (se è lecito dire) à Dio. Et se ne' tempi nostri, si è veduto (come io credo per molti esempli, poco inanzi poter mostrare) che i semplici fanciulli, & rozzamẽte alleuati ne' boschi; in sull'Esempio solo di queste belle pitture, & sculture della natura; con la viuacità del loro ingegno, da per se stessi hanno cominciato a disegnare; quanto piu si può & debbe verisimilmente pensare, que' primi huomini, iquali, quanto manco erano lontani dal suo principio, & diuina generazione tanto erono piu perfetti, & di migliore ingegno; essi da per loro, hauendo per guida la natura: per maestro l'intelletto purgatissimo; per essempio si vago modello del mondo, hauer dato origine à queste nobilissime Arti; e da picciol principio à poco à poco migliorandole; condottole finalmẽte à perfezzione? Non voglio gia negare, che e' non sia stato vn primo, che cominciasse; che io sò molto bene, che e bisognò, che qualche volta, & da

qualchu

qualchuno venisse il principio; ne anche negherò essere stato possibile, che l'uno aiutasse l'altro, & insegnasse, & aprisse la via al disegno, al colore, & rilieuo, perche io sò, che l'Arte nostra è tutta imitazione della Natura, principalmente, & poi, perche da se non può salir tanto alto delle cose, che da quelli, che miglior Maestri di se giudica, sono conodotte. Ma dico bene, che il volere determinatamente affermare chi costui, ò costoro fussero, è cosa molto pericolosa à giudicare, & forse poco necessaria a sapere, poi che veggiamo la vera radice, & origine donde ella nasce. Perche poi che delle opere, che sono la vita, & la fama delli Artefici, le prime, & di mano in mano le seconde, & le terze, per il tempo, che consuma ogni cosa venner manco; & non essendo allhora chi scriuesse, non potettono essere almanco per quella via conosciute da posteri; Vennero anchora à essere incogniti gli Artefici di quelle; Ma da che gli scrittori cominciorono a far memoria delle cose state innanzi a loro, non potettono gia parlare di quelli, de quali non haueuano potuto hauer notizia; in modo, che primi appo loro vengono à esser quelli, de quali era stata vltima à perdersi la memoria. Si come il primo de' Poeti, per consenso commune si dice esser Homero; non perche innanzi à lui non ne fusse qualcuno, che ne furono, se bene non tanto eccellenti, & nelle cose sue istesse si vede chiaro, ma perche di que' primi tali quali essi furono, era persa gia dumila anni fa, ogni cognizione. Però lasciando questa parte indietro; troppo per l'antichità sua incerta, vegnamo alle cose piu chiare della loro perfezzione, & Rouina, & Restaurazione, & per dir meglio Rinascità, delle quali con molti miglior fondamenti potreno ragionare.

Dico adunque, essendo però vero, che elle cominciassero in Roma tardi, se le prime figure furono come si dice il simulacro di Cerere fatto di metallo, de' beni di Spurio Cassio; Il quale perche macchinaua di farsi Re, fu morto dal proprio Padre, senza rispetto alcuno. Che se bene continuarono l'Arti della Scultura, & della pittura insino alla consumazione de' dodici Cesari, non però continuarono in quella perfezzione, & bontà, che haueuano hauuto innanzi: perche si vede ne gli edifizij, che fecero, succedendo l'uno all'altro gl' Imperatori, che ogni giorno queste Arti declinando, veniuano à poco à poco perdendo l'intera perfezzione del disegno. Et di ciò possono rendere chiara testimonanza l'opere di Scultura, & d'Architettura, che furono fate al tempo di Gostantino in Roma, e particularmente l'Arco Trionfale, fattogli dal popolo Romano al colosseo, doue si vede, che per mancamento di Maestri buoni, non solo si seruirono delle storie di Marmo fatte al tempo di Traiano, ma delle spoglie ancora, condotte di diuersi luoghi à Roma; E chi conosce, che i voti, che sono ne' tondi, cioè le Sculture di mezzo rilieuo, & parimente i prigioni, & le storie grandi, & le colonne, & le cornici, & altri ornamenti fatti prima, & di spoglie sono eccellentemente lauorati; conosce anchora, che l'opere, le quali furon fatte per ripieno da gli Scultori di quel tempo, sono goffissime; Come sono alcune storiette di figure piccole di marmo sotto i tondi, & il basamento da pie, doue sono alcune Vittorie.

E fra

Et fra gli Archi dalle bande certi fiumi, che sono molto goffi, & si fatti, che si puo credere fermamente, che insino allora, l'Arte della Scultura haueua cominciato a perdere del buono. Et non dimeno non erano ancora venuti i Gotti, & l'altre nazioni barbare, & straniere, che distrussono insieme con l'Italia tutte l'Arti miglio ri. Ben'è vero, che ne' detti tempi haueua minor danno riceuuto l'Architettura, che l'altre arti del disegno fatto non haueuano: perche nel bagno, che fece esso Gostantino fabricare à Laterano, nell'entrata del portico principale si vede; oltre alle colonne di porfido, i capitelli lauorati di marmo, e le base doppie tolte d'altroue benissimo intagliate: che tutto il composto della fabrica è benissimo inteso. Doue per contrario lo stucco, il musaico, & alcune incrostature delle facce, fatte da' maestri di quel tempo nõ sono à quelle simili, che fece porre nel medesimo bagno, leuate, per la maggior parte da i tempij degli dij de' gentili. Il medesimo, secondo, che si dice, fece Gostantino del giardino d'equizio, nel fare il tempio, che egli dotò poi, et diede a' sacerdoti christiani. Similmente il magnifico tempio di San Giouanni Laterano fatto fare dallo stesso Imperadore, può far fede del medesimo, cioè, che al tempo suo era di gia molto declinata la scultura: perche l'imagine del Saluatore, e i dodici Apostoli d'argento, che egli fece fare, furono sculture molto basse, e fatte senza arte, & con pochissimo disegno. Oltre cio, chi considera con diligenza le medaglie d'esso Gostantino, & l'imagine sua, & altre statue fatte da gli scultori di quel tempo, che hoggi sono in Campidoglio, vede chiaramente, ch'elle sono molto lontane dalla perfezzione delle Medaglie, & delle statue degl'altri Imperatori: lequali tutte cose mostrano, che molto inanzi la venuta in Italia de' Gotti, era molto declinata la scultura. L'Architettura, come si è detto, s'andò mantenendo, se non cosi perfetta, in miglior modo, nè di cio è da marauigliarsi: perche facendosi gl'edifizij grãdi quasi tutti di spoglie era facile a gli Architetti nel fare i nuoui imitare in gran parte i vecchi, che sempre haueuano dinanzi à gl'occhi. E cio molto piu ageuolmente, che non poteuano gli scultori, essendo mancata l'arte, imitare le buone figure degl'antichi. E che cio sia vero, è manifesto, che il tempio del prẽcipe degl'Apostoli in Vaticano non era ricco, se non di colonne, di base, di capitegli, d'architraui, cornici, porte, & altre incrostature, & ornamenti, che tutti furono tolti di diuersi luoghi, & da gl'edifizij stati fatti inanzi molto magnificamente. Il medesimo si potrebbe dire di S. Croce in Gierusalemme, laquale fece fare Gostantino a preghi della madre Helena. Di S. Lorenzo fuor delle mura, & di S. Agnesa fatta dal medesimo à richiesta di Gostanza sua figliuola. Et chi non sà, che il fonte, il quale serui per lo battesimo di costei, & d'una sua sorella fu tutto adornato di cose fatte molto prima? E particolarmente di quel pilo di porfido, intagliato di figure bellissime, & d'alcuni candelieri di marmo, eccellentemente intagliati di fogliami, & d'alcuni putti di basso rilieuo, che sono veramente bellissimi? In somma per questa, & molte altre cagioni si vede quanto gia fusse al tempo di Gostantino venuta al basso la scultura, e cõ essa insieme l'altre arti migliori. E se alcuna cosa mancaua all'ultima rouina loro, venne loro data cõpiutamente dal partirsi Gostantino di Roma, per andare à porre la sede dell' de dell'Imperio in Bisanzio; percioche egli condusse in Grecia, non solamente tutti i migliori scultori, & altri artefici di quella età, comunche fussero, ma ancora una infinità di statue, & d'altre cose di scultura bellissime. Dopo la partita di Gostantino i Cesari, che egli lasciò in Italia, edificando continuamente, & in Roma, & altroue si sforzarono di fare le cose loro quāto potettero migliori, ma come si vede andò sempre cosi la scultura, come la Pittura; & l'Architettura di male in peggio. E ciò forse auuenne, perche quando le cose humane cominciano à declinare, non restano mai d'andare sempre perdendo, se non quando non possono piu oltre peggiorare. Parimente si vede, che se bene s'ingegnarono al tempo di Liberio papa gl'Architetti di quel tempo di far gran cose nell'edificare la chiesa di S. Maria Maggiore, che non però riuscì loro il tutto felicemente: percioche se bene quella fabrica, che è similmente, per la maggior parte di spoglie, fu fatta con assai ragioneuoli misure non si può negare non dimeno, oltre à qualche altra cosa, che il partimento fatto intorno intorno sopra le colonne con ornamenti di stucchi, & di pitture, non sia pouero affatto di disegno, & che molte altre cose, che in quel gran tempio si veggiono, non argomentino l'imperfezzione dell'arti. Molti anni dopo, quando i christiani sotto Giuliano Apostata erano perseguitati, fu edificato in sul monte Celio un tempio à san Giouanni, e Paulo martiri di tanto peggior maniera, che i sopradetti; che si conosce chiaramente, che l'arte era à quel tempo poco meno, che perduta del tutto. Gli edifizij ancora, che in quel medesimo tempo si fecero in Toscana fanno di ciò pienissima fede; & per tacere molti altri, il tempio, che fuor delle mura d'Arezzo fu edificato à San Donato, Vescouo di quella città, ilquale insieme con Hilariano monaco fu martirizzato sotto il detto Giuliano apostata; non fu di pūto migliore Architettura, che i sopradetti. Ne è da credere, che cio procedesse da altro, che dal non essere migliori architetti in quell'età, concio fusse, che il detto tempio, come si è potuto vedere à tempi nostri, à otto facce, fabricato delle spoglie del teatro, colosseo, & altri edifizij, che erano stati in Arezzo innanzi, che fusse conuertita alla fede di Christo; fu fatto senza alcun risparmio, & con grandissima spesa; & di colonne di granito, di porfido, & di mischi, che erano stati delle dette fabriche antiche, adornato. Et io per me non dubito, alla spesa, che si vedeua fatta in quel tēpio, che se gl'Aretini hauessono hauuti migliori Architetti, non hauessono fatto qualche cosa marauigliosa, poi che si vede in quel, che fecero, che à niuna cosa perdonarono, per fare quell'opera, quanto potettono maggiormente ricca, & fatta cō buon ordine. Et perche, come si è gia tante volte detto, meno haueua della sua perfezzione l'Architettura, che l'altre arti, perduto, vi si vedeua qualche cosa di buono. Fu in quel tempo similmente aggrandita la chiesa di S. Maria in grado à honore del detto Hilarione; percioche in quella haueua lungo tempo habitato, quando andò con Donato alla palma del martirio. Ma perche la fortuna quando ella ha cōdotto altri al sommo della Ruota; o per ischerzo, o per pentimento il piu delle volte lo torna in fondo. Auuenne dopo queste cose, che solleuatesi in diuersi luoghi del mōdo quasi tutte le nazioni barbare, contra i Romani: ne segui fra non molto tempo non solamente lo abbassamento di cosi grande imperio: Ma la rouina del tutto, & massimamente di Roma stessa, con la quale rouinarono del tutto parimente gli eccellentiss. Artefici, Scultori, Pittori, & Architetti; lasciando l'arti, & loro medesimi, sotterrate, & sommerse, fra le miserabili stragi, & rouine di quella famosissima Città. E prima andarono in mala parte la pittura, & la scoltura come arti che piu per diletto, che per altro seruiuano: e l'altra cioè l'architettura come necessaria, e vtile alla salute del corpo, andò continuando, ma non gia nella sua perfezzione, e bontà. Et se non fusse stato, che le sculture, e le pitture rappresentauano inanzi agl'occhi di chi nasceua di mano in mano, coloro, che n'erano stati honorati per dar loro perpetua vita; se ne sarebbe tosto spẽto la memoria dell'une, e dellaltre. La doue alcune ne cõseruarono per l'imagine, e per l'inscrizioni poste nell'architetture priuate, e nelle publiche, cioè negli anfiteatri, ne' teatri, nelle Terme, negli aquedotti, ne' Tempij, negli obelisci, ne' collossi, nelle piramidi, negli Archi, nelle conserue, e negli Erarij, e finalmente nelle sepulture medesime; delle quali furono distrutte vna grã parte da gente barbara, & efferata, che altro non haueuano d'huomo, che l'effigie e'l nome. Questi fra gli altri furono i Visigothi, i quali hauendo creato Alarico loro Re assalirano l'Italia, e Roma, e la sacchegiorno due volte senza rispetto di cosa alcuna. Il medesimo fecero i Vandali venuti d'Affrica con Genserico loro Re; il quale non contento a la roba, e prede, e crudeltà, che vi fece, ne menò in seruitù le persone con loro grandissima miseria, e con esse Eudossia moglie stata di Valentiniano Imperatore stato amazzato poco auanti da i suoi soldati medesimi. I quali degenerati in grandissima parte dal valore antico Romano, per esserne andati gran tempo innanzi tutti i migliori in Bisanzio, con Gostantino Imperatore, non haueuano piu costumi, ne modi buoni nel viuere. Anzi hauendo perduto in vn tempo medesimo i veri huomini, e ogni sorte di virtù; e mutato leggi, habito, nomi, e lingue; tutte queste cose insieme, e ciascuna per se, haueuano ogni bell'animo, e alto ingegno fatto bruttissimo, e bassissimo di uentare. Ma quello, che sopra tutte le cose dette fu di perdita, e danno infinitamente a le predette professioni, fu il feruente zelo della nuoua Religione Christiana; la quale dopo lungo, e sanguinoso combattimento, hauẽdo finalmente con la copia de' miracoli, e con la sincerità delle operazioni abbattuta, e annullata la vecchia fede de Gentili; mentre che ardentissimamente attendeua cõ ogni diligenza a leuar via, & a stirpare in tutto ogni minima occasione, donde poteua nascere errore; non guastò solamente, o gettò per terra tutte le statue marauigliose, & le scolture, pitture, Musaici, e ornamenti de fallaci Dij de Gentili; Mà le memorie anchora, & gl'honori d'infinite persone egregie. Alle quali per gl'eccellenti meriti loro dà la virtuosissima antichità erono state poste in publico le statue, e l'altre memorie. In oltre per edificare le Chiese a la vsanza Christiana, non solamente distrusse i piu onorati Tempij degli Idoli; ma per far diuentare piu nobile, & per adornare S. Piero oltre agli ornamenti, che da principio hauuto hauea spogliò di Colonne di pietra la Mole d'Adriano, hoggi detto Castello S. Agnolo; e molte altre, lequali veggiamo hoggi guaste. Et auuenga che la Religione Christiana non fa

cesse

cesse questo per odio, che ella hauesse con le virtù, mà solo per contumelia, & abbattimento degli Dij, de' Gentili; non fu però che da questo ardentissimo Zelo non seguisse tanta rouina a queste honorate professioni, che non sene perdesse in tutto la forma. E se niente mancaua a questo graue infortunio soprauenne l'ira di Totila cõtro a Roma, che oltre a sfasciarla di mura, e rouinar col ferro, e col fuoco tutti i piu mirabili, & degni edificij di quella, vniuersalmente la bruciò tutta; e spogliatola di tutti i viuenti corpi, la lasciò in preda alle fiamme, & al fuoco, e senza che in xviii. giorni continui si ritrouasse in quella viuente alcuno; abbattè, e destrusse talmente le statue, le Pitture, i Musaici, e gli stuchi marauigliosi: che sene perdè non dico la maiestà sola, ma la forma, e l'essere stesso. Per il che essendo le stanze terrene prima dè palazzi, o altri edificij di stucchi, di pitture, e di statue lauorate, con le rouine di sopra affogorno tutto il buono, che a giorni nostri s'è ritrouato. E coloro, che successer poi, giudicando il tutto rouinato, vi piãtarono sopra le vigne. Di maniera, che per essere le dette stanze terrene rimaste sotto la terra, le hanno i moderni nominate Grotte; e Grottesche le Pitture, che vi si veggono al presente. Finiti gli Ostrogotti, che da Narse furono spenti, habitandosi per le rouine di Roma in qualche maniera pur malamẽte, venne dopo cento anni Costante II. Imp. di Costantinopoli, e riceuuto amoreuolmente da i Romani guastò, spogliò, & portossi via tutto cio, che nella misera Città di Roma era rimaso, piu per sorte, che per libera volontà di coloro, che l'aueuono rouinata. Bene è vero, che e' non potete godersi di questa preda, perche dà la tempesta del Mare trasportato nella Sicilia, giustamẽte occiso da i suoi, Lasciò le spoglie, il regno, e la vita tutto in preda della Fortuna. Laquale nõ cõtẽta ancora de' dãni di Roma, perche le cose tolte non potessino tornarui giamai, ui cõdusse vn'armata di Saracini a' dãni dall'Isola; iquali, e le robe de' Siciliani, e le stesse spoglie di Roma sene portorono in Alessandria; con grandiss. vergogna, e dãno dell'Italia, e del Cristianesimo. E cosi tutto quello, che non haueuono guasto i Pontefici, e S. Greg. massimamẽte, ilqual si dice, che messe in bando tutto il restante delle statue, e delle spoglie degl' Edifizij, per le mani di questo sceleratissimo Greco finalmente capitò male. Di maniera, che non trouandosi piu ne vestigio, ne indizio di cosa alcuna, che hauesse del buono; gl' huomini, che vẽnono a presso, ritrouandosi rozi, e materiali, e particularmente nelle pitture, e nelle sculture; incitati dalla natura, e assottigliati dall'aria, si diedero a fare nõ secondo le regole dell'Arti predette, che nõ l'haueuano; ma secondo la qualità degli ingegni loro. Essendo dunq; à questo termine cõdotte l'arti del disegno, e inãzi, e in quel tẽpo, che signoreggiarono l'Italia i Lõgobardi, e poi, andarono dopo ageuolmẽte, se ben' alcune cose si faceuano, in modo peggiorãdo, che nõ si sarebbe potuto, ne piu goffamẽte, ne cõ mãco disegno lauorar di qllo, che si faceua, come ne dimostrano, oltr' à molte altre cose, alcune figure, che sono nel portico di S. Piero in Roma sopra le porte, fatte alla maniera greca, per memoria d'alcuni santi padri, che per la S. Chiesa haueuano in alcuni cõcilij disputato. Ne fanno fede similmente molte cose dell'istessa maniera, che nella Città, & in tutto l'essarcato di RAVENNA si veggiono, & particolarmente alcune, che sono in Santa Maria Ritonda fuor di quella città, fatte poco dopo, che d'Italia furono cacciati i Longobardi: Nella qual chiesa, non tacerò, che una cosa si vede notabilissima, & marauigliosa; & questa è la volta, o vero cupola, che la cuopre; la quale, come che sia larga dieci braccia, & serua per tetto, & coperta di quella fabrica, è non dimeno tutta d'un pezzo solo, e tanto grande, & sconcio, che pare quasi impossibile, che vn sasso di quella sorte, di peso di piu di dugēto mila libre fusse tanto in alto collocato. Ma per tornare al proposito nostro vscirono delle mani de' maestri di que' tempi quei fantocci, & quelle goffezze, che nelle cose vecchie ancora hoggi appariscono. Il medesimo auuenne dell'Architettura; Perche bisognando pur fabricare, & essendo smarrita in tutto la forma, e il modo buono per gl'Artefici morti, e per l'opere distrutte, e guaste; Coloro, che si diedero à tale esercizio, non edificauano cosa, che per ordine, o per misura hauesse grazia, ne disegno, ne ragion alcuna. Onde ne vennero a risorgere nuoui Architetti, che delle loro barbare nazioni fecero il modo di quella maniera di edifizi; c'hoggi da noi son chiamati Tedeschi, iquali faceuano alcune cose piu tosto a noi moderni ridicole, che à loro lodeuoli; finche la miglior forma, e alquanto alla buona antica simile trouarono poi i migliori artefici; come si veggono di quella maniera per tutta Italia le piu vecchie Chiese, & nō antiche, che da essi furon' edificate, come da Teodorico Re d'Italia vn palazzo in Rauenna, vno in Pauia, & vn'altro in Modena pur di maniera barbara, & piu tosto ricchi, & grandi, che bene intesi, o di buona architettura. Il medesimo si può affermare di Santo Stefano in Rimini, di S. Martino di Rauenna, & del tempio di San Giouanni euangelista edificato nella medesima città da Galla Placidia intorno agl'anni di nostra salute CCCCXXXVIII. di S. Vitale, che fu edificato l'ā̄no DXLVII & della Badia di Classi di fuori. & in somma di molti altri monasterij, e tempi edificati dopo i Longobardi. I quali tutti edifizij, come si è detto, sono & grandi, & magnifici, ma di goffissima architettura; e fra questi sono molte Badie in Francia, edificate à S. Benedetto, & la chiesa, & monasterio di Monte Casino; il tempio di S. Giouambatista à Monza, fatto da quella Teodelinda Reina de' Gotti, alla quale S. Gregorio papa scrisse i suoi Dialogi; nel qual luogo essa Reina fece dipignere la storia di Longobardi; doue si vedeua, che eglino dalla parte di dietro erano rasi, et dinanzi haueuano le zazzere, e si tigneuano fino al mento. le vestimenta erano di tela larga, come vsarono gl'Angli, & i Sassoni, & sotto vn manto di diuersi colori, & le scarpe fino alle dita de' piedi aperte, & sopra legate con certi correggiuoli. Simili a' sopradetti tempij furono la chiesa di S. Giouanni in Pauia edificata da Gūdiperga figliuola della sopradetta Teondelinda, & nella medesima città la chiesa di San Saluador fatta da Ariperto fratello della detta Reina, il quale successe nel regno à Rodoaldo marito di Gundiperga; La chiesa di Santo Ambruogio di Pauia edificata da Grimoaldo Re de' Longobardi, che cacciò del regno Perterit figliuolo di Riperto. Il quale Preterit ristituto nel regno dopo la morte di Grimoaldo, edificò pur in Pauia vn Monasterio di donne detto il Monasterio Nuouo, in honore di nostra Donna, & di S. Agata: & la Reina ne edificò vno fuora delle mura dedicato

cato alla Verg. Maria in Pertica. Cōperte similmente figliuolo d'esso Perterit edificò vn monasterio, e tēpio à S. Giorgio, detto di Coronate, nel luogo doue haueua hauuto vna grā vittoria contra à Alahi di simile maniera. Ne dissimile fu à questi il tēpio, che'l re de Lōgobardi Luiprādo, ilquale fu al tempo del Re Pipino padre di Carlo Magno; edificò in Pauia, che si chiama S. Piero in ciel dauro; Ne quello similmente, che Disiderio, il quale regnò dopo Astolfo, edificò di S. Piero cliuate nella diocesi Milanese; Ne'l monasterio di S. Vincenzo in Milano, nè quello di S. Giulia in Brescia: perche tutti furono di grandiss. spesa; ma di bruttissima, e disordinata maniera. In Fiorenza poi migliorando alquanto l'architettura la chiesa di S. Apostolo che fu edificata da Carlo Magno: fu ancor, che piccola di bellissima maniera: perche oltre, che i fusi delle colonne, se bene sono di pezzi, hanno molta grazia, e sono condotti con bella misura; i capitelli ancora, & gli archi girati per le volticciuole delle due piccole Nauate, mostrano, che in Toscana era rimaso, o vero risorto qualche buono artefice. In somma l'Architettura di questa chiesa è tale, che Pippo di ser Brunellesco non si sdegnò di seruirsene per modello nel fare la chiesa di S. Spirito, & quella di S. Lorenzo nella medesima città. Il medesimo si può vedere nella chiesa di San Marco di Vinezia, la quale (per non dir nulla di S. Giorgio Maggiore, stato edificato da Giouanni Morosini l'anno) fu cominciata sotto il Doge Iustiniano, & Giouanni Particiaco appresso S. Teodosio, quando d'Alessandria fu mandato à Vinezia il corpo di quell'Euangelista: percioche dopo molti incendij, che il palazzo del Doge, & la chiesa molto dannificarono: ella fu sopra i medesimi fondamenti finalmente risatta alla maniera Greca, & in quel modo, che ella hoggi si vede con grandissima spesa, & col parere di molti Architetti, al tempo di Domenico Seluo Doge negl'anni di Christo DCCCCLXXIII. Il quale fece condurre le colōne di que'luoghi dōde le potette hauere. Et cosi si andò continuando insino all'anno MCXL. essendo Doge M. Piero Polani; & come si è detto col disegno di piu Maestri tutti Greci. Dalla medesima maniera greca furono, e ne medesimi tempi le sette Badie, che il Conte Vgho Marchese di Brandiburgo fece fare in Toscana, come si può vedere nella Badia di Firenze, in quella di Settimo, & nell'altre. Lequali tutte fabriche, & le vestigia di quelle, che non sono in piedi, rendono testimonāza, che l'Architettura si teneua alquanto in piedi, ma imbastardita fortemente, & molto diuersa dalla buona maniera antica. Di cio posson'anco far fede molti palazzi vecchi stati fatti in Fiorenza, dopo la rouina di Fiesole d'opera Toscana. ma con ordine barbaro nelle misure di quelle porte, & finestre lunghe lunghe; & ne garbi di quarti acuti, nel girare de gl'archi, secondo l'uso degl'Architetti stranieri di que' tempi. L'anno poi MXIII. si vede l'arte hauer ripreso alquanto di vigore nel riedificarsi la bellissima chiesa di S. Miniato in sul monte al tempo di M. Alibrando, cittadino & Vescouo di Firenze: percioche, oltre al gl'ornamenti, che di marmo vi si veggiono dentro, & fuori, si vede nella facciata dinanzi, che gl'Architetti Toscani si sforzarono d'imitare nelle porte, nelle finestre, nelle colonne, ne gl'archi, e nelle cornici quanto potettono il piu l'ordine buono antico, hauendolo in parte riconosciuto nell'annell'antichißimo Tempio di San Giouanni nella città loro. Nel medesimo tempo la pittura, che era poco meno, che spenta affatto, si vide andare riacquistando qual che cosa, come ne mostra il musaico, che fu fatto nella capella maggiore della detta chiesa di San Miniato.

Da cotal principio adunque, cominciò à crescere à poco à poco in Toscana il disegno, & il miglioramento di queste Arti, come si vide l'Anno mille, & sedici nel dare principio i Pisani alla fabbrica del Duomo loro: perche in quel tempo fu gran cosa mettere mano à vn corpo di Chiesa così fatto di cinque Nauate, & quasi tutto di marmo dentro, & fuori. Questo Tempio, ilquale fu fatto con ordine, & disegno di Buschetto Greco da Dulicchio, Architettore in quell'età rarißimo fu edificato, & ornato da i Pisani d'infinite spoglie condotte, per mare, essendo eglino nel colmo della grandezza loro, di diuersi lontanißimi luoghi, come ben mostrano le colonne, base, capitegli, cornicioni, & altre pietre d'ogni sorte, che vi si veggiono. Et perche tutte queste cose erano, alcune piccole, alcune grandi, & altre mezzane, fu grande il giudizio, & la virtù di Buschetto nell'accommodarle, & nel fare lo spartimento di tutta quella fabbrica, dentro, & fuori molto bene accommodata: Et oltre all'altre cose nella facciata dinanzi con gran numero di colonne accommodò il diminuire del frontespizio molto ingegnosamente, quello di varij, & diuersi intagli d'altre colonne, & di statue antiche adornando; si come anco fece le porte principali della medesima facciata: fra le quali, cioè allato à quella del carroccio, fu poi dato ad esso Buschetto honorato sepolcro con tre Epitaffij, dequali è questo vno, in versi Latini, non punto dissimili dall'altre cose di que' tempi.

Quod vix mille boum possent iuga iuncta mouere,
Et quod vix potuit per mare ferre ratis,
Buschetti nisu, quod erat mirabile visu,
Dena puellarum turba leuauit onus.

Et perche si è di sopra fatto menzione della chiesa di S. Apostolo di Firenze, non tacerò; che in vn marmo di essa dall'uno de lati dell' Altare maggiore si leggono queste parole. VIII°. V°. DIE VI APRILIS in resurrectione DÑI KAROLVS Francorum rex a Roma reuertens, ingressus Florentiam cum magno gaudio, & tripudio susceptus, ciuium copiam torqueis aureis decorauit. ECCLESIA Sanctorum Apostolorum in Altari inclusa est lamina plumbea in qua descripta apparet præfata fundatio; & consecratio facta per ARCHIEPM TVRPINVM, testibus ROLANDO & VLIVERIO.

L'edifizio sopradetto del Duomo di Pisa suegliando per tutta Italia, & in Toscana maßimamente l'animo di molti à belle imprese fu cagione, che nella Città di Pistoia si diede principio l'Anno mille & trentadue alla Chiesa di San Paulo, presente il beato Atto, Vescouo di quella Città, come si legge: in vn contratto fatto in quel

quel tempo; & in somma à molti altri edifizij, de' quali troppo lungo sarebbe fare al presente menzione.

Non tacerò gia continuando l'andar de' tempi, che l'Anno poi mille, & sessanta fu in Pisa edificato il Tempio tondo di San Giouanni, dirimpetto al Duomo, & in sulla medesima piazza. Et quello, che è cosa marauigliosa, & quasi del tutto incredibile, si truoua per ricordo in vno antico libro dell'opera del Duomo detto, che le colonne del detto San Giouanni, i pilastri, & le volte furono rizzate, & fatte in quindici giorni, & non piu. Et nel medesimo Libro, ilquale può chiunche n'hauesse voglia vedere, si legge, che per fare quel tempio, fu posta vna grauezza d'un danaio per fuoco, ma non vi si dice gia se d'oro, ò di piccioli. Et in quel tempo erano in Pisa, come nel medesimo Libro si vede, trentaquattro mila fuochi. Fu certo questa opera grandissima, di molta spesa, & difficile à condursi, & massimamente la volta della Tribuna fatta à guisa di pera, & disopra coperta di Piombo. Il di fuori è pieno di Colonne, d'intagli, e d'Historie: & nel fregio della porta di mezzo è vn GIESV CHRISTO con dodici Apostoli di mezzo rilieuo, di maniera Greca.

I Lucchesi ne' medesimi tempi, cioè l'Anno mille, & sessant'vno, come concorrenti de' Pisani principiarono la Chiesa di San Martino in Lucca, col disegno, non essendo allhora altri Architetti in Thoscana, di certi discepoli di Buschetto: Nella facciata dinanzi della qual Chiesa, si vede appiccato vn portico di marmo con molti ornamenti, & intagli di cose fatte in memoria di Papa Alessandro secondo, stato poco innanzi, che fusse assunto al Pontificato, Vescouo di quella Città. Dellaquale edificazione, & di esso Alessandro, si dice in noue versi Latini pienamente ogni cosa. Il medesimo si vede in alcune altre lettere Antiche, intagliate nel marmo sotto il portico in fra le porte. Nella detta facciata sono alcune figure, & sotto il portico molte storie di marmo di mezzo rilieuo della vita di San Martino, & di maniera Greca. Ma le migliori, lequali sono sopra vna delle porte, furono fatte cento settanta anni doppo, da Nicola Pisano, & finite nel mille ducento trentra tre, come si dirà al luogo suo, essendo operai, quando si cominciarono, Abellenato, & Aliprando, come per alcune lettere nel medesimo luogo intagliate in marmo, apertamente si vede. Lequali figure di mano di Nicola Pisano mostrano quanto per lui migliorasse l'Arte della Scultura. Simili à questi furono per lo piu, anzi tutti gl' Edifizij, che da i tempi detti di sopra, insino all'Anno mille dugento cinquanta furono fatti in Italia: percioche poco, o nullo acquisto, ò miglioramento si vide nello spazio di tanti Anni hauere fatto l'Architettura; ma essersi stata ne i medesimi termini, & andata continuando in quella goffa maniera, della quale anchora molte cose si veggiono, di che non farò al presente alcuna memoria, perche se ne dirà di sotto, secondo l'occasioni, che mi si porgeranno.

Le Sculture, & le Pitture similmente buone, state sotterrate nelle rouine d'Italia, si stettono insino al medesimo tempo rinchiuse, o non conosciute da gl'huomini,

ingrossa-

ingrossati nelle goffezze del moderno uso di quell'età, nella quale non si usauano altre Sculture, ne pitture, che quelle, lequali un residuo di vecchi artefici di Grecia faceuano, ò in imagini di terra, & di pietra, o dipignendo figure mostruose, et coprendo solo i primi lineamenti di colore. Questi artefici, come migliori, essendo soli in queste professioni, furono condotti in Italia; doue portarono insieme col musaico la Scultura, & la Pittura in quel modo, che la sapeuano. Et cosi le insegnarono agl'Italiani goffe, & rozzamente. I quali Italiani poi se ne seruirono, come si è detto, & come si dirà insino à un certo tempo.

Et gl'huomini di que' tempi, non essendo usati a veder altra bontà, ne maggior perfezzione nelle cose, di quella, che essi uedeuano, si marauigliauano; e quelle, ancora che baronesche fossero, non dimeno per le migliori apprendeuano, pur gli spirti di coloro, che nasceuano, aitati in qualche luogo dalla sottilità dell'aria si purgarono tanto, che nel MCCL. il cielo à pietà mossosi de i belli ingegni, che'l terren' Toscano produceua ogni giorno, gli ridusse alla forma primiera. Et se bene gli innanzi à loro haueuano veduto residui d'archi, o di colossi, o di statue, o pili, o colonne storiate, nell'età, che furono dopo i sacchi, & le ruine, & gl'incendi di Roma; e' non seppono mai valersene, o cauarne profitto alcuno, sino al tempo detto di sopra, gl'ingegni, che vennero poi, conoscendo assai bene il buono dal cattiuo, e abbandonando le maniere vecchie, ritornarono ad imitare le antiche, con tutta l'industria, & ingegno loro. Ma perche piu ageuolmente s'intenda, quello che io chiami vecchio, & antico, Antiche furono le cose innanzi à Costantino, di Corintho, d'Athene, & di Roma, & d'altre famosissime città, fatte fine à sotto Nerone à i Vespasiani, Traiano, Adriano, & Antonino; percioche l'altre si chiamano vechie, che da S. Saluestro in quà furono poste in opera da un certo residuo de' Greci, i quali piu tosto tignere, che dipignere sapeuano. Perche essendo in quelle guerre morti gl'eccellenti primi artefici, come si è detto, al rimanente di que' Greci vecchi, & non antichi altro nõ era rimaso, che le prime linee in un campo di colore; come di ciò fanno fede hoggidi infiniti musaici, che per tutta Italia lauorati da essi greci si veggono per ogni vecchia chiesa di qual si voglia città d'Italia, & massimamente nel duomo di Pisa, in San Marco di Vinegia, & ancora in altri luoghi, & cosi molte pitture, continouando fecero di quella maniera con occhi spiritati, & mani aperte in punta di piedi, come si vede ancora in S. Miniato fuor di Fiorenza fra la porta, che ua in Sagrestia, & quella che ua in conuento, & in S. Spirito di detta città tutta la banda del chiostro verso la chiesa, & similmente in Arezzo in S. Giuliano, & in S. Bartolomeo, & in altre chiese, & in Roma in S. Pietro nel vecchio storie intorno intorno fra le finestre, cose che hanno piu del mostro nel lineamento, che effigie di quel che si sia.

Di Scultura ne fecero similmente infinite, come si vede ancora sopra la porta di S. Michele à Piazza Padella di Fiorenza di bassorilieuo, & in Ogni Santi, & per molti luoghi sepulture, & ornamenti di porte per chiese, doue hanno per mensole certe figure per regger il tetto, cosi goffe, & si ree, & tanto malfatte, di grossezza, & di maniera, che par' impossibile, che imaginare peggio si potesse. Sino a qui mi è parso discorrere, dal principio della Scultura, & della Pittura; & per auuentura piu largamente, che in questo luogo non bisognaua. Ilche ho io però fatto, non tanto tra portato dall'affezzione della arte; quanto mosso dal benefizio, & utile comune degli artefici nostri. I quali hauendo ueduto in che modo ella da piccol principio, si conducesse a la somma altezza; e come da grado si nobile precipitasse in ruina estrema: e perconseguente la natura di questa arte, simile a quella dell'altre, che come i corpi humani, hanno, il nascere, il crescere, lo inuecchiare, & il morire; Potranno hora piu facilmente conoscere il progresso della sua rinascita; & di quella stessa perfezzione, doue ella è risalita ne' tempi nostri. Et a cagione ancora, che se mai (ilche non acconsenta Dio) accadesse per alcun tempo per la trascuraggine degli huomini, o per la malignita de' Secoli, o pure per ordine de' Cieli, i quali non pare, che uoglino le cose di quaggiù mantenersi molto in vno essere; ella incorresse di nuouo, nel medesimo disordine di rouina, possino queste fatiche mie, qualunche elle si siano, (se elle però saranno degne di piu benigna fortuna) per le cose discorse innanzi, & per quelle che hanno da dirsi, mentenerla in vita; O al meno dare animo, à i piu eleuati ingegni di prouederle migliori aiuti: Tanto, che con la buona uolontà mia, e con le opere di questi tali, ella abbondi di quelli aiuti, & ornamenti, de' quali (siami lecito liberamente dire il uero) ha mancato sino a quest'hora. Ma Tempo è di uenire hoggi mai a la uita di Giouanni Cimabue; Il quale si come dette principio al nuouo modo di disegnare, e di dipignere, così è giusto, & conueniente, che e' lo dia ancora alle uite, nelle quali mi sforzerò di osseruare il piu che si possa, l'ordine delle maniere loro piu che del Tempo. Et nel discriuere le forme, & le fortezze de gl'artefici sarò breue, perche i ritratti loro, i quali sono da me stati messi insieme cõ non minore spesa, e fatica, che diligẽza, meglio dimostreranno quali essi artefici fussero, quanto all'effigie, che il raccontarlo non sarebbe gia mai, & se d'alcuno mancasse il ritratto, cio non è per colpa mia, ma per non si essere in alcuno luogo trouato. Et se i detti ritratti non paressero a qualcuno per auuentura simili affatto ad altri, che si trouassono, uoglio, che si consideri, che il ritratto fatto d'uno quando era di diciotto o venti anni, non sarà mai simile al ritratto, che sarà stato fatto quindici o venti anni poi. A questo si aggiugne, che i ritratti dissegnati non somigliano mai tanto bene, quanto fanno i coloriti: Senza, che gl'intagliatori, che non hanno disegno, tolgono sempre alle figure, per non potere, ne sapere fare appunto quelle minuzie, che le fanno esser buone, & somigliare, quella perfezzione, che rade volte, o non mai hanno i ritratti intagliati in legno. In somma quanta sia stata in cio la fatica, spesa, e diligenza mia coloro il sapranno, che leggendo vedranno onde io gli habbia, quanto ho potuto il meglio ricauati &c.

Fine del proemio delle vite.

DELLE VITE DE' PITTORI, SCVLTORI, ET ARCHI-TETTORI,

Che sono stati da Cimabue in quà,

SCRITTE DA M. GIORGIO VASARI
PITTORE ARETINO.

Parte Prima.

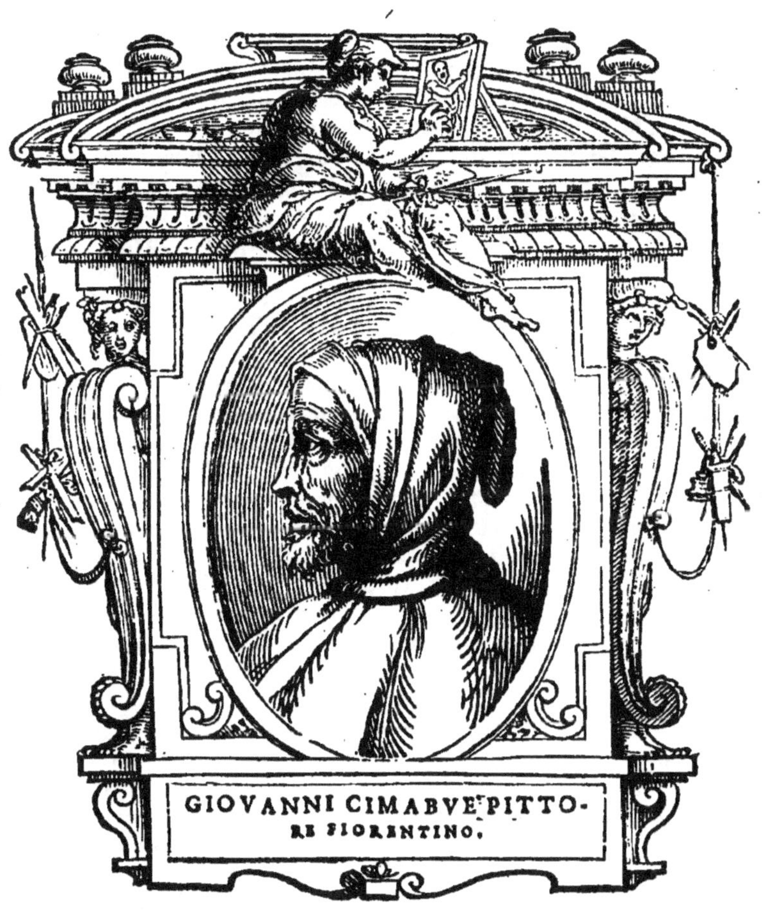

VITA DI CIMABVE PITTORE FIORENTINO.

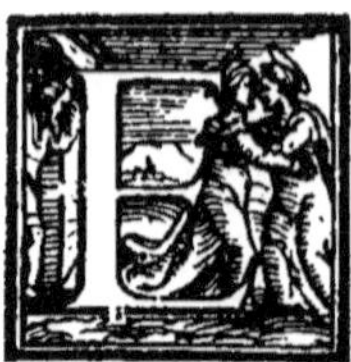

RANO per l'infinito Diluuio de'mali, che haueuano cacciato al disotto, e affogata la misera Italia, non solamēte rouinate quelle, che veramente fabriche chiamar si poteuano; Ma, quello, che importaua piu, spento affatto tutto il numero degl' artefici; Quando, come Dio volle, nacque nella città di Fiorenza l'anno MCCXL. per dar e primi lumi all'Arte della Pittura, GIOVANNI cognominato Cimabue della nobil famiglia in que tempi di Cimabui; costui crescendo, per esser giudicato dal padre, & da altri di bello, e acuto ingegno, fu mandato, accio si esercitasse nelle lettere, in S. Maria Nouella à vn maestro suo parente, che allora insegnaua grammatica a'Nouizij di quel conuento; Ma Cimabue in cambio d'attendere alle lettere, consumaua tutto il giorno, come quello, che acio si sentiua tirato dalla Natura, in dipingere in su libri, & altri fogli, huomini, caualli, casamenti, & altre diuerse fantasie; Allaquale inclinatione di Natura fu fauoreuole la fortuna; perche essendo chiamati in Firenze, da chi allhora gouernaua la città, alcuni pittori di Grecia, nō per altro, che per rimettere in Firenze la pittura, piu tosto perduta, che smarrita, cominciarono fra l'altre opere tolte à far nella città, la capella de'Gondi, di cui hoggi le volte, e le facciate, sono poco meno, che consumate dal tempo; come si puo vedere in Santa Maria Nouella, allato alla principale capella, doue ell'è posta, Onde Cimabue, cominciato a dar'principio à questa arte, che gli piaceua, fuggendosi spesso dalla scuola, staua tutto il giorno a vedere lauorare que'maestri; Di maniera, che giudicato dal padre, & da quei pittori in modo atto alla pittura, che si poteua di lui sperare, attendendo a quella professione, honorata riuscita; con non sua piccola sodisfattione fu da detto suo padre acconcio con esso loro, la doue di continuo esercitandosi l'aiutò in poco tempo talmente la Natura, che passò di gran lunga, sì nel disegno, come nel colorire la maniera de' maestri, che gli insegnauano, i quali non si curando passar piu innanti, haueuano fatte quelle opre nel modo, che elle si veggono hoggi; cioè non nella buona maniera greca antica, ma in quella goffa moderna di que'tempi; & perche, se bene imitò que'Greci, aggiunse molta perfezzione all'arte, leuandole gran parte della maniera loro goffa, honorò la sua patria col nome, & con l'opre, che fece, di che fanno fede in Fiorenza le pitture, che egli lauorò, come il Dossale dell'altare di S. Cecilia, & in S. Croce vna tauola drentoui vna nostra donna, laquale fu, & è ancora appoggiata in vno pilastro a man destra intorno al coro. Doppo la quale fece in vna tauoletta in campo d'oro vn S. Francesco, e lo ritrasse, il che fu cosa nuoua in que'tempi, di naturale, come seppe il meglio, & intorno a esso tutte l'istorie della vita sua in vēti quadretti pieni di figure piccioleo in campo d'oro. Hauendo poi preso a fare, per i Monaci di Vall'Ombrosa, nella badia di S. Trinita di Fiorenza vna gran tauola, mostrò in quella opera, vsandoui gran diligenza, per rispondere alla fama, che gia era conceputa di lui, migliore inuentione, & bel modo nell'attitudini d'una nostra Dōna, che fece col figliuolo in braccio, e cō molti angeli intorno, che l'adorauano in cāpo d'oro, laqual tauola finita fu posta da que'monaci in sull'altar Maggiore di detta chiesa; donde essendo poi leuata, per dar quel luogo alla tauola, che v'è hoggi di Alesso Baldouinetti, fu posta in vna capella minor della Nauata sinistra di detta chiesa. Lauorando poi in fresco allo spedale del Porcellana, sul cāto della via nuoua, che va in borgo Ognisanti nella facciata dinanzi, che ha in mezo la porta principale, da vn lato la Vergine Annunziata da l'Angelo, & da l'altro Giesu Christo con Cleofas, & Luca, figure grandi quanto il naturale; leuò via quella vecchiaia, facendo in quest'opra i panni, & le vesti, e l'altre cose vn poco piu viue, & naturali, & piu morbide, che la maniera di que' greci tutta piena di linee, e di proffili, così nel musaico, come nelle pitture; la qual maniera scabrosa, & goffa; & ordinaria haueuano, non mediāte lo studio, ma per vna cotal vsanza insegnato l'uno all'altro, per molti, & molti anni, i pittori di que' tempi, senza pensar mai a migliorare il disegno, à bellezza di colorito, ò inuentione alcuna, che buona fusse. Essendo dopo quest' opra richiamato Cimabue dallo stesso guardiano, che gl'haueua fatto l'opere di S. Croce, gli fece vn Crocifisso grande in legno, che ancora hoggi si vede in chiesa, laquale opera fu cagione parendo al guardiano esser stato seruito bene, che lo conducesse in S. Francesco di Pisa loro cōuento, a fare ī vna tauola vn S. Frācesco, che fu da que' popoli tenuto cosa rarissima, conoscendosi in esso vn certo chè, piu di bontà, e nell'aria della testa, e nelle pieghe de' panni, che nella maniera greca non era stata vsata in sin'allora da chi haueua alcuna cosa lauorato, nō pur'in Pisa, ma in tutta Italia. Hauendo poi Cimabue, per la medesima chiesa fatto in vna tauola grande, l'immagine di nostra Donna col figliuolo in collo, e con molti angeli intorno, pur in campo d'oro, ella fu dopo non molto tēpo leuata di doue ell'era stata collocata la prima volta, per farui l'altare di marmo, che vi è al presente; e posta dentro alla chiesa allato alla porta, a man māca. Per laquale opera fu molto lodato, & premiato da' Pisani. Nella medesima città di Pisa, fece a richiesta dell'Abbate allora di S. Paulo in Ripa d' Arno in vna tauoletta vna S. Agnesa, & intorno a essa di figure piccole tutte le storie della vita di lei, la qual tauoletta è hoggi sopra l'altare delle vergini in detta chiesa. Per queste opere dunque, essendo assai chiaro per tutto il nome di Cimabue, egli fu condotto in Ascesi città dell'Vmbria, doue in compagnia d'alcuni maestri greci dipinse nella chiesa di sotto di S. Francesco parte delle volte, e nelle facciate la vita di Giesu Christo, e quella di S. Francesco Nellequali pitture passò di gran lunga que' pittori greci: onde cresciutogli l'animo, cominciò da se solo a dipigner a fresco la chiesa di sopra, e nella tribuna maggiore fece sopra il choro in quattro facciate alcune storie della nostra Donna, cioè la morte; quando è da Cristo portata l'anima di lei in cielo sopra vn trono di nuuole; & quando in mezzo a vn coro d' Angeli la corona, essendo da pie gran numero di santi, e sante hoggi dal tempo, e dalla poluere consumati. Nelle crociere poi delle volte di detta chiesa, che sono cinque, dipinse similmente molte storie; Nella prima sopra il coro fece i quattro euangelisti maggiori del viuo, e così bene, che ancor hoggi si conosce in loro assai del buono; & la freschezza de' colori nelle carni, mostrano, che la pittura cominciò a fare per le fatiche di Cimabue grande acquisto nel lauoro a fresco. La seconda crociera fece piena di stelle d'oro in campo d'azurro oltramarino. Nella terza fece in alcuni tondi Giesu Christo, la Vergine sua madre, S. Giouanni Battista,

&

& S. Francesco, cioè in ogni tondo vna di queste figure, & in ogni quarto della volta vn tondo. E fra questa, e la quinta crociera, dipinse la quarta di stelle d'oro, come di sopra in azurro d'oltramarino. Nella quinta dipinse i quattro Dottori della chiesa, & appresso a ciascuno di loro, vna delle quattro prime religioni, opera certo faticosa, & condotta con diligenza infinita. Finite le volte lauorò pure in fresco le facciate di sopra della banda manca di tutta la chiesa, facendo verso l'altar maggiore fra le finestre, & insino alla volta otto storie del testamento vecchio, cominciandosi dal principio del Genesi, e seguitando le cose piu notabili. Et nello spazio, che è intorno alle finestre insino a che le terminano in sul corridore, che gira intorno dentro al muro della Chiesa dipinse il rimanente del testamento vecchio in altre otto storie. E dirimpetto a questa opera in altre sedici storie, ribattēdo quelle, dipinse i fatti di nostra dōna, e di Giesu Christo. E nella facciata da pie sopra la porta principale, e intorno all'occhio della Chiesa, fece l'ascendere di lei in cielo, et lo spirito santo, che discende sopra gl'Apostoli. La qual opera veramente grandissima, & ricca & benissimo condotto, douette per mio giudizio, fare in que' tempi stupire il mondo, essendo massimamente stata la pittura tanto tempo in tanta cecità. & a me, che l'anno 1563. la riuidi parue bellissima, pensando come in tante tenebre potesse veder Cimabue tanto lume. Ma di tutte queste pitture (al che si deue hauer considerazione) quelle delle volte, come meno dalla poluere, e da gl'altri accidenti offese, si sono molto meglio, che l'altre cōseruate. Finite queste opere, mise mano Giouanni a dipignere le facciate di sotto, cioè quelle che sono dalle finestre in giu, & vi fece alcune cose, ma essendo a Firenze da alcune sue bisogne chiamato, non seguito altramente il lauoro; ma lo finì, come al suo luogo si dirà, Giotto, molti anni dopo. Tornato dunque Cimabue a Firenze, dipinse nel chiostro di S. Spirito, doue è dipinto alla greca da altri maestri, tutta la banda di verso la Chiesa, tre Archetti di sua mano, della vita di CRHISTO, & certo con molto disegno. Et nel medesimo tempo mandò alcune cose da se lauorate in Firenze, a Empoli, lequali ancor hoggi sono nella pieue di quel castello tenute in gran venerazione. Fece poi per la Chiesa di Santa MARIA Nouella la Tauola di Nostra Donna, che è posta in alto fra la capella de' Rucellai, e quella de' Bardi da Vernia; Laquale opera fu di maggior grandezza, che figura, che fusse stata fatta insin'a quel tempo. Et alcuni Angeli, che le sono intorno, mostrano, ancor che egli hauesse la maniera greca, che s'andò accostando in parte al lineamento, & modo della moderna. Onde fu questa opera di tanta marauiglia ne' popoli di quell'età, per nō si esser veduto insino allora meglio, che da casa di Cimabue fu con molta festa, & con le trombe alla chiesa portata con solennissima processione, & egli percio molto premiato, & honorato. Dicesi, & in certi ricordi di vecchi pittori si legge, che mētre Cimabue la detta tauola dipigneua in certi orti appresso porta S. Piero; che pasò il Re Carlo il vecchio d'Angiò per Firenze, et che fra le molte accoglienze fattegli da gl'huomini di questa Città, e lo condussero a vedere la tauola di Cimabue. E che per non essere ancora stata veduta da nessuno, nel mostrarsi al Re vi concorsero tutti gl'huomini, & tutte le Donne di Firenze con grandissima festa, & con la maggior calca del mondo. La onde per l'allegrezza, che n'hebbero i vicini, chiamarono quel luogo Borgoallegri, il-

mo

quale col tempo messo fra le mura della città, ha poi sempre ritenuto il medesimo nome. In S. Francesco di Pisa, doue egli lauorò, come si è detto di sopra, alcune altre cose, è di mano di Cimabue nel chiostro allato alla porta, che entra in chiesa in vn cantone, vna tauolina a tempera, nellaquale è vn Christo in croce con alcuni Angeli a torno, i quali piangendo pigliano con le mani certe parole, che sono scritte intorno alla testa di Christo, e le mandano all'orecchie d'una nostra Donna, che a man ritta, sta piangendo, e dall'altro lato a san Giouanni Euangelista, che è tutto dolente a man sinistra: E sono le parole alla Vergine; MVLIER ECCE FILIVS TVVS, e quelle a san Giouanni: ECCE MATER TVA. E qlle, che tiene in mano vn'altr'angel'appartato: dicano ex illa hora accepit eam discipulus in suam. Nel che è da considerare, che Cimabue cominciò a dar lume, & aprire la via all'inuenzione, aiutando l'arte cō le parole, per esprimere il suo concetto; Il che certo fu cosa capricciosa, e nuoua. Hora, perche, mediante queste opere, s'haueua acquistato Cimabue con molto vtile grandissimo nome, egli fu messo per Architetto in compagnia d' Arnolfo Lapi, huomo allora nell'architettura eccellente, alla fabrica di S. Maria del Fior in Fiorenza: Ma finalmente, essendo viuuto sessanta anni passò all'altra vita l'anno Mille trecento, hauendo poco meno, che resuscitata la pittura. Lasciò molti discepoli, e fra gl'altri Giotto, che poi fu Ecc. pittore, Ilquale Giotto habitò dopo Cimabue nelle proprie case del suo Maestro nella via del Cocomero. fu sotterato Cimabue in S. Maria del fiore con questo epitaffio fattogli da uno de' Nini.

Credidit vt Cimabos picturæ castra tenere,
Sic tenuit; Nunc tenet astra poli.

Non lascerò di dire, che se alla gloria di Cimabue, non hauesse contrastato la grandezza di Giotto suo discepolo, sarrebbe stata la fama di lui maggiore, come ne dimostra Dante nella sua comedia, doue alludendo nell'undecimo cāto del purgatorio, alla stessa inscrizzione della sepoltura, disse:

Credette Cimabue, nella pittura
Tener lo campo, & hora ha Giotto il grido;
Si che la fama di colui oscura.

Nella dichiarazione de' quali versi vn Comentatore di Dante, ilquale scrisse nel tempo, che Giotto viuea; E dieci, o dodici anni dopo la morte d'esso Dāte, cio è in torno agl'anni di Christo Mille trecento trentaquattro, dice, parlando di Cimabue queste proprie parole precisamente: Fu Cimabue di Firenze pintore nel tempo di lautore, molto nobile di piu che homo sapesse, & con questo fue si arogante, & si disdegnoso, che si per alcuno li fusse a sua opera posto alcun fallo, o difetto o elli da se lauessi veduto: che come accade molte volte l'Artefice pecca per difetto della materia, in che adopra; o per mancamento ch'è nello strumento con che lauora: Inmantenente quell' opra disertaua, fussi cara quanto volesse. Fu, & è Giotto in tra li dipintori il piu sommo della medesima Città di Firenze, e le sue opere il testimoniano a Roma, a Napoli, a vignone, a Firenze, a Padoua, & in molte parti del mondo &c. il qual comento è hoggi appresso il molto R. Don Vincenzio Borghini priore degl'Innocenti, huomo non solo per nobilità, bontà e dottrina chiarissimo,

rissimo, ma anco così amatore, & intendente di tutte l'arti migliori, che ha meritato esser giudiziosamente eletto dal S. Duca Cosimo in suo luogotenente nella nostra Accademia del disegno. Ma per tornare a Cimabue, oscurò Giotto veramente la fama di lui, non altrimenti, che vn lume grande faccia lo splendore d'vn molto minore; percioche se bene fu Cimabue quasi prima cagione della rinouazione dell'arte della pittura, Giotto nō dimeno suo creato, mosso da lodeuole ambizione, & aiutato dal Cielo, & dalla Natura, fu quegli, che andando piu alto col pensiero, aperse la porta della verità à coloro, che l'hanno poi ridotta a quella perfezzione, e grandezza in che la veggiamo al secolo nostro. Il quale auezzo ogni di a vedere le marauiglie, i miracoli, e l'impossibilità degli artefici in questa arte, è condotto hoggimai a tale, che di cosa, che facciano glihuomini, bēche piu diuina, che humana sia, pūto non si marauiglia. E buon per coloro, che lodeuolmente s'affaticano, se in cambio d'essere lodati, & ammirati, non ne riportassero biasimo, e molte volte vergogna. Il ritratto di Cimabue si vede di mano di Simon Sanese nel capitolo di Santa Maria Nouella fatto in profilo nella storia della fede, in vna figura, che ha il viso magro, la barba piccola, rossetta, & apuntata, con vn capuccio, secondo l'uso di quei tempi, che lo fascia intorno intorno, e sotto la gola con bella maniera. Quello, che gli è alato, è l'istesso Simone maestro di quell'opera, che si ritrasse da se con due specchi, per fare la testa in profilo, ribattēdo l'uno nel l'altro. E quel soldato coperto d'arme, che è fra loro, è secondo si dice, il Cōte Guido Nouello, signore allora di Poppi. Restami à dire di Cimabue, che nel principio d'un nostro libro, doue ho messo insieme disegni di propria mano di tutti coloro, che da lui in quà, hanno disegnato, si vede di sua mano alcune cose piccole, fatte à modo di minio; nelle quali come ch'hoggi forse paino anzi goffe, che altrimenti, si vede quanto per sua opera acquistasse di bontà il disegno.

Fine della Vita di Cimabue.

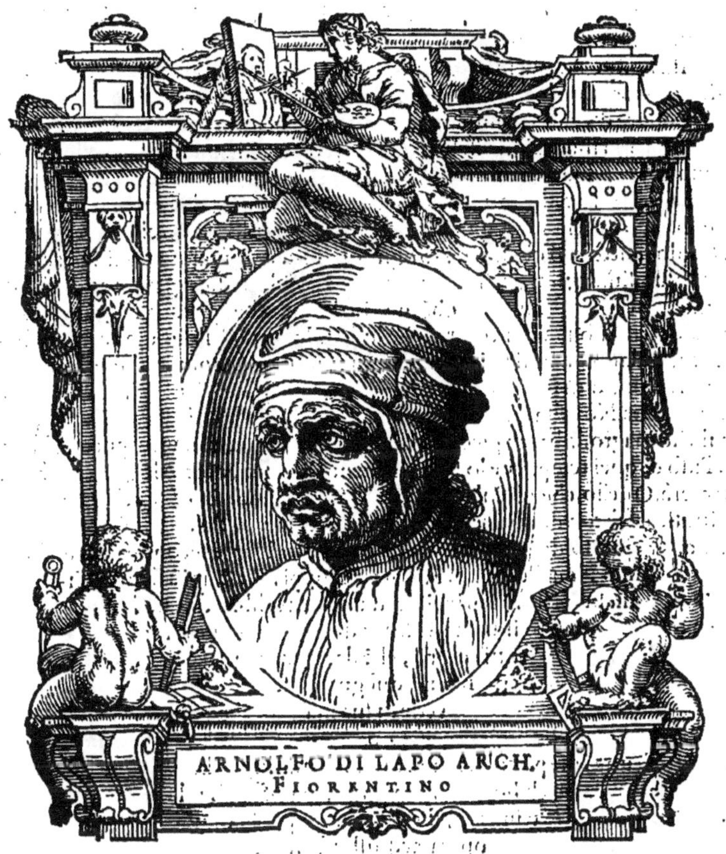

VITA D'ARNOLFO DI LAPO ARCHITETTO FIORENTINO.

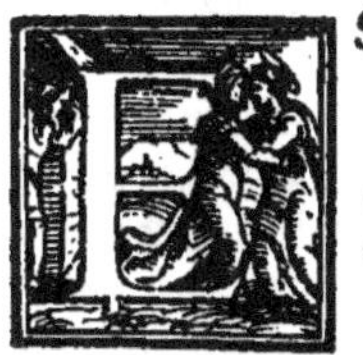

SSENDOSI ragionato nel proemio delle vite d'alcune fabriche di maniera vecchia non antica, e taciuto per non saperglì, i nomi degl' Architetti, che le fecero fare; farò mentione nel proemio di questa vita d'Arnolfo, d'alcuni altri edifizij fatti ne'tempi suoi o poco inanzi, de quali non si sa similmente chi furono i Maestri. E poi di quelli, che furono fatti ne'medesimi tempi, de'quali si sa chi furono gl'Architettori, o per riconoscersi benissimo la maniera d'essi edifizij, o per hauerne notizia hauuto, mediante gli scritti, e memorie lasciate da loro nelle opere fatte. Ne sarà cio fuor di proposito, perche se bene non sono ne di bella, la, ne di buona maniera, ma solamente grandissimi, e magnifici, sono degni nondimeno di qualche considerazione. Furono fatti dunque al tempo di Lapo, e d'Arnolfo suo figliuolo molti edifizij d'importanza in Italia, e fuori, de' quali non ho potuto trouare io gl'architettori, come sono la Badia di Moreale in Sicilia, il Piscopio di Napoli, la Certosa di Pauia, il Duomo di Milano, san Piero, e san Petronio di Bologna, & altri molti, che per tutta Italia fatti con incredibile spesa si veggiono. I quali tutti edificij, hauendo io veduti, & considerati, e cosi molte Sculture di que' tempi, e particolarmente in Rauenna, e non hauendo trouato mai, non che alcuna memoria de' Maestri, ma ne anche molte volte, in che millesimo fussero fatte, non posso se non marauigliarmi della goffezza, & poco disiderio di gloria degl'huomini di quell'età. Ma tornando a nostro proposito, dopo le fabriche dette di sopra, cominciarono pure a nascere alcuni di spirito piu eleuato, i quali se non trouarono, cercarono almeno di trouar qualche cosa di buono. Il primo fu Buono del quale non so ne la patria, ne il cognome, perche egli stesso, facendo memoria di se in alcuna delle sue opere, non pose altro, che semplicemente il nome. Costui, il quale fu Scultore, & Architetto fece primieramente in Rauenna molti palazzi, & Chiese, & alcune Sculture ne gl'anni di nostra salute 1152 per le quali cose venuto in cognizione fu chiamato a Napoli doue fondò, se bene furono finiti da altri, come si dirà; Castel Capoano, & Castel dell'Vuouo, & dopo al tempo di Domenico Morosini Doge di Vinezia, fondò il Campanile di S. Marco con molta considerazione, & giudizio, hauendo cosi bene fatto palificare, e fondare la piatea di quella torre, ch'ella non ha mai mosso vn pelo, come hauer fatto molti edifizij fabricati in quella Città inanzi a lui, si è veduto, e si vede. E da lui forse appararono i Viniziani a fondare nella maniera, che hoggi fanno i bellissimi, & ricchissimi edifizij, che ogni giorno si fanno magnificamente in quella nobilissima Città. Bene è vero, che non ha questa torre altro di buono in se ne mauiera, ne ornamento, ne in sōma cosa alcuna, che sia molto lodeuole. Fu finita sotto Anastasio quarto, & Adriano quarto, pōtefici, l'anno 1154. Fu similmente Architettura di buono la Chiesa di S. Andrea di Pistoia, e sua Scultura vn'Architraue di marmo, che è sopra la porta; pieno di figure fatte alla maniera de' Gotti, nelquale Architraue è il suo nome intagliato, e in che tempo fu da lui fatta quell'opera, che fu l'anno 1166. Chiamato poi a Firenze, diede il disegno di ringrandire, come si fece, la Chiesa di Santa Maria Maggiore, la quale era allhora fuor della Città, et hauuta in Venerazione, per hauerla sagrata Papa Pelagio molti anni inanzi; & per esser quanto alla grandezza, e maniera assai ragioneuole corpo di Chiesa.

Condotto poi Buono da gl'Aretini nella loro Città, fece l'habitazione vecchia de signori d'Arezzo, cio è vn Palazzo della maniera de' Gotti, & appresso a quello vna Torre per la Campana; Il quale edificio, che di quella maniera era ragioneuole, fu gettato in terra, per essere dirimpetto, e assai vicino alla fortezza di quella Città, l'anno 1533. pigliando poi l'arte alquanto di migliorame te, per l'opere d'un Guglielmo di nazione (Credo io) Tedesco, furono fatti alcuni edifizij di grandissima spesa, e d'un poco migliore maniera: perche questo Guglielmo, secondo, che si dice, l'anno 1174. insieme con Bonanno Scultore fondò in Pisa il Campanile del Duomo, doue sono alcune parole intaglia te, che dicono A.D.MC74 Cãpanile hoc fuit fundatum, Mense Aug. Ma non hauendo questi due Architetti molto pratica di fondare in Pisa, e percio nõ palificando la piatea, come doueuano, prima, che fussero al mezzo di quella fabrica ella inchinò da vn lato, & piegò in sul piu debole, di maniera, che il detto Campanile pende sei braccia, & mezzo, fuor del diritto suo, secondo, che da quella banda calò il fondamento; & se bene cio nel disotto è poco, e all'altezza si dimostra assai con fare star altrui marauigliato; come possa essere, che non sia rouinato, e non habbia gettato peli; la ragione è, perche questo edifizio è tondo, fuori, e dentro, e fatto a guisa d'ua pozzo voto, e collegato di maniera con le pietre, che è quasi impossibile, che rouini, e massimamente aiutato da i fondamenti, che hanno fuor della Terra vn getto di tre braccia, fatto come si vede, dopo la calata del Campanile, per sostentamento di quello. Credo bene, che non sarebbe hoggi, se fusse stato quadro, in piedi, percioche i cantoni delle quadrature l'harebbono, come spesso si vede auuenire, di maniera spinto in fuori, che sarebbe rouinato. E se la Carisenda, Torre in Bologna e quadra, pende; e non rouina, cio adiuiene perche ella è sottile, e nõ pende tanto non aggrauata da tanto peso a vn gran pezzo, quanto questo Cãpanile, ilquale è lodato, nõ perche habbia in se disegno o bella maniera, ma solamente p la sua strauaganza, non parendo a chi lo vede, che egli possa in niuna guisa sostenersi. E il sopradetto Bonanno mentre si faceua il detto Campanile fece l'anno 1180. la porta Reale di bronzo del detto Duomo di Pisa, nel laquale si veggiono queste lettere: Ego Bonannus Pis. mea arte hanc portam vno anno perfici tempore Benedicti operarij. Nelle muraglie poi, che in Roma furono fatte di spoglie antiche a S. Ianni Laterano sotto Luzio terzo, & Vrbano terzo, pontifici, quãdo da esso Vrbano fu coronato Federigo Imperator si vede, che l'arte andaua seguitando di migliorare, perche certi tempietti, e capelline fatti, come s'è detto, di spoglie hanno assai ragioneuole disegno, & alcune cose in se degne di considerazione, e fra l'altre questa, che le volte furon fatte; per non caricare le spalle di quelli edifizij, di canonni piccoli, & con certi partimenti di stucchi, secondo que'tempi, assai lodeuoli. E nelle cornici, & altri membri, si vede, che gl'artefici si andauano aiutando per trouare il buono. Fece poi fare Innocenzio Terzo in sul monte Vaticano due palazzi, per quel, che si è potuto vedere di assai buona maniera, ma perche da altri Papi furono rouinati, e particolarmente da Nicola quĩto, che disfece, e rifece la maggior parte del palazzo, non ne dirò altro, se nõ che si vede vna parte d'essi nel Torrione Tondo, e parte nella Segrestia Vecchia di S. Piero. Questo Inno. III. ilqual sedette ãni 19. e si dilettò molto di fabricare, fece in Roma molti edifizij, e particolarmẽte, col disegno di Marchiõne Aretino, architetto, et scultore la torre de cõti, cosi nominata dal cognome di lui, che era di qlla famiglia. Il medesimo Marchionne finì l'anno, che Innocenzio terzo morì la fabrica della pieue d'Arezzo, e similmente il Cãpanile, facendo di scultura nella facciata di detta Chiesa tre ordini di colonne, l'una sopra l'altra molto variatamente nõ solo nella foggia de'capitegli, e delle base, ma ancora ne i fusi delle colonne, essendo fra esse alcune grosse, alcune sottili, altre a due a due, altre a 4. a 4. ligate insieme. Parimente alcune sono auolte a guisa di vita, & alcune fatte diuentar figure, che reggono cõ diuersi intagli. Vi fece ancora molti aiali di diuerse

sorti,

foi ti, che reggono i pesi col mezo della schiena, di qste colõne, e tutti cõ le piu strane, e strauaganti inuenzioni, che si posino imaginare, e non pur fuori del buono ordine ãtico, ma quasi fuor d'ogni giusta, e ragioneuole proporzione. Ma con tutto cio, chi va bene considerando il tutto, vede, che egli andò sforzandosi di far bene, e pensò per auuentura hauerlo trouato in quel modo di fare, e in quella capricciosa varietà. Fece il medesimo di scultura nel'arco, che è sopra la porta di detta Chiesa, di maniera barbara, vn Dio padre con certi Angeli di mezzo rilieuo assai grandi. E nell'arco intagliò i dodici mesi, ponendoui sotto il nome suo in lettere tonde, come si costumaua, & il millesimo cio l'anno MCCXVI. Dicesi, che Marchionne fece in Roma, per il medesimo Papa Innocenzio terzo in borgo Vecchio l'edifizio antico dello spedale, e Chiesa di S. Spirito in Sasia, doue si vede ancora qualche cosa del Vecchio: Et a giorni nostri era in piedi la Chiesa antica, quando fu rifatta alla moderna con maggiore ornamento, e disegno da Papa Paulo terzo di Casa Fernese.

Et in Santa Maria maggiore, pur di Roma, fece la Capella di marmo doue è il presepio di Giesu Christo, in essa fu ritratto da lui Papa Honorio terzo di naturale. delquale anco fece la Sepoltura con ornamenti alquanto migliori e assai diuersi della maniera, che allora si vsaua per tutto Italia comunemente. fece anco Marchionne in que' medesimi tempi la porta del fianco di S Piero di Bologna, che veramente fu opera in que tempi di grandissima fattura, per i molti intagli, che in essa si veggiono, come leoni tondi, che sostengono Colonne, & huomini a vso di facchini & altri Animali, che reggono pesi, e nell'arco di sopra fece di tondo rilieuo i dodici mesi, cõ varie fantasie, & ad ogni mese il suo segno celeste, laquale opera douette in que'tempi essere tenuta marauogliosa. Nei medesimi tempi, essendo cominciata la Reglione de'frati minori di S. Francesco, laquale fu dal detto Innocenzio terzo Pontefice confermata l'anno 1206. Crebbe di maniera, non solo in Italia, ma in tutte l'altre parti del mondo cosi la diuozione, come il numero de'frati, che non fu quasi alcuna Città di conto, che non edificasse loro Chiese, & conuenti di grandissima spesa, e ciascuna, secondo il poter suo. La onde hauendo frate Helia due anni inanzi la morte di S. Franc. edificato, mentr'esso S. come Generale era fuori a predicare, & egli guardiano in Ascesi, vna Chiesa col titolo di Nostra Donna, morto che fu S. Francesco concorrendo tutta la Christianita a visitar'il corpo di S. Francesco, che in morte, e in uita era stato conosciuto tanto amico di Dio, et facendo ogni huomo al S. luogo limosina, secõdo il poter suo: Fu ordinato, che la detta Chiesa cominciata da frate Helia, si facesse molto maggiore, e piu Magnifica. Ma essendo carestia di buoni Architettori, & hauendo l'opera, che si haueua da fare, bisogno d'uno Ecc. hauendosi a edificar sopra vn colle altissimo, alle radici delquale camina vn Torrente chiamato Tescio, fu condotto in Ascesi dopo molta considerazione, come migliore di quanti allora si ritrouauano, vn Maestro Iacopo Tedesco; ilquale considerato il sito, & intesa la volontà de'padri, iquali fecero percio in Ascesi vn Capitolo Generale, disegnò vn corpo di Chiesa, e cõuento bellissimo: Facẽdo nel modello tre ordini vno da farsi sotto terra; e gl'altri per due Chiese, vna dellequali sul primo piano seruisse per piazza, con vn portico intorno assai grande, l'altra per chiesa, e che dalla prima si salisse alla seconda, per vn ordine cõmodissimo

M 2

di scale, lequali girassono intorno alla capella maggiore, inginochiandosi in due pezzi, per condurre piu agiatamente alla seconda Chiesa, alla quale diede forma d'un T. facendola cinque volte lunga quanto ell'è larga, e diuidendo l'un vano dall'altro, con pilastri grandi di pietra, sopra i quali poi girò Archi gagliardissimi, e fra l'vno, e l'altro, le volte in crociera. Con si fatto dunque Modello se fece questa veramente grandissima fabrica, e si seguitò in tutte le parti, eccetto, che nelle spalle, di sopra, che haueuano a mettere in mezzo la tribuna, e capella maggiore, e fare le uolte a crociere, perche non le fecero come si è detto, ma in mezzo tondo a botte, perche fussero piu forti. Misero poi dinanzi alla capella Maggiore della chiesa di sotto l'altare, e sotto quello quando fu finito, collocarono cō solennissima traslazione il corpo di S. Francesco. E p̄che la propria sepoltura che serba il corpo del glorioso Sāto è nella prima, cio è nella piu bassa chiesa doue nō va mai nessuno, e che ha le porte murate, Intorno al detto Altare, sono grate di ferro grandissime con ricchi ornamenti di marmo, e di musaico, che laggiu riguardano. è accompagnata questa muraglia dall'uno de' lati, da due sagrestie, e da vn Campanile altissimo, cio è cinque volte alto quāto egli è largo. Haueua sopra vna piramide altissima, a otto facce, ma fu leuata perche minacciaua rouina. Laqual opera tutta fu condotta a fine nello spazio di quattro anni, e non piu dall'ingegno di Maestro Iacopo Tedesco, e dalla sollecitudine di frate Helia: dopo la morte del quale, perche tanta machina p alcun tēpo mai non rouinasse, furono fatti intorno alla Chiesa di sotto 12. gagliardissimi torrioni, & in ciascū d'essi vna scala a chiocciola, che saglie da terra insino in cima. Et col tempo poi vi sono state fatte molte capelle, & altri richissimi ornamenti, de' quali non fa bisogno altro raccontare, essendo questo intorno a cio per hora a bastanza, & massimamente potendo ognuno veder quanto a questo principio di maestro Iacopo, habbiano aggiunto vtilità, ornamēto, e bellezza molti sommi Pontefici, Cardinali, Principi, & altri grā personaggi di tutta Europa. Hora per tornare a maestro Iacopo, Egli mediante questa opera si acquistò tanta fama per tutta Italia, che fu da chi gouernaua allora la Città di Firenze, chiamato, e poi riceuuto quanto piu non si puo dire volentieri, se bene secōdo l'uso, che hanno i Fiorentini, e piu haueuano anticamēte d'abbreuiare i nomi, nō Iacopo, ma Lapo lo chiamarono in tutto il tempo di sua vita, perche habitò sempre con tutta la sua famiglia questa Città. Et se bene andò in diuersi tempi a fare molti edifizij per Toscana, come fu in Casentino il palazzo di Poppi a quel Conte, che haueua hauuto per moglie la bella Gualdrada, et in dote il Casentino: A gl'Aretini il Vescouado, & il palazzo Vecchio de' Signori di Pietra mala, fu nondimeno sempre la sua stanza in Firenze: doue fondate l'anno 1218. le pile del ponte alla Carraia, che allora si chiamò il ponte nuouo, le diede finite in due anni, & in poco tempo poi fu fatto il rimanēte, di legname, come allora si costumaua. Et l'anno 1221. diede il disegno, & fu cominciata con ordine suo, la Chiesa di S. Saluadore del Vescouado, e quella di S. Michele a piazza Padella, doue sono alcune sculture della maniera di que' tempi. Poi dato il disegno di scolare l'acque della Città, fatto alzare la piazza di S. Giouanni, e fatto al tempo di M. Rubaconte da Mandella Milanese il ponte, che dal medesimo ritiene il nome; e trouato l'utiliss. modo di lastricare le strade, che prima si mattonauano

fece

fece il modello del palagio hoggi del Podesta, che allora si fabricò per gl'Anziani. E mãdato finalmente il modello d'una sepoltura in Sicilia alla Badia di Mõreale, per Federigo Imperadore, e d'ordine di Manfredi, si mori, lasciando Arnolfo suo figliuolo, herede, nõ meno della virtu, che delle facultà paterne. Ilquale Arnolfo, dalla cui virtu, non manco hebbe miglioramento l'architettura, che da Cimabue la pittura hauuto s'hauesse, essendo nato l'anno 1232. era qñ il padre mori di trenta anni, & in grandiss. credito, percioche hauendo imparato non solo dal padre tutto quello, che sapeua, ma appresso Cimabue dato opera al disegno, per seruirsene anco nella Scultura, era in tanto tenuto il migliore Arthitetto di Toscana, che non pure fondarono i Fiorentini col parere suo l'ultimo cerchio delle mura della loro Città l'anno 1284. e fecero secondo il disegno di lui di mattoni, & con vn semplice tetto di sopra la loggia, & i pilastri d'Or S. Michele, doue si vẽdeua il grano: ma deliberano p suo consiglio il medesimo anno, che rouinò il Poggio de' Magnuoli, dalla costa di S. Giorgio sopra S. Lucia nella via de' Bardi, mediãte vn decreto publico, che in detto luogo non si murasse piu, ne si facesse alcuno edificio giamai, atteso che per i relassi delle pietre, che hanno sotto gemiti d'acque, sarebbe sempre pericoloso qualunche edifizio vi si facesse. laqual cosa esser vera, si è veduto a giorni nostri con rouina di molti edifizij, e magnifiche case di genti l'huomini. L'anno poi 1285. fondò la loggia, e piazza de' Priori: e fece la capella maggiore, & le due che la mettono in mezzo, della Badia di Firenze, rinouãdo la chiesa, & il coro, che prima molto minore haueua fatto fare il Conte Vgo fondatore di qlla Badia, e facendo per lo Cardinale Giouanni de gl'Orsini, legato del Papa in Toscana, il campanile di detta chiesa, che fu, secondo l'opere di que' tempi, lodato assai, come che non hauesse il suo finimento di macigni, se non poi l'anno 1330. Dopo cio fu fondata col suo disegno l'anno 1294. la Chiesa di S. Croce, doue stanno i frati Minori; laquale condusse Arnolfo tãto grande nella Nauata del mezzo, e nelle due Minori, che cõ molto giudizio, non potendo fare sotto 'l tetto le volte, per lo troppo gran spazio, fece fare Archi da pilastro, a pilastro, e sopra quelli i tetti a frontespizio; per mandar via l'acque piouane cõ docce di pietra murata sopra detti archi, dando loro tanto pẽdio, che fussero sicuri, come sono, i tetti dal pericolo dell'infracidare. laqual cosa, quãto fu nuoua, & ingegnosa, tanto fu vtile, e degna d'essere hoggi considerata. diede poi il disegno de' primi chiostri del conuento Vecchio di quella Chiesa; & poco appresso fece leuare d'intorno al tempio di S. Giouanni, dalla banda di fuori tutte l'Arche, e sepolture, che vi erano di marmo, e di macigno, e metterne parte dietro al Campanile nella facciata della Calonaca, allato alla cõpagnia di S. Zanobi: e rincrostar poi di marmi neri di prato, tutte le otto facciate di fuori di detto S. Giouanni, leuandone i macigni, che prima erano fra que marmi antichi. Volendo in questo mentre i Fiorentini murare in Valdarno di sopra il castello di S. Giouanni, e castel Franco, per commodo della Città, e delle vettouaglie, mediante i mercati, ne fece Arnolfo il disegno l'anno 1295. E sotisfece di maniera cosi in questa, come haueua fatto nell'altre cose, che fu fatto Cittadino Fiorentino. Dopo queste cose, deliberando i Fiorẽtini, come racconta Giouan Villani nelle sue Historie di fare vna Chiesa principale nella loro Città, e farla tale, che per grandezza, e magnificenza, non si

potesse

potesse disiderare, ne maggiore, ne piu bella dall'industria, e potere degl'huomini, fece Arnolfo il disegno, & il modello del non mai a bastanza lodato tempio di S. Maria del Fiore, ordinando, che s'incostrasse di fuori tutta di marmi lauorati, con tante cornici, pilastri, colonne, intagli di fogliami figure, & altre cose, con quante ella hoggi si vede condotta, se non interamente, a vna gran parte almeno della sua perfezzione. Et quello, che in cio fu sopra tutte l'altre cose marauiglioso, fu questo, che incorporando oltre S. Reparata, altre piccole Chiese, e case, che l'erano intorno, nel fare la pianta, che è bellissima, fece cõtãta diligenza, e giudizio fare i fondamenti di si gran fabrica larghi, e profondi, riempiendogli di buona materia, cio è di ghiaia, & calcina, e di pietre grosse in fondo, la doue ancora la piazza si chiama lungo i fondamenti, che eglino hanno benissimo potuto, come hoggi si vede, reggere il peso della gran machina della Cupola, che Filippo di Ser Brunellesco le voltò sopra. Il principio de' quali fondamenti, e di tanto tempio fu con molta solennità celebrato: percioche il giorno della Natiuita di Nostra Donna del 1298. fu gettata la prima pietra dal Cardinale legato del Papa in presenza nõ pure di molti Vescoui, e di tutto il Clero, ma del Podestà ancora, Capitani, priori, & altri Magistrati della Città, anzi di tutto il popolo di Firenze, chiamandola S. MARIA DEL FIORE. E perche si stimò le spese di q̃sta fabrica douere essere, come poi sõ state grandissime, fu posta vna gabella alla Camera del comune di quattro danari per lira di tutto quello, che si mettesse a vscita, e due soldi per testa l'anno: senza, che'l Papa, & il Legato concedettono grandissime indulgenze a coloro, che per cio le porgessino limosine. Non tacerò ancora, che oltre a i fondamẽti larghissimi, e profondi quindici braccia, furono con molta considerazione fatti a ogni Angolo dell'otto facce, quegli sproni di muraglie; percioche essi furono poi quelli, che assicurarono l'animo del Brunellesco a porui sopra molto maggior peso di quello che forse Arnolfo haueua pensato di porui. Dicesi, che cominciãdosi di marmo le due prime porte de' fianchi di S. Maria del Fiore, fece Arnolfo intagliare in vn fregio alcune foglie di fico, che erano l'arme sua, e di maestro Lapo suo padre, e che percio si puo credere, che da costui hauesse origine la famiglia de' Lapi, hoggi nobile in Fiorenza. Altri dicono similmente, che dei discendenti d'Arnolfo discese Filippo di ser Brunellesco. Ma lasciando questo, perche altri credono, che i Lapi siano venuti da Figaruolo, castello in su le foci del pò e tornando al nostro Arnolfo dico, che per la grandezza di questa opera, egli merita infinita lode, e nome eterno; hauendola massimamente fatta incrostare di fuori tutta di marmi di piu colori, e dentro di pietra forte, & fatte insino le minime cantonate di quella stessa pietra. Ma perche ognuno sappia la grandezza apunto di questa marauigliosa fabrica dico che dalla porta insino all'ultimo della capella di S. Zanobi, è la lunghezza di braccia dugento sessanta: è larga nelle crocieri, cento sessantasei. nelle tre Naui br. sessantasei: La Naue sola del mezzo è alta braccia settantadue: E l'altre due Naue minori braccia quarantotto. Il circuito di fuori di tutta la Chiesa è braccia 1280. La cupola è da terra insino al piano della lanterna br. centocĩquanta quattro. La lanterna senza la palla è alta br. trentasei. La palla alta br. quattro. La croce alta braccia otto. Tutta la cupola da terra insino alla sommità della croce è braccia dugento due. Ma tornando ad Arnolfo dico che essendo

ſendo tenuto, come era Ecc. s'era acquiſtato tanta fede, che niuna coſa d'importãza ſenza il ſuo conſiglio ſi deliberaua. onde il medeſimo anno eſſendoſi finite di fondar dal comune di Firenze l'ultimo cerchio delle mura della Città, come ſi diſſe diſopra eſſerſi gia cominciato, & coſi i Torrioni delle porte, e in gran parte tirati inanzi; diede al palazzo de'Signori principio, e diſegno a ſomiglianza di quello, che in Caſentino haueua fatto Lapo ſuo padre a i conti di Poppi. Ma nõ potette gia come, che Mag. e grande lo diſegnaſſe, dargli quella perfezzione, che l'arte, & il giudizio ſuo richiedeuano: percioche eſſendo ſtate disfatte, e mandate per terra le caſe de gl'Vberti rubelli del popolo Fiorentino, e ghibellini, e fattone piazza, potette tãto la ſciocca caparbietá d'alcuni, che nõ hebbe forza Arnolfo, per molte ragioni, che alegaſſe di far ſi, che gli fuſſe conceduto almeno mettere il palazzo in iſquadra, per non hauere voluto chi gouernaua, che in modo neſſuno il palazzo haueſſe i fondamenti in ſul terreno degl'Vberti rebelli. E piu toſto comportarono, che ſi gettaſſe per terra la Nauata diuerſo tramontana di S. Piero Scheraggio, che laſciarlo fare in mezzo della piazza, con le ſue miſure: oltre, che volſono ancora, che ſi vniſſe & accomodaſſe nel palazzo la torre de'Foraboſchi, chiamata la torre della Vaccha, alta cinquanta braccia, per vſo della campana groſſa, & inſieme con eſſa alcune caſe comperate dal comune, per cotale edifizio. Per lequali cagioni niuno marauigliare ſi dee, ſe il fondamento del palazzo è bieco, e fuor di ſquadra, eſſendo ſtato forza, per accommodar la torre nel mezzo, e renderla piu forte, faſciarla intorno colle mura del palazzo, lequali da Giorgio Vaſari Pittore, e architetto eſſendo ſtate ſcoperte l'anno 1561. per raſſettare il detto palazzo al tempo del Duca Coſimo, ſono ſtate trouate boniſsime. Hauendo dunque Arnolfo ripiena la detta torre di buona materia, ad altri Maeſtri fu poi facile farui ſopra il Campanile altiſsimo, che hoggi vi ſi vede, non hauendo egli in termine di due anni finito ſe non il palazzo, ilquale poi di tempo in tempo ha riceuuto que'miglioramẽti, che lo fanno eſſer hoggi diqlla grãdeza, e Maeſtà, che ſi vede. Dopo lequali tutte coſe, e altre molte, che fece Arnolfo, nõ meno commode, e vtili, che belle, eſſendo d'anni ſettanta, mori nel 1300. nel tempo apunto, che Giouanni Villani cominciò a ſcriuere l'hiſtorie vniuerſali de'tempi ſuoi. E perche laſciò non pure fondata S. Maria del Fiore, ma voltate con ſua molta gloria, le tre principali tribune di quella, che ſono ſotto la Cupola, meritò, che di ſe fuſſe fatto memoria in ſul canto della Chieſa dirĩpetto al Campanile, con queſti verſi intagliati in marmo con lettere tonde.

Annus millenis centum bis octonogenis
Venit legatus Roma bonitate Donatus,
Qui lapidem fixit fundo, ſimul & benedixit,
Præſule Franciſco, geſtante pontificatum.
Iſtud ab Arnolpho Templum fuit ædificatum.
Hoc opus inſigne decorans Florentia digne.
Reginæ Cæli conſtruxit mente fideli,
Quam tu Virgo pia, ſemper defende Maria.

Di questo Arnolfo hauemo scritta, con quella brauità, che si è potuta maggiore, la vita: perche se bene l'opere sue non s'appressano a gran pezzo, alla perfezione delle cose d'hoggi, egli merita nondimeno essere cō amoreuole memoria celebrato, hauendo egli fra tante tenebre mostrato a quelli, che sono stati dopo se, la via di caminare alla perfezzione. Il Ritratto d'Arnolfo si vede di mano di Giotto in S. Croce, alato alla capella maggiore, doue i frati piāgono la morte di S. Francesco nel principio della storia, in vno di due huomini, che parlano insieme. Et il ritratto della Chiesa di S. Maria del Fiore, cio è del di fuori con la Cupola, si vede di mano di Simon Sanese nel capitolo di S. Maria Nouella, ricauato dal proprio di legname, che fece Arnolfo. Nel che si considera, che egli haueua pensato di voltare imediate la tribuna in sulle spalle al finimento della prima cornice: la doue Filippo di ser Brunelesco, per leuarle carico, e farla piu suelta, vi aggiunse, prima, che cominciasse a voltarla, tutta quella altezza, doue hoggi sono gl'occhi: laqualcosa sarebbe ancora piu chiara di quello, ch'ell'è se la poca cura, et diligenza di chi ha gouernato l'opera di S. Maria del Fiore negl'anni adietro, non hauesse lasciato andar male l'istesso modello, che fece Arnolfo, e di poi quello del Brunellesco, e degl'Altri.

Il fine della Vita d'Arnolfo.

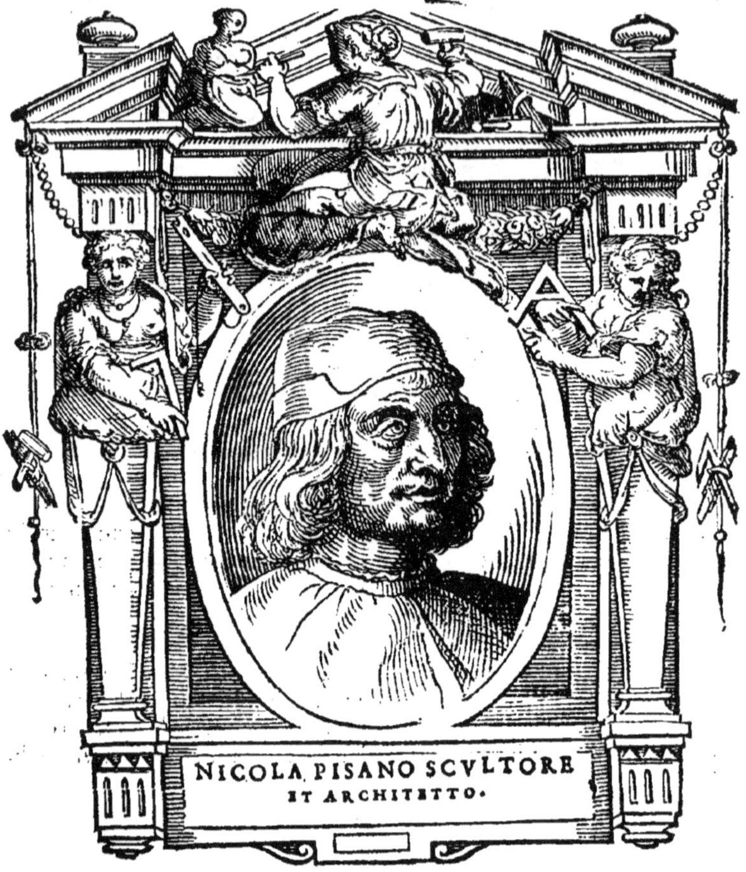

NICOLA PISANO SCVLTORE
ET ARCHITETTO.

VITA DI NICOLA, ET GIOVANNI PISANI SCVLTORI, ET ARCHITETTI.

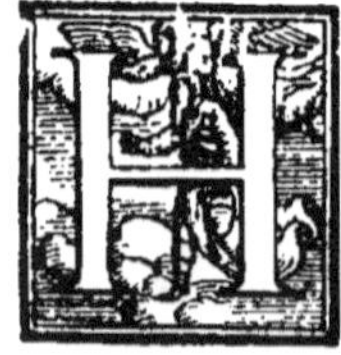

HAVENDO noi ragionato del disegno, e della pittura, nella Vita di Cimabue, e dell'Architettura in quella d'Arnolfo Lapi: si tratterà in questa di Nicola, e Giouanni Pisani, della scultura, e delle fabriche ancora, che essi fecero di grãdissima importanza. perche certo non solo, come grandi, e magnifiche, ma ancora come assai bene intese meritano l'opere di scoltura, & Architettura di costoro d'esser celebrate, hauendo essi in gran parte leuata via, nel lauorare i marmi, e nel fabricar quella uecchia maniera greca, goffa, e sproporzionata: & hauendo hauuto ancora migliore inuenzione nelle storie, e dato alle figure migliore attitudine. Trouandosi dunque Nicola Pisano sotto alcuni scultori greci, che lauorauano le figure, e gl'altri ornaméti d'itaglio del Duomo di Pisa, e del tempio di S. Gio. e essendo fra molte spoglie di marmi, stati condotti dall'armata de' Pisani alcuni pili antichi, che sono hoggi nel campo santo di quella Città, vno ve n'haueua, fra gl'altri bellis. nel quale era sculpita la Caccia di Meleacro, e del porco Calcidonio, con bellissima maniera; perche cosi gl'ignudi, come i vestiti, erano lauorati con molta pratica, & con perfettissimo disegno. Questo pilo, essendo per la sua bellezza stato posto da i Pisani nella facciata del Duomo dirimpetto a S. Roccho, allato alla porta del fianco principale, serui per lo corpo della madre della Contessa Matelda, se però sono vere queste parole, che intagliate nel marmo si leggono.

Anno Dñi. M. C X V I. I X. Kl'as Augusti obijt Dña Matthilda fælicis memoriæ comitissa quæ pro anima genitricis sue Dñe beatricis Comitisse Vener. in hac tumba honorabili quiescentis, in multis partibus hanc dotauit ecclesiam. Quarum anime requiescant in pace. e poi, Anno Dñi. M. C C C I I I. sub dignissimo Operario D. Burgundio Radi, occasione graduum fiendorum per ipsum, circa ecclesiam secundã, tumba superius notata bis trãslata fuit, Tunc de scendentibus primis in ecclesiam; Nũc de ecclesia in hũc locum, vt cernitis.

Nicola, considerando la bontà di questa opera, e piacendogli fortemente, mise tanto studio, e diligenza, per imitare quella maniera, & alcune altre buone sculture, che erano in quegl'altri pili antichi; che fu giudicato, non passò molto, il miglior scultore de' tẽpi suoi; Nõ essendo stato in Toscana in q; tẽpi, dopo Arnolfo in p̃gio niuno altro scultore, che Fuccio Architetto, e scultore Fiorentino, ilquale fece S. Maria sopra Arno in Firenze l'anno 1229. mettendoui sopra vna porta il nome suo; e nella Chiesa di S. Francesco d'Ascesi di marmo la sepoltura della Regina di Cipri con molte figure; & il ritratto di lei particolarmẽte a sedere sopra vn leone; per dimostrare la fortezza dell'animo di lei, laquale dopo la morte sua, lasciò gran numero di danari perche si desse a quella fabrica fine. Nicola dunque essendosi fatto conoscere, per molto miglior Maestro, che Fuccio non era, fu chiamato a Bologna l'anno 1225. essendo morto S. Domenico Calagora, primo institutore dell'ordine de' frati Predicatori, per fare di marmo la sepoltura del detto santo; onde conuenuto con chi haueua di cio la cura, la fece piena di figure in quel modo, ch'ella ancor hoggi si vede, e la diede finita l'anno 1231. con molta sua lode, essendo tenuta cosa singular'e la migliore di quante opere in fino allhora fusse di scultura state lauorate. Fece similmente il modello di quella Chiesa; e d'vna gran parte del conuento. Dopo, ritornato Nicola in Toscana trouò, che Fuccio s'era partito di Firẽze, e andato in que' giorni, che da Honorio fu coronato Federigo Imperatore, a Roma, & di Roma con Fedrigo a Napoli, doue finì il castello di Capoana, hoggi detta la Vicheria, doue sono tutti i tribunali di q̃l regno: e così castel dell' Vuouo, e doue fondò similmẽte le Torri, fece le porte sopra il fiume del Volturno alla Città di Capua, Vn Barco cinto di mura per l'ucellagioni presso a Grauina, & a Melfi vn' altro per le caccie di Verno, oltre a molte altre cose, che per breuita non si raccontano. Nicola i tanto trattenendosi in Fiorenza andaua non solo esercitandosi nella scultura, ma nell'Architettura ancora, mediante le fabriche, che s'andauano con vn poco di buon disegno

gno facendo per tutta Italia, e particolarmente in Toscana: Onde si adoperò nõ poco nella fabrica della Badia di Settimo, non stata finita dagli esecutori del conte Vgo di Lucimborgo, come l'altre sei secondo, che si disse di sopra. E se bene si legge nel Campanile di detta Badia in vn' epitaffio di marmo; Gugliel. me fecit, si conosce nõdimeno alla maniera, che si gouernaua col cõsiglio di Nicola ilquale ĩ que' medesimi tẽpi fece ẽin Pisa il palazzo degl'Anziani Vecchio, hoggi stato disfatto dal Duca Cosimo p fare nel medesimo luogo, seruendosi d'una parte del Vecchio, el magnifico palazzo, & cõuẽto della nuoua religione de' Cauaglieri di S. Stefano; col disegno, e modello di Gior. Vasari Aretino Pittore et Architettore, il quale si è accomodato, come ha potuto il meglio sopra q̃lla muraglia Vecchia, riducendola alla moderna. fece similmente Nicola in Pisa molti altri palazzi, e Chiese; e fu il primo, essendosi smarrito il buõ modo di fabricar, che mise in vso fondar gl'edifizij a Pisa in su i pilastri, e sopra quelli uoltare Archi, hauendo prima palificato sotto i detti pilastri: perche facendosi altrimenti, rotto il primo piano sodo del fondamento, le muraglie calauano sempre. Doue il palificare rende sicurissimo l'edifizio, si come la sperienza ne dimostra. Col suo disegno fu fatta ancora la Chiesa di S. Michele in borgo de' Monaci di Camaldoli, Ma la piu bella, la piu ingegnosa, e piu capricciosa architettura, che facesse mai Nicola, fu il campanile di S. Nicola di Pisa, doue stanno frati di S. Agostino: percioche egli è di fuori a otto facce, e dentro tondo, con scale, che girando a chiocciola vanno in fino in cima, e lasciano dentro il vano del mezzo libero, & a guisa di pozzo: E sopra ogni quattro scaglioni sono colonne, che hanno gl'archi zoppi, e che girano intorno intorno, onde posando la salita della volta sopra i detti Archi, si va in modo salendo infino in cima, che chi è in terra vede sempre tutti quelli, che sagliono; coloro, che sagliono, ueggion coloro, che sono in terra, o quei che sono a mezzo, veggono gl'vni, e gl'altri, cio è que' che sono di sopra, e quei, che sono a basso. Laquale capricciosa inuenzione fu poi con miglior modo, e piu giuste misure, & con piu ornamento, messa in opera da Bramante Architetto, a Roma in bel vedere, per papa Giulio secondo; e da Antonio da S. Gallo, nel pozzo, che è a Oruieto, di ordine di papa Clemente settimo come si dirà quando fia tempo. Ma tornando a Nicola, ilquale fu non meno Ecc. Scultore, che Architettore, egli fece nella facciata della Chiesa di S. Martino in Lucca, sotto il portico, che è sopra la porta minore, a man manca, entrando in Chiesa, doue si vede vn Christo deposto di croce, Vna storia di marmo di mezzo rilieuo, tutta piena di figure fatte con molta diligenza, hauendo traforato il marmo e finito il tutto dimaniera, che diede speranza a coloro, che prima faceuano l'arte con stento grandissimo, che tosto doueua venire, chi le porgerebbe con piu facilita migliore aiuto. Il medesimo Nicola diede l'anno 1240. il disegno della Chiesa di S. Iacopo di Pistoia, e vi mise a lauorare di Musaico alcuni Maestri Toscani, iquali feciono la volta della Nicchia: laquale, ancor, che in que' tempi fusse tenuta cosi dificile, e di molta spesa, noi piu tosto muoue hoggi a riso, & a compassione, che a marauiglia; e tanto piu, che cotale disordine ilquale procedeua dal poco disegno, era non solo in Toscana, ma per tutta Italia; doue molte fabriche, & altre cose, che si lauorauano senza modo, e senza disegno, fanno conoscere non meno la pouerta degl'ingegni loro, che le smisurate ricchezze, male spese da gl'huomini di que'tempi, per non hauere hauuto Maestri, che con buona maniera códucessino loro alcuna cosa, che facessero. Nicola dunque, per l'opere, che faceua di scultura, e d'Architettura andaua sempre acquistando miglior nome, che non facceuano gli scultori, & Architetti, che allora lauorauano in Romagna, come si puo veder in S. Hipolito, e S. Giouanni di Faenza, nel Duomo di Rauenna, in S. Francesco, e nelle case de' Trauersari, e nella Chiesa di porto: & in Arimini, nell'habitazione del palazzo publico, nelle case de' Malatesti, & in altre fabriche, lequali sono molto peggiori, che gl'edifizij vecchi fatti ne' medesimi tempi in Toscana. E qllo, che si è detto di Romagna, si puo dire anco cõ verita d'una parte di Lõbardia. Veggiasi il Duomo di Ferara, e l'altre fabriche fatte dal Marchese Azzo, e si conoscera cosi essere il vero, equãto siano differenri dal santo di Padoa, fatto col Modello di Nicola; e della Chiesa de' frati Minori ĩ Venezia, fabriche amẽdue magnifiche, & honorate. Molti nel tempo di Nicola, mossi da lodeuole inuidia si missero con piu studio alla scultura, che per auuanti fatto non haueuano, e particolarmente in Milano, doue cõcorsero alla fabrica del Duomo molti Lombardi, e Tedeschi, che poi si sparsero per Italia, per le discordie, che nacquero fra i Milanesi, e Federigo Imperatore. E cosi cominciando questi Artefici a gareggiare fra loro, cosi ne i marmi, come nelle fabriche, trouarono qualche poco di buono. Il medesimo accadde in Firenze poi che furono vedute lopere d'Arnolfo e di Nicola, ilquale, mentre che si fabricaua col suo disegno insulla piazza di S. Giouanni la Chiesetta della Misericordia i fece di sua mano in marmo Vna N. Donna, vn S. Domenico, & vn altro santo, che la mettono in mezo, si come si puo anco veder nella facciata di fuori di detta Chiesa. Hauendo al tempo di Nicola cominciato i Fiorentini a gettare per terra molte torri, giastate fatte di maniera barbara per tutta la Città perche meno venissero i popoli, mediante quelle, offesi nelle zuffe, che spesso fra guelfi, e ghibellini si faceuano, o perche fusse maggior sicurta del publico li pareua che douesse esser molto dificile, il rouinare la torre del Guardamorto, laquale era in sula piazza di S. Giouãni, per hauere fatto le mura cosi gran pſa, che non se ne poteua leuare con i picconi, e tanto piu essendo altissima: perche, facendo Nicola tagliar la torre da piedi da vno de' lati, e fermatala con puntelli corti vn braccio, & mezzo, e poi dato lor fuoco; consumati, che furono i puntelli, rouinò, e si distece da se quasi tutta: Il che fu tenuto cosa tanto ingegnosa, & vtile per cotali affari, che è poi passata di maniera in vso, che quando bisogna, con questo facilissimo modo si rouina in poco tempo ogni edifizio. Si trouò Nicola alla prima fondazione del Duomo di Siena, e disegnò il tempio di S. Giouanni nella medesima Città. poi tornato in Firenze l'anno medesimo, che tornarono i Guelfi, disegnò la Chiesa di S. Tirnita; & il Monasterio delle donne di Faenza, hoggi rouinato per fare la Cittadella. Essendo poi richiamato a Napoli, per non lasciar le facende di Toscana, vi mandò Maglione suo creato, scultore, & Architetto, ilquale fece poi al tẽpo di Currado la Chiesa di S. Lorenzo di Napoli, fini parte del Piscopio, e ui fece alcune sepolture, nellequali immitò forte la maniera di Nicola suo Maestro. Nicola in tanto, essendo chiamato da i Volterrani l'anno 1254. che vennono sotto i Fiorentini, perche accrescesse il Duomo loro, che era piccolo, egli lo ridusse ancor che

storto

ſtorto molto, a miglior forma, e lo fece piu Magnifico, che non era prima. poi ritornato finalmente a Piſa fece il pergamo di S. Giouanni, di marmo, ponendoui ogni dilegenza, per laſciare di ſe memoria alla patria, e fra l'altre coſe, intagliando in eſſo il giudicio vniuerſale, vi fece molte figure, ſenon con perfetto diſegno, almeno cō pacienza, e diligenza infinita, come ſi puo vedere. E perche gli parue, come era vero, hauer fatto opera degna di lode v'intagliò a pie queſti verſi.

Anno milleno, centum biſquè trideno
Hoc opus inſigne ſculpſit Nicola Piſanus.

I Saneſi moſſi dalla fama di queſta opera, che piacque molto, non ſolo a Piſani, ma a chiunche la vide, allogarono a Nicola il Pergamo del loro Duomo, doue ſi canta l'euangelio, eſſendo pretore Guglielmo Mariſcotti, nelquale fece Nicola molte ſtorie di G. Criſto, con molta ſua lode, per le figure, che vi ſon lauorate, & con molta difficultà ſpiccate intorno ītorno dal marmo. Fece ſimilmente Nicola il diſegno della Chieſa, & conuento di S. Domenico d'Arezzo, a i Signori di Pietra Mala, che lo edificarono. Et a preghi del Veſcouo degli Vbertini, reſtaurò la pieue di Cortona, e fondò la Chieſa di S. Margherita per frati di S. Franceſco in ſul piu alto luogo di quella Città. Onde creſcendo per tante opere ſempre piu la fama di Nicola, fu l'anno 1267. chiamato da Papa Clemente quarto a Viterbo, doue oltre a molte altre coſe, reſtaurò la Chieſa, & conuento de' frati Predicatori. Da Viterbo andò a Napoli al Re Carlo primo, ilquale hauendo rotto, e morto nel pian di Tagliacozzo Curradino, fece far in q̄l luogo vna Chieſa, e Badia richiſsima, e ſepellire in eſſa l'infinito numero de corpi morti in quella giornata, ordinando appreſſo, che da molti monaci fuſſe giorno, e notte pregato per l'anime loro. Nella quale fabrica reſtò in modo ſodisfatto il Re Carlo dell'opera di Nicola, che l'honorò, e premiò grandamente. Da Napoli tornando in Toſcana ſi fermò Nicola alla fabrica di S. Maria d'Oruieto, e lauorandoui in compagnia d'alcuni Tedeſchi, vi fece di marmo, per la facciata dinanzi di quella Chieſa, alcune figure tōde, e particolarmente due ſtorie del giudizio vniuerſale, & in eſſe il paradiſo, & l'inferno. e ſi come ſi sforzò di fare nel paradiſo della maggior bellezza, che ſeppe, l'anime de' beati, ne' loro corpi ritornate; coſi nell'inferno fece le piu ſtrane forme di diauoli, che ſi poſsino vedere, intentiſsime al tormentar l'anime dannate. Nella quale opera, non che i Tedeſchi, che quiui lauorauano, ma ſuperò ſe ſteſſo, con molta ſua lode. E perche vi fece gran numero di figure, e vi durò molta fatica, è ſtato, nō che altro lodato inſino a tempi noſtri da chi non ha hauuto piu giudicio, che tanto nella ſcultura. Hebbe, fra gl'altri, Nicola vn figliuolo, chiamato Giouanni, il quale perche ſeguitò ſempre il padre, e ſotto la diſciplina di lui atteſe alla ſcultura, & all'Architettura: In pochi anni diuenne, non ſolo eguale al padre, ma in alcuna coſa ſuperiore. onde eſſendo gia Vecchio Nicola, ſi ritirò in Piſa, e li viuēdo quietamente, laſciaua d'ogni coſa il gouerno al figliuolo. Eſſendo dunque morto in Perugia papa Vrbano quarto, fu mandato per Giouanni, ilquale andato la, fece la ſepoltura di quel pontefice di marmo, laquale, inſieme con quella di Papa Martino iiij fu poi gettata per terra, quando i Perugini aggrandirono il loro Veſcouado

gliati

di modo, che se ne veggiono solamente alcune reliquie sparse per la Chiesa. E hauendo nel medesimo tempo i perugini dal Monte di Pacciano lontano due miglia dalla città, condotto per canali di piombo un'acqua grossissima, mediante l'ingegno, & industria d'un frate de' siluestrini, à fu dato far' à Gio. pisano tutti gl'ornamenti della fonte, cosi di bronzo, come di marmi, onde egli ui mise mano, fece tre ordini di Vasi, due di marmo, & uno di Bronzo. il primo é posto sopra dodici gradi di scalee à dodici facce: l'altro sopra alcune colonne, che posano insul piano del primo Vaso, cio è nel mezzo; & il terzo che è di bronzo, posa sopra tre figure, & ha nel mezzo alcuni grifoni pur di Bronzo, che uersano acqua da tutte le bande. E perche à Giouanni parue hauere molto ben in quel lauoro operato, ui pose il nome suo. Circa l'anno 1560 essendo gl'archi, e i condotti di questa fonte la quale costò cento sessanta mila ducati d'oro, guasti in gran parte, & rouinati. Vincentio Danti perugino, Scultore, & con sua non piccola lode senza risar gl'archi, il che sarebbe stato di grandissima spesa, ricondusse molto ingegnosameute l'acqua alla detta fonte nel modo, che era prima. finita questa opera, disideroso Giouanni di riueder il padre vecchio, & in disposto, si parti di perugia, per tornarsene à Pisa; ma passando per Firenze, gli fu forza fermarsi, per adoperarsi insieme con altri all'opera delle mulina d'Arno, che si faceuano da san gregorio, appresso la piazza de' Mozzi. Ma finalmente hauendo hauuto nuoue, che Nicola suo padre era morto, sen'andò à pisa, doue fu per la uirtu sua, da tutta la città con molto honore riceuuto, rallegrandosi ognuno, che dopo la perdita di Nicola fusse di lui rimaso Giouanni herede cosi delle uirtu, come delle faculta sue. E uenuta occasione di far pruoua di lui non fu punto ingannata la loro opinione: perche hauendosi à fare alcune cose nella picciola ma ornatissima chiesa di santa Maria della spina furono date à fare à Giouanni, ilquale messoui mano, con l'aiuto d'alcuni suoi giouani condusse in molti ornamenti di quell'oratorio à quella perfezzione, che hoggi si vede. laquale opera, per quello, che si puo giudicare, douette essere in que' tempi tenuta miracolosa, e tanto piu hauendoui fatto in una figura il ritratto di Nicola di Naturale come seppe meglio veduto ciò i pisani, iquali molto inanzi haueuano hauuto ragionamento, e uoglia di fare un luogo per le sepolture di tutti gli habitatori della città, cosi nobili, come plebei, ò per non empiere il Duomo di sepolture, ò per altra cagione; diedero cura à Giouanni di fare l'edifizio di campo santo, che è in sulla piazza del Duomo uerso le mura, onde egli con buon disegno, & con molto giudizio lo fece in quella maniera, & con quelli ornamēti di marmo, e di quella grandezza, che si uede, e per che non si guardò a spesa nessuna, fu fatta la coperta di piombo: E fuori della porta principale si ueggiono nel marmo intagliate queste parole. A. D. M.CCLXXVIII, tempore Domini federigi Archiepiscopi pisani, & Domini firlatti potestatis, operario orlando sardella, Ioanne Magistro edificante. finita questa opera l'anno medesimo 1283 Andò Giouanni à Napoli, doue per lo Re Carlo, fece il castel nuouo di Napoli, e per allargarsi, e farlo piu forte, fu forzato à rouinare molte case e chiese, e particolarmente un conuento di frati di S. Francesco, che poi fu rifatto maggiore e piu Magnifico assai, che non era prima, lontano dal castello, & col titolo di santa Maria della nuoua: le quali fabriche cominciate, e tirate assai bene ne inanzi, si parti Giouãni di Napoli p tornarsene in Toscana ma giunto a siena senza essere lasciato passare piu oltre, gli fu fatto fare il Modello della facciata del Duomo di quella citta, & poi cõ esso fatta la detta facciata ricca, & magnifica molto. L'anno poi 1286, fabricandosi il vescouado d'Arezzo, col disegno di Margaritone Architetto Aretino, fu condotto da siena in Arezzo Giouanni da Guglielmino vbertini, vescouo di quella città doue fece di marmo la tauola dell'Altar maggiore, tutta piena dintagli di figure, di fogliami, & altri ornamenti, scompartendo per tutta l'opera alcune cose di Musaico sottile, e smalti posti sopra piastre d'Argento, commesse nel marmo con molta diligenza Nel mezzo è una N. Donna col figliuolo in collo, e dall'uno de'lati S. Gregorio Papa (il cui uolto è il ritratto à Naturale di Papa Honorio quarto) e dall'altro un S. Donato Vescouo di qlla città, e protettore il cui Corpo, cõ qlli di S. Antilia e d'altri santi e sotto l'istesso altare è riposto. E pche il detto altare è isolato intorno, e dagli lati, sono storie picciole di basso rilieuo della uita di San Donato: & il finimento di tutta l'opera, sono alcuni tabernacoli, pieni di figure tonde di marmo lauorate molto sottilmente. Nel petto della Madonna detta è la forma d'un Castone d'oro, dentro alquale, secondo, che si dice, erano gioie di molta ualuta, lequali sono state, per le guerre, come si crede, da i soldati, che non hanno molte uolte, ne anco rispetto al santissimo sagramento, portate uia, insieme con alcune figurine tonde, che erano in cima, e intorno á quel l'opera, Nella quale tutta spesero gl'Aretini, secondo che si truoua in alcuni ricordi, trenta milia fiorini d'oro: Ne paia cio gran fatto percio che ella fu in quel tempo cosa, quanto potesse essere, preziosa e rara onde tornando Federigo Barbarossa da Roma, doue si era incoronato, e passando per Arezzo, molti anni dopo, ch'era stata fatta la lodò, anzi ammirò infinitamente, & in uero á gran ragione, perche oltre all'altre cose, sono le comettiture di quel lauoro fatto dinfiniti pezzi, murate, & commesse tanto bene, che tutta l'opra, a chi non ha gran pratica delle cose dell'arte, la giudica ageuolmente tutta d'un pezzo fece Giouãni nella medesima chiesa la Cappella degl'Vbertini, nobilissima famiglia, e signori, come sono ancora hoggi, e piu gia furono di castella, cõ molti ornaméti di marmo, che hoggi sono ricoperti da altri molti e grãdi ornaméti di Macigno che ĩ ql luogo col disegno di Gior. Vasari lãno 1535 furono posti p sosteniméto d'un organo, che ui e sopra di straordinaria bonta, e bellezza. Fece similmente Giouanni pisano il disegno della chiesa di S. Maria de'serui, che hoggi è rouinata insieme con molti palazzi delle piu nobili famiglie della città per le cagioni dette di sopra. Non tacero, che essendosi seruito Giouanni nel fare il detto Altare di marmo, dalcuni Tedeschi, che piu per imparare, che per guadagnare s'acconciarono con esso lui, eglino diuennero tali sotto la disciplina sua, che andati, dopo quell'opera, á Roma, seruirono Bonifatio ottauo in molte opere di scultura, per sanpiero; & in Architettura quando fece Ciuità castellana. furono, oltre cio, mandati dal medesimo à santa Maria d'oruieto, doue per quella facciata fecero molte figure di marmo, che, secondo què tempi furono ragioneuoli. Ma fragli altri, che aiutarono Giouanni nelle cose del Vescouado d'Arezzo, Agostino, & Agnolo Scultori, & Architetti sanesi, auanzarono col tempo di gran lunga tutti gl'altri, come al suo luogo si dirà. Ma tornando à Giouanni, partito, che egli fu d'oruieto, come uenne à

firenze

firenze, puederela fabrica, che Arnolfo faceua di S. Maria del Fiore e puedere similmente Giotto del quale haueua sentito fuori gran cose ragionare; ma nõ fu si tosto ariuato a firenze, che dagl'operai della detta fabrica di S.M. delfiore gli fu data a fare la Madõna, che in mezzo à due Angioli piccoli è sopra la porta di detta chiesa, che ua in canonica, laquale opera fu allora molto lodata. Dopo fece il battesimo piccolo di S. Giouanni, doue sono alcune storie di mezzo rilieuo della uita di quel santo. Andatò poi à Bologna, ordinò la Cappella maggiore della chiesa di san Domenico nella quale gli fu fatto fare di marmo l'Altare da Teodorigo borgognoni luchese, Vescouo, e frate di quell'ordine nel qual luogo medesimo fece poi l'anno 1298 la tauola di marmo, doue sono la N. Donna, & altre otto figure assai ragioneuoli. Et l'anno 1300 essendo Nicola da prato Cardinale legato dal Papa à Firenze, per accomodare le discordie de fiorentini gli fece fare un Monasterio di donne in prato che dal suo nome si chiama, san Nicola e restaurare nella medesima terra il conuento di S. Domenico, & cosi anco quel di pistoia nell'uno, e nell'altro de'quali si uede ancora l'arme di detto Cardinale. E perche i pistolesi haueuano in uenerazione il nome di Nicola padre di Giouanni per quello che colla sua uirtu haueua in quella citta adoprato, fecion fare a esso Giouanni un pergamo di marmo, per la chiesa di santo Andrea, simile à quello, che egli haueua fatto nel Duomo di Siena, e cio per concorrenza d'uno, che poco inanzi n'era stato fatto nella chiesa di San Giouanni Euangelista da un Tedesco, che ne fu molto lodato Giouanni dunque diede finito il suo in quattro anni, hauendo lopera di quello diuisa in cinque storie della uita di giesu Christo, & fattoui oltre cio, un giudizio uniuersale con quella maggior diligenza, che seppe, per pareggiare ò forse passare quello, allora tanto nominato d'oruieto. E intorno al detto pergamo sopra alcune colonne, che lo reggono intaglio nell'Architraue, parendogli, come fu in uero per quanto sapeua quella età hauer fatto una grande, bell'opera. questi uersi

Hoc opus sculpsit Ioannes, qui res non egit inanes
Nicoli Natus. . meliora beatus
Quem genuit Pisa, doctum super omnia uiua.

Fece Giouanni in quel medesimo tempo la pila dell'acqua Santa di marmo, della chiesa di S. Giouanni euangelista nella medesima città; con tre figure, che la reggono, la Temperanza, la Prudenza, e la Iustizia, laquale opera, per essere allora stata tenuta molto bella, fu posta nel mezzo di quella Chiesa, come cosa singolare. E prima che partisse di pistoia, se ben nõ fu cosi allora cominciata l'opera, fece il modello del Campanile di S. Iacopo, principale chiesa di quella città, nel quale Campanile che è in sulla piazza di detto S. Iacopo, & accanto alla Chiesa, è questo millesimo A. D. 1301 Essendo poi morto in perugia Papa Benedetto IX fu mandato per Giouanni il quale andato à perugia fece nella chiesa uecchia di S. Domenico de frati predicatori una sepoltura di marmo per quel pontefice, il quale ritratto di Naturale, & in habito pontefi cale pose intorno sopra la cassa, con due Angeli, uno da ciascun lato, che tengono una cortina: e disopra una. N. Donna con due santi di rilieuo, che la mettono in mezzo, & molti altri ornamenti intorno a quella sepoltura intagli gliati parimente nella Chiesa nuoua de' detti frati predicatori, fece il sepolcro di M. Niccolo guidalotti perugino, & Vescouo di Recanati, ilquale fu institutore della sapientia nuoua di perugia. Nella quale chiesa nuoua dico, che prima era stata fondata da altri condusse la nauata del mezzo, che fu con molto migliore ordine fondata da lui, che il rimanente della Chiesa non era stato fatto, laquale da un lato pende e minaccia, per essere stata male fondata, rouina: E nel uero chi mette mano à fabricare, & à far cose d'importanza, non da chi sa poco, ma da i migliori douerrebbe sempre pigliare consiglio, per non hauere, dopo il fatto, con danno & uergogna à pentirsi d'essersi, doue piu bisognaua, mal consigliato. Voleua Giouanni, speditosi delle cose di perugia, andare à Roma, per imparare da quelle poche cose antiche, che ui si uedeuano, si come haueua fatto il padre, ma da giuste cagione impedito, non hebbe effetto questo suo disiderio, e massimamente sentendo la corte essere di poco ita in Auignone. Tornato adunque a Pisa, Nello di Giouanni falconi operaio gli diede à fare il pergamo grande del Duomo, che e à man ritta andando uerso l'Alter maggiore appiccato al choro: alquale dato principio, & a mlote figure tonde, alte braccia tre che à quello haueuano à seruire, apoco apoco lo condusse à quella forma che hoggi si vede, posato parte sopra le dette figure, parte sopra alcune colonne sostenute da Leoni: E nelle sponde fece alcune storie della uita di Giesu Christo. E un peccato ueramente, che tanta spesa tanta diligẽza, e tanta fatica, non fusse accompagnata da buon disegno, e non hauesse la sua perfezzione, ne inuenzione, ne gratia, ne maniera, che buona fusse: come hauerebbe à tempi nostri ogni opera che fusse fatto anco con molto minore spesa, e fatica. Nondimeno douette recare agli huomini di que' tempi auezzi à vedere solamente cose goffissime, non piccola marauiglia. fu finita questa opera l'anno 1320 come appare in certi versi, che sono intorno al datto pergamo, che dicono cosi.

Laudo Deum uerum, per quem sunt optima rerum
Qui dedit has puras hominem formare figuras
Huc opus, his annis Domini sculpsere Iohannis
Arte manus sole quondam natique Nicole,
Cursis V endenis tercentum milleque plenis &c

Con altri tredici uersi; i quali non si scriuono per meno essere noiosi à chi legge e per che questi bastanó non solo à far fede che il detto pergamo è di mano di Giouanni, ma che gl'huomini di que tempi erano in tutte le cose cosi fatti. Vna nostra donna ancora, che in mezzo à San Giouanni batista, & un altro Santo si uede di marmo sopra la porta principale del Duomo, e di mano di Giouanni, e quegli che à piedi della Madonna sta inginocchioni, si dice essere Piero ganbacorti operaio. Comunche sia nella base doue posa l'imagine di nostra Donna, sono queste parole intagliate. *Sub Petri cura hec pia fuit sculpta figura: Nicoli nato sculptore Ioanne uocato.* Similmente sopra la porta del fianco, che è dirimpetto al campanile, è di mano di Giouanni una N. Donna di marmo che ha da un lato una Donna ingenochioni con due bãbini, figurata, per Pisa, e dall'altro l'Imperadore Henrico. Nella Base doue posa la N. Dõna sono qste parole, Aue gratia plena, dominus tecum. & appresso

O NO-

Nobilis arte manus Sculpsit Iohannes Pisanus
Sculpsit sub Burgundio radi benigno. & intorno alla Basa di Pisa
Virginis ancilla sum Pisa quieta sub illa & intorno alla Basa d'Henrico
Imperat Henricus qui Christo fertur amicus.

Essendo stata gia molti anni nella pieue uecchia della terra di Prato, sotto l'Altare della Cappella maggiore, la Cintola di N. Donna, che Michele da Prato tornãdo di terra Santa, haueua recato nella patria l'anno 1141. et consegnata la à Vberto proposto di quella pieue, che la pose doue si è detto, e doue era stata sempre con gran uénerazione tenuta: L'anno 1312 fu uoluta rubare da un pratese huomo di malissima uita, e quasi un'altro ser Ciapelleto. Ma essẽdo stato scoperto fu per mano della Iustizia, come sacrilego, fatto morire. Da che mossi i pratesi, deliberarono di fare, per tenere piu sicuramente la detta Cintola, un sito forte, e bene accomodato, onde mandato per Giouanni, che gia era uecchio, fecione col consiglio suo nella chiesa Maggiore, la Cappella, doue hora sta riposta la detta Cintola di N. Donna. E poi col disegno del medesimo fecionola detta chiesa molto maggiore di quello, ch'ell'era, e la incrostarono di fuori di marmi bianchi, e neri, e similmente il Campanile, come si puo uedere. finalmente essendo Giouanni gia vecchissimo si mori l'anno 1320 dopo hauere fatto, oltre à quelle, che dette si sono, molte altre opre di Scultura, e d'Architettura. E nel uero si deue molto à lui, et à Nicola suo padre, poi che in tẽpi priui di ogni bõta di disegno diedero in tante tenebre non piccolo lume alle cose di quest'arti, nellequali furono in quell'età ueramẽte eccellenti. Fu sotterrato Giouanni in Campo santo honoratamente nella stessa arca doue era stato posto Nicola suo padre. furono discepoli di Giouanni molti, che dopo lui fiorirono, ma parrticolarmente Lino Scultore, & Architetto Sanese, Ilquale fece in Pisa la Capella doue è il corpo di s Ranieri in Duomo, tutta ornata di marmi, e similmẽte il vaso del battesimo, ch'è in detto Duomo col nome suo ne si marauigli alcuno che facessero Nicola, e Giouanni, tante ope, pche oltre che uissono assai, essendo i primi maestri, in ql tẽpo, che fussono in Europa, non si fece alcuna cosa d'importãza, allaquale non interuenissono, come, oltre à qlle, che dette si sono, in molte inscrizzioni si puo uedere. E poi che cõ l'occasione di questi due Scultori, & Architetti si è delle cose di Pisa ragionato, non tacerò, che in su le scalee di uerso lo spedale nuouo, intorno alla base, che sostiene un Leone & il uaso che è sopra la colonna di porfido, sono queste parole.

Questo e'l talento, che Cesare Imperadore diede à Pisa, conloquale si misuraua lo censo, che à lui era dato: loquale è edificato sopra questa colonna, e Leone, nel tempo di Giouanni rosso, operaio dell'opera di santa M. Maggiore di Pisa A. D. M. CCCXIII indictione secunda di Marso.

Il fine della vita di Nicola & Giouanni Pisani.

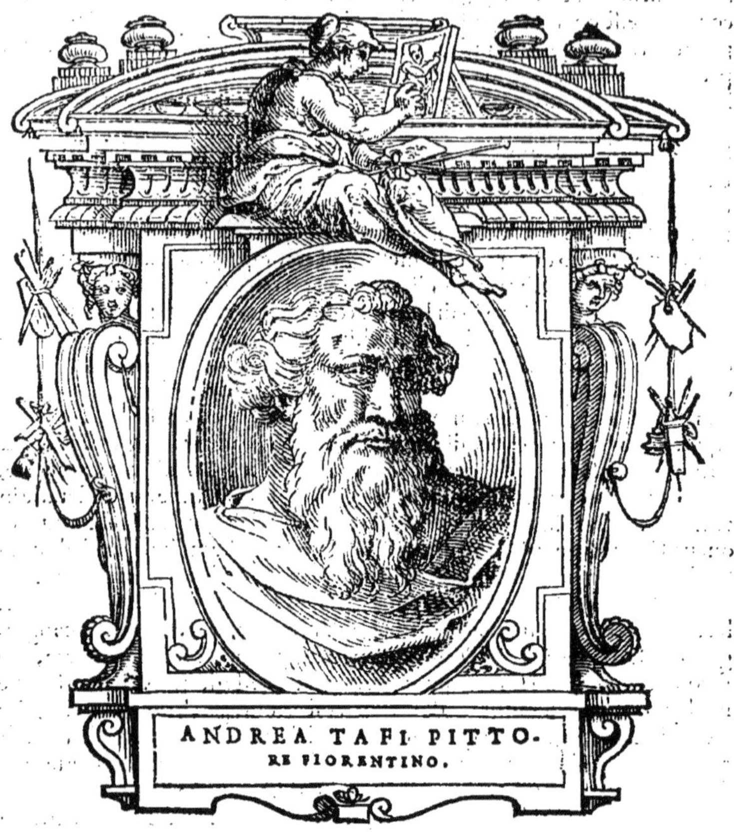

VITA D'ANDREA TAFI PITTORE FIORENTINO.

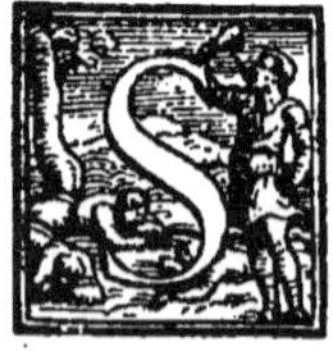

SI come recarono non picola marauiglia le cose di Cimabue, hauendo egli date all'arte della pittura miglior disegno, e forma, a gl'huomini di que'tẽpi auezzi a non veder se nõ co se fatte alla maniera greca. Cosi l'ope di musaico d'Andrea Tafi, che fu ne' medesimi tempi, furono ammirate, & egli percio tenuto Ecc. anzi diuino, non pensando que'popoli, non vsi a vedere altro, che in cotale Arte meglio operar si potesse, Ma di uero, non essendo egli il piu valente huomo del mõdo, conside rato, che il Musaico, per la lunga vita, era piu, che tutte l'altre pitture stimato, se n'ãdò da Firenze a Vinezia, doue alcuni pittori greci lauorauano in S. Mar co di musaico; & con essi pigliando dimestichezza, con preghi; con danari, & con promesse operò di maniera, che a Firenze condusse Maestro Apollonio pittore greco, ilquale gl'insegnò a cuocere i vetri del Musaico, e far lo stucco per commetterlo. & in sua compagnia lauorò nella Tribuna di S. Giouanni la parte di sopra, doue sono le potestà, i Troni, e le dominazioni. Nelquale luogo poi Andrea, fatto piu dotto, fece, come si dirà di sotto, il Christo, che è sopra la banda della capella maggiore. Ma hauendo fatto menzione di S. Giouanni, non passerò con silenzio, che quel tempio antico è tutto di fuori, e di dẽtro lauorato di marmi, d'opera corintha, e che egli è non pure in tutte le sue parti misurato, & condotto perfettamente, e con tutte le sue proporzioni. Ma benissimo ornato di porte, e di finestre, & accompagnato da due colonne di granito per faccia, di braccia vndici l'una, per fare i tre vani. sopra iquali sono gl'Architraui, che posano in su le dette colonne, per reggere tutta la machina della volta doppia, laquale è da gl'Architetti moderni, come cosa singolare, lodata, e meritamente: percioche ell'ha mostrato il buono, che gia haueua in se quell'arte, a Filippo di ser Brunelesco, a Donatello, & a gl'altri maestri di que' tempi, iquali impararono l'arte col mezzo di quell'opera, e della Chiesa di S. Apostolo di Firenze, opera di tanto buona maniera, che tira alla vera bonta antica, hauendo, come si è detto di sopra, tutte le colonne di pezzi, misurate, & commesse con tanta diligenza, che si puo molto imparare a considerarle in tutte le sue parti. Ma per tacere molte cose, che della buona Architettura di questa Chiesa si potrebbono dire, dirò solamente, che molto si diuiò da questo segno, e da questo buon modo di fare; quando si rifece di marmo la facciata della Chiesa di S. Miniato sul monte fuor di Firenze, per la cõuersione del beato S. Giouanni Gualberto, Cittadino di Firenze, e fondator della congregatione de' Monaci di Vall'Ombrosa: perche quella, e molte altre opere, che furono fatte poi, non furono punto in bonta a quelle dette somiglianti. Il che medesimamente auuenne nelle cose della scultura: perche tutte quelle, che fecero in Italia, i maestri di quell'età, come s'è detto nel proemio delle vite, furono molto goffe, come si puo vedere in molti luoghi, e particolarmente in Pistoia in S. Bartolomeo de' Canonici Regolari, doue in vn Pergamo fatto goffissimamente da Guido da Como, è il principio della vita di Giesu Christo, cõ queste parole fattevi dall'Artefice medesimo l'anno 1199.

Scultor laudatur, quod doctus in Arte probatur,
Guido de Como, me cunctis Carmine promo.

Ma per tornare al tempio di S. Giouanni, lasciando di raccontare l'origine sua, per essere stata scritta da Giouanni Villani, e da altri scrittori; hauendo gia detto, che da quel tempio s'hebbe la buona Architettura, che hoggi è in vso, aggiugnerò, che per quel, che si vede, la Tribuna fu fatta poi, et che al tempo, che Alesso Baldouinetti, dopo Lippo pittore Fiorẽtino raccõciò quel Musaico, si vide, ch'ell'era stata anticamente dipinta, e dissegnata di rosso, e lauorata tutta sullo stucco. Andrea Tafi dunque, & Apollonio greco fecero in quella tribuna per farlo di Musaico, vno spartimento che strignendo da capo a canto alla lanterna, si veniua allargando insino sul piano della cornice di ſotto,diuidendo la parte piu alta in cerchi di varie ſtorie. Nel primo ſono tutti i Miniſtri,& eſſequutori della volonta diuina,cio è gl'Angeli, gl'Arcangeli, i Cherubini,i Serafini, le Poteſtati, i Troni, e le dominazioni. Nel ſecondo grado ſono pur di Muſaico alla maniera greca, le principali coſe fatte da Dio da che fece la luce inſino al diluuio. Nel giro,che è ſotto queſti,il quale viene allargando le otto facce di quella Tribuna,ſono tutti i fatti di Ioſeffo,e de ſuoi dodici fratelli. Seguitano poi ſotto queſti,altri tanti vani della medeſima grãdezza,che girano ſimilmẽte inanzi,ne i quali è pur di Muſaico la vita di Gieſu Chriſto,da che fu concetto nel ventre di Maria, inſino all'aſcenſione in cielo poi ripigliando il medeſimo ordine, ſotto i tre fregi, è la Vita di S. Giouanni Battiſta,cominciando dall'apparizione dell'Angelo a Zacheria Sacerdote,inſino alla decollazione,e ſepoltura, che gli danno i ſuoi diſcepoli. lequali tutte coſe,eſſendo goffe, ſenza diſegno, e ſenza arte, e non hauendo in ſe altro, che la maniera greca di que' tempi, io non lodo ſemplicemente. Ma ſi bene,hauuto riſpetto al modo di fare di quella età, & all'Imperfetto,che allhora haueua l'arte della pittura: ſenza, che il lauoro è ſaldo,e ſono i pezzi del Muſaico molto bene commeſſi; in sõma il fine di quel'opera è molto miglio re,o per dir meglio manco cattiuo,che non è il principio, ſe bene il tutto,riſpetto alle coſe d'hoggi,muoue piu toſto a riſo,che a piacer,o marauiglia. Andrea finalmente fece,cõ molta ſua lode da per ſe, e ſenza l'aiuto d'Appollonio nella detta Tribuna,ſopra la banda della capella maggiore,il Chriſto,che ancor'hoggi vi ſi vede di braccia ſette. per lequali opere, famoſo per tutta Italia diuenuto,e nella patria ſua Ecc. reputato,meritò d'eſſere honorato, e premiato largamente. fu veramente felicità grandiſsima quella d'Andrea, naſcer in tempo,che goffamente operandoſi,ſi ſtimaſſe aſſai quello, che pochiſsimo,o piu toſto nulla ſtimare ſi doueua. laqual coſa medeſima auuenne a fra Iacopo da Turrita dell'ordine di S. Franceſco: perche hauendo fatto l'opere di Muſaico,che ſono nella ſcarſella dopo l'Altare di detto S. Giouanni, non oſtante che fuſſero poco lodeuoli, ne fu con premij ſtraordinarij remunerato, e poi, come Ecc. maeſtro condotto a Roma, doue lauorò alcune coſe nella capella dell'altar maggiore di S. Giouanni Laterano, e in quella di S. Maria Maggiore. poi condotto a Piſa fece nella tribuna principale del Duomo colla medeſima maniera,che haueua fatto laltre coſe ſue,aiutato nondimeno da Andrea Tafi,e da Gaddo Gaddi, gl'euangeliſti,& altre coſe,che vi ſono,lequali poi furono finite da Vicino, hauendole egli laſciate poco meno, che imperfette del tutto. Furono dunque in pregio, per qualche tempo l'opere di coſtoro: Ma poi che l'opere di Giotto furono,come ſi dirà al luogo ſuo, poſte in paragone di quelle d'Andrea, di Cimabue, e degl'altri, conobbero i popoli in parte la perfezione dell'arte, vedendo la differenza, che era dalla maniera prima di Cimabue a quella di Giotto nelle figure degl'vni,e degl'altri,& in quelle che fecero i diſcepoli,& immitatori loro. Dalquale principio, cercando di mano in mano gl'altri di ſeguire l'orme de'Maeſtri migliori, e ſoprauanzando l'un l'altro felicemente, piu l'un giorno, che l'altro; da tanta baſſezza ſono ſtate queſte Arti al colmo della loro perfezzione. come ſi vede inalzate. Viſſe Andrea anni ottantuno, e mori inãzi a Cimabue nel 1294. E p la reputazione,& honore,che ſi guadagnò col Muſaico,per hauerlo egli prima d'ogni altro are cato, & insegnato a gl'huomini di Toscana in migliore maniera, fu cagione, che Gaddo Gaddi, Giotto, e gl'altri fecero poi l'Eccelentissime opere di quel magisterio, che hanno acquistato loro fama, & nome perpetuo. Non mancò chi dopo la morte d'Andrea, lo magnificasse con questa inscrizzione:

Qui giace Andrea, ch'opre leggiadre, e belle
Fece in tutta Toscana, & hora è ito
A far vago lo regno delle stelle.

Fu discepolo d'Andrea Buonamico Buffalmacchо, che gli fece, essendo giouanetto molte burle, e ilquale hebbe da lui il ritratto di Papa Celestino IIII. Milanese, e quello d'Innocen. quarto; l'un, e l'altro de' quali ritrasse poi nelle pitture sue, che fece a Pisa in S. Paulo a ripa d'Arno. Fu discepolo, e forse figliuolo del medesimo, Antonio d'Andrea Tafi, ilquale fu ragioneuole dipintore: ma non ho potuto trouare alcuna opera di sua mano. solo si fa menzione di lui nel vecchio libro della compagnia degl'huomini del disegno.

Merita dunque d'essere molto lodato fra gl'antichi maestri Andrea Tafi, perciоche se bene imparò i principij del musaico da coloro, che egli condusse da Vinezia a Firenze, aggiunse nondimeno tanto di buono all'arte, commettendo i pezzi con molta diligenza insieme, & conducendo il lauoro piano come vna tauola (ilche è nel musaico di grandissima importanza) che egli aperse la via di far bene, oltre gl'altri, a Giotto, come si dirà nella Vita sua, & non solo a Giotto, ma a tutti quelli, che dopo lui insino a i tempi nostri, si sono in questa sorte di pittura essercitati. Onde si puo con verità affermare, che quelle opere, che hoggi si fanno marauigliose di musaico in San Marco di Vinezia, & in altri luoghi, hauessero da Andrea Tafi il loro primo principio.

Fine della vita d'Andrea Tafi

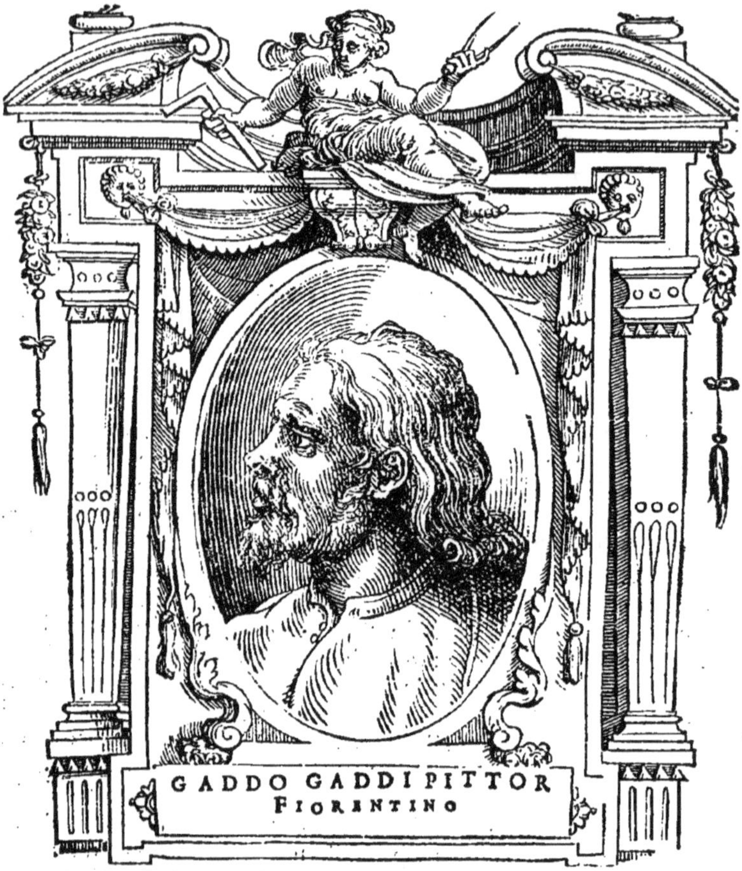

GADDO GADDI PITTOR
FIORENTINO

VITA DI GADDO GADDI
PITTORE FIORENTINO.

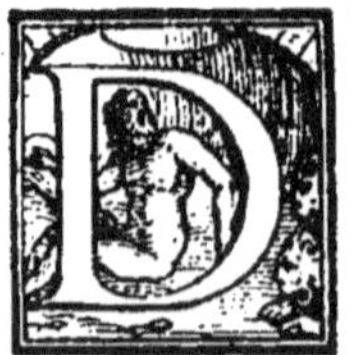

DImostrò Gaddo pittore Fiorentino in questo medesimo tempo piu disegno nell'opere sue lauorate alla Greca, e cõ grandissima diligenza condotte; che non fece Andrea Tafi, e gl'altri pittori, che furono inanzi a lui, e nacq̃ forse q̃sto dall'amicizia, e dalla pratica, che dimesticamẽte tẽne cõ Cimabue; perche, o per la cõformità de'sangui, o per la bõtà degl'animi, ritrouandosi tra loro congiunti d'una stretta beniuolenza, nella frequente conuersazione, che haueuano insieme, et nel discorrere bene spesso amoreuolmente sopra le difficultà dell'arti, nasceuano ne'loro animi concetti bellissimi, & grandi: E cio veniua loro tanto piu ageuolmente

uolmente fatto, quanto erano aiutati dalla sottigliezza dell'aria di Firenze, la quale produce ordinariamente spiriti ingegnosi, e sottili, leuando loro continuamente d'attorno quel poco di ruggine, & grossezza, che il piu delle volte la natura non puote: con la emulatione, & co i precetti, che d'ogni tempo porgono i buoni Artefici. E vedesi apertamẽte, che le cose cõferite fra coloro che nell'amicizia non sono di doppia scorza coperti; come, che pochi cosi fatti se ne ritrouino, si riducono a molta perfettione. Et i medesimi nelle scienze, che imparano, conferendo le difficultà di quelle, le purgano, e le rendono cosi chiare, e facili, che grandissima lode se ne trae. La doue, per lo contrario alcuni diabolicamente nella professione dell'amicitia praticando, sotto spezie di verità, e d'amoreuolezza, e per inuidia, e malizia i cõcetti loro defraudano; di maniera, che l'arti non cosi tosto à quella eccellenza peruẽgono, che sarebbono, se la carità abbracciasse gl'ingegni de gli spiriti gentili, come veramente strinse, Gaddo, & Cimabue, & similmente Andrea Tafi, & Gaddo, che in compagnia fu preso da Andrea a finire il musaico di S. Giouanni. Doue esso Gaddo imparò tanto, che poi fece da se i profeti, che si veggiono intorno a q̃l tempio ne i quadri sotto le finestre: I quali hauendo egli lauorato da se solo, e con molto migliore maniera, gli arrecarono fama grandissima. La onde cresciutogli l'animo, & dispostosi a lauorare da se solo, attese continuamente a studiar la maniera greca, accompagnata con quella di Cimabue. Onde fra nõ molto tempo, essendo venuto eccellente nell'arte: gli fu da gl'operai di Santa Maria del Fiore allogato il mezo tondo dentro la chiesa, sopra la porta principale: doue egli lauorò di musaico la incoronatione di N. Donna. Laquale opera finita, fu da tutti i maestri, et forestieri, et nostrali giudicata la piu bella, che fusse stata veduta ancora in tutta Italia di quel mestiero: conoscendosi in essa piu disegno, piu giudicio, & piu diligenza, che in tutto il rimanente dell'opere, che di musaico allora in Italia si ritrouarono. Onde spartasi la fama di q̃sta opera, fu chiamato Gaddo a Roma l'anno 1308. che fu l'anno dopo l'incendio, che abbruciò la chiesa, & i palazzi di Laterano, da Clemente quinto, alquale fini di musaico alcune cose, lasciate imperfette da fra Francesco da Turrita.

Dopo lauorò nella chiesa di San Piero, pur di musaico alcune cose nella capella maggiore, & per la chiesa, ma particolarmente nella facciata dinanzi vn Dio padre grande con molte figure; & aiutãdo a finire alcune storie, che sono nella facciata di S. Maria Maggiore di Musaico migliorò alquanto la maniera, e si parti pur vn poco da quella greca, che non haueua in se punto di buono. poi ritornato in Toscana, lauorò nel Duomo Vecchio fuor della Città d'Arezzo per i Tarlati Signori di Pietra Mala, alcune cose di Musaico in vna volta, laquale era tutta di spugne, e copriua la parte di mezzo di quel tempio, ilquale essendo troppo aggrauato dalla volta antica di pietre, rouinò al tempo del Vescouo Gentile Vrbinate, che la fece poi rifar tutta di mattoni. Partito d'Arezzo, se n'andò Gaddo a Pisa, doue nel Duomo, sopra la capella dell'incoronata fece nella nicchia vna Nost. Donna che va in cielo, e di sopra vn Giesu Christo, che l'aspetta, & li ha per suo seggio vna ricca sedia apparecchiata. laquale opera, secondo que' tempi fu si bene, & con tanta diligenza lauorata, ch'ella si è insino a hoggi conseruata benissimo. Dopo cio ritornò Gaddo a Firenze, con animo di riposarsi, perche datosi a fare piccole Tauolette

di

di Musaico, ne condusse alcune di guscia d' uoua con diligenza, e pacienza incredibile; come si puo, fra l'altre vedere in alcune che ancor hoggi sono nel tempio di S. Giouanni di Firenze. si legge anco, che ne fece due per il Re Ruberto, ma non se ne sa altro. E questo basti hauer detto di Gaddo gaddi quanto alle cose di Musaico. Di pittura poi fece molte Tauole, e fra l'altre quella, che è in S. Maria Nouella nel tramezzo della Chiesa alla capella de' Minerbetti, e molte altre, che furono in diuersi luoghi di Toscana mandate. E così lauorando, quando di Musaico, e quando di pittura, fece nell'uno, e nell'altro essercizio molte opere ragioneuoli, lequali lo mantennero sempre in buõ credito, e reputazione. Io potrei qui distendermi piu oltre in ragionare di Gaddo, ma perche le maniere de' pittori di que tempi, non possono agl'artefici, per lo piu, gran giouamẽto arrecare, le passerò con silenzio, serbandomi a essere piu lungo nelle vite di coloro, che hauendo migliorate l'arti, possono in qualche parte giouare.

Visse Gaddo anni settãtatre, e morì nel 1312. Et fu in S. Croce da Taddeo suo figliuolo honoreuolmente sepelito. E se bene hebbe altri figliuoli Taddeo solo, ilquale fu alle fonti tenuto a battesimo da Giotto, attese alla pittura, imparãdo primamente i principij da suo padre, & poi il rimanente da Giotto. Fu discepolo di Gaddo, oltre a Taddeo suo figliuolo, come s'è detto, Vicino pittor Pisano, ilquale benissimo lauorò di Musaico alcune cose nella tribuna maggior del Duomo di Pisa, come ne dimostrano queste parole, che ancora in essa tribuna si veggiono. Tempore Dominij Iohannis Roisi, operarij istius Ecclesiæ, Vicinus pictor incepit, & perfecit hanc imaginem beatæ Mariæ, sed maiestatis, & euangeliste, per alios inceptæ ipse compleuit, & perfecit. Anno dñi 1321. de mẽs. septemb. Benedictũ sit nomen dñi Dei nostri Iesu Christi Amen.

Il ritratto di Gaddo è di mano di Taddeo suo figliuolo nella Chiesa medesima di S. Croce, nella capella de' Baroncelli in vno sposalitio di N. Donna, & a canto gli è Andrea Tafi. E nel nostro libro detto di sopra è vna carta di mano di Gaddo, fatta a vso di Minio, come quella di Cimabue, nella quale si vede quanto valesse nel disegno.

Hora, perche in vn libretto antico, delquale ho tratto queste poche cose, che di Gaddo Gaddi si sono reccontate, si ragiona anco della edificazione di S. Maria Nouella, Chiesa in Firenze de' frati predicatori e veramente magnifica, & honoratissima, non passerò con silenzio, da chi, & quando fusse edificata. Dico dunque, che essendo il beato Domenico in Bologna, & essendogli conceduto il luogo di Ripoli fuor di Firenze, egli vi mandò sotto la cura del beato Giouanni da Salerno, dodici frati, iquali, non molti anni dopo vennero in Fiorenza nella chiesa, & luogo di S. Pancrazio, e li stauano, quãdo venuto esso Domenico in Fiorenza, n'uscirono, & come piacque a lui andarono a stare nella chiesa di S. Paulo. Poi, essendo conceduto al detto beato Giouãni il luogo di S. Maria Nouella, con tutti i suoi beni dal legato del papa, & dal Vescouo della città, furono messi in possesso, & cominciarono ad habitare il detto luogo, il di vltimo d'Ottobre 1221. Et pche la detta chiesa era assai piccola, e risguardando verso occidẽte, haueua l'entrata dalla piazza vecchia, cominciarono i frati essendo gia cresciuti in buon numero, & hauendo grã credito nella città, a p̃nsare d'accrescer la detta chiesa, & conuento, Onde hauẽ

P

do messo insieme grandissima somma di danari, & hauendo molti nella città, che prometteuano ogni aiuto, cominciarono la fabrica della nuoua chiesa il dì di S. Luca nel 1278. mettendo solennissimamente la prima pietra de' fondamenti il Cardinale Latino degl'Orsini legato di papa Nicola III. appresso i Fiorẽtini, furono Architettori di detta chiesa fra Giouanni Fiorentino, & fra Ristoro da Campi, conuersi del medesimo ordine, iquali rifeciono il ponte alla Carraia, & quello di S. Trinita, rouinati pel Diluuio del 1264. il primo di d'Ottobre. la maggior parte del sito di detta chiesa, & conuento fu donato a i frati dagli heredi di M. Iacopo Caualiere de' Tornaquinci. la spesa, come si è detto, fu fatta parte di limosine, parte de danari di diuerse persone, che aiutarono gagliardamente; & particolarmente con l'aiuto di frat' Aldobrãdino Caualcanti, ilquale fu poi Vescouo d'Arezzo, & è sepolto sopra la porta della Vergine. Costui dicono, che oltre all'altre cose, messe insieme cõ l'industria sua tutto il lauoro, e materia, che andò in detta chiesa, la quale fu finita, essendo priore di quel cõuento fra Iacopo Passauante, che pciò meritò d'hauer vn sepolcro di marmo inanzi alla capella maggiore a man sinistra. Fu consecrata questa chiesa l'anno 1420. da papa Martino V. come si vede in vn' epitaffio di marmo nel pilastro destro della capella maggiore, che dice cosi.

A. Dñi 1420. Die septima Septembris Dñs Martinus diuina prouidentia papa V. personaliter hanc ecclesiam consecrauit, & magnas indulgentias cõtulit visitantibus eãdem. Delle quali tutte cose, e molte altre si ragiona in vna cronaca dell'edificazione di detta chiesa, laquale è appresso i padri di Sãta Maria Nouella. & nelle historie di Giouanni Villani similmente, & io non ho voluto tacere di questa chiesa, & conuento queste poche cose, si perche ell'è delle principali, e delle piu belle di Firenze, e si anco perche hãno in essa, come si dirà disotto molte eccellenti opere fatte da piu famosi artefici, che siano stati negl'anni adietro.

Fine della Vita di Gaddo Gaddi.

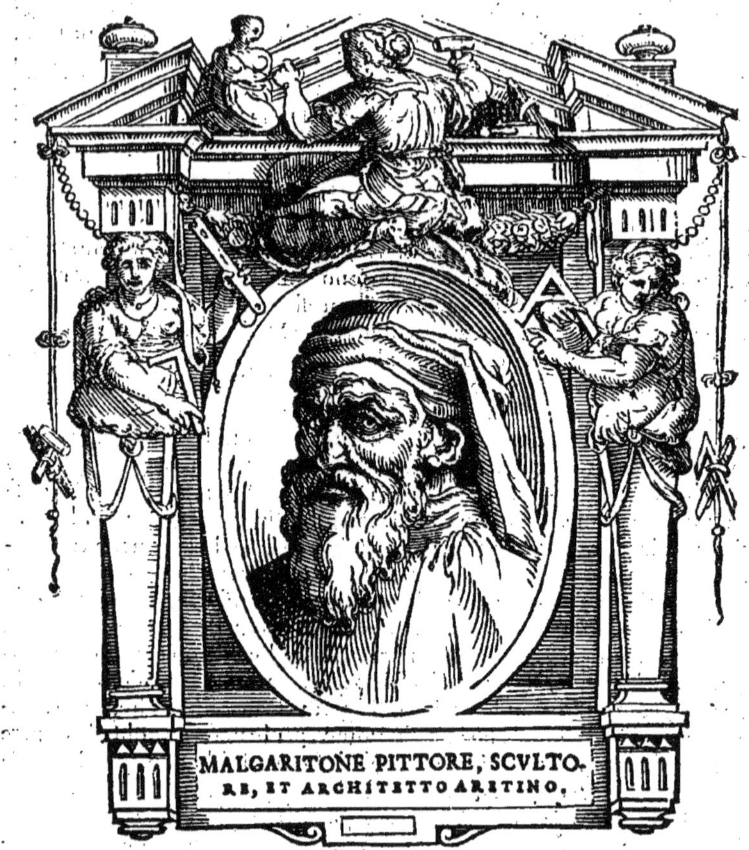
MALGARITONE PITTORE, SCVLTORE, ET ARCHITETTO ARETINO.

VITA DI MARGARITONE PITTORE, SCVLTORE, ET ARCHITETTO ARETINO.

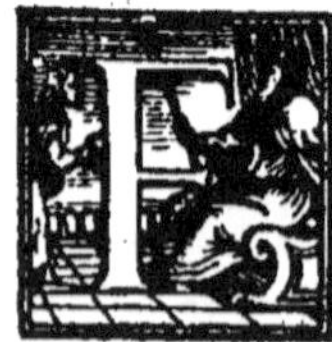

ERA gl'altri vecchi Pittori, ne' quali misero molto spauẽto le lodi, che da gl'huomini meritamente si dauano a Cimabue, & a Giotto suo discepolo, de' quali il buono opare nel la pittura faceua chiaro il grido per tutta Italia, fu vno Margaritone Aretino, pittore, ilquale con gl'altri, che in quell' infelice secolo teneuano il supremo grado nella pittura, conobbe, che l'opere di coloro oscurauano poco meno, che del tutto la fama sua. Essendo dũque Margaritone fra gl'altri pittori di que' tempi, che lauorauano alla greca, tenuto eccellẽte, lauorò a tempera in Arezzo molte tauole; & a fresco, ma in molto tẽpo, & con molta fatica in piu qua dri, quasi tutta la chiesa di S. Clemente, badia dell'ordine di Camaldoli, hoggi rouinata, e spianata tutta, insieme con molti altri edifizij, & con vna rocca forte, chiamata S. Chimenti; per hauere il Duca Cosimo de'Medici non solo in quel luogo, ma intorno intorno a quella Città disfatto, con molti edifizij le mura vecchie, che da Guido Pietramalesco, gia Vescouo, e padrone di quella Città furono rifatte; per rifarlo con fianchi, e baluardi intorno intorno molto piu gagliarde, e minori di quello, che erano; e per conseguente piu atte a guardarsi, e da poca gente. Erano ne'detti quadri molte figure, piccole, e grandi, & come che fussero lauorate alla greca, si conosceua nondimeno, ch'ell'erano state fatte con buon giudizio, & con amore, come possono far fede l'opere, che di mano del medesimo sono rimase in quella Città, & massimamente vna Tauola, che è hora in S. Francesco con vno ornamento moderno, nella capella della Concezzione, doue è vna Madonna, tenuta da que' frati in gran venerazione. Fece nella medesima chiesa pure alla greca, vn crucifisso grande, hoggi posto in quella capella, doue è la stanza de gl'operai, il quale è in su l'asse, dintornata la croce: e di questa sorte ne fece molti in quella città. Lauorò nelle monache di S. Margherita vn'opera, che hoggi è appoggiata al tramezzo della chiesa, cio è vna tela confitta sopra vna Tauola, doue sono storie di figure piccole della vita di N. Donna, e di S. Giouanni Battista d'assai migliore maniera, che le grandi, & con piu diligenza, e grazia condotte. Dellaquale opera è da tener conto, non solo, perche le dette figure piccole sono tanto ben fatte che paiono di minio; ma ancora per essere vna marauiglia vedere vn lauoro in tela lina essersi trecento anni conseruato. fece per tutta la Città pitture infinite, & a Sargiano conuento de' frati de' Zoccholi, in vna Tauola vn S. Francesco ritratto di Naturale, ponendoui il nome suo, come in opera a giudizio suo, da lui piu del solito ben lauorata. Hauendo poi fatto in legno vn crucifisso grande dipinto alla greca, lo mandò in Firenze a M. Farinata de gl'Vberti, famosissimo Cittadino, per hauere fra molte altre opere egregie, da soprastante rouina, e pericolo la sua patria liberato. Questo crucifisso è hoggi in S. Croce tra la capella de'Peruzzi, e quella de'Giugni. In San Domenico d'Arezzo, chiesa, & conuento fabricato da i Signori di Pietra Mala l'anno 1275. come dimostrano ancora l'insegne loro, lauorò molte cose, prima, che tornasse a Roma (doue gia era stato molto grato a Papa Vrbano quarto) per fare alcune cose a fresco di commessione sua nel portico di S. Piero, che di maniera greca, secondo que' tempi furono ragioneuoli. Hauendo poi fatto a Ganghereto, luogo sopra terra Nuoua di Vald'arno, vna Tauola di S. Francesco, si diede, hauendo lo spirito eleuato, alla scultura, e cio con tanto studio, che riusci molto meglio, che non haueua fatto nella pittura, perche se bene furono le sue prime sculture alla greca, come ne mostrano quattro figure di legno, che sono nella pieue in vn Deposto di croce, & alcune altre figure tonde, poste nella capella di S. Francesco sopra il battesimo; Egli prese nondimeno miglior maniera, poi che hebbe in Firenze veduto l'opere d'Arnolfo, et degl'altri, allora piu famosi scultori. Onde tornato in Arezzo l'anno 1275. dietro alla corte di papa Gregorio, che tornando d'Auignone a Roma, passò per Firenze, se gli porse occasione di farsi maggiormente conoscere: perche, essendo quel papa morto in Arezzo, dopo l'hauer donato al comune trenta mila scudi,

scudi, perche finisse la fabrica del Vescouado, gia stata cominciata da maestro Lapo, & poco tirata inanzi: ordinarono gl'Aretini, oltre all'hauere fatto, per memoria di detto pontefice in Vescouado la capella di S. Gregorio; doue col tempo Margaritone fece vna tauola; che dal medesimo gli fusse fatta di marmo vna sepultura nel detto Vescouado. Allaquale, messo mano, la condusse in modo a fine, col farui il ritratto del papa di naturale, di marmo, & di pittura, ch'ella fu tenuta la migliore opera, che hauesse ancora fatto mai. Dopo, rimettendosi mano alla fabrica del Vescouado, la condusse Margaritone molto inanzi, seguitando il disegno di Lapo, ma non però se le diede fine, perche rinouandosi pochi anni poi la guerra tra i Fiorentini, e gl'Aretini, il che fu l'anno 1289. per colpa di Guglielmino Vbertini, Vescouo, & signore d'Arezzo, aiutato da i Tarlati da Pietramala, e da' Pazzi di Valdarno, come che male gliene auuenisse, essendo stati rotti, e morti a Campaldino: furono spesi in quella guerra tutti i danari lasciati dal papa alla fabrica del Vescouado. Et per cio fu ordinata poi da gl'Aretini, che in quel cambio seruisse il dāno dato del contado (cosi chiamano vn Dazio) per entrata particolar di quell'opera, ilche è durato sino a hoggi, e dura ancora. Hora, tornando a Margaritone, per quello, che si vede nelle sue opere, quanto alla pittura, egli fu il primo, che considerasse quello, che bisogna fare quando si lauora in tauole di legno, pche stiano ferme nelle commetiture, e non mostrino, aprendosi poi, che sono dipinte, fessure, o squarti, hauendo egli vsato di mettere sempre sopra le tauole, per tutto vna tela di panno lino, apiccata con forte colla, fatta con ritagli di carta pecora, & bollita al fuoco: e poi sopra detta tela dato di gesso, come in molte sue tauole, & d'altri si vede. Lauorò ancora sopra il gesso stemperato cō la medesima colla, fregi, & diademe di rilieuo, & altri ornamenti tondi. E fu egli inuentore del modo di dare di Bolo, & metterui sopra l'oro in foglie, e brunirlo. Lequali tutte cose non essendo mai prima state vedute, si veggiono in molte opere sue, e particolarmente nella pieue d'Arezzo in vn dossale, doue sono storie di S. Donato; & in S. Agnesa, & in S. Niccolò della medesima città.

Lauorò finalmente molte opere nella sua patria, che andarono fuori: parte dellequali sono a Roma in s. Ianni, & in s. Piero, & parte in Pisa in santa Catarina, doue nel tramezzo della chiesa è appoggiata sopra vn'Altare vna tauola, dentroui S. Caterina, & molte storie in figure piccole della sua vita. & in vna tauoletta vn S. Francesco con molte storie in campo d'oro. Et nella Chiesa di sopra di san Frācesco d'Ascesi è vn crucifisso di sua mano dipinto alla greca, sopra vn legno, che attrauersa la chiesa. lequali tutte opere furono in gran pregio appresso i popoli di quell'età, se bene hoggi da noi non sono stimate se non come cose vecchie, & buone quando l'arte nō era, come è hoggi nel suo colmo. E perche attese Margaritone anco all'architettura, se bene non ho fatto menzione d'alcune cose fatte col suo disegno, perche non sono d'importanza, non tacerò gia, che egli, secōdo, ch'io truouo fece il disegno, e modello del palazzo de' Gouernatori della città d'Ancona alla maniera greca l'āno 1270. e che è piu, fece di scultura nella facciata principale otto finestre, delle quali ha ciascuna nel vano del mezzo due colonne, che a mezzo sostengono due archi, sopra iquali ha ciascuna fenestra vna storia di mezzo rilieuo, che tiene da i detti piccioli Archi insino al sommo della finestra, vna storia dico del Testa-

mento

mento vecchio, intagliata in vna sorte di pietra, ch'è in q̄l paese. Sotto le dette finestre sono nella facciata alcune lettere, che s'intendono piu per discrezione, che perche siano o in buona forma, o rettamente scritte, nelle quali si legge il millesimo, & al tempo di chi fu fatta questa opera. Fu anco di mano del medesimo il disegno della chiesa di S. Criaco d'Ancona. Morì Margaritone d'anni LXXVII. infastidito, p quel, che si disse d'esser tanto viuuto, vedendo variata l'età, e gl'honori ne gl'artefici nuoui. fu sepolto nel duomo vecchio fuor d'Arezzo in vna cassa di treuertino, hoggi andata male nelle rouine di quel tempio. E gli fu fatto questo epitaffio.

Hic iacet ille bonus pictura Margaritonus,
Cui requiem Dominus tradat vbique pius.

Il ritratto di Margaritone era nel detto Duomo vecchio di mano di Spinello nell'Historia de' Magi, e fu da me ricanato prima, che fusse quel tempio rouinato.

Fine della Vita di Margaritone.

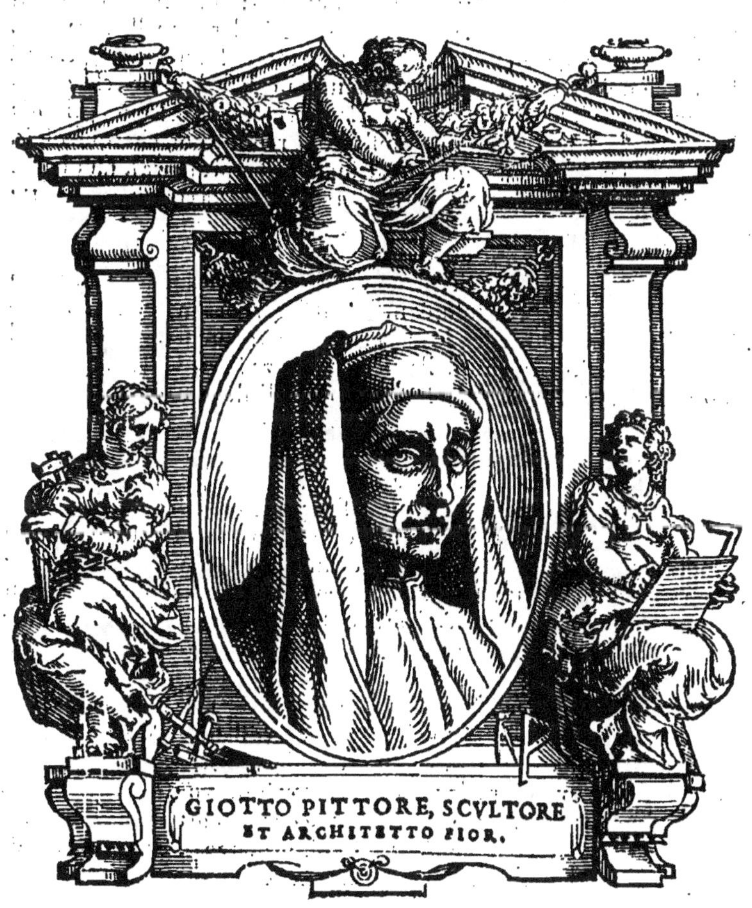

VITA DI GIOTTO PITTORE, SCVLTORE, ET ARCHITETTO FIORENTINO.

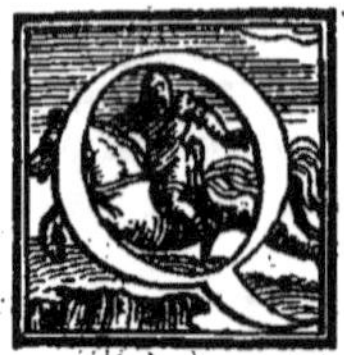

QVELL'obligo stesso, che hanno gl'Artefici Pittori alla natura, laqual serue continuamente p essempio a coloro, che cauando il buono dalle parti di lei migliori, e piu belle, di cõtrafarla, & imitarla s'ingegnano sempre; hauere, per mio credere, si deue a Giotto pittore Fiorentino: perciochè, essendo stati sotterrati tanti anni dalle rouine delle guerre i modi delle buone pitture, & i dintorni di quelle, egli solo, ancora che nato fra Artefici inetti, per dono di Dio, quella, che era per mala via, risuscitò, & a tale forma ridusse, che si potette chiamar buona. E veramẽte fu miracolo grandissimo, che quella età, & grossa, & inetta hauesse forza d'operare in Giotto si dottamente, che il disegno, del quale poca, o niuna cognizione haueuano gl'huomini di que' tempi, mediante lui, ritornasse del tutto in vita. E niente di meno i principij di si grand'huomo furono l'anno 1276. nel contado di Firenze, vicino alla città quattordici miglia, nella villa di Vespignano, & di padre detto Bondone, lauoratore di terra, & naturale persona. Costui hauuto questo figliuolo, al quale pose nome Giotto, l'alleuò, secondo lo stato suo, costumatamente. E quãdo fu all'età di dieci anni peruenuto, mostrando in tutti gl'atti, ancora fanciulleschi, vna viuacità, & prontezza d'ingegno straordinario, che lo rendea grato non pure al padre, ma a tutti quelli ancora, che nella villa, e fuori lo conosceuano; gli diede Bondone in guardia alcune pecore, lequali egli, andando pel podere, quando in vn luogo, & quando in vn'altro pasturãdo, spinto dall'inclinazione della natura all'arte del disegno, per le lastre, & in terra, o in su l'arena del cõtinuo disegnaua alcuna cosa di naturale, o vero che gli venisse in fantasia: onde, andando vn giorno Cimabue per sue bisogne, da Fiorenza a Vespignano, trouò Giotto, che mentre le sue pecore pasceuano, sopra vna lastra piana, & pulita con vn sasso vn poco apuntato, ritraeua vna pecora di naturale, senza hauere imparato, modo nessuno di cio fare da altri, che dalla natura: perche fermatosi Cimabue tutto marauiglioso, lo domandò se voleua andar a star seco. Rispose il fanciullo, che cõtentandosene il padre, anderebbe volentieri. Dimandandolo dunque Cimabue a Bondone, egli amoreuolmente glie lo concedette; & si contentò, che seco lo menasse a Firenze, la doue venuto; in poco tempo, aiutato dalla natura, & ammaestrato da Cimabue, non solo pareggiò il fanciullo la maniera del maestro suo, ma diuenne cosi buono imitatore della natura: che sbandì affatto quella goffa maniera greca: & risuscitò la moderna, e buona arte della pittura, introducendo il ritrarre bene di naturale le persone viue, il che piu di dugento anni non s'era vsato, e se pure si era prouato qualcuno, come si è detto di sopra, non gli era cio riuscito molto felicemente, ne cosi bene a vn pezzo, come a Giotto; il quale fra gl'altri ritrasse, come ancor hoggi si vede, nella capella del palagio del podestà di Firenze, Dante Alighieri, coetaneo, & amico suo grandissimo, & non meno famoso poeta, che si fusse ne' medesimi tempi Giotto Pittore, tanto lodato da M. Giouanni Boccaccio nel proemio della Nouella di M. Foreſe da Rabatta, & di eſſo Giotto dipintore. Nella medeſima capella è il ritratto ſimilmēte di mano del medeſimo, di ſer Brunetto Latini maeſtro di Dante, & di M. Corſo Donati gran cittadino di que' tempi Furono le prime pitture di Giotto nella capella dell'altar maggiore della Badia di Firenze, nella quale fece molte coſe tenute belle, ma particolarmente vna noſtra Donna, quando è annunziata, perche in eſſa eſpreſſe viuamente la paura, & lo ſpauento, che nel ſalutarla Gabriello miſe in Maria Vergine, laqual pare, che tutta piena di grandiſſimo timore, voglia quaſi metterſi in fuga. E di mano di Giotto parimente la tauola dell'altar maggiore di detta capella, la quale vi ſi è tenuta inſino a hoggi, & anco vi ſi tiene, piu per vna certa reuerenza, che s'ha all'opera di tanto huomo, che per altro. E in S. Croce ſono quattro cappelle di mano del medeſimo; Tre fra la ſagreſtia, e la capella grande, & vna dall'altra banda. Nella prima delle tre, laquale è di M. Ridolfo de' Bardi, che è quella doue ſono le funi delle campane, è la vita di S. Franceſco: nella morte delquale vn buon numero di frati moſtrano aſſai acconciamente l'effetto del piãgere. Nell'altra, che è della famiglia de' Peruzzi ſono due Hiſtorie della vita di S. Gio. Battiſta, alquale è dedicata la capella, doue ſi vede molto uiuamente il ballare, e ſaltare d'Herodiade, e la prontezza d'alcuni ſeruenti, preſti a i ſerugi della menſa. Nella medeſima ſono due ſtorie di S. Gio. euangeliſta marauiglioſe, cioè quando riſuſcita Druſiana, e quando è rapito in cielo. Nella terza ch'è de' Giugni, intitolata a gl'Apoſtoli, ſono di mano di Giotto dipinte le ſtorie del martirio di molti di loro. Nella quarta, che è dall'altra parte della chieſa, verſo tramontana, la quale è de' Toſinghi, & degli Spinelli, et dedicata all'aſſunzione di noſtra Donna, Giotto dipinſe la natiuità, lo ſpoſalizio, l'eſſere annuntiata, l'adorazione de' Magi, e quando ella porge Chriſto piccol fanciullo a Simeone, che è coſa belliſſima: perche, oltre a vn grande affetto, che ſi conoſce in quel vecchio riceuente CHRISTO; l'atto del fanciullo, che hauendo paura di lui porge le braccia, & ſi riuolge tutto timoroſetto verſo la madre, non può eſſere ne piu affettuoſo, ne piu bello. Nella morte poi di eſſa noſtra Donna ſono gl'Apoſtoli, & vn buon numero d'Angeli con torchi in mano, molto belli. Nella capella de' Baroncelli in detta Chieſa, è vna tauola a tempera di man di Giotto, doue è condotta con molta diligenza l'incoronazione di noſtra Donna, & vn grandiſſimo numero di figure piccole: & vn coro d'Angeli, & di ſanti molto diligentemente lauorati. E perche in queſta opera è ſcritto a lettere d'oro il nome ſuo, & il milleſimo, gl'Artefici, che conſidereranno in che tempo Giotto, ſenza alcun lume della buona maniera diede principio al buon modo di diſegnare, e di colorire, ſaranno forzati hauerlo in ſomma venerazione. Nella medeſima Chieſa di s. Croce ſono ancora ſopra il ſepolcro di marmo di Carlo Marzupini Aretino, vn crucifiſſo, vna Noſtra Donna, vn ſan Giouanni, e la Madalena a pie della Croce: e dall'altra bãda della chieſa, apũto dirimpetto a queſta, ſopra la ſepoltura di Lionarno Aretino, è vna Nunziata verſo l'altar maggiore, laqual'è ſtata da pittori moderni, con poco giudizio di chi cio ha fatto fare, ricolorita. Nel refettorio è in vn'Albero di croce hiſtorie di S. Lodouico, e vn cenacolo di mano del medeſimo, & negli armarij della ſagreſtia ſtorie di figure piccole della vita di Chriſto, & di S. Franceſco. Lauorò anco nella chieſa del Carmine alla cappella di San

San Giouanni Battiſta tutta la vita di quel ſanto,diuiſa in piu quadri: Et nel palazzo della parte guelfa di Firenze è di ſua mano vna ſtoria della fede chriſtiana in freſco,dipinta perfettamente: Et in eſſa è il ritratto di papa Clemente quarto,ilquale creò quel magiſtrato,donandogli l'arme ſua,laqual'egli ha tenuto ſempre,& tiene ancora. Dopo queſte coſe,partendoſi di Firenze, per andare a finir in Aſceſi l'opere cominciate da Cimabue, nel paſſar per Arezzo,dipinſe nella pieue la capella di S.Franceſco, ch'è ſopra il batteſimo; & in vna colonna tonda,vicino a vn capitello corinthio,& antico, e belliſsimo,vn ſan Franceſco,e vn S.Domenico ritratti di naturale; & nel duomo fuor d'Arezzo vna capelluccia,dentroui la lapidazione di ſanto Stefano con bel componimento di figure. Finite queſte coſe,ſi conduſſe in Aſceſi,città dell' Vmbria,eſſendoui chiamato da fra Giouanni di muro della Marca,allora generale de'frati di ſan Franceſco,doue nella chieſa diſopra dipinſe a freſco ſotto il corridor,che attrauerſa le fineſtre,da i due lati della chieſa trẽtadue ſtorie del la vita,e fatti di ſan Franc.cioè ſedici per facciata,tanto perfettamente, che ne acquiſtò grandiſsima fama. E nel vero ſi vede in quell'opera gran varietà,nõ ſolamente ne i geſti,& attitudini di ciaſcuna figura, ma nella compoſizione ancora di tutte le ſtorie, ſenza,che fa belliſsimo vedere la diuerſità degl' habiti di que'tempi,& certe imitazioni,& oſeruazioni delle coſe della natura. E fra l'altre è belliſsima vna ſtoria,doue vno aſetato,nel quale ſi vede viuo il deſiderio dell'acque,bee,ſtando chinato in terra a vna fonte,con grandiſſimo,e veramente marauiglioſo affetto,in tanto,che par quaſi vna perſona viua, che bea. Vi ſono anco molte altre coſe digniſsime di conſiderazione, nellequali,per non eſſer lungo non mi diſtendo altrimenti. Baſti,che tutta queſta opera acquiſtò a Giotto fama grandiſcima,per la bontà delle figure,e per l'ordine,proporzione,viuezza,& facilità,che egli haueua dalla natura, e che haueua,mediante lo ſtudio fatto molto maggiore,e ſapeua in tutte le coſe chiaramente dimoſtrare. E perche oltre quello,che haueua Giotto da natura, fu ſtudioſiſsimo,& andò ſempre nuoue coſe penſando, e dalla natura cauando, meritò d'eſſer chiamato Diſcepolo della natura,e non d'altri. Finite le ſopradette ſtorie, dipinſe nel medeſimo luogo, ma nella chieſa di ſotto, le facciate di ſopra,dalle bande dell'altar maggiore, e tutti quattro gl'Angoli della volta di ſopra,doue è il corpo di S. Franceſco e tutte con inuenzioni capriccioſe, e belle. Nella prima è S. Franceſco glorificato in cielo,con quelle virtu intorno,che à volere eſſer perfettamente nella grazia di Dio,ſono richieſte. Da vn lato l'ubidienza mette al collo d'un frate,che le ſta inanzi ginocchioni,vn giogo, i legami delquale ſono tirati da certe mani al cielo: & moſtrando con vn dito alla bocca,ſilenzio,ha gl'occhi à Gieſu Chriſto, che verſa ſangue dal coſtato. Et in compagnia di queſta virtù ſono la prudenza, & l'humilta, per dimoſtrare,che doue è veramente l'ubidienza è ſempre l'humiltà, e la prudẽza, che fa bene operare ogni coſa. Nel ſecondo Angolo è la caſtita, laquale, ſtandoſi in vna fortiſsima roccha,non ſi laſcia vincere ne da regni, ne da corone, ne da palme,che alcuni le preſentano. A piedi di coſtei è la Mondizia, che laua perſone nude: & la fortezza va conducendo genti à lauarſi, & mondarſi: Appreſſo alla caſtita è da vn lato la penitenza,che caccia Amore alato,cõ vna diſciplina,e fa fuggire la imondizia. Nel terzo luogo è la pouertà, laquale va co i piedi scalzi calpestando le spine; ha vn cane che le abbaia dietro, e intorno vn putto, che le tira sassi, & vn'altro, che le va accostando con vn bastone certe spini alle gambe. E Questa pouerta si vede esser quiui sposata da S. Francesco mentre Giesu Christo le tiene la mano, essendo presenti, non senza misterio la speranza, e la Castità. Nel quarto, & vltimo de i detti luoghi è vn S. Francesco pur glorificato, vestito con vna Tonicella bianca da Diacono, e come trionfante in cielo in mezzo à vna multitudine d'Angeli, che intorno gli fanno Coro, con vno stendardo, nelquale è vna croce con sette stelle. Et in alto è lo spirito santo. Dentro à ciascuno di questi Angoli sono alcune parole latine, che dichiarano le storie. Similmente, oltre i detti quattro Angoli, sono nelle facciate dalle bande pitture bellissime, e da essere veramente tenute in pregio, si per la perfezzione, che si vede in loro, e si per essere state con tanta diligeuza lauorate, che si sono insino à hoggi conseruate fresche. in queste storie è il ritratto d'esso Giotto molto ben fatto, e sopra la porta della sagrestia è di mano del medesimo, pur'a fresco vn S. Francesco, che riceue le stimate, tanto affettuoso, e diuoto, che a me pare la piu eccellente pittura; che Giotto facesse in quell'opere, che sono tutte veramente belle, e lodeuoli. finito dũque, che hebbe per vltimo il detto S. Francesco se ne tornò à Firenze, doue giunto dipinse, per mandar a Pisa, in vna Tauola vn s. Francesco nel horribile sasso della Vernia, con straordinaria diligenza: perche, oltre a certi paesi, pieni d'alberi, e di scogli, che fu cosa nuoua in que'tempi; si vede nell'attitudini di s. Francesco, che con molta prontezza riceue ginocchioni le stimate, vn'ardentisimo disiderio di riceuerle, & infinito amore verso giesu Christo, che in aria; circondato di Sarafini, glie le concede, con si viui affetti; che meglio non è possibile immaginarsi. Nel disotto poi della medesima Tauola sono tre storie della vita del medesimo molto belle. Questa Tauola laquale hoggi si vede in S. Francesco di Pisa in vn pilastro a canto all'altar maggiore, tenuta in molta venerazzione, per memoria di tanto huomo, fu cagione, che i Pisani essendosi finita a punto la fabrica dl Campo Santo, secõdo il disegno di Giouãni di Nicola Pisano, come si disse di sopra, diedero a dipignere a Giotto parte delle facciate di dentro. Accioche, come tanta fabrica era tutta di fuori incrostata di marmi, e d'intagli fatti con grandisima spesa, coperto di piombo il tetto, e dentro piene di pile, e sepolture antiche state de'gentili, e recate in quella Città di varie parti del mondo; cosi fusse ornata dentro, nelle facciate di nobilisime pitture. Percio dunque, andato Giotto a Pisa, fece nel principio d'una facciata di quel Campo Santo, sei storie grandi in fresco del pazientisimo Iobbe. E perche giudiziosamente cõsiderò, che i marmi da quella parte della fabrica, doue haueua a lauorare, erano volti verso la Marina, e che tutti essendo saligni, per gli scilocchi, sempre sono humidi, e gettano vna certa salsedine, si come i mattoni di Pisa fanno, per lo piu; e che percio aciecano, e si mangiano i colori, e le pitture: Fece fare perche si conseruasse quanto potesse il piu l'opera sua, per tutto doue voleua lauorare in fresco, vn aricciato, o vero intonaco, o incrostratura, che vogliam dire, con calcina, gesso, e matton pesto mescolati, cosi apropósito, che le pitture, che egli poi sopra vi fece si sono in fino a questo giorno conseruate; e meglio starebbono se la stracuratag gine di chi ne doueua hauer cura, non l'hauesse lasciate molto offendere dal l'humido: perche il non hauere a cio, come si poteua ageuolmente, proueduto è stato cagione, che hauendo quelle pitture patito humido, si sono guaste i certi luoghi, e l'incarnazioni fatte nere: è l'intonaco scortecciato; senza, che la natura del gesso, quando è con la calcina mescolato, è d'infracidare col tempo; & corrompersi: onde nasce, che poi per forza guasta i colori, se ben pare, che da principio faccia gran presa, e buona. Sono in queste storie, oltre al ritratto di M. Farinata degl'Vberti, molte belle figure, e massimamente certi Villani, i quali nel portare le dolorose nuoue a Iobbe non potrebbono essere piu sensati, ne meglio mostrare il dolore, che haueuano per i perduti bestiami, e per l'altre disauenture, di quello, che fanno. Parimente ha grazia stupēda la figura d'un seruo, che con vna rosta sta intorno a Iobbe piagato, e quasi abandonato da ognuno: E come, che ben fatto sia iu tutte le parti, è marauiglioso nell'attitudine, che fa, cacciando con vna delle mani le mosche al lebroso padrone, e puzzolente, e con l'altra tutto schifo turandosi il naso, per non sētire il puzzo. sono similmente l'altre figure di queste storie, e le teste cosi de' Maschi come delle femine molto belle, & i panni in modo lauorati morbidamente, che non è marauiglia, se quell'opera gl'acquistò in quella Città, e fuori tanta fama, che Papa Benedetto I X. da Treuisi, mandasse in Toscana vn suo cortigiano a vedere, che huomo fusse Giotto, e quali fossero l'opere sue, hauēdo disegnato far in S. Piero alcune pitture. Ilquale cortigiano venendo per veder Giotto, & intendere, che altri Maestri fussero in Firenze Eccellenti nel la pittura, e nel Musaico, parlò in Siena a molti Maestri. Poi hauuto disegni da loro, venne a Firenze: Et andato vna mattina in bottega di Giotto, che lauoraua gl'espose la mente del Papa, & in che modo si voleua valere dell'opera sua, & in vltimo gli chiese vn poco di disegno, per mandarlo a sua santita. Giotto, che garbatissimo era, prese vn foglio, & in quello con vn pennello tinto di rosso, fermato il braccio al fianco, per farne compasso, e girato la mano fece vn tondo si pari di sesto, e di proffilo, che fu a vederlo vna marauiglia. Ciò fatto, ghignando disse al cortigiano: Eccoui il disegno. Colui, come beffato disse, ho io a hauere altro disegno, che questo? Assai, e pur troppo è questo, rispose Giotto: mandatelo insieme con gl'altri, e vedrete se sarà conosciuto. Il Mandato, vedendo non potere altro hauere, si partì da lui assai male sodisfatto, dubitando non essere vcellato. Tuttauia, mandando al papa gl'altri disegni & i nomi di chi gli haueua fatti, mandò anco quel di Giotto, raccontando il modo, che haueua tenuto nel fare il suo tondo, senza muouere il braccio, e senza seste. Onde il papa, e molti cortigiani intendenti, conobbero per ciò, quanto Giotto auanzasse d'eccellenza tutti gl'altri pittori del suo tempo. Diuolgatasi poi q̄sta cosa, ne nacque il prouerbio, che ancora è in vso dirsi a gl' huomini di grossa pasta; Tu sei piu tondo, che l'O. di Giotto. Ilqual prouerbio, non solo, per lo caso, donde nacque, si puo dir bello, ma molto piu, per lo suo significato, che consiste nell'ambiguo, pigliandosi tondo in Toscana, oltre alla figura circolare perfetta, per tardità, e grossezza d'ingegno. Fecelo dūque il predetto Papa andare a Roma doue honorando molto, e riconoscendo la virtù di lui, gli fece nella Tribuna di S. Piero di pignere cinque storie della vita di Christo, e nella sagrestia la Tauola principale, che furono da lui con tanta diligenza condotti, che non vscì mai a tempera delle sue mani il piu pulito lauoro. Onde meritò, che il Papa, tenendosi ben seruito facesse dargli per premio secento ducati d'oro, oltre hauergli fatto tanti fauori; che ne fu detto per tutta Italia. fu in questo tempo a Roma molto amico di Giotto, per non tacere cosa degna di memoria, che apartenga all'arte. Oderigi d'Agobbio, Eccellente Miniatore in que'tempi, Ilquale, condotto, percio dal Papa Miniò molti libri per la libreria di palazzo, che sono in gran parte hoggi consumati dal tempo. E nel mio libro de'disegni antichi sono alcune reliquie di man propria di costui, che in vero fu valẽte huomo, se bene fu molto miglior Maestro di lui, Franco Bolognese miniatore, che per lo stesso Papa, e per la stessa libreria, ne'medesimi tempi lauorò assai cose eccellentemente in quella maniera, come si puo vedere nel detto libro, doue ho di sua mano disegni di pitture, e di minio: E fra essi vn'Aquila molto ben fatta, & vn Lione, che rompe vn albero bellissimo. Di q̃sti due Miniatori Ecc. fa menzione Dante nell'undecimo, capitolo del purgatorio, doue si ragiona de'vanagloriosi, cõ questi uersi,

O, dissi a lui, non se'tu Oderigi
L'honor d'Agobbio, e l'honor di quell'arte,
Ch'alluminare è chiamata in Parigi?
Frate, diss'egli, piu ridon le carte
Che pennelleggia Franco Bolognese,
L'honor è tutto suo, e mio in parte. &c.

Il Papa, hauendo veduto q̃ste opere, e piacẽdogli la maniera di Giotto infinitamẽte, ordinò che facesse ĩtorno ĩtorno a S. Piero Historie del testamento Vecchio, e nuouo: Onde, cominciãdo fece Giotto a fresco l'Angelo di sette braccia, che è sopra l'organo, e molte altre pitture, delle quali, parte sono da altri state restaurate a di nostri, e parte nel rifondare le mura nuoue o state disfatte o traportate dall'edifizio Vecchio di S. Piero, fin sotto l'organo, come vna N. Donna in muro, laquale, perche non andasse per terra, fu tagliato attorno il muro, & allacciato con traui, e ferri, e cosi leuata, e murata poi, per la sua bellezza, doue volle la pietà, & amore, che porta alle cose eccell. dell'arte M. Nicolo Acciaiuoli, Dottore Fiorentino, il quale di stucchi, e d'altre moderne pitture adornò riccamente questa opera di Giotto: Di mano delquale ancora fu la naue di musaico, ch'è sopra le tre porte del portico, nel cortile di s. Piero, la quale è veramente miracolosa, e meritamente lodata da tutti i belli ingegni; perche in essa, oltre al disegno, vi è la disposizione degl'Apostoli, che in diuerse maniere trauagliano, per la tempesta del mare, mentre soffiano i venti in vna vela, laquale ha tanto rilieuo, che non sarebbe altre tanto vna vera; e pure è difficile hauere a fare di que'pezzi di vetri vna vnione, come quella, che si vede ne'bianchi, e nell'ombre di si gran vela, laquale col pennello, quando si facesse ogni sforzo, a fatica si pareggiarebbe; senza, che in vn pescatore, ilquale pesca in su uno scoglio a lenza, si conosce nell'attitudine vna pacienza estrema, propria di quell'arte; e nel volto la speranza, e la voglia di pigliare. Sotto questa opera sono tre archetti in fresco, de'quali, essendo, per la maggior parte guasti, non dirò altro. Le lodi dunque date vniuersalmente dagl'artefici a questa opera, se le conuengono. Hauendo poi Giotto nella Minerua, chiesa de'frati predicatori, dipinto in vna tauola vn crucifisso grande colorito a tempera, che fu allora molto lodato, se ne tornò, essendone stato fuori sei anni, alla la patria. Ma essendo non molto dopo, creato papa Clemente quinto, in Perugia, per esser morto papa Benedetto nono, fu forzato Giotto andarsene cō q̄l papa, là doue condusse la corte, in Auignone, per farui alcune opere; pche andato, fece non solo in Auignone, ma in molti altri luoghi di Francia, molte tauole, e pitture a fresco bellissime, lequali piacquero infinitamente al pontifice & a tutta la corte. La onde spedito, che fu, lo licenziò amoreuolmente, e con molti doni. onde se ne tornò a casa non meno ricco, che honorato, e famoso; & fra l'altre cose recò il ritratto di quel papa, ilquale diede poi a Taddeo Gaddi suo discepolo. E questa tornata di Giotto in Firenze fu l'anno 1316. Ma non però gli fu conceduto fermarsi molto in Firenze, perche condotto a Padoa, p opera de' signori della Scala, dipinse nel santo, chiesa stata fabricata in que' tēpi, vna capella bellissima. Di li andò a Verona, doue a Messer Cane fece nel suo palazzo alcune pitture, e particolarmente il ritratto di quel signore. E ne' frati di San Francesco vna tauola. Compiute queste opere, nel tornarsene in Toscana, gli fu forza fermarsi in Ferrara, & dipignere in seruigio di que' signori Estensi in palazzo, & in santo Agostino alcune cose, che anchor hoggi vi si veggiono. Intanto, venendo a gl'orecchi di Dante, poeta Fiorētino, che Giotto era in Ferrara, operò di maniera, che lo conduffe a Rauēna, doue egli si staua in esilio: e gli fece fare in san Francesco per i signori da Polenta alcune storie in fresco intorno alla chiesa, che sono ragioneuoli. Andato poi da Rauenna a Vrbino, ancor quiui lauorò alcune cose. poi occorrendogli passar per Arezzo, non potette non compiacere Piero Saccone, che molto l'haueua carezzato: onde gli fece in un pilastro della capella maggiore del Vescouado, ī fresco un san Martino, che tagliatosi il mantello nel mezzo, ne dà una parte a un pouero, che gliè inanzi quasi tutto ignudo. Hauendo poi fatto nella Badia di santa Fiore, in legno un crucifisso grande a tempera, che è hoggi nel mezzo di quello chiesa se ne ritornò finalmente in Firenze, doue fra l'altre cose, che furono molte, fece nel monasterio delle Donne di Faenza alcune pitture, & in fresco, & a tempera, che hoggi non sono in essere, per esser rouinato quel monasterio. Similmente l'anno 1322. essendo l'anno innanzi, con suo molto dispiacere morto Dante suo amicissimo, andò a Lucca, & a richiesta di Castruccio Sig. allora di quella Città sua patria, fece vna Tauola in S. Martino, drentoui vn Cristo in aria, e quattro santi Protettori di quella Città; cio è S. Piero, S. Regolo, S. Martino, e S. Paulino, iquali mostrano di raccomādare vn Papa, & vn' Imperator, i quali, secondo, che per molti si crede, sono Federigo Bauaro, e Nicola quinto antipapa. Credono parimente alcuni, che Giotto disegnasse a S. Fridiano nella medesima Città di Lucca il Castello, e Fortezza della Giusta, che è inespugnabile. Dopo, essendo Giotto ritornato in Firenze, Ruberto Re di Napoli, scrisse a Carlo Re di Calauria suo primo genito, ilquale se trouaua in Firenze, che per ogni modo gli mandasse Giotto a Napoli. percioche, hauendo finito di fabricare S. Chiara Monasterio di Donne, & Chiesa Reale, voleua, che da lui fusse di nobile pittura adornata. Giotto adunque sentendosi da vn Re tanto lodato, e famoso chiamar, andò piu che volentieri a seruirlo, e giunto dipinse in alcune capelle del detto Monasterio molte storie del Vecchio testamento, e nuouo. E le storie del'Apocalisse, che fece in vna di dette capelle, furono, per quanto si dice inuenzione di Dante, come per auuentura furono anco quelle tanto lodate d'Asceſi, delle quali ſi è di ſopra a baſtanza fauellato. E ſe ben Dante in queſto tempo era morto, poteuano heuerne hauuto, come ſpeſſo auuiene fra gl'amici, ragionamento. Ma p tornare a Napoli, fece Giotto nel caſtello dell'Vuouo molte opere, e particolarmente la capella, che molto piacque a quel Re, dalquale fu tanto amato, che Giotto molte volte, lauorando, ſi trouò eſſere tratenuto da eſſo Re, che ſi pigliaua piacer di uederlo lauorare, e d'udire i ſuoi ragionamenti. E Giotto, che haueua ſempre qualche motto alle mani, e qualche riſpoſta arguta in prõto, lo tratteneua con la mano dipignendo, e con ragionamenti piaceuoli motteggiando. Onde dicendogli vn giorno il Re, che voleua farlo il primo huomo di Napoli: riſpoſe Giotto. E pcio ſono io alloggiato a porta Reale, p eſſer il primo di Napoli. Vn altra volta, dicendogli il Re, Giotto ſe io fuſsi in te, hora, che fa caldo, tralaſſarei vn poco il dipignere, Riſpoſe, et io certo, s'io fuſsi voi. Eſſendo dunque al Re molto grato, gli fece in vna ſala, che il Re Alfonſo primo rouinò, per fare il caſtello, & coſi nell'Incoronata, buon numero di pitture, e fra l'altre della detta ſala vi erano i ritratti di molti huomini famoſi, e fra eſsi quello di eſſo Giotto: alquale, hauẽdo vn giorno p capriccio chieſto il Re che gli dipigniſſe il ſuo Reame, Giotto, ſecondo, che ſi dice, gli dipinſe vn Aſino imbaſtato, che tenena a piedi vn altro baſta nuouo, e fiutandolo facea ſembiante di diſiderarlo: & in ſu l'uno, e l'altro baſto nuouo era la corona Reale e lo ſcetro della podeſta: onde dimandato Giotto dal Re, quello che cotale pittura ſignificaſſe: riſpoſe tali i ſudditi ſuoi eſſere, e tale il Regno, nel quale ogni giorno nuouo Signore ſi diſidera. Partito Giotto da Napoli, per andare a Roma, ſi fermò a Gaeta, doue gli fu forza nella Nunziata far di pittura alcune ſtorie del Teſtamento nuouo, hoggi guaſte dal tempo, ma non però in modo, che non vi ſi veggia beniſsimo il ritratto d'eſſo Giotto, appreſſo a vn crucifiſſo grande molto bello. Finita queſta opera, non potendo ci o negar al Signor Malateſta, prima ſi trattẽne p ſeruigio di lui alcuni giorni in Roma, e di poi ſe n'andò a Rimini, della qual Città era il detto Malateſta Signore, e li nella chieſa di S. Franceſco fece moltiſsime pitture: lequali poi da Giſmondo figliuolo di Pãdolfo Malateſti, che rifece tutta la detta chieſa di nuouo, furono gettate per terra, e rouinate. Fece ancora nel chioſtro di detto luogo, all'incõtro della facciata della chieſa in freſco l'Hiſtoria della beata Michelina, che fu vna delle piu belle, & Ec. coſe, che Giotto faceſſe gia mai, p le molte, e belle cõſideraziõi, che egli hebbe nel lauorarle: pche, oltr'alla bellezza de' pãni, e la grazia, e viuezza dlle teſte, che ſono miracoloſe, vi è q̃to puo dõna eſſer bella, vna giouane, laqual, p liberarſi dalla calũnia dell'Aulterio, giura ſopra vn libro in atto ſtupendiſs. tenendo fiſsi gl'occhi ſuoi in quelli del Marito, che giurare la facea, per diffidenza d'un figliuol nero partorito da lei, Il quale in neſſun modo poteua acconciarſi a credere, che fuſſe ſuo. Coſtei, ſi come il marito moſtra lo ſdegno, e la diffidenza nel viſo: fa conoſcere con la pietà della fronte, e degl'occhi a coloro, che intentiſsimamente la contemplano, la Innocenzia, e ſimplicita ſua, & il torto, che ſe le fa, facendola giurare, e publicandola à torto per meritrice. Medeſimamente grãdiſsimo affetto fu quello, ch'egli eſpreſſe in vno infermo di certe piaghe: perche tutte le femine che gli ſono ĩtorno, offeſe dal puzzo, fanno certi ſtorcimenti ſchifi, i piu graziati del mondo. I ſcorti ti poi che in vn'altro quadro si veggiono, fra vna quantita di poueri ratratti sono molto lodeuoli, e deono essere appresso gl'artefici in pregio, perche da essi, si è hauuto il primo principio, e modo di fargli, senza che non si puo dire, che siano, come primi, se non ragioneuoli. Ma sopra tutte l'altre cose, che sono in questa opera, è marauigliosissimo l'atto, che fa la sopradetta Beata, verso certi vsurai, che le sborsano i danari della vendita delle sue possessioni, per dargli a poueri; pche in lei si di mostra il dispregio de'danari, e dell'altre cose terrene, lequali pare, che le putino, & in qlli il ritratto stesso dell'auarizia, e l'ingordigia humana. parimẽte la figura d'uno, che annouerãdole i danari, pare, che accenni al Notaio, che scriua, è molto bella, considerato, che se bene ha gl'occhi al Notaio, tenendo nondimeno le mani sopra i danari, fa conoscere l'affezzione, l'auarizia sua, e la diffidenza. Similmente le tre figure, che in aria sostengono l'habito di S. Francesco, figurate per l'ubbidienza, pacienza, e pouertà, sono degne d'infinita lode, per essere masşimamente nella maniera de panni vn naturale andar di pieghe, che fa conoscere; che Giotto nacque, per dar luce alla pittura. Ritrasse, oltre cio, tanto naturale il S. Malatesta in vna Naue di questa opera, che pare viuissimo: Et alcuni Marinari, & altre genti, nella prontezza, nell'affetto, e nell'attitudini, e particolarmente vna figura, che parlando con alcuni, e mettendosi vna mano al viso, sputa in mare, fa conoscere l'eccellenza di Giotto. E certamente fra tutte le cose di pittura fatte da questo Maestro, questa si puo dire, che sia vna delle migliori perche non è figura in si gran numero, che non habbia in se grandissimo artifizio, e che nõ sia posta con capricciosa attitudine. E però non è marauiglia, se non mancò il Signor Malatesta di premiarlo magnificamente, e lodarlo. Finiti i lauori di quel signore, fece, pregato da vn priore Fiorentino, che allora era in S. Cataldo d'Arimini, fuor della porta della chiesa un S. Tomaso d'Aquino, che legge a suoi frati. Di quiui partito, tornò a Rauenna, & in S. Giouanni Euangelista fece vna capella a fresco lodata molto. Essendo poi tornato a Firenze con grandissimo honor, & con buone facultà, fece in S. Marco a tempera vn crucifisso in legno, maggiore che il Naturale, e in Campo d'Oro, Ilquale fu messo a man destra in chiesa, & vn altro simile ne fece in S. Maria Nouella, in sul quale Puccio capãna suo creato louorò in sua cõpagnia: e qst'è ancor'hoggi sopra la porta maggiore nell'ẽtrare in chiesa a mã destra Sopra la sepoltura de Gaddi. E nella medesima chiesa fece sopra il tramezzo un S. Lodouico a Paulo di Lotto Ardighelli, & a piedi il ritratto di lui, e della moglie di naturale.

L'anno poi 1327. essendo Guido Tarlati da Pietra Mala, Vescouo e Signor d'Arezzo, morto a Massa di Maremma nel tornare da Lucca, doue era stato a Visitare l'Imperadore; poi che fu portato in Arezzo il suo corpo, e li hebbe hauuta l'honoranza del mortorio honoratissima, deliberarano Piero Saccone, e Dolfo da Pietra Mala fratello del Vescouo, che gli fosse fatto un sepolcro di marmo degno della grandezza di tanto huomo, stato signore spirituale, e temporale, & capo di parte Ghibellina in Toscana. Perche, scritto a Giotto, che facesse il disegno d'una sepoltura richissima, e quanto piu si potesse honorata, e mandatogli le misure, lo pregarono appresso, che mettesse loro per le mani vu scultore il piu Eccellente, secondo il parer suo, di quanti ne erano in Italia, perche si rimettenano di tutto al giudizio di lui. Giotto, che cortese era, fece il disegno, e lo mandò loro, e secondo quello, come al suo luogo si dirà, fu fatta la detta sepoltura. E perche il detto Piero Saccone amaua infiatamente la virtù di questo huomo, hauendo preso non molto dopo, che hebbe hauuto il detto disegno, il Borgo a S. Sepolcro; di la condusse in Arezzo vna Tauola di man di Giotto di figure piccole, che poi se n'è ita in pezzi. Et Baccio Gondi, gentil'huomo Fiorentino, amatore di queste nobili Arti, e di tutte le uirtu, essendo comessario d'Arezzo ricercò con gran diligenza i pezzi di questa Tauola, e trouatone alcuni, gli condusse a Firenze, doue gli tiene in gran Venerazione, insieme con alcune altre cose, che ha di mano del medesimo Giotto, Ilquale lauorò tante cose, che raccontandole; non si crederebbe. Et non sono molti anni, che trouandomi io all'Heremo di Camaldoli, doue ho molte cose lauorato a que'R. padri, uidi in una cella: e ui era stato portato dal molto R. Don Antonio da Pisa, allora generale della Congregazione di Camaldoli, un crucifisso piccolo in Campo d'Oro, e col nome di Giotto di sua mano, molto bello: Ilquale crucifisso si tiene hoggi, secondo che mi dice il R. Don SILVANO Razzi, Monaco Camaldolése nel Monasterio, degl'Angeli di Firenze, nella cella del maggiore, come cosa rarissima, per essere di mano di Giotto, & ĩ compagnia d'un bellissimo quadretto di mano di Raffaello da Vrbino.

Dipinse Giotto a i frati Humiliati d'ogni Santi di Firenze vna capella, e quattro Teuole, e fra l'altre, in vna la N. Donna con molti Angeli intorno, e col figliuolo in braccio. Et vn crucifisso grande in legno; dalquale Puccio capanna pigliando il disegno ne lauorò poi molti per tutta Italia, hauendo molto in pratica la maniera di Giotto. Nel tramezzo di detta chiesa era quando questo libro delle Vite de pittori, scultori, & Architetti si stampò la prima volta, vna Tauolina a tempera stata dipinta da Giotto con infinita diligenza, dentro laquale era la morte di N. Donna con gl'Apostoli intorno, & cõ vn Christo, che in braccio l'anima di lei riceueua. Questa opera da gl'Artefici pittori era molto lodata, e particolarmente da Michil. Buonarroti, ilquale affermaua come si disse altra volta, la proprieta di questa historia dipinta, non potere essere piu simile al vero di quello, ch'ell'era. Questa Tauoletta dico, essendo venuta in considerazione, da che si diede fuora la prima volta il libro di queste vite: è stata poi leuata via da chi che sia, che forse, per amor dell'arte, e per pietà, parendogli, che fusse poco stimata, si è fatto, come disse il nostro poeta, spietato. E veramente fu in que'tempi vn miracolo, che Giotto hauesse tanta uaghezza nel dipignere, considerando massimamente, che egli imparò l'arte in un certo modo senza Maestro.

Dopo queste cose mise mano l'anno 1334. a dì, 9. di luglio al campanile di S. Maria del Fiore: Il fondamento del quale fu essendo stato cauato uenti braccia a dentro, vna piatea di pietre forti, in quella parte, donde si era cauata acqua, e ghiaia. Sopra laquale piatea, fatto poi un buon getto, che uenne alto dodici braccia dal primo fondamento; fece fare il rimanente, cio è l'altre otto braccia di muro a mano. E a questo principio, e fondamento interuẽne l'Arciuescouo della Città, Ilquale presente tutto il clero, e tutti i Magistrati, mise solẽnemente la prima pietra. Continuandosi poi questa opera col detto modello, che fu di quella maniera Thedesca, che in quel tempo s'usaua, disegnò

Giotto

Giotto tutte le storie, che andauano nell'ornamento: e scompartì di colori bianchi, Neri, e rossi il modello in tutti que' luoghi, doue haueuano à andare le pietre, e i fregi, con molta diligenza. Fu il circuito da basso in giro largo braccia cento cio è braccia uenticinque per ciascuna faccia. E l'altezza braccia Cento quaranta quattro. E se è uero, che tengo per uerissimo, quello, che lascio scritto Lorenzo di Cione Ghiberti, fece Giotto, non solo il Modello di questo Campanile, ma di Scultura ancora, e di rilieuo, parte di quelle storie di marmo, doue sono i principij di tutte l'arti. E Lorenzo detto afferma hauer ueduto Modelli di rilieuo di man di Giotto, e particolarmente quelli di queste opere: laqual cosa si puo credere ageuolmente, essendo il disegno, e l'inuenzione il padre, & la madre di tutte queste Arti, e non d'una sola. Doueua questo Campanile, secondo il Modello di giotto hauere per finimento sopra quello che si uede una punta, ò uero piramide quadra Alta braccia cinquanta ma per essere cosa Tedesca, e di maniera uecchia, gl'Architettori moderni non hanno mai se non consigliato, che non si faccia, parendo che stia meglio cosi, per lequali tutte cose fu Giotto, non pure fatto cittadino, Fiorentino, ma prouisionato di cento fiorini d'oro l'anno dal comune di Firenze, che era in que' tempi gran cosa, e fatto proueditore sopra questa opera, che fu seguitata dopo lui da Taddeo Gaddi, non essendo egli tanto uiuuto, che la potesse uedere finita. Hora, mentre, che quest'opera s'andaua tirando inanzi, fece alle Monache di San Giorgio vna Tauola, e nella Badia di Firenze, in un'arco sopra la porta di dentro la Chiesa tre mezze figure, hoggi coperte di bianco, per illuminare la Chiesa. E nella sala grande del podestà di Firenze dipinse il comune rubato da molti, doue, in forma di Giudice con lo scettro in mano lo figurò à sedere, e sopra la testa gli pose le bilãcie pari p le giuste ragioni ministrate da esso, aiutato da quattro uirtu, che sono la fortezza cõ l'animo la prudenza cõ le leggi, la Giustitia cõ l'armi, e la tẽperanza cõ le parole: pittura bella, & inuezione propria, e uerisimile. Appresso ãdato di nuouo à Padoa, oltre à molte altre cose, e Cappelle che egli ui dipinse fece nel luogo dell'Arena una Gloria mondana, che gl'arrecò molto honore, e vtile. Lauorò anco in Milano alcune cose che sono sparse per quella Città, & che insino a hoggi sono tenute bellissime. Finalmente tornato da Milano, non passò molto, che hauendo in vita fatto tante, e tanto bell'opere, & essendo stato non meno buon Christiano, che ecc. Pittore, rende lanima à Dio l'anno 1336, con molto dispiacere di tutti i suoi Cittadini, anzi di tutti coloro, che non pure l'haueuano conosciuto, ma vdito nominare: e fu sepellito, si come le sue virtu meritauano, honoratamente, essendo stato in uita amato da ognuno, e particolarmente dagl'huomini Eccellenti in tutte le professioni, perche oltre à Dante, di cui hauemo di sopra fauellato, fu molto honorato dal Petrarca egli, e l'opere sue, intanto, che si legge nel testamento suo, che egli lascia al signor Francesco da charrara signor di padoa, fra l'altre cose da lui tenute in somma venerazione vn quadro di man di giotto, drentoui vna nostra Donna, come cosa rara e stata à lui gratissima. E le parole di quel capitolo del testamento dicono cosi Transeo ad dispositionem aliarum rerum, prædicto igitur domino mea paduano, quia & ipse per Dei gratiam non eget, & ego nihil aliud habeo dignum se, mitto Tabulam meam siue historiam beate Virginis Ma-

R riæ,

rię operis Iocti Pictoris egregij quæ mihi ab amico meo Michele Vannis de Florētia missa est in cuius pulchritudinē ignorantes nō intelligunt, Magistri autem artis stupent, Hanc iconam ipsi domino lego, ut ipsa virgo benedicta sibi sit propitia apud filium suum Iesum christum. c.

E il medesimo petrarca in vna sua pistola latina nel quinto libro delle famigliari, dice queste parole. Atque (ut a ueteribus ad noua, ab externis ad nostra transgrediar) duos ego noui pictores egregios nec formosos Iottum Florentinum ciuem: Cuius inter modernos fama ingens est, & Simonem senensem. Noui Sculptores aliquot c. fu sotterrato in Santa Maria del Fiore dalla banda sinistra, entrando in Chiesa, doue è vn Matton di marmo bianco, per memoria di tanto huomo. E come si disse nella uita di Cimabue vn comentator di Dante, che fu nel tempo, che Giotto viueua, disse: fu ed è giotto tra i pittori il piu sommo della medesima citta di Firenze, e le sue opere il testimonanio à Roma, à Napoli, à Vignone, a Fiorenza, padoa, & in molte altre parti del mondo.

I discepoli suoi furono Taddeo Gaddi, stato tenuto da lui à Battesimo, come s'è detto e Puccio Capanna Fiorentino, che in Rimini nella Chiesa di San Cataldo de' frati predicatori dipinse perfettamente in fresco vn voto d'una naue che paro, che affoghi nel mare, con huomini, che gettano robbe nel l'acqua, de' quali è vno esse Puccio ritratto di Naturale, fra vn buon numero di Marinari. Dipinse il medesimo in Ascesi nella Chiesa di San Francesco molte opere dopo la morte di Giotto, & in Fiorenza nella Chiesa di Santa Trinita fece allato alla porta del fianco uerso il fiume, la Cappella degli Strozzi, doue è in fresco la coronazione della Madonna con vn Coro d'Angeli, che tirano assai alla maniera di Giotto, e dalle bande sono storie di Santa Lucia molto ben lauorate. Nella Badia di firenze dipinse la cappella di San Giouanni euangelista della famiglia de' Couoni allato alla sagrestia. Et in pistoia fece à fresco la Cappella maggiore della Chiesa di san Francesco, e la Cappella di san Lodouico con le storie loro, che sono ragioneuoli. Nel mezzo della Chiesa di S. Domenico della medesima Città è vn Crucifisso, vna Madonna, & un san Giouanni con molta dolcezza lauorati, & à piedi vn ossatura di marmo intera, nella quale (che fu cosa inusitata in que' tempi) mostrò puccio hauer tentato di uedere i fondamenti dell'arte. In questa opera si legge il suo nome fatto da lui stesso in qsto modo; Puccio di FIORENZA ME FECE. E di sua mano ancora in detta Chiesa, sopra la porta di Santa Maria Nuoua, nell'Arco tre mezze figure, la Nostra Donna col figliuolo in braccio, e san Piero da vna bāda, e dall'altra san Francesco. Dipinse ancora nella gia detta Città d'Ascesi, nella Chiesa di sotto san Francesco alune storie della passione di Giesu Christo in fresco con buona pratica, & molto risoluta, e nella Cappella della Chiesa di santa Maria degl'Angeli lauorata à fresco un Cristo in gloria con la Vergine che lo priega pel popolo Christiano, laquale opera, che è assai buona, è tutta affumicata dalle lampane, e dalla cera che in gran copia ui si arde continuamente: E di uero per quello, che si può giudicare hauendo Puccio la maniera, e tutto il modo di fare di Giotto suo maestro, egli se ne seppe seruire assai nell'opere, che fece, ancor che, come uogliono alcuni egli non uiuesse molto, essendosi infermato, & morto, per troppo lauorare in fresco. E di sua

mano

mano per quello che, si conosce, nella medesima Chiesa, la Cappella di san Martino, e le storie di quel santo, lauorate in fresco per lo Cardinal Gentile. Vedesi ancora à mezza la strada nominata portica un Christo alla Colonna, & in un quadro la Nostra Donna, e santa chaterina, e santa chiara, che la mettono in mezzo, sono sparte in molti altri luoghi opere di costui, come in Bologna vna Tauola nel tramezzo della Chiesa, con la passione di Christo, e storie di san Francesco: E in somma altre che si lasciano per breuita. Diro bene, che in Ascesi, doue sono il piu dell'opere sue, e doue mi pare che egli aiutasse a Giotto a dipignere, ho trouato, che lo tengono per loro cittadino, & che ancora hoggi sono in quella Citta alcuni della famiglia de' Capanni. Onde facilmente si puo credere, che nascesse in firenze, hauendolo scritto egli, e che fusse discepolo di Giotto: ma che poi togliesse moglie in Ascesi, che quiui hauesse figliuoli, e hora ui siano descendenti. Ma perche cio sapere apunto, non importa piu, che tanto basta che egli fu buon maestro.

Fu similmente discepolo di Giotto, e molto pratico dipintore Ottauiano da Faenza, che in S. Giorgio di Ferrara, luogo de' Monaci di monte Oliueto dipinse molte cose: & in Faēza, doue egli visse, e morì, dipinse nell'arco sopra la porta di S. Franc. vna N. Donna, & S. Piero, & S. Paulo, & molte altre cose in detta sua patria, & in Bologna.

Fu anche discepolo di Giotto Pace da Faenza, che stete seco assai, et l'aiutò in molte cose: & in Bologna sono di sua mano nella facciata di fuori di S. Giouāni decollato & alcune storie in fresco. Fu questo Pace valente huomo, ma particolarmēte in fare figure piccole, come si puo insino a hoggi veder nella chiesa di S. Frācesco di Forlì in vn Albero di Croce, & in vna tauoletta a tempera, doue è la vita di Christo, e quattro storiette della vita di Nostra Donna, che tutte sono molto ben lauorate. Dicesi, che costui lauorò in Ascesi in fresco nella capella di S. Antonio, alcune historie della vita di quel Santo, per vn Duca di Spoleti, ch'è sotterrato in quel luogo cō vn suo figliuolo, essendo stati morti in certi sobborghi d'Ascesi, combattendo, secondo, che si vede in vna lūga inscrizzione, che è nella cassa del detto sepolcro. Nel vecchio libro della Compagnia de' dipintori si truoua essere stato discepolo del medesimo vn Frācesco detto di Maestro Giotto, del quale, non so altro ragionare.

Guglielmo da Forlì, fu anch'egli discepolo di Giotto, & oltre a molte altre opere, fece in S. Domenico di Forlì sua patria, la capella dell'altar maggiore. Furono anco discepoli di Giotto, Pietro Laurati, Simon Memi Sanesi, Stefano Fiorentino, e Pietro Caualli ni Romano, ma perche di tutti questi si ragiona nella vita di ciascun di loro, basti in questo luogo hauer detto, che furono discepoli di Giotto, il quale disegnò molto bene nel suo tempo, e di quella maniera, come ne fanno fede molte carte pecore disegnate di sua mano di acquerello, & profilate di penna, e di chiaro, e scuro, e lumeggiate di bianco, lequali sono nel nostro libro de' disegni: & sono, apetto a quegli de' maestri stati inanzi a lui, veramente vna marauiglia.

Fu, come si è detto, Giotto ingegnoso, e piaceuole molto, e ne' motti argutissimo, de' quali n'è anco viua memoria in questa città; perche oltre a quello, che ne scrisse M. Giouanni Boccaccio, Franco Sacchetti nelle sue trecento Nouelle ne racconta molti, e bellissimi. De' quali non mi parrà fatica scriuerne al cuni con le proprie parole apunto di eſſo Franco, accio con la narrazione della nouella ſi vegghino anco alcuni modi di fauellare, e locuzioni di que' tempi. Dice dunque in vna per mettere la rubrica. A Giotto gran Dipintore è dato vn palueſe a dipignere da vn'huomo di picciol affare. Egli facẽdoſene ſcherne, lo dipignie per forma, che colui rimane confuſo. Nouella.

Ciaſcuno può hauere gia vdito, chi fu Giotto, e quanto fu gran dipintore ſopra ogn'altro. Sentendo la fama ſua vn groſſolano, & hauendo biſogno forſe, per andare in caſtellaneria, di far dipignere vn ſuo palueſe, ſubito n'ãdò alla bottegha di Giotto, hauendo chi gli portaua il palueſe drieto, & giunto doue trouò Giotto, diſſe, Dio ti ſalui maeſtro, Io uorrei, che mi dipigneſſi l'arme mia in queſto palueſe. Giotto, conſiderando e l'huomo, e'l modo, non diſſe altro, ſe nõ, quando il uuò tu? e quel glielo diſſe; diſſe Giotto, laſcia far a me & partiſsi; & Giotto, eſſendo rimaſo, penſa fra ſe medeſimo, che vuol dir queſto, ſarebbemi ſtato mandato coſtui per iſcherne? ſia che uuole, mai nõ mi fu recato palueſe a dipignere, & coſtui che'l reca è vn'homicciatto ſemplice, & dice, ch'io gli facci l'arme ſua, come ſe foſſe de reali di Frãcia, per certo io gli debbo fare vna nuoua Arme. Et coſi penſando fra ſe medeſimo ſi recò inãzi il detto palueſe, e diſegnato quello gli parea, diſſe a vn ſuo diſcepolo deſſe fine alla dipintura, & coſi fece. La quale dipintura fu una Ceruelliera, vna gorgiera, un paio di bracciali, un paio di guanti di ferro, un paio di corazze, un paio di coſciali, & gamberuoli, una ſpada, un coltello, & una lancia. Giunto il ualente huomo, che non ſapea, chi ſi fuſſe, faſſi inanzi, e dice. Maeſtro è dipinto quel palueſe. diſſe Giotto, ſi bene, ua recalo giu. Venuto il palueſe, e quel gẽtilhuomo per procuratore il comincia a guardare, e dice a Giotto, ò che imbratto è q̃ſto, che tu m'hai dipinto? Diſſe Giotto, e ti parrà bẽ imbratto al pagare. diſſe quelli io non ne pagherei quattro danari. diſſe Giotto, e che mi diceſtu, ch'io dipigneſſi, & quel riſpoſe, l'arme mia, diſſe Giotto non è ella qui, mancacene niuna, diſſe coſtui, ben'iſtà, diſſe Giotto, anzi ſtà male, che Dio ti dia, e dei eſſere una grã beſtia, che chi ti diceſſe, chi ſe tu? appena lo ſapreſti dire; e giugni qui, e di, dipignimi l'arme mia: ſe tu fuſsi ſtato de' Bardi, ſarebbe baſto. che arme porti tu? Di qua' ſe' tu? chi furono gl'antichi tuoi. Deh, che nõ ti uergogni, comincia prima a venire al mondo, che tu ragioni d'arma, come ſtu fuſſi Duſnah di Bauiera. Io t'hò fatto tutta armadura ſul tuo palueſe: ſe ce n'è piu alcuna, dillo, & io la farò dipignere. Diſſe quello, tu mi di villania, e m'hai guaſto un palueſe, e parteſi, & vaſſene alla graſcia, e fa richieder Giotto. Giotto compare, e fa richieder lui, adomandando fiorini due della dipintura, e quello domandaua a lui: Vdite le ragioni gl'ufficiali, che molto meglio le diceua Giotto, giudicarono, che colui ſi toglieſſe il palueſe ſuo coſi dipinto, e deſſe lire ſei a Giotto, peroche gl'haueua ragione. Onde conuenne toglieſſe il palueſe, e pagaſſe, & fu proſciolto, coſi coſtui, non miſurandoſi, fu miſurato.

Diceſi, che ſtando Giotto, ancor giouinetto con Cimabue, dipinſe una uolta in ſul naſo d'una figura, che eſſo Cimabue hauea fatta, una moſca tanto naturale, che tornando il maeſtro per ſeguitare il lauoro ſi rimiſe piu d'una uolta a cacciarla cõ mano, penſando che fuſſe uera, prima, che s'accorgeſſe dell'errore. Potrei molte altre burle fatte da Giotto, e molte argute riſpoſte raccontare: ma uoglio, che queſte, lequali ſono di coſe pertinenti all'arte, mi baſti haue re detto in questo luogo. Rimettendo il resto al detto Franco, & altri. Finalméte, pche restò memoria di Giotto non pure nell' oper e, che vscirono delle sue mani, ma in q̃lle ancora, che vscirono di mano de gli scrittori di que' tépi essendo egli stato quello, che ritrouò il vero modo di dipingere, stato pdu to inanzi a lui molti anni; onde per publico decreto, & per opera, & affezione particolare del Magnifico Lorenzo Vecchio de' Medici ammirate le uirtù di tanto huomo, fu posta in Santa Maria del Fiore, l'effigie sua scolpita di marmo da Benedetto da Maiano scultore Ecc. con gl'infrascritti uersi fatti dal diuino huomo M. Angelo Poliziano, accio che quelli, che uenisseró Ecc. in qual si uoglia profeßione, potessero sperare d'hauere a conseguire da altri di queste memorie, che meritò, & conseguì Giotto dalla bontà sua largamente.

Ille ego sum, per quem Pictura extincta reuixit.
Cui quàm recta manus, tam fuit, & facilis.
Naturæ deerat, nostræ quod defuit arti.
Plus licuit nulli pingere, nec melius.
Miraris Turrim egregiam sacro ære sonantem
Hæc quoque de modulo creuit ad astra meo.
Denique sum Iottus, quid opus fuit illa referre?
Hoc nomen longi carminis instar erit.

E perche poßino coloro, che uerranno uedere de i disegni di man propria di Giotto, e da quelli conoscere maggiormente l'Ecc. di tanto huomo, nel nostro gia detto libro ne sono alcuni marauigliosi, stati da me ritrouati con non minore diligenza, che fatica, e spesa.

Fine della Vita di Giotto.

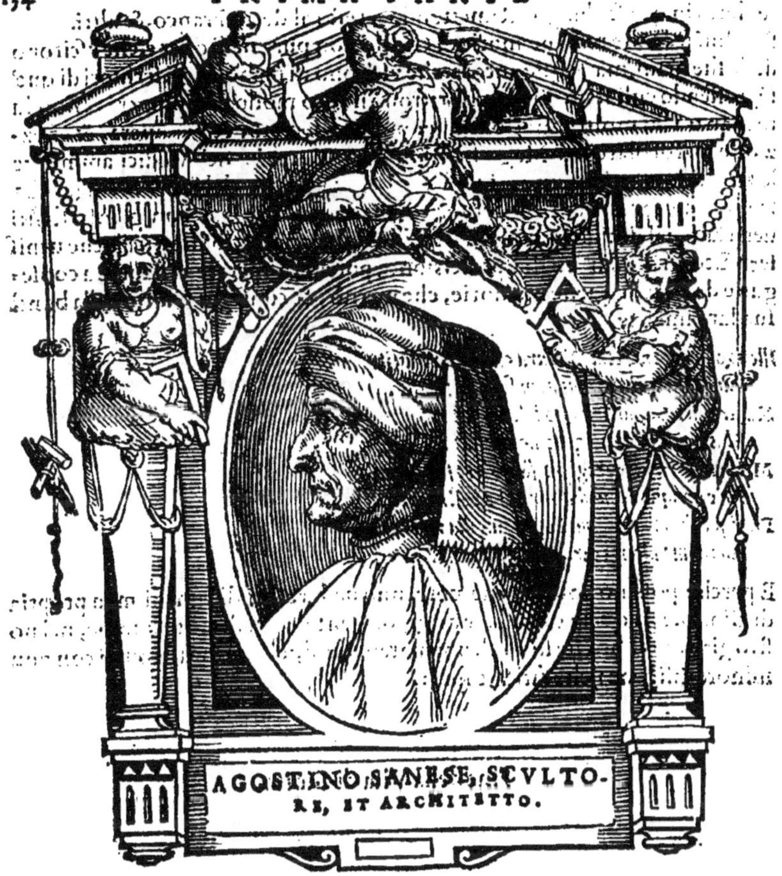

AGOSTINO SANESE, SCVLTORE, ET ARCHITETTO.

VITA DI AGOSTINO, ET AGNOLO SCVLTORI, ET ARCHITETTI SANESI.

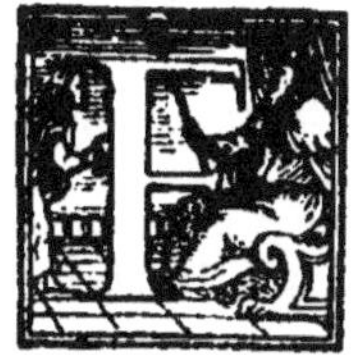

RA gl'altri, che nella ſcuola di Giouanni, e Nicola ſcultori Piſani, ſi eſercitarono, Agoſtino, & Agnolo ſcultori Saneſi, de' quali al preſente ſcriuiamo la vita, riuſcirono, ſecõdo que' tempi, eccellentiſsimi. Queſti, ſecondo, che io trouo nacquero di padre, & madre Saneſi, e gl'antenati loro furono Architetti, conciosia, che l'anno 1190. ſotto il reggimento de' tre Conſoli fuſſe da loro condotta a perfezzione Fontebranda; & poi l'anno ſeguente ſotto il medeſimo conſolato, la dogana di quella città, & altre fabriche. & nel vero ſi vede, che i ſemi della virtù, molte volte nelle caſe doue ſono ſtati per alcun tempo, germogliano, e fanno rampol-

rampolli, che poi producono maggiori, & migliori frutti, che le prime piante fatto non haueuano. Agostino dunque, & Agnolo, aggiugnendo molto miglioramento alla maniera di Giouanni, e Nicola Pisani, arricchirono l'arte di miglior disegno, & inuenzione, come l'opere loro chiaramente ne dimostrano. Dicesi, che tornando, Giouanni sopradetto, da Napoli a Pisa l'anno 1284. si fermò in Siena a fare il disegno, & fondare la facciata del duomo dinanzi, doue sono le tre porte principali, perche si adornasse tutta di marmi ricamente: & che allora, non hauendo piu, che quindici anni, andò a star seco Agostino, per attédere alla scultura, della quale haueua imparato i primi principij, essendo a quell'arte non meno inclinato, che alle cose d'Architettura. Et cosi sotto la disciplina di Giouanni, mediante vn continuo studio, trapassò in disegno, grazia, e maniera tutti i condiscepoli suoi: intanto, che si diceua per ognuno, che egli era l'occhio diritto del suo maestro. Et perche nelle persone, che si amano, si disiderano sopra tutti gl'altri beni, o di natura, o d'animo, o di fortuna, la virtu, che sola rende gl'huomini grádi, e nobili, e che piu, in questa vita, e nell'altra felicissimi: Tirò Agostino, con questa occasione di Giouanni, Agnolo suo fratello minore al medesimo esercizio. Ne gli fu il cio fare molta fatica: perche il praticar d'Agnolo con Agostino, e cô gli altri scultori gl'haueua di gia, vedendo l'honore, e utile, che traeuano di cotal arte, l'animo acceso d'estrema voglia, e disiderio d'attendere alla scultura; anzi prima, che Agostino a cio hauesse pensato, haueua fatto Agnolo nascosamente alcune cose. Trouandosi dunque Agostino a lauorare con Giouanni la tauola di marmo dell'altar maggiore del Vescouado d'Arezzo, della quale si è fauellato di sopra, fece tanto, che vi condusse il detto Agnolo suo fratello, ilquale si portò di maniera in quell'opera, che finita, ch'ella fu si trouò hauere nell'eccellenza dell'arte raggiunto Agostino. Laqual cosa conosciuta da Giouanni fu cagione, che dopo questa opera, si seruì dell'uno, & dell'altro in molti altri suoi lauori, che fece in Pistoia, in Pisa, & in altri luoghi. E perche attesero non solamente alla scultura, ma all'architettura ancora, non passò molto tempo, che reggendo in Siena i Noue, fece Agostino il disegno del loro palazzo in mal borghetto, che fu l'anno 1308. Nel che fare, si acquistò tanto nome nella patria, che ritornati in Siena dopo la morte di Giouanni, furono l'uno, & l'altro fatti architetti del publico: onde poi l'anno 1317. fu fatta, per loro ordine, la facciata del Duomo, che è volta a settentrione, e l'anno 1321. col disegno de' medesimi si cominciò a murare la porta Romana in quel modo, che ell'è hoggi, e fu finita l'anno 1326. laqual porta si chiamaua prima, porta san Martino. Rifeciono anco la porta a Tufi, che prima si chiamaua, la porta di S. Agata all'arco. Il medesimo anno fu cominciata col disegno de gli stessi Agostino, & Agnolo, la chiesa, & conuento di san Francesco, interuenendoui il Cardinale di Gaeta, legato apostolico. Ne molto dopo, per mezzo d'alcuni de' Tolomei, che come esuli si stauano a Oruieto, furono chiamati Agostino, & Agnolo a fare alcune sculture, per l'opera di santa Maria di quella città: perche andati là, fecero di scultura in marmo, alcuni profeti, che sono hoggi fra l'altre opere di quella facciata, le migliori, e piu proporzionate di quella opa táto nominata. Hora auuenne l'anno 1326. come si è detto nella sua vita, che Giotto, fu chiamato, per mezzo di Carlo Duca di Calauria, che allora dimoraua in

Fiorenza

Fiorenza, a Napoli, per far al Re Ruberto alcune cose in S. Chiara, & altri luoghi di quella città: onde passando Giotto nell'andar là, da Oruieto, per veder l'opere, che da tanti huomini vi si erano fatte, e faceuano tutta via, che egli volle ueder minutamente ogni cosa. Et perche piu, che tutte l'altre sculture gli piacquero i profeti d'Agostino, & d'Agnolo Sanesi, di qui venne, che Giotto non solamente gli comendò, e gli hebbe, con molto loro contento, nel numero degli aimici suoi: ma che ancora gli mise per le mani a Piero Saccone da Pietramala, come migliori di quanti allora fussero scultori, per fare, come si è detto nella uita d'esso Giotto, la sepoltura del Vescouo Guido, signore, & Vescouo d'Arezzo. E così adunque, hauendo Giotto veduto in Oruieto l'opere di molti scultori, e giudicate le migliori quelle d'Agostino, & Agnolo Sanesi, fu cagione, che fu loro data a fare la detta sepoltura, in quel modo però, che egli l'haueua disegnata, & secondo il modello, che esso haueua al detto Piero Saccone mandato. Finirono questa sepoltura Agostino, & Agnolo, in ispazio di tre anni, & con molta diligenza la condussono, e murarono nella chiesa del Vescouado d'Arezzo, nella capella del sagramento. Sopra la cassa, laquale posa in su certi mensoloni intagliati piu, che ragioneuolmente, è disteso di marmo il corpo di quel Vescouo, e dalle bande sono alcuni Angeli, che tirano certe cortine assai acconciamente. Sono poi intagliate di mezo rilieuo in quadri, dodici storie della vita, e fatti di quel Vescouo con vn numero infinito di figure piccole. Il contenuto dellequali storie, accio si veggia con quanta pacienza furono lauorate, e che questi scultori studiando, cercarono la buona maniera, non mi parrà fatica di raccontare.

Nella prima è quando aiutato dalla parte Ghibellina di Milano, che gli mādò quattro cento muratori, e danari: egli rifà le mure d'Arezzo tutte di nuouo, allungandole tanto piu, che non erano, che dà loro forma d'una galea.

Nella seconda è la presa di Lucignano di Valdichiana. Nella terza quella di Chiusi. Nella quarta quella di Fronzoli, castello allora forte sopra Poppi, e posseduto da i figliuoli del Conte di Battifolle. Nella quinta è quādo il castello di Rondine, dopo essere stato molti mesi assediato da gl'Aretini, si arrende finalmente al Vescouo. Nella sesta è la presa del castello del Bucine in Valdarno. Nella settima è quando piglia per forza la rocca di Caprese, che era del Cōte di Romena, dopo hauerle tenuto l'assedio intorno piu mesi. Nell'ottaua è il Vescouo, che fa disfare il castello di Laterino, & tagliare in croce il poggio, che gliè sopra posto, accio non vi si possa far piu fortezza. Nella nona si vede, che rouina, & mette a fuoco, e fiamma il monte Sansouino, cacciandone tutti gli habitatori. Nell'vndecima è la sua incoronazione, nella quale sono considerabili molti begli habiti di soldati a piè, & a cauallo, e d'altre genti. Nella duodecima finalmente si vede gli huomini suoi portarlo da Montenero, doue ammalò, a Massa, e di lì poi, essendo morto, in Arezzo. Sono anco intorno a questa sepoltura in molti luoghi l'insegne ghibelline, e l'arme del Vescouo, che sono sei pietre quadre d'oro in campo azurro, con quell'ordine, che stāno le sei palle nell'arme de' Medici. Laquale arme della casata del Vescouo fu descritta da frate Guittone, caualier, e poeta Aretino, quando scriuendo il sito del castello di Pietramala, onde hebbe quella famiglia origine, disse:

Doue

Doue si scontra il Giglion con la Chiassa
Iui furono i miei antecessori
Che in campo azurro, d'or portan sei sassa.

Agnolo dunque, & Agostino Sanesi condussono questa opera con miglior arte, & inuenzione, & con piu diligenza, che fusse in alcuna cosa stata condotta mai a tempi loro. E nel vero non deono senon essere infinitamente lodati, hauendo in essa fatte tante figure, tante varietà di siti, luoghi, torre, cauagli, huomini, & altre cose, che è proprio vna marauiglia. Et ancora, che questa sepoltura fusse in gran parte guasta da i Franzesi del Duca d'Angiò, iquali per vendicarsi cō la parte nimica d'alcune ingiurie riceuute, messono la maggior parte di quella città a sacco, ella non di meno mostra, che fu lauorata con bonissimo giudizio da Agostino, & Agnolo detti, iquali v'intagliarono in lettere assai grādi queste parole. Hoc opus fecit Magister Augustinus, & Magister Angelus de Senis. Dopo questo lauorarono in Bologna vna tauola di marmo p la chiesa di S. Francesco, l'anno 1329. con assai bella maniera, & in essa, oltre al l'ornamento d'intaglio, che è ricchissimo, feciono di figure alte vn braccio, & mezzo, vn Christo, che corona la nostra Donna, e da ciascuna banda tre figure simili, san Franc. san Iacopo, san Domenico, S. Anto. da Padoa, S. petronio, e san Giouanni euang. E sotto ciascuna delle dette figure è intagliata vna storia di basso rilieuo della vita del santo, che è sopra. Et in tutte queste historie è vn numero infinito di mezze figure, che secondo il costume di que' tempi, fanno ricco, e bello ornamento. Si vede chiaramente, che durarono Agostino, & Agnolo in questa opera grandissima fatica, e che posero in essa ogni diligenza, & studio, per farla, come fu veramente, opera lodeuole. & ancor, che siano mezzi consumati, pur vi si leggono i nomi loro, & il millesimo: mediante il quale, sapendosi quando la cominciarono, si vede, che penássono a fornirla otto anni interi. Ben'è vero, che in quel medesimo tempo fecero anco molte altre cose tte in diuersi luoghi, & a varie persone. Hora mentre, che costoro lauorauono in Bologna, quella città, mediante vn legato del papa, si diede liberamente alla chiesa, & il papa all'incōtro promise, che anderebbe ad habitar con la corte a Bologna, ma che per sicurtà sua voleua edificarui vn castello o vero forteza. Laqual cosa essendogli cōceduta da i Bolognesi, fu cō ordine, e disegno d'Agostino, & d'Agnolo tostamente fatta, ma hebbe pochissima vita: percioche conosciuto i Bolognesi, che le molte promesse del papa erano del tutto vane, con molto maggior prestezza, che non era stata fatta, disfecero, e rouinarono la detta fortezza. Dicesi, che mentre dimorauano questi due scultori in Bologna, il Po con danno incredibile del territorio Mantoano, & Ferrarese, & con la morte di piu, che dieci mila persone, che vi perirono, vscì impetuoso del letto, e rouinò tutto il paese all'itorno per molte miglia; e che p ciò chiamati essi, come ingegnosi, & valenti huomini, trouarono modo di rimetter quel terribile fiume nel luogo suo, serrandolo con argini, & altri ripari vtilissimi, ilche fu con molta loro lode, & vtile, perche, oltre, che n'acquistarono fama, furono da i signori di Mantoa, e da gl'Estensi, con honoratissimi premij riconosciuti. Essendo poi tornati a Siena l'anno 1338. fu fatta con ordine, e disegno loro la chiesa nuoua di S. Maria appresso al duomo vecchio verso piazza Manetti; e non molto dopo, restādo molto sodisfatti i Sanesi di tutte l'opere, che costoro faceuano, deliberarono con si fatta occasione di mettere ad effetto quello di che si era molte volte, ma in vano insino allora, ragionato, cioè di fare vna fonte publica in sulla piazza principale, e dirimpetto al palagio della signoria: perche datone cura ad Agostino, & Agnolo, eglino cōdussono per canali di piombo e di terra, ancor che molto difficile fusse, l'acqua di quella fonte, laquale cominciò a gettare l'anno 1343. adi primo di Giugno, con molto piacere, e contento di tutta la città, che restò per cio molto obligata alla virtù di questi due suoi cittadini. Nel medesimo tempo si fece la sala del consiglio maggiore nel palazzo del publico: & cosi fu con ordine, e col disegno de i medesimi, condotta al suo fine la torre del detto palazzo l'Anno 1344. e postoui sopra due campane grandi, delle quali vna hebbono da Grosseto, & l'altra fu fatta in Siena. Trouandosi finalmente Agnolo nella città d'Ascesi, doue nella chiesa di sotto di san Francesco, fece vna capella, e vna sepoltura di marmo per vn fratello di Napoleone Orsino, ilquale essendo Cardinale, e frate di san Francesco, s'era morto in quel luogo: Agostino, che a Siena era rimaso per seruigio del publico, si morì, mentre andaua facēdo il disegno degl'ornamenti della detta fonte di piazza, e fu in duomo horreuolmente sepellito. Non hò gia trouato, e però non posso alcuna cosa dirne, ne come, ne quando morisse Agnolo, ne manco altre opere d'importanza di mano di costoro, & però sia questo il fine della vita loro.

Hora perche sarebbe senza dubbio errore, seguendo l'ordine de' tempi nō fare menzione d'alcuni, che se bene non hanno tante cose adoperato, che si possa scriuere tutta la vita loro, hanno non dimeno in qualche cosa aggiunto commodo, e bellezza all'arte, & al mondo, pigliādo occasione da quello, che di sopra si è detto del Vescouado d'Arezzo, e della pieue, dico, che Pietro, & Paulo orefici Aretini, iquali impararono a disegnare da Agnolo, & Agostino Sanesi, furono i primi, che di cesello lauorarono opere grande di qualche bōtà; percioche per vn'Arciprete della pieue d'Arezzo, condussono vna testa d'Argento grande quanto il viuo, nella quale fu messa la testa di san Donato Vescouo, e protettore di quella città. Laquale opera non fu senon lodeuole, si perche in essa feciono alcune figure smaltate assai belle, & altri ornamenti, e si perche fu delle prime cose, che fussero, come si è detto, lauorate di cesello. Quasi ne' medesimi tempi, o poco inanzi, l'arte di Calimara di Firenze fece fare a maestro Cione orefice eccellente, senon tutto, la maggior parte dell' Altare d'argento di san Giouanni Battista, nel quale sono molte storie della Vita di quel santo, cauate d'una piastra d'argento, in figure di mezzo rilieuo ragioneuoli. Laquale opera fu, e per grandezza, e per essere cosa nuoua, tenuta da chiunche la vide, marauigliosa. Il medesimo maestro Cione l'anno 1330. essendosi sotto le volte di s. Reparata trouato il corpo di san Zanobi, legò in vna testa d'argento grāde quanto il naturale, quel pezzo della testa di quel santo, che ancora hoggi si serba nella medesima d'argento, & si porta a processione. La quale testa fu allora tenuta cosa bellissima, e diede gran nome all'artefice suo, che non molto dopo, essendo ricco, & in gran reputazione, si morì.

Lasciò maestro Cione molti discepoli, e fra gl'altri Forzore di Spinello Aretino, che lauorò d'ogni cesellamento benissimo, ma in particolare fu Eccellente in fare storie d'Argento a fuoco smaltate, come ne fanno fede nel Vescouado

uado d'Arezzo Vna Mitera con fregiature bellissime di smalti, & vn pastura le d'Argento molto bello, Lauorò il medesimo al Cardinale Galeotto da Pie tra Mala molte argenterie, lequali dopo la morte sua rimasero a i frati della Vernia, doue egli volle essere sepolto, e doue, oltre la muraglia, che in quel luogo il Conte Orlando Signor di chiusi, picciol castello sotto la Vernia, haueа fatto fare; edificò egli la chiesa, e molte stanze nel conuento, e per tutto quel luogo, senza farui l'insegna sua, o lasciarui altra memoria. Fu discepolo ancora di maestro Cione, Lionardo di ser Giouanni Fiorentino, ilquale di cesello, e di saldature, & con miglior disegno, che non haueuano fatto gl'altri inanzi a lui, lauorò molte opere, e particolarmente l'altare, e tauola d'argẽto, di san Iacopo di Pistoia, nellaquale opera, oltre le storie, che sono assai, fu molto lodata la figura, che fece in mezzo alta piu d'un braccio d'un san Iacopo, tõda, e lauorata tanto pulita mente, che par piu tosto fatta di getto, che di cesello. Laqual figura è collocata in mezzo alle dette storie nella tauola dell'altare, intorno alquale è vn fregio di lettere smaltate, che dicono cosi. Ad honorem Dei, & sancti Iacobi apostoli, Hoc opus factum fuit tempore Dñi Franc. Pagni dictæ operæ operarij sub anno 1371. per me Leonardũ ser Io. de Florẽ. aurific.

Hora tornando a Agostino, e Agnolo, furono loro discepoli molti, che dopo loro feciono molte cose d'Architettura, e di scultura in Lombardia, & altri luoghi d'Italia, e fra gl'altri maestro Iacopo Lanfrani da Vinezia, il quale fondò san Francesco d'Imola, e fece la porta principale di scultura, doue intagliò il nome suo, & il millesimo, che fu l'anno 1343. & in Bologna nella chiesa di san Domenico il medesimo maestro Iacopo fece vna sepoltura di marmo per Giouan Andrea Calduino, dottore di legge, e segretario di Papa Clemente sesto; & vn'altra pur di marmo, e nella detta chiesa, molto ben lauorata, per Taddeo Peppoli conseruador del popolo, e della Iustizia di Bologna: & il medesimo anno, che fu l'anno 1347. finita questa sepoltura, o poco inãzi, andando maestro Iacopo a Vinezia sua patria, fondò la chiesa di sant' Antonio, che prima era di legname, a richiesta d'uno Abate Fiorentino dell'antica fami glia degl'Abati, essendo Doge M. Andrea Dandolo. Laquale chiesa fu finita l'anno mille trecento quaranta noue.

Iacobello ancora, e Pietro Paulo Viniziani, che furono discepoli d'Agosti no, & d'Agnolo feciono in S. Domenico di Bologna vna sepoltura di marmo per M. Giouanni da Lignano dottore di legge l'anno 1383. I quali tutti, e molti altri scultori andarono, per lungo spazio di tempo, seguitando in modo vna stessa maniera, che n'empierono tutta l'Italia. Si crede anco, che quel Pesarese, che oltre a molte altre cose, fece nella patria, la chiesa di san Domenico, e di scultura la porta di marmo, con le tre figure tonde, Dio padre, san Gio. Battista, e san Marco, fusse discepolo d'Agostino, e d'Agnolo, e la maniera ne fa fede. fu finita questa opera l'anno 1385: Ma perche troppo sarei lungo se io volessi minutamente far menzione dell'opere, che furono da molti maestri di que' tẽpi fatte di questa maniera, voglio, che quello, che n'ho detto cosi in generale, per hora mi basti, & massimamente non si hauendo da cotali opere alcun giouamento, che molto faccia, per le nostre Arti. De' sopradetti mi è paruto far menzione, perche se nõ meritano, che di loro si ragioni a lũgo, nõ sono anco dall'altro lato stati tali, che si debba passargli del tutto cõ silenzio.

Fine della vita d'Agostino, & Agnolo

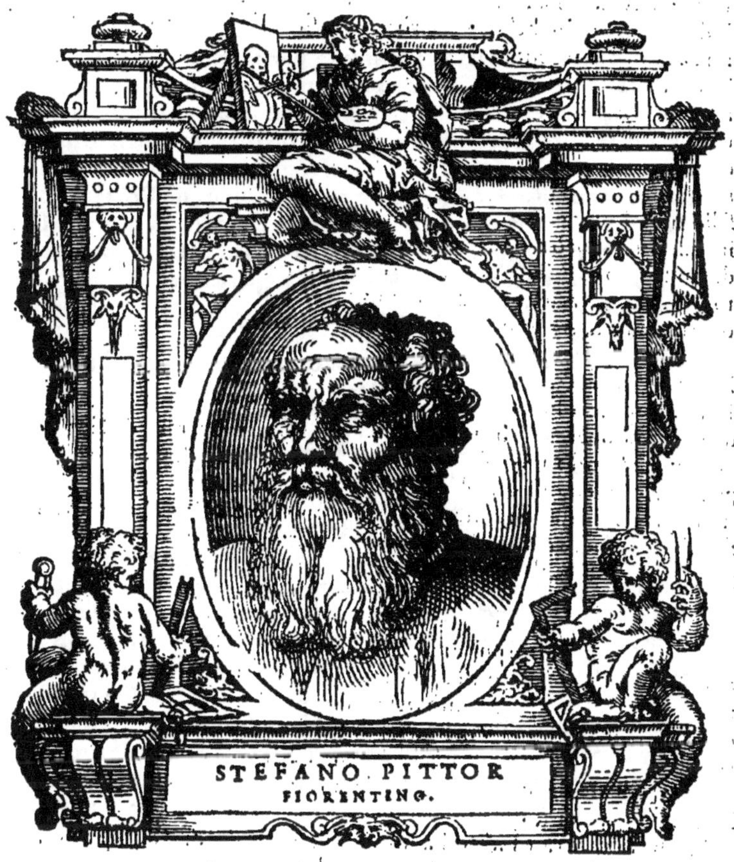

VITA DI STEFANO PITTOR FIORENTINO, E D'VGOLINO SANESE.

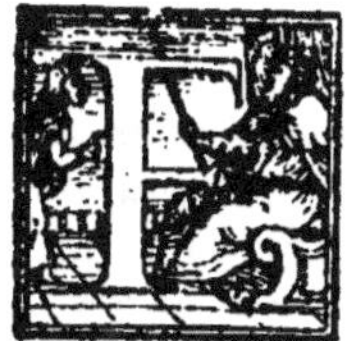

FV in modo Eccellente Stefano pittore Fiorentino, e discepolo di Giotto, che non pure superò tutti gl'altri, che inanzi a lui si erano affaticati nell'arte, ma auanzò di tanto il suo Maestro stesso, che fu, e meritamente, tenuto il miglior di quāti pittori erano stati in fino a quel tempo; come chiaramente dimostrano l'opere sue. Dipinse costui in fresco la N. Donna del Campo Santo di Pisa, che è alquanto meglio di disegno, e di colorito, che l'opera di Giotto: E in Fiorenza nel chiostro di S. Spirito, tre Archetti a fresco. Nel primo de' quali, doue è la trasfiguratione di Christo, con Moise, & Helia, figurò, imaginandosi quanto douette essere

essere lo splendore, che gli abagliò, i tre discepoli con straordinarie, e belle attitudini, e in modo auuilupati ne' panni, che si vede, che egli andò con nuoue pieghe, il che non era stato fatto insino allora, tentãdo di ricercar sotto l'ignudo delle figure; Il che, come ho detto non era stato cõsiderato, ne anche da Giotto stesso. Sotto questo Arco, nel quale fece vn Christo, che libera la indemoniata, tirò in prospettiua vno edifizio perfettamente, di maniera allora poco nota; a buona forma, &migliore cognizione riducendolo: Et in esso con giudizio grandissimo, modernamente operando, mostrò tanta arte, e tanta inuenzione, e proporzinne nelle colonne, nelle porte, nelle finestre, e nelle cornici: e tanto diuerso modo di fare da gl'altri Maestri, che pare, che cominciasse a vedere vn certo lume della buona, e perfetta maniera de' Moderni.
Imaginossi costui, fra l'altre cose ingegnose, vna salita di scale molto difficile, lequali in pittura, e di rilieuo murate, & in ciascun modo fatte, hanno disegno, varietà, & inuenzione vtilissima, & comoda tãto, che se ne serui il Magn. Lorenzo Vecchio de' Medici nel fare le scale di fuori del palazzo del Poggio a Caiano, hoggi principal' Villa dell'Illustrissimo S. Duca. Nell'altro Archetto è vna storia di Christo quando libera S. Piero dal Naufragio, tanto ben fatta, che pare; che s'oda la voce di Pietro, che dica: Dñe salua nos. perimus. Questa opa è giudicata molto piu bella dell'altre, pche oltre la morbidezza de' panni; si vede dolceza nell'aria delle teste, spauẽto nella fortuna del mare: egl'Apostoli percossi da diuersi moti, e da fantasmi marini, essere figurati con attitudini molto proprie; e tutte bellissime. E ben che il tempo habbia consumato in parte le fatiche che Stefano fece in questa opera, si conosce, abagliatamẽte però, che i detti Apostoli si difendono dalla furia de' venti, e dall'onde del Mare viuamente: laquale cosa, essendo appresso i moderni lodatissima, douette certo ne' tempi di chi la fece parere vn miracolo in tutta Toscana. Dipinse dopo, nel primo chiostro di S. Maria Nouella vn S. Tomaso d'Aquino allato a vna porta, doue fece ancora vn crucifisso; ilquale è stato poi da altri pittori, per rinouarlo in mala maniera condotto. Lasciò similmente vna cappella in chiesa cominciata, e non finita, che è molto consumata dal tempo, nella quale si vede quando gl'Angeli, per la superbia di Lucifero piouuero giu in forme diuerse: doue è da considerare, che le figure, scortando le braccia il torso, e le gambe molto meglio, che scorci, che fussero stati fatti prima, ci dãno ad intẽdere, che Stefano cominciò a conoscere, e mostrare in parte, le difficultà, che haueuano a far tenere eccellente coloro, che poi con maggior studio, cegli mostrassono; come hanno fatto, perfettamente: La onde Scimia della Natura fu da gli Artefici, per sopranome chiamato.
Condotto poi Stefano à Milano, diede per Matteo Visconti principio à molte cose, ma non le potette finire, per che, essendosi per la mutazione dell'aria ammalato, fu forzato tornarsene à Firenze, Doue hauendo rihauuto la sanita, fece nel tramezzo della Chiesa di Santa Croce, nella Cappella degl'Asini, à fresco la storia del martirio di San Marco, quando fu stracinato, con molte figure, che hanno del buono. Essendo poi condotto, per essere stato discepolo di Giotto, fece à fresco in san Piero di Roma nella Cappella maggiore, doue è l'Altare di detto Santo, alcune storie di Christo, fra le finestre che sono nella nichia grande, con tanta diligenza, che si vede, che tiro forte

alla maniera moderna, trapassando d'assai nel disegno, e nell'altre cose Giotto suo Maestro. Dopo questo fece in Araceli in vn pilastro accanto alla Cappella maggiore à man sinistra, vn San Lodouico in fresco, che è molto lodato, per hauere in se una viuacita, non stata insino à quel tempo; ne anche da Giotto messa in opera. E nel vero haueua Stefano gran facilita nel disegno, come si puo uedere nel detto nostro libro in una carta di sua mano, nelaquale è disegnata la trasfigurazione, che fece nel chiostro di santo Spirito, in modo che per mio giudizio, disegnò molto meglio, che Giotto. Andato poi ad Ascesi, cominciò a fresco vna storia della gloria Celeste nella nicchia della Cappella maggiore, nella Chiesa di sotto di san Francesco, doue è il coro; e se bene non la finì, si vede in quello, che fece, vsata tanta diligenza, quanta piu non si potrebbe disiderare. Si vede in questa opra, cominciato vn giro di santi, e santé con tanta bella uarieta ne'uolti de'giouani degl'huomini di mezza eta, e de'vecchi, che non si potrebbe meglio disiderare. E si conosce in quegli spiriti beati vna maniera dolcissima, e tanto unita, che pare quasi impossibile, che in que'tempi fusse fatta da stefano, che pur la fece; se bene non sono delle figure di questo giro finite se non le teste sopra le quali è vn coro d'Angeli, che vanno scherzando in uarie attitudini, & acconciamente portando in mano figure Theologiche sono tutti volti uerso vn Christo Crucifisso, ilquale è in mezzo di questa opera, sopra la testa d'vn san Francesco, che è in mezzo à vna infinita di santi. Oltre cio fece nel fregio di tutta l'opera alcuni Angeli de quali ciascuno tiene in mano vna di quelle Chiese, che scriue san Giouanni euangelista nel Apocalisse. E sono questi Angeli con tanta gratia condotti, che io stupisco come in quella età si trouasse, chi ne sapesse tanto. Cominciò stefano questa opera, per farla di tutta perfezzione, egli sarebbe riuscito, ma fu forzato lasciarla imperfetta, e tornarsene à Firenze da alcuni suoi negocij d'importanza. In quel mentre dunque, che, percio si staua in Firenze, dipinse per non perder tempo a i Gianfigliazzi lungharno; fra le case loro, & il ponte alla Carraia vn Tabernacolo piccolo in vn canto, che vi è: doue figurò con tal diligentia vna N. Donna, alla quale, mentre ella cuce, vn fanciullo vestito, e che siede porge vn vcello, che per piccolo che sia il lauoro, non manco merita essere lodato, che si facciano l'opere maggiori, e da lui piu maestreuolmente lauorate. Finito questo Tabernacolo; e speditosi de'suoi negozij, essendo chiamato a Pistoia da que'signori, gli fu fatto dipignere l'anno 1346 la Cappella di san Iacopo: Nella uolta dellaquale fece vn Dio padre con alcuni Apostoli. e nelle facciate le storie di quel santo, e particolarmente quando la madre, moglie di Zebedeo dimanda a Giesu Christo che voglia i due suoi figliuoli collocare, vno a'man destra, laltro à man sinistra sua nel regno del padre. Appresso à questo è la decollazione di detto santo molto bella, stimasi che Maso detto Giottino, delquale si parlera di sotto fusse figliuolo di questo Stefano: e se bene molti per l'allusione del nome lo tengono figliuolo di Giotto, io ꝑ alcuni stratti c'ho veduti, e per certi ricordi di buona fede, scritti da Lorenzo Giberti, e da Domenico del Ghrillandaio, tengo ꝑ fermo, che fusse piu presto figliuolo di Stefano, che di Giotto. comunche sia, tornando a stefano, segli puo attribuire, che dopo Giotto ponesse la pittura in grandissimo miglioramento, perche oltre all'essere stato to piu vario nell'inuenzioni, fu ancora piu vinto ne i colori, e piu sfumato, che tutti gl'altri: E sopra tutto non hebbe paragone in essere diligente. E quegli scorci, che fece, ancora, che, come ho detto, cattiua maniera in esse, per la difficultà di fargli, mostrasse, chi è nondimeno inuestigatore delle prime difficulta negl'essercizij, merita molto piu nome, che coloro, che seguono con qualche piu ordinata, e regolata maniera. Onde certo grande obligo hauere si dee à Stefano perche chi camina al buio, e mostrando la via rincuora gl'altri, è cagione, che scoprendosi i passi dificili di quella, dal cattiuo camino, con spazio di tempo si peruenga al disiderato fine. In perugia ancora nella chiesa di san Domenico cominciò à fresco la cappella di santa chaterina, che rimase imperfetta. Visse ne'medesimi tempi di Stefano, con assai buon nome. Vgolino pittore sanese suo amicissimo, ilquale fece molte Tauole, e cappelle per tutta Italia, se ben tenne sempre in gran parte la maniera greca, come quello che inuechiato in essa, haueua uoluto sempre per vna certa sua caparbita tenere piu tosto la maniera di cimabue che quella di Giotto, laquale era in tanta uenerazione. E opera dunque d'Vgolino la Tauola dell'Altar maggiore di santa Croce, in campo tutto d'oro, & vna Tauola ancora, che stette molti anni all'Altar maggiore di santa Maria Nouella, & che hoggi é nel Capitolo doue la Nazione Spagnola fa ogni anno solennissima festa il di di san Iacopo. & altri suoi uffizij, e mortorij. Oltre à queste, fece molte altre cose, con bella pratica, senza uscire però punto della maniera del suo Maestro. Il medesimo fece in un pilastro di Mattoni della loggia, che Lapo haueua fatto alla piaza d'or san michele, la N. Donna, che non molti anni poi fece tanti miracoli, che la loggia stette gran tempo piena d'Imagini, e che ancora hoggi è in grandissima venerazione. Finalmente nella capella di M. Ridolfo de'Bardi, che è in S. Croce, doue Giotto dipinse la vita di S. Francesco, fece nella Tauola dell'Altare a tempera, vn crucifisso, e vna Madalena, & vn S. Giouanni; che piangono: con due frati da ogni banda, che gli mettono in mezzo. Passò Vgolino di questa vita, essendo Vecchio l'anno 1349. e fu sepolto in Siena sua patria horreuolmente.

Ma tornando a Stefano, ilquale dicono, che fu anco buono Architettore, e quello che se n'è detto di sopra ne fa fede, egli mori, per quanto si dice l'anno, che cominciò il giubileo del 1350. d'eta d'anni 49. e fu riposto in S. Spirito nella sepoltura de'suoi maggiori, con questo epitafio. Stefano Florentino pictori, faciundis imaginibus, ac colorandis figuris nulli vnqnam inferiori. Affines mœstiss. pos. VIX. ann. XXXXIX.

Fine della vita di Stefano pittor Fiorentino, e d'Vgolino Sanese.

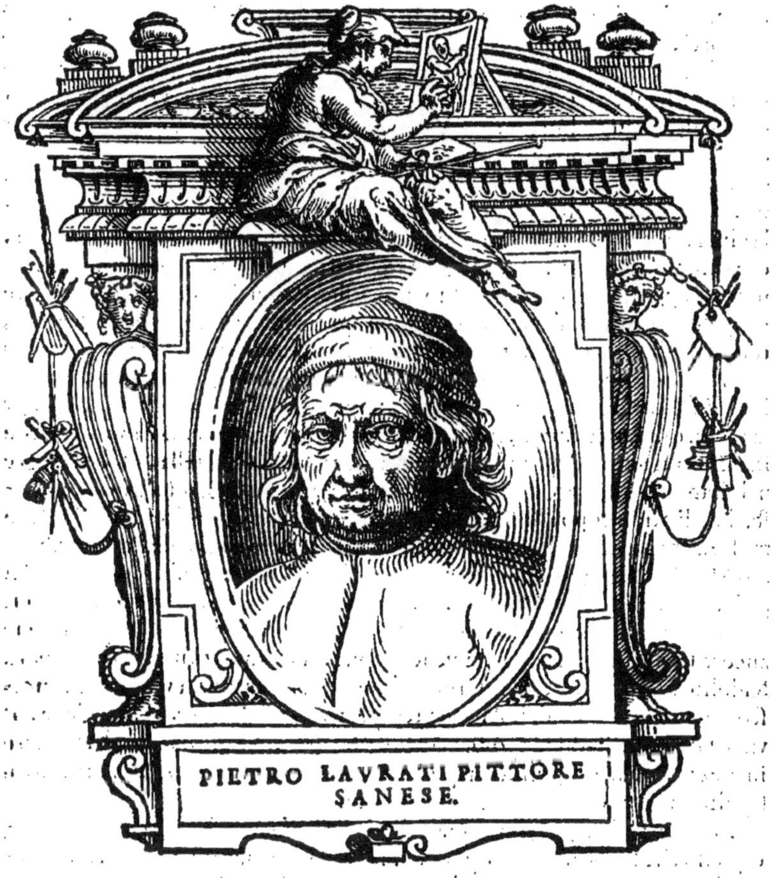

PIETRO LAVRATI PITTORE SANESE.

VITA DI PIETRO LAVRATI PITTORE SANESE.

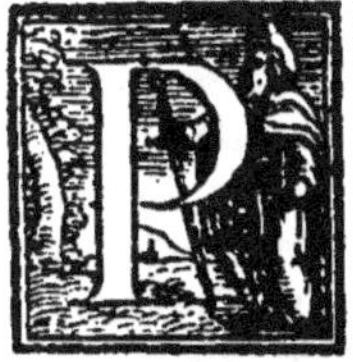IETRO Laurati eccellente Pittor Saneſe, prouò viuẽdo quanto gran contento ſia quello de i veramente virtuoſi, che ſentono l'opere loro eſſere nella patria, e fuori in pregio, e che ſi veggiono eſſere da tutti glihuomini diſiderati: percioche nel corſo della vita ſua fu per tutta Toſcana chiamato, e carezzato, hauendolo fatto conoſcere primieramẽte le ſtorie, che dipinſe a freſco nella Scala, ſpedale di Siena, nellequali imitò di ſorte la maniera di Giotto diuolgata p tutta Toſcana, che ſi credette, a gran ragione, che doueſſe, come poi auuenne, diuenire miglior maeſtro, che Cimabue, e Giotto, e gli altri ſtati non erano: percioche nelle figure

gure, che rappresentano la Vergine quando ella saglie i gradi del tempio, accompagnata da Giouachino, e da Anna, e riceuuta dal sacerdote; e poi lo spõsalizio, sono con bello ornamento, così ben panneggiate, e ne loro habiti semplicemente auuolte, ch'elle dimostrano nell'arie delle teste maestà, e nella disposizione delle figure bellissima maniera. Mediante dunque questa opera, la quale fu principio d'introdurre in Siena il buon modo della pittura, facendo lume a tanti belli ingegni, che in quella patria sono in ogni età fioriti, fu chiamato Pietro a monte Oliueto di chiusuri, doue dipinse vna tauola a tempera, che hoggi è posta nel paradiso sotto la Chiesa: In Fiorenza poi dipinse, dirimpetto alla porta sinistra della chiesa di Santo spirito in sul canto, doue hoggi stà vn beccaio, vt tabernacolo, che per la morbidezza delle teste, e per la dolcezza, che in esso si vede, merita di essere sommamente da ogni intendente artefice lodato. Da Fiorenza andato a Pisa, lauorò in campo santo, nella facciata, che è a canto alla porta principale, tutta la vita de' santi padri, con si viui affetti, e con si belle attitudini, che, paragonando Giotto, ne riportò grandissima lode: hauendo espresso in alcune teste col disegno, e con i colori tutta qlla viuacità, che poteua mostrare la maniera di que' tempi. Da Pisa trasferitosi a Pistoia, fece in san Francesco in vna tauola a tempera vna nostra Donna, con alcuni Angeli intorno molto bene accommodati; Et nella predella, che andaua sotto questa tauola in alcune storie, fece certe figure piccole tanto prõte, e tanto viue, che in que' tempi fu cosa marauigliosa: onde sodisfacẽdo non meno a se, che a gl'altri, volle porui il nome suo con qste parole. Petrus Laurati de Senis. Essendo poi chiamato Pietro l'anno 1355. da M. Guglielmo Arciprete, e da gl'opai della pieue d'Arezzo, che allora erano Margarito Boschi, & altri in quella chiesa, stata molto inanzi condotta, con migliore disegno, & maniera, che altra, che fosse stata fatta in Toscana insino a quel tempo, & ornata tutta di pietre quadrate, & d'intagli, come si è detto, di mano di Margaritone, dipinse a fresco la tribuna, & tutta la nicchia grande della capella dell'altar maggiore, facendoui a fresco dodici storie della vita di nostra Donna, cõ figure grandi quanto sono le naturali; & cominciando dalla cacciata di Zaccheria del tempio fino alla natiuità di Giesu Christo. Nellequali storie, lauorate a fresco, si riconoscono quasi le medesime inuenzioni, i lineamenti, l'arie delle teste, e l'attitudini delle figure, che erano state proprie, et particolari di Giotto suo maestro. E se bene tutta questa opera è bella, è senza dubbio molto migliore, che tutto il resto, quello, che dipinse nella volta di questa nichia; perche doue figurò la nostra Donna andare in cielo; oltre al far gl'Apostoli di quattro braccia l'uno, nel che mostrò grandezza d'animo, e fu primo a tentare di ringrandire la maniera; diede tanto bella aria alle teste, e tanta vaghezza a i vestimenti, che piu non si sarebbe a que' tempi potuto disiderare. Similmente ne i volti d'un coro d'Angeli, che volano in aria intorno alla Madõna, e con leggiadri mouimenti ballando, fanno sembiante di cantare; dipinse vna letizia veramente angelica, e diuina; hauendo massimamente fatto gl'occhi degl'Angeli, mentre suonano diuersi instrumenti, tutti fissi, & intenti in vn'altro coro d'Angeli, che sostenuti da una Nube, in forma di mandorla, portano la Madonna in cielo, con belle attitudini, e da celesti archi tutti circõdati. La quale opera, perche piacque, e meritamente, fu cagione, che gli fu data a fare a tempera la tauola dell'altar maggiore della detta pieue: doue in cinq; quadri di figure grandi quanto il viuo fino al ginocchio, fece la nostra Donna col figliuolo in braccio; & san Giouanni Battista, e san Matteo dall'uno de' lati, e dall'altro il Vangelista, e san Donato, con molte figure piccole nella predella, e di sopra nel fornimento della tauola: tutte veramente belle, & condotte con bonissima maniera. Questa tauola, hauendo io rifatto tutto di nuouo a mie spese, e di mia mano, l'altar maggior di detta pieue, è stata posta sopra lo altar di san Christofano a piè della chiesa. Ne uoglio, che mi paia fatica di dire in questo luogo, con questa occasione, e non fuor di proposito, che mosso io da pietà christiana, & dall'affezzione, che io porto a questa ven. Chiesa collegiata, & antica, e per hauere io in quella apparato nella mia prima fanciullezza i primi documenti, e perche in essa sono le reliquie de miei passati, che mosso dico da queste cagioni, et dal parermi, che ella fusse quasi derelitta, l'ho di maniera restaurata, che si può dire ch'ella sia da morte tornata a vita; perche oltre all'hauerla illuminata, essendo oscurissima, con hauere accresciute le finestre, che prima vi erano, e fattone dell'altre; ho leuato anco il coro, che essendo dinanzi occupaua gran parte della chiesa, e cõ molta sodisfazione di q' signori Canonici, postolo dietro l'altar maggiore. Il quale altare nuouo, essendo isolato, nella tauola dinanzi ha vn Christo, che chiama Pietro, & Andrea dalle reti, e dalla parte del coro, è in un'altra tauola san Giorgio, che occide il serpente. Dagli lati sono quattro quadri, & in ciascuno d'essi due Santi grandi quanto il naturale. Sopra poi, e da basso, nelle predelle, è una infinità d'altre figure, che per breuità non si raccontano. L'ornamento di questo altare è alto braccia tredici, e la predella alta braccia due. E perche dentro è voto e vi si va con una scala, per vno vscetto di ferro molto bene accommodato, ui si serbano molte uenerande reliquie, che di fuori si possono vedere p due grate, che sono dalla parte dinanzi; e fra l'altre vi è la testa di san Donato Vescouo, e protettor di quella città; & in vna cassa di mischio di braccia tre, laquale ho fatta fare di nuouo, sono l'ossa di quattro santi. E la predella dell'altar, che a proporzione lo cinge tutto intorno intorno, ha dinanzi il tabernacolo, o vero ciborio del sagramẽto di legname intagliato, e tutto dorato, alto braccia tre, in circa, ilquale tabernacolo è tutto tondo, e si vede così dalla parte del coro, come dinanzi. E perche non ho perdonato ne a fatica, ne a spesa nessuna, parendomi esser tenuto a così fare in honor di Dio, questa opera, per mio giudizio, ha tutti quegli ornamẽti d'oro d'Intagli, di pitture, di marmi, di treuertini, di mischi, & di porfidi, e d'altre pietre, che per me si sono in quel luogo potuti maggiori. Ma tornando horamai a Pietro Laurati; finita la tauola, di cui si è di sopra ragionato, lauorò in san Piero di Roma molte cose, che poi sono state rouinate, per fare la fabrica nuoua di san Piero. Fece ancora alcune opere in Cortona; & in Arezzo, oltre quelle, che si son dette; alcun'altre nella chiesa di Santa Fiora, e Lucilla, monasterio de' monaci neri, & in particolare in vna capella vn san Tommaso, che pone a Christo nella piaga del petto la mano.

Fu discepolo di Pietro Bartolomeo Bologhini Sanese, ilquale in Siena, & in altri luoghi d'Italia lauorò molte tauole. Et in Fiorenza è di sua mano qlla, che è in sull'altare della capella di san Saluestro in S. Croce. Furono le pitture

ture di costoro intorno a gl'anni di nostra salute 1350, & nel mio libro parte volte citato, si vede vn disegno di man di Pietro, doue vn calzolaio, che cuce, con semplici, ma naturalissimi lineamenti, mostra grandissimo affetto, & qual fusse la propria maniera di Pietro: il ritratto delquale era di mano di Bartolomeo Bologhini in vna tauola in Siena, quando non sono molti anni, lo ricauai da quello nella maniera, che disopra si vede.

Fine della vita di Pietro Laurati.

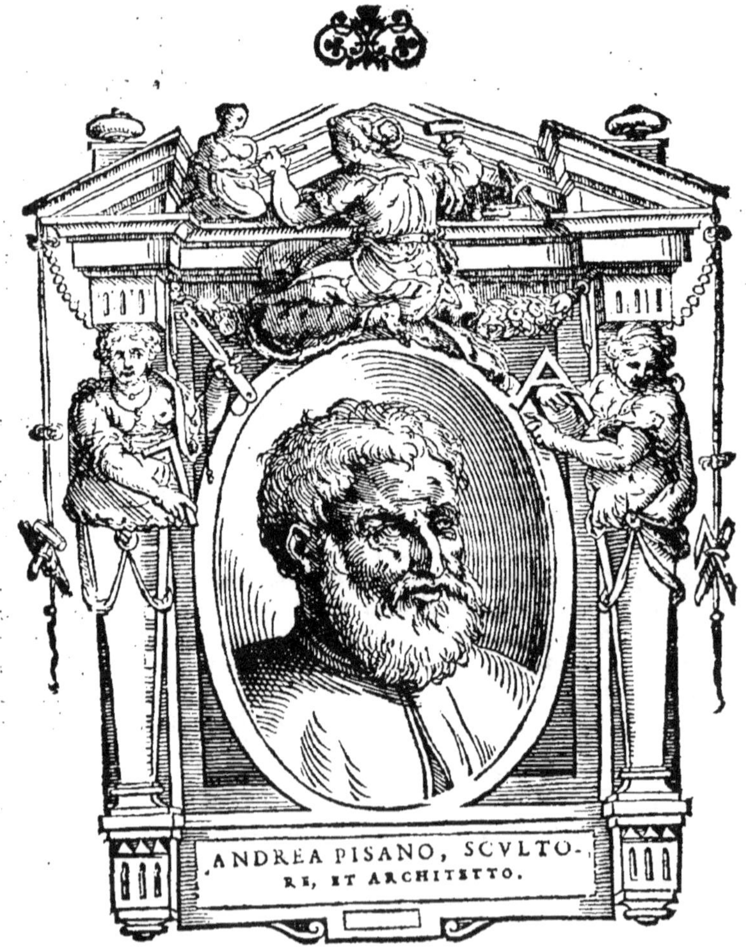
ANDREA PISANO, SCVLTORE, ET ARCHITETTO.

VITA DI ANDREA PISANO SCVLTORE, ET ARCHITETTO.

ON fiorì mai per tẽpo nessuno l'Arte della pittura, che gli scultori non facessino il loro esercizio con eccellenza, et di cio ne sono testimonij a chi ben riguarda, l'opere di tutte l'età; perche veramẽte queste due arti sono sorelle nate in vn medesimo tempo, e nutrite, e gouernate da vna medesima anima. Questo si vede in Andrea Pisano, ilquale esercitando la scultura nel tempo di Giotto, fece tanto miglioramento in tal arte, che, e per pratica, e per studio fu stimato in qlla pfessione il maggior huomo, che hauessino hauuto insino a i tempi suoi i Toscani, e massimamente nel gettar di bronzo per lo che da chiunque lo conobbe furono in modo honorate, e premiate l'opere sue, e massimamẽte da' Fiorentini, che non gl'increbbe cambiare patria, parenti, facultà, & amici. A costui giouò molto quella difficultà, che haueuano hauuto nella scultura i maestri, che erano stati auanti a lui, le sculture de' quali erano si rozze, e si dozinali, che chi le vedeua a paragone di quelle di quest'huomo, le giudicaua vn miracolo, e che quelle prime fussero goffe, ne fanno fede come s'è detto altroue alcune, che sono sopra la porta principale di S. Paulo di Firenze, & alcune, che di pietra sono nella chiesa d'ogni Santi, le quali sono cosi fatte, che piu tosto muouono a riso coloro, che le mirano, che ad alcuna marauiglia, o piacere. Et certo è, che l'arte della scultura si puo molto meglio ritrouare, quando si perdesse l'esser delle statue, hauendo gl'huomini il viuo, & il Naturale, che è tutto tondo, come vuol ella: che non puo l'arte della pittura; nõ essendo cosi presto, e facile il ritrouare i bei dintorni, e la maniera buona, per metterla in luce. Le quali cose nell'opere, che fanno i pittori, arrecano Maiesta, bellezza, grazia e ornamento. Fu in vna cosa, alle fatiche d'Andrea fauoreuole la fortuna: pche essendo state condotte in Pisa, come si è altroue detto, mediãte le molte vittorie, che p mare hebbero i Pisani, molte anticaglie, e pili, che ancora sono intorno al Duomo, & al Campo Santo, elle gli fecero tanto giouamento, e diedero tanto lume, che tale non lo potete hauer Giotto, per non si essere conseruate le pitture antiche tanto quanto le sculture. E se bene sono spesso le statue destrutte da fuochi, dalle rouine, e dal furor delle guerre, e sotterrate, e trasportate in diuersi luoghi, si riconosce nondimeno da chi intende, la differenza delle maniere di tutti i paesi, come per esempio, la Egizzia è sottile, e lunga nelle figure, la greca è artifiziosa, e di molto studio negl'ignudi, e le teste hanno quasi un'aria medesima. E l'antichissima Toscana difficile ne' capelli, e alquanto rozza. De' Romani, (chiamo Romani, per la maggior parte quelli, che poi, che fu soggiogata la Grecia, si condussono a Roma, doue cioche era di buono, e di bello nel mondo fu portato) questa dico è tanto bella per l'arie, per l'attitudini, pe' moti, per gl'ignudi, e per i panni, che si puo dire, che egl'habbiano cauato il bello da tutte l'altre prouincie, e raccoltolo in vna sola maniera, perche la sia com'è, la miglior, anzi la piu diuina di tutte l'altre. Le quali tutte belle maniere, & arti, essendo spente al tempo d'Andrea

quella

quella era solamente in vso, che da i Gotti, e da' Greci goffi, era stata recata in Toscana, onde egli, considerato il nuouo disegno di Giotto, e quelle poche Antichaglie, che gl'erano note, in modo assottigliò gran parte della grossezza di si sciaurata maniera col suo giudizio, che cominciò a operar meglio, & a dare molto maggior bellezza alle cose, che non houeua fatto ancora nessun altro in quell'arte, insino a i tempi suoi. Perche, conosciuto l'ingegno, e la buona pratica, e destrezza sua, fu nella patria aiutato da molti, e datogli a fare, essendo ancor giouane, a S. Maria à Ponte alcune figurini di marmo, che gli recarono cosi buon nome, che fu ricerco con instanza grandissima di venire a lauorare a Firenze per l'opera di S. Maria del Fiore, che haueua, essendosi cominciata la facciata dinanzi delle tre porte, carestia di Maestri, che facessero le storie, che Giotto haueua disegnato pel principio di detta fabrica. Si condusse adunque Andrea a Firenze in seruigio dell'opera detta. Et perche disiderauano in quel tempo i Fiorentini rendersi grato, & amico papa Bonifazio ottauo, che allora era sommo pontefice della Chiesa di Dio, vollono, che inãzi, a ogni altra cosa Andrea facesse di marmo, e ritraesse di naturale detto pontefice. La onde messo mano a questa opera, non restò, che hebbe finita la figura del papa, & vn san Piero, & vn san Paulo, che lo mettono in mezo: lequali tre figure furono poste, e sono nella facciata di santa Maria del Fiore. facẽdo poi Andrea p la porta del mezo di detta Chiesa in alcuni Tabernacoli, o ver nicchie certe figurine di profeti, si vide ch'egli haueua recato grã miglioramẽto all'arte, & che egli auanzaua in bontà, e disegno tutti coloro, che insino allora haueuano per la detta fabrica lauorato. Onde fu risoluto, che tutti i lauori d'importanza si dessono a fare a lui, e non ad altri: perche non molto doppo gli furono date a fare le quattro statue de' principali dottori della Chiesa, san Girolamo, santo Ambruogio, santo Agostino, & san Gregorio. E finite queste, che gli acquistarono grazia, e fama appresso gli operai, anzi appresso tutta la città, gli furono date a far due altre figure di marmo della medesima grandezza, che furono il santo Stefano, & san Lorenzo, che sono nella detta facciata di santa Maria del Fiore in sull'ultime cantonate. E di mano d' Andrea similmente la Madonna di marmo alta tre braccia, e mezzo, col figliuolo in collo, che è sopra l'altar della chiesetta, & compagnia della Misericordia in sulla piazza di san Giouanni in Firenze, che fu cosa molto lodata in que' tempi, & massimamente hauendola accompagnata con due Angeli, che la mettono in mezzo, di braccia due, e mezzo l'uno. Allaquale opera ha fatto a giorni nostri, vn fornimento intorno di legname molto ben lauorato maestro Antonio detto il Carota, e sotto vna predella piena di bellissime figure, colorite a olio, da Ridolfo figliuolo di Domenico Ghrillandai. Parimente quella mezza nostra Donna di marmo, che è sopra la porta del fianco, pur della Misericordia nella facciata de' Cialdonai è di mano d'Andrea, e fu cosa molto lodata, per hauere egli in essa imitato la buona maniera antica, fuor dell'uso suo, che ne fu sempre lontano, come testimoniano alcuni disegni, che di sua mano sono nel nostro libro, ne' quali sono disegnate tutte l'historie dell'Apocalisse. Et perche haueua atteso Andrea in sua giouentu alle cose d'Architettura, venne occasione di essere in cio adoperato dal comune di Firenze: perche, essendo morto Arnolfo, & Giotto assente, gli fu fatto fare il disegno del castello di Scarperia

ria, che è in Mugello alle radici dell'Alpe. Dicono alcuni (non l'affermarei gia per vero) che Andrea, stette a Vinezia vn'anno, e vi lauorò di scultura alcune figurette di marmo, che sono nella facciata di san Marco, & che al tempo di M. Piero Gradenigo Doge di quella Rep. fece il disegno dell' Arsenale; ma perche io non ne so senò quello, che truouo essere stato scritto da alcuni semplicemente, lascerò credere intorno a ciò, ognuno a suo modo. tornato da Vinezia a Firenze Andrea, la città, temendo della venuta dell'Imperadore, fece alzare con prestezza, adoperandosi in ciò Andrea, vna parte delle mura, a calcina otto braccia, in quella parte, che è fra san Gallo, e la porta al prato: & in altri luoghi fece bastioni, steccati, & altri ripari di terra, e di legnami sicurissimi. Hora perche è tre anni inanzi, haueua con sua molta lode mostrato d'essere valente huomo nel gettare di bronzo, hauendo mandato al papa in Auignone, per mezzo di Giotto suo amicissimo, che allora in quella corte dimoraua, vna croce di getto molto bella. Gli fu data a fare di bronzo vna delle porte del tempio di san Giouanni, della quale haueua gia fatto Giotto vn disegno bellissimo; gli fu data, dico, a finire, per essere stato giudicato, fra tanti, che haueuano lauorato insino allora, il piu valente, il piu pratico, e piu giudizioso maestro, non pure di Toscana, ma di tutta Italia. La onde messoui mano con animo deliberato di non volere risparmiare ne tempo, ne fatica, ne diligēza per condurre vn'opera di tanta importanza, gli fu cosi propizia la sorte nel getto, in q̄ tēpi, che non si haueuano i segreti, che si hanno hoggi, che in termine di ventiduo anni la condusse a quella perfezione, che si vede: & quello, che è piu, fece ancora in quel tempo medesimo non pure il tabernacolo dell'altare maggiore di san Giouanni, con due Angeli, che lo mettono in mezzo, i quali furono tenuti cosa bellissima; ma ancora, secondo il disegno di Giotto q̄lle figurette di marmo, che sono per finimento della porta del campanile di sāta Maria del Fiore, & intorno al medesimo campanile, in certe mandorle i sette pianeti, le sette virtu, e le sette opere della misericordia, di mezzo rilieuo in figure piccole, che furono allora molto lodate. Fece anco nel medesimo tempo le tre figure di braccia quattro l'una, che furono collocate nelle nicchie del detto campanile sotto le finestre, che guardano, doue sono hoggi i pupilli, cioè verso mezo giorno; le quali figure furono tenute in quel tempo piu, che ragioneuoli. Ma per tornare, onde mi sono partito, dico, che in detta porta di bronzo sono storiette di basso rilieuo, della vita di san Gio. Battista, cioè dalla nascita insino alla morte, condotte felicemente, & con molta diligenza. E se bene pare a molti, che in tali storie non apparisca quel bel disegno, ne quella grande arte, che si suol porre nelle figure; non merita però Andrea se non lode grandissima, per essere stato il primo, che ponesse mano a condurre perfettamente vn'opera, che fu poi cagione, che gl'altri, che sono stati dopo lui hanno fatto quanto di bello, e di difficile, et di buono nell'altre due porte, e negli ornamenti di fuori al presente si vede. Questa opa fu posta alla porta di mezzo di quel tempio, e vi stette insino a che Lorenzo Ghiberti fece quella, che vi è al presente; perche allora fu leuata, e posta dirimpetto alla Misericordia, doue ancora si troua. Non tacerò, che Andrea fu aiutato in far questa porta da Nino suo figliuolo, che fu poi molto miglior maestro, che il padre stato nō era, e che fu finita del tutto l'anno 1339. cioè non solo pulita, e rinetta del tutto,

ma

ma ancora dorata a fuoco; & credesi, ch'ella fusse gettata di metallo da alcuni maestri Viniziani molto esperti nel fondere i metalli; e di ciò si truoua ricordo ne' libri dell'arte de' mercatanti di Calimara, guardiani dell'opera di s. Giouanni. Mentre si faceua la detta porta, fece Andrea non solo l'altre opere sopradette, ma ancora molte altre, e particolarmente il modello del tempio di san Giouanni di Pistoia, il quale fu fondato l'anno 1337. nelquale anno medesimo adi xxv. di Gennaio, fu trouato, nel cauare i fondamenti di questa Chiesa, il corpo del beato Atto, stato vescouo di quella città, ilquale era stato in quel luogo sepolto cento trentasette anni. L'architettura dunque di questo Tempio, che è tondo, fu secondo que' tempi ragioneuole. E anco di mano d'Andrea nella detta città di Pistoia nel tempio principale, vna sepoltura di marmo, piena, nel corpo della cassa di figure piccole, con alcune altre di sopra maggiori. Nella quale sepoltura è il corpo riposto di M. Cino d'Angibolgi, Dottore di legge, e molto famoso litterato ne' tempi suoi, come testimonia M. Francesco Petrarca in quel sonetto;

Piangete Donne, & con uoi pianga Amore;

& nel quarto capitolo del Trionfo d'Amore, doue dice;

Ecco Cin da Pistoia, Guitton d'Arezzo

Che di non esser primo, par ch'ira haggia. &c. Si vede in questo sepolcro di mano d'Andrea in marmo, il ritratto di esso M. Cino, che insegna à vn numero di suoi scolari, che gli sono intorno, con si bella attitudine, e maniera, che in que' tempi se bene hoggi non sarebbe in pregio, douette esser cosa marauigliosa. Si seruì anco d'Andrea, nelle cose d'Architettura, Gualtieri Duca d'Athene, e tiranno de' Fiorentini, facendogli allargare la piazza; e per fortificarsi nel palazzo, ferrare tutte le finestre da basso del primo piano, doue è hoggi la sala de' dugento, con ferri quadri, e gagliardi molto. Aggiunse ancora il detto Duca di rimpetto a san Piero Scheraggio, le mura a bozzi, che sono a canto al palazzo, per accrescerlo: e nella grossezza del muro, fece vna scala segreta, per salire, e scendere occultamente. E nella detta facciata di bozzi, fece da basso vna porta grande, che serue hoggi alla dogana, e sopra quella, l'arme sua, e tutto col disegno, è consiglio d'Andrea. Laquale arme, se bene fu fatta scarpellare dal magistrato de' Dodici, che hebbe cura di spegnere ogni memoria di quel Duca, rimase nondimeno nello scudo quadro la forma del leone rampante con due code, come puo veder chiunche la considera con diligenza. Per lo medesimo Duca, fece Andrea molte torri intorno alle mura della città: e non pure diede principio magnifico alla porta a san Friano, e la condusse al termine, che si vede, ma fece ancora le mura degl'Antiporti a tutte le porte della Città, e le porte minori, per commodità de' popoli. E perche il Duca haueua in animo di fare vna fortezza sopra la costa di san Giorgio, ne fece Andrea il modello, che poi non seruì, per non hauere hauuto la cosa principio, essendo stato cacciato il Duca l'anno 1343. Ben hebbe in gran parte effetto il disiderio, che quel Duca hauea di ridurre il palazzo in forma di vn forte castello, poiche a quello, che era stato fatto da principio fece cosi gran giunta, come quella è, che hoggi si vede, comprendendo nel circuito di quello le case de' Filipetri, la torre, & case degl'Amidei, & Mancini, è quelle de' Bellalberti. E perche dato principio a si gran fabrica, & a grosse mura, & barbacani, non haueua cosi in pronto to tutto quello, che bisognaua; tenendo in dietro la fabrica del põte vecchio, che si lauoraua con prestezza, come cosa necessaria; si seruì delle pietre concie, e de legnami ordinati per quello, senza rispetto nessuno. E se bene Taddeo Gaddi non era, perauentura inferiore nelle cose d'Architettura a Andrea Pisano, non volle di lui in queste fabriche, per esser Fiorentino, seruirsi il Duca, ma si bene d'Andrea. Voleua il medesimo Duca Gualtieri disfare S. Cicilia, per vedere dal palazzo la strada Romana, e mercato nuouo: e parimente sã Piero Scheraggio per suoi commodi: ma non hebbe di cio far licenza dal papa. Intanto fu, come si è detto di sopra, cacciato a furia di popolo. Meritò dũque Andrea, per l'honorate fatiche di tanti anni, non solamente premij grãdissimi, ma e la ciuilità ancora: perche fatto dalla signoria cittadin Fiorẽtino, gli furono dati vffizi, e magistrati nella città: e l'opere sue furono in pregio, et mentre, che visse, e dopo morte, non si trouando chi lo passasse nell'operare, insino a che non vennero Nicolo Aretino, Iacopo della Quercia Sanese, Donatello, Filippo di ser Brunellesco, e Lorenzo Ghiberti: iquali condussono le sculture, & altre opere, che fecero di maniera, che conobbono i popoli ĩ quãto errore eglino erano stati insin a quel tempo; hauendo ritrouato questi cõ l'opere loro quella virtu, che era molti, e molti anni stata nascosa, e non bene conosciuta da gl'huomini. Furono l'opere d'Andrea intorno a gli anni di nostra salute mille trecento quaranta.

Rimasero d'Andrea molti discepoli, e fra gl'altri Tommaso Pisano Architetto, e scultore, ilquale finì la cappella di Camposanto; e pose la fine del campanile del duomo, cioè quella vltima parte, doue sono le campane; ilquale Tommaso si crede, che fusse figliuolo d'Andrea, trouandosi cosi scritto nella tauola dell'altar maggiore di san Francesco di Pisa: nella quale è intagliato di mezzo rilieuo vna nostra Donna, & altri santi fatti da lui, et sotto quelli il nome suo, e di suo padre. D'Andrea rimase Nino suo figliuolo, che attese alla scultura, & in santa Maria Nouella di Firenze fu la sua prima opera, perche vi finì di marmo vna nostra Donna, stata cominciata dal padre; laquale è dentro alla porta del fiãco a lato alla cappella de' Minerbetti. Andato poi a Pisa, fece nella spina vna nostra Donna di marmo dal mezzo in su, che allatta Giesu Christo fanciulletto inuolto in certi panni sottili. Allaquale Madonna, fu fatto fare da M. Iacopo Corbini, vn'ornamento di marmo l'anno 1522. Et vn'altro molto maggiore, e più bello a vn'altra Madonna pur di marmo, e intera, di mano del medesimo Nino; Nell'attitudine della quale si vede essa madre porgere con molta grazia, vna rosa al figliuolo, che la piglia con maniera fanciullesca, e tãto bella, che si può dire, che Nino cominciasse veramente a cauare la durezza de' sassi, e ridurgli alla viuezza delle carni, lustrandogli con vn pulimento grãdissimo. Questa figura è in mezzo a vn san Giouãni, & a vn san Piero di marmo, che è nella testa il ritratto d'Andrea di naturale. Fece ancora Nino per vn altare di santa Caterina, pur di Pisa, due statue di marmo, cioè vna nostra Dõna, & vn'angelo, che l'annunzia, lauorate, si come l'altre cose sue, con tanta diligenza, che si può dire, che le siano le migliori, che fussino fatte in que' tempi. Sotto questa Madonna annunziata, intagliò Nino nella basa queste Parole. A D I primo di Febraio 1370. E sotto l'angelo. Queste figure fece Nino figliuolo d'Andrea Pisano. Fece ancora altre opere in quella città, & in Napoli,

delle

delle quali non accade far menzione. Morì Andrea d'anni settantacinque, l'anno mille trecento quaranta cinque, & fu sepolto, da Nino in santa Maria del Fiore con questo epitaffio.

Ingenti Andreas iacet hic Pisanus in urna:
Marmore qui potuit spirantes ducere uultus:
Et simulacra Deum medijs imponere templis.
Ex ære, ex auro, candenti, & pulcro elephanto.

Fine della vita d'Andrea Pisano.

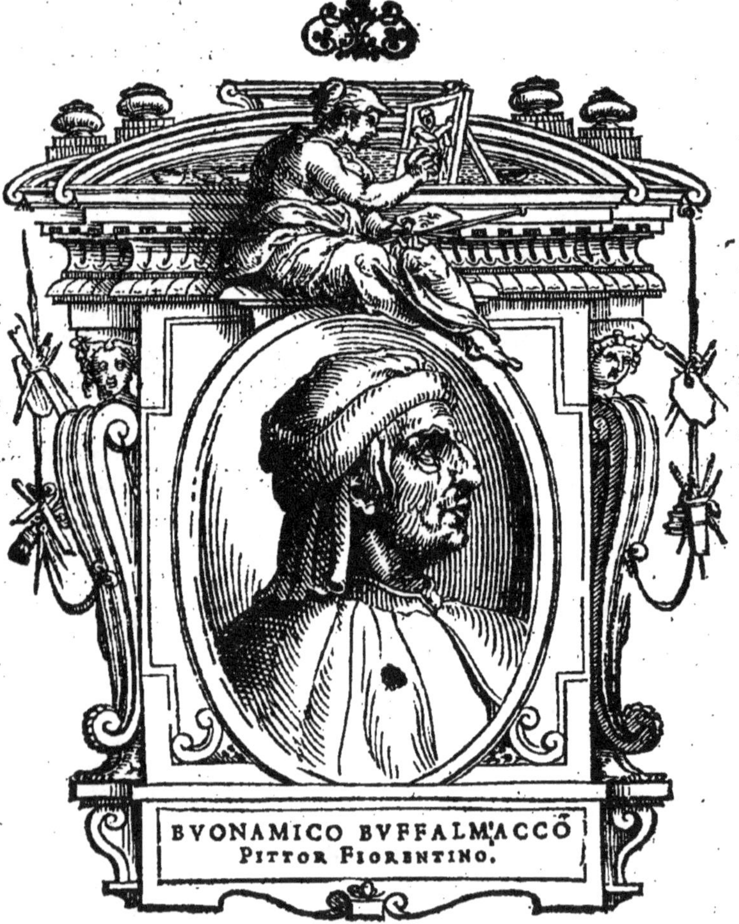

BVONAMICO BVFFALMACCŌ
PITTOR FIORENTINO.

VITA DI BVONAMICO BVFFALMACCO PITTOR FIORENTINO.

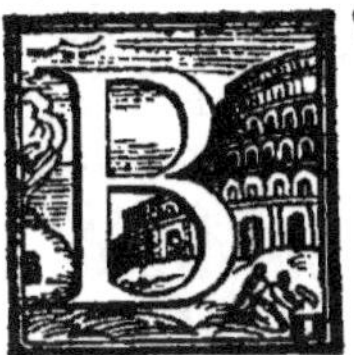

VONAMICO di Christofano, detto Buffalmaco pittore Fiorentino, ilqual fu discepolo d'Andrea Tafi, è come huomo burleuole, celebrato da M. Giouanni Boccaccio nel suo Decamerone, fu come si sa, carissimo compagno di Bruno, e di Calandrino, pittori ancor essi faceti, e piaceuoli: & come si puo vedere nell'opere sue, sparse per tutta Toscana, di assai buon giudizio nell'arte sua del dipignere. Racconta Franco Sacchetti nelle sue trecento Nouelle, per cominciarmi dalle cose, che costui fece essendo ancor giouinetto che stando Buffalmacco, mentre era garzone con Andrea: che haueua per costume il detto suo Maestro, quando erano le notti grandi leuarsi inanzi giorno a lauorare, e chiamare i garzoni alla veghia. Laqual cosa rincrescendo a Buonamico; che era fatto leuar in sul buon del dormire, andò pensando di trouar modo, che Andrea si rimanesse di leuarsi tanto inanzi giorno, a lauorare: egli venne fatto: perche hauendo trouato in vna volta male spazzata trenta gran scharafaggi, o vero piattole con certe agora sottili, & corte appiccò a ciascuno di detti scharafaggi vna cãdeluzza in sul dosso: E venuta l'hora, che soleua Andrea leuarsi, per vna fessura dell'uscio gli mise tutti a vno a vno hauendo accese le candele; in camera d'Andrea, Ilquale suegliatosi; essendo apunto l'hora, che soleua chiamare Buffalmaco, e ueduto q̃ lumicini, tutto pien di paura, cominciò a tremare, e come vecchio, che era, tutto pauroso a raccomandarsi pianamentè a Dio; e dir sue orazioni, e salmi, e finalmente messo il capo sotto i panni, nõ chiamò per quella notte altrimenti Buffalmacco, ma si stette a quel modo, sempre tremando di paura, in fino a giorno. La mattina poi leuatosi dimandò Buonamico, se haueua veduto come haueua fatto egli, piu di mille Demonij, A cui disse Buonamico di no, perche haueua tenuto gl'occhi serrati, e si marauigliaua non essere stato chiamato a Veghia: Come a Veghia disse Tafo? Io ho hauuto altro pensiero, che dipingnere, e son risoluto per ogni modo d'andare a stare in vn'altra casa. La Notte seguẽte, se bene ne mise Buonamico tre soli nella detta camera di Tafo, egli nondimeno, tra per la paura della notte passata, e que' pochi diauoli, che vide, non dormì punto: anzi non fu si tosto giorno, che vscì di casa, per non tornarui mai piu, e vi bisognò del buono a fargli mutar openione; pure, menando a lui Buonamico il prete della parocchia, il meglio, che puote lo raconsolò. Poi discorrendo Tafo e Buonamico sopra il caso, disse Buonamico: Io ho sempre sentito dire, che i maggiori nimici di Dio sono i Demonij, e p cõseguenza, che deono anco esser capitaliss. auersarij de'dipintori: perche, oltre, che noi gli facciamo sempre bruttissimi, quello, che è peggio non attendiamo mai ad altro, che a far santi, e sante per le mura, e per le Tauole, & a far percio, con dispetto de Demonij, gl'huomini piu diuoti, o miglio ri i per lo che tenendo essi Demonij di cio sdegno con esso noi; come quelli, che maggior possanza hanno la notte, che il giorno, ci vanno facendo di questi giuochi, e peggio faranno, se questa vsanza di leuarsi a veghia non si lascia del tutto.con questo,& altre molte parole, seppe cosi bene acconciar la bisogna Buffalmacco,facendogli buono,cio,che diceua messer lo prete, che Taso si rimase di leuarsi a veghia,e i Diauoli d'andar la notte per casa co lumicini: Ma ricominciando Taso,tirato dal guadagno, non molti mesi dopo, e quasi scordatosi ogni paura, a leuarsi di nuouo a lauorare la notte, e chiamare Buffalmacco,ricominciarono anco i scaraffaggi a andar atorno,onde fu forza,che per paura,sene rimanesse interamente, essendo a ciò massimamẽte consigliato dal Prete. Dopo,diuolgatasi questa cosa per la Città fu cagione,che per vn pezzo ne Taso, ne altri pittori costumarono di leuarsi a lauorare la notte. Essendo poi,indi a non molto, diuenuto Buffalmacco assai buon Maestro, si partì,come racconta il medesimo Franco, da Taso,& cominciò a lauorare da se, non gli mancãdo mai,che fare. Hora,hauendo egli tolto vna casa per lauorarui,& habitarui parimente, che haueua alato vn lauorãte di lana assai agiato,ilquale, essendo vn nuouo vcello,era chiamato Capo d'ocha,la moglie di costui ogni notte si leuaua a matutino,quando appunto, hauendo insino allora lauorato, andaua Buffalmacco a riposarsi; e postasi a vn suo filatoio, ilquale haueua per mala uẽtura piantato dirimpetto al letto di Buffalmacco,attendeua tutta notte a filar lo stame: perche non potendo Buonamico dormire ne poco, ne assai, cominciò a andar pẽsando come potesse a questa noia rimediare; Ne passò molto, che s'auide, che dopo vn muro di mattoni sopra mattoni,ilquale diuideua fra se,e Capod'oca, era il focolare della mala vicina e che per vn rotto si vedeua cio,che ella intorno al fuoco faceua: perche,pensata vna nuoua malizia, forò con vn succhio lungo vna canna; & apostato, che la Donna di capo d'ocha non fusse al fuoco,con essa, per lo gia detto rotto del muro,mise una,& vn'altra uolta,quanto sale egli volle nella pẽtola della vicina; onde tornando Capodocha,o a desinare,o a cena, il piu delle volte non poteua ne mangiar,ne assaggiar ne minestra,ne carne, in modo era ogni cosa,per lo troppo sale amara. per vna,o due volte hebbe pacienza, e solamẽte ne fece vn poco di rumore; ma poi,che vide,che le parole non bastauano, diede per cio piu volte delle busse alla pouera Donna,che si disperaua,parendole pur essere piu,che auuertita nel salar il cotto. Costei vna volta fra l'altre,che il marito,percio la batteua,cominciò a volersi scusare, perche venuta a Capodoca maggior collora,di modo si mise di nuouo a percuoterla, che gridando ella a piu potere,corse tutto il vicinato a rumore: & fra gli altri vi trasse Buffalmacco; ilquale udito quello,di che accusaua Capodoca la moglie, & in che modo ella si scusaua,disse a Capodoca; gnaffe sozio, egli si uuole hauer discrezione, Tu ti duoli,che il cotto mattina,& sera è troppo salato, & io mi marauiglio,che questa tua buona donna faccia cosa, che bene stia; io per me non so come il giorno ella si sostenga in piedi,considerando,che tutta la notte ueghia intorno a questo suo filatoio,e non dorme,ch'io creda,vn'hora; fa ch'ella si rimanga di questo suo leuarsi a mezza notte,e vedrai, che hauendo il suo bisogno di dormire,ella starà il giorno in ceruello,e nõ incorrerà in cosi fatti errori. Poi riuoltosi a gli altri vicini,si bene fece parer loro la cosa grãde,che tutti dissero a Capodoca,che Buonamico diceua il vero,e cosi si uoleua fare,come egli auisaua. Onde egli credendo,che cosi fusse,le comãdò, che nõ si leuasse a ueghia; & il cotto fu poi ragioneuolmente salato, senon quando per caso la Donna alcuna volta si leuaua, perche allora Buffalmacco tornaua al suo rimedio; il quale finalmente fu causa, che Capodoca ne la fece rimanere del tutto. Buffalmacco dunque, fra le prime opere, che fece, lauorò in Fiřẽze nel monasterio delle Donne di Faenza, che era, doue è hoggi la Cittadella del prato, tutta la chiesa di sua mano, e fra l'altre storie, che ui fece della uita di Christo, nellequali tutte si portò molto bene, vi fece l'occisione, che fece fare Herode de' putti Innocenti; nellaquale espresse molto viuamente gl'affetti, cosi de gl'uccisori, come dell'altre figure; percioche in alcune bàlie, e madri, che strappando i fanciulli di mano a gl'occisori, si aiutano quanto possono il piu, colle mani, co i graffij, co i morsi, & con tutti i mouimenti del corpo, si mostra nel di fuori l'animo non men pieno di rabbia, e furore, che di doglia. Dellaquale opera, essendo hoggi quel monasterio rouinato, non si puo altro vedere, che vna carta tinta, nel nostro libro de' disegni di diuersi, doue è questa storia di man propria di esso Buonamico disegnata. Nel fare questa opera alle gia dette donne di Faenza, pche era Buffalmacco vna persona molto strata, & a caso, cosi nel vestire, come nel viuere, auuenne, non portãdo egli cosi sempre il capuccio, & il mantello, come in que' tempi si costumaua, che guardandolo alcuna volta le monache, per la turata, che egli hauea fatto fare, cominciarono a dire col Castaldo, che non piaceua loro vederlo a quel modo, in farsetto; pur rachetate da lui, se ne stettono vn pezzo senza dire altro. alla per fine, vedendolo pur sempre in quel medesimo modo, e dubitando, che nõ fusse qualche garzonaccio da pestar colori, gli feciono dire dalla badessa, che hauerebbono voluto vedere lauorar'il maestro, e non sempre colui. A che rispose Buonamico, come piaceuole, che era, che tosto, che il maestro vi fusse, lo farebbe loro intendere, accorgendosi non di meno della poca cõfidenza, che haueuano in lui. Preso dunque vn desco, e messouene sopra vn'altro, mise in cima vn brocca, o vero mezzina da acqua, e nella bocca di quella pose vn capuccio in sul manico: & poi il resto della mezzina, coperse con un mantello alla ciuile, affibbiandolo bene intorno a i deschi; et posto poi nel beccuccio, donde l'acqua si trae acconciamente un pennello, si partì; le monache, tornãdo a veder il lauoro, per uno aperto, doue hauea causato la tela, uidero il posticcio maestro in pontificale, onde credendo, che lauorasse a piu potere, & fusse per fare altro lauoro, che quel garzonaccio a cattafascio non faceua, sene stettono piu giorni, senza pensar ad altro. Finalmente, essendo elleno uenute in disiderio, di ueder, che bella cosa hauesse fatto il maestro, passati quindici giorni, nelquale spazio di tempo Baonamico non ui era mai capitato, una notte, pensando, che il maestro non ui fusse, andarono a ueder le sue pitture, & rimasero tutte confuse, & rosse, nello scoprir vna piu ardita dell'altre il solenne maestro, che in quindici di non haueua punto lauorato. Poi conoscendo, che egli haueua loro fatto qllo, che meritauano, e che l'opere, che egli haueua fatte, non erano senon lodeuoli, fece richiamar dal Castaldo Buonamico; ilquale con grandissime risa, e piacere si ricondusse al lauoro, dando loro a cognoscere, che differenza sia dagli huomini alle brocche, & che non sempre a i uestimenti si deono l'opere degli huomini giudicare. Hora quiui, in pochi giorni, finì una storia, di che si contentarono molto, parendo loro in tutto le parti da contentarsene; eccetto, che le figure nelle carnagioni pareuano loro an

zi

zi smorticce, e pallide, che no. Buonamico sentendo cio, & hauendo inteso, che la badessa hauea una vernaccia la miglior di Firenze, laquale, per lo sagrifizio della messa serbaua, disse loro, che a uolere a cotal difetto rimediare, nõ si poteua altro fare, che stemperare i colori con uernaccia, che fusse buona; ꝑ che, toccando con essi, cosi stemperati, le gote, & l'altre carni delle figure, elle diuerrebbono rosse, & molto uiuamente colorite. Cio udito le buone suore, che tutto si credettono, lo tennono sẽpre poi fornito di ottima uernaccia mẽtre durò il lauoro; & egli godendosela; fece da indi in poi con i suoi colori ordinarij le figure piu fresche, & colorite.

Finita questa opera dipinse nella Badia di settimo alcune storie di San Iacopo nella Cappella, che e nel chiostro à quel Santo dedicata; nella uolta della quale fece i quattro Patriarchi. & i quattro Euangelisti, fra i quali è notabile l'atto, che fa San Luca nel soffiare molto naturalmente nella penna, perche renda l'inchiostro. Nelle storie poi delle facciate, che son cinque, si uede nelle figure belle attitudini, & ogni cosa condotta con inuenzione, e giudizio. E perche vi staua Buonamico per fare l'incarnato piu facile di campeggiare, come si uede in questa opera, per tutto di pauonazzo di sale, ilquale fa col tempo vna salsedine, che si mangia, & consuma il bianco, egl'altri colori, non è marauiglia e se quest'opera è guasta & cõsumata, la doue molte altre che furono fatte molto prima si sono benissimo conseruate. Et io, che gia pensaua, che à queste pitture hauesse fatto nocumento l'humido, ho poi prouato per esperienza, considerando altre opere del medesimo, che non dall'humido, ma da questa particolare usanza di Buffalmacco, è auenuto, che sono in modo guaste, che non ui si vede, ne disegno, ne altro; e doue erano le carnagioni, non è altro rimaso, che il paonazzo. Il qual modo di fare non dee usarsi da chi ama che le pitture sue habbiano lunga vita. Lauorò Buonamico, dopo quello, che si è detto di sopra, due Tauole a tempera a i Monaci della Certosa di Firenza: delle quali l'una è doue stanno per il choro i libri da cantare, e laltra di sotto nelle Cappelle vecchie. Dipinse in fresco nella Badia di Firẽze la Capella de' Giochi, e Bastami alato alla Cappella maggiore. Laquale Cappella ancor, che poi fusse cõceduta alla famiglia de' Boscoli, ritiene le dette pitture di Buffalmacco insino à hoggi, nelle quali fece la passione di Christo con affetti ingegnosi e belli, mostrando in Christo quando laua i piedi à i discepoli humilità, & mãsuetudine grandissima. E ne giudei, quando lo menano ad Herode fierezza, e crudelta. Ma particolarmente mostrò ingegno, e facilita in vn Pilato, che vi dipinse in prigione, & in Giuda apiccato a vn'Albero. onde si puo ageuolmente credere quello, che di questo piaceuole pittore si racconta, cio è, che quando voleua vsar diligenza, e affaticarsi, il che di rado auueniua, egli non era inferiore à niun'altro dipintore de' suoi tempi. E che cio sia vero l'opere, che fece in ogni Santi à fresco, doue è hoggi il cimitero, furono con tanta diligenza lauorate, & con tanti auuertimenti, che l'acqua, che é piouuta loro sopra tanti anni, non le ha potuto guastare, ne fare si che non si conosca la bonta loro. & che si sono mantenute benissimo, per essere state lauorate puramente sopra la calcina fresca. Nelle facce dunque sono la Natiuita di Giesu Christo, e l'adorazione de' Magi, cio è sopra la sepoltura degl'Aliotti. Dopo quest'opera, andato Buonamico à Bologna, lauorò à fresco in San Petronio

nella

nella Cappella de'Bolognini, cio è nelle volte alcune storie, ma da non so che accidente sopraunuto non le fini. Dicesi che l'anno 1302 fu condotto in Ascesi, e che nella chiesa di San Francesco dipinse nella capella di santa chaterina tutte le storie della sua vita in fresco le quali si sono molto ben conseruate, e vi si veggiono alcune figure, che sono degne d'essere lodate finita questa Capella, nel passar d'Arezzo il Vescouo Guido, per hauere inteso, che Buon amico era piaceuole huomo, e valente dipintore, volle, che si temassi in quel la città, egli dipignesse in Vescouado la Capella doue è hoggi il Battesimo. Buonamico messo mano a' lauoro n'haueua gia fatto buona parte quando gl'auuenne vn caso il piu strano del mondo: e fu secondo, che racconta Franco Sacchetti nelle suo trecento nouelle, questo. Haueua il Vescouo vn Bertuccione il piu sollazzeuole, & il piu cattiuo, che altro, che fusse mai; Questo animale, stando alcuna volta sul palco à vedere lauorare Buonamico, haueua posto mente à ogni cosa, ne leuatogli mai gl'occhi da dosso quando mescolaua i colori, trassinaua gl'alberelli, stiacciaua l'uoua per fare le tempere, & in somma quando faceua qual si voglia altra cosa. Hora hauendo Buonamico vn sabato sera lasciato d'opera, la domenica mattina questo Bertuccione, non ostante, che hauesse apiccato à i piedi vn gran Rullo di legno, il quale gli faceua portare il Vescouo, perche non potesse cosi saltare per tutto, egli sali non ostante il peso, che pure era graue in sul palco, doue soleua stare Buonamico à lauorare e quiui recatosi fra mano gl'alberelli, rouesciato che hebbe luno nell'altro, e fatto sei mescugli, e stiacciato quante uoua v'erano, cominciò à imbrattare con i pennelli quante figure vi erano, e seguitando di cosi fare, non restò se non quando hebbe ogni cosa ridipinto di sua mano, cio fatto di nuouo fece vn mescuglio di tutti i colori, che gli erano auanzati, come, che pochi fussero e poi sceso del palco, si parti. Venuto il lunedi mattina, tornò Buonamico al suo lauoro, doue vedute le figure guaste, gl'alberelli rouesciati, & ogni cosa sotto sopra, restò tutto marauigliato, & confuso. Poi hauendo molte cose fra se medesimo discorso, pensò finalmente, che qualche Aretino, per inuidia, o per altro hauesse cio fatto: onde, andatosene al Vescouo gli disse come la cosa passaua, e quello di che dubitaua: di che il Vescouo rimase forte turbato, pure fatto animo à Buonamico, volle che rimettesse mano al lauoro, e cio che ui era di guasto rifacesse: E perche haueua prestato alle sue parole fede, le quali haueuano del verisimile, gli diede sei de'suoi fanti armati che stessono co falcioni quando egli non lauoraua, in aguato, & chiunche venisse, senza misericordia talgliasseno a pezzi. Rifatte dunque la seconda volta le figure, vn giorno che i fanti erano in aguato, Ecco, che sentono non so che rotolare per la Chiesa; e poco apresso il Bertuccione salire sopra l'assito, & i vn baleno fatte le mestiche veggiono il nuouo Maestro mettersi à lauorare sopra i santi di Buonamico: perche chiamatolo e mostrogli il malfattore, & insieme con esso lui stando a uederlo lauorare furono per crepar delle risa, e Buonamico particolarmente, come che dolore gliene venisse, non poteua restare di ridere, ne di piangere per le risa. Finalmente licenziati i fanti, che con falcioni haueuano fatto la guardia, se ne ando al Vescouo, egli disse: Monsignor voi volete, che si dipinga à vn modo, & il vostro Bertuccione vuole à vn'altro. Poi, contando la cosa, soggiunse, non iscadeua, che voi man

daste

daste per pittori altroue se haueuate il Maestro in casa. Ma egli forse non sapaua cosi ben fare le mestiche: horsu, hora che sa, faccia da se, che io non ci son piu buono: Et conosciuta la sua virtu, son contento, che per l'opera mia non mi sia alcuna cosa data, se non licenza di tornarmene a Firenze. Non poteua, vdendo la cosa il Vescouo, se bene gli dispiaceua, tenere le risa, e massimamente considerando, che vna bestia haueua fatto vna Burla à chi era il piu burleuole huomo del mondo: pero poi che del nuouo caso hebbono ragionato, e riso à bastanza, fece tanto il Vescouo che si rimesse Buonamico la terza volta all'opera, e la finì. E il Bertuccione per castigo, e penitēza del cōmesso errore fu serrato in vna grā gabbia di legno, e tenuto doue Buonamico lauoraua insino á che fu quell'opa interamēte finita: nella quale gabbia non si potrebbe niuno imaginar i giuochi, che quella bestiaccia faceua col muso, con la persona & con le mani, vedendo altri fare, e non potere ella adoperarsi. Finita l'opera di questa Capella ordinò il Vescouo, o per burla, ò per altra cagione, che egli selo facesli, che, Buffalmacco gli dipignesse in una facciata del suo palazzo vn'Aquila addosso à vn leone, ilquale la hauesse morto. L'accorto dipintore, hauendo promesso di fare tutto quello, che il Vescouo voleua, fece fare vn buono assito di Tauole, con dire non uolere esser ueduto dipignere vna si fatta cosa. E cio fatto, rinchiuso, che si fu tutto solo la dentro, dipinse per contrario di quello, che il Vescouo uoleua, vn Leone, che sbranaua vn Aquila. E finita l'opera, chiese licenza al Vescouo d'andare à firenze à procacciare colori, che gli mancauano. Et cosi serrato con vna chiaue il tauolato, se n'andò à Firenze, con animo di non tornare altramente al Vescouo: il quale veggendo la cosa andare in lungo, & il dipintore non tornare, fatto aprire il Tauolato, conobbe che piu haueua saputo Buonamico, che egli, per che mosso da grauissimo sdegno gli fece dar bando della vita il che hauendo Buonamico inteso, gli mando à dire che gli facesse il peggio, che poteua, onde il Vescouo lo minaccio da maladetto senno, pur finalmente, considerando chi egli si era messo à volere burlare, e che bene gli staua rimanere burlato, perdonò à Buonamico l'ingiuria, e lo riconobbe delle sue fatiche liberalissimamente. Anzi, che è piu, condottolo indi à non molto di nuouo in Arezzo, gli fece fare nel Duomo vecchio molte cose, che hoggi sono per terra, trattandolo senpre come suo familiare, e molto fedel seruitore. Il medesimo dipinse pure in Arezzo, nella Chiesa di San Iustino la nicchia della Capella maggiore. Scriuono alcuni, che essendo Buonamico in Firenze, e trouando si spesso con gl'amici, & compagni suoi in bottega di Maso del saggo, egli si truouò con molti altri à ordinare la festa che in di di chalen di Maggio feciono gl'huomini di Borgo San Friano in Arno sopra certe barche, & che quando il ponte alla Carraia, che allora era di legno rouinò, per essere troppo carico di persone, che erano corso à quello spettacolo, egli non ui mori; come molti altri feciono, per che quando apunto rouinò il ponte in sulla machina che in arno sopra le barche rappresentaua l'inferno, egli era andato à procacciare alcune cose che per la festa mancauano.

Essendo non molto dopo queste cose condotto Buonamico a Pisa, dipinse nella Badia di san Paulo a ripadarno allora de' monaci di Vallombrosa, in tutta là crociera di quella chiesa da tre bande, e dal tetto insino in terra, molte hi

storie

storie del testamento vecchio, cominciando dalla creazione dell'huomo, e seguitando insino a tutta la edificazione della torre di Nebroth. Nella quale opera, ancor che hoggi per la maggior parte sia guasta, si vede viuezza nelle figure, buona pratica, & vaghezza nel colorito, e che la mano esprimeua molto bene i concetti dell'animo di Buonamico; ilquale non hebbe però molto disegno. Nella facciata della destra crociera, laquale è dirimpetto a quella doue è la porta del fianco, in alcune storie di santa Nastasia, si veggiono certi habiti, & acconciature antiche molto vaghe, & belle, in alcune donne, che vi sono con graziosa maniera dipinte. Non men belle sono quelle figure ancora, che con bene accommodate attitudini, sono in vna barca, fra le quali è il ritratto di Papa Alessandro quarto, ilquale hebbe Buonamico, secondo, che si dice, da Tafo suo maestro, ilquale haueua quel pontefice ritratto di Musaico in S. Piero. Parimente nell'vltima storia, doue è il martirio di quella santa, ed'altre, espresse Buonamico molto bene ne i volti il timore della morte, il dolore, e lo spauento di coloro, che stanno a vederla, tormentare, e morire, mentre sta legata a un'albero, e sopra il foco. Fu compagno in questa opera di Buonamico, Bruno di Giouanni pittore, che cosi è chiamato in sul vecchio libro della compagnia; il quale Bruno, celebrato anch'egli, come piaceuole huomo dal Boccaccio, finite le dette storie delle facciate, dipinse nella medesima Chiesa l'altar di santa Orsola con la compagnia delle Vergini, facendo in vna mano di detta santa vno stendardo con l'arme di Pisa, che è in campo rosso vna croce bianca: & facendole porgere l'altra a una femina, che surgẽdo fra due mõti, e toccando con l'uno de' piedi il mare, le porge amendue le mani in atto di raccomandarsi. Laquale femina figurata per Pisa, hauendo in capo vna corona d'oro, & in dosso un drappo pieno di tõdi, e di aquile, chiede, essendo molto trauagliata in mare, aiuto a quella santa. Ma perche nel fare questa opera Bruno si doleua, che le figure, che in essa faceua, non haueuano il uiuo, come quelle di Buonamico: Buonamico come burleuole per insegnargli a fare le figure, non pur uiuaci, ma che fauellassono, gli fece far alcune parole, che usciuano di bocca a quella femina. che si raccomanda alla santa: e la risposta della santa a lei; hauendo cio visto Buonamico nell'opere, che haueua fatte nella medesima città Cimabue. Laqual cosa, come piacque a Bruno, e a gl'altri huomini sciocchi di q̃'tẽpi; cosi piace ancor oggi a certi goffi, che in cio sono seruiti da artefici plebei, come essi sono. E di uero pare gran fatto, che da q̃sto principio sia passata in vso una cosa, che per burla, e non per altro fu fatta fare; cõciosia, che anco vna gran parte del campo santo, fatta da lodati maestri sia piena di questa gofferia. L'opere dunque di Buonamico, essendo molto piaciute a i Pisani, gli fu fatto fare dall'operaio di Camposanto quattro storie in fresco, dal principio del mondo insino alla fabrica dell'Arca di Noe, & intorno alle storie un ornamento, nelquale fece il suo ritratto di naturale, cioè in un fregio, nel mezzo delquale, & in sulle quadrature sono alcune teste, fra lequali, come ho detto si uede la sua, con un capuccio, come apunto stà quello, che di sopra si uede. E perche in questa opera è un Dio, che con le braccia tiene i cieli, e gl'elemẽti, anzi la machina tutta dell'uniuerso, Buonamico per dichiarare la sua storia con versi simili alle pitture di quell'età, scrisse a'piedi in lettere maiuscule di sua mano, come si puo anco uedere, questo sonetto, ilquale p l'antichil'antichità sua,& per la semplicità del dire di que'tempi, mi è paruto di mettere in questo luogo,come che forse,per mio auiso,non sia per molto piacere,se nõ se forse,come cosa,che fa fede di quãto sapeuano glihuomini di ql secolo.

Voi che auisate questa dipintura
Di Dio pietoso,sommo creatore,
Loqual fe tutte cose con amore
Pesate,numerate,& in misura.
In noue gradi Angelica Natura
In ello empirio ciel pien di splendore
Colui,che non si muoue,ed è motore
Ciascuna cosa fece buona,e pura.
Leuate gl'occhi del uostro intelletto
Considerate quanto è ordinato
Lo mondo uniuersale; E con affetto
Lodate lui che l'ha si ben creato:
Pensate di passare a tal diletto
Tra gl'Angeli,doue è ciascun beato.
Per questo mondo si uede la gloria
Lo basso,et il mezo,e l'alto in questa storia

Et per dire il uero,fu grand'animo quello di Buonamico a mettersi a far un Dio padre grande cinque braccia,le gierarchie,i cieli,gl'angeli,il zodiaco, & tutte le cose superiori in fino al cielo della Luna. E poi l'elemento del fuoco, l'aria,la terra,e finalmente il centro. E per riempire i due angoli da basso, fece in uno,S.Agostino,& nell'altro S.Tommaso d'Aquino. Dipinse nel medesimo Camposanto Buonamico in testa,doue è hoggi di marmo la sepoltura del Corte, tutta la passione di Christo,con gran numero di figure a piedi, & a cauallo,e tutte in uarie,e belle attitudini; & seguitando la storia, fece la resurrezzione,e l'apparire di Christo a gl'Apostoli, assai acconciamente. Finiti questi lauori,& in un medesimo tempo tutto quello,che haueua in Pisa guadagnato,che non fu poco, se ne tornò a Firenze, così pouero, come partito se n'era; doue fece molte tauole,e lauori in fresco,di che non accade fare altra memoria. Intanto essendo dato a fare a Bruno suo amicissimo,che seco se n'era tornato da Pisa,doue si haueuano sguazzato ogni cosa, alcune opere in santa Maria Nouella,perche Bruno non haueua molto disegno, ne inuenzione; Buonamico gli disegnò tutto quello,che egli poi mise in opera in una facciata di detta chiesa,dirimpetto al pergamo,e lunga quanto è lo spazio,che è fra colonna,e colonna: & ciò fu la storia di san Maurizio,& compagni, che furono per la fede di Giesù Christo decapitati. Laquale opera fece Bruno per Guido Campese connestabile allora de'Fiorentini; il quale hauendo ritratto prima,che morisse l'anno 1312. Lo pose poi in questa opera armato,come si costumaua in que'tempi; e dietro a lui,fece un'ordinãza d'huomini d'arme, tutti armati all'antica,che fanno bel uedere,mentre esso Guido stà ginocchioni inanzi a una nostra Donna,che ha il putto Giesu in braccio,e pare,che sia raccomandato da San Domenico,& da S. Agnesa,che lo mettono in mezzo. Questa pittura ancora,che non sia molto bella, considerandosi il disegno di Buonamico,e la inuenzione,ell'è degna di esser in parte lodata, e massimamẽte per la uarietà de'uestiti,barbute,& altre armature di que'tempi. & io me ne sono seruito in alcune storie,che ho fatto per il signor Duca Cosimo,doue era bisogno rappresentare huomini armati all'antica,& altre somigliãti cose di quell'età; laqual cosa è molto piacciuta à S.Eccell.Ill. & ad altri, che l'hãno ueduta.E da questo si puo conoscere quãto sia da far capitale dell'inuenzioni,

& opere fatte da questi antichi, come, che così perfette non siano; & in che modo utile, & commodo si possa trarre dalle cose loro; hauendoci eglino aperta la uia alle marauiglie, che in sin' a hoggi si sono fatte, e si fanno tuttauia. Mentre, che Bruno faceua questa opera, uolendo un contadino, che Buonamico, gli facesse un san Christofano, ne furono d'accordo in Fiorenza, & conuennero per contratto in questo modo, che il prezzo fusse otto fiorini, & la figura douesse esser dodici braccia. Andato dunque Buonamico alla chiesa doue doueua fare il san Christofano, trouò, che per non essere ella ne alta, ne lunga, se non braccia noue, non poteua ne di fuori, ne di dentro accommodarlo in modo, che bene stesse; onde prese partito, perche non ui capiua ritto di farlo dentro in chiesa a giacere: ma perche anco così non vi entraua tutto, fu necessitato riuolgerlo dalle ginocchia in giu nella facciata di testa. Finita l'opera, il contadino non voleua in modo nessuno pagarla, anzi, gridando diceua d'esser assassinato: perche andata la cosa a gl' Vfficiali di grascia, fu giudicato, secondo il contratto, che Buonamico hauesse ragione. A san Giouanni fra l'arcore era vna passione di Christo, di mano di Buonamico molto bella, e fra l'altre cose, che vi erano molto lodate, vi era un Giuda appiccato a vn' Albero fatto con molto giudizio, e bella maniera. Similmente vn vecchio, che si soffiaua il naso era naturalissimo; e le Marie dirotte nel pianto, haueuano arie, e modi tanto mesti, che meritauano, secondo quell'età, che non haueua ancora così facile il modo d'esprimere gl'affetti dell'animo col pennello, di essere grandemente lodate. Nella medesima faccia vn santo Iuo di Brettagna, c'haueua molte vedoue, e pupilli a i piedi era buona figura, e due angeli in Aria, che lo coronauano, erano fatti con dolcissima maniera. Questo edifizio, e le pitture insieme, furono gettate per terra l'anno della guerra del 1529.

In Cortona ancora dipinse Buonamico, per M. Aldobrandino Vescouo di quella città, molte cose nel Vescouado, e particolarmente la cappella, e tauola dell'altar maggiore, ma perche nel rinouare il palazzo, e la chiesa, andò ogni cosa per terra, non accade farne altra menzione. In san Francesco nondimeno, & in santa Margherita della medesima città; sono ancora alcune pitture di mano di Buonamico. Da Cortona, andato di nuouo Buonamico in Ascesi, nella Chiesa di sotto di san Francesco dipinse a fresco tutta la cappella del Cardinale Egidio Aluaro Spagnuolo, e perche si portò molto bene, ne fu da esso Cardinale liberalmente riconosciuto. Finalmente, hauendo Buonamico lauorato molte pitture per tutta la Marca, nel tornarsene a Firéze si fermò in Perugia, e vi dipinse nella chiesa di S. Dome. in fresco la cappella de' Buontépi, facendo in essa historie della uita di S Caterina uergine, & martire.
E nelle chiesa di San Domenico Vecchio dipinse in vna faccia pur a fresco, quando essa Caterina figliuola del Re' Costa, disputando conuince, & conuerte certi filosofi alla fede di Christo. E perche questa storia è piu bella, che alcune altre, che facesse Buonamico gia mai, si puo dire con uerita che egli auãzasse in questa opera se stesso. Da che mossi i perugini ordinarono, secondo che scriue franco sacchetti, che dipignesse in piazza Santo Hercolano Vescouo, e pretettore di quella città; onde conuenuti del prezzo fu fatto nel luogo doue si haueua à dipignere, vna turata di Tauole, e di stuoie, per che non fusse il Maestro veduto dipignere. E cio fatto mise mano all'opera: ma non passato

farono dieci giorni, dimandando chiunche passaua, quando sarebbe cotale pittura finita, pensando, che si fatte cose si gettassono in pretelle, che la cosa venne à fastidio à Buonamico. perche venuto alla fine del lauoro stracco da tanta importunita deliberò seco medesimo uendicarsi dolcemente dell'impacienza di que popoli, egli venne fatto, per che finita l'opera inanzi, che la scoprisse la fece veder loro, e ne fu interamente sodisfatto. Ma volendò i perugini leuare subito la turata disse Buonamico, che per due giorni ancora la lasciassono stare, per cioche voleua ritoccare à secco alcuno cose: & cosi fu fatto. Buonamico dunque salito in sul ponte, doue egli haueua fatto al Santo vna gran Diadema d'oro, e come in que' tempi si costumaua di rilieuo con la calcina, gli fece vna corona, ò vero ghirlanda intorno intorno al capo tutta di LASCHE. E cio fatto, vna mattina; a cordato l'hoste sene venne à Firenze. Onde passati due giorni, non vedendo i perugini si come erano soliti, il Dipintore andare attorno, domandarono l'hoste, che fusse di lui stato: & inteso che egli se n'era a Firenze tornato, andarono subito a scoprire il lauoro; & trouato il loro santo Hercolano coronato solennemente di lasche, lo fecion intender tostaméte a coloro che gouernauano. I quali se bene mãdarono cauallari in fretta a cercare di Buonamico, tutto fu in uano, essendosene egli con molta fretta à Firenze ritornato. preso dunque partito di fare leuare à vn loro dipintore la corona di lasche e rifare la Diadema al Santo, dissono di Buonamico, e degl'altri Fiorentini tutti que' mali che si possono imaginare. Ritornato Buonamico à Firenze, e poco curandosi di cosa, che dicessono i perugini, attese à lauorare, e fare molte opere, delle quali, per non esser piu lungo, non accade far menzione. Diro solo questo, che hauendo dipinto à calcinaia vna N. Donna à fresco col figliuolo in collo, colui, che gliele haueua fatta fare, in cambio di pagarlo gli daua parole; ondè Buonamico, che non era auezo à essere fatto fare ne ad essere uccellato, pensò di valersene ad ogni modo. E cosi andato vna mattina à Calcinaia, conuerti il fanciullo, che haueua dipinto in braccio alla Vergine, con tinte senza colla, ò tempera, ma fatte con l'acqua sola, in uno orsacchino: laqual cosa non dopo molto vedendo il cõtadino, che l'haueua fatta fare, presso, che disperato andò à trouare Buonami. ꝑgadolo, che di grazia leuasse l'orsacchino, e rifacesse vn fanciullo come prima, perche era presto à sodisfarlo: Il che hauendo egli fatto amoreuolmente fu della prima, e della seconda fatica senza indugio pagato: e basto a racconciare ogni cosa vna spugna bagnata. Finalmente, perche troppo lungo sarei, se io volessi raccontare cosi tutte le burle, come le pitture, che fece Buonamico Buffalmacco, e masimaméte praticando in bottega di Maso del saggio che era vn ridotto di Cittadini, e di quanti piaceuoli huomini haueua Firenze è burleuoli. porro fine a ragionare di lui ilquale mori d'anni settantotto, e fu dalla compagnia della misericordia, essendo egli pouerissimo, & hauendo piu speso, che guadagnato, per essere vn'huomo cosi fatto, souenuto nel suo male in Santa Maria Nuoua, spedale di Firenze; e poi morto, nell'ossa (cosi chiamano vn chiostro dello spedale o vero cimitero) come gl'altri poueri, sepellito l'anno 1340 furono l'opere di costui in pregio mentre uisse, e dopo sono state, come cose di quell'eta, sempre lodate.

Il fine della Vita di Buonamico Buffalmacco Pittor Fiorentino.

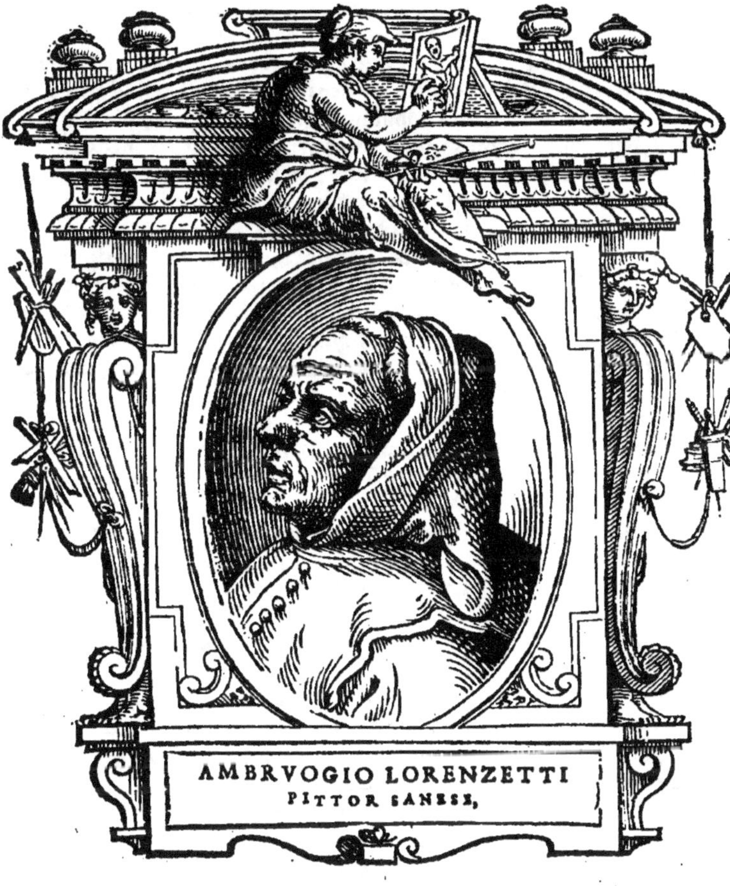

AMBRVOGIO LORENZETTI
PITTOR SANESE.

VITA DAMBRVOGIO LORENZETTI
PITTOR SANESE.

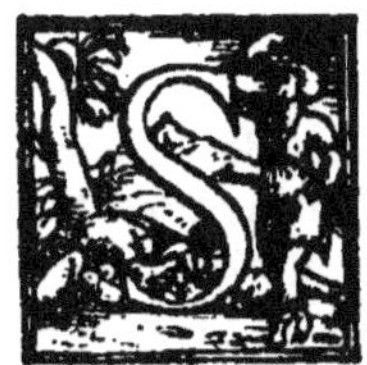

E è grande, come è ſenza dubbio, l'obligo, che hauer deono alla Natura gl'artefici di bello ingegno, molto maggior douerebbe eſſere il noſtro verſo loro, ueggendo, ch'eglino cõ molta ſolecitudine riempiono le cittá d'honorate fabriche & vtili, & vaghi componimenti di ſtorie, arrecãdo a ſe medeſimi il piu delle volte fama, e ricchezze con l'opere loro, come fece Ambruogio Lorenzetti Pittor Saneſe, il quale hebbe bella, e molta inuenzione, nel comporre conſideratamente, e ſituare in hiſtoria le ſue figure. Di che fa vera teſtimonianza in Siena ne' frati Minori, vna ſtoria da lui molto leggiadramente dipinta nel chioſtro, doue è figurato, in che maniera un giouane ſi fa frate, & in che modo, egli, & alcuni altri vanno al Soldano,e quiui sono battuti,e sentenziati alle forche,& impiccati a un Albero,& finalmente decapitati; con la sopragiunta d'una spauenteuole tẽpesta. Nella quale pittura con molt'arte,e destrezza contrafece il rabbuffamẽto dell'aria,e la furia della pioggia,e de'uenti,ne'trauagli delle figure; dalle quali i moderni maestri hanno imparato il modo, & il principio di questa inuenzione,per laquale,come inusitata innanzi,meritò egli comendazione infinita. Fu Ambruogio pratico coloritore a fresco,e nel maneggiar a tempera i colori,gl'adoperò con destrezza,e facilità grãde,come si uede ancora nelle tauole finite da lui in Siena allo spedaletto, che si chiama Monna Agnesa, nella quale dipinse,e finì una storia con nuoua,e bella composizione. Et allo spedale grande,nella facciata,fece in fresco la natiuità di nostra Donna. Et quando la ua fra le uergini al tempio. E ne'frati di S. Agostino di detta città il capitolo,doue nella uolta si ueggiono figurati gl'Apostoli cõ carte in mano, oue è scritto quella parte del credo,che ciascheduno di loro fece, & a piè una historietta contenente con la pittura quel medesimo,che è disopra, cõ la scrittura significato. Appresso nella facciata maggiore sono tre storie di S. Caterina martire,quando disputa col tiranno in un tempio,e nel mezzo la passione di Christo con i ladroni in croce,e le Marie da basso, che sostengono la Vergine Maria,uenutasi meno. lequali cose furono finite da lui con assai buona grazia;e cõ bella maniera. Fece ancora nel palazzo della signoria di Siena in vna sala grande la guerra d'Asina lunga,& la pace appresso, e gl'accidenti di quella,doue figurò una Cosmografia perfetta,secondo que'tempi; & nel medesimo palazzo fece otto storie di verdeterra,molto pulitamente. Dicesi,che mandò ancora a Volterra una tauola à tempera,che fu molto lodata in quella città,E a Massa,lauorando in compagnia d'altri una capella in fresco, & una tauola a tempera,fece conoscere a coloro quanto egli di Giudizio, e d'ingegno nell'arte della pittura valesse.& in Oruieto dipinse in fresco la cappella maggiore di S.Maria. Dopo quest'opere capitando a Fiorenza,fece in San Procolo vna tauola,& in vna cappella,le storie di S. Nicolò in figure piccole, per sodisfare a certi amici suoi,desiderosi di veder il modo dell'operar suo, & in si breue tempo condusse,come pratico,questo lauoro,che gl'accrebbe nome,& riputazione infinita. E questa opa,nella predella della quale fece il suo ritratto,fu causa,che l'anno 1335. fu condotto a Cortona, per ordine del Vescouo degli Vbertini allora signore di quella città,doue lauorò nella Chiesa di S.Margherita poco inanzi stata fabricata a i frati di S.Francesco nella sommità del monte,alcune cose,e particolarmente la metà delle volte,e le facciate cosi bene,che ancora,che hoggi siano quasi consumate dal tempo, si vede ad ogni modo nelle figure affetti bellissimi: & si conosce,che egli ne fu meritamente comendato. Finita quest'opera,se ne tornò Ambruogio a Siena,doue visse honoratamente il rimanente della sua vita,non solo per essere eccellẽte maestro nella pittura,ma ancora,perche hauendo dato opera nella sua giouanezza alle lettere,gli furono vtile,& dolce compagnia nella pittura, & di tanto ornamento in tutta la sua vita,che lo renderono non meno amabile,& grato,che il mestiero della pittura si facesse; la onde non solo praticò sempre con letterati,& uirtuosi huomini,ma fu ancora con suo molto honore, & vtile adoperato ne'maneggi della sua Republica. Furono i costumi d'Ambruogio in tutte le parti lodeuoli,e piu tosto di gentilhuomo, & di filosofo, che di artefice,& quello,che piu dimostra la prudenza degl'huomini,hebbe sempre l'animo disposto a contentarsi di quello,che il mondo, & il tempo recaua,onde sopportò con animo moderato,e quieto il bene,& il male che gli vẽne dal la fortuna.E veramente non si può dire,quanto i costumi gentili, e la modestia con l'altre buone creanze, siano honorata compagnia, a tutte l'arti, ma particolarmẽte a quelle,che dall'intelletto,e da nobili,& eleuati ingegni procedono onde douerebbe ciascuno rendersi non meno grato cõ i costumi,che con l'eccellenza dell'arte. Ambruogio finalmente nell'ultimo di sua vita fece, con molta sua lode una tauola a monte Vliueto di Chiusuri. Et poco poi d'anni 83. passò felicemente,& christianamente a miglior uita. Furono le opere sue nel mille trecento quaranta.

Come s'è detto,il ritratto d'Ambro.si vede di sua mano in S.Procolo nella predella della sua tauola,con vn capuccio in capo.E quãto ualesse nel disegno si uede nel nostro libro,doue sono alcune cose di sua mano,assai buone.

Fine della vita d'Ambruogio Lorenzetti.

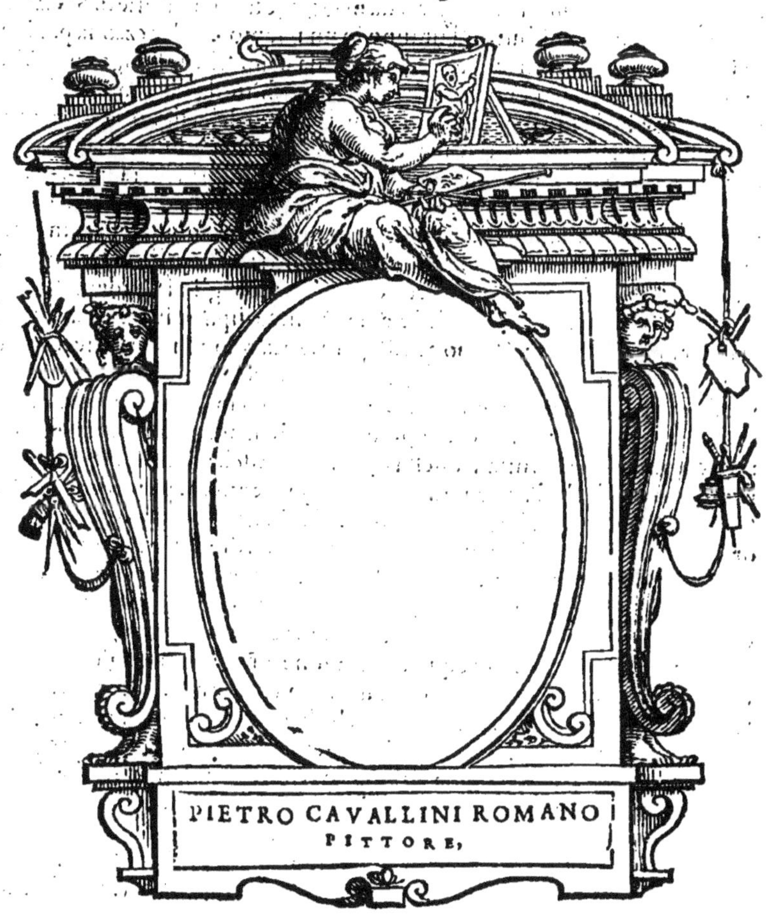

VITA DI PIETRO CAVALLINI ROMANO PITTORE.

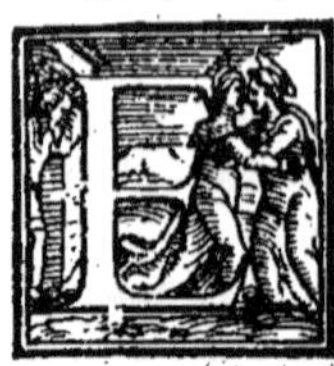

SSENDO già stata Roma molti secoli priua non solamente delle buone lettere, e della gloria dell'armi, ma eziamdio di tutte le scienze, e bone arti, come Dio volle, nacque in essa Pietro Caualliini in que tempi, che Giotto, hauendo, si puo dire, tornato in vita la pittura, teneua fra i pittori in Italia il principato. Costui dũque essendo stato discepolo di Giotto, & hauendo con esso lui lauorato nella Naue di Musaico in S. Piero, fu il primo, che dopo lui illuminasse quest'arte, e che cominciasse a mostrar di non esser stato indegno discepolo di tanto Maestro, quando dipinse in Araceli sopra la porta della sagrestia alcune storie, che hoggi sono cõsumate dal tempo, e in S. Maria di Trasteuere moltissime cose, colorite per tutta la chiesa in fresco. Dopo lauorando alla capella maggiore di Musaico, e nella facciata dinãzi della chiesa, mostrò nel principio di cotale lauoro, senza l'aiuto di Giotto, saper nõ meno essercitare, e condure a fine il Musaico, che hauesse fatto la pittura. facendo ancora, nella chiesa di S. Grisogono molte storie a fresco, s'ingegnò farsi conoscer similmente per ottimo discepolo di Giotto, e per buono artefice. Parimente, pure in Trasteuere, dipinse in S. Cicilia quasi tutta la chiesa di sua mano, e nella chiesa di S. Francesco, appresso ripa, molte cose. In S. Paulo poi for di Roma fece la facciata che v'è di Musaico, e p la Naue del mezzo molte storie del Testamento Vecchio. E lauorando nel capitolo del primo chiostro a fresco alcune cose, vi mise tanta diligenza, che ne riportò da gl huomini di giudizio nome d'eccelentissimo Maestro, e fu per ciò dai prelati tanto fauorito, che gli fecero dar a fare la facciata di S. Piero di dentro fra le finestre. Tra lequali fece di grandezza straordinaria, rispetto alle figure, che in quel tempo s'usauano, i quattro Euangelisti lauorati a bonissimo fresco, e vn S. Piero, e vn S. Paulo; e in vna Naue buon numero di figure nelle quali per molto piacergli la maniera greca, la mescolò sempre con quella di Giotto. E per dilettarsi di dare rilieuo alle figure, si conosce che vsò in cio tutto quello sforzo, che maggiore puo immaginarsi da huomo; Ma la migliore opera, che in quella Città facesse fu nella detta chiesa d'Araceli sul Cãpidoglio, doue dipinse in fresco nella volta della Tribuna maggiore la N. Dõna col figliuolo in braccio, circondata da vn cerchio di sole, e abasso Ottauiano Imperador, alquale la Sibilla Tiburtina, mostrando Giesu Christo, egli l'adora; lequali figure in quest'opera come si è detto in altri luoghi si sono conseruate molto meglio che l'altre: perche quelle, che sono nelle volte sono meno offese dalla poluere, che quelle, che nelle facciate si fanno. Venne dopo quest'opere Pietro in Toscana, per veder l'opere degl'altri discepoli del suo Maestro Giotto, e di lui stesso; E con questa occasione dipinse in S. Marco di Firenza molte figure, che hoggi non si veggiono essendo stata imbiancata la chiesa Eccetto la Nonziata che sta coperta a canto alla porta principale della chiesa, In S. Basilio ancora al canto alla mabine, fece in vn muro vn'altra Nunziata a fresco, tanto simile a quella, che prima haueua fatto in S. Marco, e a qualcũ altra che è in Firenzo, che alcuni credono e non senza qualche verisimile, che tutte siano di mano di questo Piero, e di vero non possono piu somigliare l'una l'altra di quello, che fanno. Fra le figure, che fece in S. Marco detto di Fiorenza, fu il ritratto di papa Vrbano quinto, con le teste di S. Piero, e S. Paulo, di naturale, dalqual ritratto, ne ritrasse fra Giouanni da Fiesole quello, che è in vna tauola in S. Domenico pur di Fiesole, & cio fu non piccola ventura, perche il ritratto, che era in S. Marco, con molte altre figure, che erano per la chiesa in fresco, furono, come s'è detto, coperte di bianco, quando quel conuento fu tolto a i monaci, che vi stauano prima, & dato a i frati predicatori, per imbiancare ogni cosa, con poca auuertenza, & consideratione. Passando poi, nel tornarsene a Roma, per Ascesi, non solo per vedere quelle fabriche, e quelle cosi notabili opere, fatteui dal suo maestro, & da alcuni de' suoi cōdiscepoli: ma p lasciarui qualche cosa di sua mano; dipinse a fresco nella chiesa di sotto di S. Francesco, cioè nella crociera, che è dalla banda della sagrestia, vna crocifissione di Giesu Christo, con huomini a cauallo armati in varie foggie, & cō molta varietà d'habiti strauaganti, e di diuerse nationi straniere. In aria fece alcuni Angeli, che fermati in su l'Ali in diuerse attitudini, piangono dirottamente; & stringendosi alcuni le mani al petto, altri incrochiandole, & altri battēdosi le palme, mostrano hauer estremo dolor della morte del figliuolo di Dio: e tutti dal mezzo in dietro, o vero dal mezzo in giu sono conuertiti in aria. In questa opera, che è bene condotta nel colorito, che è fresco, e viuace, e tanto bene nelle cōmettiture della calcina, ch'ella pare tutta fatta in vn giorno, ho trouato l'arme di Gualtieri Duca d'Athene: ma per non vi essere ne millesimo, ne altra scrittura, non posso affermare, che ella fusse fatta fare da lui; Dico bene, che oltre al tenersi p fermo da ognuno, ch'ella sia di mano di Pietro, la maniera non potrebbe piu di quello, che ella fa, parer la medesima, senza, che si può credere, essendo stato questo pittore nel tempo, che in Italia era il Duca Gualtieri, cosi che ella fusse fatta da Piero, come per ordine del detto Duca. pure creda ognuno, come vuole, l'opera come antica, non senō è lodeuole, e la maniera, oltre la publica voce, mostra ch'ella sia di mano di costui. Lauorò a fresco il medesimo Piero nella chiesa di S. Maria d'Oruieto, doue è la santissima reliquia del corporale, alcune storie di Giesu Christo, & del corpo suo con molta diligenza, e cio fece, per quanto si dice per M. Benedetto di M. Buonconte Monaldeschi, signore in quel tempo, anzi tiranno di quella città. Affermano similmente alcuni, che Piero fece alcune sculture, e che gli riuscirono, perche haueua ingegno iu qualunche cosa si metteua a fare, benissimo; e che è di sua mano il crucifisso, che è nella gran chiesa di S. Paulo fuor di Roma, ilquale secondo, che si dice, e credere si dee, è quello, che parlò a santa Brigida l'anno 1370. Erano di mano del medesimo alcune altre cose di quella maniera, lequali andarono per terra quando fu rouinata la chiesa vecchia di san piero, per rifar la nuoua. fu pietro in tutte le sue cose diligente molto, & cercò con ogni studio di farsi honore, & acquistare fama nell'arte. Fu, nō pure buon christiano, ma diuotissimo, & amicissimo de' poueri, e per la bōtà sua amato non pure in Roma sua patria, ma da da tutti coloro, che di lui hebbono cognizione, o dell'opere sue. E si diede finalmēte nell'vltima sua vecchiezza con tanto spirito alla religione, menando vita esemplare, che fu quasi tenuto santo. La onde non è da marauigliarsi, se non pure il detto crucifisso di sua

mano

mano, parlò, come si è detto, alla santa; ma ancora se ha fatto, & fa infiniti miracoli vna Nostra Donna di sua mano, laquale per lo migliore non intendo di nominare, se ben'è famosissima in tutta Italia; e se bene so piu che certo, & chiariss. per la maniera del dipignere ch'ell'è di mano di Pietro, la cui lodatissima vita, & pietà verso Dio, fu degna di essere da tutti gl'huomini imitata. Ne creda nessuno, per cio che non è quasi possibile, e la continua sperienza ce lo dimostra, che si possa senza il timor, e grazia di Dio, e senza la bontà de' costumi ad honorato grado peruenire. Fu Discepolo di Pietro Cauallini, Giouanni da Pistoia, che nella patria fece alcune cose di non molta importanza. Mori finalmente in Roma d'età d'anni ottanta cinque di mal di fianco preso nel lauorare in muro, per l'humidità, & per lo star continuo a tale esercizio. Furono le sue pitture nel mille trecento sessanta quattro, fu sepolto in San Paulo fuor di Roma honoreuolmente, e con questo epitaffio.

Quantum Romanæ Petrus decus addidit urbi Pictura, tantum dat decus ipse polo.

Il ritratto suo nõ si è mai trouato, p diligẽza, che fatta si sia, però non si mette.

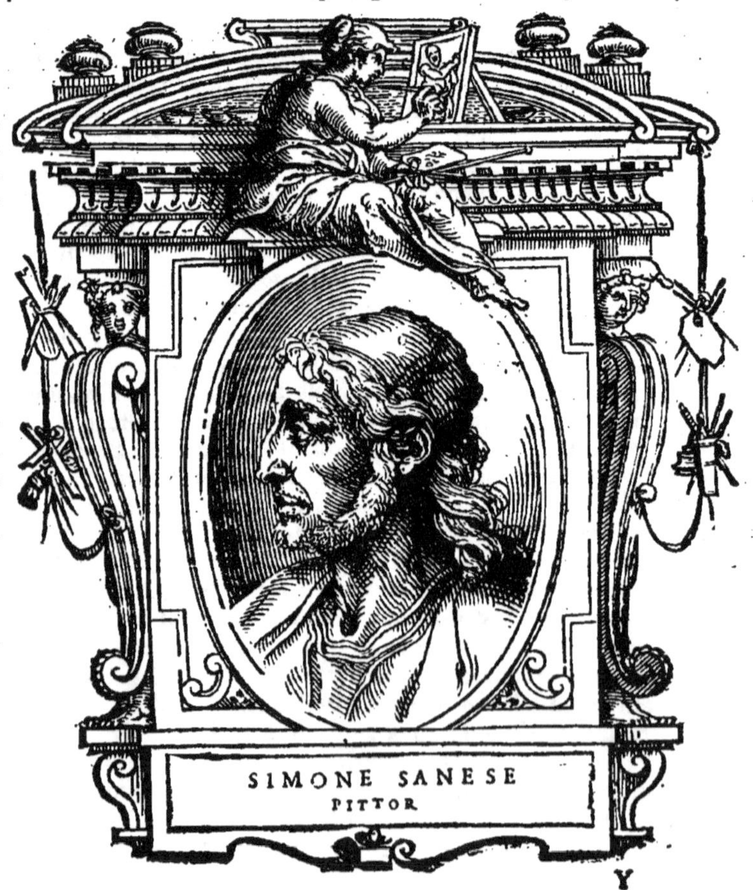

VITA DI SIMONE SANESE PITTORE.

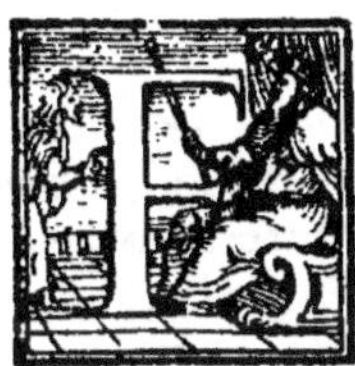

ELICI veramente si possono dire quegl'huomini, che sono dalla Natura inclinati, à quell'arti, che possono recar loro, non pure honore, e vtile grandissimo, ma che è piu, fama, e nome quasi perpetuo: piu felici poi sono coloro, che si portano dalle fasce, oltre à cotale inclinazione, gentilezza, e costumi cittadineschi, che gli rendono a tutti gl'huomini gratissimi. Ma piu felici di tutti finalmente (parlando degl'artefici) sono quelli, che oltre all'hauere da Natura inclinazione al buono, e dalla medesima, e dalla educazione costumi nobili: viuono al tempo di qualche famoso scrittore, da cui per vn piccolo ritratto, ò altra così fatta cortesia delle cose dell'arte, si riporta premio alcuna volta, mediante gli loro scritti, d'eterno honore, e nome. Laqualcosa si deue, fra coloro, che attendono alle cose del disegno, particolarmente desiderare, e cercare da gl'Eccellenti pittori; poi che l'opere loro, essendo in superficie, e in campo di colore, non possono hauere quell'eternità, che danno i getti di bronzo e le cose di marmo alle Sculture, ò le fabriche agl'Architetti. Fu dunque quella di Simone grandissima ventura uiuere al tempo di Messer Francesco Petrarca, e abbattersi à trouare in Auignone alla corte questo amorosissimo Poeta, desideroso d'hauere la imagine di Madonna Laura di mano di Maestro Simone; percio che hauutala bella, come desiderato hauea, fece di lui memoria in due sonetti: l'uno de'quali comincia

Per mirar policleto à proua fiso
Con gl'altri, che hebber fama di quell'arte, E l'altro
Quando giunse à Simon l'alto concetto
Ch'a mio nome gli pose in man lo stile

E in vero questi sonetti e l'hauerne fatto menzione in vna delle sue lettere famigliari nel quinto libro, che comincia: Non sum nescius: hanno dato piu fama alla pouera uita di Maestro Simone, che non hanno fatto, ne faranno mai tutte l'opere sue; perche elleno hanno à venire, quando che sia, meno doue gli scritti di tant'huomo viueranno eterni secoli, fu dunque Simone memmi sanese Eccellente dipintore, singolare ne'tempi suoi, e molto stimato nella corte del Papa, percioche dopo la morte di Giotto Maestro suo, ilquale egli haueua seguitato à Roma, quando fece la Naue di musaico e l'altre cose hauendo nel fare vna vergine Maria nel portico di S. Piero, & vn San piero, e San Paulo, a quel luogo vicino doue è la pina di bronzo, in vn muro fra gl'archi del portico dalla banda di fuori contraffatto la maniera di Giotto, ne fu di maniera lodato, hauendo massimamēte in quest'opa ritrattto vn sagrestano di S. Piero, che accende alcune lampade a dette sue figure molto prontamente, che Simone fu chiamato in Auignone alla corte del Papa, con grandissima instanza; doue lauorò tante pitture in fresco, e in Tauole che fece corrispondere l'opere al nome, che di lui era stato la oltre portato. Perche tornato à Siena in gran credito, e molto percio fauorito gli fu dato a dipignere dalla signo

ria

ria nel palazzo loro in vna sala a fresco vna Vergine Maria con molte figure attorno, laquale egli compie di tutta perfezzione, con molta suo lode, e vtili ta. E per mostrare, che non meno sapeua fare in Tauola, che in fresco, dipinse in detto palazzo vna tauola, che fu cagione che poi ne fu fatto far due in Duomo, E una N. Donna col fanciullo in bracio in attitudine bellis. sopra la porta dell'opa del Duomo detto, Nellaqual pittura certi angeli, che sostenēdo ī aria un stēdardo, volano, e guardano all'ingiu alcuni Sāti, che sono intorno alla nostra Donna: fanno bellissimo componimento, e ornamento grande. Cio fatto fu Simone dal Generale di Sant'Agostino condotto in firenze, doue lauorò il Capitolo di santo Spirito, mostrando inuenzione, e giudizio mira bile nelle figure, e ne' caualli fatti da lui, come in quel luogo ne fa fede la storia della passione di Christo: Nella quale si veggiono ingegnosamente tutte le cose essere state fatte da lui cō discrezione, e con bellissima grazia. Veggonsi i ladroni in croce rendere il fiato; e l'anima del buono essere portata in cielo con allegrezza da gl'Angeli, e quella del Reo andarne accompagnata da' Diauoli tutta rabuffata a i tormenti dell'inferno. Mostrò similmente inuenzione & giudizio Simone nell'attitudini, e nel pianto amarissimo, che fanno alcuni angeli intorno al crocifisso. Ma quello, che sopra tutte le cose è dignissimo di considerazione, è ueder quegli spiriti, che fendono l'aria con le spalle visibilmente; perche quasi girando sostengono il moto del volar loro, ma sarebbe molto maggior fede dell'eccellenza di Simone quest'opera, se oltre all'hauer la consumata il tempo, non fusse stata l'anno 1560. guasta da que' padri, che, p non potersi seruire del capitolo mal condotto dall'humidità, nel far doue era vn palco intarlato vna volta, non hauessero gettato in terra quel poco, che re staua delle pitture di quest'huomo, ilquale quasi in quel medesimo tempo dipinse in vna tauola vna nostra Donna, & vn san Luca con altri santi a tempera, che hoggi è nella capella de' Gondi in Santa Maria Nouella col nōme suo. Lauorò poi Simone tre facciate del capitolo della detta S. M. Nouella molto felicemente. Nella prima, che è sopra la porta, donde vi si entra, fece la vita di san Domenico; & in quella, che segue verso la chiesa figurò la religione, & or dine del medesimo, combattente contra gl'heretici, figurati p Lupi, che assalgono alcune pecore, lequali da molti cani pezzati di bianco, e di nero sono difese, e i lupi ributtati, e morti. sonoui ancora certi Heretici, i quali conuinti nelli dispute, stracciano i libri, e pentiti si confessano, e così passano l'anime al la porta del paradiso, nelquale sono molte figurine, che fanno diuerse cose. In cielo si vede la gloria de' santi, e' IESV CHRISTO: E nel mondo quaggiu rimangono i piaceri, e diletti vani in figure humane, e massimamente di Donne, che seggono. Tra lequali è Madonna Laura del Petrarca, ritratta di Natu rale vestita di verde, con vna piccola fiammetta di fuoco tra il petto, e la gola. Euui ancora la chiesa di Christo, e alla guardia di quella il Papa, lo Imperadore, i Re, i Cardinali, i Vescoui, e tutti i principi christiani, e tra essi a canto a un caualier di Rodi, M. Francesco petrarca, ritratto pur di naturale, il che fece Simone, per rinfrescar nell'opere sue la fama di colui, che l'haueua fatto immortale. per la chiesa vniuersale, fece la chiesa di S. Maria del Fiore, non come ella stà hoggi, ma come egli l'haueua ritratta dal modello, e disegno, che Arnolfo Architettor haueua lasciati nell'opera, per norma di coloro, che haueuano a seguitar la fabbrica dopo lui, de'quali modelli, per poca cura degl'operai di s. Maria del Fiore, come in altro luogo s'è detto, non ci sarebbe memoria alcuna, se Simone non l'hauesse lasciata dipinta in quest'opera. Nella terza faccia ta, che è quella dell'altar fece la passione di Christo, il quale, vscendo di Gierusalem con la croce su la spalla, se ne ua al monte Caluario, seguitato da un popolo grandissimo, Doue giunto, si vede, esser leuato in croce nel mezzo de' ladroni: con l'altre appartenenze, che cotale storia accompagnano. Tacerò l'esseruì buon numero di caualli, il gettarsi la sorte da i famigli della corte sopra la ueste di Christo, lo spogliare il limbo de'santi padri, e tutte l'altre considerate inuenzioni, che sono non da maestro di quell'età, ma da moderno eccellentissimo. Conciosia, che pigliando le facciate intere, con diligentissima osseruazione fa in ciascuna diuerse storie su per un monte, e non diuide con ornamenti tra storia, & storia, come usarono di fare i uecchi, e molti moderni, che fanno la terra sopra l'aria quattro, o cinque uolte, come è la capella maggiore di questa medesima chiesa; & il camposanto di Pisa: doue dipignendo molte cose a fresco, gli fu forza far contra sua uoglia cotali diuisioni, hauendo gl'altri pittori, che haueuano in quel luogo lauorato, come Giotto, e Buonamico suo maestro cominciato a fare le storie loro con questo male ordine: Seguitando dunque in quel camposanto, per meno error il modo tenuto da gli altri fece Simone sopra la porta principale, di dentro, una nostra Dõna in fresco, portata in cielo da un coro d'Angeli, che cantano, e suonano tanto viuamente, che in loro si conoscono tutti que'uarii effetti, che i musici, cantando, o sonando fare sogliono; come è porgere l'orecchio al suono, aprir la bocca in diuersi modi, alzar gl'occhi al cielo, gonfiar le guance, ingrossar la gola, & in somma tutti gl'altri atti, e mouimenti, che si fanno nella musica. Sotto questa assunta, in tre quadri fece alcune storie della uita di S. Ranieri Pisano, nella prima, quando giouanetto, sonando il salterio, fa ballar alcune fanciulle, bellissime per l'arie de'uolti, e per l'ornamento degl'habiti, & acconciature di que'tempi. Vedesi poi lo stesso Ranieri, essendo stato ripreso di cotale lasciuia dal beato Alberto Romito, starsi col uolto chino, e lagrimoso, e con gl'occhi fatti rossi dal pianto, tutto pentito del suo peccato; mentre Dio in aria, circondato da un celeste lume, fa sembiante di perdonargli. Nel secondo quadro è quando Ranieri dispensando le sue facultà a i poueri di Dio, per poi mõtar in barca; ha intorno una turba di poueri, di storpiati, di dõne, e di putti, molto affettuosi nel farsi innanzi, nel chiedere, e nel ringraziarlo. E nello stesso quadro è ancora, quando questo santo, riceuuta nel tempio la schiauina da pellegrino, sta dinanzi a Nostra Donna, che circõdata da molti angeli, gli mostra, che si riposerà nel suo grembo in Pisa, lequali tutte figure hanno uiuezza, & bell'aria nelle teste. Nella terza è dipinto da Simone, quando tornato dopo sette anni d'oltra mare, mostra hauer fatto tre quarantane in terra santa; e che standosi in coro a udir i diuini uffizij, doue molti putti cãtano, è tẽtato dal Demonio, il quale si vede scacciato da un fermo proponimento, che si scorge in Ranieri di non uoler offender Dio, aiutato da una figura, fatta da Simone per la constanza, che fa partir l'antico auuersario, non solo tutto confuso; ma con bella inuenzione, & capricciosa tutto pauroso, tenẽdosi nel fuggire le mani al capo, & caminando con la fronte bassa, e stretto nelle spalle a piu potere, e dicendo, come se gli uede scritto uscire di bocca; Io non posso piu. E finalmente in questo quadro è ancora, quando Ranieri in sul monte Tabor inginocchiato, uede miracolosamente Christo in aria, con Moise, & Elia. le quali tutte cose di quest'opa, & altre, che si tacciono, mostrano, che Simone fu molno capriccioso, & intese il buon modo di comporre leggiadramente le figure nella maniera di que' tempi. Finite queste storie, fece due tauole à Tempera nella medesima città, aiutato da Lippo Memmi suo fratello, ilquale gl' haueua anche aiutato dipignere il capitolo di santa M. Nouella, & altre opere. Costui, se bene non fu eccellente, come Simone, seguitò nondimeno, quanto potè il piu, la sua maniera, & in sua compagnia fece molte cose a fresco in santa Croce di Firenze: a frati predicatori in s. Caterina di Pisa la tauola dell'altar maggiore; & in s. Paulo a ripadarno, oltre a molte storie in fresco bellissime, la tauola a tempera, che hoggi è sopra l'altar maggiore, dentroui vna nostra Donna, s. piero, & s. paulo, & s. Giouanni Battista, & altri santi. E in questa pose Lippo il suo nome. Dopo queste opere, lauorò da per se vna tauola a tempera a frati di s. Agostino in s. Gimignano, e n'acquistò tanto nome, che fu forzato mandar in Arezzo al Vescouo Guido de' tarlati vna tauola con tre mezze figure, che è hoggi nella cappella di s. Gregorio in Vescouado. Stando Simone in Fiorenza a lauorare, vn suo cugino architetto ingegnoso, chiamato Neroccio, tolse l'anno 1332. a far sonar la campana grossa del comun di Firenze, che per spazio di 17, anni, nessuno l'haueua potuta far sonar senza dodici huomini, che la tirassino. Costui dunque la bilicò di maniera, che due la poteuano muouere, e mossa, vn solo la sonaua a distesa, ancora ch'ella pesasse piu di sedici mila libre, onde oltre l'honore, ne riportò per sua mercede trecento fiorini d'oro, che fu gran pagamento in que' Tempi. Ma per tornare a i nostri due Memmi Sanesi, lauorò Lippo oltre alle cose dette col disegno di Simone vna Tauola a tẽpera, che fu portata a Pistoia, e messa sopra l'altar maggiore della chiesa di S. Francesco, che fu tenuta bellissima: In Vltimo tornati a Siena loro patria cominciò Simone vna grandissima opera colorita, sopra il portone di Camolia, dentroui la coronazione di Nostra Donna, con infinite figure, laquale, sopraueneendogli vna grandissima infirmita, rimase imperfetta, et egli vinto dalla grauezza di quella, passò di questa vita l'anno 1345 con grandissimo dolore di tutta la sua città, e di Lippo suo fratello, ilquale gli diede honorata sepoltura in s. Francesco; finì poi molte opere, che Simone haueua lasciate imperfette, E cio furono una passione di Giesu Christo in Ancona sopra l'altare maggiore di s. Nicola, nellaquale finì Lippo quello, che haueua Simone cominciato, imitando quella, haueua fatta nel capitolo di santo Spirito di Fiorenza, e finita del tutto il detto Simone. Laquale opera sarebbe degna di piu lunga vita, che per auuentura non le sarà conceduta: essendo in essa molte belle attitudini di caualli, e di soldati, che prontamente fanno in varij gesti, pensando con marauiglia se hãno, o no crucifisso il figliuol di Dio. Finì similmente in Ascesi nella chiesa di sotto di S. Frãcesco alcune figure, che hauea cominciato Simone all'altare di s. Lisabetta, ilqual è all'ẽtrar della porta, che va nelle cappelle, facendoui la nostra Donna, vn san Lodouico Re di Francia, & altri santi, che sono in tutto otto figure insino alle ginocchia, ma buone, e molto ben colorite. Hauendo, oltre ciò, cominciato Simone nel ref-

fet-

fettorio maggiore di detto conuento in testa della facciata, molte storiette, & vn crucifisso fatto a guisa d'albero di croce si rimase imperfetto, e disegnato, come insino a hoggi si puo vedere, di rossaccio col pennello in su l'arricciato; ilquale modo di fare era il cartone, che i nostri maestri vecchi faceuano per lauorare in fresco, per maggior breuità: concio fusse, che hauendo spartita tutta l'opa sopra l'arricciato, la disegnauano col pennello, ritraēdo da un disegno piccolo tutto quello, che voleuano fare, con ringrandir a proporzione quanto haueuano pensato di mettere in opera. La onde, come questa cosi disegnata si vede, & in altri luoghi molte altre: cosi molte altre ne sono, che erano state dipinte, lequali, scrostatosi poi il lauoro, sono rimase cosi disegnate di rossaccio sopra l'arricciato. Ma tornando a Lippo, ilquale disegnò ragioneuolmente, come nel nostro libro si puo veder in un Romito, che incrocicchiate le gambe, legge; Egli visse dopò Simone dodici anni, lauorando molte cose p tutta Italia, & particolarmente due tauole in santa croce di Fiorenza. E pche le maniere di questi due fratelli si somigliano assai; si conosce l'una dall'altra a questo, che Simone si scriueua a piè delle sue opere in questo modo. SIMONIS Memmi Senensis opus. E lippo lasciando il proprio nome, e non si curando di far vn Latino cosi alla grossa in quest'altro modo; OPVS Memmi de Senis me fecit. Nella facciata del capitolo di s. M. Nouella furono ritratti di mano di Simone, oltre al Petrarca, & Mad. Laura, come s'è detto disopra, Cimabue, Lapo architetto, Arnolfo suo figliuolo, e Simone stesso. E nella persona di quel papa, che è nella storia, Benedetto XI. da Trauiso, frate predicatore: l'effigie del qual papa haueua molto prima recato a Simone Giotto suo maestro, quando tornò dalla corte di detto papa, che tēne la sedia in Auignone. Ritrasse ancora nel medesimo luogo il Cardinale Nicola da Prato, allato al detto papa, ilquale Cardinale in quel tempo era uenuto a Firenze legato di detto pontifice, come racconta nelle sue storie Giouan Villani. Sopra la sepoltura di Simone fu posto questo epitaffio. Simoni Memmio pictorum omnium, omnis ætatis celeberrimo. Vixit an. LX. mens. ij. D. iij. Come si vede nel nostro libro detto di sopra, non fu Simone molt' eccellente nel disegno, ma hebbe inuenzione dalla natura, & si dilettò molto di ritrarre di naturale e in cio fu in tanto tenuto il miglior maestro de' suoi tempi, che'l s. Pādolfo Malatesti lo mandò insino in Auignone a ritrarre M. Francesco Petrarca: a richiesta del quale fece poi con tanta sua lode il ritratto di Mad. Laura.

Il fine della uita di Simone Sanese pittore.

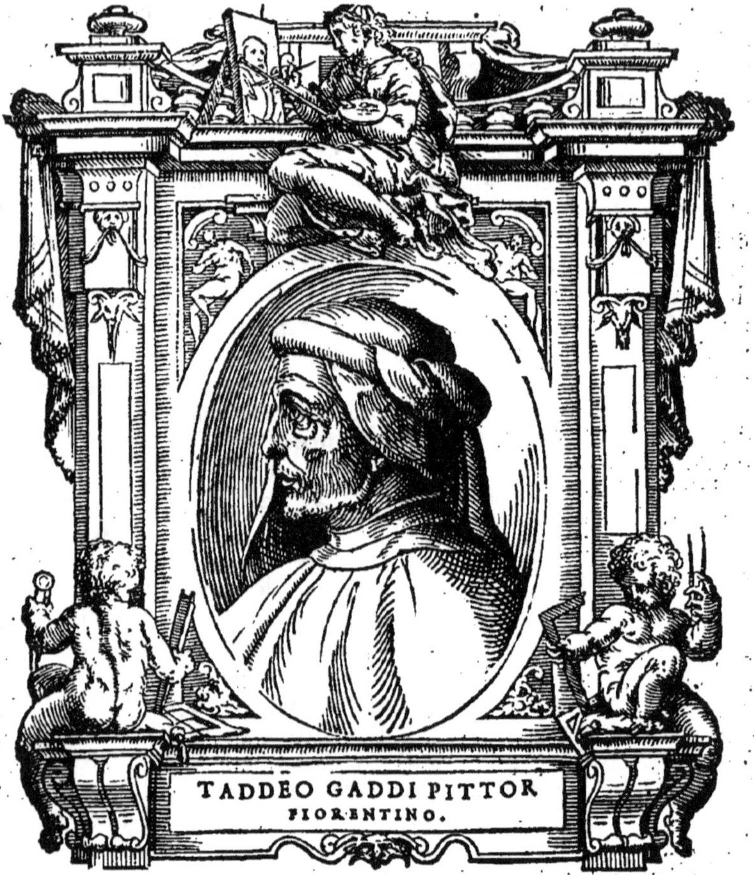

TADDEO GADDI PITTOR FIORENTINO.

VITA DI TADDEO GADDI FIOREN. PITTORE.

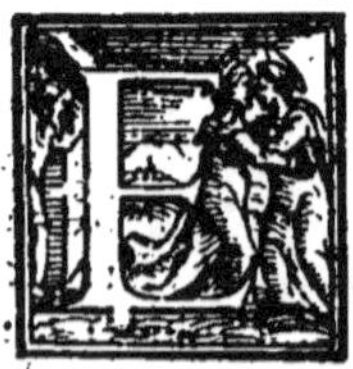

BELLA, e veramente vtile, e lodeuole opera premiare in ogni luogo largamẽte la virtu, & honorare colui, che l'ha; per che infiniti ingegni, che taluolta dormirebbono, eccitati da questo inuito, si sforzano con ogni industria di nõ solamente apprendere quella, ma diuenirui dentro Eccellenti, per solleuarsi, e uenire a grado vtile, & honoreuole, onde ne segua honore alla patria loro, e a se stessi gloria; e rechezze, e nobiltà a descendenti loro, che da cotali principij solleuati, bene spesso diuẽgono, e ricchissimi, e nobilissimi; nella guisa, che per opera di Taddeo Gaddi pittor fecero i descendenti suoi. Ilquale Taddeo di Gaddo Gaddi Fio-

Fiorentino,dopo la morte di Giotto,il quale l'haueua tenuto a battesimo, & dopo la morte di Gaddo era stato suo maestro ventiquattro anni,come scriue Cennino di Drea Cennini,pittore da Colle di Vald'elsa,essendo rimaso nella pittura,per giudizio,e per ingegno fra i primi dell'arte,& maggiore di tutti i suoi condiscepoli,fece le sue prime opere,con facilità grande, datagli dala natura,piu tosto,che acquistata con arte,nella chiesa di Santa Croce in Firēze nella cappella della sagrestia,doue insieme con i suoi compagni, discepoli del morto Giotto,fece alcune storie di s.Maria Maddalena, con belle figure, e habiti di que'tempi bellissimi,& strauaganti. E nella capella de' Baroncelli, & Bandini,doue gia haueua lauorato Giotto a tempera la tauola, da per se,fece nel muro alcune storie in fresco di nostra Donna,che furono tenute bellissime. Dipinse ancora sopra la porta della detta sagrestia la storia di Cristo,disputante co i Dottori nel tempio,che fu poi mezza rouinata,quando Cosimo vecchio de'Medici,fece il Nouiziato,la capella,e'l ricetto dinăzi alla sagrestia, per metter vna cornice di pietra sopra la detta porta. Nella medesima Chiesa dipinse a fresco la capella de'Bellacci; & quella di santo Andrea,allato a vna delle tre di Giotto,nella quale fece quando IesuChristo tolse Andrea dalle reti,e Pietro,e la crucifissione d'esso Apostolo,cosa veramente, & allora ch'ella fu finita,e ne'giorni presenti ancora commendata,e lodata molto. Fece sopra la porta del Fianco,sotto la sepoltura di Carlo Marsupini Aretino, un Christo morto,con le Marie,lauorato a fresco,che fu lodatissimo. E sotto il tramezzo,che diuide la chiesa,a man sinistra,sopra il crocifisso di Donato, dipinse a fresco una storia di s.Francesco,d'un miracolo,che fece nel resuscitar un putto,che era morto,cadendo da vn verone,coll'apparire in aria. Et in questa storia ritrasse Giotto suo maestro, Dante poeta, & Guido Caualcanti, altri dicano se stesso. per la detta chiesa fece ancora in diuersi luoghi molte figure, che si conoscono da i pittori alla maniera. Alla compagnia del tempio dipinse il Tabernacolo,che è insul canto della via del crocifisso,dentroui un bellissimo deposto di Croce. Nel chiostro di santo spirito lauorò due storie negl'Archetti allato al capitolo,nell'uno de'quali fece quando Giuda vende Christo, & nell'altro la cena ultima,che fece con gl'Apostoli. E nel medesimo conuento sopra la porta del refettorio,dipinse un crucifisso, & alcuni santi, che fanno conoscer fra gl'altri,che quiui lauorarono,che egli fu veramente imitator della maniera di Giotto,da lui hauuta sempre in grandissima venerazione. Dipinse in s.Stefano del ponte vecchio la tauola,& la predella dell'altar maggiore con gran diligenza: & nell'oratorio di s.Michele in orto lauorò molto bene in una tauola un Christo morto,che dalle Marie è pianto,& da Nicodemo riposto nella sepoltura molto diuotamente. Nella chiesa de'frati de'Serui dipinse la capella di s.Nicolò di quegli dal palagio,con istorie di quel santo,doue con ottimo giudizio,& grazia,per una barca quiui dipinta, dimostrò chiaramente com'egli haueua intera notizia del tempestoso agitare del mare, & della furia della fortuna; Nellaquale mentre,che i marinari,uotando la naue gittano le mercanzie,appare in aria s. Niccolò,e gli libera,da quel pericolo; la quale opera,per esser piacciuta,e stata molto lodata,fu cagione,che gli fu fatto di pignere la capella dell'altare maggiore di quella chiesa, doue fece in fresco alcune storie di nostra Donna,& a tempera in tauola medesimamente la

nostra

nostra Donna,con molti santi lauorati viuamente. Parimente nella predella di detta tauola fece con figure piccole alcune altre storie di nostra Dōna,delle quali non accade far particolar menzione,poi che l'anno 1467. fu rouinato ogni cosa,quando Lodouico marchese di Mantoua,fece in q̄l luogo la tribuna che v'è hoggi,col disegno di Leon Battista Alberti,& il coro de' Frati, facēdo portar la tauola nel capitolo di quel conuento, nel refettorio del quale, fece da sommo,sopra le spalliere di legname, l'ultima cena di Giesu Christo con gl'Apostoli,e sopra quella un crucifisso con molti santi. Hauendo posto a q̄st'opere Taddeo Gaddi l'ultimo fine fu condotto a Pisa; doue in san Francesco per Gherardo,& Buonacorso Gambacorti,fece la capella maggiore in fresco molto ben colorita,con molte figure,e storie di quel santo. Et di s. Andrea & s. Nicolò. Nella uolta poi,e nella facciata è papa Honorio, che conferma la regola doue è ritratto Taddeo di naturale in proffilo,con un capuccio auolto sopra il capo,& a piedi di quella storia sono scritto queste parole.

Magister Taddeus Gaddus de Florentia pinxit hanc historiam sancti Francisci,& sancti Andreæ,& santi Nicolai anno Domini MCCCXLII. de mense Augusti. Fece ancora nel chiostro pure di quel conuento in fresco vna nostra Donna col suo figliuolo in collo molto ben colorita. E nel mezzo della chiesa quando s'entra a man manca un san Lodouico Vescouo a sedere,al quale s. Gherardo da villa magna stato frate di quell'ordine, raccomanda un fra Bartolomeo allora guardiano di detto conuento. Nelle figure della quale opera, perche furono ritratte dal naturale,si uede uiuezza,e grazia infinita,in quella maniera semplice,che fu in alcune cose meglio,che quella di Giotto,e massimamente nell'esprimere il raccomandarsi,l'allegrezza,il dolore, & altri somiglianti affetti,che bene espressi fanno sempre honore grandissimo al pittore. Tornato poi a Firenza Taddeo, seguitò per lo comune l'opera d'or san Michele,e rifondò i pilastri delle loggie, murandogli di pietre conce, & ben foggiate,là doue erano prima state fatte di mattoni,senza alterar però il disegno,che lasciò Arnolfo,con ordine,che sopra la loggia si facesse un palazzo cō due uolte,per conserua delle prouisioni del grano,che faceua il popolo,e comune di Firenze. Laquale opera,perche si finisse,l'arte di porta santa maria, a cui era stato dato cura della fabrica,ordinò,che si pagasse la gabella della piazza,e mercato del grano,& alcune altre grauezze di piccolissima importanza: Ma,il che importò molto piu,fu bene ordinato con ottimo consiglio, che ciascuna dell'arti di Firenze facesse da per se un pilastro,& in quello il santo Auuocato dell'arte,in vna nicchia: & che ogni anno per la festa di quello,i Consoli di quell'arte andassino a offerta,e ui tenessino tutto quel di lo stendardo con la loro insegna,ma che l'offerta nondimeno fusse della madonna, per souuenimento de' poueri bisognosi. E perche l'anno 1333. per lo gran diluuio l'acque haueuano diuorato le sponde del ponte rubaconte, messo in terra il castello alta fronte,& del ponte uecchio nō lasciato altro,che le due pile del mezo,& il ponte a santa Trinita rouinato del tutto, eccetto una pila, che rimase tutta fracassata,e mezzo il ponte alle carraia,rompendo la pescaia d'ogni santi,deliberarono quei,che allora la città reggeuano,non uoler,che piu quegli d'oltr'arno hauessero la tornata alle case loro con tanto scomodo, quanto q̄llo era d'hauer a passar per barche: perche chiamato Taddeo Gaddi,per essere

Giotto suo maestro andato a Milano gli fecero fare il modello, e disegno del ponte vecchio, dandogli cura, che lo facesse condurre a fine piu gagliardo, & piu bello, che possibile fusse, ed egli, non perdonando, ne a spesa, ne a fatica, lo fece con quella gagliardezza di spalle, e con quella magnificenza di volte tutte di pietre riquadrate con lo scarpello, che sostiene hoggi ventidue botteghe per banda, che sono in tutto quarantaquattro, con grand' vtile del comune, che ne cauaua l'anno fiorini ottocento di fitti. La lunghezza delle volte da vn canto all'altro è braccia trentadue, & la strada del mezzo sedici, & quella delle botteghe da ciascuna parte bracc otto: per laquale opera, che costò sessanta mila fiorini d'oro, non pur meritò allora Taddeo lode infinita, ma ancora hoggi n'è piu, che mai comendato, poi che oltre a molti altri diluuij, non è stato mosso l'anno 1557. adi 13. di Settembre, da quello, che mandò a terra il ponte a santa Trinita, di quello della Carraia due archi, e che fracassò in gran parte il Rubaconte, e fece molt'altre rouine, che sono notissime. E veramente nō è alcuno di giudizio, che non stupisca, non pur non si marauigli, considerando, che il detto ponte vecchio in tanta strettezza sostenesse immobile l'impeto dell'acque, de' legnami, e delle rouine fatte di sopra, e con tanta fermezza. Nel medesimo tempo fece Taddeo fondare il ponte a santa Trinita, che fu finito manco felicemente l'anno 1346. con spesa di fiorini ventimila d'oro, dico men felicemente, perche non essendo state simile al ponte vecchio, fu interamēte rouinato dal detto diluuio dell'āno 1557. Similmente, secōdo l'ordine di Taddeo si fece in detto tempo il muro di costa a s. Gregorio cō pali a castello, pigliando due pile del ponte, per accrescer alla città terreno verso la piazza de mozzi, e seruirsene, come fecero a far le mulina, che vi sono. Mentre, che con ordine, & disegno di Taddeo si fecero tutte queste cose, perche non restò per questo di dipignere, lauorò il tribunale della mercanzia vecchia, doue cō poetica inuenzione figurò il tribunale di sei huomini, che tanti sono i principali di quel magistrato, che sta a veder cauar la lingua alla bugia, dalla uerità, laquale è vestita di velo su l'ignudo, & la bugia coperta di nero, cō questi versi sotto.

La pura uerità per ubbidire
Alla santa Giustizia, che non tarda;
Caua la lingua alla falsa bugiarda.

E sotto la storia sono questi versi.

Taddeo dipinse questo bel rigestro
Discepol fu di Giotto il buon maestro.

Fu fattogli allogazione in Arezzo d'alcuni lauori in fresco, iquali ridusse Taddeo con Giouanni da Milano suo discepolo, all'ultima perfezzione; & di questi ueggiamo ancora nella compagnia dello spirito santo vna storia nella faccia dell'altar maggiore, dentroui la passione di Christo con molti caualli, & i ladroni in croce: cosa tenuta bellissima, per la cōsiderazione, che mostrò nel metterlo in croce. Doue sono alcune figure, che uiuamente espresse, dimostrano la rabbia de' Giudei, tirandolo alcuni per le gambe con vna fune, altri porgēdo la spugna, & altri in varie attitudini; come il longino che gli passa il costato, & i tre soldati, che si giuocano la veste; nel viso de' quali si scorge la speranza, & il timore nel trarre de dadi; Il primo di costoro armato, stà in atitu

titudine disagiosa, aspettando la volta sua, & si dimostra tanto bramoso di tirare, che non pare che e senta il disagio, l'altro inarcando le ciglia, con la bocca, e con gl'occhi aperti, guarda i Dadi; per sospetto quasi di fraude: & chiaramente dimostra a chi lo considera il bisogno, e la voglia, che egli ha di vincere. Il terzo, che tira i Dadi, fatto piano della veste in terra, col braccio tremolante par che acenni, ghigando voler piantargli. Similmente per le faccie della chiesa si veggono alcune storie di S. Giouanni Euangelista; e per la Città altre cose, fatte da Taddeo, che si riconoscono, per di sua mano da chi ha giudizio nell'arte. Veggonsi ancora hoggi nel Vescouado, dietro all'altare maggior alcune storie di S. Giouanni Battista, lequali con tanto marauigliosa maniera, e disegno sono lauorate, che lo fanno tener mirabile. In S. Agostino, alla capella di S. Sebastiano, allato alla sagrestia, fece le storie di quel Martire & vna disputa di Christo con i Dottori, tanto ben lauorata, e finita, che è miracolo a vedere la bellezza ne'cangianti di varie sorti, e la grazia ne'colori di queste opere finite per Eccellenza. In Casentino nella chiesa del Sasso della Vernia dipinse la capella, doue S. Francesco riceuette le stimmate, aiutato nelle cose minime da Iacopo di Casentino, che mediante questa gita diuéne suo discepolo. Finita cotale opera, insieme con Giouanni milanese, se ne tornò a Fiorenza, doue nella Città, e fuori fecero Tauole, e pitture assaissime, e d'importanza; e in processo di tempo guadagnò tanto, facendo di tutto capitale, che diede principio alla ricchezza, & alla nobiltà della sua famiglia essendo tenuto sempre sauio, & accorto huomo. Dipinse ancora in santa Maria Nouella il capitolo, allogatogli dal prior del luogo, che gli diede l'inuenzione. Bene è vero, che per essere il lauoro grande, & per essersi scoperto, in quel tépo, che si faceuano i ponti, il capitolo di santo spirito, con grandissima fama di Simone Memmi, che l'haueua dipinto, venne voglia al detto priore, di chiamar Simone alla metà di quest'opera, perche conferito il tutto con Taddeo, lo trouò di cio molto contento, percio che amaua sommamente Simone, per essergli stato con Giotto condiscepolo, e sempre amoreuole amico, e compagno. Oh animi veramente nobili, poi che senza emulazione, ambizione, o inuidia v'amaste fraternamente l'un l'altro, godendo ciascuno cosi dell'honor, e pregio dell'amico, come del proprio. Fu dunque spartito il lauoro, & dato ne tre facciate a Simone, come dissi nella sua vita, & a Taddeo la facciata sinistra, e tutta la uolta, laquale fu diuisa da lui in quattro spicchi, o quarte secondo gl'andari d'essa uolta. Nel primo fece la resurrezzione di Christo, doue pare, che e volesse tentare, che lo splendor del corpo glorificato facesse lume, come apparisce in una città, & in alcuni scogli di monti; Ma non seguitò di farlo nelle figure, e nel resto, dubitando forse di non lo potere condurre, per la difficultà, che ui conosceua. Nel secondo spicchio fece Iesu Christo, che libera san Piero dal naufragio; doue gl'Apostoli, che guidano la barca, sono certamente molto begli; e fra l'altre cose vno, che in su la riua del mare pesca a léza; cosa fatta prima da Giotto in Roma nel musaico della naue di san Piero, è espresso con grandissima, & uiua affezzione. Nel terzo dipinse l'ascensione di Christo, & nell'ultimo la uenuta dello spirito santo, doue ne i Giudei, che alla porta cercano volere entrare, si ueggono molte belle attitudini di figure.
Nella faccia di sotto sono le sette scienze con i loro nomi, & con quelle figu-

re sotto, che a ciascuna si conuengono. La grammatica in habito di Donna, con una porta, insegnãdo a un putto, ha sotto di se a sedere Donato scrittore. Dopo la grammatica segue la Rettorica, & a piè di quella una figura, che ha due mani a libri, & una terza mano si trae di sotto il mantello, & se la tiene ap presso alla bocca. La Logica ha il serpẽte in mano sotto un velo, & a piedi suoi Zenone Eleate, che legge. L'Aritmetica tiene le tauole dell'Abaco, e sotto lei siede Abramo inuentor di q̃lla. La Musica ha gl'istrumenti da sonare, e sotto lei siede Tubalcaino, che batte con due martelli sopra vno Ancudine, e stá cõ gl'orecchi attenti a quel suono. La Geometria ha la squadra, et le seste, & da basso Euclide. L'Astrologia ha la sfera del cielo in mano, e sotto i piedi Atlã te. Dall'altra parte seggono sette scienze Theologiche, & ciascuna ha sotto di se quello stato, o condizione d'huomini, che piu se le conuiene, Papa, Impera tore, Re, Cardinali, Duchi, Vescoui, Marchesi, & altri. & nel uolto del Papa è il ritratto di Clemente quinto. Nel mezzo, e piu alto luogo è san Tommaso d'Aquino, che di tutte le scienze dette, fu ornato; tenendo sotto i piedi alcu ni heretici, Ario, Sabellio, & Auerrois, e gli sono intorno Mose, Paulo, Giouã ni euangelista, & alcune altre figure, che hanno sopra le quattro virtu Cardi nali, & le tre Theologiche, con altre infinite considerazioni, espresse da Tad deo con disegno, & grazia non piccola; in tãto che si puo dir esser stata la me glio intesa, & quella, che si è piu conseruata di tutte le cose sue. Nella medesi ma santa Maria Nouella sopra il tramezzo della chiesa, fece ancora vn s. Gie ronimo vestito da Cardinale, hauendo egli diuozione in quel santo, & p pro tettor di sua casa elegẽdolo, e sotto esso poi Agnolo suo figliuolo. morto Tad deo, fece fare a i descendenti vna sepoltura, coperta con un lapide di marmo con l'arme de' Gaddi. A i quali descendenti Gieronimo Cardinale, per la bon tà di Taddeo, & p i meriti loro, ha impetrato da Dio gradi horreuolissimi nel la chiesa, chericati di camera, vescouadi, Cardinal. p̃positure, e caualierati ho noratissimi. I quali tutti discesi di Taddeo in qualunche grado, hanno sempre stimato, e fauoriti i begli ingegni, inclinati alle cose della scultura, pittura, & quelli con ogni sforzo loro aiutati. Finalmente, essendo Taddeo venuto in e tà di cinquanta anni, d'atrocissima febbre percosso, passò di questa vita l'anno 1350. lasciando Agnolo suo figliuolo, & Giouanni, che attendessero alla pittu ra, raccomandandogli a Iacopo di Casentino per li costumi del viuere, e a Gio uanni da Milano per gl'ammaestramenti dell'arte. Il qual Giouãni oltr'a mol te altre cose, fece dopo la morte di Taddeo una tauola, che fu posta in s. Cro ce all'altare di s. Gherardo da Villa magna, quattordici anni dopo, che era ri maso senza il suo maestro; & similmente la tauola dell'altar maggiore d'ogni santi, doue stauano i frati humiliati, che fu tenuta molto bella: & in Ascesi la tribuna dell'altar maggiore, doue fece un crucifisso, la nostra Donna, & san ta Chiara; e nelle facciate, & dalle bande historie della N. Donna. Dopo anda tosene a Milano, ui lauorò molte opere a tempera, & in fresco, & finalmente vi si morì. Taddeo adunque mantenne continuamente la maniera di Giot to, ma non però la migliorò molto, saluo, che nel colorito, il quale fece piu fre sco, e piu viuace, che quello di Giotto; hauendo egli atteso tanto a migliora re l'altre parti, e difficultà di questa arte, che ancor, che a questa badasse, nõ po tette però hauer grazia di farlo; Là doue, hauẽdo veduto Taddeo quello, che

haueua

haueua facilitato Giotto, & insparatolo, hebbe tẽpo d'aggiugnere qualche cosa, e migliorat e il colorito. Fu sepolto Taddeo da Agnolo, & Giouãni suoi figliuoli in santa Croce nel primo chiostro, e nella sepoltura, ch'egli haueua fatta à Gaddo suo padre; e fu molto honorato cõ versi da' virtuosi di quel tẽpo, come huomo, che molto haueua meritato p costumi, e p hauer cõdotto cõ bel 'ordine, oltre alle pitture, molte fabriche nella sua città cõmodissime: & oltre q̃llo, che s'è detto, per hauere sollecitamente, e cõ diligẽza esseguita la fabrica del cãpanile di S. M del Fiore, col disegno lasciato da Giotto suo maestro: il quale cãpanile fu di maniera murato, che nõ possono cõmettersi pietre cõ piu diligenza; ne farsi piu bella torre, p ornamento, per spese, & per disegno. L'epitaffio, che fu fatto à Taddeo, fu questo, che qui si legge.

Hoc uno dici poterat Florentia felix Viuente: at certa est non potuisse mori.

Fu Taddeo molto resoluto nel disegno, come si può vedere nel nostro lib. dou'è disegnata di sua mano la storia, che fece nella capella di S. Andrea in S. croce di Firenze.

Il fine della vita di Taddeo gaddi pittor Fior.

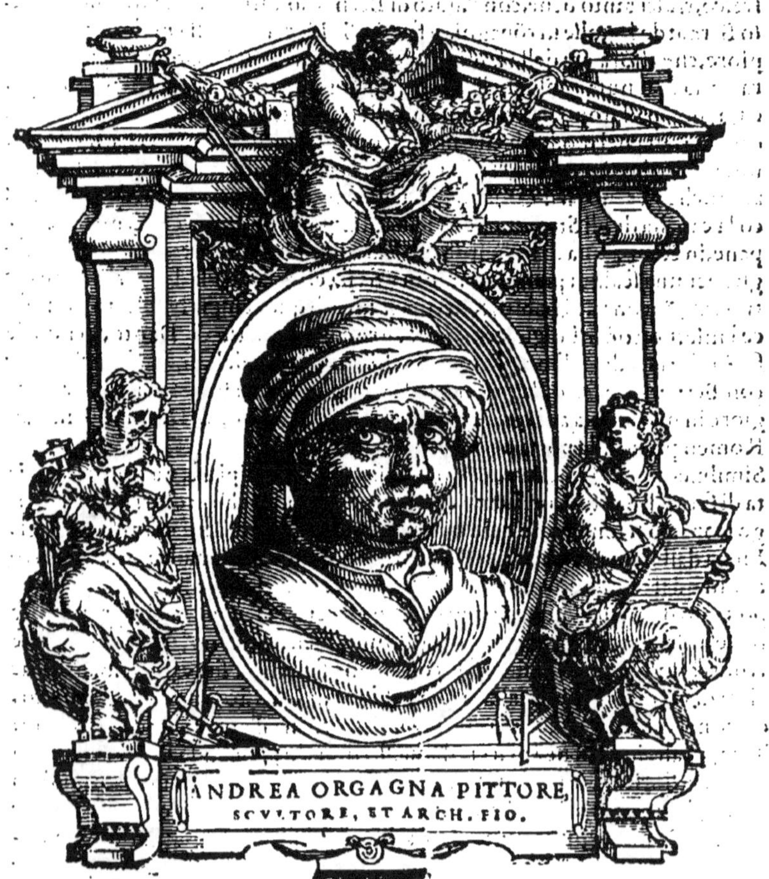

ANDREA ORGAGNA PITTORE, SCVLTORE, ET ARCH. FIO.

VITA D'ANDREA DI CIONE ORGAGNA PITTORE, SCVLTORE, ET ARCHITETTO FIOREN.

RARE volte vn'ingegnoso, è eccellente in vna cosa, che non possa ageuolmente apprendere alcun'altra, & massimamẽte di quelle, che sono alla prima sua professione somigliãti, & quasi procedẽte da vn medesimo fonte; come fece l'Orgagna Fiorentino, il quale fu pittore, scultore, architetto, e poeta, come di sotto si dirà. Costui nato in Fiorenza, cominciò ancora fanciulletto, a dar opera alla scultura sotto Andrea Pisano, e seguitò qualche anno; poi essendo disideroso, per fare vaghi componimenti d'historie, d'esser abondante nell'inuenzioni, attese con tanto studio al disegno, aiutato dalla Natura, che volea farlo vniuersale, che (come vna cosa tira l'altra) prouatosi a dipignere con i colori a tempera, e a fresco, riuscì tanto bene, con l'aiuto di Bernardo Orgagna suo fratello, che esso Bernardo lo tolse in cõpagnia a fare in S. Maria Nouella nella capella maggiore, che allora era della famiglia de'Ricci, la vita di N. Donna; laquale opera finita fu tenuta molto bella; se bene; per trascuraggine di chi n'hebbe poi cura, non passarono molti anni, che, essendo rotti i Tetti fu guasta dall'acque e perciò fatta nel modo ch'ell'è hoggi, come si dirà al luogo suo, bastando per hora dire, che Domenico Grillandai, che la ridipinse, si seruì assai dell'inuenzioni, che v'erano dell'Orgagna. Ilquale fece anche in detta chiesa, pure a fresco la capella de gli Strozzi, che è vicina alla porta della sagrestia, e delle campane, in compagnia di Bernardo suo fratello. Nellaquale cappella, a cui si saglie per vna scala di pietra, dipinse in vna facciata la gloria del paradiso cõ tutti i santi, & con varij habiti, & acconciature di que'tempi. Nell'altra faccia fece l'inferno, con le bolgie, centri, & altre cose descritte da Dante, del quale fu Andrea studiosissimo. Fece nella chiesa de'Serui della medesima città, pur con Bernardo, a fresco la capella della famiglia de Cresci: & in san Pier maggiore in vna tauola assai grande l'incoronazione di nostra Donna: & in San Romeo presso alla porta del fianco vna tauola.

Similmente egli, e Bernardo suo fratello insieme, dipinsero à fresco la facciata di fuori di Santo Apollinare con tanta diligenza, che i colori in quel luogo scoperto si sono viui e belli marauigliosamente conseruati insin'à hoggi. Mossi dalla fama di quest'opre dell'orgagna, che furono molto lodate, coloro che in quel tempo gouernauano Pisa, lo fecero condurre à lauorare nel campo santo di quella Citta, vn pezzo d'una facciata, secondo, che prima Giotto, e Buffalmacco fatto haueuano. Onde messeui mano, in quella dipinse Andrea vn Giudizio Vniuersale con alcune fantasie à suo capriccio, nella facciata di verso il Duomo, allato alla passione di Christo fatta da Buffalmacco, doue nel canto facendo la prima storia, figurò in essa tutti i gradi de'Signori Temporali, inuolti ne i piaceri di questo mondo; ponendogli à sedere sopra vn prato fiorito, e sotto l'ombra di molti melaranci, che facendo amenissimo bosco, hanno sopra i rami alcuni amori, che volãdo atorno, e sopra molte giouani Donne, ritratte tutte, secondo, che si uede, dal Naturale di femmi-

ne

ne nobili, e signore di que' tempi lequali per la lunghezza del tempo non si ri conoscono, fanno sembiante di saettare i cuori di quelle alle quali sono giouani huomini appresso, e signori che stanno à vdir' suoni, e canti, e a vedere amorosi balli di garzoni, e Donne che godano con dolcezza i loro amori. Fra' quali signori ritrasse l'Orgagna Castruccio, signor di Lucca, e giouane di bellissimo aspetto, con vn Cappuccio azzurro auuolto intorno al capo, e con vno sparuiere in pugno, e appresso lui altri signori di quell'età, che non si sa chi sieno. in somma fece con molta diligenza in questa prima parte, per quanto capiua il luogo, e richiedeua l'arte, tutti i diletti del mondo graziosissimamente. Dall'altra parte nella medesima storia, figurò sopra vn'alto Monte la vita di coloro, che tirati dal pentimento, de' peccati, e dal disiderio d' esser salui, sono fuggiti dal mondo à quel Monte, tutto pieno di Santi Romiti, che seruono al Signore, diuerse cose operando con viuacissimi affetti. Alcuni leggendo, & orando si mostrano tutti intenti alla contemplatiua, E altri lauorando per guadagnare il viuere, nell'attiua variamente si essercitano. Vi si vede fra gl'altri vn Romito, che mugne vna Capra, ilquale non puo essere piu pronto, ne piu viuo in figura di quello che gli è. E poi da basso San Machario che mostra à que' tre Re, che caualcando con loro Donne, e brigata vanno à caccia, la miseria humana in tre Re, che morti, e non del tutto consumati, giaceno in vna sepoltura, con attenzione guardata da i Re viui, in diuerse, e belle attitudini piene d'amirazione, e pare quasi che considerino, con pieta di se stessi, d'hauere in breue à diuenire tali. In vn di questi Re à cauallo ritrasse Andrea Vguccione della faggiuola Aretino, in vna figura, che si tura con vna mano il naso, per non sentire il puzzo de' Re morti, e corrotti. Nel mezzo di questa storia è la morte che volando per Aria, vestita di nero, fa segno d'hauere con la sua falce leuato la vita a molti, che sono per terra d'ogni stato, e condizione, poueri, ricchi, storpiati, ben disposti, giouani, vecchi maschi, femmine, e in somma d'ogni eta, e sesso buon numero. E perche sapeua, che a i Pisani, piaceua l'inuenzione di Buffalmacco, che fece parlare le figure di bruno in San Paulo a Ripa d'Arno, facendo loro vscire di boccha alcune lettere, empie l'Orgagna tutta quella sua opera di cotali scritti de' quali la maggior parte, essendo consumati dal tempo, non s'intendono. A certi vecchi dunque storpiati fa dire.

Da che prosperitade ci ha lasciati,
O morte medicina d'ogni pena
Deh uieni à darne homai l'ultima cena.

Con altre parole, che non s'intendono, e versi cosi all'antica composti secondo, che ho ritratto, dall'Orgagna medesimo, che attese alla poesia, e à fare qualche sonetto. Sono intorno a que' corpi morti alcuni Diauoli, che cauano loro di boccha l'anime, e le portano à certe bocche piene di fuoco, che sono sopra la sommita d'un'altissimo Monte. Di contro a questi sono Angeli, che similmente a altri di que morti, che vengono a essere de' buoni, cauano l'anime di boccha, e le portano volando, in Paradiso. E in questa storia è vna scritta grande, tenuta da due Angeli, doue sono queste parole:

Ischermo di sauere, e di ricchezza
Di nobiltate ancora, e di prodezza.

Vale

Valenente di colpi di Costei, con alcune altre parole, che malamente s'intendono. Di sotto poi nell'ornamento di questa storia, sono Noue Angeli, che tengono in alcune accomodate scritte, Motti volgari e latini, posti in quel luogo da basso, perche in alto guastauano la storia, e il non gli porre nell'opera, pareua mal fatto all'Auttore, che gli reputaua bellissimi, e forse erano a i gusti di quell'età. Da noi si lasciano la maggior parte, per non fastidire altrui con simili cose impertinenti, e poco diletteuoli, senza che essendo il piu di cotali breui cãcellati, il rimanente viene a restare poco meno, che imperfetto. Facendo dopo queste cose L'orgagna il giudizio, collocò Giesu Christo in alto sopra le nuuole in mezzo a i dodici suoi Apostoli, giudicare i viui, e i morti; Mostrando con bell'arte, e molto viuamente da vn lato i dolorosi affetti, de' Dannati, che piangendo sono da furiosi Demonij strascinati all'inferno. E dall'altro la letizia, e il Giubilo de' buoni, che da vna squadra d'Angeli guidati da Michele Arcangelo, sono, come eletti, tutti festosi tirati alla parte destra de beati. E è vn peccato veramente, che per mancamento di scrittori, in tanta moltitudine d'huomini togati, Caualllieri, e altri signori, che vi sono effigiati, e ritratti dal Naturale, come si vede; di nessuno, o di pochissimi si sappiano i nomi, ò chi furono. Ben si dice, che vn Papa, che vi si vede, è Innocentio quarto, amico di Manfredi. Dopo quest'opera, & alcune sculture di marmo fatte con suo molto honore nella Madonna, che in su la coscia del ponte vecchio lasciando Bernardo suo fratello a lauorare in campo santo, da per se vn'inferno, secondo, che gl'è descritto da Dante, che fu poi l'anno 1530 guasto, e racconcio, dal Sollazzino pittore de' tempi nostri: se ne tornò Andrea a Fiorenza, Doue nel mezzo della Chiesa di Santa Croce a man destra in vna grandissima facciata dipinse a fresco le medesime cose, che dipinse nel cãpo santo di Pisa, in tre quadri simili, Eccetto però la storia doue San Machario mostra a tre Re la miseria humana, E la vita de' Romiti, che seruono a Dio in su quel monte, facendo dunque tutto il resto dell'opera, lauorò in questa con miglior disegno, e piu diligenza, che a Pisa fatto non haueа, tenendo nondimeno quasi il medesimo modo nell'inuentioni, nelle maniere, nelle scritte, e nel rimanente senza mutare altro, che i ritratti di Naturale: perche quelli, di quest'opera furono parte d'amici suoi carissimi, quali mise in Paradiso, e parte di poco amici che furono da lui posti nell'inferno. Fra i buoni si vede in profilo col regno in capo, ritratto di Naturale Papa Clemente sesto, che al tempo suo ridusse il Giubileo da i cento, ai cinquanta anni, e che fu amico de' Fiorentini, & hebbe delle sue pitture, che gli furon carissime, fra i medesimi è maestro Dino del garbò medico allhora Eccellentissimo vestito come allora vsauano i Dottori, e cõ vna berretta rossa in capo foderata di vai, e tenuto per mano da vn Angelo, cõ altri assai ritratti, che non si riconoscono. fra i dannati ritrasse il Guardi; messo del comune di Firenze stracinato dal Diauolo con vn'oncino, e si conosce a tre gigli rossi, che ha in vna beretta bianca, secondo che allora portauano i messi, & altre simili brigate, e questo, perche vna volta lo pegnorò. Vi ritrasse ancora il Notaio, & il giudice, che in quella causa gli furono contrarij. Appresso al Guardi è Ceccho da ascoli famoso mago di que' tempi. E poco di sopra cio è nel mezzo, è vn frate Hipocrito, che vscito d'una sepoltura si vuole furtiuamente mettere fra i buoni, mentre vn'Angelo lo scuopre, e lo spigne

fra

fra i dannati: Hauendo Andrea, oltr'a Bernardo vn fratello chiamato Iacopo che attendeua, ma con poco profitto, alla scultura, nel fare per lui qualche volta disegni di rilieuo, e di terra, gli venne voglia di fare qualche cosa di marmo, e vedere se si ricordaua de' principij di quell'arte, in che haueua come si disse, in Pisa lauorato, e cosi messosi con piu studio alla pruoua, vi fece di sorte acquisto, che poi sene seruì, come si dirà honoratamente. Dopo si diede con tutte le forze agli studi dell'architettura pensando, quando che fusse, hauere a seruirsene; Ne lo fallì il pensiero, perche l'anno 1355, hauendo il comune di Firenze compero appresso al palazzo, alcune case di cittadini, per allargarsi, e fare maggior piazza; E per fare ancora vn luogo, doue si potessero ne' tempi piouosi, e di verno ritirare i cittadini, e fare quelle cose al coperto, che si faceuano in su la Ringhiera quando il mal tempo non impediua, feciono fare molti disegni, per fare vna Magnifica e grandissima loggia vicina al palazzo a questo effetto: Et insieme la Zecca, doue si batte la moneta, fra i quali disegni fatti da i migliori maestri della Città, essendo approuato vniuersalmente, e accettato quello dell'Orgagna, come maggiore, piu bello, e piu magnifico; di tutti gl'altri, per partito de' signori, e del comune; fu secondo l'ordine di lui, cominciata la loggia grande di piazza sopra i fondamenti fatti al tempo del Duca d' Athene, e tirata inanzi con molta diligenza di pietre quadre benissimo commesse. E quello, che fu cosa nuoua in que' tempi, furono gl archi delle volte fatti, non piu in quarto acuto, come si era fino a quell'hora costumato, ma con nuouo, e lodato modo, girati in mezzi tondi, con molta grazia, e bellezza di tanta fabricha; che fu in poco tempo, per ordine d'Andrea condotta al suo fine, E se si fusse hauuto considerazione di metterla allato a Santo Romolo, e farle voltare le spalle a Tramontana, il che forse non fecero, per hauerla commoda alla porta del palazzo, ella sarebbe stata com'è bellissima di lauoro, vtilissima fabrica a tutta la città; la doue per lo gran vento la vernata non vi si puo stare. Fece in questa loggia l'Orgagna fra gl'archi della facciata dinanzi, in certi ornamenti di sua mano sette figure di marmo di mezzo rilieuo, per le sette virtu Teologiche & Cardinali cosi belle, che, accompagnando tutta l'opera lo fecero conoscere per non men buono scultore, che pittore, e Architetto, senza, che fu in tutte le sue azzioni, faceto, costumato, e amabile huomo quanto mai fusse altro par suo. E perche non lasciaua mai, per lo studio d'una delle tre sue professioni, quello dell'altra, mentre si fabricaua la loggia fece vna Tauola a tempera, con molte figure grandi, e la predella di figure piccole, per quella Cappella degli Strozzi doue gia con Bernardo suo fratello haueua fatto alcune cose a fresco. Nellaquale Tauola, parendogli, ch'ella potesse fare migliore testimonanza della sua professione, che i lauori fatti a fresco non poteuano, vi scrisse il suo Nome con queste parole: Anno Domini M. CCCLVII, Andreas Cionis de Florentia me pinxit. Compiuta quest'opera, fece alcune pitture pur in Tauola, che furono mandate al Papa in Auignone le quali ancora sono nella Chiesa chatedrale di quella citta. Poco poi, hauendo gl'huomini della compagnia d'orsan Michele messi insieme molti danari di limosine, & beni stati donati a quella Madonna, per la Mortalita del 1348. risoluerno volerle fare intorno vna Capella, o vero Tabernacolo non solo di marmi in tutti i modi intagliati, e d'altre pietre di pregio ornatissimo, e ric cho, ma di Musaico ancora, e d'ornamenti di bronzo, quanto piu desiderare si potesse, in tanto, che per opera, e per materia, auanzasse ogni altro lauoro insin a quel di, per tanta grandezza; stato fabricato, per cio dato di tutto carico all'Orgagna, come al piu eccellente di quell'età, egli fece tanti disegni, che finalmente vno ne piacque a chi gouernaua, come migliore di tutti gl'altri. Onde alogato il lauoro a lui, si rimisero al tutto nel giudizio, e consiglio suo. per che egli, dato à diuersi maestri d'intaglio, hauuti di piu paesi, a fare tutte l'altre cose, attese con il suo fratello a condurre tutte le figure dell'opera, e finito il tutto le fece murare, e commettere insieme molto consideratamente senza calcina, con spranghe di Rame impiombate, accioche i marmi lustranti, e puliti non si macchiassono, la qual cosa gli riusci tanto bene, con vtile, e honore di quelli, che sono stati dopo lui, che a chi considera quell'opera, pare, mediante cotale vnione, e commettiture, trouate dall'Orgagna, che tutta la Capella sia stata cauata d'un pezzo di marmo solo. E ancora ch'ella sia di maniera Tedesca, in quel genere ha tanta grazia, e proporzione, ch'ella tiene il primo luogo fra le cose di que'tempi: essendo masſimamente il suo componimento di figure grandi, e piccole; e d'Angeli, e Profeti di mezzo rilieuo intorno alla Madonna, benisſimo cõdotti E marauiglioso ancora il getto de'ricignimenti di bronzo, diligentemente puliti, che girando intorno a tutta l'opera, la rachiuggono e serrano insieme di maniera, ch'essa ne rimane non meno gagliarda, e forte, che in tutte l'altre parti bellisſima. Ma quanto egli si affaticasse per mostrare in quell'età grossa la sottigliezza del suo ingegno, si vede in vna storia grande di mezzo rilieuo nella parte di dietro del detto Tabernacolo; doue in figure d'un braccio, e mezzo l'una fece i dodici Apostoli, che in alto guardano la Madonna, mentre in vna mandorla, circondata d'Angeli, saglie in Cielo. In vno de'quali Apostoli ritrasse di marmo se stesso vecchio com'era, con la barba rasa, col capuccio auuolto al capo, e col viso piatto, e tondo, come di sopra nel suo ritratto, cauato da quello, si vede. Oltre à cio scrisse da basso nel marmo queste parole.

ANDREAS Cionis Pictor Florentinus oratorij Archimagister extitit huius. M.CCCLIX. Trouasi, che l'edifizio di questa loggia, e del Tabernacolo di marmo con tutto il Magisterio costarono nouanta sei mila Fiorini doro, che furono molto bene spesi, per cio che egli è, per l'Architettura, per le sculture, e altri ornamẽti cosi bello come qual si vogl'altro di que'tempi, e tale che per le cose fatteui da lui è stato, e sara sempre viuo, e grande il nome d'Andrea Orgagna, il quale vsò nelle sue pitture dire: fece Andrea di Cione scultore; e nelle sculture, fece Andrea di Cione pittore, volendo, che la pittura si sapesse nella scultura, e la scultura nella pittura. Sono per tutto Firenze molte tauole fatte da lui, che parte si conoscono al Nome, come vna tauola in San Romeo, e parte alla maniera, come vna che è nel capitolo del Monasterio degl'Angeli. Alcune che ne lasciò imperfette; furono finite da Bernardo suo fratello, che gli soprauisse, non però molt'anni. E perche come si è detto, si dilettò Andrea di far versi, e altre poesie, egli gia vecchio, scrisse alcuni sonetti al Burchiello allora giouanetto, finalmente, essendo d'anni sessanta finì il corso di sua vita nel 1389. e fu portato dalle sue case, che erano nella via vecchia de corazzai, alla sepoltura honoratamente.

Furono

Furono ne i medesimi tempi dell' Orgagna molti valent' huomini n lla scultura, e nella Architettura, de'quali non si sanno i nomi, ma si veggono l'opere, che non sono se non da lodare, e comendare molto. Opera de'quali è non solamente il monasterio della Certosa di Fiorenza fatta a spese della nobile famiglia degl'Acciaiuoli, e particolarmente di M. Nicola gran siniscalco del Re di Napoli, ma le sepolture ancora del medesimo doue egl' è ritratto di pietra, & quella del padre, & d'una sorella, sopra la lapide dellaquale, che è di marmo, furono amendue ritratti molto bene dal naturale, l'anno 1366. Vi si vede ancora di mano de'medesimi la sepoltura di M. Lorenzo figliuolo di detto Nicola, ilquale morto a Napoli, fu recato in Fiorenza, & in quella con honoratissima pompa d'essequie riposto. Parimente nella sepoltura del Cardinale santa Croce della medesima famiglia, ch' è in vn coro fatto allora di nuouo dinanzi all'altar maggiore, è il suo ritratto in vna lapide di marmo molto ben fatto l'ãno 1390. Discepolo, d'Andrea nella pittura furono Bernardo Nello di Giouanni Falconi Pisano, che lauorò molte tauole nel duomo di Pisa, & Tommaso di Marco Fiorentino, che fece, oltr'a molte altre cose, l'anno 1392: vna tauola, che è in S. Antonio di Pisa, appoggiata al tramezzo della chiesa. Dopo la morte d'Andrea, Iacopo suo fratello, che attendeua alla scultura, come si è detto, & all'Architettura, fu adoperato l'anno mille trecento venti otto, quando si fondò, e fece la torre, & porta di san Pierogattolini, e si dice, che furono di sua mano i quatro marzocchi di pietra, che furon messi sopra i quattro cantoni del palazzo principale di Firenze tutti messi d'oro. La quale opera fu biasimata assai, p essersi messo in q̃'luoghi, senza ꝓposito piu graue peso, che per auuentura non si doueua, & a molti sarebbe piaciuto, che i detti Marzocchi si fussono piu tosto fatti di piastre di rame, & dentro uoti; e poi dorati a fuoco posti nel medesimo luogo; perche sarebbono stati molto meno graui, & piu durabili. Dicesi anco, che è di mano del medesimo il cauallo, che è in santa Maria del Fiore di rilieuo tondo, & dorato sopra la porta, che va alla compagnia di san Zanobi; ilquale si crede, che vi sia per memoria di Piero Farnese capitano de'Fiorentini, tutta uia non sapendone altro, non l'affermerei: Ne i medesimi tempi Mariotto nipote d'Andrea fece in Fiorenza a fresco il paradiso di s. Michel Bisdomini nella via de'Serui, & la tauola d'una Nũziata, che è sopra l'altar. E per Mona Cecilia de'boscoli vn'altra Tauola con molte figure, posta nella medesima chiesa presso alla porta, Ma fra tutti i discepoli dell'Orgagna, niuno fu piu Ecc. di Francesco Traini, ilquale fece per vn Signore di casa Coscia, che è sotterrato in Pisa nella capella di S. Domenico, della chiesa di S. Caterina in una tauola in campo doro, un San Domenico, ritto di braccia due, e mezzo, con sei storie della vita sua, che lo mettono in mezzo molto pronte, e viuaci, e ben colorite, e nella medesima chiesa fece nella capella di S. Tommaso d'Aquino vna Tauola a tempera con inuenzinoe capricciosa, che è molto lodata, ponendoui dentro detto S. Tommaso a seder ritratto di Naturale, dico di naturale perche i frati di quel luogo fecero venire vn'immagine di lui, dalla Badia di Fossa Nuoua; doue egl'era morto l'anno 1323. Dà basso intorno a l S. Tommaso, collocato a sedere in aria con alcuni libri in mano, illuminanti con i razzi, e spẽdori loro il popolo christiano, stanno inginocchioni, vn gran numero di Dottori, e Cherici d'ogni sorte, Vescoui, Cardinali, e Papi. fra i quali è il ritratto di Papa Vrbano sesto: Sotto i piedi di S. Tommaso stanno Sabello, Arrio, & Auerrois, & altri Heretici & Filosofi con i loro libri tutti stracciati. E la detta figura di S. Tommosa è messa in mezzo da Platone, che le mostra il Timeo, ed'Aristotile, che le mostra l'Hetica. Di sopra vn Giesu Christo, nel medesimo modo in aria, in mezzo a i quattro Euangelisti, benedice S. Tommaso, e fa sembiante di mandargli sopra lo spirito santo, riempiendolo d'esso, e della sua grazzia. Laquale opera finita, che fu, acquistò grandissimo nome, e lodi a Francesco Traini, hauendo egli nel lauorarla auanzato il suo Maestro Andrea nel colorito, nell'vnione, e nell'Inuenzione, di gran lunga. Ilquale Andrea fu molto diligente ne' suoi disegni, come nel nostro libro si puo vedere.

Fine della vita d'Andrea Orgagna.

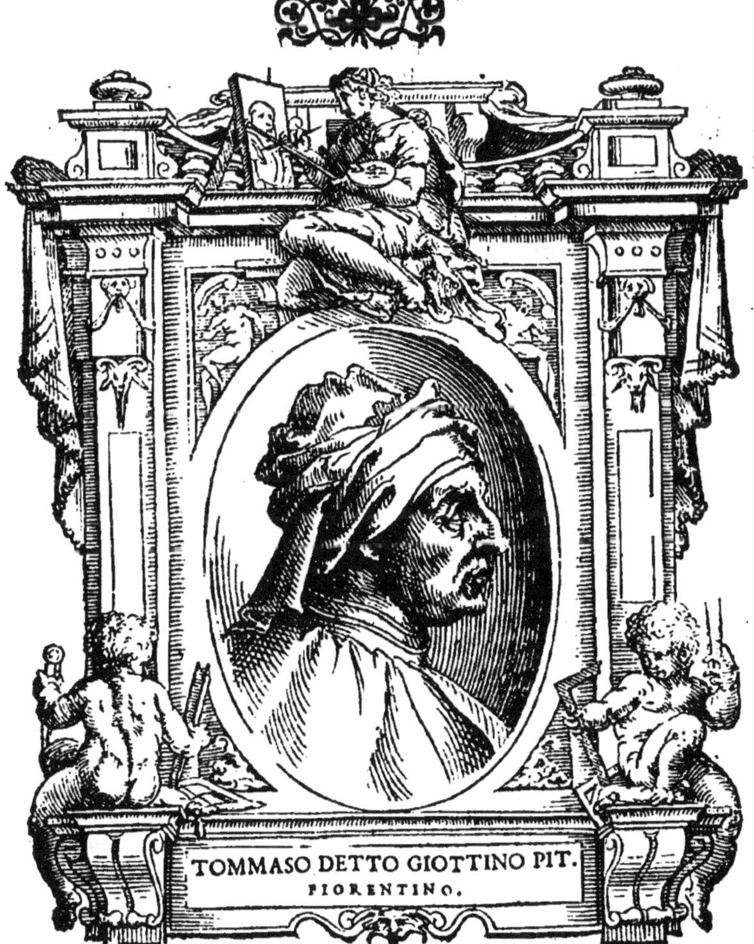

VITA DI TOMMASO FIORENTINO PITTORE, DETTO GIOTTINO.

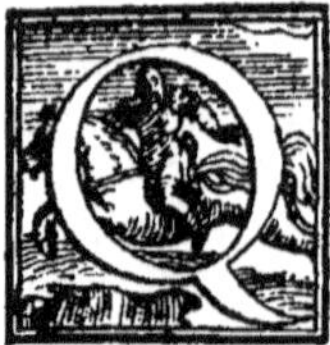

VANDO, fra l'altre arti, quelle, che procedono dal disegno si pigliano in gara, e gl'artefici lauorano a concorrenza, senza dubbio, essercitandosi i buoni ingegni cō molto studio, truouano ogni giorno nuoue cose, per sodisfare a i varij gusti de gl'huomini, e parlando per hora della pittura, Alcuni ponendo in opera cose oscure, e inusitate; e mostrando in quelle la difficultà del fare; fanno nell'ombre la chiarezza del loro ingegno conoscere. Altri lauorando le dolci, e delicate, pensando quelle douer essere piu grate a gl'occhi di chi le mira, per hauere piu rilieuo, tirano ageuolmente a se gl'animi della maggior parte de gl'huomini. Altri poi dipingendo vnitamente, e con abagliare i colori, ribattendo a suoi luoghi i lumi, e l'ombre delle figure, meritano grandissima lode, e mostrano con bella destrezza d'animo, i discorsi dell'intelletto; come con dolce maniera mostrò sempre nell'opere sue Tommaso di Stefano, detto Giottino, ilquale, essendo nato l'anno 1324 dopo l'hauere imparato da suo padre i primi principij della pittura, si resolue, essendo ancor giouanetto, volere, in quanto potesse con assiduo studio, essere immitatore della maniera di Giotto, piu tosto, che di quella di Stefano suo padre, laqual cosa gli venne cosi ben fatta che ne cauò, oltre alla maniera, che fu molto piu bella di quella del suo Maestro, il sopra nome di Giottino, che nō gli cascò mai. Anzi fu parere di molti, e per la maniera e per lo nome, iquali però furono in grandissimo errore, che fusse figliuolo di Giotto, Ma in vero non è cosi, essendo cosa certa, o per dir meglio credenza, (non potendosi cosi fatte cose affermare da ognuno) che fu figliuolo di Stefano pittore Fiorentino. Fu dunque costui nella pittura si diligente e di quella tanto amoreuole, che, se bene molte opere di lui non si ritrouano quelle nondimeno, che trouate si sono, erano buone, e di bella maniera. percioche i panni, i capegli, le barbe, e ogni altro suo lauoro furono fatti; e vniti con tanta morbidezza, e diligenza, che si vede, ch'egli aggiunse senza dubbio l'unione a quest'arte, e l'hebbe molto piu perfetta, che Giotto suo maestro, & Stefano suo padre hauuta non haueano. Dipinse giottino nella sua giouanezza in s. Stefano al ponte vecchio di Firēze, vna capella allato alla porta del fianco, che se bene è hoggi molto guasta dalla humidità, in quel poco, che è rimaso, si vede la destrezza, & l'ingegno dell'Artefice. Fece poi al canto alla macine ne'frati Ermini, i s Cosimo, & Damiano, che spenti dal tempo ancor essi, hoggi poco si veggono. E lauorò in fresco vna capella nel vecchio s. Spirito di detta città, che poi nell'incendio di quel tempio rouinò. Et in fresco sopra la porta principale della chiesa, la storia della missione dello spirito santo, & su la piazza di detta chiesa, per ire al canto alla Cuculia, sul cantone del conuēto quel Tabernacolo, che ancora vi si vede, cō la N. Donna, e altri santi dattorno, che tirano, e nelle teste, e nell'altre parti forte alla maniera moderna: pche cercò variare, & cangiare le carnagioni, & accompagnare nella varietà de' colori, e ne'panni, con grazia, & giudizio, tutte le figure, Costui medesimamēte lauorò te lauorò in s. Croce nella capella di s. Siluestro l'historie di Costantino con molta diligenza, hauendo bellissime considerazioni ne i gesti delle figure, & poi dietro a vn'ornamento di marmo, fatto per la sepoltura di M. Bettino de' Bardi, huomo stato in quel tempo in honorati gradi di milizia, fece esso Messer Bettino di naturale armato, che esce d'un sepolcro ginocchioni, chiamato col suono delle trombe del giudizio, da due angeli, che in aria accompagnano vn Christo nelle nuuole molto ben fatto. Il medesimo in s Pancrazio fece, all'entrar della porta a man ritta, vn Christo, che porta la Croce, & alcuni santi appresso, che hanno espressamente la maniera di Giotto. Era in s. Gallo, ilqual conuento era fuor della porta, che si chiama dal suo nome, & fu rouinato per l'assedio, in vn Chiostro dipinta a fresco, vna pietà, dellaquale n'è copia in s. Pancrazio gia detto, in vn pilastro, accanto alla capella maggiore. Lauorò a fresco in s. Maria Nouella alla capella di s. Lorenzo de giuochi, entrando in chiesa, per la porta a man destra, nella facciata dinanzi, vn san Cosimo, & s. Damiano; & in Ognisanti vn s. Christofano, e vn s. Giorgio, che dalla malignità del tempo, furono guasti, & rifatti da altri pittori, per ignoranza d'un proposto poco di tal mestier intendente. Nella detta chiesa, è di mano di Tommaso rimaso saluo l'arco che è sopra la porta della sagrestia, nel quale è a fresco vna N. Donna col figliuolo in braccio, che è cosa buona, per hauerla egli lauorata con diligenza. Medianti queste opere, hauendosi acquistato tanto buon nome Giottino, imitando nel disegno, & nelle inuenzioni, come si è detto, il suo maestro, che si diceua essere in lui lo spirito d'esso Giotto, per la viuezza de' colori, & per la pratica del disegno; l'anno 1343. adi 2. di Luglio, quando dal popolo fu cacciato il Duca d'Athene, & che egli hebbe con giuramento renunziata, & renduta la signoria, & la libertà a i Fiorentini; fu forzato da i dodici Riformatori dello stato, & particolarmente da i preghi di M. Agnolo Acciaiuoli, allora grandissimo cittadino, che molto poteua disporre di lui, dipignere, per dispregio, nella torre del palagio del podestà, il detto Duca, & i suoi seguaci, che furono M. Ceritieri Visdomini, M. Maladiasse, il suo Conseruadore, e M. Ranieri da s Gimignano; Tutti con le mitere di Giustizia in capo vituperosamente. Intorno alla testa del Duca erano molti animali rapaci, & d'altre sorti, significanti la natura, & qualità di lui. Et vno di que' suoi consiglieri haueua in mano il palagio de' Priori della città, & come disleale, & traditore della patria, glie lo porgeua. E tutti haueuano sotto l'arme, & l'insegne delle famiglie loro, & alcune scritte, che hoggi si possono malamête leggere, p esser cõsumate dal têpo. Nellequale opa, per disegno, e p esser stata cõdotta con molta diligêza, piacq vniuersalmête a ognuno la maniera dell'artefice. Dopo fece alle Campora, luogo de' monaci neri, fuor della porta a s. Piero gattolini, vn s. Cosimo, & s. Damiano, che furono guasti nell' imbiãcare la chiesa. Et al ponte a Romiti in Valdarno, il tabernacolo, che in sul mezzo murato, dipinse a fresco con bella maniera di sua mano. Trouasi per ricordo di molti, che ne scrissero, che Tommaso attese alla scultura, & lauorò vna figura di marmo nel campanile di s. Maria del Fiore di Firêze, di braccia quattro, verso doue hoggi sono i pupilli. In Roma similmente condusse a buon fine in s. Giouanni Laterano vna storia, doue figurò il papa in piu gradi, laquale hoggi ancora si vede consumata, e rosa dal tempo. Et in casa degl'Orsini vna sala

piena

piena d'huomini famosi; & in vn pilastro d'Araceli vn san Lodouico molto bello a canto all'Altar maggiore a man ritta. In Ascesi ancora nella chiesa di sotto di S. Francesco dipinse sopra il pergamo, non vi essendo altro luogo, che non fusse dipinto, in vn arco la coronazione di N. Donna, con molti Angeli intorno, tanto graziosi, & con bell'arie ne i volti, & in modo dolci, e delicati, che mostrano, con la solita vnione de' colori, il che era propio di questo pittore, lui hauere tutti gl'altri insin allora stati paragonato. E intorno a q̃sto Arco fece alcune storie di S. Niccolo. Parimente nel Monasterio di S. Chiara della medesima Città, a mezzo la chiesa, dipinse vna storia in fresco, nella quale è S. Chiara, sostenuta in aria da due Angeli, che paiono veri, laquale resuscita vn fanciullo, che era morto: mentre le stanno intorno tutte piene di marauiglia, molte femine belle nel viso, nell'acconciature de' Capi, e negl'habiti, che hanno in dosso di que' tempi molto graziosi. Nella medesima Città d'Ascesi fece sopra la porta della Città, che va al Duomo, cio è in vn'Arco dalla parte di dentro, vna N. Donna col figliuolo in collo, con tanta diligenza, che pare viua: & vn S. Francesco, & vn'altro santo bellissimi, lequali due opere se bene la storia di s. Chiara non è finita, per essersene Tommaso tornato a Firẽze amalato, sono perfette, & d'ogni lode dignissime. Dicesi, che Tommaso fu persona maninconica, e molto soletaria, ma dell'arte amoreuole, & studiosissimo, come apertamente si vede in Fiorenza, nella chiesa di san Romeo, per vna tauola lauorata da lui a tempera, con tanta diligenza, & amore, che di suo non si è mai veduto in legno cosa meglio fatta. In questa tauola, che è posta nel tramezzo di detta chiesa, à man destra, è vn Christo morto con le Marie intorno, e Nicodemo, accompagnati da altre figure, che con amaritudine, et atti dolcissimi, & affettuosi piangono quella morte, torcendosi con diuersi gesti di mani, & battendosi di maniera, che nell'aria de' uisi si dimostra assai chiaramente l'aspro dolore del costar tanto i peccati nostri. Et è cosa marauigliosa à considerare, non che egli penetrasse con l'ingegno a si alta imaginatione, ma che la potesse tanto bene esprimere col pennello. Là onde è quest'opera sommamente degna di lode, non tanto per lo soggetto, & per l'inuenzione; quãto per hauere in essa mostrato l'Artefice in alcune teste, che piãgono: che ancora, che il lineamento si storca nelle ciglia, ne gl'occhi, nel naso, & nella bocca di chi piagne; non guasta però, ne altera una certa bellezza, che suole molto patire nel pianto, quando altri non sa bene valersi de i buon modi nell'arte. Ma nõ è gran fatto, che Giottino cõducesse questa tauola con tanti auertimenti. essendo stato nelle sue fatiche desideroso sempre, piu di fama, e di gloria, che d'altro premio, o ingordigia del guadagno, che fa meno diligẽti, e buoni i Maestri del tempo nostro. E come non proccacciò costui d'hauere gran richezze, cosi non andò anche molto dietro a i commodi della vita; Anzi viuendo poueramente, cercò di sodisfar piu altri, che se stesso; perche gouernãdosi male, e durando fatica, si morì di Tisico d'età d'anni XXXII. E da parenti hebbe sepoltura fuor di S. Maria Nouella alla porta del Martello allato al sepolcro di Bontura.

Furono discepoli di Giottino, il quale lasciò piu fama, che facultà, Giouanni Tolsicani d'Arezzo, Michelino, Giouanni dal ponte, e Lippo; iquali furono assai ragioneuoli Maestri di quest'arte, Ma piu di tutti Giouanni Tosicani, Ilquale fece, dopo Tõmaso di quella stessa maniera di lui molte opere, per tutta Toscana, e particolarmente nella pieue d'Arezzo la capella di S. Maria Madalena de' Tuccerelli, e nella pieue del castel d'Empoli in vn pilastro vn S. Iacopo: Nel Duomo di Pisa ancora lauorò alcune Tauole, che poi sono state leuate per dar luogo alle moderne. L'ultima opera, che costui fece fu in vna capella del Vescouado d'Arezzo, per la Contessa Giouanna, moglie di Tarlato da Pietra Mala, vna Nunziata bellissima, e S. Iaco. e S. Filippo. Laqual'opera, per essere la parte di dietro del muro volta a Tramontana, era poco meno che guasta affatto dall'humidità, quando rifece la Nunziata Maestro Agnolo di Lorenzo d'Arezzo, E poco poi Giorgio Vasari, ancora Giouanetto, i santi Iacopo, e Filippo, con suo grand'vtile, hauendo molto imparato, allora, che non haueua commodo d'altri Maestri, in considerare il modo di fare di Giouanni, & l'ombre, e i colori di quell'opera cosi guasta com'era. In questa capella si leggono ancora, in memoria della Contessa, che la fece fare, e dipignere in vno epitaffio di marmo queste parole. ANNO Domini 1335. De mense Augusti, hanc capellam constitui fecit Nobilis Domina Comitissa Ioanna de sancta Flora, vxor Nobilis Militis Domini Tarlati de Petra Mala ad honorẽ beatæ Mariæ Virginis.

Dell'opere degl'altri discepoli di Giottino non si fa menzione, perche furono cose ordinarie, e poco somiglianti a quella del Maestro, e di Giouanni Toscani loro condiscepolo. Disegnò Tommaso benissimo come in alcune carte di sua mano, disegnate con molto diligenza, si puo nel nostro libro vedere.

Fine della Vita di Tommaso detto Giottino.

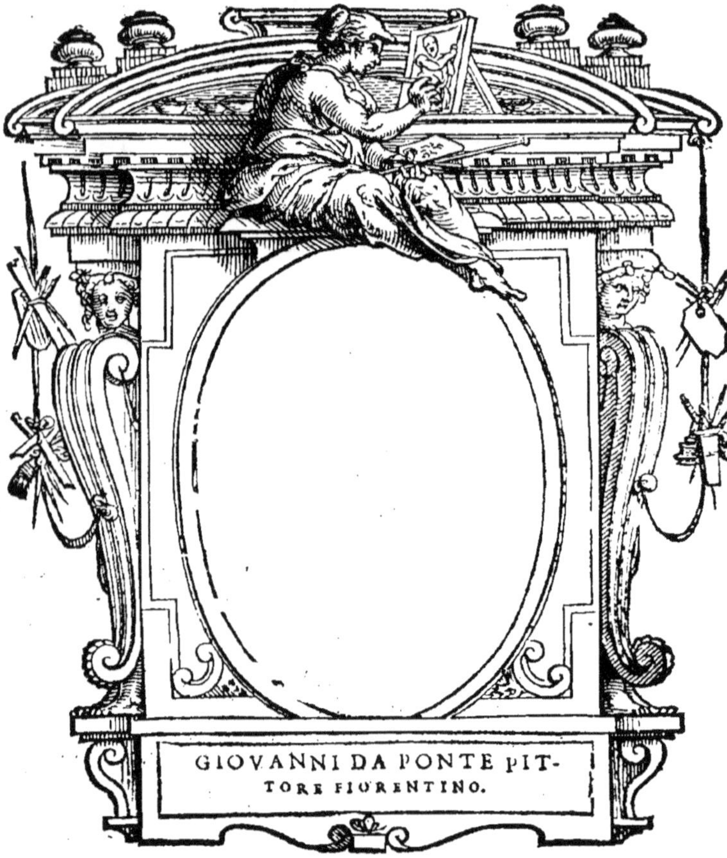

GIOVANNI DA PONTE PITTORE FIORENTINO.

VITA DI GIOVANNI DA PONTE PITTORE FIORENTINO.

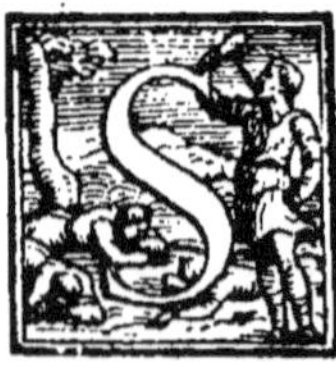

E bene non è uero il prouerbio antico, ne da fidarſene molto, che a Goditore non manca mai roba, ma ſi bene in contrario è ueriſsimo, che chi non viue ordinatamente nel grado ſuo, in vltimo ſtentando viue, e muore miſeramente; ſi vede nondimeno, che la fortuna aiuta alcuna uolta piu toſto coloro, che gettano ſenza ritegno, che coloro, che ſono in tutte le coſe aſſegnati, e ratenuti. E quando mãca il fauore della fortuna ſupliſce molte volte al difetto di lei, e del mal gouerno degli huomini, la Morte, ſopraueuendo quando apunto cominciarebbono cotali huomini, con infinita noia a conoſcere, quanto ſia miſera coſa hauere ſguazzato da giouane, e ſtentare in vecchiezza, poueramente viuendo, e faticando:

come sarebbe auuenuto à Giouanni da Santo Stefano a ponte di Fiorenza, se dopo hauere consumato il patrimonio, molti guadagni, che gli fece venire nel le mani piu tosto la fortuna, che i meriti, e alcune heredita, che gli vennero da non pensato luogo: non hauesse finito in vn medesimo tempo il corso della vi ta, e tutte le facultà. Costui dunque che fu discepolo di Bonamico Buffalmac co, e l'immito piu nell'attendere alle commodita del mondo che nel cercare di farsi valente pittore, essendo nato l'anno 1307, e giouanetto stato discepolo di Buffalmacco, fece le sue prime opere nella pieue d'Empoli a fresco, nella Ca pella di San Lorenzo, dipignendoui molte storie della vita d'esso Santo, con tanta diligenza, che sperandosi dopo tanto principio miglior mezzo, fu condotto l'anno 1344 in Arezzo; doue in San Francesco lauorò in vna Cappella, l'assunta di Nostra Donna. E poco poi, essendo in qualche credito in quella Città, per carestia d'altri pittori, dipinse nella pieue la Capella di Santo Hono frio e quella di Santo Antonio, che hoggi dalla vmidita è guasta, fece ancora alcune altre pitture, che erano in Santa Iustina, & in S. Matteo, che con le det te Chiese furono mandate per terra, nel far fortificare il Duca Cosimo, quel la Città, quando in quel luogo apunto, fu trouato a pie della coscia d'un pon te antico, doue allato a detta santa Giustina entraua il fiume nella citta, vna Testa d'Appio cieco, & vna del figliuolo di marmo bellissime, con vno epi taffio antico, e similmente bellissimo, che hoggi sono in guardaroba di detto signor Duca. essendo poi tornato Giouanni a Firenze in quel'tempo, che si fini di serrare l'arco di mezzo del ponte a S. trinita, dipinse in vna Cappella fatta sopra una pila, e intitolata a S. Michelagnolo dentro, e fuori molte figu re, e particolarmente tutta la facciata dinanzi: laqual Capella, insieme col pô te dal Diluuio dell'anno 1557 fu portata uia. Mediante lequali opere, voglio no alcuni, oltre a quello che si è detto di lui nel principio, che fusse poi sempre chiamato Giouanni dal ponte. In Pisa ancora l'anno 1355 fece in San Paulo a Ripa d'Arno alcune storie a fresco nella Capella Maggiore dietro all'altare, hoggi tutte guaste dall'humido, e dal tẽpo. E parimẽte opera di Giouãni in sã ta Trinita di Fiorenza, la Capella degli scali, e vn'altra, che è allato a quella, e vna delle storie di Sã Paulo accanto alla capella maggiore dou'è il sepolcro di maestro paulo strolago. In Santo Stefano al ponte vecchio fece vna Tauo la, & altre pitture a tempera, e in fresco per Fiorenza, e fuori, che gli diedero credito assai. Contentò costui gl'amici suoi, ma piu ne i piaceri, che nell'ope re, e fu amico delle persone leterate, e particolarmente di tutti quelli, che per venire eccellenti nella sua professione frequentauano gli studij di quella, e se bene non haueua cercato d'hauere in se quello, che desideraua in altrui, non restaua pero di cõfortar gli altri a virtuosamẽte opare. Essendo finalmẽte Gio. viuuto LIX anni di mal di petto, in pochi giorni vsci di questa vita, nellaqua le poco piu, che dimorato fusse, hauerebbe patito molti incommodi, essendo gli appena rimaso tanto in casa, che bastasse a dargli honesta sepoltura in San to Stefano dal ponte vecchio. furono l'opere sue intorno al M. C C C. L X V.

Nel nostro libro de' disegni di diuersi, antichi, e moderni, è vn disegno d'ac quarello di mano di Giouanni, doue è un san Giorgio a cauallo, che occide il ser pente, & vn ossatura, di morte, che fanno fede del modo & maniera, che haue ua costui nel disegnare.

Il fine della vita di Giouanni

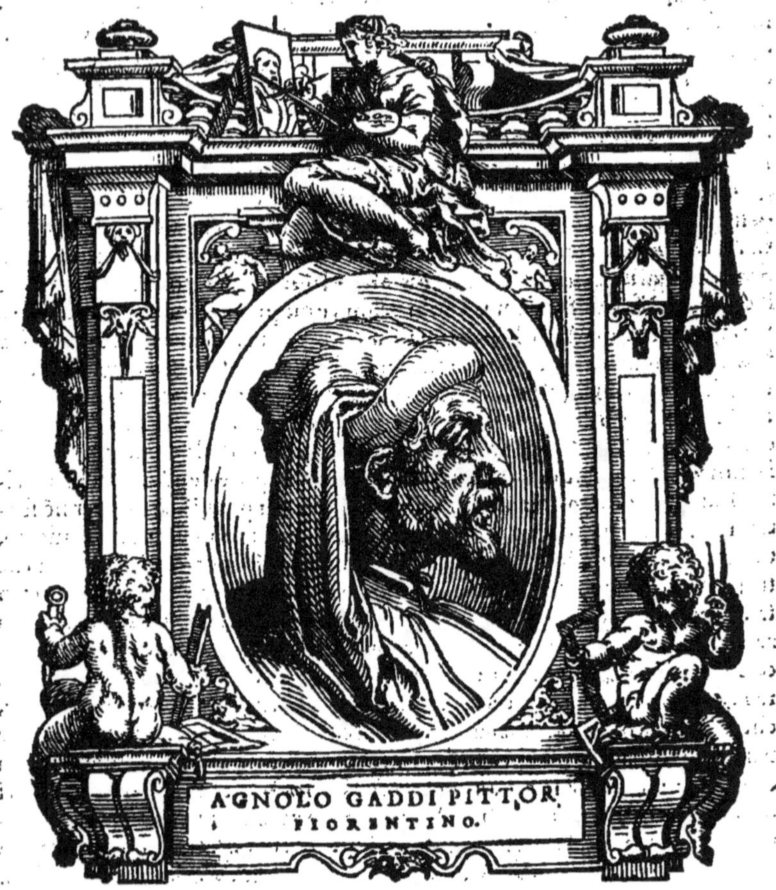

VITA D'AGNOLO GADDI PITTOR FIORENTINO.

DI quanto honore, e vtile sia l'essere Eccellente in vn'arte nobile, manifestamente si vide nella virtù, e nel gouerno di Taddeo Gaddi, ilquale essendosi procacciato con la industria, e fatiche sue, oltre al nome, bonissime facultà; lasciò in modo accomodate le cose della famiglia sua, quãdo passò all'altra vita, che ageuolmente potettono Agnolo, e Giouanni suoi figliuoli dar poi prĩcipio a grandissime ricchezze, & all'esaltazione di casa Gaddi; hoggi in Fiorenza nobilissima, e in tutta la christianità molto reputata. E di vero è ben stato ragioneuole, hauendo ornato Gaddo, Taddeo, Agnolo, e Giouanni colla virtù, e con l'arte loro mol-

te honorate chiese, che siano poi stati i loro successori delle S. Chiesa Romana, e da' sommi Pontefici di quella, ornati delle maggiori dignità Ecclesiastiche. Taddeo dunque, delquale hauemo di sopra scritto la vita, lasciò Agnolo, e Giouanni suoi figliuoli in compagnia di molti suoi discepoli, sperando, che particolarmente Agnolo douesse nella pittura Eccellentissimo diuenire, Ma egli, che nella sua giouanezza mostrò volere di gran lunga superare il padre, non riusci altramente secondo l'openione, che gia era stata di lui conceputa; percioche, essendo nato, e aleuato ne gl'agi, che sono molte volte d'impedimẽto a gli studij, fu dato piu a i traffichi, e alle mercanzie, che all'arte della pittura. Il che non ci dee, ne nuoua, ne strana cosa parere, attrauersandosi quasi sempre l'auarizia a molti ingegni, che ascenderebbono al colmo delle virtù, se il desiderio del guadagno ne gl'anni primi, e migliori, non impedisse loro il viaggio. Lauorò Agnolo nella sua giouanezza in Fiorenza, in S. Iacopo tra' fossi, di figure poco piu d'un braccio, vn'historietta di Christo, quando resuscitò Lazero quatriduano, doue, immaginatosi la corruzzione di quel corpo, stato morto tre di, fece le fasce, che lo teneuano legato, macchiate dal fracido della carne, e intorno a gl'occhi certi liuidi, e giallicci della carne, tra la viua, e la morta molto consideratamente. Non senza stupore de gl'Apostoli, e d'altre figure, iquali con attitudini varie, e belle, e con i panni al naso, per nõ sentire il puzzo di quel corpo corrotto: mostrano non meno timore, e spauento, per cotale marauigliosa nouità, che allegrezza, e cõtento Maria, e Marta, che si veggono tornare la vita nel corpo morto del fratello. Laquale opera, di tanta bontà fu giudicata, che molti stimarono la virtù d'Agnolo douere trapassare tutti i discepol di Taddeo, e ancora lui stesso, ma il fatto passò altramẽte, per che, come la volontà nella giouanezza vince ogni difficultà, per acquistare fama, cosi molte volte vna certa stracurataggine, che seco portano gl'anni, fa, che in cambio d'andare inanzi, si torna in dietro, come fece Agnolo, Alquale per cosi gran saggio della virtù sua, essendo poi stato allogato dalla famiglia di Soderini, sperandone gran cose, la capella maggiore del Carmine, e gli vi dipinse dentro tutta la vita di N. Donna; tanto men bene, che non haueá fatto la ressurezzione di Lazzero, che a ognuno fece conoscere hauere poca voglia d'attendere con tutto lo studio all'arte della pittura; percioche in tutta quella cosi grand'opera, non è altro di buono, che vna storia, doue intorno alla nostra Donna in vna stanza, sono molte fanciulle, che come hanno diuersi gl'habiti, e l'acconciature del capo, secondo, che era diuerso l'uso di que'tempi, cosi fanno diuersi essercizij, questa fila, quella cuce, quell'altra incanna, vna tesse, & altre altri lauori, assai bene da Agnolo considerati, & condotti.
Nel dipignere similmente, per la famiglia nobile degl'Alberti la Capella maggiore della Chiesa di Santa Croce a fresco, facendo in essa tutto quello, che auuenne nel ritrouamento della croce, condusse quel lauoro con molta pratica ma con non molto disegno, perche solamente il colorito fu assai bello, e ragioneuole. Nel dipignere poi nella Capella de' Bardi, pure in fresco, e nella medesima Chiesa alcune storie di Sã Lodouico, si portò molto meglio. E perche costui lauoraua a capricci, e quando con piu studio, e quando con meno, In Santo Spirito pure di Firenze, dentro alla porta, che di piazza va in conuento fece sopra vn'altra porta vna Nostra Dõna col bambino in collo, e santo Agostino

stino, e santo Niccolo tanto bene a fresco, che dette figure paiono fatte pur hieri. E perche era in certo modo rimaso a Agnolo per heredita, il segreto di lauorare il Musaico, e haueua in casa gl'instrumenti e tutte le cose, che in cio haueua adoperato Gaddo suo Auolo; egli pur per passar tempo, e per quella comodita, che per altro, lauoraua, quando bene gli veniua, qualche cosa di Musaico. La onde, essendo stati dal tempo consumati molti di que' marmi, che cuoprono l'otto faccie del tetto di san Giouanni, e per cio hauendo l'humido, che penetraua dentro, guasto assai del Musaico, che Andrea Tafi haueua gia in quel tempo lauorati, deliberarono i Consoli dell'arte de' Mercatanti, accio non si guastasse il resto, di rifare la maggior parte di quella coperta, di marmi, e fare similmente racconciare il Musaico. Perche dato di tutto ordine, e commissione a Agnolo: Egli l'anno 1346, fece ricoprirlo di marmi nuoui, e sopraporre, con nuoua diligenza, i pezzi nelle commettiture due dita l'uno all'altro; intaccando la metà di ciascuna pietra insino a mezzo. Poi commettendole insieme con stucco fatto di mastrice, e cera fondute insieme, l'accomodo con tanta diligenza, che da quel tempo in poi non ha ne il tetto ne le uolte alcun danno dall'acque riceuuto. Hauendo poi Agnolo racconcio il Musaico, fu cagione, mediante il consiglio suo, e disegno molto ben considerato, che si rifece in quel modo che sta hora, intorno al detto tempio, tutta la cornice di sopra di marmo, sotto il tetto, laquale era molto minore, che non è, e molto ordinaria. per ordine del medesimo furono fatte ancora nel Palagio del podesta le uolte della sala, che prima era a tetto, accioche, oltre all'ornamento, il fuoco, come molto tempo inanzi fatto hauea, non potesse altra uolta farle dãno. Appresso questo, per consiglio d'Agnolo furono fatti intorno al detto palazzo i merli, che hoggi ui sono, i quali prima non ui erano di niuna sorte. Mẽtre che queste cose si lauorauano, non lasciando del tutto la pittura, dipinse nella Tauola, che egli fece dell'altar maggiore di San Brancazio, a tempera, la Nostra Donna, san Giouanni Battista, & il vangelista, & appresso san Nereo, Archileo, e Pancrazio fratelli, con altri santi. Ma il meglio di quel'opera, anzi quãto vi si vede di buono, è la predella sola, laquale è tutta piena di figure piccole, diuise in otto storie della Madõna, e di santa Reparata. Nella tauola poi dell'Altar grande di santa Maria maggiore, pur di Firenze fece per Barone Capelli nel 1348 intorno a una Coronazione di Nostra Donna, un ballo d'Angeli ragioneuole. Poco poi nella pieue della terra di Prato stata riedificata con ordine di Giouanni pisano l'anno 1312, come si è detto di sopra, dipinse Agnolo, nella Capella a fresco doue era riposta la Cintola di Nostra Donna, molte storie della vita di lei, e in altre Chiese di quella Terra, piena di monasterij, e conuenti honoratissimi, altri lauori assai. in Fiorenza poi dipinse l'Arco sopra la porta di san Romeo, & lauoro a tempera in orto s. Michele vna disputa di dottori con Christo nel tempio. E nel medesimo tempo, essendo state rouinate molte case, per allargare la piazza de' signori, e in particolare la Chiesa di santo Romolo, ella fu rifatta col disegno d'Agnolo, delquale si veggiono in detta città per le Chiese molte tauole di sua mano, e similmente nel Dominio si riconoscono molte delle sue opere, lequali furono lauorate da lui con molto suo vtile se bene lauoraua piu per fare come i suoi maggiori fatto haueano, che per voglia che ne hauessi, hauendo egli indiritto l'animo alla mercanzia,

che

che gli era di migliore vtile come si vide, quando i figliuoli non volendo piu viuere da dipintori, si diedero del tutto alla mercatura tenendo, per cio casa aperta in Vinezia insieme col padre, che da vn certo tempo in la, non lauorò se non per suo piacere, e in vn certo modo, per passar tempo. In questa guisa dunque mediante i traffichi, e mediante l'arte sua hauendo Agnolo acquistato grandissime faculta, morì l'anno sessantatreesimo di sua vita, oppresso da vna febre maligna, che in pochi giorni lo finì. Furono suoi discepoli Maestro ANTONIO da Ferrara, che fece in san Francesco a Vrbino, e a città di Castello molte bell'opere; E Stefano da verona, ilquale dipinse in fresco perfettissimamente, come si vede in Verona sua patria in piu luoghi, & in Mantoa ancora in molte sue opere. Costui fra l'altre cose fu Eccellente nel fare con bellissime arie i volti de' putti, delle femmine, e de' vecchi come si puo vedere nell'opere sue, lequali furono immitate, e ritratte tutte da quel Piero da Perugia Miniatore, che miniò tutti i libri, che sono a Siena in Duomo nella libreria di Papa Pio, e che colori in fresco praticamente. fu anche discepolo d'Agnolo, Michele da Milano, e Giouanni Gaddi suo fratello, ilquale nel chiostro di santo Spirito, doue sono gl'Archetti di Gaddo, e di Taddeo, fece la disputa di Christo nel tempio con i Dottori, la purificazione della Vergine, la Tentatione di Christo nel diserto, & il battesimo di Giouanni, e finalmente essendo in espettatione grandissima si morì. imparo dal medesimo Agnolo la pittura. Cennino di drea Cennini da colle di valdelsa, ilquale, come affezionatissimo dell'arte scrisse in un libro di sua mano, i modi del lauorare, a fresco, a tempera, a colla & a gõma, & in oltre, come si minia, & come in tutti i modi si mette d'oro. Ilqual lib. è nelle mani di Giuliano orefice Sanese ecc. maestro, e amico di q̃st'arti. E nel principio di q̃sto suo libro trattò della natura de' colori, cosi Minerali, come di caue, secondo, che imparò da Agnolo suo Maestro, volendo, poi che forse non gli riusci imparare a perfettamente dipignere, sapere al meno le maniere de' colori, delle tempere, delle colle, e dello ingessare, e da quali colori douemo guardarci, come dannosi nel mescolargli, & in somma molti altri auuertimenti, de' quali non fa bisogno ragionare, essendo hoggi notissime tutte quelle cose, che costui hebbe per gran secreti, e rarissime in que' tempi. Non lascero gia di dire, che non fa menzione, e forse non doueuano essere in vso, d'alcuni colori di caue, come, terre rosse scure, il cinabrese, e certi verdi in vetro. si sono similmente ritrouate poi, la Terra d'ombra, che e di caua, il giallo Santo, gli smalti a fresco, & in olio: & alcuni verdi, e gialli in vetro, de' quali mancarono i pittori di quell'età. Trattò finalmente de' Musaici, del macinare i colori a olio, per far campi, rossi azurri, verdi e d'altre maniere: E de' mordenti, per mettere d'oro, ma non gia p figure. Oltre l'opere, che costui lauoro in Fiorenza col suo Maestro: E di sua mano sotto la loggia dello spedale di Bonifazio Lupi, vna Nostra Donna con certi Santi di maniera si colorita, ch'ella si è insino a hoggi molto bene conseruata. Questo Cennino nel primo Capitolo di detto suo libro, parlando di se stesso, dice queste proprie parole. Cennino di Drea Cennini da colle di valdelsa fui informato in nella detta Arte dodici anni, da Agnolo di Taddeo da Firenze mio Maestro, ilquale imparò la detta Arte da Taddeo suo padre: Elquale fu battezzato da Giotto, e fu suo discepolo

polo anni uentiquattro. El quale Giotto rimuto l'arte del dipignere di greco in Latino, e ridusse al moderno, e lebbe certo piu compiuta; che hauesse mai nessuno. Queste sono le proprie parole de Cennino, alqual parue, si come fanno grãdissimo benefizio quelli, che di greco traducono in Latino alcuna cosa, a coloro, che il greco non intendono: che cosi facesse Giotto, in riducendo l'arte della pittura, d'una maniera non intesa ne conosciuta da nessuno (se non se forse, per goffissima) a bella, facile; e piaceuolissima maniera, ĩtesa, e conosciuta p buona dichi ha giudizio, e pũto del ragioneuole. iquali tutti discepoli d'Agnolo gli fecero honore grandissimo, & egli fu da i figliuoli suoi, a i quali, si dice lasciò il valere di cinquanta mila fiorini o piu, sepellito in Santa Maria Nouella, nella sepoltura, che egli medesimo haueua fatto per se, e per i descendenti: l'anno di Nostra salute M. CCCLXXXVII.

Il ritratto d'Agnolo fatto da lui medesimo si vede nella Capella degl'Alberti in Santa Croce, nella storia, doue Eraclito Imperatore porta la Croce, allato a una porta dipinta in proffilo con vn poco di barbetta, e con un cappuccio rosato in capo secondo l'uso di que'tempi.

Non fu Ecc. nel disegno; per quello che mostrano alcune carte che di sua mano sono nel nostro libro.

Il Fine della Vita dagnolo Gaddi.

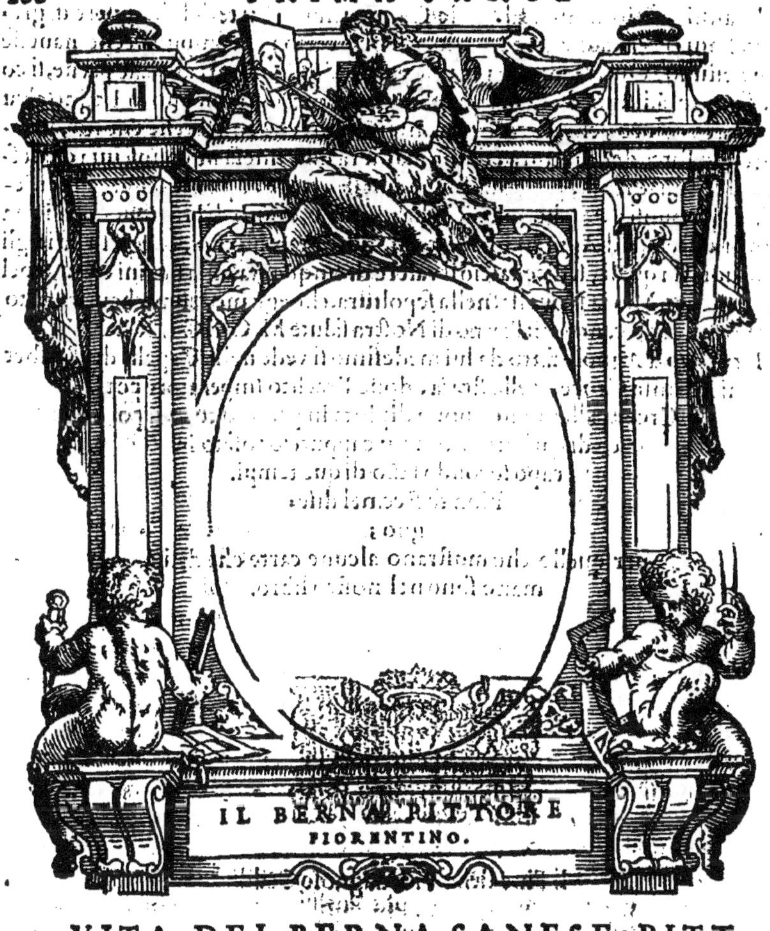

IL BERNA PITTORE
FIORENTINO.

VITA DEL BERNA SANESE PITT.

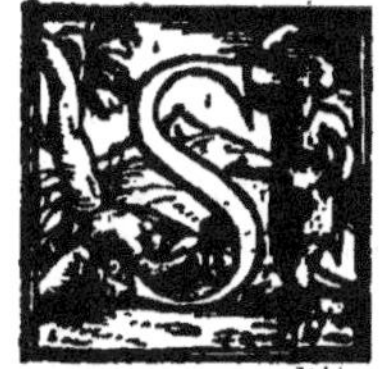

E a coloro, che si affaticano, per venire Eccellenti in qual che virtù, non troncasse bene spesso la morte, ne i migliori anni il filo della vita, Non ha dubbio, che molti ingegni peruerrebbono a quel grado, che da essi, e dal mondo piu si desidera. Ma il corto viuere degl'huomini, e l'acerbità de' Varij accidenti, che da tutte le parti ne soprastãno, ce li toglie alcuna fiata tropo p tẽpo; come apto si potette conoscere nel poueretto Berna Sanese. Ilquale ancora che giouane morisse, lasciò nõdimeno tant'opere, che egli appare di lunghissima vita. E lasciolle tali, e si fatte, che ben si puo credere da questa mostra, che egli sarebbe venuto Eccellente, e raro, se non fusse morto si tosto. Veggonsi di suo in Siena, in due capella in S. Agostino alcune storiette di figure in fresco. E nella chiesa era in vna fac-

faccia, hoggi per farui capelle stata rouinata, vna storia d'un giouane menato alla Giustitia, cosi bene fatta quanto sia possibile immaginarsi, vedendosi in quello espressa la pallidezza, e il timore della morte, in modo somiglianti al vero, che meritò percio somma lode: Era a canto al Giouane detto vn frate che lo confortaua molto bene atteggiato, e condotto: & in somma ogni cosa di quell'opera cosi viuamente lauorata, che ben parue, che in quest'opera il Berna s'immaginasse quel caso horribilissimo, come dee essere, e pieno di acerbissimo, e crudo spauento, poi che lo ritrasse cosi bene col pennello, che la cosa stessa apparente in atto, non mouerebbe maggiore affetto. Nella Città di Cortona ancora, dipinse oltre a molte altre cose, sparse i piu luoghi di quella Città, la maggior parte delle volte, e delle facciate della chiesa di S. Margherita, doue hoggi stanno frati Zoccolanti. Da Cortona andato a Arezzo l'anno 1369. quando apunto i Tarlati gia stati Signori di Pietra Mala, haueuano in quella Città fatto finire il conuento, e il corpo della chiesa di S. Agostino da Moccio scultore, & architettore Sanese: Nelle minori nauate del quale haueuano molti Cittadini fatto fare capelle, e sepolture per le famiglie loro, il Berna vi dipinse a fresco nella capella di S. Iacopo alcune storiette della vita di quel santo; e sopra tutto molto viuamente la storia di Marino Barattiere. Il quale hauendo per cupidigia di danari dato, e fattone scritta di propria mano, l'anima al Diauolo, si raccomanda a S. Iacopo, perche lo liberi da quella promessa, mentre vn Diauolo, col mostrargli lo scritto gli fa la maggior calca del mondo. Nelle quali tutte figure espresse il Berna con molta viuacità gl'affetti dell'animo. E particolarmente nel viso di Marino, da vn cãto la paura, e dall'altro la fede, e sicurezza, che gli fa sperare da S. Iacopo la sua liberazione. se bene si vede incontro il Diauolo, brutto a marauiglia, che prontamente dice, e mostra le sue ragioni al santo, che dopo hauere indotto in Marino estremo pentimẽto del peccato, e promessa fatta, lo libera, e tornalo a Dio. Questa medesima storia, dice Lorenzo Ghiberti, era di mano del medesimo in S. Spirito di Firenze, inanzi ch'egli ardesse, in vna capella de'Capponi intitolata in S. Niccolo. Dopo quest'opera dunque, dipinse il Berna nel Vescouado d'Arezzo, per M. Giuccio di Vanni Tarlati da Pietra Mala, in vna capella, vn Crucifisso grande, e a pie della croce vna N. Donna, S. Giouanni Euangelista, e S. Francesco in atto mestissimo. E vn S. Michelagnolo con tanta diligenza, che merita non piccola lode; e massimamente, per essersi cosi ben mãtenuto, che par fatto pur hieri. piu di sotto è ritratto il detto Giuccio ginocchioni, e armato a piè della croce. Nella pieue della medesima Città lauorò alla capella de'Paganelli molte storie di N. Donna, e vi ritrasse di naturale il beato Rinieri, huomo santo, & profeta di quella casata, che porge limosine, a molti poueri, che gli sono intorno. In S. Bartolomeo ancora dipinse alcune storie del Testamento Vecchio, e la storia de'Magi. E nella chiesa dello spirito santo fece alcune storie di S. Giouanni Euangelista, & in alcune figure il ritratto di se, e di molti amici suoi, nobili di quella Città. Ritornato dopo queste opere alla patria sua, fece in legno molte pitture, e piccole, e grandi; ma non vi fece lunga dimora; perche condotto a Firenze, dipinse in S. Spirito la capella di S. Nicolo, di cui hauemo di sopra fatto menzione, che fu molto lodata, & altre cose che furono cõsumate dal miserabil' Incendio di quella chie sa. In S. Gimignano di valdelsa lauorò a fresco nella pieue alcune storie del Tèstamento Nuouo, lequali hauendo gia assai presso alla fine condotte, stranamente dal ponte a terra cadendo, si pestò di maniera dentro, e si sconciamēte s'infranse, ch' in spazio di due giorni, cō maggior dāno dell'arte, che suo, che a miglior luogo se n'andò, passò di questa vita. E nella pieue predetta i S. Gimignanesi, honorandolo molto nell'essequie, diedero al corpo suo honorata sepoltura; Tenendolo in quella stessa reputatione morto, che viuo tenuto l'haueuano, e nō cessando per molti mesi d'appiccare intorno al sepolcro suo epitaffij latini, e vulgari, per essere naturalmente gl'huomini di quel paese dediti alle buone lettere. Così dunque all'honeste fatiche del Berna resero premio conueniente, celebrando con i loro inchiostri chi gl'haueua honorati cō le sue pitture.

Giouanni da Asciano, che fu creato del Berna, condusse a perfezzione il rimanente di quell'opera. E fece in Siena nello spedale della scala alcune pitture, e così in Fiorenza nelle case vecchie de' Medici alcun'altre, che gli diedero nome assai. Furono l'opere del Berna Sanese nel 1381. E perche oltre a quello, che si è detto, disegnò il Berna assai commodamente, e fu il primo, che cominciasse a ritrarre bene gl'animali, come fa fede vna carta di sua mano, che è nel nostro libro Tutta piena di fiere di diuerse ragioni: egli merita d'essere sommamente lodato, e che il suo nome, sia honorato da gl'Artefici. Fu anche suo discepolo Luca di Tomè Sanese, il quale dipinse in Siena; e per tutta Toscana molte opere, e particolarmente la Tauola, e la capella, che è in S. Domenico d'Arezzo della famiglia de' Dragomanni: laquale capella, che è d'architettura Tedesca fu molto bene ornata, mediante detta Tauola, e il lauoro, che vi è in fresco, dalle mani, e dal giudizio, e ingegno di Luca Sanese.

Fine della Vita del Berna pittore Sanese.

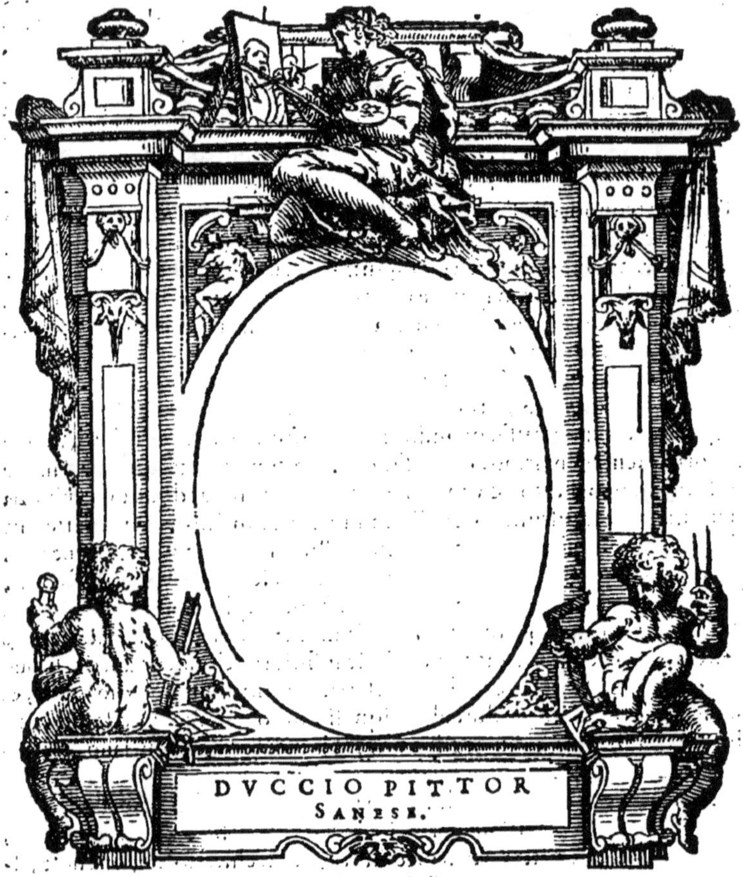

DVCCIO PITTOR SANESE.

VITA DI DVCCIO PITTORE SANESE.

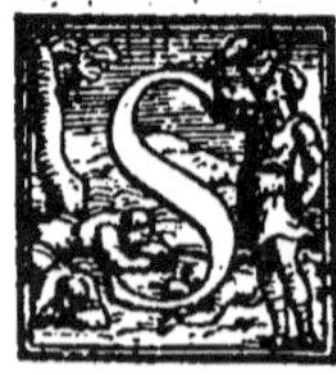

SEnza dubbio, coloro, che ſono inuentori d'alcuna coſa notabile, hanno grandiſsima parte nelle penne di chi ſcriue l'hiſtorie; e cio auuiene, perche ſono piu oſſeruate, e con maggiore marauiglia tenute le prime inuenzioni, per lo diletto, che ſeco porta la nouità della coſa, che quāti miglioramenti ſi fanno poi, da qualunque ſi ſia nelle coſe, che ſi riducono all'ultima perfezzione: Atteſo, che ſe mai a niuna coſa, non ſi deſſe principio, non creſcerebbono di miglioramento le parti di mezzo, & non verrebbe il fine ottimo, e di bellezza marauiglioſa. Meritò dunque Duccio pittore Saneſe, e molto ſtimato, portare il Vanto di quelli, che dopo lui ſono ſtati molti anni, hauendo ne i pauimenti del Duomo di Sie na dato principio di marmo, a i rimessi delle figure di chiaro, e scuro, nelle quali hoggi i moderni Artefici hanno fatto le marauiglie, che in essi si veggono. Attese costui alla immitazione della maniera Vecchia, e con giudizio sanissimo diede honeste forme alle figure, lequali espresse Eccellentissimamente nelle difficultà di tal arte. Egli di sua mano imitando le pitture di chiaro scuro ordinò, e disegnò i principij del detto pauimento, e nel Duomo fece vna Tauola, che fu allora messa all'altare Maggiore, e poi leuatene per metterui il Tabernacolo del corpo di Christo, che al presente vi si vede. In questa Tauola, secondo, che scriue Lorenzo di Bartolo Ghiberti, era vna incoronazione di N. Donna, lauorata quasi colla maniera greca, ma mescolata assai con la moderna. E perche era così dipinta dalla parte di dietro, come dinanzi, essendo il detto Altar maggiore spiccato intorno intorno, dalla detta parte di dietro erano con molta diligenza state fatte da Duccio tutte le principali storie del Testamento nuouo, in figure piccole molto belle. Ho cercato sapere, doue hoggi questa Tauola si truoui, ma non ho mai, per molta diligenza, che io ci habbia vsato, potuto rinuenirla, o sapere quello, che Francesco di Giorgio scultore, ne facesse, quando rifece di Bronzo il detto Tabernacolo, e quelli ornamenti di marmo, che vi sono. Fece similmente per Siena molte Tauole in Campo d'Oro; & vna in Fioreza in S. Trinita, doue è vna Nunziata. Dipinse poi moltissime cose in Pisa, in Lucca, & in Pistoia per diuerse chiese, che tutte furono sommamente lodate, e gl'acquistarono nome, e vtile grandissimo. Finalmente non si sa doue questo Duccio morisse, ne che parenti, discepoli, ò facultà lasciasse, Basta, che per hauere egli lasciato herede l'arte, della inuenzione della pittura nel marmo di chiaro, e scuro, merita per tale benefizio nell'arte, comendazione, e lode infinita; e che sicuramente si puo annouerarlo fra i Benefattori, che allo esercizio nostro aggiungono grado, & ornamento, considerato, che coloro iquali vanno inuestigando le difficultà delle rare inuenzioni, hanno eglino ancora la memoria, che lasciano, tra l'altre cose marauigliose.

Dicono a Siena che Duccio diede l'anno 1348. il disegno della capella, che è in piazza nella facciata del palazzo principale; e si legge che Visse ne' tempi suoi, e fu della Medesima patria Moccio scultore, & Architetto ragioneuole, ilquale fece molte opere per tutta Toscana, e particolarmente in Arezzo nella chiesa di s. Domenico, vna sepoltura di marmo per vno de' Cerchi. laquale sepoltura fa sostegno, & ornamento all'organo di detta chiesa; e se a qualcuno paresse, che ella non fusse molto Ecc. opera, se si considera, che egli la fece essendo giouanetto l'anno 1356. ella non sarà se non ragioneuole. seruì costui nell'opera di s. Maria del Fiore, per sotto Architetto; & per scultore, lauorando di marmo alcune cose per quella fabrica: & in Arezzo rifece la Chiesa di s. Agostino, che era piccola, nella maniera, che ell'è hoggi, e la spesa fecero gl'heredi di Piero Saccone de' Tarlati, secondo, che haueua egli ordinato prima; che morisse in Bibbiena Terra del Casentino. E perche Moccio condusse questa chiesa senza volte, e caricò il tetto sopra gl'archi delle colonne, egli si mise a vn gran pericolo, e fu veramente di troppo animo. Il medesimo fece la chiesa, & conuento di s. Antonio, che inanzi all'assedio di Firenze era alla porta a Faenza, et che hoggi è del tutto rouinato: e di scultura la porta di

s. Agostino in Ancona, con molte figure, & ornamenti, simili a quelli, che so no alla porta di s. Frãcesco della Città medesima. Nella quale chiesa di s. Agostino fece anco la sepoltura di fra Zenone Vigilanti, Vescouo, e Generale dell'ordine di detto santo Agostino. E finalmente la loggia de' Mercatanti di quella Città, che dopo ha riceuuti, quando per vna cagione, e quando per vn' altra, molti miglioramenti alla moderna, & ornamenti di varie sorte. Lequali tutte cose, come, che siano a questi tempi molto meno, che ragioneuoli, furõ allora, secondo il sapere di quegl'huomini, assai lodate. Ma tornando al nostro Duccio, furono l'opere sue intorno a gl'anni di nostra salute. 1350.

Fine della Vita di Duccio pittore sanese.

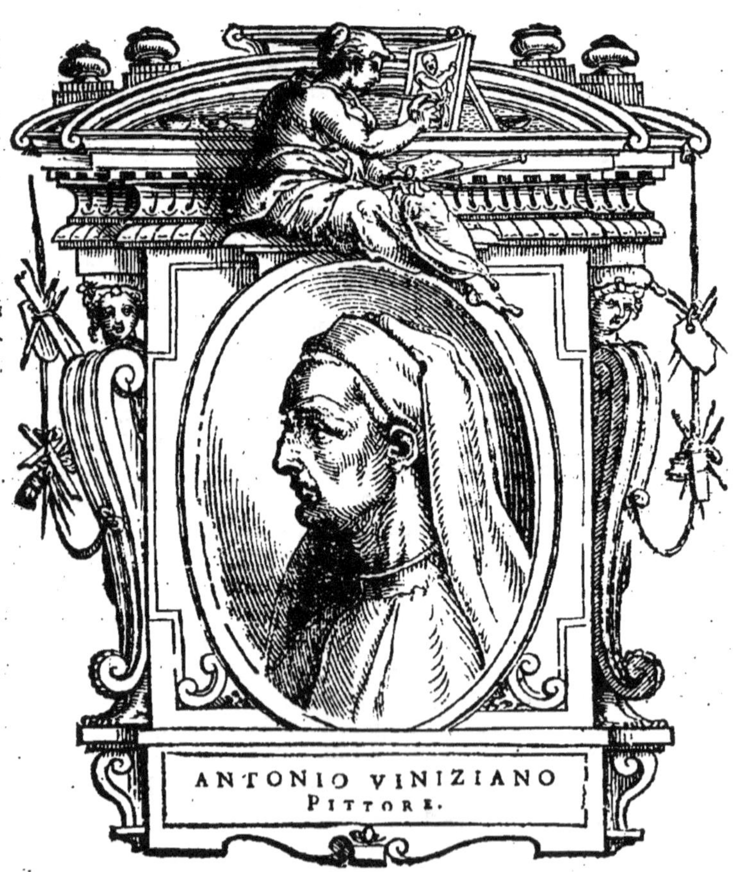

VITA DI ANTONIO VINIZIANO PITTORE.

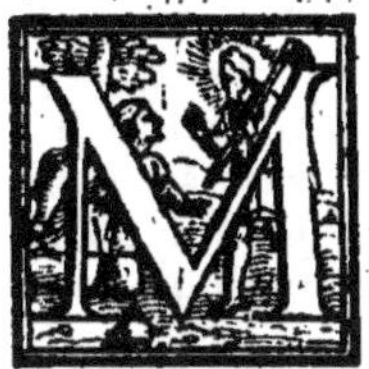

OLTI, che si starebbono nelle patrie loro, doue son nati, essendo trafitti da i morsi dell'inuidia, e oppressi dalla Tirannia de suoi cittadini, sene partono, e que' luoghi, doue trouano essere la uirtu loro conosciuta, e premiata elegendosi per patria, in quella fanno l'opere loro; e sforzandosi d'essere Eccellentissimi per fare in vn certo modo ingiuria a coloro, da chi sono stati oltraggiati, diuengono bene spessi grand'huomini, doue nella patria standosi quietamente, sarebbono per auentura poco piu che mediocri nell'arti loro riusciti. Antonio Viniziano, ilquale si condusse a Firenze dietro a Agnolo Gaddi, per imparare la pittura, Apprese di maniera il buon modo di fare, che non solamente fu stimato, & amato da Fiorentini, ma carezzato ancora grandemente per questa virtu, e per l'altre buone qualita sue. La onde, venutogli voglia di farsi vedere nella sua città per godere qualche frutto delle fatiche da lui durate, si tornò a Vinegia. Doue essendosi fatto conoscere, per molte cose fatte a fresco, e a tempera, gli fu dato dalla signoria a dipignere vna delle facciate della sala del consiglio. La quale egli condusse si eccellentemente, e con tanta Maesta, che secondo meritaua, n'harebbe conseguito honorato premio, Ma la emulatione, ò piu tosto inuidia degl'Artefici, & il fauore, che ad altri pittori forestieri fecero alcuni gētil'huomini, fu cagione, che altramente andò la bisogna. Onde il pouerello Antonio trouandosi cosi percosso, & abbattuto, per miglior partito, se ne ritornò a Fiorenza, con proposito di non volere mai piu a Vinegia ritornare, deliberato del tutto, che sua patria fusse Fiorenza. standosi dunque in quella città dipinse nel chiostro di santo Spirito in un Archetto Christo, che chiama Pietro, & Andrea dalle reti, e Zebedeo, e i figliuoli. E sotto i tre archetti di Stefano, dipinse la storia del miracolo di Christo ne' pani, e ne' pesci; nellaquale infinita diligenza, & amore dimostrò, come apertamente si vede nella figura d'esso Christo, che nell'aria del viso, e nell'aspetto, mostra la compassione, che egli ha delle Turbe, e l'ardore della charita, con laquale fa dispensare il pane. Vedesi medesimamente in gesto bellissimo l'affezzione d'uno Apostolo, che dispensando con vna cesta il pane grandemente s'affatica. Nel che s'impara da chi è dell'arte, a dipignere sempre le figure in maniera, che paia, ch'elle fauellino: perche altrimenti non sono pregiate. Dimostrò questo medesimo Antonio nel frontespizio di fora in vna storietta piccola della Manna con tanta diligenza lauorata, e con si buona grazia finita, che si puo veramente chiamare eccellente. Dopo, fece in santo Stefano al ponteuecchio nella predella dell'Altar maggiore alcune storie di santo Stefano con tanto amore, che non si puo vedere ne le piu graziose, ne le piu belle figure, quand'anche fussero di minio. A santo Antonio ancora al ponte alla Carraia, dipinse l'Arco sopra la porta che a nostri di fu fatto insieme con tutta la Chiesa gettare in terra da Monsignor Ricasoli, vescouo di Pistoia, perche toglieua la veduta alle sue case. Benche, quando egli non hauesse ciò fatto, a ogni modo saremmo hoggi priui di quell'opera, hauendo il prossimo diluuio del 1557 come altra volta si è detto, da quella bāda portato via due Archi, e la coscia del ponte, sopra laqua le era posta la detta piccola Chiesa di sant'Antonio. Essendo, dopo quest'ope re, Antonio, condotto a pisa dallo operai o di campo Santo, seguito di fare in esso le storie del beato Ranieri, huomo Santo di quella citta, gia cominciate da Simone sanese, pur'coll'ordine di lui. Nella prima parte della quale opera fatta da Antonio si vede in compagnia del detto Ranieri, quando imbarca, per tornare a Pisa, buon numero di figure lauorate con diligenza, fra lequali e il ritratto del Cōte Gaddo, morto dieci āni innāzi, e di Neri suo zio stato si gnor di Pisa. Fra le dette figure, è ancor molto notabile qlla d'uno spiritato, p che hauēdo uiso di pazzo, i gesti della persona strauolti, gl'hocchi stralucenti, è la bocca, che digrignando mostra i denti, somiglia tanto vno spiritato da do uero, che nō si puo immaginare ne piu viua pittura ne piu somigliante al Na turale. Nell'altra parte, che è allato alla sopradetta; Tre figure, che si mara uigliano, vedendo, che il beato Ranieri mostra il diauolo in forma di gatto so pr'una botte; à vn'hoste grasso, che ha aria di buon compagno, e che tutto ti mido, si raccomāda al santo; si possono dire veramente bellissime essendo mol to ben condotte, nell'attitudini, nella maniera de'panni, nella varietà delle te ste, e in tutte l'altre parti. Non lungi le donne dell'hoste anch'elleno non po trebbono essere fatte con piu grazia, hauendole fatte Antonio con certi habi ti spediti, e con certi modi tanto proprij di donne, che stiano per seruigio d'ho sterie, che non si puo immaginare meglio. Ne puo piu piacere di quello, che faccia, l'historia parimente, doue i Canonici del Duomo di Pisa, in habiti bel lissimi di que'tempi, e assai diuersi da quegli, che s'usano hoggi, e molto grazia ti; riceuono a mensa s. Ranieri, essendo tutte le figure fatte con molta conside razione. Doue poi, è dipinta la morte di detto santo, è molto bene espresso nō solamente l'effetto del piangere; ma l'andare similmente di certi Angeli, che portano l'anima di lui in Cielo, circondati da una luce splendidissima, e fatta con bella inuenzione. E veramente non puo anche, se non marauigliarsi, chi vede, nel portarsi dal clero il corpo di quel santo al Duomo, certi preti, che cantano, per che ne i gesti, ne gl'atti della persona, e in tutti i mouimenti facendo diuerse voci, somigliano con marauigliosa proprietà vn Coro di can tori. E in questa storia, è secondo che si dice il ritratto del Bauero. Parimente i miracoli, che fece Ranieri nell'esser portato álla sepoltura, e quelli, che in vn altro luogo fa, essendo gia in quella collocato nel Duomo, furono con gran dissima diligenza dipinti da Antonio, che ui fece ciechi, che riceuono la luce, rattratti, che rihanno la disposizione delle membra, oppressi dal Demonio, che sono liberati, & altri miracoli, espressi molto viuamente. Ma fra tutte l'al tre figure, merita con marauiglia essere considerato un hidropico; per cioche col viso secco, con le labbra asciutte, e col corpo enfiato, e tale che nō potreb be piu di quello, che fa questa pittura, mostrare un viuo la grandissima sete degl'hidropici; e gl'altri effetti di quel male. Fu anche cosa mirabile in que' tempi vna Naue, che egli fece in quest'opera laquale, essēdo trauagliata dalla fortuna, fu da quel santo liberata, hauendo in essa fatto prontissime tutte l'az zioni de'Marinari, e tutto quello, che in cotali accidenti, e trauagli suol'auue nire. Alcuni gettano, senza pensarui, all'ingordissimo mare le care merci, con tanti sudori fatigate, altri corre a prouedere il legno, che sdruce, et in som ma altri, a altri vffizii marinareschi, che tutti sarei troppo lungo a raccontare, basta, che tutti sono fatti con tanta viuezza; e bel modo, ch'è vna marauiglia. in questo medesimo luogo sotto la vita de' santi padri dipinta da Pietro laurati Sanese, fece Antonio il corpo del beato Oliuerio, insieme con l'Abate Panntzio, e molte cose della vita loro, in una cassa figurata di marmo, laqual figura è molto ben dipinta. in somma tutte quest'opere, che Antonio fece in campo santo, sono tali, che vniuersalmente, e a gran ragione, sono tenute le migliori di tutte quelle che da molti Eccellenti maestri sono state in piu tempi, in quel luogo lauorate: percioche, oltre i particolari detti, egli lauorando ogni cosa a fresco, e non mai ritoccando alcuna cosa a secco, fu cagione che insino a hoggi si sono in modo mantenute viue ne i colori, ch'elle possono, ammaestrando quegli dell'arte, far loro conoscere quanto il ritoccare le cose fatte a fresco poi che sono secche, con altri colori, porti, come si è detto nello Teoriche, nocumento alle pitture, & a i lauori, essendo cosa certissima, che gl'inuecchia, e non lascia purgargli dal tempo, l'esser coperti di colori, che hãno altro corpo, essendo temperati con gomme, con draganti, con vuoua, con colla, o altra somigliante cosa, che appanna quel di sotto, e non lascia, che il corso del tempo, e l'aria purghi quello che è veramente lauorato a fresco sulla calcina molle, come auuerrebbe se non fussero loro soprapposti altri colori a secco. Hauendo Antonio finita quest'opera che, come degna in uerita d'ogni lode, gli fu honoratamente pagata da' Pisani, che poi sempre molto l'amarono, se ne tornò a Firenze, Doue a Nuouoli fuor della porta al prato, dipinse in un Tabernacolo a Giouanni degl'Agli vn Christo morto, con molte figure la storia de' Magi, & il de del Giudizio molto bello. Condotto poi alla certosa dipinse agl'Acciaiuoli, che furono edificatori di quel luogo, la tauola dell'Altar Maggiore, che a di nostri restò consumata dal fuoco, per inauuertenza d'vn sagrestano di quel Monasterio, che hauendo lasciato all'Altare appiccato il Thuribile piè di fuoco, fù cagione che la Tauola abruciasse, e che poi si facesse, come sta hoggi, da que' Monaci l'altare interamente di marmo. In quel medesimo luogo fece ancora il medesimo Maestro sopra vn'armario, che è in detta Capella, in fresco vna Trasfiguratione di Cristo, ch'è molto bella, e perche studiò, essẽdo acio molto inchinato dalla Natura, in Dioscoride le cose dell'erbe, piacẽdogli intendere la ꝓprietà, e virtu di ciscuna d'esse, abãdonò in vltimo la pittura, e diedesi a stillare sẽplici, e cercargli con ogni studio. Cosi di dipintore Medico diuenuto, molto tẽpo seguito quest'arte. Finalmente infermò di mal di stomaco, come altri dicono, medicando di peste finì il corso della sua vita, d'anni 74 l'anno 1384, che fu grandissima peste in Fiorenza, essendo stato non meno esperto medico, che diligente pittore, per che hauendo infinite sperienze fatto nella medicina, per coloro che di lui ne' bisogni s'erano seruiti, lasciò al mondo di se bonissima fama nell'una, e nell'altra virtu. Disegnò Antonio con la penna molto graziosamente, e di chiaro scuro, tanto bene, che alcune carte, che di suo sono nel nostro libro, doue fece l'Archetto di Santo Spirito, sono le migliori di que' tempi. Fu discepolo d'Antonio Gherardo staruini Fiorentino, ilquale molto lo immitò, e gli fece honore non piccolo Paulo vcello, che fu similmente suo discepolo.

Il ritratto d'Antonio Viniziano è di sua mano, in campo Santo in Pisa.

Fine della vita d'Antonio Viniziano pittore:

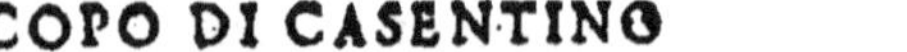

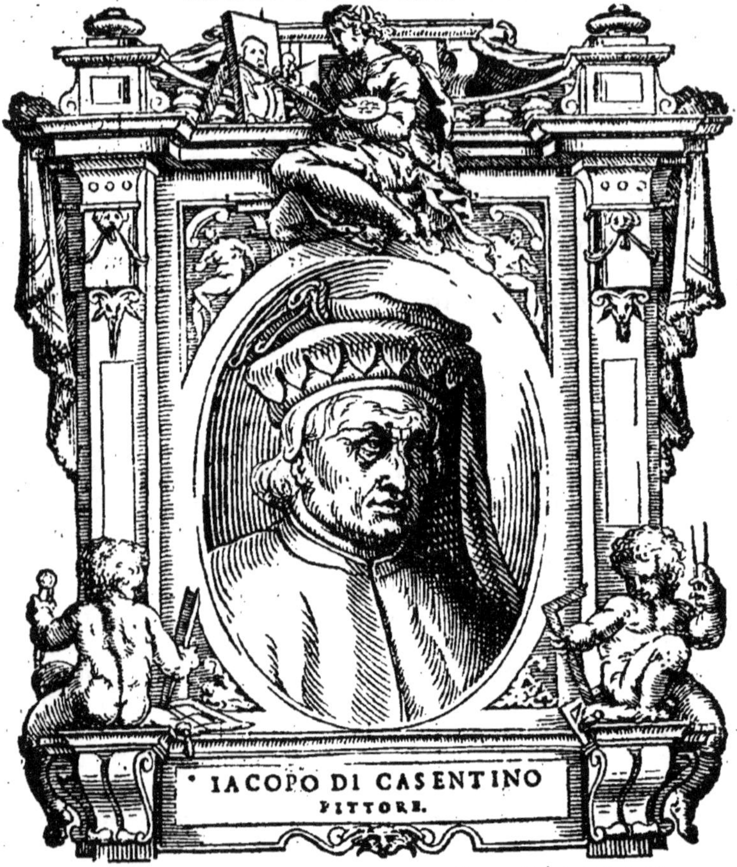

IACOPO DI CASENTINO
PITTORE.

VITA DI IACOPO DI CASENTINO PITTORE.

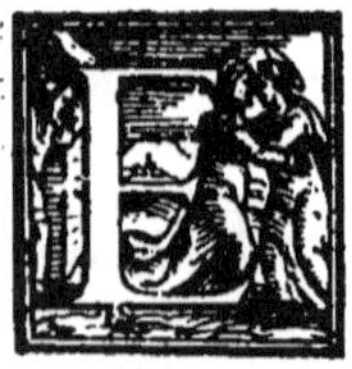

ESSENDOSI gia molti anni vdita la fama, & il rumore delle pitture di Giotto, e de' discepoli suoi; molti desiderosi d'acquistar fama, & ricchezze, mediante l'arte della pittura, cominciarono, inanimiti dalla speranza dello studio, & dalla inclinazione della natura, a caminar verso il miglioramẽto dell'arte, con ferma credenza, esercitandosi, di douere auanzare in eccellenza, e Giotto, e Taddeo, & gl'altri pittori. Fra questi fu vno, Iacopo di Casentino, ilquale, essendo nato, come si legge, della famiglia di M. Christoforo Landino da Pratouecchio; fu da un frate di Casentino, allora guardiano al Sasso della Verna, acconcio con Taddeo Gaddi, mentre, egli in quel conuento lauoraua, perche imparasse il disegno, & colorito dell'arte. Laqual cosa in pochi anni gli riuscì in modo, che, condottosi in Fiorenza, in compagnia di Giouanni da Milano a i seruigij di Taddeo loro maestro, molte cose lauorando, e gli fu fatto dipignere il Tabernacolo della Madonna di Mercato Vecchio, con la tauola a tempera; e similméte quello sul canto della piazza di S. Niccolo della via del Cocomero, che pochi anni sono l'uno, e l'altro fu rifatto da peggior Maestro, che Iacopo nó era. Et a i tintori quello, che è a S. Nofri sul canto delle mura dell'orto loro, dirimpetto a S. Giuseppo. In questo mentre, essendosi condotte a fine le volte d'Or S. Michele, sopra i dodici pilastri, e sopra esse posto vn Tetto basso alla saluatica, per seguitare quando si potesse la fabrica di quel palazzo, che haueua a essere il granaio del comune; fu dato a Iacopo di Casentino, come a persona all'hora molto pratica, a dipignere quelle volte: con ordine, che egli vi facesse, come vi fece, cõ i patriarci, alcuni profeti, e i primi delle Tribu, che furono in tutto sedici figure in Campo Azurro d'oltramarino, hoggi mezzo guasto; senza gl'altri ornaméti. fece poi nelle facce di sotto, e ne i pilastri molti miracoli della Madõna, e altre cose, che si conoscono alla maniera. Finito questo lauoro, tornò Iacopo in Casentino, doue poi che in Pratouecchio, in Poppi, e altri luoghi di quella valle hebbe fatto molte opere, si cõdusse in Arezzo, che allora si gouernaua da se medesima, col consiglio di sessanta Cittadini de' piu ricchi, e piu honorati, alla cura de' quali era commesso tutto il reggimento; doue nella capella principale del Vescouado, dipinse vna storia di S. Martino; e nel Duomo Vecchio, hoggi rouinato, pitture assai, fra lequali era il ritratto di Papa Innocenzo sesto, nella capella Maggiore. Nella chiesa poi di S. Bartolomeo, per lo capitolo de' Canonici della pieue, fece la facciata dou'è l'Altar maggiore, e la capella di S. Maria della Neue. E nella Compagnia vecchia di S. Giouanni de' Peducci fece molte storie di quel santo, che hoggi sono coperte di biauco. Lauorò similmente nella chiesa di S. Domenico la capella di S. Christofano, ritraendoui di Naturale il beato Masuolo, che libera dalle carcere vn mercãte de Fei, che fece far quella capella: il quale Beato ne' suoi tempi, come profeta predisse molte disauenture agl' Aretini. Nella chiesa di S. Agostino fece a fresco nella capella, e all'Altar de Nardi, storie di S. Lorenzo con maniera, e pratica marauigliosa. E perche si esercitaua anche nelle cose d'Architettura, per ordine de i sessanta sopradetti Cittadini, ricondusse sotto le mura d'Arezzo l'acqua, che viene dalle radici del Poggio di pori, vicino alla Città braccia 300. laquale acqua al tempo de' Romani era stata prima condotta al Teatro, di che ancora vi sono le vestigie, e da quello, che era in sul monte doue hoggi è la fortezza; al Anfiteatro della medesima Città, nel piano, i quali edifizij, e condotti furono rouinati, e guasti del tutto da i Gotti. Hauendo dunque, come s'è detto, fatta venire Iacopo quest'acqua sotto le mura; fece la fonte, che all'hora fu chiamata fonte Guizianelli, e che hora è detta, essendo il vocabolo corrotto: fonte Viniziana: laquale da quel tempo, che fu l'anno 1354. durò insino all'anno 1527. e non piu: percioche la peste di quell'anno, la guerra, che fu poi, l'hauerla molti a' suoi commodi tirata per vso d'orti, et molto piu il non hauerla Iacopo condotta dentro; sono state cagione, ch'ella non è hoggi, come douerebbe essere, in piedi. Mentre che l'acqua si andaua conducendo, non lasciando Iacopo il dipignere, fece nel palazzo, che era nella Cittadella vecchia, rouinato a' di nostri, molte storie de' fatti del Vescouo Guido, e di Piero Sacconi, i quali huomini in pace, & in guerra haueuano grandi, & honorate cose fatto per quella Città. Similmente lauorò nella pieue sotto l'organo la storia di S. Matteo, e molte altre opere assai. E così facendo per tutta la Città opere di sua mano, mostrò a Spinello Aretino i principij di quell'arte, che a lui fu insegnata da Agnolo, e che Spinello insegnò poi a Bernardo Daddi, che nella Città sua lauorando l'honorò di molte bell'opere di pittura, lequali aggiunte all'altre sue ottime qualità, furono cagione, che egli fu molto honorato da'suoi Cittadini, che molto l'adoperarono ne i Magistrati, & altri negozij publici. Furono le pitture di Bernardo molte, & in molta stima, e prima in S. Croce la capella di S. Lorenzo e di S. Stefano, de Pulci, e Berardi, e molte altre pitture in diuersi luoghi di detta chiesa. Finalmente, hauendo sopra le porte della Città di Fiorenza dalla parte di dento fatto alcune pitture, carico d'anni si morì, & in S. Felicita hebbe honorato sepolcro l'anno 1380.

Ma tornando a Iacopo, oltre alle cose dette, al tempo suo hebbe principio, l'anno 1350. la Compagnia, e Fraternità de'pittori: perche i Maestri, che allora uiueuano, così della vechia maniera greca, come della nuoua di Cimabue, ritrouandosi in gran numero, & considerando, che l'arti del disegno haueuano in Toscana, anzi in Fiorenza propria hauuto il loro rinascimento, crearono la detta compagnia sotto il nome, e protezzione di s. Luca Euangelista, si per rendere nell'oratorio di quella, lode, e grazie a Dio, e si anco per trouarsi alcuna volta insieme, e souenire così nelle cose dell'anima, come del corpo, a chi, secondo i tempi, n'hauesse, di bisogno. Laqual cosa è anco per molte arti in vso a Firenze, ma era molto piu anticamente. fu il primo loro oratorio la capella maggiore dello Spedale di s. Maria Nuoua, ilquale fu loro concesso dalla famiglia de'Portinari. E quelli, che primi con Titolo di Capitani, gouernarono la detta compagnia, furono sei, & in oltre due consiglieri, e due camarlinghi; come nel vecchio libro di detta compagnia, cominciato allora, si puo vedere. Il primo capitolo del quale comincia così. *Questi Capitoli, & ordinamenti furono trouati, & fatti da'buoni, e discreti huomini dell' Arte de' Dipintori di Firenze, & al tempo di Lapo Gucci Dipintore. Vanni Cinuzzi Dipintore. Corsino Buonaiuti Dipintore. Pasquino Cenni Dipintore. Segna d'Antignano Dipintore. Consiglieri furono Bernardo Daddi; e Iacopo di Casentino, Dipintori. E Camarlinghi Consiglio Gherardi, e Domenico Pucci; Dipintori.*

Creata la detta compagnia in questo modo, di consenso de'capitani, e degl'altri, fece Iacopo di Casentino la Tauola della loro capella, facendo in essa vn s. Luca, che ritrae la Nost. Donna in vn quadro, e nella predella da vn lato gl'huomini della compagnia, e dall'altro Tutte le Donne ginocchioni. Da questo principio, quando raunandosi, e quando no, ha continuato questa compagnia insino a, che ella si è ridotta al termine, che ell'è hoggi, come si narra ne'nuoui Capitoli di quella approuati dall'Illustrissimo S. Duca Cosimo, protettore benignissimo di queste arti del disegno.

Finalmente Iacopo, essendo graue d'anni, e molto affaticato, sene tornò in Casentino, e si morì in Pratouecchio d'anni ottanta: E fu sotterrato da parenti, e dagl'amici in s. Agnolo, Badia fuor di Pratouecchio dell'ordine di Camaldoli. Il suo ritratto era nel duomo Vecchio di mano di Spinello in vna storia de'Magi. E della maniera del suo disignare n'è saggio nel nostro libro.

Fine della Vita di Iacopo di Casentino.

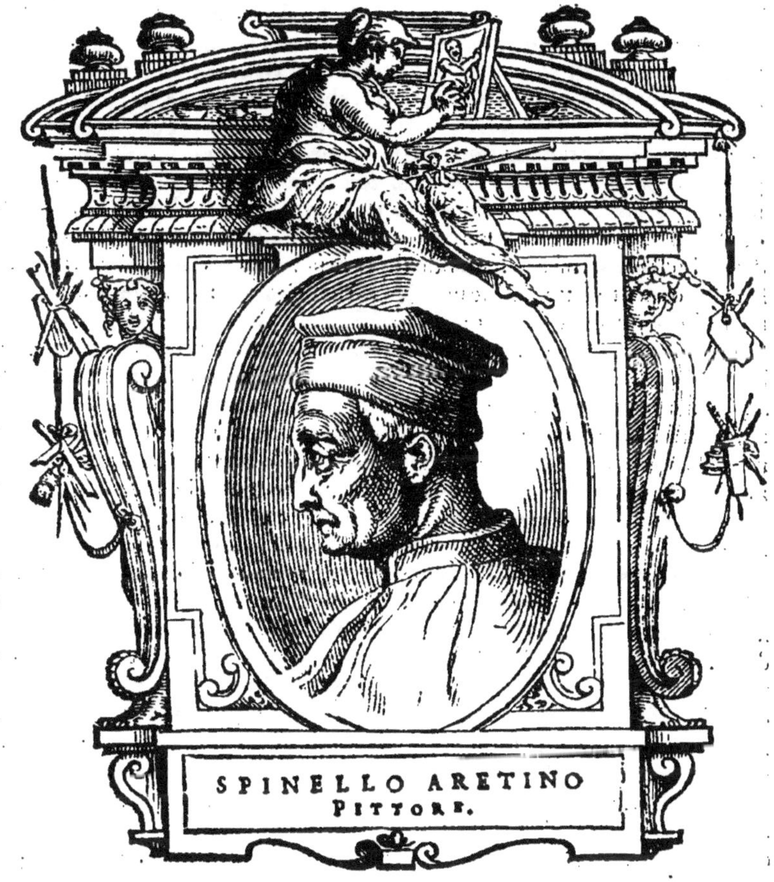

SPINELLO ARETINO
PITTORE.

VITA DI SPINELLO ARETINO PITTORE.

SSENDO andato ad habitare in Arezzo, quando vna volta, fra l'altre, furono cacciati di Firenze i Ghibellini, Luca spinelli, gli nacque in q̃lla città vn figliuolo, al quale pose nome Spinello; tãto inclinato da natura all'essere pittore, che quasi senza Maestro, essendo ancor fanciullo, seppe q̃llo, che molti esercitati sotto la disciplina d'ottimi maestri nõ sanno; e q̃llo, che è piu, hauendo hauuto amicizia con Iacopo di Casentino mẽtre lauorò in Arezzo, e imparato da lui qualche cosa, prima che fusse di vẽti anni, fu di gran lũga molto migliore Maestro, cosi giouane, che esso Iacopo gia pittore vecchio, non era. Cominciando dũq; Spinello a esser in nome di buon pittore, M. Dardano Acciaiuoli, hauendo fatto fabricare la chiesa di S. Niccolo alle sale del papa dietro S. Maria No

uella

uella, nella via della Scala, & in quella dato sepoltura a vn suo fratello Vescouo, fece dipignere, tutta quella chiesa a fresco di storie di S. Niccolo Vescouo di Bari, a Spinello, che la diede finita del tutto l'anno 1334. essendoui stato a lauorare due anni continui. Nellaquale opera si portò Spinello tanto bene, cosi nel colorirla, come nel disegnarla, che insino a i di nostri si erano benissimo mantenuti i colori, & espressa la bontà delle figure, quando pochi anni sono furono in gran parte guasti da vn fuoco, che disauedutamente s'apprese in quella chiesa, stata piena poco accortamente di paglia da non discreti huomini, che se ne seruiuano per capanna, o monizione di paglia. Dalla fama di quest'opera tirato Messer Barone Capelli Cittadino di Firenze, fece dipignere da Spinello nella capella principale di s. Maria Meggiore molte storie della Madonna a fresco, & alcune di s. Antonio Abate, & appresso la saggrazione di quella chiesa antichissima, cõsegrata da Pasquale Papa. . di quel nome, il che tutto lauorò Spinello cosi bene, che pare fatto tutto in vn giorno, e non in molti mesi, come fu. Appresso al detto Papa è il ritratto d'esso Messer Barone di Naturale in habito di que'tempi, molto ben fatto, e con bonissimo giudizio. Finita questa capella lauorò Spinello nella chiesa del Carmine in fresco la capella di s. Iacopo, e s. Giouanni Apostoli, doue fra l'altre cose è fatta con molta diligenza quando la moglie di Zebedeo madre di Iacopo domãda a Giesu Christo, che faccia sedere vno de'figliuoli suoi alla destra del padre nel regno de'cieli, e l'altro alla sinistra; E poco piu oltre si vede Zebedeo, Iacopo, e Giouanni abandonare le reti, e seguitar Christo con prontezza, e maniera mirabile. In vn'altra capella della medesima chiesa, che è a canto alla maggiore, fece Spinello pur a fresco alcune storie della madonna, e gl'Apo. quando inanzi al trappassar di lei le Appariscono innanzi miracolosamente: E cosi quãdo ella muore, e poi è portata ĩ cielo dagl'Angeli. E perche essendo la storia grande la picciolezza della capella non lunga piu che braccia dieci, & alta cinque, non capiua il tutto, e masimamente l'assonzione d'essa nostra Donna, con bel giudizio fece Spinello voltarla nel lungo della storia, da vna parte doue Christo, e gl'Angeli la riceuono. In vna capella in s. Trinita fece vna Nunziata in fresco molto bella: E nella chiesa di s. Apostolo nella Tauola dell'Altar maggiore a tempera; fece lo spirito santo, quando è Mandato sopra gl'Apostoli in lingue di fuoco. in s. Lucia de' Bardi fece similmente vna Tauoletta, e in s. Croce vn'Altra maggiore, nella capella di s. Giouanni Battista, che fu dipinta da Giotto.

Dopo queste cose, essendo da i sessanta Cittadini, che gouernauano Arezzo, per lo gran nome, che haueua acquistato, leuorando in Fiorenza; la richiamato: gli fu fatto dipignere dal Comune nella chiesa del Duomo Vecchio fuor della Città la storia de'Magi, e nella capella di S. Gismondo, vn san Donato, che con la benedizione fa crepare vn serpente. Parimente in molti pilastri di quel Duomo fece diuerse figure, & in vna facciata la Madalena, che in casa di Simone, vnge i piedi a Christo, con altre pitture; dellequali non accade far mẽzione, essendo hoggi quel tempio; che era pieno di sepolture, d'ossa di santi, & d'altre cose memorabili, del tutto rouinato. Dirò bene, accioche d'esso almeno resti questa memoria, che essẽdo egli stato edificato da gl'Aretini piu di mille, e trecento anni sono allora, che di prima vennero alla fede di Giesu

Christo, conuertitu da s. Donato, ilquale fu poi Vescouo di quella Città; E gli fu dedicato a suo Nome, & ornato di fuori, e di dentro riccamente di spoglie antichisime. Era la pianta di questo edifizio, del quale si è lungamente altroue ragionato, dalla parte di fuori in sedici facce diuisa, e dentro in otto, e tutte erano piene delle spoglie di que' tempij, che prima, erano stati dedicati a gl'Idoli: E in somma egli era quanto può esser bello vn cosi fatto tempio antichisimo, quando fu rouinato. Dopo le molte pitture fatte in Duomo, dipinse Spinello in S. Francesco, nella capella de' Marsupini Papa Honorio, quando conferma, & appruoua la regola d'esso santo, ritraendoui Innocēzio quarto di Naturale, douūque egli se l'hauesse. Dipinse ancora nella medesima chiesa, nella capella di s. Michelagnolo molte storie di lui, lì doue si suonano le cāpane, E poco di sotto, alla capella di M. Giuliano Baccio vna Nunziata con altre figure, che sono molto lodate, lequali tutte opere fatte in questa chiesa furono lauorate a fresco con vna pratica molto risoluta dal 1334. insino al 1338. Nella pieue poi della medesima Città dipinse la capella di s. Piero, e s. Paulo, di sotto a essa, quella di s. Michelagnolo, e per la fraternità di s. Maria della misericordia, pur da quella banda, in fresco la capella di s. Iacopo, e Filippo, e sopra la porta principale della Fraternità, ch'è in piazza, cioè nell'arco, dipinse vna Pietà, con vn s. Giouanni a richiesta de' Rettori di essa fraternità; laquale hebbe principio in questo modo. Cominciando vn certo numero di buoni, e honorati Cittadini a andare accattando limosine, per i poueri vergognosi, e a souuenirgli in tutti i loro bisogni; l'anno della peste del 1348. per lo gran nome acquistato da que' buon'huomini alla fraternità, aiutando i poueri, gl'infermi, sepellendo morti, e facendo altre somiglianti opere di charità, furono tanti i lasci, le donazioni, e l'heredità, che le furono lasciati, che ella hereditò, il terzo delle ricchezze d'Arezzo. E il simile auuenne l'anno 1383. che fu similmente vna gran peste. Spinello adunque, essendo della compagnia, e toccandogli spesso a visitare infermi, sotterrare morti, e fare altri cotali piisimi essercizij, che hanno fatto sempre i migliori Cittadini, e fanno anch'hoggi di quella Città, per far di cio qualche memoria nelle sue pitture, dipinse per quella compagnia nella facciata della chiesa di S. Laurentino, e Pergentino vna Madonna, che hauendo aperto dinanzi il Mantello ha sotto esso il popolo d'Arezzo, nelquale sono ritratti molti huomini de' primi della Fraternità di Naturale, con le Tasche al collo, e cō vn martello di legno in mano, simile a quelli, che adoperano a picchiar gl'vsci quando vanno a cercar limosine. Parimente nella compagnia della Nunziata dipinse il Tabernacolo grande, che è fuori della chiesa, e parte d'un portico che l'è dirimpetto, e la tauola d'essa compagnia, doue è similmente vna Nunziata a tempera, la tauola ancora, che hoggi è nella chiesa delle Monache di S. Giusto, doue vn piccolo Christo, che è in collo alla madre sposa S. Chaterina, cō sei storiette di figure piccole de' fatti di lei, è similmente opera di Spinello, e molto lodata. Essendo egli poi cōdotto alla famosa Badia di Camaldoli in Casentino, l'anno 1361. fece a i Romiti di quel luogo la Tauola dell'Altar maggiore, che fu leuata l'anno 1539. quādo essendo finita di rifare quella chiesa tutta di nuouo, Giorgio Vasari fece vna Nuoua Tauola, e dipise tutta a fresco la capella maggiore di quella Badia il tramezzo della chiesa a fresco, e due Tauole. Di li chiamato Spinello a Firenze

renze da Don Iacopo d'Arezzo, Abate di S. Miniato in monte, dell'ordine di Monte Oliueto, dipinse nella volta, e nelle quattro facciate della sagrestia di quel Monasterio oltre la Tauola dell'Altare a tempora, molte storie della vita di s. Benedetto a fresco con molta pratica, e cõ vna gran viuacità di colori; im parata da lui, mediante vn lungo esercizio, & vn continuo lauorare con studio, e diligẽza, come in vero bisogna a chi vuole acquistar vn'Arte perfettamẽte. Hauendo dopo queste cose il detto Abate, partendo da Firenze, hauuto in gouerno il Monast. di s. Bernardo del medesimo ordine nella sua patria, apũto quando si era quasi del tutto finito in sul sito, conceduto dou'era apunto il colosseo, da gl'Aretini à que' Monaci; fece dipignere a Spinello due capelle a fresco, che sono allato alla Maggiore, e due altre che mettono in mezzo la porta, che va in choro, nel tramezzo della chiesa. In vna dellequali, che è allato alla maggiore, è vna Nũziata a fresco fatta con grandiss. diligenza, & in vna faccia allato a quella è qñ la Madonna sale i gradi del tempio, accõpagnata da Giouacchino, & Anna; Nell'altra capella è vn crucifisso con la Madonna, e s. Gio. che lo piangono, & in Ginocchioni vn s. Bernardo, che l'adora. Fece ancora nel la faccia di dentro di quella chiesa, doue è l'Altare della N. Donna, essa Vergine col figliuolo in collo, che fu tenuta figura bellissima, insieme con molte altre, che egli fece per quella chiesa: sopra il coro dellaquale dipinse la N. Donna, s. Maria Madalena, e s. Bernardo molto viuamente. Nella pieue similmente d'Arezzo, nella capella di s. Bartolomeo fece molte storie della vita di quel santo, E a dirimpetto a quella nell'altra Nauata nella capella di s. Matteo, che è sotto l'organo, e che fu dipĩta da Iacopo di Casentino suo maestro, fece oltre a molte storie di quel santo, che sono ragioneuoli nella volta in certi tondi, i quattro Euangelisti in capricciosa maniera: percioche sopra i busti, e le mem brà humane, fece a s. Giouanni la testa d'Aquila, a Marco il capo di Lione, a Luca di Bue, & a Matteo solo la faccia d'huomo, cioè d'Angelo. Fuor d'Arezzo ancora, dipinse nella chiesa di s. Stefano; fabricata da gl'Aretini sopra molte colonne di graniti, e di marmi; per honorare, e conseruare la memoria di molti martiri, che furono da Giuliano Apostata fatti morire in quel luogo; molte figure, e storie con infinita diligenza, e con tale maniera di colori, che si erano freschissima conseruate insino a hoggi quando, non molti anni sono furono rouinate. Ma quello, che in quel luogo era mirabile, oltre le storie di s. Stefano, fatte in figure maggiori, che il viuo non è; era in vna storia de' Magi vedere Giuseppo allegro fuor di modo, per la venuta di que' Rè, da lui considerati con maniera bellissima, mentre apriuano i Vasi de i loro Tesori, e gl'offeriuano. In quella chiesa medesima vna N. Donna, che porge a Christo fanciullino vna Rosa era tenuta, & è, come figura bellissima, e deuota, in tanta veneratione appresso gl'Aretini, che senza guardare a niuna difficultà, o spesa, quando fu gettata per terra la chiesa di Santo Stefano, tagliarono intorno a essa, il muro, & allacciatolo ingegnosamente, la portarono nella Città, collocandola in vna chiesetta, per honorarla, come fanno, con la medesima deuozione, che prima faceuano. Nè ciò paia gran fatto, percioche essendo stato proprio, e cosa naturale di Spinello dare alle sue figure vna certa grazia semplice, che ha del modesto, e del santo; pare che le figure, che egli fece de' santi, e massimamente della vergine, spirino vn non so, che di santo, e di diuino, che tira gl'huomini ad hauerle in somma reuerenza, come si puo vedere, oltre alla detta, nella N. Donna, che è in sul canto degl'Albergetti, & in quella, ch'è in vna facciata della pieue dalla parte di fuori in seteria, e similmente in quella, che è in sul canto del Canale della medesima sorte. E di mano di Spinello ancora, in vna facciata dello Spedale dello spirito santo, vna storia quando gli Apostoli lo riceuono, che è molto bella, e cosi le due storie da basso, doue S. Cosimo, e S. Damiano tagliano a vn Moro morto vna gamba sana, per appiccarla a vn infermo, a chi eglino ne haueuano tagliato vna fracida. E parimente il *Nolime tangere* bellissimo, che è nel mezo di quelle due opere. Nella compagnia de'Puracciοli, sopra la piazza di S. Agostino, fece in vna capella vna Nunziata molto ben colorita, e nel chiostro di quel conuento lauorò a fresco vna N. Donna, & vn s. Iacopo, e S. Antonio; e ginocchioni vi ritrasse vn soldato armato, con queste parole: Hoc opus fecit fieri Clemens Pucci de Monte Catino, cuius corpus iacet hic &c. Anno Domini 1367. Die xv. Mensis Maij. Similmente la capella, che è in quella chiesa, di s. Antonio, cō altri santi, si conosce alla maniera, che sono di mano di Spinello; ilquale poco poi nello spedale di s. Marco, che hoggi è Monasterio delle monache di s. Croce, per esser il loro Monasterio, che era di fuori, stato gettato per terra, dipinse tutto vn portico, con molte figure; e vi ritrasse per vn s. Gregorio Papa, che è a canto a vna Misericordia, Papa Gregorio Nono di Naturale.

La Capella di san Iacopo, e Filippo, che è in san Domenico della medesima città, entrando in Chiesa, fu da Spinello lauorata in fresco con bella, e risoluta pratica, come anchora fu il sant'Antonio dal mezzo in su, fatto nella facciata della Chiesa sua, tanto bello che par viuo, in mezzo a quattro storie della sua vita, lequali medesime storie, e molte piu della vita pur di sant'Antonio, sono di mano di Spinello similmente nella Chiesa di san Giustino, nella Capella di sant'Antonio. Nella Chiesa di san Lorenzo fece da vna banda alcune storie della Madonna, e fuor della Chiesa la dipinse a sedere, lauorando a fresco molto graziosamente. In vno spedaletto, dirimpetto alle monache di santo spirito vicino alla porta, che va a Roma, dipinse vn portico tutto di sua mano, mostrando in vn Christo morto in grembo alle Marie, tanto ingegno e giudizio nella pittura, che si conosce hauere paragonato Giotto nel disegno e auanzatolo di gran lunga nel colorito. figurò ancora nel medesimo luogo Christo a sedere con significato Teologico molto ingegnosamente hauendo in guisa situato la Trinita dentro a vn sole, che si vede da ciascuna delle tre figure vscire i medesimi raggi, & il medesimo splendore. Ma di quest'opera con gran danno veramente degl'amatori di quest'arte, è auuenuto il medesimo, che di molte altre, essendo stata buttata in terra per fortificare la città. Alla compagnia della Trinità si vede vn Tabernacelo fuor della Chiesa, da Spinello benissimo lauorato a fresco dentroui la Trinità, san Piero, E san Cosimo, e san Damiano vestiti con quella sorte d'habiti, che vsauano di portare i medici in que tempi. Mentre che quest'opere si faceuano fu fatto Don Iacopo d'Arezzo Generale della Cōgregazione de Mōt'Oliueto, dicianoue anni poi, che haueua fatto lauorare, come s'e detto di sopra molte cose a Firenze, & in Arezzo da esso Spinello; perche standosi, secondo la consuetudine loro a Monte Oliueto Maggior di chiusari in quel di siena, come nel piu honorato luogo di quella religione, gli venne desiderio di far fare vna bellissima Tauola in quel luogo, onde mandato per Spinello, dalquale altra volta si trouaua essere stato benissimo seruito, gli fece fare la Tauola della Capella maggiore a tempera; nellaquale fece Spinello in campo d'oro vn numero infinito di figure, fra piccole, e grandi con molto giudizio; fattole poi fare intorno un'ornamento di mezzo rilieuo, intagliato da simone Cini Fiorentino, in alcuni luoghi, con gesso a colla vn poco sodo, o vero gelato, le fece vn altro ornamento, che riusci molto bello, che poi da Gabriello saracini fu messo d'oro ogni cosa. Ilquale Gabriello a piè di detta Tauola scrisse questi tre nomi. Simone Cini Fiorentino fece l'intaglio: Gabriello saracini la messe d'oro, e spinello di Luca d'Arezzo la dipinse l'anno 1385. Finita quest'opera spinello se ne tornò a Arezzo, hauendo da quel Generale, e dagl'altri Monaci, oltr'al pagamento, riceuuto molte carezze. Ma non vi stette molto: perche, essendo Arezzo trauagliata dalle parti guelfe, e ghibelline, e stata in que' giorni saccheggiata, si condusse con la famiglia, e Parri suo figliuolo, ilquale attendeua alla pittura, a Fiorenza, doue haueua amici, e parenti assai. La doue dipinse quasi per passatempo fuor della porta a san Piero Gattolini in sulla strada Romana, doue si volta, per andare a pazzolatico, in vn tabernacolo, che hoggi è mezzo guasto vna Nunziata, e in vn'altro Tabernacolo, doue è l'hosteria del Galluzzo altre pitture. Essendo poi chiamato a Pisa, a finire in Campo santo sotto le storie di s. Ranieri il resto, che mancaua d'altre storie in vn vano, che era rimaso non dipinto, per congiugnerle insieme con quelle, che haueua fatto Giotto, simon sanese, e Antonio Viniziano, fece in quel luogo a fresco sei storie di san Petito, e s. Epiro. Nella prima è quãdo egli giouanetto è presentato dalla madre a Diocliziano Imperatore, e quando è fatto Generale degl'esserciti, che doueuano andare contro a i christiani. E cosi quando caualcando gl'apparue christo, che mostrandogli vna croce bianca, gli comanda, che non lo perseguiti. In vn'altra storia si vede l'Angelo del signore dare a quel santo, mentre caualca, la bãdiera della fede con la Croce bianca in campo rosso, che è poi stata sempre l'arme de' Pisani, per hauere santo Epiro pregato Dio, che gli desse vn segno da portare incontro agli Nimici. si vede appresso questa, un'altra storia, doue appiccata fra il santo & i pagani vna fiera battaglia molti Angeli armati combattano per la vittoria di lui; nella quale Spinello fece molte cose da considerare in que tẽpi, che l'arte, non haueua ancora ne forza, ne alcun buon modo d'esprimere con i colori viuamente i concetti dell'animo. E cio furono fra le molte altre cose, che vi sono, due soldati; i quali, essendosi con vna delle mani presi nelle barbe, tentano con gli stocchi nudi, che hanno nell'altra, torsi l'vno all'altro la vita; mostrando nel uolto, e in tutti i mouimenti delle mẽbra il desiderio, che ha ciascuno di rimanere vittorioso; e con fierezza d'animo essere senza paura, e quanto piu si puo pensare coraggiosi: E cosi ancora fra quegli, che combattono a cauallo, è molto ben fatto un Caualliere, che cõ la lancia conficca in terra la testa del nimico, traboccato rouescio del cauallo, tutto spauentato. Mostra vn'altra storia il medesimo santo, quando e presentato a Diocliziano Imperatore, che lo essamina della fede, e poi lo fa dare a i tormenti, e metterlo in vna fornace, dalla quale egli rimane libero, & in sua uece abruciati i ministri, che quiui sono molto pronti da tutte le bande. E in somma tutte l'altre azzioni di quel santo in fino alla decollazione; Dopo la quale e portata l'anima in cielo. E in vltimo quando sono portate d'Alessandria a Pisa l'ossa, e le reliquie di san Petito. Laquale tutta opera, per colorito, e per inuenzione è la piu bella, la piu finita, e la meglio condotta che facesse Spinello, laqual cosa da questo si puo conoscere, che essendosi benissimo conseruata; fa hoggi la sua freschezza marauigliare chiunche la uede. Finita quest'opera in campo santo, dipinse in vna Capella in san Francesco, che è la secõ da allato alla maggiore, molte storie di san Bartolomeo, di santo Andrea, di san Iacopo, e di san Giouanni Apostoli, e forse sarebbe stato piu lungamente a lauorare in Pisa, perche in quella città erano le sue opere conosciute, e guiderdonate; ma vedendo la città tutta solleuata, e sotto sopra, per essere stato da i lanfranchi, cittadini Pisani, morto M. Piero gambacorti, di nuouo con tutta la famiglia, essendo gia vecchio, se ne ritornò a Fiorenza, doue in vn anno, che vi stette, e non piu, fece in santa Croce alla capella de' Machiauelli intitolata a s. Filippo, e Iacopo, molte storie d'essi santi, e della vita, e morte loro. E la Tauola della detta capella, perche era desideroso di tornarsene in Arezzo sua patria, o per dir meglio, da esso tenuta per patria, lauorò in Arezzo, e di la, la mandò finita l'anno 1400. Tornatosene dunque la d'età d'anni settanta sette ô piu, fu da i parenti, e amici riceuuto amoreuolmente, e poi sempre carezzato e honorato insino alla fine di sua vita, che fu l'anno 92 di sua età. E se bene era molto vecchio, quando tornò in Arezzo, hauendo buone faculta harebbe potuto fare senza lauorare ma non sapendo egli, come quello, che a lauorare sempre era auezzo, starsi in riposo; prese a fare alla compagnia di santo Agnolo in quella citta alcune storie di san Michele, lequali in su lo intonacato del muro disegnate di rossaccio, cosi alla grossa, come gl'Artefici vecchi vsauano di fare il piu delle volte; In vn cantone per mostra, ne lauorò, e colori interamente vna storia sola, che piacque assai. Conuenutosi poi del prezzo con chi ne haueua la cura fini tutta la facciata dell'Altar maggiore; nellaquale figurò Lucifero porre la sedia sua in Aquilone, e vi fece la rouina degl'Angeli, iquali in diauoli si tramutano, piouendo in terra: doue si vede in aria vn s. Michele, che combatte con l'antico serpente di sette teste, e di dieci corna. E da' basso nel centro vn lucifero gia mutato in bestia bruttissima. E si compiacque tanto Spinello di farlo orribile, e contraffatto, che si dice (tanto può alcuna fiata l'immaginazione) che la detta figura da lui dipinta gl'apparue in sogno domãdadolo doue egli l'hauesse veduta si brutta, e per che fattole tale scorno con i suoi pennelli: E che gli suegliatosi dal sonno, per la paura, non potendo gridare, con tremito grandissimo si scosse di maniera, che la moglie destatasi lo soccorse. Ma niente dimanco fu per cio à rischio strignendogli il cuore, di morirsi per cotale accidente, subitamente. Ben che ad ogni modo spiritaticcio, e con occhi tondi, poco tempo viuendo poi, si condusse alla morte lasciando di se gran desiderio à gl'amici; & al mondo due figliuoli l'uno fu Forzore orefice, che in Fiorenza mirabilmente lauorò di Niello, e l'altro Parri, che imitando il padre, di continuo attese alla pittura, e nel disegno di gran lunga lo trapassò. Dolse molto agl'Aretini cosi sinistro caso con tutto, che Spinello fusse vecchio, rimanendo priuati d'una virtù, e d'una bontà, quale era la sua. Morì d'età d'anni nouanta dua, e in santo Agostino d'Arezzo gli fu dato sepoltura ra, doue ancora hoggi si vede vna lapida con un'Arme fatta a suo capriccio, dentroui vno spinoso. E seppe molto meglio disegnare Spinello, che mettere in opera, come si puo vedere nel nostro libro de i disegni di diuersi pittori antichi, in due Vangelisti di chiaro scuro, & vn san Lodiuico disegnati di sua mano, molto begli. E il ritratto del medesimo, che disopra si uede fu ricauato da me, da uno che n'era nel Duomo vecchio, prima che fusse rouinato. furono le pitture di costui dal 1380 infino al mille, e quattro cento.

Fine della Vita di Spinello pittore Aretino.

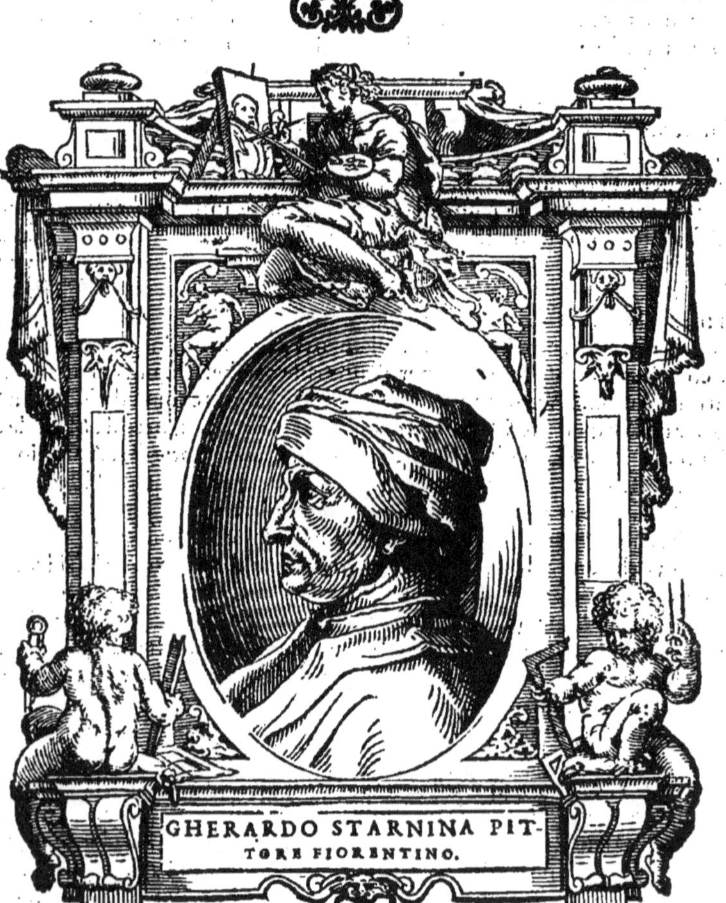

VITA DI GHERARDO STARNINA PITTOR

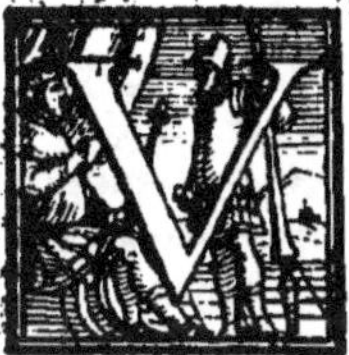

ERAMENTE chi camina lõtano dalla sua patria nell'altrui praticando, fa bene spesso nell'animo vn temperamento di buono spirito: perche nel veder fuori diuersi honorati costumi, quando anco fusse di peruersa natura, impara a esser trattabile, amoreuole, e paziente, con piu ageuolezza assai che fatto nõn harebbe nella patria dimorando. E in vero chi disidera affinare gl'huomini nel viuere del mondo, altro fuoco, ne miglior cimento di questo non cerchi: perche quegli, che sono rozzi di natura, ringentiliscono, e i gentili maggiormente graziosi diuengono. Gherardo di Iacopo Starnini, pittore Fiorentino, ancora, che fusse di sangue, piu che di buona natura: Essendo nondimeno nel praticare molto duro, e rozzo, cio piu a se, che a gli amici portaua danno, E maggiormente portato gl'harebbe, se in Ispagna doue imparò a essere gentile, e cortese non fusse lungo tempo dimorato; poscia che egli in quelle parti diuenne in guisa contrario a quella sua prima natura, che ritornando a Fiorenza, infiniti di quegli, che inanzi la sua partita a morte l'odiauano, con grandissima amoreuolezza nel suo ritorno lo riceuettero, e poi sempre sommamente l'amarono, si fattamẽte er'egli fattosi gẽtile, e cortese. Nacq; Gherardo in Fiorenza l'anno 1354. E crescẽdo, come q̃llo, che haueua dalla Natura l'igegno, aplicato al disegno, fu messo cõ Antonio da Vinezia a ĩparare a disegnare, e dipignere, pche, hauẽdo nello spazio di molti anni, non solamente imparato il disegno, e la pratica de'colori, ma dato saggio di se, per alcune cose con bella maniera lauorate, si partì da Antonio Viniziano, e cominciando a lauorare sopra di se, fece in S. Croce nella capella de'Castellani, laquale gli fu fatta dipignere da Michele di Vanni, honorato Cittadino di quella famiglia, molte storie di s. Antonio Abate in fresco, & alcune ancora di s. Niccolo Vescouo con tanta diligenza, e con si bella maniera, ch'elleno furono cagione di farlo conoscere a certi Spagnuoli, che allora in Fiorenza per loro bisogne dimorauano, per eccellente pittore; e che è piu, che lo cõducessero in Ispagna al Re loro, che lo vide, e riceuette molto volentieri; essendo allora massimamente carestia di buoni pittori in quella prouincia, Ne a disporlo che si partisse della patria fu gran fatica percioche hauendo in Fiorenza dopo il caso de'Ciompi, e che Michele di Lando fu fatto Gonfaloniere, hauuto sconce parole con alcuni, staua piu tosto cõ pericolo della vita; che altramente. Andato dunque in Ispagna, e per quel Re lauorando molte cose, si fece, per i gran premi, che delle sue fatiche riportaua, ricchio, & honorato par suo; perche disideroso di farsi vedere, e conoscere agl'amici, e parenti in quello miglior stato; tornato alla patria, fu in essa molto carezzato, e da tutti i Cittadini amoreuolmente riceuuto. Ne andò molto, che gli fu dato a dipignere la capella di s. Girolamo nel Carmine, doue facendo molte storie di q̃l santo, figurò nella storia di Paula, e Eustachio, e di Girolamo, alcuni habiti, che vsauano in quel tempo gli Spagnuoli, con inuenzione molto propria, e con abondanza di modi, e di pensieri nell'attitudi

ni delle

ni delle figure. fra l'altre cose, facendo in vna storia quando s. Girolamo impara le prime lettere, fece vn Maestro, che fatto leuare a cauallo vn fanciullo addosso a vn'altro, lo percuote con la sferza, di maniera, che il pouero putto per lo gran duolo, menando le gambe, pare, che gridando tenti mordere vn orecchio a colui, che lo tiene: il che tutto con grazia, e molto leggiadramente espresse Gherardo, come colui, che andaua ghiribizzando intorno alle cose della Natura. Similmente nel testamento di s. Girolamo, vicino alla morte, contrafece alcuni frati, con bella, e molto pronta maniera: percioche alcuni scriuendo, e altri fisamente ascoltando, e rimirandolo, osseruano tutti le parole del loro maestro con grande affetto. Quest'opera hauendo acquistato allo Starnina, appresso gl'artefici grado, & fama: & i costumi, con la dolcezza della pratica, grandissima reputazione, era il nome di Gherardo famoso per tutta Toscana, anzi per tutta Italia, quãdo chiamato a Pisa a dipignere in quella Città il capitolo di s. Nicola, vi mandò in suo scambio Antonio Vite da Pistoia, per non si partire di Firenze. Ilquale Antonio hauendo sotto la disciplina dello Starnina imparata la maniera di lui, fece in quel capitolo la passione di Giesu Christo, e la diede finita ĩ quel modo, che ella hoggi si vede, l'ãno 1403 con molta sodisfazione de'Pisani. Hauendo poi, come s'è detto, finita la capella de'Pugliesi, & essendo molto piaciute a i Fiorentini lo'pere che vi fece di s. Girolamo, per hauere egli espresso viuamente molti affetti, & attitudini, non state messe in opera fino allora da i pittori stati innanzi a lui; Il comune di Firenze l'anno, che Gabriel Maria Signor di Pisa, vendè quella Città a i Fiorentini, per prezzo di dugento mila scudi dopo l'hauere sostenuto Giouanni Gãbacorta l'assedio tredici mesi, & in vltimo accordatosi anch'egli alla vendita, fece dipignere dallo Starnina, per memoria di cio nella facciata del palazzo della parte Guelfa, Vn san Dionigi Vescouo, con due Angeli, e sotto a quello ritratta di Naturale la Città di Pisa, nel che fare, egli vsò tanto diligenza in ogni cosa, e particolarmente nel colorirla a fresco, che non ostante l'aria, e le pioggie, e l'essere volta a tramontana ell'è sempre stata tenuta pittura degna di molta lode, e si tiene al presente, per essersi mantenuta fresca, e bella, come s'ella fusse fatta pur hora. Venuto dunque per questa, e per l'altre opere sue, Gherardo in reputazione, e fama grandissima nella patria, e fuori; la morte inuidiosa, e nemica sempre delle virtuose azzioni, in sul piu bello dell'operare, Troncò la infinita speranza di molto maggior cose, che il mondo si haueua promesso di lui: perche in età d'anni XLVIIII. inaspettatamente giunto al suo fine, con essequie honoratissime fu sepellito nella chiesa di s. Iacopo sopra Arno.

Furono discepoli di Gherardo Masolino da Panicale, che fu prima Eccel. Orefice, e poi pittore. & alcuni altri che p non esser stati molto valenti huomini non accade ragionarne.

Il ritratto di Gherardo è nella storia sopradetta di s. Girolamo in vna delle figure, che sono intorno al santo, quando muore, in proffilo, con vn capuccio in torno alla testa, e indosso vn Mantello affibbiato. Nel nostro libro sono alcuni disegni di Gherardo fatti di penna in carta pecora, che non sono se non ragioneuoli &c.

Fine della vita di Gherardo Starnina.

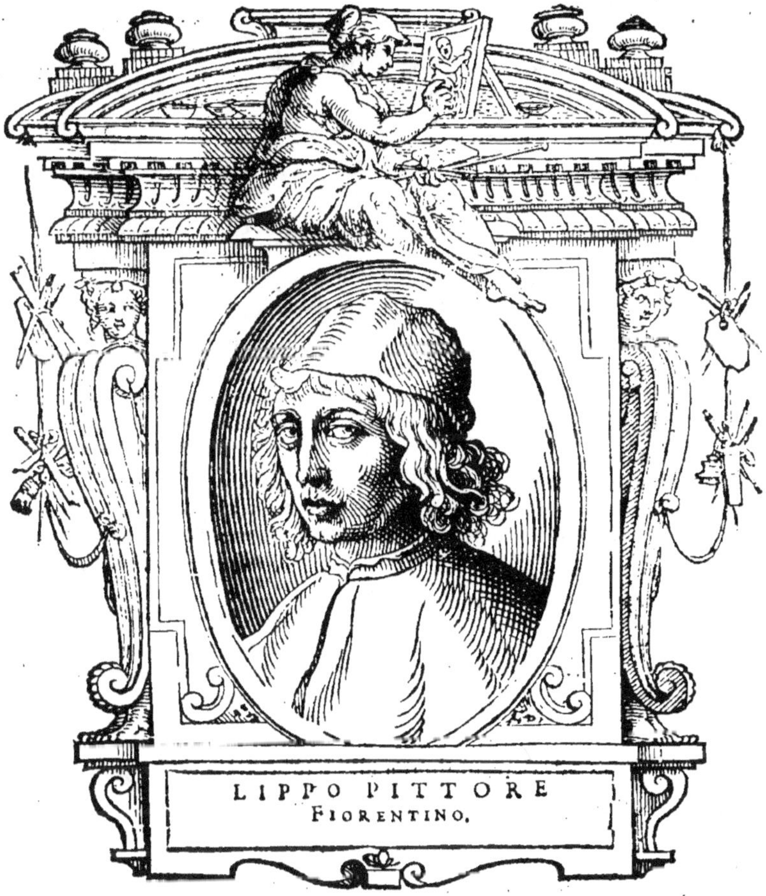

LIPPO PITTORE
FIORENTINO.

VITA DI LIPPO PITTORE FIORENTINO.

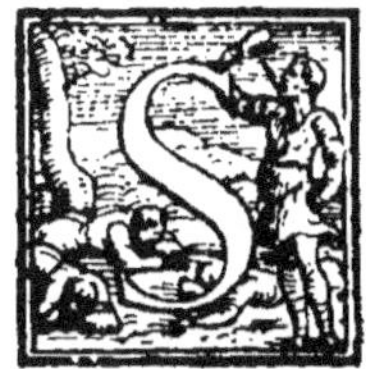

EMPRE fu tenuta, e sara la inuenzione, Madre verissima dell'Architettura, della pittura, e della poesia; anzi pure di tutte le migliori Arti, e di tutte le cose marauigliose, che da gl'huomini si fanno: percioche ella gradisce gl'artefici molto, e di loro mostra i ghiribizzi, e i capricci de'fantastichi ceruelli, che truouano la varieta delle cose. Le nouita delle quali esaltano sempre con marauigliosa lode tutti quelli, che in cose honorate adoperandosi, con straordinaria bellezza danno forma, sotto coperta, e uelata ombra, alle cose, che fanno, tallora lodando altrui con destrezza, e tal uolta biasimãdo senza essere apertamente intesi. Lippo dunq;

pittore Fiorentino, che, tanto fu vario, e raro nell'inuenzione; quanto furono veramente infelici l'opere sue; e la vita, che gli durò poco: nacque in Fiorenza intorno agl'anni di nostra salute 1354; e se bene si mise all'arte della pittura assai ben tardi, e gia grande, nondimeno fu in modo aiutato dalla Natura, che a cio l'inclinaua, e dall'ingegno, che haueua bellissimo; che presto fece in essa marauigliosi frutti: percioche, cominciando in Fiorenza i suoi lauori, fece in s. Benedetto grande, e bel Monasterio fuor della porta a pinti, dell'ordine di camaldoli, hoggi rouinato, molte figure, che furono tenute bellissime; e particolarmente tutta vna capella di sua mano, che mostraua quanto vn sollecito studio faccia tostamente fare cose grandi, a chi per disiderio di Gloria honoratamente s'affatica. Da Fiorenza essendo condotto in Arezzo nella chiesa di santo Antonio alla capella de' Magi, fece in fresco vna storia grande, doue eglino adorano Christo, e in vescouado la capella di san Iacopo, e san Christofano, per la famiglia degl'vbertini; Lequali tutte cose, hauendo egli inuenzione nel cōporre le storie, e nel colorire furono bellissime; e massimamente, essendo egli stato il primo, che cominciasse a scherzare, per dir cosi, con le figure, e suegliare gl'animi di coloro che furono dopo lui, laqualcosa inanzi non era stata, non che messa in vso, pure accennata. Hauendo poi molte cose lauorato in Bologna; & in Pistoia vna Tauola, che fu ragioneuole, se ne tornò a Fiorenza; doue in santa Maria Maggiore dipinse nella capella de' Beccundi l'anno 1383 le storie di san Giouanni Euangelista. Allato alla quale capella, che è accanto alla Maggiore a man sinistra, seguitano nella facciata della Chiesa di mano del medesimo, sei storie del medesimo santo, molto ben composte e ingegnosamente ordinate; doue fra l'altre cose e molto viuamente espresse vn san Giouanni, che fa mettere da san Dionigi areopagita, la ueste di se stesso sopra alcuni morti, che nel nome di Giesu Christo rihanno la vita; con molta marauiglia d'alcuni che presenti al fatto: a pena il credono, agl'occhi loro medesimi. Cosi anche nelle figure de' morti si vede grandissimo artifizio in alcuni scorti, ne quali apertamente si dimostra, che Lippo conobbe, e tentò imparte alcune difficultà dell'arte della Pittura. Lippo medesimamente fu quegli, che dipinse i portelli nel Tempio di san Giouanni, cioè del Tabernacolo doue sono gl'Angeli, e il san Giouanni di rilieuo di mano d'Andrea, ne iquali lauorò a tempera molto diligentemente istorte di san Giouanni Battista. E per che si dilettò anco di lauorare di Musaico, nel detto san Giouanni sopra la porta, che va alla misericoria, fra le finestre, fece vn principio, che fu tenuto bellissimo, e la migliore opera di Musaico, che in quel luogo fino allora fusse stata fatta; e racconciò ancora alcune cose, pure di Musaico, che in quel tempio erano guaste. Dipinse ancora fuor di Fiorenza in san Giouanni fra l'arcora fuor della porta a faenza, che fu rouinato per l'assedio di detta città, allato a una passione di Christo fatta da Buffalmacco molte figure a fresco che furono tenute bellissime da chiunche le vide: Lauorò similmente a fresco in certi spedaletti della porta a Faenza, e in santo Antonio dentro a detta porta, vicino allo spedale. certi poueri in diuerse bellissime maniere; e attitudini, e dentro nel chiostro fece con bella e nuoua inuenzione vna visione, nellaquale figurò, quādo santo Antonio vede i lacci del mōdo, et appresso

presso a quelli la volontà, e gl'appetiti degl'huomini, che sono dall'vna, e dagl'altri tirati, alle cose diuerse di questo mondo, il che tutto fece con molta considerazione, e giudizio. lauorò ancora Lippo cose di Musaico in molti luoghi d'Italia: e nella parte guelfa in Firenze fece vna figura cõ la testa inuetriata; e in Pisa ancora sono molte cose sue. Ma nondimeno si puo dire, che egli fusse veramẽte infelice, poi che nõ solo la maggior parte delle fatiche sue sono hoggi per terra, e nelle rouine dell'assedio di Fiorenza andate in perditione: ma ancora per hauere egli molto infelicemẽte terminato il corso de gl'anni suoi, concio sia, che essendo Lippo persona litigiosa, e che piu amaua la discordia, che la pace; per hauere una mattina detto bruttissime parole a vn suo auuersario, al Tribunale della Mercanzia, egli fusse vna sera, che se ne tornaua a casa da colui appostato, e con un coltello di maniera ferito nel petto, che pochi giorni dopo miseramente si morì. Furono le sue pitture circa il MCCCCX.

Fu nei medesimi tempi di Lippo in Bologna, vn'altro pittore chiamato similmente Lippo Dalmasi, ilquale fu valente huomo, e fra l'altre cose, dipinse, come si puo vedere in san Petronio di Bologna, l'anno 1407 vna Nostra Dõna, che è tenuta in molta venerazione; & in fresco l'arco sopra la porta di san Procolo, e nella Chiesa di san Francesco nella Tribuna dell'altar maggiora fece vn Christo grande in mezzo a san Piero, & san Paulo, con buona grazia, e mauiera. E sotto questa opera si uede scritto il nome suo con lettere grandi. Disegno costui ragioneuolmẽte, come si puo vedere nel nostro libro. E insegnò l'arte a M. Galante da Bologna, che disegnò poi molto meglio, come si puo vedere nel detto libro in un ritratto dal uiuo con habito corto, et le maniche a gozzi.

Fine della vita di Lippo Pittore Fiorentino.

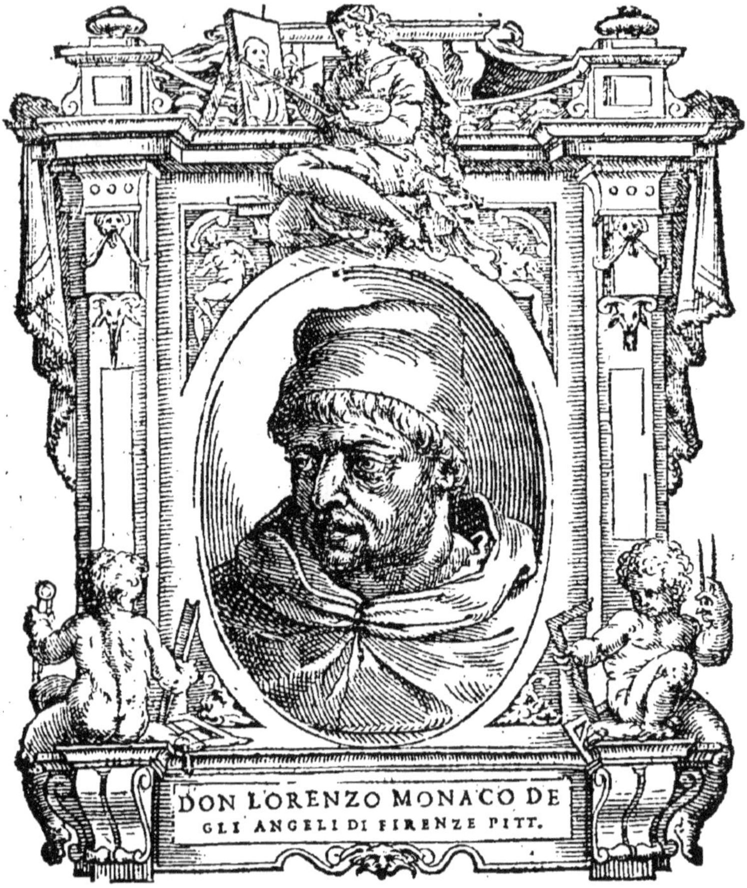

DON LORENZO MONACO DE GLI ANGELI DI FIRENZE PITT.

VITA DI DON LORENZO MONACO DE GLI ANGELI DI FIRENZE, PITTORE.

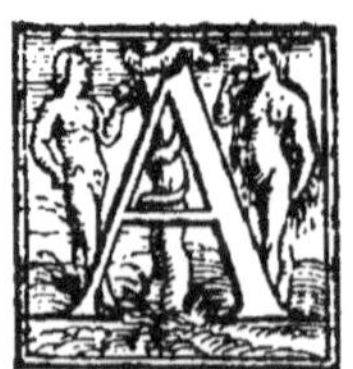

Vna persona buona, e relligiosa, credo io, che sia di grã cõtento il trouarsi alle mani qualche esercizio honorato, o di lettere, ò di Musica, ò di pittura ò di altre liberali, e mechaniche arti, che non siano biasimeuoli; Ma piu tosto di vtile agl'altri huomini, e di giouamento: percioche dopo i diuini vffici, si passa honoratamente il tempo, col diletto, che si piglia nelle dolci fatiche de i piaceuoli esercizij. A che si aggiugne, che non solo è stimato, e tenuto in pregio da gl'altri, solo, che inuidiosi non siano, e maligni, mentre, che viue: ma che ancora è dopo la morte da tutti gli huomini honorato; per l'opere, e buon nome, che di lui resta a co loro, che rimangono. E nel vero chi dispensa il tempo in questa maniera, viue in quieta contemplazione, e senza molestia alcuna di que' stimoli ambiziosi, che negli scioperati, & oziosi, che per lo piu sono ignoranti, con loro vergogna, e danno quasi sempre si veggiono. E se pur auuiene, che vn cosi fatto virtuoso da i maligni sia tallora percosso, può tanto il valore della virtù, che il tempo ricuopre, e sotterra la malignità de' cattiui: & il virtuoso ne' secoli, che sucendono, rimane sempre chiaro, & Illustre. Don Lorenzo dunque pittore Fiorentino, essendo Monaco della religione di Camaldoli, e nel Monasterio degl'Angeli: Ilqual Monasterio hebbe il suo principio l'anno 1294. da Fra Guittone d'Arezzo dell'ordine, e milizia della vergine madre di Giesu Cristo: o vero, come volgarmente erano i religiosi di quell'ordine chiamati, de' frati gaudenti: attese ne' suoi primi anni con tanto studio al disegno, & alla pittura, che egli fu poi meritamente in quello esercizio, fra i migliori dell'età sua annouerato. Le prime opere di questo Monacho pittore, ilquale tenne la maniera di Taddeo Gaddi, e degl'altri suoi, furono nel suo monasterio degli Agnoli; doue, oltre molte altre cose dipinse la tauola dell'altar maggiore, che ancor' hoggi nella loro chiesa si vede: laquale fu posta su, finita del tutto, come per lettere scritte da basso nel fornimento si puo vedere, l'anno 1413. Dipinse similmente Don Lorenzo in una Tauola, che era nel monasterio di sã Benedetto del medesimo ordine di Camaldoli, fuor della porta a pinti, ilquale fu rouinato, per l'assedio di Firenze l'anno 1529. una coronazione di nostra Donna, si come haueua anco fatto nella tauola della sua chiesa degl'Angeli: laquale tauola di san Benedetto è hoggi nel primo chiostro del detto Monasterio degl'Angeli nella capella degl'Alberti a man ritta. In quel medesimo tempo, & forse prima, in s. Trinita di Firenze, dipinse a fresco la capella, e la tauola degl'Ardinghelli, che in quel tempo fu molto lodata, doue fece di natura le il ritratto di Dãte, e del Petrarca. In s. Piero maggiore dipinse la capella de' Fierauanti: & in una capella di s. Piero Scheraggio dipinse la tauola. Et nella detta chiesa di S. Trinita la capella de' Bartolini. In s. Iacopo sopra Arno si vede anco una tauola di sua mano molto ben lauorata, & condotta con infinita diligenza, secondo la maniera di que' tempi. Similmente nella Certosa fuor di Fiorenza, dipinse alcune cose con buona pratica; & in s. Michele di Pisa, monasterio dell'ordine suo, alcune tauole, che sono ragioneuoli. Et in Firẽze nella chiesa de' Romiti, pur di Camaldoli, che hoggi, essendo rouinata isieme cõl monasterio, ha di lasciato solamente il nome a q̃lla parte di là d'Arno, che dal nome di quel santo luogo, si chiama CAMALDOLI, oltre a molte altre cose, fece un crucifisso in tauola, & un s. Giouanni, che furono tenuti bellissimi. Finalmente infermatosi d'una postema crudele, che lo stenne oppresso molti mesi, si morì d'anni cinquantacinque, e fu da suoi monaci, come le sue virtù meritauano honoratamente nel capitolo del loro monasterio sotterrato.

Et perche spesso, come la sperienza ne dimostra, da un solo germe, col tempo, mediante lo studio, & ingegno degl'huomini, ne surgono molti; nel detto monasterio degl'Angeli, doue sempre, p adietro attesero i monaci alla pittura, & al disegno, non solo il detto Don Lorenzo fu eccellente in fra di loro; ma ui fiorirono ancora per lungo spazio di molti anni, e prima, & poi huomini eccel. nelle cose del disegno. Onde non mi pare da passare in niun modo cõ

silenzio

silenzio un Don Iacopo Fiorentino, che fu molto inanzi al detto Don Lorenzo: percioche, come fu ottimo, & costumatissimo religioso, così fu il miglior scrittore di lettere grosse, che fusse prima, o sia stato poi, non solo in Toscana, ma in tutta Europa; Come chiaramente ne dimostrano, non solo i venti pezzi grãdissimi di libri da coro, che egli lasciò nel suo monasterio, che sono i piu belli, quanto allo scritto, & maggiori, che siano forse in Italia: ma infiniti altri ancora, che in Roma, & in Vinezia, & i molti altri luoghi si ritruouano, e massimamente in s. Michele, & in s. Mathia di Murano, monasterio della sua relligione Camaldolense. per lequali opere meritò questo buon padre, molti, & molti anni poi, che fu passato a miglior vita, non pure, che Don Paulo Orlandini, monaco dottissimo nel medesimo monasterio, lo celebrasse con molti versi Latini; ma che ancora fusse, come è la sua man destra, con che scrisse i detti libri, in vn tabernacolo serbata con molta venerazione; insieme con qlla d'un'altro monaco, chiamato Don Siluestro, ilquale non meno eccellentemente, per quanto portò la condizione di que' tempi, miniò i detti libri, che gl'hauesse scritto Don Iacopo. Et io, che molte volte gli ho veduti, resto marauigliato, che fussero condotti con tanto disegno, & con tanta diligenza, in que' tempi, che tutte l'arti del disegno erano poco meno, che perdute: percioche furono l'opere di questi monaci intorno a gl'anni di nostra salute 1350. & poco, & prima, & poi, come in ciascuno di detti libri si vede. Dicesi, & ancora alcuni vecchi se ne ricordano, che quando Papa Leone x. venne a Firenze, egli volle vedere, & molto ben considerare i detti libri, ricordãdosi hauergli vdito molto lodare al Mag. Lorẽzo de' Medici suo padre: & che poi, che gli hebbe con attenzione guardati, & ammirati; mentre stauano tutti aperti sopra le prospere del coro, disse; se fussero secondo la chiesa Romana, & nõ, come sono, secondo l'ordine monastico, e vso di Camaldoli, ne vorremmo alcuni pezzi, dando giusta ricompensa a i monaci, per s. Piero di Roma, doue gia n'erano, & forse ne sono due altri di mano de' medesimi monaci, molto belli. Sono nel medesimo monasterio degl'Angeli molti ricami antichi, lauorati con molto bella maniera, & con molto disegno, da i padri antichi di quel luogo, mentre stauano in perpetua clausura, col nome, non di monaci, ma di romiti, senza vscir mai del monasterio, nella guisa, che fanno le suore, e monache de' tempi nostri. Laquale clausura durò insino all'anno 1470. Ma per tornare a Don Lorenzo, insegnò costui a Franc. Fiorentino, ilquale, dopo la morte sua fece il tabernacolo, che è in sul cãto di s. Maria Nouella, in capo alla uia della Scala, per andare alla sala del papa: Et a vn'altro discepolo, che fu Pisano, ilquale dipinse nella chiesa di s. Franc. di Pisa alla capella di Rutilio di Ser Baccio Maggiolini, la nostra Dõna, vn s. Piero, s. Gio. Batt. s. Franc. e s. Ranieri, con tre storie di figure piccole, nella predella dell'altare. Laqual'opera, che fu fatta nel 1315. per cosa lauorata a tẽpera, fu tenuta ragioneuole. Nel nostro lib. de' Disegni ho di mano di D. Lorenzo, le virtu Teologiche, fatte di chiaro scuro, con buõ disegno, e bella, e graziosa maniera, in tãto, che sono per auuentura migliori, che i disegni di qual si voglia altro maestro di que' tẽpi. Fu ragioneuole dipintore ne' tẽpi di D. Lor. Ant. Vite da Pistoia, ilqual dipinse, oltre molte altre cose, come s'è detto nello Starnina; nel palazo del ceppo di Prato, la uita di Frãcesco di Marco, fondatore di quel luogo pio.

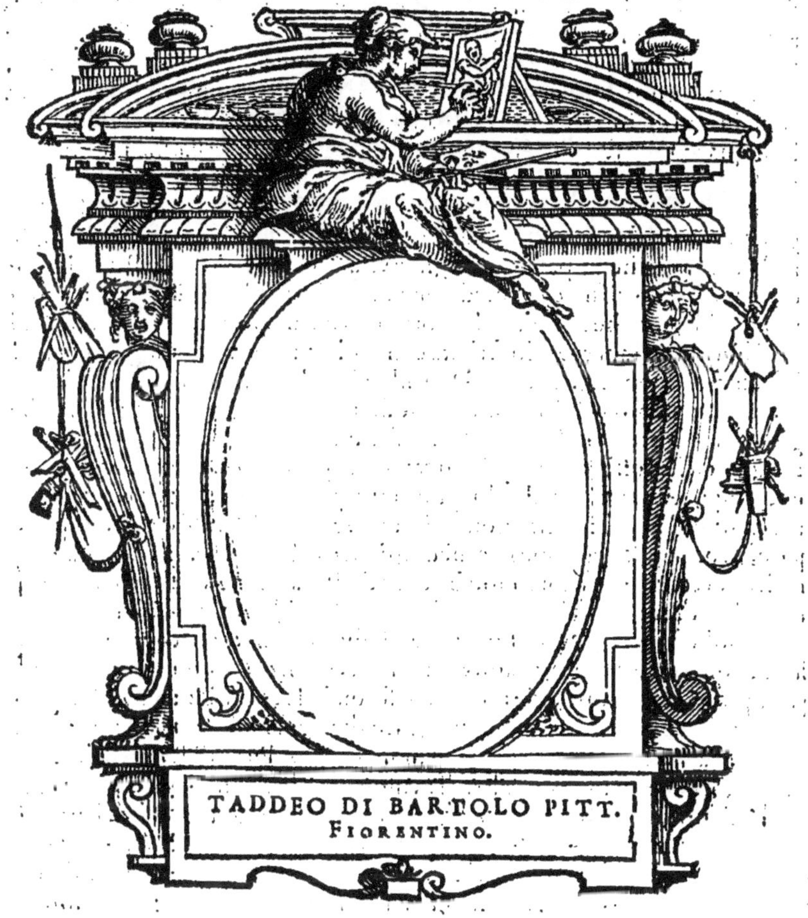

TADDEO DI BARTOLO PITT.
FIORENTINO.

VITA DI TADDEO BARTOLI PITTORE.

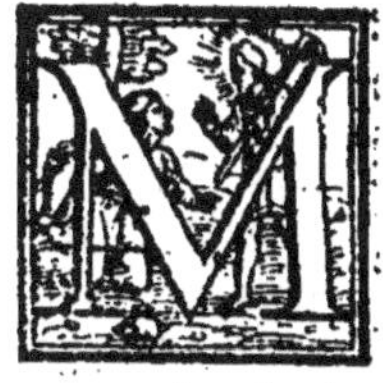

ERITANO quegli Arteſici, che per guadagnarſi nome ſi mettono a molte fatiche, nella pittura, che l'ope loro ſiano poſte, nō in luogo oſcuro, e diſonorato, onde ſiano da chi non intende piu la che tanto biaſimate: Ma in parte, che per la nobiltà del luogo, per i lumi, e per l'aria poſſano eſſere rettamente da ognuno vedute, & cōſiderate; come è ſtata, e è ancora l'opera publica della capella, che Taddeo Bartoli pittor Saneſe, fece nel palazzo di Siena alla Signoria. Taddeo dunque nacque di Bartolo di Maeſtro Fredi, Il quale fu Dipintore nell'età ſua mediocre; e dipinſe in S. Gimignano nella pieue, entrando a man ſiniſtra Tutta la ta la facciata d'historie del Testamento Vecchio. Nella quale opera, che in vero nó fu molto buona, si legge ancor nel mezzo questo, epitaffio. A. D. 1356. Bartolus Magistri Fredi di Senis me pinxit. Nelqual tempo bisogna, che Bartolo fusse giouane, perche si vede in vna Tauola fatta pur da lui l'anno 1388. in santo Agostino della medesima terra, entrádo in chiesa, per la porta principale, á man manca, doue è la Circoncisione di N. Signore cõ certi santi; che egli hebbe molto miglior maniera così nel disegno, come nel colorito, percioche vi sono alcune teste assai belle: se bene i piedi di quelle figure, sono della maniera antica. Et in somma si veggiono molte altre opere di mano di Bartolo per que' paesi. Ma per tornare a Taddeo essendogli data a fare nella sua patria, come si è detto, la capella del palazzo della Signoria, come al miglior Maestro di que' tempi, ella fu da lui con tanta diligenza lauorata, e rispetto al luogo, táto honorata, e per si fatta maniera dalla Signoria guiderdonata, che Taddeo n'acrebbe di molto la gloria, e la fama sua; onde non solamente fece poi, con suo molto honore, e vtile grádissimo, molte Tauole nella sua patria, ma fu chiamato con gran fauore, e dimandato alla Signoria di Siena da Francesco da Carrara Signor di Padoa, perche andasse, come fece, a fare alcune cose in quella nobilissima Città: doue nella Rena particolarmente, e nel Santo lauorò alcune Tauole, & altre cose con molta diligenza, & con suo molto honore, e sodisfazione di quel Signore, e di tutta la Città. Tornato poi in Toscana, lauorò in S. Gimignano vna Tauola a tempera, che tiene della maniera d'Vgolino Sanese, laqual Tauola è hoggi dietro all'Altar Maggiore della pieue, & guarda il choro de' preti. Dopo andato a Siena, non vi dimorò molto, che da vno de' Lanfranchi, operaio del Duomo fu chiamato a Pisa; doue trasferitosi, fece nella capella della Nunziata a fresco quando la Madonna saglie i gradi del tempio, doue in capo il Sacerdote l'aspetta in pontificale, molto pulitamente. Nel volto del quale Sacerdote, ritrasse il detto operaio, & appresso a quello se stesso. Finito q̃sto lauoro il medesimo operaio gli fece dipignere in Campo Santo sopra la capella, vna N. Donna incoronata da Giesu Christo, con molti Angeli in attitudine bellissime, e molto ben coloriti. Fece similmente Taddeo, per la capella della sagrestia di S. Francesco di Pisa, in vna Tauola, dipinta a tempera, vna N. Donna, & alcuni santi, mettendoui il nome suo, e l'anno ch'ella fu dipinta, che fu l'anno 1394. Et intorno a questi medesimi tempi, lauorò in Volterra certe Tauole a tempera, & in Monte Vliueto vna Tauola; E nel muro vn'inferno a fresco, nelquale seguì l'inuenzione di Dante, quanto attiene alla diuisione de' peccati, e forma delle pene. Ma nel sito ò non seppe, ò non potette, ò non volle imitarlo. Mandò ancora in Arezzo vna Tauola, che è in s. Agostino, doue ritrasse Papa Gregorio vndecimo, cioè quello, che dopo essere stata la corte tante decine d'anni in Fräcia, la ritornò in Italia. Dopo queste opere, ritornatosene a Siena, non vi fece molto lunga stanza; perche fu chiamato a lauorare a Perugia nella chiesa di s. Domenico, doue nella capella di s. Caterina, dipinse a fresco tutta la vita di essa santa, & in s. Francesco a cãto alla porta della sagrestia, alcune figure: lequali, ancor che hoggi poco si discernino, sono conosciute per di mano di Taddeo, hauendo egli tenuto sempre vna maniera medesima. Seguendo poco poi la morte di Biroldo S. di Perugia, che fu amazzato l'anno 1398. si ritornò Tad deo a Siena, doue lauorando continuamente attese in modo a gli studi dell'arte, per farsi valēte huomo, che si puo affermare, se forse non seguì l'intēto suo, che certo non fu per difetto, o negligenza, che mettesse nel fare, ma si bene p indisposizione d'un male opilatiuo, che l'assassinò di maniera, che non potette conseguire pienamente il suo desiderio. Morì Taddeo, hauendo insegnato l'arte a vn suo nipote, chiamato Domenico, d'anni 59. Et le pitture sue furono intorno a gl'anni di nostra salute 1410. Lasciò dunque, come si è detto, Domenico Bartoli suo Nipote, e discepolo, che attendendo all'arte della pittura, dipinse con maggiore, e migliore pratica: E nelle storie, che fece, mostrò molto piu copiosità, variandole in diuerse cose, che non haueua fatto il Zio. sono nel pellegrinario dello spedale grande di Siena, due storie grandi lauorate in fresco da Domenico, doue, e prospettiue, & altri ornamenti si veggiono assai ingegnosamente composti. Dicesi essere stato Domenico modesto, e gentile, e d'una singolare amoreuolezza, e liberalissima cortesia. E che cio non fece manco honore al nome suo, che l'arte stessa della pittura. Furono l'opere di costui intorno agl'anni del Signore 1436: & l'ultime, furono in S. Trinita di Firenze vna tauola, dentroui la Nunziata: E nella chiesa del Carmine la tauola dell' Altar Maggiore.

Fu ne' medesimi tempi, et quasi della medesima maniera, ma fece piu chiaro il colorito, e le figure piu basse, Aluano di Piero di Portogallo, che ī Volterra fece piu tauole; & in S. Antonio di Pisa n'è vna, & in altri luoghi altre, che per non essere di molta eccellenza, non occorre farne altra memoria. Nel nostro libro è vna carta disegnata da Taddeo molto praticamente, nella quale è vn Christo, & due Angeli, &c.

Fine della Vita di Taddeo Bartoli &c.

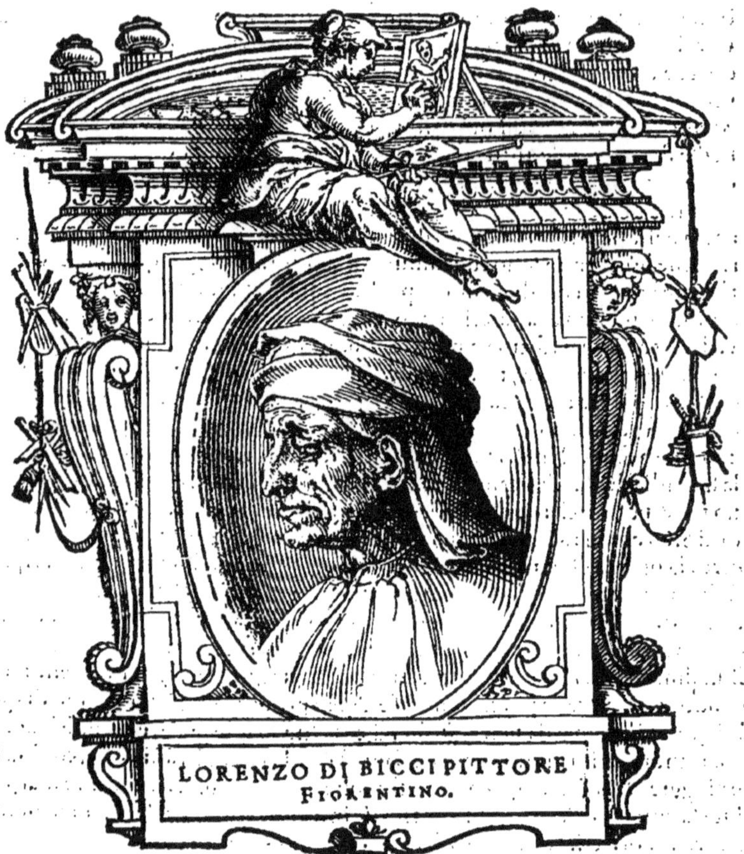
LORENZO DI BICCI PITTORE FIORENTINO.

VITA DI LORENZO DI BICCI PITTORE.

QVANDO gli huomini, che ſono eccellenti in vno, qual ſi voglia honorato eſercizio, accompagnano la virtu dell' opere, con la gentilezza de' coſtumi, e delle buone creanze, & particolarmente con la corteſia, ſeruendo chiunche ha biſogno dell'opera loro ſpreſto, & volentieri: Eglino ſenza alcun fallo conſeguono con molta lode loro, & con vtile, tutto quello, che ſi puo in vn certo modo, in queſto mōdo deſiderare. Come fece Lorenzo di Bicci pittor Fiorentino, ilquale eſſendo nato in Firenze l'anno 1400. quando apunto l'Italia cominciaua a eſſer trauagliata dalle guerre, che poco appreſſo la conduſſono a mal termine; fu quaſi nella puerizia in boniſſimo credito: percioche hauendo ſotto la diſciplina paterna

terna i buon costumi,& da Spinello pittore apparato l'arte della pittura, hebbe sempre nome, non solo di eccellente pittore, ma di cortesissimo,& honorato valente huomo. Hauendo dunque Lorenzo cosi giouinetto fatto alcune opere a fresco in Firenze,e fuora per adestrarsi, Giouanni di Bicci de'Medici, veduta la buona maniera sua, gli fece dipigner nella sala della casa vecchia de' Medici, che poi restò a Lorézo fratel carnale di Cosimo vecchio, murato, che fu il palazzo grande, tutti quegli huomini famosi, che anchor hoggi assai ben conseruati, vi si veggiono. La quale opera finita; perche Lorenzo di Bicci disideraua, come ancor fanno i Medici, che si esperimentano nell'arte loro, sopra la pelle de' poueri huomini di contado, esercitarsi ne' suoi studi della pittura, doue le cose non sono cosi minutaméte considerate; per qualche tépo accettò tutte l'opere, che gli vennono per le mani, onde fuor della porta a s. Friano dipinse al ponte a Scandicci, vn tabernacolo nella maniera, che ancor hoggi si vede. Et a Cerbaia sotto vn portico, dipinse in vna facciata, in compagnia d'una N. Donna, molti santi assai acconciamente. Essendogli poi dalla famiglia de' Martini fatta allogazione d'una Capella in s. Marco di Firenze, fece nelle facciate a fresco molte storie della Madonna, e nella tauola essa Vergine in mezo a molti santi. E nella medesima chiesa, sopra la capella di s. Gio. euang. del la famiglia de' Landi, dipinse a fresco vn' Agnolo Raffaello, e Tobia. E poi l'anno 1418. per Ricciardo di M. Niccolò Spinelli, fece nella facciata del conuento di S. Croce in sulla piazza in vna storia grande a fresco, vn s. Tommaso, che cerca la piaga a Giesu Christo, & appresso, & intorno a lui tutti gli altri Apostoli, che reuerenti, & ingenocchioni stanno a veder cotal caso. Et appresso alla detta storia, fece similmente a fresco, vn s. Christofano alto braccia dodici, & mezzo, che è cosa rara; perche insino allora, eccetto il s. Christofano di Buffalmaco, nõ era stata veduta la maggior figura, ne p cosa grãde, se bene nõ è di buona maniera, la piu ragioneuole, & piu proporzionata immagine di qlla in tutte le sue parti; senza, che l'una, & l'altra di qste pitture furono lauorate cõ tanta pratica, che ancora, che siano stati all'aria molti ãni, & percosse dalle pioggie, & dalla tempesta, per esser volte a tramontana, non hãno mai pduta la viuezza de' colori, ne sono rimase in alcuna parte offese. fece anchora dentro la porta, che è in mezzo di queste figure, chiamata la porta del Martello, il medesimo Lorenzo a richiesta del detto Ricciardo, & del guardiano del conuento, vn crucifisso con molte figure: & nelle facciate intorno la confermazione della regola di s. Franc. fatta da papa Honorio; & appresso il martirio d'alcuni frati di quell'ordine, che andarono a predicare la fede fra i Saracini. Negl'archi, & nelle volte fece alcuni Re di Francia frati, e diuoti di s. Frãc. e gli ritrasse di naturale: & cosi molti huomini dotti di quell' ordine; & segnalati per dignità, cioè Vescoui, Cardinali, & papi. Infra iquali sono ritratti di naturale in due tondi delle volte, papa Nicola quarto, & Alessandro quinto. Allequali tutte figure, ancor che facesse Lorenzo gl'habiti bigi, gli variò nondimeno, per la buona pratica, che egli haueua nel lauorare, di maniera, che tutti sono fra loro differenti; alcuni pendono in rossigno, altri in azurriccio, altri sono scuri, & altri piu chiari: & in somma sono tutti varij, & degni di considerazione: & quello, che è piu, si dice, che fece questa opera con tanta facilità, e prestezza, che facendolo vna volta chiamare il Guardiano, che gli faceua na le spese, a desinare, quando apunto haueua fatto l'intonaco per vna figura, & cominciatala; egli rispose fate le scodelle, che io faccio questa figura, & vé go. Onde a gran ragione si dice, che Lorenzo hebbe tanta velocità nelle mani, tanta pratica ne colori, & fu tanto risoluto, che piu non fu niun' altro giamai. E di mano di costui il tabernacolo in fresco, ch'è in sul canto delle monache di Foligno; & la Madonna, & alcuni santi, che sono sopra la porta della Chiesa di quel monasterio, fra iquali è vn s. Franc. che sposa la pouertà. Dipinse anco nella chiesa di Camaldoli di Firenze, per la compagnia de' Martiri alcune storie del martirio d'alcuni santi: & nella chiesa due capelle, che mettono in mezzo la capella maggiore. Et perche queste pitture piacquero assai a tutta la città vniuersalmente, gli fu dopo, che l'hebbe finite, data a dipignere nel carmine, dalla famiglia de' Saluestrini, laquale è hoggi quasi spenta, nõ essendone, ch'io sappia, altri, che vn frate degli Angeli di Firenze, chiamato fra Nemesio, buono, & costumato religioso, vna facciata della chiesa del Carmine; doue egli fece i martiri, quando, essendo condennati alla morte, sono spogliati nudi, & fatti caminare scalzi sopra triboli, seminati da i ministri de' Tirãni, mentre andauano a esser posti in croce: si come piu in alto si veggiono esser posti in varie, e strauaganti attitudini. In questa opera, laquale fu la maggiore, che fusse stata fatta insino allora, si vede fatto, secondo il sapere di que' tempi, ogni cosa con molta pratica, e disegno; essendo tutta piena di questi affetti; che fa diuersamente far la natura a coloro, che con violenza sono fatti morire. onde io non mi marauiglio, se molti valenti huomini si sono saputo seruir d'alcune cose, che in questa pittura si ueggiono. Fece dopo queste nella medesima chiesa, molte altre figure, & particolarmente nel tramezzo due capelle. Et ne' medesimi tempi il tabernacolo del canto alla Cuculia, & quello, che è nella uia de' martelli nella faccia delle case: & sopra la porta del Martello di santo Spirito, in fresco vn s. Agostino, che porge a' suoi frati la regola. In s. Trinita dipinse a fresco la vita di s. Giouanni Gualberto nella cappella di Neri compagni. Et nella cappella maggiore di s. Lucia, nella uia de' Bardi, alcune storie in fresco della uita di quella santa, per Niccolo da Vzzano, che ui fu da lui ritratto di naturale, insieme con alcuni altri cittadini. Ilquale Niccolò col parere, e modello di Lorenzo, murò vicino a detta chiesa il suo palazo, & il magnifico principio per una sapienza, o vero studio, fra il conuento de' Serui, & quello di san Marco, cioè doue sono hoggi i Lioni.

Laquale opera, veramente lodeuolissima, e piu tosto da Magnanimo Principe, che da priuato cittadino, non hebbe il suo fine: perche i danari, che in grã dissima somma Niccolo lasciò in sul Monte di Firenze, per la fabrica, e per l'entrata di quello studio furono in alcune guerre, o altri bisogni della città consumati da i Fiorentini. E se bene non potrâ mai la fortuna oscurare la memoria, e la grandezza dell'animo di Niccolo da vzzano: non è pero, che l'uniuersale dal non si essere finita questa opera, non riceua danno grandissimo. La onde, chi disidera giouare in simili modi al mondo, e lasciare di se honorata memoria, faccia da se mẽtre ha vita, e non si fidi della fede de' posteri, e degl'heredi: per che rade volte si vede hauere hauuto effetto interamente, cosa, che si sia lasciata, perche si faccia da i sucessori. Ma tornando a Lorenzo, egli dipinse, oltre quello, che si è detto in sul ponte rubaconte à fresco in vn Tabernacolo, una Nostra Donna, & certi santi, che furono ragioneuoli. Ne molto dopo, essendo ser Michele di fruosino spedalingo di santa Maria nuoua di Firenze, ilquale spedale hebbe principio da Folco portinari cittadino Fiorentino; egli deliberò, si come erano cresciute le facultà dello spedale, che cosi fusse accresciuta la sua Chiesa dedicata a santo Egidio; che allora era fuor di Firenze, e piccola affatto. Onde, presone consiglio da Lorenzo di Bicci suo amicissimo cominciò a di cinque di settembre l'anno 1418, la nuoua Chiesa, laquale fu in vn'anno finita nel modo ch'ella sta hoggi: E poi consegrata solennemente da Papa Martino quinto a richiesta di detto ser Michele, che fu ottauo spedalingo; e degl'huomini della famiglia de portinari. Laquale sagrazione dipinse poi Lorenzo, come volle ser Michele, nella facciata di quella chiesa, ritraendoui di naturale quel Papa, & alcuni Cardinali: laquale opera, come cosa nuoua e bella, fu allora molto lodata. Onde meritò d'essere il primo che dipignesse nella principale Chiesa della sua città; cio è in Santa Maria del Fiore, doue sotto le finestre di ciascuna capella dipinse quel santo, Alquale ell'è intitolata, e ne i pilastri poi, e per la Chiesa i dodici Apostoli; con le croci della consegrazione, essendo quel tempio stato solennissimamente quello stesso anno consegrato da Papa Eugenio quarto Viniziano. Nella medesima Chiesa, gli fecero dipignere gl'operai, per ordine del publico nel muro a fresco; vn Deposito finto di marmo, per memoria del Cardinale de'Corsini, che iui è sopra la cassa ritratto di Naturale. E sopra quello un'altro simile, per memoria di Maestro Luigi Marsilii famosissimo Theologo, ilquale andò Ambasciadore con messer Luigi Guicciardini, e M. Guccio di Gino, honoratissimi caualieri, al Duca d'Angiò. Fu poi Lorenzo condotto in Arezzo da Don Laurentino Abbate di san Bernardo, Monasterio dell'ordine di mõte Olíueto doue dipinse, per messer Carlo Marsupini a fresco Historie della vita di san Bernardo nella Capella maggiore. Ma volendo poi dipignere nel chiostro del conuento la vita di san Benedetto, poi dico, che egli hauesse per francesco vecchio de'Bacci dipinta la maggior capella della Chiesa di san Francesco, doue fece solo la volta, & mezzo l'arco; s'amalò di mal di petto: per che, facendosi portare a firenze, lasciò, che Marco da Monte Pulciano suo discepolo, col disegno, che haueua egli fatto, & lasciato a Don Laurentino, facesse nel detto chiostro le storie della vita di san Benedetto: il che fece Marco, come seppe il meglio, e diede finita l'anno 1448. adi 24. d'Aprile tutta l'opera di chiaro scuro, come si vede esserui scritto di sua mano, con versi, & parole, che non sono men goffi, che siano le pitture. Tornato Lorenzo alla patria, risanato, che fu, nella medesima facciata del conuento di S. Croce, doue haueua fatto il s. Christofano, dipinse l'assunzione di nostra Donna in cielo, circundata da vn choro d'Angeli, & a basso vn s. Tommaso, che riceue la cintola: nel far laquale opera, per esser Lorenzo malaticcio, si fece aiutare a Donatello, allhora giouanetto; onde con si fatto aiutò fu finita di sorte l'anno 1450. che io credo, ch'ella sia la miglior opera, e per disegno, e per colorito, che mai facesse Lorenzo: ilquale nõ molto dopo, essendo vecchio, & affaticato si morì d'età di sessanta anni in circa; Lasciando due figliuoli, che attesero alla pittura, l'uno de'quali, che hebbe nome Bicci, gli diede aiuto in fare molti lauori: & l'altro, che fu chiamato Neri ritrasse suo padre, e se stesso, nella capella de'Lenzi in ogni Santi, in due tondi con lettere intorno, che dicono il nome dell'vno, & dell'altro. Nellaquale capella de' Lenzi facendo il medesimo alcune storie della nostra Donna, si ingegnò di contrafare molti habiti di que' tempi, cosi di maschi, come di femine: e nella capella fece la tauola a tempera. Parimēte nella Badia di s. Felice in piazza, di Firenze, dell'ordine di Camaldoli, fece alcune tauole: & una all'altare maggiore di s. Michele d'Arezzo del medesimo ordine. E fuor d'Arezzo a S. Maria delle Grazie, nella chiesa di s. Bernardino, vna Madonna, che ha sotto il manto il popolo d'Arezzo, & da vn lato quel s. Bernardino inginocchioni con vna croce di legno in mano, si come costumaua di portare, quando andaua per Arezzo predicando; e dall'altro lato, e d'intorno s. Niccolò, e s. Michelagnolo. E nella predella sono dipinte storie de' fatti di detto s. Bernardino, & de' miracoli, che fece, & particolarmente in quel luogo. Il medesimo Neri fece in s. Romolo di Firenze la tauola dell'altar Maggiore: & in s. Trinita, nella capella degli Spini la vita di s. Giouāni Gualberto a fresco, e la tauola a tempera, che è sopra l'altare. Dallequali opere si conosce, che se Neri fusse viuuto, e non mortosi d'età di trentasei anni, che egli hauerebbe fatto molte piu opere, & migliori, che non fece Lorenzo suo padre. Ilquale, essendo stato l'ultimo de' maestri della maniera vecchia di Giotto, sarà anco la sua vita, l'ultima di questa prima parte; laquale con l'aiuto di Dio benedetto, hauemo condotta a fine.

Fine della vita di Lorenzo di Bicci, & della prima parte dell'opera.

DELLE VITE DE' SCVLTORI, PITTORI, ET ARCHITETTORI

Che sono stati da Cimabue in quà,

SCRITTE DA M. GIORGIO VASARI PITTOR, ET ARCHITETTO ARETINO.

Seconda parte

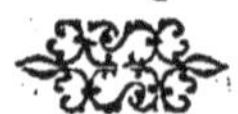

PROEMIO.

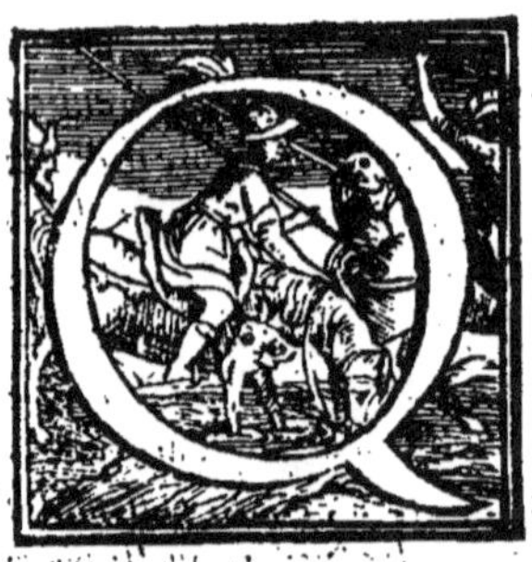

VANDO io presi primieramente a descriuere queste vite; Non fu mia intenzione, fare vna nota delli Artefici, & vno inuentario, dirò così, dell'opere loro; Ne giudicai mai degno fine di queste mie non sò come belle, certo lunghe, & fastidiose fatiche, ritrouare il numero, & i nomi, & le patrie loro; & insegniare in che Città, & in che luogo appunto di esse si trouaßino al presente le loro pitture, o sculture, o fabriche; che questo io la harei potuto fare, cõ vna semplice tauola, senza interporre in parte alcuna il giudizio mio. Ma vedendo, che gli scrittori delle istorie, quegli che per commune consenso hanno nome di hauere scritto con miglior giudizio, non solo non si sono contentati di narrare semplicemente i casi seguiti, ma con ogni diligenza, et cõ maggior curiosità che hanno potuto, sono iti inuestigando i modi, & i mezi, & le vie, che hanno vsati i valenti huomini nel maneggiare l'imprese: & sonsi ingegniati di toccare gli errori, & appresso i bei colpi, e ripari, e partiti prudentemente qualche volta presi ne gouerni delle faccende; e tutto quello in somma, che sagacemẽte, o straccuratamẽte, con prudenza, o cũ pietà, o con magnanimità hanno in esse operato. Come quelli che conosceuano la istoria essere veramente lo specchio della vita humana; non per narrare asciuttamente i casi occorsi a vn Principe, o d'una Republica, ma per auuertire i giudizij, i consigli, i partiti, & i maneggi degli huomini, cagione poi delle felici, & infelici azzioni. Il che è proprio l'anima dell'istoria. Et quello che in vero insegna viuere, & fa gli huomini prudenti: & che appresso al piacere, che si trae del vedere le cose passate, come presenti è il vero fine di quella. Perlaqualcosa hauendo io preso a scriuer la istoria de nobilißimi Artefici, per giouar all'arti quanto patiscono le forze mie; & appresso per honorarle, ho tenuto quanto io poteua, ad imitazione di cosi valenti huomini, il medesimo modo; & mi sono ingegnato non solo di dire quel che hanno fatto, ma di sceglire ancora discorrēdo il meglio da'l buono; & l'ottimo da'l migliore; & notare vn poco diligentemente i modi, le arie, le maniere, i tratti, & le fantasie de Pittori, & degli Scultori. Inuestigando quanto piu diligentemente ho saputo, di far conoscere a quegli che questo per se stessi non sanno fare, le cause, & le radici delle maniere; e del miglioramento, & peggioramento dell'arti, accaduto in diuersi tempi, & in diuerse persone. Et per che nel principio di queste vite io parlai de la nobiltà & antichità di esse arti, quanto a questo proposito si richiedeua; lasciando da parte molte cose di che io mi sarei potuto seruire di Plinio, & d'altri autori, se io non hauessi voluto, contra la credenza forse di molti, lasciar libero a ciascheduno il vedere le altrui fantasie ne' proprij fonti: Mi pare che è si conuenga fare al presente, quello che fuggendo il tedio, & la lunghezza, mortal nemica della attenzione, non mi fu lecito fare all'ora, cio è aprire piu diligentemente l'animo, & intenzione mia: & mostrare a che fine io habbia diuiso questo Corpo delle vite, in tre parti. Bene è vero che quantunque la grandezza delle arti nasca in alcuno da la diligenza; in vn'altro da lo studio; in questo da la imitazione; in quello da la cognizione delle scienzie, che tutte porgono aiuto a queste; & in chi da le predette cose tutte insieme, o da la parte maggiore di quelle: Io nientedimanco per hauere nelle vite de' particolari ragionato a bastanza, de' modi, de l'arte, de le maniere, & de le cagioni del bene, & meglio, ed ottimo operare di quelli: Ragionerò di questa cosa generalmente; & piu presto de la qualità de' tempi, che de le persone: distinte, & diuise da me, per non ricercarla troppo minutamente, in tre parti, o vogliamole chiamare età, da la rinascita di queste arti, sino al secolo, che noi viuiamo; per quella manifestissima differenza, che in ciascuna di loro si conosce. Conciò sia che nella prima, & piu antica si sia veduto queste tre arti essere state molto lontane da la loro perfezzione: et come che elle habbino hauto qualcosa di buono, essere stato acompagniato da tanta imperfezzione, che e nō merita per certo troppa gran lode. Ancora, che per hauer dato principio, & via, e modo al meglio, che seguitò poi, se nō fusse altro non si puo se non dirne bene; & darle vn po. piu gloria, che se si hauesse a giudicare con la perfetta regola dell'arte, non hanno meritato l'opere stesse. Nella seconda poi si veggono manifesto esser le cose migliorate assai, e nell'inuezioni, e nel condurle cō piu disegnio, e cō miglior maniere, e con maggior diligenza: e così tolto via qlla ruggine della vecchiaia, e quella goffezza, e sproporzione; che la grossezza di quel tēpo le haueua recata adosso. Ma chi ardirà di dire, in quel tempo essersi trouato vno in ogni cosa perfetto? Et che habbia ridotto le cose al termine di hoggi, & d'inuenzione, & di disegnio, & di colorito? E chè habbia osseruato lo sfuggire dolcemente delle figure, con la scurità del colore, che i lumi siano rimasti solamente in su i rilieui: & similmente habbia osseruato gli strafori, et certe fini straordinarie nelle statue di marmo come in quelle si vede? Questa lode certo è tocca alla terza età; nella quale mi par potere dir sicuramēte, che

che l'Arte habbia fatto quello, che ad vna imitatrice della natura, è lecito poter fare: et che ella sia salita tanto alto, che piu presto si habbia a temere del calare a basso; che sperare hoggimai piu augumento. Queste cose considerando, io meco medesimo attentamente, giudico che sia vna proprietà, & vna particolare natura di queste arti; lequali da vno humile principio, vadino appoco appoco migliorando: & finalmente perueghino a'l colmo della perfezzione. Et questo me lo fa credere, il vedere essere interuenuto quasi questo medesimo in altre facultà: che per essere fra tutte le arti liberali vn certo che di parentado e non piccolo argumento, che e sia vero. Ma nella pittura, e scultura in altri tempi debbe essere accaduto questo tanto simile; che se, e si scambiassino insieme i nomi, sarebbono appunto i medesimi casi. Imperoche e si vede (se e'si ha a dar fede a coloro che furono vicini a que'tempi, et potettono vedere, & giudicare de le fatiche degli antichi) le statue di Canaco esser molto dure, & senza viuacità, o moto alcuno, & però assai lontane dal vero; & di quelle di Calamide si dice il medesimo, ben, che fussero alquanto piu dolci, che le predette. Venne poi Mirone, che non imitò affatto affatto la verità della natura; ma dette alle sue opere tanta proporzione, & grazia, che elle si poteuono ragioneuolmente chiamar belle. Successe nel terzo grado Policleto, & glialtri tanto celebrati; i quali come si dice, & credere si debbe, interamente le fecero perfette. Questo medesimo progresso douette accadere nelle pitture ancora, perche e'si dice, & verisimilmente si ha a pensare, che fussi così, nell'opere di quelli che con vn'solo colore dipinsero, & però furon chiamati Monocromati, non essere stata vna gran perfezzione. Di poi nelle opere di Zeusi, & di Polignioto, et di Timante, o degli altri, che solo ne messono in opera quatro. Si lauda in tutto i lineamenti, & i dintorni, et le forme: & senza dubbio vi si doueua pure desiderare qualcosa. Ma poi in Erione, Nicomaco, Protogene, & Apelle, è ogni cosa perfetta, & bellissima. E non si può imaginar meglio; auendo essi dipinto, non solo le forme, & gli atti de'Corpi eccellentissimamente; ma ancora gli affetti, & le passioni dell'Animo. Ma lasciando ire questi, che bisognia referirsene ad altri, & molte volte non conuengano i giudizij, & che è peggio ne tempi; ancora che io in ciò seguiti i migliori autori; Veggnamo a tempi nostri, doue habbiamo l'occhio, assai miglior guida, et giudice, che non è l'orecchio. Non si vede egli chiaro, quanto miglioramento, e aquisto fece, per cominciarsi da vn capo, L'architettura, da Buschetto Greco, ad Arnolfo Tedesco, & a Giotto? Vegghinsi le fabriche di que'tempi, i pilastri, le colonne, le base, i capitegli, & tutte le cornici con i membri difformi, come n'è in Fiorēza in S. Maria del Fiore, e nell'incrostatura di fuori di S. Gio. a s. Miniato al mōte, nel Vescouado di Fiesole, al duomo di Milano, a S. Vitale di Rauēna, a S. Maria Maggiore di Roma, e al duomo vecchio fuore d'Arezzo; doue ecettuato quel poco di buono, rimasto de'frammenti antichi, non vi è cosa, che habbia ordine, o fattezza buona. Ma quelli certo la migliorarono assai; & fece non poco acquisto sotto di loro; perche e'la ridussero a migliore proporzione: & fecero le lor fabbriche non solamente stabili, & gagliarde; ma ancora in qualche parte ornate; certo è nientedimeno che gli ornamenti loro fu rono confusi, & molto imperfetti: & per dirla così, non con grande ornamento. Perche nelle colonne non osseruarono quella misura, & proporzione, che richiedeua larte; Ne distinsero ordine, che fusse piu Dorico, che Corinto, o Ionico, o Toscano, ma alla mescolata con vna loro regola senza regola; faccendole grosse grosse, o sottili, sottili, come tornaua lor meglio. Et le inuenzioni furono tutte, parte di lor ceruello, parte del resto delle Anticaglie vedute da loro. E faceuano le piane parte cauate da il buono, parte agiuntoui lor fantasie, che rizzate con le muraglie aueuano vn'altra forma. Nientedimeno chi comparerà le cose loro a quelle dinanzi; vi vedrà migliore ogni cosa, e uedrà delle cose, che danno dispiacere in qualche parte a tempi nostri; come sono alcuni tēpietti di mattoni lauorati di stucchi a S. Iāni Laterano di Roma. Questo medesimo dico de la Scultura, laquale in qlla prima età della sua rinascita hebbeassai del buono; pche fuggita la maniera goffa Greca, ch'era tāto roza, che teneua ancora piu della caua che dell'igegno degli artefici, essendo quelle loro statue intere intere senza pieghe, o attitudine o mouenza alcuna; & proprio da chiamar si statue. Doue essendo poi migliorato il disegnio per Giotto, molti migliorarono anchora le figure de' Marmi, et delle pietre: Come fece Andrea Pisano, & Nino suo figliuolo; & gl'altri suoi discepoli; che furon molto meglio che i primi; & storsono piu le lor statue; & dettono loro migliore attitudine assai; come que due Sanesi AGOSTINO & AGNOLO, che feciono, come si è detto, la sepoltura di Guido Vescouo di Arezzo; & que' Todeschi che feciono la facciata d'Oruieto. Vedesi adunque in questo tempo la scultura essersi vn poco migliorata; & dato qualche forma migliore alle figure, con piu bello andar di pieghe di panni, & qualche testa con migliore aria, certe attitudini non tanto intere; & infine cominciato a tentare il buono. Ma hauere tutta volta mancato di infiniti parti per non esser in quel tempo in gran perfezzione il disegnio; ne vedersi troppe cose di buono da potere imitare. Laonde que' maestri, che furono in questo tempo, & da me son stati messi nella prima parte, meriteranno quella lode; & d'esser tenuti in quel conto: che meritano le cose fatte da loro, pur che si consideri come ancho quelle delli Architetti, & de pittori di que' tempi, che non hebbono innāzi aiuto; & hebbono a trouare la via da per loro: & il principio ancora, che piccolo, è degno sempre di lode non piccola. Non corse troppo miglior fortuna la pittura in questi tempi, se non che essendo allora piu in vso per la diuozione de' popoli, hebbe piu Artefici; & per questo fece piu euidēte progresso che quelle due. Così si vede che la maniera Greca, prima co'l principio di Cimabue, poi con l'aiuto di Giotto, si spense in tutto: & ne nacque vna nuoua la quale io volentieri chiamo maniera di Giotto; perche fu trouata da lui & da suoi discepoli; e poi vniuersalmente da tutti venerata, & imitata. Et si vede in questa leuato via il proffilo che ricigniena per tutto le figure, et que gli occhi spiritati, & piediritti in punta, & le mani aguzze, & il non auere ombre, & altre mostruosità di que' Greci; & dato vna buona grazia nelle teste, & morbidezza nel colorito. Et Giotto in particolare fece migliori attitudini alle sue figure; & mostrò qualche principio di dare vna viuezza alle teste, & piegò i pan ni che traeuano piu alla natura, che non quegli innanzi: & scoperse in parte qual cosa de lo sfuggire, & scortare le figure. Oltre a questo egli diede principio a gli affetti che si conoscesse in parte il timore, la speranza, l'ira, & lo amore. Et ridusse a vna morbidezza la sua maniera, che prima era, & ruuida, & scabrosa; & se non fece gli occhi con quel bel girare, che fa il viuo: & con la fine de suoi lagrimatoi; et i capegli morbidi; & le barbe piumose; & le mani con quelle sue nodature, & muscoli; et gli ingnudi come il vero; scusilo la difficultà dell'arte, et il non hauer visto pittori migliori di lui. Et pigli ogniuno in quella pouertà dell'arte, & de' tempi, la bontà del giudizio nelle sue istorie; l'osseruanza dell'arie, e l'obedienzia di vn naturale molto facile, perche pur si vede, che le figure obbediuano, a quel che elle haueuano a fare. Et perciò si mostra, che egli hebbe vn giudizio molto buono, se non perfetto, & questo medesimo si vede poi negli altri, come in Taddeo Gaddi nel colorito, il quale è piu dolce, & ha piu forza; & dette megliore incarnazioni, e colore ne' panni; & piu gagliardezza ne' moti alle sue figure. In Simon Sanese si vede il decoro nel compor le storie; in Stefano Scimmia, & in Tommaso suo figliuolo, che arecarono grande vtile, & perfezzione al disegnio, et inuenzione alla prospettiua, & lo sfumare, et vnire de' colori; riseruando sempre la maniera di Giotto. Il simile feciono nella pratica, e destreza Spinello Aretino. Parri suo figliuolo, Iacopo di Casentino, Antonio Veniziano, Lippo; et Gherardo Starnini, & gli altri pittori, che lauorarono dopo Giotto, seguitando la sua aria, lineamento, colorito, et maniera: & ancora migliorandola qualche pocho: ma non tanto però che e' paresse, che la volessino tirare ad altro segno. La onde chi considererà questo mio discorso, vedrà queste tre arti fino qui essere state come dire abbozzate: & mancar loro assai di quella perfezzione, che elle meritauano, et certo se non veniua meglio, poco giouaua questo miglioramento, et non era da tenerne troppo conto. Ne voglio che alcuno creda, che io sia si grosso; ne di si pocho giudizio, che io non conosca, che le cose di Giotto, e di Andrea Pisano, & Nino, & degli altri tutti, che per la similitudine delle maniere, ho messi insieme nella prima parte; se elle si compareranno a quelle, di coloro, che dopo loro hanno operato; non meriteranno lode straordinaria, ne anche mediocre, Ne è, che io non habbia cio veduto, quando io gli ho laudati. Ma, chi considererà la qualità di que' tempi, la carestia de gli Artefici, la difficulta de' buoni aiuti; le terrà non belle, come ho detto io, ma miracolose: & harà piacere infinito di vedere i primi principij, & quelle scintille di buono; che nelle pitture, e sculture cominciauono a risuscitare. Non fu certo la vittoria di L. Marzio in Spagna tanto grande; che molte non hauessino i Romani delle maggiori. Ma hauendo rispetto al tempo, al luogo, al caso, alla persona, & al numero: ella fu tenuta stupenda, & ancor hoggi pur degna delle lodi, che infinite, & grandissime le son date da gli scrittori. Cosi a me, per tutti i sopradetti rispetti, è parso, che e meritino non solamente d'essere scritti da me con diligenza, ma laudati con quello amore, e sicurtà che io ho fatto. Et penso, che non sarà stato fastidioso a' miei Artifici; l'hauer vdite queste lor vite, e considerato le lor maniere, e' lor modi: & ne ritrarrano forse non pocho vtile; Il che mi sia carißimo, & lo reputerò a buon premio delle mie fatiche; nellequali nõ ho cerco altro, che far loro inquãto io ho potuto vtile, & diletto.

Ora pòi che noi habbiamo leuate da Balia, per vn modo di dir cosi fatto, queste tre Arti; & cauatele da la fanciullezza: Ne viene la seconda eta, doue si vedrà infinitamente migliorato ogni cosa; & la inuenzione piu copiosa di figure, piu ricca d'ornamenti; & il disegnio piu fondato, & piu naturale verso il viuo: & in oltre vna fine nell'opre, condotte con manco pratica, mà pensatamente con diligenza; la maniera piu leggiadra, i colori piu vaghi; in modo, che poco ci resterà a ridurre ogni cosa al perfetto; & che elle imitino appunto la verità della natura. Per che prima con lo studio, & con la diligenza del gran Filippo Brunelleschi l' Architettura ritrouò le misure, & le proporzioni degli antichi; cosi nelle colonne tonde, come ne' pilastri quadri, & nelle cantonate rustiche, & pulite; & allora si distinse ordine per ordine, & fecesi vedere la differenza che era tra loro. Ordinossi, che le cose andaßino per regola; saguitaßino con piu ordine, e fußino spartite con misura. Crebbesi la forza, & il fondamento al disegno; e' dettesi alle cose vna buona grazia, & fecesi conoscere l'ecellenzia di quella Arte. Ritrouossi la bellezza, & varietà de' capitelli, e delle cornici, in tal modo che si vide le piante de' tempij, & de gli altri suoi edifizi esser benißimo intese; et le fabriche ornate, magnifiche, et proporzionatißime. Come si vede nella stupendißima machina della Cupola di S. Maria del Fiore di Fiorenza; nella bellezza, et grazia della sua lanterna, nel ornata varia, et graziosa chiesa di S. Spirito; et nel non manco bello di quella, edifizio di S. Lorenzo: nella bizarißima inuenzione del Tempio in otto facce degli Angioli, et nella ariosißima chiesa, et conuento della Badia di Fiesole, et nel magnifico, et grandißimo principio del palazzo de' Pitti. Oltra il comodo, e grande edifizio, che Francesco di Giorgio fece nel palazzo, et chiesa del Duomo di Vrbino, et il fortißimo, et ricco Castello di Napoli; et lo inespugnabile Castello di Milano: senza molte altre fabbriche notabili di quel tempo, et ancora, che non ci fuße la finezza, et vna certa grazià esquisita, et appunto nelle cornici, et certe pulitezze, et leggiadrie nello intaccar le foglie, e far certi stremi ne' fogliami, et altre perfezzioni, che furon di poi, come si vedrà nella terza parte, doue seguiteranno quegli che sarãno tutto quel di perfetto, nella grazia, nella fine, et nella copia, et nella prestezza; che non feceno gli altri architetti vecchi: Nondimeno elle si possono sicuratamente chiamar belle, et buone. Non le chiamo gia perfette, perche veduto poi meglio in questa arte, mi par potere ragioneuolmente affermare, che le mancaua qualcosa. E se bene eui è qualche parte miracolosa, et de la quale ne' tempi nostri per ancora non si è fatto meglio; ne per auuentura si farà in que' che verranno, come verbigrazia la lanterna della Cupola di S. Maria del Fiore; et per grandezza essa Cupola; doue non solo Filippo hebbe animo di paragonar gli antichi ne' corpi delle fabbriche, ma vincerli nella altezza delle muraglie; Pur si parla vniuersalmente in genere; & non si debbe da le perfezzione, e bontà d'una cosa sola, argomentare l' eccellenza del tutto. Il che della pittura ancora dico, & de la scultura, nelle quali si

vede

vede ancora hoggi cose rarissime de'maestri di questa seconda età; come quelle di Masaccio nel Carmine, che fece vno ignudo, che triema del freddo, et in altre pitture viuezze, et spiriti: ma in genere e'non aggiunsono a la perfezzione de'terzi; De'quali parleremo al suo tempo; Bisognandoci qui ragionare de'secondi: I quali per dire prima degli scultori molto si allontanarono dalla maniera de'primi: & tanto la migliorarono, che lasciorno poco a i terzi. Et hebbono vna lor maniera tanto piu graziosa, piu naturale, piu ordinata, di piu disegno, & proporzione; che le loro statue cominciarono a parere presso, che persone viue; & non piu statue, come le prime. Come ne fanno fede quelle opere, che in quella rinouazione della maniera si lauorarono; come si vedrà inquesta seconda parte doue le figure di Iacopo della Quercia Sanese, hanno piu moto, & piu grazia, et piu disegno, et diligenza: quelle di Filippo piu bel ricercare di muscoli, et miglior proporzione, & piu giudizio; et cosi quelle de'loro discepoli. Ma piu vi aggiunse Lorenzo Ghiberti nell'opera delle porte di S. Giouanni doue mostrò inuenzione, ordine, maniera, et disegno, che par, che le sue figure si muouino, & habbiano l'anima. Ma non mi risoluo in tutto: ancora, che fussi ne lor tempi Donato, se io me lo voglia metter fra i terzi, restando l'opre sua a paragone degli antichi buoni, dirò bene, che in questa parte si può chiamar lui regola de gli altri, per hauer in se solo le parti tutte che a una a una erano sparte in molti: poi, che e ridusse in moto le sue figure dando loro vna certa viuacità, e prontezza; che posson stare, e con le cose moderne, & come io dissi, con le antiche medesimamente. Et il medesimo augumento fece in questo tempo la pittura, de laquale l'Eccellentissimo Masaccio leuò in tutto la maniera di Giotto, nelle teste, ne'panni, ne'casamenti, negli ingniudi, nel colorito, negli scorti, che egli rinouò, & messe in luce quella maniera moderna, che fu in que'tempi, e sino a hoggi, è da tutti i nostri Artefici seguitata: e di tempo in tempo con miglior grazia, inuenzione, ornamenti, arricchita, & abbellita; come particularmente si vedrà nelle vite di ciascuno, & si conoscerà vna nuoua maniera di colorito, di scorci, d'attitudini naturali; & molto piu espressi moti dell' animo, & i gesti del corpo; con cercare di appressarsi piu al vero delle cose naturali nel disegno; & le arie del viso, che somigliassino interamente gli huomini, si, che fussino conosciuti per chi eglino erano fatti, cosi cercaron far quel, che vedeuono nel naturale, & non più; & cosi vennon ad esser piu considerate, & meglio intese le cose loro, & questo diede loro ardimento di metter regola alle prospettiue; e farle scortar appunto, come facceuano di rilieuo, naturali, e in propria forma: & cosi andarono osseruando l'ombre, e i lumi, gli sbattimenti, & le altre cose difficili, & le composizioni delle storie con piu propria similitudine, e tentaron fare i paesi piu simili al vero, et gli albori, l'erbe, i fiori, l'arie, i nuuoli, & altre cose della Natura, tanto, che si potrà dire arditamente, che queste arti sieno non solo alleuate, ma ancora ridotte nel fiore della lor giouentù, & da sperare quel frutto che interuenne di poi: & che in breue elle hauessino auuenire a la loro perfetta età.

Daremo adunque con lo aiuto di Dio principio alla vita di Iacopo della Quercia Sanese, & poi agli altri architetti, e scultori fino a, che peruerremo a Masaccio; ilquale per essere stato primo a migliorare il disegnio nella pittura; mostrerrà quanto obligo se gli deue per la sua nuoua rinascità. Et poi, che ho eletto Iacopo sopradetto per honorato principio di questa seconda parte, seguitando l'ordine delle maniere, verrò aprendo sempre colle vite medesime, la dificultà di si belle, dificili, & honoratissime Arti:

IL FINE.

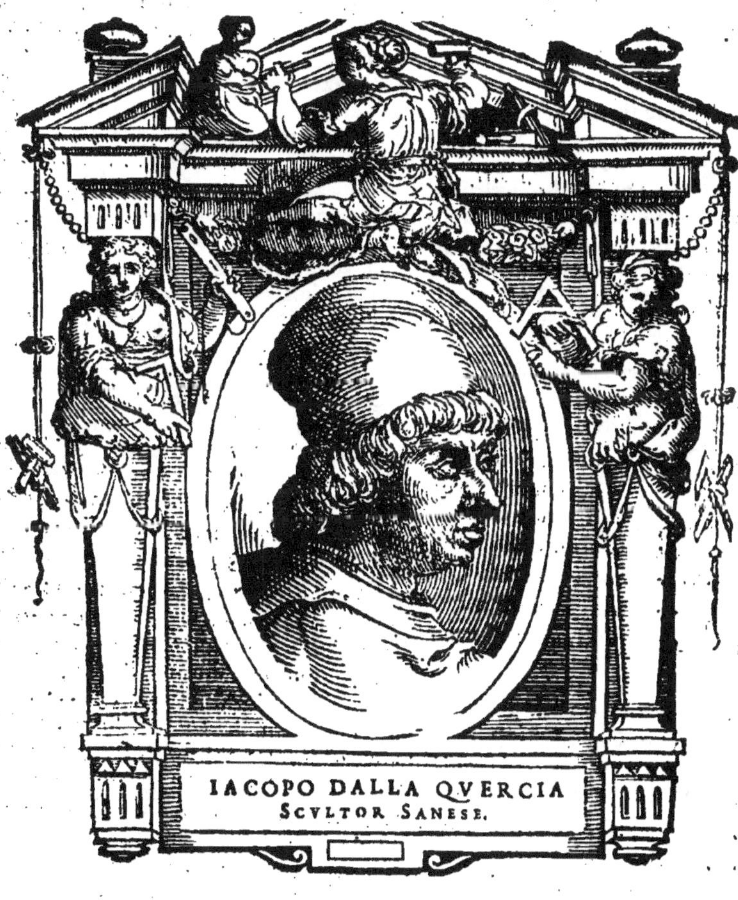

IACOPO DALLA QVERCIA
SCVLTOR SANESE.

VITA DI IACOPO DALLA QVERCIA SCVLTORE SANESE.

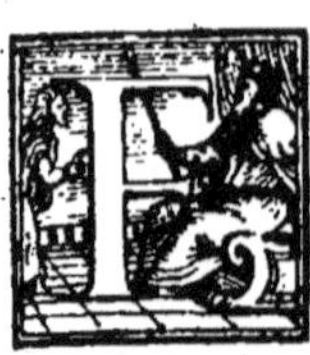

V adunque Iacopo di maestro Piero di Filippo dalla Quercia, luogo del cõtado di Siena, scultore, il primo dopo Ãdrea Pisano, l'Orgagna, & gl'altri di sopra nominati; che operando nella scultura con maggior studio, & diligenza, cominciasse a mostrare, che si poteua appressare alla natura: & il primo, che desse animo, e speranza a gl'altri di poterla, in vn certo modo, pareggiare. Le prime opere sue, da mettere in conto, furono da lui fatte in Siena, essendo d'anni xix. con questa occasione. Hauendo i Sanesi l'essercito fuori cõtra i Fiorentini, sotto Giã Tedesco, nipote di Saccone da Pietramala, & Giouanni d'Azzo Vbaldini, capitani, ammalò in campo Giouanni d'Azzo, onde portato a Siena vi si morì; perche dispiacendo la sua morte a i Sanesi, gli feciono fare nell'essequie, che furono honoratissime, vna capanna di legname, a vso di piramide, e sopra q̃lla porre di mano di Iacopo, la statua di esso Giouanni a cauallo, maggior del viuo, fatta con molto giudizio, & con inuenzione, hauendo, il che non era stato fatto insino allora, trouato Iacopo, per condurre quell'opera, il modo di fare l'ossa del cauallo, & della figura di pezzi di legno, & di piane, confitti insieme, e fasciati poi di fieno, e di stoppa, e con funi, legato ogni cosa strettamente insieme, et sopra messo terra mescolata con cimatura di panno lino, pasta, e colla. Il qual modo di far fu veramente, et è il miglior di tutti gl'altri, per simili cose: perche se bene l'opere, che in questo modo si fanno, sono in apparenza graui, riescono nondimeno poi, che son fatte, e secche, leggieri; et coperte di bianco simili al marmo, e molto vaghe all'occhio, si come fu la detta opera di Iacopo. Alche si aggiugne, che le statue fatte a questo modo, e con le dette mescolanze, non si fendono, come farebbono se le fussero di terra schietta solamente. Et in questa maniera si fanno hoggi i modelli delle sculture con grandiss. comodo de gl'artefici, che, mediante quelle, hãno sempre l'essempio inanzi, et le giuste misure delle sculture, che fanno; di che si deue hauere non piccolo obligo a Iacopo, che secondo si dice, ne fu inuentore. Fece Iacopo dopo q̃sta opera, in Siena due tauole di legno di tiglio, intagliando in quelle le figure, le barbe, et i capegli, con tanta pacienza, che fu a vederle vna marauiglia. Et dopo queste tauole, che furono messe in duomo, fece di marmo alcuni profeti non molto grandi, che sono nella facciata del detto duomo; Nell'opera del quale hauerebbe continuato di lauorare, se la peste, la fame, e le discordie Cittadine de' Sanesi, dopo hauer piu volte tumultuato, non hauessero mal cõdotta quella Città, & cacciatone Orlando Malauolti, col fauore del quale era Iacopo con riputazione adoperato nella patria. Partito dunque da Siena si condusse, per mezzo d'alcuni amici a Lucca, e quiui a Paulo Guinigi, che n'era Signore, fece per la moglie, che poco inanzi era morta, nella chiesa di S. Martino vna sepoltura: Nel basamento della quale condusse alcuni putti di marmo, che reggono vn festone, tanto pulitamente, che pareuano di carne: E nella

cassa

cassa, posta sopra il detto Basamento fece con infinita diligenza l'immagine della moglie d'esso Paulo Guinigij, che dentro vi fu sepolta: E a piedi d'essa. Fece nel medesimo sasso vn cane di tondo rilieuo, per la fede da lei portata al marito. Laqual cassa, partito, o piu tosto cacciato, che fu Paulo l'anno 1429. di Lucca, e che la Città rimase libera, fu leuata di quel luogo, e per l'odio, che alla memoria del Guinigio portauano i Lucchesi, quasi del tutto rouinata. Pure la reuerenza, che portarono alla bellezza della figura, e di tanti ornamẽti, gli ratenne: e fu cagione, che poco appresso la cassa, e la figura furono con diligenza all'entrata della porta della sagrestia collocate, doue al presente sono: e la capella del Guinigio fatta della comunità. Iacopo intanto, hauendo inteso, che in Fiorenza l'arte de' Marcatanti di Calimara voleua dare a far di Bronzo vna delle porte del tempio di S. Giouanni, doue haueua la prima lauorato, come si è detto Andrea Pisano, se n'era venuto a Fiorenza, per farsi conoscere, atteso massimamente, che cotale lauoro si doueua allogare, a chi nel fare vna di quelle storie di Bronzo, hauesse dato di se, e della virtù sua, miglior saggio.

Venuto dunque a Fiorenza fece non pur il modello, ma diede finita del tutto, e pulita vna molto ben condotta storia: laquale piacque tanto, che se non hauesse hauuto per concorrente gli Eccellentissimi Donatello, e Filippo Brunelleschi, iquali in uerita ne i loro saggi lo superarono, sarebbe tocco a lui a far quel lauoro di tanta importanza. Ma essendo andata la bisogna altramente, egli se n'andò a Bologna, doue col fauore di Giouanni Bentiuogli gli fu dato a fare di marmo da gl'operai di san Petronio, la porta principale di quella Chiesa. laquale egli seguitò di lauorare d'ordine Tedesco, per non alterare il modo; che gia era stato cominciato; riempiendo doue mancaua l'ordine de' pilastri, che reggono la cornice, e l'arco; di storie, lauorate con infinito amore nello spazio di dodici anni, che egli mise in quell'opera; doue fece di sua mano tutti i fogliami, e l'ornamento di detta porta con quella maggiore diligenza, e studio, che gli fu possibile. Ne i pilastri, che reggono l'architraue, la cornice, e l'arco, sono cĩque storie per pilastro, e cinque nell'architraue, che in tutto son quindici. Nelle quali tutte intagliò di basso rilieuo historie del testamento vecchio, cio è da che Dio creò l'huomo, insino al diluuio, e l'Arca di Noe; facendo grandissimo giouamento alla scultura: perche dagl'antichi insino allora non era stato chi hauesse lauorato di basso rilieuo alcuna cosa: onde era quel modo di fare piu tosto perduto, che smarrito. Nell'arco di questa porta fece tre figure di marmo, grandi quanto il uiuo, e tutte tonde, cio è vna Nostra Donna col putto in collo molto bella, san Petronio, e vn'altro santo, molto ben disposti; & con belle attitudini: onde i Bolognesi, che non pensauano, che si potesse fare opera di marmo, non che migliore, eguale a quella, che Agostino, & Agnolo Sanesi haueuano fatto di maniera vecchia in san Frãcesco all'Altar maggiore, nella loro città, restarono ingannati, vedendo questa di gran lunga piu bella. Dopo laquale essendo ricerco Iacopo di ritornare a Lucca, vi andò ben'volentieri. E vi fece in san Friano, per Federigo di Maestro Trenta del veglia, in vna Tauola di marmo, vna Vergine col figliuolo in braccio, san Bastiano, santa Lucia, san Hieronimo, e san Gismondo, con buona maniera, grazia, e disegno: E da basso nella predella di mezzo rilieuo, sotto ciascun santo alcuna storia della vita di quello, il che fu cosa molto vaga, e piaceuole; hauendo Iacopo con bella arte fatto sfuggire le figure in su' piani, e nel diminuire piu basse. Similmente diede molto animo agl'altri d'acquistare alle loro opere grazia, e bellezza con nuoui modi, hauendo in due lapide grandi, fatte di basso rilieuo, per due sepolture, ritratto di Naturale Federigo padrone dell'opera, e la moglie. Nellequali lapide sono queste parole: Hoc opus fecit Iacobus Magistri Petri de Senis 1422. Venendo poi Iacopo a Firenze, gl'operai di santa Maria del Fiore, per la buona relazione hauta di lui, gli diedero a fare di marmo il frontespizio, che è sopra la porta di quella Chiesa, laquale ua alla Nunziata: doue egli fece in vna Mandorla la Madonna, laquale da un coro d'Angeli è portata, sonando eglino, & cantando, in Cielo, con le piu belle mouenze, & con le piu belle attitudini, vedendosi, che hanno moto, e fierezza nel uolare, che fussero insino allora state fatte mai. similmente la Madonna è vestita con tanta gratia, & honestà, che non si puo immaginare meglio: essendo il girare delle pieghe molto bello, e morbido, & uedendosi ne' lembi de' panni, che e' vanno accompagnando l'ignudo di quella figura, che scuopre coprendo ogni suoltare di membra. Sotto la quale Madonna è vn san Tommaso, che riceue la Cintola. In somma questa opera fu condotta in quattro anni da Iacopo con tutta quella maggior perfezione, che a lui fu possibile, pcioche oltre al disiderio, che haueua naturalmente di far bene; la concorrenza di Donato, di Filippo, e di Lorenzo di Bartholo, de' quali gia si vedeuano alcune opere molto lodate, lo sforzarono anco da vantaggio a fare quello, che fece: Il che fu tanto, che anco hoggi è da i moderni artefici guardata questa opera, come cosa rarissima. Dall'altra banda della Madonna dirimpetto a san Tomaso fece Iacopo vn' orso, che monta in surun pero, sopra ilquale capriccio, come si disse allora molte cose, cosi se ne potrebbe anco da noi dire alcune altre, ma le tacerò per lasciare a ognuno sopra cotale inuenzione credere, e pensare a suo modo. Disiderando dopo cio Iacopo di riuedere la patria, se ne tornò a Siena, doue ariuato, che fu, segli porse, secondo il desiderio suo, occasione di lasciare in quella di se qualche honorata memoria. Percioche la signoria di Siena, risoluta di fare vn'ornamento richissimo di marmi all'acqua, che in sulla piazza haueuano condotta Agnolo, & Agostino sanesi l'anno 1343, allogarono quell'opera a Iacopo per prezzo di due mila dugento scudi d'oro: onde egli, fatto vn modello, e fatti venire i marmi, ui mise mano, e la fini di fare; con molta sodisfatione de' suoi cittadini, che non piu Iacopo dalla Quercia, ma Iacopo dalla Fonte fu poi sempre chiamato. Intagliò dunque nel mezzo di questa opera la gloriosa Vergine Maria, Auuocata particolare di quella città, vn poco maggiore dell'altre figure, & con maniera graziosa, e singolare. Intorno poi fece le sette virtu Theologiche le teste delle quali, che sono delicate, e piaceuoli; fece con bell'aria, & con certi modi, che mostrano, che egli cominciò a trouare il buono, le difficulta delle arte, & a dare grazia al marmo, leuādo uia quella vecchiaia, che haueuano insino allora vsato gli Scultori; facendo le loro figure intere, e senza una grazia al mondo. La doue Iacopo le fece morbide, e carnose, e fini il marmo con pacienza, e delicatezza. Fecceui, oltre cio, alcune storie del Testamento vecchio, cio è la creazione de' primi parenti, & il mangiar del pomo vietato, doue nella figura della femmina si vede vn'aria nel viso si bella, & una grazia, e attitudine della persona tanto reuerente, verso Adamo nel porgergli il pomo, che non pare, che possa ricusarlo: senza il rimanente dell'opera, che è tutta piena di bellissime considerazioni, e adornata di bellissimi fanciulletti, & altri ornamenti di Leoni, e di Lupe, insegne della citta, condotti tutti da Iacopo con amore, pratica, e giudizio in ispazio di dodici anni. sono di sua mano similmente tre storie bellissime di bronzo, della vita di san Giouanbattista, di mezzo rilieuo lequali sono intorno al battesimo di san Giouanni, sotto il Duomo; & alcune figure ancora tonde, e pur di bronzo, alte vn braccio, che sono fra l'una, e l'altra delle dette Historie; lequali sono veramente belle, & degne di lode. Per queste opere adunque, come Eccellente & per la bonta della uita come costumato, meritò Iacopo essere dalla Signoria di Siena fatto Caualiere: E poco dopo operaio del Duomo. Ilquale uffizio esercitò di maniera, che ne prima ne poi fu quell'opera meglio gouernata, hauendo egli in quel Duomo, se bene non uisse, poi che hebbe cotal carico hauuto, se non tre anni, fatto molti acconcimi utili, & honoreuoli. E se bene Iacopo fu solamente Scultore, disegnò nondimeno ragioneuolmente, come ne dimostrano alcune carte da lui disegnate, che sono nel nostro libro; lequali paiono piu tosto di mano d'un Miniatore, che d'uno Scultore. E il Ritratto suo, fatto come quello, che di sopra si vede, ho hauuto da Maestro Domenico Beccafumi pittore Sanese, ilquale mi ha assai cose raccontato della uirtu, bontà, e gentilezza di Iacopo: Ilquale straccо dalle fatiche, e dal continuo Lauorare, si morì finalmente di anni sessanta quattro, & in Siena sua patria fu da gl'amici suoi, e parenti; anzi da tutta la città pianto, & honoratamente sotterrato. E nel vero non fu se non buona fortuna la sua, che tanta uirtu fusse nella sua patria riconosciuta: poi che rade volte adiuiene, che i virtuosi huomini siano nella patria vniuersalmente amati, & honorati.

Fu discepolo di Iacopo, Matteo Scultore Lucchese; che nella sua citta fece l'anno 1444 per Domenico Galigano Lucchese, nella Chiesa di san Martino il tempietto a otto facce, di marmo, doue è l'imagine di Santa Croce, scultura stata miracolosamẽte, secondo, che si dice, lauorata da Niccodemo vno de' settantadue discepoli del Saluatore; ilquale tempio non è veramente se non molto bello, e proporzionato. fece il medesimo di Scultura vna figura d'un san Bastiano di marmo, tutto tondo di braccia tre, molto bello per essere stato fatto con buon disegno, con bella attitudine, e lauorato pulitamente. E di sua mano ancora vna Tauola, doue in tre Nicchie sono tre figure belle affatto, nella chiesa, doue si dice, essere il corpo di S. Regolo: E la tauola similmente, che è in S. Michele, doue sono tre figure di marmo, e la statua parimente, che è in sul canto della medesima chiesa dalla banda di fuori, cio è vna N. Donna, che mostra, che Matteo andò sforzandosi di paragonare Iacopo suo Maestro.

Niccolo Bolognese ancora fu discepolo di Iacopo, e condusse a fine, essendo imperfetta, diuinamente fra l'altre cose, l'Arca di marmo piena di storie, e figure, che gia fece Nicola Pisano a Bologna, doue è il corpo di S. Domenico. E ne riportò, oltre l'utile, questo nome d'honore; che fu poi sempre chiamato Maestro Niccolo dell' Arca. finì costui quell'opera l'anno 1460. E fece poi nella facciata del palazzo, doue sta hoggi, il Legato di Bologna, vna N. Donna di Bronzo, alta quattro braccia, e la pose su l'anno 1478. In somma fu costui Valente Maestro, e degno discepolo di Iacopo dalla Quercia Sanese.

Fine della Vita di Iacopo, scultore Sanese.

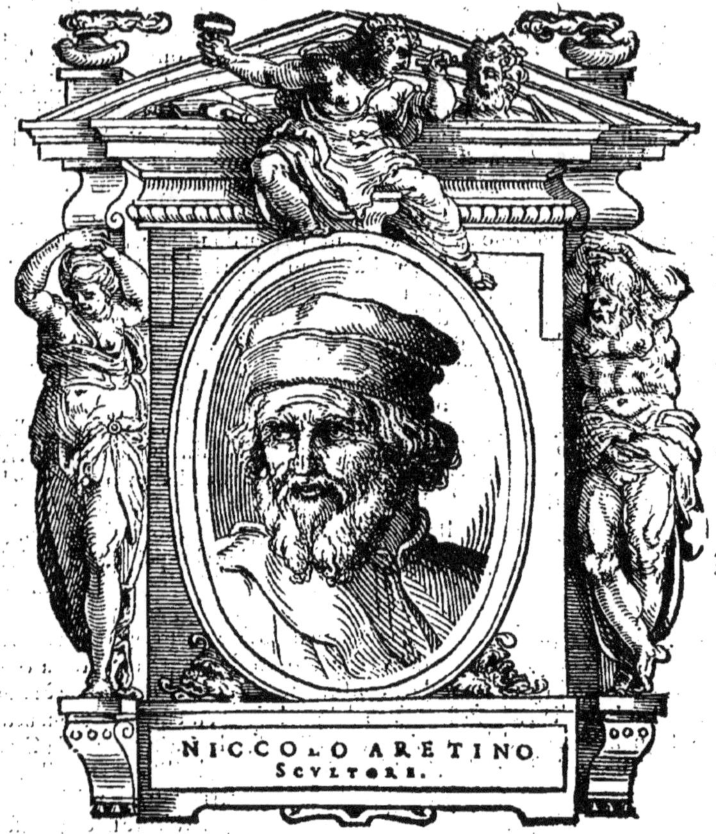

VITA DI NICCOLO ARETINO SCVLTORE.

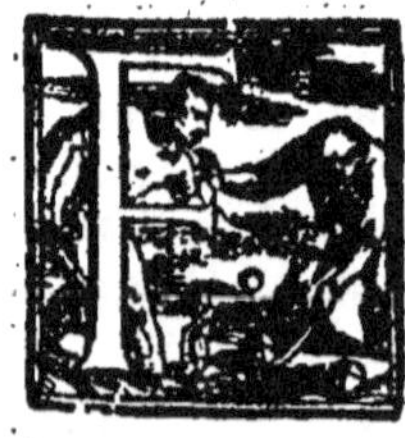

FV ne' medeſimi tẽpi, e nella medeſima facultà, della ſcultura, e quaſi della medeſima bõta nell'arte, Niccolo di Piero, cittadino Aretino; alquale quanto fu la natura libera le delle doti ſue; cioè d'ingegno, e di viuacità d'animo, tãto fu auara la fortuna de ſuoi beni. Coſtui dunq; per eſſere pouero compagno, e per hauere alcuna ingiuria riceuta da i ſuoi piu proſſimi nella patria, ſi partì per venirſene a Firenze, d'Arezzo, doue ſotto la diſciplina di Maeſtro Moccio Scultore saneſe, ilquale, come ſi è detto altroue, lauorò alcune coſe in Arezzo; haueua con molto frutto atteſo alla Scultura, come che nõ

II

fusse detto Maestro Moccio molto Eccellente. E così arriuato Niccolo a Firenze da prima lauorò per molti mesi qualunche cosa gli venne alle mani, si perche la pouertà, & il bisogno l'assassinauano, e si per la concorrenza d'alcuni giouani, che con molto studio, e fatica, gareggiãdo uirtuosamente, nella Scultura s'esercitauano. Finalmente, essendo, dopo molte fatiche riuscito Niccolo assai buono Scultore, gli furono fatte fare da gl'operai di Santa Maria del Fiore, per lo campanile due statue, le quali essendo in quello poste verso la canonica, mettono in mezzo quelle, che fece poi Donato: e furono tenute, per non si essere ueduto di tondo rilieuo meglio, ragioneuoli. Partito poi di Firẽze, per la peste dell'anno 1383 sen'andò alla patria: doue trouando, che per la detta peste gl'huomini della fraternità di Santa Maria della Misericordia, del laquale si è di sopra ragionato haueuano molti beni acquistato, per molti lasci stati fatti da diuerse persone della città, per la diuozione che haueuano a quel luogo pio, & agl'huomini di quello, che senza tema di niuno pericolo in tutte le pestilenze gouernano gl'infermi, e sotterrano i morti: E che per cio voleuano fare la facciata di quel luogo di pietra Bigia, per non hauere commodità di marmi, tolse a fare quel luogo stato cominciato inãzi d'ordine Tedesco; E lo condusse, aiutato da molti scarpellini da settignano, a fine perfettamente: facendo di sua mano nel mezzo tondo della facciata vna Madonna col figliuolo in braccio, & certi Angeli, che le tengono aperto il manto; sotto ilquale pare, che si riposi il popolo di quella città, per lo quale intercedono da basso in ginocchioni san Laurentino, e Pergentino. In due Nicchie poi, che sono dalle bande, fece due statue di tre braccia l'una; cio è san Gregorio Papa, e san Donato Vescouo, e protettore di quella città, con buona grazia, e ragioneuole maniera. E per quanto si uede, haueua quando fece queste opere, già fatto in sua giouanezza sopra la porta del Vescouado, tre figure grandi di terra cotta che hoggi sono in gran parte state consumate dal ghiacchio: si come è ancora un san Luca di macigno stato fatto dal medesimo, mentre era giouanetto e posto nella facciata del detto Vescouado. Fece similmẽte in pieue, alla Capella di san Biagio, la figura di detto Santo di terra cotta, bellissima: E nella chiesa di S. Antonio, lo stesso Santo pur di rilieuo, e di terra cotta: E vn'altro santo a sedere sopra la porta dello spedale di detto luogo. Mentre faceua queste, & alcune altre opere simili; rouinando per vn Terremuoto le mura del borgo a san sepolcro; fu mandato per Niccolo, acciò facesse, si come fece, con buõ giudizio il disegno di quella muraglia, che riuscì molto meglio; e piu forte, che la prima. E così, continuando di lauorare quando in Arezzo, quando ne luoghi conuicini; si staua Niccolo assai quietamente, & agiato nella patria. Quando la guerra, capital nimica di queste Arti, fu cagione, che se ne partì: perche essendo cacciati da Pietra Mala i figliuoli di Piero Saccone, & il Castello rouinato insino a i fondamenti, era la Città d'Arezzo; & il contado tutto sottosopra. percio dunque partitosi di quel paese Niccolo, se ne venne a Firenze, doue altre volte haueua lauorato: e fece per gl'Operai di S. Maria del Fiore vna statua di braccia quattro di marmo, che poi fu posta alla porta principale di quel tempio a man manca. Nellaquale Statua, che è vn Vangelista a sedere, mostrò Niccolo d'essere veramente valente scultore. E ne fu molto lodato non si essẽdo veduto insino allora, come si vide poi, alcuna cosa migliore tutta tonda di rilieuo. Essendo poi condotto a Roma di ordine di Papa

Bonifaz 9. fortificò, e diede miglior forma a Castel S. Angolo, come migliore di tutti gl'Architetti del suo tempo. E ritornato a Firenze, fece in sul canto d'Or S. Michele, che è verso l'Arte della lana, per i Maestri di Zeccha, due figurette di marmo nel pilastro, sopra la Nicchia, doue è hoggi il s. Matteo, che fu fatto poi, lequali furono tanto ben fatte, & in modo accomodate sopra la cima di quel Tabernacolo, che furono allora, e sono state sempre poi molto lodate. E parue, che in quelle auanzasse Niccolo se stesso, non hauendo mai fatto cosa migliore. In somma elleno sono tali, che possono stare appetto ad ogni altra opera simile: Onde n'acquistò tanto credito; che meritò essere nel numero di coloro, che furono in considerazione per fare le porti di Bronzo di s. Giouanni, se bene, fatto il saggio rimase adietro. e furono allogate, come si dirà al suo luogo ad altri. Dopo queste cose, andatosene Niccolo a Milano fu fatto capo nell'opera del Duomo di quella Città, e ui fece alcune cose di marmo, che piacquero pur'assai. Finalmente, essendo dagl'Aretini richiamato alla patria, perche facesse vn Tabernacolo pel sagramento, nel tornarsene, gli fu forza fermarsi in Bologna, e fare nel conuento de' frati Minori la sepoltura di Papa Alessandro quinto, che in quella Città haueua finito il corso degl'anni suoi. E come, che egli molto ricusasse quell'opera, non potette però non conscendere a i preghi di M. Lionardo Bruni Aretino, che era stato molto fauorito segretario di quel Pontefice. Fece dunque Niccolo il detto sepolcro, e vi ritrasse quel Papa di Naturale. Ben è vero, che p la incomodità de' marmi, & altre pietre fu fatto il sepolcro, & gl'ornamenti di stucchi, e di pietre cotte, e similmente la statua del Papa sopra la cassa, laquale è posta dietro al choro della detta chiesa. Laquale opera finita si ammalò Niccolo grauamente, e poco appresso si morì d'ãni 67. e fu nella medesima chiesa sotterrato l'ãno 1417. Et il suo ritratto fu fatto da Galasso Ferrarese suo amicissimo, ilquale dipigneua a que' tempi in Bologna a concorrenza di Iacopo, e Simone pittori Bolognesi, e d'un Christofano, non so se Ferrarese, o come altri dicono, da Modena. Iquali tutti dipinsono in vna chiesa, detta la casa di mezzo, fuor della porta di S. Mammolo, molte cose a fresco. Christofano fece da vna banda, da che Dio fa Adamo insino alla morte di Moise: E Simone, e Iacopo trenta storie, da, che nasce Christo insino alla cena, che fece con i discepoli. E Galasso poi fece la passione, come si vede al nome di Ciascuno, che vi è scritto da basso. E queste pitture forono fatte l'ãno 1404. Dopo lequali, fu dipinto il resto della chiesa da altri Maestri, di storie, di Dauitte assai pulitamente. E nel vero queste cosi fatte pitture, non sono tenute se non a ragione, in molta stima da i Bolognesi, si perche, come Vecchie sono ragioneuoli: e si perche il lauoro, essendosi mantenuto fresco, e viuace, merita molta lode. Dicono alcuni, che il detto Galasso lauorò anco a olio, essendo vecchissimo, ma io, ne in Ferrara, ne in altro luogo ho trouato altri lauori di suo, che a fresco. Fu discepolo di Galasso Cosme, che dipinse in S. Domenico di Ferrara vna capella, e gli Sportelli, che serranno l'organo del Duomo, e molte altre cose; che sono migliori che non furono le pitture di Galasso suo Maestro. Fu Niccolò buon disegnatore, come si puo vedere nel nostro libro, doue è di sua mano vno Euangelista, e tre Teste di Cauallo, disegnate bene affatto.

Fine della Vita di Niccolo Aretino &c.

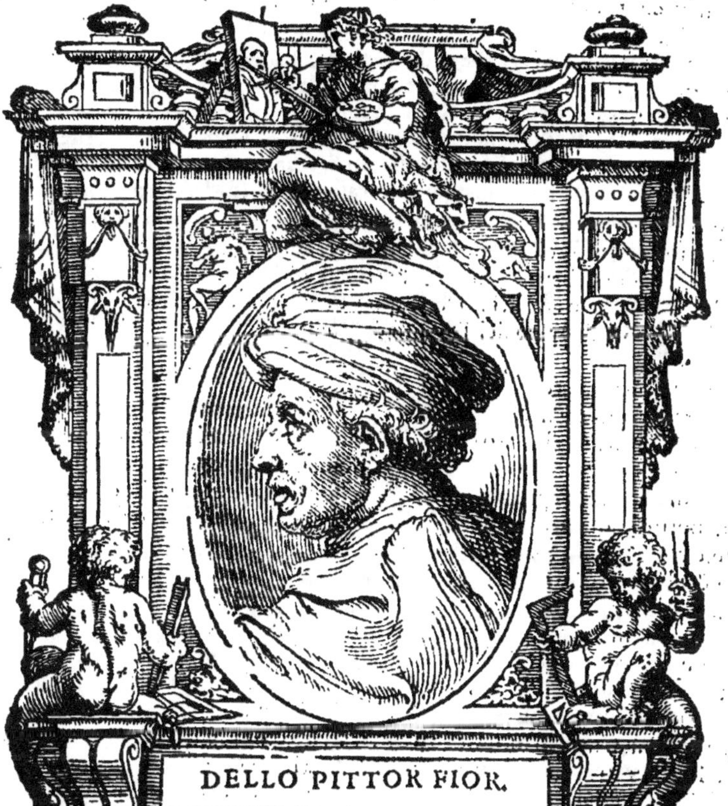

DELLO PITTOR FIOR.

VITA DI DELLO PITTOR FIOR.

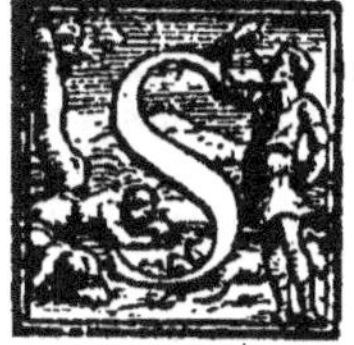

E bene Dello Fiorentino hebbe, mentre viſſe, & ha hauuto ſẽpre poi nome di Pittore ſolamẽte, egli atteſe nondimeno anco alla Scultura, anzi le prime opere ſue furono di Scultura; eſſendo, che fece molto inanzi, che cominciaſſe a dipignere, di terra cotta nell'arco, che è ſopra la porta della Chieſa di s. Maria Nuoua, vna incoronazione di N. Dõna, e dentro in Chieſa i dodici Apoſtoli; E nella chieſa de'Serui vn Chriſto morto in grembo alla vergine, & altr'opere aſſai per tutta la città. Ma vedendo (oltre, che era capriccioſo) che poco guadagnaua in far di terra, & che la ſua pouertà haueua di maggior aiuto biſogno, ſi riſoluette, hauẽdo buon diſegno d'attendere alla pittura, & gli riuſcì ageuolmente; percioche imparò preſto a colorire, con buona pratica, come ne dimoſtrano molte

pitture

pitture fatte nella sua città, e massimamente di figure piccole, nelle quali egli hebbe miglior grazia, che nelle grãdi assai. Laqual cosa gli venne molto a proposito, perche vsandosi in que' tempi, per le camere de' cittadini cassoni grandi di legname, a vso di sepolture, & con altre varie fogge ne' coperchi; niuno era, che i detti cassoni non facesse dipignere; Et oltre alle storie, che si faceuano nel corpo, dinanzi, e nelle teste; In su i cantoni, e tallora altroue, si faceuano fare l'Arme, o vero insegne delle casate. E le storie, che nel corpo dinanzi si faceuano, erano per lo piu di fauole tolte da Ouidio, & da altri poeti, o vero storie raccontate dagli historici Greci, o Latini; e similmente caccie, giostre, nouelle d'amore, & altre cose somiglianti, secondo, che meglio amaua ciascuno. Il di dẽtro poi si foderaua di tele, o di drappi, secõdo il grado, e potere di coloro, che gli faceuano fare; per meglio conseruarui dentro le veste di drappo, & altre cose preziose. E che è piu, si dipigneuano in cotal maniera, non solamente i cassoni, ma i lettucci, le spalliere, le cornici, che ricigneuano intorno, e altri cosi fatti ornamẽti da camera, che in que' tempi magnificamente si vsauano, come infiniti per tutta la città, se ne possono vedere. Et per molti anni fu di sorte questa cosa in vso, che eziandio i piu eccellenti pittori in cosi fatti lauori si esercitauano, senza vergognarsi, come hoggi molti farebbono, di dipignere, e mettere d'oro simili cose. E che cio sia vero, si è veduto insino a' giorni nostri, oltre molti altri, alcuni cassoni, spalliere, & cornici nelle camere del Magn. Lorenzo vecchio de' Medici, ne iquali era dipinto di mano di pittori, non mica plebei, ma eccellenti maestri, tutte le giostre, torneamenti, caccie, feste, & altri spettacoli fatti ne' tempi suoi, con giudizio, con inuenzione, & con arte marauigliosa. Dellequali cose, se ne veggiono, non solo nel palazzo, & nelle case vecchie de' Medici, ma in tutte le piu nobili case di Firenze ancora alcune reliquie. E ci sono alcuni, che attenendosi a quelle vsanze vecchie, Magnifiche veramente, & horreuolissime, non hanno si fatte cose leuate per dar luogo agl'ornamenti, & vsanze moderne. Dello dunque, essendo molto pratico, e buon pittore, e massimamente, come si è detto in far pitture piccole cõ molta grazia; per molti anni, con suo molto vtile, & honore, ad altro non attese, che a lauorare, e dipignere cassoni, spalliere, lettucci, & altri ornamenti della maniera, che si è detto di sopra; intanto, che si puo dire ch'ella fusse la sua principale, & propria professione. Ma perche niuna cosa di questo mondo ha fermezza, ne dura lungo tempo, quãtunque buona, e lodeuole; da quel primo modo di fare, assotigliandosi gl'ingegni, si venne non è molto a far ornamenti piu ricchi, & agl'intagli di noce, messi d'oro, che fanno richissimo ornamento, & al dipignere, & colorire a olio in simili masserizie, i storie bellissime, che hanno fatto, e fanno conoscere cosi la magnificenza de' Cittadini, che l'usano, come l'Eccellenza de' pittori. Ma per venire all'opere di Dello, Il quale fu il primo, che con diligenza, e buona pratica, in si fatte opere si adoperasse. Egli dipinse particolarmente a Giouanni de' Medici, tutto il fornimẽto d'una camera; che fu tenuto cosa veramente rara, & in quel genere bellissima, come alcune reliquie che ancora ce ne sono dimostrano. E Donatello essendo giouanetto, dicono, che gli aiutò, facendoui di sua mano con stuccho gesso, colla, e matton pesto, alcune storie, & ornamenti di basso rilieuo, che poi messi d'oro, accompagnarono con bellissimo vedere le storie dipinte: E di questa opera, e d'altre molte simili, fa mẽzione con lungo ragionamẽto Drea

Cinnini nella sua opera, della quale si è detto di sopra a bastanza, e perche di queste cose vecchie, è ben fatto serbare qualche memoria; nel palazzo del S. Duca Cosimo, n'ho fatto conseruare alcune, e di mano propria di Dello, doue sono, e saranno sempre degne d'essere considerati, almeno per gl'habiti varij di que'tempi, cosi da huomini, come da donne, che in esse si veggiono. Lauorò ancora Dello in fresco nel chiostro di S. Maria nouella in vn cantone, di verde terra la storia d'Isaac, quando da la benedizione a Esau. E poco dopo questa opera, essendo condotto in Ispagna al seruigio del Re, venne in tanto credito, che molto piu disiderare da alcuno Artefice non si sarebbe potuto. E se bene non si sa particolarmente, che opere facesse in quelle parti, essendo ne tornato richissimo, & honorato molto; si puo giudicare, ch'elle fussero assai, e belle, e buone. Dopo qualche anno; essendo stato delle sue fatiche realmente rimunerato, venne capriccio a Dello di tornare a Firenze, per far vedere a gl'amici, come da estrema pouertà fosse a gran richezze salito. Onde andato per la licenza a quel Re, non solo l'ottenne graziosamente (come, che volentieri l'harebbe ratenuto se fusse stato in piacere di Dello) ma per maggiore segno di gratitudine fu fatto da quel liberalissimo Re Caualiere: perche tornando a Firenze, per hauere le bandiere, e la confermazione de' priuilegij; gli furono denegate per cagione di Filippo Spano de gli Scolari, che in quel tempo, come gran Siniscalco del Re d'Vngheria tornò vittorioso de'Turchi. Ma hauendo Dello scritto subitamente in Ispagna al Re, dolendosi di questa ingiuria: Il Re scrisse alla Signoria in fauore di lui si caldamente, che egli fu senza contrasto conceduta la disiderata, e douuta honorãza. Dicesi, che tornando Dello a casa a cauallo, con le bandiere, vestito di brocato, & honorato dalla Signoria, fu prouerbiato nel passare per Vacchereccia, doue allora erano molte botteghe d'orefici, da certi domestici amici, che in giouentù l'haueuano conosciuto; o per ischerno, o per piaceuolezza, che lo facessero; e che egli riuolto doue haueua vdito la voce, fece con ambe le mani le fiche: e senza dire alcuna cosa passò via, si che quasi nessuno se n'accorse, se non se quelli stessi, che l'haueuano vccellato. Per questo, e per altri segni, che gli fecero conoscere, che, nella patria non meno si adoperaua contra di lui l'inuidia, che gia s'hauesse fatto la malignità quando era pouerissimo, deliberò di tornarsene in Ispagna. E cosi scritto, & hauuto risposta dal Re, se ne tornò in quelle parti, doue fu riceuuto con fauore grande, e veduto poi sempre volentieri; & doue attese a lauorare, viuere come Signore, dipignendo sempre da indi innanzi col grembiule di Brocato, cosi dunque diede luogo all'inuidia, et appresso di quel Re honoratamente visse, e morì d'anni quarantanoue: e fu dal medesimo fatto sepellire honoreuolmente con questo Epitaffio.

Dellus eques Florentinus, picturæ arte percelebris: Regisque Hispaniarum liberalitate, & ornamentis amplissimus.

H. S. E. S. T. T. L.

Non fu Dello molto buon disegnatore, ma fu bene fra i primi, che cominciassero a scoprir con qualche giudizio i muscoli ne'corpi ignudi, come si vede in alcuni disegni di chiaro scuro fatti da lui; nel nostro libro. Fu ritratto in S. Maria Nouella da Paulo Vcelli di chiaro scuro nella storia, doue Noe è inebriato da Cam suo figliuolo.

Fine della vita di Dello pittor Fiorentino.

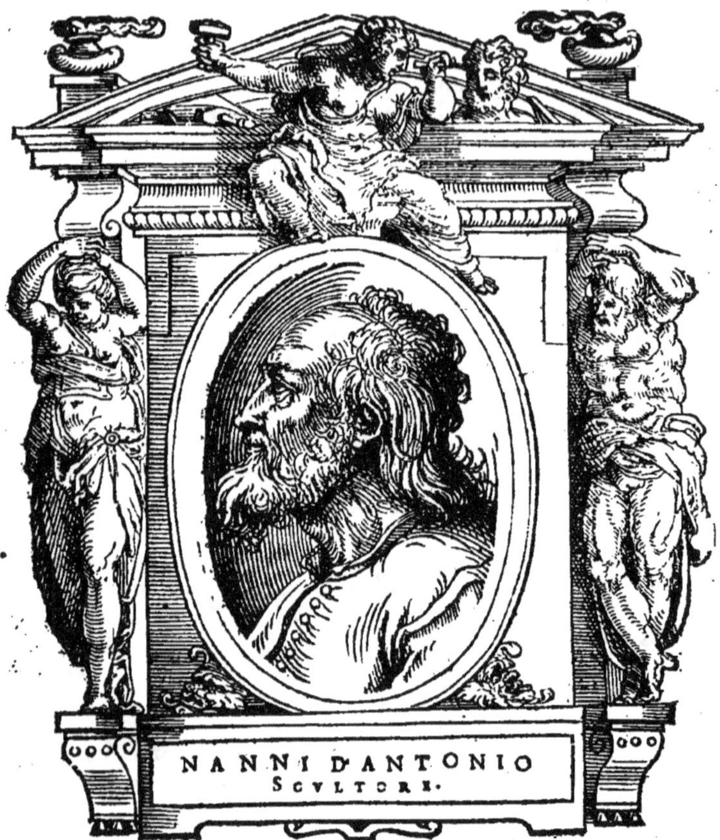

VITA DI NANNI D'ANTONIO DI BANCO

SCVLTORE.

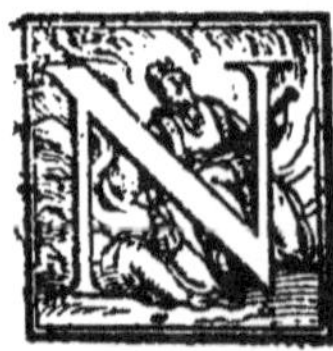

NANNI d'Antonio di Banco, ilquale, come fu assai ricco di patrimonio, cosi non fu basso al tutto di sangue, dilettandosi della scultura, non solamente non si vergognò d'Imparla, e di esercitarla; ma se lo tenne a gloria non piccola, e vi fece dentro tal frutto, che la sua fama durerà sempre: e tanto piu sarà celebrata, quanto si saprà, che egli attese a questa nobile arte, non per bisogno, ma per vero amore di essa virtù. Costui, ilquale fu vno de' discepoli di Donato; se bene è da me posto inanzi al maestro, perche mori molto inanzi a lui, fu persona alquanto tardetta, ma modesta, humile, e benigna nella conuersazione. E di sua mano in

Fiorenza il san Filippo di marmo; che è in vn pilastro di fuori dell'oratorio d'Or S. Michele; laqual'opera fu da prima allogata a Donato dall'arte de'Cal zolai: E poi, per non essere stati con esso lui d'accordo del prezzo, riallogata, quasi per far dispetto a Donato, a Nanni, Ilquale promise, che si pigliarebbe quel pagamento, e non altro, che essi gli darebbono. Ma la bisogna non andò così, perche finita la statua, & condotta al suo luogo, domandò dell'opera sua molto maggior prezzo, che non haueua fatto da principio Donato: perche rimessa la stima di quella dall'una parte, e l'altra in Donato; credeuano al fermo i consoli di quell'arte, che egli, per inuidia non l'hauendo fatta, la stimasse molto meno, che s'ella fusse sua opera, ma rimasero della loro credenza ingannati: percioche Donato giudicò; che a Nanni fusse molto piu pagata la statua, che egli non haueua chiesto. Alqual giudizio non volendo in modo niuno starsene i Consoli, gridando diceuano a Donato; perche tu, che facevi questa opera, per minor prezzo, la stimi piu, essendo di man d'un'altro, e ci strigni a dargliene piu, che egli stesso non chiede? e pur conosci, si come noi altre si facciamo, ch'ella sarebbe delle tue mani vscita molto migliore. Rispose Donato ridendo: questo buon huomo non è nell'arte quello, che sono io: e dura nel lauorare molto piu fatica di me, però sete forzati volendo sodisfarlo, come huomini giusti, che mi parete, pagarlo del tempo, che vi ha speso: E così hebbe effetto il lodo di Donato, nel quale n'haueuano fatto compromesso daccordo ambe le parti. Questa opera posa assai bene, & ha buona grazia, e viuezza nella testa. I panni non sono crudi, e non sono se non bene in dosso alla figura accommodati. Sotto questa nicchia, sono in vn altra, quattro santi di marmo, iquali furono fatti fare al medesimo Nanni dall'Arte de'Fabbri, Legnaiuoli, e Muratori: E si dice, che hauendoli finiti tutti Tondi, e spiccati l'uno dall'altro, e murata la Nicchia, che a mala fatica non ve ne entrauano dé tro se non tre, hauendo egli nell'attitudini loro ad alcuni aperte le braccia: e, che disperato, e malcontento, pregò Donato, che volesse col consiglio suo riparare alla disgrazia, è poca auuertenza sua; &, che Donato ridendosi del caso disse: se tu prometti di pagare vna cena a me, & a tutti i miei giouani di bottega, mi da il cuore di fare entrare i santi nella Nicchia senza fastidio nessuno: Il che hauendo Nanni promesso di fare ben volentieri, Donato lo mandò a pigliare certe misure a prato, & a fare alcuni altri negozij di pochi giorni. E così essendo Nanni partito; Donato, con tutti i suoi discepoli, e garzoni, andatosene al lauoro, scantonò a quelle statue, a chi le spalle; & a chi le braccia talmente, che facendo luogo l'una all'altra, le accostò insieme, facendo apparire vna mano sopra le spalle di vna di loro. E così il giudizio di Donato hauendole vnitamente commesse, ricoperse di maniera l'errore di Nanni, che murate, ancora in quel luogo mostrano indizij manifestisimi di concordia, e di fratellanza. E chi non sa la cosa non si accorge di quello errore. Nanni trouato nel suo ritorno, che Donato haueua corretto il tutto, e rimediato a ogni disordine, gli rendette grazie infinite, & a lui, e suoi creati, pagò la cena di bonissima voglia. Sotto i piedi di questi quattro santi, nell'ornamento del Tabernacolo, è nel marmo di mezzo rilieuo vna storia, doue vno scultore fa vn fanciullo, molto proto; e vn Maestro, che mura, con due, che l'aiutano: E queste tutte figurine si veggiono molto ben disposte, & attente a quello, che fanno:

no. Nella faccia di S. Maria del Fiore è di mano del medesimo, dalla banda sinistra, entrando in chiesa per la porta del mezo, vno Euangelista, che secondo que'tempi, è ragioneuole figura. Stimasi ancora, che il santo Lò, che è intorno al detto oratorio d'Or san Michele stato fatto fare dall'Arte de'Maniscalchi, sia di mano del medesimo Nanni, et cosi il Tabernacolo di marmo; nel basamento del quale è da basso in vna storia s Lo Maniscalco, che ferra vn Cauallo indemoniato, tanto ben fatto, che ne meritò Nanni molta lode: Ma in altre opere l'hauerebbe molto maggiore meritata, & conseguita, se nõ si fusse morto, come fece giouane. Fu nondimeno, per queste poche opere tenuto Nanni ragioneuole scultore: E perche era Cittadino, ottenne molti vfici nella sua patria Fiorenza, & perche in quelli, e in tutti gl'altri affari si portò come giusto huomo, e ragioneuole, fu molto amato. Mori di mal di fianco l'anno 1430. e di sua età. XLVII.

Fine della Vita di Nanni d'Antonio di Banco.

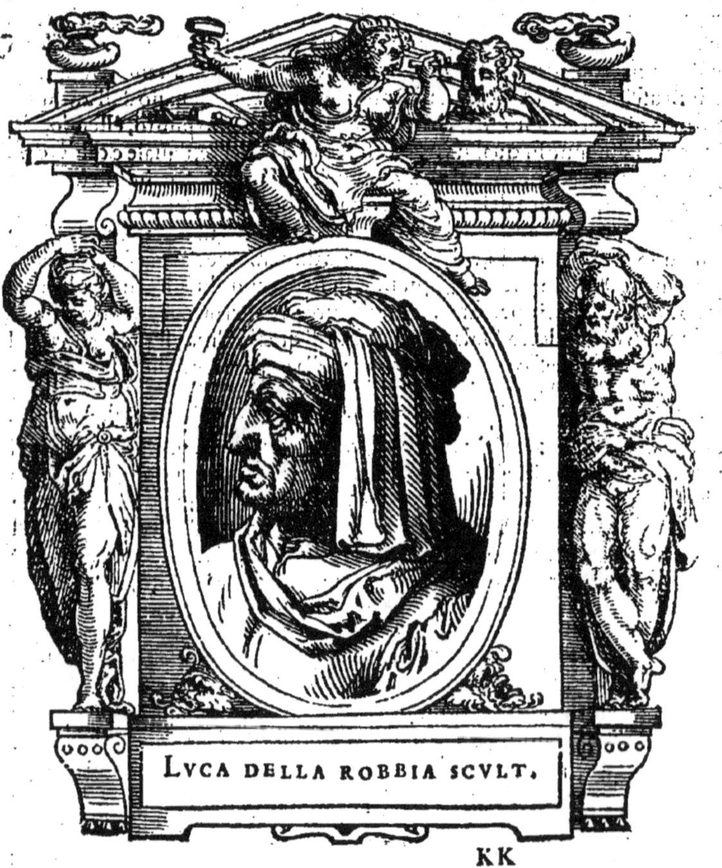

VITA DI LVCA DELLA ROBBIA
SCVLTORE.

ACQVE Luca della Robbia scultore Fiorentino l'anno 1388. nelle case de'suoi antichi, che sono sotto la chiesa di S. Bernaba in Fiorenza; & fu in quelle aleuato costumatamente insino a che non pure leggere, e scriuere, ma far di conto hebbe, secondo il costume de'più de'Fiorentini, per quanto gli faceua bisogno, apparato. E dopo fu dal padre messo a imparare l'arte dell'orefice, con Lionardo di ser Giouanni, tenuto allora in Fiorenza il miglior Maestro che fusse di quell'arte. Sotto costui adunque hauendo imparato Luca a disegnare, & a lauorare di cera; cresciutogli l'animo si diede a fare alcune cose di marmo, e di Bronzo. Lequali, essendogli riuscite assai bene, furono cagione, che abbandonato del tutto il mestier dell'orefice, egli si diede di maniera alla scultura, che mai faceua altro, che tutto il giorno scarpellare, e la notte disegnare. E cio fece con tanto studio, che molte volte sentendosi di notte aghiadare i piedi, per non partirsi dal disegno, si mise per riscaldargli, a tenerli in vna cesta di Bruscioli, cioè di quelle piallature, che i lignaiuoli leuano dall'asse quando con la pialla le lauorano. Ne io di cio mi marauiglio punto, essendo, che niuno mai diuenne in qual si voglia esercizio eccellente, ilquale e caldo, e gielo, e fame, e sete, & altri disagi non cominciasse, anchor fanciullo a sopportare, la onde sono coloro del tutto ingannati, i quali si auisano di potere negl' agi, & con tutti i commodi del mondo ad honorati gradi peruenire. Non dormendo, ma veghiando, e studiando continuamente s'acquista. Aueua a mala pena quindici anni Luca, quando in sieme con altri giouani scultori, fu condotto in Arimini, per fare alcune figure, & altri ornamenti di marmo a Sigismondo di Pandolfo Malatesti Signore di quella Città; ilquale allora nella chiesa di S. Francesco faceua fare vna capella; e per la moglie sua, gia morta, vna sepoltura. Nellaquale opera diede honorato saggio del saper suo Luca, in alcuni basi rilieui, che ancora vi si veggiono; prima, che fusse da gl'operai di S. Maria del Fiore richiamato a Fireuze, doue fece, per lo campanile di quella chiesa, cinque storiette di marmo, che sono da quella parte, che è verso la chiesa; lequali mancauano, secondo il disegno di Giotto, a canto a quella doue sono le scienze, & Arti, che gia fece, come si è detto Andrea Pisano. Nella prima Luca fece Donato, che insegna la gramatica. Nella seconda Platone & Aristotile per la filosofia. Nella terza vno, che suona vn liuto, per la Musica. Nella quarta vn Tolomeo per l'Astrologia. E nella quinta Euclide per la Geometria. Lequali storie, per pulitezza, grazia, e disegno auanzarono d'assai le due fatte da Giotto, come si disse; doue in vna per la pittura Apelle dipigni; e nell'altra Fidia, per la scultura, lauora con lo scarpello. Perloche i detti operai, che oltre a i meriti di Luca, furono a cio fare persuasi da M. Veri de' Medici allora grã Cittadino popolare, ilquale molto amaua Luca, gli diedero a fare l'anno 1405. l'ornamento di marmo dell'Organo, che grandissimo faceua allora far l'opera, per metterlo sopra la porta della sagrestia di detto Tẽpio. Dellaquale opera fece Luca nel basamento in alcune storie, i chori della Musica,

Musica, che in varij modi cantano. E vi mise tanto studio, e così bene gli riuscì quel lauoro, che ancora, che sia alto da Terra sedici braccia, si scorge il gonfiare delle gola di chi canta, il battere delle mani da chi regge la Musica in sul le spalle de' minori; & in somma diuerse maniere di suoni, canti, balli, & altre azzioni piaceuoli, che porge il diletto della Musica. Sopra il cornicione poi di questo ornamento, fece Luca due figure di metallo dorate, cioè due Angeli nudi, condotti molto pulitamente, si come è tutta l'opera, che fu tenuta cosa rara: se bene Donatello, che poi fece l'ornamento dell'altro organo, che è dirimpetto a questo, fece il suo con molto piu giudizio, e pratica, che non haueua fatto Luca, come si dirà al luogo suo, per hauere egli quell'opera condotta quasi tutta in bozze, e non finita pulitamente: acciochè apparisse di lontano assai meglio, come fa, che quella di Luca, laquale, se bene è fatta con buon disegno, e diligenza; ella fa nondimeno con la sua pulitezza, e finimento, che l'occhio per la lontananza la perde, e non la scorge bene come si fa quella di Donato quasi solamente abbozzata. Alla quale cosa deono molto hauere auuertenza gl'Artefici: percioche la sperienza fa conoscere, che tutte le cose, che vanno lontane, o siano pitture; o siano sculture, o qual siuoglia altra somigliante cosa, hanno piu fierezza, et maggior forza, se sono vna bella bozza, che se sono finite. & oltre, che la lontananza fa questo effetto, pare anco, che nel le bozze molte volte, nascēdo in vn subito dal furore dell'arte, si sprima il suo concetto in pochi colpi: & che per contrario lo stento, e la troppa diligenza alcuna fiata Toglia la forza, & il sapere a coloro, che non sanno mai leuare le mani dall'opera, che fanno. E chi sa, che l'arte del disegno, per non dir la pittura solamēte, sono alla poesia simili; sa ancora; che come le poesie dettate dal furore poetico sono le vere, e le buone, e migliore, che le stentate, così l'opere degli huomini Eccellenti nell'arti del disegno, sono migliori quando sono fatte a vn tratto dalla forza di quel furore, che quando si vanno ghiribizzando a poco a poco con istento, & con fatica. E chi ha da principio, come si dee, hauere nella Idea quello, che vuol fare, camina sempre risoluto alla perfezzione con molta ageuolezza. Tutta via perche gl'ingegni non sono tutti d'una stampa; sono alcuni ancora, ma rari, che non fanno bene se non adagio, e per tacere de' pittori, fra i poeti si dice, che il Reuerendissimo, & dottissimo Bembo penò tallora a fare vn sonetto molti mesi, e forse anni, se a coloro si puo creder che l'affermano; il che non è gran fatto, che auuenga alcuna volta ad alcuni huomini delle nostre arti. Ma per lo piu è la regola in contrario; come si è detto di sopra, come, che il volgo migliore giudichi vna certa delichatezza esteriore, & apparente, che poi manca nelle cose essenziali, ricoperte dalla diligenza: che il buono fatto con ragione, e giudizio, ma non così di fuori ripulito, e lisciato. Ma per tornare a Luca, finita la detta opera, che piacque molto, gli fu allogata la porta di Bronzo della detta sagrestia, nellaquale scompartì in dieci quadri, cioè in cinque per parte, cō fare in ogni quadratura delle cantonate, nell'ornamento vna testa d'huomo: & in ciascuna testa variò, facendoui giouani, Vecchi di mezza età, &, chi con la barba, &, chi raso, & in sōma in diuerse modi tutti belli in q̄l genere, onde il Telaio di quell'opera ne restò ornatiss. Nelle storie poi de' quadri fece, per cominciarmi di sopra, la Madonna col figliuolo in braccio, con bellissima grazia: e nell'altro Iesu Christo, che esce del sepolcro. Di sotto a questi in ciascuno de i primi quattro quadri è vna figura cioè vn Euangelista: E sotto questi, i quattro Dottori della chiesa, che in varie attitudini scriuono. E tutto questo lauoro è tanto pulito, e netto, che è vna marauiglia, e fa conoscere, che molto giouò a Luca essere stato Orefice. Ma perche, fatto egli conto, dopo queste opere di quanto gli fusse venuto nelle mani, e del tempo, che in farle haueua speso, conobbe, che pochissimo haueua auanzato, e che la fatica era stata grandissima; si risoluette di lasciare il marmo, & il bronzo, e vedere se maggior frutto potesse altrōde cauare. perche considerando, che la terra si lauoraua ageuolmente, & con poca fatica; e, che mancaua solo trouare vn modo, mediante il quale l'opere, che di quella si faceuano, si potessono lungo tempo conseruare, andò tanto ghiribizzando, che trouò modo da diffenderle dall'ingiurie del tempo: perche dopo hauere molte cose esperimentato, trouò, che il dar loro vna coperta d'inuetriato a dosso, fatto con stagno, Terra ghetta, Antimonio, & altri Minerali, e misture, cotte al fuoco d'una fornace aposta, faceua benissimo questo effetto e faceua l'opere di terra quasi eterne. Delquale modo di fare come quello, che ne fu Inuentore, riportò lode grandissima, e gliene haueranno obligo tutti i secoli, che verranno. Essendogli dunque riuscito in cio tutto quello, che disideraua, volle, che le prime opere fussero quelle, che sono nell'arco, che è sopra la porta di bronzo, che egli sotto l'organo di S. Maria del Fiore haueua fatta per la sagrestia; nellequali fece vna ressurezzione di Christo tanto bella in quel tempo, che posta su, fu, come cosa veramente rara, ammirata. Da che mossi i detti operai, vollono, che l'arco della porta dell'altra sagrestia, doue haueua fatto Donatello l'ornamento di quell'altro organo, fusse nella medesima maniera da Luca ripieno di simili figure, & opere di terra cotta: onde Luca vi fece vn Giesu Christo, che ascende in cielo, molto bello. Hora non bastando a Luca questa bella inuenzione tanto vagha, e tanto vtile, e massimamente, per i luoghi doue sono Acque, e doue per l'humido, o altre cagioni non hanno luogo le pitture, andò pensando piu oltre, e doue faceua le dette opere di Terra semplicemente bianche, vi aggiunse il modo di dare loro il colore; con marauiglia, e piacere incredibile d'ognuno. onde il Magnifico Piero di Cosimo de' Medici, fra i primi, che facessero lauorar a Luca cose di terra colorite, gli fece fare tutta la volta in mezzo tondo, d'uno Scrittoio, nel palazzo, edificato, come si dira da Cosimo suo padre, con varie fantasie, & il pauimento similmente, che fu cosa singolare, e molto vtile per la state. Et è certo vna marauiglia, che essendo la cosa allora molto difficile, e bisognando hauere molti auuertimenti nel cuocere la terra, che Luca conducesse questi lauori a tanta perfezzione, che cosi la volta come il pauimento paiono, non di molti, ma d'un pezzo solo. La fama dellequali opere spargendosi non pure per Italia, ma per tutta l'Europa, erano tanti coloro, che ne voleuano, che i mercatanti Fiorentini, facendo continuamente lauorare a Luca con suo molto vtile; ne mandauano per tutto il mondo. E perche egli solo non poteua al tutto suplire, leuò dallo scarpello Ottauiano, & Agostino suoi fratelli, e gli mise a fare di questi lauori, ne i quali egli insieme con esso loro, guadagnauano molto piu, che insino allora con lo scarpello fatto non haueuano. perciothe oltre all'opere, che di loro furono in Francia, & in Ispagna mandate, lauorarono ancora molte cose in Toscana: & particularmente al detto Piero de'Medici; nella chiesa di S. Miniato a Monte la volta della capella di marmo, che posa sopra quattro colonne, nel mezzo della chiesa, facendoui vn partimento d'ottangoli bellissimo. Ma il piu notabile louoro, che in questo genere vscisse delle mani loro, fu nella medesima chiesa la volta della capella di S. Iacopo, doue è sotterato il Cardinale di Portogallo; nellaquale, se bene è senza spigoli, fecero in quattro tondi ne'cantoni, i quattro Euangelisti; E nel mezzo della volta in vn tondo lo Spirito Santo: rimpiendo il resto de'vani a scaglie, che girano secondo la volta, e diminuiscono a poco apoco insino al centro, di maniera, che non si puo in quel genere veder meglio, ne cosa murata, & commessa con piu diligenza di questa. Nella chiesa poi di S. Piero Buon Consiglio sotto Mercato Vecchio, fece in vn'Archetto sopra la porta la N. Donna con alcuni Angeli intorno molto viuaci. E sopra vna porta d'una chiesina, vicina a S. Pier Maggiore, in vn mezzo tondo, vn'altra Madonna, & alcuni Angeli, che sono tenuti bellissimi. E nel capitolo similmente di S. Croce, fatto dalla famiglia de'Pazzi, e d'ordine di Pippo di ser Brunellesco, fece tutti gl'inuetriati di figure, che dentro, e fuori vi si veggiono. Et in Ispagna, si dice, che mandò Luca al Re alcune figure di tondo rilieuo molto belle; insieme con alcuni lauori di marmo: per Napoli ancora fece in Fiorenza la sepoltura di marmo all'Infante fratello del Duca di Calauria, con molti ornamenti d'inuetriati, aiutato da Agostino suo fratello.

Dopo lequali cose, cercò Luca di trouare il modo di dipignere le figure, & le storie in sul piano di terra cotta, per dar vita alle pitture, e ne fece sperimento in vn Tondo, che è sopra il Tabernacolo de'quattro santi intorno a Or S. Michele: Nel piano delquale fece in cinque luoghi gl'instrumenti, & insegne dell'arti de'Fabricanti, con ornamenti bellissimi. E due altri tondi fece nel medesimo luogo, di rilieuo, in vno per l'arte de gli Speziali vna N. Donna e nell'altro, per la Mercatantia, vn Giglio sopra vna balla, che ha intorno vn festone di frutti, e foglie di varie sorti, tanto ben fatte, che paiono naturali, e non di terra cotta dipinta. Fece ancora, per M. Benozzo Federighi. Vescouo di Fiesole nella chiesa di S. Brancazio vna sepoltura di marmo; e sopra quella esso Federigo a giacere ritratto di Naturale, e tre altre mezze figure. E nell'ornamento de'pilastri di quell'opera dipinse nel piano certi festoni a mazzi di frutti, e foglie si viue, e naturali, che col pennello in Tauola non si farebbe altrimenti a olio, Et in vero questa opera è marauigliosa, e rarissima hauendo in essa Luca fatto i lumi, & l'ombre tanto bene, che non pare quasi, che a fuoco cio sia possibile. E se questo Artefice fusse viuuto piu lungamente, che non fece, si sarebbono anco vedute, maggior cose vscire delle sue mani; perche, poco prima, che morisse, haueua cominciato a fare storie, e figure dipinte in piano, delle quali vidi gia io alcuni pezzi in casa sua, che mi fanno credere, che cio gli sarebbe ageuolmente riuscito, se la morte, che quasi sempre rapisce i migliori, quando sono per fare qualche giouamento al mondo, non l'hauesse leuato prima, che bisogno non era, di uita.

Rimase dopo Luca Ottauiano, & Agostino suoi fratelli, e d'Agostino nacque vn'altro Luca, che fu ne'suoi tempi litteratissimo. Agostino dunque seguitando dopo Luca l'arte, fece in Perugia l'anno 1461. la facciata di S. Bernar-

dino, e dentroui tre storie di basso rilieuo, e quattro figure tonde, molto ben condotte, & con delicata maniera. Et in questa opera pose il suo nome con queste parole. AVGVSTINI FLORENTINI LAPICIDAE.
Della medesima famiglia, Andrea nipote di Luca lauorò di marmo benissimo, come si vede nella capella di S. Maria delle Grazie fuor d'Arezzo, doue p la comunità fece in vn grande ornamento di marmo molte figurette, e tõde, & di mezzo rilieuo; in vn'ornamento dico a vna vergine di mano di Parri di Spinello Aretino. Il medesimo fece di terra cotta, in quella città la tauola della capella di Puccio di Magio, in S. Francesco; & quella della circoncisione p la famiglia de' Bacci. Similmente in s. Maria in grado è di sua mano vna tauola bellissima, con molte figure; & nella cõpagnia della Trinità all'altar maggiore è di sua mano, in vna tauola, vn Dio padre, che sostiene con le braccia Christo crucifisso, circondato da vna moltitudine d' Angeli: & da basso San Donato, e s. Bernardo ginocchioni. Similmẽte nella chiesa, & in altri luoghi del sasso della Vernia, fece molte tauole, che si sono mantenute in quel luogo deserto, doue niuna pittura, ne anche pochissimi anni, si sarebbe conseruata. Lo stesso Andrea lauorò in Fiorenza tutte le figure, che sono nella loggia dello spedale di s. Paulo, di terra inuetriata, che sono assai buone, et similmente i putti, che fasciati, e nudi sono fra vn'arco, e l'altro, ne' tondi della loggia dello spedale degl'Innocenti; iquali tutti sono veramente mirabili, & mostrano la gran virtu, e arte d'Andrea; senza molte altre, anzi infinite opere, che fece nel so spazio della sua vita, che gli durò anni ottantaquattro. Morì Andrea l'anno 1528. & io, essendo ancor fanciullo, parlando con esso lui gli vdii dire, anzi gloriarsi, d'essersi trouato a portar Donato alla sepoltura: e mi ricorda, che quel buon vecchio, di cio ragionando n'haueua vanagloria. Ma per tornare a Luca, egli fu con gl'altri suoi sepellito in san Pier maggiore, nella sepoltura di casa loro; & dopo lui nella medesima, fu riposto Andrea, ilqual lasciò due figliuoli frati in san Marco, stati vestiti dal Reuerendo fra Girolamo Sauonarola, del quale furono sempre que' della Robbia molto diuoti, et lo ritrassero in quella maniera, che ancora hoggi si vede nelle medaglie. Il medesimo, oltre i detti due frati, hebbe tre altri figliuoli; Giouanni, che attese all'arte, & che hebbe tre figliuoli; Marco, Lucantonio, & Simone, che morirno di peste l'anno 1527. essendo in buona espettazione; & Luca, e Girolamo, che attesono alla scultura. De' quali due, Luca fu molto diligente negl'inuetriati; e fece di sua mano, oltre a molte altre opere, i pauimenti delle logge papali, che fece fare in Roma, con ordine di Raffaello da Vrbino, papa Leone Decimo; e quelli ancora di molte camere, doue fece l'imprese di quel pontefice. Girolamo, che era il minore di tutti, attese a lauorare di marmo, e di terra, e di bronzo; & gia era per la concorrenza di Iacopo Sansouino, Baccio Bandinelli, & altri maestri de' suoi tempi, fattosi valente huomo, quando da alcuni mercatanti Fiorentini, fu condotto in Francia, doue fece molte opere per lo Re Frãcesco, a Madri, luogo non molto lontano da Parigi; e particolarmente vn palazzo, con molte figure, & altri ornamenti, d'vna pietra, che è, come fra noi il gesso di Volterra, ma di miglior natura; perche è tenera quando si lauora, & poi col tempo diuenta dura. Lauorò ancora di terra molte cose in Orliens, & per tutto quel regno fece opere, acquistandosi fama, & bonissime facultà.

Dopo

Dopo queste cose, intendendo, che in Fiorenza non era rimaso se non Luca suo fratello, trouandosi ricco, & solo al seruigio del Re Francesco, condusse ancor lui in quelle parti, per lasciarlo in credito, e buono auiamento, ma il fatto non andò così, perche Luca in poco tempo vi si morì; e Girolamo di nuouo si trouò solo, e senza nessuno de' suoi· perche risolutosi di tornare a goder si nella patria le ricchezze, che si haueua con fatica, & sudore guadagnate; & anco lasciare in quella qualche memoria; si acconciaua a viuere in Fiorenza l'anno 1553, quando fu quasi forzato mutar pensiero; perche vedendo il Duca Cosimo, dalquale speraua douere essere con honor adoperato, occupato nella guerra di Siena, se ne tornò a morire in Francia. Et la sua casa, non solo rimase chiusa, & la famiglia spenta; ma restò l'arte priua del vero modo di lauorare gl'inuetriati; percioche se bene dopo loro si è qualcuno esercitato in quella sorte di scultura, non è però niuno giamai, a gran pezza ariuato all'eccellenza di Luca vecchio, d'Andrea, e degl'altri di quella famiglia. Onde se io mi sono distesο in questa materia forse piu, che non pareua, che bisognasse. Scusimi ognuno, poi che l'hauere trouato Luca queste nuoue sculture, lequali non hebbero, che si sappia gl'antichi Romani, richiedeua, che, come ho fatto, se ne ragionasse allungo. E se dopo la vita di Luca vecchio, ho succintamente detto alcune cose de' suoi descendenti, che sono stati insino a' giorni nostri; ho così fatto, per non hauere altra volta a rientrare in questa materia. Luca dunque, passando da vn lauoro ad vn'altro, e dal marmo al bronzo, e dal brõzo alla terra, cio fece non per infingardagine, ne per essere, come molti sono, fantastico, instabile; e non contento dell'arte sua; ma perche si sentiua dalla natura tirato a cose nuoue, e dal bisogno a vno essercizio, secõdo il gusto suo, e di manco fatica, & piu guadagno. Onde ne venne aricchito il mõdo, e l'arti del disegno d'vn'arte nuoua, vtile, e bellissima; & egli di gloria, e lode immortale, e perpetua. Hebbe Luca bonissimo disegno, e grazioso, come si puo vedere in alcune carte del nostro libro, lumeggiate di biacca; in vna delle quali è il suo ritratto fatto da lui stesso, con molta diligenza, guardandosi in vna spera.

Il fine della Vita di Luca della Robbia scultore.

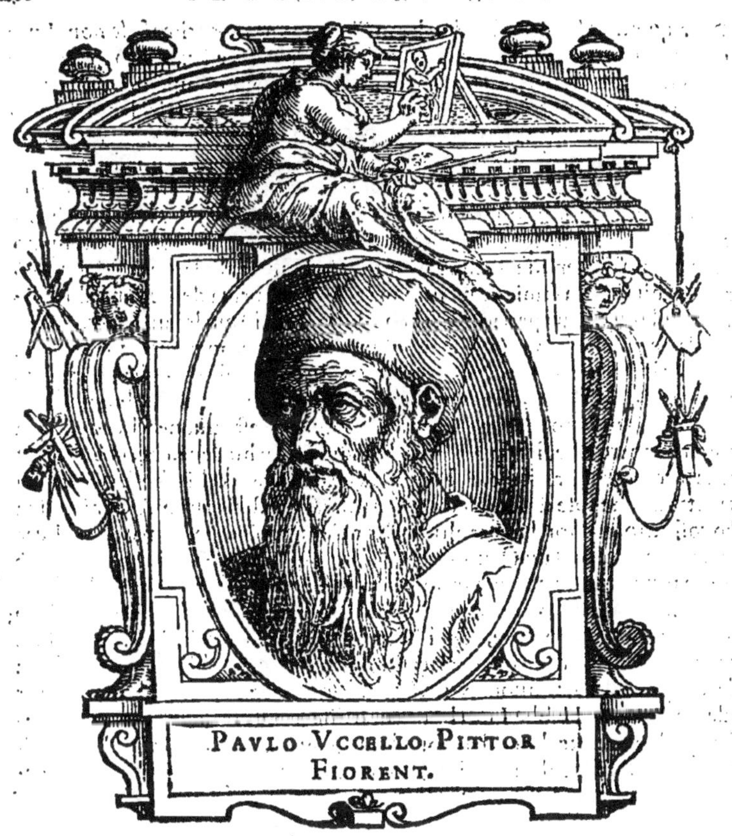

VITA DI PAVLO VCCELLO PITTOR FIOR.

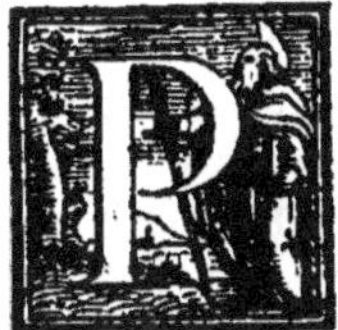

AVLO Vccello ſarebbe ſtato il piu leggiadro, & capriccioſo ingegno, che haueſſe hauuto, da Giotto in quà, l'arte del la pittura; ſe egli ſi fuſſe affaticato tanto nelle figure, & animali, quanto egli ſi affaticò, et perſe tempo nelle coſe di proſpettiua. lequali ancor che ſieno ingegnoſe, e belle, chi le ſegue troppo fuor di miſura, getta il tempo dietro al tẽpo: Affatica la natura, & l'ingegno empie di difficultà, e bene ſpeſſo di fertile, e facile, lo fa tornar ſterile, e difficile, e ſe ne caua (da chi piu attende a lei, che alle figure) la maniera ſecca, & piena di proffili; ilche genera il voler troppo minutamente tritar le coſe: oltre, che bene ſpeſſo ſi diuenta ſolitario, ſtrano, malinconico, e pouero: come Paulo Vccello, ilquale dotato dalla natura d'uno ingegno ſofiſtico, e ſottile, non hebbe altro diletto, che d'inue d'inuestigare alcune cose di prospettiua, difficili, & impossibili; lequali ancor che capricciose fussero, e belle; l'impedirono nondimeno tanto nelle figure, che poi inuecchiando, sempre le fece peggio. E non è dubbio, che chi con gli studij troppo terribili violenta la natura, se ben da vn canto egli assottiglia l'ingegno, tutto quel, che fa, non par mai fatto con quella facilità, et grazia, che naturalmente fanno coloro, che temperatamente, con vna cõsiderata intelligenza piena di giudizio, mettono i colpi a luoghi loro, fuggẽdo certe sottilità, che piu presto recano adosso all'opere vn non so che di stento, di secco, di difficile, e di cattiua maniera; che muoue a compassione a chi le guarda, piu tosto, che a marauiglia; atteso, che l'ingegno vuol'essere affaticato quando l'intelletto ha voglia di operare. E, che'l furore, è acceso; perche allora si vede vscirne parti Eccellenti, e diuini; e concetti marauigliosi. Paulo dunque andò senza intermettere mai tempo alcuno, dietro sempre alle cose dell'arte, piu difficili; tanto, che ridusse a perfezzione il modo di tirare le prospettiue, dalle piãte de casamenti, e da profili degli edifizij, condotti in fino alle cime delle cornici, e de' tetti, per via dell'intersecare le linee; facendo, che le scortasino, e diminuisino al centro, per hauere prima fermato, o alto, o basso doue voleua, la ueduta dell'occhio: E tanto in sõma si adoperò in queste difficultà, che introdusse via modo, & regola di mettere le figure in su piani doue elle posano i piedi, e di mano in mano doue elle scortasino; e diminuendo a proportione sfuggisino; il che prima si andaua facendo a caso. Trouò similmente il modo di girare le crociere, e gli archi delle volte, lo scortare de' palchi cõ gli sfondati delle traui; le colõne tonde p far in vn canto viuo del muro d'una casa, che nel canto si ripieghino, e tirate in prospettiua rompino il canto: e lo faccia per il piano. Per le quali considerazioni si ridusse a starsi solo, e quasi saluatico, senza molte pratiche, le settimane, e i mesi in casa senza lasciarsi vedere. Et auuenga, che queste fusino cose difficili, e belle, s'egli hauesse speso quel tempo nelle studio delle figure, ancor, che le facesse con assai buon disegno, l'harebbe condutte del tutto perfettissime. Ma consumando il tempo in questi ghiribizzi, si trouò mentre, che visse piu pouero, che famoso. Onde Donatello scultore suo amicisimo li disse molte volte; mostrandogli Paulo Mazzochi, a punte, & quadri tirati in prospetiua per diuerse vedute, e palle a 72. facce, a punte di diamanti, e in ogni faccia, brucioli auuolti su per e bastoni, e altre bizzarie in che spendeua, e consumaua il tempo. eh Paulo questa tua prospettiua ti fa lasciare il certo per l'incerto: queste son cose, che non seruono se non a questi, che fanno le tarsie; percioche empiono i fregi di brucioli, di chiocciole tonde, e quadre, e d'altre cose simili. Le pitture prime di Paulo furono in fresco, in vna nicchia bislunga tirata in prospetiua; nello Spedale di Lelmo, cioè vn santo Antonio abbate; e S. Cosimo, e Damiano, che lo mettono in mezzo. In Annalena, (monastero di donne) fece dua figure. E in S. Trinita sopra alla porta sinistra dentro alla chiesa in fresco; storie di S. Francesco cioè il riceuere delle stimate, il riparare alla chiesa, reggendola con le spalle, e lo abboccarsi con S. Domenico. Lauorò ancora in S. Maria Maggiore, in vna capella allato alla porta del fianco, che ua a S. Giouanni doue è la Tauola, e predella di Masaccio, vna Nunziata in fresco: nellaqual fece vn casamento, degno di considerazione, e cosa nuoua, e dificile in que' tempi per essere stata la prima, che si mostrasse con bella maniera agli Artefici, e con gratia, e proportione mostrãdo il modo di fare sfuggire le linee, e fare, che in vn piano lo spatio, che è poco, e piccolo, acquisti tanto, che paia assai lõtano, e largo, et coloro, che con giuditio sãno a qsto con gratia aggiugnere lombre a suoi luoghi, e i lumi cõ colori, fanno senza dubbio, che lochio s'ingãna, che pare che la pittura sia viua, e di rilieuo. E non gli bastando questo volle anco mostrare maggiore difficulta in alcune colonne, che scortano per via di prospettiua; le quali ripiegandosi rompono il canto viuo della volta doue sono i quattro Euangelisti, laqual cosa fu tenuta bella, e difficile: e in vero Paulo in quella professione fu ingegnoso, e valente. Lauorò anco in S. Miniato fuor di Fiorenza, in vn chiostro, di verde terra, e in parte colorito la vita de santi padri: nelle quali non osseruò molta l'unione di fare d'un solo colore, come si deono le storie, perche fece i campi azzurri, le Città di color rosso, e gli edifici variati secondo, che gli parue, & in questo mancò, perche le cose che si fingono di pietra non possono, e non deon essere tinte d'altro colore. Dicesi; che mentre Paulo lauoraua questa opra, vn'abbate, che era allora in quel luogo gli faceua mangiar quasi non altro, che formaggio. Perche essendogli venuto annoia deliberò Paulo, come timido, che gliera, di non vi andare piu a lauorare, onde facendolo cercar l'Abbate, quando sentiua domãdarsi da frati, non voleua mai esser'in casa: & se per auuentura alcune coppie di quell'ordine scontraua per Fiorenza, si daua a correre quanto piu poteua, da essi fuggendo. Per il che due di loro piu curiosi, e di lui piu giouani, lo raggiunserò vn giorno, e gli domandorono, per qual cagione egli non tornasse a finir l'opra cominciata: & perche, veggendo frati si fuggisse; Rispose Paulo, voi mi hauete rouinatò, in modo, che non solo fuggo da uoi, ma nõ posso anco praticare, ne passare, doue siano legnaiuoli, e di tutto è stato causa la poca discrezione dell'Abbate vostro; ilquale fra torte, e minestre, fatte sempre cõ cacio, mi ha messo in corpo tanto formaggio, che io ho paura, essendo gia tutto cacio, di non esser messo in opra per mastrice. E se piu oltre continuassi, nõ sarei piu forse Paulo, ma cacio. I frati partiti da lui con risa grandissime, dissero ogni cosa all'Abate, ilquale fattolo tornare al lauoro, gli ordinò altra uita, che di formaggio. Dopo dipinse nel Carmine nella cappella di san Girolamo de'Pugliesi, il dossale di san Cosimo, e Damiano. In casa de'Medici dipinse in tela a tempera alcune storie di animali, de'quali sempre si dilettò, e per fargli bene, ui mise grandissimo studio; & che è piu, tenne sempre per casa dipinti, Vccelli, gatti, cani; & d'ogni sorte di animali strani, che potette hauer in disegno, non potendo tenere de'uiui, per esser pouero. Et perche si dilettò piu degli uccelli, che d'altro, fu cognominato PAVLO Vccelli. Et in detta casa, fra l'altre storie d'animali, fece alcuni leoni, che combatteuano fra loro, cõ mouenze, & fierezze tanto terribili, che pareuono viui. Ma cosa rara era fra l'altre, una storia, doue un serpente combattendo con un leone, mostraua con mouimento gagliardo, la sua fierezza, & il ueleno, che gli schizzaua per bocca, e per gli occhi, mentre una contadinella ch'è presente guarda un bue, fatto in iscorto bellis. Delquale n'è il disegno proprio di mano di Paulo nel nostro lib. de'disegni: & similmẽte della uillanella tutta piena di paura, e in atto di correre; fuggendo dinanzi a quegli animali. Sonoui similmẽte certi pastori molto naturali,& vn paese,che fu tenuto cosa molto bella nel suo tempo.E nell'altre tele fece alcune mostre d'huomini d'arme a cauallo di que'tempi, con assai ritratti di naturale. Gli fu fatto poi allogagione nel chiostro di santa Maria Nouella,d'alcune storie: le prime delle quali sono quando s'entra di chiesa nel chiostro,la creazion degli animali, con vario, & infinito numero d'acquatici,terrestri,& volatili.E perche era capricciosissimo, &, come si è detto, si dilettaua grandemente di far bene gl'animali, mostrò in certi lioni, che si voglion mordere,quanto sia di superbo in quelli: & in alcuni Cerui, e Daini,la velocità,& il timore: oltre,che sono gli vccelli,& i pesci con le penne, e squamme viuissimi. Feceui la creazion dell'huomo,& della femina,& il peccar loro,con bella maniera,affaticata,& ben condotta.Et in questa opera si dilettò far gl'alberi di colore,i quali allora non era costume di far molto bene:cosi ne'paesi,egli fu il primo,che si guadagnasse nome fra i vecchi di lauorare,& quegli ben condurre a piu perfezzione,che non haueuano fatto gl'altri pittori inanzi a lui,se ben dipoi è venuto chi gli ha fatti piu perfetti: perche cō tāta fatica,non potè mai dar lor quella morbidezza,ne quella vnione,che è stata dato loro a tempi nostri,nel colorirli a olio. Ma fu ben assai, che Paulo con l'ordine della prospettiua,gli andò diminuendo,e ritraendo, come stāno qui ui appunto,facendoui tutto quel,che vedeua,cioè campi,arati,fossati,& altre minuzie della natura,che in qlla sua maniera secca,e tagliente;là doue se egli hauesse scelto il buono delle cose,& messo in opera quelle parti appunto, che tornano bene in pittura,sarebbono stati del tutto perfettissimi. Finito, c'hebbe questo,lauorò nel medesimo chiostro,sotto due storie di mano d'altri, & piu basso,fece il diluuio,con l'arca di Noe; & in essa con tanta fatica, & cō tāta arte,& diligenza lauorò i morti,la tempesta,il furore de'venti, i lampi delle saette,il troncar de gl'alberi,& la paura degli huomini, che piu non si puo dire.Et in iscorto fece in prospettiua, vn morto,alquale vn corbo gli caua gli occhi: & vn putto annegato,che per hauer il corpo pien d'acqua, fa di quello vn'arco grandissimo. Dimostrouui ancora varij effetti humani,come il poco timore dell'acqua,in due,che a cauallo combattono; & l'estrema paura del morire in una femina,& in un maschio,che sono a cauallo in sun'una bufola, laquale per le parti di dreto, empiendosi d'acqua,fa disperare in tutto coloro di poter saluarsi: opera tutta di tanta bontà,ed eccellenza, che gli acquistò grandissima fama. Diminuì le figure ancora per uia di linee in prospettiua,e fece mazzocchi,& altre cose in tal'opra,certo bellissime. Sotto questa storia dipinse ancora l'inebriazione di Noe,col dispregio di Cam suo figliuolo, nel quale ritrasse Dello pittore,& scultore Fiorentino suo amico; & Sem, & Iafet altri suoi figliuoli,che lo ricuoprono, mostrando esso le sue uergogne. Fece quiui parimente in prospettiua,vna botte,che gira per ogni lato,cosa tenuta molto bella,& cosi vna pergola piena d'uua,i cui legnami di piane squadrate vanno diminuendo al punto: ma ingannossi, perche il diminuire del piano di sotto,doue posano i piedi le figure ua con le linee della pergola, e la botte non ua con le medesime linee, che sfuggano. Onde mi sono marauigliato assai,che un tanto accurato,& diligente facesse un errore cosi notabile. Feceui anco il sagrifizio,con l'arca aperta,tirata in prospettiua, con gl'ordini delle stanghe nell'altezza,partita per ordine: doue gli uccelli stauano ac comodati,iquali si ueggono uscir fuora uolando in iscorto di piu ragioni, & nell'aria si uede Dio padre,che appare sopra al sagrifizio, che fa Noe con i figliuoli; & questa di quante figure fece Paulo in questa opera, è la piu difficile; perche vola col capo in iscorto uerso il muro, & ha tanta forza, che pare, che'l rilieuo di quella figura lo buchi; & lo sfondi. E oltre cio,ha quiui Noe attorno molti diuersi,& infiniti animali bellissimi. In somma diede a tutta q̃sta opera morbidezza,& grazia tanta,che ell'è senza comparazione superiore & migliore di tutte l'altre sue. Onde fu,non pure allora, ma hoggi grandemẽte lodata. Fece in santa Maria del Fiore; per la memoria di Giouanni acuto Inglese,capitano de'Fiorentini,che era morto l'anno 1393. un cauallo di terra uerde,tenuto bellissimo,e di grandezza straordinaria: & sopra quello l'immagine di esso capitano,di chiaro scuro,di color di uerde terra,in un quadro alto braccia dieci; nel mezzo d' una facciata della chiesa: doue tirò Paulo in prospettiua,una gran cassa da morti fingendo che'l corpo ui fusse dentro: & sopra ui pose l'immagine di lui armato da capitano,a cauallo. Laquale opera fu tenuta,& è ancora cosa bellissima per pittura di quella sorte; & se Paulo nõ hauesse fatto,che quel cauallo muoue le gambe da una banda sola, il che naturalmente i caualli non fanno; perche cascherebbano (ilche forse gli auēne,perche non era auuezzo a caualcare,ne praticò con caualli,come con gl'altri animali)sarebbe questa opera perfettissima; perche la proporzione di quel cauallo,che è grandissimo,è molto bella; & nel basamento ui sono queste lettere. PAVLI VCCELLI OPVS. Fece nel medesimo tempo, & nella medesima chiesa,di colorito, la sfera dell'hore sopra alla porta principale dentro la chiesa,con quattro teste ne'canti,colorite in fresco. Lauorò anco di colore di uerde terra,la loggia,che è uolta a ponente,sopra l'horto del munistero degli Angeli,cioè sotto ciascuno arco una storia de'fatti di s. Benedetto Abbate,& delle piu notabili cose della sua uita,in sin'alla morte. doue fra molti tratti,che ui sono bellissimi,ue n'ha uno, doue un monasterio, per opa del Demonio,rouina; e sotto i sassi,e legni rimane un frate morto. Ne è manco notabile la paura d'un'altro monaco,che fuggendo, ha i panni, che girando intorno all'ignudo,suolazzano con bellissima grazia. Nel che destò in modo l'animo a gl'artefici,che eglino hanno poi seguitato sempre questa maniera. E bellissima ancora la figura di san Benedetto,doue egli con grauità, e diuozione,nel conspetto de'suoi monaci risuscita il frate morto. Finalmente in tutte quelle storie sono tratti da essere considerati; & massimamente in certi luoghi doue sono tirati in prospettiua,infino agl'embrici,e tegoli del tetto. E nella morte di san Benedetto,mentre i suoi monaci gli fanno gl'essequie, e lo piãgono; sono alcuni infermi,& decrepiti a vederlo,molto belli. E da considerare ancora,che fra molti amoreuoli,& diuoti di quel santo; vi è un monaco vechio con dua grucce sotto le braccia,nelqual si uede un affetto mirabile,e forse speranza di rihauer la sanità. In questa opera non sono paesi di colore, ne molti casamenti,o prospettiue difficili;ma si bene gran disegno,& del buono assai. In molte case di Firenze sono assai quadri in prospettiua,per uani di lettucci,letti,& altre cose piccole,di mano del medesimo; & in Gualfonda particolarmente nell'horto,che era de'Bartolini,è in un terrazzo di sua mano 4. storie in legname,piene di guerre,cioè caualli,& huomini armati,con portature

ture di que'tempi bellissime; E fra gl'huomini, e ritratto Paulo Orsino, Otto buono da Parma, Luca da canale, e Carlo Malatesti S. di Rimini, tutti capitani generali di que'tempi. Et i detti quadri, furono a nostri tempi, perche erano guasti, & haueuon patito; fatti racconciare da Giuliano Bugiardini, che piu tosto ha loro nociuto, che giouato. Fu condotto Paulo da Donato a Padoua, quando ui lauorò, & uj dipinse nell'entrata della casa de' Vitali di uerde terra, alcuni giganti, che secondo ho trouato in una lettera latina, che scriue Girolamo Campagnola a M. Leonico Tomeo filosofo, sono tanto belli, che Andrea Mantegna, ne faceua grandissimo conto. Lauorò Paulo in fresco la volta de Peruzzi a triangoli, in prospettiua, & in su cantoni dipinse nelle quadrature, i quattro Elementi, e a ciascuno fece un'animale a proposito: alla terra una Talpa, all'acqua un pesce, al fuoco la Salamandra, & all'aria il Camaleonte, che ne uiue, e piglia ogni colore. Et perche non ne haueua mai ueduti, fece un Camello, che apre la bocca, & inghiottisce aria, empiendosene il uẽtre: simplicità certo grandissima, alludendo ꝑ lo nome del Camello a un'animale, che è simile a un ramarro, secco, & piccolo: col fare una bestiaccia disadatta, & grande. Grandi furono ueramente le fatiche di Paulo nella pittura, hauendo disegnato tanto, che lasciò a suoi parenti, secondo, che da loro medesimi ho ritratto, le casse piene di disegni. Ma se bene il disegnar è assai meglio, è nondimeno mettere in opera, poiche hanno maggior uita l'opere, che le carte disegnate. E se bene nel nostro libro de'disegni sono assai cose di figure, di prospettiue, d'uccelli, e d'animali, belli a marauiglia, di tutti è migliore un mazzocchio tirato con linee sole tanto bello, che altro, che la pacienza di Paulo non l'hauerebbe condotto. Amò Paulo, se bene era persona stratta, la uirtù degli Artefici suoi, e perche ne rimanesse a'posteri memoria, ritrasse di sua mano in una tauola lunga, cinque huomini segnalati, & la teneua in casa per memoria loro, l'uno era Giotto pittore, per il lume, e principio dell'Arte, Filippo di ser Brunellleschi il secondo, per l'Architettura, Donatello ꝑ la Scultura, & se stesso, per la prospettiua, & animali; & per la Matematica Giouanni Manetti suo amico, col quale conferiua assai, e ragionaua delle cose di Euclide. Dicesi, che essendogli dato a fare sopra la porta di s. Tommaso in mercato uecchio, lo stesso santo, che a Christo cerca la piaga, che egli mise in quell'opera tutto lo studio, che seppe; dicendo, che uoleua mostrar in quella quanto ualeua, e sapeua. E cosi fece fare una serrata di tauole, accio nessuno potesse uedere l'opa sua, senõ qñ fusse finita Perche scontrandolo un giorno Donato tutto solo, gli disse; E che opera sia q̃sta tua, che cosi serrata la tieni? Al qual respondendo Paulo disse, tu uedrai, & basta. Non lo uolle astrigner Donato, a dir piu oltre, pensando, come era solito, uedere quando fusse tempo, qualche miracolo. Trouandosi poi una mattina Donato per comperar frutte in mercato uecchio, uide Paulo, che scopriua l'opera sua; perche, salutandolo cortesemente, fu dimandato da esso paulo, che curiosamente desideraua udirne il giudizio suo, quello, che gli paresse di quella pittura. Donato guardato, che hebbe l'opa ben bene, disse; eh Paulo, hora, che sarebbe tẽpo di coprire, & tu scuopri. Allora contristandosi paulo grandemente, si sentì hauere di quella sua vltima fatica molto piu biasimo, che non aspettaua di hauerne lode E nõ hauendo ardire, come auuilito, d'uscir piu fuora, si rinchiuse in casa, attendẽdo do alla prospettiua, che sempre lo tenne pouero, & intenebrato insino alla morte. E cosi diuenuto uecchissimo; & poca contentezza hauẽdo nella sua uecchiaia si morì l'anno otrantatreesimo della sua uita, nel 1432. e fu sepolto in santa Marianouella.

Lasciò di se vna figliuola, che sapeua disegnare, e la moglie, la qual soleua dire che tutta la notte Paulo staua nello scrittoio, per trouar i termini della prospettiua, e che quãdo ella lo chiamaua a dormire, egli le diceua, ô che dolce cosa è q̃sta prospettiua. Et in vero s'ella fu dolce a lui, ella nõ fu anco, se non cara, & vtile, per opera sua a coloro, che in quella si sono, do po lui, esercitati.

Il fine della vita di Paulo Vccello pittore.

VITA DI LORENZO GHIBERTI PITTORE

On è dubio, che in tutte le città, coloro, che con qualche virtu, végon in qualche fama fra li huomini: nõ siano il piu delle volte vn santiss. lume d'esépio a molti, che dopo lor nascono, & i qlla medesima età viuono, oltra le lodi infinite, et lo straordinario premio, ch'essi viuẽdo ne riportano. Ne è cosa, che piu desti gli animi delle genti; & faccia parere loro men faticosa la disciplina de gli studi, che l'onore, & l'utilità, che si caua poi dal sudore delle virtù: percioche elle rendono facile a ciascheduno ogni impresa difficile: & con maggiore impeto fanno accrescere la virtù loro, quando con le lode del mondo s'inalzano. Perche infiniti, che cio sentono, & ueggono, si mettono alle fatiche, per venire in grado di meritare quello, che veggono hauer meritato vn suo cõpatriota. Et p questo anticha mente o si premiauano con richezze i virtuosi, o si honorauano con triomfi, & imagini. Ma perche rade volte è, che la virtù non sia perseguitata dall'inuidia, bisogna ingegnarsi, quanto si puo il piu, ch'ella sia da vna estrema Eccellenza superata, o almeno fatta gagliarda, e forte a sostenere gl'impeti di quella come ben seppe, e per meriti, e per sorte Lorenzo di Cione Ghiberti altrimenti di Bartoluccio; ilquale meritò da Donato scultore, & Filippo Brunelleschi architetto, & scultore, eccellenti Artefici, essere posto nel luogo loro; conoscendo essi in verità, ancora, che il senso gli strignisse forse a fare il contrario, che Lorenzo era migliore maestro di loro nel getto. Fu veramente ciò gloria di quegli, & confusione di molti: i quali presumendo di se, si mettono in opera; & occupano il luogo dell'altrui virtù, e nõ facendo essi frutto alcuno: ma penando mille anni a fare vna cosa, sturbano, & opprimono la scienzia degli altri, con malignità, & con inuidia. Fu dunque Lorẽzo figliuolo di Bartolucio Ghiberti, e da i suoi primi anni imparò l'arte dell'orefice col padre; ilquale era ecc. maestro, e gl'isegnò ql mestiero, ilquale da Lorenzo fu preso talmẽte ch'egli lo faceua assai meglio chel padre. Ma dilettandosi molto più de l'arte della scultura, & del disegno, manegiaua qualche volta colori. & alcun'altra gettaua figurette piccole di bronzo; & le finiua con molta grazia. Dilettosi anco di contraffare, i conij della medaglie antiche: & di naturale nel suo tempo ritrasse molti suoi amici. Et mentre egli con Bartoluccio, lauorando cercaua aquistare in quella professione; venne in Fiorenza l'anno 1400. secondo; che racconta egli medesimo in vn libro di sua mano doue ragiona delle cose dell'arte, ilquale è appresso al R. M. Cosimo Bartoli gentil'huomo Fiorentino. Allaquale peste aggiuntesi alcune discordie ciuili, & altri trauagli della Città; gli fu forza partirsi, & andarse in compagnia d'un altro pittore in Romagna. Doue in Arimini dipinsero al S. Pandolfo Malatesti vna camera, & molti altri lauori, che da lor furono con diligenza finiti, e con sodisfazione di quel signore, che ancora giouanetto, si dilettaua assai delle cose del disegno. Non restando percio in quel mentre Lorenzo di studiare le cose del disegno, ne di lauorare di rilieuo cera, stucchi, & altre cose simili, conoscẽdo egli molto bene, che si fatti rilieui piccoli sono il disegnare degli scultori; & che senza cotale disegno, non si puo da loro condurre alcuna cosa a perfezione,

zione. Hora non essendo stato molto fuor della patria, cessò la pestilenza. Onde la Signoria di Fiorenza, & l'arte de mercatanti deliberarno (hauendo in quel tempo la scultura gli Artefici suoi in eccellenza, cosi forestieri come Fiorentini) che si douesse, come si era gia molte volte ragionato, l'altre due porte di S. Giouanni, Tempio antichissimo, & principale di quella Città. Et ordinato fra di loro, che si facesse intédere a tutti i maestri, che erano tenuti migliori in Italia, che comparissino in Fiorenza, per fare esperimento di loro, in vna mostra duna storia di brózo, simile a vna di quelle, che gia Andrea Pisano haueua fatto nella prima porta. Fu scritto questa deliberazione da Bartoluccio, a Lorenzo ch'in Pesero lauoraua; confortandolo a tornare a Fiorenza, a dar saggio di se; che questa era vna occasione da farsi conoscere, & da mostrare l'ingegno suo. Oltra che e'ne trarrebbe si fatto vtile, che nel'uno ne l'altro harebbono mai piu bisogno di lauorare pere. Mossero l'animo di Lorenzo le parole di Bartoluccio di maniera, che quantunque il Signor Pandolfo, & il pittore, & tutta la sua corte, gli facessino carezze grandissime; prese Lorenzo da quel Signore licenza, & dal pittore: iquali pur con fatica; & dispiacere loro lo lascioron partire; non giouando ne promesse ne accrescere prouisione: parendo a Lorenzo ogn'ora mille anni, di tornare a Fiorenza: partitosi dunque felicemente a la sua patria si ridusse. Erano gia comparsi molti forestieri, & fattesi conoscere a Consoli dell'arte; Da'quali furono eletti di tutto il numero, sette maestri, tre Fiorentini, & gli altri Toscani; & fu ordinato loro vna prouisione di danari, &, che fra vn anno ciascuno douesse, hauer finito vna storia di bronzo della medesima grandezza, ch'erano quelle della prima porta, per saggio. Et elessero, che dentro si facesse la storia quádo Abraham sacrifica Isach suo figliuolo. Nella quale pensorono douere hauere i detti Maestri, che mostrare, quanto a le difficultà dell'arte, per essere storia che ci va dentro paesi, ignudi, vestiti, e animali. Et si poteuono far le prime figure di rilieuo, & le seconde di mezo: & le terze di basso. Furono i concorrenti di questa opera Filippo di ser Brunelesco, Donato; & Lorenzo di Bartoluccio Fiorentini; & Iacopo della Quercia Sanese, & Niccolò d'Arezzo suo creato; Francesco di Vandabrina; & Simone da Colle detto de'bronzi; i quali tutti dinanzi a Consili promessono dare condotta la storia nel tempo detto, & ciascuno alla sua dato principio, con ogni studio, & diligenza metteuano ogni lor forza, e sapere per passare d'eccellenza l'un l'altro; tenendo nascoso quel, che faceuano secretissimamente, per non raffrontare nelle cose medesime. Solo Lorenzo, che haueua Bartoluccio, che lo guidaua, & li faceua far fatiche, & molti modelli, innanzi, che si risoluessino di mettere in opera nessuno, di continuo menaua i Cittadini a vedere, & tal'ora i forestieri, che passauano, se intendeuano del mestiero, per sentire l'animo loro; i quali pareri furon cagione, ch'egli condusse vn modello molto ben lauorato, & senza nessun difetto. Et cosi fatte le forme, & gittatolo di bronzo, venne benissimo. onde egli con Bartoluccio suo padre lo rinettò, con amore, & pazienza tale, che non si poteua condurre ne'finire meglio. E venuto il tempo, che si aueua a vedere a paragone, fu la sua, & le altre di que'maestri finite del tutto, e date a giudizio dell'Arte de'marcatanti; perche veduti tutti da i Consoli, & da molti altri Cittadini; furono diuersi i pareri, che si fecero

sopra

sopra di ciò. Erano concorsi in Fiorenza molti forestieri, parte pittori, & parte scultori, & alcuni orefici, i quali forono chiamati da i Consoli a douer dar giudizio di queste opere insieme con glialtri di quel mestiero, che habitauano in Fiorenza. Il qual numero fu di 34. persone, & ciascuno nella sua Arte peritissimo. E quantunque fussino infra di loro differenti di parere, piacendo a chi la maniera di vno, & chi quella di vn'altro, si accordauano nondimeno, che Filippo di ser Brunelesco, & Lorenzo di Bartoluccio hauessino, & meglio, & piu copiosa di figure migliori, composta, & finita la storia loro: che non haueua fatto Donato la sua, ancora, che anco in quella fusse grã disegno. in quella di Iacopo della Quercia erano le figure buone, ma non haueuano finezza, se bene erano fatte con disegno, e diligenza. L'opera di Francesco di Valdambrina haueua buone teste, & era ben rinetta, ma era nel componimẽto confusa. Quella di Simon da Colle era vn bel getto, perche cio fare era sua arte, ma non haueua molto disegno. Il saggio di Niccolò d'Arezzo, che era fatto con buona pratica haueua le figure Tozze, & era mal rinetto. Solo quel la storia, che per saggio fece Lorenzo, laquale ancora si vede dentro all'udienza dell'Arte de'mercatanti; era in tutte le parti perfettissima. Haueua tutta l'opera disegno, & era benissimo composta. Le figure di quella maniera erano suelte, e fatte con grazia, & attitudini bellissime; & era finita con tanta diligenza, che pareua fatta non di getto, e rinetto con ferri, ma col fiato. Donato, & Filippo visto la diligenza, che Lorenzo haueua vsata nell'opra sua, si tiron da vn canto. Et parlando fra loro, risoluerono, che l'opera douesse darsi a Lorenzo, parendo loro, che il publico, & il priuato sarebbe meglio seruito. Et Lorenzo, essendo giouanetto, che non passaua 20. anni harebbe nello esercitarsi a fare in quella professione que frutti maggiori, che prometteua la bella storia, che egli a giudizio loro haueua piu deglialtri eccellentemente condotta. Dicẽdo, che sarebbe stato piu tosto opera inuidiosa, a leuargliela: che non era virtuosa a fargliela hauere.

Cominciando dunque Lorenzo l'opera di quella porta, per quella, che è dirimpetto all'opera di san Giouanni, fece per vna parte di quella vn Telaio grande di legno quanto haueua a esser appunto, scorniciato, & con gl'ornamenti delle teste in sulle quadrature, intorno allo spartimento de' uani delle storie, & con que'fregi, che andauano intorno. Dopo fatta, e secca la forma con ogni diligenza. In vna stanza, che haueua compero dirimpetto a s. Maria nuoua, doue è hoggi lo spedale de'Tessitori, che si chiamaua l'Aia, fece vna fornace grandissima, laquale mi ricordo hauer veduto, & gettò di metallo il detto Telaio. Ma come volle la sorte nõn venne bene. perche conosciuto il disordine, senza perdersi d'animo, ò sgomentarsi, fatta l'altra forma con prestezza, senza, che niuno lo sapesse, lo rigettò, & venne benissimo. Onde cosi andò seguitando tutta l'opera, gettando ciascuna storia da perse, e rimettendole nette, che erano al luogo suo. E lo spartimento dell'historie fu simile a quello, che haueua gia fatto Andrea Pisano nella prima porta, che gli disegnò Giotto, facendoui venti storie del testamento nuouo. Et in otto vani simili a quelli, seguitando le dette storie Da piè fece i quattro Euangelisti, due per porta, & cosi i quattro dottori della chiesa, nel medesimo modo, iquali sono differẽti fra loro di attitudini, & di panni. Chi scriue, chi legge; altri pensa, & variati l'un da l'altro si mostrano nella lor prontezza molto ben condotti. Oltre che nel telaio dell'ornamento riquadrato a quadri intorno alle storie, v'è vna fregiatura di foglie d'ellera, & d'altre ragioni, tramezate poi da cornici; & in su ogni cantonata, vna testa d'huomo, o di femina, tutta tonda; figurate p pro feti, & sibille, che son molto belle, e nella loro varietà mostrano la bontà dell'ingegno di Lorenzo. Sopra i dottori, & Euangelisti, gia detti, ne' quattro quadri dappiè, seguita da la banda di verso s. Maria del Fiore, il principio: & quiui nel primo quadro è l'annunziatione di N. Donna, doue egli finse nell'attitudine di essa vergine, vno spauento, & vn subito timore; storcendosi cō grazia per la venuta dell'Angelo. Et allato a questa, fece il nascer di Christo, doue è la nostra Donna, che hauēdo partorito, stà a ghiacere, riposandosi; eu ui Giuseppo, che contempla i pastori, & gl'angeli, che cantano. Nell'altra allato a questa, che è l'altra parte della porta, a vn medesimo pari, seguita la storia della venuta de' Magi, & il loro adorar Christo, dandoli i tributi; dou'è la corte, che gli seguita, con cauagli, & altri arnesi, fatta con grande ingegno. Et cosi allato a questa è il suo disputare nel tempio, fra i dottori, nella quale è non meno espressa l'ammirazione, & l'udienza, che danno a Christo, i dottori; che l'allegrezza di Maria, & Giuseppo, ritrouandolo. Seguita sopra a queste, ricominciando sopra l annunziazione, la storia del battesimo di Christo nel Giordano da Giouanni, doue si conosce negli atti loro, la riuerenza dell'uno, & la fede dell'altro. Allato a questa, seguita il Diauolo, che tenta Christo; che spauentato, per le parole di Giesu, fa vn'attitudine spauentosa; mostrando p ql la, il conoscere, che egli è figliuolo di Dio. Allato a questa nell'altra banda è, qn̄ egli caccia del Tempio i venditori; mettendo loro sottosopra gli argenti, le vittime, le colombe, & le altre mercanzie: nella quale sono le figure, che cascando l'una sopra l'altra: hanno vna grazia nella fuga del cadere, molto bella, e cōsiderata. Seguitò Lo. allato a q̄sta, il naufragio degl'Apost doue S. Piero vscendo della naue, che affonda nell'acqua, Christo lo sollieua. è questa storia copiosa di varij gesti nelli Apost. che aiutano la naue; e la fede di S. Piero si conosce nel suo venire a Christo. Ricomincia sopra la storia del battesimo dal'altra parte, la sua trasfigurazion e nel monte Tabor, doue Lorenzo espresse nel le attitudini de' tre Apostoli lo abbagliare, che fanno le cose celesti, le viste de i mortali; si come si conosce ancora Christo nella sua diuinità, col tenere la Testa alta, & le braccia aperte, in mezo d'Elia, & di Mose. Et allato a questa è la resurrezzione del morto Lazzaro, ilquale vscito del sepolchro legato i piedi, & le mani, stà ritto; con marauiglia de circostanti. Euui Marta, & Maria Maddalena, che bacia i piedi del Signore con vmiltà, & reuerenza grandissima. Seguita allato a questa, ne l'altra parte della porta, quando egli va in su l'asino in Gierusalem; e, che i figliuoli de gli Ebrei con varie attitudini gettano le veste per terra; & gli vliui, & le palme; oltre a gli Apostoli, che seguitano il Saluatore. Et allato a questa, è la cena de gli Apostoli, bellissima, & bene spartita, essendo finti a vna tauola lunga, mezi dentro, & mezi fuori. Sopra la storia della trasfigurazione comincia la adorazione nel l'horto; doue si conosce il sonno in tre varie attitudini de gli Apostoli. Et allato a questa seguita q uando egli è preso; & che Giuda lo bacia; doue sono molte cose da considerare, per esserui, & gli Apostoli, che fuggono, & i Giudei, che nel pigliar Christo

Christo fanno atti, & forze gagliardissime. Nell'altra parte allato a questa, è quando egli è legato alla colonna: doue è la figura di Giesu Christo; che nel duolo delle battiture, si storce alquanto, con vna attitudine compassioneuole, oltra, che si vede in que'Giudei, che lo flagellano, vna rabbia, & vendetta molto terribile, per i gesti, che fanno. Seguita allato a questa, quando lo menano a Pilato, &, che e' si laua le mani, & lo sentenzia a la croce; Sopra l'adorazione dell'orto dall'altra banda nell'ultima fila delle storie è Christo, che porta la croce, & va a la morte, menato da vna furia di soldati, i quali con strane attitudini, par che lo tirono per forza; Oltra il dolore, & pianto, che fanno co'gesti quelle Marie, che nō le vide meglio chi fu presente. Allato a questo fece Christo crocifisso; & in terra a sedere con atti dolenti, & pien di sdegno, la Nostra donna, & S. Giouanni Vangelista. Seguita, allato a questa nel l'altra parte la sua resurezzione; oue addormentate le guardie dal tuono, stanno come morti; mentre Christo va in alto con vna attitudine; che ben pare glorificato, nella perfezzione delle belle membra, fatto dalla ingegnosissima industria di Lorenzo. Nell'ultimo vano è la venuta dello spirito santo, doue sono attenzioni, & attitudini dolcissime in coloro, che lo riceuono. Et fu condotto questo lauoro a quella fine, & perfezzione; senza rispiarmo alcuno di fatiche, & di tempo, che possa darsi a opera di metallo, considerando, che le membra de gli ignudi hanno tutte le parti bellissime, & i panni, ancora, che tenessino vn poco dello andare vecchio di verso Giotto, vi è dentro non dimeno vn tutto, che va in verso la maniera de'moderni, & si reca in quella grandezza di figure, vna certa grazia molto leggiadra. Et nel vero i componimenti di ciaschuna storia sono tanto ordinati, & bene spartiti; che meritò conseguire quella lode, & maggiore, che da principio gli haueua data Filippo. Et cosi fu honoratissimamēte fra i suoi Cittadini riconosciuto; & da loro, & da gli artefici terrazzani, & forestieri sommamente lodato. Costò questa opera fra'gli ornamenti di fuori, che son pur di metallo, & intagliatoui festoni di frutti, & animali ventiduamila fiorini, & pesò la porta di metallo trētaquattro migliaia di libbre. Finita questa opera, parue a Consoli dell'arte de mercatanti esser seruiti molto bene, & per le lode dateli da ogn'uno deliberarono, che facesse Lorēzo in vn pilastro fuor d'Orsan Michele, in vna di qlle nicchie, ch'è quella, che uolta fra i cimatori, vna statua di bronzo di quattro braccia, & mezzo, in memoria di s. Giouā Batt. laquale egli principiò, ne la staccò mai, che egli la rese finita: che fu, & è opera molto lodata, & in quella, nel mā to fece vn fregio di lettere, scriuendoui il suo nome. In questa opera, laquale fu posta su l'anno 1414. si uide cominciata la buona maniera moderna, nella testa, in un braccio, che par di carne; & nelle mani, & in tutte l'attitudine della figura. Onde fu il primo, che cominciasse a imitare le cose degli antichi Romani; dellequali fu molto studioso, come esser dee chiunche disidera di bene operare. Et nel frontespizio di quel tabernacolo, si prouò a far di musaico, faccendoui dentro un mezzo profeta. Era gia cresciuta la fama di Lorenzo p tutta Italia, & fuori, dell'artifiziosissimo magistero nel getto, di maniera, che hauendo Iacopo della Fonte, & il Vecchietto Sanese, & Donato fatto per la Signoria di Siena, nel loro san Giouanni alcune storie, & figure di brōzo, che doueuano ornare il battesimo di quel Tempio; & hauendo visto i Sanesi l'o pere di Lorenzo in Fiorenza, si conuennono con seco, & li feciono fare due storie della vita di s. Giouanni Battista. In vna fece quando egli batezzò Christo, accompagnandola con molte figure, & ignude, & vestite molto riccamēte. Et nell'altra, quando san Giouanni è preso, & menato a Herode. Nellequali storie superò, & vinse gl'altri, che haueuano fatto l'altre: onde ne fu sommamente lodato da' Sanesi, & da gl'altri, che le veggono. Haueuano in Fiorenza a far vna statua i maestri della Zecca, in vna di quelle nicchie, che sono intorno a Orsan Michele, dirimpetto a l'arte della lana, & haueua a esser un s. Matteo, d'alteza del s. Giouanni sopradetto. Onde l'allogorono a Lorenzo, che la condusse a perfezzione, & fu lodata molto piu, che il san Giouanni, hauendo la fatta piu alla moderna. Laquale statua fu cagione, che i Consoli dell'arte della lana, deliberorono, che e facesse nel medesimo luogo, nell'altra nicchia allato a quella, vna statua di metallo medesimamente, che fusse alta alla medesima proporzione dell'altra due, in persona di s. Stefano loro auuocato. Et egli la condusse a fine; & diede vna vernice al bronzo molto bella. Laquale statua non manco satisfece, che hauesse fatto l'altre opere gia lauorate da lui. Essendo generale de' frati predicatori in quel tempo, M. Lionardo Dati, per lassare di se memoria in s. Maria nouella, doue egli haueua fatto professione, & alla patria; fece fabbricare a Lorenzo vna sepoltura di bronzo, e sopra quella se, a ghiacere morto, ritratto di naturale; e da quasta, che piacque, & fu lodata, ne nacque vna, che fu fatta fare in s. Croce da Lodouico degli Albizi, & da Nicolò Valori. Dopo queste cose, volendo Cosimo, & Lorenzo de' Medici, honorare i corpi, e reliquie de' tre martiri, Proto, Iacinto, & Nemesio, fattigli venire di Calentino, doue erano stati in poca venerazione molti anni, fecero fare a Lorenzo vna cassa di metallo, doue nel mezzo sono due Angeli di basso rilieuo, che tengono vna ghirlanda d'ulino; dētro laquale sono i nomi de' detti martiri Et in detta cassa fecero porre le dette reliquie; e la collocarono nella chiesa del monasterio degl'Angeli di Firenze; con queste parole da basso dalla banda della chiesa de' Monaci, intagliate in marmo. Clarissimi viri Cosmas, & Laurētius fratres, neglectas diu sanctorum reliquias martirū, religioso studio, ac fidelissima pietate suis sumptibus æreis loculis condendas, colon dasque curarunt. E dalla banda di fuori, che riesce nella chiesetta verso la strada, sotto un'Arme di palle, sono nel marmo intagliate queste altre parole.

Hic condita sunt corpora sanctorum Christi martirum Prothi, & Hyacinthi, & Nemesij, anno D. 1428. Et da q̄sta, che riuscì molto honoreuole, vēne volōtà agli Operai di s. Maria del Fiore, di far fare la cassa, & sepoltura di metallo, per metterui il corpo di s. Zanobi, Vescouo di Firenze, laquale fu di grandezza di braccia tre, & mezzo; & alta due. Nella quale fece oltra il garbo della cassa, con diuersi, & varii ornamenti, nel corpo di essa cassa dinanzi vna storia, q̄n esso san Zanobi risuscita il fanciullo, lasciatoli in custodia dalla madre; morēdo egli, mentre, che ella era in peregrinaggio. In vn'altra v'è quando vn'altro è morto dal carro; & quando e' risuscita l'uno, de due famigli, mandatoli da santo Ambruogio, che rimase morto vno in su le Alpi, l'altro ve, che se ne duole alla presenza di san Zanobi, che venutoli compassione, disse; ua che e' dorme, tu lo trouerrai viuo. Et nella parte di dietro sono sei Angioletti, che tengono vna ghirlanda di foglie d'olmo, nella quale son letterre intagliate, in memoria

memoria,& lode di quel santo. Questa opera condusse egli,& finì, cō ogni ingegnosa fatica,& arte,si che ella fu lodata straordinariamente, come cosa bella. Mentre,che l opere di Lorenzo ogni giorno accresceuō fama al nome suo, lauorando,& seruendo infinite persone,cosi in lauori di metallo,come d'argē to,& d'oro. Capitò nelle mani a Giouanni figliuolo di Cosimo de'Medici vna corniuola assai grande dentroui lauorato d'intaglio in cauo, quādo Apollo fa scorticare Marsia; laquale secondo,che si dice,seruiua gia a Nerone Imperatore,per suggello. Et essendo per il pezzo della pietra,ch'era pur grande & per la marauiglia dello intaglio in cauo,cosa rara; Giouanni la diede a Lorenzo,che gli facesse intorno d'oro vn'ornamento intagliato, & esso penatoui molti mesi,lo finì del tutto; facendo vn'opera non men bella d' intaglio a torno a quella,che si fussi la bontà,& perfezzione del cauo in quella pietra. Laquele opera fu cagione,ch'egli d'oro,& d'argento lauorasse molte altre cose,che hoggi non si ritruouano. Fece d'oro medesimamente a Papa Martino vn bottone,ch'egli teneua nel piuiale,con figure tonde di rilieuo: & fra esse gioie di grandissimo prezzo; cosa molto eccellente. Et cosi vna mitera marauigliosissima di fogliami d'oro straforati,& fra essi molte figure piccole tutte tonde,che furon tenute bellissime. Et ne acquistò,oltra al nome, vtilità grāde da la liberalità di quel pontefice. Venne in Fiorenza l'anno 1439. papa Eugenio,per vnire la chiesa Greca colla Romana,doue si fece il Concilio. Et uisto l'opere di Lorenzo,& piaciutogli non manco la presenza sua, che si facessino quelle,gli fece fare vna mitera d'oro di peso di libre quindici, & le perle di libre cinque,& mezzo,lequali erano stimate con le gioie in essa ligate, trenta mila ducati d'oro. Dicono,che in detta opera erano sei perle, come nocciuole auellane. & non si puo imaginare;secondo,che s'è visto poi,ī vn disegno di q̄lla,le piu belle bizarrie di legami nelle gioie,& nella varietà di molti putti, & altre figure,che seruiuano a molti varii,& graziati ornamenti. Della quale riceuette infinite grazie,& per se,& per gli amici,da quel pontefice,oltra il primo pagamento. Haueua Fiorenza riceuute tante lode, per l'opere eccellenti di questo ingegnosissimo artefice,che e fu deliberato da'Consoli dell'arte de mercatanti,di farli allogazione della terza porta di san Giouanni di metallo medesimamente. Et quantunque quella,che prima haueua fatta, l'hauesse d'ordine loro seguitata,& condotta con l'ornamento,che segue intorno alle figure,& che fascia il telaio di tutte le porte,simile a quello d'Andrea Pisano. Visto quanto Lorenzo l'haueua auanzato,risoluerono i Consoli a mutare la porta di mezzo,doue era quella d'Andrea,& metterla a l'altra porta, ch'è dirimpetto alla Misericordia. Et,che Lorenzo facesse quella di nuouo, per porsi nel mezzo giudicando,ch'egli hauesse a fare tutto quello sforzo, che egli poteua maggiore in quell'arte: Et se gli rimessono nelle braccia, dicēdo, che gli dauon licenza,che e facesse in quel modo,che'voleua,o che pensasse, che ella tornasse piu ornata,piu ricca,piu perfetta,& piu bella, che'potesse, o sapesse imaginarsi. Ne guardasse a tempo,ne a spesa,accioche, cosi come egli haueua superato gl'altri statuarii per insino allhora,superasse,& uincesse tutte l'altre opere sue.

Cominciò Lorenzo detta opera, mettendoui tutto quel sapere maggiore ch'egli poteua: Et cosi scomparti detta porta in dieci quadri; cinque per parte, che

che rimaſeno i vani delle ſtorie vn braccio, & vn terzo, & a torno per ornamento del telaio, che ricigne le ſtorie ſono nicchie in quella parte ritte, & piene di figure quaſi tonde, il numero delle quali è venti, & tutte belliſsime; come vno Sanſone ignudo, che abbracciato vna Colonna, con vna maſcella in mano, moſtra quella perfezzione, che maggior può moſtrare coſa fatta nel Tempo de gli antichi, ne' loro Ercoli, o di bronzi, o di marmi; Et come fa teſtimonio vn Ioſuè il quale in atto di locuzione par, che parli allo eſercito; oltra molti profeti, & Sibille; adorni l'uno, & l'altro in varie maniere di panni per il doſſo; &' di acconciature di capo, di capegli, & altri ornamenti, oltra dodici figure, che ſono a ghiacere nelle nicchie, che ricingono l'ornamento delle ſtorie per il trauerſo; faccendo in ſulle crociere delle cantonate in certi tondi, teſte di femmine, & di giouani, & di vecchi in numero trenta quattro. Fra le quali nel mezo di detta porta vicino al nome ſuo intagliato in eſſa, è ritratto Bartoluccio ſuo padre, ch'è quel piu vecchio; & il piu giouane è eſſo Lorenzo ſuo figliuolo, maeſtro di tutta l'opera; oltra a infiniti fogliami, & cornici, & altri ornamenti fatti con grandiſsima maeſtria. Le ſtorie, che ſono in detta porta, ſono del teſtamento vecchio; & nella prima è la creazione di Adamo, & di Eua ſua donna; quali ſono perfettiſsimamente condotti. Vedendoſi, che Lorenzo ha fatto, che ſieno di membra piu begli, che egli ha poſſuto; volendo moſtrare, che come quelli di mano di Dio furono le piu belle figure, che mai fuſſero fatte; coſi queſti di ſuo haueſsino a paſſare tutte l'altre ch'erano ſtate fatte da lui ne l'altre opere ſue; auertēza certo grandiſsima. Et coſi fece nella medeſma, quando e' mangiano il pomo, & inſieme quando e' ſon cacciati di Paradiſo, lequal figure in quegli atti riſpondono a l'effetto, prima del peccato conoſcendo la loro vergogna, coprendola con le mani, e poi nella penitenza quando ſono dall'Angelo fatti vſcir fuori di Paradiſo. Nel ſecondo quadro è fatto Adamo, & Eua, che hanno Caim, & Abel piccoli fanciulli creati da loro; & coſi vi ſono quando de le primizie Abel fa ſacrifizio, & Caim de le men buone, doue ſi ſcorge negli atti di Caim l'inuidia contra il proſſimo, & in Abel l'amore in verſo Iddio. E quello, che è di ſingular bellezza è il ueder Caim arare la terra con vn par di buoi, iquali nella fatica del tirare al giogo l'aratro, paiono veri, & naturali; coſi come è il medeſimo Abel, che guardando il beſtiame Caim, li da la morte: Doue ſi vede ql lo con attitudine impietoſiſsima, & crudele, con un baſtone ammazzare il fratello, in ſi fatto modo, che il bronzo medeſimo moſtra la languidezza delle membra morte nella belliſſima perſona d'Abel, & coſi di baſſo rilieuo da lōtano è Iddio, che domanda a Caim quel, che ha fatto d' Abel; contenendoſi in ogni quadro gli effetti di quattro ſtorie. Figurò Lorenzo nel terzo quadro come Noe eſce dell'arca, la moglie co' ſuoi figliuoli, & figliuole, & nuore, & inſieme tutti gli animali, coſi volatili, come terreſtri: iquali, ciaſcuno nel ſuo genere, ſono intagliati con quella maggior perfezzione, che puo l'arte imitar la natura. Vedendoſi l'Arca aperta, & le ſtagge in proſpettiua di baſſiſſimo rilieuo, che non ſi puo eſprimere la grazia loro. Oltre, che le figure di Noe, & de gli altri ſuoi, non poſſono eſſer piu viue, ne piu pronte, mētre faccendo egli ſagrifizio, ſi vede l'arco baleno, ſegno di pace fra Iddio, & Noe; ma molto piu eccellenti di tutte l'altre ſono, doue egli pianta la vigna, & inebriato del vino

moſtra

mostra le vergogne, e Cam suo figliuolo lo schernisce, e nel vero vno, che dorma, non puo imitarsi meglio, vedendosi lo abandonamẽto delle membra ebbre, & la considerazione, & amore degli altri due figliuoli, che lo ricuoprono con bellissime attitudini Oltre, che v'è, & la botte, & i pampani, & gli altri ordigni della vendemmia, fatti con auuertenza, & accõmodati in certi luoghi, che non impediscono la storia, ma le fanno vn'ornamento bellissimo. Piacque a Lorenzo fare nella quarta storia, l'apparire de' tre Angeli nella valle Mambre, & faccendo quegli simili l'uno all'altro, si vede quel santissimo vecchio adorarli, con vna attitudine di mani, & di volto molto propria, & uiuace; oltre, che egli cõ affetto molto bello intagliò i suoi serui, che a pie del' mõte con vno asino aspettano Abraam, che era andato a sacrificare il figliuolo. Il quale stando ignudo in su l'altare, il padre con il braccio in alto, cerca far l'obbedienza; ma è impedito dall'Angelo; che con vna mano lo ritiene, & cõ l'altra accenna doue è il montone da far sacrifizio, & libera Isac da la morte. Questa storia è veramente bellissima; perche fra l'altre cose, si vede differẽza grandissima fra le delicate membra d'Isac, & quelle de' serui, & piu robusti, in tanto, che non pare, che ui sia colpo, che non sia con arte grandissima tirato. Mostrò anco auanzar se medesmo, Lorenzo, in quest'opera; nelle difficultà de' casamenti, e quando nasce Isaac, Iacob, & Esau, o quando Esau caccia, per far la volonta del padre; & Iacob ammaestrato da Rebecca, porge il Cauretto cotto, hauendo la pelle intorno al collo, mentre è cercato da Isac, il qual gli dà la benedizzione. Nella quale storia sono cani bellissimi & naturali, oltra le figure, che fanno quello effetto istesso, che Iacob, & Isac, & Rebecca nelli lor fatti quando eron uiui, faceuano. Inanimito Lorenzo, per lo studio dell'arte, che di continuo la rendeua piu facile, tentò l'ingegno suo in cose piu artifiziose, & difficili: onde fece in questo sesto quadro Iosef messo da' suoi fratelli nella cisterna, & quando lo vendono a que' mercanti; & da loro è donato a Faraone, al quale interpreta il sogno della fame; & la prouisiõe per rimedio: & gli honori fatti a Iosef da Faraone. Similmente vi è quando Iacob manda i suoi figliuoli, per il grano in Egitto, & che riconosciuti da lui, gli fa ritornare per il padre. Nellaquale storia Lorenzo fece un tempio tondo girato in prospettiua con una difficultà grande, nel quale è dentro figure in diuersi modi, che caricano grano, e farine: & asini straordinarii. Parimente vi è il conuito, che fa loro, & il nascõdere la coppa d'oro nel sacco a Beniamin, e l'essergli trouata, & come egli abbraccia, et riconosce i fratelli. laquale istoria per tanti affetti, et uarietà di cose è tenuta fra tutte l'opere, la piu degna, e la piu difficile, & la piu bella.

E veramente Lorenzo non poteua, hauendo si bello ingegno, & si buona grazia in questa maniera di statue, fare, che, quando gli veniuano in mente i componimenti delle storie belle, e non facesi bellissime le figure; come appare in questo settimo quadro; doue egli figura il monte Sinai, & nella sommità Moise, che da i Dio riceue le leggi; riuerente è ingenocchioni. A mezo il mõte è Iosue, che l'aspetta; & tutto il popolo a piedi impaurito, per i tuoni saette, & tremuoti in attitudini diuerse fatte con vna prontezza grandissima. Mostrò appresso diligenza, & grande amore nello ottauo quadro doue egli fece quando Iosue andò a Ierico, & volse il Giordano, & pose i dodici padiglioni pieni delle dodici tribu: figure molto pronte; ma piu belle sono alcu ne di basso rilieuo, quando girando con l'arca intorno alle mura della Città predetta, con suono di trombe, rouinano le mura & gli Ebrei pigliano Ierico: nella quale è diminuito il paese, & abbassato sempre con osseruanza da le prime figure a i monti; & da i monti a la Città; & da la Città al lontano del paese, di bassissimo rilieuo: cōdotta tutta con vna gran perfezzione. E perche Lorenzo di giorno in giorno si fece piu pratico in quell'arte, si vide poi nel nono quadro, la occisione di Golia gigante al quale Dauit taglia la testa, con fanciullesca, & fiera attitudine; e rompe lo esercito de i Filistei quello di Dio: doue Lorēzo fece caualli, carri, & altre cose da guerra. Dopo fece Dauit, che, tornando con la testa di Golia in mano, il popolo lo incontra, sonando, & cātando. I quali affetti sono tutti proprij, & viuaci. Restò a far tutto quel, che poteua Lor. nella decima, & vltima storia, doue la Regina Sabba visita Salamone, cō grandissima corte; nella qual parte fece vn casamento tirato in prospettiua molto bello; & tutte l'altre figure simili alle predette storie, oltra gl'ornamenti degli architraui, che vanno intorno a dette porte, doue son frutti, & festoni, fatti con la solita bontà. Nellaquale opera da per se, & tutta insieme, si conosce quanto il valore, & lo sforzo d'uno artefice statuario possa nelle figure, quasi tonde, in quelle mezze, nelle basse, & nelle bassissime, oprare, con inuenzione, ne' componimenti delle figure; & strauaganza dell'attitudini, nelle femmine, & ne' maschi; & nella varietà di casamenti, nelle prospettiue; & nell'hauere nelle graziose arie di ciascun sesso, parimente osseruato il decoro, in tutta l'opera, ne vecchi la grauità, & ne giouani la leggiadria, & la grazia. Et in vero si puo dire, che questa opera habbia la sua perfezione in tutte le cose, & che ella sia la piu bella opera del mondo, & che si sia vista mai fra gli antichi, & moderni. Et ben debbe essere veramente lodato Lorēzo, da che vn giorno Michelagnolo Buonarroti, fermatosi a veder questo lauoro, & dimandato quel, che gliene paresse, & se queste porte eron belle. Rispose; elle son tanto belle, che elle starebbon bene alle porte del Paradiso: lode veramēte propria, & detta da chi poteua giudicarla. Et ben le potè Lorenzo condurre, hauendoui dall'età sua di venti anni, che le cominciò, lauorato su quaranta anni, con fatiche via piu, che estreme.

Fu aiutato Lorenzo in ripulire, & nettare questa opera, poi che fu gettata, da molti, allhora giouani, che poi furono maestri eccellenti, cioè da Filippo Brunelleschi, Masolino da Panicale, Niccolò Lamberti, orefici; Parri Spinelli, Antonio Filareto, Paulo Vccello, Antonio del Pollaiuolo, che allora era giouanetto, & da molti altri. I quali praticando insieme intorno a quel lauoro, e conferendo, come si fa, stando in compagnia, giouarono non meno a se stessi, che a Lorenzo. Al quale, oltre al pagamento, che hebbe da' Consoli, donò la signoria vn buon podere vicino alla Badia di Settimo. Ne passò molto, che fu fatto de' Signori, & honorato del supremo magistrato della Città. Nel che tanto meritano di essere lodati i Fiorentini di gratitudine, quanto biasimati di essere stati verso altri huomini eccellenti della loro patria poco grati. Fece Lorēzo dopo questa stupendissima opera, l'ornamento di brōzo alla porta del medesimo tempio, che è dirimpetto alla misericordia, con quei marauigliosi fogliami, i quali non potette finire, sopragiugnendoli inaspettatamente la morte te, quando daua ordine, e gia haueua quasi fatto il modello, di rifare la detta porta, che gia haueua fatta Andrea Pisano: il quale modello è hoggi andato male, e lo vidi gia, essendo giouanetto in borgo Allegri, prima, che da i descẽdenti di Lorenzo fusse lasciato andar male.

Hebbe Lorenzo vn figliuolo, chiamato Bonacorso, ilquale finì di sua mano il fregio, e quell'ornamento, rimaso imperfetto, con grandissima diligenza; quell'ornamento, dico, ilquale è la piu rara, è marauigliosa cosa, che si possa veder di bronzo. Non fece poi Bonacorso, perche morì giouane, molt'opere, come harebbe fatto, essẽdo a lui rimaso il segreto di gettar le cose in modo che venissono sottili, & con esso, la sperienza, & il modo di strafòrare il metallo in quel modo, che si veggiono essere le cose lasciate da Lorenzo; ilquale, oltre le cose di sua mano, lasciò a gl'heredi molte anticaglie di marmo, e di brõzo, come il letto di Policleto, che era cosa rarissima, vna gamba di bronzo grãde quanto è il viuo, & alcune teste di femine, e di maschi, con certe vasi, stati da lui fatti condurre di Grecia con non piccola spesa. Lasciò parimente alcuni torsi di figure, & altre cose molte; lequali tutte furono insieme con le facultà di Lorenzo mandate male; & parte vendute à M. Giouanni Gaddi, allora cherico di camera, & fra esse fu il detto letto di Policleto, & l'altre cose migliori. Di Bonacorso rimase vn figliuolo, chiamato Vettorio, ilquale attese alla scultura, ma cõ poco profitto, come ne mostrano le teste, che a Napoli fece nel palazzo del Duca di Grauina, che non sono molte buone, perche nõ attese mai all'arte con amore, ne con diligenza: ma si bene a mandare in malhora le facultà, & altre cose, che gli furono lasciate dal padre, & dal auolo. Finalmente, andando sotto papa Paulo terzo in Ascoli per Architetto, un suo seruitore, per rubarlo, vna notte lo scannò. E così spense la sua famiglia, ma nõ gia la fama di Lorenzo, che uiuerà in eterno. Ma tornando al detto Lorenzo, egli attese, mentre visse, a piu cose, e dilettossi della pittura, & di lauorare di vetro: & in santa Maria del Fiore fece quegli occhi, che sono intorno alla cupola; eccetto vno, che è di mano di Donato, che è quello doue Christo incorona la nostra Donna. Fece similmente Lorenzo li tre, che sono sopra la porta principale di essa s. Maria del Fiore, & tutti quelli delle capelle, & delle tribune: & così l'occhio della facciata dinanzi di santa Croce. In Arezzo fece vna finestra, per la capella maggior della pieue, dentroui la incoronazione di nostra Donna, & due altre figure, per Lazzero di Feo di Baccio, mercante ricchissimo; ma perche tutte furono di vetri Viniziani, carichi di colore, fanno i luoghi doue furono poste, anzi oscuri che nò. Fu Lorenzo dato per compagno al Brunellesco, quando gli fu allogata la Cupola di santa Maria del Fiore, ma ne fu poi leuato, come si dirà nella vita di Filippo.

Scrisse il medesimo Lorenzo vn'opera volgare, nella quale trattò di molte varie cose, ma si fattamẽte, che poco costrutto se ne caua. Solo vi è, per mio giudizio, di buono, che dopo hauere ragionato di molti pittori antichi, & particolarmente, di quelli citati da Plinio, fa menzione breuemente di Cimabue, di Giotto, e di molti altri di que' tempi. Et cio fece con molto piu breuità, che non doueua, non per altra cagione, che per cadere con bel modo in ragionamento di se stesso, & raccontare, come fece, minutamente a una, per vna tutte l'opere sue. Ne tacerò, che egli mostra il libro essere stato fatto da altri; e poi nel processo dello scriuere, come quegli, che sapea meglio disegnare, scarpellare, & gettare di bronzo, che tessere storie, parlando di se stesso, dice in prima persona: Io feci, io dissi, io faceua, & diceua. Finalmente peruenuto all'anno sessantaquattresimo della sua vita, assalito da vna graue, & continua febbre si morì; lasciando di se fama immortale nell'opere, che egli fece, e nelle penne degli scrittori: & fu honoreuolmente sotterrato in santa Croce. Il suo ritratto è nella porta principale di bronzo del tempio di san Giouanni, nel fregio del mezzo, quando è chiusa, in vn'huomo caluo. & a lato a lui è Bartoluccio suo padre: & appresso a loro si leggono queste parole. LAVRENTII Cionis de Ghibertis mira arte fabricatum. Furono i disegni di Lorenzo eccellentissimi, e fatti con gran rilieuo, come si vede nel nostro libro de' disegni, in vno euangelista di sua mano, & in alcuni altri di chiaro scuro bellissimi.

Disegnò anco ragioneuolmente Bartoluccio suo padre, come mostra vno altro Vangelista di sua mano in sul detto libro, assai men buono, che quello di Lorenzo. I quali disegni con alcuni di Giotto, e d'altri hebbi, essendo giouanetto da Vettorio Ghiberti l'anno 1528. e gl'ho sempre tenuti, e tengo in venerazione; e perche sono belli, & per memoria di tanti huomini. E se quando io haueua stretta amicizia, e pratica con Vettorio, io hauessi quello conosciuto, che hora conosco, mi sarebbe ageuolmente venuto fatto d'hauere hauuto molte altre cose, che furono di Lorenzo veramente bellissime. Fra molti versi, che latini, & volgari sono stati fatti in diuersi tempi, in lode di Lorenzo, per meno essere noiosi a chi legge, ci basterà porre qui disotto gl'infrascritti.

Dum cernit Valuas aurato ex ære nitentes
In Templo Michael Angelus obstupuit.
Attonitusque diu, sic alta silentia rupit
O Diuinum opus: O Ianua digna Polo.

Fine della vita di Lorenzo Ghiberti scultore.

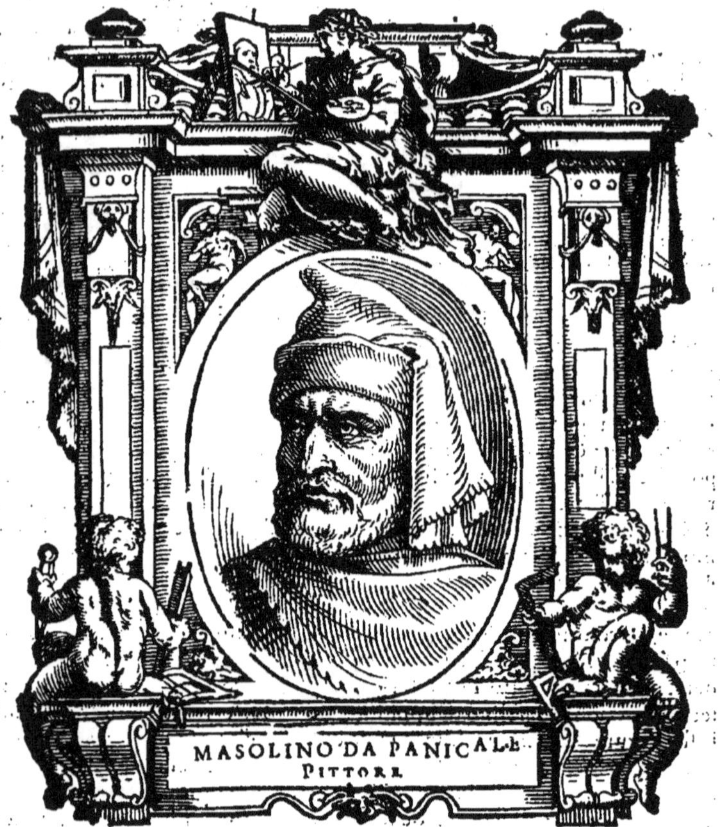

VITA DI MASOLINO PITTORE.

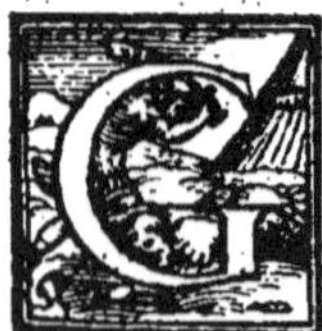

GRANDISSIMO veramente credo, che ſia il cõtento di coloro, che ſi auicinano al ſommo grado della ſcienza, in che ſi affaticano: E coloro parimente, che oltre al diletto, & piacere, che ſentono virtuoſamente operando, godono qualche frutto delle loro fatiche, uiuono, uita ſenza dubbio quieta, e feliciſſima. Et ſe per caſo auuiene, che vno nel corſo felice della ſua vita, caminando alla perfezzione d'una qualche ſcienza, o arte, ſia dalla morte ſoprauenuto, non rimane del tutto ſpenta la memoria di lui, ſe ſi ſarà, per conſeguire il vero fine dell'arte ſua, lodeuolmente affaticato. La onde dee ciaſcuno quanto puo fatigare, per conſeguire la perfezzione, perche ſe ben è nel mezzo del corſo impedito, ſi loda in lui, se non l'opere, che non ha potuto finire, almeno l'ottima intenzione, & il sollecito studio, che in quel poco, che rimane è conosciuto. Masolino da Panicale di Valdelsa, ilquale fu discepolo di Lorenzo di Bartoluccio Ghiberti, e nella sua fanciullezza bonissimo orefice, & nel lauoro delle porte il miglior rinettatore, che Lorenzo hauesse. Fu nel fare i panni delle figure molto destro & valente, & nel rinettare hebbe molto buona maniera, & intelligenza. Onde nel cesellare fece con piu destrezza alcune ammaccature morbidamente, cosi nelle membra humane, come ne' panni. Diedesi costui alla pittura d'età d'anni xix. & in quella si esercitò poi sempre, imparando il colorire da Gherardo dello Starnina. Et andatosene a Roma, per studiare, mentre, che vi dimorò, fece la sala di casa Orsina Vecchia in monte Giordano: poi, per vn male, che l'aria gli faceua alla testa, tornatosi a Fiorenza, fece nel Carmine allato alla cappella del Crocifisso la figura del s. Pie. che vi si vede ancora. Laquale essendo da gli artefici lodata, fu cagione, che gli allogarono in detta chiesa la capella de' Brancacci con le storie di s. Pietro: dellaquale con gran studio, condusse a fine vna parte. Come nella volta doue sono i quattro Vangelisti. E doue Christo toglie dalle reti Andrea, & Piero. E dopo il suo piangere il peccato fatto, quando lo negò, & appresso la sua predicazione, per conuertire i popoli. Feceui il tempestoso naufragio degli Apostoli, e quando san Piero libera dal male Petronilla sua figliuola. Et nella medesima storia fece, quãdo egli, & Giouanni vanno al tempio, doue innanzi al portico è quel pouero infermo, che gli chiede la limosina, alquale non potendo dare ne oro, ne argento, col segno della croce, lo libera; son fatte le figure per tutta quell' opera con molta buona grazia, & dato loro grandezza nella maniera; morbidezza, & vnione, nel colorire; e rilieuo, e forza nel disegno. Laquale opa fu stimata molto, p la nouità sua, e p l'osseruanza di molte parti, che erono totalmente fuori della maniera di Giotto. Lequali storie sopragiunto dalla morte, lasciò impfette. Fu persona Masolino di bonissimo ingegno, & molto vnito, & facile nelle sue pitture, lequali con diligenza, & con grand'amore a fine si veggono cõdotte. Questo studio, & questa volontà d'affaticarsi, ch'era in lui del continuo, gli generò una cattiua complessione di corpo; laquale inanzi al tẽpo gli terminò la vita: & troppo acerbo lo tolse al mondo. Morì Masolino giouane d'età d'anni 37. troncando l'aspettazione, che i popoli haueuano concetta di lui. Furono le pitture sue circa l'anno 1440. Et Paulo Schiauo, che in Fiorenza in sul canto de' Gori, fece la nostra Donna, con le figure, che scortano i piedi in su la cornice, si ingegnò molto di seguir la maniera di Masolino, l'opere delquale, hauendo io molte uolte considerato, truouo la maniera sua molto variata da quella di coloro, che furono inanzi a lui, hauendo egli aggiũto maestà alle figure, e fatto il panneggiare morbido, & con belle falde di pieghe. Sono anco le teste delle sue figure molto migliori, che l'altre fatte inanzi, hauendo egli trouato un poco meglio il girare degl'occhi, e ne i corpi molte altre belle parti. E perche egli cominciò a intender bene l'ombre, & i lumi, p che lauoraua di rilieuo, fece benissimo molti scorti difficili, come si vede in q̃l pouero, che chiede la limosina a san piero, ilquale ha la gamba, che manda in dietro, tanto accordata con le linee de' dintorni nel disegno, & l'ombre nel colorito, che pare, che ella veramente buchi quel muro. Cominciò similmente

Masolino

Masolino a fare ne uolti delle femine l'arie piu dolci, & a i giouani gl' habiti piu leggiadri, che non haueuano fatto gl' Artefici uecchi: & anco tirò di prospettiua ragioneuolmente. Ma quello, in che ualse piu, che in tutte l' altre cose, fu nel colorire in fresco; perche egli cio fece tanto bene, che le pitture sue sono sfumate, & vnite con tanta grazia, che le carni hanno quella maggiore morbidezza, che si puo imaginare. Onde se hauesse hauuto l'intera perfezzione del disegno, come harebbe forse hauuto, se fusse stato di piu lunga uita, si sarebbe costui potuto annouerare fra i migliori, perche sono l'opere sue condotte con buona grazia, hanno grandezza nella maniera, morbidezza, & vnione nel colorito, & assai rilieuo, & forza nel disegno, se bene non è in tutte le parti perfetto.

Fine della vita di Masolino.

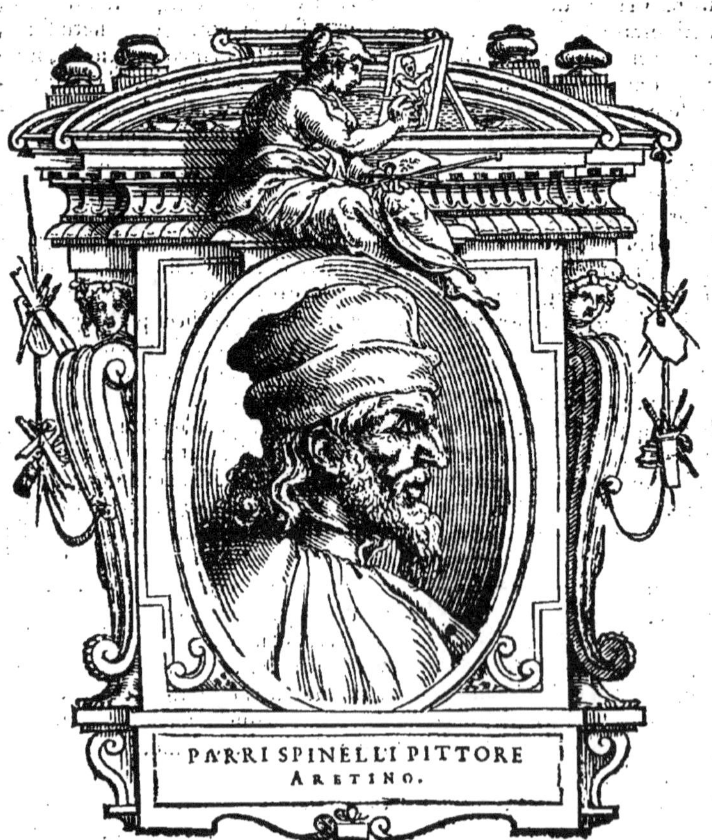

VITA DI PARRI SPINELLI ARETINO.

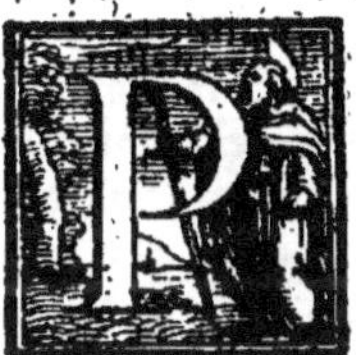

ARRI di Spinello Spinelli dipintore Aretino, hauẽdo imparato i primi principij dell'arte dallo stesso suo padre: per mezzo di M. Lionardo Bruni Aretino, condotto in Firenze, fu riceuuto da Lorenzo Ghiberti nella scuola doue molti giouani sotto la sua disciplina imparauano: e perche allora si rinettauano le porte di s. Giouanni, fu messo a lauorare intorno a quelle figure, in compagnia di molti altri come si è detto di sopra, Nel che fare, presa amicizia con Masolino da Panicale, perche gli piaceua il suo modo di disegnare l'andò in molte cose imitãdo, si come fece ancora in parte la maniera di Don Lorenzo degl'Angeli. Fece Parri le sue figure molto piu suelte, e lunghe, che niun pittore, che fusse stato inãzi a lui; e doue gl'altri le fanno il piu, di dieci teste, egli le fece d'undici, e taluolta di dodici; ne percio haueuano disgrazia, come, che fossero sottili, e facessero sempre arco, o in sul lato destro, o in sul manco; percioche, si come pareua a lui, haueuano, e lo diceua egli stesso, piu brauura. Il panneggiare de' panni fu sottilissimo, & copioso ne'lembi, iquali alle sue figure cascauano di sopra le braccia insino attorno a i piedi. Colorì bennissimo a tempera, & in fresco perfettamente. E fu egli il primo, che nel lauorare in fresco lasciasse il fare di Verdaccio sotto le carni, per poi con rossetti di color di carne, & chiari scuri, a vso d'acquerelli velarle, si come haueua fatto Giotto, & gl'altri Vecchi pittori. Anzi vsò Parri i colori sodi nel far le mestiche, e le tinte, mettendogli cõ molta discrezione doue gli parea, che meglio stessono, cioè i chiari nel piu alto luogo, i mezzani nelle bande: e nella fine de'contorni gli scuri. Col qual modo di fare mostrò nell'opere piu facilità; e diede piu lunga vita alle pitture in fresco; perche messi i colori a i luoghi loro, cõ vn pennello grossetto, e molliccio, le veniua insieme, e faceua l'opere con tanta pulitezza, che non si puo disiderar meglio: & i coloriti suoi non hanno paragone. Essendo dunque stato Parri fuor della patria molti anni, poi, che fu morto il padre fu da i suoi richiamato in Arezzo, la doue, oltre molte cose, lequali troppo sarebbe lungo raccontare, ne fece alcune degne di non essere in niuna guisa Taciute. Nel Duomo Vecchio fece in fresco tre nostre Donne variate: E dentro alla principal porta di quella chiesa, entrando a man manca, dipinse in fresco vna storia del B. Tõmasuolo Romito dal sacco, & huomo in quel tempo di santa vita. E perche costui vsaua di portare in mano vno specchio, dentro al quale vedeua, secondo, che egli affermaua, la passione di Giesu Christo; Parri lo ritrasse in quella storia inginocchioni, & con quello specchio, nella destra mano, laquale egli teneua leuata al cielo. E di sopra facendo in vn Trono di nuuole Giesu Christo, & intorno a lui tutti i misterij della passione, fece con bellissima arte, che tutti riuerberauano in quello specchio si fattamente, che non solo il beato Tommasolo, ma gli vedeua ciascuno, che quella pittura miraua. Laquale inuenzione certo fu capricciosa, difficile, e tanto bella che ha insegnato a chi è venuto poi a contrafare molte cose per via di specchi.

Ne

Ne tacerò, poi, che sono in questo proposito venuto, quello, che operò questo santo huomo vna volta in Arezzo; & è questo. Non restando egli di affaticarsi continuamente per ridurre gl'Aretini in concordia, hora predicando, e tallora predicendo molte disauuenture, conobbe finalmente, che perdeua il tempo. Onde entrato vn giorno nel palazzo, doue i sessanta si ragunauano il detto beato, che ogni di gli vedeua far consiglio, e non mai deliberar cosa, che fusse se non in danno della Città; quando vide la sala esser piena, s'empiè vn gran lembo della Vesta di carboni accesi, & con essi entrato doue erano i sessanta, e tutti gl'altri Magistrati della Città gli gettò loro fra i piedi arditamente; dicendo; Signori il fuoco è fra voi, habbiate cura alla rouina vostra, e cio detto si partì. Tanto potette la simplicità, & come volle Dio, il buon ricordo di quel sant'huomo, che quello, che non haueuano mai potuto le predicazioni, e le minacce, adoperò compiutamente la detta azzione, concio fusse, che vniti, indi a non molto insieme, gouernarono per molti anni poi quel la Città con molta pace, e quiete d'ognuno. Ma tornando a Parri, dopo la detta opera, dipinse nella chiesa, e spedale di S. Christofono, a canto alla compagnia della Nunziata; per mona Mattea de'Testi, moglie di Carcascion Florinaldi, che lasciò a quella chieletta bonissima entrata, in vna capella a fresco Christo crucifisso, & intorno, e da capo, molti Angeli, che, in vna certa aria oscura volando, piangono amaramente. A pie della croce sono, da vna banda la Madalena, & l'altre Marie, che tengono in braccio la N. Donna tramortita; e dall'altra S. Iacopo, e S. Christofano. Nelle faccie dipinse S. Chaterina S. Niccolò, la Nunziata; e Giesu Christo alla colonna. E sopra la porta di detta chiesa in vn'arco, Vna pietà, S. Giouanni, e la N. Donna. Ma quelle di dentro sono state (dalla capella in fuori) state guaste. E l'arco, per mettere vna porta di macigno moderna, fu rouinato; e per fare ancora, con l'entrate di quella compagnia, vn Monasterio per cento Monache. Delquale Monasterio haueua fatto vn Modello Giorgio Vasari molto considerato, ma è stato poi alterato, anzi ridotto in malissima forma da chi ha di tanta fabrica hauuto indegnamente il gouerno. Essendo, che bene spesso si percuote in certi huomini, come si dice saccenti (, che per lo piu sono ignoranti) i quali, per parere d'intendere, si mettono arrogantemente molte volte a voler far l'Architetto, e sopra'ntendere; & guastano il piu delle volte gl'ordini, & i modelli fatti da coloro, che consumati negli studi, e nella pratica del fare, architettano giudiziosamente: E cio con danno de'posteri, che percio vengono priui dell'vtile, commodo, bellezza, ornamento, e grandezza, che nelle fabriche, e massimamente, che hanno a seruire al publico; sono richiesti. Lauorò ancora Parri nella chiesa di S. Bernardo Monasterio de'Monaci di Monte Vliueto, dentro alla porta principale, due Capelle, che la mettono in mezzo. in quella, che è a man ritta intitolata alla Trinità, fece vn Dio padre, che sostiene con le braccia Christo crucifisso; & sopra è la colomba dello spirito santo in vn choro d'Angeli. Et in vna faccia della medesima, dipinse a fresco alcuni santi perfettamente. Nell'altra, dedicata alla. N. Donna è la natiuita di Christo, & alcune femine, che in vna Tinelletta di legno lo lauano con vna grazia donnesca troppo bene espressa. Vi sono anco alcuni pastori nel lontano, che guardano le pecorelle con habiti rusticali di que'tempi, molto pronti, & attē tissimi alle parole dell'Angelo, che dice loro, che vadano in Nazarette. Nell'altra faccia è l'adorazione de' Magi, con cariaggi, Camelli, Giraffe, e con tutta la corte di que' tre Re. I quali offerendo reuerentemente i loro Tesori, adorano Christo in grembo alla Madre. Fece, oltre cio nella volta, & in alcuni frontespizij di fuori alcune storie a fresco bellissime. Dicesi, che predicando mentre Parri faceua quest'opera, fra Bernardino da Siena, frate di S. Francesco, & huomo di santa vita, in Arezzo, che hauendo ridotto molti de' suoi frati al vero viuere religioso, & conuertite molte altre persone, che nel far loro la chiesa di Sargiano, fece fare il Modello a Parri. E che dopo, hauendo inteso, che lontano dalla Città vn miglio si faceuano molte cose brutte in vn bosco, vicino a vna fontana, se n'andò là, seguitato da tutto il popolo d'Arezzo vna mattina con vna gran croce di legno in mano, si come costumaua di portare; e, che fatta vna solenne predica, fece disfar la fonte, e tagliar il bosco; e dar principio poco dopo, a vna capelletta, che vi si fabricò a honore di N. Dōna. con titolo di S. Maria delle grazie; dentro laquale volle poi, che Parri dipignesse di sua mano, come fece la Vergine gloriosa; che aprendo le braccia, cuopre col suo Manto tutto il popolo d'Arezzo. La quale santissima Vergine ha poi fatto, e fa di continuo in quel luogo molti Miracoli. In questo luogo ha fatto poi la Comunità d'Arezzo fare vna bellissima chiesa, & in mezzo di quella accommodata la N. Donna fatta da Parri; allaquale sono state fatti molti ornamēti di marmo, e di figure attorno, e sopra l'altare, come si è detto nella vita di Luca della Robbia, e di Andrea suo Nipote; & come si dirà di mano in mano nelle vite di coloro, l'opere di quali adornano quel santo luogo. Parri, non molto dopo, per la diuozione, che haueua in quel santo huomo ritrasse il detto S. Bernardino a fresco in vn pilastro grande del Duomo Vecchio. Nelqual luogo dipinse ancor in vna capella dedicata al medesimo, quel santo glorificato in Cielo, & circondato da vna legione d'Angeli; con tre mezze figure; due dalle bande, che erano la pacienza, e la pouertà; & vna sopra, che era la castità. Lequali tre virtù hebbe in sua compagnia quel santo insino alla morte. Sotto i piedi haueua alcune Mitrie da Vescoui, & capelli da Cardinali, per dimostrare, che facendosi beffe del mondo, haueua cotali dignità dispregiate. E sotto a queste pitture era ritratta la Città d'Arezzo nel modo, che ella in que' tempi si trouaua. Fece similmente Parri fuor del Duomo, per la compagnia della Nunziata in vna capelletta, o vero Maestà in fresco la N. Donna, che annunziata dall'Angelo, per lo spauento tutta si torce: E nel cielo della volta, che è a crociere, fece in ogni Angolo due Angeli, che volando in aria, e facendo musica con varij strumenti, pare, che s'accordino, e, che quasi si senta dolcissima armonia: E nelle faccie sono quattro santi cio è due per lato. Ma quello in che mostrò di hauere, variando espresso il suo cōcetto, si vede ne' due pilastri, che reggono l'arco dinanzi, doue è l'entrata; percioche in vno è vna Charità bellissima, che affettuosamente allatta vn figliuolo, a vn'altro fa festa, & il terzo tien per la mano. Nell'altro è vna fede con vn nuouo modo dipinta, hauendo in vna mano il calice, e la croce, e nall'altra vna Tazza d'acqua, laquale versa sopra il capo d'un putto, faccendolo Christiano. Lequali tutte figure sono le migliori, senza dubbio, che mai facesse Parri in tutta la sua uita, e sono eziandio appresso i moderni marauigliose:

Dipinse

Dipinse il medesimo dentro la Città, nella chiesa di S. Agostino dentro al choro de'frati molte figure in fresco, che si conoscono alla maniera de'panni & all'essere lunghe, suelte, & torte, come si è detto di sopra. Nella chiesa di san Giustino dipinse in fresco nel tramezzo vn s. Martino a cauallo, che si taglia vn lembo della vesta per darlo a vn pouero; e due altri santi. Nel Vescouado ancora, cioè nella facciata d'un muro, dipinse vna Nunziata, che hoggi è mezzo guasta, per essere stata molti anni scoperta. Nella Pieue della medesima Città dipinse la capella, che è hoggi vicina alla stanza dell'opera, laquale dall'humidità è stata quasi del tutto rouinata. E' stata grande veramente la disgrazia di questo pouero pittore nelle sue opere, poi, che quasi la maggior parte di quelle, o dall'humido, o dalle rouine sono state consumate. In vna colōna tonda di detta Pieue dipinse a fresco vn s. Vincenzio. Et in s. Francesco fece per la famiglia de'Viuiani, intorno a vna Madonna di mezzo rilieuo, alcuni santi: & sopra nell'arco gli Apostoli, che riceuono lo spirito santo, Nella volta alcuni altri santi. E da vn lato Christo con la croce in spalla, che versa dal costato sangue nel calice. Et intorno a esso Christo alcuni Angeli molto ben fatti. Dirimpetto a questa fece per la compagnia degli scarpellini, Muratori, e Legnaiuoli nella loro capella de'quattro santi incoronati, vna N. Donna, i detti santi con gli strumenti di quelle arti in mano: & di sotto, pure in fresco due storie de' fatti loro, & quando sono decapitati, e gettati in Mare. Nella quale opera sono attitudini, & forze bellissime in coloro, che si leuano que' corpi insacchati sopra le spalle, per portargli al mare, vedendosi in loro prontezza, & viuacità. Dipinse ancora in s. Domenico, vicino all'altar maggiore nella facciata destra, vna N. Donna. s. Antonio, & s. Niccolò a fresco, per la famiglia degl'Alberti da Catenaia, delqual luogo erano Signori, prima, che rouinato quello, venissero ad habitare Arezzo, & Firenze. E, che siano vna medesima cosa, lo dimostra l'Arme degl'vni, e degl'altri, che è la medesima. Ben è vero, che hoggi quelli d'Arezzo, non degl'Alberti, ma da Catenaia sono chiamati, e quelli di Firenze non da Catenaia, ma degl'Alberti. E mi ricorda hauer veduto, & anco letto, che la Badia del sasso, laquale era nell'Alpe di Catenaia, &, che hoggi è rouinata, e ridotta piu a basso verso Arno, fu dagli stessi Alberti edificata alla congregazione di Camaldoli, & hoggi la possiede il Monasterio degl'Angeli di Firenze, e la riconosce dalla detta famiglia, che in Firenze è nobilissima. Dipinse Parri nell'udienza Vecchia della Fraternità di S. Maria della Misericordia vna N. Donna, che ha sotto il Manto il popolo d'Arezzo, nelquale ritrasse di Naturale quelli, che allora gouernauano quel luogo pio, cō habiti in dosso secondo l'usāze di que'tempi. E fra essi vno chiamato Braccio, che hoggi, quando si parla di lui è chiamato Lazzaro ricco; ilquale morì l'anno 1422, e lasciò tutte le sue ricchezze, e facultà a quel luogo, che le dispensa in seruigio de'poueri di Dio, essercitando le sante opere della misericordia con molta charità. Da vn lato mette in mezzo questa Madonna s. Gregorio Papa, & dall'altro s. Donato Vescouo, & Protettere del popolo Aretino. E perche furono in questa opera benissimo seruiti da Parri coloro, che allora reggeuano quella Fraternità, gli feciono fare in vna Tauola a tempera vna N. Dōna col figliuolo in braccio, alcuni Angeli, che gl'aprono il Manto, sotto ilquale è il detto popolo, e da basso s. Laurentino, e Pergētino martiri. Laqual Tauola si mette ogni anno fuori adi due di giugno, e ui si posa sopra, poi, che è stata portata da gli huomini di detta compagnia sollénemente a processione in fino alla chiesa di detti santi, vna cassa d'Argento lauorata da Forzore Orefice fratello di Parri; dentro laquale sono i corpi di detti santi Laurentino, & Pergentino. Si mette fuori dico, e si fa il detto Altare sotto vna coperta di tende in sul canto alla Croce doue è la detta chiesa, perche essendo ella piccola non potrebbe capire il popolo, che a quella festa concorre. La predella sopra laquale posa la detta Tauola, contiene di figure piccole il martirio di que'due santi, tanto ben fatto, che è certo per cosa piccola, vna marauiglia. E di mano di Parri nel borgo apiano sotto lo sporto d'vna casa, vn Tabernacolo, dentro alquale è vna Nunziata in fresco, che è molto lodata: E nella compagnia de'puraccioli a S. Agostino, fe in fresco vna s. Chaterina Vergine, e martire bellissima. Similmente nella chiesa di Murielko alla Fraternità de'Cherici, dipinse vna santa Maria Madalena di tre braccia. Et i s. Domenico, doue all'entrare della porta sono le corde delle campane, dipinse la capella di S. Niccolò in fresco, dentroui vn crucifisso grande con quattro figure, lauorato tanto bene, che par fatto hora. Nell'arco fece due storie di s. Niccolò; cioè qnando getta le palle d'Oro alle Pulzelle, e quando libera due dalla morte; doue si vede il carnefice apparecchiato a tagliare loro la testa, molto ben fatto. Mentre, che Parri faceua quest opera, fu assaltato da certi suoi parenti armati con i quali piatiua non so, che Dote: ma perche vi sopragiunsono subito alcuni, fu soccorso di maniera, che non gli feciono alcun male. Ma fu nondimeno, secondo, che si dice, la paura, che egli hebbe, cagione, che oltre al fare le figure pédenti insurun lato, le fece quasi sempre da indi in poi spauétaticce. E perche si trouò molte fiate Lacero dalle male lingue, e da i morsi dell'Inuidie, fece in questa capella vna storia di lingue, che abruciauano, e alcuni Diauoli, che intorno a quelle faceuano fuoco. In Aria era vn Christo, che le malediceua, & da vn lato queste parole. A LINGVA DOLOSA. Fu Parri molto studioso delle cose dell'arte, e disegnò benissimo, come ne dimostrano molti disegni, che ho veduti di sua mano; e particolarmente vn fregio di Venti storie della vita di S. Donato, fatto per vna sua sorella, che ricamaua eccellentemente. E si stima lo facesse, perche s'hauesse a fare, ornamenti all'altar maggiore di Vescouado. E nel nostro libro sono alcune carte da lui disegnate di penna, molto bene. fu ritratto Parri da Marco da Monte Pulciano, discepolo di Spinello, nel chiostro di S. Bernardo d'Arezzo. Visse anni LVI. E si abreuiò la vita, per essere di natura malinconico, solitario, e troppo assiduo negli studi dell'arte, e al lauorare. Fu sotterrato in S. Agostino nel medesimo sepolcro, doue era stato posto Spinello suo padre; e recò dispiacere la sua morte a tutti i virtuosi, che di lui hebbono cognizione &c.

Fine della Vita di Parri Spinelli pittore,

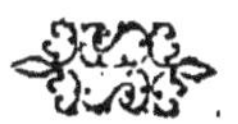

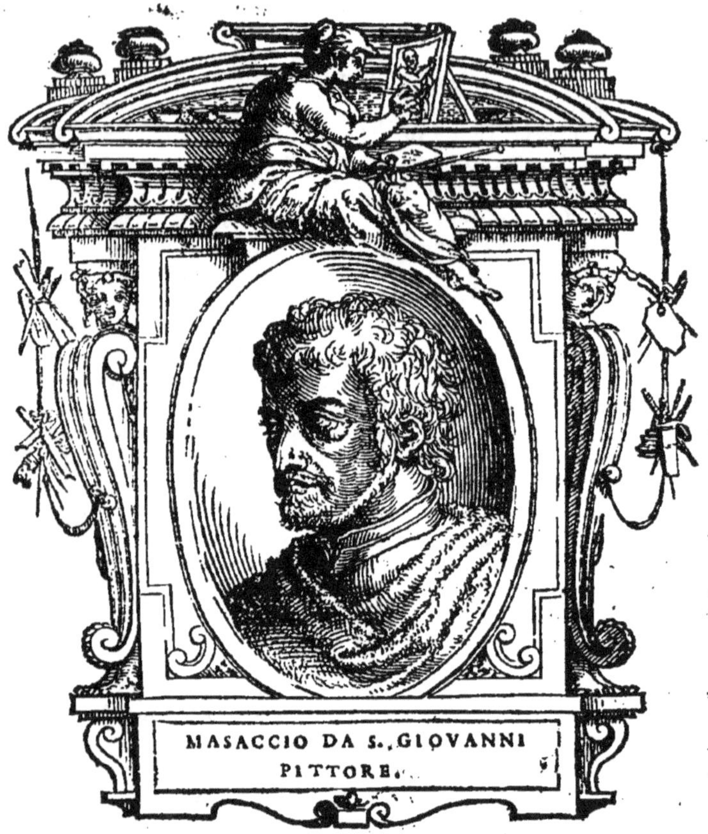

VITA DI MASACCIO DA S. GIOVANNI DI VALDARNO, PITTORE.

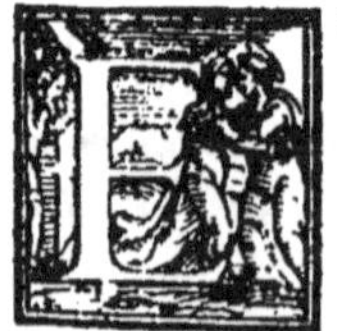

E Costume della Natura, quando ella fa vna persona molto eccellente in alcuna professione, molte volte non la far sola: Ma in quel tempo medesimo, & vicino a quella, farne vn'altra a sua concorrenza; a cagione, che elle possino giouare l'una all'altra nella virtu, e nella emulazione. Laqual cosa, oltra il singular giouaméto di quegli stessi, che in cio concorrono; accende ancora oltra modo, gli animi di chi viene dopo quella età, a sforzarsi con ogni studio, & con ogni industria, di peruenire a quello honore, e a quella gloriosa reputazione, che ne' passati, tutto'l giorno altamente sente lodare. Et, che questo sia il vero, lo hauer Fiorenza pdotto in vna medeſima età, Filippo, Donato, Lorenzo, Paulo Vccello, & Maſaccio eccellentiſſimi ciaſcuno nel genere ſuo, non ſolamente leuò via le roze, & goffe maniere, mantenuteſi fino a quel tempo; ma per le belle opere di coſtoro, incitò, & acceſe tanto gli animi di chi venne poi, che l'operare in queſti meſtieri ſi è ridotto in quella grandezza, & in quella perfezzione, che ſi vede ne' tempi noſtri. Di che habbiamo noi nel vero obligo grande a que' primi, che mediante le loro fatiche, ci moſtrarono la vera via, da caminare al grado ſupremo. Et quanto alla maniera buona delle pitture, a Maſaccio maſſimamēte, per hauere egli, come diſideroſo d'acquiſtar fama, conſiderato, non eſſendo la pittura altro, che vn cōtrafar tutte le coſe della natura viue, col diſegno, & co' colori ſemplicemēte, come ci ſono prodotte da lei, che colui, che cio piu perfettamente conſegue, ſi puo dire eccellente. Laqual coſa, dico, conoſciuta da Maſaccio fu cagione, che mediante vn continuo ſtudio imparò tanto, che ſi può anouerare fra i primi, che per la maggior parte leuaſſino le durezze, im perfezzioni, & difficultà dell' arte, & che egli deſſe principio, alle belle attitudini, mouenze, fierezze, e viuacità, & a vn certo rilieuo veramēte proprio, e naturale. Il che infino a lui non haueua mai fatto niun pittore. E perche fu di ottimo giudizio, conſiderò, che tutte le figure, che non poſauano, ne ſcortauano co i piedi in ſul piano, ma ſtauano in punta di piedi, mancauano d'ogni bontà, & maniera nelle coſe eſſenziali. E coloro, che le fanno moſtrano di nō intēder lo ſcorto. Et ſe bene Paulo Vccello vi ſi era meſſo, & haueua fatto qualche coſa, ageuolando in parte queſta difficultà, Maſaccio nondimeno, variando in molti modi fece molto meglio gli ſcorti, e per ogni ſorte di veduta, che niun altro, che infino allora fuſſe ſtato. E dipinſe le coſe ſue con buona vnione, & morbidezza, accompagnando con le incarnazioni delle teſte, & degli nudi, i colori de' panni: I quali ſi dilettò di fare con poche pieghe, & facili, come fa il uiuo, e naturale. Il che è ſtato di grande vtile a gl'artefici, & ne merita eſſere comendato, come ſe ne fuſſe ſtato inuentore: perche in vero le coſe fatte inanzi a lui ſi poſſono chiamar dipinte, & le ſue viue, veraci, e naturali, allato a quelle ſtate fatte da gli altri. L'origine di coſtui fu da Caſtello ſan Giouanni di Valdarno; Et dicono, che quiui ſi veggono ancora alcune figure fatte da lui nella ſua prima fáciullezza. Fu perſona aſtrattiſs. e molto a caſo, come quello, che hauendo fiſſo tutto l'animo, & la volontà alle coſe dell'arte ſola, ſi curaua poco di ſe, & mancò di altrui. Et perche e' non volle pēſar gia mai in maniera alcuna alle cure, o coſe del mondo, & non che altro, al veſtire ſteſſo, nō coſtumando riſcuotere i danari da' ſuoi debitori, ſe non quando era in biſogno eſtremo, per Tommaſo, che era il ſuo nome, fu da tutti detto Maſaccio. Non gia perche e' fuſſe vizioſo, eſſendo egli la bontà naturale, ma per la tanta ſtraccurataggine. Con laquale niente dimanco era egli tanto amoreuole nel fare altrui ſeruizio, & piacere, che piu oltre non puo bramarſi. Cominciò l'arte nel tempo, che Maſolino da Panicale lauoraua nel Carmine di Fiorenza la cappella de' Brancacci, ſeguitando ſempre quanto e poteua le veſtigie di Filippo, & di Donato, ancora, che l'arte fuſſe diuerſa. Et cercando continuamēte nell'operare, di fare le figure viuiſſime, & con bella prontezza a la ſimilitudine del vero. Et tanto modernamente traſſe fuori degli altri i ſuoi lineamenti, & il ſuo dipignere, che l'opere ſue ſicuramente poſſono ſtare al paragone,

con

con ogni disegno,& colorito moderno. Fu studiosissimo nello operare,& nelle difficultà della prospettiua, artifizioso,& mirabile, come si vede in vna sua istoria di figure piccole, che hoggi è in casa Ridolfo del Ghirlãdaio, nella quale oltra il Christo, che libera lo indemoniato, sono casamenti bellissimi in prospettiua, tirati in vna maniera, che e dimostrano in vn tempo medesimo il di dentro,& il difuori: per hauere egli presa la loro veduta, non in faccia, ma in su le cantonate per maggior difficultà. Cercò piu degli altri maestri, di fare gli ignudi,& gli scorti nelle figure, poco vsati auanti di lui. Fu facilissimo nel far suo,& è, come si è detto, molto semplice nel panneggiare. E di sua mano vna tauola fatta a tempera, nellaquale è una nostra Donna, in grembo a santa Anna, col figliuolo in collo; laquale tauola è hoggi in s: Ambruogio di Firenze nella capella, che è allato alla porta, che ua al parlatorio delle monache. Nella chiesa ancora di san Niccolò di là d'Arno, è nel tramezzo una tauola di mano di Masaccio, dipinta a tempera, nella quale, oltre la nostra Donna, che vi è dall'Angelo annunziata, ui è un casamento pieno di colõne, tirato in prospettiua, molto bello: perche oltre al disegno delle linee, che è perfetto, lo fece di maniera con i colori sfuggire, che a poco a poco abagliatamente si perde di vista. Nel che mostrò assai d'intender la prospettiua. Nella Badia di Firẽze dipinse a fresco in vn pilastro, dirimpetto a uno di quegli, che reggono l'arco dell'altar maggiore, santo Iuo di Brettagna, figurãdolo dentro a una nicchia, perche i piedi scortassino alla ueduta disotto. Laqual cosa, non essendo, si bene stata vsata da altri, gl'acquistò non piccola lode: E sotto il detto santo sopra vn'altra cornice, gli fece ĩtorno vedoue, pupilli, e poueri, che da quel santo sono nelle loro bisogne aiutati. In santa Maria nouella anchora dipinse a fresco sotto il tramezzo della chiesa una Trinità, che è posta sopra l'altar di s. Ignazio, e la nostra Donna,& s. Giouanni euangelista, che la mettono in mezo, cõtemplando Christo crucifisso. Dalle bande sono ginocchioni due figure, che per quanto si puo giudicare, sono ritratti di coloro, che la feciono dipignere; ma si scorgono poco, essendo ricoperti da vn'ornamento messo d'oro. Ma qllo, che ui è bellissimo oltre alle figure è vna volta a mezza botte tirata in prospettiua, e spartita in quadri pieni di rossori, che diminuiscono, e scortano così bene, che pare, che sia bucato quel muro. Dipĩse ancora in santa Maria maggiore, a canto alla porta del fianco, laquale va a san Giouanni, nella tauola d'una capella, una nostra Donna, santa Caterina,& san Giuliano. E nella predella fece alcune figure piccole, della vita di santa Caterina;& san Giuliano, che ammazza il padre,& la madre. E nel mezzo fece la natiuità di Giesu Christo con quella semplicità, e viuezza, che era sua propria nel lauorare. Nella chiesa del Carmine di Pisa, in vna tauola, che è dentro a vna capella del tramezzo è vna nostra donna col figliuolo,& a'piedi sono alcuni Angioletti, che suonano, vno de'quali sonando vn liuto, porge con attenzione l'orecchio all'armonia di quel suono. Mettono in mezzo la nostra Donna, san Piero, san Giouanni Battista, san Giuliano,& san Niccolò; figure tutte molto pronte,& viuaci. Sotto nella predella sono di figure piccole storie della vita di que'santi;& nel mezzo i tre Magi, che offeriscono a Christo;& in questa parte sono alcuni caualli ritratti dal viuo, tanto belli, che non si può meglio desiderare. e gli huomini della corte di que'tre Re sono vestiti di uarij habiti, che si vsauano

in

in que'tempi. E sopra per finimento di detta tauola sono in piu quadri molti santi intorno a un Crucifisso. Credesi, che la figura d'un santo in habito di Vescouo, che è in quella chiesa in fresco a lato alla porta, che va nel conuēto, sia di mano di Masaccio. Ma io tengo per fermo, ch'ella sia di mano di fra Filippo suo discepolo. Tornato da Pisa, lauorò in Fiorenza vna tauola, dentroui vn maschio, & vna femmina ignudi, quanto il viuo; laquale si truoua hoggi in casa Palla Rucellai. Appresso non sentendosi in Fiorenza a suo modo, & stimolato dalla affezzione, & amore della arte; deliberò per imparare, & superar gli altri, andarsene a Roma; & cosi fece. E quiui acquistata fama grandissima, lauorò al Cardinale di san Clemente nella Chiesa di san Clemente, vna cappella, doue a fresco, fece la passione di Christo, co' ladroni in Croce; e le storie di santa Caterina martire. Fece ancora a tempera molte tauole, che ne'trauagli di Roma si son tutte, o perse, o smarrite. Vna nella chiesa di santa Maria Maggiore, in vna capelletta uicina alla sagrestia, nellaquale sono quattro santi tanto ben condotti, che paiono di rilieuo, & nel mezzo santa Maria della neue: & il ritratto di papa Martino di naturale, ilquale con una zappa disegna i fondamenti di quella chiesa, & appresso a lui è Sigismondo secondo Imperatore. Considerando questa opera vn giorno Michelagnolo, & io, egli la lodò molto, & poi soggiunse, coloro essere stati viui ne' tempi di Masaccio, Alquale mentre in Roma, lauorauano le facciate della Chiesa di santo Iāni, per papa Martino Pisanello, & Gentile da Fabriano, n'haueuano allogato una parte; quādo egli hauuto nuoue, che Cosimo de'Medici, dalqual'era molto aiutato, e fauorito, era stato richiamato dall'esilio, sene tornò a Fiorenza. Doue gli fu allogato, essendo morto Masolino da Panicale, che l'haueua cominciata, la capella de'Brancacci nel Carmine; allaquale prima, che mettesse mano, fece, come per saggio il san Paulo, che è presso alle corde delle campane; per mostrare il miglioramento, che egli haueua fatto nella arte. Et dimostrò veramente infinita bontà in questa pittura; Conoscendosi nella testa di quel santo, ilquale è Bartolo di Angiolino Angiolini ritratto di naturale, vna terribilità tanto grande, che e'pare, che la sola parola manchi a questa figura. Et chi non conobbe san Paulo, guardando questo, uedrà quel dabbene della ciuilità Romana, insieme con la inuitta fortezza di quell'animo diuinissimo tutto intento alle cure della fede. Mostrò ancora in questa pittura medesima l'intelligēza di scortare le uedute di sotto in su, che fu veramente marauigliosa, come apparisce ancor hoggi ne'piedi stessi di detto Apostolo; ꝑ una difficultà facilitata in tutto da lui, rispetto a quella goffa maniera uechia, che faceua (come io dissi poco disopra) tutte le figure in pūta di piedi. Laqual maniera durò fino a lui senza, che altri la correggesse. Et egli solo, & prima di ogni altro la ridusse al buono del di d'hoggi. Accadde mētre, che e'lauoraua in questa opera, che e fu consagrata la detta chiesa del Carmine. Et Masaccio in memoria di cio, di uerde terra dipinse, di chiaro, & scuro, sopra la porta, che uà in conuento, dentro nel chiostro, tutta la sagra, come ella fu. Et ui ritrasse infinito numero di Cittadini in mantello, & in cappuccio, che vanno dietro a la processione; fra iquali fece Filippo di ser Brunellesco in zoccoli, Donatello, Masolino da Panicale, stato suo maestro; Antonio Brancacci, che gli fece far la cappella, Niccolo da Vzzano, Giouanni di Bicci de'Medici, Bartolomeo

Valoti; iquali ſono anco di mano del medeſimo, in caſa di Simon Corſi gen
tilhuomo Fiorentino. Ritrasseui ſimilmente Lorenzo Ridolfi, che in que' tẽpi era Ambaſciadore per la Rep. Fiorentina a Vinezia. Et non ſolo vi ritraſſe i
gentilhuomini ſopradetti di naturale, ma anco la porta del conuẽto, & il por-
tinaio con le chiaui in mano. Queſta opera veramente ha in ſe molta perfezzione, hauendo Maſaccio ſaputo mettere tanto bene in ſul piano di q̃lla piazza, a cinque, & ſei per fila, l'ordinanza di quelle genti, che vanno diminuẽdo
con proporzione, & giudizio, ſecondo la veduta dell'occhio, che è proprio v-
na marauiglia: & maſſimamente, che vi ſi conoſce, come ſe fuſſero viui, la di-
ſcrezione, che egli hebbe in far quegl'huomini, non tutti d'una miſura, ma
con vna certa oſſeruanza, che diſtingue quelli, che ſono piccoli, & groſſi, da i
grandi, & ſottili. & tutti poſano i piedi in ſur un piano, ſcortando in fila tanto
bene, che non fanno altrimenti i naturali. Dopo queſto, ritornato al lauoro
della capella de Brancacci, ſeguitãdo le ſtorie di ſan Piero, cominciate da Maſolino, ne finì vna parte, cioè l'iſtoria della Cattedra, il liberare gl'infermi, ſu-
ſcitare i morti, & il ſanare gli attratti con l'ombra, nell'andare al tempio con
ſan Giouanni. Ma tra l'altre, notabiliſſima appariſce quella, doue ſan Piero p
pagare il tributo, caua per commiſſione di Chriſto i danari del ventre del peſce; perche oltra il vederſi quiui in vn'Apoſtolo, che è nell'ultimo, nelquale
è il ritratto ſteſſo di Maſaccio, fatto da lui medeſimo a lo ſpecchio, tanto bene
che par viuo viuo; vi ſi conoſce l'ardir di ſan Piero nella dimãda, & la attẽzio
ne degl'Apoſtoli, nelle varie attitudini intorno a Chriſto, aſpettando la reſo-
luzione con geſti ſi pronti, che veramente appariſcon viui. Et il ſan Piero maſ
ſimamente, il quale nell'affaticarſi a cauare i danari del ventre del peſce, ha la
teſta focoſa per lo ſtare chinato. Et molto piu quando e' paga il tributo; doue
ſi vede l'affetto del contare; & la ſete di colui, che riſquote, che ſi guarda i danari in mano con grãdiſſimo piacere. Dipinſeui ancora la reſurrezzione del
figliuolo del Re, fatta da ſan Piero, & ſan Paulo, ancora che per la morte d'eſ
ſo Maſaccio, reſtaſſe imperfetta l'opera, che fu poi finita da Filippino. Nell'i-
ſtoria doue ſan Piero battezza, ſi ſtima grandemente vn'ignudo, che triema
tra gl'altri battezzati, aſſiderandò di freddo, condotto con belliſſimo rilieuo,
& dolce maniera, ilquale da gli artefici, & vecchi, & moderni è ſtato ſempre
tenuto in riuerenza, & ammirazione. per ilche da infiniti diſegnatori, & mae
ſtri, continuamente ſino al di d'hoggi è ſtata frequentata queſta cappella.
Nella quale ſono ancora alcune teſte viuiſſime, & tanto belle, che ben ſi puo
dire, che neſſuno maeſtro di quella età ſi accoſtaſſe tanto a moderni quanto
coſtui. La onde le ſue fatiche meritano infinitiſſime lodi; & maſſimamente,
per hauere egli dato ordine nel ſuo magiſterio, alla bella maniera de' tẽpi noſtri. Et che queſto ſia il vero, tutti i piu celebrati ſcultori, & pittori, che ſono
ſtati da lui in quà, eſercitandoſi, & ſtudiando in queſta cappella, ſono diuenu
ti eccellenti, & chiari, cioè fra Giouanni da Fieſole; fra Filippo, Filippino, che
la finì, Aleſſo Baldouinetti, Andrea dal Caſtagno, Andrea del Verrocchio,
Domenico del Grillandaio, Sandro di Botticello, Lionardo da Vinci, Pietro
Perugino, fra Bartolomeo di ſan Marco, Mariotto Albertinelli, & il diuiniſſi-
mo Michelagnolo Buonarroti. Raffaello ancora da Vrbino, di quiui traſſe il
principio della bella maniera ſua, il Granaccio, Lorẽzo di Credi, Ridolfo del

Grillan-

Grillandaio, Andrea del Sarto, il Rosso, il Francia Bigio, Baccio Bandinelli, Alonso Spagnuolo, Iacopo da Puntormo, Pierino del Vaga, & Toto del Nũziata. Et in somma tutti coloro, che hanno cercato imparar quella arte; sono andati a imparar sempre a questa cappella, & apprendere i precetti, & le regole del far bene, da le figure di Masaccio. Et se io non ho nominati molti forestieri, & molti Fiorentini, che sono iti a studiare a detta cappella; Basti, che doue corrono i capi dell'arte, quiui ancora concorrono le membra. Ma contutto, che le cose di Masaccio, siano state sempre in cotanta riputazione; egli è nondimeno opinione, anzi pur credenza ferma di molti, che egli harebbe fatto ancora molto maggior frutto nell'arte, se la morte, che di 26. ãni ce lo rapì: non ce lo hauesse tolto così per tempo. Ma, o fusse l'inuidia, o fusse pure, che le cose buone comunemente nõ durano molto, e' si morì nel bel del fiorire: Et andossene sì di subito, che e' non mancò chi dubitasse in lui di veleno, assai piu, che p'altro occidente.

Dicesi, che sentendo la morte sua Filippo di ser Brunallesco, disse, Noi habbiamo fatto in Masaccio vna grãdiss. perdita. Et gli dolse infinitamente, essendosi affaticato grã pezzo in mostrargli molti termini di prospettiua, e d'architettura. Fu sotterrato nella medesima chiesa del Carmine l'anno 1443. Et se bene allhora non gli fu posto sopra il sepolcro memoria alcuna, per essere stato poco stimato uiuo. Non gli è però mancato doppo la morte chi lo habbia honorato di questi epitaffi.

D'ANNIBAL CARO

Pinsi, & la mia pittura al ver fu pari;
L'atteggiai, l'auuiuai, le diedi il moto,
Le diedi affetto; Insegni il Buonarroto
A tutti gli altri, & da me solo impari.

DI FABIO SEGNI.

Inuide cur Lachesis primo sub flore iuuentæ
Pollice discindis stamina funereo?
Hoc vno occiso innumeros occidis Apelles.
Picturæ omnis obit hoc obeunte lepos.
Hoc Sole extincto extinguuntur sydera cuncta.
Heu decus omne perit, hoc pereunte simul.

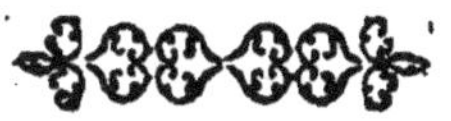

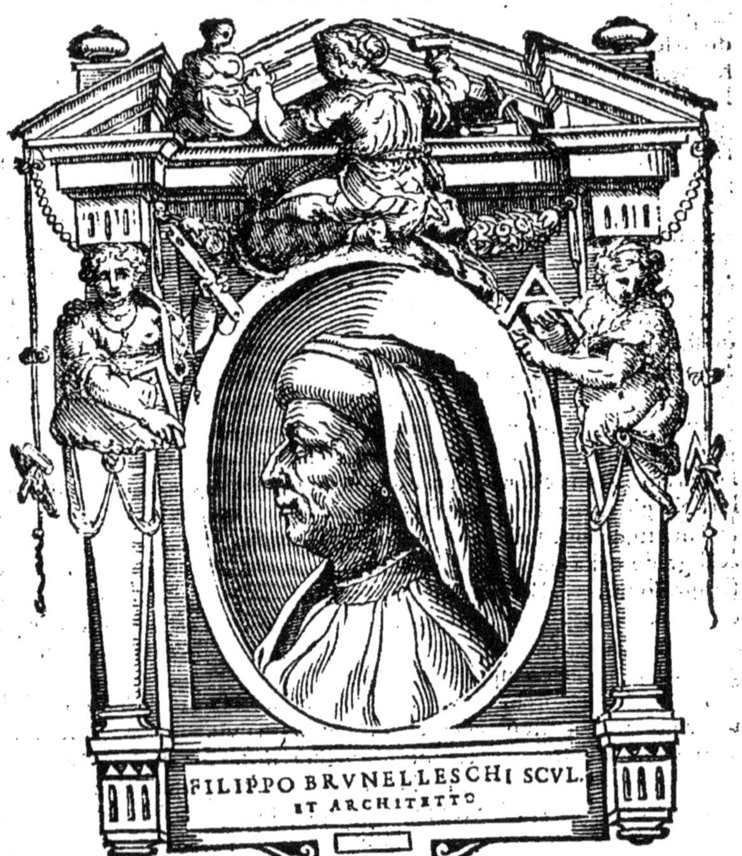

VITA DI FILIPPO BRVNELESCHI SCVLTORE ET ARCHITETTO.

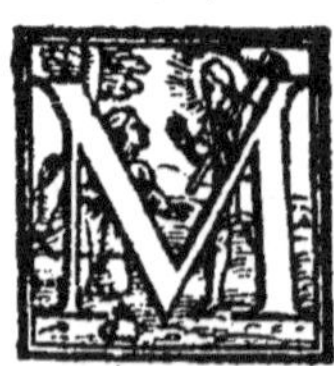

MOLTI sono creati dalla natura piccoli di persona, & di fattezze, che hanno l'animo pieno di tanta grandezza; & il cuore di si smisurata terribilità, che se non cominciano cose difficili, & quasi impossibili, & quelle non rendono finite con marauiglia di chi le vede; mai non danno requie al la vita loro. Et tante cose, quante l'occasione mette nelle mani di questi, per vili, & basse, che elle si siano, le fanno essi diuenire in pregio, & altezza. La onde mai non si douerebbe torcere il muso, quando s'incontra in persone, che in aspetto non hanno quella prima grazia; o venustà, che dourebbe dare la natura nel venire al mondo, a chi opera in qualche virtù, perche non è dubbio, che sotto le Zolle della terra si ascon dono le vene dell'orò. E molte volte nasce in questi, che sono di sparuitsime forme, tanta generosità d'animo, & tanta sincerità di cuore, che sendo mesco lata la nobiltà con esse, non può sperarsi da loro se non grandissime marauiglie; percioche e'si sforzano di abbellire la brutteza del corpo, cõ la virtù del l'ingegno, come apertamẽte si vide in Filippo di ser Brunellesco, sparuto de la persona non meno, che M. Forese da Rabbatta, e Giotto; ma di ingegno tan to eleuato, che ben si puo dire, che e'ci fu donato dal Cielo per dar nuoua for ma alla Architettura, gia per centinaia d'anni smarrita; nella quale gl'huomi ni di quel tempo, in mala parte molti tesori haueuano spesi; facendo fabriche senza ordine, con mal modo, con tristo disegno, con stranissime inuenzioni, con disgraziatissima grazia, & con peggior ornamento. Et volle il cielo essen do stata la terra tanti anni senza vno animo egregio, et vno spirito diuino; che Filippo lasciasi al mondo di se la maggiore, la piu alta fabrica, e la piu bella di tutte l'altre fatte nel tẽpo de' moderni, & ancora in quello degli antichi; mo strando, che il valore ne gli artefici Toscani ancora, che perduto fusse, non perciò era morto. Adornollo altresi di ottime virtu, fra le quali hebbe quel la dell'amicizia si; che non fu mai alcuno piu benigno, ne piu amoreuole di lui. Nel giudicio era netto di passione; & doue e vedeua il valore de gli al trui meriti, deponeua l'util suo, & l'interesso de gli amici. Conobbe se stesso, & il grado della sua virtù comunicò a molti; & il prossimo nelle necessità sempre souuenne. Dichiarossi nimico capitale de'vizij, & amatore di coloro che si essercitauono nelle virtù. Non spese mai il tempo in vano, che o per se, o per l'opere d'altri, nelle altrui necessità non s'affaticasse; & caminando gli amici visitasse; & sempre souuenisse.

Dicesi, che in Fiorenza fu vno huomo di bonissima fama, & di molti lode uoli costumi, & fattiuo nelle faccende sue; il cui nome era ser Brunelesco di Lippo Lapi, ilquale haueua hauto l'auolo suo chiamato Cambio; che fu litterata persona; e il quale nacque di vn fisico in que'tempi molto famoso, nomi nato Maestro Ventura Bacherini. Togliendo dunque ser Brunelesco per dõ na vna giouane costumatissima, dela nobil famiglia degli Spini; per parte del la dote, hebbe in pagamẽto vna casa; doue egli, e i suoi figliuoli habitarono fin alla morte. La quale è posta dirimpetto a S. Michele Berteldi, per fianco, in vn biscanto passato la piazza degli Agli. Ora mentre, che egli si esercitaua cosi, & viueuasi lietamen te, gli nacque l'anno 1398. vn figliuolo, alquale pose nome Filippo, per il padre suo gia morto; della quale nascita fece quella alle grezza, che maggior poteua. La onde con ogni accuratezza gl'insegnò nella sua puerizia i primi principij delle lettere; nellequali si mostraua tanto inge gnoso, & di spirito eleuato, che teneua spesso sospeso il ceruello; quasi, che in quelle non curasse venir molto perfetto. Anzi pareua, che egli andasse col pensiero a cose di maggior'vtilità; per il che ser Brunelesco, che desideraua, che egli facesse il mestier suo del notario, o quel del Tritauolo, ne prese dispia cere grandissimo. Pure veggendolo continuamente, esser dietro a cose inge gnose d'arte, e di mano, gli fece imparare l'abbaco, & scriuere; & di poi lo po se all'arte dell'orefice, acciò imparasse a disegnare, con vno amico suo. Et fu questo con molta satisfazione di Filippo; il quale cominciato a imparare, &

mette-

mettere in opera le cose di quella arte, non passò molti anni, che egli legaua le pietre fini, meglio, che Artefice vecchio di quel mestiero. Esercitò il niello, & il lauorare grosterie; come alcune figure d'argento, che son dua mezzi Profeti posti nella testa dello altare di S. Iacopo di Pistoia, tenute bellissime, fatte da lui all'opera di quella Città; & opere di bassi rilieui, doue mostrò intéder si tanto di quel mestiero, che era forza, che'l suo ingegno passasse i termini di quella arte. Laonde hauendo preso pratica con certe persone studiose, cominciò a entrar colla fantasia nelle cose de' tempi, & de' moti, de pesi, & delle ruote, come si posson far girare, & da, che si muouono; & così lauorò di sua mano alcuni horiuoli bonissimi, & bellissimi. Non contento a questo, nell'animo se li destò vna voglia della scultura, grandissima; & tutto venne poi, che essendo Donatello giouane, tenuto valente in quella, & in espettazione grãde, cominciò Filippo a praticare seco del continuo; & insieme per le virtù l'ũ dell'altro si posono tanto amore, che l'uno non pareua, che sapesse viuere senza l'altro. Laonde Filippo, che era capacissimo di piu cose, daua opera a molte professioni, ne molto si esercitò in quelle, che egli fu tenuto fra le persone intendenti, bonissimo Architetto; come mostrò in molte cose, che seruirono per acconcimi di case; come al canto de Ciai verso Mercato Vecchio, la casa di Apollonio Lapi suo parente, che in quella (mentre egli la faceua murare) si adopò grandamente. E il simile fece fuor di Fiorenza nella torre, e nella casa della Petraia a Castello. Nel palazzo doue habitaua la Signoria; ordinò & spartì doue era l'ufizio delli vfiziali di monte, tutte quelle stanze; & vi fece, & porte, & finestre, nella maniera cauata da lo antico; allora non vsatasi molto, per essere l'architettura rozissima in Toscana. Hauendosi poi in Fiorenza a fare per i frati di S. Spirito, vna statua di S. Maria Madalena in penitenzia di legname di Tiglio; per portar in vna cappella. Filippo, che haueua fatto molte cosette piccole di scoltura, desideroso mostrare, che ancora nelle cose grandi era per riuscire, prese a far detta figura; laqual finita, & messa in opera, fu tenuta cosa molto bella; Ma nell'incendio poi di quel tempio l'anno 1471. abruciò, insieme con molte altre cose notabili. Attese molto alla prospettiua allora molto in male vso, per molte falsità, che vi si faceuano. Nel laquale perse molto tempo, perfino, che egli trouò da se, vn modo, che ella potesse venir giusta, & perfetta, che fu il leuarla con la pianta, & proffilo, & per via della intersegazione; cosa veramente ingegnosissima, & vtile all'arte del disegno. Di questa prese tanta vaghezza, che di sua mano ritrasse la piazza di S. Giouanni, con tutti quegli spartimenti della incrostatura murati di marmi neri, & bianchi, che diminuiuano con vna grazia singulare: Et similmente fece la casa della Misericordia, con le botteghe de Cialdonai; & la volta de' Pecori, & dall'altra banda la Colonna di S. Zanobi. La qual opera essendoli lodata dalli Artefici, & da chi haueua giudizio in quell'arte; gli diede tanto animo, che non ste molto, che egli mise mano a vna altra; & ritrasse il Palazzo, la piazza, & la loggia de' Signori, insieme col tetto de' Pisani; & tutto quel, che intorno si vede murato. Lequali opere furon cagione di destare l'animo a gli altri Artefici, che vi attesено di poi con grande studio. Egli particularmente la insegnò a Masaccio pittore allor giouane, molto suo amico; il quale gli fece onore in quello, che gli mostrò; come appare negli edifizij dell'opere sue. Ne restò ancora di mostrare a quelli, che lauorauono le tarsie, che è vn' arte di commettere legni di colori; & tanto gli stimolò, che' fu cagione di buono vso è molte cose vtili, che si fece di quel magisterio, & allora, & poi molte cose eccellenti; che hanno recato, & fama, & vtile a Fiorenza per molti anni. Tornando poi da studio M. Paulo dal pozzo Toscanelli, & vna sera trouandosi in vno orto a cena con certi suoi amici, inuitò Filippo; ilquale. vditolo ragionare del'arti Mathematiche, prese tal familiarità con seco; che egli, imparò la Geometria da lui. Et se bene Filippo non haueua lettere, gli rendeua si ragione di tutte le cose, con il naturale della pratica, & sperienza; che molte volte lo confondeua. Et cosi seguitando, daua opera alle cose della scrittura Christiana, non restando di interuenire alle dispute, & alle prediche delle persone dotte; dellequali faceua tanto capitale per la mirabil memoria sua, che M. Paulo predetto, celebrandolo, vsaua dire, che nel sentir arguir Filippo gli pareua vn nuouo Santo Paulo. Diede ancora molta opera in questo tempo alle cose di Dante, le quali furon da lui bene intese circa i siti, & le misure, & spesso nelle comparazioni allegandolo, se ne seruiua ne' suo' ragionamenti. Ne mai col pensiero faceua altro, che machinare, & immaginarsi cose ingegnose, & difficili. Ne pote trouar mai ingegno, che piu lo satisfacesse, che Donato, con il quale domesticamente confabulando, pigliauano piacere l'uno dell'altro; & le difficultà del mestiero, conferiuano in sieme. Hora hauendo Donato in que' giorni finito vn crucifisso di legno, ilquale fu posto in S. Croce di Fiorenza, sotto la storia del fanciullo, che risucitò S. Francesco, dipinto da Taddeo Gaddi; volle Donato pigliarne parere con Filippo; ma se ne pentì, perche Filippo gli rispose, ch' egli aueua messo vn contadino in croce; onde ne nacque il detto di, togli del legno, & fanne vno tu; come largamente si ragiona nella vita di Donato. Perilche Filippo, ilquale ancor, che fusse prouocato a ira, mai si adiraua, per cosa che li fusse detta; stette cheto molti mesi; tãto, che condusse di legno vn crocifisso, della medesima grandezza, di tal bontà, & si con arte, disegno, & diligenza lauorato, che nel mandar Donato a casa inanzi a lui, quasi ad inganno (perche non sapeua, che Filippo hauesse fatto tale opera) vn grembiule, che egli haueua pieno di huoua, & di cose per desinar insieme, gli cascò mentre lo guardaua vscito di se, per la marauiglia, & per l'ingegnosa, & artifiziosa maniera, che haueua vsato Filippo nelle gambe, nel torso, & nelle braccia di detta figura, disposta, & vnita talmente insieme, che Donato, oltra il chiamarsi vinto, lo predicaua per miracolo. La qual'opera è hoggi posta in santa Maria nouella, fra la cappella degli Strozzi, e de' Bardi da Vernia; lodata ancora da i moderni, infinitamente. La onde vistosi la virtù di questi maestri, veramente eccellenti, fu lor fatto allogazione dall'arte de' Beccai, & dall'arte de' Linaiuoli, di due figure di marmo, da farsi nelle lor nicchie, che sono intorno a Orsan Michele, lequali Filippo lasciò fare a Donato da se solo, hauendo preso altre cure, & Donato le condusse a perfezzione. Dopo queste cose l'anno 1401. fu deliberato, vedendo la scultura essere salita in tanta altezza di rifare le due porte di bronzo del Tempio, & Batisteo di s. Giouanni: perche da la morte d'Andrea Pisano in poi, nõ haueuono hauuti maestri, che l'hauessino sapute condurre. Onde fatto intendere a quelli scultori, che erano allora in Toscana l'animo loro, fu mandato per essi: & dato loro prouisio-

ne

ne,& vn'anno di tempo,a fare vna storia per ciascuno; fra iquali furono richiesti Filippo,& Donato,di douere ciascuno di essi da perse fare vna storia, a concorrenza di Lorenzo Ghiberti,& Iacopo della Fonte, & Simone da Colle,Francesco di Valdambrina,& Niccolo d'Arezzo. Lequali storie finite l'anno medesimo,& venute a mostra in paragone,furon tutte bellissime,& intra se differenti: chi era ben disegnata,& mal lauorata,come quella di Donato; e chi haueua boniss.disegno,& lauorata diligentemẽte,ma nõ spartito bene la storia,col diminuire le figure,come haueua fatto Iacopo della Quercia; & chi fatto inuenzione pouera,& figure,nel modo,che haueua la sua condotto Frãcesco di Valdambrina; & le peggio di tutte erano quelle di Niccolo d'Arezzo,& di Simone da Colle.E la migliore,quella di Lorenzo di Cione Ghiberti.Laquale haueua in sè disegno,diligenza,inuenzione,arte,& le figure molto ben lauorate.Nè gli era però molto inferiore La storia,di Filippo,nellaquale haueua figurato vn'Abraam,che sacrifica Isaac. Et in quella vn seruo, che mentre aspetta Abraam,& che l'asino pasce,si caua vna spina,di vn piede,che merita lode assai. Venute dunche le storie a mostra non si satisfacendo Filippo,& Donato se non di quella di Lorenzo,lo giudicarono piu al proposito di quell'opera,che non erano essi,& gl'altri,che haueuano fatto le altre storie. Et cosi a'consoli con buone ragioni persuasero,che a Lorenzo l'opera allogassero,mostrando,che il publico,& il priuato ne sarebbe seruito meglio, & fu veramente questo,vna bontà vera d'amici; & vna virtù senza inuidia, & vno giudizio sano nel conoscere se stessi:Onde piu lode meritorono,che se l'opera hauessino condotta a perfezzione. Felici spiriti,che mentre giouauano l'uno all'altro,godeuano nel lodare le fatiche altrui.Quanto infelici sono hora i nostri,che mentre,che'nuocono,non sfogati,crepano d'inuidia nel mordere altrui? Fu da'Consoli pregato Filippo, che douesse fare l'opera insieme con Lorenzo,ma egli non volle:hauendo animo di volere essere piu tosto primo in vna sola arte,che pari,o secondo in quell'opera.Per il che la storia, che haueua lauorata di bronzo,donò a Cosimo de'Medici; laqual egli col tempo fece mettere in sagrestia vecchia di san Lorenzo,nel dossal dell'altare;& quiui si truoua al presente,& quella di Donato,fu messa nell'arte del cambio. Fatta l'allogagione a Lorenzo Ghiberti,furono insieme Filippo, & Donato: & risoluerono insieme partirsi di Fiorenza,& a Roma star qualche anno,per attender Filippo all'Architettura,& Donato alla Scultura.Ilche fece Filippo, per voler'esser superiore,& a'Lorenzo,& a Donato,tanto quanto fanno l'architettura piu necessaria all'utilità degl'huomini,che la Scultura, & la pittura.Et venduto vn poderetto,che egli haueua a Settignano;di Fiorenza partiti,a Roma si condussero:nella quale vedendo la grandezza degli edifizij,& la perfezzione de'corpi de'tempij,staua astratto,che pareua fuor di se.Et cosi dato ordine a misurare le cornici,& leuar le piante di quegli edifizij, egli & Donato continuamente seguitando,non perdonarono ne a tempo,ne a spesa. Ne lasciarono luogo,che eglino,& in Roma,& fuori in campagna,non vedessino;& non misurassino,tutto quello,che poteuano hauere,che fusse buono. Et pche era Filippo sciolto da le cure familiari,datosi in preda a gli studij, nõ si curaua di suo mangiare,o dormire,solo l'intẽto suo era l'Architettura, che gia era spenta,dico gli ordini antichi buoni,& non la Todesca,& barbara, la qua quale molto si vsaua nel suo tempo. Et haueua in se duoi concetti grandissimi, l'uno era il tornare a luce la buona architettura, credendo egli ritrouãdola, non lasciare manco memoria di se, che fatto si haueua Cimabue, & Giotto: l'altro di trouar modo se e si potesse, a voltare la Cupola di santa Maria del Fiore di Fiorenza. Le difficultà della quale haueuano fatto si, che dopo la morte di Arnolfo Lapi, non ci era stato mai nessuno, a cui fusse bastato l'animo, sẽza grandissima spesa d'armadure di legname, poterla volgere. Non conferì però mai questa sua inuenzione a Donato, ne ad anima viua; nè restò, che in Roma tutte le difficultà, che sono nella Ritonda, egli non considerasse, si come si poteua voltare. Tutte le volte nell'antico haueua notato, & disegnato, e sopra ciò del cõtinuo studiaua. Et se perauuentura eglino hauessino troua' o sotterrati pezzi di capitelli, colonne, cornici, & basamenti di edifizij, eglino metteuano opere, & gli faceuano cauare, per toccare il fondo. per il che si era sparsa vna voce per Roma, quando eglino passauano per le strade, che andauano vestiti a caso, gli chiamano, quelli del tesoro; credendo i popoli, che fussino persone, che attendessino alla Geomanzia per ritrouare tesori. Et di cio fu cagione, l'hauere eglino trouato vn giorno, vna brocca antica di terra, piena di medaglie. Vennero manco a Filippo i denari, & si andaua riparando con il legare gioie, a orefici suoi amici, che erano di prezzo; & cosi si rimase solo in Roma, perche Donato a Fiorenza se ne tornò, & egli con maggiore studio, & fatica, che prima dietro alle rouine di quelle fabriche, di continuo si esercitaua. Nè restò, che non fusse disegnata da lui ogni sorte di fabbrica, Tempij tondi, e quadri, a otto facce, Basiliche, aquidotti, Bagni, Archi, Colisei, Anfiteatri, & ogni Tempio di mattoni, da quali cauò le cignature, & incatenature, & cosi il girarli nelle uolte, tolse tutte le collegazioni, et di pietre, e di impernature, e di morse; & inuestigando a tutte le pietre grosse una buca nel mezo per ciascuna in sotto squadra, trouò esser quel ferro, che è da noi chiamato la vliuella, con che si tira su le pietre. & egli lo rinouò, & messelo in vso di poi. Fu adunque da lui messo da parte, ordine, per ordine, Dorico, Ionico, & Corintio: e fu tale questo studio, che rimase il suo ingegno capacissimo, di potere veder nella immaginazione, Roma, come ella staua, quando non era rouinata. Fece l'aria di quella Città vn poco di nouità l'anno 1407. a Filippo: onde egli consigliato da' suoi amici a mutar aria, se ne tornò a Fiorenza. Nella quale per l'assẽza sua, si era patito in molte muraglie, per lequali diede egli a la sua venuta molti disegni, & molti consigli. Fu fatto il medesimo anno vna ragunata d'architettori, & d'ingegneri del paese, sopra il modo del voltar la Cupola, dagli operai di santa Maria del Fiore, & da' Consoli dell'arte della Lana: intra quali interuenne Filippo, & dette consiglio, che era necessario cauare l'edifizio fuori del tetto: & non fare secondo il disegno d'Arnolfo: ma fare vn fregio di br. xv. d'altezza: & in mezo a ogni faccia fare vn'occhio grande Perche oltra, che leuerebbe il peso fuor delle spalle delle tribune, verrebbe la Cupola a voltarsi piu facilmente. Et cosi se ne fece modelli, & si messe in esecuzione. Filippo dopo alquanti mesi rihauute, essendo una mattina in su la piazza di s. Maria del Fiore, con Donato, & altri Artefici, si ragionaua delle antichità, nelle cose de la scultura, & raccontando Donato, che quando e tornaua da Roma haueua fatto la strada da Oruieto, per veder quella facciata del Duomo di marmo, tã to celebrata,lauorata di mano di diuersi maestri, tenuta cosa notabile in que' tempi,& che nel passar poi da Cortona,entrò in pieue,& vide un pilo antico bellissimo, doue era vna storia di marmo,cosa allora rara;non essendosi disot terrata quella abbondanza,che si è fatta,ne'tempi nostri. E cosi seguendo Donato il modo,che haueua vsato quel maestro a condurre quell'opera,& la fine,che ui era dentro,insieme con la perfezzione,& bontà del magisterio, accese si Filippo di una ardente volontà di vederlo,che cosi come egli era,in mãtello,& in cappuccio,& in zoccoli,senza dir doue andasse, si partì da loro, a piedi,& si lasciò portare a Cortona dalla volontà,& amore, che'portaua all'arte. Et veduto,& piaciutogli il pilo,lo ritrasse cõ la penna in disegno;& cõ ql lo tornò a Fiorenza,senza,che Donato,o altra persona,si accorgesse, che fusse partito,pensando,che e douesse disegnare,o fantasticare qualcosa.

Cosi tornato in Fiorenza li mostrò il disegno del Pilo,da lui con patienza ritratto; per il che Donato si marauigliò assai; vedendo quanto amore Filippo portaua all'arte. Stette poi molti mesi in Fiorenza, doue egli faceua segretamente modelli,& ingegni, tutti per l'opera della Cupola; stando tutta via con gli Artefici in su le baie; che all'ora fece egli quella burla del Grasso,& di Matteo, & andando bene spesso per suo diporto ad aiutare a Lorenzo Ghiberti a rinettar qual cosa in su le porte. Ma toccoli vna mattina la fantasia, sentendo, che si ragionaua del far prouisione di ingegneri, che voltasino la Cupola,si ritornò a Roma pensando con piu riputazione hauere a esser ricerco di fuora; che non harebbe fatto stando in Fiorenza. La onde trouandosi in Roma, & venuto in considerazione l'opera, & l'ingegno suo acutissimo, per hauer mostro ne ragionamenti suoi quella sicurtà, & quello animo, che non haueua trouato ne gli altri maestri: i quali stauono smarriti insieme cõ i Muratori,perdute le forze, & non pensando poter mai trouar modo da voltarla; ne legni da fare vna trauata,che fusse si forte,che regesse l'armadura,& il peso di si grãde edifizio: Deliberati vederne il fine,scrissono a Filippo a Roma con pregarlo che venisse a Fiorenza. Et egli, che non haueua altra voglia, molto cortesemente tornò. Et ragunatosi a sua venuta l'vfizio delli Operai di S.Maria del fiore,& i consoli dell'arte della Lana,dissono a Filippo tutte le difficultà da la maggiore a la minore, che faceuano i maestri, i quali erano in sua presenza nella vdienza insieme con loro. per il,che Filippo disse queste parole. Signori Operai e' non è dubbio, che le cose grandi hanno sempre nel condursi difficultà; e se niuna n'hebbe mai questa vostra l'ha maggiore, che voi per auuentura non auisate: percioche io nõ so, che ne anco gl'antichi voltassero mai vna volta si terribile, come sarà questa, & io, che ho molte volte pensato all'armadure di dentro, e di fuori, e come si sia per poterui lauorare sicuramente, non mi sono mai saputo rosoluere: e mi sbigottisce non meno la larghezza, che l'altezza dell'edifizio: percioche se ella si potesse girar tonda,si potrebbe tenere il modo,che tennero i Romani nel voltare il Pãteon di Roma cioè la Ritonda,ma qui bisogna seguitare l'otto facce,& entrare in catene,& in morse di pietre,che sarà cosa molto difficile. Ma ricordãdomi, che questo è tempio Sacrato a Dio,& alla Vergine mi confido, che faccendosi in memoria sua,non mancherà di infondere il sapere doue non sia, & agiugnere le forze,& la sapiẽza,& l'ingegno,a chi sarà autore di tal cosa. Ma, che pos so io in questo caso giouarui, non essendo mia l'opera. Bene vi dico, che se el la toccasse a me, risolutissimamente mi bastarebbe l'animo, di trouare il modo, che ella si volterebbe senza tante difficultà. Ma io non ci ho pensato su ancor niente, & volete, che io vi dica il modo? Ma quando pure le S. V. delibereranno, che ella si volti, sarete forzati, non solo a fare esperimento di me, che non penso bastare a consigliare si gran cosa, ma a spendere, & ordinare, che fra vno anno di tempo, a vn di determinato venghino in Fiorenza architettori, non solo Toscani, & Italiani, ma Todeschi, & Franzesi, & d'ogni nazione, & proporre loro questo lauoro, accioche disputato, & risoluto fra tanti maestri; si cominci, & si dia a colui, che piu dirittamente darà nel segno, o haurà miglior modo, & giudizio, per fare tale opera. Ne vi saperei dare io altro consiglio, ne migliore ordine di questo. Piacque a i Consoli, & a gli Operai l'ordine, & il consiglio di Filippo: ma harebbono voluto, che in questo mentre egli hauesse fatto vn modello, &, che ci hauesse pēsato su. Ma egli mostraua di non curarsene, anzi preso licenzia da loro, disse esser sollecitato con lettere, a tornare a Roma. Auuedutosi dunque i Consoli, che i prieghi loro, & degli operai non erano bastanti a fermarlo, lo feciono pregare da molti amici suoi, & non si piegando, vna mattina, che fu adi 26. di Maggio 1417. gli fecero gli operai vno stanziamento di vna mācia di danari, i quali si truouano a vscita a Filippo, ne libri dell'opera, & tutto era per ageuolarlo. Ma egli saldo nel suo pposito, partitosi pure di Fiorēza, se ne tornò a Roma doue sopra tal lauoro di continuo studiò, ordinando, & preparandosi per'il fine di tale opera, Pensando, come era certamente, che altro, che egli non potesse condurre tale opera. Et il consiglio dato, del condurre nuoui Architettori, non l'haueua Filippo messo inanzi, per altro, se nō perche eglino fussino testimoni del grādissimo ingegno suo; piu, che perche e'pensasse, che eglino hauessino ad hauer ordine di voltar quella tribuna; & di pigliare tal carico, che era troppo difficile. Et così si cōsumò molto tempo inanzi, che fussino venuti quegli architetti de lor paesi, che eglino haueuano di lontano fatti chiamare, con ordine dato a Mercanti Fiorentini, che dimorauano in Francia, nella Magna in Inghilterra, & in Ispagna; i quali haueuano commissione di spendere ogni somma di danari, per mandare, e ottenere da que'Principi, i piu esperimētati, & valenti ingegni, che fussero in quelle Regioni. Venuto l'anno 1420. furono finalmente ragunati in Fiorenza tutti questi maestri oltramontani; & così quelli della Toscana; & tutti gli ingegnosi Artefici di disegno Fiorentini, & così Filippo tornò da Roma. Ragunaronsi dunque tutti nella opera di Santa Maria del Fiore, presenti i Consoli, & gli operai; insieme con vna scelta di Cittadini, i piu ingegnosi, accioche vdito sopra questo caso l'animo di ciascuno, si risoluesse il modo di voltare questa tribuna; chiamati dunque nella vdienza; vdirono a vno a vno, l'animo di tutti, & l'ordine, che ciascuno architetto sopra di cio haueua pensato. Et fu cosa bella il sentir le strane, & diuerse openioni in tale materia. Percioche chi diceua di far pilastri murati da'l piano della terra, per volgerui su gli archi; & tenere le trauate, p reggere il peso; altri, che egli era bene voltarla di spugne, acciò fusse piu leggieri il peso: Et molti si accordauano, a fare vn pilastro in mezo, & condurla a padiglione come quella di S. Giouanni di Fiorenza. Et non mancò chi di cesse

cesse, che sarebbe stato bene empierla di terra; & mescolare quattrini fra essa; accio che volta, dessino licenzia, che chi voleua di quel terreno, potessi andare per esso; & cosi in vn subito, il popolo lo portasse via senza spesa. Solo Filippo disse, che si poteua voltarla senza tanti legni, & senza pilastri, o terra, con assai minore spesa di tanti archi; & facilissimamente senza armadura. Parue a' Consoli, che stauano ad aspettare qualche bel modo, & a gli Operai, & a tutti que' Cittadini, che Filippo hauesse detto vna cosa da sciocchi: & se ne feciono beffe, ridendosi di lui; & si volsono, & li dissono, che ragionasse d'altro, che quello era vn modo da pazzi, come era egli. Perche parendo a Filippo di essere offeso, disse, Signori considerate, che non è possibile volgerla in altra maniera, che in questa: & ancora, che voi vi ridiate di me, conoscerete (se non volete esser ostinati) non douersi, ne potersi far in altro modo. Et è necessario, volendola condurre nel modo, ch'io ho pensato, che ella si giri col sesto di quarto acuto; & facciasi doppia, l'una volta di dentro, & l'altra di fuori; in modo, che fra l'una, & l'altra si cammini. Et in sù le cantonate de gli angoli delle otto facce con le morse di pietra s'incateni la fabbrica per la grossezza, & similmente con catene di legnami di quercia, si giri per le facce di quella. Et è necessario pensare a lumi, alle scale, & a i condotti, doue l'acque nel piouere possino vscire. Et nessuno di voi ha pēsato, che' bisogna auuertire, che si possa fare i ponti di dentro, per fare i musaici; & vna infinità di cose difficili: ma io, che la veggo volta; conosco, che' non ci è altro modo, ne altra via da potere volgerla, che questa, ch'io ragiono. Et riscaldato nel dire; quāto e' cercaua facilitare il concetto suo, accioche eglino, lo intendessino, & credessino, tanto veniua proponendo piu dubbij, che gli faceua meno credere, & tenerlo vna bestia, & vna cicala. Laonde licenziatolo parecchi volte, & alla fine nō volendo partire, fu portato di peso da i donzelli loro, fuori dell' vdienza, tenēdolo del tutto pazzo. Ilquale scorno fu cagione, che Filippo hebbe a dire poi, che non ardiua passare per luogo alcuno della città, temendo non fusse detto, Vedi colà quel pazzo. Restati i Consoli nell'vdienza confusi; & da i modi de' primi maestri difficili; & da l'ultimo di Filippo, a loro sciocco, parendo loro, che e' confondesse quell'opera con due cose: l'una era il farla doppia, che sarebbe stato pur grandissimo, & sconcio peso; l'altra il farla senza armadura. Da l'altra parte, Filippo, che tanti anni haueua speso nelli studij, per hauere questa opera, non sapeua, che si fare, & fu tentato partirsi di Fiorenza piu volte. Pure volendo vincere, gli bisognaua armarsi di pacienza, hauendo egli tanto di vedere, che' conosceua i ceruelli di quella città, non stare molto fermi in vn proposito. Hauerebbe potuto mostrare Filippo vn modello piccolo, che haueua sotto; ma non volle mostrarlo, hauēdo conosciuto la poca intelligenza de' Consoli, l'inuidia degli Artefici, e la poca stabilità de' cittadini, che fauoriuano, chi vno, et chi l'altro, secondo, che piu piaceua a ciascuno: & io non me ne marauiglio, facendo in quella città professione ognuno di sapere in questo, quanto i maestri esercitati fanno, come, che pochi siano quelli, che veramente intendono: e cio sia detto con pace di coloro, che sanno. Quello dunque, che Filippo non haueua potuto fare nel Magistrato, cominciò a trattar in disparte, fauellando hor'a questo Consolo, hora a quello operaio, & similmente a molti cittadini; mostrando parte del suo disegno, gli ri dusse, che si deliberarono a fare allogazione di questa opera, o a lui, o a vno di que' forestieri. Per la qual cosa inanimiti i Consoli, & gli Operai, & que' cittadini, si ragunarono tutti insieme, & gli Architetti disputarono di questa materia; ma furon con ragioni assai tutti abbattuti, & vinti da Filippo: doue si dice, che nacque la disputa dell'uouo in q̃sta forma. Eglino harebbono voluto, che Filippo hauesse detto l'animo suo minutamente, & mostro il suo modello, come haueuano mostro essi, il loro: il che non volle fare, ma propose questo a' maestri, & forestieri, & terrazzani, che chi fermasse insur vn marmo piano, vn'uouo ritto, quello facesse la Cupola, che quiui si vedrebbe l'ingegno loro. Tolto dunque vn'uouo, tutti que' maestri si prouarono, per farlo star ritto, ma nessuno trouò il modo. Onde essendo detto a Filippo, che lo fermasse, egli con grazia lo prese, e datoli vn colpo del culo in sul piano del marmo, lo fece star ritto. Romoreggiando gl'artefici, che similmente harebbono saputo fare essi, rispose loro Filippo ridendo, che gli harebbono ancora saputo voltare la Cupola, vedendo il modello, o il disegno. Et cosi fu risoluto, ch'egli hauesse carico di condurre questa opera, e dettoli, che ne informasse meglio i Consoli, & gli Operai. Andatosene dunque a casa, in sur un foglio, scrisse l'animo suo piu apertamente, che poteua, per darlo al magistrato in questa forma. Considerato le difficultà di questa fabbrica, Magnifici Sig. Operai, trouo, che non si può per nessun modo volgerla tonda perfetta: atteso, che sarebbe tanto grande il piano di sopra, doue và la lanterna, che mettendoui peso, rouinerebbe presto. però mi pare, che quegli architetti, che nō hāno l'occhio all'eternità della fabrica, nō habbino amore alle memorie, ne sappiano, per quel, che elle si fanno. Et però mi risoluo, girar di dentro questa volta a spicchi, come stanno le facce, & darle la misura, & il sesto del quarto acuto: perciò, che questo è vn sesto, che girato sempre pigne allo in sù: & caricatolo con la lanterna, l'uno con l'altro la farà durabile. Et vuole esser grossa nella mossa da piè braccia tre, & tre quarti, & andare piramidalmente strignendosi di fuora, per fino doue ella si serra, & doue ha a essere la lāterna. Et la volta vuole essere congiunta alla grossezza di bracc. vno, & vn quarto; poi faralli dal lato di fuora vn'altra volta, che da piè sia grossa braccia due, & mezzo, per conseruare quella di dentro da l'acqua. Laquale anco piramidalmente diminuisca a proporzione, in modo, che si congiunga al principio della lanterna, come l'altra, tanto, che sia in cima la sua grossezza duoi terzi. Sia per ogni angolo, vno sprone; che sarāno otto in tutto; & in ogni faccia, due cioè nel mezzo di quella: che vengono a essere sedici: & dalla parte di dentro, & di fuori nel mezo di detti angoli, in ciascheduna faccia, siano due sproni. ciascuno grosso da piè braccia quattro. Et lunghe vadino insieme le dette due volte, piramidalmente murate, insino alla sommità dell'occhio chiuso dalla lanterna, per eguale proporzione. Facciansi poi ventiquattro sproni con le dette volte murati intorno; et sei archi di macigni, forti, et lunghi, bene sprāgati di ferri, iquali sieno stagnati, et sopra detti macigni, catene di ferro, che cinghino la detta volta, con loro sproni. Hassi a murare di sodo senza vano, nel principio l'altezza di braccia cinque, et vn quarto, et di poi seguitar gli sproni, et si diuidino le volte. Il primo, et secōdo cerchio da piè, sia rinforzato per tutto, con macigni lunghi, per il trauerso; si che l'una uolta, e l'altra della Cupola, si posi in su i detti macigni. Et nella altezza d'ogni brac. IX. delle dette volte, siano volticciuole tra l'uno sprone, e l'altro con catene di legno di quercia grosse, che leghino i detti sproni, che reggono la volta di dentro: & siano coperte poi dette catene di quercia, con piastre di ferro, per l'amor delle salite. Gli sproni murati tutti, di macigni, & di pietra forte; e similmente le facce della Cupola tutte di pietra forte, legate con gli sproni fino all'altezza di braccia ventiquattro, & da indi in sù, si muri di mattoni, o vero di spugna, secondo, che si delibererà per chi l'hauerà a fare, piu leggieri, che egli potrà. Facciasi di fuori vn'andito sopra gl'occhi, che sia di sotto ballatoio con parapetti straforati d'altezza di braccia due all'auenante di quelli delle tribunette di sotto; o veramente due anditi l'un sopra l'altro, in sur vna cornice bene ornata: & l'andito disopra sia scoperto. L'acque della Cupola terminino in sù vna ratta di marmo larga vn terzo, & getti l'acqua, doue di pietra forte sarà murato sotto la ratta; Faccianisi otto coste di marmo agli angoli nella superficie della Cupola di fuori, grossi come si richiede, & alti vn braccio sopra la Cupola, scorniciato, a tetto, largo braccia due, che vi sia del colmo, & della gronda da ogni parte: muouansi piramidali dalla mossa loro, p infino alla fine. Murinsi le Cupole nel modo di sopra, senza armadure, per fino a braccia trenta; & da indi in sù, in quel modo, che sarà consigliato; per què maestri, che l'hauerano a murare: perche la pratica insegna quel, che si ha a seguire. Finito, che hebbe Filippo di scriuere quanto disopra, andò la mattina al magistrato; & dato loro questo foglio; fù considerato da loro il tutto: & ancora, che eglino non ne fussino capaci, vedendo la prontezza del l'animo di Filippo, & che nessuno degli altri Architetti non andaua con miglior gambe, per mostrare egli vna sicurtà manifesta nel suo dire; col replicare sempre il medesimo in si fatto modo, che pareua certamente, che egli ne hauessi volte dieci. Tiratisi da parte i Consoli, consultorono di dargliene; ma, che harebbono voluto vedere, vn poco di sperienza, come si poteua volger questa volta senza armadura, perche tutte l'altre cose approuauono. Al quale disiderio fu fauoreuole la fortuna, perche hauendo gia voluto Bartolomeo Barbadori far fare vna cappella in S. Filicita, & parlatone con Filippo; egli v'haueua messo mano, e fatto voltar senza armadura, qlla capella, ch'è nello entrare in chiesa a man ritta, doue è la pila dell'acqua santa; pur di sua mano; & similmente in què dì ne fece voltare vn'altra, in s. Iacopo sopr' Arno, per Stiatta Ridolfi allato alla cappella dell'altar maggiore. Lequali furon cagione, che gli fu dato piu credito, che alle parole. Et cosi assicurati i Consoli, & gli Operai per lo scritto, & per l'opera, che haueuano veduta, gli allogorono la Cupola, facendolo capo maestro principale per partito di faue. Ma non gliene obligarono senon braccia dodici d'altezza; dicendoli, che voleuono vedere, come riusciua l'opera; e che riuscendo, come egli diceua loro, non mancherebbono fargli allogagione del resto. Parue cosa strana a Filippo il vedere tanta durezza, & diffidenza ne'Consoli, & Operai; & se'non fusse stato, che sapeua, che egli era solo per condurla; non ci harebbe messo mano: pur come disideroso di conseguire quella gloria, la prese; & di condurla a fine perfettamente, si obligò. Fu fatto copiare il suo foglio, in su vn libro, doue il proueditore teneua i debitori, & i creditori de'legnami, & de marmi;

con l'obligo su detto; facẽdoli la prouisione medesima, per partito, di quelle paghe, che haueuano fino allora date a gli altri capi maestri. Saputasi la allogazione fatta a Filippo per gli artefici, & per i cittadini; a chi pareua bene, & a chi male, come sempre fu il parere del popolo, & degli spensierati, & degli inuidiosi. Mentre, che si faceua le prouisioni, per cominciare a murare, si destò su vna setta fra artigiani, & cittadini; & fatto testa a' Consoli, & a gl'Operai, dissono, che si era corsa la cosa, & che vn lauoro simile a questo, non doueua esser fatto per consiglio di vn solo: & che se eglino fussin priui d huomini eccellenti, come eglino ne haueuono abbondanza, saria da perdonare loro; Ma, che non passaua con honore della Città, perche venẽdo, qualche disgrazia, come nelle fabriche suole alcuna volta auuenire, poteuano essere biasimati, come persone, che troppo gran carico hauessino dato a un solo, senza considerare il danno, e la vergona, che al publico ne potrebbe risultare; e che però per affrenare il furore di Filippo era bene aggiugnergli vn compagno. Era Lorenzo Ghiberti venuto in molto credito, per hauer gia fatto esperienza del suo ingegno nelle porte di santo Giouanni; & che e' fusse amato da certi, che molto poteuano nel gouerno, si dimostrò assai chiaramente: perche nel uedere tanto crescere la gloria di Filippo, sotto spezie di amore, e di affezione uerso quella fabbrica, operarono di maniera appresso de' Consoli, & degli Operai, che' fu uinto compagno di Filippo in questa opera. In quanta disperazione, & amaritudine si trouassi Filippo, sentendo quel che haueuano fatto gli operai, si conosce da questo, che' fu per fuggirsi da Fiorenza: & se nõ fussi stato Donato, & Luca della Robbia, che lo confortauano, era per uscire fuor di sè. Veramente empia, & crudel rabbia è quella di coloro, che accecati dall'inuidia, pongono a pericolo gli honori, e le belle opere, per la gara della ambizione. Da loro certo nõ restò, che Filippo nõ ispezzasse i modelli, abruciasse i disegni, & in men di mezza hora precipitasse tutta quella fatica, che haueua condotta in tanti anni. Gl'Operai scusatisi prima con Filippo, lo confortarono a andare inanzi, che lo inuentore, & autore di tal fabrica, era egli, & non altri; Ma tutta uolta fecero a Lorenzo il medesimo salario, che a Filippo. Fu seguitato l'opera con poca uoglia di lui, conoscendo hauere a durare le fatiche, che' ci faceua, & poi hauere a diuidere l'honore, & la fama a mezzo con Lorenzo. pure messosi in animo, che trouerrebbe modo, che non durerebbe troppo in questa opera, andaua seguitando insieme con Lorenzo, nel medesimo modo, che staua lo scritto dato agli Operai. Destossi in questo mẽtre nello animo di Filippo un pensiero, di uolere fare un modello, che ancora nõ se ne era fatto nessuno; Et così messo mano, lo fece lauorare a un Bartolomeo legnaiuolo, che staua dallo studio. Et in quello, come il proprio misurato appunto in quella grandezza, fece tutte le cose difficili, come scale alluminate, & scure, & tutte le sorti de lumi, porte, & catene, & speroni; & ui fece un pezo d'ordine del Ballatoio. Il che, hauendo inteso Lorenzo, cercò di uederlo; ma perche Filippo gliene negò; uenutone in collora diede ordine di fare un modello egli ancora; acciochè e' paresse, che il salario, che tiraua, non fusse uano; & che' ci fusse per qual cosa. De' quali modelli, quel di Filippo fu pagato lire cinquanta, & soldi quindici; come si troua in uno stanziamento al libro di Migliore di Tommaso adi tre d'Ottobre nel 1419. & a uscita di *Lorenzo*

Ghiber-

Ghiberti lire trecento per fatica, & spesa fatta nel suo modello. Causato cio dalla amicizia, & fauore, che egli haueua; piu, che da vtilità, o bisogno, che ne hauesse la fabbrica.

Durò questo tormento in su gli occhi di Filippo, per fino al 1426. chiamando coloro Lorenzo parimente, che Filippo, inuentori; lo qual disturbo era tanto potente nello animo di Filippo, che egli viueua con grandissima passione. Fatto adunque varie, & nuoue immaginazioni, deliberò al tutto de leuarselo da torno: conoscendo quanto e'valesse poco in quel opera. Haueua Filippo fatto voltare già intorno la Cupola fra l'una volta, & l'altra dodici braccia; & quiui haueuano a mettersi sù le catene di pietra, & di legno: il che per essere cosa difficile, ne volle parlare con Lorenzo, per tentare se egli hauesse considerato questa difficultà. Et trouollo tanto digiuno circa lo hauere pensato a tal cosa, che e rispose, che la rimetteua in lui come inuentore. Piacque a Filippo la risposta di Lorenzo; parendoli, che questa fusse la via di farlo allontanare dall'opera; & da scoprire, che non'era di quella intelligenza, che lo teneuano gli amici suoi, & il fauore, che lo haueua messo in quel luogo. Dopo essendo gia fermi tutti i muratori dell'opera, aspettauano di douere cominciare sopra le dodici braccia; & far le volte, & incatenarle. essendosi cominciato a strignere la Cupola da sommo: per loche fare erano forzati fare i ponti, acciò, che i manouali, & muratori potessino lauorare senza pericolo: atteso, che l'altezza era tale, che solamente guardando allo ingiù faceua paura, & sbigotimento a ogni sicuro animo. Stauasi dunque da i muratori, & dagli altri maestri, ad aspettare il modo, della catena, & de'ponti: nè resoluendosi niente, per Lorenzo, nè per Filippo, nacque vna mormorazione fra i muratori, & gli altri maestri, non vedendo sollecitare, come prima; e perche essi, che pouere persone erano viueuano sopra le lor braccia, & dubitauano, che ne al l'uno ne all'altro bastasse l'animo di andare piu sù cõ quella opera; il meglio, che sapeuano, & poteuano, andauano trattenendosi, per la fabrica; ristoppãdo, & ripulendo tutto quel, che era murato fino allora. Vna mattina infra le altre Filippo non capitò al lauoro: & fasciatosi il capo entrò nel letto: & continuamente gridando si fece scaldare taglieri, & panni con vna sollecitudine grande: fingendo hauere mal di fianco. Inteso questo i maestri, che stauano aspettando l'ordine di quel, che haueuano a lauorare; dimandarono Lorenzo, quel, che haueuano a seguire: rispose, che l'ordine era di Filippo, &, che bisognaua aspettare lui. Fu chi gli disse, oh non sai tu l'animo suo? Si disse Lorenzo, ma non farei niente senza esso. Et questo lo disse in escusazion sua, che non hauendo visto il modello di Filippo; & non gli hauendo mai dimandato, che ordine e'volesse tenere, per non parer ignorante; staua sopra di se nel parlare di questa cosa. & rispondeua tutte parole dubbie. massimamente sapendo essere in questa opera contra la volontà di Filippo. Al quale durato gia piu di dua giorni il male, & andato a vederlo il proueditore dell'operai, & assai capo maestri muratori, di continuo li domandauano, che dicesse quello, che haueuono a fare: E egli, voi hauete Lorenzo, faccia vn poco egli. Ne altro si poteua cauare: La onde sentendosi questo, nacque parlamenti, & giudizi di biasimo grandi sopra questa opera: chi diceua, che Filippo si era messo nel letto per il dolore, che non gli bastaua l'animo di voltarla; & che si

penti

pentiua d'essere entrato in ballo. & i suoi amici lo difendeuano, dicédo esser se pure era il dispiacere, la villania dell' hauergli dato Lorézo per compagno. Ma che il suo era mal di fianco, causato dal molto faticarsi per l'opera. Cosi dunque romoreggiandosi, era fermo il lauoro: & quasi tutte le opere de' muratori, & scarpellini si stauano: & mormorando cótro a Lorenzo, diceuano, basta che gli è buono a tirare il salario, ma a dare ordine che si lauori no. O se Filippo non ci fusse, o se egli hauesi mal lungo, come farebbe egli? Che colpa è la sua, se egli sta male; Gli operai vistosi in vergogna, per questa pratica, deliberorono d'andare a trouar Filippo; & arriuati, confortatolo prima del male, gli dicono in quanto disordine si trouaua la fabbrica: & in quanto trauaglio gli hauesse messo il mal suo. Per il che Filippo con parole appassionate, & dalla finzione del male, & dall'amore dell'opera, oh non ci è egli, disse Lorenzo? che non fa egli? Io mi marauiglio pur di voi. Allora gli risposono gli operai è non vuol far niente senza te; Rispose loro Filippo, io farei bé io senza lui. La qual risposta argutisima, & doppia bastò loro: & partiti, conobbono, che egli haueua male di voler far solo. Mandarono dunque amici suoi a cauarlo del letto con intenzione di leuar Lorenzo dell'opera: & cosi venuto Filippo in su la fabbrica, vedendolo sforzo del fauore in Lorenzo, & che egli harebbe il salario senza far fatica alcuna, pensò a vn'altro modo per scornarlo, & per publicarlo interamente per poco intendente in quel mestiero: & fece questo ragionamento a gli operai, presente Lorenzo: Signori operai il tempo, che ci è prestato di viuere, se egli stesse a posta nostra, come il poter morire, non è dubbio alcuno, che molte cose, che si cominciano, resterebbono finite: doue elleno rimangono imperfette: il mio accidente del male, che ho passato poteua tormi la vita, & fermare q̃sta opa; però accioche se mai piu io ammalasi, o Lorenzo, che Dio ne lo guardi, possa l'uno, o l'altro seguitare la sua parte, ho pensato, che cosi come le Signorie vostre ci hanno diuiso il salario, ci diuidino ancora l'opera, accio, che spronati dal mostrare ogniuno quel, che sa, possa sicuramente acquistar'honore, & vtile appresso a questa Republica. Sono adunque due cose le difficili, che al presente si hãno a mettere in opera: l'una è i ponti, perche i muratori possino murare, che hanno a seruire détro, & di fuori della fabrica, doue è necessario tener su huomini, pietre, & calcina, &, che vi si possa tener su la Burbera da tirar pesi, & simili altri strumenti: & l'altra è la catena, che si ha a mettere sopra le dodici braccia, che venga legando le otto facce della Cupola, & incatenando la fabrica, che tutto il peso, che di sopra si pone, stringa, & serri di maniera, che non sforzi, o allarghi il peso, anzi egualmente tutto lo edifizio resti sopra di se. Pigli Lorenzo adunque vna di queste parte quale egli piu facilmente creda esequire; che io l'altra, senza dificultà mi prouerò di condurre, accio non si perda piu tempo. Cio vdito fu forzato Lorenzo non ricusare per l'honore suo vno di questi lauori, & ancora, che mal volentieri lo facesse, si risoluè a pigliar la catena, come cosa piu facile, fidandosi ne' cõsigli de' muratori, & in ricordarsi, che nella volta di S. Giouanni di Fiorenza era vna catena di pietra, dalla quale poteua trarre parte, se non tutto l'ordine. Et cosi l'uno messo mano a' ponti, l'altro alla catena, l'uno, & l'altro finì. Erano i ponti di Filippo fatti con tanto ingegno, & industria, che fu tenuto veramente in questo il cõtrario di quello, che

per

per lo adietro molti si erano immaginati, perche cosi sicuramente vi lauorauano i maestri, & tirauono pesi, & vi stauano sicuri, come se nella piana terra fussino; & ne rimase i modelli di detti ponti nell'opera. Fece Lorenzo in vna dell'otto facce la catena con grandissima difficultà; & finita, fu dagli operai fatta vedere a Filippo; il quale non disse loro niente: Ma con certi amici suoi ne ragionò, dicendo, che bisognaua altra legatura, che quella; & metterla per altro verso, che non aueuano fatto; &, che al peso, che vi andaua sopra nõ era suffiziente; perche non strigneua tanto, che fusse a bastanza. Et, che la prouisione, che si daua a Lorenzo, era insieme con la catena, che egli haueua fatta murare, gittata via. Fù inteso l'umore di Filippo, & li fu commesso, che e'mostrassi come si harebbe à fare, che tal catena adoperasse. Onde hauẽdo egli gia fatto disegni, & modelli, subito gli mostrò, e veduti dagli operai, & dagli altri maestri, fu conosciuto in che errore erano cascati per fauorire Lorenzo: et volendo mortificare questo errore, & mostrare, che conosceuano il buono, feciono Filippo gouernatore, & capo a vita di tutta la fabbrica, &, che non si facesse di cosa alcuna in quella opera se non il voler suo: & per mostrare di riconoscerlo li donorono cento fiorini, stanziati per i Consoli, & operai sotto di 13. d'Agosto 1423. p mano di Lorenzo Pauli notaio dell'opera, a vscita di Gherardo di M. Filippo Corsini. & li feciono prouisione per partito di fiorini cẽto l'anno per sua prouisione a vita. Cosi dato ordine a far camminare la fabbrica, la seguitaua, con tanta obedienza, & con tanta accuratezza; che non si sarebbe murata vna pietra, che non l'hauesse voluta vedere. Dall'altra parte Lorenzo trouandosi vinto, & quasi suergognato, fù da'suoi amici, fauorito, & aiutato talmente, che tirò il salario mostrando, che nõ poteua essere casso, per infino a tre anni di poi. Faceua Filippo di continouo, per ogni minima cosa, disegni, & modelli di castelli da murare, & edifizij da tirar pesi. Ma nõ per questo restauano alcune persone malotiche, amici di Lorenzo, di farlo disperare, con tutto il di farli modelli contro, per concorrenza; in tanto, che ne fece vno maestro Antonio da Verzelli, & altri maestri fauoriti, & messi inanzi hora da questo Cittadino, & hora da quell'altro, mostrando la volubilità loro, il poco sapere, & il manco intendere; hauendo in man le cose perfette, e mettendo inanzi l'imperfette, & disutili. Erano già le catene finite intorno intorno all'otto facce; & i muratori inanimiti, lauorauano gagliardamente: Ma sollecitati da Filippo piu che'l solito, per alcuni rabbuffi hauuti nel murare, & per le cose, che accadeuano giornalmente, se lo erono recato a noia. Onde mossi da questo, & da inuidia, si strinseno in sieme i capi facendo setta; et dissono, che era faticoso lauoro, & di pericolo, e, che non voleuon volgerla sẽza gran pagamento (ancora che piu del solito loro fusse stato cresciuto) pensando per cotal via di vendicarsi con Filippo, e fare a se vtile. Dispiacque a gli operai questa cosa, & a Filippo similmente: & pẽsatoui sù, prese partito vn sabato sera di licenziarli tutti. coloro vistosi licenziare, e non sapendo, che fine hauesse ad hauere questa cosa stauano di mala voglia, quando il lunedi seguẽte, messe in opera Filippo dieci Lombardi, & con lo star quiui presente, dicendo fa qui cosi, & fa quà, gli instrui in vn giorno tanto, che ci lauorarono molte settimane: Dall'altra parte i muratori veggendosi licenziati, & tolto il lauoro, & fattoli quello scorno, non hauendo lauori tanto vtili quãto quello, mes

sono

ſono mezani a Filippo,che ritornarebbono volentieri, Raccomandãdoſi quã to e poteuano. Coſi li tenne molti di in ſu la corda del non gli voler pigliare; poi gli rimeſse con minor ſalario,che eglino non haueuono in prima; & coſi doue penſarono auanzare,perſono; & con il vendicarſi contro a Filippo, fecion danno,& villania a ſe ſteſsi. Erano gia fermi i romori,& venuto tuttauia conſiderando nel veder volger tanto ageuolmente quella fabbrica l'ingegno di Filippo,& ſi teneua già,per quelli,che non haueuano paſſione,lui hauer moſtrato quell'animo, che forſe neſſuno architetto antico, o moderno nell'opere loro haueua moſtro, e queſto nacque, perche egli cauò fuori il ſuo modello; nel quale furono vedute per ognuno le grandiſſime conſiderazioni,che egli haueua imaginatoſi nelle ſcale,ne i lumi dentro, & fuori, che non ſi poteſſe percuotere ne i bui per le paure, & quanti diuerſi appoggiatoi di ferri,che per ſalite doue era la ertezza,erano poſte con conſideratione ordinati,oltra,che egli haueua per fin penſato a i ferri, per fare i ponti di dentro,ſe mai ſi haueſſe a lauorarui,o muſaico,o pitture; & ſimilmente per hauere meſſo ne'luoghi men pericoloſi le diſtinzioni degli ſmaltitoi dell'acque,doue elleno andauano coperte,& doue ſcoperte, e ſeguitando con ordine buche,& diuerſi apertoi,accioche i venti ſi rompeſſino,& i vapori inſieme con i tremuoti nõ poteſſino far nocumento,moſtrò quanto lo ſtudio nel ſuo ſtare a Roma tanti anni gli haueſſe giouato. Appreſſo conſiderando quello,che egli haueua fatto,nelle auginature, incaſtrature,& commettiture,& legazioni di pietre,faceua tremare,& temere,a penſare, che vn ſolo ingegno fuſſe capace di tanto,quanto era diuentato quel di Filippo. Il quale di continuouo crebbe talmente,che neſſuna coſa fu,quantunque difficile,& aſpra,la quale egli non rendeſſe facile,& piana; & lo moſtrò nel tirare i peſi, per via di contrapeſi,& ruote,che vn ſol bue tiraua,quanto harebbono appena tirato ſei paia. Era gia creſciuta la fabbrica tanto alto,che era vno ſconcio grandiſs. ſalito,che uno vi era,inanzi ſi veniſſe in terra: & molto tempo perdeuano i maeſtri nello andare a deſinare,& bere; & gran diſagio per il caldo del giorno patiuano. Fu adunque trouato da Filippo ordine, che ſi apriſſero oſterie nella Cupola con le cucine; & vi ſi vendeſſe il vino; & coſi neſſuno ſi partiua del lauoro ſe non la ſera: il che fu a loro commodità,& all'opera vtilità grandiſſima. Era ſi creſciuto l'animo a Filippo,vedendo l'opera camminar forte; & riuſcire con felicità,che di continuo ſi affaticaua; & egli ſteſſo andaua alle fornaci,doue ſi ſpianauano i mattoni, & voleua vedere la terra, & impaſtarla, & cotti, che erano, gli voleua ſcerre di ſua mano con ſomma diligenza. Et nelle pietre a gli ſcarpellini,guardaua ſe vi era peli dentro, ſe eran dure,& daua loro i modelli delle ugniature, & commettiture di legname,& di cera, coſi fatti di Rape; & ſimilmente faceua de' ferramenti a i Fabbri. Et trouò il modo de'gangheri col capo,& degli arpioni: & facilitò molto l'Architettura: laquale certamente per lui ſi riduſſe a quella perfezzione, che forſe ella non fu mai appreſſo i Toſcani. Era l'anno 1423. Firenze in q̃lla felicità,& allegrezza,che poteua eſſere,quando Filippo fu tratto per il quartiere di ſan Giouanni,per Maggio,& Giugno,de'Signori; eſsendo tratto p il quartiere di ſanta Croce,Gonfaloniere di giuſtizia Lapo Niccolini. Et ſe ſi truoua regiſtrato nel Prioriſta Filippo di Ser Brunelleſco Lippi, niuno ſe ne

dee

dee marauigliare, perche fu cosi chiamato da Lippo suo Auolo, & non de Lapi, come si doueua, laqualcosa si vede nel detto Priosta, che fu vsata in infiniti altri, come ben sa chi l'ha veduto, o sa l'uso di que'tēpi. Esercitò Filippo qll'Vfizio, e cosi altri Magistrati, c'hebbe nella sua città, ne' quali con vn giudizio grauiss. sempre si gouernò. Restaua a Filippo, vedēdo già cominciare a chiudere le due volte verso l'occhio, doue haueua a cominciare la lanterna (se bene egli haueua fatto a Roma, & in Fiorenza piu modelli di terra, & di legno, dell'uno, & dell'altro, che non s'erono veduti) a risoluersi finalmente quale e volesse mettere in opera. Per il che, deliberatosi a terminare il ballatoio, ne fece diuersi disegni, che nell'opera rimasono dopo la morte sua; iquali dalla trascurataggine di que'ministri, sono hoggi smarriti. Et a tempi nostri, pche si finisse, si fece vn pezo dell'una dell'otto facce: ma perche disumua da quell' ordine; per consiglio di Michelagnolo Bonarroti fu dismesso, & non seguitato. Fece anco di sua mano Filippo un modello della lanterna, a otto facce, misurato alla proporzione della Cupola, che nel vero per inuenzione, & varietà, & ornato, riuscì molto bello: vi fece la scala da salire alla Palla, che era cosa diuina; ma perche haueua turato Filippo con un poco di legno commesso disotto, doue s'entra, nessuno senon egli sapeua la salita. Et ancora, che e' fusse lodato, & hauesse già abbattuto l'inuidia, & l'arroganza di molti; non potè però tenere, nella veduta di questo modello, che tutti i maestri, che erano in Fiorenza non si mettessero a farne in diuersi modi: & fino a vna donna di casa Gaddi, ardì concorrere in giudizio, cō quello, che haueua fatto Filippo. Egli nientedimeno tutta uia si rideua della altrui prosunzione. Et fu gli detto da molti amici suoi, che e'non douesse mostrare il modello suo a nessuno artefice, accio, che eglino da quello non imparassero. Et esso rispondeua loro, che non era senon vn solo il vero modello; & gli altri erano vani. Alcuni altri maestri haueuano nel loro modello posto delle parti di quel di Filippo; a i quali nel vederlo, Filippo diceua; questo altro modello, che costui farà, farà il mio proprio. Era da tutti infinitamente lodato: ma solo, nō ci vedendo la salita per ire alla palla, apponeuano, che fusse difettoso. Conclusero nōdimeno gl'Operai di fargli allogazione di detta opera con patto però che mostrasse loro la salita: per il che Filippo leuato nel modello, quel poco di legno, che era da basso, mostrò in vn pilastro la salita, che al presente si vede, in forma di vna cerbotana vota: & da vna banda vn canale con staffe di bronzo, doue l'un piede, & poi l'altro ponendo, s'ascende in alto. Et perche non hebbe tempo di vita per la vecchiezza, di potere tal lanterna veder finita, lasciò per testamento, che tal come staua il modello, murata fusse, & come haueua posto in iscritto: Altrimenti protestaua, che la fabbrica ruinerebbe, essendo uolta in quarto acuto, che haueua bisogno, che il peso la caricasse, p farla piu forte. Il quale edifizio non potè egli innanzi la morte sua vedere finito, ma si bene tiratone sù parecchi braccia Fece bene lauorare, & condurre quasi tutti i marmi, che vi andauano: de'quali, nel vederli condotti, i popoli stupiuano, che fusse possibile, che egli volesse, che tanto peso andasse sopra ql la volta. Et era opinione di molti ingegnosi, che ella non fusse per reggere: & pareua loro vna gran uentura, che egli l'hauesse condotta in fin quiui, & che egli era vn tentare Dio, a caricarla si forte. Filippo sempre sene rise, & prepara te tutte le machine, & tutti gli ordigni, che haueuano a seruire à murarla, nõ perse mai tempo con la mente, di antiuedere, preparare, & prouedere, a tutte le minuterie, in fino, che non si scantonassino i marmi lauorati nel tirarli sù; tanto, che e' si murarono tutti gli archi de' tabernacoli, co' castelli di legname: & del resto, come si disse, v'erano scritture, & modelli. La quale opera quanto sia bella, ella medesima ne fa fede, per essere d'altezza dal piano di terra, a quello della lanterna braccia 154. & tutto il tempio della lanterna braccia 36. la palla di rame braccia 4. la Croce braccia otto, in tutto braccia 202. & si può dir certo, che gli antichi non andorono mai tanto alto, con le lor fabbriche, ne si messono a vn risico tanto grande, che eglino volessino combattere col cielo; come par veramente, che ella combatta: veggendosi ella estollere in tãt'altezza, che i monti intorno a Fiorenza, paiono simili a lei. Et nel vero, pare, che il cielo ne habbia inuidia, poi che di continuo le saette tutto il giorno la percuotono. Fece Filippo mentre, che questa opera si lauoraua molte altre fabbriche, le quali per ordine quì disotto narreremo.

Fece di sua mano il modello del capitolo, in Santa Croce di Fiorenza, per la famiglia de' Pazzi, cosa varia, e molto bella; e'l modello della casa de' Busini p̃ habitazione di due famiglie: & similmente il modello della casa, e della loggia degl Innocenti; la volta dellaquale senza armadura fu cõdotta; modo, che ancora hoggi si osserua per ognuno. Dicesi, che Filippo fu condotto a Milano, per fare al Duca Filippomaria il modello d'una fortezza; & che a Francesco della Luna amicissimo suo, lasciò la cura di questa fabbrica degli Innocẽti. Ilquale Francesco fece il ricignimento d'uno architraue, che corre a basso, disopra, ilquale secondo l'architettura è fallo: onde tornato Filippo, & sgridatolo, perche tal cosa hauesse fatto, rispose hauerlo cauato dal tempio di san Giouanni, che è antico. Disse Filippo vn'error solo è in quello edifizio, & tu l'hai messo in opera. Stette il modello di questo edifizio di mano di Filippo molti anni, nell'arte di por Santa Maria, tenutone molto conto per un restãte della fabbrica, che si haueua a finire: hoggi è smarritosi. Fece il modello della Badia de canonici regolari di Fiesole, a Cosimo de' Medici; la quale è molto ornata architettura, commoda, & allegra, & in somma ueramente magnifica. La chiesa, le cui uolte, sono a botte, è sfogata, & la sagrestia ha i suoi commodi, si come ha tutto il resto del monasterio. Et quello, che importa, è da considerare, che douendo egli nella scesa di quel monte, mettere quello edifizio in piano, si seruì con molto giudizio del basso, facendoui cantine, lauatoi, forni, stalle, cucine, stanze per legne, & altre tante commodità, che non è possibile veder meglio; & cosi mise in piano la pianta dell'edifizio. Onde potette a un pari fare poi le logge, il reffettorio, l'infermeria, il Nouiziato, il dormentorio, la libreria, & l'altre stãze principali d'un monasterio. Ilche tutto fece a sue spese il magnifico Cosimo de' Medici, si per la pietà, che sempre in tutte le cose hebbe verso la religione christiana, & si per l'affezzione, che portaua a Don Timoteo da Verona, eccellentissimo predicator di quell'ordine: la cui conuersazione per meglio poter godere, fece anco molte stanze, per se proprio in quel monasterio, & vi habitaua a suo commodo. Spese Cosimo in questo edifizio, come si vede in vna inscrizzione, cento mila scudi. Disegnò similmente il modello della fortezza di Vico pisano: & a Pisa disegnò la cittadella

tadella vecchia. Et per lui fu fortificato il ponte a mare, & egli similmente diede il disegno alla Cittadella nuoua, del chiudere il ponte con le due torri. Fece similmente il modello della fortezza del porto di Pesero. E ritornato a Milano, disegnò molte cose per il Duca; & per il Duomo di detta città a' maestri di quello. Era in questo tempo principiata la chiesa di s. Lorenzo di Fiorenza, per ordine de' popolani; iquali haueuano il priore fatto capo maestro di quella fabbrica, persona, che faceua professione d'intenderfi, & si andaua dilettando dell'architettura per passatempo: Et già haueuano cominciata la fabbrica di pilastri di mattoni, quando Giouãni di Bicci de' Medici, il quale haueua promesso a' popolani, & al priore, di far fare a sue spese la sagrestia, et vna cappella: diede desinare vna mattina à Filippo, & doppo molti ragionamenti li dimandò del principio di s. Lorenzo, & quel che gli pareua. Fu costretto Filippo da' prieghi di Giouanni, a dire il parer suo; & per dirli il vero lo biasimò in molte cose; come ordinato da persona, che haueua forse piu lettere, che sperienza di fabbriche, di quella sorte. Laonde Giouanni dimandò Filippo, se si poteua far cosa, migliore, & di piu bellezza; a cui Filippo disse, senza dubbio. Et mi marauiglio di voi, che essendo capo non diate bãdo a parecchi migliaia di scudi, & facciate vn corpo di Chiesa, con le parti conueniẽti, & al luogo, & a tanti nobili sepoltuarij, che vedendoui cominciare, seguiteranno le lor cappelle, con tutto quel, che potranno: & massimamente, che altro ricordo di noi nõ resta, saluo le muraglie, che rẽdono testimonio di chi n'è stato autore, centinaia, & migliaia d'anni. Inanimito Giouanni dalle parole di Filippo, deliberò fare la sagrestia, & la cappella maggiore, insieme con tutto il corpo della chiesa; se bene non volsono concorrere altri, che sette casati appunto, perche gli altri non haueuano il modo; & furono questi. Rondinelli, Ginori, dalla Stufa, Neroni, Ciai, Marignolli, Martelli, e Marco di Luca; & queste cappelle si haueuono a fare nella croce. La sagrestia fu la prima cosa a tirarsi inanzi; & la chiesa poi di mano in mano. Et per la lũghezza della chiesa si venne a concedere poi di mano in mano le altre cappelle a' cittadini pur popolani. Non fu finita di coprire la sagrestia, che Giouanni de' Medici passò a l'altra vita, & rimase Cosimo suo figliuolo. Ilquale hauendo maggior'animo, che il padre, dilettandosi delle memorie, fece seguitar questa, laquale fu la prima cosa, che egli facesse murare; e gli recò in tanta delettazione, che egli da quiui inanzi, sempre fino alla morte fece murare. Sollecitaua Cosimo questa opera con piu caldezza; & mentre si imbastiua vna cosa, faceua finire l'altra. Et hauendo preso per ispasso questa opera, ci staua quasi del continuo. Et causò la sua sollecitudine, che Filippo fornì la sagrestia, & Donato fece gli stucchi, & cosi a quelle porticciuole l'ornamẽto di pietra, & le porte di bronzo. E fece far la sepoltura di Giouanni suo padre, sotto vna gran tauola di marmo retta da quattro balaustri in mezzo della sagrestia, doue si parano i preti: & per quelli di casa sua nel medesimo luogo fece separata la sepoltura delle femmine, da quella de' maschi. Et in vna delle due stanzette, che mettono in mezzo l'altare della detta sagrestia fece in vn canto vn pozzo, & il luogo per vn lauamani. Et in sõma in questa fabrica si vede ogni cosa fatta cõ molto giudizio. Haueuano Giouanni, & quegli altri ordinato fare il choro nel mezzo, sotto la tribuna; Cosimo lo rimutò col voler di Filippo, che fece tã ro maggiore la cappella grande, che prima era ordinata vna nicchia piu piccola, che e' vi si potette fare il coro, come stà al presente: & finita, rimase a fare la tribuna del mezzo, & il resto della chiesa. La qual tribuna, & il resto, nõ si voltò senon doppo la morte di Filippo. Quest a chiesa è di lunghezza braccia 144. e vi si veggono molti errori, ma fra gl'altri quello delle colonne messe nel piano, senza metterui sotto vn dado, che fusse tanto alto, quanto era il piano delle base de' pilastri, posati in su le scale; cosa, che al vedere il pilastro piu corto, che la colonna, fa parere zoppa tutta quell'opera. Et di tutto furono cagione i consigli di chi rimase doppo lui, che haueuono inuidia al suo nome, & che in vita gli haueuano fatto i modelli contro; de' quali nientedimeno erano stati con sonetti fatti da Filippo, sueregognati. & doppo la morte, con questo sene vendicorono; non solo in questa opera, ma in tutte quelle, che rimasono da lauorarsi per loro. Lasciò il modello, & parte della calonaca de' preti di esso san Lorẽzo finita, nellaquale fece il chiostro lungo braccia 144. Mentre, che questa fabbrica si lauoraua, Cosimo de' Medici voleua far fare il suo palazzo, & così ne disse l'animo suo a Filippo; che posto ogni altra cura da canto, gli fece vn bellissimo, & gran modello per detto palazzo, ilquale situar voleua dirimpetto a s. Lorenzo su la piazza intorno intorno isolato. Doue l'artificio di Filippo s'era talmente operato, che parẽdo a Cosimo troppo suntuosa, & gran fabbrica; piu per fuggire l'inuidia, che la spesa; lasciò di metterla in opera. E mentre, che il modello lauoraua, soleua dire Filippo, che ringraziaua la sorte di tale occasione, hauendo a fare vna casa, di che haueua hauuto desiderio molti anni, & essersi abbattatuto a vno, che la voleua, e poteua fare. Ma intendendo poi la resoluzione di Cosimo, che non voleua tal cosa metter in opera, con isdegno in mille pezzi ruppe il disegno. Ma bene si pẽtì Cosimo di non hauere seguito il disegno di Filippo, poiche egli hebbe fatto quell'altro; ilqual Cosimo soleua dire, che non haueua mai fauellato ad huomo di maggior intelligenza, & animo di Filippo. Fece ancora il modello del bizarissimo tempio de gl'Angeli, per la nobile famiglia degli Scolari. Il quale rimase imperfetto, & nella maniera, che hoggi si vede, per hauere i Fiorentini spesi i danari, che per ciò erano in sul monte, in alcuni bisogni della Città, o come alcuni dicono, nella guerra, che gia hebbero co' Lucchesi; Nel quale spesero ancora i danari, che similmente erano stati lasciati per far la sapienza, da Niccolo da Vzzano, come in altro luogo si è allungo raccontato. Et nel vero se questo tempio degli Angeli si finiua secõdo il modello del Brunellesco, egli era delle piu rare cose d'Italia: percioche quello, che se ne vede, non si può lodar a bastanza. Le carte della pianta, & del finimento del quale tempio à otto facce, di mano di Filippo, è nel nostro libro, cõ altri disegni del medesimo. Ordinò anco Filippo à M. Luca Pitti fuor della porta à S. Niccolò di Fiorenza in vn luogo, detto Ruciano, un ricco, & magnifico palazzo; ma non già à gran pezza simile à quello, che per lo medesimo cominciò in Firenze, & condusse al secondo finestrato, con tanta grandezza, & magnificenza, che d'opera Toscana, non si è anco veduto il piu raro, ne il piu magnifico. Sono le porte di questo doppie; la luce braccia sedici, & la larghezza otto; le prime, & le seconde finestre simili in tutto alle porte medesime. Le uolte sono doppie, & tutto l'edifizio in tanto artifizioso, che non si può imaginar ne piu

bella

bella, ne piu magnifica Architettura. Fu esecutore di questo palazzo Luca Făcelli Arch. fiorentino, che fece per Filippo molte fabbriche, & per Leon Batista Alberti, la cappella maggiore della Nunziata di Firenze, a Lodouico Gōzaga, ilquale lo cōdusse a Mantoua, doue egli vi fece assai opere, e quiui tolse donna, e vi visse, e morì, lasciādo gli eredi, che ancora dal suo nome si chiamano i Luchi. Questo palazzo comperò, non sono molti anni, l'Ill. S. Leonora di Tolledo, Duchessa di Fiorenza, per consiglio dell'Illust. S. Duca Cosimo suo consorte; & ui si allargò tanto intorno, che ui ha fatto un giardino grādissimo, parte in piano, & parte in monte, & parte in costa; & l'ha ripieno cō bellissimo ordine di tutte le sorti Arbori domestici, & saluatichi, & fattoui amenissimi boschetti d'infinite sorti verzure, che verdeggiano d'ogni tempo; per tacere l'acque, le fonti, i condotti, i uiuai, le frasconate, & le spalliere, & altre infinite cose veramente da magnanimo Principe; lequali tacerò, perche non è possibile, che chi non le vede, le possa immaginar mai di quella grandezza, & bellezza, che sono. E di uero al Duca Cosimo non poteua venire alle mani alcuna cosa piu degna della potenza, & grandezza dell'animo suo; di questo palazzo; ilquale pare, che veramente fusse edificato da M. Luca Pitti, per sua Ecc. Illust. col disegno del Brunellesco. Lo lasciò M. Luca imperfetto per i trauagli, che egli hebbe per conto dello stato, & gli heredi, perche non haueua no modo a finirlo, accio non andasse in rouina, furono contenti di compiacerne la Sig. Duchessa; la quale, mentre visse, vi andò sempre spendēdo, ma non però in modo, che potesse sperare di cosi tosto finirlo. Ben'è vero, che se ella uiueua, era d'animo, secondo, che già intesi, di spenderui in vno anno solo quaranta mila ducati, per vederlo, senon finito, à bonissimo termine. E perche il modello di Filippo non si è trouato, n'ha fatto fare S. Ecc. vn'altro a Bartolomeo Ammannati scultore, & architetto ecc. & secondo quello si uà lauorando; & già è fatto vna gran parte del cortile d'opera rustica, simile al difuori. E nel uero, chi considera la grandezza di quest'opera, stupisce, come potesse capire nell'ingegno di Filippo cosi grande edifizio, magnifico veramente, non solo nella facciata di fuori, ma ancora nello spartimento di tutte le stanze. Lascio stare la ueduta, ch'è bellissima, & il quasi teatro, che fanno l'amenissime colline, che sono intorno al palazzo uerso le mura: perche, com'ho detto sarebbe troppo lungo uoler dirne a pieno; ne potrebbe mai niuno, che nol uedesse, imaginarsi quāto sia a qual si uoglia altro regio edifizio supiore.

Dicesi ancora, che gl'ingegni del Paradiso di S. Filice in piazza, nella detta Città, furono trouati da Filippo, per fare la Rappresentazione, o vero festa della Nunziata, in quel modo, che anticamente a Firenze in quel luogo si costumaua di fare. Laqual cosa in vero era marauigliosa, e dimostraua l'ingegno, e l'industria di chi ne fu inuentore: percioche si vedeua in alto vn Cielo pieno di figure viue mouersi, & vna infinità di lumi, quasi in vn Baleno scoprirsi, & ricoprirsi. Ma non uoglio, che mi paia fatica raccontare come gl'ingegni di quella machina stauano per apunto: atteso, che ogni cosa è andata male, e sono gl'huomini spenti, che ne sapeuano ragionare per esperienza: senza speranza, che s'habbiano a rifare: habitando hoggi quel luogo non piu Monaci di Camaldoli, come faceuano; ma le monache di S. Pier Martire: e massimamente ancora, essendo stato guasto quello del Carmine, perche tiraua giu i cauagli, che reggono il tetto. Haueua dunque Filippo per questo effetto fra due legni di que'che reggeuano il tetto della chiesa, accomodata vna mezza palla tonda a vso di scodella vota, o vero di bacino da barbiere, rimbochata al l'ingiu; laquale mezza palla era di Tauole sottili, e leggieri, confitte a vna stel la di ferro, che giraua il sesto di detta mezza palla e strigneuano verso il centro, che era bilicato in mezzo, doue era vn grande anello di ferro, intorno al quale giraua la stella de'ferri, che reggeuano la mezza palla di Tauole. E tutta questa machina era retta da vn legno d'Abeto gagliardo, & bene armato di ferri, ilquale era atrauerso a i caualli del tetto. Et in questo legno era confitto l'anello, che teneua sospesa, e bilicata la mezza palla, laquale da terra pareua veramente vn cielo. E perche ella haueua da piè nell'orlo di dentro certe base di legno, tanto grandi, e non piu, che vno vi poteua tenere i piedi: & all'altezza d'un braccio, pur di dentro vn'altro ferro; si metteua in su ciascuna delle dette basi vn fanciullo di circa dodici anni, & col ferro alto vn braccio, & mezzo si cigneua in guisa, che non harebbe potuto, quando anco hauesse voluto, cascare. Questi putti, che in tutto erano dodici, essendo accomondati, come si è detto, sopra le base, e vestiti da Angeli cō ali dorate, e capegli di matasse d'oro, si pigliauano, quando era tempo, per mano l'un l'altro; e dimenā do le braccia, pareua, che ballasino, e massimamente girando sempre, e mouendosi la mezza palla: dentro la quale, sopra il capo, degl'Angioli erano tre giri, o ver ghirlāde di lumi, acomodati cō certe piccole lucernine, che nō poteuano versare. I quali lumi da terra pareuano stelle: e le mensole, essendo coperte di bambagia, pareuano Nuuole. Del sopradetto anello vsciua vn ferro grossissimo, ilquale haueua a canto vn'altro anello, doue staua apiccato vn canapetto sottile, che come si dirà veniua in terra. E perche il detto ferro grosso haueua otto rami, che girauano in arco, quāto bastaua a riempiere il vano della mezza palla vota, e il fine di ciascun ramo vn piano grande quanto vn Tagliere; posaua sopra ogni piano vn putto di noue anni in circa ben legato con vn ferro, saldato nelle altezza del ramo. ma però in modo lento, che poteua voltarsi per ogni verso. Questi otto Angioli retti del detto ferro; mediante vn'arganetto, che si allentaua a poco a poco, calauano dal vano della mezza palla fino sotto al piano de'legni piani, che reggono il tetto, otto braccia di maniera, che erano essi veduti, e nō toglieuano la veduta degl'Angioli, ch'erano intorno al di dentro della mezza palla. Dentro a questo mazzo degl'otto Angeli (che cosi era propriamente chiamato) era vna Mandorla di Rame vota dentro: nella quale erano in molti buchi certe lucernine, messe in sur un ferro a guisa di cannoni; lequali, quando vna molla, che si abassaua era tocca, tutti si nascondeuano nel voto della Mandorla di rame: e come non si aggrauaua la detta molla tutti i lumi, per alcuni buchi di quella, si vedeuano accesi.

Questa Mandorla, laquale era apiccata a quel canapetto, come il Mazzo era ariuato al luogo suo, allentato il picciol canapo, da vn altro Arganetto si moueua pian piano, e veniua sul palco doue si recitaua la festa: sopra ilqual palco, doue la Mandorla haueua da posarsi apunto, era vn luogo alto a vso di residenza con quattro gradi; nel mezzo delquale era vna buca, doue il ferro apuntato di quella Mandorla veniua a diritto. Et essendo sotto la detta resi denza vn'huomo ariuata la Mandorla al luogo suo, metteua in quella senza esser veduto, vna chiauarda, & ella restaua in piedi, e ferma. Dentro la Mandorla era, a vso d'Angelo vn giouinetto di quindici anni in circa, cinto nel mezzo da vn ferro, e nella Mandorla da pie chiauardato in modo, che non poteua cascare, e perche potesse ingegnochiarsi era il detto ferro di tre pezzi; onde ingenochiandosi entraua l'un nell'altro ageuolmente. E cosi quando era il mazzo venuto giu, e la Mandorla posata in sulla residenza, chi metteua la chiauarda alla Mandorla, schiauaua anco il ferro, che reggeua l'Angelo. onde egli vscito caminaua per lo palco, & giunto doue era la Vergine la salutaua, & annunziaua. Poi tornato nella Mandorla, e racesi i lumi, che al suo uscirne s'erano spenti, era di nuouo chiauardato il ferro, che lo reggeua da colui, che sotto non era veduto; e poi allentato quello, che la teneua ellera ritirata su; mentre cantando gl'Angeli del Mazzo, e quelli del cielo, che girauano, faceuano, che quello pareua propriamente vn paradiso: & massimamente, che oltre al detto choro d'Angeli, & al mazzo, era a canto al guscio della palla vn Dio Padre circondato d'Angeli, simili a quelli detti di sopra, & con ferri accomodati. Di maniera, che il cielo, il Mazzo, il Dio Padre, la Mandorla con infiniti lumi, & dolcissime musiche, rappresentauano il paradiso veramente. A, che si aggiugneua, che per potere quel cielo aprire, & serrare, haueua fatto fare Filippo due gran porte, di braccia cinque l'una per ogni verso, le quali per piano haueuano in certi canali curri di ferro, o vero di Rame. & i canali erano vnti talmente, che quando si tiraua con vn Arganetto vn sottile canapo, che era da ogni banda s'apriua, o riserraua secondo, che altri voleua, ristrignendosi le due parti delle porte insieme, o allargandosi per piano, mediãte i canali. E queste cosi fatte porte faceuano duoi effetti: l'uno, che quando erano tirate, per esser graui faceuano rumore a guisa di tuono; l'altro, perche seruiuano, stando chiuse come palco per aconciare gl'Angeli, & accommodar l'altre cose, che dentro faceuano di bisogno. Questi dunque cosi fatti ingegni, & molti altri furono trouati da Filippo; se bene alcuni altri affermano, che egli erano stati trouati molto prima. Comunche sia, è stato ben ragionarne, poi, che in tutto se n'è dismesso l'uso. Ma tornando a esso Filippo era talmente cresciuta la fama, & il nome suo, che di lontano era mandato per lui da chi haueua bisogno di far fabriche, per hauere disegni, e modelli di mano di tanto huomo; e si adoperauano percio amicizie, & mezzi grandissimi. Onde infra gl'altri disiderando il Marchese di Mantoa d'hauerlo, ne scrisse alla Signoria di Firenze con grande instanza, e cosi da quella gli fu mandato la, doue diede disegni di fare argini in sul pò l'anno 1445; & alcune altre cose, secondo la volontà di quel Principe, che lo accarezzò infinitamente, vsando dire, che Fiorenza era tanto degna d'hauere Filippo per suo Cittadino, quanto egli d'hauer si nobile, e bella città per patria. Similmente in Pisa il Conte Frãcesco Sforza, e Niccolo da Pisa, restando vinti da lui in certe fortificazioni, in sua presenza lo comendarono, dicendo, che se ogni stato hauesse vn'huomo simile a Filippo, che si potrebbe tener sicuro senza arme. In Fiorenza diede similmente Filippo il disegno della casa di Barbadori allato alla torre de'Rossi in borgo S. Iacopo, che non fu messa in opera; e cosi anco fece il disegno della casa de'Giuntini in sulla piazza d'Ogni Santi, sopra Arno. Dopo, disegnã do i Capitani di parte Guelfa di Firenze, di fare vno edifizio, & in quello vna sala, & vna vdienza per quello Magistrato, ne diedero cura a Francesco della Luna, ilquale cominciato l'opera, l'haueua gia alzata da terra dieci braccia, e fattoui molti errori, quando ne fu dato cura a Filippo, ilquale ridusse il detto palazzo a quella forma, e magnificenza, che si vede. Nel che fare hebbe a cõpetere con il detto Francesco, che era da molti fauorito; si come sempre fece mentre, che visse hor con questo, & hor quello, che facendogli guerra lo trauagliarono sempre: e bene spesso cercauano di farsi honore con i disegni di lui. Ilquale in fine si ridusse a non mostrare alcuna cosa, & a non fidarsi di nessuno. La sala di questo palazzo hoggi non serue piu a i detti Capitani di parte: perche hauendo il Diluuio dell'anno 1557 fatto gran danno alle scritture del Monte, il S. Duca Cosimo, per maggior sicurezza delle dette scritture, che sono di grandissima importanza, ha ridotta quella, & il Magistrato insieme, nella detta sala. E accioche la scala vecchia di questo palazzo serua al detto Magistrato de' Capitani. Ilquale separatosi dalla detta sala, che serue al Monte, si è in vn'altra parte di quel palazzo ritirato: fu fatta da Giorgio Vasari, di commessione di sua Ecc. la commodissima scala, che hoggi va in su la detta sala del Monte. Si è fatto similmente col disegno del medesimo vn palco a quadri, e fattolo posare, secondo l'ordine di Filippo sopra alcuni pilastri acanalati di Macigno. Era vna quaresima in S. Spirito di Fiorenza stato predicato da Maestro Francesco Zoppo, allora molto grato a quel popolo: e raccomandato molto il conuento, lo studio de giouani, & particularmẽte la chiesa arsa in que' di: Onde i capi di quel quartiere Lorenzo Ridolfi, Bartolomeo Corbinelli, Neri di Gino Capponi, & Goro di Stagio Dati; & altri infiniti cittadini ottennero da la Signoria di ordinar, che si rifacesse la chiesa di S. Spirito, & ne feciono prouueditore Stoldo Frescobaldi. Ilquale per lo interesso, che egli haueua nella chiesa vecchia, che la capella, & l'altare maggiore era di casa loro; vi durò grandissima fatica. Anzi da principio inanzi, che si fusino riscossi i danari, secondo, che erano tassati i sepulturaij, & chi ci haueua cappelle; egli di suo spese molte migliaia di scudi; de' quali fu rimborsato. Fatto dunque consiglio sopra di ciò, fu mandato per Filippo; ilquale facesse vn modello con tutte quelle, vtili, & onoreuoli parti, che si potesse, e conuenissero a vn tẽpio christiano; la onde egli si sforzò, che la pianta di quello edifizio, si riuoltasse capo piedi: perche desideraua sommamente, che la piazza arriuasse lungo Arno; accioche tutti quelli, che di Genoua, & de la riuera, e di lunigiana, del Pisano, et del Luchese passassero di quiui, vedessino la magnificẽza di quella fabbrica. Ma perche certi, per non rouinare le case loro, non vollono, il disiderio di Filippo non hebbe effetto. Egli dunque fece il modello della chiesa & insieme quello dell'habitazione de' frati in quel modo, che stà hoggi. La lungezza della chiesa fu braccia 161, & la larghezza braccia 54, e tanto ben ordinata, che non si puo fare opera, per ordine di colonne, e per altri ornamenti, nè piu ricca, ne piu vaga, ne piu ariosa di quella. E nel vero se nõ fusse stato dalla maladizione di coloro, che sempre, per parere d'intendere piu, che gl'altri, guastano i principij belli delle cose: sarebbe questo hoggi il piu perfetto tempio di Cristianità: cosi come per quãto egli è, è il piu vago, & meglio spartito di qualun que altro: se bene non è secondo il modello stato seguito; come si

vede

vede in certi principij di fuori, che non hanno seguitato l'ordine di ld dentro come pare, che il modello volesse, che le porte, & il ricignimento delle finestre facesse. Sonui alcuni errori, che gli tacerò attribuiti a lui; i quali si crede, che egli se l'hauesse seguitato di fabbricare, non gli harebbe comportati: poi, che ogni sua cosa con tanto giudizio, discrezione, ingegno, & arte, haueua ridotta a perfezzione. Questa opera lo rendè medesimamente, per vno ingegno veramente diuino:. Fù Filippo facetissimo nel suo ragionamento, & molto arguto nelle risposte: come fu, quando egli volle mordere Lorenzo Ghiberti, che haueua compero vn podere a Mōte Morello, chiamato Lepriano; nel quale spendeua due volte più, che non ne cauaua entrata, che venutoli a fastidio lo vendè. domandato Filippo qual fusse la miglior cosa, che facesse Lorenzo, pensando forse per la nimicizia, che egli douesse tassarlo, rispose, vendere Lepriano. Finalmēte diuenuto gia molto vecchio, cio è di anni 69. l'anno 1446. addi 16. d'Aprile se n'andò a miglior vita, dopo essersi affaticato molto, in far quelle opere, che gli fecero meritare in terra nome honorato, & conseguire in cielo luogo di quiete. Dolse infinitamente alla patria sua, che lo conobbe, &, lo stimò molto piu morto, che non fece viuo: & fu sepellito cō honoratissime esequie, & honore in S. Maria del Fiore; ancora, che la sepoltura sua fusse in S. Marco, sotto il Pergamo verso la porta; doue è vn'arme con due foglie di fico, & certe onde verdi in Campo d'Oro: per essere discesi i suoi del Ferarese, cioè da Ficaruolo castello in sul Po, come dimostrano le foglie, che denotano il luogo, & l'onde, che significano il fiume. Piansero costui infiniti suoi amici artefici, & massimamente i piu poueri, quali di continuo beneficò. cosi dunque Christianamente viuendo, lasciò al mondo odore della bontà sua, & delle egregie sue virtù. Parmi, che s'egli possa attribuire, che da gli antichi Greci, & da'Romani in quà, non sia stato il piu raro, ne il piu eccellente di lui: Et tanto piu merita lode, quanto ne'tempi suoi era la maniera Todesca in venerazione per tutta Italia, & dagli Artefici vecchi esercitata, come in infiniti edifici si vede. Egli ritrouò le Cornici antiche: & l'ordine Toscano, Corintio, Dorico, & Ionico alle primiere forme restitui. Hebbe vn discepolo dal Borgo à Buggiano, detto il Buggiano: il quale fece l'acquaio della sagrestia di S. Reparata cō certi fanciulli, che gettano acqua; & fece di marmo la testa del suo maestro ritratta di naturale, che fu posta dopo la sua morte in S Maria del Fiore alla porta a man destra entrando in chiesa; doue ancora è il sottoscritto epitaffio, messoui dal publico per honorarlo dopo la morte cosi come egli viuo haueua honorato la patria sua.

D. S.

Quantum Philippus Architectus arte Dædalea valuerit, cum huius celeberrimi Templi mira testudo, tum plures aliæ diuino ingenio abeo ad inuentæ machinæ documento esse possunt, quapropter ob eximias sui animi dotes singularesque virtutes eius. B.M. corpus. XV. Calend. Maias anno MCCCCXLVI. *Hac humo supposita grata patria sepeliri iussit.*

Altrimente dimanco per honorarlo ancora maggiormente, gli hanno, agGiunto questi altri due.

Philippo Brunellesco antiquæ. Architecturæ Instauratori. S.P.Q.F. ciui suo bene merenti.

Giouan Battista Strozzi fece quest'altro.

Tal sopra sasso, sasso
Di giro in giro eternamente io strussi;
Che così passo passo
Alto girando al Ciel mi ricondussi.

Furono ancora suoi Discepoli Domenico dal lago di Lugano, Gieremia da Cremona, che lauorò di bronzo benissimo insieme con vno Schiauone, che fece assai cose in Vinezia: Simone, che doppo hauer fatto in Orsan Michele p l'Arte degli Speziali, quella madonna, morì a Vicouaro, facendo vn gran lauoro al Conte di Tagliacozzo. Antonio, & Niccolò Fiorentini, che feciono in Ferrara di metallo vn cauallo di bronzo, per il Duca Borso, l'anno 1461. & altri molti, de' quali troppo lungo sarebbe fare particolar menzione. Fu Filippo male auuenturato in alcune cose: perche, oltre, che hebbe sempre con chi combattere; Alcune delle sue fabriche non hebbono al tempo suo, & nõ hanno poi hauuto il loro fine. Et fra l'altre fu gran danno, che i Monaci degl'Angeli, non potessero, come si è detto, finire quel tempio cominciato da lui: poiche dopo hauere eglino speso in quello, che si vede, piu di tre mila scudi, hauuti parte dall'Arte de' Mercatanti, & parte dal Monte, in sul quale erano i danari; fu dissipato il capitale, & la fabrica rimase, & si stà imperfetta. Laonde, come si disse nella vita di Niccolo da Vzzano, chi per cotal via disidera lasciare di ciò memorie, faccia da sè, mentre, che viue; & non si fidi di nessuno. E quello, che si dice di questo, si potrebbe dire di molti altri edifizij, ordinati da Filippo Brunelleschi.

Fine della vita di Filippo Brunelleschi.

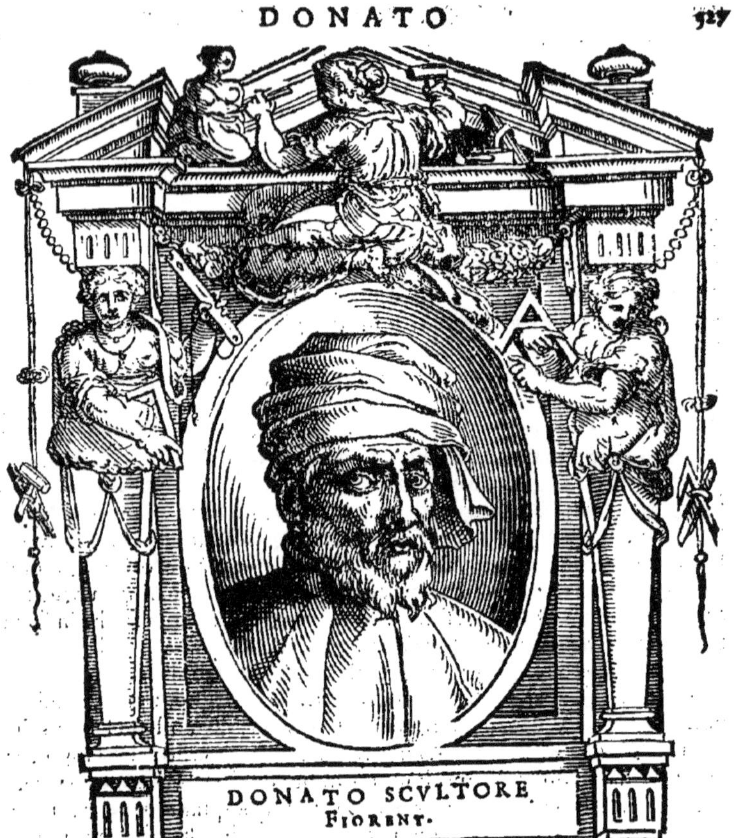

VITA DI DONATO SCVLTORE FIOR.

DONATO, ilquale fu chiamato da i suoi Donatello, & così si sottoscrisse in alcune delle sue opere, nacque in Firēze l'anno 1303. Et dando opera all'Arte del disegno, fu non pure scultore rarissimo, & statuario marauiglioso, ma pratico negli stucchi, valente nella prospettiua; & nell'Architettura molto stimato. Et hebbono l'opere sue tanta grazia, disegno, & bontà, ch'oltre furono tenute piu simili all'eccellenti opere degl'antichi Greci, & Romani, che quelle di qualūche altro fusse gia mai. Onde a gran ragione se gli dà grado del primo, che mettesse in buono uso l'inuenzione delle storie ne' bassi rilieui. Iquali da lui furono talmente operati, che alla considerazione, che egli hebbe in quelli, alla facilità, & al magisterio si conosce, che n'hebbe la vera intelligenza, & gli fece con bellezza piu, che ordinaria; percioche, non che alcuno artefice in questa parte lo vincesse; ma nell'età nostra ancora, non è chi l'habbia paragonato. Fu alleuato Donatello da fanciullezza in casa di Ruberto Martelli; & per le buone qualità, & per lo studio della virtu sua, non solo meritò d'essere amato da lui, ma ancora da tutta quella nobile famiglia. Lauorò nella giouentu sua molte cose, delle quali, perche furono molte, non si tenne gran conto. Ma quello, che gli die de nome, & lo fece per quello, che egli era, conoscere; fu vna Nunziata di pietra di macigno, che in santa Croce di Fiorenza, fu posta all'altare, & cappella de' Caualcanti, allaquale fece vn'ornato di componimento alla grottesca, con basamento vario, & attorto; & finimento a quarto tondo; aggiugnendoui sei putti, che reggono alcuni festoni: iquali pare, che per paura dell' altezza, tenendosi abbracciati l'un l altro, si assicurino. Ma sopra tutto grande ingegno, & arte mostrò nella figura della Vergine: laquale impaurita dall' improuiso apparire dell'Angelo muoue timidamente con dolcezza, la persona a vna honestissima reuerenza, con bellissima grazia riuolgendosi a chi la saluta. Di maniera, che se le scorge nel viso quella humilità, & gratitudine, che del non aspettato dono, si deue a chi lo fa, & tanto piu, quanto il dono è maggiore. Dimostrò oltra questo Donato ne' panni di essa Madonna, & dell'Angelo, lo essere bene rigirati, e maestreuolmente piegati; & col cercare l'ignudo delle figure; come e' tentaua di scoprire la bellezza degl'antichi, stata nascosa già cotanti anni. E mostrò tanta facilità, & artifizio in questa opera, che in somma piu non si puo dal disegno, & dal giudizio, dallo scarpello, & dalla pratica disiderare. Nella chiesa medesima sotto il tramezzo, a lato alla storia di Taddeo Gaddi, fece con straordinaria fatica vn crucifisso di legno, ilquale, quādo hebbe finito, parendogli hauer fatto vna cosa rarissima, lo mostrò a Filippo di ser Brunellesco suo amicissimo, per hauerne il parere suo; ilquale Filippo, che p le parole di Donato, aspettaua di vedere molto miglior cosa, come lo vide, sorrise alquanto. Il che vedendo Donato, lo pregò, per quanta amicizia era fra loro, che gliene dicesse il parer suo: perche Filippo, che liberalissimo era, rispose, che gli pareua, che egli hauesse messo in croce vn contadino, & non vn corpo simile a Giesu Christo, ilquale fu delicatissimo, & in tutte le parti il piu perfetto huomo, che nascesse giamai. Vdendosi mordere Donato, & piu a dentro, che non pensaua, doue speraua essere lodato; rispose, se cosi facile fusse fare, come giudicare il mio Christo, ti parrebbe Christo, & non vn contadino: però piglia del legno, & pruoua a farne vno ancor tu. Filippo, senza piu farne parola, tornato a casa, senza, che alcuno lo sapesse, mise mano a fare vn crucifisso: & cercando d'auanzare, per non condannar il proprio giudizio, Donato, lo cōdusse, dopo molti mesi à somma perfezzione. Et cio fatto inuitò vna mattina Donato a desinar seco, & Donato accettò l'inuito. E cosi andando à casa di Filippo di compagnia, ariuati in mercato vecchio, Filippo comperò alcune cose; & datole à Donato, disse; auiati con queste cose à casa, & li aspettami, che io ne vengo hor'hora. Entrato dunque Donato in casa giunto, che fu in terreno, vide il crucifisso di Filippo a vn buon lume: & fermatosi a considerarlo, lo trouò cosi perfettamente finito, che vinto, & tutto pieno di stupore, come fuor di sè, aperse le mani, che teneuano il grembiule. Onde cascatogli l'uo ua, il formaggio, & l'altre robe tutte, si versò, & fracassò ogni cosa; ma nō restando però di far le marauiglie, & star come insensato; sopragiunto Filippo, ridendo disse; che disegno è il tuo Donato? che desinaremo noi, hauendo tu versato ogni cosa? Io per me, rispose Donato, hò per istamani hauuta la parte mia, se tu vuoi la tua, pigliatela. Ma non piu, a te è conceduto fare i Christi, & a me i contadini. Fece Donato nel tempio di san Giouanni della medesima Città la sepoltura di papa Giouanni Coscia, stato deposto del pontificato dal Concilio Costantiese; laquale gli fu fatta fare da Cosimo de' Medici amicissimo del detto Coscia. & in essa fece Donato di sua mano il Morto di bronzo, dorato, & di marmo la Speranza, & Carità, che vi sono: & Michelozzo creato suo vi fece la Fede. Vedesi nel medesimo tempio, & dirimpetto a quest'opera di mano di Donato vna santa Maria Maddalena di legno in penitēza, molto bella, & molto ben fatta, essendo consumata da i digiuni, & dall'astinenza; in tanto, che pare in tutte le parti vna perfezzione di Notomia benissimo intesa per tutto. In mercato vecchio sopra vna colonna di granito, è di mano di Donato vna Douizia di macigno forte, tutta isolata tanto ben fatta, che da gl' artefici, & da tutti gl'huomini intendenti è lodata sommamente. Laqual colonna, sopra cui è questa statua collocata, era gia in san Giouanni, doue sono l'altre di granito, che sostengono l'ordine di dentro; & ne fu leuata, & in suo cambio postaui vn'altra colonna accanalata, sopra la quale staua gia nel mezzo di quel Tempio la statua di Marte, che ne fu leuata, quando i Fiorentini furono alla fede di Giesu Christo conuertiti. Fece il medesimo, essendo ancor giouanetto, nella facciata di santa Maria del Fiore vn Daniello profeta di marmo, & dopo vn san Giouanni euangelista, che siede, di braccia quattro, & con semplice habito vestito, ilquale è molto lodato. Nel medesimo luogo si vede in sul cantone, per la faccia, che riuolta, per andare nella via del Cocomero, vn vecchio fra due colonne, piu simile alla maniera antica, che altra cosa, che di Donato si possa vedere, conoscendosi nella testa di quello i pensieri, che arrecano gl'anni à coloro, che sono consumati dal tempo, & dalla fatica. Fece ancora dentro la detta chiesa, l'ornamento dell'organo, che è sopra la porta della sagrestia vecchia, con quelle figure abozzate, come si è detto, che a guardarle pare veramente, che siano viue, & si muouino. Onde di costui si può dire, che tanto lauorasse col giudizio, quanto con le mani: atteso, che molte cose si lauorano, & paiono belle nelle stanze, doue son fatte, che poi cauate di quiui, & messe in vn'altro luogo, & a vn'altro lume, o piu alto, fanno varia veduta, & riescono il contrario di quello, che pareuano. Là doue Donato faceua le sue figure di maniera, che nella stanza, doue lauoraua non appariuano la metà di quello, che elle riusciuano migliori ne' luoghi, doue ell'erano poste. Nella sagrestia nuoua, pur di quella chiesa, fece il disegno di que' fanciulli, che tengono i festoni, che girano intorno al fregio. E così il disegno delle figure, che si feciono nel vetro dell'occhio, che è sotto la Cupola, cioè quello, doue è la incoronazione di Nostra Donna, ilquale disegno è tanto migliore di quelli, che sono negl'altri occhi, quanto manifestamente si vede. A san Michele in orto di detta città, lauorò di marmo per l'arte de' Becchai, la statua del san Piero, che vi si vede, figura sauissima, & mirabile: & per l'Arte de' Linaiuoli il sā Marco euangelista, ilquale hauendo egli tolto a fare insieme con Filippo Bru

nelle-

nelleschi, finì poi da se, essendosi cosi Filippo contentato. Questa figura fu da Donatello con tanto giudizio lauorata, che essendo in terra, non conosciuta la bontà sua, da chi non haueua giudizio, fu per non essere da i Consoli di ql l'arte lasciata porre in opera: Per ilche disse Donato, che gli lasciassero metter la sù, che voleua mostrare, lauorandoui attorno, che vn'altra figura, & nõ piu quella ritornerebbe. Et cosi fatto, la turô per quindici giorni, & poi senza altrimenti hauerla tocca la scoperse, riempiendo di marauiglia ognuno.

All'arte de Corazzai fece vna figura di S. Giorgio armato viuissima, Nella testa della quale si conosce la bellezza nella giouentù, l'animo, & il valore nelle armi, vna viuacità fieraméte terribile, & vn marauiglioso gesto di muouersi dentro a quel sasso. E certo nelle figure moderne non s'è veduta ancora tanta viuacità, ne tanto spirito in marmo quanto la natura, & l'arte operò cõ la mano di Donato in questa. Et nel basamento, che regge il tabernacolo di quella, lauorò di marmo in basso rilieuo, quando egli amazza il serpente, oue è vn cauallo molto stimato, & molto lodato. Nel frontispizio fece di basso rilieuo mezo vn Dio Padre. Et dirimpetto alla chiesa di detto oratorio lauorò di marmo, & con l'ordine antico, detto Corintio, fuori d'ogni maniera Todesca, il tabernacolo per la Mercatantia: per collocare in esso due statue, lequali non volle fare, pche nõ fu d'accordo del prezzo. Queste figure dopo la morte sua fece di bronzo, cõe si dirà, Andrea del Verrochio. Lauorò di marmo nella facciata dinanzi del Campanile di S. Maria del Fiore quattro figure di braccia cinque; delle quali due ritratte dal naturale, sono nel mezo, l'una è Francesco Soderini giouane, & l'altra Giouanni di Barduccio Cherichini, hoggi nominato il Zuccone. Laquale per essere tenuta cosa rarissima, & bella quanto nessuna, che facesse mai, soleua Donato, quãdo voleua giurare, siche si gli credesse, dire alla fe, ch'io porto al mio Zuccone, & mentre, che lo lauoraua guardandolo, tuttauia, gli diceua, fauella fauella, che ti venga il cacasangue. Et da la parte di verso la canonica, sopra la porta del Campanile fece vno Abraam, che vuole sacrificare Isaac, & vn'altro profeta, lequali figure furono poste in mezo a due altre statue. Fece per la Signoria di quella città vn getto di metallo, che fu locato in piazza in vno arco della loggia loro: & è Giudit, che ad Oloferne taglia la testa; opera di grande eccellenza, & magisterio, la quale, a chi cõsidera la semplicità del di fuori nell'abito, & nello aspetto di Giudit, manifestamente scuopre nel di dentro, l'animo grande di quella Dõna, & lo aiuto di Dio. si come nell'aria di esso Oloferne, il vino, & il sonno, & la morte nelle sue membra, che per hauere perduti gli spiriti si dimostrano fredde, & cascanti. Questa fu da Donato talmente condotta, che il getto venne sottile, e bellissimo: & appresso fu rinetta tanto bene, che marauiglia grandiss. è a vederla. Similmente il basamento, ch'è vn balaustro di granito con semplice ordine, si dimostra ripieno di grazia, & a gli occhi grato in aspetto. Et si di questa opra si sodisfece, che volle, ilche non haueua fatto nell'altre, porui il nome suo, come si vede in quelle parole: *Donatelli opus*. Trouasi di bronzo nel cortile del palazzo di detti Signori vn Dauid ignudo quanto il viuo, ch'a Golia ha troncato la testa; & alzando vn piede, sopra esso, lo posa; & ha nella destra vna spada. Laquale figura, e tanto naturale, nella viuacità, & nella morbidezza; che impossibile pare a gli artefici, che ella non sia formata sopra il vitto. Staua gia questa statua nel Cortile di casa Medici; & per lo essilio di Cosimo in detto luogo fu portata. Hoggi il Duca Cosimo, hauendo fatto doue era questa statua, vna fonte, la fece leuare, e si serba, per vn'altro cortile, che grandissimo disegna fare dalla parte di dietro del palazzo, cioè, doue gia stauano i leoni. E posto ancora nella sala, doue è l'oriuolo di Lorenzo della Volpaia, da la mano sinistra vn Dauid di marmo bellissimo, che tiene fra le gambe la testa morta di Golìa sotto i piedi, & la fromba, ha in mano, con laquale l'ha percosso. In casa Medici nel primo cortile sono otto tondi di marmo, doue sono ritratti cammei antichi, & rouesci di medaglie, & alcune storie fatte da lui, molto belle; quali sono murati nel fregio fra le finestre, & l'architraue sopra gli archi delle logge. Similmẽte la restaurazione d'un Marsia di marmo bianco antico, posto all'uscio del giardino: & vna infinità di teste antiche poste sopra le porte, restaurate, & da lui acconce con ornamenti d'ali, & di diamanti; impresa di Cosimo, a stucchi benissimo lauorati. Fece di granito vn bellissimo vaso, che gettaua acqua; & al giardino de'Pazzi in Fiorenza vn'altro simile ne lauorò, che medesimamente getta acqua. Sono in detto palazzo de'Medici Madonne di marmo, & di bronzi di basso rilieuo, & altre storie di marmi, di figure bellissime, & di schiacciato rilieuo marauigliose. Et fu tanto l'amore, che Cosimo portò alla uirtù di Donato, che di continuo lo faceua lauorar: & allo incontro hebbe tanto amore verso Cosimo Donato; ch'ad ogni minimo suo cenno indouinaua tutto quel, che voleua, & di cõtinuo lo vbbidiua. Dicesi, che vn mercante Genouese, fece fare a Donato vna testa di bronzo quanto il viuo, bellissima, & per portarla lontano, sottilissima, & che per mezo di Cosimo tale opra gli fu allogata. Finitala adunque, volendo il Mercante sodisfarlo, gli parue, che Donato troppo ne chiedesse, perche fu rimesso in Cosimo il mercato il quale fatta la portare in sul cortile di sopra di quel palazzo, la fece porre fra i merli, che guardano sopra la strada, perche meglio si vedesse. Cosimo dunque volendo accomodare la differenza, trouò il mercante molto lontano da la chiesta di Donato: perche volta tosi disse, ch'era troppo poco. La onde il mercante, parẽdogli troppo, diceua, che in vn mese o poco piu lauorata l'aueua Donato; & che gli toccaua piu d'ũ mezo fiorino per giorno. Si volse allora Donato con collera, parendogli d'essere offeso troppo, & disse al mercante; che in vn centesimo d'hora hauerebbe saputo guastare la fatica, e'l valore d'uno anno: & dato d'urto alla testa subito su la strada la fece ruinare, dellaquale se ne fer molti pezze, dicendogli, che bẽ mostraua d'essere vso a mercatar fagiuoli, & non statue. Perche egli pentito si gli volle dare il doppio piu, perche la rifacesse, & Donato non volle, per sue promesse, ne per prieghi di Cosimo rifarla gia mai. Sono nelle case de'Martelli di molte storie di marmo, & di bronzo, e infra gli altri vn Dauid di braccia tre, & molte altre cose da lui in fede della seruitù, & dell'amore, ch'a tal famiglia portaua donate liberalissimamente, & particularmente vn S. Giouanni tutto tondo di marmo, finito da lui di tre braccia d altezza, cosa rarissima hoggi in casa gli eredi di Ruberto Martelli, delquale fu fatto vn fideicommisso, che ne impegnare, ne vendere, ne donare si potesse, senza grã pregiudicio, per testimonio, & fede delle carezze vsate da loro a Donato, & da esso a loro in riconoscimento de la virtù sua, laquale per la protezzione, &, per il comodo hauuto da loro, haueua imparata. Fece ancora; e fu mandata a Napoli vna sepoltura di marmo per vno Arciuescouo; che è in S. Angelo di Seggio di Nido: nella quale son tre figure tonde, che la cassa del morto con la testa sostengono, & nel corpo della cassa è vna storia di basso rilieuo, si bella, che infinite lode se le conuengono. Et in casa del Conte di Matalone nella città medesima è vna testa di cauallo di mano di Donato, tanto bella, che molti la credono antica. Lauorò nel castello di Prato il pergamo di marmo doue si mostra la cintola: nello spartimento delquale vn ballo di fanciulli intagliò, si belli, & si mirabili; che si puo dire, che non meno mostrasse la perfezzione dell'arte in questo; che e' si facesse nelle altre cose. Di piu fece per reggimento di detta opera, due capitelli di bronzo; vno de i quali vi è ancora, & l'altro da gli Spagnuoli, che quella terra misero a sacco, fu portato via. Auuenne, che in quel tempo la Signoria di Vinegia, sentendo la fama sua, mandò per lui, accioche facesse la memoria di Gattamelata nella città di Padoua, onde egli vi andò bē volentieri, e fece il cauallo di bronzo, che è in sulla piazza di S. Antonio: Nel quale si dimostra lo sbuffamento, & il fremito del cauallo; & il grāde animo & la fierezza viuacissimamente espressa dalla arte, nella figura, che lo caualca. Et dimostrossi Donato tanto mirabile nella grandezza del getto in proporzioni, & in bontà; che veramente si può aguagliare a ogni antico artefice in mouenza, disegno, arte, proporzione, & diligenza. Perche non solo fece stupire allora que' che lo uidero; ma ogni persona, che al presente lo vede. Per laqual cosa cercarono i Padouani con ogni uia di farlo lor cittadino, & con ogni sorte di carezze fermarlo. Et per intrattenerlo, gli allogarono a la chiesa de' frati Minori, nella predella dello altar maggiore, le istorie di S. Antonio da Padoua, lequali sono di basso rilieuo; & talmente con giudicio condotte, che gli huomini eccellenti di quell'arte ne restano marauigliati, & stupiti; considerando in esse i belli, & uariati componimenti, con tanta copia di strauaganti figure, & prospettiue diminuid: Similmente nel Dossale dello altare, fece bellissime le Marie, che piangono il Christo morto: E in casa d'un de conti Capo di Lista, lauorò una ossatura d'un cauallo di legname, che sēza collo ancora hoggi si uede: nella quale le commettiture sono con tanto ordine fabbricate, che chi considera il modo di tale opera, giudica il capriccio del suo ceruello, & la grandezza dello animo di quello. In vn monastero di monache fece vn S. Sebastiano di legno a preghi d'un capellano loro amico, & domestico suo, che era Fiorentino. Ilquale gliene portò vno, che elle haueuano vecchio, & goffo; pregandolo che e' lo douesse fare, come quello. Per laqual cosa sforzandosi Donato di imitarlo, per contentare il capellano, & le monache, non potè far si, che ancora, che quello, che goffo era imitato hauesse, non facesse nel suo la bontà, & l'artificio vsato: In compagnia di questo molte altre figure di terra, & di stucco fece: & di vn cantone d'un pezzo di marmo uecchio, che le dette monache in vn loro orto haueuano, ricauò vna molto bella nostra Donna. Et similmente per tutta quella città sono opre di lui infinitissime. Onde essendo per miracolo quiui tenuto, & da ogni intelligente lodato, si deliberò di voler tornare a Fiorenza; dicendo; che se piu stato vi fosse, tutto quello, che sapeua dimenticato s'haurebbe, essendoui tanto lodato da ogniuno; & che volentieri nella sua patria tornaua, per esser poi cola di continuo biasimato: il-

quale

quale biasmo gli daua cagione di studio, & cõsequentemente di gloria maggiore. Perilche di Padoua partitosi, nel suo ritorno a Vinegia, per memoria
della bõtà sua lasciò in dono alla nazione Fiorentina, per la loro cappella ne'
frati Minori, vn S. Giouanbatista di legno, lauorato da lui, con diligenzia, &
studio grandissimo. Nella città di Faenza lauorò di legname vn S. Giouanni,
& vn S. Girolamo, non punto meno stimati, che l'altre cose sue. Appresso ri
tornatosene in Toscana, fece nella Pieue di Monte Pulciano, vna sepoltura di
marmo, con vna bellissima storia: & in Fiorenza nella sagrestia di S. Lorenzo
vn laua mani di marmo, nelquale lauorò parimente Andrea Verrocchio. Et
in casa di Lorenzo della Stuffa fece teste, & figure molto pronte, & viuaci.
Partitosi poi da Fiorenza, a Roma si trasferì, per cercar d'imitare le cose de gli
antichi piu che pote, & quelle studiando lauorò di pietra in quel tempo vn ta
bernacolo del Sacramento, che hoggi di si truoua in S. Pietro. Ritornando a
Fiorenza, & da Siena passando, tolse a fare vna porta di bronzo, per il Batisteo
di S. Giouanni: & hauendo fatto il modello di legno, & le forme di cera, qua
si tutte finite, & a buon termine con la cappa condottele, per gittarle, vi capitò Bernardetto di Mona Papera orafo Fiorentino, amico, e domestico suo, ilquale tornando da Roma, seppe tanto fare, e dire, che o per sue bisogne o per
altra cagione, ricõdusse Donato a Firẽze. onde qll'opera rimase impfetta, anzi
non cominciata. Solo restò nell'opera del Duomo di quella città di sua mano vn S. Giouanni Battista di metallo, alquale manca il braccio destro dal go-
mito in su: e cio si dice hauere fatto Donato, per non essere stato sodisfatto
dell'intero pagamento. Tornato dunque a Firenze, lauorò a Cosimo dè Medici in S. Lorenzo la sagrestia di stucco, cioè ne peducci della volta quattro tõ
di co' campi di prospettiua parte dipinti, e parte di bassi rilieui di storie de gl'E
uangelisti. Et in detto luogo fece due porticelle di bronzo di basso rilieuo bel
lissime, con gli Apostoli, co' Martiri, & Confessori; & sopra quelle alcune nic
chie piane, dentroui nell'vna vn san Lorenzo, & vn s. Stefano; & nell'altra S.
Cosimo, & Damiano. Nella crociera della chiesa lauorò di stucco quattro San
ti di braccia cinque l'uno, iquali praticamente sono lauorati. Ordinò ancu-
ra i pergami di bronzo, dentroui la passion di Christo; cosa, che ha in se disegno, forza, inuenzione, e abbondanza di figure, & casamenti quali non potẽ
do egli per vecchiezza lauorare, finì Bertoldo suo creato, & a vltima perfezzione li ridusse. A santa Maria del Fiore fece due colossi di mattoni, e di stuc
co; iquali son fuora della chiesa posti in su i canti delle cappelle, per ornamen
to. Sopra la porta di santa Croce si vede ancor hoggi finito di suo vn san Lodo
uico di bronzo di cinque braccia; delquale essendo incolpato, che fosse goffo
& forse la manco buona cosa, che hauesse fatto mai, rispose; che a bello studio
tale l'haueua fatto, essendo egli stato vn goffo a lasciare il reame per farsi frate.
Fece il medesimo la testa della moglie del detto Cosimo de' Medici, di brõzo,
laquale si serba nella guardaroba del S. Duca Cosimo, doue sono molte altre
cose di bronzo, & di marmo, di mano di Donato; & fra l'altre, vna nostra Dõ
na, col figliuolo in braccio, dentro nel marmo di schiacciato rilieuo: de laqua
le non è possibile vedere cosa piu bella: & massimamente hauendo vn fornimento intorno di storie fatte di minio da fra Ber. che sono mirabili, come si di
rà al suo luogo. Di bronzo ha il detto S. Duca di mano di Donato, vn bellissi-

mo, anzi miracoloso crucifisso, nel suo studio, doue sono infinite anticaglie rare, & medaglie bellissime. Nella medesima guardaroba è in vn quadro di brōzo, di basso rilieuo la passione di nostro Signore con gran numero di figure: & in vn'altro quadro pur di metallo vn'altra crucifissione. Similmente in casa degli heredi di Iacopo Caponi, che fu ottimo cittadino, & vero gentilhuomo, è vn quadro di nostra Donna di mezzo rilieuo nel marmo, che è tenuto cosa rarissima. M. Antonio de'Nobili ancora, ilquale fu Depositario di S. Ecc. haueua in casa vn quadro di marmo di mano di Donato, nel quale è di basso rilieuo vna mezza nostra Donna tanto bella, che detto M. Antonio la stimaua quanto tutto l'hauer suo. Ne meno fa Giulio suo figliuolo, giouane di singolar bontà, & giudizio; & amator de'virtuosi, & di tutti gl'huomini eccellēti. In casa ancora di Gio. uambatista d'Agnol Doni, gentilhuomo Fiorētino, è vn Mercurio di metallo di mano di Donato, alto vn braccio, & mezzo, tutto tondo, & vestito in vn certo modo bizarro; ilquale è veramente bellissimo e non men raro, che l'altre cose, che adornano la sua bellissima casa. Ha Bartolomeo Gondi, delquale si è ragionato nella vita di Giotto, vna nostra Donna di mezzo rilieuo fatta da Donato con tanto amore, & diligenza, che nō è possibile veder meglio, ne imaginarsi, come Donato scherzasse nell'acconciatura del capo, & nella leggiadria dell'habito, ch'ell'ha indosso. Parimente M Lelio Torelli primo Auditore, e segretario del S. Duca, & non meno amator di tutte le scienze, virtu, & professioni honorate, che Eccellentissimo Iurisconsulto, ha vn quadro di nostra Donna di marmo, di mano dello stesso Donatello: Delquale chi volesse pienamente racconrare la vita, l'opere, che fece sarebre troppo piu lunga storia, che non è di nostra intenzione nello scriuere le vite de'nostri artefici: percioche, non che nelle cose grandi, dellequali si è detto a bastanza, ma ancora a menomissime cose dell'arte pose la mano, facendo arme di casate ne'camini, & nelle facciate delle case de' cittadini, come si puo vederne vna bellissima nella casa che è dirimpetto al fornaio della Vacca. Fece anco per la famiglia de'Martelli vna cassa a vso di Zana fatta di Vimini, perche seruisse per sepoltura; ma è sotto la chiesa di san Lorenzo; perchè di sopra non apparisc ono sepolture di nessuna sorte, senon l'Epitaffio di quella di Cosimo de'Medici, che non dimeno ha la sua apritura di sotto, come l'altre. Dicesi, che Simone fratello di Donato, hauendo lauorato il modello della sepoltura di papa Martino quinto, mandò per Donato, che la vedesse inanzi, che la gettasse. Onde andando Donato a Roma, vi si trouò appunto quando vi era Gismōdo Imperatore per riceuere la corona da papa Eugenio quarto: perche fu forzato in compagnia di Simone adoperarsi in fare l'honoratissimo apparato di quella festa, nel che si acquistò fama, & honore grandissimo. Nella guardaroba ancora del S. Guidobaldo Duca d Vrbino, è di mano del medesimo vna testa di marmo bellissima, & si stima, che fusse data agli antecessori di detto Duca dal magnifico Giuliano de' Medici quando si tratteneua in quella corte piena di virtuosissimi Signori. In somma Donato, fu tale, & tanto mirabile in ogni azzione, che'e' si puo dire, che in pratica, in giudizio, & in sapere, sia stato de'primi a illustrare l'arte della scultura, & del buon disegno ne'moderni: & tanto piu merita commendazione, quanto nel tēpo suo le antichità non erano scoperte sopra la terra, dalle colonne, i pili, & gli at

chi

chi trionfali in fuora. Et egli fu potissima cagione, che a Cosimo de' Medici si destasse la volontà dell'introdurre a Fiorenza le antichità, che sono, & erano in casa Medici, lequali tutte di sua mano acconciò. Era liberalissimo, amoreuole, & cortese, & per gl'amici migliore, che per se medesimo: ne mai stimò danari, tenendo quegli in vna sporta con vna fune al palco appiccati, onde ogni suo lauorante, & amico pigliaua il suo bisogno, senza dirgli nulla. Passò la vecchiezza allegrissimamente; & venuto in decrepità, hebbe ad essere soccorso da Cosimo, & da altri amici suoi, non potendo piu lauorare. Dicesi, che venendo Cosimo a morte lo lasciò raccomandato a Piero suo figliuolo. Il quale, come diligentissimo esecutore della volontà di suo padre, gli donò vn podere in Cafaggiuolo di tanta rendita, che e'ne poteua viuere comodamente. Di che fece Donato festa grandissima; parendoli essere con questo piu, che sicuro di non hauere a morir di fame. Ma non lo tenne però vn'anno, che ritornato a Piero, glie lo rinunziò per contratto publico: affermando, che non voleua perdere la sua quiete, per pensare alla cura famigliare, et alla molestia del contadino: ilquale ogni terzo dì gli era intorno; quando perche il vento gli haueua scoperta la Colombaia; quando, perche gli erano tolte le bestie dal commune per le grauezze, & quando per la tempesta, che gli haueua tolto il vino, & le frutte. Delle quali cose era tanto sazio, & infastidito; che e'voleua innanzi morir di fame, che hauere a pensare a tante cose.

Rise Piero della semplicità di Donato; & per liberarlo di questo affanno; accettato il podere, che cosi volle al tutto Donato, gli assegnò in sul banco suo vna prouisione della medesima rendita, o piu, ma in danari cõtanti, che ogni settimana gli erano pagati per la rata, che gli toccaua. Delche egli sommamente si contentò. Et seruitore, & amico della casa de'Medici, visse lieto, & senza pensieri tutto il restante della sua vita. Ancora, che cõduttosi ad 83. anni si trouasse tanto parletico, che e' non potesse piu lauorare in maniera alcuna, & si conducesse a starsi nel letto continouamente in vna pouera casetta, che haueua nella via del Cocomero vicino alle monache di san Niccolo. Doue peggiorando di giorno in giorno, & consumãdosi a poco a poco, si morì il dì 13. di Dicẽ. 1466. Et fu sotterrato nella chiesa di san Lorenzo, vicino alla sepoltura di Cosimo, come egli stesso haueua ordinato a cagione, che cosi gli fusse vicino il corpo gia morto; come viuo sempre gli era stato presso con l'animo.

Dolse infinitamente la morte sua a'cittadini, a gli artefici, & a chi lo conobbe viuo. La onde per honorarlo piu nella morte, che e' non haueuano fatto nella vita gli fecero esequie honoratissime nella predetta chiesa; accompagnandolo tutti i Pittori, gli Architetti, gli Scultori, gli Orefici, & quasi tutto il popolo di quella Città. Laquale non cessò per lungo tempo di comporere in sua lode varie maniere di versi in diuerse lingue. De quali a noi basta por questi soli che disotto si leggono.

Ma prima, che io venga agl'epitaffij, non sara se non bene ch'io racconti di lui ancor questo. Essendo egli amalato, poco inanzi, che si morisse, l'andarono a trouare alcuni suoi parenti, e poi, che l'hebbono, come s'usa, salutato, & confortato, gli dissero, che suo debito era lasciar loro vn podere, che egli haueua in quel di prato, ancor, che piccolo fusse, e di pochissima rẽdita, e che di cio lo pregauano strettamente. Cio vdito Donato, che in tutte le sue cose haueua del buono, disse loro: io non posso compiacerui parenti miei, perche io voglio, & cosi mi pare ragioneuole, lasciarlo al contadino, che l'ha sempre lauorato, e vi ha durato fatica; e non a voi, che senza hauergli mai fatto utile nessuno, ne altro, che pensar d'hauerlo, vorreste con questa uostra visita, che, io ve lo lasciassi, andate, che siate benedetti. E in verità cosi fatti parenti, che nõ hanno amore, se non quanto è l'utile, o la speranza di quello, si deono in questa guisa trattare. Fatto dunque venire il Notaio lasciò il detto podere al lauoratore, che sempre l'haueua lauorato, & che forse nelle bisogne sue, si era meglio, che que' parenti fatto non haueuano, verso di se portato. Le cose dell'arte lasciò a i suoi Discepoli, iquali furono Bertoldo scultore Fiorentino, che l'imitò assai, come si puo vedere in vna battaglia in bronzo, d'huomini a cauallo, molto bella, laquale è hoggi in guardaroba del S. Duca Cosimo. Nanni d'Anton di bãco, che morì inanzi a lui. Il Rossellino, Disiderio, & Vellano da Padoa. Et in somma dopo la morte di lui si puo dire, che suo discepolo sia stato chiũche ha voluto far bene di rilieuo. Nel disegnar fu risoluto, e fece i suoi disegni con si fatta pratica, e fierezza, che non hanno pari, come si puo vedere nel nostro libro; doue ho di sua mano disegnate figure vestite, e nude: Animali, che fanno stupire chi gli vede, & altre cosi fatte cose bellissime. Il ritratto suo fu fatto da Paulo Vcelli, come si è detto nella sua vita. Gl'epitaffij son questi.

Scultura. H. M. A. Florentinis fieri uoluit Donatello. Vtpote homini, qui ei quod iam diu optimis artificibus multisque seculis, tum nobilitatis, tum nominis acquisitum fuerat, iniuria ue tempor. Perdiderat ipsa, ipse unus, una uita, infinitisque operibus cumulatiss. restituerit: & patriæ benemerenti, huius restitutæ uirtutis palmam reportarit.

Excudit nemo spirantia mollius æra
Vera cano: cernes marmora uiua loqui.
Græcorum sileat prisca admirabilis ætas
Compedibus statuas continuisse Rhodon.
Nectere namque magis fuerant hæc uincula digna
Istius egregias artificis statuas.

Quanto con dotta mano alla scultura
Già fecer molti: or sol Donato ha fatto:
Renduto ha uita a' marmi, affetto, & atto:
Che piu, se non parlar può dar Natura?

Delle opere di costui restò cosi pieno il Mondo; che bene si può affermare cõ verità, Nessuno Artefice hauer mai lauorato piu di lui. Imperoche, dilettandosi d'ogni cosa, a tutte le cose mise le mani, senza guardare, che elle fossero, o vili, o di pregio. Et fu nientedimanco necessarijssimo alla scultura il tanto operare di Donato in qualunque spezie di figure tonde, meze, basse, & bassissime: Perche si come ne' tempi buoni degli antichi Greci, & Romani, i molti la fecero venir perfetta: cosi egli solo, con la moltitudine delle opere, la fece ritornare perfetta, & marauigliosa nel secol nostro. La onde gli Artefici debbobono riconoſcere la grandezza della arte, più da coſtui, che da qualunche altro, che ſia nato modernamente, hauendo egli oltra il facilitate le difficultà della arte, con la copia delle opre ſue congiunto inſieme la inuenzione, il diſegno, la pratica, il giudizio, & ogni altra parte, che da vno ingegno diuino, ſi poſſa o debbia mai aſpettare. Fu Donato reſolutiſsimo, & preſto; & con ſō ma facilità conduſſe tutte le coſe ſue: Et operò ſempremai: aſſai più di quello che e' promiſe.

Rimaſe a Bertoldo ſuo creato, ogni ſuo louoro; & maſsimamente i Pergami di bronzo di S. Lorenzo, che da lui furono poi rinetti la maggior parte, & condotti a quel termine, che e ſi veggono in detta chieſa.

Non Tacerò, che hauendo il dottiſsimo, e molto Reuerendo Don Vincenzio Borghini, delquale ſi è di ſopra ad altro propoſito ragionato; meſſo inſieme in vn gran libro infiniti diſegni d'Ecc. pittori, & ſcultori, coſi antichi, come moderni: egli in due carte, dirimpetto l'una all'altra, doue ſono diſegni di mano di Donato, e di Michelagnolo Bonarroti, ha fatto nell'ornamento, con molto giudizio, queſti due motti greci. a Donato.

ἢ Δωνατὸς Βοναῤῥωτίζει: & a Michelagnolo, ἢ Βοναῤῥωτὸς Δωνατίζει

che in latino ſuonano, Aut Donatus Bonarrotum
exprimit, & refert: Aut Bonarrotus Do-
natum. Et nella noſtra lingua;
ò lo ſpirito di Do-
nato ope
ra
nel Buonarroto; ò quello di Buonarroto, antecipò
di operare in Donato.

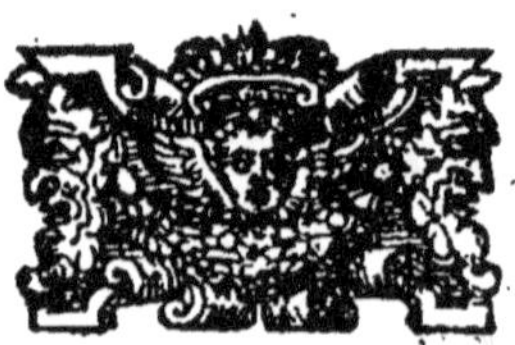

Fine della vita di Donato Scultore Fiorentino.

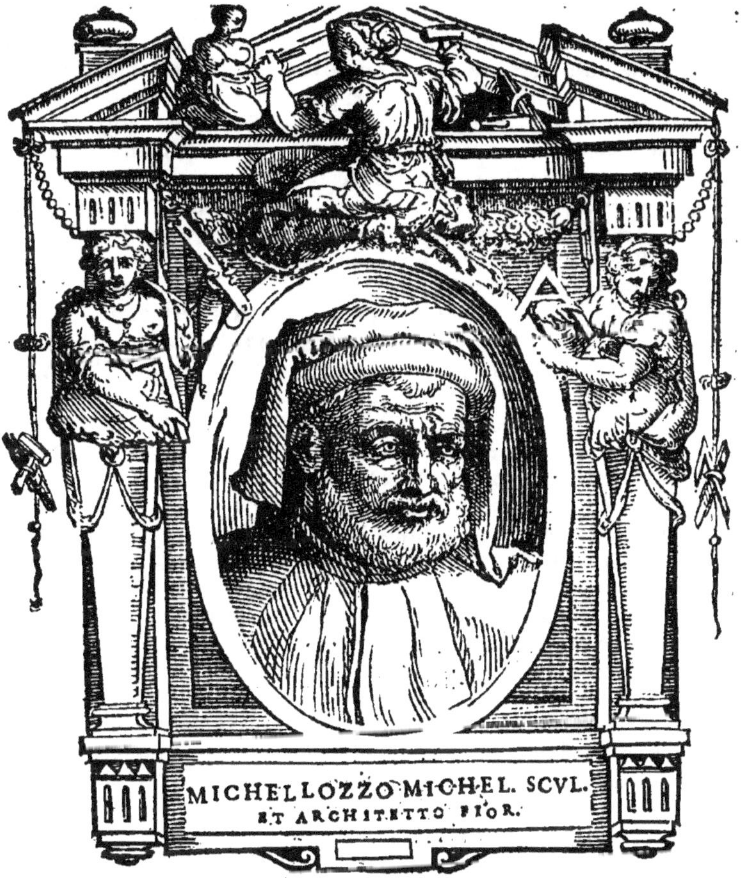

MICHELLOZZO MICHEL. SCVL. ET ARCHITETTO FIOR.

Vita di Michellozzo Michellozzi Scultore & Architetto Fiorentino.

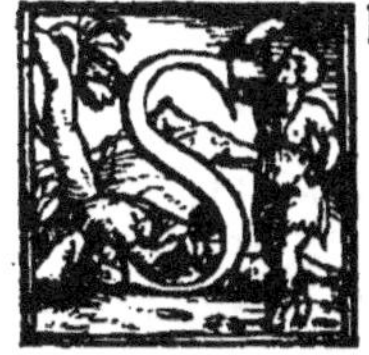

E chiunche in questo mondo viue, credesse d'hauere a viuere, quando non si puo piu operare; non si condurrebbono molti a mendicare nella loro vecchiezza quello, che senza risparmio alcuno consumarono in giouentu, quando i copiosi, e larghi guadagni, acecando il vero discorso, gli faceuano spendere oltre il bisogno, & molto piu, che non cõueniua. Imperoche atteso quanto mal volentieri è veduto chi dal molto è venuto al poco; deue ognuno ingegnarsi, honestamẽte però, & con la via del mezzo, di non hauere in vecchiezza a mendicare. E chi farà come

come Michelozzo, ilquale in questo non imitò Donato suo Maestro, ma si bene nelle virtù, viuerà honoratamente tutto il tempo di sua vita, e non hauerà bisogno negl'ultimi anni d'andarsi procacciando miseramente il viuere.

Attese dunque Michelozzo nella sua giouanezza con Donatello alla scultura, & ancora al disegno; e quantunque gli si dimostrasse difficile, s'andò sẽpre nondimeno aiutando con la terra, con la cera, e col marmo, di maniera, che nell'opre, che egli fece poi, mostrò sempre ingegno, e grã virtù. Ma in una auanzò molti, e se stesso, cioè, che dopo il Brunellesco, fu tenuto il piu ordinato architettore de' tempi suoi, e quello, che piu agiatamente dispensasse, & accomodasse l'habitationi de' palazzzi, conuenti, e case, e quello, che con piu giudizio le ordinasse meglio, come a suo luogo diremo: Di costui si ualse Donatello, molti anni, perche haueua gran pratica nel lauorare di marmo, e nelle cose de' getti di bronzo; come ne fa fede in S. Giouanni di Fiorenza nella sepoltura, che fu fatta, come si disse, da Donatello per papa Giouanni Coscia, perche la maggior parte fu condotta da lui, & vi si vede ancora di sua mano vna statua di braccia due, & mezzo d'una fede, che v'è di marmo molto bella, in compagnia d'una Speranza, e Carità fatta da Donatello, della medesima grandezza; che non perde da quelle. Fece ancora Michelozzo sopra alla porta della sagrestia, & opera dirimpetto a S. Giouanni, vn san Giouannino di tondo rilieuo, lauorato con diligenza; ilqual fu lodato assai. Fu Michelozzo tãto familiare di Cosimo de' Medici, che conosciuto lingegno suo, gli fece fare il modello della casa, e palazzo, che è sul canto di uia Larga di costa a S. Giouãnino, parendogli, che quello, che haueua fatto (come si disse) Filippo di Ser Brunellesco fusse troppo sontuoso, e magnifico, e da recargli fra i suoi Cittadini piu tosto inuidia, che grandezza o ornamento alla città, o comodo a se: perilche piaciutoli quello, che Michelozzo hauea fatto, con suo ordine lo fece condurre a perfezzione in quel modo, che si uede al presente, con tante utili, e belle commodità, e gratiosi ornamenti quanto si vede; iquali hanno maestà, e grandezza nella simplicità loro: e tanto piu merita lode Michelozzo, quanto questo fu il primo, che in quella città fusse stato fatto con ordine moderno, e che hauesse in se vno spartimento di stanze, vtili, e bellissime, le cantine sono cauate mezze sotto terra cioè 4. braccia, e tre sopra, per amore de lumi, e accompagnate da canoue, e dispense, Nel primo piano terreno sono due cortili con logge magnifiche; nelle quali rispõdono salotti, camere, anticamere, scrittoi, destri, stufe, cucine, pozzi, scale segrete, e publiche agiatissime. E sopra ciascun piano sono habitazioni, e appartamenti per vna famiglia, con tutte quelle cõmodità, che possono bastare non che a vn cittadino priuato, com'era allhora Cosimo, ma a qual si voglia splendidissimo, & honoratissimo Re, onde a' tempi nostri ui sono allogiati commodamente Re, Imperatori, Papi, e quanti Illustrissimi Principi sono in Europa, con infinita lode, cosi della magnificenza di Cosimo, come della eccellente virtù di Michelozzo nella Architettura. Essendo l'anno 1433. Cosimo mandato in esilio, Michelozzo, che lo amaua infinitamente, et gli era fidelissimo, spontaneamente lo accompagnò a Vinezia; & seco volle sempre mentre vi stette dimorare, là doue, oltre a molti disegni, & modelli, che vi fece di habitazioni priuate, & publiche; ornamẽti per gl'amici di Cosimo, & per molti gentilhuomini. Fece per ordine, e a spe le di Cosimo la libreria del monasterio di sã Giorgio maggiore, luogo de' monaci Neri di santa Iustina, che fu finita, non solo di muraglia, di banchi, di legnami, & altri ornamenti, ma ripiena di molti libri. E questo fu il trattenimẽto, & lo spasso di Cosimo in quell'esilio, dalquale essendo l'anno 1434. richiamato alla patria, tornò quasi trionfante: & Michelozzo con essolui. Standosi dunque Michelozzo in Fiorenza il palazzo publico della Signoria, cominciò a minacciare rouina; perche alcune colonne del cortile patiuano; o fusse cio perche il troppo peso di sopra le caricasse, o pure il fondamento debole, e bieco. E forse ancora, perche erano di pezzi mal commesi, & mal murati. Ma qualunque di cio fusse la cagione, ne fu dato cura a Michelozzo, ilquale volẽtieri accettò l'impresa, perche in Vinezia presso a s. Barnaba haueua prouedu to a vn pericolo simile in questo modo. Vn gentilhuomo, ilquale haueua vna casa, che staua in pericolo di rouinare, ne diede la cura a Michelozzo: onde egli (secondo, che gia mi disse Michelagnolo Bonarroti) fatto fare segretamente vna colonna, e messi a ordine puntegli assai; cacciò il tutto in vna barca, & in quella entrato, con alcuni maestri, in vna notte hebbe pũtellata la casa, & rimessa la colonna. Michelozzo dunque da questa sperienza, fatto animoso, riparò al pericolo del palazzo, e fece honor a se, & a chi l'haueua fauorito in fargli dare cotal carico; & rifondò, & rifece le colonne in quel modo, che hoggi stanno: hauendo fatto prima vna trauata spessa di puntelli, e di legni grossi, per lo ritto, che reggeuano le centine de gliarchi, fatti di pancone di noce, per le volte, che veniuano del pari a reggere vnitamente il peso, che prima sosteneuano le colonne: & a poco a poco cauate quelle, che erano in pezzi mal commesi, rimesse di nuouo l'altre di pezzi, lauorate con diligenza; in modo, che non patì la fabbrica cosa alcuna, ne mai ha mosso vn pelo: & perche si riconoscesino le sue colonne dall'altre, ne fece alcune a otto facce in sù canti, con capitelli, che hãno intagliate le foglie alla foggia moderna, & altre tonde, lequali molto bene si ricognoscano dalle vecchie, che gia vi fece Arnolfo. Dopo per consiglio di Michelozzo da chi gouernaua allora la città, fu ordinato, che si douesse ancora sopra gl'archi di quelle colonne scaricare, & allegerire il peso di quelle mura, che ui erano, & rifar di nuouo tutto il cortile da gliarchi in sù, con ordine di finestre alla moderna, simili a quelle, che per Cosimo haueua fatto nel cortile del palazzo de' Medici: & che si sgraffisse a bozzi per le mura, per metterui que' gigli d'oro, che ancora ui si veggono al presẽte, ilche tutto fece far Michel. con prestezza, facendo al dritto delle finestre di detto cortile, nel secondo ordine, alcuni tondi, che variasino dalle finestre sudette, per dar lume alle stanze di mezo, che son sopra alle prime, dou'è hoggi la sala de' dugento. Il terzo piano poi, doue habitauano i Sig. e il Gonfalo. fece piu ornato spartendo in fila, dalla parte di verso s. Piero Scaraggio, alcune camere per i signori, che prima dormiuano tutti insieme in vna medesima stanza, lequali camere furono otto per i signori, & una maggiore per il Gonfalonieri, che tutte rispondeuano in vn'andito, che haueua le finestre sopra il cortile. Et disopra fece vn'altro ordine di stanze commode per la famiglia del palazzo, in vna dellequali, doue è hoggi la depositeria è ritratto ginocchioni dinanzi a vna nostra Donna, Carlo figliuolo del Re Ruberto Duca di Calauria di mano di Giotto. Vi fece similmente le camere de' donzelli, tauolaccini, trõ

betti,

betti, musici, pifferi, mazzieri, comandatori, & araldi, e tutte l'altre stanze, che a vn cosi fatto palazzo si richieggono. Ordinò anco in cima del ballatoio vna cornice di pietre, che giraua intorno al cortile; & appresso a quella vna cõserua d'acqua, che si ragunaua qñ pioueua, per far gittar fonti posticce, a certi tẽpi. Fece far'ancora Michelozzo l'acconcime della cappella doue s'ode la messa, & appresso a quella molte stanze, & palchi ricchissimi, dipinti a gigli d'oro in campo azurro. Et alle stanze disopra, & disotto di quel palazzo fece fare altri palchi, & ricoprire tutti i vecchi, che vi erano stati fatti inanzi all'antica. Et in somma gli diede tutta quella perfezzione, che a tanta fabrica si conueniua; & l'acque de' pozzi fece, che si conduceuano insino sopra l'ultimo piano, & che con vna ruota si attigneuano piu ageuolmente, che non si fa per l'ordinario. A vna cosa sola non potette l'ingegno di Michelozzo rimediare, cioè, alla scala publica, perche da principio fu male intesa, posta in mal luogo, e fatta malageuole, erta, & senza lumi, con gli scaglioni di legno dal primo piano in sù; s'affaticò nondimeno di maniera, che all'entrata del cortile, fece vna salita di scaglioni tondi, & vna porta con pilastri di pietra forte, & con bellissimi capitelli intagliati di sua mano: Et vna cornice architrauata doppia, con buon disegno. Nel fregio della quale accommodò tutte l'arme del commune. Et che è piu fece tutte le scale di pietra forte insino al piano, doue staua la Signoria; & le fortificò in cima, & a mezzo con due saracinesche, per i casi de' tumulti; & a sommo della scala fece vna porta, che si chiamaua la catena, doue staua del continuo vn tauolaccino, che apriua, & chiudeua secõdo, che gli era commesso da chi gouernaua. Riarmò la torre del campanile, che era crepata, per il peso di quella parte, che posa in falso, cioè sopra i beccatelli diuerso la piazza, con cigne grandissime di ferro. Et finalmente bonificò, & restaurò di maniera q̃sto palazzo, che ne fu da tutta la città comendato, & fatto, oltre a gl'altri premij, di Collegio; ilquale magistrato è in Firẽze honoreuole molto. Et se a qualcuno paresse, che io mi fussi in questo forse piu disteso, che bisogno non era; ne merito scusa; perche dopo hauer mostrato nella vita d' Arnolfo la sua prima edificazione, che fu l'anno 1298. fatta fuor di squadra, e d'ogni ragioneuole misura, con colonne dispari nel cortile, archi grandi, & piccoli, scale mal commode, & stanze bieche; & sproporzionate; faceua bisogno che io dimostrasse ancora a qual termine lo riducesse l'ingegno, & giudizio di Michelozzo: se bene anch'egli non l'accommodò in modo, che si potesse agiatamente habitarui, ne altrimenti, che con disagio, & scommodo grandissimo. Essendoui finalmente venuto ad habitar l'anno 1538. il s. Duca Cosimo cominciò S. Ecc. a ridurlo a miglior forma: ma perche non fu mai inteso, ne saputo essequire il concetto del Duca da quegli Architetti, che in quell' opera molti anni lo seruirono. Egli si diliberò di vedere se si poteua senza guastare il vecchio, nel quale era pur qualcosa di buono, racconciare: facendo, secondo, che egli haueua nello animo, le scale, & le stanze scommode, & disagiose, con miglior ordine, commodità, & proporzione.

Fatto dunque venire da Roma Giorgio Vasari Pittore, & Architetto Aretino ilquale seruiua Papa Giulio terzo, gli diede commessione, che non solo accommodasse le stanze, che haueua fatto cominciare nell'apartato disopra, dirimpetto alla piazza del grano (come, che, rispetto alla pianta di sotto fusse zo bieche) ma, che ancora andasse pensando se quel palazzo si potesse, senza guastare quel, che era fatto, ridurre di dentro in modo, che per tutto si caminasse da vna parte all'altra, e dall'un luogo all'altro, per via di scale segrete, e publiche, e piu piane, che si potesse. Giorgio adunque, mentre, che le dette stanze cominciate si adornauano di palchi messi d'oro, e di storie di pitture a olio; e le facciate di pitture a fresco: & in alcune altre si lauoraua di stucchi; leuò la pianta di tutto quel palazzo, e nuouo, e vecchio, che lo gira intorno. E dopo, dato ordine con non piccola fatica, e studio a quanto voleua fare, cominciò a ridurlo a poco a poco in buona forma, & a riunire, senza guastare quasi punto di quello, che era fatto, le stanze disunite, che prima erano quale alta, e quale bassa ne'piani. Ma perche il S. Duca vedesse il disegno del tutto, in spazio di sei mesi hebbe condotto vn Modello di legname, ben misurato, di tutta quella machina, che piu tosto ha forma, e grandezza di Castello, che di palazzo. Ilquale modello, essendo piacciuto al Duca, si è secondo quello vnito, e fatto molte commode stanze; e scale agiate publiche, e segrete, che rispondono in su tutti i piani: & per cotal modo rendute libere le sale, che erano come vna publica strada, non si potendo prima salire di sopra, senza passar p mezo di qlle. Et il tutto si è di varie, e diuerse pitture magnificamēte adornato. Et in vltimo si è alzato il tetto della sala grande piu di qllo, che egli era, dodici brac. Di maniera, che se Arnolfo, Michelozzo, e gli altri, che dalla prima pianta in poi vi lauorarono, ritornasseno in vita, non lo riconoscerebbono; añzi crederebbono, che fusse non la loro, ma vna nuoua muraglia, & vn'altro edifizio. Ma tornando hoggi mai a Michelozzo, dico, che essendo dato ai frati di S. Domenico da Fiesole la chiesa di S. Giorgio, non vi stettono se non da mezzo luglio in circa insino a tutto Genaio: perche hauendo ottenuto per loro Cosimo de Medici, e Lorenzo suo fratello da Papa Eugenio la Chiesa, e conuento di S. Marco, doue prima stauano Monaci Saluestrini, e dato loro in quel cambio san Giorgio detto: ordinarono, come inclinati molto alla religione, e al saruigio, e culto diuino, che secondo il disegno, e modello di Michelozzo si facesse il detto cōuento di S. Marco tutto di nuouo, e amplissimo, e magnifico, e con tutte quelle commodità, che i detti frati sapessono migliori disiderare. A che dato prīcipio l'anno 1437 la prima cosa si fece quella parte, che risponde sopra il reffettorio Vechio, dirimpetto alle stalle del Duca, le quali fece gia murare il Duca Lorenzo de'Medici: Nelqual luogo furono fatte venti celle, messo il tetto, & al reffettorio fatti i fornimenti di legname, e finito nella maniera, che si sta ancor hoggi. E per allora non si seguitò piu oltre: per stare a vedere che fine douesse hauere vna lite, che sopra il detto conuento, haueua mosso contra i frati di S. Marco, vn Maestro Stefano Generale di detti Saluestrini. Laquale finita in fauore de'detti frati di s. Marco, si ricominciò a seguitare la muraglia: Ma perche la cappella maggiore, stata edificata da ser Pino Bonacorsi, era dopo venuta in vna Donna de Caponsacchi, e da lei a Mariotto Banchi, sbrigata, che fu sopra cio non so che lite, Mariotto donò la detta capella a Cosimo de'Medici, hauendola difesa, e tolta ad Agnolo della Casa, alquale l'haueuano, o data, o vēduta i detti Saluestrini: E Cosimo all'incontro diede a Mariotto percio cinquecento scudi. Dopo hauendo similmente comperato Cosimo dalla compagnia dello Spirito Santo, il sito do

ue

ue è hoggi, il choro, fu fatto la cappella, la tribuna, & il coro con ordine di Michelozzo, e fornito di tutto punto l'anno 1439. Dopo fu fatta la libreria lunga braccia 80, e larga 18, tutta in volta di sopra, e di sotto, e con 64, banchi di legno di cipresso, pieni di bellissimi libri. Appresso si diede fine al Dormentorio, riducendolo in forma quadra; & in sõma al chiostro, e a tutte le commodissime stanze di quel cõuento: Ilquale si crede, che sia il meglio inteso, e piu bello, e piu commodo, per tãto, che sia in Italia; mercè della virtù, & industria di Michelozzo, che lo diede finito del tutto l'anno 1452. Diccsi, che Cosimo spese in questa fabrica 36 mila ducati, e che mẽtre si murò, diede ogni anno a i frati 366. ducati per il vitto loro, Della edificazione, e sagrazione del qual tempio si leggono in vno Epitaffio di marmo sopra la porta, che va in sagrestia queste parole.

Cum hoc templum Marco Euangelistæ dicatum magnificis sumptibus. Cl. V. Cosmi Medicis tandem absolutum esset. Eugenius Quartus Ramanus Pontifex maxima Cardinalium Archiepiscoporum Episcoporum aliorumque sacerdotum frequentia comitatus. id celeberrimo Epiphanie die solemni more seruato consecrauit. Tum etiam quotannis omnibus qui eodem die festo annuas statasque consecrationis cerimonias caste pieque celebrauerint. uiserint ue temporis luendis peccatis suis debiti. septem annos totidemque quadragesimas Apostolica remisit auctoritate A. M. CCCCXLII.

Similmente fece far Cosimo col disegno di Michelozzo, il Nouiziato di S. Croce di Firenze, la capella del medesimo: e l'entrata, che va di chiesa alla sagrestia, al detto Nouiziato, & alle scale del Dormentorio. La bellezza, commodità, & ornamento delle quali cose, nõ è inferiore a niuna delle muraglie, per quanto ell'è, che facesse fare il veramẽte Magnifico Cosimo de' Medici, o che mettesse in opera Michelozzo: Et oltre all'altre cose, la porta, che fece di Macigno laquale va di chiesa a i detti luoghi, fu in que' tempi molto lodata, per la nouità sua, e per il frontespizio molto ben fatto; non essendo allora se non pochissimo in vso l'imitare, come quella fa, le cose antiche di buona maniera.

Fece ancora Cosimo de Medici col consiglio, e disegno di Michelozzo, il palazzo di Cafaggiuolo in mugello, riducendolo aguisa di fortezza co i fossi intorno; & ordinò i poderi, le strade, i Giardini, e le Fontane con boschi attorno; ragnaie, e altre cose da ville, molto honorate, e lontano due miglia al detto palazzo, in vn luogo detto il bosco a frati. fece col parere del medesimo finire la fabbrica d'un conuento, per i frati de Zoccoli di S. Francesco, che è cosa bellissima. Al trebbio medesimamente fece, come si vede, molti altri acconcimi. E similmente lontano da Firenze due miglia, il palazzo della villa di careggi, che fu cosa magnifica e ricca; doue Michelozzo condusse l'acqua per la fonte, che al presente vi si vede. E per Giouanni figliuolo di Cosimo de' Medici, fece a Fiesole il medesimo, vn altro magnifico, & honorato palazzo, fondato dalla parte di sotto nella scoscesa del Poggio con grandissima spesa; ma non senza grande vtile, hauendo in quella parte da basso fatto volte cantine, stalle, tinaie, & altre belle, & commode habitazioni di sopra poi oltre le camere, sale, & altre stanze ordinarie, vene fece alcune per libri, e alcune altre per la musica. In somma mostrò in questa fabrica Michelozzo quanto valesse nell' architettura: perche oltre quello, che si è detto fu murata di sorte, che ancor, che sia in su quel monte non ha mai gettato vn pelo. Finito questo palazzo,

vi fece sopra à spese del medesimo la chiesa, e cõuento de' frati di s. Girol. quasi nella cima di quel monte. Fece il medesimo Michelozzo il disegno e modello, che mandò Cosimo in Hierusalem per l'hospizio, che la fece edificare a i pelegrini, che vanno al sepolcro di Christo. Per la facciata ancora di S. Piero di Roma mandò il disegno, per sei finestre, che vi si feciono poi con l'arme di Cosimo de Medici, dellequali ne furono leuate tre adi nostri, e fatto rifare da Papa Paulo iij. con l'arme di casa Fernese. Dopo intendendo Cosimo, che in Ascesi a santa Maria degl'Angeli si patiua d'acque con grandissimo incommodo de popoli, che vi vanno ogni anno il primo di d'Agosto al perdono. Vi mandò Michelozzo ilquale condusse vn acqua, che nasceua a mezzo la costa del monte alla fonte, la quale ricoperse con vna molto vaga, e ricca loggia posta sopra alcune colonne di pezzi, con l'arme di Cosimo, e drento nel conuento fece a frati pur di commessione di Cosimo molti acconcimi vtili iquali poi il magnifico Lorenzo de' Medici rifece con maggior ornamento, e piu spesa facendo porre a quella Madonna la sua immagine di cera, che ancor vi si vede. Fece anco mattonare Cosimo la strada, che và dalla detta Madonna degli Angeli alla città. Ne si partì Michelozzo di q̃lle parti che fece il disegno della citadella vecchia di Perugia. Tornato finalmente, a Firenze fece al cãto de Tornaquinci la casa di Giouãni Tornabuoni, quasi in tutto simile al palazzo, che haueua fatto a Cosimo, eccetto, che la facciata non è di bozzi, ne con cornici sopra, ma ordinaria. Morto Cosimo, ilquale haueua amato Michelozzo quãto si puo vn caro amico amare, Piero suo figliuolo gli fece fare di marmo in S. Miniato in sul mõte la capella, dou'è il crucifisso, e nel mezo tõdo dell'arco dietro alla detta cappella intagliò Mich. vn Falcone di basso rilieuo col Diamante, impresa di Cosimo suo padre, che fu opera veramente bellissima. Disegnãdo dopo queste cose il medesimo Piero de' Medici far la cappella della Nunziata tutta di marmo nella chiesa de' Serui, volle, che Michelozzo gia vecchio, intorno a cio gli dicesse il parer suo, si p̃che molto amaua la virtu di quell'huomo, si perche sapeua quanto fedel amico, & seruitor fusse stato a Cosimo suo padre. Ilche hauendo fatto Michelozzo, fu dato cura di lauorarla a Pagno di Lapo Partigiani scultore da Fiesole, ilquale in cio fare; come quello, che in poco spazio volle molte cose racchiudere, hebbe molte considerazioni. Reggano questa cappella quattro colõne di marmo alte brac. 9. in circa, fatte con canali doppi di lauoro corinto; & con le base, & capitegli variamente intagliati, & doppij di membra. Sopra le colonne posano architraue, fregio, & cornicione, doppij similmente di membri, & d'intagli, & pieni di varie fantasie, & particolarmente d'imprese, & d'arme de' medici, & di fogliami. Fra queste, & altre cornici fatte, per vn'altro ordine di lumi, è vn epitaffio grande intagliato in marmo, bellissimo. Disotto per il cielo di detta cappella fra le quattro colonne è vno spartimento di marmo tutto intagliato, & pieno di smalti lauorati a fuoco; & di musaico in varie fantasie di color d'oro, & pietre fini. Il piano del pauimento, è pieno di porfidi, serpentini, mischi, & d'altre pietre rarissime con bell'ordine commesse, & compartite. La detta cappella si chiude con vno ingraticolato intorno di cordoni di bronzo, con candelieri di sopra, fermati in vn'ornamento di marmo, che fa bellissimo finimento al bronzo, & ai candellieri: & dalla parte dinanzi l'uscio, che chiude la cappella è similmente
di

di bronzo,& molto bene accommodato. Lasciò Piero, che fusse fatto vn Lampanaio intorno alla cappella di trenta lampadi d'argento, & cosi fu fatto; ma perche furono guaste per l'assedio; il S. Duca gia molti anni sono diede ordine, che si rifacessero, & gia n'è fatta la maggior parte, e tutta uia si và seguitando; ma non percio si è restato mai secondo, che lasciò Piero di hauerui tutto quel numero di lampade accese; se bene non sono state d'argento, da che furono distrutte in poi. A questi ornamenti aggiunse pagno vn grandissimo Giglio di rame, che esce d'un vaso, ilquale posa in sull'angolo della cornice di legno, dipinta, & messa d'oro, che tiene le lampade, ma non poco regge questa cornice sola cosi gran peso; percioche il tutto vien sostenuto da due rami del Giglio, che sono di ferro, e dipinti di verde, i quali sono impiombati nell'Angolo della cornice di marmo, tenédo gl'altri, che sono di rame sospesi in aria. La qual opera fù fatta veramente con giudizio, & inuenzione, onde è degna di essere come bella, e capricciosa molto lodata. A canto a questa capella ne fece vn'altra verso il chiostro, laquale serue per choro a i frati, cō finestre che pigliano il lume dal cortile, e lo danno non solo alla detta capella, ma ancora, ribattendo dirimpetto in due finestre simili, alla stanza del organetto, che è a canto alla capella di marmo. Nella faccia del qual choro è vn'armario grande; nelquale si serbano l'Argenterie della Nunziata. Et in tutti questi ornamenti, e per tutto è l'arme, e l'impresa de Medici. Fuor della capella della Nunziata, e dirimpetto a quella fece il medesimo vn Luminario grande di bronzo alto braccia cinque. Et all'entrar di chiesa la pila dell'acqua benedetta, di marmo, e nel mezzo vn san Giouanni, che è cosa bellissima. Fece anco sopra il bancho, doue i frati vendono le candele, vna mezza nostra Donna di marmo, di mezzo rilieuo col figliuolo in braccio, e grande quāto il naturale, molto diuota. E vn'altra simile nell'operá di Santa Maria del Fiore, doue stanno gl'Operai.

Lauorò ancho pagno a San miniato al Thodesco alcune figure in compagnia di Donato suo maestro, essendo giouane. Et in Luca nella chiesa di s. martino fece vna sepoltura di marmo, dirimpetto alla capella del sagramēto, per M. Piero Nocerà, che v'è ritratto di Naturale. scriue nel vigesimo quinto libro della sua opera il Filareto, che Franc. Sforza Duca quarto di milano donò al magnifico Cosimo de'Medici vn bellissimo palazzo in Milano, & che egli p mostrare a quel Duca quanto gli fusse grato si fatto dono, non solo l'adornò riccamente di marmi, & di legnami intagliati; ma lo fece maggiore con ordine di Michelozzo, che non era, braccia ottantasette, e mezzo; doue prima era bracc. 84. solamente. Et oltre cio vi fece dipignere molte cose; e particolarmēte in vna loggia le storie della vita di Traiano Imp. Nelle quali fece fare in alcuni ornamenti il ritratto d'esso Franc. Sforza; la signora Bianca sua consorte, & Duchessa, & i figliuoli loro parimente, con molti altri signori, & grandi huomini. Et similmente il ritratto d'otto Imperatori. A'quali ritratti aggiunse michelozzo quello di Cosimo fatto di sua mano. E per tutte le stanze accomodò in diuersi modi l arme di cosimo, & la sua impresa del Falcone, & Diamante. Et le dette pitture furono tutte di mano di Vincenzio di Zoppa, pittore in quel tempo, & in quel paese di non piccola stima.

Si troua, che i danari, che spese Cosimo nella restaurazione di questo palazzo, furono pagati da Pigello portinari cittadin Fiorentino, ilqual allora in Milano gouernaua il banco, & la ragione di Cosimo, & habitaua in detto palazzo. Sono in Genoua di mã di Michel. alcune opere di marmo, & di bronzo, & in altri luoghi molte altre, che si conoscon'alla maniera, ma basti hauer detto insin qui di lui; ilquale si morì d'anni sessantaotto, & fu nella sua sepoltura sotterrato in san Marco di Firenze. Il suo ritratto è di mano di fra Giouanni nella sagrestia di santa Trinita, nella figura d'un Nicodemo vecchio, con vn Capuccio in capo, che scende Christo di croce.

Fine della vita di Michellozzo Scultore & Architetto

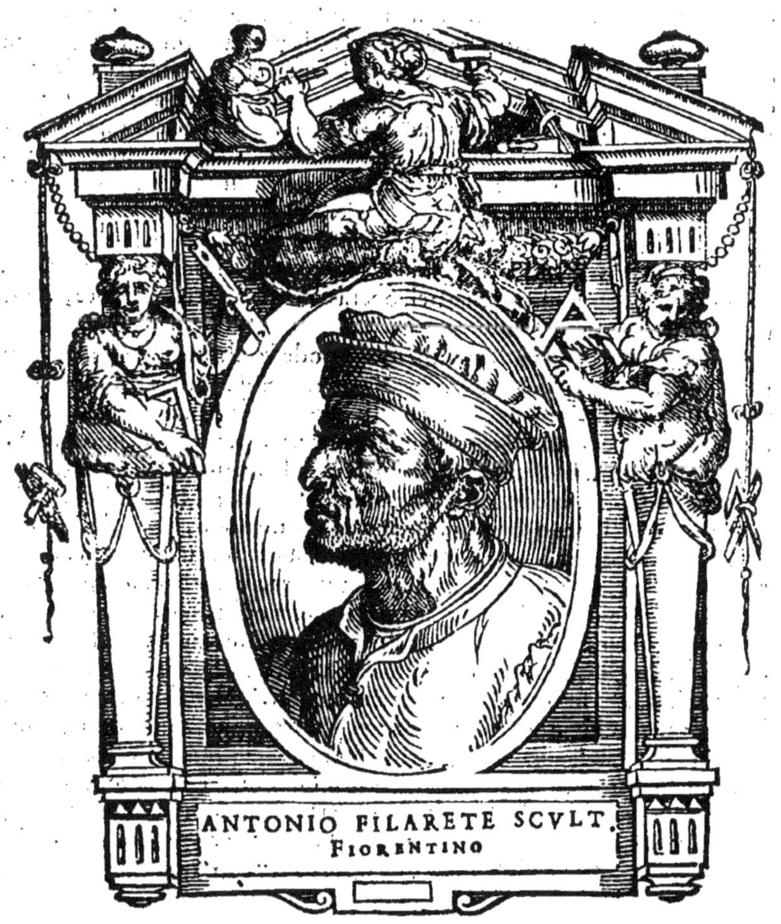

Vita d'Antonio Filarete, & di Simone Scultore Fiorentini.

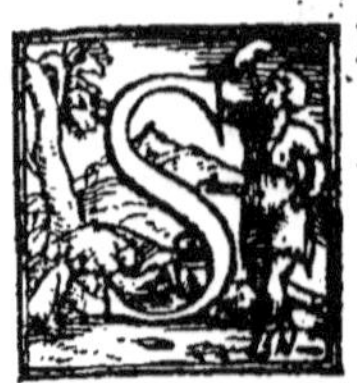

E Papa Eugenio quarto, quando deliberò far di bronzo la porta di S.Piero di Roma hauesse fatto diligenza in cercare d'hauere huomini eccellẽti per quel lauoro; si come ne' tempi suoi harebbe ageuolmente potuto fare, essendo uiui Filippo di ser Brunellesco, Donatello, & altri Artefici rari; non sarebbe stata condotta quell'opera in così sciaurata maniera, come ella si vede ne' tempi nostri: Ma forse interuenne a lui, come molte volte suole auuenire a vna buona parte de' Principi, che o non s'intendono dell'opere, o ne prendono pochissimo diletto. Ma se considerassono di quanta importanza sia il fare stima delle persone eccellenti, nelle cose publiche; per la fama, che se ne lascia; Non sarebbono certo così stracurati, ne essi, ne i loro ministri: percioche chi s'impaccia con Artefici vili, & inetti, da poca vita all'opere, & alla fama: senza, che si fa ingiuria al publico, & al secolo in che si è nato; credendosi risolutamente da chi viẽ poi, che se in quella età si fossero trouati migliori Maestri, quel Principe si sarebbe piu tosto di quelli seruito, che de gl'inetti, e plebei. Essendo dunque creato Pontefice l'anno 1431 Papa Eugenio quarto; poi che intese, che i Fiorentini faceuano fare le porte di S.Giouanni a Lorenzo Ghiberti, venne in pensiero di voler fare similmente di brõzo vna di qlle di S.Piero, Ma perche nõ s'intendeua di così fatte cose, ne diede cura a suoi Ministri: Appresso a i quali hebbono tanto fauore Antonio Filareto allora giouane, e Simone fratello di Donato, ambi scultori Fiorentini, che quell'opera fu allogata loro. La onde mes soui mano penarono dodici anni a finirla: E se bene Papa Eugenio si fuggi di Roma, e fu molto trauagliato, per rispetto de' Concilij; Coloro nondimeno, che haueuano la cura di S.Piero fecero di maniera, che non fu quell' opera tralasciata. Fece dunque il Filarete in questa opera vno spartimento semplice, & di basso rilieuo: cioè in ciascuna parte due figure ritte. Di sopra il Saluatore, & la Madonna, & disotto san Piero, e san Paulo. Et a piè del san Piero in ginocchioni quel papa, ritratto di naturale. parimente sotto ciascuna figura è vna storietta del santo, che è disopra. Sotto san Piero è la sua crucifissione. Et sotto san Paulo la decollazione. Et così sotto il Saluatore e la Madonna alcune azzioni della vita loro. Et dalla banda di dẽtro a piè di detta porta fece Antonio, per suo capriccio vna storietta di bronzo, nellaquale ritrasse se, e Simone, & i discepoli suoi, che con vn' Asino carico di cose da godere, vanno a spasso a vna vigna. ma perche nel detto spazio di dodici anni nõ lauorarono sempre in sulla detta porta, fecero ancora in san Piero alcune sepolture di marmo di papi, & Cardinali, che sono andate nel fare la chiesa nuoua per terra.

Dopo queste opere fu condotto Antonio a Milano dal Duca Franc. Sforza, Gõfalloniere allora di santa Chiesa, per hauer egli vedute l'opere sue in Roma; p fare, come fece, col disegno suo, l'albergo de' poueri di Dio, che è vno spedale, che serue per huomini, & donne infermi, & per i putti innocenti, nati non legitimamente. L'appartato deglihuomini in questo luogo, è per ogni verso, essendo in croce braccia cento sessanta, & altre tanto quello delle donne. La larghezza è braccia sedici: E nelle quattro quadrature, che circondano le croci di ciascuno di questi appartati sono quattro cortili, circondati di portici, logge, e stanze per vso dello spedalingo. vffiziali seruenti, e ministri dello spedale, molto commodi, & vtili. E da vna banda è vn canale, doue corrono continuamente acque, per seruigi dello spedale, e per macinare con non piccolo vtile, & commodo di quel luogo, come si puo ciascuno imaginare. Fra vno spedale, e l'altro è vn chiostro largo per vn verso braccia ottanta, e per l'altro cēto sessanta, nel mezzo delquale è la chiesa in modo accomodata, che serue all'uno, e a l'altro apartato. E per dirlo breuemente è questo luogo tanto ben fatto, & ordinato, che per simile, non credo ne sia vn'altro in tutta Europa. Fu secondo, che scriue esso Filarete messa la prima pietra di questa fabrica con solenne processione di tutto il clero di Milano, presente il Duca Franc. Sforza, la S. Biancamaria, & tutti i loro figliuoli; il marchese di Mantoua; & l'Ambasciador del Re Alfonso d'Aragona, con molti altri Signori. Et nella prima pietra, che fu messa ne' fondamenti, & cosi nelle medaglie erano queste parole. Franciscus Sfortiæ Dux IIII, Qui ammissum per præcessorum obitum vrbis Imperium recuperauit, hoc munus Christi pauperibus dedit, fundauitque 1457. die 12. Apr. Furono poi dipinte nel portico queste storie da maestro Vincenzio di Zoppa Lombardo, per nō essersi trouato in que' paesi miglior maestro. Fu opa ancora del medesimo Antonio la chiesa maggior di Bergamo, fatta da lui con non manco diligenza, & giudizio, che il sopradetto spedale. Et perche si dilettò anco di scriuere, mētre, che queste sue opere si faceuano, scrisse vn libro diuiso in tre parti; Nella prima, tratta delle misure di tutti gl'edifizij, & di tutto quello fa bisogno a voler edificare. Nella seconda del modo dell'edificare; & in che modo si potesse far vna bellissima & commodissima città. Nella terza fa nuoue forme d'edifizij, mescolādoui cosi degl'antichi, come de' moderni, tutta la quale opera è diuisa in ventiquattro libri, e tutta storiata di figure di sua mano. E come, che alcuna cosa buona in essa si ritruoui, è non dimeno per lo piu ridicola, & tanto sciocca, che pauētura è nulla piu. Fu dedicata da lui l'ãno 1464. al magnifico Piero di Cosimo de' Medici, & hoggi è fra le cose dell'Illust. S. Duca Cosimo. E nel vero, se poi che si mise a tanta fatica, hauesse almeno fatto memoria de' maestri de' tempi suoi, & dell'opere loro, si potrebbe in qualche parte comendare: ma non vi sene trouano se non poche, & q̃lle sparse senza ordine per tutta l'opera; e doue meno bisognaua ha durato fatica, come si dice, per impouerire, & per esser tenuto di poco giudizio in mettersi a far quello, che non sapeua; ma hauēdo detto pur'assai del Filarete è tempo hoggimai, che io torni a Simone fratello di Donato, ilquale dopo l'opera della porta, fece di bronzo la sepoltura di papa Martino. Similmente fece alcuni getti, che andarono in Francia, & molti, che non si sà doue siano. Nella chiesa degl'Ermini al canto alla macine di Firēze fece vn crucifisso da portare a processione, grande, quanto il viuo; & perche fusse piu leggiero lo fece di sughero. In s. Felicita fece vna santa M. Maddalena in penitenza di terra, alta braccia tre, & mezzo con bella proporzione, e con scoprire i muscoli di sorte, che mostrò d'intēder molto bene la notomia.

Lauorò

Lauorò, ne' Serui ancora per la compagnia della Nunziata vna lapida di marmo, da sepoltura, commettendoui dentro vna figura di marmo bigio, & biãco, a guisa di pittura, si come disopra si disse hauer fatto nel Duomo di Siena Duccio Sanese, che fu molto lodata. A Prato il graticolato di bronzo della cappella della Cintola. A Furli fece sopra la porta della Calonaca di basso rilieuo vna N. Donna con due Angeli: E per M. Giouanni da Riolo fece in san Francesco la capella della Trinità di mezzo rilieuo. Et a Rimini fece, per Sigismondo Malatesti nella chiesa di s. Francesco, la capella di s. Sigismõdo, nel la quale sono intagliati di marmo molti. E le fanti, impresa di quel Signore. A M. Bartolomeo Scamisci Canonico della Pieue d'Arezzo, mandò vna nostra Donna col figliuolo in braccio, di terra cotta, e certi Angeli di mezzo rilieuo molto ben condotti; laquale è hoggi in detta pieue apoggiata a vna colonna. Per lo battesimo similmente del Vescouado d' Arezzo Lauorò in alcune storie di basso rilieuo vn Christo battezzato da S. Giouanni. In Fiorenza fece di marmo la sepoltura di M. Orlando de' Medici nella chiesa della Nũziata. Finalmente d'anni 55. rendè l'anima al Signore, che gliele haueua data. Ne molto dopo il Filarete, essendo tornato a Roma, si morì d'anni sessãta noue, e fu sepolto nella Mineruà, doue a Giouanni Focchota, assai lodato pittore haueua fatto ritrarre Papa Eugenio mentre al suo seruizio in Roma dimoraua. Il ritratto d'Antonio è di sua mano nel principio del suo libro, doue insegna a edificare. Furono suoi discepoli Varrone, e Niccolo Fiorentini, che feciono vicino a ponte Molle la statua di marmo, per papa Pio secondo, quando egli condusse in Roma la testa di S. Andrea. E per ordine del medesimo restaurarono Tigoli quasi da i fondamenti: Et in s. Piero feciono l'ornamento di marmo, che è sopra le colonne della capella, doue si serba la detta Testa di s Andrea. Vicino alla qual capella è la sepoltura del detto papa Pio di mano di Pasquino da Monte pulciano, discepolo del Filareto, e di Bernardo Ciuffagni, che lauorò a Rimini in s. Francesco vna sepoltura di marmo, per Gismondo Malatesti, e vi fece il suo ritratto di naturale. Et alcune cose ancora secondo, che si dice, in Lucca, & in Mantoua.

Fine della vita d' Antonio Filarete.

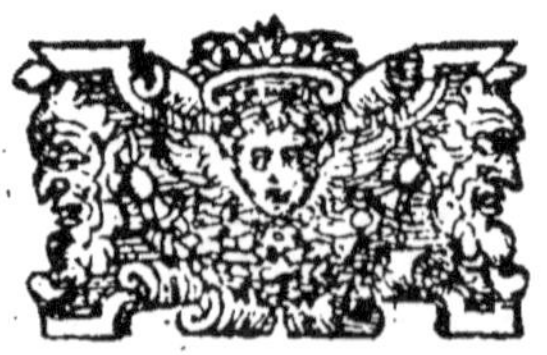

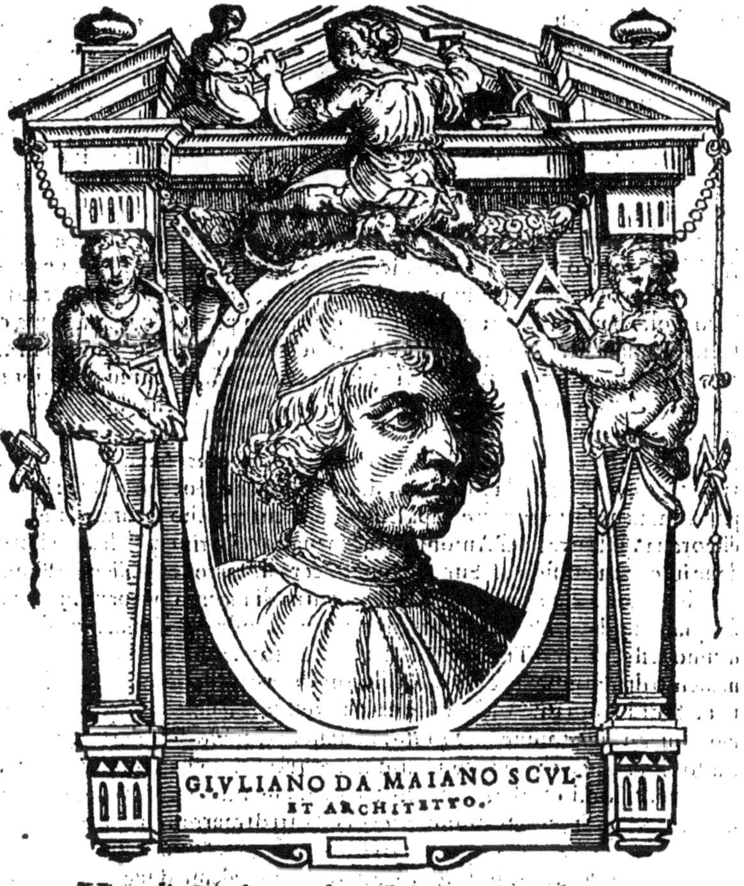

GIVLIANO DA MAIANO SCVL ET ARCHITETTO.

Vita di Giuliano da Maiano Scultore & Architetto,

NON piccolo errore fanno que' padri di famiglia, che non lasciano fare nella fanciullezza il corso della natura agl'ingegni de' figliuoli: & che non lasciano esercitargli in quel le facultà, che piu sono secõdo il gusto loro. peroche il volere volgergli a quello, che non va loro per l'animo, è vn cercar manifestamẽte, che nõ siano mai eccel. in cosa nessuna: essendo, che si vede quasi sempre, che coloro, che non operano secondo la voglia loro, non fanno molto profitto in qual si voglia essercizio. Per l'opposito quegli, che seguitano lo instinto della natura, vengono il piu delle volte eccellenti, & famosi nell'arti, che fanno; come si conobbe chiaramente

mente in Giuliano da Maiano; il padre delquale essendo lungamente viuuto nel poggio di Fiesole, doue si dice Maiano, con lo essercizio di squadratore di pietre; si condusse finalmente in Fiorenza, doue fece vna bottega di pietre lauorate, tenendola fornita di que'lauori, che sogliono improuisamente il più delle volte venire a bisogno a chi fabrica qualche cosa. Standosi dunque in Firenze gli nacque Giuliano, ilquale, perche parue col tempo al padre di buono ingegno, disegnò di farlo notaio, parendogli, che lo scarpellare, come haueua fatto egli, fusse troppo faticoso essercizio, & di non molto vtile; ma non gli venne cio fatto; perche se bene andò vn pezzo Giuliano alla scola di grammatica, non vi hebbe mai il capo, & per conseguenza non vi fece frutto nessuno; anzi fuggendosene più volte, mostrò d'hauer tutto l'animo volto alla scultura; se bene da principio si mise all'arte del legnaiuolo, e diede opera al disegno. Dicesi, che con Giusto, & Minore maestri di Tarsie, lauorò i banchi della sagrestia della Nunziata, & similmente quelli del coro, che è allato alla cappella; & molte cose nella Badia di Fiesole, & in s. Marco; & che per cio acquistatosi nome; Fu chiamato a Pisa, doue lauorò in Duomo la sedia, che è a canto all'altar maggiore, doue stanno a sedere, il sacerdote, & diacono, & sodiacono, quãdo si canta la messa: nella spalliera della quale fece di Tarsia con legni tinti, & ombrati i tre profeti, che vi si veggiono. Nelche fare, seruendosi di Guido del Seruellino, & di maestro Domenico di Mariotto legnaiuoli Pisani, insegnò loro di maniera l'arte, che poi feciono così d'intaglio, come di Tarsie, la maggior parte di q̃l coro, ilquale a'nostri di è stato finito, ma con assai miglior maniera, da Batista del Ceruelliera Pisano huomo veramente ingegnoso, e sofistico. Ma tornando a Giuliano, egli fece gl'armarij della sagrestia di Santa Maria del Fiore, che per cosa di tarsia, & di rimessi furono tenuti in quel tempo mirabili: & così seguitando Giuliano d'attender alla Tarsia, & alla scultura, & architettura, morì Filippo di ser Brunellesco: onde messo da gl'Operai in luogo suo, incrostò di marmo, sotto la uolta della Cupola le fregiature di marmi bianchi, & neri, che sono intorno a gl'occhi. Et in sulle cantonate fece i pilastri di marmo; sopra iquali furono messi poi da Baccio d'Agnolo l'architraue, fregio, & cornice, come di sotto si dirà. Vero è, che costui, per quanto si vede in alcuni disegni di sua mano, che sono nel nostro libro, voleua fare altro ordine di fregio, cornice, & ballatoio, con alcuni frontespicij a ogni faccia dell'otto della cupola, ma non hebbe tempo di metter cio in opera, perche traportato dal lauoro d'hoggi in domani, si morì. Ma innanzi, che cio fusse, andato a Napoli, fece a poggio reale, per lo Re Alfonso, l'architettura di quel magnifico palazzo, con le belle fonti, & condotti, che sono nel cortile. E nella città similmente, & per le case de'gentilhuomini, & per le piazze fece disegni di molte fontane, con belle, & capricciose inuenzioni. Et il detto palazzo di poggio Reale fece tutto dipignere da Piero del Donzello, & Polito suo fratello. Di scultura parimẽte fece al detto Re Alfonso allora Duca di Calauria, nella sala grande del castello di Napoli sopra vna porta di dentro, & di fuori, storie di basso rilieuo, & la porta del castello di marmo, d'ordine corintio con infinito numero di figure. Et diede a quell'opera forma d'arco trionfale, doue le storie, & alcune vittorie di quel Re sono sculpite di marmo. Fece similmente Giuliano l'ornamento della porta Capouana, & in quella molti trofei variati, & belli: onde meritò, che quel Re gli portasse grã'amore, e rimunerãdolo altamẽte della fatiche, adagiasse i suoi discẽdẽti. E pche hauea Giuliano insegnato a Benedetto suo nipote l'arte delle Tarsie, l'architettura, & a lauorar qualche cosa di marmo: Benedetto si staua in Fiorenza, attendendo a lauorar di Tarsia, pche gl'apportaua maggior guadagno, che l'altre arti non faceuano. Quãdo Giuliano da M. Antonio Rosello Aretino, segretario di papa Paulo II. fu chiamato a Roma al seruizio di q̃l põtefice, doue andato, gl'ordinò nel primo cortile del palazzo di s. Piero le logge di treuertino, cõ tre ordini di colõne; la prima nel piano da basso, doue stà hoggi il piõbo, & altri vffizij: la seconda disopra doue stà il Datario, & altri prelati; e la terza, e vltima, doue sono le stãze, che rispondono in sul cortile di s. Piero, lequali adornò di palchi dorati, & d'altri ornamenti. Furono fatte similmente col suo disegno le logge di marmo doue il papa dà la benedizzione; ilche fu lauoro grãdiss. come ancor hoggi si vede, ma q̃llo, che egli fece di stupẽda marauiglia piu, che altra cosa fu il palazzo, che fece per quel papa, insieme con la chiesa di s. Marco di Roma; doue andò vna infinita di treuertini, che furono cauati, secondo, che si dice, di certe vigne, vicine all'arco di Gostantino, che veniuano a essere contraforti de'fondamenti di quella parte del colosseo, ch'è hoggi rouinata, forse per hauer allentato quell'edifizio. Fu dal medesimo papa mãdato Giuliano alla Madonna di Loreto, doue ritondò, e fece molto maggior il corpo di q̃lla chiesa, che prima era piccola, e sopra pilastri alla saluatica; ma nõ andò piu alto, che il cordone, che vi era: Nelqual luogo condusse Benedetto suo nipote, ilquale, come si dirà, voltò poi la Cupola. Dopo essendo forzato Giuliano a tornare a Napoli, per finire l'opere incominciate, gli fu allogata dal Re Alfonso vna porta vicina al castello, doue andauano piu d'ottanta figure, lequali haueua Bened. a lauorar in Fiorenza: ma il tutto, per la morte di quel Re, rimase imperfetto; e ne sono ancora alcune reliquie in Fiorenza nella misericordia, e alcune altre n'erano al canto alla macine a tẽpi nostri; lequali non so doue hoggi si ritrouino. Ma inanzi, che morisse il Re, morì in Napoli Giuliano di età di 70. anni, e fu con ricche essequie molto honorato, hauendo il Re fatto vestire a bruno 50. huomini, che l'accõpagnarono alla sepoltura, e poi dato ordine, che gli fusse fatto vn sepolcro di marmo. Rimase Polito nell'auuiamẽto suo, ilquale diede fine a' canali per l'acque di poggio Reale. Et Bened. attẽdẽdo poi alla scultura passò in eccellenza, come si dirà, Giuliano suo zio: e fu cõcorrente nella gioũanezza sua d'uno scultore, che faceua di terra, chiamato Modanino da Modena, ilquale lauorò al detto Alfonso vna pietà con infinite figure tonde, di terra cotta colorite, le quali cõ grandiss. viuacità furono condotte, e dal Re fatte porre nella chiesa di monte Oliueto di Napoli, monasterio in quel luogo honoratissimo. Nellaquale opera è ritratto il detto Re inginocchioni, ilquale pare veramente piu, che viuo. Onde modanino fu da lui con grandissimi premij rimunerato. Ma morto, che fu, come si è detto il Re, Polito, & Benedetto se ne ritornarono a Fiorenza: Doue non molto tempo dopo, se n'andò Polito dietro a Giuliano per sempre. Furono le sculture, & pitture di costoro circa gl'anni di nostra salute 1447.

Fine della vita di Giuliano da maiano.

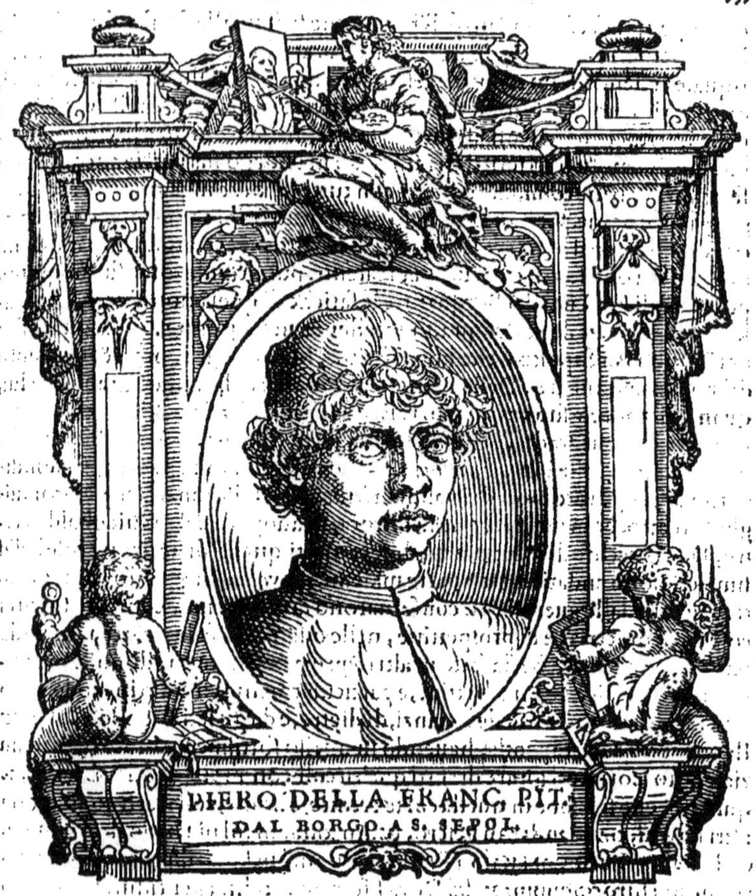

Vita di Piero della Francesca Pittore dal Borgo a San Sepolchro.

INFELICI sono verame͂te coloro, che affaticandosi negli studij per giouare altrui, e per lasciare di se fama, nõ sono lasciati, o dall'infirmità, e dalla morte alcuna volta cõdurre a perfezzione l'opere, che hanno cominciato. E bene spesso auuiene, che lasciandole, o poco meno, che finite o a buon termine, sono vsurpate dalla presonzione di coloro, che cercano di ricoprire la loro pelle d'Asino, con le honorate spoglie del leone. E se bene il tempo, il quale si dice padre della verità, o tardi, o per tempo manifesta il vero; non è però, che per qualche spazio di di tempo, non sia defraudato dell'honor, che si deue alle sue fatiche colui, che ha operato; come auuenne a Piero della Fràcesca dal Borgo a s. Sepolcro. Ilquale, essendo stato tenuto maestro raro nelle difficultà de' corpi regolari, e nell'Aritmetrica, e Geometria, non potette, sopragiunto nella vecchiezza dalla Cecita corporale, e dalla fine della vita, mandare in luce le virtuose fatiche sue, & i molti libri scritti da lui, i quali nel Borgo sua patria ancora si conseruano. Se bene colui, che doueua con tutte le forze ingegnarsi di accrescergli gloria, e nome, per hauer appreso da lui tutto qllo, che sapeua, come èpio, e maligno cercò d'anullare il nome di Piero suo precettore, evsurpar qllo honore, che a colui solo si doueua, per se stesso: publicando sotto suo nome proprio, cioè di Fra Luca dal Borgo tutte le fatiche di quel buon Vecchio. Ilquale, oltre le scienze dette di sopra, fu eccellente nella pittura. Nacque costui nel Borgo a san Sepolcro, che hoggi è città, Ma non gia allora; & chiamossi dal nome della madre, Della Francesca, per essere ella restata grauida di lui, quando il padre, e suo marito morì: E per essere da lei stato alleuato, & aiutato a peruenire al grado, che la sua buona sorte gli daua. Attese Pietro nella sua giouenezza alle Matematiche; & ancora, che d'anni qnindici, fusse indiritto a essere pittore, non si ritrasse però mai da quelle: anzi facendo marauiglioso frutto, & in quelle, & nella pittura, fu adoperato da Guidobaldo Feltro, Duca vecchio d'Vrbino, alquale fece molti quadri di figure piccole bellissimi, che sono andati in gran parte male, in più volte, che quello stato, è stato trauagliato dalle guerre: Vi si conseruarono nondimeno alcuni suoi scritti di cose di Geometria, e di prospettiue, nelle quali non fu inferiore a niuno de' tempi suoi, ne forse, che sia stato in altri tẽpi gia mai; come ne dimostrano tutte l'opere sue piene di prospettiue, e particularmente vn Vaso in modo tirato a quadri, e faccie, che si vede dinanzi, di dietro, e da gli lati il fondo, e la bocca: Ilche è certo cosa stupenda, hauendo in quello sottilmente tirato ogni minuzia, e fatto scortare il girare di tutti que' circoli con molta grazia. Laonde, acquistato, che si hebbe in quella corte credito, e nome; volle farsi conoscere in altri luoghi; onde andato a Pesero, & Ancona, in sul piu bello del lauorare, fu dal Duca Borso chiamato a Ferrara, doue nel palazzo dipinse molte camere, che poi furono rouinate dal Duca Hercole vecchio; per ridurre il palazzo alla moderna. Di maniera, che in quella città non è rimaso di man di Piero se non una capella in s. Agostino, lauorata in fresco; Et anco quella è dalla humidità mal condotta. Dopo, essendo condotto a Roma, per Papa Nicola quinto lauorò in palazzo due storie nelle camere di sopra a concorrenza di Bramante da Milano, lequali forono similmẽte gettate per terra da Papa Giulio secondo, perche Raffaello da Vrbino vi dipignesse la prigionia di S. Piero; & il Miracolo del Corporale di Bolsena, insieme con alcune altre, che haueua dipinte Bramantino pittore Ecc. de' tempi suoi. E perche di costui non posso scriuere la vita, ne l'opere particulari, per essere andate male; non mi parrà fatica, poi che viene a proposito; far memoria di costui; Ilquale nelle dette opere, che furono gettate per terra, haueua fatto, secondo, che ho sentito ragionare alcune teste di Naturale si bello, e si ben condotte, che la sola parola mancaua a dar loro la vita.

Delle quali teste ne sono assai venute in luce, perche Raffaello da Vrbino le fece ritrare, per hauere l'effigie di coloro, che tutti furono gran personaggi. perche fra essi era Niccolò forte braccio. Carlo settimo Re di Fräcia, Antonio Colonna, Principe di Salerno, Francesco Carmignuola, Giouanni Vitellesco, Bessarione Cardinale, Francesco Spinola, Battista da Canneto. I quali tutti ritratti furono dati al Giouio da Giulio Romano discepolo, & herede di Raffaello da Vrbino, e dal Giouio posti nel suo Museo a Como. In Milano sopra la porta di S. Sepolchro ho veduto vn Christo morto di mano del medesimo fatto in iscorto: nelquale ancora, che tutta la pittura non sia piu che vn braccio d'Altezza, si dimostra tutta la lunghezza dell'impossibile, fatta con facilità, & con giudizio. Sono ancora di sua mano in detta città, in casa del Marchesino Ostanesia camere, e loggie cõ molte cose lauorate da lui cõ pratica, e grandissima forza ne gli scorti delle figure. E fuori di porta Verselina, vicino al castello, dipinse a certe stalle hoggi rouinate, e guaste alcuni seruidori, che streghiauano caualli. Fra i quali n'era vno tanto viuo, e tanto ben fatto, che vn'altro cauallo tenendolo per vero, gli tirò molte coppie di calci. Ma tornando a Piero della Francesca, finita in Roma l'opera sua, se ne tornò al borgo essendo morta la madre: e nella Pieue fece a fresco dentro alla porta del mezzo, due santi, che sono tenuti cosa bellissima. Nel conuento de' frati di S. Agostino dipise la Tauola dell'Altar Maggiore, che fu cosa molto lodata; & in fresco lauorò vna N. Donna della Misericordia in vna compagnia, o vero, come essi dicono, confraternità: e nel palazzo de' Conseruadori vna resurettione di Christo, laquale è tenuta dell'opere, che sono in detta città, e di tutte le sue la migliore. Dipinse a S. Maria di Loreto in compagnia di Domenico da Vinegia, il principio d'un'opera nella volta della sagrestia; ma perche temendo di peste, la lasciarono imperfetto, ella fu poi finita da Luca da Cortona, discepolo di Piero, come si dirà al suo luogo. Da Loreto venuto Piero in Arezzo, dipinse per Luigi Bacci, Cittadino Aretino in s. Francesco la loro capella dell'Altar Maggiore, la volta della quale era già stata cominciata da Lorenzo di Bicci. Nellaquale opera sono storie della croce, da che i figliuoli d'Adamo, sotterandolo gli pongono sotto la lingua il seme dell'Albero, di che poi nacque il detto legno; insino alla esaltazione di essa croce; fatta da Eraclio Imperadore, ilquale portandola in su la spalla a piedi, e scalzo, entra con essa in Hierusalem. Doue sono molte belle considerazioni, e attitudini degne d'esser lodate. Come, Verbigrazia, gl'habiti delle Donne della Reina Saba, condotti con maniera dolce, e nuoua; molti ritratti di Natura le antichi, e viuissimi: vn' ordine di colonne corintie diuinamente misurate, vn Villano, che appoggiato con le mani in su la vanga, sta con tanta prontezza a vdire parlare santa Lena, mentre le tre croci si dissotterrano, che nõ è possibile migliorarlo. Il morto ancora, è benissimo fatto, che al toccar della croce resuscita; e la letizia similmente di santa Lena, con la marauiglia de' circonstanti, che si inginocchiano ad adorare. Ma sopra ogni altra considerazione, & d'ingegno, & d'arte è lo hauere dipinto la Notte, & vn'Angelo in iscorto, che venendo a capo all'ingiù, a portare il segno della vittoria a Gostantino, che dorme in vn padiglione, guardato da vn cameriere, & da alcuni armati, oscurati dalle tenebre della notte, cõ la stessa luce sua illumina il padiglione, gl'armati, & tutti i dintorni, con grandissima discrezione: perche Pietro fa conoscere in questa oscurità, quanto importi imitare le cose vere, e lo andarle togliendo dal proprio. Il che hauendo egli fatto benissimo ha dato cagione a i moderni di seguitarlo, e diuenire a quel grado sommo, doue si veggiono ne' tempi nostri le cose. In questa medesima storia espresse efficacemente in vna battaglia la paura, l'animosità, la destrezza, la forza, e tutti gl'altri affetti, che in coloro si possono considerare, che combattono, e gl'accidenti parimente; con vna strage quasi incredibile di feriti, di cascati, e di morti. Ne' quali, per hauere pietro contrafatto in fresco l'armi, che lustrano merita lode grandissima, non meno, che per hauer fatto nell'altra faccia, doue è la fuga, e la sommersione di Massenzio, vn gruppo di caualli in iscorcio, così marauigliosamente condotti, che rispetto a que' tempi, si possono chiamare troppo begli, e troppo Eccellenti. Fece in questa medesima storia vno mezzo ignudo, e mezzo vestito alla saracina sopra vn cauallo secco molto ben ritrouato di Notomia, poco nota nell'età sua. Onde meritò per questa opera, da Luigi Bacci, ilquale insieme con Carlo, & altri suoi fratelli, e molti Aretini, che fioriuano allora nelle lettere, quiui intorno alla decolazione d'un Re ritrasse, essere largamente premiato, e d'essere, sì come fu poi sempre amato, e reuerito in quella città, laquale haueua con l'opere sue tanto illustrata. Fece anco nel Vescouado di detta città vna s. Maria Madalena a fresco allato alla porta della sagrestia: E nella compagnia della Nunziata fece il segno da portare a processione. A s. Maria delle Grazie fuor della terra in testa d'un chiostro, in vna sedia tirata in prospettiua vn s. Donato in pontificale con certi putti: & in s. Bernardo ai Monaci di Monte Oliueto vn. s. Vincenzio in vna nicchia alta nel muro, che è molto da gli Artefici stimato. A Sargiano luogo de frati Zoccolanti di s. Francesco fuor d'Arezzo, dipinse in vna cappella vn Cristo, che di notte ora nell'orto, bellissimo. Lauorò ancora in Perugia molte cose, che in qulla città si veggiono: come nella chiesa delle Donne di s. Antonio da Padoa, in vna Tauola a tempera vna N. Donna, col figliuolo in grembo, san Fracesco, s. Lisabetta, s. Giouanbattista, e s. Antonio da padoa: e di sopra vna Nunziata bellissima, con vn Angelo, che par proprio, che venga dal cielo, e che è piu, vna prospettiua di colonne, che diminuiscono, bella affatto. Nella predella in istorie di figure piccole, è s. Antonio, che risuscita vn putto: s. Lisabetta, che salua vn fanciullo cascato in vn pozzo: e s. Francesco, che riceue le stimate. In s. Chriaco d'Ancona all'Altare di s. Giuseppo dipinse in vna storia bellissima lo Spolalizio di N. Donna.

Fu Piero, come si è detto studiosissimo dell'arte, e si esercitò assai nella prospettiua; & hebbe bonissima cognizione d'Euclide: in tanto, che tutti i miglior giri tirati ne' corpi regolari, egli meglio, che altro Geometra intese: & i maggior lumi, che di tal cosa ci siano, sono di sua mano. Perche Maestro Luca dal Borgo frate di s. France. che scrisse de' corpi regolari di Geometria, fu suo discepolo. E venuto Piero in vecchiezza, & a morte doppo hauer scritto molti libri; maestro Luca detto, vsurpandogli per se stesso, gli fece stampare, come suoi, essendogli peruenuti quelli alle mani dopo la morte del maestro. Vsò assai Piero di far modelli di terra, & a quelli metter sopra panni molli, con infinità di pieghe, per ritrarli, e seruirsene. Fu discepolo di Piero Lorentino d'Angelo Aretino, ilquale imitando la sua maniera, fece in Arezzo mol te pitture: e diede fine a quelle, che Piero lasciò, soprauenendoli la morte, imperfette. Fece Lorentino in fresco, vicino al s. Donato, che Piero lauorò nella Madonna delle Grazie, alcune storie di s. Donato, & in molti altri luoghi di quella città, e similmente del contado, moltißime cose, e perche non si staua mai, e per aiutare la sua famiglia, che in que'tempi era molto pouera. Dipinse il medesimo nella detta chiesa delle Grazie vna storia, doue Papa Sisto quarto, in mezzo al Cardinal di Mantoa, & al Cardinal Piccolomini, che fu poi papa Pio terzo, concede a quel luogo vn perdono. Nellaquale storia ritrasse Lorentino di naturale, e ginocchioni Tommaso Marzi, Piero Traditi, Donato Rosselli, e Giuliano Nardi, tutti Cittadini Aretini, & operai di q̃l luogo. Fece ancora nella sala del palazzo de'Priori ritratto di naturale Galeotto Cardinale da Pietra Mala, il Vescouo, Gulielmino de gl'Vbertini, M. Angelo Albergotti Dottor di legge, e molte altre opere, che sono sparse per quella città. Dicesi, che essendo vicino a Carnouale i figliuoli di Laurentino lo pregauano, che amazzasse il porco, si come si costuma in quel paese; e che non hauendo egli il modo da comprarlo, gli diceuano: non hauendo danari, come farete Babbo a comperare il porco? a che rispondeua Lorentino, qualche Santo ci aiuterà. Ma hauendo ciò detto piu volte, e non comparendo il porco; n'haueuano, passando la stagione, perduta la speranza quando finalmente gli capitò alle mani vn Contadino dalla Pieue a quarto, che per sodisfare vn voto, voleua far dipignere vn s. Martino, ma non haueua altro assegnamento per pagare la pittura, che vn porco, che valeua cinque lire. Trouando costui Lorentino gli disse, che voleua fare il s. Martino; ma che nõ haueua altro assegnamento, che il porco. Conuenutisi dunque, Lorentino gli fece il santo, & il contadino a lui menò il porco. E così il santo prouide il porco a i poueri figliuoli di questo pittore. Fu suo discepolo ancora, Piero da Castel della Pieue, che fece vn'Arco sopra santo Agostino, & alle Monache di s. Chaterina d'Arezzo vn s. Vrbano, hoggi ito per terra, per rifare la chiesa. Similmẽte fu suo creato Luca Signorelli da Cortona, ilquale gli fece piu che tutti gl'altri honore. Piero Borghese, le cui pitture furono intorno agl'anni 1458, d'anni sessanta, per vn cattaro accecò, & così visse insino all'anno 86 del la sua vita. Lasciò nel Borgo bonißime faculta, & alcune case, che egli stesso si haueua edificate. lequali per le parti furono arse, e rouinate l'anno 1536. Fu sepolto nella chiesa Maggiore, che gia fu dell'ordine di Camaldoli, et hoggi è Vescouado, honoratamente da'suoi Cittadini. I libri di Pietro sono, per la maggior parte nella libreria del secondo Federigo Duca d'Vrbino, e sono tali, che meritamente gli hanno acquistato nome del miglior Geometra, che fusse ne'tempi suoi;

Fine della vita di Piero della Francesca.

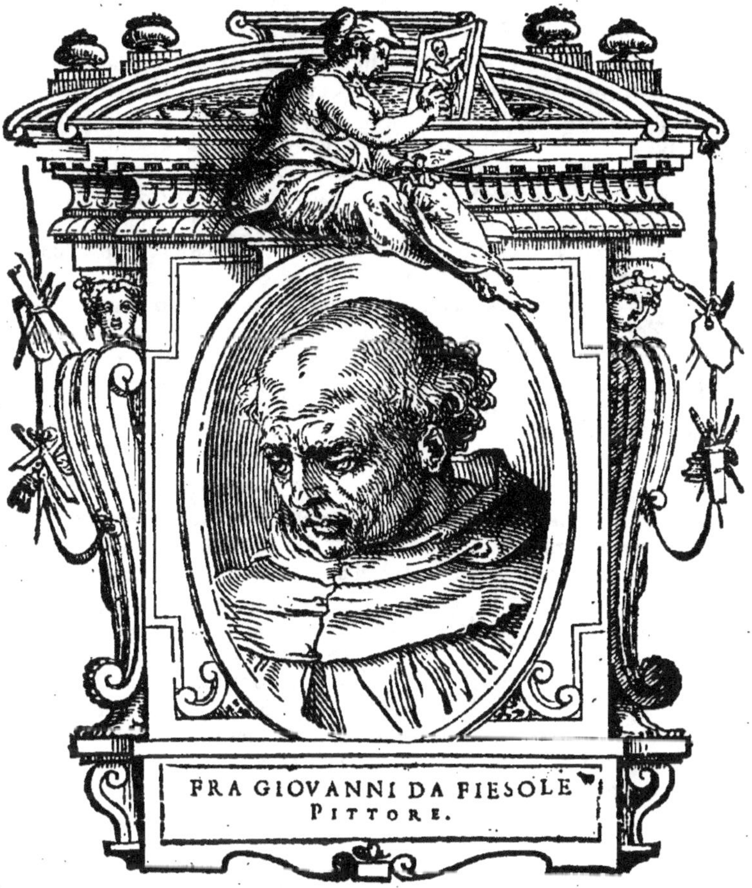

FRA GIOVANNI DA FIESOLE
PITTORE.

Vita di Fra Giouanni da Fiesole dell'Ordine de' Frati Predicatori Pittore.

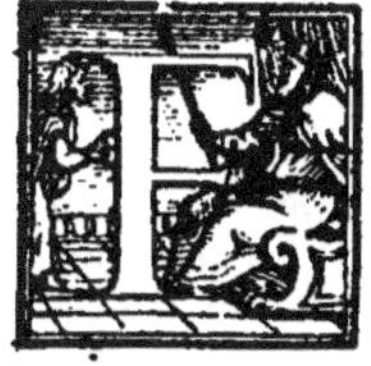

RATE Giouanni Angelico da Fiesole, ilquale fu al secolo chiamato Guido; essendo non meno stato eccellente pittore, e miniatore, che Ottimo Religioso, merita per l'una, e p l'altra cagione, che di lui sia fatta honoratissima memoria. Costui se bene harebbe potuto commodissimamẽte stare al secolo, & oltre quello, che heueua, guadagnarsi cioche hauesse voluto con quell'arti, che ancor giouinetto benissimo fare sapeua; volle nondimeno, per sua sodisfazione, e quiete, essendo di natura posato, e buono, e per saluare l'anima sua principalmente, farsi

relli-

relligioso dell'ordine de'frati predicatori; percioche se bene in tutti gli stati si puo seruire a Dio; ad alcuni nondimeno pare di poter meglio saluarsi ne' Monasterij, che al secolo. Laqual cosa, quanto a i buoni succede felicemēte, tanto per lo contrario riesce, a chi si fa relligioso, p altro fine, misera veramente, & infelice. Sono di mano di Fra Giouanni nel suo conuento di s. Marco di Firenze, alcuni libri da choro miniati tanto belli, che non si puo dir piu; & a questi simili sono alcuni altri, che lasciò in s. Domenico da Fiesole, con incredibile diligenza lauorati. Ben è vero, che a far questi fu aiutato da vn suo maggior fratello, che era similmente Miniatore, & assai esercitato nella pittura. Vna delle prime opere, che facesse questo buon Padre, di pittura fu nella Certosa di Fioréza vna Tauola, che fu posta nella maggior cappella del cardinale, degl'Acciaiuoli, dentro laquale è vna N. Donna col figliuolo in braccio, & con alcuni Angeli a piedi, che suonano, e cantano, molto belli, e da gli lati sono s. Lorenzo, s. Maria madalena, s. Zanobi, & s. Benedetto. E nella predella sono di figure piccole, storiette di que'santi fatte con infinita diligenza. Nella crociera di detta capella, sono due altre Tauole di mano del medesimo: in vna è la incoronatione di N. Donna; e nell'altra vna Madonna con due sāti, fatta con azurri oltramarini bellissimi. Dipinse dopo nel tramezzo di S. Maria Nouella, in fresco a canto alla porta, dirimpetto al choro, s. Domenico, S, Caterina da Siena, e S. Piero Martire: & alcune storiette piccole nella capella dell'incoronazione di N. Donna nel detto tramezzo. In tela fece ne i portegli, che chiudeuano l'organo vecchio vna Nunziata, che è hoggi in conuento, dirimpetto alla porta del Dormentorio da basso, fra l'un chiostro, e l'altro. Fu questo padre, per i meriti suoi in modo amato da Cosimo de'Medici, che hauendo egli fatto murare la chiesa, & conuento di s. Marco, gli fece dipignere in vna faccia del capitolo tutta la passione di Giesu Christo: e dall'uno de'lati tutti i santi, che sono stati capi, e fondatori di religioni, mesti, & piangenti a pie della croce: e dall'altro vn s. Marco Euangelista intorno alla Madre del figliuol di Dio, venutasi meno nel vedere il Saluatore del mondo crucifisso. Intorno allaquale sono le Marie, che tutte dolenti la sostengono; e s. Cosimo, & Damiano. Dicesi, che nella figura del s Cosimo Fra Giouanni ritrasse di naturale Nanni d'Antonio di Banco, scultore, & amico suo. Di sotto a questa opera fece in vn fregio, sopra la spalliera, vn Albero, che ha san Domenico a piedi; & in certi tondi, che circondano i Rami, tutti i Papi, Cardinali, Vescoui, Santi, & Maestri in Theologia, che haueua hauuto insino allora la religione sua de'frati predicatori. Nellaquale opera, aiutandolo i frati, con mandare per essi in diuersi luoghi, fece molti ritratti di naturale, che furono questi. S. Domenico in mezzo, che tiene i rami dell'albero, Papa Innocenzio quinto Franzese, il Beato Vgone, primo Cardinale di quell'ordine. Il Beato Paulo Fiorentino Patriarcha, s. Antonino Vrciuescouo, Fiorentino, Il Beato Giordano Tedesco, secondo generale di quell'ordine. Il Beato Niccolò, il beato Remigio Fiorentino, Boninsegno Fiorentino Martire: e tutti questi sono a man destra; a sinistra poi Benedetto 11. Triuisano; Giandomenico Cardinale Fior. Pietro da Palude Patriarcha Ierosolimitano: Alberto Magno Todesco; il beato Raimondo di Catelogna terzo Generale dell'ordine; il Beato Chiaro Fiorentino Prouinciale Romano, s. Vincézio di Valenza, e il

Beato Bernardo Fiorentino. Lequali tutte teste sono veramente graziose, e molto belle. Fece poi nel primo chiostro sopra certi mezzi tondi molte figure a fresco bellissime, & vn crucifisso con s. Domenico a piedi molto lodato: e nel Dormentorio, oltre molte altre cose per le celle, e nella facciata de'muri, vna storia del Testamento nuouo bella quãto piu non si puo dire. Ma particolarmẽte è bella a marauiglia la tauola dell'Altar maggiore di quella chiesa; perche oltre, che la Madonna muoue a diuozione chi la guarda, per la semplicità sua, e che i santi, che le sono intorno sono simili a lei, la predella nella quale sono storie del martirio di s. Cosimo, e Damiano, e degl'altri, è tanto bẽ fatta, che non è possibile imaginarsi di poter veder mai cosa fatta con piu diligenza, ne le piu delicate, o meglio intese figurine di quelle. Dipinse similmẽte a s. Domenico di Fiesole la tauola dell'Altar maggiore: laquale, perche forse pareua, che si guastasse è stata ritoccha da altri maestri, e peggiorata. Ma la predella, & il ciborio del Sacramento sonosi meglio mantenuti; & infinite figurine, che in vna gloria celeste vi si veggiono sono tante belle, che paiono ueramẽte di paradiso; ne puo chi vi si accosta saziarsi di vederle. In vna cappella della medesima chiesa è di sua mano in vna tauola la N. Donna annunziata dall'Angelo Ghabriello, con vn profilo di viso tanto deuoto, delicato, e bẽ fatto, che par veramente non da vn'huomo, ma fatto in paradiso: e nel campo del paese è Adamo, & Eua, che furono cagione, che della Vergine incarnasse il Redentore: Nella predella ancora sono alcune storiette bellissime. Ma sopra tutte le cose, che fece Fra Giouãni, auanzò se stesso, e mostrò la somma virtù sua, e l'intelligenza dell'arte in vna tauola, che è nella medesima chiesa allato alla porta, entrando a man manca, nellaquale Giesu Christo incorona la N. Donna in mezzo a vn choro d'Angeli, & in fra vna multitudine infinita di santi, e sante, tanti in numero, tanto ben fatti, & cõ si varie attitudini, e diuerse arie di teste, che incredibile piacere, e dolcezza si sente in guardarle, anzi pare, che que'spiriti beati, non possino essere in cielo altrimente, o per meglio dire, se hauessero corpo, non potrebbono: percioche tutte i santi, e le sante, che vi sono, non solo sono viui, & con arie delicate, e dolci, ma tutto il colorito di quell'opera par che sia di mano d'un santo, o d'un Angelo, come sono; onde a gran ragione fu sempre chiamato questo da ben religioso, Frate Giouanni Angelico. Nella predella poi le storie, che vi sono della N. Donna, e di s. Domenico, sono in quel genere diuine: & io per me posso con verità affermare, che non veggio mai questa opera, che non mi paia cosa nuoua, ne me ne parto mai sazio. Nella capella similmente della Nunziata di Firenze, che fece fare Piero di Cosimo de'Medici, dipinse i sportelli dell'Armario, doue stanno l'argenterie, di figure piccole; condotte con molta diligenza. Lauorò tante cose questo padre, che sono per le case de'Cittadini di Firenze, che io resto qualche volta marauigliato, come tanto, e tanto bene potesse, eziandio in molti anni, condurre perfettamente vn'huomo solo. Il molto R. Don Vincenzio Borghini Spedalingo degl'Innocenti ha di mano di questo padre vna N. Donna piccola bellissima. & Bartolomeo Gondi amatore di questi arti al pari di qual si voglia altro gentil'huomo, ha vn quadro grande, vn piccolo, & vna croce di mano del medesimo. Le pitture ancora, che sono nell'arco sopra la porta di s. Domenico sono del medesimo. Et in

s. Trinis.Trinita vna tauola della sagrestia doue è vn Deposto di croce,nelquale mise tanta diligenza,che si puo fra le migliori cose,che mai facesse,annouerare. In s.Francesco fuor della porta a s.Miniato,è vna Nunziata,& in s.Maria Nouella,oltre alle cose dette,dipinse di storie piccole il cereo Pasquale,& alcuni Reliquieri,che nelle maggiori solennità si pongono in sull'Altare. Nella Badia della medesima città, fece sopra vna porta del chiostro vn s.Benedetto, che accenna silenzio. Fece a Linaiuoli vna tauola,che è nell'uffizio dell'arte loro:e in Cortona vn'archetto sopra la porta della chiesa dell'ordine suo; e similmente la tauola dell'Altar maggiore. In Oruieto cominciò in vna volta della capella della Madonna in Duomo, certi profeti, che poi furono finiti da Luca da Cortona. Per la compagnia del Tempio di Firenze fece in vna tauola vn Christo morto. E nella chiesa de'Monaci degl'Angeli vn Paradiso, & vn'Inferno di figure piccole,nel quale con bella osseruanza fece i beati bellissimi, e pieni di giubilo, & di celeste letizia; & i dannati apparecchiati alle pene dell'Inferno, in uarie guise mestissimi, e portanti nel volto impresso il peccato,e demerito loro. I Beati si veggiono entrare celestemente ballando per la porta del paradiso; & i Dannati da i Demonij all'inferno nell'eterne pene strascinati:

Questa opera è in detta chiesa,andando verso l'altar maggior'a man ritta doue sta il sacerdote,quando si cantano le messe,a sedere. Alle monache di san Piero martire,che hoggi stanno nel monasterio di san Felice in piazza, il quale era dell'ordine di Camaldoli,fece in vna tauola la nostra Donna,s.Giouanni Battista,san Domenico,san Tommaso,& san Piero martire, con figure piccole assai. Si vede anco nel tramezzo di santa Maria nuoua vna tauola di sua mano.Per questi tanti lauori,essendo chiara per tutta Italia la fama di fra Giouanni,papa Nicola quinto mandò per lui,& in Roma gli fece fare la cappella del palazzo,doue il papa ode la Messa,con vn deposto de croce,& alcune storie di s.Lorenzo bellissime,& miniar alcuni libri,che sono bellissimi: Nella Minerua fece la tauola dell'altar maggiore,& vna Nunziata, che hora è a canto alla cappella grande appoggiata a vn muro. Fece anco per il detto papa la cappella del sagramento in palazzo,che fu poi rouinata da Paulo terzo,per dirizzarui le scale,nellaquale opera,che era eccellente in quella maniera sua,haueua lauorato in fresco alcune storie della vita di Giesu Christo, & fattoui molti ritratti di naturale di persone segnalate di que'tempi,i quali per auuentura sarebbono hoggi perduti,se il Giouio non hauesse fattone ricauar questi per il suo Museo: papa Nicola quinto; Federigo Imperator,che in quel tempo véne in Italia: frate Antonino,che fu poi Arciuescouo di Firéze; il Biondo da Furlì,& Ferrante d'Aragona.E perche al papa,parue fra Giouanni,si come era veramente,persona di santissima vita,quieta, & modesta, vacando l'Arciuescouado,in quel tépo,di Firenze,l'haueua giudicato degno di quel grado; quando intendendo cio il detto frate, supplicò a sua Santità, che prouedesse d'un'altro; percioche non si sentiua atto a gouernar popoli, ma,che hauendo la sua religione vn frate amoreuole de'poueri, dottissimo, di gouerno,e timorato di Dio,sarebbe in lui molto meglio qlla dignità collocata,che in se. Il papa sentédo cio,e ricordádosi, che quello,che diceua era vero,gli fece la grazia liberamente; e cosi fu fatto Arciuescouo di Fiorenza frate Antonino dell'ordine de' predicatori, huomo veramente per santità, e dottrina chiarissimo, & in somma tale, che meritò, che Adriano sesto, lo canonizasse a' tempi nostri. Fu gran bontà quella di fra Giouanni, & nel vero cosa rarissima concedere vna dignità, & vno honore, e carico così grande, a se offerto da vn sommo Pontefice; a colui, che egli con buon'occhio, e sincerità di cuore ne giudicò molto piu di se degno. Apparino da questo santo huomo i religiosi de' tempi nostri a non tirarsi addosso quei carichi, che degnamente non possono sostenere, & a cedergli a coloro, che dignissimi ne sono. E volesse Dio, per tornare a fra Giouanni, sia detto con pace de buoni, che così spédessero tutti i religiosi huomini il tempo, come fece questo padre veramente Angelico, poi che spese tutto il tempo della sua vita in seruigio di Dio, e benefizio del mondo, e del prossimo. E che piu si puo, o deue disiderare, che acquistarsi viuendo santamente, il regno celeste; e virtuosamente operando eterna fama nel mondo? E nel vero non poteua, e non doueua discendere vna somma, e straordinaria virtù, come fu quella di fra Giouanni, se non in huomo di santissima vita; percioche deuono coloro, che in cose ecclesiastiche, e sante s'adoperano, essere ecclesiastici, e santi huomini: essendo che si vede, quando cotali cose sono operate da persone, che poco credino, e poco stimano la religione, che spesso fanno cadere in mente appetiti disonesti, e voglie lasciue: onde nasce il biasimo dell'opere nel disonesto, e la lode nel artificio, e nella virtù: ma io non vorrei gia, che alcuno s'ingannasse interpretando il goffo, & inetto, deuoto; & il bello, e buono; lasciuo; come fanno alcuni, i quali vedendo figure, o di femina, o di giouane vn poco piu vaghe, e piu belle, & adorne, che l'ordinario la pigliano subito, e giudicano per lasciue non si auedendo, che a gran torto dannano il buon giudizio del pittor, il quale tiene i santi, e sante, che sono celesti, tanto piu belli della natura mortale, quanto auanza il cielo la terrena bellezza, e l'opere nostre: e che è peggio, scuoprono l'animo loro infetto, e corrotto, cauando male, e voglie disoneste di quelle cose; dellequali se e fussino amatori dell'honesto, come in quel loro zelo sciocchо uogliono dimostrare, verrebbe loro disiderio del cielo: e di farsi accetti al Creatore di tutte le cose, dal quale perfettissimo, & bellissimo nasce ogni perfezzione, e bellezza, che farebbono, o è da credere, che facciano questi cotali, se doue fussero, o sono bellezze viue, accompagnate da lasciui costumi, da parole dolcissime, da mouimenti pieni di grazia, e da occhi, che rapiscono i non ben saldi cuori, si ritrouassero, o si ritruouano? poi che la sola immagine, e quasi ombra del bello, cotanto gli cõmoue? ma non percio vorrei, che alcuni credessero che da me fussero approuate qlle figure, che nelle chiese sono dipinte poco meno, che nude del tutto, perche in cotali si vede, che il pittore non ha hauuto quella considerazione, che doueua al luogo; perche quando pure si ha da mostrare quanto altri sappia, si deue fare con le debite cirõnstanze, & hauer rispetto alle persone, a têpi, & ai luoghi. Fu fra Giouanni Semplice huomo, e santissimo ne' suoi costumi; e questo faccia segno della bontà sua, che volendo vna mattina Papa Nicola quinto dargli desinare, si fece coscienza di mangiar della carne senza licẽza del suo priore, non pensando all'autorità del pontefice. Schiuò tutte le azzioni del mondo: & pura, e santamente viuendo fu de' poueri tanto amico, quanto penso, che

che sia hora l'anima sua del cielo. | Si esercitò continuamente nella pittura, ne mai volle lauorare altre cose, che di santi. Potette esser ricco, e non se ne curò, anzi usaua dire, che la vera ricchezza non è altro, che contentarsi del poco. Potette comandare a molti, e non uolle; dicendo esser men fatica, & mãco errore ubidire altrui. Fu in suo arbitrio hauere dignità ne frati, e fuori, e non le stimò; affermando nõ cercare altra dignità, che cercare di fuggire l'inferno, & accostarsi al paradiso. E di uero qual dignità si puo a quella paragonare, laqual deuerebbono i religiosi, ãzi pur tutti gl'huomini, cercare? E che in solo Dio, & nel viuere uirtuosamente si ritruoua? Fu humanissimo, e sobrio; e castamente uiuendo, da i lacci del mondo si sciolse, usando spesse fiate di dire, che chi faceua questa arte, haueua bisogno di quiete, e di viuere senza pensieri: e che chi fa cose di Christo, con Christo deue star sempre. Non fu mai ueduto in collera tra i frati; ilche grandissima cosa, e quasi impossibile mi pare a credere: & soghignando semplicemente haueua in costume d'amonire gl'amici. Con amoreuolezza incredibile, a chiunche ricercaua opere da lui diceua, che ne facesse esser contento il priore, e che poi non mancherebbe. In somma fu questo, non mai a bastanza lodato padre in tutte l'opere, e ragionamenti suoi humilissimo, e modesto, e nelle sue pitture facile, e deuoto; & i santi, che egli dipinse, hanno piu aria, e somiglianza di santi, che quegli di qualunche altro. Haueua per costume non ritoccare, ne racconciar mai alcuna sua dipintura, ma lasciarle sempre in quel modo, che erano venute la prima volta; p creder (secõdo, ch'egli diceua) che cosi fusse la volontà di Dio. Dicono alcuni, che fra Giouanni non harebbe messo mano a i pennelli, se prima non hauesse fatto orazione. Non fece mai crucifisso, che non si bagnasse le gote di lagrime. Onde si conosce ne i volti, e nell'attitudini delle sue figure la bonta del Sincero, e grande animo suo nella religione Christiana. Morì d'anni sessãtotto nel 1455. E lasciò suoi Discepoli Benozzo Fiorentino, che imitò sempre la sua maniera: Zanobi Strozzi, che fece quadri, e tauole per tutta Fiorenza, per le case de' Cittadini, e particolarmente vna tauola posta hoggi nel tramezzo di s. Maria Nouella allato a quella di fra Giouãni; & vna in s. Benedetto Monasterio de' Monaci di camaldoli, fuor della porta a Pinti, hoggi rouinato; laquale è al presente nel monasterio degl'Angeli, nella chiesetta di s. Michele, inanzi che si entri nella principale, a man ritta, andando verso l'altare, apoggiata al muro, e similmente vna tauola in s. Lucia alla capella de' Nasi: & vn'altra in s. Romeo: & in guarda roba del Duca è il ritratto di Giouanni di Bicci de' Medici, e quello di Bartolomeo Valori in vno stesso quadro, di mano del medesimo. Fu anco discepolo di fra Giouanni Gentile da Fabbriano. e Domenico di Michelino, ilquale in s. Apolinare di Firenze fece la tauola all'altare di s. Zanobi, & altre molte dipinture. Fu sepolto fra Giouanni da i suoi frati nella Minerua di Roma lungo l'entrata del fianco, appresso la sagrestia in un sepolcro di marmo tondo, e sopra esso egli ritratto di naturale. Nel marmo si legge intagliato questo Epitaffio.

Non mihi sit laudi, quòd eram uelut alter Apelles;
Sed quòd lucra tuis omnia Christe dabam:
Altera nam terris opera extant; altera coelo.
Vrbs me Ioannem flos tulit Aethruriæ.

Sono di mano di fra Giouanni in s. Maria del Fiore due grandissimi libri miniati diuinaméte, iquali sono tenuti con molta venerazione, e riccaméte adornati, ne si ueggiono se non ne'giorni solennissimi.

Fu ne'medesimi tempi di fra Giouanni celebre, e famoso Miniatore vn'Attauante Fiorentino, delquale non so altro cognome; ilquale fra molte altre cose miniò vn Silio Italico, che è hoggi in s. Giouanni, e Polo di Vinezia; della quale opera non tacerò alcuni particolari, si perche sono degni d'essere in cognizione degl'Artefici, si perche non si truoua ch'io sappia altra opera di costui: ne anco di questa hauerei notizia. Se l'affizione, che a queste nobili Arti porta il Molto R. M. Cosimo Bartoli, gentil'huomo Fiorentino, non mi hauesse di cio dato notizia, accio non stia come sepolta la virtù d'Attauante. In detto libro dunque la figura di Silio ha in testa vna celata christata d'oro, & vna corona di lauro: indosso vna corazza azurra tocca d'oro all'antica, nella mã destra vn libro, e la sinistra tiene sopra vna spada corta. Sopra la corazza ha vna clamide rossa affibbiata cõ vn gruppo dinãzi, e gli pēde dalle spalle fregiata d'oro. Il rouescio dellaquale clamide apparisce cangiante, e ricamato a rosette d'oro. Ha i calzaretti gialli, e posa in sul pie ritto in vna Nicchia. La figura, che dopo in questa opera rappresenta Scipione Africano, ha in dosso vna corazza gialla, i cui pendagli, e maniche di colore azurro, sono tutti ricamati d'oro. Ha in capo vna celata con due Aliette, & vn pesce per cresta. L'effigie del giouane è bellissima, e bionda; & alzando il destro braccio fieramente, ha in mano vna spada nuda; e nella stanca tiene la guaina, che è rossa, e ricamata d'oro. Le calze sono di color verde, e semplici: & la clamide, che è azurra ha il di dentro rosso con vn fregio attorno d'oro; & agruppata auanti alla fontanella, lascia il dinãzi tutto aperto, cadendo dietro con bella grazia. Questo giouane che è in vna Nichia di mischi verdi, e bertini cõ calzari azurri ricamati d'oro guarda con ferocità inestimabile Annibale, che gli è all'incõtro nell'altra faccia del libro. E la figura di questo Annibale d'età di anni 36 in circa; fa due crespe sopra il naso a guisa di adirato, e stizzoso, & guarda ancor, essa fiso Scipione. Ha in testa vna celata gialla; per cimiero vn Drago verde, e giallo; e per ghirlanda vn serpe. Posa in sul pie stanco, & alzato il braccio destro, tiene con esso vn'asta d'un pilo antico, o vero partigianetta. Ha la corazza azurra, & i pendagli parte azurri, e parte gialli, cõ le maniche cangianti d'azurro, e rosso, & i calzaretti gialli. La clamide è cangiante di rosso, e giallo, aggruppata in sulla spalla destra, e foderata di verde: e tenendo la mano stanca in sulla spada posa in vna Nicchia di mischi gialli, biãchi, & cangianti. Nell'altra faccia è Papa Nicola quinto, ritratto di naturale, con vn manto Cangiãte pagonazzo, e rosso, e tutto ricamato d'oro. E senza barba in profilo affatto; e guarda verso il principio dell'opera, che è ditincontro; & con la man destra accenna verso quella, quasi marauigliandosi. La Nicchia è verde, biãca, e rossa. Nel fregio poi sono certe mezze figurine in vn componimento fatto d'ouati, e tondi, & altre cose simili con vna infinita d'Vccelletti, e puttini tanto ben fatti, che nõ si puo piu disiderare. Vi sono appresso in simile maniera Hannone Cartaginese, Asdrubale, Lelio, Massinissa. C. Salinatore, Nerone, Sempronio, M. Marcello, Q. Fabio, l'altro Scipione, e Vibio. Nella fine del libro si vede vn Marte sopra vna carretta antica, tirata da due caualli rossi.

si. Ha in testa vna celata rossa, e d'oro, con due aliette nel braccio sinistro, vno scudo antico, che lo sporge inanzi, e nella destra vna spada nuda. Posa so pra il pie manco solo, tenendo l'altro in aria. Ha vna corazza all'antica tutta rossa, e d'oro, e simili sono le calze, & i calzaretti. La clamide è azurra di sopra, e di sotto tutta verde ricamata d'oro. La carretta è coperta di drappo rosso ricamato d'oro con vna banda d'ermellini attorno: & è posta in vna Campagna fiorita, e verde, ma fra scogli, e sassi. E da lontano vede paesi, e città in un'aere d'azurro eccellẽtiss. Nell'altra faccia vn Nettunno giouane ha il uestito a guisa d'una Camicia lunga, ma ricamata a torno del colore, che è la terretta uerde. La carnagione è pallidissima; nella destra tiene un tridente piccoletto, & con la sinistra s'alza la uesta. posa con amendue i piedi sopra la carretta, che è coperta di rosso ricamata d'oro, e fregiato intorno di zibellini. Questa carretta ha quattro ruote, come quella del Marte, ma è tirata da quattro Delfini, sonui tre Ninfe Marine, due putti, & infiniti pesci, fatti tutti d'un'acquerello simile alla terretta; & in aere bellissime. Vi si uede dopo Cartagine disperata, laquale è una Donna ritta, e scapigliata, e di sopra uestita di verde, e dal fianco in giu aperta la veste, foderata di drappo rosso ricamato d'oro, per laquale apritura si viene a vedere vn'altra veste, ma sottile, & cangiante di paonazzo, e bianco. Le maniche sono rosse, e d'oro, con certi sgonfi, e suolazi, che fa la vestà di sopra; porge la mano stanca verso Roma, che l'è all'incontro, quasi dicendo, che vuoi tu? io ti risponderò; e nella destra ha vna spada nuda, come infuriata. I calzari sono azurri, e posa sopra vno scoglio in mezzo del mare, circondato da vn'aria bellissima. Roma è vna giouane tanto bella quanto puo huomo imaginarsi, scampigliata, con certe trecce fatte con infinita grazia è vestita di rosso puramente, con vn solo ricamo da piede. Il Rouescio della veste è giallo, & la veste di sotto, che per l'aperto si vede, è di cangiante paonazzo, e bianco. I calzari sono verdi, nella man destra ha vno scetro, nella sinistra vn mondo, e posa ancora essa sopra vno scoglio, in mezzo d'un Aere, che non puo essere piu bello. Ma si bene io mi sono ingegnato, come ho saputo il meglio di mostrare con quanto artifizio susseero queste figure da Attauante lauorate, niuno creda però, che io habbia detto pure vna parte di quello, che si puo dire della bellezza loro, essendo, che per cose di que'tempi non si puo di minio veder meglio, ne lauoro fatto con piu inuenzione, giudizio, e disegno: e sopra tutto i colori non possono essere piu belli, ne piu delicatamente a i luoghi loro posti, con graziosissima grazia.

Fine della vita di Fra Giouanni da Fiesole.

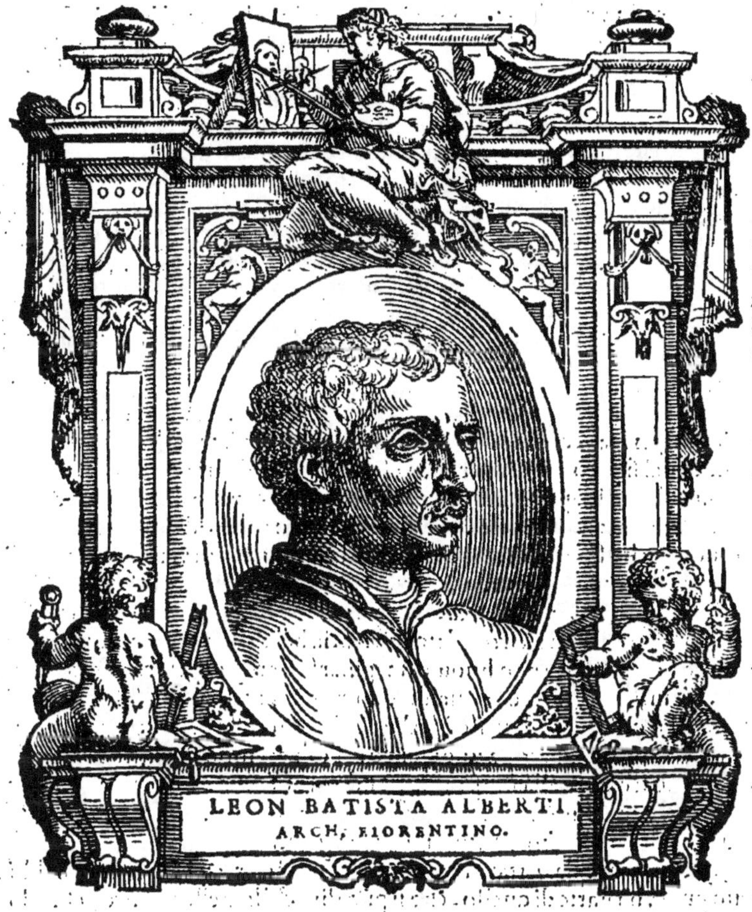

LEON BATISTA ALBERTI
ARCH. FIORENTINO.

Vita di Leon Batista Alberti Architetto Fiorentino.

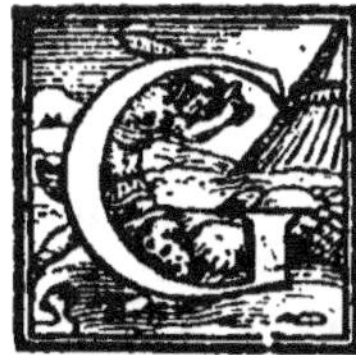

RANDISSIMA commodità arrecano le lettere vniuersalmente a tutti quelli Artefici, che di quelle si dilettano, ma particolarmente agli Scultori, Pittori, & Architetti; aprendo la via all'inuẽzioni di tutte l'opere, che si fanno; senza, che non puo essere il giudizio perfetto in vna persona (habbia pur naturale a suo modo) la quale sia priuata dell'accidentale, cioè della compagnia delle buone lettere: perche, chi non sà, che nel situare gl' edifizij bisogna filosoficamente schifare la grauezza de'venti pestiferi; la insalubrità dell'aria; i puzzi, e va pori

pori dell'acque crude,& non salutifere? chi non conosce,che bisogna cō matura considerazione sapere,o fuggire,'o apprēdere,per se solo,cioche si cerca mettere in opera; senza hauere a raccomādarsi alla mercè dell' altrui Teorica; laquale separata dalla pratica, il piu delle volte gioua assai poco. Ma quando elle si abbattono,per auuentura a esser insieme,non è cosa, che piu si conuenga alla vita nostra; si perche l'arte col mezzo della scienza diuenta molto piu perfetta,& piu ricca; si perche i consigli,e gli scritti de'dotti Artefici hanno in se maggior efficacia,e maggior credito,che le parole, o l'opere di coloro,che nō sanno altro,che un semplice esercizio,o bene,o male,che se lo facciano. E che tutte queste cose siano vere,si vede manifestamēte in Leō Batista Alberti,ilquale,per hauere atteso alla lingua latina, e dato opera all' Architettura; alla prospettiua,& alla pittura; lasciò i suoi libri scritti di maniera; che per non essere stato fra gl'Artefici moderni chi le habbia saputo distendere con la scrittura,ancor,che infiniti ne siano stati piu eccellenti di lui nella patria; & si crede comunemente(tanta forza hanno gli scritti suoi nelle penne,& nelle lingue de'dotti) che egli habbia auanzato tutti coloro, che hanno auanzato lui con l'operare. Onde si vede per esperienza, quanto alla fama,& al nome,che fra tutte le cose gli scritti sono di maggior forza, & di maggior vita: atteso,che i libri ageuolmente vanno per tutto, & per tutto si acquistano fede; pure che siano veritieri,e senza menzogne. Non è marauiglia dunque,se piu,che per l'opere manuali, è conosciuto per le scritture il famoso Leon Batista,ilquale nato in Fiorēza della nobilissima famiglia degl'Alberti,della quale si è in altro luogo ragionato,attese non solo a cercare il mondo,& misurare le antichità; ma ancora, essendo a cio assai inclinato, molto piu allo scriuere,che all'operare. Fu bonissimo Aritmetico, & Geometrico; & scrisse dell'Architettura dieci libri in lingua latina,publicati da lui nel 1481,& hoggi si leggono tradotti in lingua Fiorentina,dal R.M. Cosimo Bartoli,preposto di san Giouanni di Firenze. Scrisse della pittura tre libri,hoggi tradotti in lingua Toscana da M.Lodouico Domenichi: Fece vn trattato de'tirari,e ordini di misurar altezze; i libri della vita ciuile, e alcune cose amorose in prosa,& in versi; & fu il primo,che tentasse di ridurre i versi volgari alla misura de'latini,come si vede in quella sua epistola:

Questa per estrema miserabile pistola mando
A te,che spregi miseramente noi.

Capitando Leon Batista a Roma,al tempo di Nicola quinto,che haueua col suo modo di fabricare messo tutta Roma sottosopra,diuenne per mezzo del Biondo da Furlì suo amicissimo,familiare del papa; che prima si consigliaua nelle cose d'Architettura con Bernardo Rossellino scultore, & architetto Fiorentino,come si dirà nella vita d'Antonio suo fratello. Costui,hauendo messo mano a rassettare il palazzo del papa,& a fare alcune cose in santa Maria maggiore,come volle il papa da indi inanzi si consigliò sempre con Leō Batista. Onde il pontefice col parere dell'uno di questi duoi,& coll'essequire dell'altro,fece molte cose vtili,& degne di esser lodate; come furono il condotto dell'acqua vergine,ilquale essendo guasto,si racconciò: e si fece la fonte in sulla piazza de'Trieui con quelli ornamenti di marmo,che vi si veggiono,ne'quali sono l'arme di quel pontefice,& del popolo Romano. Dopo an dato al S. Sigismondo Malatesti d'Arimini, gli fece il modello della chiesa di s. Francesco, & quello della facciata particolarmente, che fu fatta di marmi, e così la riuolta della banda di verso mezzo giorno, con Archi grandissimi, & sepolture, per huomini illustri di quella città. In somma ridusse quella fabrica in modo, che per cosa soda ell'è vno de' piu famosi tempij d'Italia. Dentro ha sei cappelle bellissime, vna delle quali, dedicata a san Hieronimo, è molto ornata, serbandosi in essa molte reliquie venute di Gierusalem. Nella medesima è la sepoltura del detto S. Sigismondo; e quella della moglie fatte di marmi molto riccamente, l'anno 1450, & sopra vna è il ritratto di esso Signore, & in altra parte di quell'opera quello di Leon Batista. L'anno poi 1457, che fu trouato l'utilissimo modo di stampare i libri da Giouanni Guittembergh Germano, trouò Leon Batista a quella similitudine, per via d'uno strumento, il modo di lucidare le prospettiue naturali, e diminuire le figure: & il modo parimente da potere ridurre le cose piccole in maggior forma, & ringrandirle: tutte cose capricciose, vtili all'arte, & belle affatto. Volendo ne tempi di Leon Batista, Giouanni di Paulo Rucellai fare a sue spese la facciata principale di santa Maria Nouella tutta di marmo, ne parlò cō Leon Battista suo amicissimo; & da lui hauuto non solamente consiglio, ma il disegno, si risoluette di volere ad ogni modo far quell'opera, per lasciar di se quella memoria, e così fattoui metter mano fu finita l'anno 1477, con molta sodisfaziō dell'vniuersale, a cui piacque tutta l'opera; ma particolarmēte la porta, nella quale si vede, che durò Leōb. piu, che mediocre fatica. A Cosimo Rucellai fece similmente il disegno del palazzo, che egli fece nella strada, che si chiama la Vigna, & q̃llo della loggia, che gl'è dirimpetto, nella quale hauendo girati gl'archi sopra le colonne strette nella faccia dinanzi, & nelle teste; pche volle seguitare i medesimi, e non fare vn'arco solo, gl'auanzò da ogni banda spazio; onde fu forzato fare alcuni risalti ne' canti di dentro; quando poi volle girare l'arco della volta di dentro, veduto nō potere dargli il sesto del mezo tondo, che veniua stiacciato, & goffo, si risoluette a girare in su i canti da vn risalto all'altro certi archetti piccoli; mancandogli quel giudizio, & disegno, che fa apertamente conoscere, che oltre alla scienza, bisogna la pratica; perche il giudizio non si può mai far perfetto, se la scienza, operando, non si mette in pratica. Dicesi, che il medesimo fece il disegno della casa, & orto de' medesimi Rucellai nella via della scala: Laquale è fatta con molto giudizio, & commodissima, hauendo, oltre a gl'altri molti agi, due loggie, vna volta a mezo giorno, e l'altra a ponente; amendue bellissime, e fatte senza archi sopra le colonne; il qual modo è il vero, & proprio, che tennero gl'antichi: percioche gl'architraui, che son posti sopra i capitegli delle colonne spianano: la doue non puo vna cosa quadra, come sono gl'archi, che girano, posare sopra vna colonna tonda, che non posino i canti in falso. Adunque il buon modo di fare vuole, che sopra le colonne si posino gl'architraui: & che quando si vuol girare archi, si facciano pilastri, e non colonne. Per i medesimi Rucellai in questa stessa maniera fece Leon Batista in san Brancazio vna cappella, che si regge sopra gl'architraui grandi, posati sopra due colonne, e due pilastri; forando sotto il muro della chiesa, che è cosa difficile, ma sicura. Onde questa opera è delle migliori, che facesse questo architetto. Nel mezo di q̃-

sta

sta cappella è vn sepolcro di marmo molto ben fatto in forma ouale, & bislũgo, simile, come in esso si legge, al sepolcro di Giesu Christo in Gierusalem. Ne'medesimi tempi volendo Lodouico Gonzaga, Marchese di Mantoa fare nella Nunziata de'Serui di Firenze la tribuna, & cappella maggiore; col disegno, & modello di Leon Battista; fatto rouinar a sommo di detta chiesa vna cappella quadra, che vi era vecchia, & non molto grande, dipinta all'antica, fece la detta tribuna capricciosa; & difficile a guisa d'un tempio tõdo, circondato da noue cappelle, che tutte girano in arco tondo, & dentro sono a vso di nicchia; per lo che reggendosi gl'archi di dette cappelle in su i pilastri dinanzi, vengono gl'ornamenti dell'arco di pietra, accostandosi al muro, a tirarsi sempre in dietro, per appoggiarsi al detto muro, che secondo l'andare della tribuna gira incontrario: onde quando i detti Archi delle cappelle si guardano da gli lati par, che caschino in dietro, & che habbiano, come hãno in vero, disgrazia, se bene la misura è retta, & il modo di fare difficile. E in vero se Leon Battista hauesse fuggito questo modo, sarebbe stato meglio; per che se bene è malageuole a condursi, ha disgrazia nelle cose piccole, e grandi & non puo riuscir bene. E che cio sia vero nelle cose grandi, l'Arco grandissimo dinanzi, che dà l'entrata alla detta tribuna, dalla parte di fuori è bellissimo; & di dentro, perche bisogna, che giri secondo la cappella, che è tonda, pare, che caschi all'indietro, e che habbia estrema disgrazia. Il che forse nõ harebbe fatto Leonbattista, se con la scienza, e teorica, hauesse hauuto la pratica, e la sperienza nell'operare; perche vn'altro harebbe fuggito quella difficultà, e cercato piu tosto la grazia, & maggior bellezza dell'edifizio. Tutta q̃sta opera in se, per altro è bellissima, capricciosa, & difficile: & non hebbe Leonbattista se non grande animo a voltare in que'tempi quella tribuna nel la maniera, che fece. Dal medesimo Lodouico Marchese condotto poi Leõb. a Mantoa, fece per lui il modello della chiesa di s. Andrea, & d'alcune altre cose: e per la via d'andare da Mantoa a Padoa, si veggiono alcuni tempij fatti secondo la maniera di costui. Fu esecutore de'disegni, & modelli di Leon battista, Saluestro Fancelli Fiorentino architetto, e scultore ragioneuole: il quale condusse, secondo il voler di detto Leonbattista tutte l'opere, che fece fare in Firenze, con giudizio, e diligenza straordinaria. Et in quelli di Mantoa vn Luca Fiorentino, che habitando poi sempre in quella città, & morendoui lasciò il nome, secondo il Filareto, alla famiglia de'Luchi, che vi è ancor hoggi. Onde fu non piccola ventura la sua hauer amici, che intendessero, sapessino, e volessino seruire; percioche non potendo gl'archit. star sempre in sul lauoro, è loro di grandissimo aiuto vn fedele, & amoreuole essecutore; e se niuno mai lo seppe, lo so io benissimo per lunga pruoua.

Nella pittura non fece Leonbattista opere grandi, ne molto belle, concio sia, che quelle, che si veggiono di sua mano, che sono pochissime, non hanno molta perfezzione, ne è gran fatto, perche egli attese piu a gli studi, che al disegno; pur mostraua assai bene, disegnando il suo concetto, come si puo vedere in alcune carte di sua mano, che sono nel nostro libro: nelle quali è disegnato il pontesant'Agnolo, & il coperto, che col disegno suo vi fu fatto, a vso di loggia, per difesa del sole ne'tempi di stati, e delle piogge, & de'venti l'inuerno, laquale opera gli fece far papa Nicola quinto, che haueua disegnato

farne

farne molte altre simili per tutta Roma, ma la morte vi si s'interpose. Fu opera di Leonb. quella, che è in Fiorenza su la coscia del ponte alla Carraia in vna piccola cappelletta di N. Donna, cioè vno scabello d'altare, dentroui tre storiette con alcune prospettiue, che da lui furono assai meglio descritte con la penna, che dipinte col pennello. In Fiorenza medesimamente è in casa di Palla Rucellai vn ritratto di se medesimo, fatto alla spera, & vna tauola di figure assai grandi di chiaro, e scuro. Figurò ancora vna Vinegia in prospettiua, & san Marco; ma le figure, che vi sono furono cōdotte da altri maestri: & è questa vna delle migliori cose, che si veggia di sua pittura. Fu Leonb. persona di ciuilissimi, e lodeuoli costumi, amico de' virtuosi, e liberale, et cortese affatto con ognuno, & visse honoratamente, e da gentilhuomo, com'era, tutto il tempo di sua vita. E finalmente essendo condotto in età assai ben matura, sene passò contento, e tranquillo a vita migliore, lasciando di se honoratissimo nome.

Fine della Vita di Leonbattista Alberti.

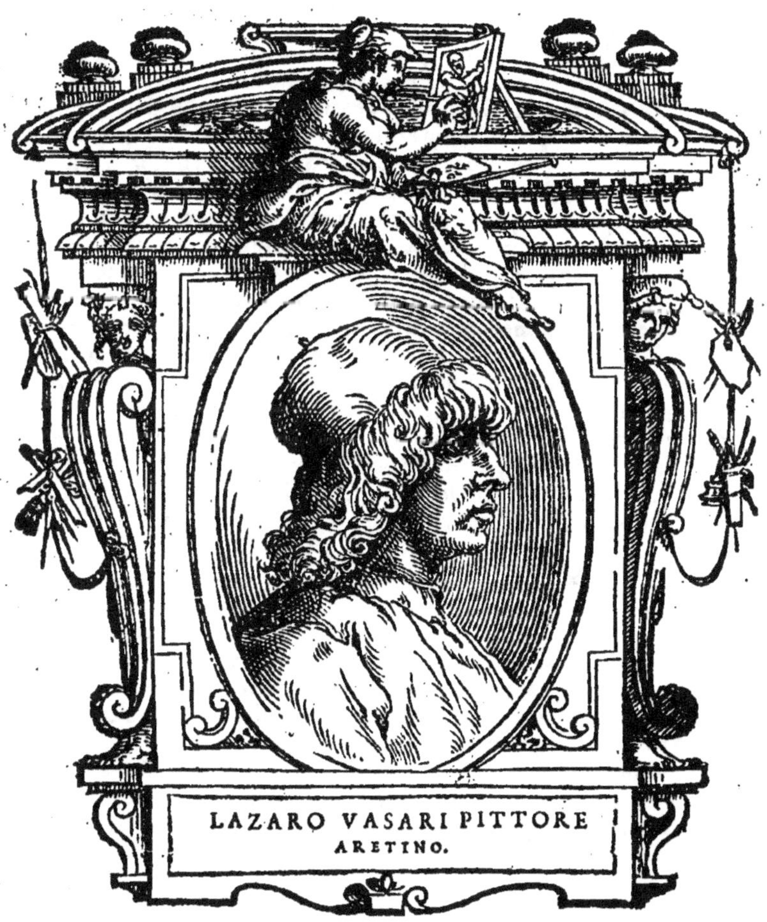

LAZARO VASARI PITTORE ARETINO.

VITA DI LAZARO VASARI
ARETINO, PITTORE.

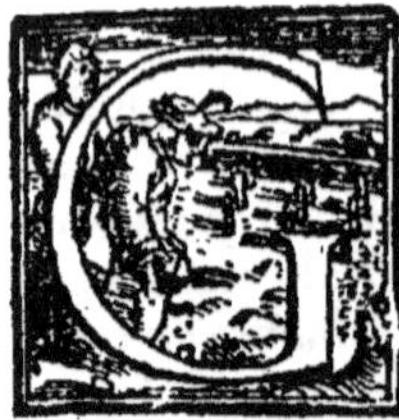

RANDE è veramente il piacere di coloro, che truouano qualcuno de' suoi maggiori, & della propria famiglia esser stato in vna qualche professione o d'arme, o di lettere, o di pittura, o qual si uoglia altro nobile eser cizio singolare, e famoso. Et quegl'huomini, che nell' historie trouano esser fatta honorata menzione d'alcuno de' suoi passati, hanno pure se non altro, vno stimolo alla virtu, & vn freno, che gli ratiene dal nõ fare cosa indegna di quella famiglia, che ha hauuto huomini illustri, & chiarissimi. Ma quanto sia il piacere, come dissi da principio, lo pruouo in me stesso, hauendo trouato fra i miei passati Lazaro Vasari essere stato pittore famoso ne' tempi suoi; non solamente nella sua patria, ma in tutta Toscana ancora. E cio non certo senza cagione, come potrei mostrar chiaramente; se, come ho fatto degl'altri, mi fusse lecito parlare liberamente di lui. Ma perche, essendo io nato del sangue suo, si potrebbe ageuolmente credere, che io in lodandolo passasi i termini; lasciando da parte i meriti suoi, & della famiglia, dirò semplicemente quello, che io non posso, & non debbo in niun modo tacere, non volendo mancare al vero, donde tutta pende l'historia. Fu dunque Lazzaro Vasari pittor Aretino amicissimo di Piero della Francesca dal Borgo a san Sepolcro, e sempre praticò con esso lui, mẽtre egli lauorò, come si è detto, in Arezzo: Ne gli fu cotale amicizia, come spesso adiuiene, se nõ di giouamento cagione: percioche, doue prima Lazzaro attendeua solamente a far figure piccole, per alcune cose, secondo, che allora si costumaua; si diede a far cose maggiori, mediante Piero della Francesca. Et la prima opera in fresco, fu in san Domenico d'Arezzo nella seconda cappella a man manca, entrando in chiesa, vn san Vincenzio, a piè del quale dipinse inginocchioni, se & Giorgio suo figliuolo giouanetto, in habiti honorati di que' tempi, che si raccomandano a quel santo, essendosi il giouane con vn coltello inauertentemente percosso il viso. Nella quale opera, se bene non è alcuna inscrizione, alcuni ricordi nondimeno de' vecchi di casa nostra, e l'arme, che vi è de' Vasari, fanno, che così si crede fermamente. Di cio sarebbe senza dubbio stato in quel conuento memoria, ma perche molte volte per i soldati sono andate male le scritture, & ogni altra cosa, non me ne marauiglio. Fu la maniera di Lazzaro tanto simile à quella di Pietro Borghese, che pochissima differenza fra l'una, & l'altra si conosceua. E perche nel suo tempo si costumaua assai dipignere nelle barde de' caualli varij lauori, & partimenti d' imprese, secõdo, che coloro erano, che le portauano, fu in ciò Lazzero bonissimo maestro; & massimamente essendo suo proprio far figurine piccole con molta grazia, le quali in cotali arnesi molto bene si accomodauano. Lauorò Lazz. per Niccolo Piccino, & per i suoi soldati, e capitani molte cose piene di storie, & d'imprese, che furono tenute in pregio; & con tanto suo vtile, che furono cagione, mediante il guadagno, che ne traeua, che egli ritirò in Arezzo vna gran

parte

parte de' suoi fratelli; iquali attendendo alle misture de' vasi di terra, habitauano in Cortona. Tirossi parimẽte in casa Luca Signorelli da Cortona suo nipote, nato d'una sua sorella, ilquale, essendo di buono ingegno, acconciò con Pietro Borghese, acciò imparasse l'arte della pittura, il che benissimo gli riuscì, come al suo luogo si dirà. Lazzaro dunque attendendo a studiare continuamente le cose dell'arte, si fece ogni giorno piu eccellente, come ne dimostrano alcuni disegni di sua mano molto buoni, che sono nel nostro libro. E perche molto si compiaceua in certe cose naturali, e piene d'affetti, nelle quali esprimeua benissimo il piagnere, il ridere, il gridare, la paura, il tremito, e certe simili cose, per lo piu, le sue pitture son piene d'inuenzioni cosi fatte: come si puo vedere in vna cappellina dipinta a fresco di sua mano in san Gimignano d'Arezzo, nellaqual è vn crucifisso, la N. Donna, san Giouanni, è la Maddalena a piè della croce, che in varie attitudini piangono cosi viuamente, che gl'acquistarono credito, e nome fra i suoi cittadini. Dipinse in sul drappo, per la compagnia di santo Antonio della medesima città vn Gonfalone, che si porta a processione, nel quale fece Giesu Christo alla colonna nudo, e legato con tanta viuacità, che par che tremi, et che tutto ristretto nelle spalle sofferisca con incredibile humilità, e pacienza le percosse, che due giudei gli danno. De' quali vno, recatosi in piedi, gira con ambe le mani, voltando le spalle verso Giesu Christo in atto crudelissimo. L'altro in profilo, & in punta di pie s'alza, e strignendo con le mani la sferza, e digrignando i denti, mena con tanta rabbia, che piu non si puo dire. A questi due dipinse Lazaro li vestimenta stracciate, per meglio dimostrare l'ignudo; bastandogli in vn certo modo ricoprire le vergogne loro, e le meno honeste parti. Questa opera, essendo durata in sul drappo (di che certo mi marauiglio) tanti anni, & in fino a hoggi, fu per la sua bellezza, e bontà fatta ritrarre da gl'huomini di quella compagnia dal priore Franzese, come al suo luogo ragionaremo. Lauorò anco Lazaro a Perugia nella chiesa de' Serui in vna capella a canto alla sagrestia, alcune storie della N. Donna, & vn crucifisso: E nella pieue di Monte Pulciano vna predella di figure piccole. In Castiglioni Aretino vna tauola a tempera in S. Francesco, & altre molte cose, che per non esser lungo, non accade raccontare: & particolarmente di figure piccole molti cassoni, che sono per le case de' Cittadini. E nella parte guelfa di Fiorenza si vede fra gl'armamenti Vecchi alcune barde fatte da lui, molto ben lauorate. Fece ancora per la compagnia di S. Bastiano in vn gonfalone, il detto santo alla colonna, e certi Angeli, che lo coronano, ma hoggi è guasto, & tutto consumato dal tempo. Lauoraua in Arezzo ne' tempi di Lazaro finestre di Vetro Fabiano Sassoli Aretino, giouane in quello esercizio di molta intelligenza, come ne fanno fede l'opere, che sono di suo nel Vescouado, Badia, Pieue, & altri luoghi di quella città; ma non haueua molto disegno, e non aggiugneua a gran pezzo a quelle, che Parri Spinelli faceua: perche deliberando, si come ben sapeua cuocere i vetri, commettergli, & armargli, cosi voler fare qualche opera, che fusse anco di ragioneuole pittura; si fece fare a Lazaro due cartoni a sua fantasia, per fare due finestre alla Madonna delle Grazie. E cio hauendo ottenuto da Lazaro, che amico suo, e cortese Artefice era, fece le dette finestre, e le condusse di maniera belle, e ben fatte, che non hanno da vergognarsi

gognarsi da molte. In vna è vna N.Donna molto bella; e nell'altra (laquale è di gran lunga migliore) è vna resurezzione di Christo, che ha dinanzi al sepolcro vn'Armato in iscorto, che per essere la finestra piccola, e per consegnẽte la pittura, è marauiglia, come in si poco spazio, possono apparire quelle figure così grandi. Molte altre cose potrei dire di Lazaro, ilquale desegnò benissimo, come si puo uedere in alcune carte del nostro libro; ma, perche così mi par ben fatto, le tacerò.

Fu Lazaro persona piaceuole, & argutissimo nel parlare: & ancora, che fusse molto dedito a i piaceri, non però si partì mai dalla vita honesta. Visse anni 72, e lasciò Giorgio suo figliuolo, ilquale attese continuamente all'antiquita de' Vasi di Terra Aretini: e nel tempo, che in Arezzo dimoraua M. Gẽtile Vrbinate, Vescouo di quella città, ritrouò i modi del colore rosso, e nero de' Vasi di terra; che insino al tempo del Re Porsena i uecchi Aretini lauorarono. Ed egli, che industriosa persona era, fece Vasi grandi al Torno d'altezza d'un braccio, e mezzo; i quali in casa sua si veggiono ancora. Dicono, che cercando egli di vasi in vn luogo, doue pensaua, che gl'antichi hauessero lauorato, trouò in vn campo di terra al ponte alla Calciarella, luogo così chiamato, sotto terra tre braccia, tre archi delle fornaci antiche, & intorno a essi di quella mistura, e molti vasi rotti; degl'interi quattro; iquali, andando in Arezzo il Mag. Lorenzo de' Medici, da Giorgio, per introduzzione del Vescouo gl'hebbe in dono: Onde furono cagione, e prĩcipio della seruitu, che cõ q̃l la felicissima casa poi sempre tenne. Lauorò Giorgio benissimo di rilieuo, come si puo uedere in casa sua, in alcune teste di sua mano. Hebbe cinque figliuoli maschi, iquali tutti fecero l'esercizio medesimo, e tra loro furono buoni Artefici Lazzaro, & Bernardo, che giouinetto morì a Roma. E certo se la morte non lo rapiua così tosto alla casa sua, per l'ingegno, che destro, e pronto si vide in lui, egli hauerebbe accresciuto honore alla patria sua. Morì Lazzaro Vecchio nel 1452; & Giorgio suo figliuolo, essendo di 68. anni nel 1484 e furono sepolti amendue nella Pieue d'Arezzo, appie della cappella loro di s. Giorgio, doue in lode di Lazzaro furono col tempo appiccati questi Versi.

Aretij exultet tellus clarißima: namque est
Rebus in angustis, in tenuique labor.
Vix operum istius partes cognoscere poßis,
Myrmecides taceat: Callicrates sileat.

Finalmente Giorgio Vasari vltimo, scrittore della presente storia, come grato de' benefizij, che riconosce in gran parte dalla virtù de' suoi maggiori, hauendo, come si disse nella uita di Piero Laurati da i suoi Cittadini, & dagl' operai, e Canonici riceuuto in dono la cappella maggiore di detta Pieue, e quella ridotta nel termine, che si è detto, ha fatto nel mezzo del choro, che è dietro all'altare, una nuoua sepoltura; & in quella, trattole donde prima erano, fatto riporre l'ossa di detti Lazzaro, e Giorgio uecchi, e quelle parimente di tutti gl'altri, che sono stati di detta famiglia così femine, come maschi; e così fatto nuouo sepolcro a tutti i discẽdẽti della casa de' VASARI Il corpo similmente della madre, che morì in Firenze l'anno 1557, stato in deposito alcuni anni in S.Croce, ha fatto porre nella detta sepoltura, si come ella disideraua con Antonio suo marito, e padre di lui, che morì in sin l'anno 1527 di pestilẽza: E nella predella, che è sotto la Tauola di detto altare sono ritratti di naturale dal detto Giorgio Lazzaro, & Giorgio vecchio suo Auolo, Antonio suo padre, e M. Madalena de'Tacci sua madre. E questo sia il fine della vita di Lazzaro Vasari pittore Aretino &c.

Fine della Vita di Lazzaro Vasari pittore Aretino.

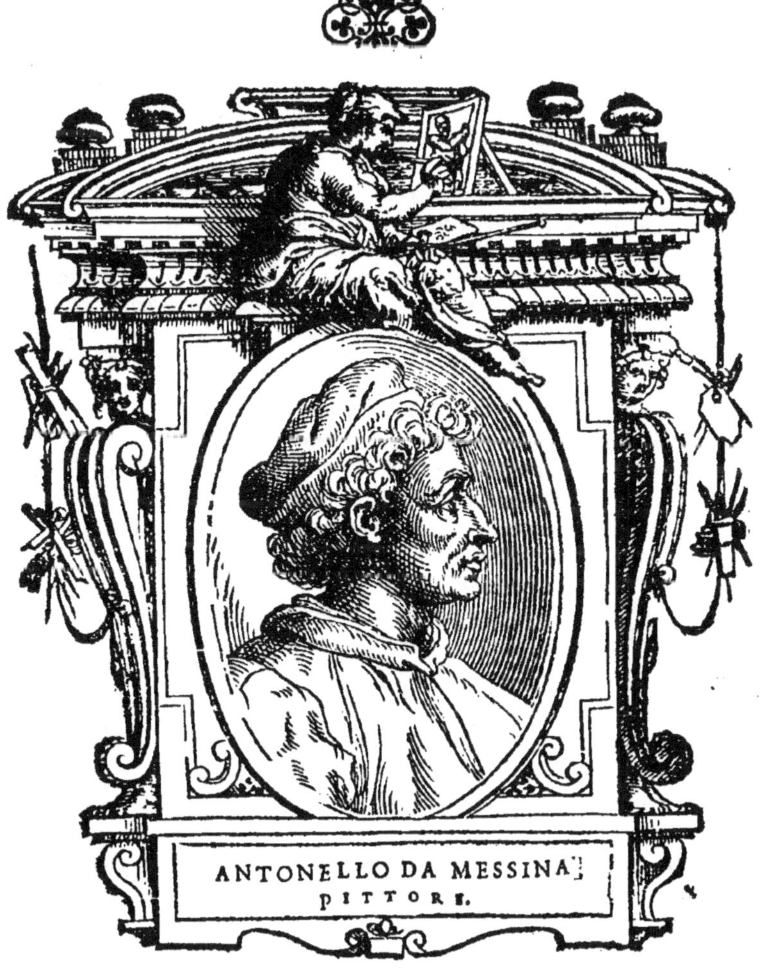

ANTONELLO DA MESSINA
PITTORE.

VITA D'ANTONELLO DA MESSINA PITTORE.

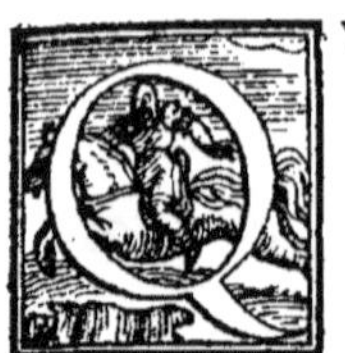

QVANDO io conſidero meco medeſimo le diuerſe qualità de'benefizij, & vtili, che hanno fatto all'arte della pittura molti Maeſtri, che hanno ſeguitato queſta ſeconda maniera; non poſſo, mediante le loro operazioni, ſe non chiamarli veramente induſtrioſi, & eccellenti. hauendo egli no maſsimamente cercato di ridurre in miglior grado la pittura, ſenza penſare a diſagio, o ſpeſa, o ad alcun loro intereſſo particolare. Seguitandoſi adunque di adoperare in ſu le tauole, & in ſulle tele non altro colorito, che a tempera; ilqual modo fu cominciato da Cimabue l'anno 1250. nello ſtare egli con que'greci: e ſeguitato poi da Giotto. e da gl'altri de'quali ſi è in ſino a qui ragionato; ſi andaua continuando il medeſimo modo di fare ſe ben'conoſceuano gl'Artefici, che nelle pitture a tempera mancauano l'opere d'una certa morbidezza, e viuacità, che harebbe potuto arrecare, trouãdola, piu grazia al diſegno, vaghezza al colorito, e maggior facilità nell'unire i colori inſieme; hauendo eglino ſempre vſato di tratteggiare l'opere loro, per punta, ſolamente di pennello: Ma ſe bene molti haueuano, ſofiſticando, cercato di tal coſa, non però haueua niuno trouato modo, che buono fuſſe; ne vſando vernice liquida o altra ſorte di colori meſcolati nelle tempere. E fra molti, che cotali coſe, o altre ſimili prouarono, ma in uano, furono Aleſſo Baldouinetti, Piſſello, & molti altri, a niuno de'quali nõ riuſcirono l'opere di quella bellezza, & bontà, che ſi erano imaginato. E quãdo anco haueſsino quello, che cercauano, trouato, mancaua loro il modo di fare, che le figure in tauola poſaſsino, come quelle, che ſi fanno in muro, & il modo ancora di poterle lauare, ſenza che ſe n'andaſſe il colore, e che elle reggeſsino, nell'eſſere maneggiate, ad ogni percoſſa. Delle quali coſe, ragunandoſi buon numero d'Artefici, haueuano ſenza frutto, molte uolte diſputato. Queſto medeſimo diſiderio haueuano molti eleuati ingegni, che attendeuano alla pittura fuor d'Italia, cio e i pittori tutti di Francia, Spagna, Alemagna & d'altri prouincie. Auuenne dunque ſtando le coſe in queſti termini, che lauorando in Fiandra Giouanni da Bruggia, pittore in quelle parti molto ſtimato; per la buona pratica, che ſi haueua nel meſtiero acquiſtato; che ſi miſe a prouare diuerſe ſorti di colori, e come quello, che ſi dilettaua dell'archimia, a far di molti olij, per far vernici, & altre coſe, ſecondo i ceruelli degl'huomini ſofiſtichi, come egli era. Hora hauendo vna volta fra l'altre durato grandiſsima fatica in dipignere vna tauola, poi, che l'hebbe con molta diligenza condotta a fine, le diede la vernice, e la miſe a ſeccarſi al ſole, come ſi coſtuma: Ma, o perche il caldo fuſſe violente, o forſe mal commeſſo il legname; o male ſtagionato, la detta tauola ſi aperſe in ſulle commettiture di mala ſorte. La onde, ueduto Giouanni il nocumento, che le haueua fatto il caldo del ſole, deliberò di far ſi, che mai piu gli farebbe il ſole coſi gran danno nelle ſue opere. E coſi recatoſi non meno a noia la vernice, che il lauorare a tempera, cominciò a penſare di trouar modo di fare vna ſorte di vernice, che ſeccaſſe all'ombra,senza mettere al sole,le sue pitture. Onde poi che hebbe molte co. se sperimentate,e pure, e mescolate insieme,alla fine trouò, che l'Olio di Seme di Lino,e quello delle Noci,fra tanti,che n'haueua prouati; erano piu seccateui di tutti gl'altri. Questi dunque bolliti con altre sue misture, gli fecero la vernice,che egli,anzi tutti i pittori del mondo haueuano lungamente disiderato. Dopo fatto sperienza di molte altre cose,vide, che il mescolare i colori con queste sorti d'olij,daua loro vna tempera molto forte; e che secca non solo non temeua l'acqua altrimenti, ma accendeua il colore tanto forte, che gli daua lustro da per se senza vernice. Et quello, che piu gli parue mirabile fu,che si vniua meglio,che la tempera infinitamente. Per cotale inuenzione rallegrandosi molto Giouanni, si come era ben ragioneuole diede principio a molti lauori, et n'empie tutte quelle parti con incredibile piacere de'popoli,e vtile suo grandissimo, ilquale aiutato di giorno in giorno dalla sperienza,andò facendo sempre cose maggiori,& migliori. Sparsa non molto dopo la fama dell'inuenzione di Giouanni,non solo per la Fiandra,ma per l'Italia, & molte altri parti del mondo, mise in disiderio grandissimo gl'Artefici di sapere in che modo egli desse all'opere sue tanta perfezzione. Iquali Artefici perche vedeuano l'opere,e non sapeuano quello,che egli si adoperasse,erano costretti a celebrarlo, e dargli lode immortali,&in vn medesimo tempo virtuosamente inuidiarlo:E massimamente,che egli per vn tempo non volle da niuno esser veduto lauorare,ne insegnare a nessuno il segreto. Ma diuenuto vecchio,ne fece grazia finalmente a Ruggieri da Bruggia suo creato, e Ruggieri ad Ausse suo Discepolo,& agl'altri de'quali si parlò, doue si ragiona del colorire a olio nelle cose di pittura. Ma con tutto cio, se bene i Mercanti ne faceuano incetta,e ne mandauano per tutto il mondo a Principi, e gran personaggi con loro molto vtile,la cosa non vsciua di Fiandra. Et ancora,che co tali pitture hauessino in se quell'odore acuto, che loro dauano i colori, e gli olij mescolati insieme, e particularmente quando erano nuoue; onde pareua,che fusse possibile conoscergli, non però si trouò mai nello spazio di molti anni. Ma essendo da alcuni Fiorentini,che negoziauano in Fiandra, & in Napoli,mandata al Re Alfonso primo di Napoli vna tauola con molte figure lauorata a olio da Giouanni,laquale, per la bellezza delle figure, e per la nuoua inuenzione del colorito fu a quel Re carissima,concorsero quanti pittori erano in quel regno per vederla,e da tutti fu sommamente lodata. Hora hauendo vn'Antonello da Messina,persona, di buono, e desto ingegno, & accorto molto,e pratico nel suo mestiero atteso molti ãni al disegno in Roma, si era prima ritirato in Palermo, e quiui lauorato molti anni, & in ultimo a Messina sua patria,doue haueua con l'opere confirmata, la buona openione che haueua il paese suo della virtù,che haueua di benissimo dipignere. Costui dunque,andãdo vna volta per sue bisogne di Sicilia a Napoli intese, che al detto Re Alfonso era venuta di Fiãdra la sopradetta tauola di mano di Giouanni da Bruggia, dipinta a olio, per si fatta maniera, che si poteua lauare; reggeua ad ogni percossa,& haueua in se tutta perfezzione. Perche fatta opera di vederla, hebbono tanta forza in lui la viuacità de'colori,e la bellezza,& unione di quel dipinto, che messo da parte ogni altro negozio,e pensiero,se n andòi a Fiandra. Et in Bruggia peruenuto, prese dimestichezza grandissima ma col detto Giouanni, facendogli presente di molti disegni alla maniera Italiana, e d'altre cose. Talmente che per questo, per l osseruanza d'Antonello, e per trouarsi esso Giouanni gia vecchio; si contentò, che Antonello vedesse l'ordine del suo colorire a olio: onde egli non si parti di quel luogo che hebbe benissimo appreso quel modo di colorire, che tanto disideraua. Ne dopo molto, essendo Giouanni morto, Antonello se ne tornò di Fiandra, per riueder la sua patria, e p far l'Italia partecipe di cosi vtile, bello, e cõmodo segreto. E stato pochi mesi a Messina, se n'andò a Vinezia; doue, per essere persona molta dedita a'piaceri, e tutta venerea si risoluè habitar sempre; e quiui finire la sua vita, doue haueua trouato vn modo di viuere apunto, secondo il suo gusto. Perche messo mano a lauorare, vi fece molti quadri a olio, secõdo, che in Fiandra haueua imparato, che sono sparsi per le case de'Gentil'huomini di quella Città, iquali, per la nouità di quel lauoro vi furono stimati assai. Molti ancora ne fece, che furono mandati in diuersi luoghi. Alla fine, hauendosi egli quiui acquistato fama, e grã nome, gli fu fatta allogazione d'una tauola, che andaua in S. Cassano, parocchia di quella città laqual tauola fu da Antonello cõ ogni suo saper, e senza risparmio di tempo lauorata: E finita, per la nouità di quel colorire, e per la bellezza delle figure, hauendole fatte con buõ disegno, fu comendata molto, e tenuta in pregio grãdiss. Et inteso poi il nuouo segreto, che egli haueua in quella città, di Fiandra portato, fu sempre amato, e carezzato da que'Magnifici Gentil'huomini, quanto durò la sua vita.

Fra i pittori, che allora erano in credito in Vinezia era tenuto molto Ecc. vn Maestro Domenico. Costui ariuato Antonello in Venezia, gli fece tutte quelle carezze, e cortesie, che maggiori si possono fare a vn carissimo, e dolce amico. Per lo che Antonello, che non volle esser vinto di cortesia da M. Domenico, dopo non molti mesi gl'insegnò il secreto, e modo di colorire a olio. Dellaqual cortesia, & amoreuolezza straordinaria, niun'altra gli sarebbe potuta esser piu cara: & certo a ragione, poi che, per quella, si come imaginato si era, fu poi sẽpre nella patria molto onorato. E certo coloro sono ingãnati in di grosso, che pensano, essendo auarissimi, anco di quelle cose, che loro non costano, douere essere da ognuno, per i loro begliocchi, come si dice, seruiti. Le cortesie di Maestro Domenico Viniziano cauarono di mano d'Antonello quello, che haueua con sue tante fatiche, e sudori procacciatosi; e quello, che forse per grossa somma di danari non hauerebbe a niuno altro conceduto. Ma perche di M. Domenico si dirà quando fia tempo quello, che lauorasse in Firenze, & a cui fusse liberale di quello, che haueua da altri cortesemente riceuuto; dico, che Antonello, dopo la tauola di S. Cassano, fece molti quadri, e ritratti a molti gẽtil'huomini Viniziani. E m. Bernardo Vecchietti Fiorentino ha di sua mano in vno stesso quadro S. Francesco, & S. Domenico, molto belli. Quando poi gl'erano state allogate dalla Signoria alcune storie in palazzo; lequali non haueuano voluto concedere a Francesco di Monsignore Veronese, ancora, che molto fusse stato fauorito dal Duca di Mantoa; egli si ammalò di mal di punta, e si morì, d anni 49. senza hauere pur messo mano all'opera. Fu dagl'Artefici nell'essequie molto honorato; per il dono fatto all'Arte della nuoua maniera di colorire, come testifica questo epitaffio.

D. O. M.

Antonius pictor, præcipuum Messanæ suæ, & siciliæ totius ornamentum, hac humo cõtegitur. Non solum suis picturis, in quibus singulare Artificium; & Venustas fuit, sed, & quod coloribus oleo miscendis splendorem, & perpetuitatem primus Italicæ picturæ contulit: summo semper artificium studio celebratus.

Rincrebbe la morte d'Antonello a molti suoi amici; & particolarmente ad Andrea Riccio scultore, che in Vinezia nella corte del palazzo della Signoria lauorò di marmo le due statue, che si veggiono ignude di Adamo; e Eua; che sono tenute belle. Tale fu la fine d'Antonello, al quale deono certamente gl'Artefici nostri hauere non meno obligazione dell'hauere portato in Italia il modo di colorire a olio; che a Giouanni da Bruggia, d'hauerlo trouato in Fiandra: hauendo l'uno, e l'altro beneficato, & arricchito quest'arte. Perche, mediante questa inuenzione sono venuti di poi si eccellenti gl'Artefici, che hanno potuto far quasi uiue le loro figure. Laqual cosa tãto piu debbe essere in pregio, quanto manco si troua scrittore alcuno, che questa maniera di colorire assegni agl'antichi. E se si potesse sapere, che ella non fusse stata veramente appresso di loro, auanzarebbe pure questo secolo l'eccellenze dell'antico in questa perfezzione: Ma perche, si come non si dice cosa, che nõ sia stata altra volta detta, cosi forse non si fa cosa; che forse non sia stata fatta; me la passerò senza dir'altro: E lodando sommamente coloro, che oltre al disegno, aggiungono sempre all'arte qualche cosa attenderò a scriuere degl'altri.

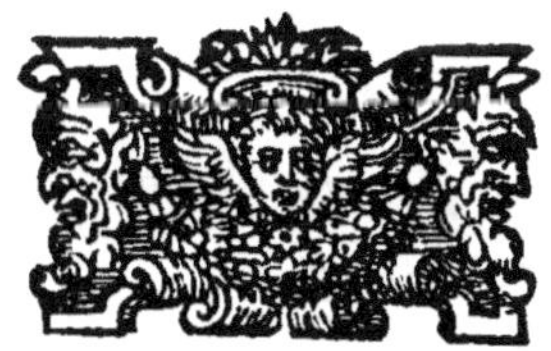

Fine della vita d'Antonello da Messina.

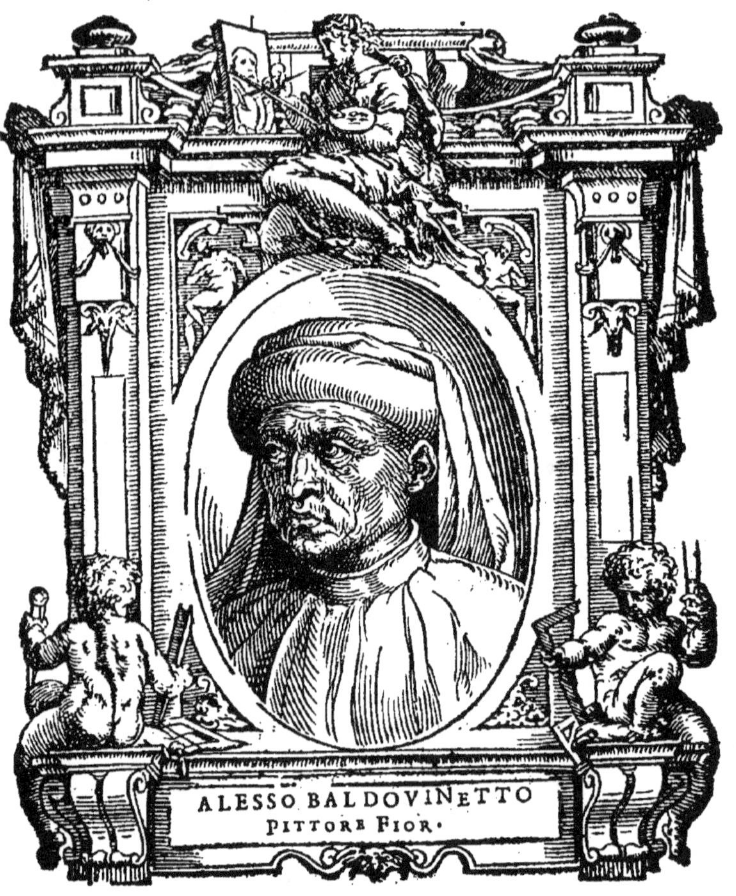

Vita di Aleſso Baldouinetti Pittore Fiorentino.

HA tanta forza la nobiltà dell'arte della pittura, che molti nobili huomini ſi ſono partiti dall'arti, nelle quali ſarebbono potuti ricchiſsimi diuenire, e dalla inclinazione tirati, contra il volere de' padri, hanno ſeguito l'appetito loro naturale, e datiſi alla pittura, ò alla ſcultura, ò altro ſomigliante eſercizio. E per vero dire, chi ſtimando le ricchezze quanto ſi deue, e nõ piu; ha per fine delle ſue azzioni la virtu, ſi acquiſta altri teſori, che l'argento, e l'oro non ſono, ſenza che nõ temono mai niuna di quelle coſe, che in breue hora ne ſpogliano di queſte ricchezze terrene, che piu del douer ſcioccamente ſono da gli huomi-

huomini stimate. Cio conoscendo Alesso Baldouinetti da propria volontà tirato, abbandonò la mercanzia, a che sempre haueuano atteso i suoi, e nella quale, esercitandosi honoreuolmente, si haueuano acquistato ricchezze, e vi uuti da nobili cittadini; e si diede alla pittura, nellaquale hebbe questa proprietà di benissimo contrafare le cose della natura, come si puo vedere nelle pitture di sua mano. Costui, essendo ancor fanciulletto, quasi contra la volontà del padre, che harebbe voluto, che egli hauesse atteso alla mercatura si diede a disegnare, & in poco tempo vi fece tanto profitto, che il padre si contentò di lasciarlo seguire la inclinazione della natura. La prima opera, che la uorasse à fresco Alesso fu in s. Maria Nuoua la cappella di san Gilio, cioè la facciata dinanzi, laquale fu in quel tempo molto lodata, perche fra l'altre cose vi era vn santo Egidio, tenuto bellissima figura. Fece similmente à tempera la tauola maggiore; e la cappella à fresco di santa Trinita, per M. Gherardo, & M. Bongianni Gianfigliazzi honoratissimi, e ricchi gentilhuomini Fiorentini, dipignendo in quella alcune storie del testamento vecchio. le quali Alesso abozzò à fresco, e poi finì a secco, tẽperando i colori con rosso d'uuo uo mescolato con vernice liquida fatta à fuoco. Laqual tempera pensò, che douesse le pitture diffendere dall'acqua; ma ella fu di maniera forte, che doue ella fu data troppo gagliarda si è in molti luoghi l'opera scrostata: Et così, doue egli si pẽsò hauer trouato vn raro, e bellis. segreto, rimase della sua openione ingãnato. Ritrasse costui assai di naturale, & doue nella detta cappella fece la storia della Reina Sabba, che va a vdire la sapienza di Salamone, ritrasse il mag. Lorenzo de'Medici, che fu padre di Papa Leone decimo; Lorenzo dalla Volpaia eccellentissimo maestro d'Oriuoli, e ottimo Astrologo; il quale fu quello, che fece per il detto Lorenzo de' Medici il bellissimo oriuolo, che ha hoggi il S. Duca Cosimo in palazzo; nelquale oriuolo tutte le ruote de' pianeti caminano di continuo, ilche è cosa rara, e la prima, che fusse mai fatta di questa maniera. Nell'altra storia, che e dirimpetto a questa ritrasse Alesso Luigi Guicardini il vecchio; Luca Pitti, Diotisalui Neroni, Giuliano de'Medici, padre di Papa Clemente settimo; & a canto al pilastro di pietra, Gherardo Gianfigliazzi vecchio, e M. Bongianni Caualiere, con vna vesta azurra in dosso, e vna collana al collo; e Iacopo, e Giouanni della medesima famiglia. A canto a questi è Filippo Strozzi vecchio, M. Paulo Astrologo dal Pozzo Toscanelli. Nella volta sono quattro Patriarchi: & nella tauola vna Trinità, e S. Giouanni Gualberto inginocchioni, con vn'altro santo. I quali tutti ritratti si riconoscono benissimo, per essere simili a quelli, che si ueggiono in altre opere, e particolarmente nelle case de i discendenti loro, o di gesso, ò di pittura. Mise in questa opera Alesso molto tempo, perche era pazientissimo, e voleua condurre l'opere con suo agio, & commodo. Disegnò molto bene, come nel nostro libro si vede vn mulo ritratto di naturale, dou'è fatto il girare de'peli per tutta la persona, con molta pacienza, & con bella grazia. Fu Alesso diligentissimo nelle cose sue, e di tutte le minuzie, che la madre natura sa fare, si sforzò d'essere imitatore. Hebbe la maniera alquanto secca, & crudetta, massimamente ne'panni. Dilettossi molto di far paesi, ritraendoli dal uiuo, e naturale, come stanno apunto. Onde si veggiono nelle sue pitture fiumi, ponti, sassi, herbe, frutti, uie, campi, città, castella, arena; & altre

altre infinite simili cose. Fece nella Nunziata di Firenze nel cortile dietro a punto al muro doue è dipinta la stessa Nunziata vna storia a fresco, e ritocca a secco, nel quale è vna Natiuità di Cristo, fatta con tanta fatica, e diligenza, che in vna capãna, che vi è si potrebbono annouerar le fila, e i nodi della paglia. vi cõtrafece ancora ĩ vna rouina d'una casa le pietre muffate, e dalla pioggia, e dal ghiaccio logore, e cõsumate: cõ vna radice d'ellera grossa, che ricuopre vna parte di quel muro, nellaquale è da considerare, che con lunga paciẽza fece d'un color verde il ritto delle foglie, e d'un'altro il rouescio, come fa la natura, ne piu, ne meno. e oltra a i pastori ui fece vna serpe, o vero biscia, che camina su per vn muro, naturalissima. Dicesi, che Alesso s'affaticò molto, per trouare il vero modo del musaico, e che non gl'essendo mai riuscito cosa, che uolesse, gli capitò finalmente alle mani un Thedesco, che andaua a Roma alle perdonanze; & che alloggiandolo imparò da lui interamente il modo, e la regola di condurlo. Di maniera, che essendosi messo poi arditamente a lauorare: in san Giouanni sopra le porte di bronzo. fece dalla banda di dentro negl'archi alcuni Angeli, che tengono la testa di Christo. per la quale opera, conosciuto il suo buon modo di fare, gli fu ordinato da i Consoli dell'Arte de'mercatanti, che rinettasse, e pulisse tutta la volta di quel tẽpio, stata lauorata, come si disse, da Andrea Tafi: perche essendo in molti luoghi guasta, haueua bisogno d'esser rassettata, & racconcia. Ilche fece Alesso con amore, e diligenza, seruendosi in cio d'un'edifizio di legname, che gli fece il Ceccha, ilquale fu il migliore Architetto di quell'età. Insegnò Alesso il magisterio de'musaici a Domenico Ghirlãdaio, ilquale à canto se poi lo ritrasse nella cappella de'Tornabuoni in santa Maria Nouella, nella storia doue Giouachino è cacciato del tempio, nella figura d'un vecchio raso con un capuccio rosso in testa. Visse Alesso anni ottanta. E quando cominciò ad auicinarsi alla vecchiezza, come quello, che uoleua poter con animo quieto attender agli studi della sua professione; si come fanno spesso molti huomini, si cõmise nello spedale di s. Paulo. Et à cagione forse d'esserui riceuuto piu volentieri e meglio trattato (potette anco essere a caso) fece portare nelle sue stanze del detto spedale un gran cassone, sembiante facendo, che dentro uifusse buona somma di danari; perche cosi credendo, che fusse lo spedalingo, e gl'altri ministri, iquali sapeuano, che egli haueua fatto allo spedale donazione di qualũche cosa si trouasse alla morte sua: gli faceuano le maggior carezze del mondo. Ma venuto a morte Alesso, ui si trouò dentro solamente disegni, ritratti in carta; & vn libretto, che insegnaua a far le pietre del musaico, lo stucco, & il modo di lauorare. Ne fu gran fatto, secondo, che si disse, che non si trouassero danari, perche fu tanto cortese, che niuna cosa haueua, che cosi non fusse degl'amici, come sua.

Fu suo discepolo il Graffione Fiorentino, che sopra la porta degl'Innocenti fece a fresco il Dio padre, con quegli Angeli, che ui sono ancora. Dicono, che il Magnifico Lorenzo de'Medici ragionando un di col Graffione, che era un strauagante ceruello, gli disse; Io voglio far fare di musaico, e di stucchi tutti gli spigoli della Cupola di dentro: E che il Graffione rispose; voi non ci hauete Maestri; A che replicò Lorenzo: noi habbiam tanti dana ri, che ne faremo; Il Graffione subitamente soggiunse. Eh Lorenzo, i danari non fanno maestri, ma i maestri fanno i danari. Fu costui bizarra, & fantastica persona. Non mangiò mai in casa sua a tauola, che fusse apparecchiata d'altro, che di suoi cartoni: e nõ dormì in altro letto, che in vn cassone piẽ di paglia, senza lenzuola. Ma tornando ad Alesso egli finì l'arte, & la uita nel 1448. e fu da i suoi parenti, e cittadini sotterrato honoreuolmente.

Il fine della vita di Alesso Baldouinetti Pittore Fiorentino.

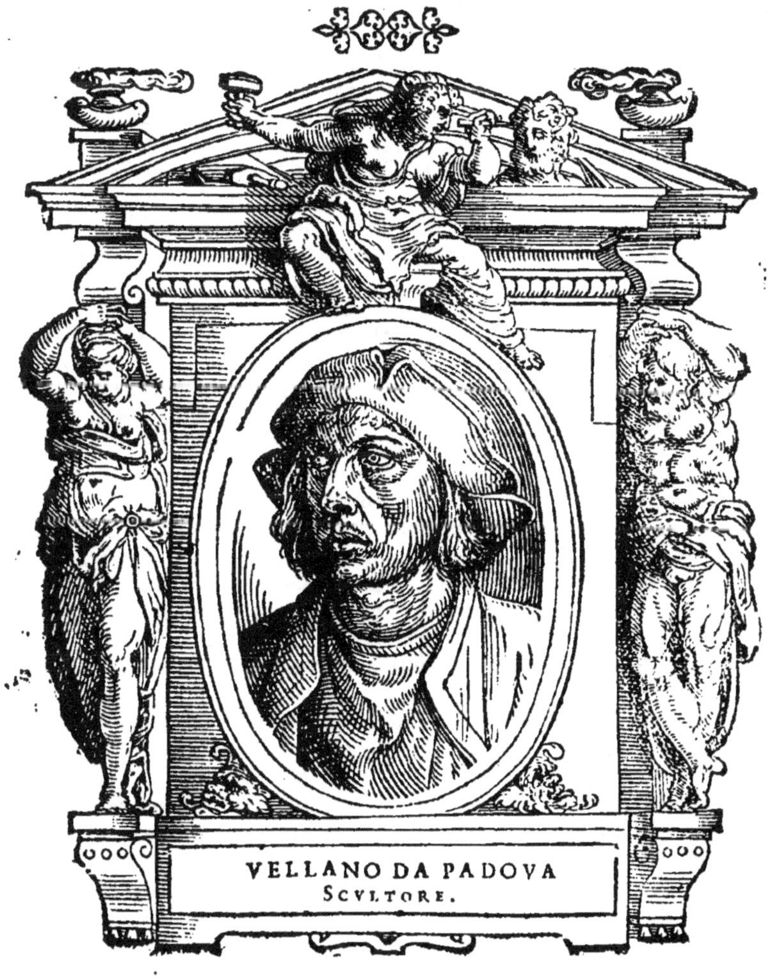

VELLANO DA PADOVA
SCVLTORE.

VITA DI VELLANO DA PADOVA SCVLTORE.

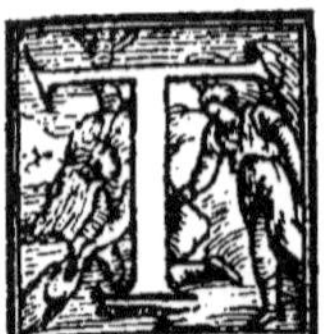

TANTO grande è la forza del contraffare cō amore e studio alcuna cosa, che il piu delle volte, essendo bene imitata la maniera d'una di queste nostre Arti, da coloro, che nell'opere di qualcuno si compiacciono, si fattamente somiglia la cosa, che imita quella, che è imitata, che non si discerne, se non da chi ha piu che buon'occhio, alcuna differēza. E rade volte auuiene, che vn discepolo amoreuole nō apprēda almeno in grā parte la maniera del suo maestro. Vellano da Padoua s'ingegnò cō tanto studio di contrafare la maniera, & il fare di Donato nella scultura; e massimamente ne'bronzi; che rimase in Padoua sua patria erede della virtù di Donatello Fiorentino, come ne dimostrano l'opere sue nel Santo, dalle quali; pensando quasi ognuno, che non ha di cio cognizione intera, ch'elle siano di Donato, se non sono auuertiti restano tutto giorno ingannati. Costui dunque, infiāmato dalle molte lodi, che sentiua dare a Donato scultore Fiorentino, che allora lauoraua in Padoua, e dal disiderio dell'utile, che mediante l'eccellenza dell'opere viene in mano de buoni Artefici; si acconciò con esso Donato, per imparar la scultura, e vi attese di maniera, che con l'aiuto di tanto Maestro, conseguì finalmēte l'intento suo; onde prima, che Donatello partisse di Padoua, finite l'opere sue; haueua tanto acquisto fatto nell'arte, che gia era in buona aspettazione, & di tanta speranza appresso al maestro, che meritò, che da lui gli fussero lasciate tutte le masserizie, i disegni, e i modelli delle storie, che si haueuano a fare di bronzo intorno al choro del santo in quella Città. Laqual cosa fu cagione, che partito Donato, come si è detto, fu tutta quell'opera publicamente allogata al Vellano nella patria con suo molto honore. Egli dunque fece tutte le storie di bronzo, che sono nel choro del santo dalla banda di fuori; doue fra l'altre è la storia, quando Sansone, abbracciata la colonna, rouina il tempio de'Filistei; doue si vede con ordine venir giu i pezzi delle rouine, e la morte di tanto popolo: Et in oltre la diuersità di molte Attitudini in coloro, che muoiono chi p la rouina, e chi per la paura. Ilche marauigliosamente espresse Vellano. Nel medesimo luogo sono alcune cere, & i modelli di queste cose; & cosi alcuni candelieri di bronzo lauorati dal medesimo con molto giudizio, & inuenzione. E per quanto si vede, hebbe questo Artefice estremo disiderio d'ariuare al segno di Donatello. Ma non vi arriuò, perche si pose colui troppo alto in vn'arte difficilissima. E perche Vellano si dilettò anco dell'architettura, e fu piu che ragioneuole in quella professione, andato a Roma al tēpo di Papa Paulo Viniziano l'āno 1464: per ilquale pontefice era architettore nelle fabriche del Vaticano Giuliano da Maiano, fu anch'egli adoperato a molte cose; e fra l'altre opere, che vi fece; sono di sua mano l'arme che vi si veggiono di quel Pontefice, col nome appresso. Lauorò ancora al palazzo di S. Marco molti degl'ornamēti di quella fabrica, per lo medesimo papa, la testa del quale è di mano di Vellano a sōmo le scale: Disegnò il medesimo, per quel luogo vn cortile stupendo, con vna salita di scale cōmode, e piaceuoli, ma ogni cosa, sopraueneendo la morte del Pontefice rimase, imperfetta. Nelqual tempo, che stette in Roma il Vellano, fece per il detto papa, e per altri molte cose piccole di marmo, e di brōzo; ma non l'ho potuto rinuenire. Fece il medesimo in Perugia vna statua di brōzo, maggior che il viuo, nellaquale figurò di naturale il detto Papa a sedere in pontificale; e da pie vi mise il nome suo, e l'anno ch'ella fu fatta. Laqual figura posa in vna nicchia di piu sorte pietre, lauorate con molta diligenza, fuor della porta di S. Lorenzo, che è il Duomo di quella città. Fece il medesimo molte medaglie, delle quali ancora si veggiono alcune, e particolarmente quella di quel papa; e quelle d'Antonio Rosello Aretino, e di Battista Platina ambi di quello segretarij. Tornato dopo queste cose Vellano a Padoa cō bonissimo nome, era in pregio nō solo nella propria patria, ma in tutta la Lōbardia; e Marca Triuisana; si perche non erano insino allora stati in quelle parti Artefici eccellēti: si perche haueua bonissima pratica nel fondere i metalli. Dopo, essendo gia vecchio Vellano, deliberando la Signoria di Vinegia, che si facesse di bronzo la statua di Bartolomeo da Bergamo a cauallo, allogò il cauallo ad Andrea del Verrocchio Fiorentino, e la figura a Vellano. Laqual cosa vdendo Andrea, che pensaua, che a lui toccasse tutta l'opera, venne in tanto collera, conoscendosi, come era in uero, altro maestro, che Vellano non era, che fracassato, e rotto tutto il modello, che gia haueua finito del cauallo, se ne venne a Firenze. Ma poi, essendo richiamato dalla Signoria, che gli diede a fare tutta l'opera, di nuouo tornò a finirla. Della qual cosa prese Vellano tanto dispiacere, che partito di Vinegia senza far motto, o risentirsi di cio in niuna maniera, se ne tornò a Padoa: Doue poi visse il rimanente della sua vita honoratamente, contentandosi dell'opere, che haueua fatto, e di essere, come fu sempre nella sua patria amato, & honorato. Morì d'età d'anni 92, e fu sotterrato nel Santo con quell'honore, che la sua virtu, hauēdo se, e la patria honorato, meritaua. Il suo ritratto mi fu mandato da Padoa da alcuni amici miei, che l'hebbono, per quanto mi auisarono, dal Dottissimo, e R. Cardinal Bembo, che fu tanto amatore delle nostre arti, quanto in tutte le piu rare virtù, e doti d'animo, e di corpo, fu sopra tutti gl'altri huomini del l'età nostra eccellentissimo.

Fine della Vita di Vellano da Padoa Scultore.

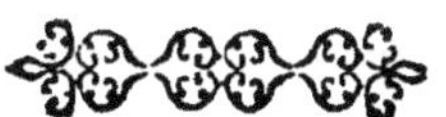

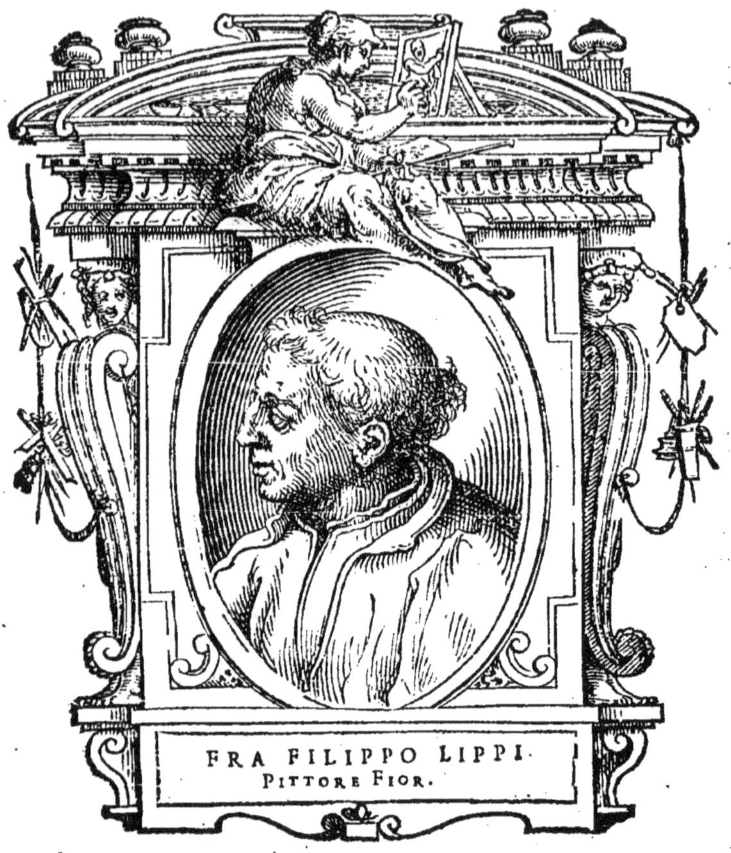

Vita di Fra Filippo Lippi, Pittore Fiorentino.

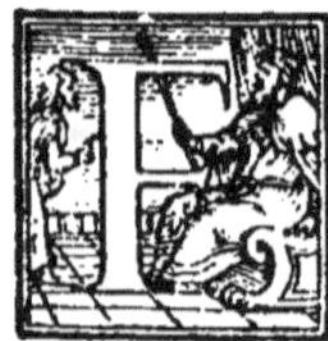

RA Filippo di Tommaſo Lippi, Carmelitano: ilquale nacque in Fiorenza, in vna contrada detta Ardiglione, ſotto il canto alla Cuculia dietro al conuento de'Frati Carmelitani: per la morte, di Tommaſo ſuo padre reſtò pouero fanciullino d'anni due ſenza alcuna cuſtodia, eſſendoſi ancora morta la madre non molto dopo hauerlo partorito. Rimaſo dũque coſtui in gouerno d'una Mona Lapaccia ſua zia ſorella di Tommaſo, ſuo padre; poi che l'hebbe alleuato con ſuo diſagio grandiſsimo: Quando non potette piu ſoſtentarlo, eſſendo egli gia di 8. anni, ni,lo fece frate nel sopradetto conuento del Carmine doue standosi,quanto era destro,& ingenioso nelle azzioni di mano; tanto era nella erudizione delle lettere grosso,& male atto ad imparare,onde, non volle applicarui lo ingegno mai; ne hauerle per amiche. Questo putto, ilquale fu chiamato col nome del secolo Filippo, essendo tenuto con gl'altri in Nouiziato, e sotto la disciplina del maestro della gramatica, pur per vedere,quello,che sapesse fare:in cambio di studiare non faceua mai altro,che imbrattare con fantocci i libri suoi,e degl'altri.Onde il priore si risoluette a dargli ogni commodità, & agio d'imparare a dipignere. Era allora nel Carmine la cappella da Masaccio nuouamente stata dipinta,laquale percioche bellissima era, piaceua molto a fra Filippo; laonde ogni giorno per suo diporto,la frequentaua: & quiui esercitandosi del continouo in compagnia di molti giouani, che sempre vi disegnauano; di gran lunga gl'altri auanzaua di destrezza, & di sapere. Di maniera,che e si teneua per fermo, che e douesse fare col tempo qualche marauigliosa cosa. Ma ne gl'anni acerbi, non che ne'maturi, tante lodeuoli opere fece.che fu vn miracolo. Perche di lì a poco tempo lauorò di verde terra nel chiostro vicino alla sagra di Masaccio,vn papa,che conferma la regola de'Carmelitani; & in molti luoghi in chiesa in piu pareti in fresco dipinse, e particolarmente vn san Giou. Batista, & alcune storie della sua vita: & così ogni giorno facendo meglio,haueua preso la mano di Masaccio si,che le cose sue in modo simili à qlle faceua; che molti diceuano lo spirito di Masaccio essere entrato nel corpo di Fra Filippo. Fece in vn pilastro in chiesa la figura di san Marziale presso all'organo,laquale gli arrecò infinita fama, potendo stare a paragone con le cose,che Masaccio haueua dipinte. Per il che sentitosi lodar tanto,per il grido d'ogniuno,animosamente si cauò l'habito d'età d'anni XVII. Et trouandosi nella Marca d'Ancona,diportandosi vn giorno cō certi amici suoi in vna barchetta per mare, furono tutti insieme dalle fuste de'Mori,che per quei luoghi scorreuano,presi & menati in Barberia; e messo ciascuno di loro alla catena,e tenuto schiauo,doue stette con molto disagio per XVIII: mesi. Ma perche vn giorno, hauendo egli molto in' pratica il padrone,gli venne commodità,& capriccio di ritrarlo; preso vn carbone spēto del fuoco,con quello,tutto intero lo ritrasse co'suoi habiti īdosso alla moresca in vn muro bianco.Onde essendo da gli altri schiaui detto questo al padrone,perche a tutti vn miracolo pareua,non s'usando il disegno ne la pittura in quelle parti; cio fu causa della sua liberazione dalla catena,doue p tanto tempo era stato tenuto. Veramente è gloria di questa virtu grandissima, che vno,a cui è conceduto per legge di poter condennare, & punire; faccia tutto il contrario,anzi in cambio di supplicio,e di morte,s'induca a far carezze,e dare libertà. Hauendo poi lauorato alcune cose di colore al detto suo padrone,fu condotto sicuramente à Napoli;doue egli dipinse al Re Alfonso,allora Duca di Calauria vna tauola a tempera nella cappella del castello, doue hoggi stà la guardia. Appresso gli venne volontà di ritornare a Fiorenza,doue dimorò alcuni mesi; Et lauorò alle donne di S.Ambruogio all'altare maggiore vna bellissima tauola,laquale molto grato lo fece a Cosimo de' Medici,che per questa cagione diuenne suo amicissimo. Fece anco nel capitolo di santa Croce vna tauola, e vn'altra, che fu posta nella cappella in casa

Me

Medici,& dentro vi fece la natiuità di Christo; lauorò ancora per la moglie di Cosimo detto,vna tauola con la medesima natiuità di Christo,& san Giouanni Batista,per mettere all'ermo di Camaldoli in vna delle celle de Romiti,che ella haueua fatta fare per sua diuozione,intitolata à s. Gio. Batista; & alcune storiette,che si mãdarono à donare,da Cosimo,à papa Eugenio IIII. Viniziano. Laonde F.Filippo molta grazia di quest'opera acquistò appresso il papa. Dicesi,ch'era tanto venereo,che vedendo donne, che gli piacessero, se le poteua hauere,ogni sua facultà donato le harebbe:& non potendo, per via di mezzi,ritraendole in pittura con ragionamẽti la fiamma del suo amore intiepidiua.Et era tanto perduto dietro a questo appetito,che all'ope prese da lui,quando era in questo humore,poco o nulla attendeua. Onde vna volta fra l'altre, Cosimo de'Medici, faccendoli fare vna opera, in casa sua lo rinchiuse,perche fuori à perder tempo non andasse; ma egli statoci già due giorni,spinto da furore amoroso,anzi bestiale, vna sera con vn paio di forbici fece alcune liste de'lenzuoli del letto,& da vna finestra calatosi, attese per molti giorni a'suoi piaceri. Onde non lo trouando,& facendone Cosimo cercare,al fine pur lo ritornò al lauoro; & dallora in poi gli diede libertà, che à suo piacere andasse,pentito assai d'hauerlo,per lo passato rinchiuso; pensando alla pazzia sua,& al pericolo,che poteua incorrere: per il che sempre con carezze s'ingegnò di tenerlo per l'auuenire, & così da lui fu seruito con piu prestezza,dicendo egli,che l'eccellenze degli ingegni rari sono forme celesti & non asini vetturini. Lauorò vna tauola nella chiesa di s. Maria Primerana in su la piazza di Fiesole,dentroui vna N.Donna annunziata dall' Angelo,nellaquale è vna diligenza grandissima,& nella figura dell'Angelo tanta bellezza,che e'pare veramente cosa celeste. Fece alle monache delle Murate due tauole,vna della Annunziata,posta allo altar naggiore,l'altra nella medesima chiesa a vn'altare; dentroui storie di san Benedetto, & di san Bernardo,& nel palazzo della Signoria dipinse in tauola vn'Annunziata sopra vna porta, & similmente fece in detto palazzo vn san Bernardo sopra vn' altra porta;& nella sagrestia di san Spirito di Fiorenza vna tauola con vna N. Dõna,& angeli dattorno,& santi da lato; opera rara,& da questi nostri maestri stata sempre tenuta in grandissima venerazione.

In S.Lorenzo alla cappella de gli operai,lauorò vna tauola con vn'altra Annunziata; & a q̃lla della stufa vna,che nõ è finita.In S. Apostolo di detta città in vna cappella dipinse in tauola alcune figure intorno a vna N.Donna: Et in Arezzo a M.Carlo Marsupini, la tauola della cappella di s.Bernardo ne' monaci di Monte Oliueto,con la incoronazione di N.Donna, & molti santi attorno; mantenutasi così fresca, che pare fatta dalle mani di fra Filippo al presente. Doue dal sopradetto M.Carlo gli fu detto, che egli auuertisse alle mani,che dipigneuano,pche molto le sue cose erano biasimate. Per il che fra Filippo nel dipignere da indi innanzi la maggior parte, o con panni,o con altra inuenzione ricoperse per fuggire il predetto biasimo. Nellaquale opera ritrasse di naturale detto M.Carlo. Lauorò in Fiorenza alle Monache di Analena vna tauola d'un Presepio. Et in Padoua si veggono ancora alcune pitture. Mandò di sua mano a Roma due storiette di figure picciole al Cardinal Barbo,le quali erano molto eccellentemente lauorate, & condotte con diligenzia. Et certamente egli con marauigliosa grazia lauorò, & finitissimamẽte vnì le cose sue, per le quali sempre da gli Artefici in pregio, & da moderni maestri è stato con somma lode celebrato; & ancora mentre che l eccellenza di tante sue fatiche la voracità del tẽpo terrà viue, sarà da ogni secolo hauuto in venerazione. In Prato ancora vicino a Fiorenza, doue haueua alcuni parenti in compagnia di fra Diamante del Carmine stato sua compagno, e Nouizio insieme, dimorò molti mesi lauorando per tutta la terra assai cose. Essendogli poi dalle Monache di sãta Margherita data a fare la tauola dell'altar maggiore, mentre vi lauoraua gli venne vn giorno veduta, vna figliuola di Francesco Buti Cittadin Fiorentino; la quale, o in serbanza, o per monaca era quiui in serbanza. fra Filippo dato d'occhio alla Lucrezia; che cosi era il nome della fanciulla, laquale haueua bellissima grazia, & aria: tanto operò con le monache, che ottenne di farne vn ritratto, ꝑ metterlo in vna figura di N. Donna, per l'opra loro. E con questa occasione innamoratosi maggiormente, fece poi tanto per via di mezi, & di pratiche, che egli suiò la Lucrezia da le monache, e la menò via il giorno appunto, ch'ella andaua a vedere mostrar la cintola di N. Donna, honorata reliquia di quel Castello. Di che le monache molto per tal caso furono suergognate; & Francesco suo padre non fu mai piu allegro, e fece ogni opera per riauerla, ma ella, o per paura, o per altra cagione, non volle mai ritornare; anzi starsi con Filippo ilquale n'hebbe un figliuol maschio, che fu chiamato Filippo egli ancora: & fu poi come il padre, molto eccellente, & famoso pittore. In S. Domenico di detto Prato sono due tauole, & vna N. Donna nella chiesa di s. Francesco nel tramemezo, ilquale leuandosi, di doue prima era, per non guastarla, tagliarono il muro, doue era dipinto: & allacciatolo con legni attorno lo traportarono in vna parete della chiesa doue si vede ancora hoggi. E nel Ceppo di Francesco di Marco, sopra vn pozzo, in vn cortile è vna tauoletta di man del medesimo col ritratto di detto Francesco di Marco, autore, & fondatore di quella casa pia. Et nella pieue di detto Castello fece in vna tauolina sopra la porta del fianco, salendo le scale, la morte di s. Bernardo, che rende la sanità toccando la bara a molti storpiati; doue sono frati, che piangono il loro morto maestro, ch'è cosa mirabile a vedere le belle arie di teste nella mestizia del pianto con artificio, & naturale similitudine contrafatte. Sonui alcuni panni di cocolle di frati che hãno bellissime pieghe, e meritano infinite lodi, per lo buõ disegno, colorito, componimento, e per la grazia, & proporzione, che in detta opra si vede, condotta dalla delicatissima mano di fra Filippo. Gli fu allogato dagli operai della detta Pieue ꝑ hauere memoria di lui, la cappella dello altar maggiore di detto luogo, doue mostrò tanto del valor suo in questa opera ch'oltra la bontà, & l'arteficio di essa, vi sono panni, & teste mirabilissime. Fece in questo lauoro le figure maggiori del viuo, doue introdusse poi negli altri Artefici moderni il modo di dar grandezza alla maniera d'hoggi. Sonui alcune figure con abbigliamenti in quel tempo poco vsati, doue cominciò a destare gli animi delle genti, a vscire di quella semplicità, che piu tosto vecchia, che antica si puo nominare. In qsto lauoro sono le storie di S. Stefano titolo di detta pieue, partite nella faccia della bãda destra, cioè la disputazione, lapidazione, e morte di detto protomartire, Nella faccia delquale, disputãte cõtra i Giudei dimo-

dimostrò tãto zelo; e tanto feruore, che egli è cosa difficile ad imaginarlo, nõ che ad esprimerlo, & ne i volti, & nelle varie attitudini di essi Giudei, l'odio, lo sdegno, & la collera, del vedersi vinto da lui. *Si come* piu apertamente ancora fece apparire la bestialità, & la rabbia in coloro che l'uccidono con le pietre, hauendole afferrate chi grandi, & chi piccole, con vno strignere di denti horribile, & con gesti tutti crudeli, & rabbiosi. Et nientedimeno infra si terribile assalto, S. Stefano sicurissimo, & col viso leuato al Cielo, si dimostra con grãdissima carità, & feruore supplicare a l'eterno Padre, per quegli stessi, che lo vccidono: Considerazioni certo bellissime, e da far conoscere altrui, quãto vaglia la inuenzione, & il saper esprimer gl'affetti nelle pitture. Il che si bene osseruò costui, che in coloro, che sotterrano S. Stef. fece attitudini si dolẽti, & alcune teste si afflitte, e dirotte nel pianto; che e'non è apena possibile di guardarle, senza commuouersi. Da l'altra banda fece la Natiuità, la predica, il battesimo, la cena d'Erode, & la decollazione di S. Giouanni Batista: Doue nella faccia di lui predicante, si conosce il diuino spirito: & nelle turbe che ascoltano, i diuersi mouimenti, e l allegrezza, e l'afflizzione cosi nelle donne come negli huomini, astratti, & sospesi tutti negli ammaestramenti di S. Giouanni. Nel battesimo si riconosce la bellezza, & la bontà; & nella Cena di Erode, la maestà del conuito, la destrezza di Erodiana, lo stupore de'conuitati, & lo attristamento fuori di maniera, nel presentarsi la testa tagliata, dentro al bacino. Veggonsi intorno al conuito infinite figure con molto belle attitudini, & ben condotte, & di panni, & di arie di visi, tra i quali ritrasse allo specchio se stesso vestito di nero, in habito da Prelato, & il suo discepolo fra Diamante doue si piange s. Stefano. Et in vero, questa opera fu la piu eccellente di tutte le cose sue, si per le considerazioni dette di sopra, & si per hauer fatto le figure alquanto maggiori, che il viuo. Ilche dette animo a chi venne dopo lui, di ringrandire la maniera. Fu tanto per le sue buone qualità stimato, che molte cose, che di biasimo erano alla vita sua, furono ricoperte, mediante il grado di tanta virtù. Ritrasse in questa opera M. Carlo figl. naturale di Cosimo de Med: ilquale era allora proposto di quella chiesa, laquale fu da lui, e dalla sua casa molto henificata. Finita che hebbe quest'opera l'anno 1463 dipinse a tẽpera vna tauola, per la chiesa di S. Iacopo di Pistoia dentroui vna Nunziata molto bella; per M. Iacopo Bellucci, ilqual vi ritrasse di naturale molto viuamente. In casa di Pulidoro Bracciolini è in vn quadro vna Natiuita di N. Dõna di sua mano: E nel Magistrato degl'Otto di Firenze è in vn mezzo tondo dipinto a tempera vna N. Donna col figliuolo in braccio. In casa Lodouico Caponi in vn'altro quadro vna N. Donna bellissima: & appresso di Bernardo Vecchietto gentil'huomo Fiorentino, e tanto virtuoso, e da bene quanto piu non saperei dire, è di mano del medesimo in vn quadretto piccolo vn S. Agostino, che studia bellissimo. Ma molto meglio è vn S. Hieronimo in penitenzia della medesima grandezza in Guarda roba del Duca Cosimo. E se fra Filippo fu raro in tutte le sue pitture, nelle piccole superò se stesso: perche le fece tanto graziose, e belle, che non si puo far meglio: come si puo vedere nelle predelle di tutte le tauole, che fece. In somma fu egli tale, che ne'tempi suoi niuno lo trapassò, & ne'nostri pochi. E Michelagnolo l'ha non pur celebrato sempre, ma imitato in molte cose. Fece ancora per la chiesa di S. Dome nico vecchio di Perugia, che poi è stato posta all'altar maggiore vna tauola, dentroui la N. Donna, s. Piero, s. Paulo, s. Lodouico, e s. Antonio Abbate. M. Alessandro degl'Alessandri, allora Caualiere, & amico suo gli fece fare per la sua chiesa di Villa, a Vincigliata nel Poggio di Fiesole, in vna tauola vn s. Lorenzo, & altri santi; ritraendoui lui, e dua suoi figliuoli. Fu fra Filippo molto amico delle persone allegre, & sempre lietamente visse. A fra Diamante fece imparare l'arte della pittura, ilquale nel Carmino di Prato lauorò molte pitture; & della maniera sua imitandola assai si fece honore, perche e venne a'ottima perfezzione. Stette con fra Filippo in sua giouentù Sandro Botticello; Pisello, Iacopo del sellaio Fiorentino; che in s. Friano fece due tauole & vna nel Carmino, lauorata a tempera, & infiniti altri maestri, a i quali sempre con amoreuolezza insegnò l'arte. De le fatiche sue visse onoratamente, & straordinariamente spese, nelle cose d'amore; dellequali del continuo, méntre, che visse fino a la morte si dilettò. Fu richiesto per via di Cosimo de'Medici dalla comunità di Spoletti, di fare la cappella nella chiesa principale della N. Donna; laquale, lauorando insieme con fra Diamante, condusse a bonissimo termine; ma soprauenuto dalla morte non la potette finire. Percioche dicono, che essendo egli tanto inclinato a queste suoi beati amori, alcuni parenti della donna da lui amata, lo fecero auuelenare. Finì il corso della vita sua fra Filippo di età d'anni 57. nel 1438. & a fra Diamante lasciò in gouerno per testamento Filippo suo figliuolo, il quale fanciullo di dieci anni, imparando l'arte da fra Diamante, seco se ne tornò a Fiorenza portãdosene fra Diamante 300. ducati. che per l'opera fatta si restauano ad hauere da le comunità: de quali comperati alcuni beni per se proprio, poca parte fece al fanciullo. Fu acconcio Filippo con Sandro Botticello, tenuto allora maestro bonissimo. Et il vecchio fu sotterrato in vn sepolcro di marmo rosso, & bianco, fatto porre da gli Spoletini, nella chiesa che e dipigneua. Dolse la morte sua a molti amici, & a Cosimo de'Medici, particolarmente, & a Papa Eugenio, il quale in vita sua volle dispensarlo, che potesse hauere per sua donna legitima la Lucrezia di Francesco Buti; laquale per potere far di se, e dell'appetito suo come gli paresse, non si volse curare d'hauere. Mentre che Sisto IIII. uiueua. Lorenzo de'Medici, fatto ambasciator da'Fiorentini, fece la via di Spoleti, per chiedere a quella comunità il corpo di fra Filippo, per metterlo in S. Maria del Fiore in Fiorenza: ma gli fu risposto da loro; che essi haueuano carestia d'ornamento, & massimamente d'huomini eccellenti: perche per onorarsi gliel domandarono in grazia; aggiugnendo, che hauendo in Fiorenza infiniti huomini famosi, & quasi di superchio: che evolesse fare senza questo: & cosi non l'hebbe altrimenti. Bene è vero che deliberatosi poi di honorarlo in quel miglior modo ch'e poteua, mandò Filippino suo figliuolo a Roma al Cardinale di Napoli, per fargli vna cappella. Ilquale passando da Spoleti, per commessione di Lorenzo fece fargli vna sepoltura di marmo sotto l'organo, e sopra la sagrestia; doue spese cento ducati d'oro; iquali pagò Nofri Tornaboni maestro del banco de Medici; & da M. Agnolo Poliziano gli fece fare il presente epigramma, intagliato in detta sepoltura di lettere antiche.

Con-

Conditus hic ego ſum picturæ fama Philippus,
Nulli ignota meæ eſt gratia mira manus.
Artifices potui digitis animare colores,
Sperataque animos fallere uoce diu.
Ipſa meis ſtupuit natura expreſſa figuris;
Meque ſuis faſſa eſt artibus eſſe parem.
Marmoreo Tumulo Medices Laurentius hic me;
Condidit: ante humili puluere tectus eram.

Diſegnò fra Filippo beniſsimo, come ſi puo vedere nel noſtro libro di diſegni de' piu famoſi dipintori; e particolarmente in alcune carte, doue è diſegnata la tauola di s. Spirito; & in altre doue è la cappella di Prato.

Fine della vita di Fra Filippo Pittore Fiorentino.

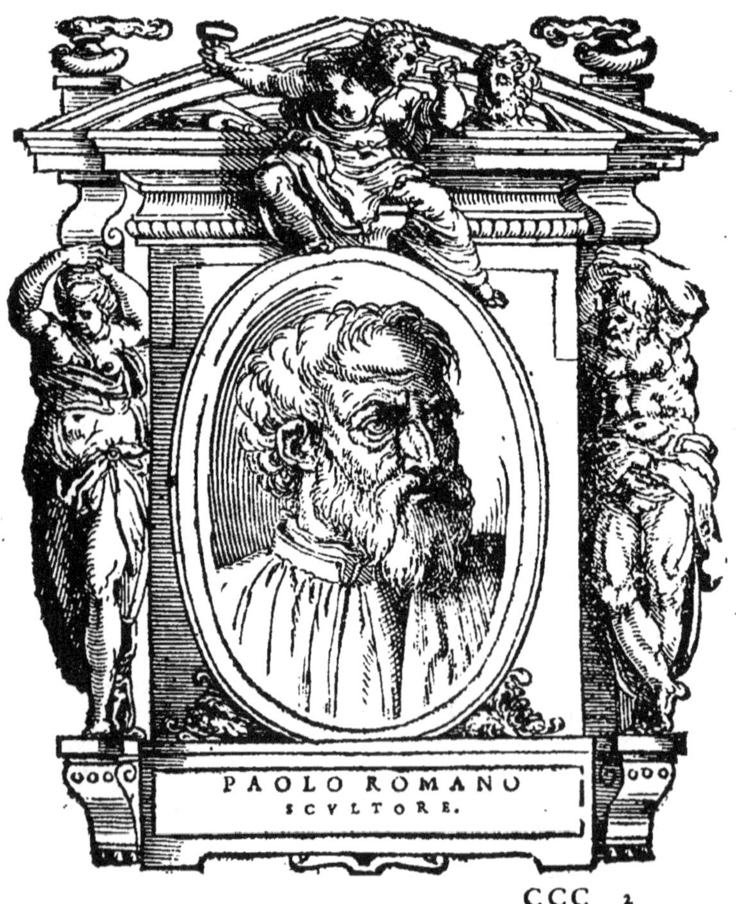

Vita di Paulo Romano, & di maestro Mino Scultori: & di Chimenti Camicia architetto.

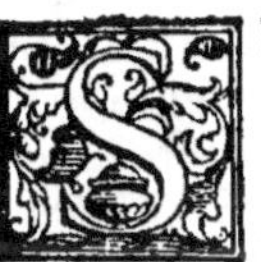

EGVE hora, che noi parliamo di Paolo Romano, & di Mino del regno Coetanei, & della medesima professione; ma molto differenti nelle qualità de' costumi, & dell'arte: perche Pagolo fu modesto, & assai valente; Mino di molto minor valore, ma tanto prosontuoso & arrogante, che oltra il far suo pié di superbia con le parole, ancora alzaua fuor di modo le proprie fatiche. Nel farsi allogazione da Pio secondo pontefice, a Paolo scultor Romano, d'una figura; egli tãto per inuidia lo stimolò, & infestollo, che Paolo, ilquale era buona, & humilissima persona fu sforzato a risentirsi. Laonde Mino sbuffando con Paulo voleua giucare mille ducati, a fare vna figura con esso lui Et questo con grandissima prosũnzione, & audacia diceua; conoscendo egli la natura di Paulo, che non voleua fastidi; non credendo egli, che tal partito accettasse. Ma Paulo accettò l'inuito: & Mino mezo pentito, solo per honore suo, cento ducati giuocò. Fatta la figura fu dato a Paulo il vanto, come raro, & eccellente, ch'egli era: & Mino fu scorto per quella persona nell' arte, che piu con le parole, che con l'opre valeua. Sono di mano di Mino à Monte Cassino, luogo de' monaci neri nel regno di Napoli, vna sepoltura, & in Napoli alcune cose di marmo. In Roma il san Piero, & san Paolo, che sono a pie delle scale di san Pietro: & in san Pietro la sepoltura di papa Paolo secondo. Et la figura, che fece paulo a concorrenza di Mino, fu il san paulo, ch'all'entrata del ponte sant'Angelo su vn basamento di marmo si vede; il quale molto tẽpo stette inanzi alla cappella di Sisto quarto non conosciuto. Auuenne poi, che Clemente settimo pontefice vn giorno diede d'occhio a questa figura, & per essere egli di tali essercizij intendente, & giudicioso, gli piacque molto. Per ilche egli deliberò di far fare vn san Pietro della grandezza medesima. Et insieme alla entrata di ponte sant'Angelo, doue erano dedicate a questi Apostoli due cappellette di marmo, leuar quelle, che impediuano la vista al castello, & metterui queste due statue.

Si legge nell'opera d'Antonio Filareto; che paulo fu non pure scultore, ma valẽt'orefice, e che lauorò in parte i dodici apostoli d'Argẽto, che inãzi al sacco di Roma si teneuano sopra l'altar della capella papale. ne i quali lauorò ancora Niccolo della Guardia, e Pietropaulo da Todi, che furono discepoli di paulo, & poi ragioneuoli maestri nella scultura; come si vede nelle sepolture di papa Pio II, & del terzo, nelle quali sono i detti duoi pontefici ritratti di naturale. E di mano de i medesimi si veggiono in medaglia tre Imperadori, & altri personaggi grandi. E il detto Paulo fece una statua d'un'huomo armato à cauallo, che hoggi è per terra in san Piero, vicino alla cappella di santo Andrea. Fu creato di Paulo Ianchristoforo Romano, che fu valente scultore, & sono alcune opere di sua mano in santa Maria Trasteuere, & altroue.

Chimenti Camicia, delquale non si sa altro, quanto all'origine sua, senon che fu Fiorentino, stando al seruigio del Re d'Vngheria, gli fece palazzi, giardini, fontane, tempij, fortezze, & altre molte muraglie d'importanza, con ornamenti, intagli, palchi lauorati, & altre simili cose, che furono con molta di ligenza condotti da Baccio Cellini. Dopo lequali opere, Chimenti, come amoreuole della patria se ne tornò a Firenze; & a Baccio, che la si rimase, mãdò, perche le desse al Re, alcune pitture di mano di Berto linaiuolo, le quali furono in Vngheria tenute bellissime, & da quel Re molto lodate. Ilqual Berto (non tacerò anco questo di lui) dopò hauer molti quadri con bella maniera lauorati; che sono nelle case di molti cittadini, si morì appunto in sul fiorire, troncando la buona speranza, che si haueua di lui. Ma tornando à Chimenti, egli, stato non molto tempo in Firenze, se ne tornò in Vngheria, doue continuando nel seruizio del Re, prese, andando su per il Danubio à dar disegni di molina, per la stracchezza, vn'infermità, che in pochi giorni lo condusse all'altra vita. L'opere di questi maestri furono nel 1470. in circa. Visse ne' medesimi tempi, & habitò Roma al tempo di papa Sisto quarto Baccio Pintelli Fiorentino, ilqual per la buona pratica, che hebbe nelle cose d'architettura meritò, che il detto papa in ogni sua impresa di fabriche sene seruisse. Fu fatta dunque col disegno di costui la chiesa, & conuento di s Maria del popolo; & in quella alcune cappelle con molti ornamenti, e particolarmente quella di Domenico della Rouere Cardinale di san Clemente, & nipote di quel papa. Il medesimo fece fare col disegno di Baccio vn palazzo in Borgo vecchio, che fu allora tenuto molto bello, et ben considerato edifizio. Fece il medesimo sotto le stãze di Nicola, la libreria maggiore. Et in palazzo la cappella, detta di Sisto, laquale è ornata di belle pitture. Rifece similmente la fabrica del nuouo spedale di santo Spirito in Sassi, laquale era l'anno 1471. arsa quasi tutta da' fondamenti; aggiugnendoui vna lũghissima loggia, e tutte quelle vtili commodità, che si possono disiderare. E dentro nella lunghezza dello spedale fece dipignere storie della vita di papa Sisto dalla nascita insino alla fine di quella fabrica, anzi insino al fine della sua vita. Fece anco il ponte, che dal nome di quel pontefice è detto ponte Sisto: che fu tenuto opera eccellente, per hauerlo fatto Baccio si gagliardo di spalle, & cosi ben carico di peso, che egli è fortissimo, e benissimo fondato. Parimente l'anno del giubileo del 1475. fece molte nuoue chiesette per Roma, che si conoscono all'arme di papa Sisto; & in particolare santo Apostolo, san Piero in Vincula, e san Sisto. Et al Cardinal Guglielmo, vescouo d'Hostia fece il modello della sua chiesa, e della facciata, e delle scale, in quel modo, che hoggi si veggiono. Affermano molti, che il disegno della chiesa à san Piero a montorio in Roma fu di mano di Baccio, ma io non posso dire con verità d'hauere trouato, che cosi sia. Laqual chiesa fu fabricata a spese del re di portogallo, quasi nel medesimo tempo, che la nazione Spagnuola fece far in Roma la chiesa di san Iacopo. Fu la virtu di Baccio tanto da quel põtefice stimata, che nõ hauerebbe fatto cosa alcuna di muraglia senza il parere di lui. Onde l'anno 1480. Intendendo, che minacciaua rouina la chiesa, e conuento di s. Frã d'Ascesi vi mandò Baccio, ilquale facẽdo di verso il piano vn puntone gagliadiss. assicurò del tutto quella marauigliosa fabrica. Et in vno sprone fece porre la statua di ql pontefice, il quale nõ molti anni inãzi haueua fatto fare in quel cõuento medesimo molti apartamenti di camere, e sale, che si riconoscono, oltre all'esser magnifiche, all'arme, che vi si vede del detto papa. E nel cortile u'è vna molto maggior, che l'altre, con alcuni versi latini in lode d'esso papa Sisto IIII. ilqual dimostrò a' molti segni, hauer ql sãto luogo i molta veneraz.

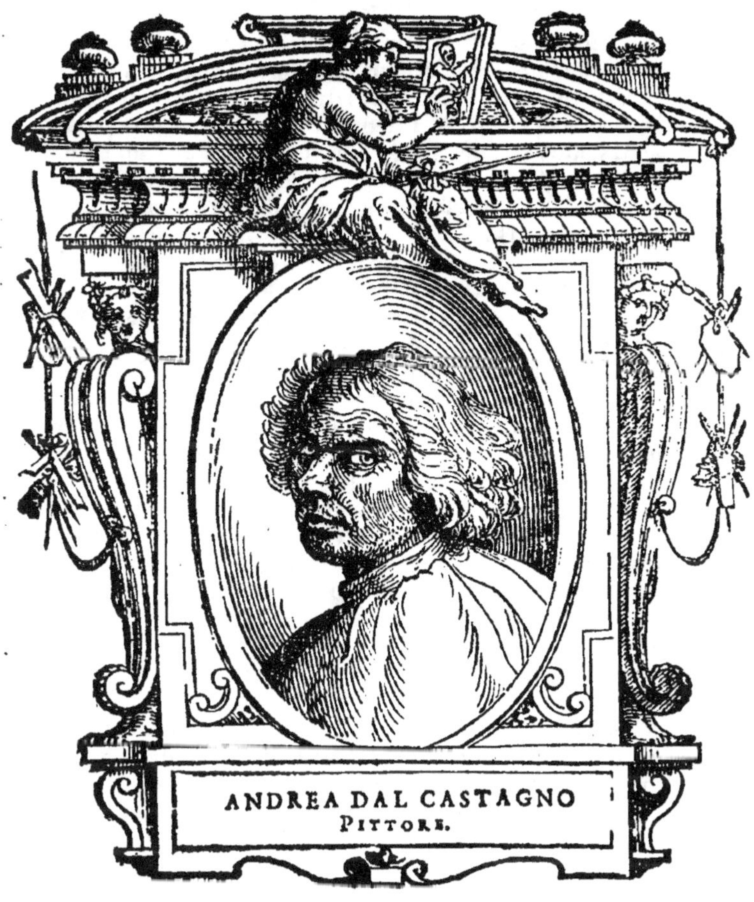

Vita d'Andrea dal Castagno di Mugello: e di Domenico Viniziano Pittori.

QVANTO sia biasimeuole in vna persona eccellente il vizio della inuidia; che in nessuno douerebbe ritrouarsi: & quanto scelerata, & orribil cosa il cercare sotto spezie d'una simulata amicizia, spegnere in altri, non solamente la fama, & la gloria; ma la vita stessa; Non credo io certamente, che ben sia possibile esprimersi con parole: vincendo la sceleratezza del fatto ogni virtù, & forza di lingua, ancora che eloquente. Per il che, senza altrimenti distendermi in questo discorso, dirò solo che ne si fatti alberga spirito, non dirò inumano & fero, ma crudele in tutto, & diabolico: Tanto lontano da ogni virtù, che nõ sola-

ſolamente, nõ ſono piu huomini: ma ne animali ancora, ne degni di viuere. Conciò ſia, che quanto la emulazione, & la concorenza, che virtuoſamente operando, cerca vincere; & ſouerchiare i da piu di ſe, per acquiſtarſi gloria, e onore; è coſa lodeuole, & da eſſere tenuta in pregio, come neceſſaria ed vtile al Mondo; tanto per l'oppoſito, & molto piu, merita biaſimo, e vituperio: la ſceleratiſsima inuidia; che non ſopportando honore, o pregio in altrui, ſi diſpone a priuar di vita, chi ella non può ſpogliare de la gloria; Come fece lo ſciaurato Andrea dal Caſtagno. La pittura, & diſegno del quale fu per il vero eccellente, & grande; Ma molto maggiore il rancore, & la inuidia, che e'portaua a gli altri pittori: Di maniera che con le tenebre del peccato, ſotterrò & naſcoſe lo ſplendor della ſua virtù. Coſtui per eſſer nato in vna piccola villetta detta il Caſtagno, nel Mugello, contado di Firenze, ſe la preſe per ſuo cognome; quando venne a ſtare in Fiorenza; ilche ſucceſſe in queſta maniera. Eſſendo egli nella prima ſua fanciullezza rimaſo ſenza padre, fu raccolto da vn ſuo zio, che lo tenne molti anni a guardare gli armenti, per vederlo pronto, & ſuegliato, & tanto terribile; che ſapeua far riguardare non ſolamente le ſue beſtiuole: ma le paſture, & ogni altra coſa, che atteneſſe al ſuo intereſſe. Continuando adunque in tale eſercizio, auuenne che fuggendo vn giorno la pioggia, ſi abbatte a caſo in vn luogo, doue vno di queſti dipintori di cõtado, che lauorano a poco pregio; dipigneua vn Tabernacolo d'un contadino, onde Andrea, che mai piu non haueua veduta ſimil coſa; aſſalito da vna ſubita marauiglia, cominciò attentiſsimamente a guardare, & conſiderare la maniera di tale lauoro: Et gli venne ſubito vn deſiderio grandiſsimo, & vna voglia ſi ſpaſimata di quell'arte, che ſenza mettere tempo in mezo, cominciò per le mura, & ſu per le pietre co'carboni, o con la punta del coltello a ſgraffiare, & a diſegnare animali, & figure ſi fattamente; che e'moueua non piccola marauiglia in chi le vedeua. Cominciò dunque a correr la fama tra'contadini di queſto nuouo ſtudio di Andrea onde peruenendo (come volle la ſua ventura) queſta coſa a gli orecchi d'un Gentil'huomo Fiorentino chiamato Bernardetto de'Medici, che quiui haueua ſue poſſeſsioni; volle conoſcere queſto fanciullo. Et vedutolo finalmente, & vditolo ragionare con molta prontezza, lo dimandò ſe egli farebbe volentieri l'arte del dipintore. Et riſpondendoli Andrea che e'non potrebbe auuenirli coſa piu grata; ne che quanto queſta mai gli piaceſſe: A cagione che e'veniſſe perfetto in quella, ne lo menò con ſeco a Fiorenza, & con vno di que'maeſtri che erano all'ora tenuti migliori, lo acconciò a lauorare. Per il che ſeguendo Andrea l'arte della pittura, & a gli ſtudij di quella datoſi tutto, moſtrò gradiſsima intelligenza nelle difficultà dell'arte, & maſſimamente nel diſegno. Non fece già coſi poi, nel colorire le ſue opere, le quali facendo alquanto crudette, & aſpre, diminuì gran parte della bontà, & grazia di quelle, & maſſimamente vna certa vaghezza, che nel ſuo colorito non ſi ritruoua. Era gagliardiſsimo nelle mouenze delle figure, & terribile nelle teſte de'maſchi, & delle femmine, faccendo graui gli aſpetti loro, e con buon diſegno. Le opere di man ſua furono da lui dipinte nel principio della ſua giouanezza nel chioſtro di San Miniato al monte, quando ſi ſcende di chieſa, per andare in conuento, di colori à freſco, vna ſtoria di ſan Miniato, & ſan Creſci, quando dal padre, e dalla madre si partono. Erano in san Benedetto, bellissimo monasterio fuor della porta à pinti molte pitture di mano d'Andrea in vn chiostro, & in chiesa, dellequali nō accade far menzione, essendo andate in terra per l'assedio di Firenze. Dentro alla città nel monasterio de' monaci degl' Angeli, nel primo chiostro, dirimpetto alla porta principale dipinse il crucifisso, che ui è ancor hoggi, la N. Donna, san Giouanni, e san Benedetto, e san Romualdo. E nella testa del chiostro, che è sopra l'orto ne fece vn'altro simile, variando solamēte le teste, e poche altre cose. In santa Trinita allato, alla cappella di maestro Luca, fece vn santo Andrea. A Legnaia dipinse a Pandolfo Pandolfini in vna sala molti huomini Illustri. E per la compagnia del Vangelista vn segno da portare à procesſione, tenuto bellisſimo. Ne' Serui di detta città lauorò in fresco tre nicchie piane, in certe cappelle. L'una è quella di san Giuliano, doue sono storie della vita d'esso santo con buon numero di figure, & vn cane in iscorto, che fu molto lodato. Sopra questa nella cappella intitolata à s. Girolamo, dipinse quel santo secco, e raso con buon disegno, & molta fatica. E sopra vi fece vna Trinità, con vn crucifisso, che scorta, tanto ben fatto, che Andrea merita per cio esser molto lodato, hauendo condotto gli scorti con molto miglior, e piu moderna maniera, che gl'altri inanzi a lui fatto non haueuano. Ma questa pittura, essendoui stato posto sopra dalla famiglia de' Mōtaguti vna tauola, non si puo piu vedere. Nella terza, che è alato a quella, che è sotto l'organo, laquale fece fare m. Orlando de' Medici; dipinse Lazzaro, Marta, e Maddalena. Alle monache di san Giuliano fece vn crucifisso a fresco sopra la porta, vna N. Donna, vn san Domenico, vn san Giuliano, & vno san Giouanni; laquale pittura, che è delle migliori, che facesse Andrea, è da tutti gl'artefici vniuersalmente lodata. Lauorò in santa Croce alla cappella de' Caualcanti vn san Giouanbattista, & vn san Frācesco, che sono tenute bonisſime figure; ma quello, che fece stupire gl'artefici, fu che nel chiostro nuouo del detto conuento, cioè in testa dirimpetto alla porta, dipinse a fresco vn Christo battatuto alla colonna bellisſimo; facendoui vna loggia con colonne in prospettiua, con crociere di volte a liste diminuite, e le pareti commesse a mandorle, con tanta arte, & con tanto studio: che mostrò di non meno intendere le difficultà della prospettiua, che si facesse il disegno nella pittura. Nella medesima storia sono belle, e sforzatisſime l'attitudini di coloro, che flagellano Christo, dimostrando cosi esſi ne i volti l'odio, e la rabbia, si come pacienza, & humiltà Giesu Christo. Nel corpo del quale arrandellato, e stretto con funi alla colonna, pare, che Andrea tentasse di mostrare il patir della carne; e che la diuinita nascosa in quel corpo serbasse in se vn certo splēdore di nobiltà. Dalquale mosso Pilato, che siede tra suoi cōsiglieri, pare, che cerchi di trouar modo per liberarlo. Et in somma è cosi fatta questa pittura, che s'ella non fusse stata graffiata, e guasta, per la poca cura, che l'è stata hauuta; da' fanciulli, & altre persone semplici, che hanno sgraffiate le teste tutte, e le braccia, e quasi il resto della persona de' Giudei, come se cosi hauesſino vēdicato l'ingiuria del nostro signore contro di loro; ella sarebbe certo bellisſima tra tutte le cose d'Andrea; Alquale se la natura hauesse dato gentilezza nel colorire, come ella gli diede inuenzione, e disegno, egli sarebbe veramente stato tenuto marauiglioso. Dipinse in santa Maria del Fiore l'imagine di

Niccolo

Niccolo da Tolentino a cauallo; e perche lauoradola vn fanciullo, che passaua, dimenò la scala, egli venne in tanta colera, come bestiale huomo, che egli era, che sceso gli corse dietro insino al canto de' pazzi. Fece ancora nel cimiterio di s. Maria nuoua in fra l'ossa vn santo Andrea, che piacque tanto, che gli fu fatto poi dipignere nel Reffettorio, doue i seruigiali, & altri ministri mangiano, la cena di Christo con gl'Apostoli. per lo che, acquistato grazia con la casa de' Portinari, & con lo spedalingo, fu datogli a dipignere vna parte della cappella maggiore, essendo stata allogata l'altra ad Alesso Baldouinetti, e la terza al molto allora celebrato pittore Domenico da Vinezia, ilquale era stato condotto à Firenze per lo nuouo modo, che egli haueua di colorire a olio. Attendendo dunque ciascuno di costoro all'opera sua, haueua Andrea grandissima inuidia à Domenico, perche se bene si conosceua piu eccellente di lui nel disegno, haueua non di meno per male, che essendo forestiero, egli fusse da' Cittadini carezzato, et trattenuto: e tanta hebbe forza in lui, percio la colera, e lo sdegno, che cominciò andar pensando, o per vna, o per altra via di leuarselo dinanzi: E perche era Andrea non meno sagace simulatore, che egregio pittore, allegro quando voleua, nel volto, della lingua spedito, e d'animo fiero, & in ogni azzione del corpo, cosi come era della mente, risoluto; hebbe cosi fatto animo con altri, come con Domenico, vsando nell'opere degl'artefici di segnare nascosamente col graffiare dell' vgna, se errore vi conosceua. Et quando nella sua giouanezza furono in qualche cosa biasimate l'opere sue, fece a cotali biasimatori con percosse, & altre ingiurie conoscere, che sapeua, e voleua sempre, in qualunche modo, vendicarsi delle ingiurie.

Ma per dire alcuna cosa di Domenico prima, che venghiamo all'opera della cappella; auanti, che venisse a Firenze, egli haueua nella sagrestia di S. Maria di Loreto, in compagnia di Piero della Francesca dipinto alcune cose con molta grazia, che l'haueuano fatto per fama, oltre quello, che haueua fatto in altri luoghi, come in Perugia vna camera in casa de' Baglioni, che hoggi è rouinata conoscere in Fiorenza: Doue essendo poi chiamato, prima, che altro facesse, dipinse in sul canto de' Carnesecchi, nell'Angolo delle due vie, che vanno l'una alla nuoua, l'altra alla vecchia piazza di S. Maria Nouella, in vn Tabernacolo a fresco vna N. Donna in mezzo d'alcuni santi: Laqual cosa, perche piacque, e molto fu lodata da i Cittadini, e dagl'Artefici di que'tempi, fu cagione, che s'accendesse maggiore sdegno, & inuidia nel maladetto animo d'Andrea, contra il pouero Domenico: perche deliberato di far con inganno, e tradimento quello, che senza suo manifesto pericolo non poteua fare alla scoperta, si finse amicissimo d'esso Domenico; ilquale perche buona persona era, & amoreuole, cantaua di musica, e si dilettaua di sonare il Liuto, lo riceuete volentieri in amicizia, parendogli Andrea persona d'ingegno, e sollazzeuole. E cosi continuando questa da vn lato vera, e dall'altro finta amicizia, ogni notte si trouauano insieme a far buon tempo, & serenate a loro inamorate; di che molto si dilettaua Domenico; Ilqual amando Andrea da douero, gli insegnò il modo di colorire a olio, che ancora in Toscana non si sapeua. Fece dunque Andrea, per procedere ordinatamente, nella sua facciata della cappella di S. Maria Nuoua, vna Nunziata, che è tenuta bellissima, per hauere egli in quell'opera dipinto l'Angelo in aria, ilche non si era insino allora vsato. Ma molto piu bell'opera è tenuta doue fece la N. Donna, che sale i gradi del tempio, sopra i quali figurò molti poueri, e fra gl'altri vno, che con vn boccale da in su la testa ad un'altro; e non solo questa figura ma tutte l'altre sono belle affatto, hauendole egli lauorate cō molto studio, & amore, per la concorrenza di Domenico. Vi si vede anco tirato in prospettiua, in mezzo d'una piazza vn Tempio a otto faccie isolato, e pieno di pilastri, e nicchie: e nella facciata dinanzi benissimo adornato di figure finte di marmo. E intorno alla piazza è vna varieta di bellissimi casamenti; i quali da vn lato ribatte l'ombra del tempio, mediante il lume del Sole con molto bella, difficile, & artifiziosa considerazione. Dall'altra parte fece maestro Domenico a olio Gioachino, che visita S. Anna sua consorte, e di sotto il nascere di N. Donna, fingendoui vna camera molto ornata; & vn putto, che batte col martello l'uscio di detta camera con molto buona grazia. Di sotto fece lo sposalizio d'essa Vergine, con buon numero di ritratti di naturale, fra i quali è M. Bernardetto de' Medici conestabile de' Fiorentini, con vn berettone rosso; Bernardo Guadagni, che era Gonfaloniere, Folco Portinari, & altri di quella famiglia. Vi fece anco vn Nano, che rompe vna mazza, molto viuace: & alcune femine con habiti in dosso uaghi, e graziosi fuor di modo, secondo, che si usauano in que' tempi. Ma questa opera rimase imperfetta, per le cagioni, che di sotto si diranno. Intanto haueua Andrea nella sua facciata fatta a olio la morte di nostra Donna: Nellaquale per la detta concorrenza di Domenico, e per essere tenuto quello, che egli era veramente si vede fatto con incredibile diligenza in iscorto vn cataletto dentroui la Vergine morta, ilquale, ancora, che non sia piu, che vn braccio, & mezzo di lunghezza pare tre. Intorno le sono gl'Apostoli fatti in vna maniera, che se bene si conosce ne' uisi loro l'allegrezza di ueder esser portata la loro Madonna in Cielo da Giesu Christo, ui si conosce ancora l'amaritudine del rimanere in terra senz'essa. Tra essi Apostoli sono alcuni Angeli, che tengono lumi accesi con bell'aria di teste, e si ben condotti, che si conosce, che egli cosi bene seppe maneggiare i colori a olio, come Domenico suo concorrente. Ritrasse Andrea in queste pitture di naturale M. Rinaldo degl'Albizi; Puccio Pucci; Il Falgauaccio, che fu cagione della liberazione di Cosimo de' Medici, insieme con Federigo Maleuolti, che teneua le chiaui dell'Alberghetto. Parimente ui ritrasse M. Bernardo di Domenico della Volta Spedalingo di quel luogo inginocchioni, che par viuo: e in vn tondo nel principio dell'opere se stesso, con uiso di Giuda Scariotto, come egl'era nella presenza, e ne' fatti. Hauēdo dunque Andrea cōdotta questa opera a bonissimo termine, accecato dall'inuidia per le lodi, che alla uirtu di Domenico udiua dare, si deliberò leuarselo dattorno: E dopo hauer pēsato molte vie vna ne mise in essecuzione in questo modo. Vna sera di state, si come era solito, tolto Domenico il liuto vscì di s. Maria Nuoua, lasciando Andrea nella sua camera a disegnare, non hauendo egli voluto accettar l'inuito d'andar seco a spasso, con mostrare d'hauere a fare certi disegni d'importanza. Andato dunque Domenico da se solo a suoi piaceri, Andrea sconosciuto si mise ad aspettarlo dopo vn canto, & arriuando a lui Domenico, nel tornarsene a casa; gli sfondò con certi piombi il liuto, & lo stomaco in vn medesimo

desimo tempo: Ma non parendogli d'hauerlo anco acconcio a suo modo, cō i medesimi lo percosse in sula testa malamente: poi lasciatolo in terra si tornò in s. Maria Nuoua alla sua stanza, e socchiuso l uscio, si rimase a disegnare in quel modo che da Domenico era stato lasciato. In tanto essendo stato sentito il rumore; erano corsi i seruigiali, intesa la cosa, a chiamare, e dar la mala nuoua allo stesso Andrea micidiale, e traditore: Ilqual corso doue erano gl'altri intorno a Domenico non si poteua consolare, ne restar di dir: hoime fratel mio; hoime fratel mio. Finalmente Domenico gli spirò nelle braccia; ne si seppe, per diligenza, che fusse fatta, chi morto l'hauesse. E se Andrea, venendo a morte, nō l'hauesse nella confessione manifestato non si saprebbe anco. Dipinse Andrea in s. Miniato fra le Torri di Fiorenza vna tauola, nella quale è vna assunzione di N. Donna con due figure: & alla Naue a Lanchetta, fuor della porta alla Croce in vn tabernacolo vna N. Donna. Lauorò il medesimo in casa de'Carducci, hoggi de'Pandolfini, alcuni huomini famosi, parte imaginati, e parte ritratti di naturale. Fra questi è Filippo Spano degli Scolari, Dante, Petrarca, il Boccaccio, & altri. Alla Scarperia in Mugello dipinse sopra la porta del palazzo del Vicario vna Charità ignuda molto bella, che poi è stata guasta. L'anno 1478 quando dalla famiglia de'Pazzi, & altri loro adherenti, & congiurati fu morto in s. Maria del Fiore Giuliano de Medici, e Lorenzo suo fratello ferito fu deliberato dalla signoria, che tutti quelli della congiura fussino, come traditori dipinti nella facciata del palagio del Podestà; onde essendo questa opera offerta ad Andrea, egli come seruitore, & obligato alla casa de'Medici, l'accettò molto ben volentieri; e messouisi la fece tāto bella, che fu vno stupore; Ne si potrebbe dire quanta arte, e giudizio si conosceua in que'personaggi ritratti per lo piu di naturale, & impiccati per i piedi in strane attitudini, e tutte varie, e bellissime. Laqual opera perche piacque a tutta la città, & particolarmente agl'intendenti delle cose di pittura, fu cagione, che da quella in poi, non piu Andrea dal Castagno; ma Andrea de gl'Impiccati fusse chiamato. Visse Andrea honoratamente, e perche spendeua assai, e particolarmente in vestire, & in stare honoreuolmente in casa, lasciò poche facultà, quando d'anni 71 passò ad altra vita. Ma perche si riseppe, poco dopo la morte sua, l'impieta adoperata verso Domenico, che tanto l'amaua fu con odiose essequie sepolto in s. Maria Nuoua, doue similmente era stato sotterrato l'infelice Domenico d'anni cinquantasei. E l'opera sua cominciata in s. Maria Nuoua rimase imperfetta; e non finita del tutto; come haueua fatto la tauola dell'altar maggiore di s. Lucia de'Bardi, nellaquale è condotta con molta diligenza vna N. Donna col figliuolo in braccio, s. Giouanni Battista, s. Nicolò, s. Francesco, e s. Lucia. Laqual tauola haueua poco ināzi, che fusse morto all'ultimo fine perfettamēte cōdotta &c. Furono discepoli d'Andrea Iacopo del Corso, che fu ragioneuole maestro, Pisanello, il Marchino, Piero del Pollaiuolo, e Giouanni da Rouezzano &c.

Fine della vita d'Andrea dal Castagno, e di Domenico Viniziano.

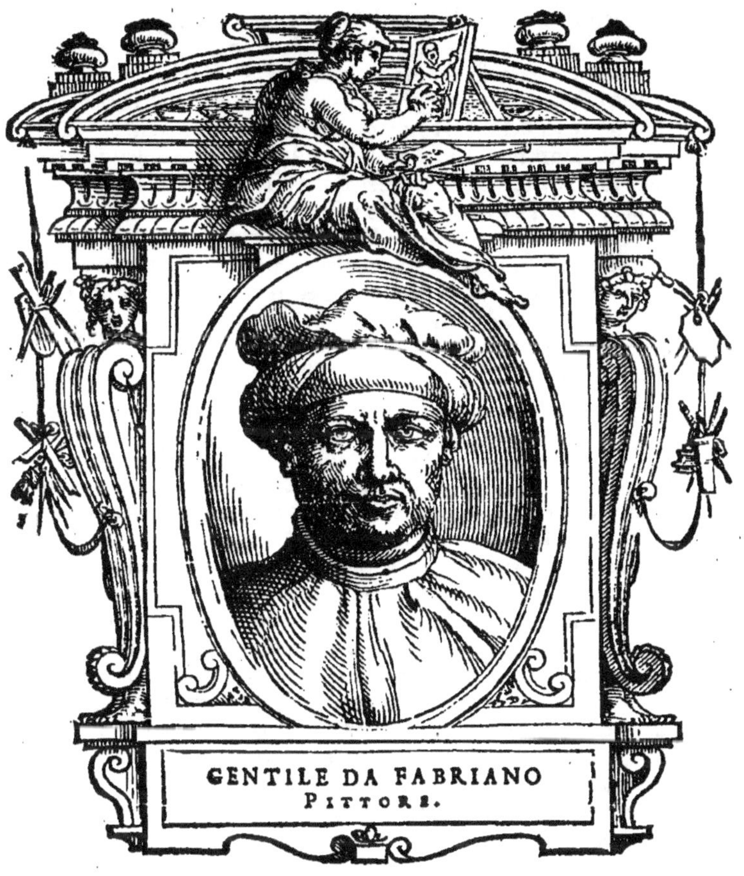

Vita di Gentile da Fabriano, e di Vittore Pisanello Veronese Pittori.

GRANDISSIMO vantaggio ha chi resta in vno auuiamento dopo la morte d'uno, che si habbia con qualche rara virtù honore procacciaro, e fama: percioche senza molta fatica, solo, che seguiti, in qualche parte le vestigie del maestro, peruiene, quasi sempre, ad honorato fine; doue se per se solo hauesse a peruenire, bisognarebbe piu lungo tempo, e fatiche maggiore assai. Ilche, oltre molti altri, si potette vedere, e toccare, come si dice, con mano in Pisano, o vero Pisanello pittore Veronese: Ilquale, essendo stato molti anni in Fiorenza con Andrea dal Castagno, & hauendo l'opere di lui finito, dopo che fu mor

to,

to, s'acquistò tanto credito col nome d'Andrea, che uenendo in Fiorenza Papa Martino quinto, ne lo menò seco a Roma, doue in s. Ianni Laterano gli fece fare in fresco alcune storie, che sono vaghissime, e belle al possibile. perche egli in quelle abondantissimamente mise vna sorte d'azuro oltramarino, datogli dal detto papa si bello, e si colorito, che non ha hauuto ancora paragone. Et a concorrenza di costui, dipinse Gentile da Fabriano alcune altre storie, sotto alle sopradette. Di che fa menzione il Platina nella vita di quel põtefice, ilquale narra, che hauendo fatto rifare il pauimento di san Giouanni Laterano, & il palco, & il tetto, Gentile dipinse molte cose, & in fra l'altre figure, di terretta tra le finestre in chiaro, e scuro, alcuni profeti, che sono tenuti le migliori pitture di tutta quell'opera. Fece il medesimo Gentile infiniti lauori nella Marca, e particolarmente in Agobbio, doue ancora se ne veggiono alcuni, & similmente per tutto lo stato d'Vrbino. Lauorò in s. Giouanni di Siena; & in Fiorenza nella sagrestia di santa Trinita fece in vna tauola la storia de' Magi; nella quale ritrasse se stesso di naturale. Et in san Niccolò alla porta a s. Miniato, per la famiglia de' Quaratesi, fece la tauola dell' altar maggiore, che di quante cose ho veduto di mano di costui, a me senza dubbio pare la migliore; perche oltre alla N. Donna, e molti santi, che le sono intorno tutti ben fatti; la predella di detta tauola, piena di storie della vita di san Niccolo, di figure piccole, non puo essere piu bella, ne meglio fatta di quello che ell'è. Dipinse in Roma in s. Maria Nuoua sopra la sepoltura del Card. Adimari Fiorentino, & arciuescouo di Pisa; laquale è allato a quella di papa Gregorio nono, in vn'archetto la N. Donna col figliuolo in collo, in mezzo a san Benedetto, e san Giuseppo. Laqual opera era tenuto in pregio dal diuino Michelagnolo, ilquale parlando di Gentile vsaua dire, che nel dipignere haueua hauuto la mano simile al nome. In Perugia fece il medesimo vna tauola in san Domenico molto bella: & in s. Agostino di Bari vn crucifisso d'intornato nel legno, con tre meze figure bellissime, che sono sopra la porta del coro.

Ma tornando a Vittore Pisano: le cose, che di lui si sono di sopra raccontate furono scritte da noi, senza piu, quando la prima volta fu stampato questo nostro libro, perche io non haueua ancora dell'opere di questo eccellente artefice quella cognizione, e quel ragguaglio hauuto, che ho hauuto poi. per auisi dunque del molto Reuerend. e dottissimo padre fra Marco de' Medici Veronese, dell'ordine de' frati predicatori, si come ancora racconta il Biondo da Furlì, doue nella sua Italia illustrata, parla di Verona, fu costui in eccellenza pari a tutti i pittori dell'età sua, come, oltre l'opere raccontate di sopra possono di cio fare amplissima fede, molte altre, che in Verona sua nobilissima patria si veggiono, se bene in parte quasi consumate dal tempo. E perche si dilettò particolarmente di fare animali, nella chiesa di s. Nastasia di Verona, nella cappella della famiglia de' Pellegrini, dipinse vn santo Eustachio, che fa carezze a vn cane pezzato di tanè, & bianco, ilquale co' piedi alzati, & appoggiati alla gamba di detto santo si riuolta col capo indietro, quasi, che habbia sentito rumore; & fa questo atto con tanta viuezza, che non lo farebbe meglio il naturale. Sotto laqual figura si vede dipinto il nome d'esso pisano, ilquale vsò di chiamarsi, quando Pisano, e quando Pisanello, come si vede e nelle pitture, e nelle medaglie di sua mano. Dopo la detta figura di S. Eusta chio, laquale è delle migliori, che questo Artefice lauorasse, e veramēte bellissima; dipinse tutta la facciata di fuori di detta cappella; dall'altra parte vn S.Giorgio armato d'armi bianche, fatte d'argento, come in quell'età nō pur egli, ma tutti gl'altri pittori costumauano. Ilquale s.Giorgio, dopo hauer morto il Dragone, volendo rimettere la spada nel fodero alza la mano diritta che tien la spada, gia con la punta nel fodero, & abbassando la sinistra, accioche la maggior distanza gli faccia ageuolezza a infoderar la spada, che è lūga: fa cio con tanta grazia, & con si bella maniera, che non si puo veder meglio; e Michele san Michele Veronese architetto della Illustrissima Signoria di Vinezia, e persona intendentissima di queste belle arti, fu piu volte, viuendo, veduto contemplare queste opere di Vittore con marauiglia, & poi dire, che poco meglio si poteua vedere del santo Eustachio, del cane, & del sā Giorgio sopradetto. Sopra l'arco poi di detta cappella è dipinto quando sā Giorgio vcciso il Dragone, libera la figliuola di quel Re, laquale si vede vicina al santo con vna veste lunga, secondo l'uso di que' tempi: Nellaqual parte è marauigliosa ancora la figura del medesimo san Giorgio, ilquale armato come di sopra mentre è per rimontar a cauallo, stà volto con la persona, & cō la faccia verso il popolo, e messo vn piè nella staffa, e la man manca alla sella si vede quasi in moto di salire sopra il cauallo, che ha volto la groppa verso il popolo, e si vede tutto, essendo in iscorcio in piccolo spazio, benis. Et p dirlo in vna parola non si puo senza infinita marauiglia, anzi stupore contemplare questa opera fatta con disegno, con grazia, & con giudizio straordinario.

Dipinse il medesimo Pisano in san Fermo maggiore di Verona, chiesa de' frati di san Francesco conuentuali nella cappella de' Brenzoni a man manca, quando s'entra per la porta principale di detta chiesa, sopra la sepoltura della resurrezzione del signore, fatta di scultura, e secondo que' tempi, molto bella: dipinse dico, per ornamento di quell'opera, la Vergine annunziata dall'Angelo: le quali due figure, che sono tocche d'oro, secondo l'uso di que' tempi, sono bellissime, si come sono ancora certi casamenti molto ben tirati, & alcuni piccioli animali, & vccelli, sparsi per l'opera tanto proprij, e viui, quanto è possibile imaginarsi. Il medesimo Vittore fece in medaglioni di getto infiniti ritratti di principi de' suoi tempi, & d'altri, da iquali poi sono stati fatti molti quadri di ritratti in pittura. E Monsignor Giouio in vna lettera volgare, che egli scriue al Signor Duca Cosimo, laquale si legge stampata cō molte altre, dice parlando di Vittore Pisano, queste parole.

Costui fu ancora prestantissimo nell'opera de' bassi rilieui, stimati difficilissimi dagl' Artefici; perche sono il mezzo tra il piano delle pitture, e'l tondo delle statue. E percio si veggiono di sua mano molte lodate Medaglie di gran Principi, fatte in forma maiuscola della misura propria di quel riuerso, che il Guidi mi ha mandato del cauallo armato. Fra lequali io ho quella del gran Re Alfonso in Zazzera, con un riuerso d'una celata capitanale; quella di Papa Martino, con l'arme di casa Colonna per riuerso; quella di Sultan Maomette, che prese Costantinupoli, con lui medesimo a cauallo in habito Turchesco, con una sferza in mano; Sigismondo Malatesta, con un riuerso di Madonna Isotta d'Arimino, & Niccolò Piccinino con un berettone bislungo in testa, col detto riuerso del Guidi, ilquale rimando. Oltra questo ho ancora una bellissima Medaglia di Giouanni Paleologo Imperatore de' Costantinopoli, con quel bizarro cappello alla grecanica, che soleuano portare gl' Imperatori: E fu

fatta

fatta da esso Pisano in Fiorēza, al tempo del Concilio d'Eugenio, oue si trouò il Prefato Imperadore; ch'ha per riuerso la Croce di Christo, sostentata da due mani, uerbigrazia dalla latina, e dalla greca.

In fin quì il Giouio, con quello, che seguita. Ritrasse anco in medaglia Filippo de'Medici Arciuescouo di Pisa; Braccio da Montone; Giouan Galeazzo Visconti; Carlo Malatesta Signor d'Arimino; Giouan Caracciolo gran Siniscalco di Napoli; Borso, & Hercole da Este, & molti altri Signori, & huomini segnalati per arme, e per lettere. Costui meritò per la fama, e riputazione sua in questa Arte essere celebrato da grandissimi huomini, e rari scrittori, perche oltre quello, che ne scrisse il Biondo, come si è detto, fu molto lodato in vn Poema latino da Guerino Vecchio suo compatriota, e grandissimo litterato, e scrittore di que'tempi; del qual poema, che dal cognome di costui fu intitolato, il Pisano del Guerino, fa honorata menzione esso Biondo. Fu anco celebrato dallo Strozzi vecchio, cioè da Tito Vespasiano, padre dell'altro strozzi, ambi duoi poeti rarissimi nella lingua latina. Il padre dunque honorò con un bellissimo, epigrāma, il qual è in stampa con gl'altri, la memoria di Vittore Pisano, E questi sono i frutti, che dal viuer virtuosamēte si traggono. Dicono alcuni, che quando costui imparaua l'arte, essendo giouanetto, in Fiorenza, che dipinse nella vecchia chiesa del tempio, che era doue è hoggi la cittadella vecchia, le storie di quel Pellegrino a cui andando a san Iacopo di Galizia, mise la figliuola d'un hoste vna tazza d'argento nella tasca, perche fusse come ladro punito: ma fu da s. Iacopo aiutato, e ricondotto a casa saluo. Nella qual'opera mostrò Pisano douer riuscire, come fece Ecc. pittore. finalmente assai ben vecchio passò a miglior vita. E Gentile hauendo lauorato molte cose in città di Castello, si cōdusse a tale. essendo fatto parletico, che non operaua piu cosa buona. In vltimo consumato dalla vecchiezza, trouandosi d'ottanta anni si morì. Il Ritratto di Pisano, nō ho potuto hauer di luogo nessuno. disseguarono ambi duoi questi pittori molto bene, come si puo vedere nel nostro libro &c.

Fine della vita di Gentile da Fabriano, e di Vittore Pisano Veronese.

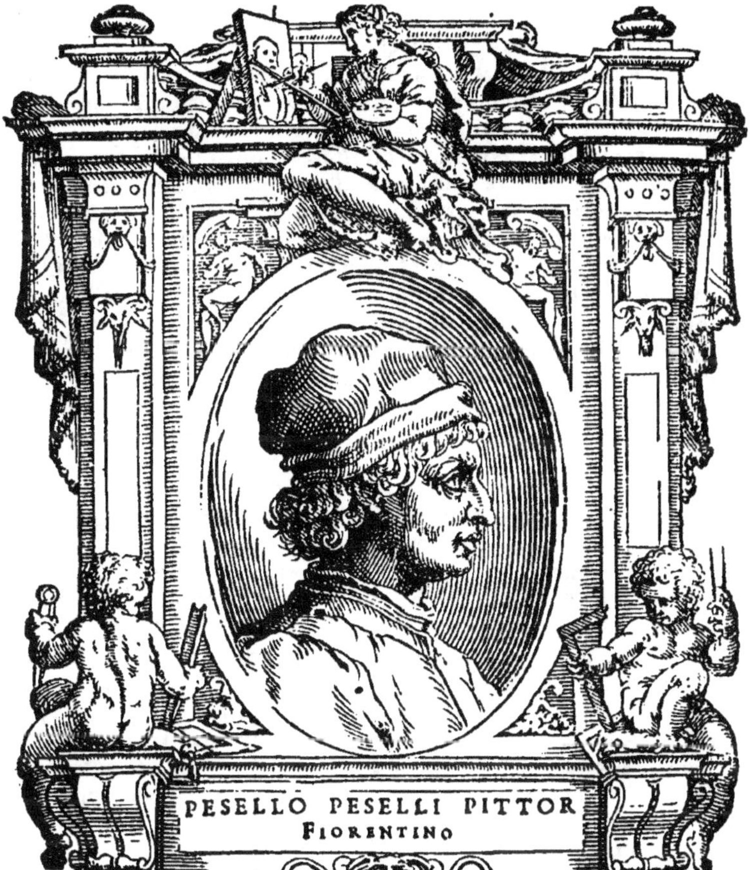

PESELLO PESELLI PITTOR
FIORENTINO

Vita di Peſello, e Franceſco Peſelli Pittori Fiorentini.

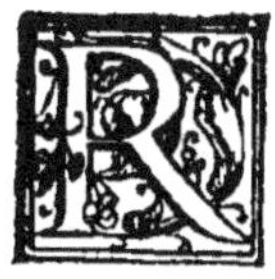

ARE volte ſuole auuenire, che i diſcepoli de' maeſtri rari, ſe oſſeruano i documenti di quegli, non diuenghino molto eccellenti, Et, che ſe pure non ſe gli laſciano dopo le ſpalle; non gli pareggino almeno; & ſi agguaglino à loro in tutto. Perche il ſollecito feruore della imitazione, con la aſſiduità dello ſtudio, ha forza di pareggiare la virtu di chi gli dimoſtra il vero modo dell'operare. Laonde vengono i diſcepoli a farſi tali, che e' cõcorrono poi co' maeſtri, & gli auanzano ageuolmente, per eſſer ſempre poca fatica, lo aggiugnere a quello, che è ſtato da altri trouato. Et che queſto ſia il vero, Franceſco di Pe-

ſello

ſello imitò talmente la maniera di fra Filippo; che ſe la morte nō ce llo toglieua coſi acerbo, di gran lunga lo ſuperaua. Conoſceſi ancora, che Peſello imitò la maniera d'Andrea dal Caſtagno, & tanto preſe piacer del contrafare animali, & di tenerne ſempre in caſa viui d'ogni ſpecie, che e fece quegli ſi prōti, & viuaci, che in quella profeſſione non hebbe alcuno nel ſuo tempo, che gli faceſſe paragone. Stette fino all'età di trent'anni ſotto la diſciplina d'Andrea, imparando da lui: & diuenne boniſſimo maeſtro. Onde hauendo dato buon ſaggio del ſaper ſuo, gli fu dalla ſignoria di Fiorenza fatto dipignere vna tauola a tempera, quando i Magi offeriſcono a Chriſto; che fu collocata a meza ſcala del loro palazzo; per laquale Peſello acquiſtò gran fama, e maſſimamente hauendo in eſſa fatto alcuni ritratti, e fra gl'altri quello di Donato Acciaiuoli. Fece ancora alla cappella de'Caualcanti in ſanta Croce ſotto la Nunziata di Donato, vna predella con figurine piccole, dentroui ſtorie di ſan Niccolò. Et lauorò in caſa de'Medici vna ſpalliera d'animali molto bella: & alcuni corpi di caſſoni con ſtoriette piccole di gioſtre di caualli. Et veggonſi in detta caſa fino al di d'hoggi di mano ſua alcune tele di Leoni, iquali s'affaciano a vna grata, che paiono viuiſsimi; & altri ne fece fuori; & ſimilmente vno, che con vn ſerpente combatte; & colorì in vn'altra tela vn bue, & vna volpe con altri animali molto pronti, & viuaci. Et in ſan Piermaggiore nella cappella degl'Aleſſandri, fece quattro ſtoriette di figure piccole, di ſan Piero di ſan Paulo, di ſan Zanobi, quando reſuſcita il figliuolo della Vedoua: & di ſan Benedetto. Et in ſanta Maria maggiore della medeſima città di Firenze, fece nella cappella degl'Orlandini vna N. Donna, e due altre figure belliſſime. A i fanciulli della compagnia di s. Giorgio vn crucifiſſo, ſan Girolamo, & ſan Franceſco; e nella chieſa di ſan Giorgio in vna tauola vna Nunziata. In Piſtoia nella chieſa di ſan Iacopo vna Trinità, ſan Zeno, e ſan Iacopo: & per Firenze in caſa de'cittadini ſono molti tondi, e quadri di mano del medeſimo. Fu perſona Peſello moderata, & gentile; & ſempre, che poteua giouare agli amici, con amoreuolezza, & volentieri lo faceua Tolſe moglie giouane, & hebbene Franceſco detto Peſellino ſuo figliuolo, che atteſe alla pittura, imitando gl'andari di fra Filippo infinitamente. Coſtui ſe piu tempo viueua, per quello, che ſi conoſce; harebbe fatto molto piu, che egli non fece; pche era ſtudioſo nell'arte; ne mai reſtaua ne dì, ne notte, di diſegnare. Perche ſi vede ancora nella cappella del nouiziato di ſanta Croce ſotto la tauola di fra Filippo vna marauiglioſiſsima predella di figure piccole, lequali paiono di mano di fra Filippo. Egli fece molti quadretti di figure piccole per Fiorenza, & in quella acquiſtato nome ſe ne morì d'anni XXXI. perche Peſello ne rimaſe dolente; ne molto ſtette, che lo ſeguì d'anni LXXVII.

Fine della vita di Peſello, & Franceſco Peſelli Pittori Fiorentini.

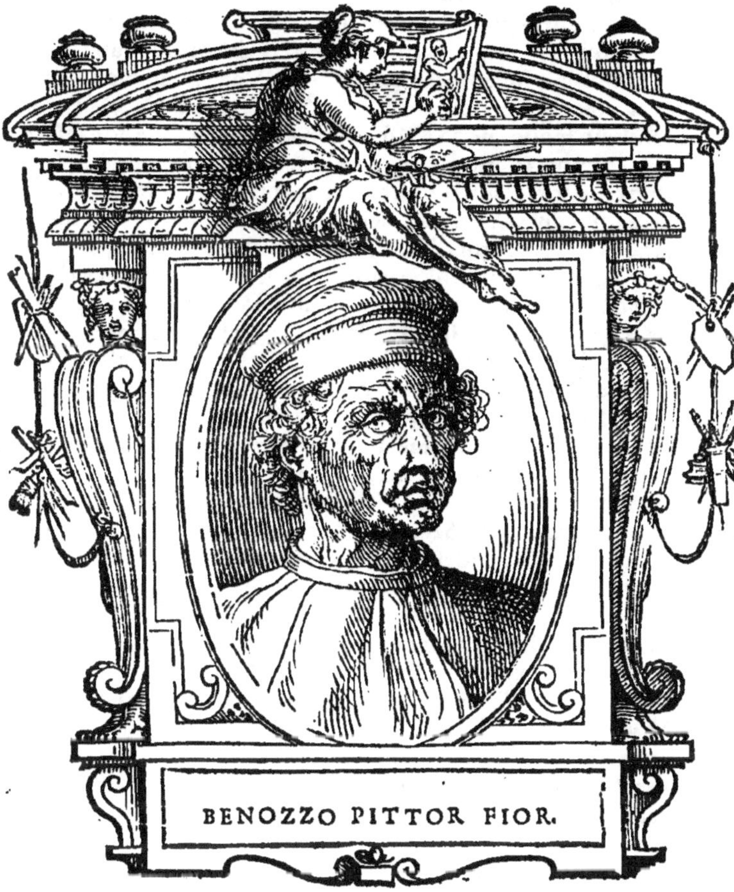

BENOZZO PITTOR FIOR.

Vita di Benozzo Pittore Fiorentino.

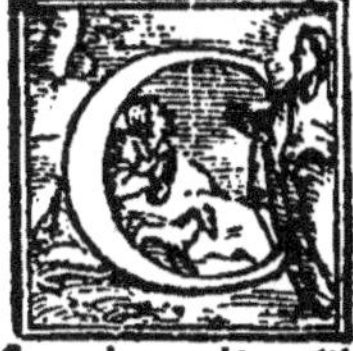

HI camina cõ le fatiche per la ſtrada della virtù; ancora che ella ſia (come dicono) e ſaſſoſa, e piena di ſpine, alla fine della ſalita ſi ritroua pur finalmente in vn largo piano; cõ tutte le bramate felicità. Et nel riguardare a baſſo, veggendo i cattiui paſsi cõ periglio fatti da lui; Ringrazia Dio, che a ſaluamento ve l'ha condotto. Et con grandiſs. contento ſuo, benedice q̃lle fatiche; che gia tanto gli rincreſceuano. Et coſi riſtorando i paſſati affanni, con la letizia del bene preſente; ſenza fatica ſi affatica, per far conoſcere a chi lo guarda; come i caldi, i geli, i ſudori, la fame, la ſete, & gli incomodi, che ſi patiſcono, per acquiſtare la virtu; liberano altrui da la pouertà

uertà: & lo conducono a quel sicuro, & tranquillo stato; doue con tanto cõtento suo lo affaticato Benozzo Gozzoli si riposò. Costui fu discepolo dello Angelico fra Giouãni, e a ragione amato da lui; & da chi lo conobbe, tenuto pratico, di grandissima inuenzione, & molto copioso negli animali, nelle prospettiue, ne' paesi, & negli ornamenti. Fece tanto lauoro nella età sua; che e' mostrò non essersi molto curato d'altri diletti: & ancora che e non fusse molto eccellente a comparazione di molti, che lo auanzarono di disegno; superò nõdimeno col tãto fare tutti gli altri della età sua: Perche in tanta moltitudine di opere, gli vennero fatte pure delle buone. Dipinse in Fiorenza nella sua giouanezza alla compagnia di S. Marco la tauola dello altare; & in s. Friano, vn transito di s. Ieronimo, che è stato guasto per acconciare la facciata della chiesa lungo la strada. Nel palazzo de' Medici fece in fresco la cappella con la storia de' Magi, & a Roma in Araceli nella cappella de' Cesarini le storie di S. Antonio da Padoua, doue ritrasse di naturale Giuliano Cesarini Cardinale, & Antonio Colonna. Similmente nella Torre de' Conti, cioè sopra vna porta, sotto cui si passa, fece in fresco vna N. Donna con molti santi: Et in santa Maria Maggiore all'entrar di chiesa, per la porta principale, fece a man ritta in vna cappella a fresco molte figure, che sono ragioneuoli. Da Roma tornato Benozzo a Firenze, se n'andò a Pisa, doue lauorò nel Cimiterio, che è allato al Duomo, detto Campo Santo vna facciata di muro lunga quanto tutto l'edifizio, facendoui storie del Testamento vecchio con grandissima inuẽzione. E si puo dire, che questa sia veramente vn opera terribilissima, veggẽdosi in essa tutte le storie della Creazione del mondo distinte a giorno per giorno. Dopo l'Arca di Noe, l'innondazione del Diluuio espressa con bellissimi componimenti, & copiosità di figure. Appresso la superba edificazione della Torre di Nebrot: l'incendio di Soddoma, e dell'altre città vicine; l'Historie d'Abramo, nelle quali sono da considerare affetti bellissimi: percioche se bene non haueua Benozzo molto singular disegno nelle figure, dimostrò nondimeno l'arte efficacemente nel sacrificio d'Isaac, per hauere situato in iscorto vn'asino p tal maniera, che si volta per ogni banda: Ilche è tenuto cosa bellissima. Segue appresso il nascere di Moise, con que' tanti segni, e prodigij insino à che trasse il popolo suo d'Egitto, e lo cibò tanti anni nel deserto. Aggiunse a queste tutte le storie Hebree insino à Dauit, & Salamone suo figliuolo. E dimostrò veramente Benozzo in questo lauoro vn'animo piu, che grande: perche doue si grande impresa harebbe giustamente fatto paura à vna legione di pittori; egli solo la fece tutta, e la condusse à perfezione. Di maniera, che hauendone acquistato fama grandissima, meritò, che nel mezo dell'opera gli fusse posto questa epigramma.

Quid spectas uolucres, pisces, & monstra ferarum?
Et uirides sIluas, æthereasque Domos?
Et pueros, Iuuenes, Matres, canosque Parentes?
Queis semper uiuum spirat in ore decus.
Non hæc tam uarijs finxit simulacra figuris
Natura; ingenio foetibus apta suo:
Est opus artificis; pinxit uiua ora Benoxus:
O superi uiuos fundite in ora sonos.

Sono in tutta questa opera sparsi infiniti ritratti di naturale, ma perche di tutti non si ha cognizione, dirò quelli solamente, che io vi ho conosciuti di importanza, e quelli, di che ho per qualche ricordo cognizione. Nella storia dunque doue la Reina Saba uà â Salamone è ritratto Marsilio Ficino fra certi prelati, l'Argiropolo dottissimo greco e Battista Platina, il quale haueua prima ritratto in Roma: et egli stesso sopra vn cauallo, nella figura d'un vechiotto raso con vna beretta nera, che ha nella piegha vna carta bianca, forse per segno, o perche hebbe volontà di scriuerui dentro il nome suo. Nella medesima città di Pisa alle monache di san Benedetto à ripa d'Arno, dipinse tutte le storie della vita di quel santo: E nella compagnia de' Fiorentini, che allhora era doue è hoggi il monasterio di san Vito, similmente la tauola, e molte altre pitture nel Duomo dietro alla sedia dell' Arciuescouo in vna tauoletta à tempera dipinse vn san Tommaso d'Aquino, con infinito numero di dotti, che disputano sopra l'opere sue, e fra gl'altri vi è ritratto papa Sisto IIII. con vn numero di Cardinali, e molti capi, e generali di diuersi ordini. E questa è la piu finita, & meglio opera, che facesse mai Benozzo. In santa Caterina de' frati predicatori nella medesima città fece due tauole à tempera, che benissimo si conoscono alla maniera; & nella chiesa di san Nicola ne fece similmente vn'altra, & due in santa Croce fuor di Pisa. Lauorò anco quando era giouanetto nella pieue di san Gimignano l'altare di san Bastiano nel mezzo della chiesa riscontro alla cappella maggiore: e nella sala del consiglio sono alcune figure, parte di sua mano, e parte da lui essendo vecchie, restaurate.
A i monaci di Monte Oliueto nella medesima terra, fece vn crucifisso, & altre pitture: ma la migliore opera, che in quel luogo facesse, fu in san Agostino nella cappella maggiore à fresco storie di sant'Agostino, cioè dalla conuersione insino alla morte. Laquale opera ho tutta disegnata di sua mano nel nostro libro, insieme con molte carte delle storie sopradette di campo santo di Pisa. In Volterra ancora fece alcune opere, delle quali non accade far mensione. E perche quando Benozzo lauorò in Roma, vi era vn'altro dipintore, chiamato Melozzo, ilquale fu da Furlì; molti, che non sanno piu, che tanto, hauendo trouato scritto Melozzo, e riscontrato i tempi, hanno creduto, che quel Melozzo, voglia dir Benozzo, ma sono in errore, perche il detto pittore fu ne' medesimi tempi, & fu molto studioso delle cose dell'Arte, & particolarmente mise molto studio, e diligenza in fare gli scorti, come si puo vedere in s. Apostolo di Roma nella tribuna dell'altar maggiore, doue in vn fregio, tirato in prospettiua, per ornamento di quell'opera sono alcune figure, che colgono vue, & vna botte, che hanno molto del buono. Ma cio si vede piu apertamente nell'ascensione di Giesu Christo in vn coro d'Angeli, che lo conducono in cielo, doue la figura di Christo scorta tanto bene, che pare, che buchi quella volta; & il simile fanno gl'Angeli, che con diuersi mouimenti girano per lo campo di quell'aria. Parimente gl'Apostoli, che sono in terra scortano in diuerse attitudini tanto bene, che ne fu allora, & ancora è lodato da gl'Artefici, che molto hanno imparato dalle fatiche di costui, il quale fu grandissimo prospettiuo, come ne dimostrano i casamenti dipinti in questa opera, laquale gli fu fatta fare dal Cardinale Riario, nipote di papa Sisto quarto, dal quale fu molto rimunerato. Ma tornando a Benozzo, consuma-

to finalmẽte da gl'anni, e dalle fatiche d'anni 78. se n'andò al vero riposo nel la città di Pisa, habitando in vna casetta, che in si lunga dimora vi si haueua comperata in carraia di s Franc. Laqual casa lasciò morendo alla sua figliuo• la: & con dispiacere di tutta quella città fu honoratamente sepellito in campo santo con questo epitaffio, che ancora si legge.

Hic tumulus est Benotij Florentini qui proxime has pinxit historias hunc sibi Pisanor. donauit humanitas MCCCCLXXVIII.

Visse Benozzo costumatissimamente sempre, e da vero christiano; consumando tutta la vita sua in esercizio honorato; per il che, e per la buona ma• niera, e qualità sue lungamente fu ben veduto in quella città. Lasciò dopo se discepoli suoi Zanobi Machiauelli Fiorentino; & altri, de quali non acca de far altra memoria.

Fine della vita di Benozzo Pittor Fiorentino

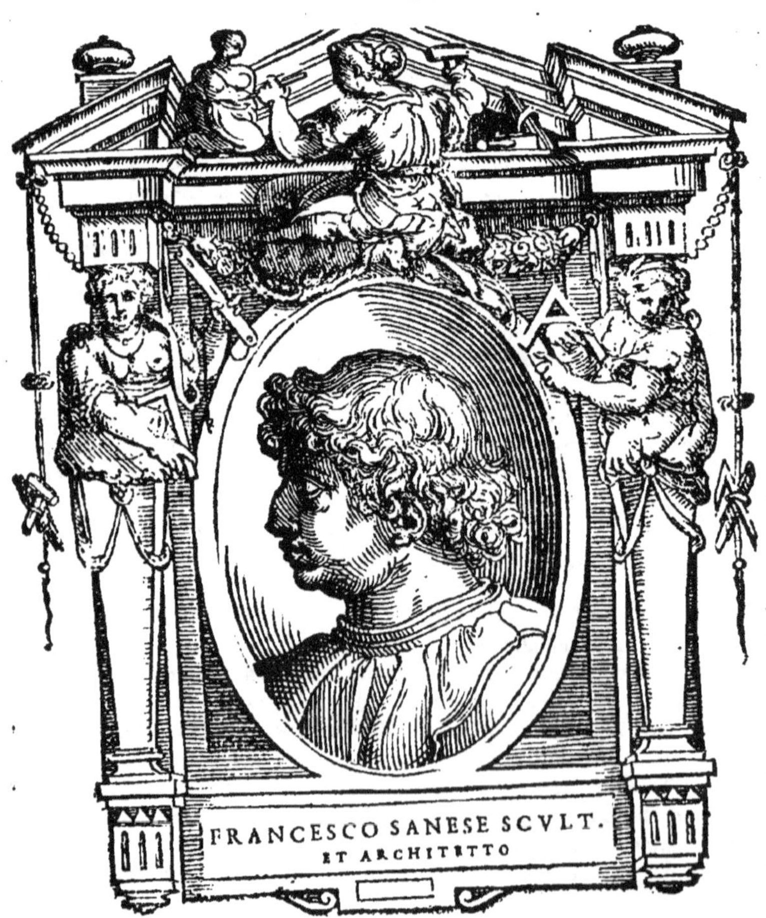

VITA DI FRANCESCO DI GIORGIO SCVLTO *re, & Architetto; & di Lorenzo Vecchietto Scultore, è pittore. Sanesi.*

RANCESCO di Giorgio Sanese, ilquale fu scultore, & architetto eccell. fece i due Angeli di bronzo, che sono insul altar maggiore del duomo di quella città, i quali, furono veraméte vn bellis. getto, e furon poi rinetti da lui medesimo con quanta diligenza sia possibile imaginarsi. E cio potette egli fare commodamente, essendo persona non meno dotata di buone facultà, che di raro ingegno, onde nô per auarizia; ma per suo piacere lauoraua quando bene gli veniua; e per lasciar dopo se qualche honorata memoria. Diede anco opera alla pittura, & fece alcune cose, ma non simili alle sculture. Nell'architettura hebbe grandissimo giudizio, e mostrò di molto bene intender quella professione: e ne puo far ampia sede il palazzo, che egli fece in Vrbino al Duca Federigo Feltro, i cui spartimenti sono fatti con belle, & commode cõsiderazioni, e la strauaganza delle scale, sono bene intese, e piaceuoli, piu che altre, che fussino state fatte insino al suo tempo. Le sale sono grande, e magnifiche, e gl'appartaméti delle camere vtili, & honorati fuor di modo; e per dirlo in poche parole è così bello, & ben fatto tutto q̃l palazzo, quãto altro, che in fin a hora sia stato fatto giamai. Fu Francesco grandissimo ingegnieri, e massimamente di machine da guerra, come mostrò in un fregio, che dipinse di sua mano nel detto palazzo d'Vrbino; ilqual è tutto pieno di simili cose rare, apartenenti alla guerra. Disegnò anco alcuni libri tutti pieni di così fatti instrumenti; Il miglior de'quali ha il signor Duca Cosimo de' Medici fra le sue cose piu care. Fu il medesimo tanto curioso in cercar d'intender le machine, & instrumenti bellici degl'antichi, e tanto andò inuestigando il modo degl' antichi ansiteatri, & d'altre cose somiglianti; ch'elleno furono cagione, che mise manco studio nella scultura; ma non però gli furono, ne sono state di manco honore, che le sculture gli potessino esser stare. per lequali tutte cose fu di maniera grato al detto Duca Federigo, delqual fece il ritratto e in medaglia, e di pittura; che quando se ne tornò a Siena sua patria, si trouò non meno essere stato honorato, che beneficato. Fece per papa Pio secondo tutti di disegni, e modelli del palazzo, & vescouado di Pienza: patria del detto papa, & da lui fatta città, & del suo nome chiamata Pienza, che prima era detta Corsignano. che furon per quel luogo, magnifici, & honorati quanto potessino essere, & così la forma, & fortificazione di detta città, & insieme il palazzo, e loggia pel medesimo pontefice. Onde poi sempre visse honoratamente; e fu nella sua città del supremo magistrato de'Signori honorato. Ma peruenuto finalmente all'età d'anni 47. si moeì. Furono le sue opere intorno al 1480. Lasciò costui suo compagno, e carissimo amico Iacopo Cozzerello, ilquale attese alla scultura, & all'architettura, e fece alcune figure di legno in Siena; & d'Architettura s. Maria Maddalena fuor della porta a Tufi, laquale rimase imperfetta, per la sua morte. E noi gl'hauemo pur questo obligo, che da lui si hebbe

il

il ritratto di Francesco sopradetto, ilquale fece di sua mano. Ilquale Franc. merita, che gli sia hauuto grande obligo, per hauere facilitato le cose d'Archi tettura, e recatole piu giouamento, che alcun altro hauesse fatto, da Filippo di ser Brunellesco insino al tempo suo.

Fu Sanese, e scult. similmente molto lodato Lor. di Piero Vecchietti, ilqual essendo prima stato orefice molto stimato, si diede finalmente alla scultura, & à gettar di bronzo, nellequali arti mise tanto studio, che diuenuto ecc. gli fu dato a fare di bronzo il Tabernacolo dell'altar maggiore del duomo di Siena sua patria, con quegli ornamenti di marmo, che ancor vi si veggiono. Ilqual getto, che fu mirabile gl'acquistò nome, e riputazione grandissima, per la proporzione, e grazia, che egli ha in tutte le parti. E chi bene considera q̃sta opera, vede in essa buon disegno, e che l'artefice suo fu giudizioso, e pratico valent'huomo. Fece il medesimo in vn bel getto di metallo, per la cappella de' pittori Sanesi, nello spedale grande della scala, vn Christo nudo, che tiene la croce in mano, d'altezza quanto il viuo. Laqual opera, come venne benissimo nel getto, cosi fu rinetta con amore, e diligenza. Nella medesima casa, nel peregrinario è vna storia dipinta da Lor. di colori. E sopra la porta di san Giouanni vn'arco con figure lauorate a fresco. Similmente, perche il battesimo non era finito, vi lauorò alcune figurine di bronzo, e vi finì pur di brõzo vna storia cominciata già da Donatello. Nelqual luogo haueua ancora lauorato due storie di bronzo Iacopo della Fonte, la maniera del quale imitò sempre Lorenzo quanto potette maggiormente. Ilqual Lorenzo condusse il detto battesimo all'vltima perfezzione, ponendoui anchora alcune figure di bronzo gettate già da donato, ma da se finite del tutto, che sono tenute cosa bellis. Alla loggia degl'Vfficiali in banchi fece Lorenzo di marmo, all'altezza del naturale, un san Piero, & vn san Paulo, lauorati con somma grazia, & condotti con buona pratica. Accommodò costui talmente le cose, che fece, che ne merita molte lode cosi morto, come fece viuo. Fu persona maninconica, e soletaria, e che sẽpre stette in cõsiderazione; ilche forse gli fu cagione di non piu oltre viuere, conciosia, che di cinquanta otto anni passò all'altra vita. Furono le sue opere, circa l'anno 1482.

Fine della vita di Francesco di Giorgio, & di Lorenzo Vecchietti,

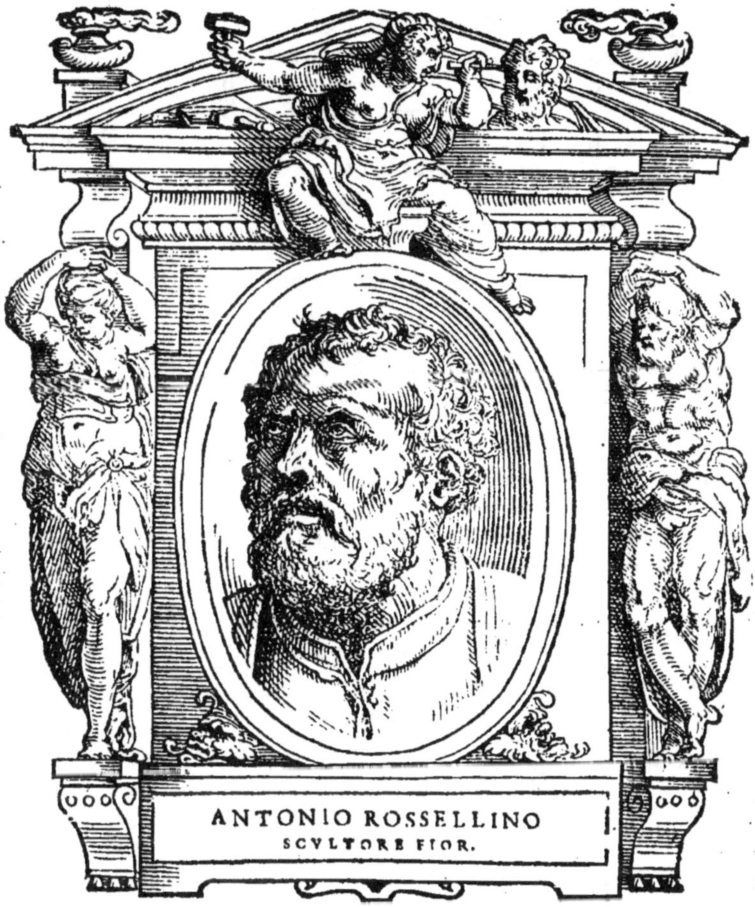

ANTONIO ROSSELLINO
SCVLTORE FIOR.

Vita d' Antonio Roſſellino ſcultore, e di Bernardo ſuo fratello.

V veramente ſempre coſa lodeuole, e virtuoſa la modeſtia, & l'eſſere ornato di gentilezza, & di quelle rare virtù, che ageuolmente ſi riconoſcono nell'honorate azzioni d' Antonio Roſſellino ſcultore: ilquale fece la ſua arte con tanta grazia, che da ogni ſuo conoſcente fu ſtimato aſſai piu, che huomo, & adorato quaſi per ſanto, per quelle ottime qualità, che erano vnite alla virtù ſua. Fu chiamato Antonio, il Roſellino dal proconſolo: perche e' tenne ſempre la ſua bottega in vn luogo, che coſi ſi chiama in Fiorenza. Fu coſtui ſi dolce & ſi delicato ne'ſuoi lauori, & di finezza, & pulitezza tanto perfetta; che la

maniera

maniera sua giustamente si puo dir vera, & veramente chiamare moderna. Fece nel palazzo de'Medici la fontana di marmo, che è nel secondo cortile; nella quale sono alcuni fanciulli, che sbarrano Delfini, che gettano acqua: & è finita con somma grazia, & con maniera diligentissima. Nella chiesa di Santa Croce a la pila dell'acqua santa, fece la sepoltura di Francesco Nori, & sopra quella, vna Nostra donna di basso rilieuo, & vna altra N dõna in casa de' Tornabuoni, & molte altre cose mãdate fuori in diuerse parti, si come a Lione di Francia vna sepoltura di marmo. A san Miniato a mõte, monasterio de' monaci bianchi fuori delle mura di Fiorenza, gli fu fatto fare la sepoltura del Cardinale di portogallo: Laquale si marauigliosamente fu condotta da lui, & con diligenza, & artifizio cosi grande: che non si imagini artefice alcuno, di poter mai vedere cosa alcuna, che di pulitezza, o di grazia, passare la possa in maniera alcuna. Et certamente a chi la considera pare impossibile nõ che difficile, che ella sia condotta cosi. Vedendosi in alcuni angeli, che vi sono tãta grazia, & bellezza d'arie, di panni, & d'artifizio, che e' non paiono piu di marmo, ma viuissimi. Di questi l'uno tiene la corona della verginità di quel Cardinale, ilquale si dice, che morì vergine; l'altro la palma della vittoria, che egli acquistò contra il mondo. E fra le molte cose artifiziosissime, che vi sono, vi si vede vn'arco di macigno, che regge vna cortina di marmo aggruppata, tanto netta, che fra il bianco del marmo, & il bigio del macigno, ella pare molto piu simile al vero panno, che al marmo. In su la cassa del corpo sono alcuni fanciulli veramente bellissimi, & il morto stesso; con vna nostra donna in vn tondo, lauorata molto bene. La cassa tiene il Garbo di quella di Porfido, che è in Roma su la piazza della ritonda. Questa sepoltura del Cardinale fu posta su nel 1459. Et tanto piacque la forma sua, e l'architettura della cappella al Duca di Malfi nipote di papa Pio secondo, che dalle mani del maestro medesimo ne fece fare in Napoli vn'altra, per la donna sua, simile a questa in tutte le cose, fuori, che nel morto. Di piu vi fece vna tauola di vna natiuità di Christo nel presepio: con vn ballo d'Angeli in su la capanna, che cantano a bocca aperta; in vna maniera, che ben pare, che dal fiato in fuori; Antonio desse loro ogn'altra mouenza, & affetto con tanta grazia; & cõ tanta pulitezza, che piu operare non possono nel marmo il ferro, & l'ingegno. Per ilche sono state molto stimate le cose sue da Michelagnolo, e da tutto il restante degl'artefici piu, che eccellenti. Nella pieue d'Empoli fece di marmo vn san Bastiano, che è tenuto cosa bellissima; & di questo hauemo vn disegno di sua mano nel nostro libro, con tutta l'architettura, e figure della cappella detta di san Miniato in monte; & insieme il ritratto di lui stesso.

Antonio finalmente si morì in Fiorenza d'età d'anni 46. lasciando vn suo fratello architettore, e scultore chiamato Bernardo, ilquale in santa Croce fece di marmo la sepoltura di M. Lionardo Bruni Aretino, che scrisse la storia Fiorentina, e fu quel gran dotto, che sa tutto il mondo. Questo Bernardo fu nelle cose d'architettura molto stimato da papa Nicola quinto, ilquale l'amò assai, e di lui si seruì in moltissime opere, che fece nel suo pontificato; e piu hauerebbe fatto, se a quell'opere, che haueua in animo di far quel pontefice, nõ si fusse interposta la morte. Gli fece dunque rifare, secondo, che racconta Giãnozzo Manetti, la piazza di Fabriano l'anno, che per la peste vi stette alcuni mesi; e doue era stretta, e malfatta, la riallargò, e ridusse in buona forma, facendoui intorno intorno vn'ordine di botteghe vtili, & molto commode, & belle. Ristaurò appresso, e rifondò la chiesa di san Franc. della detta terra, che andaua in rouina. A Gualdo rifece si puo dir di nuouo, con l'aggiũta di belle, & buone fabriche, la chiesa di san Benedetto. In Ascesi la chiesa di s. Frãc. che in certi luoghi era rouinata, & in certi altri minacciaua rouina, rifondò gagliardamente, e ricoperse. A Ciuitauecchia fece molti belli, & magnifici edifizij. A Ciuità Castellana rifece meglio, che la terza parte delle mura con buon garbo. A Narni rifece, & ampliò di belle, & buone muraglie la fortezza. A Oruieto fece vna gran fortezza con vn bellisimo palazzo, opera di grã de spesa, e non minore magnificenza. A Spoleti similmente accrebbe, e fortificò la fortezza, facendoui dentro habitazioni tanto belle, e tanto commode, e bene intese, che non si poteua veder meglio. Rassettò i bagni di Viterbo con gran spesa, & con animo regio; facendoui habitazioni, che non solo, per gl'amalati, che giornalmente andauano a bagnarsi sarebbono state recipienti, ma ad ogni gran prencipe. Tutte queste opere fece il detto pontefice col disegno di Bernardo fuori della città. In Roma ristaurò, & in molti luoghi rinouò le mura della città, che per la maggior parte erano rouinate, aggiugnendo loro alcune torri, & comprendendo in queste vna nuoua fortificazione, che fece a Castel s. Angelo di fuora, & molte stanze, & ornamenti, che fece dentro. Parimente haueua il detto pontefice in animo, e la maggior parte condusse a buon termine di restaurare, & riedificare, secondo che piu haueuano dibisogno, le quaranta chiese delle stazioni gia instituite da sã Gregorio primo, che fu chiamato, per sopranome Grande. Cosi restaurò s. Maria Trasteuere, s. Prasedia, s. Teodoro, s. Piero in vincula, & molte altre delle minori. Ma con maggiore animo, ornamento, e diligẽza fece questo in sei delle sette meggiori, & principali, cioè s. Giouanni Laterano, s. Maria maggiore, s Stefano in Celio monte, s. Apostolo, s. Paolo, & s. Lorenzo extra mũros: Non dico di s. Piero, perche ne fece impresa aparte. Il medesimo hebbe animo di ridurre in fortezza, & fare, come vna citta appartata il Vaticano tutto; nella quale disegnaua tre vie, che si dirizzauano a s. Piero, credo doue è hora Borgo vecchio, e nuouo; lequali copriua di loggie di qua, & di la con botteghe commodissime; separando l'arti piu nobili, e piu ricche dalle minori, e mettendo insieme ciascuna in vna via da per se; E gia haueua fatto il torrione tondo, che si chiama ancora il Torrione di Nicola. E sopra quelle botteghe, & loggie veniuano case magnifiche, & commode, & fatte con bellissima architettura, & vtilissima; essendo disegnate in modo, che erano difese, & coperte da tutti que'venti, che sono pestiferi in Roma; & leuate via tutti gl'impedimenti, o d'acque, o di fastidij, che sogliono generar mal'aria. E tutto hauerebbe finito ogni poco piu, che gli fusse stato conceduto di vita il detto pontefice, ilquale era d'animo grande, e risoluto, & intendeua tanto, che non meno guidaua, e reggeua gl'artefici, che eglino lui. Laqual cosa fa, che le imprese grandi si conducono facilmente a fine, quando il padrone intende da per se, & come capace puo risoluere subito; doue vno irresoluto, & incapace nello star fra il si, & il no, fra varij disegni, e openioni, lascia passar molte volte inutilmente il tẽpo, senz'operare. Ma di q̃sto disegno di Nicola non accade de dire altro, da che non hebbe effetto. Voleua, oltre cio, edificare il palazzo papale con tanta magnificenza, e grandezza, & con tante commodità, & vaghezza, che e' fusse per l'uno, e per l'altro conto il piu bello, & maggior edifizio di christianità; volendo, che seruisse, non solo alla persona del sommo pontefice, capo de' Christiani, e non solo al sacro collegio de' Cardinali, che essendo il suo consiglio, & aiuto, gl'harebbono a esser sempre intorno; ma, che ancora vi stessino commodamente tutti i negozij, spedizioni, & giudizij della corte; doue ridotti insieme tutti gl'vffizij, e le corti harebbono fatto vna magnificenza, e grandezza, & se questa voce si potesse vsare in simili cose, vna pompa incredibile. e che è piu infinitamente, haueua a riceuere Imperadori, Re, Duchi, & altri principi christiani; che o per facende loro, o p diuozione visitassero quella santissima Apostolica sede. E chi crederá, che egli volesse farui vn teatro per le coronazioni de' pontefici? et i giardini, loggie, acquidotti, fontane, cappelle, librerie, & vn conclaui appartato bellissimo? In somma questo (non so se palazzo, castello, o città debbo nominarlo) sarebbe stata la piu superba cosa, che mai fusse stata fatta dalla creazione del mondo, per quello, che si sa, insino a hoggi. Che grandezza sarebbe stata quella della santa chiesa Romana, veder il sommo pontefice, e capo di quella, hauere, come in vn famosissimo, e santissimo monasterio, raccolti tutti i ministri di Dio, che habitano la città di Roma? Et in quello, quasi vn nuouo paradiso terrestre, viuere vita celeste, angelica, e santissima? con dare essempio à tutto il christianesimo, & accender gl'animi degl'infideli al vero culto di Dio, e di Giesu Christo benedetto. Ma tanta opera rimase imperfetta, anzi quasi non cominciata, per la morte di quel pontefice: & quel poco, che n'è fatto, si conosce all'arme sua, o che egli vsaua per arme; che erano due chiaui intrauersate in campo rosso. La quinta delle cinque cose, che il medesimo haueua in animo di fare, era la chiesa di san Piero, laquale haueua disegnata di fare tanto grande, tanto ricca, & tanto ornata, che meglio è tacere, che metter mano, per non poter mai dirne anco vna minima parte; & massimamente essendo poi andato male il modello, e statone fatti altri da altri architettori. E chi pure volesse in cio sapere interamente il grand'animo di papa Nicola V. legga quello, che Giannozzo Manetti nobile, e dotto cittadin Fiorentino scrisse minutissimamente nella vita di detto pontefice: ilquale, oltre gl'altri in tutti i sopradetti disegni si seruì, come si è detto, dell'ingegno, & molta industria di Bernardo Rossellini; Antonio, fratel delquale, per tornare hoggimai donde mi partij, con si bella occasione; lauorò le sue sculture circa l'anno 1490. E perche quanto l'opere si veggiono piene di diligenza, e di difficultà gl'huomini restano piu ammirati; conoscẽdosi massimamẽte q̃ste due cose ne' suoi lauori, merita egli, e fama, & honore, come essempio certiss. donde i moderni scultori hãno potuto imparare, come si deono far le statue, che mediante le difficultà, arrechino lode, e fama grãdiss. Con ciosia, che dopo Donatello aggiunse egli all'arte della scultura vna certa pulitezza, e fine; cercando bucare, e ritondare in maniera le sue figure, ch'elle appariscono per tutto e tonde, e finite. Laqual cosa nella scultura infino allora nõ si era veduta si p fetta; e perche egli primo l'introdusse, dopo lui nell'età seguenti, e nella nostra appare marauigliosa.

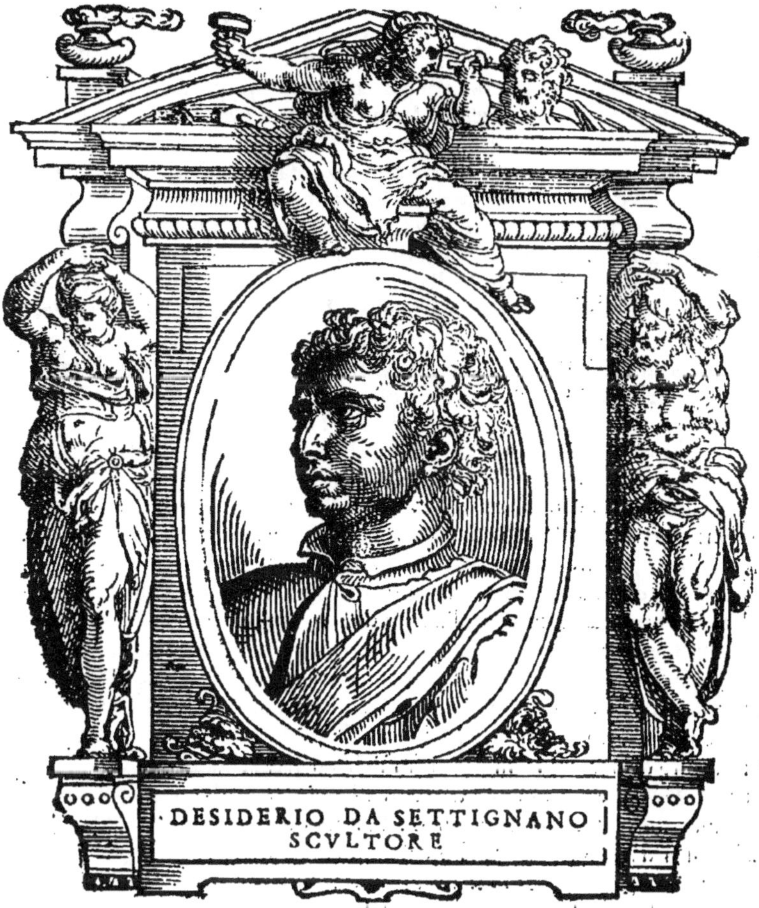

DESIDERIO DA SETTIGNANO
SCVLTORE

Vita di Desiderio da Settignano Scultore.

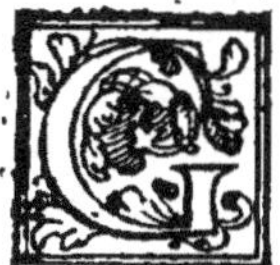

RANDISSIMO obligo hanno al cielo, & alla natura coloro, che senza fatiche partoriscono le cose loro con vna certa grazia, che nõ si può dare alle opere, che altri fa, ne per istudio, ne per imitazione: Ma è dono veramente celeste, che pioue in maniera su quelle cose, che elle portano sempre seco, tanta leggiadria, & tanta gentilezza, che elle tirano a se non solamente que gli, ch'intendono il mestiero, ma molti altri ancora, che non sono di quella professione. E nasce cio dalla facilità del buono, che non si rende aspro, e duro agl'occhi, come le cose stentate, e fatte con difficultà, molte volte se rendono. la qual grazia, e simplicità, che piace vniuersalmente, e da ognuno è conosciuta, hanno tutte l'opere che fece Desiderio; ilquale dicono alcuni, che fu da Settignano no luogo vicino a Fiorenza due miglia: alcuni altri lo tengono Fiorentino: ma questo rilieua nulla, per essere si poca distanza da l'un luogo all'altro. Fu costui imitatore della maniera di Donato, quantunque da la natura hauesse egli grazia grandissima, & leggiadria nelle teste. Et veggonsi l'arte sue, di femmine & di fanciulli, con delicata, dolce, & vezzosa maniera aiutate tanto dalla natura, che inclinato a questo lo haueua, quanto era ancora da lui esercitato l'ingegno dall'arte. Fece nella sua giouanezza il basamento del Dauid di Donato, ch'è nel palazzo del Duca di Fiorenza, nel quale Desiderio fece di marmo alcune Arpie bellissime, & alcuni viticci di bronzo molto graziosi, e bene intesi, & nella facciata della casa de' Gianfigliazzi un'arme grande con vn lione, bellissima, & altre cose di pietra, lequali sono in detta città. Fece nel Carmine alla cappella de Brancacci vno agnolo di legno: & in s. Lorenzo finì di marmo la cappella del Sacramento, laquale egli con molta diligenza cōdusse a perfezzione. Eraui vn fanciullo di marmo tondo ilqual fu leuato, & hoggi si mette in sull'altar per le feste della Natiuita di Cristo, pcosa mirabile: In cambio del quale ne fece vn' altro Baccio da Monte Lupo, di marmo pure che sta continuamente sopra il Tabernacolo del Sacramento. In S. Maria Nouella fece di marmo la sepoltura della Beata Villana, con certi angioletti graziosi, e lei vi ritrasse di naturale, che non par morta, ma che dorma, & nel le monache delle Murate, sopra vna colonna in vn tabernacolo vna N. Donna piccola di leggiadra, & graziata maniera, onde l'una & l'altra cosa è in grā dissima stima, & in bonissimo pregio. Fece ancora a S. Piero Maggiore il Tabernacolo del Sacramento di marmo con la solita diligenza. Et ancora che in quello non siano figure, e' vi si vede però vna bella maniera, & vna grazia infinita, come nell'altre cose sue. Egli similmente di marmo ritrasse di naturale la testa della Marietta degli Strozzi, laquale essendo bellissima, gli riuscì molto eccellente. Fece la sepoltura di M. Carlo Marsupini Aretino in s. Croce, laquale non solo in quel tempo fece stupire gl'artefici, & le persone intelligenti, che la guardarono, ma quegli ancora, che al presente la veggono, se ne marauigliano; doue egli hauendo lauorato in vna cassa fogliami, benche vn poco spinosi, & secchi, per non essere allora scoperte molte antichità; furono tenuti cosa bellissima. Ma fra l'altre parti, che in detta opera sono, vi si veggono alcune ali, che a vna nicchia fanno ornamento a pie della cassa, che non di marmo, ma piumose si mostrano; cosa difficile a potere imitare nel marmo, atteso ch'a i peli, & alle piume nō puo lo scarpello aggiugnere. Euui di marmo vna nicchia grande, piu viua, che se d'osso proprio fosse. Sonui ancora alcuni fanciulli, & alcuni Angeli condotti con maniera bella, & viuace: similmente è di somma bontà, & d'artifizio il morto su la cassa ritratto di naturale: & in vn tondo vna Nostra Donna di basso rilieuo, lauorato secondo la maniera di Donato, con giudizio, & con grazia mirabilissima: si come sono ancora molti altri basi rilieui di marmo, ch egli fece, delli quali alcuni sono nella guardaroba del Signor Duca Cosimo; e particolarmente in vn tondo la testa del nostro signore Giesu Christo, e di san Giouanni battista, quādo era fanciulletto. A pie della sepoltura del detto M. Carlo fece vna lapida grande, per M. Giorgio Dottore famoso, e segretario della Signoria di Fiorēza, con vn basso rilieuo molto bello, nelquale è ritratto esso M. Giorgio con habito da Dottore secondo l'usanza di que'tempi. Ma se la morte si tosto non toglieua al mondo quello spirito, che tanto egregiamente operò, harebbe si per l'auuenire con la esperienza, & cō lo studio operato, che vinto haurebbe d'arte tutti coloro, che di grazia haueua superati: Troncogli la morte il filo della vita nella età di 28. anni; perche molto ne dolse a tutti quegli, che stimauano douer vedere la perfezzione di tāto ingegno nella vecchiezza di lui: Et ne rimasero piu, che storditi, per tanta perdita. Fu da' parenti, & da molti amici accompagnato nella chiesa de'Serui; continuandosi per molto tempo alla sepoltura sua di mettersi infiniti epigrammi, & sonetti. Del numero de' quali mi è bastato mettere solamente questo.

Come vide natura
Dar DESIDERIO *a i freddi marmi vita;*
E poter la Scultura
Agguagliar sua bellezza alma; e infinita:
Si fermò sbigottita;
E disse homai sarà mia gloria oscura.
E piena d'alto sdegno
Troncò la vita a cosi bell'ingegno.
Ma in van: che se cōstui
Die vita eterna a i marmi; e i marmi a lui.

Furono le sculture di Desiderio fatte nel 1485. lasciò abbozzata vna s. Maria Maddalena in penitenza, laqnale fu poi finita da Benedetto da Maiano: & è hoggi in santa Trinita di Firenze, entrando in chiesa a man destra laquale figura è bella quanto piu dir si possa. Nel nostro libro sono alcune carte disegnate di penna da Desiderio, bellissime. Et il suo ritratto si è ha uuto da alcuni suoi da Settignano.

Fine della vita di Desiderio da Settignano Scultore.

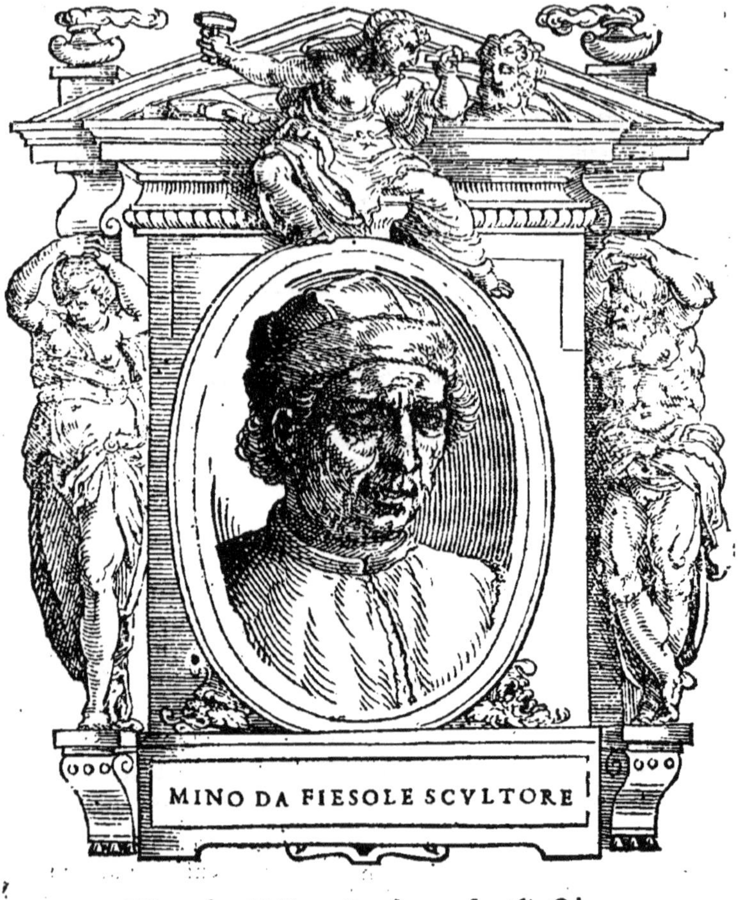

MINO DA FIESOLE SCVLTORE

Vita di Mino Scultore da Fieſole

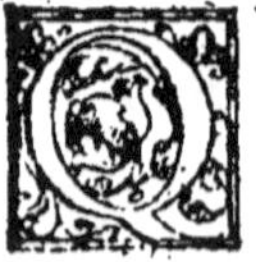
VANDO gli Artefici noſtri non cercano altro nell'opere che fanno, che imitare la maniera del loro maeſtro, o d'altro eccellente, delquale piaccia loro il modo dell'operare, o nell'attitudini delle figure, o nell'arie delle teſte, o nel pieghеggiare de' panni; & ſtudiano quelle ſolamente: ſe bene col tempo, & con lo ſtudio le fanno ſimili, non arriuano però mai con queſto ſolo, a la perfezione dell'arte; auuenga che manifeſtiſsimamente ſi vede, che rare volte paſſa inanzi chi camina ſempre dietro: perche la imitazione della natura è ferma nella maniera di quello Artefice, che ha fatto la lunga pratica diuentare maniera. Conciosia che l'imitazione è vna ferma arte di fare apunto quel, che tu fai, come ſta il piu bello delle coſe della natura; pigliandola ſchietta

ſenza la maniera del tuo maeſtro o d'altri: iquali ancora eglino riduſſono in maniera le coſe, che tolſono da la natura. E ſe ben pare, che le coſe degl'Artefici eccellenti ſiano coſe naturali, o ver ſimili; non è che mai ſi poſſa vſar tãta diligenza, che ſi facci tanto ſimile, che elle ſieno com'eſſa natura: ne ancora ſcegliendo le migliori, ſi poſſa fare compoſizion di corpo tanto perfetto, che l'arte la trapaſsi: Et ſe queſto è, ne ſegue, che le coſe tolte da lei fa le pitture, & le ſculture perfette, e chi ſtudia ſtrettamente le maniere degli Artefici ſolamente, & non i corpi o le coſe naturali, è neceſſario, che facci l'opere ſue, & men buone della natura, & di quelle di colui da chi ſi toglie la maniera, la onde s'è viſto molti de'noſtri Artefici non heuere voluto ſtudiare altro che l'opere de'loro maeſtri, & laſciato da parte la natura, de quali n'è auenuto che non le hãno appreſe del tutto, & non paſſato il maeſtro loro: ma hanno fatto ingiuria grandiſsima all ingegno, che gli hanno hauuto, che s'eglino haueſsino ſtudiato la maniera, & le coſe naturali inſieme harebbon fatto maggior frutto nell'opere loro, che e non feciono. Come ſi vede nell'opere di Mino ſcultore da Fieſole. Ilquale hauendo l'ingegno atto a far quel che e' voleua, inuaghito della maniera di Deſiderio da Settignano ſuo maeſtro; p la bella gratia, che daua alle teſte delle femmine, & de putti, & d'ogni ſua figura; parendoli al ſuo giuditio meglio della natura; eſercitò, & andò dietro a quella abandonando, & tenendo coſa inutile le naturali: onde fu piu gratiato, che fondato nell'arte. Nel monte dunque di Fieſole, gia città antichiſſima vicino a Fiorenza nacque Mino di Giouãni ſcultore ilquale poſto a l'arte dello ſquadrar le pietre con Deſiderio da Settignano, giouane eccellente nella ſcultura, come inclinato a quel meſtiero imparò, mentre lauoraua le pietre ſquadrate, a far di terra dalle coſe, che haueua fatte di marmo Deſiderio, ſi ſimili, che egli vedendolo uolto a far profitto in quell'arte lo tirò innãzi, & lo meſſe a lauorare di marmo ſopra le coſe ſue, nellequali con vna oſſeruanza grandiſsima cercaua di mantenere la bozza di ſotto; ne molto tempo andò ſeguitando, che egli ſi fece aſſai pratico in quel meſtiero, del che ſe ne ſodisfaceua Deſiderio infinitamente; ma piu Mino dell'amoreuolezza di lui, vedendo che continuamente gli inſegnaua a guardarſi dagl'errori, che ſi poſſono fare in quell'arte; mentre, che egli era per venire in quella profeſsione eccellente: la diſgratia ſua volſe, che Deſiderio paſſaſſe a miglior vita; la qual perdita fu di grandiſsimo danno a Mino ilquale come diſperato ſi partì da Fiorenza, & ſe ne andò a Roma, & aiutãdo a maeſtri, che lauorauano allhora opere di marmo; & ſepolture di Cardinali, che andorono in San Piero di Roma; lequali ſono hoggi ite per terra, per la nuoua fabbrica, fu conoſciuto per maeſtro molto prattico. & ſufficiente, & gli fu fatto fare dal cardinale Guglielmo Deſtouilla, che li piaceua la ſua maniera, l'altare di marmo doue è il corpo di S. Girolamo nella chieſa di s. Maria Maggiore, con hiſtorie di baſſo rilieuo della vita ſua, lequali egli conduſſe a perfettione. e ui ritraſſe quel Cardinale. Facendo poi Papa Paulo II. Veneziano fare il ſuo palazzo a s. Marco, vi ſi adoperò Mino in fare cert'arme. Dopo morto quel papa a Mino fu fatto alogatione della ſua ſepoltura laquale egli dopo due anni diede finita, e murata in s. Pietro, che fu all hora tenuta la piu ricca ſepoltura che fuſſe ſtata fatta d'ornamenti, & di figure a pontefice neſſuno. laquale da Bramante

mante fu messa in terra nella rouina di s.Piero, & quiui stette sotterrata fra i calcinacci parecchi anni, & nel MDXLVII. fu fatta rimurare d'alcuni Venetiani in s.Piero nel vecchio, in vna pariete vicino alla cappella di Papa Innocenzio. Et se bene alcuni credono, che tal sepoltura sia di mano di Mino del Reame ancor che fussino quasi a vn tempo; ella è senza dubio di mano di Mino da Fiesole. Ben'è vero, che il detto Mino del Reame vi fece alcune figurette nel basamento, che si conoscono, se però hebbe arme Mino, e nō piu tosto, come alcuni affermano Dino. Ma per tornare al nostro, acquistato, che egli si hebbe nome in Roma per la detta sepoltura, e per la cassa, che fece nella Minerua, e sopra essa di marmo la statua di Franc. Tornabuoni di naturale, che è tenuta assai bella, & per altre opere non istè molto, ch'egli con buon numero di danari auanzati, a Fiesole se ne ritornò, & tolse donna. Ne molto tempo andò, ch'egli per seruigio delle donne delle murate, fece vn tabernacolo di marmo di mezzo rilieuo, per tenerui il Sacramento: il quale fu da lui con tutta quella diligenza, ch'e' sapeua, condotto a perfezzione. Ilqual nō haueua ancora murato, quando inteso le monache di s.Ambruogio, lequali erano desiderose di far fare vn'ornamento simile nell'inuenzione, ma piu ricco d'ornamento per tenerui dentro la santissima reliquia del miracolo del sacramento, la sufficienza di Mino, gli diedero a fare quell'opera, laquale egli finì con tanta diligenza; che satisfatte da lui quelle donne gli diedono tutto quello, ch'e' dimandò per prezzo di quell'opera: & cosi poco di poi prese a fare vna tauoletta con figure d'una N.Donna, col figliuolo in braccio, messa in mezo da san Lorenzo, & da san Lionardo di mezo rilieuo, che doueua seruire per i preti, o capitolo di san Lorenzo, ad instanza di M.Dietisalui Neroni. Ma è rimasta nella sagrestia della Badia di Firenze. Et a que' monaci fece vn tondo di marmo, drentoui vna N.Donna di rilieuo, col suo figliuolo in collo, qual posono sopra la porta principale, che entra in chiesa; il quale piacendo molto all'uniuersale, fu fattogli allogazione di vna sepoltura p il Magnifico M.Bernardo caualiere di Giugni, ilquale per essere stato persona honoreuole, & molto stimata; meritò questa memoria da' suoi fratelli.

Condusse Mino in questa sepoltura, oltre alla cassa, & il morto, ritrattoui di naturale, sopra vna giustizia, laquale imita la maniera di Desiderio molto, se non hauesse i panni di quella vn poco tritati dall'intaglio. Laquale opera fu cagione, che l'abate, & monaci della Badia di Firenze, nel qual luogo fu collocata la detta sepoltura, gli dessero a far quella del Conte Vgo figliuolo del Marchese Vberto di Madeborgo, ilquale lasciò a quella badia molte facultà, & priuilegij; & cosi desiderosi d'honorarlo il piu, ch'e' poteuano, feciono fare a Mino di marmo di Carrara vna sepoltura, che fu la piu bella opera, che Mino facesse mai; perche vi sono alcuni putti, che tengono l'arme di ql Conte, che stanno molto arditamente, e con vna fanciullesca grazia; e oltre alla figura del Conte morto, con l'effigie di lui, ch'egli fece in su la cassa, è in mezo sopra la bara nella faccia vna figura d'una Carità, cō certi putti lauorata molto diligentemente, & accordata insieme molto bene; il simile si vede in vna N.Donna in vn mezzo tondo col putto in collo, laquale fece MINO piu simile alla maniera di Desiderio, che potette, & se egli hauesse aiutato il far suo con le cose viue, & hauesse studiato; non è dubbio, che egli harebbe fatto grandisſimo profitto nell'arte. Coſtò queſta ſepoltura a tutte ſue ſpeſe lire 1600 & la finì nel 1481. della quale acquiſtò molto honore, & per queſto gli fu allogato a fare nel Veſcouado di Fieſole a vna cappella vicina alla maggiore a man dritta, ſalendo vn'altra ſepoltura per il Veſcouo Lionardo Saluiati Veſcouo di detto luogo: nellaquale egli lo ritraſſe in pontificale, ſimile al viuo quanto ſia poſſibile. Fece per lo medeſimo Veſcouo vna teſta d'un Chriſto di marmo grande quanto il viuo, e molto ben lauorata, laquale fra l'altre coſe dell'heredità rimaſe allo ſpedale degl'Innocenti. Et hoggi l'ha il molto R. Don Vincenzio Borghini, priore di quello ſpedale fra le ſue piu care coſe di queſt'arti, delle quali ſi diletta quanto piu non ſaprei dire. Fece Mino nella pieue di prato vn pergamo tutto di marmo, nelquale ſono ſtorie di N. Donna condotte con molta diligenza, e tanto ben commeſſe, che quell'opera par tutta d'un pezzo. E queſto pergamo in ſu run canto del choro, quaſi nel mezzo della chieſa, ſopra certi ornamenti fatti d'ordine dello ſteſſo Mino: ilquale fece il ritratto di Piero di Lorenzo de' Medici, e quello della moglie, naturali, & ſimili affatto. Queſte due teſte ſtettono molti anni ſopra due porte in camera di Piero in caſa Medici, ſotto vn mezo tondo. Dopo ſono ſtate ridotte, con molti altri ritratti d'huomini illuſtri di detta caſa, nella Guardaroba del ſignor Duca Coſimo. Fece anco vna noſtra Donna di marmo, ch'è hoggi nell'udienza dell'arte de' Fabricanti; Et a Perugia mandò vna tauola di marmo a M. Baglione Ribi, che fu poſta in ſan Piero alla cappella del Sagramento, laqual opera è vn tabernacolo in mezo d'un ſan Giouanni, e d'un ſan Girolamo, che ſono due buone figure di mezzo rilieuo. Nel duomo di Volterra parimente è di ſua mano il tabernacolo del ſagramento, e due Angeli, che lo mettono in mezo, tãto ben condotti, e con diligenza, che è queſta opera meritamente lodata da tutti gl'artefici. Finalmẽte volendo vn giorno Mino muouere certe pietre, ſi affaticò, non hauendo quegli aiuti, che gli biſognauano di maniera, che preſa vna calda, ſe ne morì; e fu nella calonaca di Fieſole da gl'amici, e parenti ſuoi honoreuolmente ſepellito l'ãno 1486 Il rittatto di Mino è nel noſtro libro de' diſegni non ſo di cui mano: perche a me fu dato con alcuni diſegni fatti col piombo dallo ſteſſo Mino, che ſono aſſai belli.

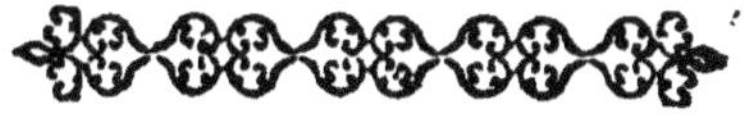

Fine della vita di Mino Scultore da Fieſole

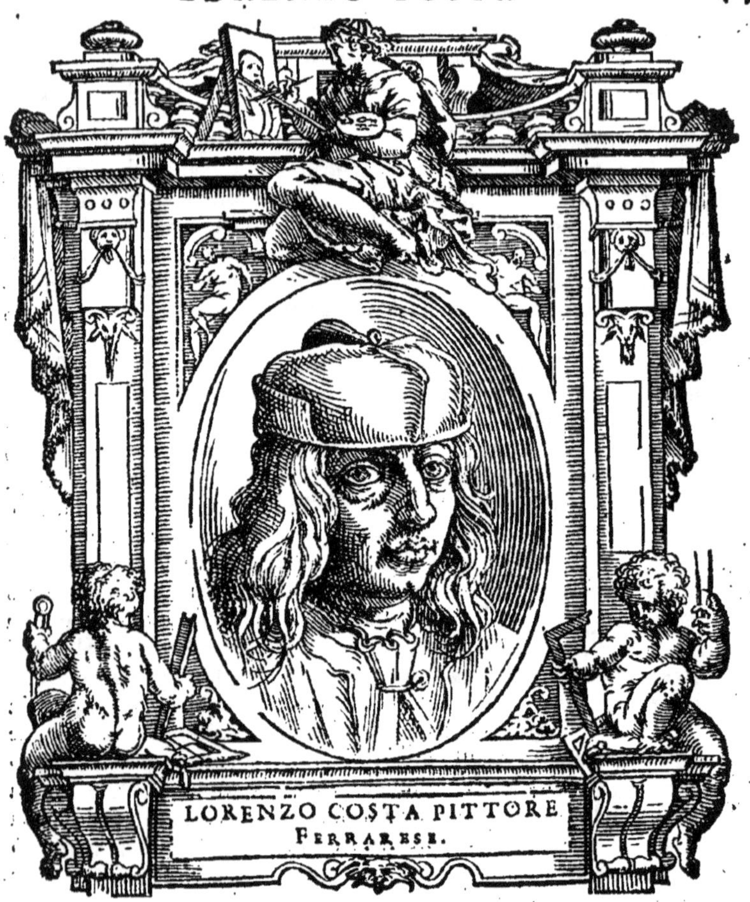

Vita di Lorenzo Costa Ferrarese Pittore

SE bene in Toscana piu che in tutte l'altre prouincie d'Italia, e forse d'Europa si sono sempre esercitati gl'huomini nelle cose del disegno: non è per questo, che nell'altre prouincie, non si sia d'ogni tempo risuegliato qualche ingegno, che nelle medesime professioni sia stato raro, & eccellẽte, come si è in fin quì in molte vite dimostrato, e piu si mostrera per l'auuenire. Ben'è vero, che doue non sono gli studi, e gl'huomini per vsanza inclinati ad imparare, non se può ne cosi tosto, ne cosi eccellente diuenire, come in que' luoghi si fa doue a concorrenza si esercitano, e studiano gl'Artefici di continuo. Ma tosto che vno o due cominciano, pare che sempre auenga, che molti altri (tanta forza ha la virtu) s'ingegnino di seguitargli con honore di se stessi, e delle patrie loro. Lorenzo Costa Ferrarese, essendo da natura inclinato alle cose della pittura, e sentendo esser celebre, e molto reputato in Toscana fra Filippo, Benozzo, & altri, se ne venne in Firenze, per vedere l'opere loro: & qua arriuato, perche molto gli piacque la maniera loro, ci si fermò per molti mesi, ingegnandosi quanto potette il piu d'imitargli, e particolarmente nel ritrarre di naturale: ilche cosi felicementi gli riuscì, che tornato alla patria (se bene hebbe la maniera vn poco secca, e tagliēte) vi fece molte opere lodeuoli, come si puo vedere nel choro della chiesa di S. Domenico in Ferrara, che è tutto di sua mano; doue si conosce la diligenza, che egli usò nell'arte, e che egli mise molto studio nelle sue opere. E nella guardaroba del S. Duca di Ferrara si veggiono di mano di costui in molti quadri, ritratti di naturale, che sono benissimo fatti, e molto simili al viuo. Similmente per le case de' Gentil'huomini sono opere di sua mano tenute in molta venerazione. A Rauenna nella chiesa di s. Domenico, alla cappella di s. Bastiano dipinse a olio la tauola, e a fresco alcune storie, che furono molto lodate. Di poi condotto a Bologna dipinse in S. Petronio nella cappella de' Mariscotti in vna tauola vn s. Bastiano Saettato alla colonna, con molte altre figure: laqual'opera, per cosa lauorata a tempera fu la migliore, che insino allora fusse stata fatta in quella città. Fu anco opera sua la tauola di san Ieronimo nella cappella de' Castelli: e parimente qlla di san Vincenzio, che è similmente lauorata a tempera nella cappella de' Griffoni: la predella dellaquale fece dipignere a vn suo creato, che si portò molto meglio, che non fece egli nella tauola, come a suo luogo si dirà. Nella medesima città, fece Lorenzo, e nella chiesa medesima alla cappella de' Rossi in vna tauola la nostra Donna, san Iacopo, san Giorgio, san Bastiano, e san Girolamo, laquale opera è la migliore, e di piu dolce maniera, di qual si voglia altra, che costui facesse giamai. Andato poi Lorenzo al seruigio del S. Francesco Gonzaga Marchese di Mantoa, gli dipinse nel palazzo di san Sebastiano in vna camera, lauorata parte a guazzo, e parte a olio, molte storie. In vna è la Marchesa Isabella ritratta di naturale, che ha seco molte signore, che con varij suoni cantando, fanno dolce armonia. In vn'altra è la Dea Latona, che cōuerte, secondo la fauola, certi villani in ranocchi. Nella terza è il Marchese Francesco, condotto da Hercole, per la via della virtu, sopra la cima d'un mōte consecrato all'eternità. In vn'altro quadro si vede il medesimo Marchese sopra vn piedistallo trionfante, cō vn bastone in mano. E intorno gli sono molti signori, & seruitori suoi con stendardi in mano, tutti lietissimi, & pieni di giubilo, per la grandezza di lui: fra iquali tutti è vn infinito numero di ritratti di naturale. Dipinse ancora nella sala grande, doue hoggi sono i trionfi di mano del Mantegna, due quadri, cioè in ciascuna testa vno. Nel primo, che è a guazzo sono molti nudi, che fanno fuochi, e sacrifizij a Hercole; & in questo è ritratto di naturale il Marchese, con tre suoi figliuoli, Federigo, Hercole, & Ferrante, che poi sono stati grandissimi, & illustrissimi signori. Vi sono similmente alcuni ritratti di gran Donne. Nel'altra, che fu fatto a olio molti anni dopo il primo, e che fu quasi dell'ultime cose, che dipignesse Loren. è il Marchese Federigo fatto huomo, con vn bastone in mano, come generale di santa chiesa, sotto Leone decimo; & intorno gli sono molti signori ritratti dal Costa di naturale. In Bologna nel palazzo di M. Giouanni Bentiuogli dipinse il medesimo, a concorrenza di molti altri maestri, alcune stanze, dellequali, p essere andate per terra, con la rouina di quel palazzo, non si farà altra mézione. Non lascerò gia di dire, che dell'opere, che fece per i Bentiuogli, rimase solo in piedi la cappella, che egli fece a m. Giouanni in san Iacopo, doue in due storie dipinse due trionfi tenuti bellissimi con molti ritratti. Fece anco in san Giouanni in monte l'anno 1497. a Iacopo Chedini in vna cappella, nellaqua le volle dopo morte essere sepolto, vna tauola, dentroui la nostra Donna, san Giouanni euangelista, sant'Agostino, & altri santi. In san Franc. dipinse in vna tauola vna natiuità, san Iacopo, e santo Antonio da Padoua. Fece in s. Piero per Domenico Garganelli gentilhuomo Bolognese il principio d'una cappella bellissima; ma qualunche si fusse la cagione; fatto, che hebbe nel cielo di quella alcune figure la lasciò imperfetta, e a fatica cominciata. In Mantoa, oltre l'opere, che ui fece per il Marchese, dellequali si è fauellato di sopra dipinse in S. Saluestro in vna tauola la nostra Donna; e da vna banda san Saluestro, che le raccomanda il popolo di quella città: Dall'altra san Bastiano, san Paulo, santa Lisabetta, e san Ieronimo: e per quello, che s'intende, fu collocata la detta tauola iu quella chiesa dopo la morte del Costa; ilquale hauendo finita la sua vita in Mantoa, nellaquale città sono poi stati sempre i suo descendenti, volle in questa chiesa hauer per se, & per i suoi successori, la sepoltura. Fece il medesimo molte altre pitture, delle quali nō si dirà altro, essendo à bastanza hauer fatto memoria delle migliori. Il suo ritratto ho hauuto in Mantoa da Fermo Ghisoni pittor ecc. che mi affermò, quello esser di propria mano del Costa, ilquale disegnò ragioneuolmente, come si puo vedere nel nostro libro, in vna carta di penna in carta pecora, doue è il giudizio di Salamone; & vn san Girolamo di chiaro scuro, che sono molto ben fatti.

Furono discepoli di Lorenzo Hercole da Ferrara suo compatriota, delquale si scriuerà di sotto la vita. & Lodouico Malino similmente Ferrarese, delquale sono molte opere nella sua patria, & in altri luoghi, ma la migliore, che ui facesse, fu vna tauola, laquale è nella chiese di san Francesco di Bologna, in vna cappella vicina alla porta principale; nellaquale è quando Giesu Christo di dodici anni disputa co'Dottori nel tempio. Imparò anco i primi principij dal Costa il Dosso vecchio da Ferrara; dell'opere del quale si farà menzione al luogo suo. E questo è quanto si è potuto ritrarre della vita, & opere di Lorenzo Costa Ferrarese.

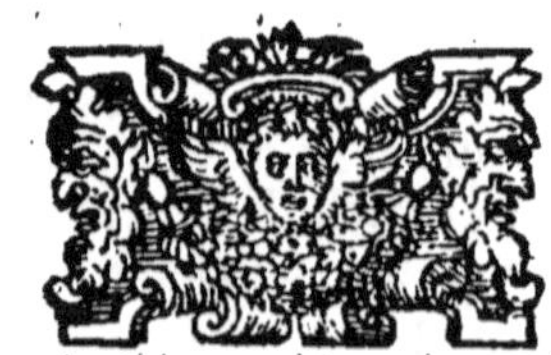

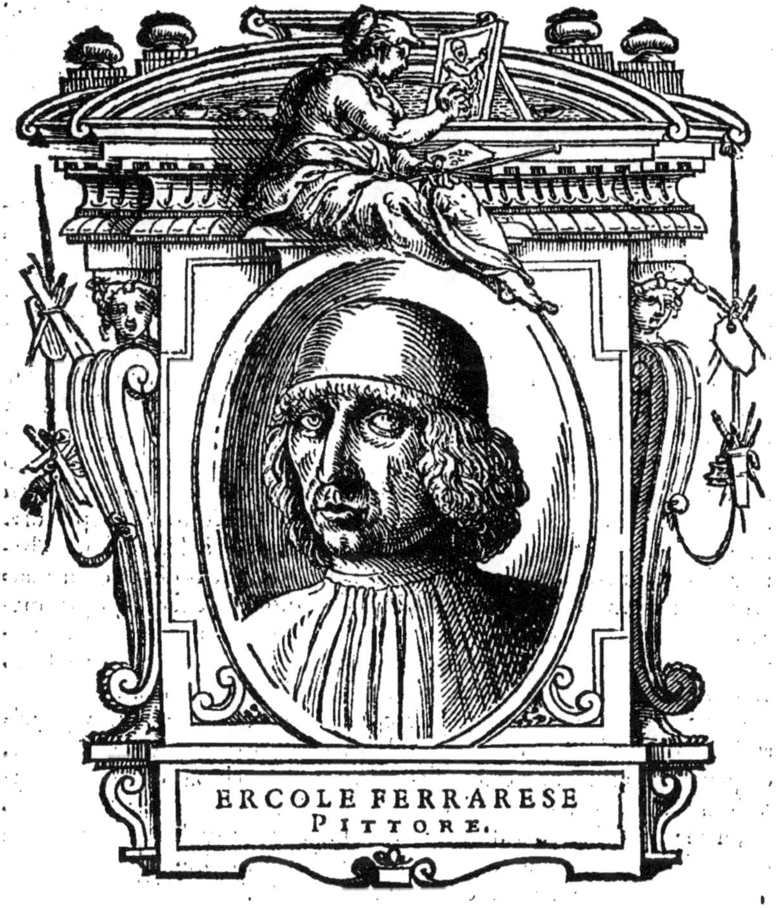

ERCOLE FERRARESE
PITTORE.

Vita di Hercole Ferrarese Pittore.

E bene molto inanzi, che Lorenzo Costa morisse, Hercole Ferrarese suo discepolo, era in bonissimo credito, et fu chiamato in molti luoghi a lauorare, non però (ilche di rado suole auuenire) volle abandonar mai il suo maestro. E piu tosto si contétò di star con esso lui con mediocre guadagno, e lode; che da per se con vtile, o credito maggiore. Laquale gratitudine, quanto meno hoggi ne gl'huomini si ritruoua, tanto piu merita d'esser percio Hercole lodato; ilquale conoscendosi obligato a Lorenzo, pospose ogni suo commodo al volere di lui, e gli fu come fratello, e figliuolo insino all estremo della vita. Costui dunque, hauendo miglior disegno, che il Costa, dipinse sotto la tauola da lui fatta in san Petronio nella cappella di san Vincenzio, alcune storie di si gure piccole a tempera tanto bene, e con si bella, e buona maniera, che non è quasi possibile veder meglio, ne imaginarsi la fatica, e diligenza, che Hercole vi pose. la doue è molto miglior opera la predella, che la tauola; lequali amẽ due furono fatte in vn medesimo tempo, viuẽte il Costa. Dopo la morte del quale, fu messo Hercole da Domenico Garganelli a finire la cappella, in san Petronio, che come si disse di sopra, haueua Lorẽzo cominciato, e fattone pic ciola parte. Hercole dunque, alquale daua per cio il detto Domenico quat tro ducati il mese, e le spese a lui, & a vn garzone, e tutti i colori, che nell'ope ra haueuano a porsi, messosi a lauorar, finì quell'opera, per si fatta maniera, che passò il maestro suo di gran lunga, cosi nel disegno, e colorito, come nel la inuenzione. Nella prima parte, o vero faccia è la crucifissione di Christo, fatta con molto giudizio, percio che, oltre il Christo, che vi si vede gia mor to, ui è benissimo espresso il tumulto de' Giudei venuti a vedere il Messia in Croce; e tra essi è vna diuersità di teste marauigliosa: nel che si vede, che Her cole con grandissimo studio cercò di farle tanto differẽti l'una dall'altra, che non si somigliassino in cosa alcuna.

Sonoui anche alcune figure, che scoppiando di dolore nel piãto, assai chia ramente dimostrano, quanto egli cercasse d'imitare il vero. Euui lo sueni- mento della Madonna, ch'è pietosissimo, ma molto piu sono le Marie verso di lei: perche si veggiono tutte compassioneuoli; e nell'aspetto tanto piene di dolore, quanto appena è possibile imaginarsi, nel vedersi morte inãzi le piu care cose, che altri habbia, & stare in perdita delle seconde. Tra l'altre co se notabili ancora, che vi sono, vi è vn longino a cauallo sopra vna bestia sec- ca in iscorto, che ha rilieuo grandissimo; & in lui si conosce la impietà nel- l'hauere aperto il costato di Christo, e la penitenza, & conuersione nel trouar si ralluminato. Similmente in strana attitudine figurò alcuni soldati, che si giuocano la veste di Christo, con modi bizarri di volti, & abbigliamenti di vestiti. Sono anco ben fatte, & con belle inuenzioni i ladroni, che sono in croce: E perche si dilettò Hercole assai di fare scorti; iquali quando sono be ne intesi, sono bellissimi, egli fece in quell'opera un soldato a cauallo, che le uate le gambe dinanzi in alto, viene in fuori di maniera che pare di rilieuo: & perche il vento fa piegare vna bandiera, che egli tiene in mano, per soste- nerla fa vna forza bellissima. Feceui anco un s. Giouanni, che rinuolto in vn lenzuolo si fugge.

I soldati parimente, che sono in questa opera sono benissimo fatti, & con le piu naturali, e proprie mouenze, che altre figure, che insino allora fussono state vedute, lequali tutte attitudini, e forze, che quasi non si possono far me- glio, mostrano, che Hercole haueua grandissima intelligenza, e si affaticaua nelle cose dell'Arte. Fece il medesimo nella facciata, che è dirimpetto a que- sta, il transito di nostra donna, laquale è da gl'Apostoli circondata con attitu dini bellissime, & fra essi sono sei persone ritratte di naturale, tanto bene, che quegli, che le conobbero, affermano, che elle sono viuissime. Ritrasse an co nella medesima opera se medesimo; e Domenico Garganelli padrone del la cappella, ilquale per l'amore, che portò a Hercole, et per le lodi, che sentì dare a quell'opera, finita, ch'ella fu, gli donò mille lire di bolognini. Dicono che Hercole mise nel lauoro di questa opera dodici anni, sette in condurla a fresco,& cinque in ritoccarla a secco. Ben'è vero, che in quel mentre fece alcune altre cose, e particolarmente, che si sa, la predella dell'altar maggiore di san Giouanni in monte, nellaquale fece tre storie della passion di Christo. E perche Hercole fu di natura fantastico, e massimamente quando lauoraua, hauendo per costume, che ne pittori, ne altri lo vedessino, fu molto odiato in Bologna da i pittori di quella città, iquali per inuidia hanno sempre portato odio a i forestieri, che ui sono stati condotti a lauorare; & il medesimo fanno anco alcuna volta fra loro stessi nelle concorréze. Benche questo è quasi particolar vizio de' professori di qste nostre Arti in tutti i luoghi. S'accordarono dunque vna uolta alcuni pittori Bolognesi con vn legnaiuolo, e per mezzo suo si rinchiusero in chiesa vicino alla cappella, che Hercole lauoraua: & la notte seguente, entrati in quella per forza, non pure non si contentarono di ueder l'opera, ilche doueua bastar loro; ma gli rubarono tutti i cartoni, gli schizzi, i disegni, & ogni altra cosa che vi era di buono. Perlaqualcosa si sdegnò di maniera Hercole, che finita l'opera, si parti di Bologna, senza punto dimorarui: E seco ne menò il Duca Tagliapietra scultore molto nominato, ilquale in detta opera, che Hercole dipinse intagliò di marmo que'bellissimi fogliami, che sono nel parapetto dinanzi a essa cappella: & ilquale fece poi in Ferrara tutte le finestre di pietra del palazzo del Duca, che sono bellissime. Hercole dunque infastidito finalmente dallo star fuori di casa, sene stette poi sempre in Ferrara in compagnia di colui, & fece in quella città molte opere. Piaceua a Hercole il vino straordinariamente; perche spesso inebriandosi, fu cagione di accortarsi la vita, laquale hauendo condotta senza alcun male insino agl'anni quaranta, gli cadde vn giorno la gocciola di maniera, che in poco tempo gli tolse la vita. Lasciò Guido Bolognese pittore suo creato, ilquale l'anno 1491 come si uede doue pose il nome suo sotto il portico di S. Piero a Bologna, fece a fresco vn Crucifisso, con le Marie, i ladroni caualli & altre figure ragioneuoli. E perche egli disideraua sommamente di venire stimato in quella città, come era stato il suo maestro, studiò tanto, e si sottomise a tanti disagi, che si morì di trentacinque anni. E se si fusse messo Guido a imparare l'arte da fanciullezza, come vi si mise d'anni 18, harebbe non pur pareggiato il suo maestro senza fatica, ma passatolo ancora di gran lunga. E nel nostro libro sono disegni di mano di Hercole, e di Guido, molto be[n] fatti, e tirati con grazia, & buona maniera &c.

Fine della vita d'Hercole da Ferrara pittore.

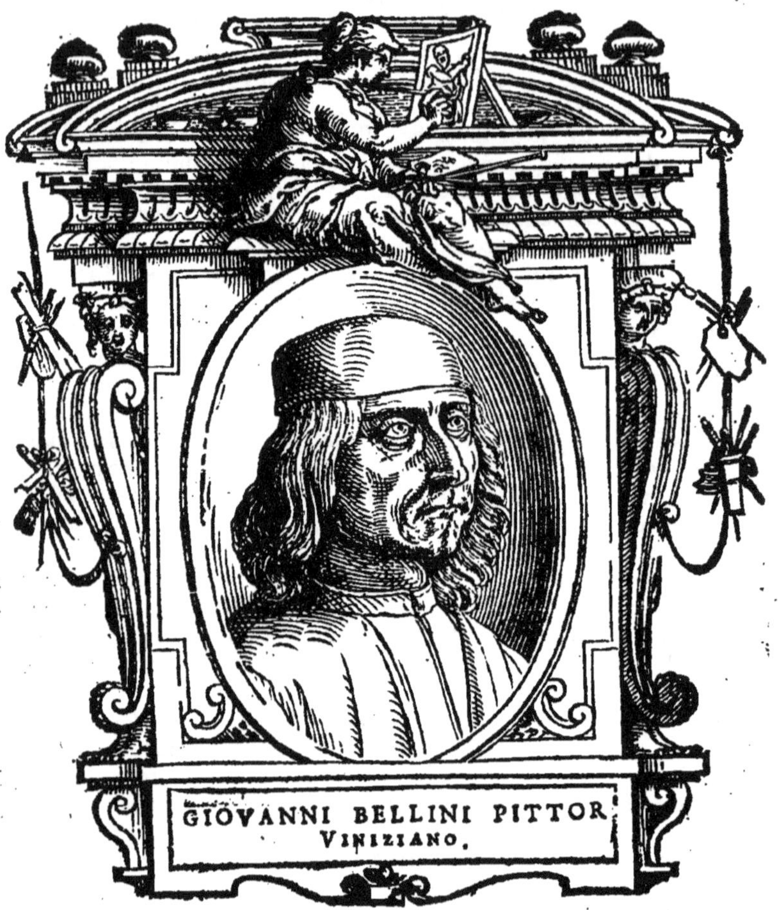

Vita di Iacopo, Giouanni, e Gentile Bellini Pittori Viniziani.

LE cose, che sono fondate nella virtù, ancor che il principio paia molte volte basso, e vile, vāno sempre in alto di mano in mano: & insino a ch'elle non son arriuate al sommo della gloria non si arrestano, ne posano già mai, si come chiaramente potette vedersi nel debile, e basso principio della casa de' Bellini; e nel grado in che venne poi, mediante la pittura. Adunque Iacopo Bellini pittore Viniziano, essendo stato discepolo di Gentile da Fabriano, nella concorrenza, che egli hebbe con quel Domenico, che insegnò il colorire a olio ad Andrea dal Castagno; ancor che molto si affaticasse per venire eccellēte nell'Arte; non acquisto però nome in quella, se non dopo la partita di Vinezia di esso Domenico. Ma poi ritrouandosi in quella città, senza hauer concorrente, che lo pareggiasse, accrescédo sempre in credito, e fama, si fece in modo Ecc. che egli era nella sua professione il maggiore, e piu reputato. Et acciochè non pure si conseruasse, ma si facesse maggiore nella casa sua, e ne' successori il nome acquistato si nella pittura, hebbe due figliuoli inclinatissimi all'arte, e di bello, e buono ingegno; l'uno fu Giouanni, e l'altro Gentile, alquale pose cosi nome per la dolce memoria, che teneua di Gentile da Fabriano stato suo maestro, & come padre amoreuole. Quando dunque furono alquanto cresciuti i detti due figliuoli, Iacopo stesso insegnò loro con ogni diligenza i principij del disegno. Ma non passò molto, che l'uno, e l'altro auanzò il padre di gran lunga; ilquale di cio rallegrandosi molto, sempre gli inanimiua; mostrando loro, che disideraua, che eglino come i Toscani fra loro medesimi, portauano il vanto di far forza, per vincersi l'un l'altro, secondo, che ueniuono all'arte di mano in mano; cosi Giouanni vincesse lui, e poi Gẽtile l'uno, e l'altro; e cosi sucessiuamente. Le prime cose, che diedero fama a Iacopo, furono il ritratto di Giorgio Cornaro, e di Caterina Reina di Cipri; vna tauola, che egli mandò a Verona dentroui la passione di Christo, con molte figure, fra lequali ritrasse se stesso di naturale; e vna storia della croce, laquale si dice essere nella scuola di s. Giouanni Euangelista, lequali tutte, e molte altre furono dipinte da Iacopo con l'aiuto de' figliuoli; & questa vltima storia fu fatta in tela, si come si è quasi sẽpre in qlla città costumato di fare. Vsandouisi poco dipignere, come si fa altroue, in tauole di legname d'Albero, da molti chiamato Oppio, e d'alcuni Gatticcie. Ilquale legname, che sa per lo piu lungo i fiumi, o altre acque, è dolce affatto, e mirabile, per dipignerui sopra; perche tiene molto il fermo quando si commette con la Mastrice. Ma in Venezia non si fanno tauole, e facendose alcuna volta non si adopera altro legname, che d'Abeto, di che è quella città abondantissima, per rispetto del fiume Adice, che ne conduce grandissima quantità di terra Tedesca, senza, che anco ne viene pure assai di Schiauonia. Si costuma dunque assai in Vinezia dipignere in tela, o sia, perche non si fende, e nõ intarla; o perche si possono fare le pitture di che grandezza altri vuole, o pure per la commodità, come si disse altroue, di mandarle commodamente doue altri vuole, con pochissima spesa, e fatica. Ma sia di cio la cagione qual si voglia, Iacopo, e Gentile feciono come di sopra si è detto, le prime loro opere in tela. E poi Gentile da perse alla detta vltima storia della croce, n'aggiunse altri sette, o vero otto quadri: Ne' quali dipinse il miracolo della croce di Christo, che tiene per reliquia la detta scuola; ilquale miracolo fu questo. Essendo gettata, per non so che caso la detta croce dal ponte della Paglia in Canale; per la reuerenza, che molti haueuano al legno, che vi è della croce di Giesu Christo, si gettarono in acqua per ripigliarla, ma come fu volonta di Dio, niuno fu degno di poterla pigliare, eccetto, che il Guardiano di quella scuola. Gentile adunque, figurando questa storia, tirò in prospettiua in sul Canale grande, molte case, il ponte alla Paglia, la piazza di s. Marco, & vna lunga processione d'huomini, e donne, che sono dietro al clero. Similmente molti gettati in acqua, altri in atto di gettarsi, molti mezzo sotto, & altri in altre maniere, &

attitu

attitudini bellissime. e finalmente vi fece il Guardiano detto, che la ripiglia: Nellaqual'opera in uero fu grandissima la fatica, e diligenza di Gentile, considerandosi l'infinita delle figure, i molti ritratti di naturale, il diminuire delle figure, che sono lontane: & i ritratti particolarmente di quasi tutti gl'huomini, che allora erano di quella scuola; o vero compagnia. Et in vltimo ui è fatto con molte belle considerazioni, quando si ripone la detta croce. Lequali tutte storie dipinte ne i sopradetti quadri di tela, arecarono a Gentile grandissimo nome. Ritiratosi poi affatto, Iacopo da se, & cosi ciascuno de' figliuoli, attendeua ciascuno di loro agli studi dell'Arte. Ma di Iacopo non farò altra mézione, perche non essendo state l'opere sue, rispetto a quelle de' figliuoli, straordinarie, & essendosi nõ molto dopo, che da lui si ritirarono i figliuoli, morto; giudico esser molto meglio ragionare alungo di Giouanni, e Gentile solamente. Non tacerò gia che se bene si ritirarono questi fratelli a viuere ciascuno da per se, che nondimeno si hebbero in tanta reuerenza l'un l'altro, & ambidue il padre; che sempre ciascuno di loro, celebrando l'altro, si faceua inferiore di meriti; & cosi modestamente cercauano di soprauanzare l'un l'altro, non meno in bonta, e cortesia, che nell'ecc dell'arte. Le prime opere di Giouanni furono alcuni ritratti di naturale, che piacquero molto, e particolarmente quello del Doge Loredano, se bene altri dicono essere stato Giouanni Mozzenigo fratello di quel Piero, che fu Doge molto inanzi a esso Loredano. Fece dopo Giouanni vna tauola nella chiesa di s. Giouanni, all'altare di S. Chaterina da Siena; nellaquale, che è assai grande, dipinse la N. Dõna a sedere col putto in collo; s. Domenico; s. Ieronimo, s. Chaterina s. Orsola, e due altre Vergini; Et a piedi della N. Donna fece tre putti ritti, che cantano a vn libro, bellissimo. Di sopra fece lo sfondato d'una volta, in vn casamento, che è molto bello. Laqual'opera fu delle migliori, che fusse stata fatta insino allora in Venezia. Nella chiesa di s. Iobbe dipinse il medesimo all'altar di esso Santo, vna tauola con molto disegno, e bellissimo colorita: nel laquale fece in mezzo a sedere un poco alta la N. Donna col putto in collo, e S. Iobbe, e s. Bastiano nudi: & appresso s. Domenico, s. Francesco, s. Giouanni, & s. Agostino; e da basso tre putti, che suonano con molta grazia, e questa pittura fu non solo lodata allora, che fu vista di nuouo, ma è stata similmẽte sempre dopo, come cosa bellissima. Da queste lodatissime opere mossi alcuni Gentil'huomini, cominciarono a ragionare, che sarebbe ben fatto, con l'occasione di cosi rari maestri fare vn ornamento di storie nella sala del gran Consiglio, nellequali si dipignissero le honorate magnificenze della loro marauigliosa città, le grandezze, le cose fatte in guerra, l'imprese, & altre cose somiglianti degne di essere rappresentate in pittura alla memoria di coloro, che venissero: accioche all'utile, e piacere, che si trae dalle storie, che si leggono, si aggiugnesse trattenimento all'occhio, & all intelletto parimente, nel vedere da dottissima mano fatte l'imagini di tanti Illustri Signori, e l'opere egregie di tanti gentil'huomini dignissimi d'eterna fama, e memoria. A Giouanni dunque, & Gentile, che ogni giorno andauano acquistando maggiormente, fu ordinato da chi reggeua, che si allogasse quest'opera, e commesso; che quanto prima se le desse principio. Ma è da sapere, che Antonio Viniziano, come si disse nella vita sua, molto innanzi, haueua dato principio a di pignere la medesima sala,& vi haueua fatto una grande storia, quando dall'inuidia, d'alcuni maligni fu forzato a partirsi, e non seguitare altramente quella honoratissima impresa: Hora Gentile,o per hauere miglior modo,e piu pratica nel dipignere in tela,che a fresco, o qualunche altra si fusse la cagione, adoperò di maniera, che con facilità ottenne di fare quell'opera non in fresco ma in tela. E cosi messoui mano nella prima fece il Papa che presenta al Doge vn Cero,perche lo portasse nella solennita di procesioni, che s'haueuano a fare. Nellaquale opera ritrasse Gintile tutto il di fuori di s. Marco; & il detto papa fece ritto in pontificale,con molti prelati dietro. E similmente il Doge diritto accompagnato da molti senatori. In vn'altra parte fece prima quando l'Imperatore Barbarossa riceue benignamente i Legati Viniziani: E di poi, quando tutto sdegnato si prepara alla guerra: doue sono bellissime prospettiue,& infiniti ritratti di naturale, condotti con bonissima grazia,& in gran numero di figure. Nell'altra, che seguita, dipinse il Papa, che conforta il Doge,& i Signori Veneziani ad armare,a comune spesa trenta Galee, per andare a combattere con Federigo Barbarossa. Stassi questo papa in vna sedia pontificale in Roccetto,& ha il Doge accanto; & molti Secatori abbasso. Et anco in questa parte ritrasse Gentile, ma in altra maniera; la piazza, e la facciata di s. Marco; & il Mare con tanta moltitudine d'huomini,che è proprio vna marauiglia. Si vede poi in vn'altra parte il medesimo papa ritto, e in pontificale dare la benedizione al Doge,che armato; & con molti soldati dietro pare,che vada all'impresa. Dietro a esso Doge si vede in lunga procesione infiniti Gentil'huomini, & nella medesima parte tirato in prospettiua il palazzo, e s. Marco: & questa è delle buone opere,che si veggiano di mano di Gentile; se bene pare, che in quell'altra, doue si rappresenta vna Battiglia Nauale sia piu inuenzione; per esserui un aumero infinito di Galee,che combattono, & una quantita d'huomini incredibile: & in somma per uederuisi, che mostrò di non intendere meno le guerre marittime, che le cose della pittura. E certo l'hauer fatto Gentile in questa opera, numero di galee nella battaglia intrigate, soldati, che combattono, barche in prosp ettiua diminuite con ragione, bella ordinanza nel combattere, il furore, la forza, la difesa, il ferire de'soldati; diuerse maniere di morire; il fendere dell'acqua che fanno le galee, la confusione dell'onde; e tutte le sorti d'armamenti marittimi: e certo dico non mostra l'hauer fatto tanta diuersità di cose, se non il grande animo di Gentile, l'artifizio, l'inuenzione, & il giudizio. Essendo ciascuna cosa da per se benissimo fatto, e parimeute tutto il composto insieme. In vn'altra storia fece il Papa, che riceue, accarezzandolo, il Doge, che torna con la desiderata vittoria; donandogli vn Anello d'oro per isposare il mare, si come hanno fatto, e fanno ancora ogn'anno i Sucessori suoi, in segno del uero, e perpetuo Dominio, che di esso hãno meritamente. E in questa parte Ottone figliuolo di Federigo Barbarossa ritratto di naturale in ginocchioni inanzi al Papa; & come dietro al Doge sono molti soldati armati, cosi dietro al Papa sono molti Cardinali, e Gentil'huomini. Appariscono in questa storia solamente le poppe delle galee: e sopra la capitana è una vettoria finta d'oro a sedere, con vna corona in testa, & vno scetro in mano.

Dell'altre parti della sala, furono allogate le storie, che vi andauano a Gio uanni

uanni fratello di Gentile,ma perche l'ordine delle cose,che ui fece dependono da quelle fatte in gran parte;ma non finite dal Viuarino,è bisogno che di costui alquanto si ragioni.La parte dunque della sala,che non fece Gentile fu data a far parte a Giouanni, & parte al detto Viuarino; acciochе la concorrenza fusse cagione,a tutti di meglio operare. Onde il Viuarino messo mano alla parte che gli toccaua,fece a canto all'ultima storia di Gentile Ottone sopra detto,che si offerisce al papa, & a Viniziani d'andare a procurare la pace fra loro,e Federigo suo padre; e che ottenutola si parte, licenziato in sulla fede. In questa prima parte,oltre all'altre cose, che tutte sono degne di considerazione,dipinse il Vauarino,con bella prospettiua, vn tempio aperto con scalee,& molti personaggi. E dinanzi al Papa, che è in sedia, circondato da molti senatori, è il detto Ottone in ginocchioni, che giurando obliga la sua fede. A canto a questa,fece Ottone Arriuato dinanzi al padre,che lo riceue lietamente; & vna prospettiua di casamenti bellissima,Barbarossa in sedia,e il figliuolo ginocchioni,che gli tocca la mano,accompagnato da molti Gentil'huomini Viniziani,ritratti di naturale tanto bene,che si vede.che egli imitaua molto bene la natura. Hauerebbe il pouero Viuarino con suo molto honore seguitato il rimanente della sua parte; Ma essendosi come piacque a Dio per la fatica,e per essere di mala complessione, morto, non andò piu oltre. Anzi,perche ne anco questo,che haueua fatto, haueua la sua perfezzione,bisognò,che Giouan Bellini in alcuni luoghi lo ritoccasse.

Haueua in tanto egli ancora dato principio a quattro historie, che ordinatamente seguitano le sopradette. Nella prima fece il detto Papa in s.Marco, ritraendo la detta chiesa come staua apunto,ilquale porge a Federigo Barbarossa a basciare il piede. Ma quale si fusse la cagione, questa prima storia di Giouanni fu ridotta molto piu uiuace, et senza comparazione migliore,dall'Eccellentissimo Tiziano. Ma seguitando Giouanni le sue storie fece nell'altra il Papa che dice messa in s.Marco, e che poi in mezzo del detto Imperatore,& del Doge,concede plenaria,& perpetua indulgenzia, a chi visita in certi tempi, la detta chiesa di s,Marco, e particolarmente,per l'Ascensione del Signore. Vi ritrasse il di dentro di detta chiesa, & il detto papa in sulle scalee,che escono di choro in pontificale,& circondato da molti Cardinali,e gentil'huomini. Iquali tutti fanno questa vna copiosa,ricca,e bella storia. Nell'altra,che è disotto a questa, si vede il Papa in Roccetto, che al Doge dona un'ombrella dopo hauerne data vn'altra all'Imperatore,& serbatone due per se. Nell'ultima,che vi dipinse Giouanni si vede Papa Alessandro, l'Imperatore, & il Doge giugnere a Roma, doue fuor della porta gli è presentato dal clero,e dal popolo Romano otto stendardi di varij colori, & otto trombe d'Argento,lequali egli dona al Doge; accio l'habbia per insegna egli, & i successori suoi. Qui ritrasse Giouanni Roma in prospettiua al quanto lontana,gran numero di caualli,infiniti pedoni;molte bandiere,& altre segni d'allegrezza sopra Castel Sant'Agnolo. E perche piacquero infinitamente queste opere di Giouanni,che sono veramente bellissime,si daua apunto ordine di fargli fare tutto il restante di quella sala, quando si morì, essendo gia vecchio. Ma perche insin qui non si è d'altro, che della sala ragionato, per non interrompere le storie di quella. Hora tornando alquanto a dietro,diciamo, che

che di mano del medesimo si veggiono molte opere, cio sono vna tauola, che è hoggi, in Pesero in s. Domenico all'altar maggiore. Nella chiesa di S. Zacheria di Vinezia alla cappella di s. Girolamo è in vna tauola vna N. Donna con molti santi, condotta con gran diligenza, & vn casamento fatto con molto giudizio. E nella medesima città nella sagrestia de' frati Minori detta la Cà grande n'è vn'altra di mano del medesimo fatta con bel disegno, & buona maniera. Vna similmente n'è in s. Michele di Murano, monasterio de' Monaci Camaldolensi: & in s. Francesco della Vigna, doue stanno frati del Zocholo, nella chiesa vecchia era in vn quadro vn Christo morto, tanto bello, che que' Signori essendo quello molto celebrato a Lodouico vndecimo Re di Francia furono quasi forzati, domandandolo egli con istanza; se bé mal volentieri, a compiacernelo. In luogo del quale ne fu messo vn'altro col nome del medesimo Giouanni, ma non cosi bello, ne cosi ben condotto come il primo. E credono alcuni che questo vltimo, per lo piu, fusse lauorato da Girolamo Mocetto creato di Giouanni. Nella confraternità parimente di s. Girolamo è vn'opera del medesimo Bellino di figure piccole molto lodate. Et in casa M. Giorgio Cornaro è vn quadro similmente bellissimo, dentroui Christo, cleofas, e Luca. Nella sopradetta sala dipinse ancora, ma non gia in quel tempo medesimo vna storia; quando i Viniziani cauano del monasterio della Charità. non so che Papa; ilquale fuggitosi in Vinegia, haueua nascosamente seruito per cuoco molto tempo a i Monaci di quel monasterio. Nellaquale storia sono molte figure ritratti di naturale, & altre figure bellissime. Non molto dopo, essendo in Turchia portati da vn Ambasciadore alcuni ritratti al gran Turco; recarono tanto stupore, e marauiglia a quello Imperatore, che se bene sono fra loro, per la legge Maumettana prohibite le pitture l'accettò nondimeno di bonissima voglia, lodando senza fine il Magisterio, & l'artefice. E che è piu chiese, che gli fusse il maestro di quello mandato. Onde considerando il senato, che per essere Giouanni in età, che male poteua sopportare disagi, senza, che non voleuano priuare di tant'huomo la loro città, hauendo egli massimamente allora le mani nella gia detta sala del grã Cõsiglio; si risoluerono di mandarui Gentile suo fratello; considerato, che farebbe il medesimo, che Giouanni. Fatto dunque mettere a ordine Gentile, sopra le loro galee lo condussono a saluamento in Gostantinopoli Doue essendo presentato dal Balio della signoria a Maumetto, fu veduto volontieri, & come cosa nuoua molto accarezzato: e massimamente hauendo egli presentato a quel prencipe vna vaghissima pittura, che fu da lui ammirata; ilquale quasi non poteua credere, che vn'huomo mortale, hauesse in se tanta quasi diuinità, che potesse esprimere si viuamente le cose della natura. Non vi dimorò molto Gentile, che ritrasse esso Imperator Maumetto di naturale tãto bene, che era tenuto vn miracolo. Ilquale Imperatore, dopo hauer vedute molte sperienze di quell'arte, dimandò Gentile, se gli daua il cuor di dipignere se medesimo; & hauendo Gentile risposto, che si, non passò molti giorni; che si ritrasse a vna spera tanto proprio, che pareua viuo: e portatolo ai signore, fu tanta la marauiglia, che di cio si fece, che non poteua se non imaginarsi che egli hauesse qualche diuino spirito addosso. E se non fusse stato, che, come si è detto, è per legge vietato fra Turchi quel esercizio; non hauerebbe

quello

quello Imperator mai licenziato Gentile. Ma o per dubbio, che non si mormorasse, o per altro, fatto lo venir vn giorno a se, lo fece primieramente ringraziar delle cortesie vsate, & appresso lo lodò marauigliosamente, per huomo eccellentissimo. poi dettogli, che domandasse, che grazia volesse, che gli sarebbe senza fallo conceduta, Gentile, come modesto, e da bene, niente altro chiese, saluo, che vna lettera di fauore, per la quale lo raccomandasse al serenissimo senato, & illustrissima signoria di Vinezia sua patria. Ilche fu fatto quanto piu caldamente si potesse, e poi con honorati doni, & dignitá di caualiere fu licenziato. E fra l'altre cose, che in quella partita gli diede quel signore, oltre a molti priuilegij, gli fu posta al collo vna catena lauorata alla turchesca di peso di scudi dugento cinquanta d'oro: laqual ancora si truoua appresso a gli heredi suoi in Vinezia. Partito Gentile di Gostantinopoli, con felicissimo viaggio tornò a Vinezia, doue fu da Giouanni suo fratello, e quasi da tutta quella città con letizia riceuuto; rallegrandosi ognuno degl'honori, che alla sua virtu haueua fatto Maumetto. Andando poi a fare reuerenza al Doge, & alla signoria, fu veduto molto volentieri, & commédato, per hauer egli, secondo il disiderio loro, molto sodisfatto a quell'Imperatore. E perche vedesse quanto conto teneuano delle lettere di quel précipe, che l'haueua raccomandato, gl'ordinarono vna prouisione di dugento scudi l'anno, che gli fu pagata tutto il tempo di sua vita. Fece Gétile dopo il suo ritorno poche opere: Finalmente, essendo gia vicino all'età d'80. anni, dopo hauer fatte queste, e molte altre opere, passò all'altra vita: e da Giouanni suo fratello, gli fu dato honorato sepolcro in s. Giouanni, e paulo l'anno M.D I. Rimaso Giouanni vedouo di Gentile, ilquale haueua sempre amato tenerissimamente, andò, ancor che fusse vecchio, lauorando qualche cosa, & passandosi tempo. E perche si era dato a far ritratti di naturale, introdusse vsanza in qlla città, che chi era in qualche grado si faceua, o da lui, o da altri ritrarre, onde ĩ tutte le case di Vinezia sono molti ritratti, e in molte de' gentil'huomini si veggiono gl'aui, e padri loro insino in quarta generazione; & in alcune piu nobili, molto piu oltre; vsanza certo che è stata sempre lodeuolissima, eziandio appresso gl'Antichi. E chi non sente infinito piacere, & contento, oltre l'horreuoleza, & ornaméto, che fanno, in vedere l'imagini de' suoi maggiori? e massimamente se per i gouerni delle republiche, per opere egregie fatte in guerra, & in pace, se per lettere, o per altra notabile, e segnalata virtù, sono stati chiari, & illustri? Et a che altro fine come si è detto in altro luogo poneuano gl'Antichi le imagini degl'huomini grandi ne' luoghi publici, cō honorate inscrizzioni, che per accendere gl'animi di coloro, che veniuano alla virtù, & alla gloria. Giouanni dunque ritrasse a M. Pietro Bembo prima, che andasse a star con Papa Leone decimo, vna sua inamorata, cosi viuamente; che meritò esser da lui, si come fu Simon Sanese dal primo Petrarca Fiorentino, da questo secondo Viniziano, celebrato nelle sue Rime, come in quel sonetto.

O *imagine mia celeste, e pura,*

Doue nel principio del secondo quadernario dice.

Credo, che'l mio Bellin con la figura: & quello, che seguita: & che maggior premio possono gl'artefici nostri disiderare delle lor fatiche, che essere

dalle

dalle penne de'poeti illustri celebratissi com'è anco stato l'eccellentissimo Tiziano dal Dottissimo M.Giouanni della Casa,in quel sonetto,che comincia.

Ben ueggio,Tiziano,in forme nuoue: Et in quell'altro.

Son queste Amor le uaghe treccie bionde.

Non fu il medesimo Bellino dal famosissimo Ariosto nel principio del 33. canto d'Orlando Furioso fra i migliori pittori della sua età annouerato? Ma per tornare all'opere di Giouanni, cio è alle principali, perche troppo sarei lungo, s'io volessi far menzione de'quadri, e de'ritratti, che sono per le case de'gentil'huomini di Vinezia, & in altri luoghi di quello stato: dico,che fece in Arimino al S.Sigismondo Malatesti in vn quadro grande vna Pietà con due puttini,che la reggono,laquale è hoggi in s.Francesco di quella città. Fece anco fra gl'altri il ritratto di Bartolomeo da Liuiano Capitano de' Viniziani. Hebbe Giouanni molti discepoli,perche a tutti con amoreuolezza insegnaua, fra iquali fu gia sessanta anni sono Iacopo da Montagna, che imitò molto la sua maniera,per quanto mostrano l'opere sue,che si veggiono in Padoua,& in Vinezia. Ma piu di tutti l'imitò, e gli fece honore Rondinello da Rauenna,delquale si seruì molto Giouanni in tutte le sue opere. Costui fece in s.Domenico di Rauenna vna tauola, e nel Duomo vn'altra, che è tenuta molto bella di quella maniera. Ma quella, che passò tutte l'altre opere sue, fu quella che fece nella chiesa di s.Giouanni Battista nella medesima città,doue stanno frati Carmelitani; nellaquale,oltre la N.Donna, fece nella figura d'un s.Alberto,loro frate,vna testa bellissima,e tutta la figura lodata molto. Stette con esso lui ancora, se ben non fece molto frutto, Benedetto Coda da Ferrara, che habitò in Arimini doue fece molte pitture; lasciando dopo se Bartolomeo suo figliuolo,che fece il medesimo. Dicesi,che anco Giorgione da Castel Franco attese all'arte con Giouanni ne'suoi primi principij; e cosi molti altri,e del Treuisano,e Lombardi,de'quali non accade far memoria. Finalmente Giouanni essendo peruenuto all'età di nouãta anni,passò di male di vecchiaia di questa vita,lasciando,per l'opere fatte in Vinezia sua patria, e fuori,eterna memoria del nome suo: E nella medesima chiesa, e nello stesso deposito fu egli honoratamente sepolto,doue egli haueua Gentile suo fratello collocato. Ne mancò in Venezia chi con sonetti, & epigramini cercasse di honorare lui morto, si come haueua egli viuendo, se, e la sua patria honerato. Ne medesimi tempi,che questi Bellini vissono o poco inanzi, dipinse molte cose in Vinezia Giacomo Marzone, ilquale fra l'altre fece in s.Lena alla cappella dell'Assunzione la Vergine con vna palma,s.Benedetto,s.Lena, e s.Giouanni,ma colla maniera vecchia,& con le figure in punta di piedi, come vsauano i pittori,che furo al tempo di Bartolomeo da Bergamo &c.

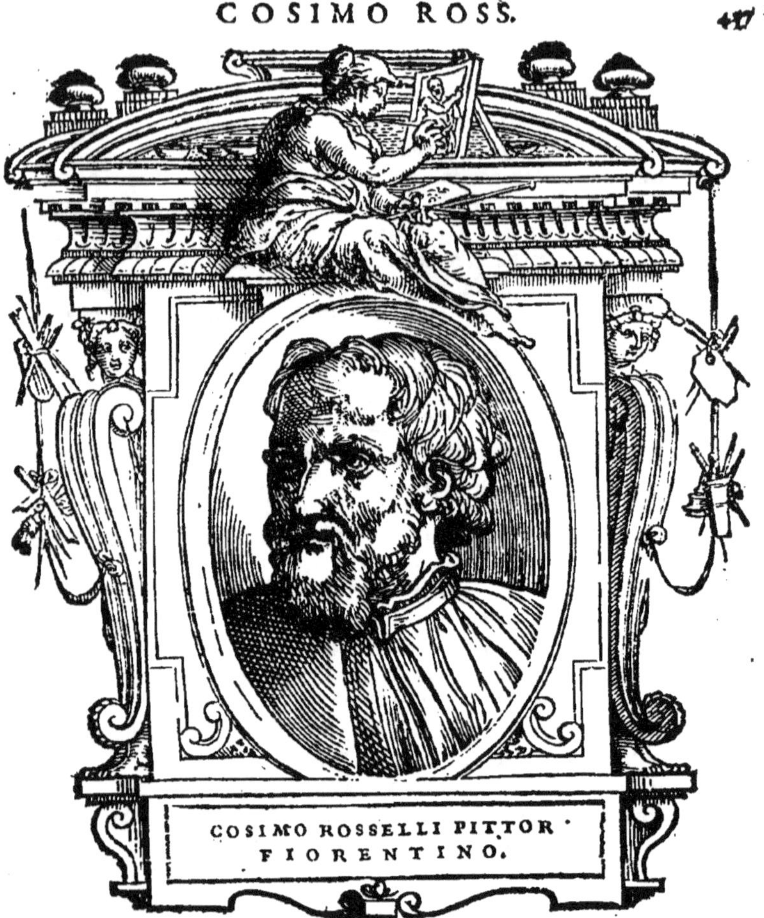

Vita di Cosimo Rosselli Pittor Fiorentino.

MOLTE persone sbeffando, e schernendo altrui, si pascono d'uno ingiusto diletto; che il piu delle volte torna loro in danno: quasi in quella stessa maniera, che fece Cosimo Rosselli tornare in capo lo scherno a chi cercò di auuilire le sue fatiche. Ilqual Cosimo, se bene non fu nel suo tempo molto raro, & eccellente pittore, furono nondimeno l'opere sue ragioneuoli. Costui nella sua giouanezza fece in Fiorenza nella chiesa di s. Ambruogio vna tauola, che è a man ritta, entrando in chiesa. E sopra l'arco delle monache di s. Iacopo dalle Murate tre figure. Lauorò anco nella chiesa de' Serui pur di Firenze la tauola della cappella di s. Barbara; e nel primo cortile, 'inanzi, che s'entri in chiesa lauorò in fresco la storia quando il Beato Filippo piglia l'habito della nostra Donna. A monaci di Cestello fece la tauola dell'altar maggiore, & in vna cappella della medesima chiesa vn'altra: E similmente quella, che è in vna chiesetta sopra il Bernardino accanto all'entrata di cestello. Dipinse il segno a i fanciulli della compagnia del detto Bernardino: e parimente quello della compagnia di s. Giorgio, nelquale è vna Annunziata. Alle sopradette Monache di s. Ambruogio fece la cappella del miracolo del Sagramento; laquale opera è assai buona, & delle sue, che sono in Fiorēza è tenuta la migliore; nellaquale fece vna processione finta in sulla piazza di detta chiesa; doue il Vescouo porta il tabernacolo del detto Miracolo, accompagnato dal Clero, e da vna infinita di Cittadini, e donne con habiti di que' tempi. Di naturale, oltre a molti altri, ui è ritratto il Pico della mirandola tanto eccellentemente, che pare non ritratto, ma viuo. In Luccha fece nella chiesa di s. Martino, entrando in quella, per la porta minore della facciata principale a man ritta, quando Nicodemo fabrica la statua di s. Croce: E poi quando in vna barca è per terra cōdotta per mare verso Luccha. Nellaqual'opera sono molti ritratti, e specialmente quello di Paulo Guinigi, ilquale cauò da vno di terra fatto da Iacopo della Fonte, quando fece la sepoltura della moglie. In san Marco di Firenze alla cappella de'Tessitori di drappo fece in vna tauola, nel mezzo s. Croce, e dagli lati s. marco, s, Giouanni Euāgelista, s. Antonino Arciuescouo di Firenze, & altre figure. Chiamato poi con gl'altri pittori all'opera, che fece Sisto quarto Pontefice nella cappella del palazzo; in compagnia di Sandro Botticello, di Domenico Ghirlandaio, dell'Abbate di s. clemente, di Luca da Cortona, e di Piero Perugino; vi dipinse di sua mano tre storie; nellequali fece la sommersione di Faraone nel mar Rosso: la predica di Christo a i popoli lungo il Mare di Tiberiade: e l'ultima Cena degl'Apostoli col Saluatore, nellaquale fece vna tauola a otto facce tirate in prospettiua: e sopra quella in otto facce simili il palco, che gira in otto angoli, doue molto bene scortando mostrò d'intendere quanto gl'altri quest'arte. Dicesi, che il Papa haueua ordinato vn premio, ilquale si haueua a dar a chi meglio in quelle pitture hauesse, a giudizio d'esso Pontefice operato. Finite dunque le storie, andò sua Santita a vederle, quādo ciascuno de'pittori si era ingegnato di farsi, che meritasse il detto premio, & l'honore. Haueua Cosimo tenendosi debole d'inuenzione, e di disegno cercato di occultare il suo deffetto con far coperta all'opera di finissimi azurri oltramarini, e d'altri viuaci colori: & con molto oro illuminata la storia: onde ne albero, ne herba, ne panno, ne nuuolo ui era, che lumeggiato non fusse; facendosi a credere, che il Papa, come poco di quell'arte intendente, douesse percio dare a lui il premio della vittoria. Venuto il giorno, che si doueuano l'opere di tutti scoprire, fu veduta ancola sua, & con molte risa, e motti da tutti gl'altri Artefici schernita, e beffata; vccellandolo tutti in cambio d'hauergli compassione. Ma gli Scherniti finalmente furono essi: percioche que colori, si come si era Cosimo imaginato, a vn tratto, cosi abbagliarono gl' occhio del Papa, che non molto s'intendeua di simili cose, ancora, che se ne dilettasse assai, che giudicò Cosimo hauere molto meglio che tutti gl'altri operato. E cosi fattogli dare il premio comandò agl'altri, che tutti coprissero le loro pitture de i migliori azurri, che si trouassero, & le toccha ssino d'oro; accioche fussero simili a quelle di Cosimo nel colo-

colorito, e nell'essere ricche. La onde i poueri pittori disperati d'hauere a sodisfare alla poca intelligenza del padre santo, si diedero a guastare quanto haueuano fatto di buono, Onde Cosimo si rise di coloro, che poco inanzi si erano riso del fatto suo. Dopo tornatosene a Firenze con qualche soldo, attese uiuendo assai agiatamente a lauorare al solito: hauendo in sua compagnia quel Piero, che fu sempre chiamato Piero di Cosimo, suo discepolo; ilquale gli aiutò lauorare a Roma nella cappella di Sisto, e vi fece, oltre all'altre cose vn paese, doue e dipīta la predica di Christo, che è tenuto la miglior cosa, che vi sia. Stette ancor seco Andrea di Cosimo, & attese assai alle grottesche. Essendo finalmente Cosimo viuuto anni 68, consumato da vna lunga infirmita si morì l'anno 1484. E dalla compagnia del Bernardino fu sepellito in S. Croce. Dilettossi costui in modo dell'Alchimia, che vi spese vanamente, come fanno tutti coloro, che v'attendono, cioche egli haueua. In tanto, che viuo lo consumò, & allo stremo l'haueua condotto, d'agiato, che egli era, pouerissimo. Disegnò Cosimo benissimo, come si puo vedere nel nostro libro non pure nella carta, doue è disegnata la storia della predicazione sopradetta, che fece nella cappella di Sisto, ma ancora in molte altre fatte di stile, e di chiaro scuro. Et il suo ritratto hauemo nel detto libro; di mano d'Agnolo di Donnino pittore, e suo amicissimo. Ilquale Agnolo fu molto diligente nelle cose sue, come, oltre a i disegni, si puo vedere nella loggia dello spedale di Bonifazio doue nel Peduccio d'una volta è vna Trinità, di sua mano a fresco, & accanto alla porta del detto Spedale, doue hoggi stanno gli Abandonati sono dipinti dal medesimo certi poueri, è lo spedaliere che gli raccetta, molto ben fatti, e similmente alcune donne. Visse costui stentando, e perdendo tutto il tempo dietro a i disegni senza mettere in opera; & in vltimo si morì essendo pouero quāto piu non si puo essere. Di Cosimo, per tornare a lui non rimase altri che un figliuolo: il quale fu muratore, e architetto ragioneuole.

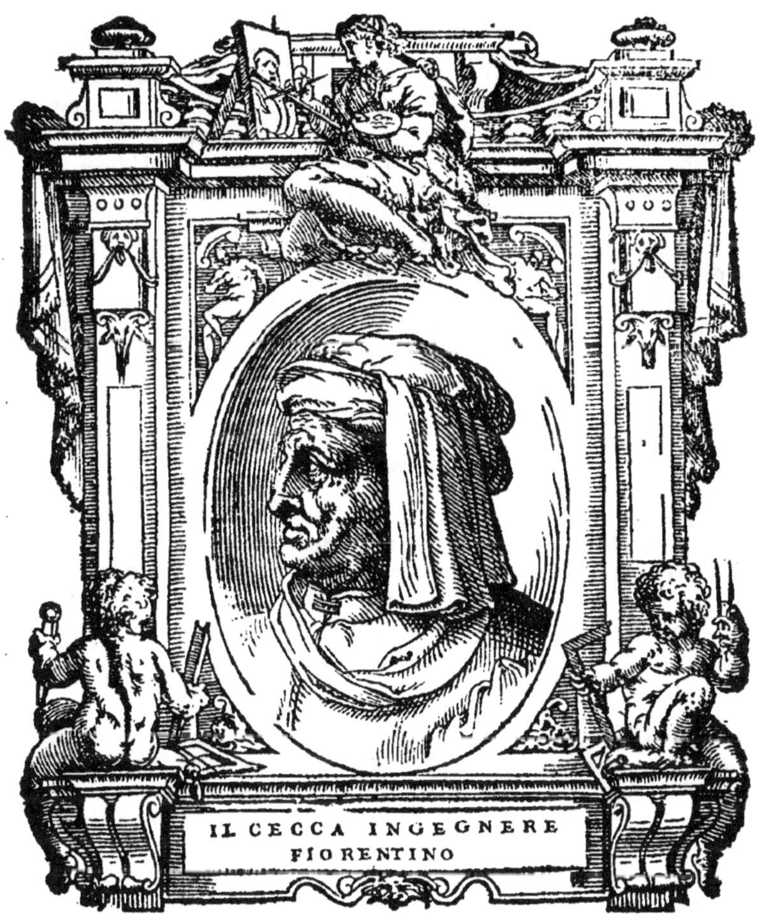

Vita del Cecca Ingegnere Fiorentino.

SE. la necessità, non hauesse sforzati gl'huomini ad essere ingegnosi, per la vtilità, & comodo proprio: Non sarebbe l'Architettura diuenuta si eccellente & marauigliosa nelle menti, & nelle opere di coloro, che per acquistarsi, & vtile, & fama, si sono esercitati in quella, con tanto honore, quanto giornalmente si rende loro, da chi conosce il buono. Questa necessità primeramente indusse le fabbriche; questa gli ornamenti di quella; questa gli ordini, le statue, i giardini, i Bagni, & tutte quell'altre comodità suntuose, che ciascuno brama, & pochi posseggono. Questa nelle menti degl'huomini ha eccitato la gara, & le concorrenzie non solamente de gli edifizij, ma delle comodità di di quegli. Per il che sono stati forzati gl'Artefici a diuenire industriosi, ne gli ordini de' tirari; nelle machine da guerra; negli edifizij da acque: & in tutte quelle auuertenzie, & accorgimenti, che sotto nome di ingegni, & di architetture, disordinando gli aduersarij, & accomodando gli amici, fanno, & bello, & comodo il mondo. Et qualunche sopra gli altri ha saputo fare queste cose, oltra lo essere vscito d'ogni sua noia, sommamente è stato lodato, & pregiato da tutti gl'altri; come al tempo de' padri nostri fu il Cecca Fiorentino, al quale ne' di suoi vennero in mano, molte cose, & molto onorate; & in quelle si portò egli tanto bene, nel seruigio della patria sua; operando con risparmo, & sodisfazzione, & grazia de' suoi cittadini; che le ingegnose, & industriose fatiche sue, lo hanno fatto famoso, & chiaro fra gl'altri egregi, & lodati Artefici. Dicesi, che il Cecca fu nella sua giouanezza legnaiuolo bonissimo; & perche egli haueua applicato tutto lo intento suo a cercare di sapere le difficultà de gli ingegni; come si può condurre ne' campi de' soldati machine da muraglie, scale da salire nelle città, arieti da rompere le mura, difese da riparare i soldati per combattere: & ogni cosa, che nuocere potesse a gli inimici, & quelle, che a suoi amici potessero giouar, essendo egli persona di grandissima vtilità alla patria sua, meritò, che la Signoria di Fiorenza gli disse prouisione continua. Per il che quando non si combatteua, andaua per il dominio riuedendo le fortezze, & le mura delle città, & castelli, ch'erano debili, & a quelli daua il modo de' ripari, & d'ogni altra cosa, che bisognaua. Dicesi, che le nuuole, che andauano in Fiorenza, per la festa di S. Giouanni a procesione cosa certo ingegnosissima, e bella, furono inuenzione del Cecca, ilquale allora, che la città vsaua di fare assai feste, era molto in simili cose adoperato: E nel vero, come che hoggi si siano cotali feste, e rappresentazioni quasi del tutto dismesse: erano spettacoli molto belli, e se ne faceua non pure nelle compagnie, o vero Fraternite, ma ancora nelle case priuate de gentil'huomini, iquali vsauano di far certe brigate, & compagnie, & a certi tempi trouarsi allegramente insieme; e fra essi sempre erano molti Artefici galant'huomini, che seruiuano, oltre all'essere capricciosi, e piaceuoli; a far gl'apparati di cotali feste. Ma fra l'altre, quattro solennisime, e publiche si faceuano quasi ogni anno, cioè vna per ciascun quartiere eccetto s. Giouanni, per la festa delquale si faceua vna solennissima procesione come si dira. Santa Maria Nouella quella di Santo Ignazio; santa Croce quella di s. Bartolomeo, detto s. Baccio; s. Spirito quella dello Spirito Santo; & il Carmine quella dell'Ascensione del Signore, e quella dell'Assunzione di N. Donna. Laquale festa dell'Ascensione, perche dell'altre d'importanza si è ragionato, o si ragionerà era bellissima; conciò fusse, che Christo era leuato disopra vn monte benisimo fatto di legname, da vna nuuola piena d'Angeli, e portato in vn Cielo; lasciando gl'Apostoli in sul monte, tanto ben fatto, che era vna marauiglia, e masimamente essendo alquanto maggiore, il detto cielo, che quello di s. Felice in Piazza, ma quasi con i medesimi ingegni. E perche la detta chiesa del Carmine, doue questa Rapresentazione si faceua, è piu larga assai, e piu alta che quella di s. Felice, oltre quella parte, che riceueua il Christo, si accommodaua alcuna volta, secondo, che pareua vn altro cielo sopra la tribuna maggiore, nelquale alcune ruote grandi fatte a guisa d'Arcolai, che

dal

dal cētro alla superficie, moueuano con bellissimo ordine diece giri, per i dieci cieli, erano tutti pieni, di lumicini rapresentanti le stelle; accommodati in lucernine di rame, con vna schiodatura, che sempre, che la ruota giraua, restauano in piombo, nella maniera, che certe lanterne fanno; che hoggi si vsano comunemente da ognuno. Di questo cielo, che era veramente cosa bellissima, vsciuano due canapi grossi tirati dal ponte o vero tramezzo, che è in detta chiesa, sopra ilquale si faceua la festa; a i quali erano insunate per ciascun capo d'una braca, come si dice, due piccole taglie, di bronzo, che reggeuano vn ferro ritto nella Base d'un piano, sopra ilquale stauano due Angeli legati nella cintola, che ritti veniuano contrapesati da vn piombo, che haueuano, sotto i piedi, e un'altro, che era nella basa del piano di sotto, doue posauano ilquale anco gli faceua venire parimente vniti. Et il tutto era coperto da molta, e bē acconcia bambagia, che faceua Nuuola, piena di Cherubini, Serafini, & altri Angeli così fatti di diuersi colori, et molto bene accommodati. Questi, allentādosi un canapetto di sopra nel cielo ueniuano giu p i due maggiori in sul detto tramezo, doue si recitaua la festa: e annūziato a Christo il suo douer salir in Cielo, o fatto altro uffizio; perche il ferro, dou'erano legati in cintola era fermo nel piano, doue posauan i piedi, e si girauan intorno intorno; qñ erano vsciti, e quādo ritornauano poteuan far reuerēza, e voltarsi secōdo, che bisognaua, onde nel tornar in su, si voltaua verso il Cielo, e dopo erano p simile modo ritirati in alto. Questi ingegni dunque, e qste inuenzioni si dice, che furono del Cecca: perche se bene molto prima Filippo Bruneleschi, n'haueua fatto de' così fatti, vi furono nondimeno con molto giudizio, molte cose aggiunte dal Ceccha. E da queste poi venne in pensiero al medesimo di fare le nuuole, che andauano per la città à processione ogni anno la vigilia di s. Giouanni; e l'altre cose, che bellissime si faceuano. E cio era cura di costui, per essere, come si è detto persona, che seruiua il publico. Hora dunque non sara se non bene con questa occasione dire alcune cose, che in detta festa, e processione si faceuano. accio ne passi a i posteri memoria, essendosi hoggi, per la maggior parte, dismesse. Primieramente adunque la piazza di s. Giouanni si copriua tutta di tele azurre, piene di cigli grandi fatti di tela gialla; & cucitiui sopra. E nel mezzo erano in alcuni tondi pur di tela, e grādi braccia dieci l'Arme del popolo, & comune di Firenze, quella de' Capitani di parte guelfa, & altre: & intorno intorno negl'estremi del detto cielo, che tutta la piazza, come che grandissima sia, ricopriua, pendeuano Drappelloni pur di tela dipinti di varie imprese; d'armi di Magistrati, e d'Arti; e di molti leoni, che sono vna dell'insegne della città. Questo Cielo, o vero coperta così fatta era alto da terra circa venti braccia; posaua sopra gagliardissimi canapi attacchati a molti ferri, che ancor si veggiono intorno al tempio di s. Giouanni, nella facciata di s. Maria del Fiore, e nelle case, che sono per tutto intorno intorno alla detta piazza, e fra l'un canapo, e l'altro erano funi, che similmente sosteneuano quel cielo, che per tutto era in modo armato, e particolarmente in sugl'estremi di canapi, di funi, e di soppanni, e fortezze di tele doppie, e canevacci, che non è possibile imaginarsi meglio. E che è piu, era in modo, & con tanta diligenza accomodate ogni cosa, che ancora, che molto fussero dal vento, che in quel luogo puo assai, d'ogni tempo, come fa ognuno; gonfiate,& mosse le vele; non pero poteuano essere solleuate, ne sconce in modo nessuno. Erano queste tende di cinque pezzi, perche meglio si potessino maneggiare, ma poste su tutte si vniuano insieme, e legauano, e cusciuano di maniera, che pareua vn pezzo solo. Tre pezzi copriuano la piazza, & lo spazio, che è fra s. Giouanni, & s. Maria del Fiore; & quello del mezzo haueua a dirittura delle porte principali; detti tondi con l'arme del comune. E gl altri due pezzi copriuano dalle bande. Vno di verso la Misericordia, e l'altro di verso la canonica, & opera di s Giouanni. Le nuuole poi, che di varie sorti si faceuano dalle compagnie, con diuerse inuenzioni, si faceuano generalmente a questo modo. Si faceua vn telaio quadro di tauole alto braccia 2. in circa, che in su le teste haueua quattro gagliardi piedi fatti a vso di trespoli da tauola, & incatenati a guisa di trauaglio. Sopra questo telaio erano in croce due tauole larghe braccia vno, che in mezo haneuano vna buca di mezzo braccio, nellaquale era vno stile alto, sopra cui si accomodaua vna Mandorla, dentro laquale, che era tutta coperta di bambagia, di Cherubini, e di lumi, e altri ornamenti; era in un ferro altrauerso posta o a sedere, o ritta secondo, che altri voleua, vna persona, che rappresentaua quel santo, il quale principalmente da quella compagnia, come proprio auuocato, e protettore si honoraua. O vero vn Christo, vna Madonna, vn s Giouanni, o altro: I panni del laquale figura copriuano il ferro in modo, che non si vedeua. A questo medesimo stile erano accommodati ferri, che girando piu bassi, e sotto la Mandorla, faceuano quattro, o piu o meno, rami simili a quelli d'un Albero, che negl'estremi con simili ferri, haueua per ciascuno vn piccolo fanciullo vestito da Angiolo E questi, secondo, che voleuano, girauano in sul ferro, doue posauano i piedi, che era gangherato. E di cosi fatti rami si faceuano taluolta due o tre ordini d'Angeli, o di Santi; secondo, che quello era, che si haueua a rappresentare. E tutta questa Machina, e lo stile, & i ferri, che tallora faceua vn Giglio, tallora vn'Albero e spesso vna Nuuola, o altra cosa simile, si copriua di bambagia, & come si è detto di Cherubini, Serafini, stelle d'oro, & altri cotali ornamenti. E Dentro erano facchini, o uillani, che la portauano sopra le spalle iquali si metteuano intorno intorno a quella tauola, che noi habbiam chiamato telaio, nellaquale erano confitti sotto doue il peso posaua sopra le spalle, loro guanciali di cuoio pieni o di piuma, o di bambagia, o d'altra cosa simile, che acconsentisse, e fusse morbida. E tutti gl'ingegni, e le salite, & altre cose erano coperte come si è detto di sopra con bambagia, che faceua bel vedere, e si chiamauano tutte queste Machine. NVVOLE. Dietro veniuano loro caualcate d'huomini, e di sergenti a piedi in varie sorti, secondo la storia, che si rappresentaua; nella maniera che hoggi vanno dietro a carri, o altro, che si faccia in cambio delle dette Nuuole: della maniera dellequali ne ho nel nostro libro de' disegni alcune di mano del Ceccha molto ben fatte, e ingegnosi veramente, e piene di belle considerazioni. Con l'inuenzione del medesimo si faceuano alcuni santi, che andauano, o erano portati a processione o morti, o in uarij modi tormentati. Alcuni pareuano passati da vna lancia, o da vna spada. Altri haueua un pugnale nella gola, & altri altre cose simili per la persona. Delqual modo di fare, perche hoggi è notissimo, che si fa con spada, lancia, o pugnale rotto; che con vn cerchietto di ferro

ferro sia da ciascuna parte tenuti stretti, e di riscõtro; leuatone a misura quel la parte, che ha da parere fitta nel persona del ferito; non ne dirò altro. Basta, che per lo piu si truoua, che furono inuenzione del Ceccha. I Giganti similmente, che in detta festa andauano attorno, si faceuano a q̃sto modo. Alcuni molto pratichi, nell'andar in su i trampoli, o come si dice altroue in sulle zãche, ne faceuano fare di quelli, che erano alti cinque, e sei braccia da terra, & fasciategli, & acconcigli in modo, cõ Maschere grande, & altri abbigliamenti di panni, o d'arme finte, che haueuano membra, & capo di Gigante, vi mõtauano sopra, e destramente caminando, pareuano veramente Giganti. Hauendo nondimeno inanzi vno, che sosteneuano vna picca, sopra laquale con vna mano si appoggiaua esso Gigante; ma per sifatta guisa però che pareua, che quella picca fusse vna sua Arme, cioè mazza, o lancia o vn gran Battaglio, come quello che Morgante vsaua secondo i poeti Romanzi di portare. Et si come i Giganti, cosi si faceuano anche delle gigantesse, che certamente faceuano vn bello, & marauiglioso vedere. I spiritelli poi da questi erano differenti, perche senza hauere altra, che la propria forma, andauano in su i detti trampoli alti cinque, e sei braccia, in modo, che pareuano proprio spiriti. Et questi anco haueuano inanzi vno, che con vna picca gl'aiutaua. Si racconta nondimeno, che alcuni eziandio, senza punto appoggiarsi a cosa veruna, in tanta altezza caminauano benissimo. E chi ha pratica de' ceruelli Fiorentini so che di questo non si farà alcuna marauiglia: perche, lasciamo stare quello da Montughi di Firẽze, che ha trapassati nel salir, e giocolare sul canapo, quãti insino a hora ne sono stati; chi ha conosciuto uno, che si chiamaua Ruuidino, ilquale morì non sono anco dieci anni, sa che il salire ogni altezza sopra vn canapo, o fune; il saltar dalle mura di Firenze in terra, & andare in su trampoli molto piu alti, che quelli detti disopra, gli era cosi ageuole come a ciascuno caminare per lo piano. La onde non è marauiglia se gl'homini di que' tempi, che in cotali cose, o per prezo, o per altro si esercitauano, faceuano quelle, che si sono dette di sopra, o maggiori cose.

Non parlerò d'alcuni ceri, che si dipigneuano in varie fãtasie, ma goffi tãto, che hanno dato il nome a i dipintori plebei; onde si dice alle cattiue pitture, fantocci da ceri; perche non mette conto; dirò bene, che al tempo del Ceccha questi furono in gran parte dismessi, & in vece loro fatti i carri, che simili a i triomfali sono hoggi in uso. Il primo de' quali fu il Cero della moneta, ilquale fu condotto a quella perfezzione, che hoggi si vede; quando ogni anno per detta festa è mandato fuori da i Maestri, e Signori di Zeccha, con vn s. Giouanni in cima, e molti altri santi, & Angeli da basso, e intorno; rappresentati da persone viue. Fu deliberato non è molto, che se ne facesse per ciascun castello, che offerisce Cero vno, e ne furono fatti insino in dieci, per honorare detta festa magnificamente, ma non si seguitò per gl'accidenti che poco poi sopravennero. Quel primo dunque della Zecca, fu p ordine del Ceccha, fatto da Domenico, Marco, e Giuliano del Tasso, che allora erano de' primi maestri di legname, che in Fiorenza lauorassero di quadro, e d'intaglio: & in esso sono da esser lodate assai, oltre all'altre cose, le ruote da basso, che si schiodano, per potere alle suolte de' canti girare quello edifizio, & accommo

darlo

darlo di maniera, che scrolli meno, che sia possibile; & massimamente per rispetto di coloro, che di sopra vi stanno legati. Fece il medesimo vn edifizio per nettare, & racconciare il musaico della tribuna di s. Giouanni, che si giraua, alzaua, abbassaua, & accostaua secondo, che altri voleua; & con tanta ageuolezza, che due persone lo poteuano maneggiare: Laqualcosa diede al Ceccha reputazione grandissima. Costui quando i Fiorentini haueuano l'essercito intorno a Piancaldoli, con l'ingegno suo fece si, che i soldati vi entrarono dentro per via di Mine senza colpo di spada. Dopo seguitando piu oltre il medesimo esercito a certe altre castella, come volle la mala sorte, uolendo egli misurare alcune altezze in vn luogo difficile, fu occiso: percioche hauendo messo il capo fuor del muro, per mandar vn filo abbasso, vn prete, che era fra'gl'Auuersarij iquali piu temeuano l'ingegno del Ceccha, che le forze di tutto il campo, scaricatoli vna balestra a pãca, gli conficcò di sorte vn verettone nella testa, che il pouerello di subito, se ne morì. Dolse molto a tutto l'essercito, & a i suoi Cittadini il danno, e la perdita del Ceccha. Ma non vi essendo rimedio alcuno, ne lo rimandarono in cassa a Fiorenza, doue dalle sorelle gli fu data honorata sepoltura in s. Piero Scheraggio: & sotto il suo ritratto di marmo fu posto lo insrascritto Epitaffio.

Fabrum Magister Cicca, natus oppidis vel obsidendis, vel Tuendis Hic Iacet. Vixit ann. XXXXI. *Men.* IV. *Dies* XIIII. *obijt pro patria Telo ictus. Piæ Sorores monumentum fecerunt* M. CCCCLXXXXVIII.

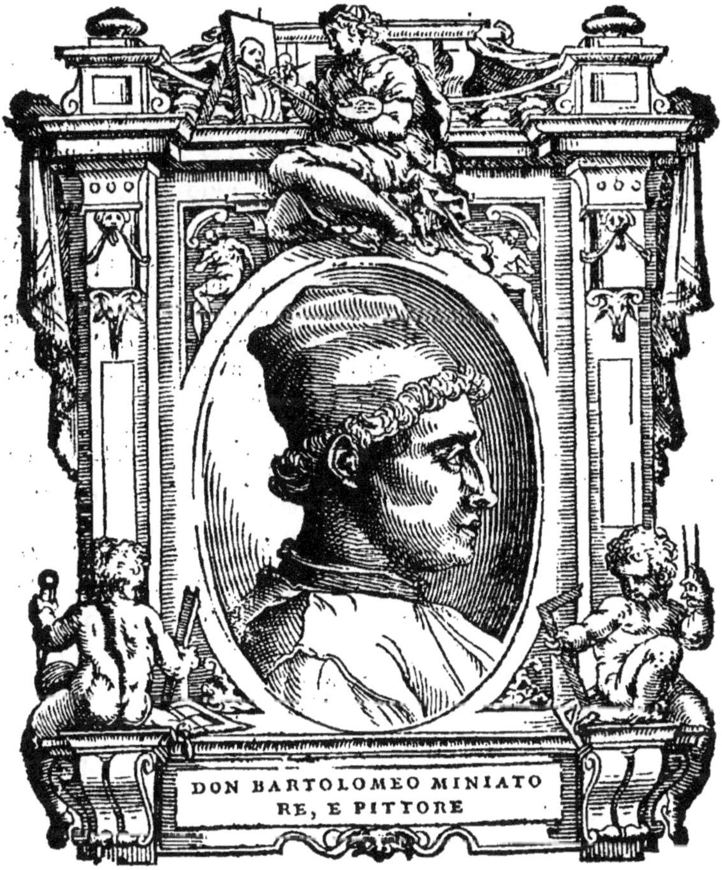

DON BARTOLOMEO MINIATO RE, E PITTORE

Vita di Don Bartolomeo Abbate di S. Clemente Miniatore, ed Pittore

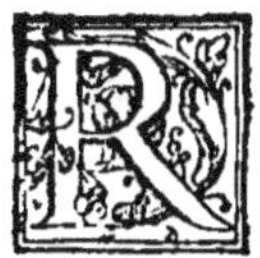

ADE volte ſuole auuenire, che chi è d'animo buono, e di vita eſemplare, non ſia dal cielo proueduto d'amici ottimi, e di habitazioni honorate; & che per i buoni coſtumi ſuoi non ſia viuendo in venerazione, e morto in grãdiſsimo diſiderio di chiunche l'ha conoſciuto; come fu Don Bartolomeo della Gatta, Abbate di s. Clemente d'Arezzo, ilquale fu in diuerſe coſe eccellente, e coſtumatiſsimo in tutte le ſue azzioni. Coſtui, ilquale fu Monaco degl'Agnoli di Firenze, dell'ordine di Camaldoli, fu nella ſua giouanezza, forſe per le cagioni, che di ſopra ſi diſſono nella vita di Don Lorenzo, miniatore ſingula-

riſsimo

rissimo, & molto pratico nelle cose del disegno, come di cio possono far fede le miniature lauorate da lui per i monaci di s. Fiore, e Lucilla nella Badia d'Arezzo; & in particolare vn Messale, che fu donato a Papa Sisto nelquale era nella prima carta delle segrete vna passione di Christo bellissima. E quelle parimente sono di sua mano che sono in s. Martino Duomo di Lucca. Poco dopo lequali opere, fu questo padre da Mariotto Maldoli Aretino, Generale di Camaldoli, e della stessa famiglia, che fu quel Maldolo, ilquale donò a S. Romualdo institutore di quell'ordine il luogo, e sito di Camaldoli, che si chiamaua allora Campo di Maldolo. La detta Badia di s. Clemente d'Arezzo, ed egli, come grato del benefizio lauorò poi molte cose, per lo detto Generale, e per la sua religione. Venendo poi la peste del 1468, per la quale senza molto praticare si staua l'Abbate, si come faceuano anco molti altri, in casa si diede a dipignere figure grandi, e vedendo, che la cosa, secondo il disiderio suo gli riusciua; cominciò a lauorare alcune cose, e la prima fu un s. Rocco, che fece in tauola a i Rettori della Fraternità d'Arezzo, che è hoggi nell'udienza, doue si ragunano Laquale figura Raccomanda alla N. Donna il popolo Aretino: & in questo quadro ritrasse la piazza della detta Città, e la casa pia di quella Fraternità con alcuni bechini, che tornano da sotterrare morti. Fece anco un'altro s. Rocco, similmente in tauola, nella chiesa di s. Piero, doue ritrasse la città d'Arezzo, nella forma propria che haueua in quel tempo molto diuersa da quella che è hoggi. E vn'altro ilquale fu molto migliore che li due sopradetti, in vna tauola, che nella chiesa della Pieue d'Arezzo alla cappella de' Lippi; ilquale s. Rocco è vna bella, e rara figura, e quasi la meglio, che mai facesse, e la testa, e le mani non possono essere piu belle, ne piu naturali. Nella medesima città d'Arezzo fece in vna tauola in san Piero, doue stanno frati de' Serui, vn'Agnolo Raffaello; & nel medesimo luogo fece il ritratto del beato Iacopo Filippo da Piacenza. Dopo, condotto a Roma, lauorò vna storia nella cappella di Papa Sisto in compagnia di Luca da Cortona, e di Pietro Perugino. E tornato in Arezzo fece nella cappella de' Gozzari in Vescouado vn san Girolamo in penitenza, ilquale, essendo magro, & raso, & con gl'occhi fermi attentissimamente nel crucifisso, e percotendosi il petto, fa benissimo conoscere quanto l'ardor d'amore in quelle consumatissime carni possa trauagliare la virginità. E per quell'opera, fece un sasso grandissimo, con alcune altre grotte di sasssi, tra le rotture delle quali fece di figure piccole, molto graziose, alcune storie di quel santo. Dopo in santo Agostino lauorò, per le monache, come si dice, del terzo ordine, in vna capella a fresco vna coronazione di nostra Donna molto lodata, e molto ben fatta; & sotto a questa in vn'altra cappella vna Assunta con alcuni angeli in vna gran tauola, molto bene abbigliati di panni sottili; & questa tauola, per cosa lauorata a tempera è molto lodata: & in vero fu fatta con buon disegno, & condotta con diligenza straordinaria. Dipinse il medesimo a fresco nel mezzo tondo, che è sopra la porta della chiesa di san Donato nella fortezza d' Arezzo, la nostra Donna col figlio in collo, san Donato, e san Giouanni Gualberto, che tutte sono molto belle figure. Nella badia di santa Fiore in detta città è di sua mano vna cappella all'entrar della chiesa, per la porta principale, dentro laquale è vn san Benedetto, & altri santi, fatti con molta grazia, & cō buona pratica,e dolcezza. Dipinse similmente a Gentile Vrbinate vescouo Aretino molto suo amico,& colquale viueua quasi sempre, nel palazzo del Vescouado in vna cappella vn Christo morto: & in vna loggia ritrasse esso Vescouo,il suo Vicario,& ser Matteo Francini suo notaio di banco, che gli legge vna Bolla,vi ritrasse parimente se stesso,& alcuni canonici di quella città. Disegnò per lo medesimo Vescouo vna loggia,che esce di palazzo, & và in vescouado a piano con la chiesa,e palazzo: & a mezzo di questa, haueua disegnato quel vescouo fare a guisa di cappella,la sua sepoltura, & in quella essere dopo la morte sotterrato; & cosi la condusse a buon termine; ma sopravenuto dalla morte,rimase imperfetta; perche se bene lasciò, che dal successor suo fusse finita,nō se ne fece altro,come il piu delle volte auuiene dell'opere,che altri lascia,che siano fatte in simili cose dopo la morte. Per lo detto vescouo fece l'Abbate nel duomo vecchio vna bella,& gran cappella, ma perche hebbe poca vita,non accade altro ragionarne. Lauorò oltre questo per tutta la città in diuersi luoghi,come nel Carmine tre figure,e la cappella delle monache di s. Orsina. Et a Castiglione Aretino nella pieue di s. Giuliano vna tauola a tempera alla cappella dell'altar maggiore,doue è vna nostra Donna bellissima,& san Giuliano,e san Michelagnolo, figure molto ben lauorate,& condotte,e massimamente il san Giuliano; perche hauendo affisati gl'occhi al Christo,che è in collo alla nostra Donna,pare che molto s'affligga d'hauer vcciso il padre,e la madre. Similmente in vna cappella poco disotto,è di sua mano vn portello,che soleua stare a vn'organo vecchio, nelquale è dipinto vn san Michele, tenuto cosa marauigliosa: & in braccio d'una Donna vn putto fasciato,che par viuo. Fece in Arezzo alle monache delle Murate la cappella dell'altar maggiore, pittura certo molto lodata. Et al mōte san Sauino vn tabernacolo dirimpetto al palazzo del Cardinale di Monte,che fu tenuto bellissimo. Et al Borgo Sansepolcro,doue è hoggi il vescouado, fece vna cappella,che gli arrecò lode,& vtile grandissimo. Fu D. Clemente persona,che hebbe l'ingegno atto a tutte le cose,& oltre all'essere grā musico, fece organi di piombo di sua mano. Et in san Domenico ne fece vno di Cartone,che si è sempre mantenuto dolce,e buono. Et in san Clemēte n'era vn'altro pur di sua mano, il quale era in alto, & haueua la tastatura da basso al pian del choro,e certo con bella considerazione,perche hauendo secondo la qualità del luogo,pochi monaci,uoleua,che l'organista cantasse, & sonasse; e perche questo abbate amaua la sua religione, come vero ministro,e non dissipatore delle cose di Dio,bonificò molto quel luogo,di muraglie,e di pitture,e particolarmente rifece la capella maggiore della sua chiesa,e quella tutta dipinse. et in due nicchie,che la metteuano in mezzo,dipinse in vna vn s. Rocco,& nell'altra vn s. Bartolomeo; le quali insieme con la chiesa sono rouinate. Ma tornando all'Abbate,ilquale fu buono, & costumato religioso, egli lasciò suo discepolo nella pittura Maestro Lappoli Aretino,che fu valente,& pratico dipintore,come ne dimostrano l'opere, che sono di sua mano in s. Agostino nella cappella di san Bastiano, doue in vna nicchia è esso santo fatto di rilieuo dal medesimo. Et intorno gli sono di pittura san Biagio,san Rocco,sant' Antonio da Padoua,san Bernardino, & nell'arco della cappella è vna nunziata,e nella volta i quattro euangelisti lauorati a

fresco

fresco pulitamente. Di mano di costui è in vn'altra cappella a fresco a man manca, entrãdo per la porta del fianco in detta chiesa, la Natiuita, e la nostra Donna annunziata dall'Angelo, nella figura del quale Angelo ritrasse Giulian Bacci allora giouane di bellissima aria. E sopra la detta porta di fuori, fece vna Nunziata in mezzo a s Piero, & s.Paulo. ritraendo nel volto della Madonna la madre di M.Pietro Aretino famosissimo poeta. In s.Francesco alla cappella di s.Bernardino fece in vna tauola esso santo, che par viuo, e tanto è bello, che egli è la miglior figura, che costui facesse mai. In Vescouado fece nella cappella de'Pietramaleschi in un quadro a tempera vn santo Ignazio bellissimo. Et in Pieue all'entrata della porta di sopra, che risponde in piazza vn santo Andrea, & vn s.Bastiano. E nella compagnia della Trinità con bella inuenzione fece per Buoninsegna Buoninsegni Aretino vn'opera, che si puo fra le migliori, che mai facesse annouerare, e cio fu vn crucifisso sopra vn'altare in mezzo di vno s.Martino, e s.Roccho, e a pie ginocchioni due figure; vna figurata per vn pouero, seccho, macilente, e malissimo vestito, dalqua le vsciuano certi razzi, che dirittamẽte andauano alle piaghe del Saluatore, mentre esso santo lo guardaua attentissimamente: E l'altra per vn Riccho vestito di porpora, e bisso, è tutto rubicõdo, e lieto nel volto, i cui raggi nell'adorar Christo, parea, se bene gli vsciuano del cuore, come al pouero, che non andasseno dirittamente alle piaghe del crucifisso, ma vagando, & allargando si, per alcuni paesi; & campagne piene di grani, biade, bestiami, giardini, & altre cose simili, & che altri si distendessino in mare verso alcune barche cariche di mercanzie: & altri finalmente verso certi banchi doue si cambiauano danari. Lequali tutte cose furono da Matteo fatte con giudizio, buona pratica, e molta diligenza. Ma furono, per fare vna cappella, non molto dopo, mãdate per terra. In Pieue sotto il pergamo fece il medesimo vn Christo con la croce per messer Lionardo Albergotti.

Fu discepolo similmente dell'Abbate di s.Clemente vn frate de'Serui Aretino, che dipinse di colori la facciata della casa de'Belichini d'Arezzo. & in s. Piero due cappelle a fresco l'una allato all'altra. Fu anche discepolo di Don Bartolomeo Domenico Pecori Aretino, ilquale fece a Sargiano in vna tauola a tempera tre figure: & a olio per la compagnia di s.Maria Madalena vn gonfalone da portare a processione molto bello. E per M.Presentino Bisdomini in Pieue alla cappella di s.Andrea, vn quadro d'una s.Apollonia simile al disopra, e finì molte cose lasciate imperfette dal suo maestro. Come in s.Piero la tauola di s.Bastiano, e Fabiano con la Madonna per la famiglia de'Benucci; & Dipinse nella chiesa di s. Antonio la tauola del altar maggiore, doue è vna N.Donna molto deuota con certi Santi, & perche detta N.Donna, adora il figliuolo, che tiene in grẽbo, ha finto che vno Angioletto inginocchiato dirieto, sostiene nostro Signore con vn guanciale, non lo potendo reggiere la Madonna che sta in atto d'oratione a man giunte. Nella chiesa di s.Giustino dipinse a M.Antonio Rotelli vna cappella de Magi in fresco. Et alla cõpagnia della Madonna in pieue vna tauola grandissima, doue fece vna N.Donna in aria col popolo Aretino sotto, doue ritrasse molti di naturale, nellaquale opera gli aiutò vn pittore Spagnuolo, che coloriua bene a olio, & aiutaua in questo a Domenico, che nel colorire a olio, non haueua tanta pratica, quã to nella tempera, & con l'aiuto del medesimo condusse vna tauola per la cõpagnia della Trinità, dentroui la Circuncisione di N. Signore tenuta cosa molto buona, & nell'orto di s. Fiore in fresco, vn Noli me Tangere. Vltimamente dipinse nel Vescouado per M. Donato Marinelli Primicerio, vna tauola, con molte figure con buon inuenzione, & buon disegno, & gran rilieuo, che gli fece allora & sempre honore grandissimo, nellaquale opera essendo assai vecchio chiamò in aiuto il Capãna pittor Sanese ragioneuol mestro, che a Siena fece tante facciate di chiaro scuro, & tante tauole, & se fusse ito per vita si faceua molto honore nell'arte, secondo, che da quel poco, che hauea fatto si puo giudicare. Hauea Domenico fatto alla Fraternità d'Arezzo, vno Baldacchino dipinto a olio, cosa ricca & di grande spesa, ilqualé, non ha molti anni che prestato per fare in s. Francesco vna Raprefentatione di s. Gio. & Paulo, Per adornarne un Paradiso vicino al tetto della chiesa; essendosi dalla gran copia de lumi acceso il fuoco arse insieme con quel che rapresentaua Dio Padre, che esser legato, non potette fuggire, come feciono gli angioli, e con molti Paramenti, & con gran danno degli spettatori, i quali spaueurati dal incendio, uolendo con furia vscire di chiesa mentre ognuno uuole essere il primo, nella calca ne scoppiò intorno a LXXX. che fu cosa molto compassioneuole & questo Baldachino, fu poi rifatto con maggior ricchezza, & dipinto da Giorgio Vasari. Diedesi poi Domenico a fare finestre di vetro, e di sua mano n'erano tre in Vescouado, che per le guerre furon rouinate dall'Artiglieria. Fu anche creato dal medesimo Angelo di Lorentino pittore, ilquale hebbe assai buono ingegno; lauorò l'arco sopra la porta di s. Domenico; se fusse stato aiutato sarebbe fattosi, bonissimo maestro. Morì l'Abbate d'ãni LXXXIII. e lasciò imperfetto il tempio della N. Donna delle Lachrime, delquale haueua fatto il modello; & ilquale è poi da diuersi stato finito. Merita dunque costui di essere lodato, per miniatore, architetto, pittore, & musico. Gli fu data da i suoi Monaci sepoltura in s. Clemente sua Badia, e tanto sono state stimate sempre l'opere sue in detta città, & sopra il sepolcro suo, si leggono questi versi.

Pingebat docte Zeusis: condebat & aedes
Nicon, pan capripes, fistula prima tua est.
Non tamen ex uobis mecum certauerit ullus
Quae tres fecistis, Vnicus haec facio.

Morì nel 1461. hauendo aggiunto all'arte della pittura nel miniare quella bellezza, che si uede in tutte le sue cose, come possono far fede alcune carte di sua mano, che sono nel nostro lib. Il cui modo di far ha imitato poi Girolamo Padoano ne i minij, che sono in alcuni libri di s. Maria Nuoua di Firẽze, Gherardo miniatore Fiorentino che fu anco chiamato Vante, delquale si è in altro luogo ragionato, e dell'opere sue, che sono in Venezia particolarmente; hauendo puntalmente posta vna nota mandataci da certi gentil'huomini da Venezia: per sodisfazione de quali poi che haueuano durata tãta fatica in ritrouar quel tutto, che quiui si legge, ci contentamo, che fusse tutto narrato, secondo che haueano scritto: poi che di vista, non ne poteuo dar giudizio proprio.

Vita

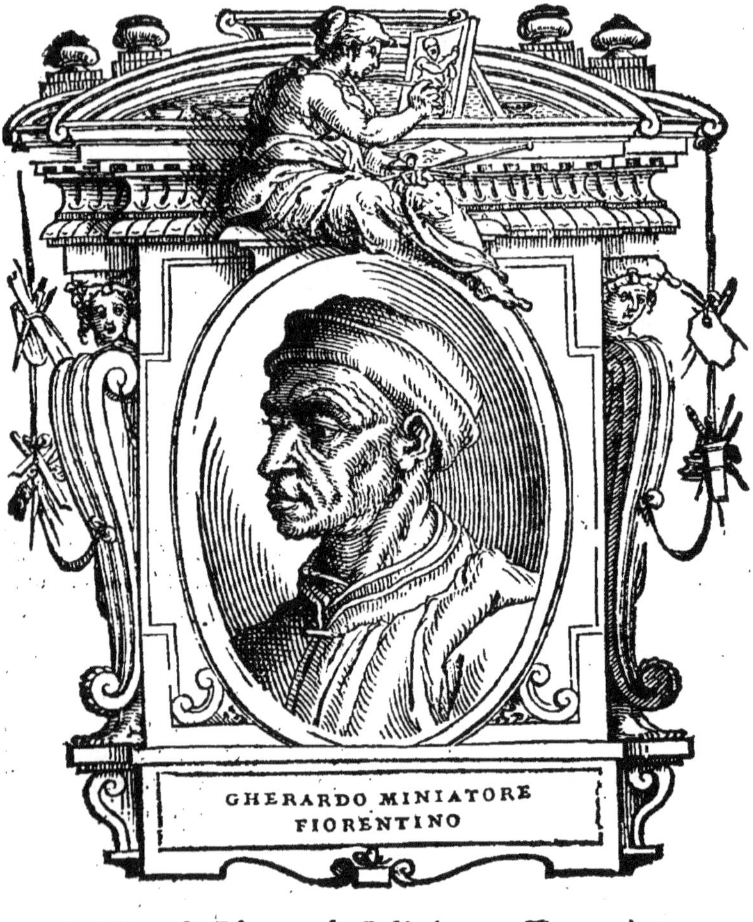

GHERARDO MINIATORE FIORENTINO

Vita di Gherardo Miniatore Fiorentino.

VERAMENTE, che di tutte le cose perpetue, che si fanno con colori, nessuna piu resta alle percosse de'venti, e dell'acque, che il Musaico. E ben lo conobbe in Fiorenza ne tempi suoi Lorẽzo Vecchio de'Medici, il quale come persona di spirito, e speculatore delle memorie ãtiche, cercò di rimettere in uso quello, che molti anni era stato nascoso; e perche grandemente si dilettaua delle pitture, e delle sculture, non potette anco non dilettarsi del Musaico. Laonde veggendo, che Gherardo allora miniatore, e ceruello sofistico cercaua le difficultà di tal magistero, come persona che sempre aiutò quelle persone in chi vedeua qualche seme, e principio, di spirito, e d'ingegno lo fauorì grandemente. Onde messolo in compagnia di Domenico del Ghirlandaio; gli fece fare;da gl'operai di s. Maria del Fiore allogazione delle cappelle delle crociere,& per la prima di quella del Sagramento, doue è il corpo di s. Zanobi. Perloche Gherardo assottigliando l'ingegno harebbe fatto con Domenico mirabilissime cose, se la morte non vi si fusse interposta; come si puo giudicare, dal principio della detta cappella che rimase imperfetta. Fu Gherardo oltre al Musaico, gentilissimo miniatore, e fece anco figure grandi in muro, e fuor della porta alla Croce è in fresco vn Tabernacolo di sua mano. Et vn' altro n'è in Fiorenza a sommo della via Larga molto lodato: e nella facciata della chiesa di s. Gilio a s. Maria Nuoua dipinse, sotto le storie di Lorenzo di Bicci, doue è la consegrazione di quella chiesa, fatta da Papa Martino quinto; quando il medesimo papa da l'habito allo Spedalingo, e molti priuilegij. Nellaquale storia erano molto meno figure di quello, che pareua, ch'ella richiedesse, per essere tramezzate da un tabernacolo dentro alquale era vna N. Donna; che vltimatamente è stata leuata da Don Isidoro Montaguto moderno Spedalingo di quel luogo, per rifarui vna porta principale della casa; e statoui fatto ridipignere da Francesco Brini pittore Fiorentino, giouane, il restãte di quella storia. Ma per tornare a Gherardo, non sarebbe quasi stato possibile, che vn maestro ben pratico hauesse fatto, se non con molta fatica, e diligenza quello, che egli fece in quell'opera, benissimo lauorata in fresca. Nel medesimo Spedale miniò Gherardo per la chiesa vna infinita di libri, & alcuni, per s. Maria del Fiore di Fiorenza; & alcuni altri per Mathia Coruino Rè di Vngheria; iquali soprauuenuta la morte del detto Re insieme con altri di mano di Vante, & di altri maestri, che per il detto Re lauorauono in Fiorenza, furono pagati, e presi dal Mag. Lorenzo de' Medici, & posti nel numero di quelli tanto nominati che preparauano per far la libraria, & poi da Papa Clemente 7. fu fabricata, & hora dal Duca Cosimo si da ordine di publicare. Ma di Maestro di minio, diuenuto, come si è detto pittore, oltre l'opere dette, fece in vn gran cartone alcune figure grande per i Vangelisti, che di masaico haueua a fare nella cappella di s. Zanobi. E prima, che gli fusse fatta fare dal Magnifico Lorenzo de' Medici l'allogazione di detta cappella, per mostrare, che intendeua la cosa del musaico, e che sepeua fare senza compagno, fece vna testa grande di s. Zanobi quanto il viuo; laquale rimase in s. Maria del Fiore, & si mette ne' giorni piu solenni, in sull'altare di detto santo, o in altro luogo, come cosa rara. Mentre, che Gherardo andaua queste cose lauorando furono recate in Fiorenza alcune stampe di maniera Tedesca fatte da Martino, e da Alberto Duro: perche piacendogli molto quella sorte d'intaglio, si mise col bulino a intagliare, e ritrasse alcune di quelle carte benissimo, come si puo veder in certi pezzi, che ne sono nel nostro libro insieme con alcuni disegni di mano del medesimo. Dipinse Gherardo molti quadri, che furono mandati di fuori, dequali vno n'è in Bologna nella chiesa di s. Domenico, alla cappella di s. Caterina da Siena dentroui essa Santa benissimo dipinta. E in s. Marco di Firenze fece sopra la tauola del perdono vn mezzo tondo pieno di figure molto graziose: Ma quanto sodisfaceua costui a gl'altri, tanto meno sodisfaceua a se in tutte le cose, eccetto nel Musaico: nel laqual sorte di pittura fu piu tosto concorrente, che compagno a Domenico Ghirlandaio. E se fusse piu lungamente uiuuto sarebbe in quello diuenuto

eccel-

Eccellentiſsimo, perche vi duraua fatica volentieri, e haueua trouato in grã parte i ſegreti buoni di quell'arte. Vogliono alcuni, che Attauante altrimẽ Vante Miniator, Fiorentino, delquale ſi è ragionato di ſopra in piu d'un luogo fuſſe, ſi come fu Stefano, ſimilmente miniatore Fiorentino, diſcepolo di Gherardo, ma io tengo per fermo, riſpetto all'eſſere ſtato l'uno, e l'altro in vn medeſimo tempo, che Attauante fuſſe piu toſto amico, Compagno, e Coetaneo di Gherardo, che diſcepolo. Morì Gherardo eſſendo aſſai ben'oltre cõ gl'anni, laſſando a Stefano ſuo diſcepolo tutte le coſe ſue dell'arte. Ilquale Stefano non molto dopo, datoſi all'Architettura, laſciò il miniare, et tutte le coſe ſue appartenenti a quel meſtiero, al Boccardino vecchio, ilqual miniò la maggior parte de' libri, che ſono nella Badia di Firenze. Morì Gherardo d'anni 63, e furono l'opere ſue intorno a gl'anni di N. Salute 1470.

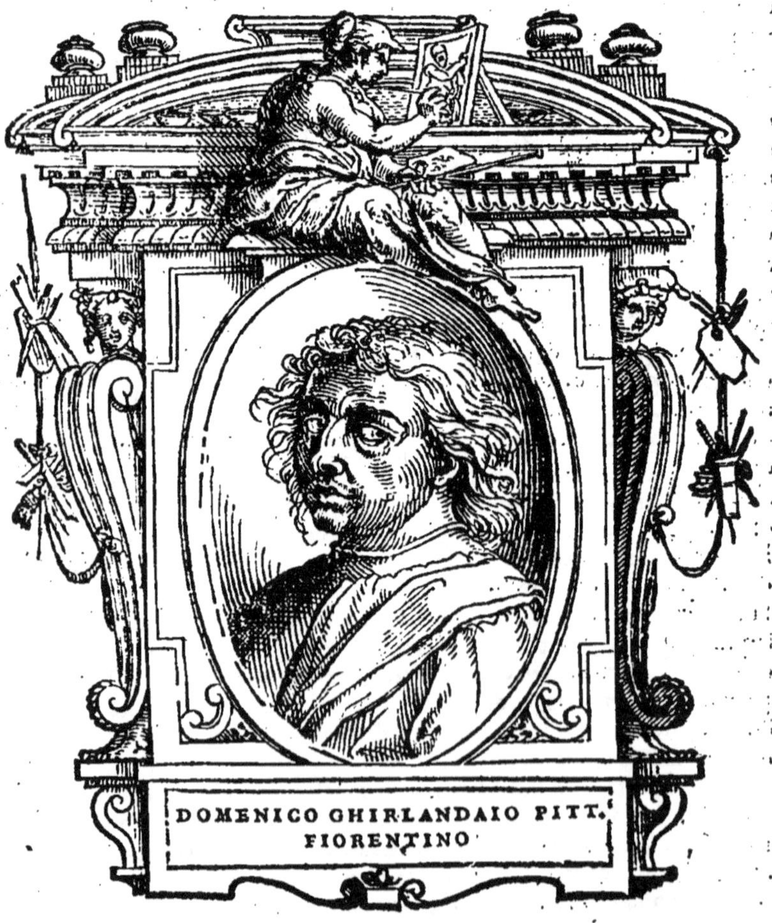

VITA DI DOMENICO GHIRLANDAIO PITTORE FIORENTINO.

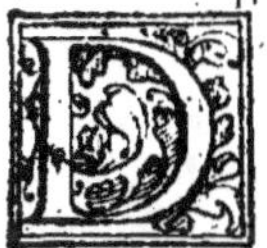

OMENICO di Tommaso del Ghirlandaio. Ilquale per la virtù, & per la grandezza & per la moltitudine dell'opere, si puo dire vno de principali & piu eccellenti maestri dell'età sua. Fu dalla natura fatto per esser pittore: & per questo non obstante la dispositione in contrario di chi l'hauea in custodia (che molte volte impedisce i grandissimi frutti de gli ingegni nostri occupandoli in cose doue non sono atti, deuiandoli da quelle in che sono naturati) seguẽdo l'instinto naturale fece a se grandiss. onore, & utile all'arte, & a suoi, & fu diletto grãde della età sua. Questi posto dal padre all'arte sua dell'orafo, nella quale egli era piu che ragioneuole maestro; e di sua mano erono la maggior parte de voti di argento, che gia si conseruauano nell'armario della Nuntiata, & le lampane d'argento della cappella, tutte disfatte, nell'assedio della città l'anno 1529 Fu Tommaso il primo che trouassi, & mettessi in opera, quell'ornamento del capo delle fanciulle Fiorentine, che si chiamano Ghirlande, donde ne acquistò il nome del Ghirlandaio: non solo per esserne lui il primo inuentore, ma per hauerne ancho fatto vn numero infinito, & di rara bellezza, tal che non parea piacessin se non quelle che della sua bottega fussero vscite. Posto dunque all'arte dell'orefice; non piacendoli quella, non restò di continuo di disegnare. Perche essendo egli dotato dalla natura d'uno spirito perfetto, & d'un gusto mirabile, & giudicioso nella pittura; quantunque Orafo nella sua fanciullezza fosse, sempre al disegno attendendo; venne si pronto, & presto, & facile; che molti dicono, che mentre, che all'Orefice dimoraua, ritraendo ogni persona, che da bottega passaua li faceua subito somigliare. Come ne fanno fede ancora nell'opere sue infinite ritratti, che sono di similitudini viuissime. Furono le sue prime pitture in Ogni Santi la cappella de' Vespucci, dou'è vn Christo morto, & alcuni santi, & sopra vno arco vna Misericordia; nellaquale è il ritratto di Amerigho Vespucci, che fece le nauigazioni dell' Indie: & nel Resettorio di detto luogo fece vn cenacolo a fresco. Dipinse in s. Croce all'entrata della chiesa a man destra la storia di s. Paulino. Onde acquistando fama grandissima, e in credito venuto, a Francesco Sassetti lauorò in s. Trinita vna cappella con istorie di s. Francesco; laquale opera è mirabilmente condotta, & da lui con grazia, con pulitezza, & con amor lauorata. In questa cõtrafece egli, e ritrasse il Ponte a s. Trinita, col palazzo de gli Spini: fingendo nella prima faccia la storia di s. Francesco quãdo apparisce in aria, & resuscita quel fanciullo. doue si vede in quelle donne, che lo veggono resuscitare, il dolore della morte, nel portarlo alla sepoltura, & la allegrezza, & la marauiglia nella sua resurressione. Contrafeceui i frati, che escon di chiesa co' bechini dietro alla croce, per sotterrallo, fatti molto naturalmente. Et cosi altre figure che si marauigliano di quello effetto, che non danno altrui poco piacere. Doue sono ritratti Maso de gli Albizzi: M. Agnolo Acciaiuoli, M. Palla Strozzi notabili Cittadini: & nelle historie di quella città, assai nominati. In vn altra fece quando s. Francesco presente il il Vicario rifiuta la eredità a Pietro Bernardone suo padre: & piglia l'abito di sacco, cignendosi con la corda. Et nella faccia del mezo, quando egli va a Roma a Papa Onorio, & fa confermar la regola sua, presentando di Gennaio le Rose a quel Pontefice. Nellaquale storia finse la sala del Concistoro co' Cardinali, che sedeuano intorno: & certe scalee, che saliuano in quella; accénando certe meze figure ritratte di naturale, & accomodandoui ordini d'appoggiatoi per la salita. Et fra quegli ritrasse il Mag. Lorenzo vecchio de' Medici. Dipinseui medesimamente quando san Francesco riceue le stimite. Et nella vltima fece quando egli è morto, & che i frati lo piangono; doue si vede vn frate, che gli bacia le mani; ilquale effetto non si puo esprimer meglio nella pittura, senza, che e' v'è vn vescouo parato cō gli occhiali al naso, che gli canta la vigilia; che il non sentirlo solamente lo dimostra dipinto. Ritrasse in due quadri, che mettono in mezzo la tauola, Francesco Sassetti ginocchioni in vno, & ne l'altro M. Nera sua donna, & i suoi figliuoli, ma questi nell'historia disopra doue si risuscita il fanciullo. con certe belle giouani della medesima famiglia, che non ho potuto ritrouar i nomi; tutte con gl'habiti, & portature di quella età, cosa, che non è di poco piacere. Oltra, ch'e' fece nella volta quattro Sibille, & fuori della cappella vn'ornamento sopra l'arco nella faccia dinanzi, con vna storia dentroui quando la Sibilla Tiburtina fece adorar Christo a Ottauiano Imperatore: che per opera in fresco è molto praticamente condotta; & con vna allegrezza di colori molto vaghi. Et insieme accompagnò questo lauoro con vna tauola pur di sua mano lauorata a tempera: quale ha dentro vna natiuità di Christo, da far marauigliare ogni persona intelligente, doue ritrasse se medesimo, e fece alcune teste di pastori, che sono tenute cosa diuina. Dellaquale Sibilla, e d'altre cose di quell'opera sono nel nostro libro disegni bellissimi fatti di chiaro scuro, et particolarmente la prospettiua del ponte a s. Trinita. Dipinse a' frati Ingiesuati vna tauola per l'altar maggiore con alcuni santi ginocchioni, cioè s. Giusto vescouo di Volterra, che era titolo di quella chiesa, s. Zanobi vescouo di Firenze, vn'angelo Raffaello, & un san Michele armato di bellissime armadure, & altri santi. E nel vero, merita in questo lode Domenico, perche fu il primo, che cominciasse à contrafar con i colori alcune guernizioni, & ornamenti d'oro, che insino allora non si erano vsate. Et leuò via in gran parte quelle fregiature, che si faceuano d'oro a mordente, o a bolo; lequali erano piu da drappelloni, che da maestri buoni. Ma piu, che l'altre figure è bella la nostra Donna, che ha il figliuolo in collo, & quattro angioletti à torno. Questa tauola, che per cosa a tempera non potrebbe meglio esser lauorata, fu posta allora fuor della porta a Pinti nella chiesa di que' frati; ma perche ella fu poi, come si dirà altroue, rouinata, ell'è hoggi nella chiesa di s. Giouannino dentro alla porta à s. Pier gattolini, doue è il conuento di detti Ingiesuati. Et nella chiesa di Cestello fece vna tauola finita da Dauid, & Benedetto suoi fratelli; dentroui la visitazione di nostra Donna, con alcune teste di femmine vaghissime, e bellissime. Nella chiesa degl'Innocenti fece a tempera vna tauola de' Magi, molto lodata. Nellaquale sono teste bellissime d'aria, & di fisonomia varie, cosi di giouani, come di vecchi; & particularmente nella testa della nostra Donna si conosce quella honesta bellezza, & grazia, che nella madre del figliuol di Dio, puo esser fatta dall'arte. Et in s. Marco al tramezo della chiesa vn' altra tauola, & nella forestieria vn cenacolo. con diligenza l'uno, & l'altro condotto: & in casa di Gio. Tornabuoni vn tondo con la storia de' Magi fatto con diligenza. Allo Spedaletto per Lorenzo vecchio de'Medici, la storia di Vulcano, doue lauorano molti ignudi fabricando con le martella saette a Gioue. E in Fiorenza nella chiesa d'ogni Santi, a cõcorrenza di Sandro di Botticello, dipinse a fresco vn san Girolamo, che hoggi è allato alla porta, che và in coro, intorno alquale fece vna infinità di instrumenti di libri da persone studiose. Questa pittura, insieme con quella di Sandro di Botticello, essendo occorso a'frati leuare il coro del luogo doue era; è stata allacciata con ferri, e trapportata nel mezzo della chiesa, senza lesione, in questi proprij giorni, che queste vite la seconda volta si stampano. Dipinse ancora l'arco sopra la porta di S. Maria Vghi, & vn Tabernacolino all'arte di Linaiuoli, similmẽte vn s. Giorgio molto bello, che ammazza il serpente nella medesima chiesa d'Ogni Santi. Et per il vero egli intese molto bene il modo del dipignere in muro: & facilissimamente lo lauorò; essendo niente dimanco nel comporre le sue cose molto leccato. Essendo poi chiamato a Roma da Papa Sisto IIII. a dipignere con altri maestri la sua cappella. Vi dipinse quando Christo chiama a se dalle reti Pietro, & Andrea; E la resurressione di esso Iesu Christo; della quale hoggi è guasta la maggior parte per essere ella sopra la porta; rispetto a lo haueruisi hauuto a rimetter vno architraue, che rouinò. Era in questi tempi medesimi in Roma Francesco Tornabuoni honorato, & ricco mercante, & amicissimo di Domenico, alquale essendo morta la donna sopra parto, come se detto in Andrea Verrochio, & hauendo, per onorarla come si cõuenia alla nobiltà loro, fattole fare vna sepoltura nella Minerua volle anco, che Domenico dipignesse tutta la faccia doue ell'era sepolta. Et oltre a questo vi facesse vna piccola tauoletta a tempera. La onde in quella pariete fece quattro storie: dua di s. Giouanni Batista, & due della N. Donna: lequali veramente gli furono allora molto lodate. Et prouò Francesco tanta dolcezza nel la pratica di Domenico: che tornandosene quello a Fiorenza con honore, & con danari, lo raccomandò per lettere a Giouanni suo parente, scriuendoli quanto e'lo hauesse seruito bene in quell'opera; e quanto il Papa fusse satisfatto de le sue pitture. Lequali cose vdendo Giouanni, cominciò a disegnare di metterlo in qualche lauoro magnifico da honorare la memoria di se medesimo, & da arrecare a Domenico fama, & guadagno. Era per auuentura in s. Maria Nouella, conuento de'frati Predicatori la cappella maggiore, dipinta già da Andrea Orgagna; Laquale per essere stato mal coperto il tetto della volta, era in piu parti guasta da l'acqua. Perilche gia molti Cittadini l'haueuano voluta rassettare, o vero dipignierla di nuouo: Ma i padroni che erano quelli della famiglia de'Ricci, non se n'erano mai contentati, non potendo essi far tanta spesa; ne volendosi risoluere a concederla ad altrui, che la facesse; per non perdere la iuridizione del padronato, & il segno dell'arme loro lesciatagli da i loro antichi. Giouanni adunque desideroso che Domenico gli facesse questa memoria; si misse intorno a questa pratica; tentando diuerse vie. Et in ultimo promisse a Ricci far tutta quella spesa egli, & che gli ricompenserebbe in qual cosa; & farebbe metter l'arme loro nel piu euiden

te,

re,& honorato luogo, che fusse in quella cappella. Et cosi rimasi d'accordo, e fattene contratto; e instrumento molto stretto del tenore ragionato di sopra. Logò Giouanni a Domenico questa opera, con le storie medesime che erano dipinte prima; e feciono, che il prezzo fusse ducati mille dugento d'oro larghi; & in caso, che l'opera gli piacesse, fussino dugento piu. Per il che Domenico mise man all'opera: ne restò, che egli in quattro anni l'hebbe finita; ilche fu nel MCCCCLXXXV. con grandissima satisfazzione, & contento di esso Giouanni. Ilquale chiamandosi seruito, & confessando ingenuamente, che Domenico haueua guadagniati i dugento ducati del piu; disse che harebbe piacere, che e' si contentasse del primo pregio: Et Domenico, che molto piu stimaua la gloria, & l'onore, che le ricchezze, gli largì subito tutto il restante: Affermando che haueua molto piu caro lo auergli satisfatto; che lo essere contento de'l pagamento. Appresso Giouanni fece fare due armi grandi di pietra l'una de' Tornaquinci, l'altra de' Tornabuoni; & metterle ne' pilastri fuori d'essa cappella. Et nell'arco altre arme, di detta famiglia, diuisa in piu nomi, & piu arme cioè oltre alle due dette Giachinotti, Popoleschi, Marabotini, & Cardinali. E quando poi Domenico fece la tauola dello altare, nello ornamento dorato, sotto vn'arco che per fine di quella tauola fece mettere il Tabernacolo del Sacramento bellissimo; & nel Frontispizio di quello fece vn Scudicciuolo d'un quarto di braccio; dentroui l'arme de' Padron detti, cioè de Ricci. Et il bello fu allo scoprire della cappella perche questi cercarono con gran romore de l'arme loro: & finalmenne non vela vedendo; se nandarono al Magistrato degli Otto; portando il contratto. Per ilche, mostrarono i Tornabuoni esserui posta nel piu euidente & onorato luogo di quell'opera, & benche quelli esclamassino, che ella non si vedeua: fu lor detto, che eglino haueuano il torto: & che hauendola fatta metter in cosi honorato luogo, quanto era, quello, essendo vicina al Santissimo Sagramento se ne doueuano contentare. Et cosi fu deciso che douesse stare; per quel magistrato come al presente si vede. Ma se questo paresse ad alcuno fuor delle cose della vita, che si ha da scriuere; non gli dia noia: perche tutto era nel fine del tratto della mia penna. Et serue se non ad altro, a mostrare quanto la pouertà è preda delle ricchezze: & che le ricchezze acōpagniate dalla Prudēzia, cōducono a fine, & sēza biasimo cio che altri vuole.

Ma per tornare alle belle opere di Domenico; sono in questa cappella primieramente nella volta i quattro Euangelisti maggiori del naturale: & nella pariete della finestra, storie di s. Domenico, & s. Pietro Martire, e s. Giouanni quando va al deserto, & la N. Donna annunziata dall'Angelo, & molti Sā ti auuocati di Fiorenza Ginocchioni sopra le finestre, & dappie v'è ritratto di naturale Giouanni Tornaboni da man ritta, & la donna sua da man sinistra, che dicono esser molto naturali. Nella facciata destra sono sette storie, scompartite sei di sotto in quadri grandi quanto tien la facciata; & vna vltima di sopra larga quanto son due istorie, & quanto serra l'arco della volta, Et nella sinistra altrettante di s. Giouanni Batista. La prima della facciata destra è quando Giouacchino fu cacciato del Tempio; doue si vede nel volto di lui espressa la pacienzia; come in quel di coloro il dispregio, & l'odio, che i Giudei haueuano a quelli, che senza hauere figliuoli veniuano a'l tempio. Et sono in questa storia da la parte verso la finestra; quattro huomini ritratti di naturale, l'un de quali cioè quello che è vecchio, & raso, è in Cappuccio rosso, è Alesso Baldouinetti, maestro di Domenico nella pittura, & nel musaico. L'altro che è in capegli, & che si tiene vna mano al fiancho, & ha vn mantello rosso, & sotto vna vesticciuola azurra, è Domenico stesso maestro dell'opera; ritrattosi in vno specchio da se medesimo; Quello che ha vna zazzera nera cõ certe labbra grosse, è Bastiano da s. Gimigiano suo discepolo & cognato, & l'altro che volta le spalle, & ha vn berettino in capo, è Dauitte Ghirlandaio pittore suo fratello; i quali tutti per chi gli ha conosciuti, si dicono esser veramente uiui, & naturali. Nella seconda storia, è la Natiuità della N. Donna fatta con vna diligenzia grande; & tra le altre cose notabili, che egli vi fece, nel casamento o prospettiua, è vna finestra che da'l lume a quella camera; la quale inganna chi la guarda. Oltra questo mentre s. Anna è nel letto, e certe donne la visitano, pose alcune femmine, che lauano la Madonna con gran cura, chi mette acqua, chi fa le fascie, chi fa vn seruizio, chi fa vn'altro, & mentre ogniuna attende al suo, vi è vna femmina, che ha in collo quella puttina, & ghigniando la fa ridere, con vna grazia donnescha, degna veramente di vn'opera simile a questa, oltre a molti altri affetti che sono in ciascuna figura. Nella terza che è la prima sopra, è quando la N. Donna saglie i gradi del Tempio, doue è vn casamento, che si allontana assai ragioneuolmente dall'occhio; oltra che v'è vno ignudo, che gli fu allora lodato; per non sene vsar molti; ancor che e' non vi fusse quella intera perfezzione: come a quegli che si son fatti ne' tempi nostri; per non essere eglino tanto eccellenti. Accanto a questa è lo sposalizio di N. Donna; doue dimostrò la collera di coloro, che si sfogano nel rompere le verghe, che non fiorirono come quella di Giuseppo; la quale istoria è copiosa di figure in vno accomodato casamento. Nella quinta si veggono arriuare i Magi in Bettelem con gran numero di huomini, caualli, e dromedarij, & altre cose varie; storia certamente accomodata. Et accanto a questa, è la sesta laquale è la crudele impietà fatta da Erode a gli innocenti; doue si vede vna baruffa bellissima di femmine, & di soldati, & caualli, che le percuotono, & vrtano, & nel vero di quante storie vi si vede di suo, questa è la migliore; perche ella è condotta con giudizio, con ingegno, & arte grande. Conosceuisi l'impia volontà di coloro, che comandati da Erode senza riguardare le madri, vccidono que' poueri fanciullini: fra i quali si vede vno che ancora apiccato alla poppa, muore per le ferite riceuute nella gola; onde sugge, per non dir beue, dal petto non meno sangue che latte: cosa ueramente di sua natura; e per esser fatta nella maniera ch'ella è, da tornar viua la pietà doue ella fusse ben morta. Euui ancora vn soldato, che ha tolto per forza vn putto: & mentre correndo con quello se lo stringe in sul petto per amazzarlo, se li vede appiccata a capegli la madre di quello con grandissima rabbia: e facendoli fare arco della schiena, fa che si conosce in loro tre effetti bellissimi, vno è la morte del putto che si vede crepare, l'altro l'impietà del soldato, che per sentirsi tirare si stranamente, mostra l'affetto del vendicarsi in esso putto. Il terzo è che la madre nel veder la morte del figliuolo, cõ furia, & dolore, e sdegno cerca, che quel traditore non parta senza pena; cosa veramẽte piu da Filosofo mirabile di giudizio, che da pittore. Sonui espressi molti altri

tri

tri affetti,che chi li guarda conoscerà senza dubbio questo maestrò esser stato in quel tempo eccellente. Sopra questa nella settima che piglia le due storie, e cigne larco della volta, è il transito di N. Donna,& la sua assunzione con infinito numero d'Angeli,& infinite figure,& paesi, & altri ornamenti,di che egli soleua abbondare,in quella sua maniera facile,& pratica. Dall'altra faccia,doue sono le storie di s.Giouanni,nelle prima è quando Zacheria sacrificando nel tempio,l'Angelo gli appare,& per non credergli amutolisce. Nel laquale storia,mostrando che a'sacrifizij de tempij concorrono sempre le persone piu notabili,per farla piu honorata ritrasse un buō numero di Cittadini Fiorentini, che gouernauono allora quello stato: & particularmente tutti quelli di casa Tornabuoni,i giouani & i uecchi. Oltre a questo, per mostrare,che quella età fioriua in ogni sorte di virtù, & maßimamente nelle lettere; fece in cerchio quattro meze figure,che ragionano insieme appie della istoria: i quali erano i piu scienziati huomini, che in que'tempi si trouassero in Fiorenza: & sono questi il primo è M. Marsilio Ficino,che ha una ueste da canonico,il secondo con vn mantello rosso, & vna becca nera al collo,è Cristofano Lādino,e Demetrio Greco che se li uolta,e in mezo a questi q̄llo,che alza alquanto vna mano è M. Angelo Poliziano,i quali son viuissimi, e pronti. Seguita nella seconda allato a questa la visitazione di N. Donna,e s.Elilabetta: nellaquale sono molte donne, che l'accompagnano, con portature di que'tempi; e fra loro fu ritratta la Gineura de'Benci,allora bellißima fanciulla. Nella terza storia sopra alla prima è la nascita di s.giouanni; nella quale è vna auuertenza bellißima: che mentre s.Elisabetta è in letto: & che certe vicine la vengono a vedere, & la balia stando a sedere allatta il bambino, vna femmina con allegrezza gniene chiede, per mostrare a quelle donne la nouità che in sua vechiezza haueua fatto la padrona di casa. Et finallmente vi è vna femmina che porta a l'usanza Fiorentina, frutte, e fiaschi da la uilla; laquale è molto bella. Nella quarta allato a questa è Zacheria,che ancor mutulo stupisce con intrepido animo, che sia nato di lui quel putto; e mentre glie dimandato del nome, scriue in su'l ginocchio affisando gli occhi al figliuolo; quale è tenuto in collo da vna femmina con reuerenza, postasi ginocchione innanzi a lui,& segna con la penna in sul foglio,Giouanni sarà il suo nome; non senza ammirazione di molte altre figure, che pare, che stiano in forse se egli è vero o nò. Seguita la quinta,quando è predica alle turbe; nelaquale storia si conosce quella attenzione, che danno i popoli nello vdir cose nuoue: & maßimamēte nelle teste degli Scribi,che ascoltano Giou. iquali pare, che con vn certo modo del viso sbeffino quella legge; anzi l'abbiano in odio; doue sono ritti, & a sedere Maschi, & femmine in diuerse fogge. Nella sesta si vede s.Giouanni battezare Christo; nella reuerenza del quale mostrò interamente la fede, che si debbe hauere a sacramento tale. E perche questo non fu senza grandissimo frutto vi figurò molti gia ignudi, & scalzi, che aspettandō d'essere battezzati, mostrano la fede; & la voglia scolpita nel uiso. Et in fra gl'altri vno, che si caua vna scarpetta, rappresenta la prontitudine istessa. Nella vltima, cioè nell'arco accanto alla volta, è la suntuosissima cena di Erode, & il ballo di Erodiana, con infinità di serui, che fanno diuersi aiuti in quella storia. Oltra la grandezza d'uno edifizio tirato in pro-

spettiua

spettiua, che mostra apertamente la virtù di Domenico insieme con le dette pitture. Condusse a tempera la tauola isolata tutta, & le altre figure, che sono ne' sei quadri; che oltre alla N. Donna, che siede in aria co'l figliuolo in collo, & gl'altri Santi, che gli sono intorno, oltra il s. Lorenzo, & il s. Stefano che sono interaméte viue, al s. Vincenzio, & s. Pietro Martire non manca se non la parola. Vero è, che di questa tauola ne rimase imperfetta vna parte, mediante la morte sua, perche hauendo egli gia tiratola tanto innanzi, che e' non le mancaua altro, che il finire certe figure dalla banda di dietro doue è la Resurressione di Christo, & tre figure, che sono in que' quadri; finirono poi il tutto Benedetto, & Dauitte Ghirlandai suo frategli. Questa cappella fu tenuta cosa bellissima, grande, garbata, & vaga, per la viuacità de' colori, per la pratica, & pulitezza del maneggiargli nel muro: & per il poco essere stati ritocchi, a secco, oltra la inuenzione, & collocazione delle cose. Et certamente ne merita Domenico lode grandissima per ogni conto; & massimamente per la viuezza delle teste, lequali per essere ritratte di naturale rappresentano a chi verrà, le viuissime effigie di molte persone segnalate. E pel medesimo Giouanni Tornabuoni dipinse al Chasso Maccherelli sua villa, poco lontano dalla città vna cappella, in sul Fiume di Terzolle: hoggi mezza rouinata per la vicinità del fiume: laquale anchor, che stata molti anni scoperta, & continuamente bagnata dalle pioggie, & arsa da soli si è difesa in modo, che pare stata al coperto. Tanto vale il lauorare in fresco quando, è lauorato bene, & con giuditio: & non a ritocco a secco. Fece ancora nel palazzo della Signoria, nella sala doue è il marauiglioso Orologio di Lorenzo della Volpaia, molte figure di Santi Fiorentini, con bellissimi adornamenti. Et tanto fu amico del lauorare, & di satisfare ad ogn'uno, che egli haueua commesso a' garzoni, che e' si accettasse qualunche lauoro, che capitasse a bottega, se bene fussero cerchi da paniere di donne, perche non gli volendo fare essi, gli dipignerebbe da se, a ciò che nessuno si partisse scontento da la sua bottega. Doleua si bene quando haueua cure familiari, e per questo dette a Dauid suo fratello ogni peso di spendere dicendogli: lascia lauorare a me, & tu prouedi, che hora, che io ho cominciato a conoscere il modo di quest'arte, mi duole, che non mi sia allogato a dipignere a storie, il circuito di tutte le mura della città di Fiorenza; mostrando cosi animo inuittissimo, & risoluto in ogni azzione. Lauorò a Lucca in s. Martino vna tauola di s Pietro, & s. Paulo. Alla Badia di Settimo fuor di Fiorenza lauorò la facciata della maggior cappella a fresco, & nel tramezzo della chiesa due tauole a tempera. In Fiorenza lauorò ancora molti tondi quadri, & pitture diuerse; che non si riueggono altrimenti, per essere nelle case de' particulari. In Pisa fece la nicchia del duomo allo altar maggiore, & lauorò in molti luoghi di quella città, come alla facciata del l'opera, quando il Re Carlo, ritratto di naturale raccomanda Pisa; & in San Girolamo a' frati Giesuati due tauole a tempera quella dell'altar maggiore, & vn'altra. Nel qual luogo ancora è di mano del medesimo in vn quadro, s. Roccho, & s. Bastiano, ilquale fu donato a que' Padri da non so chi de' Medici, onde essi ui hanno percio aggiũte l'arme di Papa Leone decimo. Dicono, che ritraẽdo anticaglie di Roma, archi, terme colonne, colisei, aguglie, amfiteatri, e acquidotti, era si giusto nel disegno, che le faceua a occhio, senza rego

lo, o

lo, o feste, & misure: & misurandole da poi fatte che l'haueua, erano giustissime come se e' le hauesse misurate. Et ritraendo a occhio il Coliseo, vi fece vna figura ritta appie; che misurando quella, tutto l'edificio si misuraua; & fattone esperienza da maestri dopo la morte sua, si ritrouò giustissimo. Fece a s. Maria Nuoua nel cimiterio sopra una porta vn s. Michele in fresco armato bellissimo con riuerberazione d'armature, poco vsate inanzi a lui: & alla Badia di Passignano, luogo de' Monaci di Vall'Ombrosa, lauorò in compagnia di Dauid suo fratello, e di Bastiano da s. Gimignano alcune cose. Doue trattandoli i monaci male del viuere inanzi la venuta di Domenico, si richiamarono all'Abate, pregandolo, che meglio seruire li facesse; non essendo honesto, che come manouali fussero trattati. Promise loro l'Abate di farlo; & scusossi, che questo piu au ueniua per ignoranza de' foresterai, che per malizia. Venne Domenico, & tuttauia si continuò nel medesimo modo. Per il che Dauid trouando vn'altra volta lo Abate si scusò dicendo; che non faceua questo per conto suo, ma per li meriti, & per la virtù del suo fratello. Ma lo Abate, come ignorante ch'egli era, altra risposta non fece. La sera dũque postisi a cena, venne il forestario con vna asse piena di scodelle, & tortacce da manigoldi pur nel solito modo, che l'altre volte si faceua: onde Dauid salito in colera riuoltò le minestre adosso al frate, & preso il pane, ch'era su la tauola, e auentandoglielo, lo percosse di modo, che mal viuo a la cella ne fu portato. Lo Abate, che gia era a letto, leuatosi, & corso al rumore, credette, che 'l monistero rouinasse: & trouando il frate mal concio, comincio a contendere con Dauid. Perilche infuriato Dauid gli rispose, che si gli togliesse dinanzi, che valeua piu la virtù di Domenico, che quanti Abati porci suoi pari furõ mai in quel monistero. La onde lo Abate riconosciutosi, da quell'hora inanzi, s'ingegnò di trattargli da valenti huomini, come egl'erano. Finita l'opera tornò a Fiorenza, & al Signor di Carpi dipinse vna tauola, vn'altra ne mandò a Rimino al S. Carlo Malatesta, che la fece porre nella sua cappella in s. Domenico. Questa tauola fu a tempera, con tre figure bellissime, e con istoriette di sotto; & dietro figure di bronzo finte, con disegno & arte grandissima. Due altre tauole fece nella Badia di s. Giusto fuor di Volterra, dell'ordine di Camaldoli; lequali tauole, che sono belle affatto, gli fece fare il Mag. Lorenzo de' Medici; percioche allora haueua quella Badia in comenda Giouanni Cardinale de' Medici suo figliuolo, che fu poi Papa Leone. Laqual Badia pochi anni sono, ha restituita il molto R. M. Giouanbattista Baua da Volterra, che similmente l'haueua in comenda, alla detta congregazione di Camaldoli: Condotto poi Domenico a Siena per mezo del Mag. Lorenzo de' Medici che gli entrò malleuadore a questa opera di ducati ventimila, Tolse a fare di musaico la facciata del Duomo. Et cominciò a lauorare con buono animo, & miglior maniera. Ma preuenuto da la morte lasciò l'opera imperfetta. Come per la morte del predetto Magnifico Lorenzo, rimase imperfetta in Fiorenza la capella di s. Zanobi cominciata a lauorare di musaico da Domenico in compagnia di Gherardo Miniatore. Vedesi di mano di Domenico sopra quella porta del fianco di s. Maria del Fiore, che va a Serui, vna Nunziata di musaico bellissima: dellaquale fra' maestri moderni di musaico non s'è veduto ancor meglio. Vsaua dire Domenico, la pittura essere il disegno; & la vera pittura, per la eternità, essere il musaico. Stette seco in compagnia a imparare Bastiano Mainardi da s. Gimignano, ilquale in fresco era diuenuto molto pratico maestro di quella maniera; perilche andando con Domenico a s. Gimignano, dipisero a compagnia la cappella di s Fina, laquale è cosa bella. Onde per la seruitù, & gentilezza di Bastiano, sendosi così bene portato, giudicò Domenico, che e' fosse degno d'hauere vna sua sorella p moglie; & così l'amicizia loro fu cambiata in parentado; liberalità di amoreuole maestro, rimuneratore delle virtù del discepolo, acquistate con le fatiche dell'arte. Fece Domenico dipignere al detto Bastiano, facendo nondimeno esso il cartone in s. Croce nella cappella de' Baroncegli, e Bandini vna N. Donna, che va in Cielo, & abasso s. Tommaso, che riceue la cintola; ilqual è bel lauoro à fresco: E Domenico, e Bastiano insieme dipinsono in Siena nel palazzo degli Spannocchi in vna camera molte storie di figure piccole a tépera: & in Pisa oltre alla nicchia gia detta del Duomo tutto l'arco di quella cappella piena d'Angeli; e parimente i portegli, che chiuggono l'organo; & cominciarono a mettere d'oro il palco. Quãdo poi in Pisa, & in Siena s'haueua a metter mano a grandisime opere; Domenico ammalò di grauissima febbre, la pestilenza della quale in cinque giorni gli tolse la vita. Essendo infermo, gli mandarono que' de' Tornabuoni a donare cento ducati d'oro, mostrando l'amicizia, & la familiarità sua, & la seruitù, che Domenico a Giouãni, & a quella casa hauea sempre portata. Visse Domen. anni 44. e fu cõ molte lagrime, & con pietosi sospiri da Dauid, & da Benedetto suoi fratelli, & da Ridolfo suo figliuolo con belle esequie sepellito in s. Maria Nouella, & fu tal perdita di molto dolore agl'amici suoi. Perche intesa la morte di lui, molti eccellenti pittori forestieri, scrissero a suoi parenti dolendosi della sua acerbissima morte. Restarono suoi discepoli Dauid, & Benedetto Ghirlandai, Bastiano, Mainardi da s. Gim ignano, & Michel Agnolo Buonarotti Fiorentino, Francesco Granaccio, Niccolò Cieco, Iacopo del Tedesco, Iacopo dell'Indaco, Baldino Baldinelli, & altri maestri tutti Fiorentini. Morì nel 1495.

Arricchì Domenico l'arte della pittura del musaico piu modernamente lauorato, che non fece nessun Toscano, d'infiniti, che si prouorono, come lo mostrano le cose fatte da lui per poche ch'elle si siano. Onde per tal ricchezza, & memoria; nell'arte, merita grado; & honore, & essere celebrato con lode straordinarie dopo la morte.

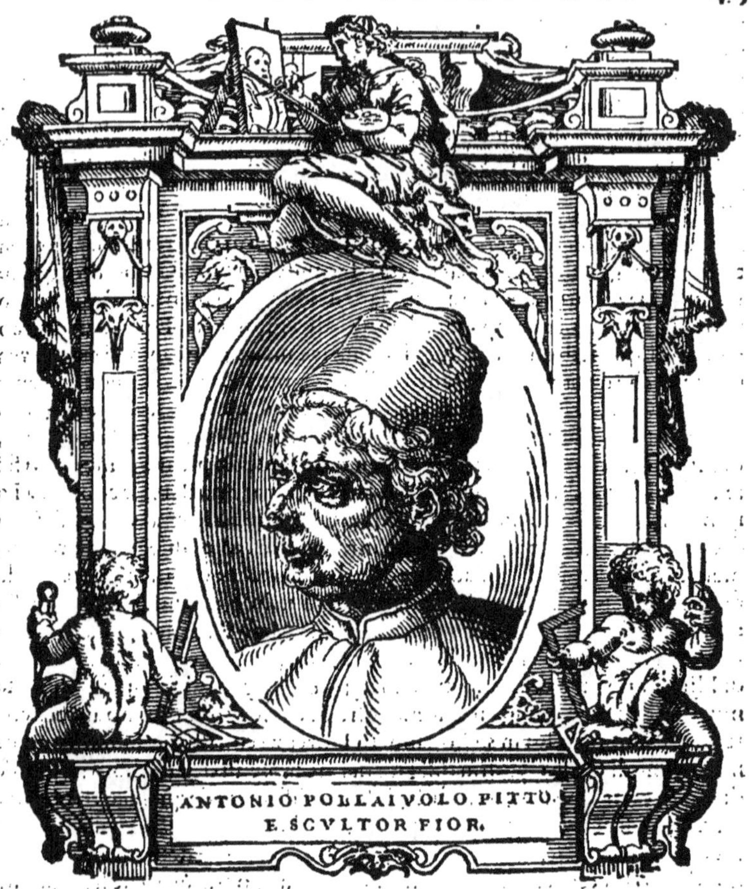

Vita d'Antonio, & Piero Pollaiuoli, pittori, & Scultori Fiorentini.

MOLTI di animo vile, cominciano cose basse; a'quali crescendo poi l'animo con la virtù, cresce ancora la forza, & il valore. Di maniera, che salendo a maggiori imprese, aggiungono vicino al cielo, co'bellissimi pensier loro. Et inalzati dalla fortuna, si abbattono bene spesso in vn Principe buono che trouandosene ben seruito è forzato remunerare in modo le lor fatiche: che i Posteri di quegli, ne sentino largamente, e vtile, & comodo. La onde questi tali caminano in questa vita con tanta gloria a la fine loro; che di se lasciano segni al mondo di marauiglia; come fecero Antonio & Piero del Pollaiuolo;

molto stimati ne' tempi loro, per quelle rare virtù, che si haueuano con la loro industria, e fatica guadagnate. Nacquero costoro nella città di Fiorenza, pochi anni l'uno dopo l'altro, di padre assai basso, e non molto agiato. Il quale conoscendo per molti segni il buono & acuto ingegno de' suoi figliuoli; nè hauendo il modo a indirizzargli a le lettere, pose Antonio all'Arte dello Orefice con Bartoluccio Ghiberti, maestro all'ora molto eccellente in tale esercizio; Et Piero mise al pittore con Andrea del Castagno, che era il meglio allora di Fiorenza. Antonio dunque tirato innanzi da Bartoluccio; oltra il legare le Gioie, & lauorare a fuoco smalti d'argento; era tenuto il piu valente, che maneggiasse ferri in quell'arte. La onde Lorenzo Ghiberti, che all'ora lauoraua le porte di s. Giouanni, dato d'occhio alla maniera d'Antonio, lo tirò al lauoro suo, in compagnia di molti altri giouani. E postolo intorno ad vno di que' festoni, che allora haueua tra mano; Antonio vi fece sù vna Quaglia che dura anchora; tanto bella, & tanto perfetta, che non le manca se non il volo. Non consumò dunque Antonio molte settimane in questo esercizio: che e' fu conosciuto per il meglio; di tutti que' che vi lauorauano, di disegno, & di pazienzia; Et per il piu ingegnoso, & piu diligente che vi fusse. La onde crescendo la virtù, & la fama sua, si partì da Bartoluccio, & da Lorenzo Et in mercato nuouo in quella città aperse da se vna bottega di Orefice, magnifica, & onorata. Et molti anni seguitò l'arte, disegnando cõtinuamente: & faccendo di rilieuo cere, & altre fantasie; che in brieue tempo lo fecero tenere (come egli era) il principale di quello esercizio. Era in questo tempo medesimo vn'altro Orefice chiamato Maso Finiguerra, il quale hebbe nome straordinario, & meritamente; che per lauorare di Bulino, & fare di Niello; non si era veduto mai, chi in piccoli, o grandi spazij, facesse tanto numero di figure, quante ne faceua egli. Si come lo dimostrano ancora certe Paci, lauorate da lui in s. Giouanni di Fiorenza con istorie minutissime de la Passione di Cristo. Costui disegnò benissimo, e assai, e nel libro nostro v'è di molte carte di vestiti, ignudi, & di storie disegnate daquerello. A concorrenza di costui fece Antonio alcune istorie, doue lo paragonò nella diligenzia; & superollo nel disegno. Per laqualcosa i Consoli dell'arte de' mercatanti vedendo la eccellenzia di Antonio; deliberarono tra loro, che hauendosi a fare di Argẽto alcune istorie nello altare di s. Giouanni, si come da varij maestri in diuersi tempi, sempre era stato vsanza di fare: che Antonio, ancora ne lauorasse. Et cosi fu fatto. Et riuscirono queste sue cose tanto eccellenti: che elle si conoscono fra tutte l'altre per le megliori. E furono la cena d'Erode, e il ballo d'Herodiana: ma sopra tutto fu bellissimo il s. Giouanni, che è nel mezzo dell'altare, tutto di Cesello, e opera molto lodata. Per il che gli allogarono i detti consoli, i candillieri del'argento, di braccia tre l'uno; & la Croce a proporzione. Doue egli lauorò tanta roba d'intaglio, & la condusse a tanta perfezzione; che & da' forestieri & da' terrazzani, sempre è stata tenuta cosa marauigliosa. Durò in questo mestiero infinite fatiche; si ne' lauori che e' fece d'oro; come in quelli di smalto, & di argento. In fra lequali: sono alcune paci in s. Giouanni bellissime. che di colorito a fuoco, sono di sorte, che col penello, si potrebbono poco migliorare. Et in altre chiese di Fiorenza, & di Roma, e altri luoghi d'Italia si ueggono di suo smalti miracolosi. Insegnò que-

quest'arte a Mazzingo Fiorentino, & a Giuliano del Facchino maestri ragioneuoli, e a Giouanni Turini Sanese, che auanzò, questi suoi compagni assai in questo mestiero; delquale da Antonio di Salui in qua, (che fece di molte cose è buone, come vna croce grande d'argento nella Badia di Firenze, & altri lauori) non se veduto gran fatto, cose che sene possa far conto straordinario. Ma, & di queste, & di quelle de Pollaiuoli molte, per i bisogni della Città nel tempo della Guerra, sono state dal fuoco destrutte, & guaste. La onde conoscendo egli, che quell'arte non daua molta vita alle fatiche de' suoi Artefici; si risoluè, per desiderio di piu lunga memoria, non attendere piu ad essa. Et cosi hauendo egli Piero suo fratello, che attendeua alla pittura; si accostò a quello, per imparare i modi del maneggiare, & adoperare i colori. Parendoli vn arte tanto differente da l'orefice, che se egli non hauesse cosi prestamente resoluto d'abandonare quella prima in tutto; e' sarebbe forse stata hora, che e' non harebbe voluto esseruisi voltato. Perlaqualcosa spronato dalla vergogna, piu che dall'utile, appresa in non molti mesi la pratica del colorire, diuētò maestro eccellente. Et vnitosi in tutto cō piero, lauorarono in compagnia di molte pitture. Fralequali per dilettarsi molto del colorito, fecero al Cardinale di Portogallo vna tauola a olio in san Miniato al monte, fuori di Fiorenza; laquale fu posta sull'altar della sua cappella, et vi dipinsero dentro s. Iacopo Apostolo, s. Eustachio, & san Vincenzio, che sono stati molto lodati. Et Piero particolarmente vi fece in sul muro a olio, il che haueua imparato da Andrea dal Castagno, nelle quadrature degl'angoli sotto l'architraue, doue girano i mezzi tondi degl'archi, alcuni proferi: & in vn mezzo tondo vna nūziata con tre figure. Et a' Capitani di parte dipinse in vn mezzo tondo vna nostra Donna col figliuolo in collo, & vn fregio di Serafini intorno; pur lauorato a olio. Dipinsero ancora in s. Michele in orto in vn pilastro, in tela a olio, vn'angelo Raffaello con Tobia; & fecero nella Mercatantia di Fiorenza alcune virtu, in quello stesso luogo doue siede pro Tribunali il magistrato di quella. Ritrasse di naturale m. Poggio, segretario della signoria di Fiorenza, che scrisse l'historia Fiorentina dopo m. Lionardo d'Arezzo, & m. Giānozzo Manetti; persona dotta, & stimata assai, nel medesimo luogo, doue da altri maestri assai prima erano ritratti Zanobi da Strada poeta Fiorētino, Donato Acciaiuoli, & altri. Nel Proconsolo, & nella cappella de' Pucci a s. Sebastiano de' Serui fece la tauola dell'altare, che è cosa eccellente, & rara, doue sono caualli mirabili, ignudi, & figure bellissime in iscorto, & il s. Sebastiano stesso ritratto dal viuo, cioè da Gino di Lodouico Capponi, & fu quest'opera la piu lodata, che Antonio facesse giamai. Concio sia, che per andare egli imitando la natura il piu, che e' poteua, fece in vno di que' saettatori, che appoggiatasi la balestra al petto, si china a terra per caricarla, tutta quella forza che può porre vn forte di braccia in caricare quell'instrumento. Imperò, che e' si conosce in lui il gonfiare delle vene, & de' muscoli, & il ritenere del fiato, per fare piu forza. Et non è questo solo ad essere condotto con auuertēza, ma tutti gl'altri ancora con diuerse attitudini, assai chiaramente dimostrano l'ingegno, & la considerazione, che egli haueua posto in questa opera, laqual fu certamente conosciuta da Antonio Pucci, che gli donò per questo 300. scudi, affermando, che non gli pagaua appena i colori. & fu finita l'anno 1475. Creb

beli

beli dunque da questo l'animo,& a san Miniato fra le torri fuor della porta, dipinse vn s.Christofano di dieci braccia; cosa molto bella,& modernamente lauorata,& di quella grandezza fu la piu proportionata figura, che fusse stata fatta fino a quel tempo. Poi fece in tela vn crucifisso con s.Antonino, il quale è posto alla sua cappella in s. Marco. In palazzo della signoria di Fiorenza lauorò alla porta della catena vn s.Gio.Battista: & in casa medici dipinse a Lorenzo vecchio tre Hercoli in tre quadri,che sono di cinque braccia; l'uno de'quali scoppia Anteo,figura bellissima,nella quale propriamente si vede la forza d'Hercole nello strignere,che i muscoli della figura,& i nerui di quella sono tutti raccolti,per far crepare Anteo: & nella testa di esso Hercole si conosce il digrignare de' denti accordato in maniera con l'altre parti, che sino a le dita de' piedi s'alzano per la forza. Ne vsò punto minore auuertenza in Anteo,che stretto dalle braccia d'Hercole,si vede mancare, & perdere ogni vigore, & a bocca aperta rendere lo spirito. L'altro ammazzando il Leone, gli appunta il ginocchio sinistro al petto,& afferrata la bocca del Leone con ammendue le sue mani,serrando i denti; & stendendo le braccia lo apre,e sbarra per viua forza; ancora che la fiera per sua difesa,con gli vnghioni,malamente gli graffi le braccia. Il terzo,che amazza l'Idra,è veramēte cosa marauigliosa,& massimamente il serpente, il colorito delquale,cosi viuo fece, & si propriamente,che piu viuo far non si puo. Quiui si vede il veleno, il fuoco, la ferocità,l'ira,con tanta prontezza,che merita esser celebrato,& da buoni artefici in cio grandemente imitato. Alla compagnia di s.Angelo in Arezzo fece da vn lato vn crucifisso,& dall'altro in sul drappo à olio vn s.Michele,che combatte col serpe,tanto bello,quanto cosa,che di sua mano si possa vedere; perche v'è la figura del s.Michele,che con vna brauura affronta il serpente,stringendo i denti,& increspando le ciglia,che veramente pare disceso dal cielo p far la vendetta di Dio cōtra la superbia di Lucifero,& è certo cosa marauigliosa. Egli s'intese degli ignudi piu modernamente, che fatto non haueuano gl'altri maestri inanzi a lui,& scorticò molti huomini,per vedere la notomia lor sotto. Et fu primo a mostrare il modo di cercar' i muscoli,che hauessero forma,& ordine nelle figure; & di quegli tutti,cinti d'una catena intagliò in rame vna battaglia,e dopo quella fece altre stampe,con molto migliore intaglio,che non haueuano fatto gl'altri maestri,ch'erano stati inãzi a lui. Per queste cagioni adunque venuto famoso in fra gl'artefici, morto papa Sisto quarto,fu da Innocenzio suo successore cōdotto à Roma,doue fece di metallo,la sepoltura di detto Innocentio,nellaquale lo ritrasse di naturale à sedere nella maniera,che staua quando daua la benedizzione, che fu posta in san Pietro. E quella di Papa Sisto detto,laquale finita con grandissima spesa, fu collocata questa nella cappella, che si chiama dal nome di detto Pontefice, con ricco ornamento,e tutta Isolata: E sopra essa è a Ghiacere esso Papa molto ben fatto, & quella Innocēzio in s.Pietro, accanto alla capella dou'è la lancia di Christo. Dicesi,che disegnò il medesimo la fabbrica del palazzo di beluedere,per detto papa Innocenzio, se bene fu condotta da altri, per non hauer egli molta pratica di murare. Finalmente, essendo fatti ricchi morirono poco l'uno dopo l'altro, amēdue qsti fratelli nel 1498. e da parenti hebbero sepoltura in s. Piero in Vincula. Et in memoria loro,allato alla porta di me zo a man sinistra entrando in chiesa, furono ritratti ambidue in due tondi i di marmo con questo Epitaffio.

Antonius Pullarius patria Florentinus, pictor insignis. Qui duorum Pontif. xisti, & Innocentij aerea Monimenta miro opific. expressit. Re famil. composita ex Test. Hic secum Petro Fratre condi Voluit. Vix an. LXXII. Obijt anno sal. M.IID.

Il medesimo fece di basso rilieuo in metallo vna battaglia di nudi, che andò in Ispagna, molto bella, dellaquale n'è vna impronta di gesso in Firenze appresso tutti gl'Artefici. E si trouò dopo la morte sua il disegno, e modello, che a Lodouico Sforza egli haueua fatto, per la statua a cauallo di Francesco Sforza Duca di Milano, ilquale disegno è nel nostro libro in due modi. In vno egli ha sotto Verona, nell'altro egli tutto armato, e sopra vn basamento pieno di battaglie, fa saltare il cauallo addosso a vno armato. Ma la cagione, perche non mettesse questi disegni in opera non ho gia potuto sapere. Fece il medesimo alcune medaglie bellissime, e fra l'altre in vna la cōgiura de' pazzi; nellaquale sono le teste di Lorenzo, & Giuliano de' Medici, e nel riuerso il choro di s. Maria del Fiore, & tutto il caso come passò appunto. Similmente fece le medaglie d'alcuni Pontefici; & altre molte cose, che sono dagli Artefici conosciute.

Haueua Antonio quando morì anni LXXII, & Pietro anni LXV. Lasciò molti discepoli, & fra gli altri Andrea Sansouino. Ebbe nel tempo suo felicissima vita, trouando Pontefici ricchi, & la sua città in colmo, che si dilettaua di virtù: perche molto fu stimato; doue se forse hauesse hauuto contrari i tēpi non haurebbe fatto que' frutti, che è fece: essendo inimici molto i trauagli alle scienze, dellequali gli huomini fanno professione, & prendono diletto. Col disegno di costui furono fatte per s. Giouanni di Fiorenza due tonicelle, & vna pianeta & piuiale di broccato riccio sopra riccio, tessuti tutti d'un pezzo, senza alcuna cucitura: & per fregi & ornamenti di quelle, furono ricamate le storie della vita di s. Giouanni, con sottilissimo magisterio, & arte da Paulo da Verona, diuino in quella professione, e sopra ogni altro ingegno rarissimo. Dalquale non furono condotte manco bene le figure con l'ago, che se le hauesse dipinte Antonio co'l penello. Di che si debbe hauere obligo non mediocre alla virtù dell'uno nel disegno, & alla pazienza dell'altro nel ricamare. Durò a condursi questa opera anni XXVI. & di questi ricami, fatti col punto serrato che oltre all'esser piu durabili, appare vna propria pittura di penello, & ne quasi smarito il buon modo vsandosi hoggi il punteggiare piu largo, che è manco durabile, & men vago a uedere.

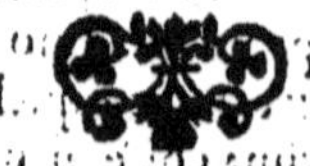

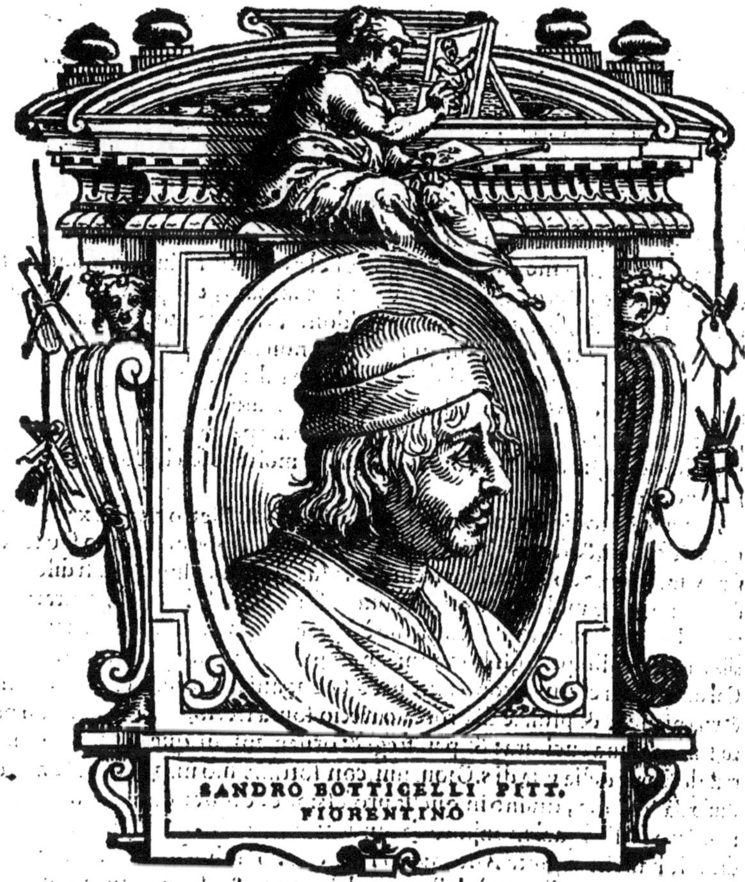

Vita di Sandro Botticello pittor Fiorentino.

NE' medesimi tempi del Mag. Lorenzo Vecchio de' Medici, che fu veramente, per le persone d'ingegno, vn secol d'oro, fiori ancora Alessandro: chiamato a l'uso nostro Sãdro, e detto di Botticello per la cagione che apresso vedremo. Costui fu figliuolo di Mariano Filipepi Cittadino Fiorentino; dalquale diligentemente alleuato, & fatto instruire in tutte quelle cose, che vsanza è di insegnarsi a fanciulli in quella età, prima che e' si ponghino a le botteghe; ancorche ageuolmente apprendesse tutto quello, che e' voleua; era nientedimanco inquieto sempre; ne si contentaua di scuola alcuna, di leggere, di scriuere o di abbaco: di maniera, che il padre infastidito di questo ceruello si strauagãte, per disperato lo pose a lo orefice con vn suo compare chiamato Botticel

lo,

lo, assai competente maestro all'ora in quell'arte. Era in quella età vna dimestichezza grandissima, & quasi che vna continoua pratica tra gli orefici, & i pittori; per la quale Sandro, che era destra persona, e si era volto tutto al disegno; inuaghitosi della pittura, si dispose volgersi a quella. Perilche aprendo liberamente l'animo suo al padre, da lui, che conobbe la inchinazione di quel ceruello, fu condotto a fra Filippo del Carmine eccellentissimo pittore all'ora, & acconcio seco a imparare, come Sandro stesso desideraua. Datosi dunque tutto a quell'arte, seguitò, & imitò si fattamente il maestro suo, che fra Filippo, gli pose amore: & insegnolli di maniera che e' peruenne tosto ad vn grado, che nessuno lo harebbe stimato. Dipinse essendo giouanetto nel la mercatanzia di Fiorenza vna fortezza fra le tauole delle virtù, che Antonio, & Piero del Pollaiuolo lauorarono. In S. Spirito di Fiorenza fece vna tauola alla cappella de' Bardi; laquale è con diligenza lauorata, & a buon fin cõdotta; doue sono alcune oliue, & palme lauorate con sommo amore. Lauorò nelle conuertite vna tauola a quelle monache, & a quelle di s. Barnabà, similmente vn'altra. In Ogni Santi dipinse a fresco nel tramezzo alla porta, che va in coro per i Vespucci vn s. Agostino, nelquale cercando egli allora di passare tutti coloro, ch'al suo tempo dipinsero; ma particolarmente Domenico Ghirlandaio, che haueua fatto dall'altra banda vn s. Girolamo, molto s'affaticò; laqual opera riusci lodatissima per hauere egli dimostrato nella testa di quel Santo, quella profonda cogitazione, & acutissima sottigliezza che suole essere nelle persone sensate, & astrette continuamente nella inuestigazione di cose altissime, & molto difficili. Questa pittura come si è detto nella vita del Ghirlandaio, questo anno 1564 è stata mutata dal luogo suo, salua, & intera. Perilche venuto in credito, & in riputazione, dall'arte di Porta Santa Maria gli fu fatto fare in s. Marco vna incoronazione di N. Donna in vna tauola, & vn coro d'Angeli; laquale fu molto ben disegnata, & cõdotta da lui. In casa Medici a Lorenzo vecchio lauorò molte cose, & massimamente vna Pallade su vna impresa di brõconi, che buttauano fuoco, laquale dipinse grãde quanto il viuo, & ancora vn s. Sebastiano. In s. Maria maggior di Fiorenza è vna pietà con figure piccole allato alla cappella di Panciatichi molto bella. Per la città in diuerse case fece tondi di sua mano, & femmine ignude assai, dellequali hoggi ancora a Castello, villa del Duca Cosimo sono due quadri figurati, l'uno Venere, che nasce, & quelle aure, & venti, che la fanno venire in terra con gli amori: & cosi vn'altra Venere, che le grazie la fioriscono, dinotando la prima vera; lequali da lui con grazia si veggono espresse. Nella via de Serui in casa Giouanni Vespucci, hoggi di Piero Saluiati, fece intorno a vna camera molti quadri chiusi da ornamenti di noce, per ricignimento, & spalliera, con molte figure, & viuissime, & belle. Similmente in casa Pucci fece di figure piccole la nouella del Boccaccio, di Nastagio degl'Honesti, i quattro quadri di pittura molto vaga, e bella, & in vn tondo l'Epifania. Ne' monaci di Cestello a vna cappella fece vna tauola d'una Annunziata. In s. Pietro Maggiore alla porta del fianco fece vna tauola per Matteo Palmieri con infinito numero di figure, cio è la assunzione di N. Donna con le zone de' cieli, come son figurate, i Patriarchi, i Profeti, gl'Apostoli, gli Euangelisti, i Martiri, i Confessori, i Dottori; le Vergini, & le Gerarchie, e tutto col disegno datogli da Matteo, ch'era litterato, e valent'huomo. Laquale opera egli cō maestria, & finitissima diligenza dipinse. Euui ritratto appie Matteo inginocchioni, & la sua moglie ancora. Ma con tutto, che questa opera sia bellissima, e ch'ella douesse vincere la inuidia; furono però alcuni maliuoli, & detrattori, che non potendo dannarla in altro: dissero che, & Matteo, & Sandro grauamente vi haueuano peccato in Eresia: ilche se è vero, o non vero, non se ne aspetta il giudizio, a me basta che le figure che Sandro vi fece, veramente sono da lodare, per la fatica che e'durò nel girare i cerchi de'Cieli, & tramezare tra figure & figure d'Angeli, & scorci, & vedute in diuersi modi diuersamente, & tutto condotto con buono disegno. Fu allogato a Sandro in questo tēpo vna tauoletta piccola di figure di tre quarti di braccio l'una; Laquale fu posta in s. Maria Nouella fra le due porte, nella facciata principale della chiesa nell'entrare per la porta del mezo a sinistra: Et euui dentro la adorazione de'Magi; Doue si vede tanto affetto nel primo vecchio; che baciando il piede al N. Signore, & struggendosi di tenerezza, benissimo dimostra hauere cōseguita la fine del lunghissimo suo uiaggio. Et la figura di questo Re, è il proprio ritratto di Cosimo vecchio de'Medici: diquanti a' di nostri se ne ritruouano il piu viuo, & piu naturale. Il secondo, che è Giuliano de'Medici padre di Papa Clemente VII. Si vede che intentissimo con l'animo, diuotamente rēde riuerenza a quel putto, & gli assegna il presente suo. Il terzo inginocchiato egli ancora, pare che adorandolo, gli renda grazie: & lo confessi il vero Messia, e Giouanni figliuolo di Cosimo. Ne si può descriuere la bellezza che Sandro mostrò nelle teste che vi si veggono; lequali con diuerse attitudini son girate, quale in faccia, quale in proffilo, quale in mezo occhio, & qual chinata, & in piu altre maniere; Et diuersità d'arie di giouani; di vecchi; con tutte quelle strauaganzie che possono far conoscere la perfezzione del suo magisterio. Hauendo egli distinto le corti di tre Re, di maniera che e'si comprende, quali siano i seruidori del l'uno, & quali del l'altro. Opera certo mirabilissima; E per colorito, per disegno, e per componimento, ridotta si bella, che ogni Artefice ne resta hoggi marauigliato. Et all'ora gli arrecò in Fiorenza, & fuori tanta fama che Papa Sisto IIII. hauendo fatto fabricare la cappella in palazzo di Roma; & volendola dipignere, ordinò ch'egli ne diuenisse capo; onde in quella fece di sua mano le infrascritte storie, cioè quando Christo è tentato dal diauolo; quando Mose amazza lo Egizzio, & che riceue bere da le figlie di Ietrò Madianite. Similmente quando sacrificando i figliuoli di Aron venne fuoco da cielo: & alcuni Santi Papi nelle nicchie di sopra alle storie. La onde acquistato fra molti concorrenti che seco lauorarono, & Fiorentini, & di altre città, fama, & nome maggiore; hebbe da'l Papa buona somma di danari; i quali ad vn tempo destrutti, & consumati tutti nella stanza di Roma, per viuere a caso, come era il solito suo; & finita insieme quella parte, che egli era stata allogata, & scopertala, se ne tornò subitamente a Fiorenza. Doue per essere persona sofistica comentò vna parte di Dante: & figurò lo inferno, & lo mise in Stampa dietro alquale consumò di molto tempo, perilche non lauorando fu cagione di infiniti disordini alla vita sua. Mise in stampa ancora, molte cose sue di disegni che egli haueua fatti ma in cattiua maniera perche l'intaglio era mal fatto onde de il meglio, che si vegga di sua mano è il triomfo della Fede, di fra Girolamo Sauonarola da Ferrara; della setta delquale fu inguisa partigiano, che cio fu causa, che egli abandonando il dipignere, e non hauendo entrate da viuere precipitò in disordine grandissimo. Percioche, essendo ostinato a quella parte, e facendo, (come si chiamauano allora) il Piagnone si diuiò dal lauorare: Onde in vltimo si trouo vecchio, e pouero di sorte, che se Lor. de' Medici mentre, che visse, per loquale, oltre a molte altre cose, haueua assai lauorato allo Spedaletto in quel di Volterra, non l'hauesse souuenuto, & poi gl'amici, & molti huomini da bene stati affetionati alla sua virtù si sarebbe quasi morto di fame. E di mano di Sandro in s. Francesco fuor della porta a s. Miniato in vn tondo vna Madonna, con alcuni Angeli grandi quanto il viuo, ilquale fu tenuto cosa bellissima. Fu Sandro persona molto piaceuole, e fece molte burle a i suoi discepoli, & amici, onde si racconta; che hauẽdo vn suo creato, che haueua a nome Biagio fatto vn tondo simile al sopradetto appunto, per venderlo, che Sandro lo vendè sei fiorini d'oro a vn Cittadino; e che trouato Biagio gli disse: Io ho pur finalmente venduto questa tua pittura, però si vuole stasera appicarla in alto, perche hauerà miglior veduta, e dimattina andare a casa il detto Cittadino, e condurla qua, accio la veggia a buon aria al luogo suo; poi ti annoueri i contanti. O quanto hauete ben fatto maestro mio, disse Biagio. E poi andato a bottega mise il tondo in luogo assai ben alto, e partissi. In tanto Sandro, e Iacopo, che era vn'altro suo discepolo, fecero di carta otto capuci a uso di cittadini, & con la cera bianca gl'accommodarono sopra le otto teste degl'Angeli, che in detto tondo erano intorno alla Madonna. Onde uenuta la mattina, eccoti Biagio, che ha seco il cittadino, che haueua compera la pittura, e sapeua la burla, & entrati in bottega alzando Biagio gl'occhi vide la sua Madonna non in mezzo a gl'Angeli, ma in mezzo alla Signoria di Firenze starsi a sedere fra que' capucci. Onde uolle cominciare a gridare, e scusarsi con colui, che l'haueua mercatata, ma vedendo, che taceua anzi lodaua la pittura se ne stette anch'esso. Finalmente andato Biagio col cittadino a casa hebbe il pagamento de' sei fiorini; secondo, che dal maestro era stata mercatata la pittura, e poi tornato a bottega, quando apunto Sandro, e Iacopo haueuano leuate i capucci di carta, vide i suoi Angeli, essere Angeli, e non cittadini in capuccio. Perche tutto stupeffatto non sapeua, che si dire, pur finalmente riuolto a Sandro disse, Maestro mio, io nõ so se io mi sogno, o se gli è uero; questi Angeli quando io uenni qua haueuano i capucci rossi in capo, & hora non gli hanno, che vuol dir questo? Tu sei fuor di te Biagio, disse Sandro. Questi danari t'hãno fatto uscire del seminato: se cotesto fusse credito, che quel cittadino l'hauesse compero? Gli è vero, soggiunse Biagio, che non me n'ha detto nulla, tutta uia a me pareua strana cosa. Finalmente tutti gl'altri garzoni furono intorno a costui, e tanto dissono, che gli fecion credere, che fussino stati Capogiroli. Venne vna volta ad habitare allato a Sandro un tessidore di drappi, & rizzò ben otto telaia: iquali quando lauorauano, faceuano non solo col romore delle calcole, & ribattimento delle casse, assordare il pouero Sandro, ma tremare tutta la casa. che non era piu gagliarda di muraglia, che si bisognasse, donde fra per l'una cosa, & per l'altra non poteua lauorare o stare in casa. Et pregato piu volte il uicino che rimediasse a questo fastidio, poi che egli hebbe detto, che in casa sua voleua & poteua far quel che piu gli piaceua. Sandro sdegnato, in sul suo muro, che era piu alto di quel del vicino, & non molto gagliardo, pose in billico vna grosissima pietra, e di piu che di carrata, che pareua che ogni poco chel muro si mouesse, fusse per cadere, & sfondare i tetti, & palchi, & tele, & telai del vicino; ilquale impaurito di questo pericolo, e ricorrendo a Sandro, gli fu risposto con le medesime parole che in casa sua poteua, & uoleua far quelche gli piaceua, ne potendo cauarne altra conclusione, fu necessitato a uenir agli accordi ragioneuoli: & far a Sandro buona uicinanza. Raccontasi ancora, che Sandro accusò per burla vn amico suo di eresia al Vicario, e che colui cõparendo dimandò chi l'haueua accusato, e di che; perche essendogli detto, che Sandro era stato; ilquale diceua, che egli teneua l'opinione degli Epicurei, e che l'anima morisse col corpo volle vedere l'acusatore dinanzi al Giudice, onde Sandro comparso, disse; egli è vero, che io ho questa opinione dell'anima di costui, che è vna bestia. Oltre cio non pare a voi, che sia heretico, poi che senza hauere lettere, o apena saper leggere, comenta Dãte; e mentoua il suo nome in vano? Dicesi ancora, che egli amò fuor di modo coloro, che egli cognobbe studiosi dell'arte: e che guadagnò assai, ma tutto per hauere poco gouerno, e per trascuratagine, mandò male. Finalmente condottosi vecchio, e disutile, e caminãdo con due mazze, perche non si reggeua ritto, si morì essendo infermo, e decrepito, d'anni settantotto; & in Ogni Santi di Firenze fu sepolto l'anno 1515.

Nella Guardaroba del s. Duca Cosimo sono di sua mano due teste di femmina in profilo bellissime; Vna dellequali si dice, che fu l'inamorata di Giuliano de'Medici fratello di Lorenzo, e l'altra Madonna Lucrezia de'Tornabuoni moglie di detto Lorenzo. Nel medesimo luogo è similmente di man di Sandro vn Bacco, che alzando con ambe le mani vn barile, se lo pone a bocca, ilquale è vna molto graziosa figura: E nel duomo di Pisa alla cappella dell'impagliata cominciò vn'assunta, con vn coro d'Angeli, ma poi nõ gli piacendo la lasciò imperfetta. In s. Francesco di Monte Varchi fece la tauola dell'altar maggiore: E nella Pieue d'Empoli da quella banda, doue è il s. Bastiano del Rossellino, fece due Angeli. E fu egli de'primi, che trouasse di lauorare gli stendardi, & altre drapperie come si dice, di commesso, perche i colori non istinghino, e mostrino da ogni banda il colore del drappo. E di sua mano cosi fatto, è il Baldachino d'Or s. Michele, pieno di Nostre Donne tutte variate, e belle. Ilche dimostra quanto cotal modo di fare meglio conserui il drappo, che non fanno i mordenti, che loricidano, e dannogli poca uita, sebene per manco spesa, è piu in uso hoggi il mordente, che altro. Disegnò Sandro bene fuor di modo, e tanto, che dopo lui vn pezzo s'ingegnarono gl'Artefici d'hauere de suoi disegni. E noi nel nostro libro n'habbiamo alcuni, che son fatti con molta pratica, e giudizio. Fu copioso di figure nelle storie, come si puo veder ne'ricami del fregio della croce, che portano a processione i frati di s. Maria Nouella tutto di suo disegno. Meritò dunque Sandro gran lode in tutte le pitture, che fece, nellequali volle mettere diligenza, e farle cõ amore, come fece la detta tauola de'Magi di s. Maria Nouella, laquale è marauigliosa. E molto bello ancora un picciol tondo di sua mano, che si vede nel

la

la cameta del Priore degl'Angeli di Firenze, di figure piccole, ma graziose molto, & fatte con bella consideratione. Della medesima grandezza, che è la detta tauola de' Magi, n'ha vna di mano del medesimo, M. Fabio Segni, Gentil'huomo Fiorentino, nella quale è dipinta la Calunnia d'Apelle, bella quanto possa essere. Sotto laquale tauola, laquale egli stesso donò ad Antonio Segni suo amicissimo, si leggono hoggi questi versi di detto M. Fabio.

Indicio quemquam ne falso lædere tentent.
Terrarum Reges parua Tabella monet.
Huic similem AEgipti Regi donauit Apelles.
Rex fuit, e dignus munere: munus eo.

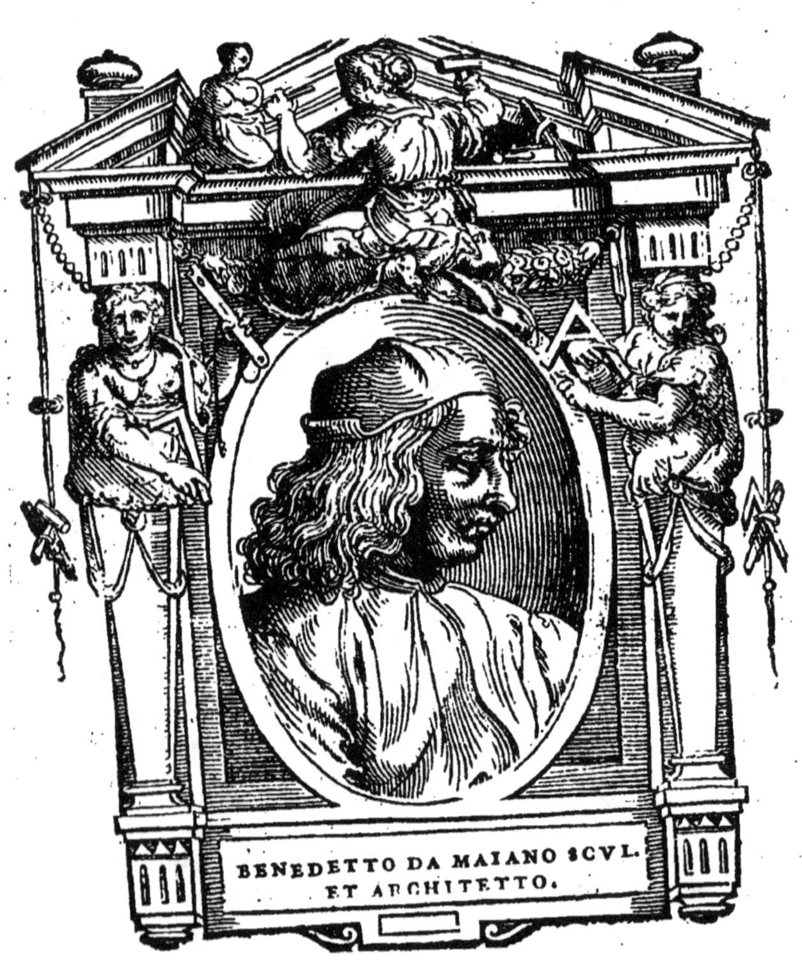

VITA DI BENEDETTO DA MAIANO SCVLTORE, ET ARCHITETTO,

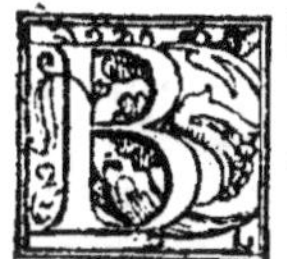

ENEDETTO da Maiano scultore Fiorentino; essendo ne' suoi primi anni intagliatore di legname, fu tenuto in quello esercizio il piu valente maestro, che tenesse ferri in mano: e particolarmente fu ottimo artefice in quel modo di fare, che come altroue si è detto, fu introdotto al tempo di Filippo Brunelleschi e di Paulo Vcello, di comettere insieme legni tinti di diuersi colori, e farne prospettiue, fogliami, e molte altre diuerse fantasie. Fu dunque in questo artifizio Benedetto da Maiano nella sua giouanezza il miglior maestro, che si trouasse, come apertamente ne dimostrano molte opere sue, che, in Firenze in diuersi luoghi si ueggiono; e particolarmente tutti gl'armari della sagrestia di s. Maria del Fiore finiti da lui la maggior parte, dopo la morte di Giuliano suo zio, che son pieni di figure fatte di rimesso, e di fogliami, e d'altri lauori fatti con mag. spesa, & artifizio. Per la nouità dunque di questa arte venuto in grandissimo nome, fece molti lauori, che furono mandati in diuersi luoghi, & a diuersi Principi: e fra gl'altri n'hebbe il Re Alfonso di Napoli vn fornimento d'uno scrittoio, fatto fare per ordine di Giuliano zio di Benedetto, che seruiua il detto Re nelle cose d'architettura, doue esso Benedetto si trasferi, ma non gli piacendo la stanza; se ne tornò a Firenze. Doue hauendo non molto dopo lauorato per Mattia Coruino Re d'Vngheria, che haueua nella sua corte molti Fiorentini, e si dilettaua di tutte le cose rare, vn paio di casse con difficile, e bellissimo Magisterio di legni commessi, si deliberò, essendo con molto fauore chiamato da quel Re, di volere andarui per ogni modo; perche fasciate le sue casse, & con esse entrato in naue se n'andò in Vngheria. La doue fatto reuerenza a quel Re, dalquale fu benignamente riceuuto, fece venire le dette casse; e quelle fatte sballare alla presenza del Re, che molto disideraua di uederle, vide, che l'humido dell'acqua, e'l mucido del mare haueua intenerito in modo la colla, che nell'aprire gl'incerati, quasi tutti i pezzi, che erano alle casse appicati, caddero in terra; onde se Benedetto rimase attonito, & ammutolito, per la presenza di tanti signori, ognuno se lo pensi. Tutta via messo il lauoro insieme il meglio, che potette, fece, che il Re rimase assai sodisfatto. Ma egli nondimeno, recatosi a noia quel mestiero non lo potè piu patire, per la vergogna, che n'haueua riceuuto. Et cosi messa da canto ogni timidità, si diede alla scultura, nellaquale haueua di gia a Loreto, stando con Giuliano suo zio, fatto per la sacrestia vn laua mani con certi Angeli di marmo. Nellaquale arte prima, che partisse d'Vngheria fece conoscere a quel Re, che se era da principio rimaso con uergogna, la colpa era stata dell'esercizio, che era basso, e non dell'ingegno suo, che era alto, e pellegrino. Fatto dunque, che egli hebbe in quelle parti alcune cose di terra, e di marmo, che molto piacquero a quel Re, se ne tornò a Firenze, doue non si tosto fu giunto, che gli fu dato da i signori a fare l'ornamẽto di marmo della porta della lor vdienza, doue fece alcuni fanciulli, che con le braccia reggono certi festoni molto belli, Ma sopra tutto fu bellissima la figura, che

che è nel mezzo d'un s. Giouanni giouanetto, di due braccia, laquale è tenuta cosa singulare. Et accioche tutta quell'opera fusse di sua mano, fece i legni, che serrano la detta porta egli stesso, e ui ritrasse di legni commessi, in ciascu na parte vna figura, cio è in vna Dante, e nell'altra il Petrarca. Lequali due fi gure, a chi altro non hauesse in cotale esercizio veduto di man di Benedetto, possono fare conoscere, quanto egli fosse in quello raro. e eccellente. Laqua le vdienza a tempi nostri ha fatta dipignere il s. Duca Cosimo da Francesco saluiati, come al suo luogo si dira. Dopo fece Benedetto in s. Maria Nouella di Fiorenza, doue Filippino dipinse la capella; una sepoltura di marmo nero, in un tondo vna N. Donna, e certi Angeli con molta diligenza per Filippo strozzi vecchio, il ritratto delquale, che ui fece di marmo è hoggi nel suo palazzo. Al medesimo Benedetto fece fare Lorenzo vecchio de' Medici in sãta Maria del Fiore il ritratto di Giotto pittore Fiorentino, e lo collocò sopra l'e pitaffio, delquale si è di sopra nella vita di esso Giotto a bastanza ragionato, laquale scultura di marmo è tenuta ragioneuole. Aandato poi Benedetto a Napoli, per essere morto Giuliano suo zio, delquale egli era herede, oltre alcune opere, che fece a quel Re, fece per il Conte di Terra Nuoua in vna tauola di marmo nel monasterio de' monaci di Monte Oliueto una Nunziata, con certi santi, e fanciulli intorno bellissimi, che reggono certi festoni. E nel la predella di detta opera fece molti bassi rilieui con buona maniera. In Faẽ za fece vna bellissima sepoltura di marmo per il corpo di s. Sauino, & in essa fece di basso rilieuo sei storie della vita di quel santo, con molta inuenzione, e disegno, cosi ne casamenti, come nelle figure. Di maniera, che per questa, e per l'altre opere sue fu conosciuto per huomo eccellẽte nella scultura. Onde prima, che partisse di Romagna gli fu fatto fare il ritratto di Galeotto Malatesta. Fece anco, non so se prima o poi, quello d'Henrico settimo Re d'Inghilterra, secondo, che n'haueua hauuto da alcuni mercanti Fiorentini un ritratto in carta. La bozza de' quali due ritratti fu trouata in casa sua con molte altre cose dopo la sua morte. Ritornato finalmente a Fiorenza, fece a Pietro Mellini cittadin Fiorẽtino, & allora ricchissimo mercante, in s. Croce il pergamo di marmo, che vi si uede, il qual è tenuto cosa raris. e bella sopr'ogni altra, che in quella maniera sia mai stata lauorata, per vedersi in quello lauorate le figure di marmo nelle storie di s Francesco, con tanta bontà, e diligẽza, che di marmo non si potrebbe piu oltre disiderare. Hauendoui Benedetto con molto artifizio intagliato alberi, sassi, casamẽti, prospettiue: & alcune cose marauigliosamente spiccate: Et oltre cio, un ribattimento in terra di detto pergamo, che serue per lapida di sepoltura, fatto cõ tanto disegno, che egli è impossibile lodarlo a bastanza. Dicesi, che egli i fare questa opera hebbe difficultà con gl'operai di s. croce: perche volendo appoggiare detto pergamo a vna colonna, che regge alcuni degli archi, che sostengono il tetto, e forare la detta colonna per farui la scala, e l'entrata al pergamo, essi non voleuano, dubitando, che ella non si indebolisse tanto col vacuo della salita, che il peso non la sforzasse con gran rouina d'una parte di quel tempio. Ma hauendo dato sicurtà il Mellino, che l'opera si finirebbe senza alcun danno della chiesa, finalmente furono contenti. Onde hauendo Benedetto sprãgh ato di fuori con fasce di bronzo la colonna, cio è quella parte, che dal pergamo in giu è ricoperta di pietra forte, fece dentro la scala, per salire al pergamo; e tanto quanto egli la bucò di dentro l'ingrossò di fuora con detta pietra forte, in quella maniera, che si vede. Et con stupore di chiunche la vede condusse questa opera a perfezzione, mostrando in ciascuna parte, & in tutta insieme quella maggior bonta, che puo in simil opera desiderarsi. Affermano molti, che Filippo Strozzi il vecchio, volendo fare il suo palazzo, ne volle il parere di Benedetto, che glie ne fece un modello, e che secondo quello fu cominciato, se bene fu seguitato poi, e finito dal Cronaca, morto esso Benedetto, ilquale hauendosi acquistato da viuere, dopo le cose dette, non volle fare altro lauoro di marmo. Solamente finì in s. Trinità la s. Maria Madalena stata cominciata da Disiderio da Settignano. E fece il crucifisso, che è sopra l'altare di s. Maria del Fiore, & alcuni altri simili. Quanto all'architettura, ancora che mettesse mano a poche cose, in quelle nondimeno non dimostrò manco giudizio, che nella scultura, e massimamente in tre palchi di grādissima spesa, che d'ordine, & col consiglio suo furono fatti nel palazzo della signoria di Firenze. Il primo fu il palco della sala, che hoggi si dice de' Dugento, sopra laquale hauendosi a fare non vna sala simile, ma due stanze, cio è vna sala, & vna Audienza, e per conseguente hauendosi a fare vn muro, non mica leggieri, del tutto e dentroui vna porta di marmo ma di ragioneuole grossezza, non bisognò māco ingegno o giudizio di quello, che haueua Benedetto, a fare vn'opera cosi fatta. Benedetto adunque, per non diminuire la detta sala, e diuedere nondimeno il disopra in due, fece a questo modo. Sopra vn legno grosso vn braccio, e lungo quanto la larghezza della sala, ne commesse vn'altro di due pezzi di maniera, che con la grossezza sua alzaua due terzi di braccio. E negl'estremi ambidue benissimo confitti, & incatenati insieme faceuano a canto al muro ciascuna testa alta due braccia. E le dette due teste erano intaccate a ugna in modo, che ui si potesse impostare vn'arco di mattoni doppi, grosso vn mezzo braccio, appoggiatolo ne' fianchi a i muri principali. Questi due legni addunque erano con alcune incastrature a guisa di denti, in modo con buone spranghe di ferro vniti, & incatinate insieme, che di due legni ueniuano a essere vn solo. Oltre cio, hauendo fatto il detto arco; accio le dette traui del palco non hauessero a reggere se non il muro dell'arco in giu, e l'arco tutto il rimanente; apiccò dauantaggio al detto arco due grandi staffe di ferro, che inchiodate gagliardamente nelle dette traui da basso, le reggeuano, e reggono di maniera, che quando per loro medesime non bastasseno; sarebbe atto l'arco, mediante le dette catene stesse, che abbracciano il trauo, e sono due, vna di qua, e vna di la dalla porta di marmo, a reggere molto maggior peso, che non è quello del detto muro, che è di mattoni, e grosso un mezzo braccio. Et nondimeno fece lauorare nel detto muro i mattoni per coltello & centinato, che ueniua a pignerne canti doue era il sodo, & rimanere piu stabile. Et in questa maniera, mediante il buon giudizio di Benedetto rimase la detta sala de' Dugento nella sua grandezza; e sopra nel medesimo spazio, con vn tramezzo di muro, vi si fece la sala, che si dice dell'oriuolo, e l'udienza, doue è dipinto il Trionfo di Camillo di mano del Saluiati. Il soffittato delqual palco fu riccamente lauorato, e intagliato da Marco del Tasso, Domenico, & Giuliano suoi frategli

gli, che fece similmente quello della sala, dell'oriuolo, e quello dell'Vdienza. Et perche la detta porta di marmo fu da Benedetto fatta doppia, sopra l'arco della porta di dentro, hauēdo gia detto del di fuori, fece una iustizia di marmo a sedere, con la palla del mondo in vna mano, e nell' altra, vna spada con lettere intorno all'arco, che dicono, *Diligite iustitiam qui iudicatis terram.* Laquale tutta opera fu condotta con marauigliosa diligenza; & artifizio. Il medesimo alla Madonna delle Grazie, che è poco fuor d' Arezzo, facēdo vn portico, e vna salita di scale dināzi alla porta; Nel portico mise gl'archi sopra le colōne, & acanto al tetto girò intorno itorno vn architraue, fregio, e cornicione; & in q̄llo fece per gocciolatoio vna ghirlanda di Rosoni intagliati di macigno, che sportano in fuori vn braccio, e vn terzo. Talmente, che fra l'agetto del frontone della gola disopra, & il dentello, & Vouolo, sotto il gocciolatoio, fa braccia due, & mezzo, che aggiuntoui il mezzo braccio, che fanno i tegoli fa vn tetto di braccia tre intorno bello, ricco, vtile, & ingegnoso. Nella qual' opera, e quel suo artifizio, degno d'esser molto considerato dagli Artefici che volendo, che questo tetto sportasse tanto in fuori, senza modiglioni, o mensole, che lo reggessino; fece que lastroni, doue sono i rosoni intagliati tanto grandi che la metà sola sportassi in fuori, & l'altra metà restassi murato di sodo, onde essendo cosi contrepesati, potettono reggere il resto, e tutto quello, che di sopra si aggiunse, come ha fatto fino a hoggi, senza disagio alcuno di quella fabrica. Et perche non voleua, che questo cielo apparissi di pezzi come egli era: riquadrò pezzo per pezzo, d'un corniciamento intorno, che veniua a far lo sfondato del rosone, che incastrato, & commesso bene a cassetta, vniua l'opera di maniera che chi la vede la giudica d'un pezzo tutta. Nel medesimo luogo fece fare vn palco piano di rosoni messi d'oro, che è molto lodato. Hauendo Benedetto compero vn podere fuor di Prato, a vscire per la porta Fiorentina, per venire in verso Firenze, e non piu lontano dalla terra, che vn mezzo miglio; fece in sulla strada maestra accanto alla porta vna bellissima cappelletta: & in vna nicchia vna N. Donna col figliuolo in collo di terra, lauorata tanto bene, che cosi fatto senza altro colore è bella quanto se fusse di marmo. Cosi sono due Angeli, che sono a sommo per ornamento, con vn candelliere per vno in mano. Nel dossale dell'altare è vna pietà cō la N. Donna, e s. Giou. di marmo bellis. Lasso anco alla sua morte in casa sua molte cose abbozzate di terra, e di marmo: Disegnò Benedetto molto bene, come si puo vedere in alcune carte del nostro libro. Finalmente d'anni 54 si morì, nel 1498, e fu honoreuolmente sotterrato in s. Lorenzo. E lasciò, che dopo la vita d'alcuni suoi parenti, tutte le sue facultà fussino della compagnia del Bigallo,

Mentre Benedetto nella sua giouanezza lauorò di legname, e di commesso furono suoi concorrenti Baccio Cellini piffero della Signoria di Firenze, ilquale lauorò di commesso alcune cose d'auorio molto belle, e fra l'altre vn ottangolo di figure d'auorio, profilate di nero, bello affatto, il quale è nella guardaroba del Duca; parimente Girolamo della Ceccha creato di costui, e Piffero anch'egli della Signoria, lauorò ne' medesimi tempi pur di commesso molte cose. Fu nel medesimo tempo Dauit Pistolese, che in s. Giouanni

Euangeliſta di Piſtoia, fece all'entrata del coro vn s. Giouanni Euangeliſta di rimeſſo: opera piu di gran fatica, a condurſi, che di gran diſegno. Et parimente Geri Aretino, che fece il coro, & il pergamo di s. Agoſtino d'Arezzo, de medeſimi rimeſsi di legnami, di figure, & proſpettiue. Fu queſto Gieri molto capriccioſo, e fece di canne di legno, vno organo perfettiſsimo, di dolcezza, & ſuauità, che è anchor hoggi nel veſcouado d'Arezzo, ſopra la porta della ſagreſtia: mantenutoſi nella medeſima bontà: che è coſa degna di marauiglia, & da lui prima meſſa in opera. Ma neſſuno di coſtoro, ne altri fu a gran pezzo eccellente quanto Benedetto, onde egli merita fra i migliori Arteſici delle ſue profeſsioni d'eſſer ſempre annouerato, e lodato.

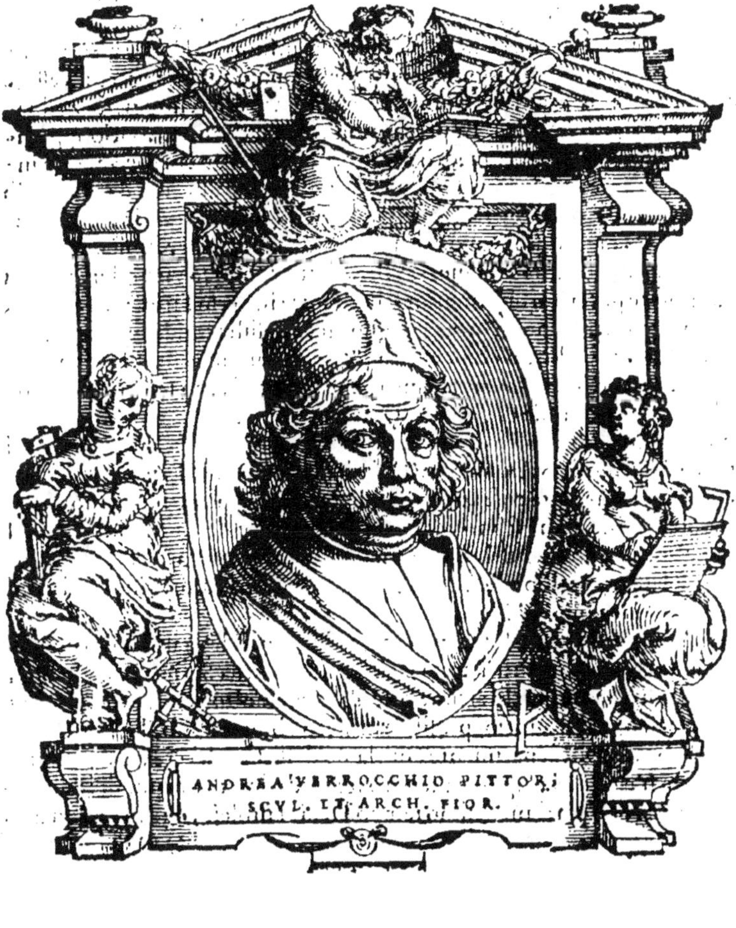

ANDREA VERROCCHIO PITTOR SCVL. ET ARCH. FIOR.

VITA DI ANDREA VERROCCHIO PITT. SCVLTORE, ET ARCHITETTO.

ANDREA del Verocchio, Fiorentino, fu ne tempi ſuoi Orefice, proſpettiuo, ſcultore, intagliatore, pittore, & muſico. Ma in vero nel arte della ſcultura, & pittura, hebbe la maniera al quanto dura, & crudetta: come quello che con infinito ſtudio ſe la guadagnò più che col benefitio, ò facilità della natura. Laqual facilità ſe ben li fuſsi tanto mancata, quanto gli auanzò ſtudio, & diligentia ſarebbe ſtato in queſte arti eccellentiſsimo; lequali a vna ſomma perfezione vorrebbono congiunto ſtudio, & natura; & doue l'un de dua manca: rade volte ſi peruiene al colmo; ſe ben lo ſtudio ne porta ſeco la maggior parte: il quale perche fu in Andrea, quanto in alcuno altro mai grandiſsimo: ſi mette fra i rari, & eccellenti artefici dell'arte noſtra. Queſti in giouanezza atteſe alle ſcienze, & particularmente alla geometria. Furono fatti da lui, mentre atteſe all'orefice, oltre a molte altre coſe alcuni bottoni da piuiali, che ſono in s. Maria del Fiore di Firenze. E di groſſerie, particolarmente vna tazza; la forma dellaquale, piena d'animali, di fogliami, & d'altre bizzarie, va attorno, & è da tutti gl'orefici conoſciuta, & vn'altra parimente doue è un ballo di puttini molto bello. Per le quali opere hauendo dato ſaggio di ſe, gli fu dato a fare dall'arte de' Mercatanti due ſtorie d'Argento nelle teſte dell'altare di s. Giouanni dellequali, meſſe, che furono in opera, acquiſtò lode, e nome grandiſsimo. Mancauano in queſto tempo in Roma alcuni di quegli Apoſtoli grandi, che ordinariamente ſoleuano ſtare in ſull'altare della cappella del Papa, con alcune altre argenterie ſtate disfatte: perilche, mandato per Andrea, gli fu con gran fauore da Papa Siſto dato a fare tutto quello, che in cio biſognaua; & egli il tutto conduſſe con molta diligenza, & giudizio a perfizzione. In tanto vedendo Andrea, che delle molte ſtatue antiche, & altre coſe, che ſi trouauano in Roma ſi faceua grandiſsima ſtima, e che fu fatto porre quel cauallo di bronzo dal Papa, a s. Ianni Laterano; & che de' Fragmenti, nõ che delle coſe intere, che ogni dì ſi trouauano, ſi faceua cunto, deliberò d'attendere alla ſcultura. Et coſi abandonato in tutto l'orefice, ſi miſe a gettare di bronzo alcune figurette, che gli furono molto lodate. La onde preſo maggiore animo, ſi miſe a lauorare di marmo. Onde eſſendo morta ſopra parto in que' giorni la moglie di Franceſco Tornabuoni, il marito, che molto amata l'haueua, e morta voleua, quanto poteua il piu, honorarla; diede a fare la ſepoltura ad Andrea; ilquale ſopra vna caſſa di marmo intagliò in vna Lapida la donna, il partorire, & il paſſare all'altra vita; & appreſſo in tre figure fece tre virtù, che furono tenute molto belle, per la prima opera, che di marmo haueſſe lauorato. Laquale ſepoltura fu poſta nella Minerua. Ritornato poi a Firenze con danari, fama, & honore, gli fu fatto fare di bronzo vn Dauit di braccia due, e mezzo, ilquale finito, fu poſto in palazzo al ſommo della ſcala, doue ſtaua la catena, con ſua molta lode. Mentre, che egli conduceua la detta ſtatua, fece ancora quella N. Donna di marmo, che è ſopra la ſepoltura di M. Lionardo Bruni Aretino in s. Croce, laquale lauorò, eſſendo ancora aſſai giouane, per Bernardo Roſſellini architetto, e ſcultore, ilquale condutse di marmo, come si è detto, tutta quell'opera. Fece il medesimo in vn quadro di marmo vna N. Donna di mezzo rilieuo, dal mezzo in su, col figliuolo in collo; laquale gia era in casa Medi: & hoggi è nella camera della Duchessa di Fiorenza, sopra vna porta, come cosa bellissima. Fece anco due teste di metallo, vna d'Alessandro Magno in proffilo; l'altra d'un Dario a suo capriccio, pur di mezzo rilieuo; e ciascuna da per se, variando l'un dall'altro ne cimieri, nell'armadure, & in ogni cosa. Lequali amendue furono mandate dal Mag. Lorenzo vecchio de' Medici al Re Mattia Coruino in Vngheria, cō molte altre cose, come si dirà al luogo suo. Per lequali cose, hauendo acquistatosi Andrea nome di eccellente maestro, e massimamente molte cose di metallo, dellequali egli si dilettaua molto, fece di bronzo tutta tonda in san Lorenzo la sepoltura di Giouanni, e di Piero di Cosimo de' Medici, doue è vna cassa di porfido, retta da quattro cantonate di bronzo, con girari di foglie molto ben lauorate; & finite con diligenza grandissima. Laquale sepoltura è posta fra la cappella del sagramento, e la sagrestia; dellaqual opera nō si puo ne di bronzo, ne di getto far meglio; massimamente hauendo egli in vn medesimo tempo mostrato l'ingegno suo nell'architettura, per hauer la detta sepoltura collocata nell'apertura d'una finestra larga braccia cinque, e alta dieci in circa; & posta sopra vn basamento, che diuide la detta cappella del sagramento, dalla sagrestia vecchia. E sopra la cassa, per ripieno dell'apertura insino alla volta fece vna grata a mandorle di cordoni di bronzo naturalissimi, con ornamenti in certi luoghi d'alcuni festoni, & altre belle fantasie, tutte notabili, & con molta pratica, giudizio, & inuenzione condotte. Dopo hauendo Donatello per lo magistrato de' Sei della mercanzia fatto il tabernacolo di marmo, che è hoggi dirimpetto a san Michele, nell'Oratorio di esso d'Orsan Michele; & hauendouisi a fare vn san Tommaso di brōzo, che cercasse la piaga a Christo: cio per allora non si fece altrimenti; perche degl'huomini, che haueuano cotal cura, alcuni voleuano, che le facesse Donatello; & altri Lorenzo Ghiberti. Essendosi dunque la cosa stata cosi, insino a che Donato, & Lorenzo vissero; furono finalmente le dette due statue allogate ad Andrea: ilquale fattone i modelli, e le forme le gettò, & vennero tanto salde, intere, & ben fatte, che fu vn bellissimo getto. onde messosi a rinettarle, & finirle, le ridusse a quella perfezzione, che al presente si vede, che non potrebbe esser maggiore: perche in san Tommaso si scorge la incredulità, & la troppa voglia di chiarirsi del fatto; & in vn medesimo tempo l'amore, che gli fa con bellissima maniera metter la mano al costato di Christo: & in esso Christo, ilquale con liberalissima attitudine alza vn braccio, & aprendo la veste, chiarisce il dubbio dell'incredulo discepolo, è tutta quella grazia, e diuinità, per dir cosi, che puo l'arte dar a vna figura. Et l'hauere Andrea ambedue queste figure vestita di bellissimi, e bene accommodati panni fa conoscere, che egli non meno sapeua questa arte, che Donato, Lorenzo, e gl'altri, che erano stati inanzi a lui. onde ben meritò questa opera d'esser'in vn tabernacolo fatto da Donato, collocata; & di essere stata poi sempre tenuta in pregio, & grandissima stima. La onde non potēdo la fama di Andrea andar piu oltre. ne piu crescere in quella professione; come persona a cui nō bastaua in vna sola cosa essere eccellente, ma desideraua esser il medesimo in

altre

altre ancora, mediante lo studio, volto l'animo alla pittura; & cosi fece i cartoni d'una battaglia d'ignudi disegnati di penna molto bene, per fargli di colore in vna facciata. Fece similmente i cartoni d'alcuni quadri di storie, e dopo gli comincio a mettere in opera di colori; ma qual si fusse la cagione, rimasero imperfetti. Sono alcuni disegni di sua mano nel nostro libro, fatti cõ molta pacienza, e grandissimo giudizio; in fra iquali sono alcune teste di femina con bell'arie, & acconciature di capegli, quali per la sua bellezza Lionardo da Vinci sempre imitò: sonui ancora dua cauagli cõ il modo delle misure, e centine da fargli di piccioli grandi, che venghino proportionati, & senza errori; & di rilieuo di terra cotta è appresso di me vna testa di cauallo ritratta dall'antico, che è cosa rara, & alcuni altri pure in carta n'ha il molto R. Don Vincenzio Borghini nel suo libro, delquale si è di sopra ragionato. E fra gl'altri, vn disegno di sepoltura da lui fatto in Vinegia, per vn Doge, & vna storia de' Magi, che adorano Christo; & vna testa d'una donna finissima quanto si possa, dipinta in carta. Fece anco a Lorenzo de' Medici, per la fonte della Villa a Careggi, vn putto di bronzo, che strozza vn pesce: ilquale ha fatto porre, come hoggi si vede, il Sig. Duca Cosimo alla fonte, che è nel cortile del suo palazzo. Ilqual putto è veramente marauiglioso. Dopo, essendosi finita di murare la Cupola di santa Maria del Fiore, fu risoluto dopo molti ragionamenti, che si facesse la palla di rame, che haueua a esser posta in cima a quell'edifizio, secondo l'ordine lasciato da Filippo Brunelleschi; perche datone la cura ad Andrea, e gli la fece alta braccia quattro, e posandola, in sur' vn bottone, la incatenò di maniera, che poi vi si pote mettere sopra sicuramente la croce. Laquale opera finita, fu messa su con grandissima festa, e piacere de' popoli. Ben'è vero, che bisognò vsar nel farla ingegno, e diligẽza, perche si potesse, come si fa, entraruì dentro per di sotto: & ancho nell'armarla con buone fortificazioni, acciò i venti non le potessero far nocumento. Et ꝑche Andrea mai nõ si staua, e sempre o di pittura, o di scultura lauoraua qualche cosa; & qualche volta tramezzaua l'un'opera con l'altra, perche meno, come molti fanno, gli venisse vna stessa cosa a fastidio; se bene nõ mise in opera i sopradetti cartoni, dipinse nondimeno alcune cose; e fra l'altre vna tauola alle monache di san Domenico di Firenze, nella quale gli parue esser si portato molto bene, onde poco appresso ne dipinse in s. Salui vn'altra a' frati di Vall'ombrosa; nellaquale è quando san Giouanni battezza Christo. E in questa opera aiutandogli Lionardo da Vinci allora giouanetto, e suo discepolo, vi colori vn'angelo di sua mano, il quale era molto meglio, che l'altre cose. Ilche fu cagione, che Andrea si risoluette a non volere toccare piu pẽnelli, poiche Lionardo cosi giouanetto in quell'arte si era portato molto meglio di lui.

Hauendo dunque Cosimo de' medici hauuto di Roma molte anticaglie, haueua dentro alla porta del suo giardino, o vero cortile, che riesce nella via de' Ginori fatto porre vn belllissimo Marsia di marmo bianco, impiccato a vn tronco, per douere essere scorticato; perche volendo Lorẽzo suo nipote, alquale era venuto alle mani vn torso con la testa d'un altro Marsia antichissimo, e molto piu bello, che l'altro, e di pietra rossa; accompagnarlo col primo, non poteua ciò fare, essendo imperfettissimo. Onde datolo a finire, &

accon

acconciare ad Andrea, egli fece le gambe, le coscie, e le braccia, che mancauano a questa figura, di pezzi di marmo rosso tanto bene, che Lorenzo ne rimase sodisfattissimo, e la fece porre dirimpetto all'altra, dall'altra bāda della porta. Ilquale torso antico, fatto per vn Marsia scorticato, fu con tanta auuertēza, e giudizio lauorato, che alcune vene bianche, e sottili, che erano nella pietra rossa nennero intagliate dall'Artefice, in luogo apunto, che paiono alcuni piccoli nerbicini, che nelle figure naturali, quando sono scorticate, si veggiono. Il che doueua far parere quell'opera, quando haueua il suo primiero pulimento, cosa viuissima. Volendo in tanto i Viniziani honorare la molta virtù di Bartolomeo da Bergamo, mediante ilquale haueuano hauuto molte vittorie; per dare animo a glialtri; udita la fama d'Andrea lo condussero a Vinezia; doue gli fu dato ordine, che facesse di bronzo la statua a cauallo di quel Capitano: per porla in sulla piazza di s.Giouanni, e Polo. Andrea dunque, fatto il modello del cauallo, haueua cominciato ad armarlo per gettarlo di bronzo; quando, mediante il fauore d'alcuni Gentil'huomini, fu deliberato, che Vellano da Padoua facesse la figura, & Andrea il cauallo. La qual cosa hauendo intesa Andrea, spezzato, che hebbe al suo modello le gābe, e la testa, tutto sdegnato se ne tornò senza far motto a Firenze. Cio vdendo la Signoria, gli fece intendere, che non fusse mai piu ardito di tornare in Vinezia, perche gli sarebbe tagliata la testa, allaqual cosa, scriuendo rispose, che se ne guarderebbe, perche spiccati, che le haueuano, non era in loro facultà rapiccare le teste agl'huomini, ne vna simile alla sua gia mai come harebbe saputo lui fare di quella che gli hauea speccata al suo cauallo, & piu bella. Dopo laqual risposta, che non dispiacque a que' Signori, fu fatto ritornare con doppia prouisione a Vinezia, doue racconcio, che hebbe il primo modello, lo gettò di bronzo, ma non lo finì gia del tutto, perche, essendo riscaldato, e raffreddato nel gettarlo, si morì in pochi giorni in quella città, lasciando imperfetta non solamēte quell'opera anchor che poco, mancasse al rinettarla, che fu messa nel luogo doue era destinata, ma vn'altra ancora, che faceua in Pistoia; cio è la sepoltura del Cardinale forteguerra, con le tre virtù teologiche, & vn Dio Padre sopra: laquale opera fu finita poi da Lorenzetto scultore Fiorentino. Haueua Andrea quando morì anni 56. dolse la sua morte infinitamente a gl'amici, & a suoi discepoli, che non furono pochi; e massimamente a Nanni Grosso scultore, e persona molto astratta nell'arte, e nel viuere. Dicesi, che costui non hauerebbe lauorato fuor di bottega, e particolarmente ne a'Monaci, ne a frati, se non hauesse hauuto per ponte l'uscio della volta, o vero cantina per potere andare a bere a sua posta, e senza hauere a chiedere licenza. Si racconta anco di lui, che essendo vna volta tornato sano, e guarito di non so che sua infirmità da s.Maria Nuoua rispōdeua a gl'amici quando era visitato, e dimandato da loro come staua; io sto male, tu sei pur guarito rispondeuano essi, & egli soggiugneua, & però sto io male, pcioche io harei bisogno d'un poco di febre, per potermi intrattenere quì nello spedale agiato, e seruito. A costui, venendo a morte, pur nello spedale, fu posto inanzi vn crucifisso di legno assai mal fatto, & goffo; onde pregò, che gli fusse leuato dinanzi, e portatogliene vno di man di Donato; affermando, che se non lo leuauano si morrebbe disperato, cotanto gli dispiaceuano l'opere

mal

mal fatte della sua arte. Fu discepolo del medesimo Andrea Piero Perugino, e Lionardo da Vinci, de quali si parlerà al suo luogo; & Francesco di Simone Fiorentino, che lauorò in Bologna nella chiesa di san Domenico vna sepoltura di marmo, con molte figure piccole, che alla maniera paiano di mano d'Andrea; laquale fu fatta per M. Alessandro Tartaglia Imolese dottore. Et vn'altra in san Brancazio di Firenze, che risponde in sagrestia, & in vna capella di chiesa, p M. Pier Minerbetti caualiere. Fu suo allieuo ancora Agnol di Polo, che di terra lauorò molto praticamente, & ha pieno la città di cose di sua mano, & se hauesse voluto attender all'arte da senno; harebbe fatte cose bellissime. Ma piu di tutti fu amato da lui Lorenzo di Credi, ilquale ricondusse l'ossa di lui da Vinezia, e le ripose nella chiesa di s. Ambruogio nella sepoltura di ser Michele di Cione, doue sopra la lapida sono intagliate queste parole.

Ser Michaelis de Cionis, & suorum. & appresso. *Hic ossa iacent Andreæ Verrochij, qui obijt Venetijs* MCCCLXXXVIII.

Si dilettò assai Andrea di formare di gesso da far presa, cioè di quello, che si fa d'una pietra dolce, laquale si caua in quel di Volterra, & di Siena, & in altri molti luoghi d'Italia. Laquale pietra cotta al fuoco, & poi pesta, e cō l'acqua tiepida impastata, diuiene tenera di sorte, che se ne fa qllo, che altri uuole; & dopo rassoda insieme, & indurisce in modo, che vi si puo dentro getar figure intere. Andrea dunque vsò di formare, con forme cosi fatte, le cose naturali, per poterle con piu commodità tenere inanzi, e imitarle, cioè mani, piedi, ginocchia, gambe, braccia, e torsi. Dopo si cominciò al tempo suo à formare le teste di coloro, che moriuano con poca spesa; onde si vede in ogni casa di Firenze sopra i camini, vsci, finestre, & cornicioni infiniti di detti ritratti, tanto ben fatti, & naturali, che paiono viui. E da detto tempo in quà si è seguitato, & seguita il detto vso, che a noi è stato di gran commodità, per hauere i ritratti di molti, che si sono posti nelle storie del palazzo del Duca Cosimo. E di questo si deue certo hauer grandissimo obligo alla virtu d'Andrea, che fu de' primi, che cominciasse a metterlo in vso.

Da questo si venne al fare imagini di piu perfezzione non pure in Fiorenza ma in tutti i luoghi doue sono diuozioni, & doue concorrono persone a porre voti, & come si dice miracoli, per hauere alcuna grazia riceuuto. Percioche, doue prima si faceuano o piccoli d'argento, o in tauolucce solamente o vero di cera, e goffi affatto, si cominciò al tempo d'Andrea a fargli in molto miglior maniera, perche hauendo egli stretta dimestichezza con Orsino Ceraiuolo, ilquale in Fiorenza haueua in quell'arte assai buon giudizio, gli incominciò a mostrare, come potesse in quella farsi eccellente. Onde venuta l'occasione, per la morte di Giuliano de' Medici, e per lo pericolo di Lorenzo suo fratello, stato ferito in s. Maria del Fiore, fu ordinato dagl'amici, e parenti di Lorenzo, che si facesse, rendendo della sua saluezza grazie a Dio, in molti luoghi l'imagine di lui. Onde Orsino, fra l'altre; con l'aiuto, & ordine d'Andrea, ne condusse tre di cera grande quanto il viuo, facendo dentro l'ossatura di legname, come altroue si è detto, & intessuta di canne spaccate, ricoperte poi di panno incerato con bellissime pieghe, e tanto acconciamente, che non si puo veder meglio, ne cosa piu simile al naturale. Le teste

poi

poi mani, e piedi fece di cera piu grossa, ma vote dentro, e ritratte dal viuo, e dipinte a olio con quelli ornamenti di capelli, & altre cose secondo, che bisognaua, naturali, e tanto ben fatti, che rappresentauano, non piu huomini di cera, ma viuissimi, come si puo uedere in ciascuna delle dette tre; vna delle quali è nella chiesa delle monache di Chiarito in via di s. Gallo, dinanzi al Crucifisso, che fa miracoli. E questa figura è con quell'habito apunto, che haueua Lorenzo, quando ferito nella gola, e fasciato si fece alle finestre di casa sua, per esser veduto dal popolo, che la era corso, per vedere se fusse viuo, come disideraua, o se pur morto per farne vendetta. La seconda figura del medesimo è in lucco, habito ciuile, e proprio de' Fiorentini; & questa è nella chiesa de' Serui alla Nunziata, sopra la porta minore, laquale è accanto al desco, doue si vende le candele. La terza fu mādata a s. maria degl'Angeli d'Ascesi, e posta dinanzi a quella Madonna. Nelqual luogo medesimo, come gia si è detto, esso Lorenzo de' Medici fece mattonare tutta la strada, che camina da s. Maria alla porta d'Ascesi, che va a s. Francesco; e parimente restaurare le fonti, che Cosimo suo Auolo haueua fatto fare in quel luogo. Ma tornando alle imagini di cera, sono di mano d'Orsino nella detta chiesa de' Serui tutte quelle, che nel fondo hanno per segno vn O. grande con un R. dentroui, & vna croce sopra. E tutte sono in modo belle, che pochi sono stati, poi, che l'habbiano paragonato. Questa arte ancora, che si sia mantenuta viua insino a' tempi nostri, è nondimeno piu tosto in declinazione, che altrimenti, o perche sia mancata la diuozione, o per altra cagione, che si sia. Ma per tornare al Verrocchio, egli lauorò, oltre alle cose dette, crucifissi di legno, & alcune cose di terra, nel che era eccellente, come si vide ne' modelli delle storie, che fece per l'altare di s. Giouanni, & in alcuni putti bellissimi, e in vna testa di s. Girolamo, che è tenuta marauigliosa. E anco di mano del medesimo il putto dell'oriuolo di Mercato Nuouo, che ha le braccia schiodate in modo, che alzandole, suona l'hore con vn martello, che tiene in mano. Il che fu tenuto in que' tempi cosa molta bella, & capricciosa. E questo il fine sia della vita d'Andrea Verrocchio scultore eccellentissimo.

Fu ne' tēpi d'Andrea Benedetto Buglioni, ilquale da vna donna, che vsci di casa Andrea della Robbia hebbe il segreto degl'inuetriati di terra: onde fece di quella maniera molte opere in Fiorenza, e fuori, e particolarmēte nella chiesa de' Serui vicino alla cappella di s. Barbara, vn Christo, che resuscita con certi Angeli, che per cosa di terra cotta inuetriata è assai bell opera. In s. Brancazio fece in vna cappella vn Christo morto. E sopra la porta principale della chiesa di s. Pier Maggiore il mezzo tondo, che vi si vede. Dopo Benedetto rimase il segreto a Santi Buglioni, che solo sa hoggi lauorare di questa sorte sculture.

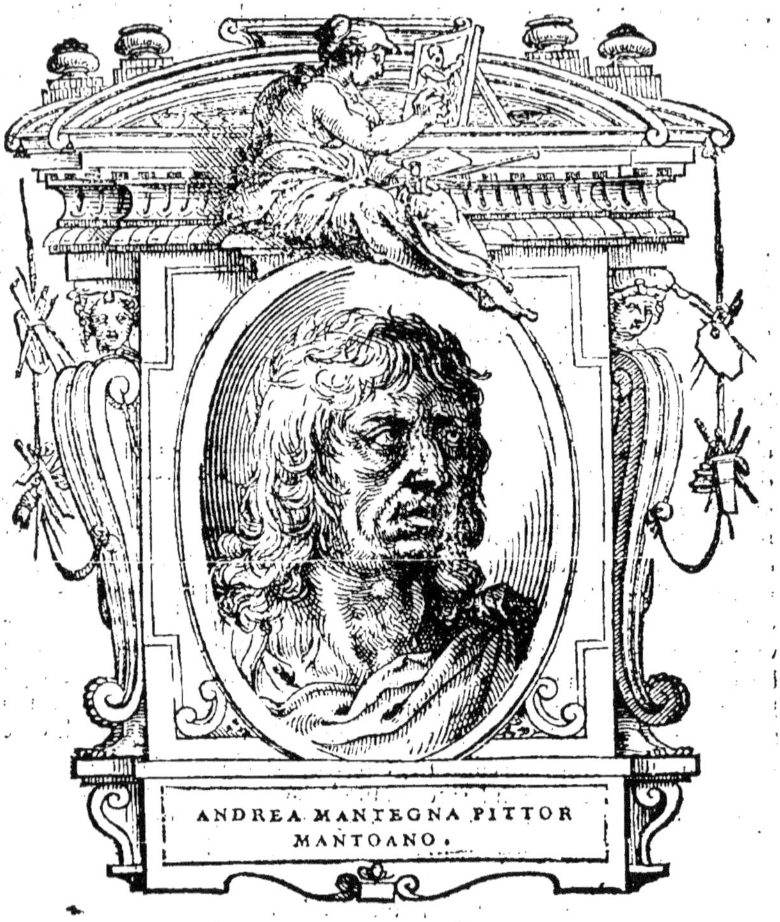

ANDREA MANTEGNA PITTOR MANTOANO.

Vita di Andrea Mantegna Pittore Mantouano.

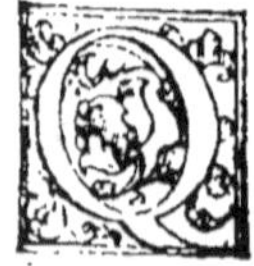

VANTO possa il premio nella virtu, colui, che opera virtuosamente, & è in qualche parte premiato lo sa, pcioche non sente ne disagio ne incommodo, ne fatica quando n' aspetta honore, e premio. E che è piu ne diuiene ogni giorno piu chiara, e piu illustre essa virtù. Bene è vero; che non sempre si truoua chi la conosca, e la pregi, e la rimuneri, come fu quella riconosciuta d'Andrea Man egna, ilquale nacque d'humilissima stirpe nel contado di Mantoa: & ancora, che da fanciullo pascesse gl'armenti, fu tanto inalzato dalla sorte, e dall a virtu, che meritò d'esser Caualier honorato, come al suo luogo si dirà. Questi, essendo gia grãdicello fu condotto nella Città, doue attese alla pittura sotto Iacopo Squarcione pittore Padoano, ilquale, secondo, che scriue in vna sua epistola latina M. Girolamo Campagnuola a M. Leonico Timeo filosofo, greco, nellaquale gli dà notizia d'alcuni pittori vecchi, che seruirono quei da Carrara Signori di Padoua; ilquale Iacopo se lo tirò in casa, e poco appresso, conosciutolo di bello ingegno, se lo fece figliuolo adottiuo. E perche si conosceua lo Squarcione nõ esser il piu valente dipintore del mõdo, accioche Andrea imparasse più oltre, che non sapeua egli, lo esercitò assai in cose di gesso formate da statue antiche, & in quadri di pitture, che in tela si fece venire di diuersi luoghi, e particolarmente di Toscana, e di Roma. Onde cõ questi si fatti, & altri modi imparò assai Andrea nella sua giouanezza. La concorrenza ancora di Marco Zoppo Bolognese, e di Dario da Treuisi, e di Niccolò Pizzolo Padoano, discepoli del suo adottiuo padre, e maestro, gli fu di non picciolo aiuto, & stimolo all'imparare. Poi dunque che hebbe fatta Andrea allora, che non haueua piu che 17 anni la tauola dell'altar maggiore di s. Sofia di Padoa, laquale pare fatta da vn vecchio ben pratico, e non da vn giouanetto; fu allogata allo Squartione la capella, di s. Christofano, che è nella chiesa de' frati Eremitani di s. Agostino in Padoa, laquale egli diede a fare al detto Niccolò Pizzolo, & Andrea. Niccolò vi fece un Dio Padre, che siede in maestà in mezzo a i Dottori della chiesa, che furono poi tenute non manco buone pitture, che quelle, che ui fece Andrea. E nel uero se Niccolò, che fece poche cose, ma tutte buone, si fusse dilettato della pittura, quanto fece dall'arme, sarebbe stato ecellente, e forse molto piu uiuuto, che nõ fece; con cio fusse, che stando sempre in sull'armi, & hauendo molti nimici, fu vn giorno, che tornaua da lauorare affrontato, e morto a tradimento. Non lasciò altre opere, che io sappia Niccolò, se non vn altro Dio Padre nella capella di Vrbano Perfetto. Andrea dunque rimaso solo fece nella detta cappella i quattro Vangelisti, che furono tenuti molto belli. Per questa, & altre opere, cominciando Andrea a essere in grande aspettazione, & a sperarsi, che douesse riuscire quello, che riuscì; tenne modo Iacopo Bellino pittore Viniziano padre di Gentile, e di Giouanni, & concorrente dello Squarcione, che esso Andrea tolse per moglie vna sua figliuola, e sorella di Gentile. Laqual cosa sentendo lo Squarcione si sdegnò di maniera con Andrea, che furono poi sempre nimici. E quanto lo Squarcione per l'adietro haueua sempre lodate le cose d'Andrea, altre tanto da indi in poi le biasimò sempre publicamente. E sopra tutto biasimò senza rispetto le pitture, che Andrea haueua fatte nella detta cappella di s. Christofano, dicendo, che non erano cosa buona. perche haueua nel farle imitato le cose di marmo antiche, dallequali non si puo imparare la pittura perfettamente, percioche i sassi hanno sempre la durezza con esso loro, e non mai quella tenera dolcezza, che hanno le carni, e le cose naturali, che si piegano, e fanno diuersi mouimenti: aggiugnendo, che Andrea harebbe fatto molto meglio quelle figure, e sarebbono state piu perfette se hauesse fattole di color di marmo, e non di que tanti colori; percioche nõ haueuano, quelle pitture somiglianza di vivi, ma di statue antiche di marmo, o d'altre cose simili. Queste cotali reprensioni púsero l'animo d'Andrea ma dall'altro canto gli furono di molto giouamento, perche conoscẽdo, che egli diceua in gran parte il vero, si diede a ritrarre persone viue, e vi fece tanto acquisto, che in vna storia, che in detta cappella gli restaua a fare, mostrò,

che

che sapeua non meno cauare il buono delle cose viue, e naturali, che di quelle fatte dall'arte. Ma con tutto cio hebbe sempre opinione Andrea, che le buone statue antiche fussino piu perfette, & hauessino piu belle parti, che non mostra il naturale. Atteso, che quelli eccellenti maestri, secondo, che e' giudicaua: & gli pareua vedere in quelle statue, haueano, da molte persone viue cauato tutta la perfetione della natura: laquale di rado in vn corpo solo accozza, & accompagna insieme tutta la bellezza: onde è necessario pigliarne da vno, vna parte: & da vn'altro, vn'altra: & oltre a questo gli pareuano le statue più terminate, & piu tocche in su muscoli, vene, nerui, & altre particelle: lequali il naturale coprendo con la tenerezza, & morbidezza della carne, certe crudezze, mostra taluolta meno se gia non fusse vn qualche corpo d'un vecchio, o di molto estenuato: i quali corpi pero, sono per altri rispetti dagl'Artefici fuggiti. Et si conosce, di questa openione essersi molto compiaciuto nell'opere sue: nellequali si vede in vero la maniera vn pochetto tagliente, & che tira taluolta piu alla pietra che alla carne viua, comunque sia, In questa vltima storia laquale piacque infinitamente, ritrasse Andrea lo Squarcione in vna figuraccia corpacciuta con vna lancia, & con vna spada in mano. Vi ritrasse similmente Nòferi di M. Palla Strozzi Fiorentino, M. Girolamo dalla Valle, medico eccellentissimo, M. Bonifazio fuzimeliga dottor di leggi, Niccolò orefice di Papa Innocenzio ottauo, e Baldassarre da Leccio, suoi amicissimi, I quali tutti fece vestiti d'arme bianche bruniti, e splendide come le uere sono, e certo con bella maniera. Vi ritrasse anco M. Bonramino Caualiere, e un certo Vescouo d'Vngheria huomo sciocco affatto, ilquale andaua tutto giorno per Roma Vagabondo, e poi la notte si riduceua a dormire, come le bestie per le stalle. Vi ritrasse anco Marsilio Pazzo nella persona del Carnefice, che taglia la testa a s. Iacopo, e similmente se stesso. In somma questa opera gl'acquistò, per la bonta sua nome grandissimo. Dipinse anco mentre faceua questa cappella vna tauola, che fu posta in s. Iustina all'altar di s. Luca. E dopo lauorò a fresco l'arco, che è sopra la porta di s. Antonino, doue scrisse il nome suo. Fece in Verona vna tauola per l'altare di s. Christofano, e di s. Antonio. Et al canto della piazza della Paglia fece alcune figure. In s. Maria in organo a i frati di Monte Oliueto fece la tauola dell'altar maggiore, che è bellissima, e similmenre quella di s. Zeno. E fra l'altre cose, stando in Verona lauorò, e mandò in diuersi luoghi, e n'hebbe vno Abbate della Badia di Fiesoli suo amico, e parente, vn quadro nelquale è vna N. Donna dal mezzo in su col figliuolo in collo, & alcune teste d'Angeli, che cantano fatti con grazia mirabile. Ilqual quadro è hoggi nella libreria di quel luogo, e fu tenuta allora, e sempre poi come cosa rara. E perche haueua mentre dimorò in Mantoa fatto gran seruitu con Lodouico Gõzaga Marchese, quel Signore, che sempre stimò assai, e fauori la virtù d'Andrea, gli fece dipignere nel castello di Mantoa, per la cappella vna tauoletta, nellaquale sono storie di figure non molto grandi, ma bellissime. Nel medesimo luogo sono molte figure, che scortano al di sotto in su, grandemente lodate: perche se bene hebbe il modo del panniggiare crudetto, & sottile; e la maniera alquanto Secca, vi si vede nondimeno ogni cosa fatta con molto artifizio, e diligenza. Al medesimo Marchese dipinse nel palazzo di s. Sebastiano in Mã-

toa in vna sala il Trionfo di Cesare, che è la miglior cosa che lauorasse mai; In questa opera si vede con ordine bellissimo situato nel trionfo la bellezza e l'ornamento del carro; colui, che vitupera il trionfante, i parenti, i profumi, gl'incensi, i sacrifizij, i sacerdoti, i tori pel sacrificio coronati, e prigioni, le prede fatte da soldati, l'ordinanza delle squadre, i Liofanti, le spoglie, le vittorie, e le città, e le rocche, in varij carri, con trafatte con vna infinita di trofei in sull'aste, e varie armi per testa, e per in dosso, acconciature, ornamenti, e vasi infiniti: e tra la moltitudine degli spettatori vna donna, che ha per la mano un putto, alqual essendosi fitto vna spina, in vn pie lo mostra egli piangẽdo alla madre, cõ modo grazioso, e molto naturale. Costui, come potrei hauer accennato altroue, hebbe in questa historia vna bella, e buona auertẽza, che hauendo situato il piano doue posauano le figure, piu alto, che la ueduta, dell'occhio, fermò i piedi dinanzi in sul primo profilo, e linea del piano, facendo sfuggire gl'altri piu adentro di mano in mano, & perder della veduta de piedi, & gambe, quãto richiedeua la ragione della veduta, & cosi delle spoglie, vasi, & altri istrumenti, & ornamenti i fece veder sola la parte di sotto, & perder quella di sopra, come di ragione di prospettiua si conueniua di fare, & q̃sto medesimo osseruò con gran diligẽza ancora And. degl'impiccati, nel cenacolo, che è nel refettorio di s. Maria Nuoua. Onde si vede che in q̃lla età questi valenti huomini andarono sottilmente inuestigando, & con grande studio imitãdo la vera proprietà delle cose naturali. Et p̃ dirlo in vna parola non potrebbe tutta questa opera esser nè piu bella, ne lauorata meglio. Onde se il Marchese amaua prima Andrea l'amò poi sempre, & honorò molto maggiormente. E che è piu egli ne venne in tal fama, che Papa Innocenzio ottauo, vdita l'eccellẽza di costui nella pittura, e l'altre buone qualità di che era marauigliosamente dotato, mandò per lui. Accioche egli essendo finita di fabricare la muraglia di bel vedere, si come faceua fare a molti altri l'adornasse delle sue pitture. Andato dunque a Roma con molto esser fauorito, e raccomandato dal marchese, che per maggiormente honorarlo, lo fece Caualiere, fu riceuuto amoreuolmente da quel Põtefice, e datagli subito a fare vna picciola cappella, che è in detto luogo. Laquale con diligenza, & con amore lauorò cosi minutamente, che è la volta, e le mura paiono piu tosto cosa miniata, che dipintura: e le maggiori figure, che ui sieno sono sopra l'altare, lequali egli fece in fresco come l'altre, e sono s. Giouanni, che battezza Christo, & intorno sono popoli, che spogliandosi fanno segno di uolersi battezzare. E fra gl'altri vi è vno, che volendosi cauare vna calza appiccata per il sudore alla gamba, se la caua a rouescio attrauersandola all'altro stinco, cõ tanta forza, e disagio, che l'una, e l'altra gli appare manifestamente nel viso; laqualcosa capricciosa recò a chi la vide in quei tempi marauiglia. Dicesi, che il detto papa, per le molte occupazioni, che haueua non daua cosi spesso danari al Mantegna, come egli harebbe hauuto bisogno, e che percio nel dipignere in quel lauoro alcune virtù di terretta, fra l'altre ui fece la discrezione. Onde andato vn giorno il papa a vedere l'opra, dimandò Andrea, che si gura fusse quella, a che rispose Andrea, ell'è la discrezione, soggiunse il Pontefice, se tu vuoi che ella sia bene accompagnata, falle a canto la Pacienza. Inteso il dipintore quello, che percio voleua dire il Santo Padre, e mai piu fece
mot-

motto. Finita l'opera, il papa con honoreuoli premij, e molto fauore lo rimãdò al Duca. Mentre, che Andrea stette a lauorare in Roma, oltre la detta cãpella, dipinse in vn quadretto piccolo vna N. Donna col figliuolo in collo, che dorme, e nel campo, che è vna montagna, fece, dentro a certe grotte alcuni scarpellini, che cauano pietre per diuersi lauori, tanto sottilmente, & con tanta pacienza, che non par possibile che con vna sottil punta di pennello si possa far tanto bene. Ilqual quadro è hoggi appresso lo Illustrissimo S. Don Francesco Medici, Principe di Fiorenza, ilquale lo tiene fra le sue cose carissime. Nel nostro libro è in vn mezzo foglio reale vn disegno di mano d'Andrea finito di chiaro scuro, nelquale è vna Iudith, che mette nella tasca d'una sua schiaua Mora la testa d'Oloferne, fatto d'un chiaroscuro non piu usato, hauendo egli lasciato il foglio biancho, che serue per il lume della biaccha tanto nettamente, che vi si veggiono i capegli sfilati, e l'altre sottigliezze, nõ meno che se fussero stati cõ molta diligenza fatti dal pennello. Onde si puo in vn certo modo chiamar questo piu tosto opera colorita, che carta disegnata. Si dilettò il medesimo, si come fece il Pollaiuolo, di far stampe di rame, e fra l'altre cose fece i suoi trionfi, e ne fu allora tenuto conto, perche non si era veduto meglio. E fra l'ultime cose, che fece fu vna tauola di pittura a s. Maria della Vittoria, chiesa fabricata con ordine, e disegno d'Andrea dal Marchese Francesco, per la vittoria hauuta in sul fiume del Taro, essendo egli Generale del campo de Vineziani, contra a Francosi. Nellaquale tauola, che fu lauorata a tempera, & posta all'altar maggiore, è dipinta la N. Donna col putto a sedere sopra vn piedestallo; e da basso sono s. Michelagnolo, s. Anna, e Gioachino, che presentano esso Marchese, ritratto di naturale tãto bene, che par viuo, alla Madonna, che gli porge la mano. Laquale come piacque, e piace a chiunche la vide, cosi sodisfece di maniera al Marchese, che egli liberalissimamente premiò la virtu, e fatica d'Andrea, ilquale potè, mediante l'essere stato riconosciuto da i Principi di tutte le sue opere, tenere infino all'ultimo honoratamente il grado di Caualiere. Furono concorrenti d'Andrea Lorenzo da Lendinara, ilquale fu tenuto in Padoua pittore Ecc. & lauorò anco di terra alcune cose nella chiesa di s. Antonio, & alcuni altri di non molto valore. Amò egli sempre Dario da Treuisi, & Marco Zoppo Bolognese, per essersi alleuato con esso loro, sotto la disciplina dello Squarcione. Ilqual Marco fece in Padoua ne frati minori vna loggia, che serue loro per capitolo; & in Pesero una tauola, che è hoggi nella chiesa nuoua di s. Giouanni Euangelista: e ritrasse in vno quadro Guido Baldo da monte Feltro, quando era Capitano de' Fiorentini. Fu similmente amico del Mantegna Stefano pittor Ferrarese, che fece poche cose, ma ragioneuoli. E di sua mano si vede in Padoa l'ornamento dell'Arca di s. Antonio, e la Vergine Maria, che si chiama del Pilastro. Ma per tornare a esso Andrea, egli murò in Mantoa, e dipinse per uso suo vna bellissima casa, laquale si godette mentre, visse. E finalmente d'anni 66 si morì nel 1517. Et con essequie honorate fu sepolto in s. Andrea, e alla sua sepoltura, sopra laquale egli è ritratto di bronzo, fu posto questo epitaffio.

Esse parem hunc noris, si non praeponis Apelli,
Aenea Mantineae, qui simulacra vides.

Fu Andrea di si gentili, e lodeuoli costumi in tutte le sue azioni, che sarà sempre di lui memoria, non solo nella sua patria, ma in tutto il mondo, onde meritò esser dall'Ariosto celebrato non meno per i suoi gentilissimi costumi, che per l'eccellenza della pittura, doue nel principio del 33 canto, annouerandolo fra i piu illustri pittori de' tempi suoi, dice,

Leonardo, Andrea Mantegna; Gian Bellino.

Mostrò costui con miglior modo come nella pittura si potesse fare gli scorti delle figure al di sotto insu, ilche fu certo inuenzione difficile, e capricciosa; e si dilettò ancora, come si è detto d'intagliare in rame le stampe delle figure, che è commodità veramente singularissima, e mediante laquale ha potuto vedere il mondo non solameute la Baccaneria, la battaglia de' Mostri marini, il deposto di Croce, il sepelimento di Christo, la ressuresione cō Lōgino, & con S. Andrea, opere di esso Mantegna, ma le maniere ancora di tutti gl'Artefici, che sono stati.

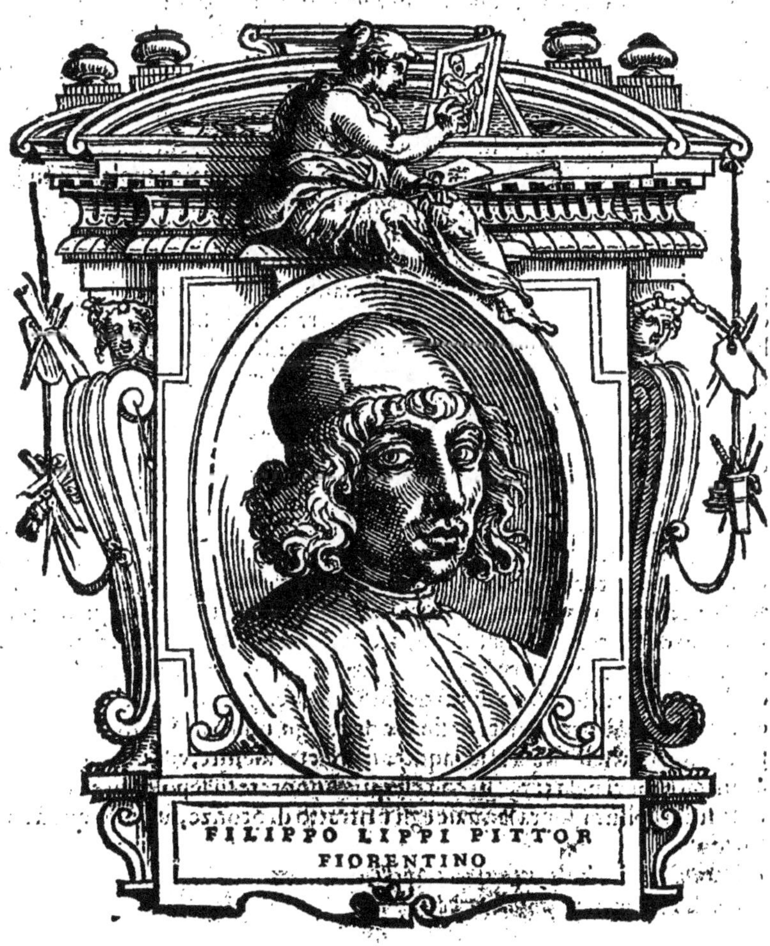

VITA DI FILIPPO LIPPI PITTOR FIORENTINO.

FV in questi medesimi tempi in Firenze pittore di bellissimo ingegno, e di vaghissima inuenzione Filippo figliuolo di fra Filippo del Carmine, ilquale seguitando nella pittura le vestigie del padre morto, fu tenuto, & ammaestrato, essendo ancor giouanetto, da Sandro Botticello, non ostante, che il padre, venendo a morte lo raccomandasse a fra Diamante suo amicissimo, e quasi fratello. Fu dunque di tanto ingegno Filippo, e di si copiosa inuenzione nella pittura, e tanto bizarro, e nuouo ne' suoi ornamenti; che fu il primo, ilquale a i moderni mostrasse il nuouo modo di variare gl'habiti, & che abbellisse ornatamente con veste antiche soccinte le sue figure. Fu primo ancora a dar luce alle grottesche, che somiglino l'antiche, e le mise in opera di terretta, & colorite in fregi, con piu disegno, e grazia, che gli innanzi a lui fatto non haueuano. Onde fu marauigliosa cosa a vedere gli strani capricci, che egli espresse nella pittura: E che è piu non lauorò mai opera alcuna, nellaquale delle cose antiche di Roma con gran studio non si seruisse, in vasi, calzari, trofei bandiere, cimieri, ornamenti di tempij, abbigliamenti di portature da capo, strane fogge da dosso, armature, scimitarre, spade, toghe, manti, & altre tante cose diuerse, e belle, che grãdissimo, e sempiterno obligo se gli debbe, per hauere egli in questa parte accresciuta bellezza, e ornamenti all'arte. Costui nella sua prima giouentu diede fine alla cappella de' Brancacci, nel Carmine in Fiorenza, cominciata da Masolino, e non del tutto finita da Masaccio per essersi morto. Filippo dũque le diede di sua mano l'ultima perfezzione, e ui fece il resto d'una storia che mancaua, doue s. Piero, e Paulo risuscitano il Nipote dell'Imperatore. Nella figura delqual fanciullo ignudo ritrasse Frãcesco Granacci pittore allora giouanetto; e similmente M. Tommaso Soderini Caualiere, Piero Guicciardini padre di M. Frãcesco, che ha scritto le storie, Piero del Pugliese, e Luigi Pulci poeta; parimente Antonio Pollaiuolo, e se stesso cosi giouane come era, ilche non fece altrimenti nel resto della sua vita, onde non si è potuto hauere il ritratto di lui d'età migliore. E nella storia, che segue ritrasse Sandro Botticello suo maestro, e molti altri amici, e grã d'huomini. E infra gli altri il Raggio sensale, persona d'ingegno, & spiritosa molto, quello che in una conca condusse di rilieuo tutto l'inferno di Dante, cõ tutti i cerchi, & partimenti delle bolgie, & del pozzo misurati apunto tutte le figure, & minutie che da quel gran poeta furono ingegnosissimamẽme, immaginate, & discritte, che fu tenuta in questi tempi cosa marauigliosa. Dipinse poi a tempera nella cappella di Francesco del Pugliese alle Campora, luogo de' monaci di Badia, fuor di Firenze, in vna tauola un s Bernardo, alquale apparisce la N. Donna con alcuni Angeli, mentre egli in vn bosco scriue. Laqual pittura in alcune cose è tenuta mirabile, come in sasi, libri, herbe, e simili cose, che dentro ui fece. Oltre, che ui ritrasse esso Francesco di naturale tanto bene, che non pare, che gli manchi se non la parola. Questa tauola fu leuata di quel luogo, per l'assedio, e posta, per conseruarla nella sagrestia della Badia di Fiorenza. In s. Spirito della medesima città lauorò in una tauola la N. DONNA, s. Martino, s. Niccolò, e s. Caterina per Tanai de Nerli. Et in s. Brancazio alla cappella de' Rucellai una tauola, & in s. Raffaello un Crucifisso, e due figure in Campo d'Oro. In s. Francesco fuor della porta a s. Miniato dinanzi alla sagrestia fece un Dio Padre con molti fanciulli. Et al Palco, luogo de' frati del Zoccolo fuor di Prato, lauorò una tauola. E nella terra fece nell'Vdienza de' Priori in vna tauoletta molto lodata, la N. DONNA, s. Stefano, e s. Giouanni Battista. In sul canto al Mercatale pur di Prato, dirimpetto alle monache di s. Margherita, uicino a certe sue case fece in un Tabernacolo a fresco una bellissima N. Donna con un coro di Sarafini in Campo di Splendore. Et in questa opera, fra l'altre cose dimostrò arte, e bella auuertenza in un serpente, che è sotto a s. Margherita, tanto strano, & horribile, che fa conoscere doue habbia il veleno, il fuoco, e la morte. E il resto di tutta l'opera è colorita con tanta freschezza, & uiuacità, che merita per cio essere lodato infinitamente. In Lucca lauorò parimente alcune cose, e particolarmente nella chiesa di s. Ponziano de' frati di Monte oliueto, una tauola in una cappella, nel mezzo dellaquale in una nicchia è un s. Antonio bellissimo di rilieuo di mano d'Andrea Sansouino scultore eccellentissimo. Essendo Filippo ricerco d'andare in Vngheria al Re Mattia, non uolle andarui; ma in quel cambio lauorò in Firenze per quel Re due tauole molto belle, che gli furono mandate, in una dellequali ritrasse quel Re, secondo, che gli mostrarono le medaglie. Mandò anco certi lauori a Genoa; e fece a Bologna in s. Domenico allato alla cappella dell'altar maggiore a man sinistra in una tauola un s. Bastiano, che fu cosa degna di molta lode. A Tanai de' Nerli fece un'altra tauola di s. Saluadore fuor di Fiorenza. E a Piero del Pugliese amico suo lauorò una storia di figure piccole condotte con tanta arte, e diligenza, che uolendone un'altro cittadino una simile glie la dinegò dicendo, esser impossibile farla. Dopo queste opere fece pregato da Lorenzo vecchio de' Medici, per Oliuieri Caraffa Cardinale Napolitano amico suo una grandissima opera in Roma, la doue andando percio fare, passò come uolle esso Lorenzo da Spoleto, per dar ordine di far fare a fra Filippo suo padre una sepoltura di marmo a spese di Lorenzo, poi che non haueua potuto da gli Spoletini ottenere il corpo di quello per condurlo a Firenze: E cosi disegnò Filippo la detta sepoltura con bel garbo, e Lorenzo in su quel disegno la fece fare, come in altro luogo s'è detto, sontuosa, e bella. Condottosi poi Filippo a Roma fece al detto Cardinale Caraffa nella chiesa della Minerua una cappella, nellaquale dipinse storie della vita di s. Tommaso d'Aquino, & alcune poesie molto belle, che tutte furono da lui, ilquale hebbe in questo sempre propizia la natura, ingegnosamente trouate. Vi si uede dunque, doue la Fede ha fatto prigiona l'infedeltà, tutti gl'Heretici, & infedeli. Similmente, come sotto la speranza è la disperazione, cosi ui sono molte altre uirtù, che quel Vizio, che è loro contrario hanno soggiogato. In una disputa è s. Tommaso in Catedra, che difende la chiesa da una scuola d'heretici, & ha sotto come uinti Sabellio, Arrio, Auerroe, e altri tutti con graziosi habiti in dosso. Dellaquale storia, ne habbiamo di propria mano di Filippo nel nostro libro de' disegni, il proprio, con alcuni altri del medesimo, fatti con tanta pratica, che

che non si puo migliorare. Euui anco quando, orando s. Tommaso gli dice il Crucifisso, *Bene scripsisti de me Thoma*; & un compagno di lui, che udendo quel Crucifisso così parlare sta stupeffatto, e quasi fuor di se. Nella tauola è la Vergine annũziata da Gabriello; e nella faccia l'Assunzione di quella in cielo, e i dodici Apostoli intorno al Sepolcro. Laquale opera tutta fu ed è tenuta molto eccellente, e per lauoro in fresco, fatta perfettamente. Vi è ritratto di naturale il detto Oliuieri caraffa Cardinale, & Vescouo d'ostia, ilquale fu in questa cappella sotterrato l'anno 1511, e dopo condotto a Napoli nel Piscopio.

Ritornato Filippo in Fiorenza prese a fare con suo commodo, e la comincio, la cappella di Filippo Strozzi vecchio in s. Maria Nouella: ma fatto il cielo, gli bisognò tornare a Roma, doue fece per il detto Cardinale una sepoltura di stucchi; e di gesso in vno spartimento della detta chiesa una cappellina allato a quella, & altre figure, dellequali Raffaellino del garbo suo discepolo ne lauorò alcune. Fu stimata la sopradetto cappella da maestro Lanzilago padoano, e da Antonio detto Antoniasso romano pittori amẽdue de i migliori, che fussero allora in Roma, duemila ducati d'oro senza le spese de gl'azurri, e de' garzoni. Laquale somma, riscossa, che hebbe Filippo se ne tornò a Fiorenza, doue finì la detta cappella degli Strozzi, laquale fu tãto bene condotta, e con tanta arte, e disegno, ch'ella fa marauigliare chiunche la uede, per la nouità, & uarietà delle bizarrie, che ui sono; huomini armati, tempij, Vasi, cimieri, armadure, Trofei, Aste, bandiere, habiti, calzari, acconciature di capo, veste Sacerdotali, e altre cose con tanto bel modo condotte, che merita grandissima comendazione. Et in questa opera doue è la ressurezione di Drusiana per s. Giouanni Euangelista, si uede mirabilmente espressa la marauiglia che si fanno i circonstanti nel uedere un huomo rendere la uita a una defunta, con un semplice segno di croce, e piu che tutti gl'altri si marauiglia un sacerdote, o uero filosofo, che sia, che ha un vaso in mano uestito all'antica. Parimente in questa medesima storia fra molte donne diuersamẽte abbigliate si uede un putto, che impaurito d'un cagnolino Spagnuolo, pezzato di rosso, che l'ha preso co i denti per vna fascia, ricorre intorno alla madre, & occultandosi fra i panni di quella pare, che non meno tema d'esser morso dal cane, che sia la madre spauentata, e piena d'un certo orrore per la resurezione di Drusiana. Appresso cio, doue esso s. Giouanni bolle nell'olio, si uede la collera del giudice, che comanda, che il fuoco si faccia maggiore; & il riuerberare delle fiamme nel viso di chi soffia; e tutte le figure sono fatte con beelle, e diuerse attitudini. Nell'altra faccia è s. Filippo nel tempio di Marte, che fa uscire di sotto l'altare il serpente, che occide col puzzo il figliuolo del Re. E doue in certe scale finge il pittore la buca per laquale uscì di sotto l'altare il serpente, ui dipinse la rottura d'uno scaglione tanto bene, che volendo una sera uno de' garzoni di Filippo riporre non so che cosa, accio non fusse ueduta da vno, che picchiaua per entrare, corse alla buca così in fretta, per appiattaruela dentro, e ne rimase ingannato. Dimostrò anco tanta arte Filippo nel serpente, che il veleno, il fetore, & il fuoco pare piu tosto naturale, che dipinto. E' anco molto lodato la inuenzione della storia nell'essere ql Santo Crucifisso, perche egli s'imaginò, per quanto si conosce, che egli in ter ra fusse disteso in sulla croce, e poi così tutto insieme alzato, e tirato in alto p. via di canapi, e funi, e di puntegli; lequali funi, e canapi sono auuolte a certe anticaglie rotte, e pezzi di pilastri, e imbasamenti; e tirate da alcuni ministri. Dall'altro lato regge il peso della detta croce, e del Santo, che ui è sopra nudo; da una banda uno con vna scala, cō laquale l'ha inforcata; e dall'altra un' altro con un puntello, sostenendola insino a che due altri, fatto lieua a pie del ceppo, e pedale d'essa croce, va bilicando il peso, per metterla nella buca fatta in terra, doue haueua da stare ritta. che piu? Non è possibile, ne per inuenzione, ne per disegno, ne per quale si uoglia altra industria, o artifizio far meglio. Sonoui, oltre ciò, molte grottesche, e altre cose lauorate di chiaro scuro simili al marmo, e fatte stranamente con inuenzione, e disegno bellissimo. Fece anco a i frati Scopetini a s. Donato fuor di Fiorenza, detto Scopeto, al presente rouinato, in vna tauola i Magi, che offeriscono a Christo; finita con molta diligenza, e ui ritrasse in figura d' uno Astrologo, che ha in mano vn quadrante Pier Francesco Vecchio de' Medici, figliuolo di Lorenzo di Bicci, e similmente Giouanni padre del S. Giouanni de' Medici, & un'altro Pier Francesco di esso S. Giouanni fratello, & altri segnalati personaggi. Sono in quest'opera Mori indiani, habiti stranamente acconci, & vna capanna bizarrissima. Al Poggio a Caiano cominciò per Lorenzo de' Medici vn Sacrifizio a fresco in vna loggia, che rimase imperfetto. E per le monache di s. Ieronimo sopra la costa a s. Giorgio in Firenze, cominciò la tauola dell'altar maggiore, che dopo la morte sua fu da Alonso Berughetta Spagnuolo tirata assai bene inanzi, ma poi finita del tutto, essendo egli andato in Ispagna, da altri pittori. Fece nel palazzo della Signoria la tauola della sala, doue stauano gl' Otto di pratica; & il disegno d'un'altra tauola grande con l'ornamento, per la sala del cōsiglio, ilqual disegno, morendosi non cominciò altramēte a mettere in opera, se bene fu intagliato l'ornamento, ilquale è hoggi appresso maestro Baccio Baldini Fiorentino fisico eccellentissimo, & amatore di tutte le virtù. Fece per la chiesa della Badia di Firenze vn s. Girolamo bellissimo. Cominciò a i frati della Nunziata per l'altar maggiore, vn deposto di croce; e finì le figure dal mezzo in su solamente, perche sopragiunto da febre crudelissima, e da quella strettezza di gola, che volgarmente si chiama sprimanzia in pochi giorni si morì di 45 anni. Onde essendo sempre stato cortese, affabile, e gentile, fu pianto da tutti coloro, che l'haueuano conosciuto; e particolarmente dalla giouentù di questa sua nobile città, che nelle feste publiche mascherate, e altri spettacoli si serui sempre cō molta sodisfazione del l'ingegno, & inuenzione di Filippo, che in così fatte cose non ha hauuto pari. Anzi fu tale in tutte le sue azzioni, che ricoperse la macchia (qualunche ella si sia) lasciatagli dal padre la ricoprì dico, non pure con l'eccellenza della sua arte, nellaquale non fu ne' suoi tempi inferiore a nessuno, ma con uiuere modesto, e ciuile, e sopra tutto con l'esser cortese, & amoreuole: laqual uirtù quanto habbia forza, e potere, incōciliarsi gl'animi uniuersalmente di tutte le persone, coloro il sanno solamente, che l'anno prouato, e prouano. Hebbe Filippo dai figliuoli suoi sepoltura in s. Michele Bisdomini a dì 13. d'Aprile M. D V. E mentre si portaua a sepellire si serrarono tutte le botteghe nella via de' Serui, come nell'essequie de' Principi huomini si suol fare alcuna uolta.

ta. Furono discepoli di Filippo, ma non lo pareggiarono a gran pezzo, Raffaellino del Garbo, che fece, come si dirà al luogo suo, molte cose, le bene nõ confermò l'openione, e speranza, che di lui si hebbe, uiendo Filippo, & essendo esso Raffaellino ancor giouanetto. E però non sempre sono in frutti simili a i fiori, che si ueggiono nella prima vera. Non riusci anco molto ualente Niccolò Zoccolo, o come altri lo chiamarono, Niccolò Cartoni, ilquale fu similmente discepolo di Filippo, e fece in Arezzo la facciata, che è sopra l'altare di s. Giouan, Decollato, & in s. Agnesa vna tauolina assai ben lauorata; e nella Badia di s. Fiora sopra un lauamani in una tauola vn Christo, che chiede bere alla Samaritana, & molte altre opere, che per essere state ordinarie, non si raccontano.

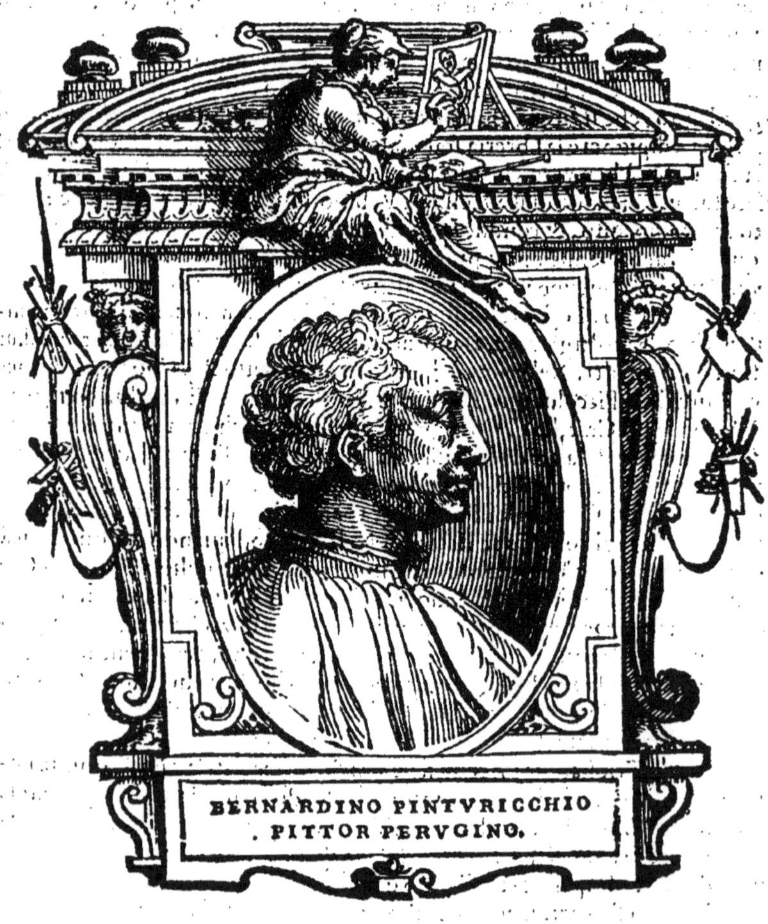

VITA DI BERNARDINO PINTVRICCHIO PITTORE PERVGINO.

SI come ſono molti aiutati dalla fortuna ſenza eſſere di molta virtu dotati coſi per lo cõtrario ſono infiniti quei virtuoſi, che da cõtraria, e nimica fortuna ſono perſeguitati. Onde ſi conoſce apertamente, che ell'ha per figliuoli coloro, che ſenza l'aiuto d'alcuna virtù dependono da lei; poi che le piace, che dal ſuo fauore ſieno alcuni inalzati, che per via di meriti non ſarebbono mai conoſciuti; ilche ſi uide nel Pinturicchio da Perugia, ilquale ancor, che faceſſe molti lauori, e fuſſe aiutato da diuerſi; hebbe nondimeno molto maggior nome, che le ſue opere non meritarono. Tutta via egli fu perſona, che ne' lauori grandi hebbe molta pratica, e che tenne di continouo molti lauoranti nelle ſue opere. Hauẽdo dunque coſtui nella ſua prima giouanezza lauorato molte coſe con Pietro da Perugia ſuo maeſtro, tirando il terzo di tutto il guadagno, che ſi faceua; fu da Franceſco Piccolomini Cardinale chiamato a Siena a dipignere la libreria ſtata fatta da Papa Pio II. nel Duomo di quella città. Ma è ben vero, che gli ſchizzi, e i cartoni di tutte le ſtorie, che egli vi fece furono di mano di Raffaello da Vrbino allora giouinetto, ilquale era ſtato ſuo compagno, & condiſcepolo appreſſo al detto Pietro; la maniera delquale haueua beniſſimo appreſa il detto Raffaello; e di queſti cartoni ſe ne vede ancor hoggi uno in Siena, & alcuni ſchizzi ne ſono di man di Raffaello nel noſtro libro. Le ſtorie dunque di queſto lauoro, nelquale fu aiutato Pinturicchio da molti garzoni, e lauoranti tutti della ſcola di Pietro, furono diuiſe in dieci quadri. Nel primo è dipinto quando detto Papa Pio ſecondo nacque, di Siluio Piccolomini, e di Vittoria, e fu chiamato Enea, l'anno 1405 in Valdorcia nel Caſtello di Corſignano, che hoggi ſi chiama Pienza dal nome ſuo, per eſſere ſtata poi da lui edificata, e fatta città. Et in queſto quadro ſono ritratti di naturale il detto Siluio, & Vettoria. Nel medeſimo è quando con Domenico Cardinale di Capranica paſſa l'alpe piena di ghiacci, e di neue, per andare al concilio in Baſilea. Nel ſecondo è quando il Concilio mãda eſſo Enea in molte legazioni, cio è in Argentina tre uolte, a Trento, a Goſtanza, a Francſcordia, & in Sauoia. Nella terza è quando il medeſimo Enea è mandato oratore da Felice Antipapa a Federigo terzo Imperatore, appreſſo alquale fu di tanto merito la deſtrezza dell'ingegno, l'eloquenza, e la grazia d'Enea, che da eſſo Federigo fu coronato, come Poeta di Lauro, fatto Protonotario, riceuuto fra gl'amici ſuoi, e fatto primo Segretario. Nel quarto è quando fu mandato da eſſo Federigo ad Eugenio quarto, dalquale fu fatto Veſcouo di Trieſta, e poi Arciueſcouo di Siena ſua patria. Nella quinta ſtoria è quando il medeſimo Imperatore, volendo venire in Italia a pigliare la corona dell'Imperio, manda Enea a Telamone porto de' Saneſi a rincontrare Leonora ſua moglie, che veniua di Portogallo. Nella ſeſta va Enea, mandato dal detto Imperatore a Caliſto quarto, per indurlo a far guerra a i Turchi. Et in queſta parte ſi vede, che il detto pontefice, eſſendo trauagliata Siena dal Conte di Pittigliano, e da altri per colpa del Re Alfonſo di Napoli, lo

manda

manda a trattare la pace. Laquale ottenuta si disegna la guerra contra gl'Orientali; & egli tornato a Roma, è dal detto Pontefice fatto Cardinale. Nella settima, morto Calisto, si vede Enea esser creato sommo Pōtefice, e chiamato Pio secondo. Nell'ottaua va il Papa a Mantoa al Concilio per la spedizione cōtra i Turchi, doue Lodouico Marchese lo riceue cō apparato splendidissimo, e magnificenza incredibile. Nella nona il medesimo mette nel Chatalogo de' Santi, e, come si dice, Canonezza Chaterina Sanese Monaca, e s. Donna dell'ordine de frati Predicatori. Nella decima, & vltima, preparando papa Pio vn'armata grossissima, con l'aiuto, e fauore di tutti i Principi Christiani contra i Turchi, si muore in Ancona: & vn romito dell'Heremo di Camaldoli, santo huomo vede l'anima d'esso Pōtefice in quel punto stesso, che muore, come anco si legge, essere d' Angeli portata in cielo. Dopo si vede nella medesima storia il corpo del medesimo essere da Ancona portato a Roma con hōreuole compagnia d'infiniti Signori, e prelati, che piangono la morte di tanto huomo, e di si raro e santo Pontefice. Laquale opera è tutta piena di ritratti di naturale, che di tutti sarebbe longa storia i nomi raccontare, ed è tutta colorita di fini, e viuacissimi colori, e fatta con varij ornamēti d'oro, e molto ben considerati spartimenti nel cielo. Et sotto ciascuna storia è vno Epitaffio, latino che narra, quello che in essa si contenga. In questa libreria fu condotto dal detto Francesco Piccolomini Cardinale, e suo nipote, e messe in mezo della stanza, le tre grazie, che vi sono di marmo ātiche, e bellissime; lequali furono in que'tempi le prime anticaglie, che fussono tenute in pregio. Non essendo anco affatica finita questa libreria, nellaquale sono tutti i libri, che lasciò il detto Pio II, fu creato Papa il detto Franc. Cardinale nipote del detto Pontefice Pio secondo, che per memoria del Zio volle esser chiamato Pio III. Il medesimo Pinturicchio dipinse in vna grandissima storia sopra la porta della detta libreria, che risponde in Duomo, grande dico quanto tiene tutta la facciata, la coronazione di detto Papa Pio terzo, con molti ritratti di naturale, e sotto visi leggono queste parole.

Pius iij Senensis Pij secundi Nepos M.D III. *septembris* XXI. *apertis electus suffragijs; Octauo octobris Coronatus est.*

Hauendo il Pinturicchio lauorato in Roma al tempo di Papa Sisto quando staua con Pietro Perugino; haueua fatto seruitù con Domenico della Rouere Cardinale di s. Clemente; onde hauendo il detto cardinale fatto in Borgo Vecchio vn molto bel palazzo, volle, che tutto lo dipignesse esso Pinturicchio, e che facesse nella facciata l'arme di Papa Sisto, tenuta da due putti. Fece il medesimo nel palazzo di s. Apostolo alcune cose, per Sciarra Colonna. E non molto dopo, cio è l'anno 1484, Innocencio ottauo Genouese gli fece dipignere alcune sale, e loggie nel palazzo di Beluedere, doue fra l'altre cose; si come volle esso papa, dipīse vna loggia tutta di paesi, e vi ritrasse Roma, Milano, Genoua, Fiorenza, Vinezia, e Napoli alla maniera de' Fiaminghi, che come cosa insino allora non più vsata, piacquero assai. E nel medesimo luogo dipinse vna N. Donna a fresco all'entrata della porta principale. In s. Piero alla cappella, doue è la Lancia, che passò il costato a Giesu Christo dipinse in vna tauola a tempera, per il detto Innocenzio ottauo la N. Donna maggior, che il viuo. E nella chiesa di s. Maria del Popolo dipinse due cappelle, vna p il detto Domenico della Rouere cardinale di s.Clemente nellaquale fu poi sepolto; e l'altra a Innocenzio Cibo Cardinale; nellaquale anch'egli fu poi sotterrato. Et in ciascuna di dette cappelle ritrasse i detti cardinali, che le fecero fare. E nel palazzo del Papa dipinse alcune stanze, che rispondono sopra il cortile di s.Piero, allequali sono state pochi anni, sono da Papa Pio quarto rinouati i palchi, e le pitture. Nel medesimo palazzo gli fece dipignere Alessandro Sesto tutte le stanze doue habitaua, e tutta la Torre Borgia, nellaquale fece historie, dell'Arti liberali in vna stanza, e lauorò tutte le volte di stucchi, e d'oro, ma perche non haueuano il modo di fare gli stucchi in quella maniera, che si fanno hoggi, sono i detti ornamenti per la maggior parte guasti. In detto palazzo ritrasse sopra la porta d'una camera la Signora Giulia Farnese nel volto d'una N. Donna; e nel medesimo quadro la testa di esso papa Alessandro, che l'adora. Vsò molto Bernardino di fare alle sue pitture ornamenti di rilieuo messi d'oro, per sodisfare alle persone, che poco di quell'arte intendeuano, accio hauessono maggior lustro, e veduta, il che è cosa goffissima, nella pittura. Hauendo dunque fatto in dette stanze vna storia di s.Chaterina, figurò gl'archi di Roma di rilieuo, e le figure dipinte; di modo, che essendo inanzi le figure, e dietro, i casamenti; vengono piu inanzi le cose, che diminuiscono, che quelle, che secondo l'occhio, crescono; eresia grandissima nella nostra arte. In castello Sant'Angelo dipinse infinite stanze a grottesche; ma nel Torrione da basso nel giardino, fece historie di Papa Alessandro, e vi ritrasse Isabella Regina Catolica, Niccolò Orsino cōte di Pitigliano, Gianiacomo Triulzi, con molti altri parenti, & amici di detto Papa, & in particolare cesare Borgia, il fratello, e le sorelle; e molti virtuosi di que'tempi. A Monte Oliueto di Napoli alla cappella di Paulo Tolosa è di mano del Pinturicchio vna tauola d'una Assunta. Fece costui infinite altre opere per tutta Italia, che per non essere molto eccellenti, ma di pratica, le porrò in silenzio. Vsaua dire il Pinturicchio, che il maggior rilieuo, che possa dare vn pittore alle figure, era l'hauere da se, senza saperne grado a Principi, o ad altri. Lauorò anco in Perugia ma poche cose. In Araceli dipinse la cappella di s.Bernardino; & in s.Maria del Popolo, doue habbiam detto, che fece le due cappelle, fece nella volta della cappella maggiore i quattro Dottori della chiesa. Essendo poi all'età di 59 anni peruenuto gli fu dato a fare in s.Francesco di Siena in vna tauola vna Natiuità di N.D. allaqual haué do messo mano, gli consegnarono i frati vna camera per suo habitare, e gliele diedero, si come uolle vacua, e spedita del tutto; saluo che d'un cassonaccio grande, & antico, e perche pareua loro troppo sconcio a tramutarlo. Ma Pinturicchio, come strano, e fantastico huomo, che egli era, ne fece tanto rumore, e tante uolte, che i frati finalméte si misero per disperati a leuarlo via. Et fu tanta la loro ventura, che nel cauarlo fuori si ruppe vn'asse nella quale erano cinquecento ducati d'oro di camera. Dellaqual cosa prese Pinturicchio tanto dispiacere, e tanto hebbe a male il bene di que' poueri frati, che piu non si potrebbe pésare, e se n'accorò di maniera, nō mai pésādo ad altro, che di qllo si morì. Furono le sue pitture circa l'anno 1513. Fu suo compagno & amico, se bene era piu vecchio di lui Benedetto Buonfiglio pittore Perugino, ilquale molte cose lauorò in Roma nel palazzo del Papa con altri maestri.

estri. Et in Perugia sua patria fece nella cappella della Signoria Historie della vita di s. Hercolano Vescouo, e protettore di quella città; e nella medesima alcuni miracoli fatti da s. Lodouico. In s. Domenico dipinse in vna tauo
la a tempera la storia de' Magi; & in vn'altra molti santi. Nella chiesa di s.
Bernardino dipinse vn Christo in Aria con esso s. Bernardino, & vn popolo
da basso. In somma fu costui assai stimato nella sua patria, inanzi che venisse
in cognizione Pietro Perugino. Fu similmente amico di Pinturicchio, & lauorò assai cose con esso lui Gerino Pistolese, che fu tenuto diligente coloritore, & assai imitatore della maniera di Pietro Perugino, con ilquale lauorò
in sin presso alla morte. costui fece in Pistoia sua patria poche cose. Al borgo s. Sepolcro fece in vna tauola a olio nella compagnia del buon Giesu vna
circoncisione, che è ragioneuole. Nella pieue del medesimo luogo dipinse
vna cappella in fresco, & in sul Teuere per la strada, che va ad Anghiari fece
vn'altra cappella pur a fresco per la comunita. Et in quel medesimo luogo in
s. Lorenzo Badia di monaci de Camaldoli fece vn'altra cappella. Mediante le
quali opere fece cosi lunga stanza al Borgo, che quasi se l'elesse per patria. Fu
costui persona meschina nelle cose dell'arte, duraua grandissima fatica nel la
uorare, e penaua tanto a condurre vn'opera, che era uno stento.

Fu ne' medesimi tempi eccellente pittore nella città di Fuligno Niccolò
Alunno, perche non si costumãdo molto di colorire ad olio inanzi a Pietro
Perugino, molti furono tenuti valenti huomini, che poi non riuscirono.
Niccolò dunque sodisfece assai nell'opere sue, perche se bene non lauorò se
non a tempera, perche faceua alle sue figure teste ritratte dal naturale, e che
pareuano viue, piacque assai la sua maniera. In s. Agost. di Fuligno è di sua
mano in vna tauola vna Natiuità di Christo; & vna predella di Figure piccole. In Ascesi fece vn Gonfalone, che si porta a processione; nel Duomo la
tauola dell'altar maggiore, & in s. Francesco vn'altra tauola. Ma la miglior
pittura, che mai lauorasse Niccolò fu vna cappella nel Duomo, doue fra l'altre cose vi è vna Pietà, e due Angeli, che tenendo due torcie piangono tanto
viuamente, che io giudico, che ogni altro pittore, quanto si voglia ecc. hareb
be potuto far poco meglio. A s. Maria degl'Angeli in detto luogo dipinse la
facciata, e molte altre opere, dellequali non accade far menzione, bastando
hauer tocche le migliori. E questo sia il fine della vita di Pinturicchio, ilqua
le fra l'altre cose, sodisfece assai a molti Principi, e Signori; perche daua presto l'opere finite, si come disiderano, se bene per auuentura manco buone,
che chi le fa adagio, & consideratamente.

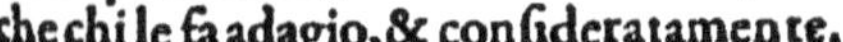

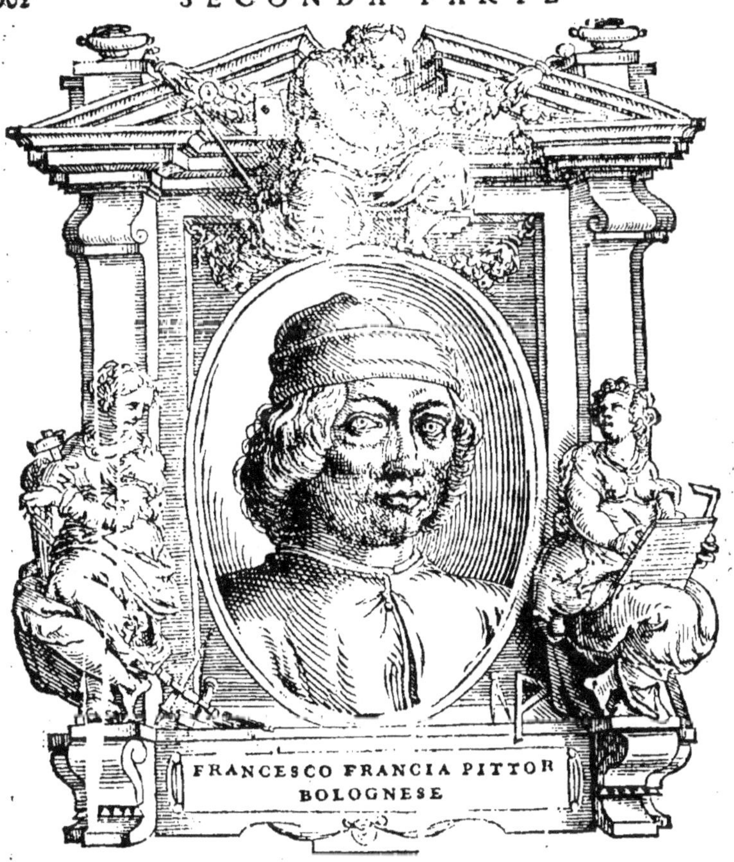

Vita di Francesco Francia Bolognese, Orefice, & Pittore

FRANCESCO Francia, ilquale nacque in Bologna l'anno 1450 di psone artigiane, ma assai costumate, e da bene fu posto nella sua prima fanciullezza all'orefice: nelqual esercizio adoperandosi con ingegno, e spirito, si fece, crescendo, di persona, e d'aspetto tanto ben proporzionato; e nella conuersazione, e nel parlare tanto dolce, e piaceuole; che hebbe forza di tenere allegro, e senza pensieri col suo ragionamento, qualunche fusse piu malinconico, perloche fu non solamente amato da tutti coloro, che di lui hebbono cognizione, ma ancora da molti Principi Italiani, & altri Signori. Attendendo dunque

mente,

mentre staua all'orefice al disegno, in quello tanto si compiacque, che sueglia do l'ingegno a maggior cose, fece in quello grandissimo profitto, come per molte cose lauorate d'argento in Bologna sua patria si puo vedere, e particolarmente in alcuni lauori di niello eccellentissimi. Nellaqual maniera di fare mise molte volte nello spazio di due dita d'altezza, e poco piu lungo, venti figurine proporzionatissime, e belle. Lauorò di smalto ancora molte cose d'argento, che andarono male nella rouina, & cacciata de'Bentiuogli. E per dirlo in vna parola lauorò egli qualuche cosa puo far quell'arte meglio, che altri facesse giamai. Ma quello, di che egli si dilettò sopramodo, e in che fu eccellente fu il fare conij per medaglie, nel che fu ne'tempi suoi singularissimo, come si puo vedere in alcune, che ne fece doue è naturalissima la testa di Papa Giulio secondo, che stettono a paragone di quelle di Caradosso. Oltra che fece le medaglie del s. Giouanni Bentiuogli, che par viuo; & d'infiniti Principi, i quali nel passaggio di Bologna, si fermauano, & egli faceua le medaglie ritratte in cera. E poi finite le madri de'Conij, le mandaua loro: di che oltra la immortalità della fama, trasse ancora presenti grandissimi. Tenne continuamente, mentre che e' visse la Zecca di Bologna: & fece le stampe di tutti i conij per quella, nel tempo che i Bentiuogli reggeuano; & poi che sen'andorono ancora mentre, che visse Papa Iulio come ne rédono chiarezza le monete, che il Papa gittò nella entrata sua, doue era da vna banda la sua testa naturale, e da l'altra queste lettere *Bononia per Iulium a Tyranno Liberata*. Et fu talmente tenuto eccellente in questo mestiero, che durò a far le stampe delle monete fino al tempo di Papa Leone. Et tanto sono in pregio le npronte de' conij suoi che chi ne ha le stima tãto che per danari nõ sene puo hauere. Auenne che il Francia desideroso di maggior gloria, hauendo conosciuto Andr. Mantegna, e molti altri pittori, che haueuano cauato de la loro arte, & facultà, & onori; deliberò prouare se la pittura gli riuscisse nel colorito. Hauendo egli si fatto disegno, che e' poteua comparire largamente con quegli. Onde dato ordine a farne pruoua, fece alcuni ritratti, & altre cose piccole, tenendo in casa molti mesi persone del mestiero, che gl'insegnassino i modi, & l'ordine del colorire: di maniera che egli, che haueua giudizio molto buono, vi fe la pratica prestamente; & la prima opera che egli facesse fu vna tauola non molto grande a M. Bart. Felisini; che la pose nella Misericordia, chiesa fuor di Bologna, nellaqual tauola è vna N. D. a seder sopra vna sedia cõ molte altre figure, e con il detto M. Bart. ritratto di naturale. Et è lauorata a olio, con grandiss. diligenza; laqual opera da lui fatta l'anno 1490. Piacque talmente in Bologna che M. Gio. Bentiuogli desideroso d'onorar cõ l'opere di questo nuouo pittore la cappella sua, in s. Iacopo di quella città gli fece fare, in vna tauola, vna N. Donna in aria; & due figure per lato, con due Angioli da basso che suonano. Laqual'opera fu tanto ben condotta dal Francia; che meritò da M. Gioaanni oltra le lode, vn presente honoratissimo. La onde incitato da questa opera Monsignore de'Bentiuogli, gli fece fare vna tauola, per l'altar maggiore della Misericordia, che fu molto lodata: dentroui la Natiuità di Christo. doue oltre al disegno, non è se non bella, l'inuenzione, e il colorito nõ sono senõ lodeuoli Et in questa opera fece Monsignore ritratto di naturale; molto simile, per quanto dice chi lo conobbe; & in quello abito stesso che egli uestito da pellegrino tornò di Ierusalemme. Fece similmente in vna tauola nella chiesa della Nunziata fuor della porta di s. Mammolo; quando la N. Donna è Anunziata dall'Angelo; insieme cõ due figure per lato, tenuta cosa molto ben lauorata. Mentre dunque per l'opere del Francia era cresciuta la fama sua, deliberò egli si come il lauorare a olio gli haueua dato fama, & vtile; cosi di vedere se il medesimo gli riusciua nel lauoro in fresco. Haueua fatto M. Giouanni Bentiuogli dipignere il suo palazzo a diuersi maestri, & Ferraresi, & di Bologna, & alcuni altri Modonesi, ma vedute le pruoue del Francia a fresco, deliberò che egli ui facesse vna storia, in vna facciata d'una camera, doue egli abitaua per suo vso: nellaquale fece il Francia il Campo di Oloferne armato in diuersi guardie, appiedi, & a cauallo, che guardauano i padiglioni: & mentre, che erano attenti ad altro, si vedeua il sonnolento Oloferne, preso da vna femmina soccinta in abito vedouile, la quale con la sinistra teneua i capegli sudati per il calore del vino, e del sonno, & con la destra vibraua il colpo, per vccidere il nemico; mentre che vna serua vecchia con crespe, & aria veramente da serua fidatissima, intenta negli occhi della sua Iudit per inanimirla, chinata giù con la persona, teneua bassa vna sporta, per riceuere in essa il capo del sonnacchioso amante. Storia che fu delle piu belle, & meglio condotte, che il Francia facesse mai. Laquale andò per terra nelle rouine di quello edifizio nella vscita de' Bentiuogli, insieme con vn'altra storia sopra questa medesima camera, contraffatta di colore di bronzo d'una disputa di filosofi molto eccellentemente lauorata, & espressoui il suo concetto. Lequali opere furono cagione, che M. Giouanni, & quanti eran di quella casa, lo amassino, e honorassino: & dopo loro, tutta quella città. Fece nella cappella di s. Cecilia attaccata con la chiesa di s. Iacopo due storie, lauorate in fresco; in vna dellequali dipinse quãdo la N. Donna è sposata da Giuseppo; & nell'altra la morte di s. Cecilia: tenuta cosa molto lodata da' Bolognesi: & nel vero il Francia prese tanta pratica, & tanto animo, nel veder caminar a perfezzione l'opere, che egli voleua; ch'e lauorò molte cose, che io non ne farò memoria: bastandomi mostrare a chi vorrà veder l'opere sue, solamente le piu notabili, & le migliori. Ne per questo la pittura gl'impedì mai, che egli non seguitasse, & la zecca, & l'altre cose delle medaglie, come è faceua sino dal principio. Hebbe il Francia secõdo che si dice grandissimo dispiacere de la partita di M. Giouanni Bentiuogli; perche hauendogli fatti tanti benefizij gli dolse infinitamente: ma pure come sauio, & costumato che egli era attese all'opere sue. Fece dopo la sua partita di quello tre tauole, che andarono a Modena, in vna delle quali era quando s. Giouanni battezza Christo, nell'altra vna Nunziata bellissima, & nella vltima vna N. Donna in aria con molte figure, laqual fu posta nella chiesa de' frati dell'Osseruanza. Spartasi dunque per cotante opere, la fama di cosi eccellente maestro faceuano le città a gara per hauer dell'opere sue. La onde fece egli in Parma ne' monaci Neri di s. Giouanni vna tauola con vn Christo morto in grembo alla N. Donna, & intorno molte figure, tenuta vniuersalmente cosa bellissima, perche trouandosi seruiti i medesimi frati operarono, ch'egli ne facesse vn'altra a Reggio di Lõbardia in vn luogo loro dou'egli fece vna N. Donna con molte figure. A Cesena fece vn'altra tauola pure per

la chiesa

la chiesa di questi monaci, & vi dipinse la circoncisione di Christo colorita vagamente. Ne vollono hauere inuidia i Ferraresi a gl'altri circonuicini, anzi dilliberati ornare delle fatiche del Francia il loro Duomo, gli allogarono vna tauola, che vi fece su vn gran numero di figure, & la intitolarono, la tauola di Ogni Santi. Fecene in Bologna vna in s. Lorenzo, con vna N. Donna & due figure per banda; & due putti sotto, molto lodata. Nè hebbe appena finita questa, che gli conuenne farne vn'altra in s. Iobbe, con vn Crucifisso, & s. Iobbe ginocchioni appie della croce: & due figure da'lati. Era tanto sparsa la fama, e l'opere di questo artefice per la Lombardia, che fu mādato di toscana ancora per alcuna cosa di suo come fu da Lucca, doue andò vna tauola dentroui vna s. Anna, & la N. Donna, con molte altre figure, & sopra vn christo morto in grembo alla madre: Laquale opera è posta nella chiesa di s. Frilliano, & è tenuta da Luchesi, cosa molto degna. Fece in Bologna per la chiesa della Nunziata due altre tauole, che furon molto diligentemēte lauorate: Et cosi fuor della porta A stra Castione, nella Misericordia ne fece vn'altra a requisizione d'una Gentil'donna de'Manzuoli. Nellaquale dipinse la N. Dōna col figliuolo in collo s. Giorgio, s. Giouanni Batista, s. Stefano, & s. Agostino cō vn Angelo apiedi, che tiene le mani giunti cō tanta grazia, che par proprio di Paradiso. Nella compagnia di s. Francesco nella medesima città ne fece vn'altra; & similmente vna ne la compagnia di s. Ieronimo. Haueua sua dimestichezza M. Polo Zambeccaro; e come amicissimo per ricordanza di lui, gli fece fare vn quadro assai grande, dentroui vna Natiuità di christo che è molto celebrata delle cose che egli fece. E per questa cagione M. Polo gli fece dipignere due figure in fresco, alla sua Villa molto belle. Fece anco ra in fresco vna storia molto leggiadra in casa M. Ieronimo Bologníno, con molte varie, & bellissime figure. Lequali opere tutte insieme gli haueuano recato vna reuerenza in quella città, che v'era tenuto come vn'o i Dio. Et quello che gliel'accrebbe in infinito, fu che il Duca d'Vrbino gli fece dipignere vn par di barde da cauallo, nellequali fece vna selua grandissima dalberi, che vi era appiccato il fuoco: & fuor di quella vsciua quantità grande di tutti gli animali aerei, & terrestri, & alcune figure: cosa terribile, spauentosa, & veramente bella; che fu stimata assai Per il tempo consumatoui sopra nelle piume degli vcelli, & nelle altre sorti d'animali terrestri, oltra le diuersità delle frondi, & rami diuersi, che nella varietà degli alberi si vedeuano. Laquale opera fu riconosciuta con doni di gran ualuta; per satisfare alle fatiche del Francia: oltra che il Duca sempre gli hebbe obligo per le lodi che egli ne riceuè. Il Duca Guido Baldo parimente ha nella sua Guardaroba di mano del medesimo, in un quadro una Lucrezia Romana da lui molto stimata, cō molte altre pitture, dellequali si farà quando sia tempo menzione. Lauorò dopo queste vna tauola in s. Vitale, & Agricola, allo altare della Madonna che vi è dentro due Angeli, che suonano il liuto, molto begli. Non conterò gia i quadri che sono sparsi per Bologna in casa que' Gentil'huomini; & meno la infinita de' ritratti di naturale che egli fece; perche troppo sarei prolisso. Basti, che mentre che egli era in cotanta gloria, & godeua in pace le sue fatiche; era in Roma Raffaello da Vrbino: & tutto il giorno gli veniuano intorno molti forestieri, & fra gli altri molti Gentil'huomini Bolognesi per uedere l'opere di quello. Et perche egli auuiene il piu delle volte, che ogn'uno loda volentieri gli ingegni da casa sua, cominciarono questi Bolognesi cō Raffaello a lodare l'opere, la vita, & le virtù del Francia: & cosi feciono tra loro a parole tanta amicizia, che il Francia, & Raffaello si salutarono per lettere. Et vdito il Francia tanta fama de le diuine pitture di Raffaello; desideraua veder l'opere sue: ma gia vecchio & agiato, si godeua la sua Bologna. Auuenne appresso, che Raffaello fece in Roma per il Cardinal de Pucci Santi IIII. vna tauola di s. Cecilia, che si haueua a mandare in Bologna per porsi in vna cappella in s. Giouanni in monte, doue è la sepoltura della beata Elena dall'olio: & incassata, la dirizzò al Francia, che come amico, glie la douesse porre in sull'altare di quella cappella, con l'ornamento come l'haueua esso accocia to. Ilche hebbe molto caro il Francia, per hauer agio di veder, si come hauea tanto disiderato l'opere di Raffaello. Et hauendo aperta la lettera, che gli scriueua Raffaello, doue e' lo pregaua se ci fusse nessun graffio, che è lacconciasse; & similmente conoscendoci alcuno errore, come amico, lo correggesse, fece con allegrezza grandissima, ad un buon lume trarre della cassa la detta tauola. Ma tanto fu lo stupore che e' ne hebbe, & tanto grande la marauiglia: che conoscendo qui lo error suo, & la stolta presunzione della folle credenza sua; si accorò di dolore, & fra breuissimo tempo se ne morì. Era la tauola di Raffaello diuina, & non dipinta, ma viua, & talmente ben fatta, & colorita da lui; che fra le belle che egli dipinse, mentre visse, ancora che tutte siano miracolose, ben poteua chiamarsi rara. La onde il Francia mezo morto per il terrore, & per la bellezza della pittura, che era presente a gl'occhi; & a paragone di quelle, che intorno di sua mano si vedeuano; tutto smarrito, la fece con diligenzia porre in s. Gio. in monte a quella cappella doue doueua stare, & entratosene fra pochi di nel letto tutto fuori di se stesso; parendoli esser rimasto quasi nulla nell'arte, appetto a quello che egli credeua; & che egli era tenuto; di dolore, & malinconia, come alcuni credono si morì essendoli aduenuto nel troppo fisamente contemplare la viuissima pittura di Raffaello, quello, che al Fiuizano nel vagheggiare la sua bella morte, de la quale è scritto questo epigramma.

Me ueram pictor diuinus mente recepit.
Admota est operi, deinde perita manus.
Dumque opere in facto defigit lumina pictor
Intentus nimium, palluit, & moritur.
Viua igitur sum mors: non mortua mortis imago
Si fungor quo mors fungitur officio.

Tuttauolta dicono alcuni altri che la morte sua fu si subita, che a molti segni apparì piu tosto veleno, o giocciola, che altro. Fu il Francia huomo sauio, & regolatissimo del uiuere, & di buone forze. E morto fu sepolto honoratamente dai suoi figliuoli in Bologna l'anno MDXVIII.

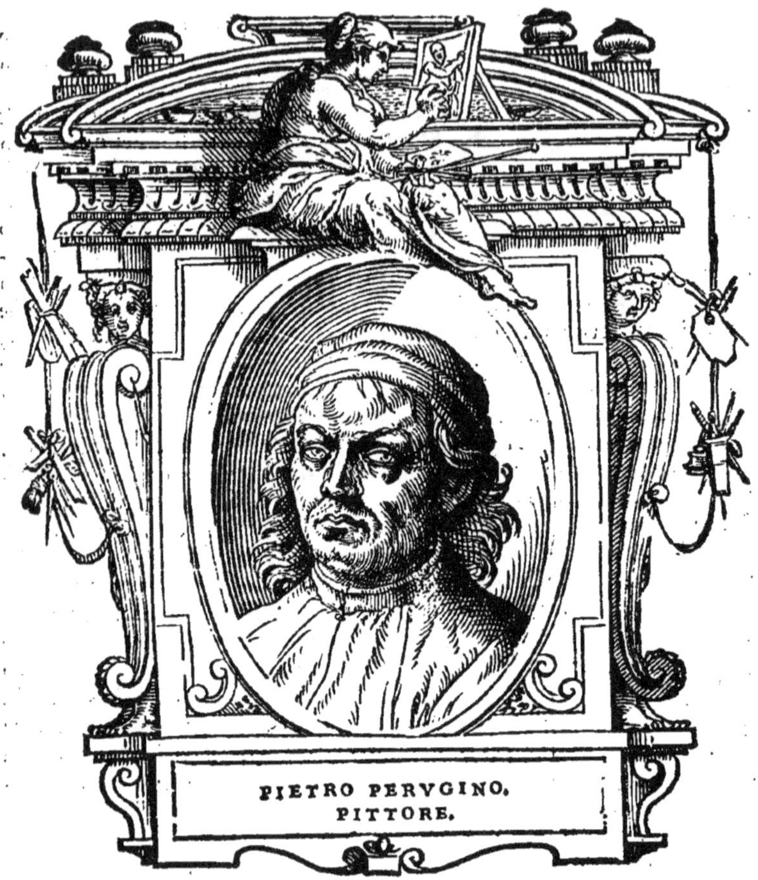

Vita di Pietro Perugino pittore.

DI quanto benefizio sia agli ingegni alcuna volta la pouertà, & quanto ella sia potente cagione di fargli venir perfetti, & ecc. in qual si voglia facultà; assai chiaramente si puo vedere nelle azzioni di Pietro Perugino. Ilquale partitosi da le estreme calamità di Perugia, & condottosi a Fiorenza. desiderando co'l mezo della virtù, di peruenire a qualche grado: stette molti mesi, non hauẽdo altro letto poueramente a dormire in vna cassa: Fece de la notte giorno: & con grandissimo feruore, continuamente attese allo studio della sua professione. Et hauendo fatto l'abito in quello, nessuuo altro piacere conobbe, che di affaticarsi sempre in quell'arte; & sempre dipignere. Perche hauendo sempre dinanzi a gl'occhi il terrore della pouertà, faceua cose per guadagnaro, re, che e' non harebbe forse guardate, se hauesse hauuto da mantenersi. Et p auuentura tanto gli harebbe la ricchezza chiuso il camino da uenire eccellente per la virtù: quanto glie lo aperse la pouertà, & ve lo spronò il bisogno. disiderando venire da si misero, & basso grado, se e' non poteua al sommo, & supremo; ad vno almeno, doue egli hauesse da sostentarsi. Per questo non si curò egli mai di freddo, di fame, di disagio, di incomodità, di fatica ne di uergogna, per potere viuere vn giorno in agio, & riposo; dicendo sempre, & quasi in prouerbio, che dopo il cattiuo tempo, è necessario che e' vẽga il buono; & che quando è buon tempo si fabricano le case, per poterui stare al coperto, quãdo e' bisogna. Ma perche meglio si conosca il progresso di questo artefice, cominciandomi dal suo principio: dico, secondo la publica fama, che nella città di Perugia, nacque ad vna pouera persona da Castello della Pieue, detta Christofano, vn figliuolo, che al battesimo fu chiamato Pietro. Ilquale alleuato fra la miseria, & lo stento, fu dato dal padre per fattorino, a vn dipintore di Perugia: ilquale non era molto valente in quel mestiero, ma haueua in gran uenerazione, & l'arte, & gli huomini, che in quella erano eccellenti. Ne mai con Pietro faceua altro che dire, di quanto guadagno, & honore fusse la pittura, a chi ben la esercitasse. Et contandoli i premij già delli antichi, & de' moderni, confortaua Pietro a lo studio di quella. Onde gli accese l'animo di maniera, che gli vẽne capriccio di volere (se la fortuna lo volesse aiutare) essere vno di quelli. Et però spesso vsaua di domandare qualunque conosceua essere stato per lo mondo, in che parte meglio si facesseno gli huomini di quel mestiero, & particularmente il suo maestro. Ilquale gli rispose sẽpre di vn medesimo tenore, cio è che in Firenze piu che altroue veniuano gli huomini perfetti in tutte l'arti, & specialmente nella pittura. Atteso che in quella città sono spronati gl'huomini da tre cose, l'una dal biasimare, che fanno molti, & molto, per far quell'aria gli ingegni liberi di natura; & non contentarsi vniuersalmente dell'opere pur mediocri, ma sempre piu ad honore del buono, & del bello, che a rispetto del facitore considerarle. l'altra che a volerui viuere, bisogna essere industrioso, il che non vuole dire altro, che adoperare continuamente l'ingegno, & il giudizio, & essere accorto, & presto nelle sue cose, & finalmente saper guadagnare, non hauendo Firenze paese largo & abbõdante, di maniera che e' possa dar le spese per poco a chi si sta, come doue si truoua del buono assai. La terza, che non puo forse manco dell'altre, è vna cupidita di gloria, & honore, che quella aria genera grandissima in quelli d'ogni perfettione, laqual in tutte le persone che hanno spirito, non consente, che gli huomini voglino stare al pari, non che restare indietro a chi e' veggono essere huomini come sono essi, benche gli riconoschino per maestri; anzi gli sforza bene spesso a desiderar tãto la propria grãdezza; che se non sono benigni di natura, o saui; riescono maldicenti ingrati, e sconoscenti de benefizij. E' ben vero che quando l'huomo vi ha imparato tãto che basti; uolendo far altro che uiuere come gl'animali giorno per giorno, & desiderando farsi ricco; bisogna partirsi di quiui; & vender fuora la bontà delle opere sue, & la riputazione di essa città; come fanno i dottori quella del loro studio. Perche Firenze fa de li artefici suoi, quel che il tempo de le sue cose; che fatte, se le disfa, & se le consuma a poco a poco. Da questi auuisi dunque & dalle persuasioni di molti altri mosso, venne Pietro in Fiorenza con animo di farsi eccellente; & bene gli venne fatto; conciosia che al suo tempo le cose della maniera sua furono tenute in pregio grandissimo. Studiò sotto la disciplina d'Andrea Verrocchio: & le prime sue figure furono fuor della porta al Prato in s. Martino alle monache, hoggi ruinato per le guerre. Et in Camaldoli vn s. Girolamo in muro allora molto stimato da Fiorẽtini, e cõ lode messo inanzi p hauer fatto quel sãto vechio magro, & asciutto con gl'occhi fisso nel crucifisso, & tanto consumato che pare vna notomia, come si puo uedere in uno cauato da quello, che ha il gia detto Bartolomeo Gõdi. Venne dunque in pochi anni in tanto credito, che de l'opere sue s'empiè non solo Fiorenza, & Italia, ma la Francia, la Spagna, & molti altri paesi, doue elle furono mandate. La onde tenute le cose sue in riputazione, & pregio grandissimo; cominciarono i Mercanti a fare incetta di quelle; & a mandarle fuori in diuersi paesi, con molto loro utile, e guadagno. Lauorò alle donne di s. Chiara in una tauola un Christo morto, con si uago colorito, e nuouo, che fece credere a gl'Artefici d'hauere a essere marauiglioso, & eccellente. Veggonsi in questa opera alcune bellissime teste di vecchi, e similmente certe Marie, che restate di piagnere, considerano il morto con ammirazione, & amore straordinario; oltre che vi fece vn paese, che fu tenuto allora bellissimo, per non si esser anchora veduto il vero modo di fargli, come si è veduto poi. Dicesi, che Francesco del Pugliese volle dare alle dette monache tre volte tanti danari, quanti elle haueuano pagato a Pietro, e farne far loro vna simile a quella di mano propria del medesimo, & che elle non vollono acconsentire; perche Pietro disse, che non credeua poter quella paragonare. Erano anco fuor della porta a Pinti nel conuento de' frati Giesuati molte cose di man di Pietro; ma perche hoggi la detta chiesa, e conuento sono rouinati, non voglio, che mi paia fatica, con questa occasione, prima, che io piu oltre in questa vita proceda, dirne alcune poche cose. Questa chiesa dunque, laquale fu architettura d'Antonio di Giorgio da Settignano, era longa braccia quaranta, e larga venti. A sommo, per qnattro scaglioni, o vero gradi si saliua a vn piano di braccia sei, sopra ilqual era l'altar maggiore con molti ornamenti di pietre intagliate. E sopra il detto altare era posta con ricco ornamẽto vna tauola, come si è detto, di mano di Domenico Ghirlandaio. A mezzo la chiesa era vn tramezzo di muro, con vna porta traforata dal mezzo in su, laquale metteuano in mezzo due altari, sopra ciascuno de quali era, come si dirà, vna tauola di mano di Pietro Perugino. E sopra la detta porta era vn bellissimo crucifisso di mano di Benedetto da Maiano, messo in mezzo da vna N. Donna, & vn san Giouanni di rilieuo. E dinanzi al detto piano dell'altare maggiore appoggiandosi a detto tramezzo, era vn coro di legname di noce, e d'ordine dorico molto ben lauorato: & sopra la porta principale della chiesa era vn'altro coro, che posaua sopra vn legno armato, e disotto faceua palco, o vero soffittato con bellissimo spartimento, & con vn'ordine di balaustri, che faceua sponda al dinanzi del coro, che guardaua verso l'altar maggiore. Il qual coro era molto commodo per l'hore della notte a i frati di quel cõuento, & per fare loro particolare orazioni, & similmẽte per i giorni feriati. Sopra la porta principale della chiesa, che era fatta con bellissimi ornamenti di Pietra, & haueua un portico dinanzi in sulle colonne, che copriua in sin so pra la porta del conuento, era in vn mezzo tondo un s. Giusto Vescouo in mezzo a due Angeli, di mano di Gherardo miniatore, molto bello. E ciò per che la detta chiesa era intitolata a detto s. Giusto, e la entro si serbaua da que' frati una reliquia, cio è un braccio di esso Santo. All'entrare di quel conuento era un picciol Chiostro di grãdezza appunto quanto la chiesa, cio è lungo braccia quaranta, e largo venti, gl'archi, & uolte delquale, che girauano intorno posaua sopra colonne di pietra, che faceuano una spaziosa, e molto commoda loggia intorno intorno. Nel mezzo del cortile di questo chiostro, che era tutto pulitamente, e di pietre quadre lastricato, era un bellissimo pozzo con vna loggia sopra, che posaua similmente sopra colonne di pietra, e faceua ricco, e bello ornamento. Et in questo chiostro era il capitolo de' frati la porta del fianco, che entraua in chiesa, e le scale, che saliuano di sopra al dormentorio, & altre stanze a commodo de' frati. Di la da questo chiostro a dirittura della porta principale del conuento era un'andito lungo quanto il capitolo e la camarlingheria, e che rispondeua in vn'altro chiostro maggiore, e piu bello, che il primo. E tutta questa dirittura, cio è le 40 braccia della loggia del primo chiostro, l'andito, e quella del secondo faceuano un riscontro lunghissimo, e bello quanto piu non si puo dire, essendo massimamẽte fuor del detto vltimo chiostro, e nella medesima dirittura una viottola dell'orto lunga braccia dugento.

E tutto cio venendosi dalla principal porta del conuento faceua una ueduta marauigliosa. Nel detto secondo chiostro era un Reffettorio lungo braccia sessanta, e largo 18, con tutte quelle accommodate stanze, e come dicono i frati, officine, che a vn si fatto conuento si richiedeuano. Di sopra era un dormentorio a guisa di T. vna parte delquale, cio è la principale, e diritta, laquale era braccia 60, era doppia, cio è haueua le celle da ciascun lato, & in testa in uno spazio di quindici braccia un'oratorio, sopra l'altare delquale era una tauola di mano di Piero Perugino, e sopra la porta di esso oratorio era vn'altra opera in fresco, come si dirà di mano del medesimo. Et al medesimo piano, cio è sopra il capitolo era una stanza grande, doue stauano que' padri a fare le finestre di vetro, con i tornegli, & altri commodi, che a cotale esercizio erano necessarij. E perche mentre visse Pietro, e gli fece loro per molte opere i cartoni, furono i lauori, che fecero al suo tempo tutti eccellenti. L'orto poi di questo conuento era tanto bello, e tanto ben tenuto, & con tanto ordine le uiti intorno al chiostro, e per tutto accommodate, che intorno a Firẽze non si poteua ueder meglio. Similmente la stanza doue stillauano, secondo il costume loro, acque odorifere, & cose medicinali haueua tutti quegli agi, che piu, & migliori si possono imaginare. In somma quel conuento era de' begli, e bene accommodati, che fussero nello stato di Firenze: e però ho voluto farne questa memoria, & massimamente essendo di mano del nostro Pietro Perugino la maggior parte delle pitture, che vi erano. Alqual Pietro tornando hora mai, dico, che dell'opere, che fece in detto conuento, nõ si sono conseruate senon le tauole, perche quelle lauorate a fresco furono per lo assedio di Firenze insieme con tutta quella fabrica gettate per terra, & le tauole portate alla porta a san Piergattolini, doue a i detti frati fu dato luogo nella

nella chiesa,& conuento di s.Giouannino. Le due tauole adunque, che erano nel sopradetto tramezzo erano di man di Piero; & in vna era vn Christo nell'orto; & gl'Apostoli, che dormono,ne' quali mostrò Pietro,quanto uaglia il sonno contra gl'affanni,e dispiaceri,hauendogli figurati dormire in attitudini molto agiate. E nell'altra fece vna Pietà,cio è Christo in grembo alla N.Donna con quattro figure intorno nõ men buone,che l'altre della maniera sua,e fra l'altre cose fece il detto Christo morto cosi intirizzato,come se è fusse stato tanto in croce,che lo spazio, & il freddo l'hauessino ridotto cosi,onde lo fece reggere a Giouanni,& alla Maddalena tutti afflitti,e piangenti. Lauorò in un'altra tauola un crucifisso con la Maddalena,& a i piedi s.Girolamo,s.Giouanni Battista,& il beato Giouanni Colombini,fondatore di quella religione con infinita diligenza. Queste tre tauole hanno patito assai,e sono per tutto negli scuri, e doue sono l'ombre crepate: e cio auuiene, perche quando si lauora il primo colore,che si pone sopra la mestica(percio che tre mani di colori si danno l'un sopra l'altro)non è ben secco; onde poi col tempo nello seccarsi tirano per la grossezza loro, & uengono ad hauer forza di fare que'crepati. Ilche Pietro non potette conoscere,perche apunto ne'tempi suoi si cominciò a colorire bene a olio. Essendo dunque da i Fiorentini molto comendate l'opere di Pietro, un priore del medesimo conuento de gl'Ingesuati,che si dilettaua dell'arte gli fece fare in vn muro del primo chiostro vna Natiuità co i Magi di minuta maniera che fu da lui con uaghezza, e pulitezza grande a perfetto fine condotta; doue era un numero infinito di teste uariate; e ritratti di naturale nõ pochi; fra iquali era la testa d'Andrea del Verrocchio suo maestro. Nel medesimo cortile fece un fregio sopra gl'archi delle colonne,con teste quanto il uiuo,molto ben condotte: delle quali era una quella del detto priore tanto uiua,e di buona maniera lauorata,che fu giudicata da peritissimi artefici la miglior cosa,che mai facesse Pietro; alquale fu fatto fare nell'altro chiostro sopra la porta, che andaua in Reffettorio una storia quando Papa Bonifazio conferma l'habito al beato Giouanni Colombino,nellaquale ritrasse otto di detti frati,e vi fece una prospettiua bellissima,che sfuggiua,laquale fu molto lodata,e meritamente,perche ne faceua Pietro professione particolare. Sotto a questa in un'altra storia cominciaua la Natiuità di Christo con alcuni Angeli, e Pastori, lauorata con freschissimo colorito. E sopra la porta del detto oratorio fece in vn'arco tre mezze figure,la N.Donna,s.Girolamo,& il beato Giouanni,con si bella maniera,che fu stimata delle migliori opere,che mai Pietro lauorasse in muro. Era secondo,che io udij gia raccontare, il detto priore molto ecc.in fare gl'azzurri oltramarini,e però hauendone copia uolle, che Piero in tutte le sopradette opere ne mettesse assai: Ma era nõdimeno si misero, e sfiducciato, che non si fidando di Pietro, voleua sempre esser presente quãdo egli azurro nel lauoro adoperaua. La onde Pietro ilquale era di natura intero, e da bene, e non disideraua quel d'altri, se non mediante le sue fatiche haueua per male la diffidenza di quel priore, onde pensò di farnelo vergognare; & cosi presa vna catinella d'acqua,imposto,che haueua, o panni,o altro, che uoleua fare di azurro,e bianco,faceua di mano in mano al priore,che con miseria tornaua al sacchetto,mettere l'oltramarino nell'alberello,doue era acqua stemperata: dopo cominciandolo à mettere in opera, a ogni due pennellate Pietro risciacquaua il pennello nella catinella onde era piu quello, che nell'acqua rimaneua, che quello, che egli haueua messo in opera. Et il priore, che si vedeua uotar il sacchetto, & il lauoro non cõparire, spesso spesso diceua. O quanto oltramarino consuma questa calcina. Voi uedere, rispondeua Pietro. Dopo partito il priore, Pietro cauaua l'oltramarino, che era nel fondo della catinella; & quello quando gli parue tempo rendendo al priore, gli disse padre questo è uostro, imparate a fidarui degl'huomini da bene, che non ingannano mai chi si fida, ma si bene saprebbono quando volessino, ingannare gli sfiducciati, come uoi sete. Per queste dunque, & altre molte opere venne in tanta fama Pietro, che fu quasi sforzato a andare a Siena, doue in s. Francesco dipinse vna tauola grande, che fu tenuta bellissima, e in santo Agostino ne dipinse vn'altra dentroui vn Crucifisso con alcuni Santi. E poco dopo questo a Fiorenza nella chiesa di s. Gallo fece vna tauola di s. Girolamo in penitenzia, che hoggi è in s. Iacopo tra fossi, doue detti frati dimorano vicino al canto de gli Alberti. Fu fattogli allogazione d'un Christo morto cõ s. Giouanni, & la Madonna sopra le scale della porta del fianco di s. Pier Maggiore: & lauorollo in maniera, che sendo stato all'acqua, & al vento s'è conseruato, con quella freschezza, come se pur hora dalla man di Pietro fosse finito. Certamente i colori furono dalla intelligenza di Pietro conosciuti, e cosi il fresco come l'olio; onde obligo gli hanno tutti i periti artefici, che per suo mezo hanno cognizione de' lumi, che per le sue opere si veggono. In S. Croce in detta città fece vna Pietà col morto Christo in collo, & due figure, che danno marauiglia a vedere, non la bontà di quelle, ma il suo mantenersi si viua, & nuoua di colori, dipiti in fresco. Gli fu allogato da Bernardino de' Rossi cittadin Fiorentino vn s. Sebastiano per mandarlo in Francia; & furono d'accordo del prezzo in cento scudi d'oro: laquale opera fu venduta da Bernardino al Re di Francia quattrocento ducati d'oro. A Valle Ombrosa dipinse vna tauola per lo altar maggiore; & nella Certosa di Pauia lauorò similmente vna tauola a que' frati. Dipinse al Cardinal Caraffa di Napoli nello Piscopio allo altar maggiore, vna assunzione di N. Donna, & gl'Apostoli ammirati intorno al sepolcro. Et all'Abbate Simone de Graziani al Borgo a s. Sepolcro vna tauola grande, laquale fece in Fiorenza, che fu portata in s. Gilio del Borgo sulle spalle de facchini con spesa grandissima. Mandò a Bologna a s. Giouanni in monte vna tauola con alcune figure ritte, & vna Madonna in aria; perche talmente si sparse la fama di pietro per Italia, & fuori, che e' fu da Sisto IIII. Pontefice con molta sua gloria condotto a Roma a lauorare nella cappella in compagnia de gli altri artefici eccellenti: doue fece la storia di Christo, quando dà le chiaui a s. Pietro, in compagnia di Don Bartolomeo della Gatta Abate di s. Clemente di Arezzo: & similmente la natiuità, e il battesimo di Christo, e il nascimento di Mose, quando dalla figliuola di Faraone è ripescato nella cestella. Et nella medesima faccia, doue è l'altare, fece la tauola in muro con l'assunzione della Madonna, doue ginocchioni ritrasse Papa Sisto. Ma queste opere furono mandate a terra per fare la facciata del giudicio del diuin Michel Agnolo a tempo di Papa Paolo III. Lauorò vna volta in torre Borgia nel palazzo del Papa con alcune storie di Christo,

Christo,& fogliami di chiaro oscuro, iquali hebbero al suo tempo nome straordinario di essere eccellenti. In Roma medesimamẽte in s. Marco fece vna storia di due Martiri allato al Sacramento opera delle buone che egli facesse in Roma. Fece ancora nel palazzo di s. Apostolo per Sciarra Colonna vna loggia,& altre stanze Lequali opere gli misero in mano grandissima quantita di danari: La onde risolutosi a non stare piu in Roma: partitosene, con buon fauore di tutta la corte; a Perugia sua patria se ne tornò: & in molti luoghi della città finì tauole,& lauori a fresco, e particolarmente in palazzo una tauola a olio nella cappella de' Signori, dentroui la N. Donna, & altri sãti. A s. Francesco del Monte dipinse due cappelle a fresco, in vna la storia de' Magi, che vanno a offerire a christo, e nell'altra il martirio d'alcuni frati di s. Francesco, iquali andando al soldano di Babilonia, furono occisi. In s. Francesco del conuento dipinse similmente a olio due tauole, in una la resurezione di Christo, e nell'altra, s. Giouanni Battista, & altri santi. Nella chiesa de' Serui fece parimente due tauole, in una la trasfiguratione del N. Signore, e nell'altra, che è accanto alla sagrestia, la storia de' Magi, ma perche queste nõ sono di quella bontà, che sono l'altre cose di Piero, si tiẽ per fermo, ch'elle siano delle prime opere, che facesse. In s. Lorenzo Duomo della medesima città è di mano di Piero nella cappella del Crucifisso la N. Donna, s. Giouanni, e l'altre Marie, s. Lorenzo, s. Iacopo, & altri Santi. Dipinse ancora, all'altare del Sagramento, doue sta riposto l'anello, con che fu sposata la Vergine Maria, lo sposalizio di essa Vergine. Dopo fece a fresco tutta l'udienza del Cambio, cio è nel partimento della Volta i sette pianeti, tirati sopra certi carri da diuersi animali, secondo l'uso vecchio. e nella facciata quando si entra dirimpetto alla porta la Natiuità, e la resurezzione di christo: & in una tauola un s. Giouanni Batista in mezzo a certi altri Santi. Nelle facciate poi dalle bande dipinse, secõdo la maniera sua Fabio Massimo, Socrate, Numa Pompilio. F. Camillo, Pitagora, Traiano, L. Sicinio, Leonida Spartano, Orazio Cocle, Fabio Sẽpronio, Pericle Ateniese, e Cincinnato. Nell'altra facciata fece le Sibille, i Profeti Isaia, Moise, Daniel, Dauit, Ieremia, Salamone, Eritea, Libica, Tiburtina, Delfica, e l'altre. E sotto ciascuna delle dette figure fece a uso di motti in scrittura alcune cose, che dissero, lequali sono aproposito di ql luogo. Et in uno ornamento fece il suo ritratto; che pare uiuissimo, scriuẽdoui sotto il nome suo in questo modo *Petrus Perusinus Egregius Pictor: Perdita si fuerat, pingẽdo hic retulit artem. Si numquã inuẽta esset hactenus ipse dedit. Anno do.* 1500. Questa opera, che fu bellissima, e lodata piu, che alcun'altra, che da Pietro fusse in Perugia lauorata, è hoggi dagl'huomini di quella città, per memoria d'un si lodato Artefice della patria loro tenuta in pregio. Fece poi il medesimo nella chiesa di s. Agostino alla cappella maggiore in vna tauola grande Isolata, e con riccho ornamento intorno, nella parte dinanzi s. Giouanni, che battezza christo, e di dietro, cio è dalla banda, che risponde in choro la Natiuità di esso Christo; nelle teste alcuni Santi, e nella predella molte storie di figure piccole con molta diligenza. Et in detta chiesa fece per M. Benedetto Calera vna tauola alla cappella di s. Niccolò. Dopo tornato a Firenze, fece a i monaci di Cestello in vna tauola s. Bernardo, e nel capitolo vn Crucifisso, la N. Donna, s. Benedetto, s. Bernardo, e s. Giouanni. Et in s. Domeniço da Fiesole nella seconda cappella a man ritta vna tauola, dentroui la N. Donna con tre figure: Fra lequali vn s. Bastiano è lodatissimo. Haueua Pietro tanto lauorato, e tanto gli abondaua sempre da lauorare, che e' metteua in opera bene spesso le medesime cose. Et era talmente la dottrina dell'arte sua ridotta a maniera: ch'e' faceua a tutte le figure vn'aria medesima. Perche essendo venuto gia Michele Agnolo Buonarroti al suo tempo, desideraua grandemente Pietro, vedere le figure di quello, per lo grido, che gli dauano gli Artefici. Et vedendosi occultare la grandezza di quel nome, che con si gran principio per tutto haueua acquistato, cercaua molto con mordaci parole, offendere quelli, che operauano. Et per questo meritò oltre alcune brutture fattegli da gl'artefici, che Michele Agnolo in publico gli dicesse, ch' egli era goffo nell'arte. Ma non potendo Pietro comportare tanta infamia, ne furono al magistrato de gl'Otto tutti due doue ne rimase Pietro con assai poco honore. In tanto i frati de Serui di Fiorenza hauendo volontà di hauere la tauola dello altar maggiore che fusse fatta da persona famosa, e hauēdola mediante la partita di Lionardo da Vinci, che sene era ito in Francia, renduta a Filippino egli quando hebbe fatto la metà d'una di due tau ole che v'a dauano, passò di questa all'altra vita. Onde i frati per la fede che haueuano in Pietro, gli fecionoallogazione di tutto il lauoro. Haueua Filippino finito in quella tauola doue egli faceua Christo deposto di croce, i Niccodemi, che lo dpongono; & Pietro seguitò di sotto lo suenimento della N. Donna, & alcune altre figure. E perche andauano in questa opera due tauole, che l'una voltaua inuerso il coro de' frati; & l'altra inuerso il corpo della chiesa: dietro al coro si haueua a porre il diposto di croce, & dinanzi l'assunzione di N. Donna, ma Pietro la fece tanto ordinaria, che fu messo il Christo deposto dinanzi, & l'assunzione dalla banda del coro. Et queste hoggi per metterui il tabernacolo del Sacramento sono state l'una, & l'altra leuate uia; & per la chiesa messe sopra certi altri altari è rimaso in qll' opa solamēte sei quadri, doue sono alcuni santi dipinti da Pietro in certe nicchie. Dicesi, che quando detta opera si scoperse fu da tutti i nuoui artefici assai biasimata, e particolarmente, perche si era Pietro seruito di quelle figure, che altre uolte era vsato mettere in opera, doue tentandolo gl'amici suoi diceuano, che affaticato non s'era, & che haueua tralasciato il buon modo dell'operare, o per auarizia, o p non perder tempo. A i quali Pietro rispondeua, io ho messo in opera le figure altre volte lodate da uoi, e che ui sono infinitamente piaciute: se hora vi dispiacciono, & non le lodate, che ne posso io? Ma coloro aspramente con sonetti, & publiche villanie lo saettauano. Onde egli gia vecchio partitosi da Fiorenza, & tornatosi a Perugia condusse alcuni lauori a fresco nella chiesa di s. Seuero monast. dell'ord. di Camaldoli, nel qual luogo haueua Raffaello da Vrbino giouanetto, e suo discepolo fatto alcune figure, come nella sua vita si dirà. Lauorò similmente al Mōtone, alla Fratta, & in molti altri luoghi del cōtado di Perugia, e particolarmente in Ascesi a s. Maria de gl'Angeli, doue a fresco fece nel muro dietro alla cappella della Madonna, che risponde nel coro de' frati un Christo in croce con molte figure. E nella chiesa di s. Piero, Badia de' monaci Neri in Perugia dipinse all'altare maggiore in vna tauola grāde l'Ascensione, con gl'Apostoli abbasso, che guardano verso il cielo. Nella

predella

predella dellaquale tauola sono tre storie,con molta diligenza lauorate,cio è i Magi,il Battesimo,e la ressurezione di Christo. Laquale tutta opera si vede piena di belle fatiche,intanto ch'ell'è la migliore di quelle, che sono in Perugia di man di Pietro lauorate a olio. Cominciò il medesimo un lauoro a fresco di non poca importanza a castello della Pieue,ma non lo finì. Soleua Pietro si come quello, che di nessuno si fidaua, nell'andare,'e tornare dal detto castello a Perugia,portare quanti danari haueua,sempre addosso: perche alcuni,aspettandolo a vn passo lo rubarono,ma raccomãdãdosi egli molto gli lasciarono la vita per Dio. E dopo,'adoperando mezzi,& amici,che pur n'haueua assai,riebbe anco gran parte de' detti danari,che gli erano stati tolti. Ma nondimeno fu per dolore vicino a morirsi; Fu Pietro persona di assai poca religione,e non se gli pote mai far credere l'immortalità dell'anima. Anzi con parole accomodate al suo ceruello di porfido,ostinatissimamente ricusò ogni buona uia. Haueua ogni sua speranza ne' beni della fortuna,e per danari harebbe fatto ogni male contratto. Guadagnò molte ricchezze,e in Fiorenza murò,& comprò case,& in Perugia,& a Castello della pieue acquistò molti beni stabili.Tolse per moglie vna bellissima giouane,e n'hebbe figliuoli; & si dilettò tanto,che ella portasse leggiadre acconciature,e fuori,&in casa,che si dice,che egli spesse volte l'acconciaua di sua mano.Finalmente venuto Pietro in vecchiezza d'anni lxxviij. finì il corso della vita sua nel Castello della pieue,doue fu honoratamente sepolto l'anno 1524.

Fece Pietro molti maestri di quella maniera,& vno fra gl'altri,che fu veramente eccellentissimo,ilquale datosi tutto a gl'honorati studi della pittura passò di gran lunga il maestro.E questo fu il miracoloso Raffaello Sanzio da Vrbino,ilquale molti anni lauorò con Pietro in compagnia di Giouanni de Santi suo padre. Fu anco discepolo di costui il Pinturicchio, pittor Perugino ilquale,come si è detto nella vita sua,tenne sempre la maniera di Pietro. Fu similmente suo discepolo Rocco Zoppo,pittor Fiorentino,di mano delquale ha in vn tondo vna N. Donna molto bella,Filippo Saluiati,ma è ben vero, ch'ella fu finita del tutto da esso pietro. Lauorò il medesimo Rocco molti quadri di Madonne,& fece molti ritratti,de'quali non fa bisogno ragionare. dirò bene,che ritrasse in Roma nella cappella di Sisto,Girolamo Riario,e F. piero Cardinale di san Sisto.Fu anco discepolo di pietro il Monteuarchi, che in san Giouanni di Valdarno dipinse molte opere, e particolarmente nella Madonna,l'historie del miracolo del latte.Lasciò ancora molte opere in Monteuarchi sua patria.Imparò parimente da pietro,e stette assai tempo seco, Gerino da pistoia,delquale si è ragionato nella vita del Pinturicchio: & così anco Baccio Vbertino Fiorentino,ilquale fu diligentissimo, così nel colorito, come nel disegno,onde molto se ne seruì Pietro.Di mano di costui è nel nostro libro vn disegno d'un Christo battuto alla colonna,fatto di penna, che è cosa molto vaga.

Di questo Baccio fu fratello, e similmẽte discepolo di Pietro Frãcesco, che fu per sopranome detto il Bacchiaccha,ilquale fu diligentissimo maestro di figure piccole, come si puo vedere in molte opere state da lui lauorate in Firenze,e massimamente in casa Giouanmaria Benintendi,& in casa Pierfrancesco Borgherini. Dilettosi il Bacchiaccha di far grottesche; onde al S. Da ca Cosimo fece vno studiuolo pieno d'animali, e d'herbe rare ritratte dalle naturali, che sono tenute bellissime, oltre cio fece i cartoni per molti panni d'Arazzo, che poi furono tessuti di seta da maestro Giouanni Rosto Fiamingo, per le stanze del palazzo di s. E. Fu ancora discepolo di Pietro Giouanni Spagnuolo, detto per sopranome lo Spagna, ilquale colorì meglio, che nessun'altro di coloro, che lasciò Pietro dopo la sua morte. Ilquale Giouanni, dopo Pietro si sarebbe fermo in Perugia, se l'inuidia de i pittori di quella città, troppo nimici de' forestieri, non l'hauessino perseguitato di sorte, che gli fu forza ritirarsi in Spoleto. Doue per la bontà, & virtù sua fu datogli donna di buon sangue, e fatto di quella patria cittadino. Nelqual luogo fece molte opere, e similmente in tutte l'altre città dell'Vmbria. Et in Ascesi dipinse la tauola della cappella di santa Caterina nella chiesa di sotto di san Frãcesco per il Cardinale Egidio Spagnuolo; e parimente vna in san Damiano. In santa Maria degl'Angeli dipinse nella cappella piccola, doue morì san Francesco alcune mezze figure grandi quanto il naturale, cioè alcuni compagni di san Francesco, & altri santi molto viuaci, iquali mettono in mezzo vn san Francesco di rilieuo. Ma fra i detti discepoli di Pietro miglior maestri di tutti fu Andrea Luigij d'Ascesi, chiamato l'Ingegno, ilquale nella sua prima giouanezza concorse con Raffaello da Vrbino sotto la disciplina di esso Pietro, ilquale l'adoperò sempre nelle piu importãti pitture, che facesse; come fu nel l'udienza del cambio di Perugia, doue sono di sua mano figure bellissime; in qlle, che lauorò in Ascesi; & finalmente a Roma nella cappella di papa Sisto. Nellequali tutte ope diede And. tal saggio di se, che si aspettaua, che douesse di gran lunga trappassare il suo maestro: & certo così sarebbe stato; ma la fortuna, che quasi sempre a gl'alti principij volentieri s'oppone non lasciò venire a perfezzione l'Ingegno; percioche cadendogli vn trabucco di scesa negl'occhi, il misero ne diuenne con infinito dolore di chiunche lo conobbe cieco del tutto. Ilqual caso, dignissimo di compassione vdendo papa Sisto (come quello, che amò sempre i virtuosi) ordinò, che in Ascesi gli fusse ogni anno, durante la vita di esso Andrea, pagata vna prouisione, da chi là maneggiaua l'entrate. E così fu fatto insino a che egli si morì d'anni ottantasei.

Furono medesimamente discepoli di Pietro, e Perugini anch'eglino Eusebio s. Giorgio, che dipinse in s. Agostino la tauola de' Magi; Domenico di Paris, che fece molte opere in Perugia, & attorno per le castella, seguitato da Orazio suo fratello; parimente Giannicola, che in s. Francesco dipinse in vna tauola Christo nell'orto; e la tauola d'Ogni Santi in s. Domenico alla cappella de' Baglioni, e nella cappella del Cambio istorie di s. Giouanni Battista in fresco. Benedetto Caporali altrimenti Bitti fu anch'egli discepolo di Piero, e di sua mano sono in Perugia sua patria molte pitture. E nella Architettura s'esercitò di maniera, che non solo fece molte opere, ma comentò Vitruuio in quel modo, che puo vedere ognuno essendo stampato; ne i quali studij lo seguitò Giulio suo figliuolo pittore Perugino. Ma nessuno di tanti discepoli paragonò mai la diligenza di Pietro, ne la grazia, che hebbe nel colorire in quella sua maniera laquale tanto piacque al suo tempo, che vennero molti di Francia, di Spagna, d'Alemagna, e d'altre prouincie per impararla. E dell'opere sue si fece come si è detto mercanzia da molti, che le mandarono

in

in diuersi luoghi, inãzi, che uenisse la maniera di Michelagnolo, laquale hauendo mostro la vera, e buona via a queste arti, l'ha condotte a quella perfezione, che nella terza seguente parte si vedra; Nellaquale si trattera dell'eccellenza, e perfezzione dell'arte, e si mostrera agl'artefici, che chi lauora, e studia continuamente, e non a ghiribizzi, o a capricci, lascia opere; e si acquista nome, facultà, & amici.

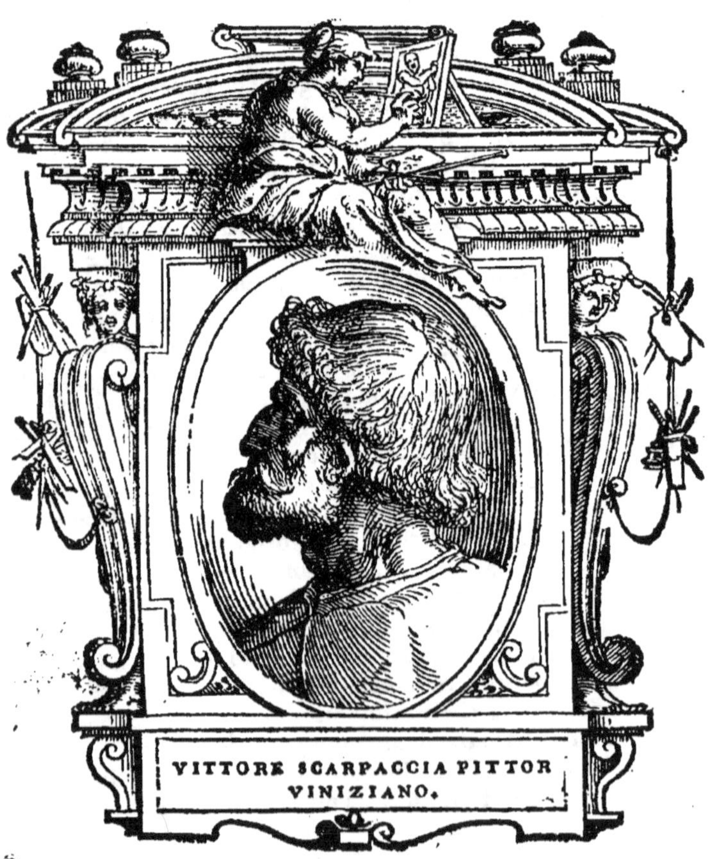
VITTORE SCARPACCIA PITTOR VINIZIANO.

VITA DI VITTORE SCARPACCIA, ET ALTRI PITTORI VINIZIANI, E LOMBARDI.

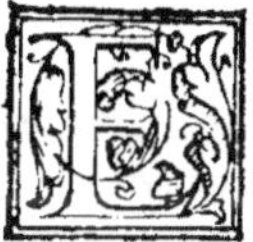

GLI si conosce espressamente, che quando alcuni de' nostri artefici cominciano in vna qualche prouincia, che dopo ne seguono molti, l'un dopo l'altro; & molte volte ne sono in vno stesso tempo infiniti: percioche la gara, e l'emulazione, e l'hauere hauuto dependenza, chi da vno, e chi da vn'altro maestro eccellente, è cagione, che con piu fatica cercano gl'artefici di superare l'un l'altro quanto possono maggiormente. E quando anco molti depēdono da vn solo, subito, che si diuidono, o per morte del maestro, o per altra cagione, subito uiene anco diuisa in loro la volonta; onde per parere ognuno il migliore, e capo di se cerca di mostrare il ualor suo. Di molti dunque, che quasi in vn medesimo tempo, e in vna stessa prouincia fiorirno, de' quali non ho potuto sapere, ne posso scriuere ogni particolare, dirò breuemente alcuna cosa: per non lasciare, trouādomi al fine della seconda parte di questa mia opera, indietro alcuni, che si sono affaticati per lasciar il mondo adorno dell'opere loro. De' quali dico, oltre al non hauer potuto hauer l'intero della vita, non ho anco pututo rinuenire i ritratti, eccetto quello dello Scarpaccia, che per questa cagione ho fatto capo degl'altri. Accettisi dūque in questa parte quello, che io posso; poi che non posso quello, che io uorrei. Furono addunque nella Marca Triuisana, & in Lombardia nello spazio di molti anni, Stefano Veronese; Aldigieri da Zeuio; Iacopo Dauanzo Bolognese; Sebeto da Verona; Iacobello de Flore; Guerriero da Padoua; Giusto, e Girolamo Campagnuola; Giulio suo figliuolo; Vincenzio Bresciano; Vittore Sebastiano, e Lazaro Scarpaccia Viniziani; Vincenzio Catena; Luigi Viuarini; Giouanbatista da Cornigliano; Marco Basarini; Giouanetto Cordegliaghi; il Bassiti; Bartolomeo Viuarino; Giouanni Mansueti; Vittore Bellino; Bartolomeo Montagna da Vicenza; Benedetto diana, e Giouanni Buonconsigli con molti altri, de' quali non accade fare hora menzione. E per cominciarmi dal primo dico, che Stefano Veronese, delquale dissi alcuna cosa nella vita d'Agnolo Gaddi fu piu, che ragioneuole dipintore de' tempi suoi. E quando Donatello lauoraua in Padoua; come nella sua vita si è gia detto, andando vna volta fra l'altre a Verona, restò marauigliato dell'opere di Stefano, affermando che le cose che egli haueua fatto a fresco, erano le migliori, che insino a que' tempi fussero in quelle parti state lauorate. Le prime opere di costui furono in s. Antonio di Verona nel tramezzo della chiesa, in vna testa del muro a mā manca, sotto il girare d'una volta; e furono una N. Donna col figliuolo in braccio, e s. Iacopo, e s. Antonio, che la mettono in mezzo. Questa opera è tenuta anco al presente bellissima in quella città, per vna certa prōtezza, che si uede nelle dette figure, e particolarmente nelle teste, fatte con molta grazia. In s. Niccolò chiesa parimente, e parocchia di quella città, dipinse a fresco vn s. Niccolò, che è bellissimo. E nella via di s. Polo, che va alla porta del Vescouo nella facciata d'una casa, dipinse la Vergine con certi Angeli molto belli, & vn s Christofano. E nella uia del Duomo sopra il muro della chiesa di

s. Consos.Consolata in vno sfondato, fatto nel muro, dipinse vna N. Donna, & alcuni Vccelli, e particolarmente un pauone, sua impresa. In s. Eufemia, conuẽto de' frati Heremitani di s. Agostino, dipinse sopra la porta del fianco un s. Agostino con due altri Santi. Sotto il Manto delquale s. Agostino sono assai frati, e monache del suo ordine; ma il piu bello di q̃sta opera sono due profeti dal mezzo in su grandi quanto il viuo; percioche hanno le più belle, e piu viuaci teste, che mai facesse Stefano. Et il colorito di tutta l'opera, per essere stato con diligenza lauorato, si è mantenuto bello insino a' tempi nostri, non ostante che sia stato molto percosso dall'acque, da' venti, e dal ghiaccio. E se questa opera fusse stata al coperto; per non l'hauere Stefano ritocca a secco, ma usato diligenza nel lauorarla bene a fresco, ella sarebbe ancora bella, & viua, come gli uscì delle mani doue è pure un poco guasta. Fece poi dentro alla chiesa, nella cappella del sagramẽto, cioè intorno al Tabernacolo alcuni Angeli che volano, vna parte de' quali suonano, altri cantano, e altri incensano il sagramento, & vna figura di Giesu Christo, che egli dipinse in cima per finimento del Tabernacolo. Da basso sono altri Angeli, che lo reggono, con ueste bianche, e lunghe insino a piedi, che quasi finiscono in nuuolo, laqual maniera fu propria di Stefano nelle figure degl' Angeli, iquali fece sempre molto nel uolto graziosi, e di bellissima aria. In questa medesima opera è da un lato s. Agostino, e dall' altro s. Ieronimo in figure grãdi quanto è il naturale, e questi con le mani sostengono la chiesa di Dio, quasi mostrando, che ambiduoi con la dottrina loro difendono la s. Chiesa dagli heretici, e la sostẽgono. Nella medesima chiesa dipinse a fresco in un pilastro della cappella maggiore una s. Eufemia con bella, e graziosa aria di viso, e ui scrisse a lettere d'oro il nome suo, parendogli forse, come è in effetto, ch'ella fusse vna delle migliori pitture, che hauesse fatto; & secondo il costume suo, ui dipinse vn pauone bellissimo; & appresso due lioncini, iquali non sono molto belli, perche non potè allora vederne de' naturali, come fece il pauone. Dipinse anco ra in vna tauola del medesimo luogo, si come si costumaua in que' tẽpi, molte figure dal mezzo in su, cio è s. Nicola da Tolentino, & altri. E la predella fece piena di storie in figure piccole della vita di quel santo. In s. Fermo chiesa della medesima città de i frati di s. Francesco, nel riscontro dell'entrare per la porta del fianco fece per ornamento d'un deposto di croce, XII. profeti dal mezzo in su grandi quanto il naturale, & a piedi loro Adamo, & Eua a giacere, & il suo solito pauone, quasi contrasegno delle pitture fatte da lui. Il medesimo Stefano dipinse in Mãtoua nella chiesa di s. Domenico alla porta del Martello vna bellissima N. Donna, la testa dellaquale, per hauere hauuto bisogno i padri di murare in quel luogo, hanno con diligenza posta nel tramezzo della chiesa; alla cappella di s. Orsola, che è della famiglia de' Pecuperati doue sono alcune pitture a fresco di mano del medesimo. E nella chiesa di s. Francesco sono quando si entra a man destra della porta principale, vna fila di cappelle murate gia dalla nobil famiglia della Ramma, in vna dellequali è dipinto nella volta di mano di stefano i quattro euangelisti a sedere, e dietro alle spalle loro, per campo fece alcune spalliere di rosai, con vno intessuto di canne a mãdorle, e uariati alberi sopra, & altre uerdure piene d'uccelli, e particolarmente di pauoni. Vi sono anco alcuni Angeli bellissimi. In questa medesima chiesa dipinse vna s. Maria Maddalena grande quanto il naturale, in vna colonna, entrando in chiesa a man ritta. E nella strada detta Rompi lanza della medesima città fece a fresco in vn frontespizio d'una porta vna N. Donna col figliuolo in braccio, & alcuni Angeli dinãzi a lei inginocchioni. Et il Campo fece d'alberi pieni di frutte. E queste sono l'opere, che si truoua esser state lauorate da Stefano, se ben si può credere, essendo uiuuto assai, che ne facesse molte altre. Ma come non ne ho potuto alcun'altra rinuenire; così ne il cognome, ne il nome del padre, ne il ritratto suo, ne altro particolare. Alcuni affermano, che prima, che venisse a Firenze egli fu discepolo di maestro Liberale pittore Veronese: Ma questo non importa, basta che imparò tutto quello, che in lui fu di buono in Fiorenza da Agnolo Gaddi.

Fu della medesima città di Verona Aldigieri da Zeuio, famigliarissimo de' Signori della Scala, ilquale dipinse, oltre a molte altre opere, la sala grande del palazzo loro; nellaquale hoggi habita il Podestà, facendoui la guerra di Gierusalemme, secondo, che è scritta da Iosafo. Nellaquale opera mostrò Aldigieri grande animo, e giudizio, spartendo nelle faccie di quella sala da ogni banda vna storia con vn'ornamento, solo che la ricigne atorno, atorno. Nelquale ornamento pose dalla parte di sopra, quasi per fine, vn partimento di medaglie, nellequali si crede, che siano ritratti di naturale molti huomini segnalati di que' tempi, & in particolare molti di que' signori della Scala, ma perche non se ne sa il uero, non ne dirò altro. Dirò bene, che Aldigieri mostrò in questa opera d'hauere ingegno, giudizio, & inuenzione, hauendo cõsiderato tutte le cose, che si possono in vna guerra d'importanza considerare. Oltre ciò il colorito si è molto bene mantenuto. E fra molti ritratti di grandi huomini, e litterati, vi si conosce quello di M. Frãcesco Petrarca.

Iacopo Auanzi pittore Bolognese fu nell'opere di questa sala concorrente d'Aldigieri, e sotto le sopradette pitture dipinse, similmente a fresco, due Trionfi bellissimi, & con tanto artifizio, & buona maniera, che afferma Girolamo Campagniola, che il Mantegna gli lodaua come pittura rarissima. Il medesimo Iacopo insieme con Aldigieri, e Sebeto da Verona dipinse in Padoua la cappella di s. Giorgio, che è allato al tempio di s. Antonio, secõdo, che per lo testamento era stato lasciato da i Marchesi di Carrara. La parte di sopra dipinse Iacopo auanzi; Di sotto Aldigieri alcune storie di s. Lucia, & vn cenacolo; e Sebeto vi dipinse storie di s. Giouanni. Dopo tornati tutti e tre questi maestri in Verona dipinsero insieme in casa de' Conti Serenghi vn par di nozze, con molti ritratti, & habiti di que' tempi. Ma di tutte, l'opere di Iacopo auanzi fu tenuta la migliore: ma perche di lui si è fatto menzione nella vita di Niccolò d'Arezzo, per l'opere, che fece in Bologna a cõcorrenza di Simone, Christofano, e Galasso pittori, non ne dirò altro in questo luogo.

In Venezia ne' medesimi tempi fu tenuto in pregio, se bene tenne la maniera greca, Iacobello de Flore, ilqual'in quella città fece opere assai, e particolarmente vna tauola alle monache del Corpus Domini, che è posta nella lor chiesa all'altar di s. Domenico. Fu concorrente di costui Giromin Morzone, che dipinse in Vinezia, & in molte città di Lombardia assai cose, ma perche tenne la maniera vecchia, e fece le sue figure tutte in punta di piedi, non diremo di lui se non, che è di sua mano vna tauola nella chiesa di s. Lena all'altare dell'assunzione con molti santi.

Fu molto miglior maestro di costui Guariero pittor padouano, ilquale, oltre a molte altre cose dipinse la cappella maggiore de frati Eremitani di s. Agostino in Padoua, & vna cappella a i medesimi nel primo chiostro. Vn'altra cappelletta in casa Vrbano Preferto; e la sala degl'Imperadori romani, doue nel tempo di Carnouale vanno gli scolari a danzare. Fece anco a fresco nella cappella del podesta, della città medesima alcune storie del testamento vecchio.

Giusto pittore similmente Padouano fece fuor della chiesa del Vescouado nella cappella di s. Giouanni Batista non solo alcune storie del Vecchio, e Nuouo testamento, ma ancora le reuelazioni del Apocalisse di s. Giouanni Euangelista, e nella parte di sopra fece in vn paradiso con belle considerazioni molti chori d'Angeli, & altri ornamenti. Nella chiesa di s. Antonio lauorò a fresco la cappella di s. Luca. E nella chiesa degl'Eremitani di s. Agostino dipinse in vna cappella l'arti liberali; & appresso a quelle le virtù, & i vizij, & così coloro, che per le viru sono stati celebrati; come quelli, che per i vizij sono in estrema miseria rouinati. E nel profondo dell'inferno. Lauorò anco in Padoua a tempi di costui. Stefano pittore Ferrarese, ilquale, come altroue si è detto ornò di uarie pitture la cappella, e l'archa, doue è il corpo di s. Antonio, e così la Vergine Maria detta del Pilastro. Fu tenuto in pregio ne' medesimi tempi Vincenzio pittore Bresciano, secondo, che racconta il Filareto, e Girolamo Campignuola, anch'egli pittore Padoano, e discepolo dello Squarcione. Giulio poi figliuolo di Girolamo dipinse, miniò, e intagliò in Rame molte belle cose, così in Padoua, come in altri luoghi. Nella medesima Padoua lauorò molte cose Niccolò Moretto, che uisse ottanta anni, e sempre esercitò l'arte; & oltre a questi molti altri, che hebbono dependenza da Gentile, e Giouanni Bellini, ma.

Vittore Scarpaccia fu veramente il primo, che fra costoro facesse opere di cõto; e le sue prime opere furono nella scuola di s. Orsola, doue in tela fece la maggior parte delle storie, che ui sono, della vita, e morte di quella Santa.

Le fatiche dellequali pitture egli seppe si ben condurre, e con tanta diligẽza, & arte, che n'acquistò nome di molto accommodato, e pratico maestro. Il che fu, secondo, che si dice, cagione, che la nazione Milanese gli fece fare ne' frati Minori vna tauola alla cappella loro di s. Ambrogio, con molte figure a tempra. Nella chiesa di s. Antonio all'altare di Christo risuscitato doue dipinse quãdo egli aparisce alla maddalena, & altre Marie, fece vna prospettiua di paese lontano, che diminuisce, molto bella. In vn'altra cappella dipinse la storia de' martiri, cio è quando furono crucifissi. Nellaquale opera fece meglio, che trecento figure, fra grãdi, e piccole, & in oltre caualli, e alberi assai; vn cielo aperto, diuerse attitudini di nudi, e uestiti molti, scorti, e tante altre cose, e si puo vedere, che egli non la conducesse se non con fatica straordinaria. Nella chiesa di s. Iob in Canareio all'altare della madõna fece quando ella presenta Christo piccolino a Simeone; doue gli figurò essa Madõna ritta, e Simeone col piuiale in mezo a due ministri uestiti da Cardinali. Dietro alla Vergine sono due donne, una dellequali ha due colombe. E da basso sono tre putti, che suonano un liuto, vna storta, e una lira, o uero viola: & il colorito di tutta la tauola è molto vago, e bello. E nel vero fu Vittore molto diligente, e pratico maestro, et molti quadri, che sono di sua mano in Vinezia, e ritratti di naturale, & altro sono molto stimati, per cose fatte in que' tempi. Insegnò costui l'arte a due suoi fratelli, che l'immitarono assai, l'uno fu Lazaro, e l'altro Sebastiano di mano de' quali è nella chiesa delle monache di Corpus Domini all'altare della Vergine vna tauola, doue ella è a sedere in mezzo a s. Chaterina, e s. Marta, con altre sante, e due Angeli, che suonano, e vna prospettiua di casamenti per campo di tutta l'opera molto bella, dellaquale n'hauemo i proprij disegni di mano di costoro nel nostro libro.

Fu anco pittore ragioneuole ne' tempi di costoro Vincenzio Catena, che molto piu si adoperò in fare ritratti di naturale, che in alcuna altra sorte di pitture, & in vero alcuni, che si veggiono di sua mano, sono marauigliosi, e fra gl'altri quello d'un Tedesco de Fucheri persona honorata, e di conto, che all'hora staua in Vinezia nel Fōdaco de Tedeschi, fu molto uiuamēte dipinto.

Fece anco molte opere in Vinezia, quasi ne' medesimi tempi Giouanbatista da Conigliano discepolo di Giouan Bellino; di mano delquale è nella detta chiesa delle monache del Corpus Domini vna tauola all'altare di s. Piero martire, doue è detto Santo s. Niccolò, e s. Benedetto, con vna prospettiua di paesi, vn Angelo, che accorda vna cetera, & molte figure piccole, piu, che ragioneuoli. E se costui non fusse morto giouane, si puo credere, che harebbe paragonato il suo maestro.

Non hebbe anco se non nome di buon maestro nell'arte medesima, e ne medesimi tempi Marco Basarini, ilquale dipinse in Venezia doue nacque di padre, e madre greci, in s. Francesco della Vigna in vna tauola vn Christo deposto di croce; e nella chiesa di s. Iob in vn'altra tauola un Christo nell'orto, & a basso i tre Apostoli, che dormono: e s. Francesco, e s. Domenico con due altri santi. Ma quello, che piu fu lodato di questa opera, fu un paese con molte figurine fatte con buona grazia. Nella medesima chiesa dipinse l'istesso Marco s. Bernardino sopra vn sasso, con altri santi.

Giānetto Cordeghaghi fece nella medesima città infiniti quadri da camera, āzi non attese quasi ad altro, e nel vero hebbe in cotal sorte di pittura vna maniera molto delicata, e dolce, e migliore assai, che quella de i sopradetti. Dipinse costui in s. Pantaleone in vna cappella accanto alla maggiore s. Piero, che disputa con due altri santi; iquali hanno in dosso bellissimi panni, e sono condotti con bella maniera.

Marco Basiti fu quasi ne' medesimi tempi in buon conto, & è sua opera una gran tauola in Vinezia nella chiesa di frati di Certosa; nellaquale dipinse Christo in mezzo di Piero, e d'Andrea nel Mare di Tiberiade, & i figliuoli di Zebedeo, facendoui un braccio di Mare, vn monte, e parte d'una città con molte persone in figure piccole. Si potrebbono di costui molte altre opere raccontare; ma basti hauer detto di questa, che è la migliore.

Bartolomeo Viuarino da Murano si portò anch'egli molto bene nell'opere, che fece, come si puo vedere, oltre a molte altre nella tauola, che fece all'altare di s. Luigi, nella chiesa di s. Giouanni, e Polo; nellaquale dipinse il detto s. Luigi a sedere col piuiale in dosso, s. Gregorio, s. Bastiano, e s. Domenico. E dall'altro lato s. Niccolò, s. Girolamo, e s. Rocho; e sopra questi altri santi in fino a mezzo.

Lauoro ancora benissimo le sue pitture, e si dilettò molto di contrafare le

cose

cose naturali, figure, e paesi lontani Giouanni Mansueti, che imitando, assai l'opere di Gentile Bellino fece in Vinezia molte pitture. E nella scuola di s. Marco in testa dell'vdienza dipinse un s. Marco, che predica in sulla piazza ritraendoui la facciata della chiesa, e fra la moltitudine degl'huomini, e delle donne, che l'ascoltano Turchi, Greci, e uolti d'huomini di diuerse nazioni, con habiti strauaganti. Nel medesimo luogo doue fece in vn'altra storia s. Marco, che sana un'infermo, dipinse vna prospettiua di due scale, e molte loggie. In un'altro quadro vicino a questo fece un s. Marco, che conuerte alla fede di Christo vna infinità di popoli, & in questo fece un tempio aperto, e sopra vn'altare vn crucifisso; & per tutta l'opera diuersi personaggi con bella varietà d'arie, d'habiti, e di teste.

Dopo costui seguitò di lauorare nel medesimo luogo Vittore Bellini, che ui fece doue in vna storia s. Marco è preso, e legato, vna prospettiua di casamenti, che è ragioneuole, & con assai figure, nellequali imitò i suoi passati. Dopo costoro fu ragioneuole pittore Bartolomeo Montagna Vicentino, che habitò sempre in Vinezia, e ui fece molte pitture: & in Padoua dipīse vna tauola nella chiesa di s. Maria d'Artone. Parimente Benedetto Diana fu non meno lodato pittore, che si fussero i sopraſcritti, come in fra l'altre sue cose lo dimostra l'opere, che sono di sua mano in Vinezia in s. Francesco della Vigna, doue all'altare di s. Giouanni fece esso santo ritto, in mezzo a due altri santi, che hanno in mano, ciascuno un libro.

Fu anco tenuto in grado di buon maestro Giouanni Buonconsigli, che nella chiesa di s. Giouanni, e Paulo, all'altare di s. Tomaso d'Aquino, dipinse quel Santo circondato da molti, a i quali legge la scrittura sacra, e vi fece vna prospettiua di casamenti, che non è se non lodeuole. Dimorò anco quasi tutto il tempo di sua vita in Vinezia Simon Bianco scultore Fiorentino; e Tullio Lombardo molto pratico intagliatore.

In Lombardia parimente sono stati eccellenti Bartolomeo clemento da Reggio, & Agostino Busto scultori. E nell'intaglio Iacopo Dauanzo Milanese, & Gasparo, e Girolamo Misceroni, In Brescia fu pratico, e valent'huomo nel lauorare in fresco Vincézio Verchio, ilquale per le belle opere sue s'acquistò grandissimo nome nella patria. Il simile fece Girolamo Romanino bonissimo pratico, e disegnatore, come apertamente dimostrano l'opere sue fatte in Brescia, & intorno a molte miglia. Ne fu da meno di questi, anzi gli passò Alessandro Moretto, delicatissimo ne' colori, e tanto amico della diligenza, quanto l'opere da lui fatte ne dimostrano. Ma tornando a Verona, nellaquale città sono fioriti, & hoggi fioriscono piu che mai, eccellenti Artefici, ui furono gia Francesco Bonsignori, e Francesco Caroto eccellenti. E dopo maestro Zeno Veronese, che in Arimini lauorò la tauola di s. Marino, e due altre con molta diligenza. Ma quello, che piu di tutti gl altri ha fatto alcune figure di naturale che sono marauigliose è stato il Moro Veronese, o uero come altri lo chiamauano Francesco Turbido; di mano del quale è hoggi in Vinezia in casa Monsignor de' Martini il ritratto d'un Gentil'huomo da Ca Badouaro figurato in vn Pastore, che par uiuissimo, & puo stare a paragone di quanti ne sono stati fatti in quelle parti. Parimente Batista d'Angelo genero di costui è cosi uago nel colorito, e pratico nel disegno, che piu tosto auanza, che sia inferiore al Moro. Ma perche non è di mia intenzione parlare al presente de' viui, voglio, che mi basti, come dissi nel principio di questa vita, hauere in questo luogo d'alcuni ragionato de' quali non ho potuto sapere così minutamente la vita, & ogni particolare; accio la virtù, e meriti loro da me habbiano al meno tutto quel poco, che io, ilquale molto uorrei, posso dar loro.

Vita di Iacopo detto l'Indaco pittore,

IACOPO detto l'Indaco, ilquale fu discepolo di Domenico del Ghirlandaio, & in Roma lauorò con Pinturicchio fu ragioneuole maestro ne' tẽpi suoi. E se bene non fece molte cose, quelle nondimeno, che furono da lui fatte sono da esser comendate. Ne è gran fatto, che non uscissero se non pochissime opere delle sue mani, percioche essendo persona faceta, piaceuole, e di buon tempo, alloggiaua pochi pensieri, e non voleua lauorare se non quando non poteua far'altro; e percio usaua di dire, che il non mai fare altro, che affaticarsi, senza pigliarsi vn piacere al mondo non era cosa da Christiani. Praticaua costui molto dimesticamente con Michelagnolo; percioche quãdo uoleua quel l'Artefice, eccellentissimo sopra quanti ne furono mai, ricrearsi da gli studij, e dalle continue fatiche del corpo, e della mente; niuno gli era percio piu a grado, ne piu secondo l'humor suo, che costui. Lauorò Iacopo molti anni in Roma, o per meglio dire, stette molti anni in Roma, e ui lauorò pochissimo. E di sua mano in quella città nella chiesa di s. Agostino, entrando in chiesa p la porta della facciata dinanzi, a man ritta la prima cappella; nella uolta dellaquale sono gl'Apostoli, che riceuono lo Spirito Santo: E di sotto sono nel muro due storie di Christo, nell'una quando toglie dalli reti Pietro, & Andrea; e nell'altra la cena di Simone, e di Maddalena; nellaquale è un palco di legno, e di traui molto ben contrafatto. Nella tauola della medesima cappella, laquale egli dipinse a olio, è vn christo morto, lauorato, e condotto cõ molta pratica, e diligenza. Parimente nella trinita di Roma è di sua mano in vna tauoletta la coronazione di N. Donna. Ma che bisogna, o che si puo di costui altro raccontare? basta, che quanto fu vago di cicalare, tanto fu sempre nimico di lauorare, e del dipignere. E perche come si è detto, si pigliaua piacer Michelagnolo delle chiacchiere di costui, e delle burle, che spesso faceua, lo teneua quasi sempre a mangiar seco: ma essendogli un giorno venuto costui a fastidio, come il piu delle uolte vengono questi cotali a gl'amici, e padroni loro col troppo, e bene spesso fuor di proposito, e senza discrezione, cicalare, p che ragionare non si puo dire, non essendo in simili, per lo piu ne ragione, ne giudizio; lo mandò Michelagnolo, per leuarselo di nanzi allora, che haueua forse altra fantasia; a comperare de' fichi; & vscito, che Iacopo fu di casa, gli serrò Michelagnolo l'uscio dietro con animo, quando tornaua, di non gl'aprire. Tornato dunque l'Indaco di Piazza, s'auuide, dopo hauer picchiato vn pezzo la porta in vano, che Michelagnolo non voleua aprirgli; perche venutogli collera, prese le foglie, & i fichi, & fattone una bella distesa in' sulla soglia della porta, si partì, e stette molti mesi, che non volle fauellare a Miche

lagnolo

lagnolo: pure finalmente rapattumatosi, gli fu piu amico, che mai. finalmẽte essendo vecchio di 68. anni si morì in Roma.

Non dissimile a Iacopo fu vn suo fratello minore chiamato per proprio nome Francesco, e poi per sopra nome anch'egli, l'Indaco, che fu similmente dipintore piu che ragioneuole. Non gli fu dissimile dico nel lauorare piu, che mal volentieri, e nel ragionare assai; ma in questo auanzaua costui Iacopo, perche sempre diceua male d'ognuno, e l'opere di tutti gl'artefici biasimaua. Costui dopo hauere alcune cose lauorate in Montepulciano, et di pittura, & di terra; fece in Arezzo per la compagnia della Nunziata in vna tauoletta ꝑ l'vdienza, vna Nunziata, & vn Dio padre in cielo, circondato da molti Angeli in forma di putti. E nella medesima città fece la prima volta, che vi andò il Duca Alessandro, alla porta del palazzo de' Signori vn' arco trionfale bellissimo con molte figure di rilieuo; e parimente a concorrenza d'altri pittori, che assai altre cose per la detta entrata del Duca lauorarono, la prospettiua d'una Comedia, che fu tenuta molto bella. Dopo andato a Roma, quando vi si aspettaua l'Imperatore Carlo quinto, vi fece alcune figure di terra, e per il popolo Romano vn'arme a fresco in Campidoglio, che fu molto lodata. Ma la miglior opera, che mai vscisse delle mani di costui, e la piu lodata, fu nel palazzo de' Medici in Roma, per la Duchessa Margherita d'Austria vno studiolo di stucco tanto bello, & con tanti ornamenti, che non è possibil veder meglio; ne credo che sia in vn certo modo possibile far d'argento quello, che in questa opera l'Indaco fece di stuccho. Dalle quali cose si fa giudizio, che se costui si fusse dilettato di lauorare, & hauesse esercitato l'ingegno, che sarebbe riuscito eccellente. Disegnò Francesco assai bene, ma molto meglio Iacopo, come si puo vedere nel nostro Libro.

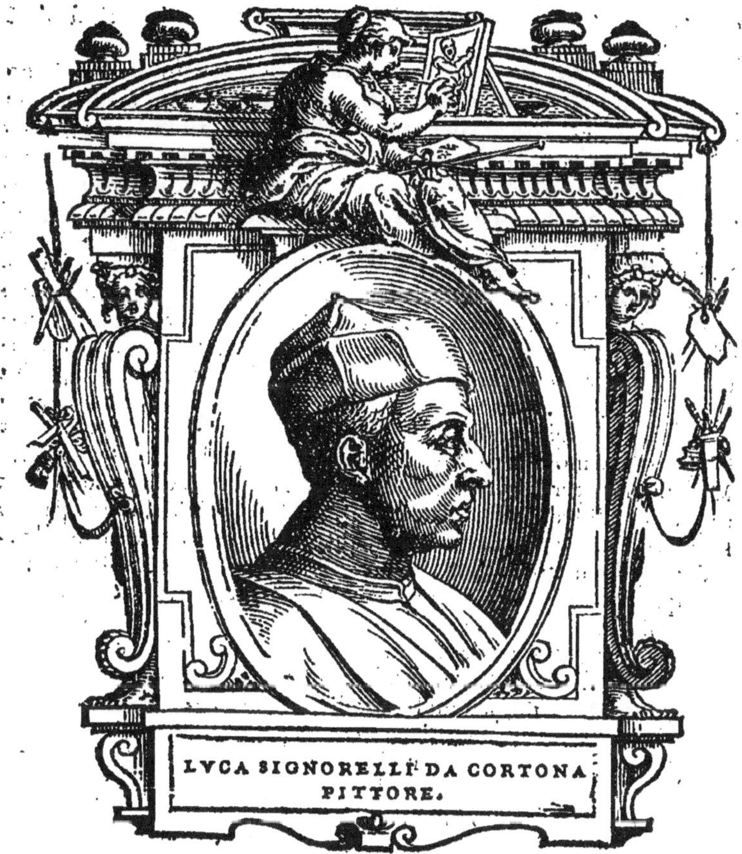

Vita di Luca Signorelli da Cortona Pittore

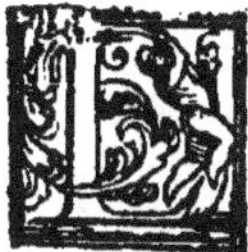

VCA Signorelli pittore eccellente, del quale secondo l'ordine de'tempi deuemo hora parlarne, fu ne suoi tempi tenuto in Italia tanto famoso, e l'opere sue in tanto pregio, quanto nessun'altro in qual si voglia tempo sia stato giamai: perche nell'opere, che fece di pittura mostrò il modo di fare gl'ignudi, & che si possono. si bene con arte, e difficultà, far parer viui. Fu costui creato, e discepolo di Pietro dal Borgo a Sansepolcro, e molto nella sua giouanezza si sforzò d'imitare il maestro, anzi di passarlo; mentre che lauorò in Arezzo con esso lui, tornandosi in casa di Lazzero Vasari suo zio, come s'è detto, imitò in modo la maniera di detto Pietro, che quasi l'una dall'altra non si conosceua le prime, opere di Luca furono in san Lorenzo d'Arezzo, doue dipinse l'an se l'anno 1472 a fresco la cappella di s. Barbara; & alla compagnia di s. Chaterina in tela a olio il segno, che si porta a processione, similmente quello della Trinità, ancora, che non paia di mano di Luca, ma di esso Pietro dal Borgo. Fece in s. Agostino in detta città la tauola di s. Nicola da Tolentino, con istoriette bellissime, condotta da lui con buon disegno, & inuenzione. E nel medesimo luogo fece alla cappella del Sagramēto due Angeli lauorati in fresco. Nella chiesa di s. Francesco alla cappella degl'Acolti fece per M. Francesco Dottore di legge vna tauola, nellaquale ritrasse esso M. Francesco & alcune sue parenti. In questa opera è un s. Michele, che pesa l'anime, ilquale è mirabile: e in esso si conosce il saper di Luca, nello splendore dell'armi, nelle reuerberazioni, & in somma in tutta l'opera, Gli mise in mano vn paio di bilanze, nellequali gl'ignudi, che vanno vno in su, e l'altro in giu, sono scorti bellissimi. E fra l'altre cose ingegnose, che sono in questa pittura vi è vna figura ignuda benissimo trasformata in vn diauolo, alquale vn ramarro lecca il sangue d'una ferita. Vi è oltre cio, vna N. Donna col figliuolo in grembo, s. Stefano, s. Lorenzo, vna s. Chaterina, e due Angeli, che suonano vno vn liuto, e l'altro vn Ribechino, e tutte sono figure uestite, & adornate tanto, che è marauiglia, Ma quello; che vi è piu miracoloso, è la predella piena di figure piccole de' frati di detta s. Chaterina. In Perugia ancora fece molte opere, & fra l'altre, in Duomo per M. Iacopo Vannucci Cortonese Vescouo di quella città vna tauola; nellaquale è la N. Donna, s. Nonofrio, s. Hercolano, s. Giouāni Batista, e s. Stefano; & vn'Angelo, che tēpera vn liuto, bellissimo. A Volterra dipinse in fresco nella chiesa di s. Francesco, sopra l'altare d'una compagnia, la circoncisione del Signore, che è tenuta bella a marauiglia, se bene il putto hauendo patito per l'humido, fu rifatto dal Soddoma molto men bello, che non era. E nel vero sarebbe meglio tenersi alcuna volta le cose fatte da huomini eccellenti, piu tosto mezzo guaste, che farle ritoccare a chi sa meno. In s. Agostino della medesima città fece vna tauola a tempera, e la predella di figure piccole, con istorie della passione di Christo, che è tenuta bella straordinariamente. Al Monte a s. Maria dipinse a quei signori in vna tauola vn Christo morto, e a città di Castello in s. Francesco vna Natiuità di Christo, & in s. Domenico in vna altra tauola vn s. Bastiano. In s. Margherita di Cortona sua patria, luogo de' frati del Zoccholo, vn christo morto opera delle sue rarissima. E nella compagnia del Giesu nella medesima città fece tre tauole, dellequali quella ch'è allo altar maggiore è marauigliosa doue christo comunica gl'Apostoli, & Giuda si mette l'Hostia nella scarsella. E nella Pieue hoggi detta il Vescouado dipinse a fresco, nella cappella del Sagramento alcuni profeti grandi quanto il viuo; & intorno al Tabernacolo alcuni Angeli, che aprono vn Padiglione: e dalle bande vn s. Ieronimo, & vn s. Tōmaso d'Aquino. All'altar maggiore di detta chiesa fece in vna tauola vna bellissima assunta; e disegnò le pitture dell'occhio principale di detta chiesa che poi furono messe in opera da Stagio Sassoli d'Arezzo. In Castiglioni Aretino fece sopra la cappella del Sacramento vn christo morto, con le Marie. Et in s. Francesco di Lucignano gli sportelli d'un Armario, dentro alquale sta vn albero di coralli, che ha vna croce a sommo. A Siena fece in s. Agostino vna tauola alla cappella di s. christofano, dentroui alcuni santi, che mettono in mezzo vn s. christofano di rilieuo. Da Siena venuto a Firenze, cosi per vedere l'opere di quei maestri, che allora viueuano, come quelle di molti passati, dipinse a Lorenzo de' Medici in vna tela alcuni Dei ignudi, che gli furono molto commendati. E vn quadro di N. Donna con due profeti piccoli di terretta, ilquale è hoggi a Castello villa del Duca Cosimo. Et l'una, e l'altra opera donò al detto Lorenzo, ilquale non volle mai da niuno esser vinto in esser liberale, e magnifico. Dipinse ancora vn tondo di vna N. Donna, che è nella Vdienza de Capitani di parte guelfa bellissimo. A chiusuri in quel di Siena luogo principale de' monaci di Monte Oliueto dipinse, in vna banda del chiostro x i. storie della vita, e fatti di s. Benedetto. E da cortona mandò dell'opere sue a Monte Pulciano; a Foiano la tauola dell'altar maggiore, che è nella Pieue, & in altri luoghi di Valdichiana. Nella Madonna d'Oruieto chiesa principale finì di sua mano la cappella, che gia vi haueua cominciato fra Giouanni da Fiesole: nellaquale fece tutte le storie della fine del mondo con bizarra, e capriciosa inuenzione Angeli, demoni, rouine, terremuoti, fuochi, miracoli d'Antichristo, e molte altre cose simili, oltre cio, ignudi, scorti, e molte belle figure, immaginandosi il terrore, che sara in quello estremo, e tremendo giorno. Perloche destò l'animo a tutti quelli, che sono stati dopo lui, onde hanno poi trouato ageuoli le difficultà di quella maniera. Onde io nō mi marauiglio se l'opere di Luca furono da Michelagnolo sempre sommamente lodate, ne se in alcune cose del suo diuino giudizio, che fece nella cappella furono da lui gentilmente tolte in parte dall'inuenzioni di Luca, come sono Angeli, demoni, l'ordine de' cieli, e altre cose, nellequali esso Michelagnolo immitò l'andar di Luca, come puo uedere ognuno. Ritrasse Luca nella sopradetta opera molti amici suoi, e se stesso; Niccolò, Paulo, e Vitellozzo Vitelli, Giouan Paulo, & Horazio Baglioni, & altri, che non si sanno i nomi. In s. maria di Loreto dipinse a fresco nella sagrestia i quattro Euāgelisti; i quattro Dottori, & altri santi, che sono molto belli: E di questa opera fu da Papa Sisto liberalmente rimunerato. Dicesi, che essendogli stato occiso in cortona vn figliuolo, che egli amaua molto bellissimo di volto, e di persona, che Luca cosi addolorato lo fece spogliare ignudo, & con grandissima constanza d'animo, senza piāgere, o gettar lachrima lo ritrasse, per uedere sempre che uolesse, mediante l'opera delle sue mani quella che la natura gli haueua dato; e tolto la nimica fortuna. Chiamato poi dal detto papa Sisto a lauorare nella cappella del palazzo a concorrenza di tanti pittori, dipinse in quella due storie, che fra tante, son tenute le migliori. L'una è il testamento di Mose al popolo Hebreo nell'hauere veduto la terra di promessione; e l'altra la morte sua. Finalmente hauendo fatte opere quasi per tutti i Principi d'Italia, & essendo gia vecchio, se ne tornò a Cortona, doue in que' suoi ultimi anni lauorò piu per piacere, che per altro, come quello, che auezzo alle fatiche, non poteua, ne sapeua starsi ozioso. Fece dunque in detta sua vecchiezza vna tauola alle monache di s. Margherita d'Arezzo: & vna alla compagnia di s. Girolamo, parte dellaquale pagò M. Niccolò Gamurrini Dottor di legge Auditor di Ruota. Ilquale in essa tauola è ritratto di naturale, in ginocchioni dinanzi alla Madonna allaquale lo presenta vn s. Niccolò, che è in detta tauola. Sonoui ancora s. Donato, e s. Stefano, e piu abbasso un s. Girolamo ignudo, &

do, & vn Dauit, che canta sopra vn salterio. Vi sono anco due profeti; iquali, per quanto ne dimostrano i breui, che hanno in mano, trattano della cõcezzione. Fu condotta quest'opera da Cortona in Arezzo sopra le spalle de gl'huomini di quella compagnia; & Luca cosi vecchio, come era, uolle uenire a metterla su; & in parte a riuedere gl'amici, e parenti suoi. E perche alloggiò in casa de' Vasari, doue io era piccolo fanciullo d'otto anni, mi ricorda, che quel buon vecchio ilquale era tutto grazioso, e pulito, hauendo inteso dal maestro, che m'insegnaua le prime lettere, che io non attendeua ad altro in iscuola, che a far figure mi ricorda dico, che voltosi ad Antonio mio padre gli disse: Antonio poi che Giorgino non traligna fa ch'egli impari a disegnare in ogni modo, perche quando anco attendesse alle lettere, non gli puo essere il disegno, si come ê a tutti i galant'huomini se non d'utile, d'honore, e di giouamento. Poi riuolto a me, che gli staua diritto inanzi disse, impara parentino. Disse molte altre cose di me, lequali taccio, perche conosco nõ hauere a gran pezzo confermata l'openione, che hebbe di me quel buon vecchio. E perche egli intese, si come era uero, che il sangue in si gran copia m'usciua in quell'età dal naso, che mi lasciaua alcuna volta, tramortito, mi pose di sua mano vn diaspro al collo, con infinita amoreuolezza; laqual memoria di Luca mi stara in eterno fissa nell'animo. Messa al luogo suo la detta tauola, se ne tornò a Cortona, accompagnato vn gran pezzo da molti cittadini, & amici, e parenti, si come meritaua la virtù di lui, che visse sempre piu tosto da Signore, e Gentil'huomo honorato, che da pittore. Ne' medesimi tempi, hauẽdo a Siluio Passerini Cardinale di Cortona murato vn palazzo vn mezzo miglio fuor della città Benedetto Caporali dipintore Perugino, ilquale, dilettandosi dell'Architettura haueua poco inanzi cõmentato Vitruuio, volle il detto Cardinale, che quasi tutto si dipignesse. Perche messoui mano Benedetto con l'aiuto di Masò Papacello Cortonese ilquale era suo discepolo, & hauuea anco imparato assai da Giulio Romano, come si dirà; e da Tommaso, & altri discepoli, & garzoni; non rifinò, che l'hebbe quasi tutto dipinto a fresco. Ma volendo il Cardinale hauerui anco qualche pittura di mano di Luca, egli cosi vecchio, & impedito dal parletico, dipinse a fresco nella facciata dell'Altare della cappella di quel palazzo, quando san Giouanni Batista battezza il Saluatore; ma non potette finirla del tutto, perche mentre l'andaua lauorando si morì, essendo vecchio d'ottantadue anni. Fu Luca persona d'ottimi costumi, sincero, & amoreuole con gl'amici, e di conuersazione dolce, e piaceuole con ognuno, e sopratutto cortese a chiunche hebbe bisogno dell'opera sua, & facile nell'insegnare a suoi discepoli. Visse splendidamente, e si dilettò di vestir bene. Per lequali buone qualità fu sempre nella patria, e fuori in somma venerazione. Cosi col fine della vita di costui, che fu nel 1521. Porremo fine alla seconda parte di queste vite. Terminando in Luca come in quella persona che col fondamento del disegno, & delli ignudi particolarmente, & con la gratia della inuenzione, & dispositione delle historie, aperse alla maggior parte delli artefici la uia all'ultima perfezzione dell'arte, allaquale poi poterono dar cima quelli, che seguirono, de' quali noi ragioneremo per inanzi.

Il fine della Seconda parte.

www.ingramcontent.com/pod-product-compliance
Lightning Source LLC
LaVergne TN
LVHW010520100826
845148LV00001B/55

* 9 7 8 2 0 1 2 6 9 0 6 3 9 *